AF897990

Riechert

Die Berufshaftpflichtversicherung der Rechtsanwälte

De Gruyter Kommentar

Riechert

Die Berufshaftpflichtversicherung der Rechtsanwälte

AVB-RS

2. Auflage

von
Dr. Stefan Riechert, Rechtsanwalt und Syndikusanwalt in München

DE GRUYTER

Zitiervorschlag: *Riechert* Berufshaftpflicht, § 8 Rn. 12

ISBN 978-3-11-139609-5
e-ISBN (PDF) 978-3-11-139641-5
e-ISBN (EPUB) 978-3-11-139663-7

Library of Congress Control Number: 2024950678

Bibliografische Information der Deutschen Nationalbibliothek
Die Deutsche Nationalbibliothek verzeichnet diese Publikation in der Deutschen Nationalbibliografie; detaillierte bibliografische Daten sind im Internet über http://dnb.dnb.de abrufbar.

© 2025 Walter de Gruyter GmbH, Berlin/Boston, Genthiner Straße 13, 10785 Berlin
Satz: Meta Systems Publishing & Printservices GmbH, Wustermark

www.degruyter.com
Fragen zur allgemeinen Produktsicherheit:
productsafety@degruyterbrill.com

Vorwort

Mit der großen BRAO-Reform 2022 hat der Gesetzgeber grundlegend die Sozietäten von Rechtsanwälten und die Praxen von Steuerberatern geregelt. Der einzelne Berufsträger ist nicht mehr alleiniger Anknüpfungspunkt des Berufsrechts, sondern die Gesellschaft. Der Gesetzgeber hat die Organisationsfreiheit von Anwälten erweitert. Anwälte dürfen jegliche zulässige und gerade auch gewerbliche Organisationsform wählen. Darüber hinaus können sie mit anderen freien Berufsgruppen gemeinschaftlich auftreten. Die Liberalisierung hat dazu geführt, dass die Sonderprobleme der Versicherung einer Sozietät entfallen sind. Auf der anderen Seite bestehen weiterhin Unterschiede zwischen Berufsrecht und Gesellschaftsrecht. Die Pflichtversicherung umfasst nicht die gesellschaftsrechtliche Haftung und Rechtsscheinhaftung der einzelnen Gesellschafter und auch nicht interprofessionelle Zusammenarbeit mit fremden Berufsgruppen. Unangetastet bleibt das Fremdbesitzverbot. Es verhindert die in der Praxis häufig vorkommenden Zusammenschlüsse zwischen Anwaltsgesellschaften und Gesellschaften aus fremden Berufsgruppen, was auch nicht die nachträglich eingeführte Mandatsgesellschaft ändert.

Spannend sind die Entwicklungen im Rechtsdienstleistungsmarkt. Anwälte bedienen sich neuer Technologien, werden aber auch von ihnen bedroht. Für die Versicherung stellt sich jeweils die Frage, ob die von den Anwälten ausgeübte Tätigkeit noch eine versicherte anwaltliche Tätigkeit ist, oder ob nicht der Bereich verlassen wurde und eine sonstige zu versichernde Dienstleistung vorliegt. Im Kern bleibt die von der Berufshaftpflichtversicherung umfasste Tätigkeit aber die Beratung in fremden Vermögensangelegenheiten.

Im Kommentar wird auf die verschiedenen neu entstehenden Probleme bei der Versicherung einer Sozietät ausdrücklich hingewiesen und welche Lösungen es in der Praxis gibt. Die Abgrenzung zwischen versicherter anwaltlicher Tätigkeit und nicht versicherter Dienstleistung bleibt wesentlich für die Versicherungswirtschaft und ist ausführlich kommentiert. Die bisher abgedruckten Bedingungen bis zur Version HV 60/07 der AVB-RSW für Wirtschaftsprüfer (das „W“) sind nicht mehr Teil der Versicherungsbedingungen der AVB-RS, da die Versicherergemeinschaft für Steuerberater und Wirtschaftsprüfer diese Risiken mit ihrem Bedingungswerk anbietet. Die Bürohaftpflichtversicherung ist eine separat abzuschließende Versicherung, was aber den Versicherungsschutz nicht verändert hat.

Gerne nehme ich wieder Bemerkungen und Hinweise entgegen.

München, November 2024 Dr. Stefan Riechert

https://doi.org/10.1515/9783111396415-202

Vorwort zur 1. Auflage

Dieser Kommentar soll ein praktisches Hilfsmittel sein, um sich über die Berufshaftpflichtversicherung für Rechtsanwälte und die anwaltlichen Organisationsformen informieren zu können.

Rechtsanwälte, die ihren Beruf zusammen mit anderen Berufsträgern ausüben wollen, konnten dies lange Zeit nur in Form einer BGB-Gesellschaft tun. Als Angehörige eines freien Berufes standen ihnen andere Gesellschaftsformen nicht zur Verfügung. Diese Situation hat sich seit Mitte der 1990iger Jahre gravierend geändert. Die BGB-Gesellschaft ist aber nach wie vor die beliebteste Rechtsform der Rechtsanwälte. Die Rechtslage, die die Rechtsprechung in den letzten Jahren zur BGB-Gesellschaft entwickelt hat, hat sich jedoch weit vom Gesetzeswortlaut entfernt, was die Arbeit auf diesem Gebiet erheblich erschwert. Das gleiche gilt für die Arbeit mit dem anwaltlichen Berufsrecht, in dem die Berufshaftpflichtversicherung für Rechtsanwälte geregelt ist, da es auch an die gesellschaftsrechtlichen Veränderungen nicht angepasst wurde. Rechtsanwender, die auf diesem Gebiet tätig sind, stehen deshalb oft vor schwierigen Aufgaben. Dazu kommt, dass für das Berufsrecht der Rechtsanwälte und der anderen Berufe, mit denen sich Rechtsanwälte zusammenschließen dürfen wie Steuerberater und Wirtschaftsprüfer politisch verschiedene Ministerien zuständig sind. Die jeweiligen berufsrechtlichen Vorgaben sind aber insgesamt zu beachten, wenn die Anwälte, Steuerberater und Wirtschaftsprüfer gemeinschaftlich nach außen in einer interprofessionellen Gesellschaft ihrem Beruf nachgehen. Die Öffnung für weitere Berufsgruppen, die mit den wirtschaftsberatenden Berufen gemeinschaftlich tätig sein dürfen, verstärkt dies noch.

Die hier kommentierten AVB-RS der Allianz folgen daher im Grundsatz dem komplexen Neben- und Miteinander von Gesellschaftsrecht, Berufsrecht, Versicherungsrecht und den Vorgaben der Rspr. und des Gesetzgebers. Die Versicherer müssen dabei die auftretenden möglichen Fallkonstellationen einerseits erkennen, Rechtssicherheit schaffen und die Probleme lösen, wenn es keine Richtlinien gibt, und andererseits ein für den Kunden einfaches und verständliches Versicherungsprodukt schaffen. Wo dies aufgrund der Komplexität und der Unterschiede nicht mehr möglich ist, erstellen die Versicherer eigene Bedingungswerke, die zusätzlich zu den AVB-RS gelten. Diese Besonderen Bedingungen und Risikobeschreibungen sind an geeigneter Stelle aufgeführt und gesondert kommentiert. Aufgrund der vielfältigen und komplizierten und mitunter kaum mehr nachvollziehbaren Sach- und Rechtslage sind die AVB-RS und die zusätzlichen Bedingungswerke nicht immer einfach zu verstehen und benötigen gerade eine Auslegung. Weil die Schwierigkeiten bestehen, legen die Versicherer ihre Bedingungen auch unterschiedlich aus, selbst wenn der Wortlaut der Bedingung gleich ist. Darauf wird an der jeweiligen Stelle gesondert hingewiesen.

Die Einleitung ergänzt den Kommentarteil. Erläutert werden die Rechtsgrundlagen, die Auslegung von Versicherungsbedingungen und auch die Begrifflichkeiten und Techniken des Versicherers, den Kunden nach seinem individuellen Bedarf abzusichern. Dabei ist auch die Mitversicherung von mehreren Versicherern an einem Risiko unter verschiedenen Aspekten nach Praxis und gesetzlichen Vorgaben besprochen und ebenfalls das in der Praxis bedeutsame Verhältnis des Versicherers zum Makler.

Die Rspr. und Literatur konnten bis Juni 2018 eingearbeitet werden. Für Hinweise zu Fehlern, Unklarheiten oder nicht kommentierten Fällen bin ich dankbar.

München, Juni 2018 — Dr. Stefan Riechert

https://doi.org/10.1515/9783111396415-203

Inhaltsübersicht

Inhaltsverzeichnis

Abkürzungsverzeichnis

A.	Auflage
aA	Am Anfang
aaO	am angegebenen Ort
ABl.	Amtsblatt
Abs.	Absatz
Abschn.	Abschnitt
aE	am Ende
aF	alte Fassung
AG	Aktiengesellschaft; Amtsgericht; Die Aktiengesellschaft
AGB	Allgemeine Geschäftsbedingungen
AHB	Allgemeine Versicherungsbedingungen für die Haftpflichtversicherung
AktG	Aktiengesetz
Alt.	Alternative
aM	anderer Meinung
ÄndG	Änderungsgesetz
Anh.	Anhang
Anl.	Anlage
Anm.	Anmerkung
AnwBl	Anwaltsblatt
AnwGH	Anwaltsgerichtshof
AO	Abgabenordnung
AR	Aufsichtsrat
ARB	Allgemeine Bedingungen für die Rechtsschutzversicherung
ArbGG	Arbeitsgerichtsgesetz
arg.	argumentum
Aufl.	Auflage
AVB	Allgemeine Versicherungsbedingungen zur Vermögensschaden-Haftpflichtversicherung der Allianz für Rechtsanwälte und Steuerberater
AVB-P	Versicherungsbedingungen zur Vermögensschaden-Haftpflichtversicherung für freie Berufe und Gewerbetreibende mit gesetzlicher Versicherungspflicht (Bedingungswerk der R+V-Versicherung)
AVB-RS	Allgemeine Versicherungsbedingungen sowie Risikobeschreibungen zur Vermögensschaden-Haftpflichtversicherung der Allianz für Rechtsanwälte/Patentanwälte und Steuerberater
BaFin	Bundesanstalt für Finanzdienstleistungsaufsicht
BAG	Gesetz über die Errichtung eines Bundesaufsichtsamtes für das Versicherungswesen
BAnz.	Bundesanzeiger
BB	Betriebs-Berater
BBR	Besondere Bedingungen und Risikobeschreibungen der
BBR-RA	Besondere Bedingungen und Risikobeschreibung zur Vermögensschaden-Haftpflichtversicherung der Allianz für Rechtsanwälte und Patentanwälte
Bd.	Band
BDSG	Bundesdatenschutzgesetz
BeckRS	Beck-Rechtsprechung (Beck-Online)
betr.	betreffend
BetrAV	Betriebliche Altersversorgung
BetrAVG	Betriebsrentengesetz
BGB	Bürgerliches Gesetzbuch
BGBl.	Bundesgesetzblatt
BGH	Bundesgerichtshof
BGHZ	Entscheidungen des Bundesgerichtshofs in Zivilsachen
BMF	Bundesminister der Finanzen/Bundesministerium der Finanzen
BMJ	Bundesminister der Justiz/Bundesministerium der Justiz
BMWi	Bundesminister für Wirtschaft/Bundesministerium für Wirtschaft

https://doi.org/10.1515/9783111396415-206

BNotO	Bundesnotarordnung
BOStB	Bundesordnung der Bundessteuerberaterkammer
BRAK	Bundesrechtsanwaltskammer
BRAK-Mitt.	Mitteilungen der Bundesrechtsanwaltskammer
BRAGO	Bundesrechtsanwaltsgebührenordnung
BRAO	Bundesrechtsanwaltsordnung
BR-Drucks.	Bundesrats-Drucksache
BT-Drucks.	Bundestags-Drucksache
BVerfG	Bundesverfassungsgericht
BVerwG	Bundesverwaltungsgericht
BVerwGE	Entscheidungen des Bundesverwaltungsgerichts
CCBE	Berufsregeln der Rechtsanwälte der Europäischen Union
CCZ	Corporate Compliance Zeitschrift
DAV	Deutscher Anwaltsverein (nicht der Alpenverein!)
DB	Der Betrieb
d.h.	das heißt
Diss.	Dissertation
DL-InfoV	Dienstleistungs-Informationspflichtenverordnung
DNotZ	Deutsche Notarzeitung
DNotO	Dienstordnung für Notare
DStR	Deutsches Steuerrecht
EG	Europäische Gemeinschaft
EGBGB	Einführungsgesetz zum Bürgerlichen Gesetzbuch
EG-Kommission	Kommission der Europäischen Gemeinschaft
EGV	Vertrag zur Gründung der Europäischen Gemeinschaft
EGVVG	Einführungsgesetz zum Gesetz über den Versicherungsvertrag
Einl.	Einleitung
entgg.	entgegen
Erl.	Erläuterung
EStG	Einkommensteuergesetz
EU	Europäische Union
EUR	Euro
evtl.	eventuell
EWiR	Entscheidungen zum Wirtschaftsrecht
EWIV	Europäische Wirtschaftliche Interessenvereinigung
f, ff	Folgende und fortfolgende
Fn.	Fußnote
G	Gesetz
GbR	Gesellschaft Bürgerlichen Rechts
GenG	Genossenschaftsgesetz
GewO	Gewerbeordnung
GG	Grundgesetz für die Bundesrepublik Deutschland
ggü.	gegenüber
GI	Gerling Information für wirtschaftsprüfende, rechts- und steuerberatende Berufe
GmbH	Gesellschaft mit beschränkter Haftung
GmbHG	GmbH-Gesetz
grds.	grundsätzlich
GWB	Gesetz gegen Wettbewerbsbeschränkungen
HGB	Handelsgesetzbuch
HReg.	Handelsregister

Hrsg.	Herausgeber
HS	Halbsatz
idR	in der Regel
IHK	Industrie- und Handelskammer
iHv	in Höhe von
InsO	Insolvenzordnung
InsVV	Insolvenzrechtliche Vergütungsverordnung
iS	im Sinne
iVm	in Verbindung mit
JRPV	Juristische Rundschau für die Privatversicherung
JW	Juristische Wochenschrift
KG	Kammergericht, Kommanditgesellschaft
KWG	Kreditwesengesetz
LAG	Landesarbeitsgericht
lfd.	laufend
LG	Landgericht
LLP	Limited Liability Partnership
LS	Leitsatz
MDR	Monatsschrift für Deutsches Recht
Mio	Millionen
nF	neue Fassung
NJW	Neue Juristische Wochenschrift
NJWE-VHR	NJW-Entscheidungsdienst Versicherungs- und Haftungsrecht
NJW-RR	NJW-Rechtsprechungs-Report Zivilrecht
Nr.	Nummer(n)
n. rkr.	nicht rechtskräftig
n. v.	nicht veröffentlicht
NVersZ	Neue Zeitschrift für Versicherung und Recht
NZI	Neue Zeitschrift für Insolvenz- und Sanierungsrecht
NZG	Neue Zeitschrift für Gesellschaftsrecht
ODL	Outside Directorship Liability (Versicherung)
o.g.	oben genannte
OGH	Oberster Gerichtshof (Österreich)
oHG	offene Handelsgesellschaft
OLG	Oberlandesgericht
OLGR	Rechtsprechung der Oberlandesgerichte
OWiG	Gesetz über Ordnungswidrigkeiten
PartG	Partnerschaftsgesellschaft
PartGG	Partnerschaftsgesellschaftsgesetz
PartmbB	Partnerschaftsgesellschaft mit beschränkter Berufshaftung
PKH	Prozesskostenhilfe
RG	Reichsgericht
RGZ	Entscheidungen des Reichsgerichts in Zivilsachen
RL	Richtlinie
Rn.	Randnummer
Rom I-VO	Verordnung (EG) Nr. 593/2008 des Europäischen Parlaments und des Rates vom 17. Juni 2008 über das auf vertragliche Schuldverhältnisse anzuwendende Recht (Rom I)

r+s	Zeitschrift Recht und Schaden
Rspr.	Rechtsprechung
RVG	Rechtsanwaltsvergütungsgesetz
s.	siehe
S.	Seite/Satz
Slg.	Sammlung der Entscheidungen des EuGH
s.o.	siehe oben
sog.	so genannte
StB	Steuerberater
StBDV	Verordnung zur Durchführung der Vorschriften über Steuerberater, Steuerbevollmächtigte und Steuerberatungsgesellschaften
StBerG	Steuerberatungsgesetz
StGB	Strafgesetzbuch
StPO	Strafprozessordnung
s.u.	siehe unten
USD	US-Dollar
u.U.	unter Umständen
UWG	Gesetz gegen den unlauteren Wettbewerb
VA	Veröffentlichungen des Reichsaufsichtsamtes für Privatversicherung
VAG	Versicherungsaufsichtsgesetz
VerBAV	Veröffentlichungen des Bundesaufsichtsamtes für das Versicherungswesen
VersR	Versicherungsrecht
vgl.	vergleiche
VN	Versicherungsnehmer
VO	Verordnung/Rechtsverordnung
Voraufl.	Vorauflage
VP	Versicherungspraxis
VR	Versicherer
VU	Versicherungsunternehmen
VVaG	Versicherungsverein auf Gegenseitigkeit
VW	Zeitschrift Versicherungswirtschaft
VwGO	Verwaltungsgerichtsordnung
WM	Wertpapier-Mitteilungen
WPK-Mitt.	Mitteilungen der Wirtschaftsprüferkammer
WPO	Wirtschaftsprüferordnung
z.B.	zum Beispiel
ZfS	Zeitschrift für Schadensrecht
ZfV	Zeitschrift für Versicherungswesen
ZHR	Zeitschrift für das gesamte Handels- und Wirtschaftsrecht
Ziff.	Ziffer
ZInsO	Zeitschrift für Insolvenzrecht
ZIP	Zeitschrift für Wirtschaftsrecht
ZPO	Zivilprozessordnung
zutr.	zutreffend
ZVersWiss	Zeitschrift für die gesamte Versicherungswissenschaft

Literaturverzeichnis

Kursiv der jeweilige Bearbeiter. Aufsätze und sonstige Einzelartikel sind in den Fußnoten genannt.

Assmann/Schütz/Buck-Heeb	Assmann/Schütze/Buck-Heeb, Handbuch des Kapitalanlagerechts 6. Auflage 2024
Buth/Hermanns/*Bearbeiter*	Buth/Hermanns, Restrukturierung, Sanierung, Insolvenz; 5. Auflage 2022
Hopt/Bearbeiter	Hopt, Handelsgesetzbuch, 43. Auflage 2024
Beck/Depré/Ampferl/Bearbeiter	Beck/Depré/Ampferl, Praxis der Sanierung und Insolvenz, 4. Auflage 2023
Beckmann/Matusche-Beckmann/*Bearbeiter*	Beckmann/Matusche-Beckmann, Versicherungsrechts-Handbuch, 3. Auflage 2015
BeckOK BGB/*Bearbeiter*	Hau/Poseck, Beck'scher Online-Kommentar BGB, 68. Edition
BeckOK BNotO/*Bearbeiter*	Eschwey, Bundesnotarordnung, 10. Edition 2024
BeckOK BORA/*Bearbeiter*	Römermann/Günther, Beck'scher Online-Kommentar BORA, 45. Edition 2024
BeckOK BRAO/*Bearbeiter*	Römermann, Beck'scher Online-Kommentar BORA, 24. Edition 2024
BeckOK GmbHG/*Bearbeiter*	Ziemons/Jaeger, Beck'scher Online-Kommentar GmbHG, 61. Edition
BeckOK ZPO/*Bearbeiter*	Vorwerk/Wolf, Beck'scher Online-Kommentar ZPO, 53. Edition
Bengel/Reimann/Holtz/Röhl/*Bearbeiter* HBdTV	Bengel/Reimann/Holtz/Röhl, Handbuch der Testamentsvollstreckung, 8. Auflage 2023
Borgmann/Jungk/Schwaiger	Borgmann/Jungk/Schwaiger, Anwaltshaftung, 6. Auflage 2020
Braun/*Bearbeiter*	Braun, Insolvenzordnung, 10. Auflage 2024
Diller	Diller, Berufshaftpflichtversicherung der Rechtsanwälte, 3. Auflage 2024
Dreher/Hoffmann/Kling	Dreher/Hoffmann/Kling, Kartell- und Wettbewerbsrecht der Versicherungsunternehmen, 2. Auflage 2015
Deckenbrock/Henssler/*Bearbeiter*	Deckenbrock/Henssler, Rechtsdienstleistungsgesetz, 5. Auflage 2021
Gerold/Schmidt/Müller-Rabe/*Bearbeiter*	Gerold/Schmidt/Müller-Rabe, Rechtsanwaltsvergütungsgesetz, 26. Auflage 2023
Gräfe/Brügge/Melchers	Gräfe/Brügge/Melchers, Berufshaftpflichtversicherung für rechts- und wirtschaftsberatende Berufe, 3. Auflage 2021
Grüneberg/*Bearbeiter*	Grüneberg, Bürgerliches Gesetzbuch, 83. Auflage 2024
Haarmeyer/Mock	Haarmeyer/Mock, Vergütung in Krise, Sanierung und Insolvenz, 7. Auflage 2024
HBAnw/*Bearbeiter*	G. Fischer/Vill/D. Fischer/Rinkler/Chab, Handbuch der Anwaltshaftung, 5. Auflage 2019
Henssler/Prütting/*Bearbeiter* BRAO	Henssler/Prütting, Bundesrechtsanwaltsordnung, 6. Auflage 2024
Henssler/Strohn/*Bearbeiter* GesR	Henssler/Strohn, Gesellschaftsrecht, 6. Auflage 2024
Karsten Schmidt InsO/*Bearbeiter*	Karsten Schmidt, Insolvenzordnung, 20. Auflage 2023
Langheid/Rixecker/*Bearbeiter*	Langheid/Rixecker, Versicherungsvertragsgesetz, 7. Auflage 2022
Littbarski/Tenschert/Klein/*Bearbeiter*	Littbarski/Tenschert/Klein, Betriebs- und Berufshaftpflichtversicherung, 1. Auflage 2023
MAH ArbR/*Bearbeiter*	Moll, Münchener Anwaltshandbuch Arbeitsrecht, 5. Auflage 2021
MAH ErbR/*Bearbeiter*	Scherer, Münchener Anwaltshandbuch Erbrecht, 6. Auflage 2024
MAH VersR/*Bearbeiter*	Münchener Anwaltshandbuch Versicherungsrecht, 5. Auflage 2022
Meilicke/Graf v. Westphalen/*Bearbeiter*	Meilicke/Graf v. Westphalen/Hoffmann/Lenz/Wolff, Partnerschaftsgesellschaftsgesetz, 4. Auflage 2024
Musielak/Voit/*Bearbeiter*	Musielak/Voit, Zivilprozessordnung mit Gerichtsverfassungsgesetz, 21. Auflage 2024
MüKoBGB/*Bearbeiter*	Säcker/Rixecker/Oetker/Limberg, Münchener Kommentar zum Bürgerlichen Gesetzbuch (BGB), 9. Auflage 2023
MüKoGmbHG/*Bearbeiter*	Goette/Fleischer, Münchener Kommentar zum GmbHG, 4. Auflage 2022
MüKoHGB/*Bearbeiter*	K. Schmidt, Münchener Kommentar zum Handelsgesetzbuch, 4./5. Auflage 2022
MüKoInsO/*Bearbeiter*	Stürner/Eidenmüller/Schoppmeyer, Münchener Kommentar zur Insolvenzordnung, 4. Auflage 2019
MüKoVVG/*Bearbeiter*	Langheid/Wandt, Münchener Kommentar zum Versicherungsvertragsgesetz, 3. Auflage 2022

https://doi.org/10.1515/9783111396415-207

MüKoZPO/*Bearbeiter*	Rauscher/Krüger, Münchener Kommentar zur Zivilprozessordnung, 6. Auflage 2020
Nerlich/Römermann/*Bearbeiter*	Nerlich/Römermann, Insolvenzordnung, 49. Ergänzungslieferung 2024
Peres/Senft/*Bearbeiter*	Peres/Senft, Sozietätsrecht, 3. Auflage 2015
Prölss/Martin/*Bearbeiter*	Prölss/Martin, Versicherungsvertragsgesetz, 32. Auflage 2024
Rüffer/Halbach/Schimikowski/*Bearbeiter*	Rüffer/Halbach/Schimikowski, Gesetz über den Versicherungsvertrag, 4. Auflage 2020
Schwab/Walter/*Bearbeiter*	Schwab/Walter, Schiedsgerichtsbarkeit, 7. Auflage 2005
Sonnleitner/Witfeld/*Bearbeiter*	Sonnleitner/Witfeld, Insolvenz- und Sanierungssteuerrecht, 2. Auflage 2022
Späte/Schimikowski/*Bearbeiter*	Späte/Schimikowski, Haftpflichtversicherung, 2. Auflage 2015
Staudinger/*Bearbeiter*	J. von Staudingers Kommentar zum Bürgerlichen Gesetzbuch
Uhlenbruck/*Bearbeiter*	Uhlenbruck, Insolvenzordnung: InsO, EuInsVO, SanInsKG und StaRUG, Band 1 in der 15. Auflage 2019, Band 2 in der 16. Auflage 2023
Veith/Gräfe/Lange/Rogler/*Bearbeiter*	Veith/Gräfe/Lange/Rogler, Der Versicherungsprozess, 5. Auflage 2023
Vollkommer/Greger/Heinemann/*Bearbeiter*	Vollkommer/Greger/Heinemann, Anwaltshaftungsrecht, 5. Auflage 2021
Weinbeer	Weinbeer, Die Haftungsverfassung bei Zusammenschlüssen von Rechtsanwälten unter besonderer Berücksichtigung versicherungsrechtlicher Bestimmungen, 2013
Weyland/*Bearbeiter*	Weyland, BRAO: Bundesrechtsanwaltsordnung, 11. Auflage 2024
Wilhelmer Berufshaftpflichtversicherung	Wilhelmer, Berufshaftpflichtversicherung, 2022

VH 60/01 AVB-RS

Allgemeine und Besondere Versicherungsbedingungen sowie Risikobeschreibungen zur Vermögensschaden-Haftpflichtversicherung für
– Rechtsanwälte und Patentanwälte
– Steuerberater
(AVB-RS)
VH 60/01 Stand 09/2024

Inhaltsverzeichnis

https://doi.org/10.1515/9783111396415-001

Teil 1 Allgemeine Versicherungsbedingungen (AVB)

A. Der Versicherungsschutz (§§ 1–4)

§ 1 Gegenstand des Versicherungsschutzes, Vermögensschaden, Versicherungsnehmer

I. Versicherungsschutz für berufliche Tätigkeit, Vermögensschadenbegriff

1. Gegenstand des Versicherungsschutzes
[1]Der Versicherer bietet dem Versicherungsnehmer Versicherungsschutz für den Fall, dass er wegen eines beider Ausübung beruflicher Tätigkeit von ihm selbst oder einer Person, für die er nach § 278 oder § 831 BGB einzustehen hat, begangenen Verstoßes von einem anderen aufgrund gesetzlicher Haftpflichtbestimmungen für einen Vermögensschaden verantwortlich gemacht wird. [2]Ausgenommen sind Ansprüche auf Rückforderung von Gebühren oder Honoraren sowie Erfüllungsansprüche und Erfüllungssurrogate.

2. Mitversicherte Tätigkeiten
In Ergänzung zu I Ziff. 1 ist die Haftung mitversichert für Verstöße von zum Verstoßzeitpunkt versicherten Gesellschaftern, Angestellten und Mitarbeitern bei der Ausübung von Tätigkeiten nach Teil 2 B oder C oder Teil 3 B für den Versicherungsnehmer.

3. Definition des Vermögensschadens
Vermögensschäden sind solche Schäden, die weder Personenschäden (Tötung, Verletzung des Körpers oder Schädigung der Gesundheit von Menschen) noch Sachschäden (Beschädigung, Verderben, Vernichtung oder Abhandenkommen von Sachen, insbesondere auch von Geld und geldwerten Zeichen) sind, noch sich aus solchen von dem Versicherungsnehmer oder einer Person, für die er einzutreten hat, verursachten Schäden herleiten.

II. Berufsausübungsgesellschaften

1. Zurechnung
[1]Umstände, die in der Person von Gesellschaftern, Angestellten oder Mitarbeitern gegeben sind und den Versicherungsschutz beeinflussen, werden dem Versicherungsnehmer zugerechnet. [2]§ 4 I Ziff. 3 bleibt unberührt.

2. Versicherungsschutz für Gesellschafterhaftung
a) In Ergänzung von I Ziff. 1 bietet der Versicherer den versicherten Angehörigen des Berufes, für den über diesen Vertrag eine Versicherung besteht (Berufsangehörige), und den berufsfremden Gesellschaftern Versicherungsschutz für die gesetzliche Haftpflicht, soweit sie für einen Versicherungsfall des in diesem Vertrag versicherten berufsangehörigen Versicherungsnehmers in Anspruch genommen werden.
b) Der Versicherungsschutz nach Ziff. 2 a) besteht auch für Verbindlichkeiten, die vor dem Eintritt in die Gesellschaft (Eintrittsversicherung), oder die vor dem Ausscheiden aus der Gesellschaft begründet wurden (Austrittsversicherung).

3. Zeitpunkt
Es gilt der Versicherungsschutz, der zum Zeitpunkt des Verstoßes vereinbart war.

§ 2 Vorwärts- und Rückwärtsversicherung

I. Vorwärtsversicherung
Die Vorwärtsversicherung umfasst die Folgen aller vom Beginn des Versicherungsschutzes an (§ 3) bis zum Ablauf des Vertrages begangener Verstöße.

II. Rückwärtsversicherung

1. Versicherungsumfang
[1]Die Rückwärtsversicherung bietet Versicherungsschutz für in der Vergangenheit begangene Verstöße. [2]Bei Antragstellung ist die rückwärts zu versichernde Zeit nach Anfangs- und Endzeitpunkt zu bezeichnen.

2. Kein Versicherungsschutz bei bekanntem Verstoß
Hat der Versicherungsnehmer oder eine mitversicherte Person bei Abgabe der Vertragserklärung davon Kenntnis, dass ein Verstoß schon begangen wurde, ist der Versicherer nicht zur Leistung verpflichtet.

III. Verstoßzeitpunkt bei Unterlassung
Wird ein Schaden durch fahrlässige Unterlassung verursacht, gilt im Zweifel der Verstoß als an dem Tag begangen, an welchem die versäumte Handlung spätestens hätte vorgenommen werden müssen, um den Eintritt des Schadens abzuwenden.

§ 3 Beginn und Umfang des Versicherungsschutzes

I. Beginn des Versicherungsschutzes

1. Beginn
Der Versicherungsschutz beginnt an dem im Versicherungsschein angegebenen Zeitpunkt, sofern der Versicherungsnehmer die erste oder einmalige Prämie zusammen mit den angegebenen Kosten und etwaigen öffentlichen Abgaben rechtzeitig gemäß § 8 I Ziff. 1 zahlt.

2. Beginn bei späterer Prämienforderung
Wird die erste Prämie erst nach dem als Beginn der Versicherung festgesetzten Zeitpunkt gefordert, dann aber ohne Verzug bezahlt, beginnt der Versicherungsschutz mit dem vereinbarten Zeitpunkt.

II. Umfang des Versicherungsschutzes

1. Abwehrschutz und Freistellung
Der Versicherungsschutz umfasst die Abwehr unberechtigter Schadenersatzansprüche und die Freistellung des Versicherungsnehmers von berechtigten Schadenersatzverpflichtungen.
a) Berechtigt sind Schadenersatzverpflichtungen dann, wenn der Versicherungsnehmer aufgrund Gesetzes, rechtskräftigen Urteils, Anerkenntnisses oder Vergleichs zur Entschädigung verpflichtet ist und der Versicherer hierdurch gebunden ist.
b) Anerkenntnisse und Vergleiche, die vom Versicherungsnehmer ohne Zustimmung des Versicherers abgegeben oder geschlossen worden sind, binden den Versicherer nur, soweit der Haftpflichtanspruch auch ohne Anerkenntnis oder Vergleich bestanden hätte.
c) Der Versicherer ist bevollmächtigt, alle zur Beilegung oder Abwehr des Haftpflichtanspruchs ihm zweckmäßig erscheinenden Erklärungen im Namen des Versicherungsnehmers abzugeben.

2. Höchstbetrag der Versicherungsleistung
[1]Die Versicherungssumme stellt den Höchstbetrag der dem Versicherer – abgesehen von den Kosten (siehe Ziff. 5) – in jedem einzelnen Versicherungsfall obliegenden Leistung dar und zwar mit der Maßgabe, dass nur eine einmalige Leistung der Versicherungssumme in Frage kommt:
a) gegenüber mehreren Entschädigungspflichtigen, auf welche sich der Versicherungsschutz erstreckt,
b) bezüglich eines aus mehreren Verstößen stammenden einheitlichen Schadens,
c) bezüglich sämtlicher Pflichtverletzungen bei der Erledigung eines einheitlichen Auftrags, mögen diese auf dem Verschulden des Versicherungsnehmers oder einer von ihm herangezogenen Hilfsperson beruhen.
[2]Weitere Bestimmungen zum Höchstbetrag der Versicherungsleistung enthalten die Besonderen Bedingungen.

3. Jahreshöchstleistung
[1]Die Leistungen des Versicherers können im Rahmen der gesetzlichen Bestimmungen begrenzt werden. [2]Weitere Bestimmungen zur Jahreshöchstleistung enthalten die Besonderen Bedingungen.

4. Selbstbehalt des Versicherungsnehmers
a) An der Summe, die vom Versicherungsnehmer aufgrund richterlichen Urteils oder eines vom Versicherer genehmigten Anerkenntnisses oder Vergleichs zu bezahlen ist (Haft-

pflichtsumme), wird der Versicherungsnehmer mit einem Selbstbehalt von 1.000 EUR beteiligt (Festselbstbehalt).

b) Bei Haftpflichtansprüchen aus Tätigkeiten im Zusammenhang mit der Beratung und Beschäftigung im außereuropäischen Recht oder der Tätigkeit vor außereuropäischen Gerichten wird der Versicherungsnehmer in jedem Schadenfall mit einem Selbstbehalt von 5.000 EUR beteiligt.

c) Abweichend von Ziff. 4 a) kann ein anderer gesetzlich zulässiger Selbstbehalt vereinbart werden.

d) [1]Ein Selbstbehalt ist jedoch ausgeschlossen, wenn bei Geltendmachung des Schadens durch einen Dritten die Bestellung bzw. Zulassung des Versicherungsnehmers erloschen ist. [2]Dies gilt auch, wenn Haftpflichtansprüche gegen die Erben erhoben werden. [3]Zudem entfällt in den ersten drei Jahren nach der Zulassung oder Bestellung als Berufsträger der Selbstbehalt, sofern kein abweichender Selbstbehalt vereinbart wurde. [4]Ziff. 4 d) gilt nicht für Berufsausübungsgesellschaften.

5. Prozesskosten

a) [1]Die Kosten eines gegen den Versicherungsnehmer anhängig gewordenen, einen gedeckten Haftpflichtanspruch betreffenden Haftpflichtprozesses sowie einer wegen eines solchen Anspruchs mit Zustimmung des Versicherers vom Versicherungsnehmer betriebenen negativen Feststellungsklage oder Nebenintervention trägt der Versicherer. [2]Sofern nicht im Einzelfall mit dem Versicherer etwas anderes vereinbart ist, werden die Rechtsanwaltskosten entsprechend den Gebührensätzen des RVG übernommen.

b) [1]Abweichend von § 101 VVG trägt der Versicherer die Gebühren und Pauschsätze entsprechend dem Streitwert des Haftpflichtanspruchs nach folgender Maßgabe: Der Versicherer trägt die Gebühren und Pauschsätze bis zu einem Streitwert in Höhe von 1 Mio EUR. [2]Aus einem Streitwert über 1 Mio EUR hinaus übernimmt der Versicherer die Gebühren und Pauschsätze nur dann, sofern die Versicherungssumme 1 Mio EUR übersteigt. [3]Der Versicherer trägt die Gebühren und Pauschsätze maximal aus demjenigen Streitwert, welcher der über 1 Mio EUR hinausgehenden Versicherungssumme entspricht. [4]Bei den nicht durch Pauschsätze abzugeltenden Auslagen tritt eine verhältnismäßige Verteilung auf Versicherer und Versicherungsnehmer ein.

c) Übersteigt der Haftpflichtanspruch nicht den Betrag des Selbstbehalts, treffen den Versicherer keine Kosten.
d) Sofern ein Versicherungsnehmer sich selbst vertritt oder durch einen Gesellschafter, Angestellten oder Mitarbeiter vertreten lässt, werden eigene Gebühren nicht erstattet.

6. Schäden mit Auslandsbezug

a) Bei der Inanspruchnahme vor ausländischen Gerichten ersetzt der Versicherer begrenzt auf seine Leistungspflicht Kosten höchstens nach der der Versicherungssumme entsprechenden Wertklasse nach deutschem Kosten- und Gebührenrecht, sofern nicht im Einzelfall mit dem Versicherer etwas anders vereinbart ist.

b) [1]Bei Haftpflichtansprüchen aus Tätigkeiten im Zusammenhang mit der Beratung und Beschäftigung im außereuropäischen Recht, der Tätigkeit oder aus der Inanspruchnahme vor außereuropäischen Gerichten gilt abweichend Folgendes:
[2]Aufwendungen des Versicherers für Kosten werden als Leistungen auf die Versicherungssumme angerechnet. [3]Kosten sind Anwalts-, Sachverständigen-, Zeugen- und Gerichtskosten, Aufwendungen zur Abwendung oder Minderung des Schadens bei oder nach Eintritt des Versicherungsfalles sowie Schadenregulierungskosten, auch Reisekosten, die dem Versicherer nicht selbst entstehen; dies gilt auch dann, wenn diese Kosten auf Weisung des Versicherers entstanden sind.

7. Sicherheitsleistung zur Abwendung der Zwangsvollstreckung
An der Sicherheitsleistung oder Hinterlegung, die zur Abwendung der zwangsweisen Beitreibung der Haftpflichtsumme zu leisten ist, beteiligt sich der Versicherer in demselben Umfange wie an der Ersatzleistung, höchstens jedoch bis zur Höhe der Versicherungssumme.

8. Leistungsbegrenzung bei gescheiterter Erledigung des Haftpflichtanspruchs oder Zurverfügungstellung der Versicherungsleistung
Falls die vom Versicherer verlangte Erledigung eines Haftpflichtanspruchs durch Anerkenntnis, Befriedigung oder Vergleich am Verhalten des Versicherungsnehmers scheitert oder falls der Versicherer seinen vertragsmäßigen Anteil zur Befriedigung des Geschädigten zur Verfügung stellt, hat der Versicherer für den von der Weigerung bzw. der Zurverfügungstellung an entstehenden Mehraufwand an Hauptsache, Zinsen und Kosten nicht aufzukommen.

9. Beratung im Vorfeld eines Versicherungsfalles
[1]Bestehen Zweifel über das Vorliegen eines Verstoßes, bietet der Versicherer Versicherungsschutz in Form einer vorsorglichen Rechtsberatung. [2]§ 5 II Ziff. 1 bleibt unberührt.

III. Sachschaden, Datenschäden, sonstige Schäden

1. Sachschäden
[1]Mitversichert sind Haftpflichtansprüche wegen Sachschäden an Akten, Schriftstücken und sonstigen beweglichen Sachen, die bei der Ausübung der versicherten beruflichen Tätigkeit für die Sachbehandlung in Betracht kommen, sofern hierfür kein anderweitiger Versicherungsschutz besteht. [2]Nicht versichert sind Haftpflichtansprüche wegen Sachschäden, die dadurch entstehen, dass Geld, Wertpapiere (mit Ausnahme von Wechseln), Wertsachen oder Schlüssel abhandenkommen.

2. Schäden im Zusammenhang mit Versicherungsverträgen
Nicht versichert sind Haftpflichtansprüche wegen Schäden, die dadurch entstehen, dass Versicherungsverträge nicht oder nicht ordnungsgemäß abgeschlossen, erfüllt oder fortgeführt werden.

3. Datenschäden
Mitversichert sind Haftpflichtansprüche wegen Sach- und Vermögensschäden im Zusammenhang mit der Ausübung der versicherten beruflichen Tätigkeit, die aus dem Verlust, der Veränderung oder der Nichtverfügbarkeit von Daten bei Dritten entstehen.

4. Sonstige Schäden
Mitversichert sind Haftpflichtansprüche im Zusammenhang mit der Ausübung der versicherten beruflichen Tätigkeit • wegen Schäden, die aufgrund der Verletzung einer Vorschrift zum Schutz vor Diskriminierung, insbesondere nach dem Allgemeinen Gleichbehandlungsgesetz (AGG) bei Mandanten entstehen,
- wegen Schäden, die durch Freiheitsentzug verursacht worden sind (z.B. Straf- oder Untersuchungshaft, Unterbringung),
- wegen immaterieller Schäden (z.B. Schmerzensgeld) bei Mandatsverhältnissen,
- wegen Schäden, die aus der Verletzung von Vorschriften der Datenschutzgesetze sowie aus der Verletzung beruflicher Geheimhaltungs- und Vertraulichkeitspflichten entstehen.

IV. Kumulsperre
[1]Unterhält der Versicherungsnehmer aufgrund zusätzlicher Qualifikationen weitere Versicherungsverträge (z.B. als Rechtsanwalt, Rechtsbeistand, Patentanwalt, Steuerberater, vereidigter Buchprüfer oder Wirtschaftsprüfer) und kann er für ein und denselben Verstoß Versicherungsschutz auch aus einem oder mehreren Versicherungsverträgen in Anspruch nehmen, begrenzt die Versicherungssumme des Vertrages mit der höchsten Versicherungssumme die Leistung aus allen Versicherungsverträgen; eine Kumulierung der Versicherungssummen findet nicht statt. [2]§ 78 Abs. 2 Satz 1 VVG gilt entsprechend.

§ 4 Ausschlüsse

I. Allgemeine Ausschlüsse
Der Versicherungsschutz bezieht sich nicht auf Haftpflichtansprüche
1. mit Auslandsbezug, entsprechend den Regelungen in den Besonderen Bedingungen (Teil 2 BBR-RA, Teil 3 BBR-S);
2. wegen Schäden durch Veruntreuung entsprechend den Regelungen in den Besonderen Bedingungen (Teil 2 BBR-RA, Teil 3 BBR-S)
3. wegen Schadenverursachung durch wissentliches Abweichen von Gesetz, Vorschrift, Anweisung oder Bedingung des Auftraggebers oder durch sonstige wissentliche Pflichtverletzung.
   a) Der Versicherungsnehmer behält den Anspruch auf Versicherungsschutz, wenn ein Angestellter oder Mitarbeiter (nicht ein Gesellschafter, Geschäftsführer oder Organ) seine Pflichten wissentlich verletzt hat.
   Der Rückgriff nach § 7 III Ziff. 2 bleibt vorbehalten.
   b) [1]Wird der Vorwurf der wissentlichen Pflichtverletzung erhoben, besteht Versicherungsschutz in Form der Abwehr unberechtigter Schadenersatzansprüche. [2]Erbrachte Leistungen sind zu erstatten, wenn die wissentliche Pflichtverletzung rechtskräftig festgestellt wird.
   c) Bei Berufsausübungsgesellschaften nach § 59o Abs. 1, 2 BRAO, § 52n Abs. 1, 2 PAO findet der Ausschluss nach Ziff. 3 keine Anwendung in Höhe der im Verstoßzeitpunkt vorgeschriebenen Mindestversicherungssumme, sofern dieser Vertrag zur Erfüllung der Pflichtversicherung dient.

Bei einer Freistellung von berechtigten Schadenersatzverpflichtungen nimmt der Versicherer im Fall einer wissentlichen Pflichtverletzung Rückgriff gegen den Versicherungsnehmer.

II. Besondere Ausschlüsse
Der Versicherungsschutz bezieht sich nicht auf Haftpflichtansprüche
1. soweit sie aufgrund Vertrages oder besonderer Zusage über den Umfang der gesetzlichen Haftpflicht hinausgehen;
2. aus der Tätigkeit des Versicherungsnehmers oder seines Personals als Leiter, Geschäftsführer, Vorstands-, Aufsichtsrats-, Beiratsmitglied von Firmen, Unternehmungen, Vereinen, Verbänden. Ist der Versicherungsnehmer eine Berufsausübungsgesellschaft, gilt dies entsprechend für die Berufsausübungsgesellschaft und die dort tätigen mitversicherten Personen gemäß § 7 I Ziff. 1.

B. Der Versicherungsfall (§§ 5 und 6)

§ 5 Versicherungsfall, Obliegenheiten im Versicherungsfall, Zahlung des Versicherers

I. Versicherungsfall
Versicherungsfall ist der Verstoß, der Haftpflichtansprüche gegen den Versicherungsnehmer zur Folge haben könnte.

II. Obliegenheiten im Versicherungsfall

1. Anzeigepflichten
a) Jeder Versicherungsfall ist dem Versicherer (vgl. § 11) spätestens innerhalb einer Woche anzuzeigen.
b) [1]Auch wenn der Versicherungsnehmer den Versicherungsfall selbst bereits angezeigt hat, hat er dem Versicherer unverzüglich Anzeige zu erstatten, wenn gegen ihn ein Anspruch gerichtlich geltend gemacht, Prozesskostenhilfe beantragt, ein Mahnbescheid erlassen, ihm der Streit verkündet, ein Schlichtungsverfahren vor der Schlichtungsstelle der Rechtsanwaltschaft beantragt, ein Ermittlungsverfahren eingeleitet oder ein Strafbefehl erlassen wird. [2]Das gleiche gilt im Fall eines Arrestes, einer einstweiligen Verfügung oder eines selbständigen Beweisverfahrens. [3]Gegen Mahnbescheide oder Verfügungen von Verwaltungsbehörden auf Schadenersatz hat er, ohne die Weisung des Versicherers abzuwarten, fristgemäß die erforderlichen Rechtsbehelfe zu ergreifen.
c) Macht der Geschädigte seinen Anspruch gegenüber dem Versicherungsnehmer geltend, ist dieser zur Anzeige innerhalb einer Woche nach der Erhebung des Anspruchs verpflichtet.
d) [1]Durch das Absenden der Anzeige werden die Fristen gewahrt. [2]Für die Rechtsnachfolger des Versicherungsnehmers tritt an Stelle der Wochenfrist jeweils eine Frist von einem Monat.

2. Mitwirkung des Versicherungsnehmers bei der Schadenabwehr.
a) Der Versicherungsnehmer ist, soweit für ihn zumutbar, verpflichtet, unter Beachtung der Weisungen des Versicherers, insbesondere auch hinsichtlich der Auswahl des Prozessbevollmächtigten, für die Abwendung und Minderung des Schadens zu sorgen und alles zu tun, was zur Aufklärung des Schadenfalles dient.
b) Er hat den Versicherer bei der Abwehr des Schadens sowie bei der Schadenermittlung und -regulierung zu unterstützen, ihm gegenüber ausführliche und wahrheitsgemäße Sachverhaltsschilderungen abzugeben, alle Tatumstände, welche auf den Schadenfall Bezug haben, mitzuteilen und alle nach Ansicht des Versicherers für die Beurteilung des Schadenfalls erheblichen Schriftstücke einzusenden.
c) [1]Den aus Anlass eines Schadenfalles erforderlichen Schriftwechsel hat der Versicherungsnehmer unentgeltlich zu führen. [3]Sonstiger anfallender Aufwand sowie auch die Kosten eines vom Versicherungsnehmer außergerichtlich beauftragten Bevollmächtigten werden nicht erstattet.
d) [1]Eine Streitverkündung seitens des Versicherungsnehmers an den Versicherer ist nicht erforderlich. [2]Die Kosten einer solchen werden vom Versicherer nicht ersetzt.
e) Bei Haftpflichtansprüchen aus Tätigkeiten im Zusammenhang mit der Beratung und Beschäftigung im außereuropäischen Recht, aus der Tätigkeit oder aus der Inanspruchnahme vor außereuropäischen Gerichten entsprechend den Regelungen in den Besonderen Bedingungen (Teil 2 BBR-RA, Teil 3 BBR-S) hat der Versicherungsnehmer im Schadenfall den Schriftverkehr mit dem Versicherer ausschließlich über inländi-

sche Einheiten in deutscher und englischer Sprache abzuwickeln, dem Versicherer einen inländischen Ansprechpartner zu benennen, den Schadenfall entsprechend aufzubereiten und – vorbehaltlich anderweitiger Vereinbarungen mit dem Versicherer – vor Ort die rechtliche Argumentation zur Abwehr von Schadenersatzansprüchen in Absprache mit dem Versicherer zu übernehmen.

III. Zahlung des Versicherers

1. Zeitpunkt
Ist die Schadenersatzverpflichtung des Versicherungsnehmers mit bindender Wirkung (§ 3 II Ziff. 1a) für den Versicherer festgestellt, hat dieser den Versicherungsnehmer binnen zwei Wochen vom Anspruch des Dritten freizustellen.

2. Erfüllung
[1]Die Leistungen des Versicherers erfolgen in Euro. [2]Die Verpflichtung des Versicherers gilt mit dem Zeitpunkt als erfüllt, in dem der Euro-Betrag bei einem inländischen Geldinstitut angewiesen ist.

§ 6 Leistungsfreiheit, Leistungskürzung und Fortbestehen der Leistungspflicht bei einer Obliegenheitsverletzung nach § 5

I. Leistungsfreiheit
Wird eine Obliegenheit verletzt, die dem Versicherer gegenüber zu erfüllen ist, ist der Versicherer von der Verpflichtung zur Leistung frei, wenn der Versicherungsnehmer die Obliegenheit vorsätzlich verletzt hat.

II. Leistungskürzung
[1]Im Fall einer grob fahrlässigen Verletzung der Obliegenheit ist der Versicherer berechtigt, seine Leistung in einem der Schwere des Verschuldens des Versicherungsnehmers entsprechenden Verhältnis zu kürzen. [2]Weist der Versicherungsnehmer nach, dass er die Obliegenheit nicht grob fahrlässig verletzt hat, bleibt der Versicherungsschutz bestehen.

III. Fortbestehen der Leistungspflicht
[1]Der Versicherer bleibt zur Leistung verpflichtet, soweit der Versicherungsnehmer nachweist, dass die Verletzung der Obliegenheit weder für den Eintritt oder die Feststellung des Versicherungsfalls noch für die Feststellung oder den Umfang der dem Versicherer obliegenden Leistung ursächlich war. [2]Das gilt nicht, wenn der Versicherungsnehmer die Obliegenheit arglistig verletzt hat.

C. Das Versicherungsverhältnis (§§ 7–13)

§ 7 Versicherung für mitversicherte Personen, Abtretung, Verpfändung, Rückgriffsansprüche

I. Versicherung für mitversicherte Personen

1. Vertragsbestimmungen
[1]Soweit sich die Versicherung auf Haftpflichtansprüche erstreckt, die gegen andere als den Versicherungsnehmer selbst gerichtet sind, finden alle in dem Versicherungsvertrag bezüglich des Versicherungsnehmers getroffenen Bestimmungen auch auf diese Personen sinngemäße Anwendung. [2]Der Versicherungsnehmer bleibt neben den mitversicherten Personen für die Erfüllung der Obliegenheiten verantwortlich.

2. Geltendmachung der Versicherungsansprüche
Mitversicherte Personen können ihre Versicherungsansprüche selbständig geltend machen.

3. Ansprüche des Versicherungsnehmers gegen mitversicherte Personen
Ansprüche des Versicherungsnehmers gegen mitversicherte Personen sind, soweit nichts anderes vereinbart ist, von der Versicherung ausgeschlossen.

II. Abtretung, Verpfändung
[1]Der Freistellungsanspruch darf vor seiner endgültigen Feststellung ohne Zustimmung des Versicherers weder abgetreten noch verpfändet werden. [2]Eine Abtretung an den geschädigten Dritten ist zulässig.

III. Rückgriffsansprüche

1. Übergang von Ansprüchen des Versicherungsnehmers gegen Dritte Steht dem Versicherungsnehmer ein Ersatzanspruch gegen einen Dritten zu, geht dieser Anspruch auf den Versicherer über, soweit der Versicherer den Schaden ersetzt hat.

2. Rückgriff gegen Angestellte oder Mitarbeiter des Versicherungsnehmers
Rückgriff gegen Angestellte oder Mitarbeiter des Versicherungsnehmers wird nur genommen, wenn diese ihre Pflichten vorsätzlich oder wissentlich verletzt haben.

3. Wahrungs- und Mitwirkungspflichten
[1]Der Versicherungsnehmer hat seinen Anspruch gemäß Ziff. 1 oder ein zur Sicherung dieses Anspruchs dienendes Recht unter Beachtung der geltenden Form- und Fristvorschriften zu wahren und bei dessen Durchsetzung durch den Versicherer soweit erforderlich mitzuwirken. [2]Die Folgen einer Verletzung dieser Obliegenheit ergeben sich aus § 86 Abs. 2 VVG.

§ 8 Prämienzahlung (Erst- und Folgeprämie) und Rechtsfolgen bei Nichtzahlung, Verzug bei Abbuchung, Prämienregulierung, Prämienrückerstattung

I. Zahlung der Erstprämie des Hauptvertrages

1. Fälligkeit
Die erste oder einmalige Prämie ist unverzüglich nach Zugang des Versicherungsscheins zu zahlen, jedoch nicht vor dem vereinbarten und im Versicherungsschein angegebenen Beginn des Versicherungsschutzes.

2. Rücktrittsrecht des Versicherers bei Nichtzahlung
[1]Wird die erste oder einmalige Prämie nicht rechtzeitig bezahlt, ist der Versicherer, solange die Zahlung nicht bewirkt ist, zum Rücktritt vom Vertrag berechtigt. [2]Dies gilt nicht, wenn der Versicherungsnehmer nachweist, dass er die Nichtzahlung nicht zu vertreten hat.

3. Leistungsfreiheit des Versicherers bei Nichtzahlung
[1]Ist die Prämie zur Zeit des Eintritts des Versicherungsfalles noch nicht bezahlt, ist der Versicherer von der Verpflichtung zur Leistung frei. [2]Dies gilt nicht, wenn der Versicherungsnehmer nachweist, dass er die Nichtzahlung nicht zu vertreten hat.

II. Zahlung der Folgeprämien des Hauptvertrages

1. Fälligkeit
Die Folgeprämien sind an den im Versicherungsschein festgesetzten Zahlungsterminen fällig.

2. Zahlungsfrist bei Nichtzahlung
[1]Wird eine Folgeprämie nicht rechtzeitig gezahlt, kann der Versicherer dem Versicherungsnehmer auf dessen Kosten in Textform eine Zahlungsfrist von mindestens zwei Wochen bestimmen. [2]Dabei sind die rückständigen Beträge der Prämie, Zinsen und Kosten im Einzelnen zu beziffern und die Rechtsfolgen anzugeben, die nach den Ziff. 3 und 4 mit dem Fristablauf verbunden sind.

3. Leistungsfreiheit des Versicherers bei Nichtzahlung
Tritt der Verstoß nach dem Ablauf dieser Frist ein und ist der Versicherungsnehmer zur Zeit des Eintritts mit der Zahlung der Prämie oder der Zinsen oder der Kosten im Verzug, ist der Versicherer nicht zur Leistung verpflichtet.

4. Kündigungsrecht des Versicherers bei Nichtzahlung
[1]Der Versicherer kann nach Fristablauf den Vertrag ohne Einhaltung einer Frist kündigen, sofern der Versicherungsnehmer mit der Zahlung der geschuldeten Beträge in Verzug ist. [2]Hat der Versicherer den Vertrag gekündigt und zahlt der Versicherungsnehmer danach innerhalb eines Monats den angemahnten Betrag, besteht der Vertrag fort. [3]Für Versicherungsfälle, die zwischen dem Ablauf der Zahlungsfrist und der Zahlung eingetreten sind, besteht jedoch kein Versicherungsschutz.

III. SEPA-Lastschriftverfahren

1. Rechtzeitigkeit der Prämienzahlung
Wenn ein SEPA-Lastschriftverfahren vereinbart wurde, ist die Prämienzahlung rechtzeitig, wenn der Versicherer den Betrag zum Fälligkeitstag einziehen kann und der Versicherungsnehmer einer berechtigten Einziehung nicht widerspricht.

2. Rechtzeitigkeit der Prämienzahlung nach Zahlungsaufforderung
Ist die Einziehung einer Prämie aus Gründen, die der Versicherungsnehmer nicht zu vertreten hat, nicht möglich, ist die Prämienzahlung rechtzeitig, wenn sie unverzüglich nach einer in Textform abgegebenen Zahlungsaufforderung des Versicherers erfolgt.

3. Aufforderungsrecht des Versicherers zur Überweisung
Kann aufgrund eines Widerspruchs oder aus anderen Gründen eine Prämie nicht eingezogen werden, so kann der Versicherer von weiteren Einzugsversuchen absehen und den Versicherungsnehmer in Textform zur Zahlung durch Überweisung auffordern.

IV. Prämienregulierung
Aufgrund einer Änderungsanzeige oder sonstiger Feststellungen gemäß § 13 I wird die Prämie entsprechend dem Zeitpunkt der Veränderung richtig gestellt.

§ 9 Vertragsdauer, Kündigung, Erlöschen

I. Vertragsdauer und ordentliche Kündigung
[1]Der Vertrag ist zunächst für die in dem Versicherungsschein festgesetzte Zeit abgeschlossen. [2]Beträgt diese mindestens ein Jahr, bewirkt die Unterlassung rechtswirksamer Kündigung eine Verlängerung des Vertrages jeweils um ein Jahr. [3]Die Kündigung ist rechtswirksam, sofern sie spätestens drei Monate vor dem jeweiligen Ablauf des Vertrages in Textform erklärt wird.

II. Kündigung im Schadenfall

1. Kündigungsvoraussetzungen
Das Versicherungsverhältnis kann nach Eintritt eines Versicherungsfalles in Textform gekündigt werden, wenn eine Zahlung aufgrund eines Versicherungsfalles geleistet oder der Haftpflichtanspruch rechtshängig geworden ist oder der Versicherungsnehmer mit einem von ihm geltend gemachten Versicherungsanspruch rechtskräftig abgewiesen ist.

2. Kündigungsfrist
[1]Der Versicherer hat eine Kündigungsfrist von einem Monat einzuhalten. [2]Der Versicherungsnehmer kann mit sofortiger Wirkung oder zum Schluss der laufenden Versicherungsperiode kündigen.

3. Erlöschen des Kündigungsrechts
Das Recht zur Kündigung erlischt, wenn es nicht spätestens einen Monat, nachdem die Zahlung geleistet, der Rechtsstreit durch Klagerücknahme, Anerkenntnis oder Vergleich beigelegt oder das Urteil rechtskräftig geworden ist, ausgeübt wird.

III. Rechtzeitigkeit der Kündigung
Die Kündigung ist nur dann rechtzeitig, wenn sie dem Vertragspartner innerhalb der jeweils vorgeschriebenen Frist zugegangen ist.

IV. Erlöschen des Versicherungsschutzes
[1]Bei Wegfall des versicherten Interesses (z.B. Wegfall der Zulassung oder Bestellung, Auflösung der Gesellschaft) erlischt der Versicherungsschutz. [2]§ 23 I BBR-S bleibt unberührt.

§ 10 Verjährung, zuständiges Gericht, anwendbares Recht

I. Verjährung
Die Verjährung der Ansprüche aus dem Versicherungsvertrag richtet sich nach den Vorschriften des Bürgerlichen Gesetzbuches.

II. Zuständiges Gericht

1. Klagen gegen den Versicherer
a) Ansprüche aus dem Versicherungsvertrag können gegen den Versicherer bei dem für seinen Geschäftssitz
oder für den Geschäftssitz seiner vertragsführenden Niederlassung örtlich zuständigen Gericht geltend gemacht werden.
b) Für Klagen des Versicherungsnehmers aus dem Versicherungsvertrag oder der Versicherungsvermittlung ist auch das deutsche Gericht örtlich zuständig, in dessen Bezirk der Versicherungsnehmer zur Zeit der Klageerhebung seinen Wohnsitz, in Ermangelung eines solchen seinen gewöhnlichen Aufenthalt hat.

2. Klagen gegen den Versicherungsnehmer
Für Klagen des Versicherers ist ausschließlich das Gericht örtlich zuständig, in dessen Bezirk der Versicherungsnehmer zur Zeit der Klageerhebung seinen Wohnsitz- oder Geschäftssitz, in Ermangelung eines solchen seinen gewöhnlichen Aufenthalt hat.

3. Unbekannter Wohnsitz- oder Geschäftssitz oder Aufenthalt des Versicherungsnehmers
[1]Ist der Wohn- oder Geschäftssitz oder der gewöhnliche Aufenthalt des Versicherungsnehmers in Deutschland im Zeitpunkt der Klageerhebung nicht bekannt, bestimmt sich die gerichtliche Zuständigkeit für Klagen aus dem Versicherungsvertrag gegen den Versicherer oder den Versicherungsnehmer ausschließlich nach dem Sitz des Versicherers oder seiner für den Versicherungsvertrag zuständigen Niederlassung. [2]Ist der Versicherungsnehmer eine juristische Person, gilt dies entsprechend, wenn sein Geschäftssitz unbekannt ist.

4. [1]Wohn- oder Geschäftssitz des Versicherungsnehmers außerhalb der Europäischen Gemeinschaft, Island, Norwegen oder der Schweiz. [2]Hat der Versicherungsnehmer zum Zeitpunkt der Klageerhebung seinen Wohn- oder Geschäftssitz nicht in einem Mitgliedstaat der Europäischen Gemeinschaft, Island, Norwegen oder der Schweiz, ist das Gericht nach Ziff. 3 Satz 1 ausschließlich zuständig.

III. Anwendbares Recht
Die Rechte und Pflichten aus dem Versicherungsvertrag bestimmen sich ausschließlich nach deutschem Recht.

IV. Sanktionsklausel
[1]Es besteht – unbeschadet der übrigen Vertragsbestimmungen – Versicherungsschutz nur, soweit und solange dem keine auf die Vertragsparteien direkt anwendbaren Wirtschafts-, Handels- oder Finanzsanktionen bzw. Embargos der Europäischen Union oder der Bundesrepublik Deutschland entgegenstehen. [2]Dies gilt auch für Wirtschafts-, Handels- oder Finanzsanktionen bzw. Embargos der Vereinigten Staaten von Amerika, soweit dem nicht Rechtsvorschriften der Europäischen Union oder der Bundesrepublik Deutschland entgegenstehen.

§ 11 Form der Willenserklärungen gegenüber dem Versicherer

Alle für den Versicherer bestimmten Anzeigen und Erklärungen sollen auch dann in Text- oder Schriftform erfolgen, wenn eine solche Form weder im Gesetz noch im Versicherungsvertrag vorgesehen ist, und an die Allianz Versicherungs-AG, 10900 Berlin gerichtet werden.

§ 12 Vorvertragliche Anzeigepflichten des Versicherungsnehmers, Rechtsfolgen von Anzeigepflichtverletzungen

I. Vorvertragliche Anzeigepflichten des Versicherungsnehmers

1. Vollständigkeit und Richtigkeit von Angaben über gefahrerhebliche Umstände
[1]Der Versicherungsnehmer hat bis zur Abgabe seiner Vertragserklärung dem Versicherer alle ihm bekannten Gefahrumstände anzuzeigen, nach denen der Versicherer in Textform gefragt hat und die für den Entschluss des Versicherers erheblich sind, den Vertrag mit dem vereinbarten Inhalt zu schließen (z.B. § 13 I Ziff. 2). [2]Der Versicherungsnehmer ist auch insoweit zur Anzeige verpflichtet, als nach seiner Vertragserklärung, aber vor Vertragsannahme der Versicherer Fragen im Sinne des Satzes 1 stellt.

2. Gefahrerhebliche Umstände
Gefahrerheblich sind die Umstände, die geeignet sind, auf den Entschluss des Versicherers Einfluss auszuüben, den Vertrag überhaupt oder mit dem vereinbarten Inhalt abzuschließen.

3. Zurechnung des Vertreterwissens
Wird der Vertrag von einem Vertreter des Versicherungsnehmers geschlossen und kennt dieser den gefahrerheblichen Umstand, muss sich der Versicherungsnehmer so behandeln lassen, als habe er selbst davon Kenntnis gehabt oder dies arglistig verschwiegen.

II. Rechtsfolgen von Anzeigepflichtverletzungen

1. Rechte des Versicherers
[1]Die Folgen einer Verletzung der Anzeigepflicht ergeben sich aus §§ 19- 22 VVG. [2]Unter den dort genannten Voraussetzungen kann der Versicherer vom Versicherungsvertrag zurücktreten, leistungsfrei sein, den Vertrag kündigen, wegen arglistiger Täuschung anfechten oder auch berechtigt sein, den Vertrag zu ändern.

2. Kündigungsrecht des Versicherungsnehmers bei Vertragsänderung
Erhöht sich durch die Vertragsänderung gemäß Ziff. 1 der Beitrag um mehr als 10 % oder schließt der Versicherer die Gefahrabsicherung für den nicht angezeigten Umstand aus, kann der Versicherungsnehmer den Vertrag nach Maßgabe von § 19 Abs. 6 VVG kündigen.

§ 13 Anzeigepflichten des Versicherungsnehmers während der Vertragslaufzeit

I. Gefahrerhöhung und Risikoerhöhung

1. Selbständige Anzeigepflicht des Versicherungsnehmers
Treten nach Abgabe der Vertragserklärung des Versicherungsnehmers Umstände ein, die für die Übernahme des Versicherungsschutzes Bedeutung haben (§ 12 I Ziff. 2), hat er die Gefahrerhöhung, nachdem er von ihr Kenntnis erlangt hat, dem Versicherer unverzüglich anzuzeigen.

2. Anzeigepflicht nach Aufforderung des Versicherers
[1]Der Versicherungsnehmer ist verpflichtet, nach Erhalt einer Aufforderung des Versicherers, welche auch durch einen der Prämienrechnung beigefügten Hinweis erfolgen kann, Mitteilung darüber zu machen, ob und welche Änderungen in dem versicherten Risiko gegenüber den zum Zwecke der Prämienbemessung gemachten Angaben eingetreten sind, zum Beispiel zuschlagspflichtige Personen, der bei einem anderen Versicherer bestehende Versicherungsschutz für eine höhere Versicherungssumme oder der erstmalige Abschluss eines solchen Versicherungsvertrages, Änderungen einer Nebentätigkeit. [2]Diese Anzeige ist innerhalb eines Monats nach Erhalt der Aufforderung zu machen. [3]Auf Verlangen des Versicherers sind die Angaben durch die Geschäftsbücher oder sonstige Belege nachzuweisen.

3. Leistungsfreiheit infolge unrichtiger Angaben und arglistigen Verschweigens
Unrichtige Angaben zu den Gefahrumständen gemäß Ziff. 1 und 2 oder das arglistige Verschweigen sonstiger Gefahrumstände können den Versicherer unter den Voraussetzungen des § 26 VVG berechtigen, den Versicherungsschutz zu versagen.

II. Änderung von Anschrift und Name
[1]Hat der Versicherungsnehmer eine Änderung seiner Anschrift dem Versicherer nicht mitgeteilt, genügt für eine Willenserklärung, die dem Versicherungsnehmer gegenüber abzugeben ist, die Absendung eines eingeschriebenen Briefs an die letzte dem Versicherer bekannte Anschrift. [2]Die Erklärung gilt drei Tage nach der Absendung des Briefs als zugegangen. [3]Dies gilt entsprechend für den Fall einer Namensänderung des Versicherungsnehmers.

Teil 2 Besondere Bedingungen und Risikobeschreibungen für Rechtsanwälte und Patentanwälte (BBR-RA)

A. Besondere Bedingungen (§§ 14–17)

§ 14 Jahreshöchstleistung

Ist eine höhere als die gesetzliche Mindestversicherungssumme vereinbart, beträgt die Höchstleistung des Versicherers für alle Versicherungsfälle eines Versicherungsjahres (Jahreshöchstleistung) vorbehaltlich abweichender Vereinbarung das Zweifache der vereinbarten Versicherungssumme; die Jahreshöchstleistung beträgt jedoch mindestens das Vierfache der Mindestversicherungssumme.

§ 15 Ausschlüsse

I. Haftpflichtansprüche mit Auslandsbezug
[1]Der Versicherungsschutz bezieht sich nicht auf Haftpflichtansprüche aus Tätigkeiten
1. über in anderen Staaten eingerichtete oder unterhaltene Kanzleien oder Büros,
2. im Zusammenhang mit der Beratung und Beschäftigung im Recht der Vereinigten Staaten von Amerika und Kanada,
3. des Rechtsanwalts oder der Berufsausübungsgesellschaft vor Gerichten mit Sitz in den Vereinigten Staaten von Amerika und Kanada,
4. bei Haftpflichtansprüchen aus Tätigkeiten im Zusammenhang mit der Beratung, Beschäftigung im außereuropäischen Recht oder der Tätigkeit vor außereuropäischen Gerichten bezieht sich der Versicherungsschutz nicht auf Haftpflichtansprüche, die sich aus Vertragsstrafen, Bußen und Entschädigungen mit Strafcharakter (z.B. punitive oder exemplary damages) sowie aus Anfeindung, Schikane, Belästigung, Ungleichbehandlung, Ehrverletzung, Beleidigung oder sonstigen Diskriminierungen ergeben. [2]Für Haftpflichtansprüche aus der Inanspruchnahme des Versicherungsnehmers vor außereuropäischen Gerichten besteht die Leistungspflicht in Höhe der Mindestpflichtversicherungssumme.

[3]Die Ausschlussbestimmungen in Ziff. 2., 3., 4. Satz 2 finden für die Tätigkeit als Patentanwalt oder der patentanwaltlichen Berufsausübungsgesellschaft keine Anwendung.

II. Veruntreuungsschäden
Der Versicherungsschutz bezieht sich nicht auf Haftpflichtansprüche wegen Schäden durch Veruntreuung durch Personal, Angehörige oder Mitgesellschafter des Versicherungsnehmers; als Angehörige gelten:
1. der Ehegatte des Versicherungsnehmers, der Lebenspartner im Sinne des Lebenspartnerschaftsgesetzes oder einer vergleichbaren Partnerschaft nach dem Recht anderer Staaten;
2. wer mit dem Versicherungsnehmer in gerader Linie verwandt oder verschwägert oder im zweiten Grad der Seitenlinie verwandt ist.

III. Tätigkeit als Angestellter
In Ergänzung von § 4 II Ziff. 2 bezieht sich der Versicherungsschutz nicht auf Haftpflichtansprüche aus der Tätigkeit des Versicherungsnehmers als Angestellter.

§ 16 Meldepflichten des Versicherers

Der Versicherer ist verpflichtet, der Rechtsanwalts- bzw. Patentanwaltskammer den Beginn und die Beendigung oder Kündigung des Versicherungsvertrages sowie jede Änderung des Versicherungsvertrages, die den vorgeschriebenen Versicherungsschutz beeinträchtigt, unverzüglich mitzuteilen.

§ 17 Pflichtversicherung

I. Überschreiten der Pflichtversicherung
Soweit der Versicherungsvertrag den Inhalt oder Umfang der Pflichtversicherung überschreitet, gelten die Bedingungen des Teil 1 entsprechend, soweit nichts Abweichendes, z.B.

durch zusätzliche Vereinbarungen, bestimmt ist. Erweiterungen des Versicherungsschutzes lassen den Umfang des gesetzlich vorgeschriebenen Versicherungsschutzes unberührt.

II. Ausschluss kaufmännischer Risiken
Ergänzend zu § 4 bezieht sich der Versicherungsschutz nicht auf Haftpflichtansprüche wegen Schäden aus einer kaufmännischen Kalkulations-, Spekulations- oder Organisationstätigkeit. Soweit der Versicherungsnehmer gemäß InsO (z.B. als (vorläufiger) Insolvenzverwalter, Sonder(insolvenz)verwalter, Gläubigerausschussmitglied, Sachwalter und Treuhänder), gemäß StaRUG als Restrukturierungsbeauftragter, Sanierungsmoderator und Gläubigerbeiratsmitglied oder als gerichtlich bestellter (vorläufiger) Liquidator oder Abwickler oder gemäß § 55 BRAO als Abwickler einer Praxis tätig ist, sind Haftpflichtansprüche wegen Schäden aus einer kaufmännischen Kalkulations- oder Organisationstätigkeit bis zur Höhe der vereinbarten Versicherungssumme, maximal in Höhe von EUR 2.500.000 je Versicherungsfall und Versicherungsjahr versichert.

III. Deckung für Auszahlungsfehler bei Anderkonten
[1]Versicherungsschutz wird auch für den Fall geboten, dass der Versicherungsnehmer wegen einer fahrlässigen Verfügung über Beträge, die in unmittelbarem Zusammenhang mit einer Rechtsanwaltstätigkeit auf ein Anderkonto eingezahlt sind, von dem Berechtigten in Anspruch genommen wird. [2]Das gleiche gilt für die Inanspruchnahme des Versicherungsnehmers aus fahrlässigen Verfügungen über fremde Gelder, die zur alsbaldigen Anlage auf ein Anderkonto in Verwahrung genommen und ordnungsgemäß verbucht sind.

B. Risikobeschreibungen für die Vermögensschaden-Haftpflichtversicherung von Rechtsanwälten (einschließlich des Rechtsanwalts-Risikos von Anwaltsnotaren) (§§ 18–21)

Im Rahmen der dem Vertrag zugrundeliegenden Allgemeinen Versicherungsbedingungen zur Vermögensschaden- Haftpflichtversicherung für Rechtsanwälte und Patentanwälte ist versichert die gesetzliche Haftpflicht des Versicherungsnehmers aus der gegenüber seinem Auftraggeber freiberuflich ausgeübten Tätigkeit als Rechtsanwalt.

§ 18 Mitversicherung

I. Mitversicherte Tätigkeiten
Mitversichert sind die nachfolgend abschließend aufgezählten Tätigkeiten, sofern keine Pflichtversicherung gesetzlich vorgeschrieben ist
- **gemäß InsO, z.B. als (vorläufiger) Insolvenzverwalter, Sonder(insolvenz)verwalter, Gläubigerausschussmitglied, Sachwalter und Treuhänder;**
- **gemäß StaRUG als Restrukturierungsbeauftragter, Sanierungsmoderator und Gläubigerbeiratsmitglied;**
- **als gerichtlich bestellter (vorläufiger) Liquidator oder Abwickler;**
- **als Testamentsvollstrecker, Nachlasspfleger, Nachlassverwalter, Vormund, Betreuer, Pfleger, Beistand;**
- **als Schiedsrichter, Schlichter, Mediator;**
- **gemäß § 55 BRAO als Abwickler einer Praxis und gemäß § 30 BRAO als Zustellungsbevollmächtigter;**

- als Notarvertreter;
- als Autor, Dozent und Referent auf rechtswissenschaftlichem Gebiet;
- als Mitglied eines Aufsichtsrates, Beirates, Stiftungsrates oder ähnlicher Gremien, soweit die dem Verstoß zugrundeliegende Tätigkeit einer anwaltlichen Berufsausübung entspricht.

II. Tätigkeiten nach der Insolvenzordnung
Soweit eine Tätigkeit ausgeübt wird als (vorläufiger) Insolvenzverwalter, Sonder(insolvenz)verwalter, Restrukturierungsbeauftragter, Sanierungsmoderator oder Gläubigerausschuss /-beiratsmitglied sind im bedingungsgemäßen Umfang insbesondere Haftpflichtansprüche mitversichert

1. wegen Schäden, welche daraus resultieren, dass der Betrieb des Schuldners ganz oder teilweise fortgeführt wird;
2. aus §§ 34, 69 AO und vergleichbaren Fällen der persönlichen Haftung wegen Nichtabführung von Sozialversicherungsbeiträgen oder anderen öffentlichen Abgaben, sofern nicht wissentlich vom Gesetz abgewichen wurde;
3. welche darauf beruhen, dass Versicherungsverträge nicht oder nicht ordnungsgemäß abgeschlossen, erfüllt oder fortgeführt werden, es sei denn, es wurde bewusst davon abgesehen;
4. wegen Fehl- oder Doppelüberweisungen sowie Fehlern bei der Auszahlung der Insolvenzquote und der Abrechnung des Insolvenzgeldes;
5. wegen Schäden durch vorsätzliche Straftaten gegen das Vermögen durch Personal des Versicherungsnehmers wie auch des Insolvenzschuldners, soweit der Versicherungsnehmer oder eine berufsangehörige mitversicherte Person wegen fahrlässiger Verletzung ihrer Aufsichts- und Überwachungspflicht in Anspruch genommen wird;
6. gegen den Versicherungsnehmer oder eine berufsangehörige mitversicherte Person wegen Pflichtverletzungen von Angestellten des Insolvenzschuldners, Angestellten und Gesellschaftern des Versicherungsnehmers und dessen freien Mitarbeitern, derer er sich zur Mitwirkung bei der Ausübung seiner Tätigkeit bedient.

§ 19 Vertreter des Versicherungsnehmers

[1]Mitversichert ist im Rahmen des Vertrages die gesetzliche Haftpflicht von Vertretern des Versicherungsnehmers aus der Vertretertätigkeit, solange der Versicherungsnehmer an der Ausübung seines Berufes gehindert ist. [2]Die Mitversicherung besteht nicht, soweit der Vertreter durch eine eigene Versicherung gedeckt ist.

§ 20 Erben des Versicherungsnehmers

Mitversichert ist im Rahmen des Vertrages die gesetzliche Haftpflicht der Erben aus Verstößen, die bis zur Bestellung eines Praxisabwicklers oder bis zur Praxisveräußerung, längstens jedoch bis zu 8 Wochen nach dem Ableben des Erblassers, vorgekommen sind.

§ 21 Ausschluss von Leitungs- und Kontrollfunktionen

Ansprüche aus der Tätigkeit als Leiter, Vorstands-, Aufsichtsrats- oder Beiratsmitglied, Geschäftsführer von Unternehmungen, Vereinen, Verbänden und als Angestellter sind auch im Rahmen der mitversicherten Tätigkeiten vom Versicherungsschutz ausgeschlossen.

C. Risikobeschreibungen zur Vermögensschaden-Haftpflichtversicherung für Patentanwälte

§ 22 Versicherte Tätigkeiten

[1]Im Rahmen der dem Vertrag zugrundeliegenden Allgemeinen Versicherungsbedingungen zur Vermögensschaden- Haftpflichtversicherung für Rechtsanwälte und Patentanwälte ist versichert die gesetzliche Haftpflicht des Versicherungsnehmers aus der freiberuflich ausgeübten Tätigkeit als Patentanwalt. [2]Mitversichert ist im Rahmen des Vertrages die gesetzliche Haftpflicht von Vertretern des Versicherungsnehmers aus der Vertretung, solange der Versicherungsnehmer an der Ausübung seines Berufes gehindert ist. [3]Die Mitversicherung besteht nicht, soweit der Vertreter durch eine eigene Versicherung gedeckt ist.

Teil 3 Besondere Bedingungen und Risikobeschreibungen für Steuerberater (BBR-S)

A. Besondere Bedingungen (§§ 23–29)

§ 23 Mitversicherung

I. Mitversicherte Tätigkeiten
[1]Mitversichert sind allgemeine Vertreter (§ 69 StBerG), Praxisabwickler (§ 70 StBerG) oder Praxistreuhänder (§ 71 StBerG) für die Dauer ihrer Bestellung sowie Vertreter (§ 145 StBerG) während der Dauer eines Berufs- oder Vertretungsverbots. [2]Diese Mitversicherung besteht in dem Umfang nicht, in dem die Mitversicherten durch eine eigene Versicherung Deckung erhalten.

II. Freie Mitarbeiter und Angestellte nach § 58 StBerG
[1]Für den Versicherungsnehmer in freier Mitarbeit tätige selbständige Steuerberater und Steuerbevollmächtigte sind gegen die aus der Mitarbeit sowie aus § 63 StBerG sich ergebenden Haftpflichtgefahren für Vermögensschäden mitversichert. [2]Nicht versichert ist die selbständige Betreuung eigener Mandate neben der freien Mitarbeit. [3]Gleiches gilt sinngemäß auch für Steuerberater und Steuerbevollmächtigte, die als Angestellte nach § 58 StBerG tätig sind.

§ 24 Höchstbetrag der Versicherungsleistung

[1]§ 3 II Ziff. 2 c) erhält folgende Fassung bezüglich sämtlicher Folgen eines Verstoßes: Dabei gilt mehrfaches auf gleicher oder gleichartiger Fehlerquelle beruhendes Tun oder Unterlassen als einheitlicher Verstoß, wenn die betreffenden Angelegenheiten miteinander in rechtlichem oder wirtschaftlichem Zusammenhang stehen. [2]In diesem Fall ist die Leistung des Versicherers auf das Fünffache der Mindestversicherungssumme begrenzt. [3]Ist die vereinbarte Versicherungssumme höher als das Fünffache der gesetzlich vorgeschriebenen Mindestversicherungssumme, tritt der Versicherer mit der vereinbarten Versicherungssumme ein.

§ 25 Jahreshöchstleistung

[1]Eine Höchstleistung des Versicherers für alle innerhalb eines Versicherungsjahres verursachten Schäden kann vereinbart werden. [2]Sie beträgt vorbehaltlich abweichender Vereinbarung das Zweifache der Versicherungssumme. [3]Sie muss mindestens das Vierfache der Mindestversicherungssumme betragen.

§ 26 Ausschlüsse

I. Haftpflichtansprüche mit Auslandbezug:

[1]Der Versicherungsschutz bezieht sich nicht auf Haftpflichtansprüche
1. welche vor ausländischen Gerichten geltend gemacht werden; dies gilt auch im Fall eines inländischen Vollstreckungsurteils (§ 722 ZPO);
2. aus der Verletzung oder Nichtbeachtung ausländischen Rechts; Die Risikoausschlüsse gem. Ziff. 1 und 2 gelten jedoch nicht für das europäische Ausland, die Türkei, die Russische Föderation und die sonstigen Staaten der ehemaligen Sowjetunion.
3. Eingeschlossen ist die gesetzliche Haftpflicht aus der Verletzung oder Nichtbeachtung des Rechts der zuvor nicht genannten Staaten, soweit sie bei der das Abgabenrecht dieser Staaten betreffenden geschäftsmäßigen Hilfeleistung in Steuersachen entstanden sind und dem Auftrag zwischen dem Versicherungsnehmer und seinem Auftraggeber nur deutsches Recht zugrunde liegt. Die Leistungspflicht des Versicherers ist in diesen Fällen auf das Vierfache der gesetzlich vorgeschriebenen Mindestversicherungssumme beschränkt.
4. Der Versicherungsschutz bezieht sich nicht auf Haftpflichtansprüche, welche aus Tätigkeiten geltend gemacht werden, die über Niederlassungen, Zweigniederlassungen oder weitere Beratungsstellen im Ausland ausgeübt werden, soweit diese nicht durch Besondere Vereinbarung eingeschlossen sind.
5. [1]Soweit vertraglich Versicherungsschutz für Haftpflichtansprüche aus der Beratung und Beschäftigung im außereuropäischen Recht sowie aus Tätigkeiten oder der Inanspruchnahme vor außereuropäischen Gerichten iS d. Ziff. 1 und 2 vereinbart ist, beziehen sich die Risikoausschlüsse gem. Ziff. 1 und 2 ausschließlich auf die Vereinigten Staaten von Amerika und Kanada. [2]Der Versicherungsschutz bezieht sich nicht auf Haftpflichtansprüche, die sich aus Vertragsstrafen, Bußen und Entschädigungen mit Strafcharakter (z.B. punitive oder exemplary damages) sowie aus Anfeindung, Schikane, Belästigung, Ungleichbehandlung, Ehrverletzung, Beleidigung oder sonstigen Diskriminierungen ergeben. [3]Für Haftpflichtansprüche aus der Inanspruchnahme des Versicherungsnehmers vor außereuropäischen Gerichten besteht die Leistungspflicht in Höhe der Mindestversicherungssumme

II. Veruntreuungsschäden
Der Versicherungsschutz bezieht sich nicht auf Haftpflichtansprüche wegen Schäden, welche durch Fehlbeträge bei der Kassenführung, durch Verstöße beim Zahlungsakt oder durch Veruntreuung durch das Personal des Versicherungsnehmers entstehen.

III. Haftpflichtansprüche aus unternehmerischem Risiko

Der Versicherungsschutz bezieht sich nicht auf Haftpflichtansprüche wegen Schäden, die dadurch entstanden sind, dass

1. **der Versicherungsnehmer im Bereich eines unternehmerischen Risikos, das sich im Rahmen der Ausübung einer versicherten Tätigkeit ergibt, einen Verstoß begeht, z.B. als Testamentsvollstrecker, soweit ein gewerbliches Unternehmen zum Nachlass gehört;**
2. **ein Versicherungsvertrag nicht abgeschlossen oder fortgesetzt wurde, es sei denn, der Versicherungsnehmer beweist, dass von dem Abschluss oder der Fortführung nicht bewusst abgesehen wurde.**

§ 27 Meldepflichten des Versicherers

Der Versicherer ist verpflichtet, der gemäß § 67 StBerG zuständigen Steuerberaterkammer den Beginn und die Beendigung oder Kündigung des Versicherungsvertrages sowie jede Änderung des Versicherungsvertrages, die den vorgeschriebenen Versicherungsschutz beeinträchtigt, unverzüglich mitzuteilen.

§ 28 Überschreiten der Pflichtversicherung

[1]Soweit der Versicherungsvertrag den Inhalt oder Umfang der Pflichtversicherung überschreitet, gelten die Bedingungen des Teil 1 entsprechend, soweit nichts Abweichendes, z.B. durch zusätzliche Vereinbarungen, bestimmt ist. [2]Erweiterungen des Versicherungsschutzes lassen den Umfang des gesetzlich vorgeschriebenen Versicherungsschutzes unberührt.

§ 29 Deckung für Auszahlungsfehler bei Anderkonten

[1]Versicherungsschutz besteht auch für den Fall, dass der Versicherungsnehmer wegen einer fahrlässig fehlsamen Verfügung über Beträge, die auf einem Anderkonto eingezahlt sind, von dem Berechtigten in Anspruch genommen wird. [2]Voraussetzung ist, dass die Einzahlung auf dem Anderkonto in unmittelbarem Zusammenhang mit einer versicherten Tätigkeit erfolgte.

B. Risikobeschreibungen zur Vermögensschaden-Haftpflichtversicherung für Steuerberater

§ 30 Versicherte Tätigkeiten

I. Allgemeiner Versicherungsschutz

Der Versicherungsschutz umfasst, sofern keine Pflichtversicherung gesetzlich vorgeschrieben ist

1. **Tätigkeiten nach § 33 StBerG;**
2. **die Hilfeleistung bei der Führung von Büchern und Aufzeichnungen und die Aufstellung von Erfolgsrechnungen, Vermögensübersichten und Bilanzen, auch wenn der Auftraggeber hierzu nicht schon aufgrund steuerrechtlicher Vorschriften verpflichtet ist.**

II. Versicherungsschutz für mit dem Beruf vereinbare Tätigkeiten

Der Versicherungsschutz erstreckt sich auch auf die Tätigkeiten, die nach § 57 Abs. 3 Nr. 2, 3 und 6 StBerG mit dem Beruf vereinbar sind, und zwar

1. Durchführung von betriebswirtschaftlichen Prüfungen sowie die Erteilung von Vermerken und Bescheinigungen hierüber; hierunter fallen auch Unterschlagungs-, Kassen- und Kontenprüfungen;
2. Erstattung von berufsüblichen Gutachten;
3. Erstellung von Bilanzanalysen;
4. Fertigung oder Prüfung der Lohnabrechnung, Erteilung von Verdienstbescheinigungen, An- und Abmeldung bei Sozialversicherungsträgern und sonstigen gesetzlichen Einrichtungen (z.B. örtlich zuständige Agentur für Arbeit wegen Saisonkurzarbeitergeld, Zusatzversorgungskasse des Baugewerbes, Pensionssicherungsverein) sowie die dabei vorzunehmende Prüfung der Beitragspflicht und die Berechnung der abzuführenden Beträge, die Erteilung von Haushalts- und Lebensbescheinigungen;
5. Bearbeitung von sonstigen öffentlichen Abgaben oder Zuwendungen, auch soweit diese nicht der Verwaltung der Finanzbehörden unterliegen;
6. Tätigkeit als nicht geschäftsführender Treuhänder;
7. [1]Beratung und die Wahrnehmung sonstiger fremder Interessen in wirtschaftlichen Angelegenheiten, soweit diese berufsüblich sind, z.B.:
   a) die wirtschaftliche Beratung
      aa) bei der Gründung, Umwandlung, Sanierung, Auflösung oder bei dem Verkauf von Unternehmen, beim Abschluss von Verträgen,
      bb) bei der Gründung und Unterhaltung betrieblicher Versorgungseinrichtungen, bei Finanzierung von Projekten,
      cc) bei Aufstellung von Budgets und Wirtschaftlichkeitsberechnungen;
   b) die Unternehmens- und Organisationsberatung;
   c) die Beratung bei der Einrichtung von Datenverarbeitungsanlagen und der Erstellung von Programmen, soweit letztere nicht technischen Zwecken dienen. [2]Voraussetzung ist, dass der Versicherungsnehmer oder die von ihm mit diesen Arbeiten betrauten Personen über die besonderen Kenntnisse und Erfahrungen verfügen, um diesen Auftrag sachgerecht durchführen zu können Auf die elektronische Datenverarbeitung oder die Erstellung von Datenträgern erstreckt sich der Versicherungsschutz nur dann, wenn diese Arbeiten im Zusammenhang mit einer anderen versicherten Tätigkeit erledigt werden. Nicht versichert ist die Empfehlung einer bestimmten Datenverarbeitungsanlage.
8. Durchführung von Lehr- und Vortragsveranstaltungen zur Vorbereitung auf die Steuerberaterprüfung sowie die Prüfung als Wirtschaftsprüfer und vereidigter Buchprüfer und zur Fortbildung der Mitglieder der Steuerberaterkammern und deren Mitarbeiter.
9. Tätigkeit als Autor, Dozent und Referent auf steuerlichem und betriebswirtschaftlichem Gebiet.
10. Mitversichert ist die Tätigkeit als Mediator, soweit der Versicherungsnehmer über eine entsprechende Qualifikation verfügt.

III. Mitversicherte Tätigkeiten

1. Mitversichert sind die nachfolgend abschließend aufgezählten Tätigkeiten, sofern keine Pflichtversicherung gesetzlich vorgeschrieben ist
   - gemäß InsO, z.B. als (vorläufiger) Insolvenzverwalter, Sonder(insolvenz)verwalter, Gläubigerausschussmitglied, Sachwalter und Treuhänder;
   - gemäß StaRUG als Restrukturierungsbeauftragter, Sanierungsmoderator und Gläubigerbeiratsmitglied
   - als gerichtlich bestellter (vorläufiger) Liquidator oder Abwickler;

- als Testamentsvollstrecker, Nachlasspfleger, Nachlassverwalter, Vormund, Betreuer, Pfleger, Beistand;
- als Schiedsrichter, Schiedsgutachter;
- als Praxisabwickler nach § 70 StBerG, soweit kein anderer Versicherungsschutz besteht; soweit diese Tätigkeiten nicht überwiegend ausgeübt werden.

2. [1]Soweit eine Tätigkeit ausgeübt wird als (vorläufiger) Insolvenzverwalter, Sonder(insolvenz)verwalter, Restrukturierungsbeauftragter, Sanierungsmoderator oder Gläubigerausschuss /-beiratsmitglied sind im bedingungsgemäßen Umfang insbesondere Haftpflichtansprüche mitversichert
   a) wegen Schäden, welche daraus resultieren, dass der Betrieb des Schuldners ganz oder teilweise fortgeführt wird;
   b) aus §§ 34, 69 AO und vergleichbaren Fällen der persönlichen Haftung wegen Nichtabführung von Sozialversicherungsbeiträgen oder anderen öffentlichen Abgaben, sofern nicht wissentlich vom Gesetz abgewichen wurde;
   c) welche darauf beruhen, dass Versicherungsverträge nicht oder nicht ordnungsgemäß abgeschlossen, erfüllt oder fortgeführt werden, es sei denn, es wurde bewusst davon abgesehen;
   d) wegen Fehl- oder Doppelüberweisungen sowie Fehlern bei der Auszahlung der Insolvenzquote und der Abrechnung des Insolvenzgeldes;
   e) wegen Schäden durch vorsätzliche Straftaten gegen das Vermögen durch Personal des Versicherungsnehmers wie auch des Insolvenzschuldners, soweit der Versicherungsnehmer wegen fahrlässiger Verletzung seiner Aufsichts- und Überwachungspflicht in Anspruch genommen wird;
   f) gegen den Versicherungsnehmer wegen Pflichtverletzungen von Angestellten des Insolvenzschuldners, Angestellten und Gesellschaftern des Versicherungsnehmers und dessen freien Mitarbeitern, derer er sich zur Mitwirkung bei der Ausübung seiner Tätigkeit bedient.

   [2]Der Versicherungsschutz wird in Höhe der Mindestversicherungssumme (§ 52 DVStB) gewährt.

IV. Besonderer Versicherungsschutz

1. Der Versicherungsschutz erstreckt sich auch auf die Besorgung sonstiger fremder Rechtsangelegenheiten, soweit die Grenzen der erlaubten Tätigkeit nicht bewusst überschritten werden (vgl. § 5 RDG).
2. Eine gewerbliche Tätigkeit, für die die zuständige Steuerberaterkammer von dem berufsrechtlichen Verbot eine Ausnahme zugelassen hat (§ 57 Abs. 4 Nr. 1, 2. Halbsatz StBerG), kann gesondert versichert werden.
3. Mitversichert ist im Rahmen des Vertrages die gesetzliche Haftpflicht der Erben des Versicherungsnehmers aus Verstößen, die bis zur Bestellung eines Praxisabwicklers/Praxistreuhänders oder bis zur Praxisveräußerung, längstens jedoch bis zu 8 Wochen nach dem Ableben des Versicherungsnehmers, vorgekommen sind.

V. Ausschluss

Nicht versichert sind unternehmerische Tätigkeiten, wie z.B. die über eine steuerliche und wirtschaftliche Beratung hinausgehende Empfehlung wirtschaftlicher Geschäfte, insbesondere von Geldanlagen und Kreditgewährungen, sowie die Tätigkeit gemäß Teil 1 § 4 II Ziff. 2.

Kommentar zur Berufshaftpflichtversicherung der Anwälte

Einleitung

Kommentiert werden die Allgemeinen Versicherungsbedingungen für Anwälte/Patentanwälte und Steuerberater (AVB-RS) und die Besonderen Bedingungen und die Risikobeschreibung für Rechtsanwälte und Patentanwälte (BBR-RA) der Allianz Versicherungs-AG in der Version VH 60/01, Stand 09/24.

Übersicht

https://doi.org/10.1515/9783111396415-002

A. Pflichtversicherung

1 Seit dem 2.9.1994 ist jeder Rechtsanwalt verpflichtet eine Berufshaftpflichtversicherung abzuschließen. Der Gesetzgeber hatte hier auf die Entscheidung des Bundesverfassungsgerichts vom 14. Juli 1987 zum anwaltlichen Standesrecht reagiert.[1] Mit dem Gesetz zur BRAO-Reform ist auch jeder Zusammenschluss einer gemeinschaftlichen Berufsausübung versicherungspflichtig.[2] Für die anderen wirtschafts- und rechtsberatenden Berufe gilt für die Versicherungspflicht: Wirtschaftsprüfer ab 1964, Steuerberater ab 1990 und alle Berufsausübungsgesellschaften bei den Anwälten ab August 2022 und Notare ab 1983. Die Berufshaftpflichtversicherung der Anwälte hat zwei Ziele: Verbraucherschutz auf der einen Seite und Existenzsicherung der Anwaltschaft bei Berufsfehlern auf der anderen Seite, die sog. Doppelfunktion der Berufshaftpflichtversicherung.

2 Der entsprechende Gesetzentwurf der Bundesregierung nennt die Gründe zur Einführung der Pflichtversicherung.[3] Die Berufshaftpflichtversicherung dient vorrangig dem Schutz des rechtsuchenden Publikums. Zum Schutz der Mandanten darf der Rechtsanwalt seinen Beruf erst mit Nachweis der Versicherung ausüben oder er verliert seine Zulassung, wenn er keine mehr aufrechterhält. Der geschädigte Mandant erhält einen finanzkräftigen Schuldner in Form der Versicherung. Die Pflicht zum Abschluss einer Versicherung liegt auch im Eigeninteresse des Anwalts. Bei Mandaten mit hohem Streitwert sind die finanziellen Folgen eines Verstoßes gegen anwaltliche Pflichten nicht abzusehen. Einzelanwälte und auch die in Sozietäten als GbR oder in einfachen Partnerschaften organisierten Anwälte haften persönlich. Die Haftung wird durch die Versicherung auf ein Schadenkollektiv übertragen. Der einzelne Schädiger wird entlastet, denn ein Schadensersatzanspruch kann ohne weiteres die wirtschaftliche Existenz des schadenverursachenden Anwalts bedrohen. Nicht zu unterschätzen ist aber, dass es nicht unbedingt der realisierte Schadensersatzanspruch ist, der existenzbedrohend ist. Vielfach sind die angemeldeten Ansprüche – ob zur Recht oder Unrecht – höher als die dann tatsächlich durch den Versicherer an den Mandanten gezahlten Schadensummen. Es bedeutet, dass ein erhebliches Drohpotential auf den Anwalt einwirkt.[4] Es kann schnell dazu führen, dass Kanzleien auseinanderbrechen können. Der öffentliche Druck einer Klage führt dazu, dass das Image der Kanzlei nachhaltig geschädigt wird, die Identifikation von Mitarbeitern sinkt und sie die Kanzlei verlassen, um nicht selbst Teil des Negativimages zu werden.[5] Vor diesem Negativimage kann im Übrigen auch die Beschränkung der Haftung auf das Gesellschaftsvermögen wie bei einer Partnerschaftsgesellschaft mit beschränkter

1 BVerfGE 76, 171.
2 Inkrafttreten am 1. August 2022; BGBl. 2021 I,2363.
3 BT-Drucks. 12/4993, 31; *Weinbeer* S. 43 ff und die dortigen Nachweise.
4 *Brieske* AnwBl 1995, 225 ff spricht von dem „gesunden Nachtschlaf" der Anwälte und hält im Übrigen die Pflichtversicherung im Jahre 1995 von 500.000 DM für unzureichend.
5 Bekannt ist der Fall Haarmann Hemmelrath & Partner. Die Werhahn-Gruppe verklagte die Kanzlei, da sie angeblich beim Verkauf von Unternehmensanteilen steuerlich falsch beraten wurde. Nicht die Beratung war allerdings falsch, sondern der Steuerbescheid des Finanzamtes. Trotzdem zerbrach die Kanzlei im Dezember 2005. Das Anspruchsvolumen betrug 450 Mio EUR.

Berufshaftung (PartmbB) oder einer Rechtsanwalts-GmbH oder Aktiengesellschaft nicht ohne weiteres schützen.

Daneben soll die Berufshaftpflichtversicherung die Unabhängigkeit des Anwalts stärken, §§ 3 Abs. 1, 43a Abs. 1 BRAO. Die Berufshaftpflichtversicherung stärkt die Unabhängigkeit des Anwalts in seiner Beratung. Wenn der Anwalt Rücksicht nehmen muss auf seine finanziellen Risiken, würde das die pflichtgemäße Mandantenbetreuung beeinträchtigen.[6] Mit der Versicherung ist für den Anwalt gewährleistet, dass er den Mandanten vollumfänglich beraten kann. 3

B. Rechtsgrundlagen der anwaltlichen Berufshaftpflichtversicherung

Bei der Berufshaftpflichtversicherung handelt sich um einen Versicherungsvertrag. Im zweiseitig verpflichtenden Vertrag ist die Prämienleistung die Gegenleistung für die bei einem Berufsfehler fällige Schadenzahlung. Die Versicherung ist ein schuldrechtlicher Vertrag mit dem Charakter eines Dauerschuldverhältnisses privatrechtlicher Art. Die Berufshaftpflichtversicherung der Anwälte zur Deckung von Vermögensschäden ist eine Schadenversicherung und keine Summenversicherung.[7] Der Versicherer leistet an den geschädigten Mandanten oder auch Dritten den durch den Berufsfehler verursachten Vermögensschaden, mindestens in Höhe der Pflichtversicherungssumme oder der darüber hinaus individuell vereinbarten Versicherungssumme. Die Berufshaftpflichtversicherung ist Zulassungsvoraussetzung für Rechtsanwälte und Berufsausübungsgesellschaften. 4

Als Versicherungsvertrag finden auf die Berufshaftpflichtversicherung die allgemeinen Regelungen Anwendung: VVG, VAG, BGB, HGB, BRAO und hier die kommentierten vertraglichen Grundlagen der Versicherer zur Berufshaftpflichtversicherung: die Allgemeinen Versicherungsbedingungen für Rechtsanwälte/Patentanwälte und Steuerberater (AVB-RS) mit den Besonderen Bedingungen und der Risikobeschreibung für Rechtsanwälte (BBR-RA). 5

I. VVG

Das VVG regelt das Versicherungsverhältnis. Im Einzelnen sind für die Berufshaftpflichtversicherung der Anwälte folgende Abschnitte im VVG maßgeblich: 6
- Vorschriften für alle Versicherungszweige, §§ 1–73 VVG
- Allgemeine Vorschriften zur Schadenversicherung, §§ 74–87 VVG
- Allgemeine Vorschriften zur Haftpflichtversicherung, §§ 100–112 VVG
- Allgemeine Vorschriften zur Pflichtversicherung, §§ 113–124 VVG

Zu unterscheiden sind Vorschriften, die zwingend, halbzwingend und dispositiv sind. Von zwingenden Vorschriften darf weder zugunsten noch zu Lasten des Versicherungsnehmers abgewichen werden, hier die Regelungen zur Pflichtversicherung §§ 113–124 VVG. Bei Verletzung zwingender Vorschriften ist je nach dem entweder die einzelne Vertragsabrede nichtig ist oder der gesamte Vertrag. Das VVG enthält weiter halbzwingende Vorschriften. Zugunsten des Versicherungsnehmers kann man abweichen, aber nicht zu Lasten von ihm. Daneben gibt es die dispositiven Vorschriften wie z.B. die Herbeiführung des Versicherungsfalls, § 103 VVG. Das VVG nennt ausdrücklich die halbzwingenden Vorschriften am Ende von jedem Abschnitt. Ob eine Vorschrift zwingend oder dispositiv ist, ergibt sich aus dem Regelungsgehalt der Vorschrift selbst. 7

Die AVB-RS unterliegen dem VVG. Im Folgenden zuerst jeweils die AVB-RS Regelung und dann die gesetzliche zwingende Vorschrift für diese Regelung nach VVG oder sonstigen Vorschriften.

6 BGH NJW 1994, 533.

7 Summenversicherungen sind z.B. eine Lebensversicherung, Unfallversicherung oder eine Wohngebäudeversicherung mit Auszahlung der vereinbarten Versicherungssumme im Versicherungsfall.

1. Zwingende Gesetzesvorgaben

8 § 1, §§ 51 Abs. 1, 59n BRAO: Gesetzliche Vorgabe für den Gegenstand des Versicherungsschutzes mit der Definition des Vermögensschadens. Daneben regelt § 1, wer als Schein-Gesellschafter und als Gesellschaft iSd der Versicherungsbedingungen gilt, insbesondere in Abgrenzung zu den angestellten Anwälten, was für die Risikobewertung/Tarifierung erforderlich ist.

§ 3 II Ziff. 1, § 100 VVG: Er beinhaltet die Hauptleistung des Versicherers bei einer Haftpflichtversicherung dem Versicherungsnehmer Abwehrschutz zu geben und ihn von berechtigten Schadensersatzansprüchen freizustellen mit der Definition der berechtigten Schadensersatzansprüche.

§ 3 II Ziff. 1 b), §§ 105, 106 VVG: Der Versicherungsnehmer hat einen Zahlungsanspruch, wenn er dem Dritten direkt Schadensersatz leistet. Allerdings ist der Versicherer nur in dem Maß verpflichtet, soweit der Anspruch auch tatsächlich bestanden hat.

§ 3 II Ziff. 2, § 51 Abs. 2 BRAO: Zulässigkeit einer Serienschadenklausel.

§ 3 II Ziff. 4, § 51 Abs. 5 BRAO: Selbstbehaltsregelung bis 1 % der Mindestversicherungssumme. Als natürliche Person kann der Anwalt bis zur Höhe von 2.500 EUR einen Festselbstbehalt vereinbaren, bei Gesellschaften bis 10.000 EUR oder 25.000 EUR.

§ 4 I, II und Besondere Bedingungen § 15 I, II, § 51 Abs. 3 BRAO: Zulässigkeit von Ausschlüssen für Ansprüche wg. wissentlicher Pflichtverletzung, mit Auslandsbezug und wg. Veruntreuung. Die AVB-RS haben die Ausschlüsse übernommen. Die Aufteilung in den Allgemeinen Versicherungsbedingungen und dann nochmal in den Besonderen Bedingungen der Rechtsanwälte ist notwendig, da die gesetzlich möglichen Ausschlüsse bei den Steuerberatern unterschiedlich formuliert sind, obwohl sie inhaltlich kaum abweichen.

§ 5 II, §§ 30, 104 und 31, 82 Abs. 1, 2 VVG: Obliegenheit den Versicherungsfall anzuzeigen und Obliegenheiten den Schaden aufzuklären und zu mindern.

§ 5 III, § 106 VVG: Fälligkeit der Versicherungsleistung; der Versicherer hat den Versicherungsnehmer innerhalb von zwei Wochen von dem Zeitpunkt an, zu dem der Anspruch des Dritten festgestellt worden ist, vom Anspruch des Dritten freizustellen.

§ 6, §§ 28 ff VVG: Rechtsfolgen für den Versicherungsnehmer, der eine Obliegenheit bei Eintritt eines Versicherungsfalls verletzt hat.

§ 7 II, § 108 Abs. 2 VVG: Kein Verbot, den Freistellungsanspruchs an den geschädigten Dritten abtreten zu dürfen.

§ 8 I und II, §§ 37, 38 VVG: Zahlungsverzug des Versicherungsnehmers bei Erstprämie und bei der Folgeprämie mit der Rechtsfolge bis zur Kündigung und Leistungsfreiheit des Versicherers.

§ 10 II, § 215 VVG: Gerichtsstand. Der Versicherungsnehmer hat die Möglichkeit, am Gericht seines Wohnsitzes zu klagen neben den örtlichen Gerichtsständen nach §§ 12–17 ZPO. Für Klagen gegen den Versicherungsnehmer ist das Gericht an seinem Wohnort ausschließlich zuständig.

2. Halbzwingende Gesetzesvorgaben

9 § 51 VVG: Beginn des Versicherungsschutzes bei einer vorläufigen Deckung bereits mit Erklärung durch den Versicherer.

§ 3 II Ziff. 5, § 101 Abs. 2 Satz 1 VVG: Regelung zu den Prozesskosten, die zu Lasten des Versicherers gehen. Sie rechnet der Versicherer nicht auf die Versicherungssumme an.

§ 7 I, §§ 43 ff VVG: Regelungen bei einer Versicherung für fremde Rechnung für die mitversicherten Personen, die ihre Ansprüche selbständig geltend machen können.

§ 7 III, § 86 VVG: Übergang von Ersatzansprüchen. Bei angestellten Anwälten nimmt der Versicherer entsprechend dem Ausschluss der Versicherungsleistung für wissentliche Pflichtverletzung nur Regress, wenn der Angestellte seine Pflichten vorsätzlich oder wissentlich verletzt hat.

§ 8 III, § 38 VVG, §§ 286 ff BGB: Verzug und Verzugsvoraussetzungen bei Abbuchungen der Versicherungsprämien.

§§ 8 IV, 13 I, § 25 VVG: Prämienregulierung, wenn nach Vertragsschluss eine Gefahrerhöhung eintritt. Bei Anwälten ist dies in der Regel die Einstellung weiterer Berufsträger oder eine Umsatzerhöhung.

39 VVG: Prämienrückerstattung: Wenn das Versicherungsverhältnis vorzeitig beendet wird, hat der Versicherer nur Anspruch auf die Prämie, die dem versicherten Zeitraum entspricht, nicht aber auf die gesamte vereinbarte Prämie.

§ 9 I, § 11 VVG: Vertragsdauer der Berufshaftpflichtversicherung. Der Vertag verlängert sich um ein Jahr, wenn er nicht drei Monate vor Ablauf gekündigt wird. Maximal kann man eine dreijährige Vertragslaufzeit fest ohne ordentliche Kündigungsmöglichkeit vereinbaren.

§ 12, § 19 ff VVG: Vorvertragliche Anzeigepflichten und Rechtsfolgen von Anzeigepflichtverletzungen.

§ 13, § 23 ff VVG: Anzeigepflichten des Versicherungsnehmers während der Vertragslaufzeit. Infolge der Verletzung von Anzeigepflichten nach Vertragsschluss kann der Versicherer leistungsfrei sein, § 13 I Ziff. 3, § 26 VVG.

3. Dispositive Regelungen

§ 9 II, § 111 VVG: Kündigung nach Versicherungsfall. Die AVB-RS regeln die Voraussetzungen und 10
Rechtsfolgen einer Kündigung durch den Versicherer oder Versicherungsnehmer, wenn es zu einem Schadenfall gekommen ist.

a) Deklaratorische Klauseln. § 4 II Ziff. 1: Ansprüche sind ausgeschlossen, soweit sie auf Grund 11
Vertrages oder besonderer Zusage über den Umfang der gesetzlichen Haftpflicht hinausgehen; versichert sind gesetzliche Haftpflichtansprüche nach § 1 entsprechend den gesetzlichen Vorgaben, so dass vertragliche Ansprüche von vornherein ausgeschlossen sind.

§ 4 II Ziff. 2: Ansprüche sind ausgeschlossen aus der Tätigkeit als Organmitglied z.B. als Vorstand. Dies gilt auch für die mitversicherten Tätigkeiten, wenn z.B. ein Testamentsvollstrecker als Geschäftsführer handelt. Der häufig aufgrund besonderer Mandatsbeziehungen zur Organtätigkeit berufene Anwalt kommt in diesen Fällen seiner Aufsichts-, Organisations- und Kontrollpflicht nach und arbeitet damit nicht anwaltlich. In § 18 Ziff. 1 ist aber klargestellt, dass die anwaltliche Tätigkeit selbst weiterhin versichert bleibt.

b) Erweiterungen und sonstige Klauseln. § 2: Regelung zur Vorwärts- und Rückwärtsversi- 12
cherung, insbesondere besteht aufgrund der gesetzlichen Vorgabe in § 51 BRAO die unbegrenzte Nachhaftung als Deckung für alle während der Vertragslaufzeit begangenen Verstöße, unabhängig wann der Verstoß gemeldet wird oder der Schaden eintritt.

§ 3 II Ziff. 1 c), § 5 II Ziff. 2 a): Prozessmuntschaft. Damit der Versicherer seinen gesetzlichen Leistungspflichten nach § 100 VVG nachkommen kann, besteht für den Versicherer eine umfassende Vollmacht, Erklärungen im Namen des Versicherungsnehmers abzugeben. Die Vollmacht nach außen zusammen mit dem Weisungsrecht nach innen gem. § 82 VVG nennt man auch Prozessmuntschaft.[8]

§ 3 II Ziff. 7, 8: Regelungen zur Sicherheitsleistung zur Abwendung der Zwangsvollstreckung und Begrenzungen der Leistungen des Versicherers, wenn der Haftpflichtanspruch durch das Fehlverhalten des Versicherungsnehmers nicht erledigt wird.

§ 5 I, § 100 VVG: Versicherungsfall. In der Vermögensschadenhaftpflichtversicherung ist der Verstoß, der Haftpflichtansprüche gegen den Versicherungsnehmer zur Folge haben kann, der definierte Versicherungsfall.

8 *Krämer* r+s 2001, 177.

§ 3 IV: Kumulsperre bei Versicherungsnehmern mit doppelter oder Mehrfachqualifikation wie Rechtsanwälte, die auch als Steuerberater zugelassen sind.

§ 3 III Ziff. 1: Erweiterung der Deckung auf Sachschäden, die im Zusammenhang mit der Berufstätigkeit des Anwalts stehen und Klarstellung zu sonstigen immateriellen Schäden und Datenschäden.

§§ 14 ff Teil 2 Besondere Bedingungen für Rechtsanwälte und Patentanwälte (A BBR-RA): Die Besonderen Bedingungen konkretisieren den gesetzlich erforderlichen Versicherungsschutz. § 17 I erweitert darüber hinaus den Versicherungsschutz für kaufmännische Risiken bei den mitversicherten Tätigkeiten nach der Insolvenzordnung. § 17 II deckt Auszahlungsfehler bei Anderkonten. Es handelt sich um eine Erweiterung, da Erfüllungsansprüche gedeckt sind.

§§ 18 ff Teil 2 Risikobeschreibungen für Rechtsanwälte und Patentanwälte (B BBR-RA): Die Risikobeschreibung erweitert den gesetzlich erforderlichen Schutz für anwaltliche Tätigkeiten auf die Tätigkeiten, die typischerweise ein Anwalt ebenfalls aufgrund seiner besonderen Sachkunde oder Vertrauensstellung ausübt, wie z.B. Tätigkeiten nach der Insolvenzordnung, Testamentsvollstrecker, Mediator etc.

4. Sonstige relevante Regelungsinhalte des VVG

13 **a) Informationspflichten, Obliegenheitsverletzungen, Beendigung des Vertrags.** Das VVG schreibt Informationspflichten des Versicherers gegenüber dem Versicherungsnehmer vor Vertragsschluss vor, § 7 VVG. Er muss dem Anwalt als Versicherungsnehmer vor dessen Vertragserklärung die Vertragsbestimmungen einschließlich der AVB-RS mit den zugehörigen Informationen in Textform mitteilen. Darunter fallen auch die individuellen schriftlichen oder mündlichen Vereinbarungen. Bei Nichtbeachtung kann dies zu Schadensersatzansprüchen führen, § 6 VVG. Weitere Informationspflichten ergeben sich aus der VVG-InfoV. Vorgeschrieben ist ein Produktinformationsblatt, das sog. IPID, das den Versicherungsvertrag detailliert beschreiben soll, § 4 VVG-InfoV. Anwälte und wirtschaftsberatende Berufe sind jedoch keine Verbraucher. Daher müssen sie kein IPID erhalten. Bei Verbrauchern gilt, dass bei Fehlern hierbei ein „ewiges Widerrufsrecht" besteht, da die Widerrufsfrist nicht zu laufen beginnt, § 8 Abs. 2 Satz 1 VVG. Das Widerrufsrecht ist nur dann verwirkt, wenn ein besonderes „Umstandsmoment" besteht, wenn der Vertrag über mehrere Jahre abgewickelt wird oder aber, wenn der Vertrag vollständig erfüllt ist.[9]

Bei Abweichungen des Vertrags vom Antrag des Versicherungsnehmers im Rahmen des § 5 VVG gilt für den Versicherungsnehmer: Weicht der Inhalt des Versicherungsscheins zu Gunsten des Versicherungsnehmers vom Inhalt des zu Grunde liegenden Antrags ab, so kommt der Versicherungsvertrag auch ohne Vorliegen der Voraussetzungen des § 5 Abs. 2 VVG mit dem Inhalt des Versicherungsscheins zu Stande, wenn der Versicherungsnehmer nicht binnen eines Monats widerspricht.[10]

14 Im Neugeschäft hat sich das Antragsmodell und im Bestandsgeschäft das Invitatio-Modell durchgesetzt. Beim Antragsmodell stellt der Versicherer die Allgemeinen Versicherungsbedingungen und Verbraucherinformationen mit den sonstigen Antragsunterlagen dem Rechtsanwalt als Versicherungsnehmer zur Verfügung. Den Antrag selbst stellt dann der Versicherungsnehmer. Der Versicherer prüft und schickt die Police an den Versicherungsnehmer, Abweichungen hat er zu kennzeichnen. Im Bestandsgeschäft, z.B. wenn der Rechtsanwalt seine Versicherungssumme im laufenden Vertrag erhöhen möchte, hat sich das Invitatio-Modell durchgesetzt. Der Rechtsanwalt gibt eine invitatio ad offerendum ab, um den Vertrag abändern zu lassen. Der Versicherer prüft und erstellt die neue Police und schickt sie zusammen mit den Versicherungsinformationen. Der Versicherungsnehmer nimmt in der Regel durch Zahlung der Folgeprämie an. Laufender Vertrag oder laufende Versicherung ist im Übrigen hier wie auch im Folgenden untechnisch zu verstehen

9 Prölss/Martin/*Armbrüster* § 8 Rn. 62.
10 BGH NJW 2016, 2808.

und ist nicht ein laufender Vertrag iSd § 210 VVG. Es handelt sich um einen mehrjährigen Vertrag in Abgrenzung zu einer Versicherung für ein bestimmtes Einzelobjekt oder einem Projekt mit einer einmaligen Versicherungssumme für die gesamte Laufzeit.

b) Anerkenntnis- und Befriedigungsverbot. Zum Anerkenntnis und zur Befriedigung durch den Versicherungsnehmer gilt § 105 VVG, der zwischen den Interessen des Anwalts an eigener Schadenabwicklung gegenüber Mandanten und des Versicherers an eigener Abwehrleistung abwägt. Es bedeutet, dass Rechtsanwälte Tatsachen gegenüber dem Geschädigten einräumen können und ihm Schadensersatz leisten können, ohne grundsätzlich den Anspruch auf Befreiung gegenüber dem Versicherer zu verlieren. Die Grenze besteht aber darin, dass der Anwalt dem Geschädigten nicht mehr versprechen darf als ihm tatsächlich zusteht. Der Mehrbetrag geht zu Lasten des Versicherungsnehmers.[11] 15

Nach § 108 Abs. 2 VVG ist ein generelles Abtretungsverbot des Freistellungsanspruchs an den Geschädigten in den Allgemeinen Versicherungsbedingungen nicht wirksam. Ergebnis ist, dass der Anwalt seinen Befreiungsanspruch gegen den Versicherer an den geschädigten Mandanten abtreten kann. Der Geschädigte kann dann den Versicherer direkt in Anspruch nehmen. Zulässig bleibt aber ein Abtretungsverbot durch Individualvereinbarung bei Abschluss des Versicherungsvertrags oder auch nach dem Versicherungsfall.[12] Einen Direktanspruch gegen den Versicherer hat der Mandant als geschädigter Dritter ebenfalls, wenn der Anwalt insolvent ist oder sein Aufenthalt unbekannt ist, § 115 Abs. 1 Nr. 1 und 2 VVG. 16

c) Selbstbehalt. Ein Selbstbehalt hat nach § 114 Abs. 2 Satz 2 VVG nur Wirkung im Innenverhältnis zwischen Versicherer und Anwalt. Er kann nicht gegenüber dem geschädigten Dritten geltend gemacht werden. 17

d) Pflichtversicherungen und Aufspaltung von Policen. Wichtig, aber nicht neu, ist die Vorschrift des § 113 Abs. 3 VVG, der die Einheitlichkeit des Versicherungsvertrages herstellt. Der Versicherer darf eine einzelne Police nicht in einen Teil mit zwingenden Regelungen der Pflichtversicherung und den anderen Teil mit freien zwanglosen Regelungen aufspalten. Eine einzelne Police unterliegt vielmehr den Regelungen zur Pflichtversicherung. Die Vorschrift betrifft insbesondere die Fälle, in denen eine die Mindestversicherungssumme übersteigende Versicherungssumme vereinbart wird und dann abweichende Regelungen getroffen werden. Der Versicherer hat deshalb zwei Verträge abzuschließen, wenn er z.B. bei der PartmbB den gesetzlich gestrichenen Ausschluss der wissentlichen Pflichtverletzung oberhalb der Pflichtversicherungssumme von 1 oder 2,5 Mio EUR wieder als Ausschluss einführen will: Einen Vertrag bis zur Höhe der Pflichtversicherungssumme und den zweiten Vertrag als sog. Exzedenten oberhalb der Pflichtversicherungssumme.[13] Andernfalls besteht die Gefahr, dass im genannten Beispiel bei einer einzigen Police der Ausschluss der wissentlichen Pflichtverletzung oberhalb von 1 oder 2,5 Mio EUR nicht wirksam vereinbart ist und der Versicherer in voller Höhe der vereinbarten Versicherungssumme eintrittspflichtig ist, soweit der Anwalt einen Schaden durch eine wissentliche Pflichtverletzung verursacht hat. In der Praxis bieten die Versicherer jedoch regelmäßig die Versicherungen in einem Versicherungsvertrag ohne Aufspaltung an. Die Versicherer nehmen das Risiko bewusst in Kauf. 18

11 BT-Drucks. 16/3945, 86.

12 BT-Drucks. 16/3945, 87.

13 BT-Drucks. 16/3945, 88; ausdrücklich nennt der Regierungsentwurf die Möglichkeit des 2-Policen-Modells.

19 **e) Großrisiken.** Für Großkanzleien gilt die Vorschrift des § 210 VVG. Darunter fallen Kanzleien und Rechtsanwaltsgesellschaften, wenn sie mindestens einen Nettoumsatzerlös von 12,8 Mio EUR im Jahr haben und im Durchschnitt pro Jahr 250 Arbeitnehmer beschäftigen, § 210 Abs. 2 Nr. 3 b) und c) VVG. Bei diesen Großrisiken kann der Versicherer und die Kanzlei von VVG-Regelungen abweichen, sowohl von halbzwingenden Regelungen, z.B. §§ 18, 32, 42, 52 Abs. 5, §§ 87 und 112 VVG, als auch von absolut zwingenden Bestimmungen, durch die bestimmte Vereinbarungen eigentlich unwirksam wären, z.B. §§ 105 und 108 VVG. Grund hierfür ist, dass geschäftserfahrene Versicherungsnehmer vertragliche vereinbarte Risiken besser abschätzen können und damit weniger schutzbedürftig sind als der einzelne Anwalt. Wenn eine Regelung abbedungen ist, findet aber eine Inhaltskontrolle gem. § 305 ff BGB statt. Maßstab nach § 307 BGB ist das Leitbild der jeweiligen VVG-Vorschrift. Vereinbar wäre aber damit noch z.B. bei Schadenverursachung unter grober Fahrlässigkeit die Einführung des früheren Alles-oder-Nichts-Prinzips statt einer Quotelung oder auch der Ausschluss der Abtretung des Freistellungsanspruchs an den geschädigten Dritten.[14] Grundsätzlich kommt der Versicherungsvertrag zwischen Großkanzleien und Versicherer leichter zustande. Der Versicherer muss nicht die vorhergehenden Informationspflichten vor Vertragsschluss erfüllen, § 7 Abs. 5 VVG. Daneben gibt es kein Widerrufsrecht der Großkanzlei nach Vertragsschluss, § 8 Abs. 3 Nr. 4 VVG.

5. VVG und AVB-RS

20 Die Normenhierarchie zum Versicherungsschutz besteht wie folgt: Das VVG bestimmt die Grundlagen des Versicherungsschutzes. Die AVB-RS konkretisieren die Grundlagen. Im Versicherungsvertrag selbst können Versicherungsnehmer und Versicherer Vereinbarungen treffen, um den Versicherungsschutz individuell anzupassen.

21 Auf die Berufshaftpflichtversicherung finden zur Regelung des Versicherungsschutzes insbesondere die §§ 100–112 VVG zur Haftpflichtversicherung und §§ 113–124 VVG zur Pflichtversicherung Anwendung. Die Vermögensschadenhaftpflichtversicherung deckt dabei das Risiko ab, wenn der Versicherungsnehmer von einem Dritten auf Schadensersatz in Anspruch genommen wird. Der Versicherungsschutz ist in der Vermögensschadenhaftpflichtversicherung nach der Art der Tätigkeit bestimmt, die gem. § 1 in der anwaltlichen oder steuerberatenden Tätigkeit liegt. Der Anwalt/Steuerberater als Versicherungsnehmer hat gegenüber dem Versicherer Anspruch auf Abwehr unberechtigter Schadensersatzansprüche als Rechtsschutzkomponente und die Freistellung von berechtigten Schadensersatzverpflichtungen als Befreiungskomponente, § 100 VVG, § 3 II Ziff. 1.

22 Der Gesetzgeber hat sich in der Konstruktion der Haftpflichtversicherung dafür entschieden, dass der Versicherer nur an den Geschädigten mit befreiender Wirkung leisten kann. Andernfalls würde die Gefahr bestehen, dass der Versicherungsnehmer sich an der Versicherungsleistung bereichert oder sie nicht vollständig an den eigentlichen Geschädigten weiterleitet. Es besteht daher kein Zahlungsanspruch des Anwalts gegenüber dem Versicherer. Der Versicherungsnehmer kann deshalb auch gegenüber dem Versicherer nur auf Feststellung klagen, dass der Versicherer Deckungsschutz für eine bestimmte Haftpflichtforderung zu gewähren hat. Ausnahmsweise besteht ein Zahlungsanspruch, wenn der Versicherungsnehmer den Schaden anerkennt und direkt dem Dritten Schadensersatz leistet, §§ 105, 106 Satz 2 VVG. In diesem Fall wandelt sich der Freistellunganspruch in einen Zahlungsanspruch des Versicherungsnehmers gegenüber dem Versicherer um.[15] Verspricht der Versicherungsnehmer dem Dritten mehr als diesem zusteht, geht der Mehrbetrag zu Lasten des Versicherungsnehmers nach § 3 II Ziff. 1 b). Der Versicherungsnehmer kann den Versicherer nur insoweit binden als der Haftpflichtanspruch auch ohne Anerkenntnis oder Vergleich des Versicherungsnehmers bestanden hätte. Der Dritte selbst kann in diesem Dreiecksverhältnis nur im Ausnahmefall gegenüber dem Versicherer Schadensersatz verlangen, wenn der

14 Prölss/Martin/*Klimke* § 210 Rn. 15 ff.
15 OLG Hamm VersR 1976, 750.

Anwalt insolvent ist, die Insolvenz mangels Masse abgelehnt wird, der vorläufige Insolvenzverwalter bestellt ist oder der Aufenthalt des Anwalts unbekannt ist, § 115 Abs. 1 Satz 1 Nr. 2 und 3 VVG. Praktisch kommen diese Fälle kaum vor.

II. VAG

Das Versicherungsaufsichtsgesetz (VAG) spielt indirekt eine Rolle bei der Berufshaftpflichtversicherung. Das VAG regelt die Beziehung zwischen Versicherungsunternehmen und Versicherer. Der Versicherer hat den Geschäftsplan bei der Bundesanstalt für Finanzdienstleistungsaufsicht (BaFin) und die allgemeinen Versicherungsbedingungen für die Pflichtversicherung einzureichen, hier die Versicherungsbedingungen zur Berufshaftpflichtversicherung für Rechtsanwälte, §§ 5, 47 Nr. 13 VAG. Die BaFin kann bei Nichtbeachtung die Erlaubnis zum Geschäftsbetrieb versagen, § 11 VAG. 23

III. BRAO

Die BRAO regelt in §§ 51, 59o BRAO die Berufshaftpflichtversicherung für Anwälte und Gesellschaften. Der Steuerberater hat gem. § 67 Satz 1 StBerG eine Berufshaftpflichtversicherung abzuschließen, eine Steuerberatungsgesellschaft gem. § 55f StBerG. Für Wirtschaftsprüfer und für Wirtschaftsprüfungsgesellschaften gilt § 54 WPO und für ver. Buchprüfer iVm § 130 Abs. 1, 2 WPO. Die Berufsrechte haben unterschiedliche Vorgaben, insbesondere hinsichtlich der Höhe und der Maximierung der Versicherungssumme und den Ausschlüssen. 24

C. Allgemeine Versicherungsbedingungen und Auslegung

I. Auslegung als Allgemeine Geschäftsbedingungen

Bei den AVB-RS handelt es sich um Allgemeine Geschäftsbedingungen gem. §§ 305 ff BGB. Die Versicherer verwenden ihre jeweiligen AVB als vorformuliertes Standardbedingungswerk. Zu beachten ist, dass der Rechtsanwalt Unternehmer ist. Er übt zwar kein Gewerbe aus, er ist freiberuflich tätig, was für die Unternehmereigenschaft aber nach BGB ausreichend ist, § 14 Abs. 1 BGB. Auf Versicherungsverträge mit Unternehmern finden gemäß § 310 Abs. 1 BGB die §§ 305 Abs. 2 und 3 sowie die §§ 308, 309 BGB keine Anwendung. § 307 Abs. 1 und 2 BGB wird durch § 310 Abs. 1 Satz 2 BGB ergänzt. Die Auslegung der AVB-RS findet auf zwei verschiedenen Ebenen statt. Die erste Ebene betrifft den tatsächlichen Anwendungsbereich der Klausel, die zweite Ebene ist die Kontrolle der Klausel. 25

Die Auslegung eröffnet den konkreten praktischen Bereich der Klausel. Allgemeine Versicherungsbedingungen sind so auszulegen, wie ein durchschnittlicher Versicherungsnehmer die Allgemeinen Bedingungen bei verständiger Würdigung, aufmerksamer Durchsicht und Berücksichtigung des erkennbaren Sinnzusammenhangs verstehen muss. Dabei kommt es auf die Verständnismöglichkeiten eines Versicherungsnehmers ohne versicherungsrechtliche Spezialkenntnisse und damit – auch – auf seine Interessen an.[16] Es gilt ein objektiver Maßstab. Im Unterschied zu individuellen Klauseln in Versicherungsverträgen ist nicht maßgeblich die Interessenlage des konkreten Versicherungsnehmers selbst, es ist ein abstrakter Maßstab anzulegen.[17] Darüber hinaus hat der Versicherungsnehmer ein Interesse an einem weitgehenden Versicherungsschutz, er braucht nicht mit Lücken zu rechnen, außer die Klausel ist eindeutig formuliert. Ausschlussklauseln sind deshalb eng und nicht weit auszulegen. Maßgeblich ist ihr Sinn unter Beachtung ihres wirtschaftlichen 26

16 BGH NJW 1993, 2369, 2371.
17 Armbrüster, r+s 2023, 837.

Zwecks. Der abstrakte Maßstab geht aber auch nicht soweit, dass die AVB-RS gesetzesähnlich auszulegen sind. Auch nicht, wenn die gesetzesähnliche Auslegung statt der durchschnittlichen Sicht des Versicherungsnehmers zu einer Besserstellung führen würde.[18] Es handelt sich bei den AVB-RS um kein Gesetz, sondern um privatrechtlich vereinbarte Bestimmungen. Der durchschnittliche Versicherungsnehmer hat versicherungsrechtliche Überlegungen heranzuziehen, soweit sie sich aus dem Wortlaut der Klausel ergeben.[19] Die juristischen und allgemein abstrakten Formulierungen sind in den AVB-RS hinzunehmen, da andernfalls das Versicherungsprodukt als solches nicht darstellbar ist. Es würde dazu führen, dass die AVB-RS erheblich länger werden würden, was wiederum Lesbarkeit und Verständlichkeit vermindert. Hier kommt hinzu, dass der Versicherungsnehmer die Anwaltschaft ist. Sie sind juristisch geschult. Man kann voraussetzen, dass Anwälte umgehen können mit abstrakten Rechtsbegriffen, Verweisungen, sinngemäßen Anwendungsregelungen, Ausschlüssen mit teilweisen Wiedereinschlüssen etc. Eine juristische Umschreibung des Versicherungsfalls als eine Geltendmachung von Schadensersatzansprüchen aufgrund gesetzlicher Haftpflichtbestimmungen ist für einen durchschnittlichen Versicherungsnehmer erkennbar und verständlich.[20]

II. Einbezug

27 AGB werden Vertragsbestandteil, wenn eine Einbeziehungsvereinbarung vorliegt oder eine Sonderform der Einbeziehung besteht, wie z.B. Rahmenvereinbarungen, § 305 Abs. 2, 3 BGB. Bei dem Rechtsanwalt ist grundsätzlich die Aufnahme der AVB-RS in den Versicherungsvertrag als Unternehmer leichter, da jede stillschweigende Willensübereinstimmung zwischen Versicherer und Anwalt genügt. Die §§ 305 ff BGB modifizieren das VVG, insbesondere § 7 VVG zu den Informationspflichten des Versicherers bei Vertragsschluss. Der Versicherer muss seiner Informationspflicht bei Vertragsschluss nachkommen und hat dem Versicherungsnehmer rechtzeitig vor Abgabe vor dessen Vertragserklärung die AVB-RS mitzuteilen, § 7 VVG. Eine fehlerhafte Information führt dazu, dass die Widerrufsfrist nicht zu laufen beginnt. Die AVB-RS sind einbezogen, wenn der Versicherer bei der Berufshaftpflichtpolice konkludent zum Ausdruck gebracht hat, dass die AVB-RS einbezogen sein sollen. Ausdrücklich muss nicht über die AVB-RS gesprochen werden, da es für den Rechtsanwalt als Versicherungsnehmer offensichtlich sein muss, dass der Versicherer die AVB-RS verwendet, um den Vertrag überhaupt zu regeln.[21]

28 Großkanzleien sind hiervon ausgenommen, §§ 7 Abs. 5, 210 VVG. Sie schließen den Versicherungsvertrag auch ohne vorhergehende Information über die AVB-RS ab. Ganz überwiegend betreuen Makler diese Großkunden. Die Makler besitzen die jeweiligen Bedingungswerke der Versicherer. Die Vertragsverhandlungen führt der Versicherer mit dem Makler. Er übermittelt die Wünsche des Versicherungsnehmers. Der Versicherer setzt die Wünsche des Versicherungsnehmers in individuelle Klauseln um.

III. Inhaltskontrolle

1. Allgemein

29 Grundsätzlich findet eine Inhaltskontrolle der Versicherungsverträge statt. Jeder einzelne kann frei einen Vertrag kraft privatautonomen Handelns mit einem anderen abschließen. Die AVB-RS sind als Pflichtversicherungsbedingungen beim BaFin einzureichen, § 5 Abs. 5 Nr. 1 VAG. Die Erlaubnis ist nur dann zu versagen, wenn nach dem Geschäftsplan und den eingereichten Pflichtver-

---

18 In Abkehr von der gesetzesähnlichen Auslegung des RG der BGH VersR 1999, 748f.
19 BGH NJW 98, 2449.
20 BGH NJW 2003, 1936 ff.
21 Prölss/Martin/*Rudy* § 7 Rn. 46.

sicherungsbedingungen die Belange der Versicherten nicht ausreichend gewahrt oder die Verpflichtungen aus den Versicherungen nicht genügend erfüllt sind, § 8 Abs. 1 Satz 1 Nr. VAG. Die behördliche Versicherungsaufsicht schafft damit einen Schutzstandard, zumindest im Pflichtversicherungsbereich, hält sich aber insgesamt zurück und greift nur bei schwerwiegenden Verstößen ein. Die frühere aufsichtsrechtliche Rigidität mit Genehmigung der AVB-RS ist einer liberaleren Auffassung zugunsten der Vertragsfreiheit gewichen. Es besteht daher erheblicher Bedarf für eine materiellrechtliche Kontrolle von Versicherungsbedingungen. Diese Funktion kommt der Rspr. zu. Sie prüft anhand des Maßstabs der §§ 305 ff BGB, ob die AVB-RS die Belange der jeweiligen Versicherungsnehmer genügend beachten. Das Rechtsprodukt muss mit abstrakten Begriffen, offenen Tatbeständen, Verweisen und mit zahlreichen Ein- und Ausschlüssen arbeiten. Der notwendige Abstraktionsgrad geht sicherlich zulasten der Benutzerfreundlichkeit.

2. Kontrollmaßstab und -fähigkeit

Rechtsanwälte sind Unternehmer. Daher findet eine Kontrolle nach den konkreten Klauselverboten mit und ohne Wertungsmöglichkeit nicht statt, § 310 Abs. 1 BGB. Nicht zu berücksichtigen sind die im Handelsverkehr geltenden Gewohnheiten und Gebräuche, da der Rechtsanwalt als Freiberufler kein Kaufmann nach dem HGB ist. Maßstab bildet das Verbot überraschender und mehrdeutiger Klauseln, 305c BGB, und die Generalklausel mit Inhaltskontrolle und Transparenzgebot des § 307 BGB. 30

a) Inhaltskontrolle und Transparenzgebot. § 307 BGB ist die Generalklausel zur AGB-Kontrolle. § 307 Abs. 1 Satz 1 und Abs. 2 BGB regelt die konkrete richterliche Inhaltskontrolle der Klausel. Abs. 2 regelt das Transparenzgebot der Klausel. Grundsätzlich sind die AVB-RS in allen Teilen voll kontrollfähig, §§ 305 ff BGB. Eingeschränkt ist die Kontrolle bei dem Versicherungsgegenstand, den Ausschlüssen und der Prämiengestaltung, entsprechend den gesetzlichen Vorgaben der Pflichtversicherung. 31

Sowohl modifizierende Klausel als auch deklaratorische Klauseln unterliegen dem Transparenzgebot, § 307 Abs. 3 Satz 2 BGB. Die modifizierenden Klauseln unterliegen zusätzlich zum Transparenzgebot einer konkreten Inhaltskontrolle, 307 Abs. 3 Satz 1 BGB. Deklaratorische Klauseln können nicht einer Inhaltskontrolle unterliegen, da sie schlicht nur gesetzeswiederholend oder leistungsbeschreibend sind. Eine Kontrolle findet nur dann statt, wenn die konkrete Regelung in den AVB-RS von Rechtsvorschriften abweicht oder etwas ergänzend dazu im Versicherungsvertrag vereinbart wird, § 307 Abs. 3 BGB. Die Grenze der Kontrollfähigkeit ist in der verfassungsrechtlich geschützten Vertragsfreiheit von Versicherer und Versicherungsnehmer zu sehen. Eine Kontrolle von Preisen und Leistungsangeboten soll daher nicht möglich sein. Die Vertragspartner können Leistung und Gegenleistung im Vertrag frei bestimmen. Auch unterliegen bloße Abreden über den unmittelbaren Gegenstand der Hauptleistung, die Leistungsbeschreibung, nicht der Kontrolle. Dies gilt auch für das von dem anderen Teil zu erbringende Entgelt.[22] 32

Es findet eine Transparenzkontrolle aller Bedingungen statt, § 307 Abs. 3 Satz 2 iVm Abs. 1 BGB. Der Berufshaftpflichtversicherer hat die Rechte und Pflichten der Anwälte als Versicherungsnehmer möglichst klar und durchschaubar zu gestalten.[23] Der Anwalt als Versicherungsnehmer muss wirtschaftliche Nachteile und Belastungen erkennen können. Das Transparenzgebot schließt das Bestimmtheitsgebot ein und verlangt, dass die tatbestandlichen Voraussetzungen und Rechtsfolgen so genau beschrieben werden, dass für den Verwender keine ungerechtfertigten Beurteilungsspielräume entstehen. Das Transparenzgebot gilt jedoch nicht uneingeschränkt. Es darf den 33

22 BGH NJW 2001, 2014 ff.
23 BGH NJW 1989, 222, 225.

Versicherer nicht überfordern. Die Verpflichtung, den Klauselinhalt klar und verständlich zu formulieren, besteht nur im Rahmen des Möglichen und Zumutbaren.[24]

34 Die Leistungsbeschreibung der Berufshaftpflichtversicherung findet sich in den Allgemeinen Versicherungsbedingungen und den Besonderen Bedingungen und der Risikobeschreibung, Teil 2 Besondere Bedingungen und Risikobeschreibungen für Rechtsanwälte und Patentanwälte (BBR-RA) und Teil 3 Besondere Bedingungen und Risikobeschreibungen für Steuerberater (BBR-S). Der Kern und Gegenstand des Versicherungsschutzes nach § 1 ist die Deckung für berufliche Verstöße. Der Versicherungsgegenstand ist nicht kontrollfähig, da zwar nicht wortwörtlich, aber inhaltlich das Gesetz wiedergegeben wird. Es wäre auch nicht sinnvoll, da eine Unwirksamkeit nur die gesetzliche Regelung in § 51 BRAO nach sich ziehen würde, wenn sie intransparent wäre. Die Versicherungssumme ist ebenfalls nicht kontrollfähig wie auch die Angemessenheit der Prämie als Gegenstand der Verhandlungen. Meist handelt es sich im Übrigen um Tarifprämien, die für ein Standardrisiko gelten, und bei Großkanzleien entscheidet der Wettbewerb unter den Versicherern über die Makler.

35 Die AVB-RS enthalten im Allgemeinen Teil die Beschreibung des Versicherungsfalls und des Versicherungsverhältnisses zwischen den Risikoträgern der wirtschaftsberatenden Berufe und dem Versicherer selbst. Diese Teile unterliegen der vollen Kontrolle. Sie enthalten Regelungen zum Versicherungsfall, Obliegenheiten im Versicherungsfall, Leistungskürzungen bei Obliegenheitsverletzungen und dem Versicherungsverhältnis selbst, wie Prämienzahlungen, Vertragsdauer, Verjährung etc. Diese Klauseln ergänzen die Regelungen im VVG oder beschreiben die vertraglichen Inhalte des Versicherungsvertrags näher. Die Besonderen Bedingungen und Risikobeschreibungen der AVB-RS enthalten die in § 51 BRAO zulässigen Ausschlüsse wie Haftpflichtansprüche mit Auslandsbezug oder wissentliche Pflichtverletzung. Grundsätzlich handelt es sich um Ausschlüsse, die gesetzlich zulässig sind. Ob es sich um deklaratorische oder modifizierende Klauseln handelt, spielt keine Rolle. Auch bei einer vollen Kontrolle und Wegfall der Klausel, müssten an deren Stelle die inhaltsgleichen gesetzlichen Ausschlüsse treten. Auch wenn der gesetzlich zulässige Ausschluss versteckt wäre und damit intransparent ist, würde er nicht komplett entfallen, sondern wirksam bleiben. Andernfalls wäre ein Versicherer beim Entfallen des gesamten Auslandsausschlusses gezwungen, z.B. eine Kanzlei im Ausland mitzuversichern, was gegen Aufsichtsrecht in einem non-admitted-Land wie in der Schweiz verstößt.

36 **b) Verbot überraschender Klauseln.** Nach § 305c Abs. 1 BGB werden Klauseln nicht Vertragsbestandteil, die nach den Umständen, insbesondere nach dem äußeren Erscheinungsbild des Vertrags, so ungewöhnlich sind, dass der Anwalt mit ihnen nicht zu rechnen braucht. Die objektive Ungewöhnlichkeit einer Bestimmung reicht nicht aus. Die Bestimmung muss überraschend für den Versicherungsnehmer sein. Ungewöhnlichkeit kann sich daraus ergeben, dass die Klausel vom dispositiven Gesetzesrecht abweicht oder nicht dem Leitbild entspricht. Darüber hinaus ist dann eine Klausel nicht Vertragsbestanteil, wenn sie an einer Stelle platziert ist, an der man nicht damit rechnet, insbesondere wenn es sich um Ausschlusstatbestände handelt. Wenn die Versicherer die Klausel üblicherweise in ihren Bedingungswerken verwenden, spricht dies erst einmal dafür, dass sie nicht überraschend ist.[25] Bei den AVB-RS und den von anderen Versicherern verwendeten Bedingungswerken handelt es sich im Übrigen nicht um Musterversicherungsbedingungen des GDV. Der ähnliche Wortlaut und die ähnliche Systematik ergeben sich aus den Bestimmungen der BRAO und des VVG zur Pflichtversicherung für Rechtsanwälte. Die Klausel kann aber trotz Üblichkeit überraschend sein, wenn der Versicherungsschutz vollständig entfällt.[26]

---

24 BGH VersR 2006, 261 ff.

25 OLG Frankfurt VersR 2001, 321.

26 OLG München AnwBl 2010, 448; das Gericht hat § 12 AVB-RSW in der älteren Fassung der AVB-RSW für eine angestellte Scheinsozia für unwirksam nach § 305c Abs. 1 BGB erklärt.

D. Systematik der AVB-RS

Die AVB-RS fassen die Bedingungswerke der wirtschaftsberatenden Berufe in einem einheitlichen Vertragswerk zusammen. Grund hierfür ist, dass Rechtsanwälte mit Steuerberatern in interprofessionellen Zusammenschlüssen ihre Leistungen anbieten. Daneben können Berufsangehörige mehrere Qualifikationen haben, z.B. der Rechtsanwalt, der auch Steuerberater oder Wirtschaftsprüfer ist, die sog. Doppel- oder Mehrfachbänder. Der Doppelbänder ist dann Berufsangehöriger der Berufsgruppe der Anwälte und der Berufsgruppe der Steuerberater/Wirtschaftsprüfer. Entsprechend sind die AVB-RS aufgebaut. 37

Die AVB-RS sind in drei Teile gegliedert. Die AVB-RS haben einen Allgemeinen Teil mit den Allgemeinen Versicherungsbedingungen, die für alle Berufsgruppen gelten und jeweils Besondere Bedingungen mit der zugehörigen Risikobeschreibung für die Anwälte/Patentanwälte und die Steuerberater. Die Besonderen Bedingungen der einzelnen Berufsgruppen enthalten jeweils die Abweichungen zum Allgemeinen Teil zur Versicherungsleistung wie Jahreshöchstleistung, Ausschlüsse, gesetzliche Meldepflichten gegenüber Kammern und weiteres. Die Risikobeschreibung wiederum enthält in der Regel spezielle Deckungserweiterungen, die auf den Berufsstand zugeschnitten sind, wie z.B. die Deckung bei Rechtsanwälten für höchstpersönliche amtsähnliche Tätigkeiten wie Insolvenzverwalter, Testamentsvollstrecker, Mediator etc. 38

Bei den AVB-RS handelt es sich nicht um Musterversicherungsbedingungen. Der Gesamtverband der Deutschen Versicherer (GDV) gibt Musterversicherungsbedingungen zur Lebensversicherung, Krankenversicherung und Schaden- und Unfallversicherung heraus.[27] Die Bedingungswerke der anderen Versicherer unterscheiden sich aber nicht im Wesentlichen, da es sich um Pflichtversicherungen handelt. Individuell weiter notwendige Ergänzungen wie z.B. der Einschluss von Auslandsaktivitäten verhandelt der Rechtsanwalt/Makler mit dem Versicherer. Die Individualvereinbarungen ergänzen die AVB-RS und werden Teil der Police. 39

E. Versicherungstechnik, Beteiligungen mehrerer Versicherer, Mitversicherung

I. Versicherungstechnik, Begriffe und Definitionen

Zum Versicherungsschutz gibt es folgende Begrifflichkeiten.

1. Versicherungssumme, Jahreshöchstleistung, Stammversicherung, laufende Versicherung

Die Versicherungssumme, in der Schadenversicherung die Deckungssumme, bezeichnet den maximalen Betrag, der für einen einzelnen Schadenfall maximal ausgezahlt wird. Abwehrkosten für einen Prozess können entweder zusätzlich hinzukommen oder können in der Versicherungssumme enthalten sein. In der Berufshaftpflichtversicherung kommen sie hinzu, § 3 II Ziff. 5 a), Einzelheiten siehe § 3 Rn. 83 ff, während in der D&O-Versicherung zur Absicherung der Manager, die Abwehrkosten inclusive sind, z.B. § 3 Ziff. VII Ziff. 1 der D&O-Bedingungen.[28] Die Jahreshöchstleistung ist die Summe aller Schadenzahlungen zusammen, die der Versicherer maximal für alle Schadenfälle eines Jahres bezahlt, auch Maximierung genannt. Beispiel hierfür: Die Pflichtversicherung nach § 51 BRAO regelt, dass der Versicherer mindestens 250.000 EUR pro Schadenfall zu leisten hat. Für alle Schadenfälle zusammen in einem Jahr hat er mindestens 1 Million EUR zu 40

---

27 Siehe die Musterbedingungen des GDV unter https://www.gdv.de/gdv/service/musterbedingungen.
28 VH 40 der Allianz.

leisten; 250.000 EUR, 4-fach maximiert. Wenn der Anwalt einen einzelnen Schaden verursacht, der 300.000 EUR beträgt, hat der Anwalt 50.000 EUR selbst zu tragen. Wenn der Anwalt im Jahr 10 Schäden mit einer jeweiligen Höhe von 100.000 EUR verursacht, hat er den elften Schaden selbst zu zahlen, auch wenn der elfte Schaden unter dem Höchstbetrag von 250.000 EUR liegt.

41 Dieser Versicherungsschutz wird als laufende Versicherung bezeichnet und meint nicht den gleichlautenden Begriff im VVG nach §§ 53 ff VVG für eine erst einmal unbestimmte Versicherung. Die laufende Versicherung in der Vermögensschadenhaftpflicht ist die Versicherung, bei der pro Versicherungsjahr die Versicherungssumme, meist mehrfach, zur Verfügung gestellt wird. Die Versicherung einer Kanzlei oder des einzelnen Anwalts wird auch als Stammversicherung bezeichnet, wenn man den Unterschied zu einer Einzelobjektdeckung/Projektdeckung meint.

2. Einzelobjektdeckung/Projektdeckung

42 Der Berufsträger unterhält eine laufende Berufshaftpflichtversicherung. Daneben bieten die Versicherer sogenannte Einzelobjektdeckungen/Projektdeckungen an. Diese Deckung ist eigenständig und unabhängig von der Pflichtversicherung. Grund für die Einzelobjektdeckung ist, dass der Mandant eine eigene Versicherung wünscht, um sein spezielles konkretes Risiko abzusichern. Darüber hinaus besteht Bedarf, wenn das individuelle Risiko höher ist als die Stammversicherung. Die Kosten einer Stammversicherung kann der Anwalt gegenüber dem Mandanten nicht geltend machen. Es handelt sich hierbei um Kosten, die der Berufsträger persönlich zur allgemeinen Deckung seines Haftungsrisikos eingeht bzw. für die anwaltliche Zulassung eingehen muss. Sie gehen daher auch zu seinen Lasten. Die Kosten einer Einzelobjektdeckung zur Absicherung der besonderen Haftpflichtrisiken können als Auslagen erstattungsfähig sein. Nach Nr. 7007 VV RVG kann der Anwalt vom Mandanten die Kosten für die Haftpflichtversicherungsprämie verlangen, wenn sie aufgrund der erheblichen Bedeutung und des besonderen Haftungsrisikos bei einer Versicherungssumme von mehr als 30 Mio EUR geboten ist. Eine gezahlte Prämie hingegen für eine generelle Haftpflichtversicherung für Vermögensschäden ist, soweit die Prämie auf Haftungsbeträge bis 30 Mio Euro entfällt, den allgemeinen Geschäftskosten im Sinne der Vorbem. 7 Abs. 1 Satz 1 RVG-Vergütungsverzeichnis zuzurechnen. Der Auslagentatbestand in Nr. 7007 RVG-Vergütungsverzeichnis ist vom Gesetzgeber nach dem Regelungszusammenhang als abschließender Auslagentatbestand für den Bereich der Kosten von Vermögensschadenshaftpflichtversicherungen konzipiert worden. Eine im Einzelfall gezahlte Prämie für eine Haftpflichtversicherung für Vermögensschäden ist, soweit die Prämie auf Haftungsbeträge bis 30 Mio Euro entfällt, danach – vorbehaltlich einer Vergütungsvereinbarung – vom Auftraggeber nicht zu erstatten.[29]

43 Die Einzelobjektdeckung versichert ein ganz bestimmtes Mandat mit einer selbständigen Versicherungssumme neben der Stammversicherung oder im Anschluss an sie. Versicherungsschutz für das benannte Einzelobjekt besteht allein über den einzelnen Versicherungsvertrag. Dabei konkretisiert der im Versicherungsschein bezeichnete Gegenstand die Grundbedingungen. Sie decken kein gesamtes Mandatsverhältnis ab, wie z.B. für einen Gewerbekunden mit verschiedenen Aufträgen und Sachverhalten. Grund hierfür ist, dass das Risiko für den Versicherer nicht einschätzbar ist, weil es sich um unbekannte und unbestimmte Anzahl von Risiken handelt. Dieses Verhältnis ist regelmäßig über die laufende Stammversicherung zu versichern. Bei der Kalkulation für die Objektdeckung wirkt sich regelmäßig zugunsten des Anwalts aus, wenn die Stammversicherung beim gleichen Versicherer besteht. Hintergrund ist, dass die Stammversicherung ohnehin die anwaltliche oder sonstige mitversicherte Tätigkeit bereits abdeckt. Die Prämie erhebt der Versicherer grundsätzlich bis Ende des Mandats, meist mindestens eine volle Jahresprämie, um eine risikoangemessene Prämie zu erhalten. Nach einem Jahr rechnet man regelmäßig nach Monaten/Tagen prt ab im Verhältnis zur Jahresprämie.

29 BGH VersR 2018, 568.

a) Versicherungssumme. Die Versicherungssumme bei einer Einzelobjektdeckung besteht üblicherweise für jeden einzelnen Verstoß sowie für alle Verstöße insgesamt, die dem Rechtsanwalt bei seiner Tätigkeit in dem konkreten Mandat unterlaufen. Die Versicherungssumme steht insgesamt für alle Schadenfälle und nicht pro Jahr zur Verfügung, unabhängig davon wie lange das Mandat andauert. Bei einer Versicherungssumme von 10 Millionen EUR ist ein Schadenfall mit einer maximalen Leistung in Höhe von 10 Millionen EUR oder viele einzelne Schadenfälle mit einer Gesamtleistung in Höhe von 10 Millionen abgedeckt. Die Versicherungssumme ist dann erschöpft und erneuert sich nicht. Die Stammversicherung hingegen hat eine maximierte Jahreshöchstleistung. Die Versicherungssumme steht für einen einzigen Schadenfall mit einer maximalen Versicherungssumme und für alle Schadenfälle innerhalb eines Jahres mit einer Gesamtjahreshöchstleistung zur Verfügung. Diese Versicherungsleistung erneuert sich pro Jahr. 44

Im Gegensatz zur Stammversicherung bietet die Objektdeckung regelmäßig keine maximierte Versicherungssumme. Die Versicherer erheben grundsätzlich die Prämien aber pro Jahr. Maximierungen müssen gesondert vereinbart werden oder es gibt sog. Instanzenprämien als Einmalzahlung, z.B. wenn der Anwalt keine Verfahrenshandlungen vornehmen kann und sich kein Risiko verwirklichen kann. Problematisch ist der Fall, wenn ein Verstoß und der sich daraus ergebende Schaden die Versicherungssumme erschöpft hat, der Rechtsanwalt aber weiterhin jährliche Versicherungsprämien zahlt. Beispiel: Der Rechtsanwalt begeht im ersten Versicherungsjahr unerkannt einen Verstoß. Er meldet den Schadenfall im fünften Jahr, der die vereinbarte Versicherungssumme ausschöpft. Ein weiterer später gemeldeter Schaden ist nicht gedeckt, obwohl der Rechtsanwalt seine Prämien jährlich gezahlt hat. Die Pflicht des Versicherers trotzdem leisten zu müssen, könnte sich aus dem synallagmatischen Verhältnis von Prämienzahlung zur bedingten Schadenleistung ergeben.[30] Der Versicherer als freier Wettbewerber ist aber auf der anderen Seite nicht dazu verpflichtet eine Prämie an den zu erwartenden Schadenzahlungen auszurichten. In extremen Fällen kann Wucher vorliegen, § 138 BGB, wenn der Versicherer eine Prämie verlangt, deren Höhe keinerlei Bezug zum kalkulierten Erwartungswert hat.[31] Der Vorteil für den Mandanten liegt in der Einzelobjektdeckung darin, dass die Versicherungssumme auf jeden Fall für einen möglichen Schadenfall zur Verfügung steht. 45

b) Kumulsperre für die Versicherungssumme. Die Versicherer vereinbaren regelmäßig, dass eine Kumulierung der Versicherungssummen der Einzelobjektversicherung und der Stammversicherung oder anderer bestehender Versicherungsverträge nicht stattfindet. Es bedeutet, dass der Verstoß in der Einzelobjektdeckung nicht dazu führen kann, dass eine Versicherungsleistung über die vereinbarte Höhe der Einzelobjektdeckung oder der Stammversicherung hinausgeht. Wenn der Anwalt einen Schaden in Höhe von 10 Mio EUR verursacht und das Einzelobjekt und die Stammversicherung jeweils eine Versicherungssumme von 5 Mio haben, reguliert der Versicherer nicht in Höhe des tatsächlichen Schadens von 10 Mio Er reguliert in Höhe von 5 Mio aus der Einzelobjektdeckung. Die weiteren 5 Mio EUR aus der Stammversicherung stehen nicht zusätzlich zur Verfügung. Die Regelungen zur Pflichtversicherung bleiben aber unberührt, siehe auch Nullstellungsklauseln Einleitung Rn. 49 f. 46

c) Änderungen der Versicherungssumme. Die bei der Versicherung eines Einzelobjekts vereinbarte Regelung zur Höchstleistung ohne Jahresmaximierung gilt auch bei nachträglichen Änderungen der Versicherungssumme während der Vertragslaufzeit. Jede Änderung der Versicherungssumme wirkt nur für die Zukunft. Im Schadenfall steht höchstens die zum Zeitpunkt des Verstoßes jeweils vereinbarte Versicherungssumme zur Verfügung. Wenn der Anwalt die Versicherungssumme einmal oder mehrmals während der Laufzeit reduziert, gilt regelmäßig 47

30 Prölss/Martin/*Armbrüster* § 1 Rn. 150.
31 Prölss/Martin/*Armbrüster* § 1 Rn. 136.

folgendes: Versicherungsleistungen aus Verstößen, welche zeitlich vor einer Summenreduzierung liegen, schöpfen auch die reduzierte Versicherungssumme aus. Versicherungsleistungen aus Verstößen, welche zeitlich nach der Summenreduzierung liegen, schöpfen auch die vor Summenreduzierung vereinbarte Versicherungssumme aus. Wenn der Anwalt die Versicherungssumme einmal oder mehrmals während der Laufzeit erhöht, gilt regelmäßig folgendes: Versicherungsleistungen aus Verstößen, welche zeitlich vor einer Summenerhöhung liegen, schöpfen auch die erhöhte Versicherungssumme aus. Versicherungsleistungen aus Verstößen, welche zeitlich nach der Summenerhöhung liegen, schöpfen auch die vor Summenerhöhung vereinbarte Versicherungssumme aus.

48 **d) Versicherungsnehmer.** In einer Gesellschaft ist zu beachten, wer Versicherungsnehmer der Einzelobjektsdeckung ist. Wenn der Versicherungsnehmer der einzelne Anwalt aus der Gesellschaft ist, hat nur er selbst, nicht aber die Gesellschaft Versicherungsschutz. Wenn Sozien als Mitarbeiter des versicherten Anwalts einen Berufsfehler begehen, besteht deshalb für sie grundsätzlich kein Versicherungsschutz. Daher sollte die Gesellschaft Versicherungsnehmerin der Einzelobjektsdeckung sein oder in den Bedingungen der Einzelobjektsdeckung sollte Versicherungsschutz sowohl für die Gesellschaft als auch die Mitarbeiter vereinbart sein.

49 **e) Nullstellungsklauseln.** Die Einzelobjektdeckung kann im Anschluss einer laufenden Stammversicherung oder daneben von „0“ an bestehen. Sog. Nullstellungsklauseln in Einzelobjektdeckungen als besondere Kumulsperre sind üblich, können aber im Einzelfall überraschend und unwirksam sein, § 305c Abs. 1 BGB. Nullstellungsklauseln beinhalten, dass kein Versicherungsschutz über die laufende Berufshaftpflichtversicherung besteht, wenn hierfür separat ein Einzelobjekt abgeschlossen ist. Die Klausel schließt damit den Versicherungsschutz aus, der über die laufende Deckung oder über die Mitversicherung in der Berufshaftpflichtversicherung bestehen würde. Derartige Nullstellungsklauseln sind nach den Gesamtumständen auch unter Berücksichtigung des Leitbilds eines Haftpflichtversicherungsvertrags für Vermögensschäden nicht ungewöhnlich. Deckungseinschränkungen sind in einer Vermögensschaden-Haftpflichtversicherung üblich. Die Nullstellungsklausel kann aber nach § 305c Abs. 1 BGB unwirksam sein, wenn die zusätzlich beim gleichen Versicherer abgeschlossene Einzelobjektdeckung nicht den Schadensfall umfasst, den die Stammversicherung deckt.[32] Im Ergebnis darf der Versicherungsschutz der Objektdeckung nicht geringer sein als der Versicherungsschutz der Stammversicherung oder ihn beschränken.

50 Im Verhältnis zur Pflichtversicherung sind Mindestvoraussetzungen einzuhalten. Bei der Berufshaftpflichtversicherung der haftungsbeschränkten Gesellschaften wie der PartmbB und der RA-GmbH darf der Versicherer den Vorwurf der wissentlichen Pflichtverletzung nicht ausschließen. Üblicherweise gibt es in den Einzelobjektdeckungen den Hinweis, dass die Vorschriften einer etwaigen Pflichtversicherung unberührt bleiben. Die Pflichtversicherungsbedingungen müssen auch bei Einzelobjekten gelten. Die Berufsträger üben eine anwaltliche Tätigkeit aus, auch im Rahmen eines versicherten Einzelobjekts. Die Pflichtversicherung darf das Einzelobjekt nicht einschränken. Darüber hinaus deckt der Anwalt einen zusätzlichen Bedarf ein und zahlt hierfür eine zusätzliche Prämie. Hierfür einen verminderten Bedingungsumfang zu erhalten, widerspricht sich.

51 **f) Keine Doppelversicherung.** Eine Mehrfachversicherung, früher Doppelversicherung, ist nicht darin zu sehen, wenn die Einzelobjektdeckung und die Stammversicherung das Risiko gegen dieselbe Gefahr versichern, auch unabhängig davon ob die Versicherungen bei einem oder verschiedenen Versicherern abgeschlossen sind, § 78 VVG. Die Regelung soll allein verhindern, dass

32 OLG Celle vom 5. März 2010 – 8 U 186/09.

sich der Versicherungsnehmer nicht bereichert. Die Einzelobjektdeckung liegt im Interesse des Mandanten. Er möchte, dass auf jeden Fall die Versicherungsleistung ausschließlich ihm zur Verfügung steht und nicht durch andere bisher unbekannte oder nachfolgende Verstöße erschöpft ist. Die Bereicherung des Versicherungsnehmers verhindert die Kumulsperre. Die Versicherungssummen aus Einzelobjektdeckung und Stammversicherung kumulieren nicht. Die Versicherungsleistung wird bei einem Verstoß nur einmal ausgezahlt.

3. Layer, drop-down, DIC/DIL, Master-Cover

a) Layer, Exzedent. Individuell bieten die Versicherer höhere Versicherungssummen und Jahreshöchstleistungen an. Wenn der Anwalt eine höhere Versicherungssumme als die Pflichtversicherungssumme vereinbart, gilt eine zweifache Höchstleistung für alle Versicherungsfälle eines Jahres, wenn nichts anderes vereinbart ist nach § 14, siehe dort § 14 Rn. 1 ff. Versicherungssummen oberhalb einer Grunddeckung bezeichnet man als Layer oder Exzedent. Die Grunddeckung bezeichnet man als auch als primary. Üblich ist es die Versicherungsleistung in aufeinander aufbauenden Layern mit verschiedenen Deckungsstrecken anzubieten. Beispiel hierfür: Die Kanzlei als GbR hat insgesamt einen Versicherungsschutz von 2 Mio EUR mit folgendem Aufbau: Es besteht die Pflichtversicherung in Höhe von 500.000 EUR, mind. 4-fach. Darüber hinaus besteht ein Exzedent für die Kanzlei mit einer Versicherungssumme von 1 Mio xs 1 Mio, 1-fach maximiert. Bei größeren Kanzleien baut man die Layer wie eine Pyramide auf. Die unteren Versicherungssummen sind höher maximiert als die oberen bis zur letzten Layerung mit einer einfachen Maximierung. 52

Die Layer/Exzedenten können jeweils eine eigene Versicherungssumme, Prämie und ggf. auch Bedingungen haben und von unterschiedlichen Versicherern angeboten werden. Wenn die Layer die Bedingungen des Grundvertrags nachbilden, bezeichnet man dies als following form. Vorteil für den Versicherungsnehmer ist, dass er ein einheitliches Bedingungswerk trotz unterschiedlicher Versicherer hat. Zur Verbindung zwischen den Layern siehe Einleitung Rn. 78 ff. 53

b) Proportionales, nicht-proportionales Beteiligungsgeschäft. Mehrere Versicherer können sich proportional am gesamten Vertrag oder an einem einzelnen Layer beteiligen, sog. proportionales Beteiligungsgeschäft. Es bedeutet, dass ein führender Versicherer unter einer Führungs- und Beteiligungsklausel andere Versicherer am Risiko beteiligt. Die beteiligten Versicherer erhalten nach ihrem prozentualen Anteil Prämie und zahlen anteilig die Schäden, siehe hierzu auch ausführlich Beteiligungen von Versicherern untereinander Einleitung Rn. 67 ff. 54

Die Layer können aber auch von verschiedenen Versicherern separat angeboten werden. Der Grundvertrag und der Layer sind nicht durch Beteiligungs- oder Führungsklauseln miteinander verbunden. Es gibt keinen führenden Versicherer, auch wenn der Layerversicherer sich verbindlich gegenüber dem Versicherungsnehmer einer Schadenregulierung des Grundversicherers unterwirft. Kennzeichen der Layerung ist, dass der Layerversicherer nicht-proportional an der Gesamtversicherungssumme beteiligt ist, z.B. besteht eine Gesamtversicherungssumme von 150 Mio EUR. Der Layerversicherer versichert den Summenbereich von 50 Mio EUR oberhalb der bei einem anderen Versicherer versicherten Summe von 100 Mio EUR mit einer Jahreshöchstleistung von 50 Mio EUR für alle Schadenfälle eines Jahres insgesamt, ausgedrückt als 50 Mio xs 100 Mio, 1-fach maximiert. Der Punkt, an dem die Versicherung greift, „getriggert" wird, bezeichnet man als attachement point, im Beispiel ab 100 Mio EUR. Die Grundversicherung ist für den Exzedentenversicherer ein Selbstbehalt, den er bei der Kalkulation der Prämie preismindernd berücksichtigt. Auf der anderen Seite ist das Risiko für den Grundversicherer höher, dass die Grundversicherung durch einen Schadenfall ausgeschöpft wird. Die Schadenhöhe eines potenziellen Schadens ist höher, weil der Versicherungsnehmer schon nach eigener Einschätzung eine höhere Versicherungssumme benötigt. Dies wird der Grundversicherer bei seiner Prämienkalkulation wiederum preis- 55 erhöhend berücksichtigen, gerade auch dann, wenn er wie üblich in der Vermögensschaden-Haftpflichtversicherung die Vertragsverwaltung wie An- und Abmeldung der Rechtsanwälte unentgeltlich auch für die anderen Layerversicherer übernimmt.

56 **c) Drop-down.** Die Layer können separat als Versicherungsleistung, unabhängig ob darunter die Versicherungsleistung bereits erschöpft ist, zur Verfügung stehen. Als drop-down bezeichnet man es, wenn die Versicherungsleistung des nächsthöheren Layers auch dann zur Verfügung steht, wenn der darunter liegende Layer oder auch die Grunddeckung bereits erschöpft sind. Der Layer „rutscht" nach unten. Der drop-down ist regelmäßig bei hohen Layerungen mit dem Rückversicherer abzusprechen, weil es sein Risiko erhöht. Insbesondere gilt dies auch, wenn im drop-down vereinbart ist, dass die Bedingungen des erschöpften Layers gelten, die der Versicherer für die Einschätzung seines Risikos dann auch anfordern muss.

57 Um das Eintreten der höheren Layer zu verhindern, schließen die Versicherer ausdrücklich bestimmte Klauseln ein: *Es findet kein drop-down statt.* Die Layer mit drop-down oder auch allgemein können die Bedingungen des Grundvertrags nachbilden, was dann ein drop-down mit following form ist. In der Vermögensschadenhaftpflichtversicherung ist es bis auf die Versicherung der wissentlichen Pflichtverletzung eher üblich einen drop-down following form zu zeichnen. Beispiele:

- Drop-down mit following form: Ist die Deckung der Grundversicherung ausgeschöpft, besteht aus der folgenden Anschlussdeckung Versicherungsschutz.
- Drop-down ohne following form, wenn man Deckungsinhalte nur in der Grundversicherung als Sublimit versichern möchte, aber nicht darüber hinaus im Exzedenten, z.B. bei der wissentlichen Pflichtverletzung nur in der Grundversicherung: *Ist die Deckung der Grundversicherung ausgeschöpft, besteht aus der folgenden Anschlussdeckung Versicherungsschutz. Es gelten die Bedingungen des Anschlussvertrags.*

58 **d) DIC/DIL, Master-Cover.** Die Versicherung kann eine Difference in Conditions/Difference in Limits (DIC/DIL) – Deckung enthalten. Mit diesem Baustein schließt der Versicherer Deckungslücken zwischen zwei Versicherungen mit unterschiedlichen Leistungen, sowohl auf Seiten der Bedingungen als Bedingungsdifferenzdeckung (DIC) und auf Seiten der Versicherungssumme als Summendifferenzdeckung (DIL). Die DIC/DIL-Regelung kommt praktisch vor, wenn der Versicherungsnehmer Niederlassungen im Ausland hat und in Deutschland hauptversichert ist. Die Zweigniederlassung im Ausland hat regelmäßig eine Versicherung, meist die Pflichtversicherung im Mindestumfang. Die Zweigniederlassung hat Bedarf nach gleichwertigem Versicherungsschutz wie die Hauptniederlassung in Deutschland. Dieser Versicherungsschutz lässt sich im Ausland kaum oder nur sehr schwer beschaffen. Daneben sind die Prämien aufgrund der hohen Kapazität und dem Umfang meist für die kleinere Niederlassung nicht darstellbar. Der deutsche Versicherer bietet daher eine DIC/DIL-Deckung im Rahmen der Hauptpolice für die Zweigniederlassung, die damit in den Versicherungsschutz der Hauptniederlassung einbezogen ist. Der gesamte Baustein wird dann als „Master-Cover" bezeichnet. Der Versicherer versichert im Anschluss oder, wenn keine Versicherung im Ausland besteht, von „0" an, die Zweigniederlassung bis zur Höhe der Versicherungssumme der Hauptpolice (DIL-Teil). Er versichert darüber hinaus zu den Bedingungen der Hauptpolice, soweit ein geringerer Versicherungsschutz der Zweigniederlassung im Ausland besteht (DIC-Teil). Dabei ist immer die non-admitted Problematik zu beachten, weil der deutsche Versicherer damit eine Versicherung für ein im Ausland belegenes Risiko anbietet, siehe zur Versicherung von Auslandsniederlassungen ausführlich § 15 Rn. 4 ff.

4. Regelungstechniken, Sideletter

Für Versicherer und Versicherungsnehmer/Makler ist es in den Verträgen üblich in den individuellen Klauseln Bezug auf die AVB-RS zu nehmen. *„Klarstellend"* bedeutet, dass die Klausel die AVB-RS nicht abändert, sondern erläutert und deklaratorisch ist. *„In Abänderung von"* bedeutet, dass tatsächlich die AVB-RS verändert werden. Dies kann sowohl einschränkend oder erweiternd sein, zumeist wird damit der gesamte Sinn und Zweck neu geregelt. *„In Erweiterung"* bedeutet, dass die AVB-RS eine Deckungserweiterung erfahren unter Beibehaltung des bisherigen Sinns und Zwecks. 59

Mit einem Sideletter regeln Versicherungsnehmer und Versicherer von vornherein bestimmte Fallgruppen, um Streitfälle über den Deckungsinhalt auszuschließen. Ein Sideletter ist eine besondere Vereinbarung zum Versicherungsschutz. Um eine Allgemeinwirkung für alle Beteiligten zu vermeiden, führen der Versicherer und Makler/Versicherungsnehmer den Sideletter zuweilen nur neben dem geschriebenen Vertragswerk. Häufiger ist es aber den Sideletter als einfache Erläuterung zu der in Frage stehenden Klausel im Vertragswerk abzubilden. Darüber hinaus verwendet man den Sideletter dazu, eine unbestimmte Klausel oder eine Regelung zu einem bestimmten Sachverhalt festzulegen. Meistens kennzeichnet man die Auslegung dann tatsächlich mit dem Wort Sideletter und schreibt dann dazu: *Klarstellend zu ...wird folgendes... geregelt.* Die Parteien können zusätzlich zur Auslegung noch weitere ergänzende Erläuterungen treffen z.B. eine Deckungserweiterung in einem speziellen Fall. Im angelsächsischen Raum ist es üblich bei Vertragswerken ein komplettes Glossar mit Erläuterungen zu den im Versicherungsvertrag verwendeten Begriffen anzulegen. Dies ist auch notwendig, da im Gegensatz zum kontinentaleuropäischen Versicherungswesen mit seiner hohen Regelungsdichte wie z.B. VVG, VAG, etc. das angelsächsische Versicherungswesen individualvertraglich die Vertragsbeziehung regeln muss, da ein Rückgriff auf kodifiziertes Recht im case-law nur eingeschränkt möglich ist. 60

II. Rückversicherung

Die Erstversicherer – Zedenten – versichern regelmäßig ihre Risiken bei Rückversicherern – Zessionare. Der Umfang richtet sich nach der Kapitalausstattung des Erstversicherers und ob der Erstversicherer selbst genügende Kapazitäten hat. Nach der Form der Rückversicherung kann man unterscheiden zwischen der Vertragsrückversicherung, auch obligatorischer Vertrag oder Treaty genannt, der fakultativ-obligatorischen und der fakultativen Rückversicherung. Von der Versicherungssumme gedacht besteht folgender Aufbau beim Erstversicherer: Er hat einen Selbstbehalt, dann folgt der Treaty-Vertrag, dann der fak.-obl. Vertrag und dann die fak. Rückversicherung. 61

Bei der Vertragsrückversicherung – Treaty – beteiligt der Erstversicherer den Rückversicherer an den Erstrisiken nach zuvor festgelegten Bedingungen und Prämien. Der Rückversicherer prüft nicht den einzelnen Erstversicherungsvertrag. Er übernimmt ein gesamtes Portefeuille. Das setzt eine gewisse Homogenität der Risiken voraus. Für den Treaty kann der Rückversicherer ein Special Acceptance erteilen. Ein Risiko, das nicht von der Rückversicherung des Treaty-Vertrags abgedeckt ist, wird in den Treaty-Vertrag individuell eingebracht. Bedarf besteht, wenn die Versicherungssumme eines Risikos nur geringfügig über die maximale Höhe der umfassten Versicherungssumme des Treaty-Vertrags hinausreicht oder nur geringfügige Abweichungen zu den sonstigen Risiken bestehen. Die Kosten und der Aufwand für eine fakultative Lösung sind zu hoch. 62

Bei der fakultativ-obligatorischen Rückversicherung kann der Erstversicherer die Risiken an den Rückversicherer abgeben, muss es aber nicht. Der Rückversicherer ist verpflichtet diese Risiken zu übernehmen. Dabei gibt es auch das umgekehrte Modell und Varianten hierzu. Regelmäßig legen im Modell fakultativ-obligatorische-Rückversicherung der Erstversicherer und der Rückversicherer fest, wann und zu welchen Konditionen der Rückversicherer das Risiko zu übernehmen hat, z.B. wenn das Risiko einem definierten Raster entspricht. Wenn es nicht darunterfällt, sind die Bedingungen und Prämien gesondert zu bestimmen. 63

64 Bei der fakultativen Rückversicherung entscheidet der Erstversicherer, ob er das Risiko abgibt und der Rückversicherer, ob er das Risiko übernimmt. Bedingungen und Prämien sind individuell festgelegt. Sie können aber den Konditionen der obligatorischen und fakultativ-obligatorischen Rückversicherung folgen, um das Verfahren zu vereinfachen. In der Rückversicherung hat der Erstversicherer als Zedent darauf zu achten, dass er für seine Risiken den richtigen Rückversicherungsschutz wählt. Das trifft insbesondere auf die Serienschadenklauseln zu. Defizite bzw. Inkongruenzen, die sich zulasten des Erstversicherers auswirken, können weder durch zivilrechtliche Instrumente noch durch rückversicherungsrechtliche Grundsätze und Handelsbräuche geheilt werden. Das Risiko von Deckungslücken im Rückversicherungsschutz, trägt der Erstversicherer.[33]

65 Die Form und der Umfang der Rückversicherung wirken sich auf die Erstversicherungsprämie aus. Bei der obligatorischen Rückversicherung kann der Erstversicherer grundsätzlich die Bedingungen/Prämien des Risikos frei bestimmen, soweit sie dem vertraglich vereinbarten Risiko zuzuordnen sind. Bei der fakultativ-obligatorischen Versicherung bestimmt der Rückversicherer die Bedingungen/Prämie des Risikos mit. Gleiches gilt für die fakultative Rückversicherung. Die unterschiedlichen Formen der Rückversicherung bedeuten für den Erstversicherer bis zu welcher Versicherungssumme des einzelnen Risikos Bedingungen/Prämien frei bestimmbar sind. Ein obligatorischer Vertrag mit hoher Kapazität bedeutet, dass der Erstversicherer hohe Versicherungssummen schnell und einfach zeichnen kann. Darüber hinaus hat er sich mit dem Rückversicherer abzustimmen. Erstversicherer, die reine Kapazitätsgeber sind und keine aufwendige Schadenbearbeitung vorhalten, übernehmen regelmäßig die hohen Layer von Großrisiken. Sie können niedrigere Prämien anbieten, weil sie aufgrund der geringeren Kapazität keinen Rückversicherungsschutz benötigen. Sie können die vorhergehende Deckung des anderen Versicherers als geringere Eintrittswahrscheinlichkeit für ihren Layer in die Prämie miteinkalkulieren.

66 Aus der Rückversicherung kommt die Berechnungsart nach sog. Increased Limit Factor (ILF) als Verdoppelungsfaktoren. Sie verwenden auch die Erstversicherer. In der Haftpflichtversicherung gibt es nicht wie in der Sachversicherung den Probable Maximum Loss (PML) als wahrscheinlich größten anzunehmendem Schaden. Man verwendet stattdessen in der Haftpflichtversicherung einen ILF-Faktor in Abhängigkeit vom Risiko. Mit diesem Faktor berechnet man aus einer bestehenden Grundversicherung und deren Prämie, die Prämie für die Höherdeckung. Der Faktor (Curve) ist die Größe, nach der sich die Prämie berechnet, wenn die Versicherungssumme verdoppelt wird. Wenn der Faktor z.B. 40 ist, bedeutet es, dass bei einer Verdoppelung der Versicherungssumme sich die Prämie um das 1,4-fache erhöht. Beispiel: Die Versicherungssumme beträgt 5 Mio und die Prämie dafür 10.000 EUR, der Verdoppelungsfaktor ist 40. Danach beträgt die Prämie für eine Versicherungssumme von 10 Mio das 1,4-fache = 14.000 EUR. Bei 20 Mio VSU würde die Prämie wiederum das 1,4-fach betragen = 19.600 EUR. Dies ist eine rein mathematische Berechnung ohne Risikoprüfung. Bei einer Höherberechnung muss der Versicherer berücksichtigen, ob die Grundprämie für den gegebenen Grundlayer bereits angemessen bepreist ist.

III. Beteiligungen von mehreren Versicherern in der Mitversicherung, Mitversicherungsklauseln

67 Mehrere Versicherer können sich zu einem Beteiligungsgeschäft zusammenschließen, um gemeinsam eine Kanzlei zu versichern. Aus Sicht des Versicherers bezeichnet man die Beteiligung auch – begrifflich im Sinne des VVG falsch – als Mitversicherung. Grund für ein Beteiligungsgeschäft kann die hohe Versicherungssumme und das Geschäftsverhalten des Maklers sein. Der Makler kann seine Geschäftsbeziehungen zu seinen Hauptversicherern stärken, die auch unterschiedliche Provisionen haben. Darüber hinaus bestehen Versicherungsnehmer aufgrund eigener Geschäftsbeziehungen auf bestimmte Versicherer.

33 *Fausten* VersR 2017, 1057, 1064.

1. Kartellrecht

Wettbewerber handeln grundsätzlich allein im Markt. Bei hohen Deckungssummen besteht bei Versicherern der Bedarf das Risiko zu minimieren. Die Versicherer und Makler haben das Kartellrecht zu beachten. Verstöße gegen das Kartellrecht haben nicht nur Geldstrafen gegen Organisationen und Einzelpersonen zur Folge. In einigen Rechtsordnungen können Geldstraßen in Höhe von bis zu 10 % des globalen Konzernumsatzes gegen ein Unternehmen verhängt werden. Grundsätzlich zulässig ist kartellrechtlich: Öffentliche Inhalte, die für alle leicht und tatsächlich zugänglich sind; gesetzliche Entwicklungen; Schadenentwicklungen auf aggregierter, branchenweiter Ebene; Informationen für Kooperationsentscheidungen, die kartellrechtlich zulässig sind und im Voraus von der Rechts-/Compliance-Abteilung genehmigt wurden, wie z.B. Statistiken der Schadenaufwendungen, Studien etc.; Informationen rein technischer Art oder der Schadenverlauf eines einzelnen Risikos. Problematisch sind die Nennung von Marktanteilen und Prämieneinnahmen in spezifischen Segmenten. Vertikale Vereinbarungen mit Kunden und anderen Dritten sind in der Regel weniger problematisch wie Preise, die Dritten von einer der beiden Vereinbarungsparteien auferlegt werden; Ausschließlichkeitsvereinbarungen bezüglich Einkauf, Verkauf oder Vertrieb; Wettbewerbsverbote oder Meistbegünstigten- oder Bestpreisklauseln. Problematischer sind horizontale Vereinbarungen zwischen unabhängigen, nicht konkurrierenden Firmen, die auf verschiedenen Ebenen der Produktionskette handeln wie bei Vertriebsvereinbarungen. Kartellrechtlich nicht zulässig sind: Absprachen zu Preisen, z.B. Prämien, Preiselementen oder Bedingungen; Aufteilung von Märkten und/oder Kunden; Abstimmungen dahingehend, keine Angebote oder falsche Gebote für Verträge/Risiken einzureichen; Abstimmungen dahingehend, nicht an bzw. von einem bestimmten Kunden oder Geschäftspartner zu verkaufen/kaufen; Offenlegung von wettbewerbsrelevanten Informationen oder auch die Bitte um die Offenlegung von wettbewerbsrelevanten Informationen. 68

Mehrere Versicherer beteiligen sich an einem Einzelrisiko, um das hohe Risiko zu teilen oder schlichtweg die Marktkapazität nicht ausreicht. Kartellrechtlich zulässig ist grundsätzlich folgendes Verfahren: Die Versicherer geben ihre Angebote ohne vorherige Kontaktaufnahme untereinander ab. Der Versicherungsnehmer oder Makler entscheidet sich für das Angebot eines Versicherers und überträgt einem Versicherer unter Festlegung der Quoten die Führung des Vertrags. Entweder der Versicherungsnehmer/Makler oder der führende Versicherer auf der Grundlage der mit ihm vereinbarten Konditionen kontaktiert die übrigen Beteiligten und vereinbart die jeweiligen Quoten. Gleichfalls zulässig sind Verfahren, bei denen die Initiative vom Versicherungsnehmer/Makler ausgeht. Der Versicherungsnehmer/Makler sucht selbst die beteiligten Versicherer, nachdem er mit dem führenden Versicherer die Konditionen ausgehandelt hat. Der Versicherungsnehmer/Makler geht selbst auf die Versicherer zu und fordert sie dann zur gemeinsamen Abgabe eines Angebots auf. Zulässig ist es auch, wenn ein Versicherer eine Versicherungslösung anbietet unter dem Vorbehalt einer Mitversicherungslösung mit anderen Versicherern und er dann andere Versicherer kontaktiert und dann an der Versicherung beteiligt, soweit der Makler/Versicherungsnehmer mit diesem Verfahren einverstanden ist.

Die Zulässigkeit einer Bietergemeinschaft zur Abgabe eines gemeinschaftlichen Angebots unter mehreren Versicherern ist im Einzelfall zu prüfen. Die Mitversicherung darf nicht den Wettbewerb spürbar beschränken, was in der Vermögensschaden-Haftpflichtversicherung regelmäßig nicht der Fall ist. Es gibt genügend Wettbewerber.[34] Daneben kann es sein, dass alle Versicherer jeweils einzeln zur Zeit der Bildung der Mitversicherung objektiv nicht in der Lage sind das Risiko alleine zu zeichnen, z.B. ist die Versicherungssumme zu hoch oder es fehlt an Fachkenntnissen, sog. Arbeitsgemeinschaftsgedanke. 69

Wenn das Beteiligungsgeschäft zulässig ist, können die Versicherer die Informationen wie Prämien und Bedingungen austauschen und vereinbaren, um ein gemeinsames Angebot abgeben zu können. Wenn der Versicherungsnehmer/Makler ein Renewal-Angebot möchte oder stillschwei- 70

34 Kritisch ist es, wenn sich regelmäßig nicht mehr als 5 Versicherer für das Risiko angeboten hatten.

gend signalisiert hat, dass er weiterhin von einer Beteiligung ausgeht, z.B. weil gerade nicht gekündigt wurde, darf der führende Versicherer den beteiligten Versicherern die Informationen weitergeben, damit man wieder ein gemeinsames Angebot abgeben kann. Zulässig ist im erlaubten Beteiligungsgeschäft, dass der führende Versicherer Risikoinformationen weitergibt und welche Prämie er für das Risiko für erforderlich hält. Dies umfasst auch Schadenquoten oder Schadenstatistiken, Klauseln und Bedingungen. Die Versicherer dürfen sich aber nicht über die Prämie austauschen, wenn die Führung noch nicht verteilt ist. Die Versicherer dürfen auch keine Absprachen und Abstimmungen treffen, die darauf zielen oder bewirken, die Stellung des Führenden zu respektieren, sog. respect of lead. Über das Beteiligungsgeschäft hinaus dürfen die Versicherer keine Informationen weitergeben wie z.B. Tarife oder ähnliches. Grundsätzlich muss der Versicherer unabhängig und allein ein Angebot abgeben, wenn der Versicherungsnehmer/Makler ihn dazu auffordert. Er kann auch selbst nach einem Beteiligungsangebot ein nochmaliges nachgebessertes Angebot abgeben.

2. Mitversicherung unter Versicherern

71 **a) Merkmale.** Versicherer bilden Versichererkonsortien, bei denen die einzelnen Versicherer anteilig sich ein Risiko teilen, z.B. eine große Rechtsanwaltskanzlei. Das offene Beteiligungsgeschäft ist eine offene Mitversicherung im Außenverhältnis zum Versicherungsnehmer,[35] zur kartellrechtlichen Zulässigkeit siehe hier Einleitung Rn. 68 ff. Der Versicherungsnehmer schließt mit jedem beteiligten Versicherer einen rechtlich selbständigen Vertrag.[36] Die Verträge könnten unterschiedlich sein, aber in der Berufshaftpflichtversicherung sind die Verträge der beteiligten Mitversicherer praktisch immer einheitlich gestaltet und formal in einem Versicherungsvertrag als gebündelte Verträge zusammengefasst. Im Innenverhältnis der beteiligten Versicherer besteht ein Auftragsverhältnis nach §§ 662 BGB oder ein Geschäftsbesorgungsvertrag nach § 675 BGB, wenn eine Führungsprovision vereinbart ist.[37]

72 Die Versicherer sind am Risiko direkt proportional gleichmäßig oder unterschiedlich nach Prozenten beteiligt. Sie schließen eine Beteiligungs- und Führungsklausel ab, die sie zu wechselseitigen Treue- und Informationspflichten untereinander verbindet. Der führende Versicherer übernimmt für die übrigen Versicherer die Policierung, Vertragsbearbeitung und Schadenregulierung entsprechend den Vereinbarungen, siehe hier ausführlich Einleitung Rn. 82 ff. Der führende Versicherer fertigt ein Vertragsdokument für den Versicherungsnehmer aus, auch wenn man Einzelverträge der beteiligten Versicherer zum Versicherungsnehmer annimmt, siehe hier Einleitung Rn. 75. In diesem einheitlichen Vertragsdokument sind die Beteiligungsverhältnisse genannt unter Einbezug der Beteiligungs- und Führungsklauseln und sonstiger Abreden. Weil es sich aber weiter um Einzelverträge handelt, haften die beteiligten Versicherer nicht als Gesamtschuldner, sondern nur anteilig.[38]

73 **b) Abgrenzung zu Versicherungspool.** Abzugrenzen ist die Mitversicherung im Einzelfall von der dauerhaften festgefügten Zusammenarbeit einzelner Versicherer in einer Mitversicherungsgemeinschaft, auch als Versicherungspool bezeichnet. Dabei schließen sich mehrere Versicherer nicht für den Einzelfall zusammen, sondern für eine Vielzahl von Risiken bestimmter Art. Wenn

---

35 Insgesamt zu Mitversicherung und Führungsklauseln, *Schaloske* VersR 2007, 606. Rüffer/Halbach/Schimikowski/*Brambach* VVG § 77 Rn. 21 ff.

36 BGH VersR 1954, 249; OLG Bremen VersR 1994, 709, 710; OLG Hamburg VersR 2008, 1249; *Dreher/Lange* VersR 2005, 717, 720.

37 MüKoVVG/*Halbach* § 77 Rn. 13.

38 OLG Hamm VersR 1984, 149; OLG Bremen VersR 1994, 709 keine Auslegung nach § 427 BGB.

keine besondere Gesellschaftsform vorliegt, handelt es sich um eine BGB-Gesellschaft.[39] Sinn ist das Schadenrisiko zu teilen, das bei einer begrenzten Anzahl von Risiken besteht, die aber aufgrund der Art und der Versicherungssumme nicht ein einzelner Versicherer zeichnen kann.[40] Die beteiligten Versicherer können nach außen als Gesamtschuldner oder mit einer festen Quote als Teilschuldner haften, § 420 BGB. Im Einzelnen regelt dies der Gesellschaftsvertrag der BGB-Gesellschafter.

3. Rechtsverhältnisse in der Mitversicherung

Bei einem Beteiligungsverhältnis haften die Versicherer anteilig, aber nicht gesamtschuldnerisch. 74 Weil keine gesamtschuldnerische Haftung besteht, ist eine Führungsklausel erforderlich, um den Vertrag verwalten und bearbeiten zu können. Im Versicherungsvertrag vereinbaren die Versicherer, welcher der führende Versicherer und wer zu welcher Quote beteiligt ist. Üblich ist, dass der führende Versicherer prozentual die höchste Quote hat. Der führende Versicherer zieht die Prämie gesamt für alle beteiligten Versicherer ein und verteilt sie, ggf. auch der Makler. Der führende Versicherer übernimmt üblicherweise die Schadenbearbeitung und -regulierung.

a) Rechtsverhältnis zum Versicherungsnehmer. Bei einer offenen Mitversicherung in einem 75 Beteiligungsverhältnis eines einzelnen Versicherungsvertrags schließen die Versicherer mit dem Versicherungsnehmer jeweils einzelne unterschiedliche Verträge, die miteinander korrespondieren.[41] Der jeweils beteiligte Versicherer kann frei über seinen Vertragsteil verfügen und frei mit dem Versicherungsnehmer verhandeln. Dies widerspricht jedoch einer effizienten Vertragsgestaltung und Vertragsabwicklung. Praktisch verklammern die Beteiligungs- und Führungsklauseln die Verträge untereinander. Der Versicherungsnehmer/Makler hat für alle Verhandlungen nur einen Ansprechpartner. Wenn im laufenden Vertrag eine Klausel zu ändern ist oder der Versicherungsnehmer für einen bestimmten Sachverhalt den Versicherungsschutz bestätigt haben möchte, nimmt dies der führende Versicherer als erster Ansprechpartner für den Versicherungsnehmer/Makler vor. Weil es sich um Einzelverträge handelt, muss der Makler im zweiten Schritt von jedem beteiligten Versicherer die Zustimmung einholen, ob sie mit der Erklärung des führenden Versicherers einverstanden sind.

Aufgrund der Einzelverträge können die beteiligten Versicherer ihre Gestaltungsrechte wie 76 Kündigung, Widerruf unabhängig von den anderen Versicherern ausüben. Die Führungs- und Beteiligungsklausel verhindern es nicht. In der Praxis gibt es Kündigungen einzelner beteiligter Versicherer nicht. Ebenfalls nicht praxisrelevant sind Wechsel in der Führung auf Verlangen der Versicherer im laufenden Vertrag, die im Einverständnis aller Versicherer oder bei einem wichtigen Grund im Rahmen des Auftrags-/Geschäftsbesorgungsvertrags möglich wären. Der Versicherungsnehmer müsste nicht einverstanden sein, weil der zugrundeliegende Auftrag-/Geschäftsbesorgungsvertrag, siehe dazu hier Einleitung Rn. 77, nur zwischen den Versicherern gilt, aber nicht gegenüber dem Versicherungsnehmer.

b) Rechtsverhältnis zwischen den Versicherern. Man könnte im Grundsatz vermuten, dass 77 im Verhältnis der Versicherer zueinander eine Innengesellschaft bürgerlichen Rechts besteht, §§ 705 ff BGB. Die Versicherer verfolgen einen gemeinsamen Zweck, um das Risiko zeichnen zu

39 MüKoVVG/*Halbach* § 77 Rn. 8.
40 Beispiel hierfür ist die VSW – Die Versicherergemeinschaft für Steuerberater und Wirtschaftsprüfer in Wiesbaden; die Allianz, ERGO und die Axa zeichnen gemeinsam die Risiken der Wirtschaftsprüfer/Steuerberater.
41 OLG Bremen VersR 1994, 709; OLG Hamm VersR 1984, 149.

können.[42] Man nimmt aber an, dass die beteiligten Versicherer rechtsgeschäftlich und nicht gesellschaftsrechtlich miteinander verbunden sind, insbesondere weil sie regelmäßig die Führungs- und Beteiligungsklauseln vereinbaren. Es besteht ein Auftragsverhältnis nach §§ 662 BGB oder ein Geschäftsbesorgungsvertrag nach § 675 BGB, wenn eine Führungsprovision vereinbart ist.[43] Die Klauseln sind Vertragsbestandteil des Versicherungsvertrags zwischen den Mitversicherern und dem Versicherungsnehmer/Makler. Sie wirken gegenüber dem Versicherungsnehmer/Makler im Außenverhältnis und im Verhältnis der Versicherer untereinander im Innenverhältnis. Die verschiedenen Führungs- und Beteiligungsklauseln regeln die materiellrechtlichen Befugnisse des führenden Versicherers als Anzeige- und Anschlussklausel und die prozessualen Rechte und Pflichten der Parteien als Prozessführungsklausel.

4. Exzedentenversicherung, Anschlussversicherung

78 Die offene Mitversicherung ist die horizontale Absicherung eines Risikos durch die beteiligten Versicherer. Bei hohen Versicherungssummen ist es möglich, dass die Kapazität der Versicherer nicht ausreichend ist oder auch der einzelne Versicherer unabhängig von der Bindung in einer Beteiligung sein möchte.[44] Die Versicherer nehmen am Versicherungsprogramm als Exzedentenversicherer teil und sichern das Risiko vertikal ab. Dies kann unmittelbar im Anschluss an die Grunddeckung (primary) der Pflichtversicherung sein, aber auch im Anschluss an vorhergehende einzelne Exzedenten als gelayertes Programm. Auch eine Kombination zwischen proportionaler offener Mitversicherung und selbständigen Exzedenten ist Praxis. Die einzelnen Layer sind als Versicherungsverträge unabhängig voneinander und rechtlich getrennt. Regelmäßig haben die Layerversicherer keine Kenntnis vom Gesamtprogramm und die Bedingungen und Tarife können unterschiedlich gestaltet sein.

79 Die Hauptpflicht eines Haftpflichtversicherers besteht darin, den geltend gemachten Haftungsanspruch zu prüfen, unberechtigte Ansprüche abzuwehren und berechtigte Ansprüche zu befriedigen. Die Unabhängigkeit der Layer von der Grunddeckung bedeutet, dass die Versicherer im Schadenfall die Haftung und Deckung unterschiedlich beurteilen können. Offen ist, ob es Abstimmungs- und Rücksichtnahmepflichten zwischen dem Grundversicherer und den Exzedentenversicherern und dem Versicherungsnehmer gibt. Anders als in der Mitversicherung mehrerer Versicherer, bei denen untereinander ein Geschäftsbesorgungsverhältnis[45] vorliegt, besteht zwischen den Layerversicherern keine rechtsgeschäftliche Verbindung. Daraus folgt, dass der einzelne Layerversicherer unabhängig vom Grundversicherer und den übrigen Versicherern regulieren kann und auch er auch keine Pflichten gegenüber den Versicherern und auch zum Versicherungsnehmer außerhalb seines Versicherungsverhältnisses hat.[46] Praktische Schwierigkeiten entstehen, wenn die Versicherer unterschiedliche Auffassungen zu Haftung und Deckung haben. Vertreten wird, dass die Layerversicherer und die Grundversicherer die Pflicht zur gegenseitigen Rücksichtnahme im Verhältnis untereinander und gegenüber dem Versicherungsnehmer haben, weil sie das Vermögen des Versicherungsnehmers und der Versichertengemeinschaft zu schützen haben. Die Schadenabwehr hat im Zweifel Vorrang vor einer Regulierung, da die Interessen geringfügiger beeinträchtigt werden.[47] Insbesondere hat der Grundversicherer den Layerversicherer zu infor-

42 *Schaloske* VersR 2007, 606 in II 2.; so noch LG Hamburg Hanseatische Rechts und Gerichts-Zeitschrift 1932, 278; allerdings ist nicht ganz nachvollziehbar, warum man keine Innengesellschaft annehmen sollte, weil man gerade auch die Informations- und Rücksichtnahmepflichten gesellschaftsrechtlich daraus ableiten kann.

43 MüKoVVG/*Halbach* § 77 Rn. 13.

44 Drave VP 06/2017; Segger/Neveling r+s 2023, 693.

45 *Schaloske* FS Fürstenwerth 2020, 315, 321f.

46 *Koch* VersR 2021, 879f.

47 *Segger/Neveling* r+s 2023, 693, 697. Die mit der Abwehr verbundenen Zinsen und Kosten müssen entsprechend dem Rechtsgedanken des § 101 VVG allerdings nur diejenigen Versicherer tragen, die eine Anspruchsabwehr wünschen.

mieren, wenn ein Anspruch der Höhe nach über die vereinbarte Versicherungssumme im Grundvertrag hinaus geltend gemacht wird.

Der Layerversicherer ist verpflichtet ein Haftpflichturteil dem Grunde nach anzuerkennen. 80
Anwendbar sein sollten hier die Grundsätze des Trennungsprinzips und der eingeschränkten Bindung zwischen dem Haftpflichtverhältnis und dem Deckungsverhältnis. Der Layerversicherer ist verpflichtet das Haftpflichturteil dem Grunde, aber nicht der Höhe nach anzuerkennen, soweit Voraussetzungsidentität besteht, siehe dazu § 3 Rn. 12 ff. Aufgrund der Rücksichtnahmepflichten ist für die Bindung weitere Voraussetzung, dass der Layerversicherer die Möglichkeit hatte bei dem Haftpflichtprozess mitzuwirken.

Abzulehnen ist eine vertikale Mitversicherungs- und Bindungsklausel zwischen den Versiche- 81
rern. Die Versicherungsverhältnisse sind rechtlich unabhängig. Der Versicherungsnehmer hat das Programm in Verbindung mit dem Makler vereinbart. Eine Bindung der Layerversicherer an eine Entscheidung des Grundversicherers verstößt gegen die eigenständige Pflicht des Versicherers die Vermögensinteressen der Versichertengemeinschaft zu schützen. Der Versicherer hat den Anspruch abzuwehren, wenn der Anspruch nicht besteht, auch wenn der Grundversicherer reguliert hat.

5. Klauseln in der Mitversicherung

Die Beteiligungs- und Führungsklauseln sind beispielhaft genannt und unterscheiden sich nach 82
den Versicherungszweigen. Man modifiziert, kombiniert und ergänzt sie im Einzelfall, entsprechend der Risiko- und Vertragssituation. Die Klauseln sind immer Bestandteil des Versicherungsvertrags. Der führende Versicherer fertigt die Police mit diesen Klauseln aus.

a) Beteiligungs- und Führungsklausel. Beispiel für eine Beteiligungs- und Führungsklausel: 83

An diesem Vertrag sind die Versicherer wie folgt beteiligt:

- *A-Versicherer mit einer Quote von 60 %*
- *B-Versicherer mit einer Quote von 25 %*
- *C-Versicherer mit einer Quote von 15 %*

Der Versicherer A ist der führende Versicherer. Die beteiligten Versicherer haften als Teilschuldner jeweils mit der oben genannten Quote.

Die Beteiligungsklausel gibt an, nach welchen Anteilen die Versicherer am Vertrag beteiligt sind. Daraus folgt, welchen Prämienanteil sie erhalten und in welcher Höhe sie Schadensersatz zu leisten haben. Die in der allgemeinen Haftpflicht bekannten Führungsprovisionen vereinbaren die Versicherer in der Vermögensschaden-Haftpflicht nicht. Dies dürfte historische Gründe haben, da man davon ausging, dass sich die Beteiligungen zwischen den verschiedenen Versicherern ausgleichen. Der führende Versicherer hat Rechte und Pflichten, die sich aus den weiteren Klauseln ergeben und aus dem zugrundeliegenden Auftrag oder Geschäftsbesorgungsvertrag. Üblich ist, dass der führende Versicherer die Anzeigen- und Willenserklärungen entgegennimmt und weiterleitet, siehe hier Einleitung 1 Rn. 84, den Vertrag verwaltet, siehe hier Einleitung Rn. 86 und Prozesse für und gegen die Mitversicherten führt, siehe hier Einleitung Rn. 93. Aufgrund einer Pflichtverletzung kann sich der führende Versicherer nach §§ 280, 670, 675 BGB schadenersatzpflichtig machen, wenn er z.B. falsch abrechnet oder Anzeigen/Willenserklärungen nicht weitergibt, was aber in der Praxis nicht vorkommt.

b) Anzeigeklausel. Beispiel für eine Anzeigeklausel: 84

Der führende Versicherer ist bevollmächtigt, Anzeigen und Willenserklärungen des Versicherungsnehmers für alle beteiligten Versicherer in Empfang zu nehmen.

Die Anzeigeklausel erleichtert die Korrespondenz für den Versicherungsnehmer/Makler mit den Versicherern. Der Makler kann seine Anzeigen, Willenserklärungen an den führenden Versicherer richten und muss sie nicht an alle einzeln weitergeben. Der führende Versicherer hat eine passive Empfangsvollmacht, § 164 Abs. 3 BGB. Für Willenserklärungen der übrigen Mitversicherer ist der Führende dann der Bote.[48] Sie können aber auch mit Zugang beim führenden Versicherer für die übrigen Versicherer wirksam werden, § 130 Abs. 1 Satz 1 BGB. Der führende Versicherer ist damit auch der Wissensvertreter der übrigen Versicherer.

85 Man kann die Klausel auch erweitern, um das Verhältnis der Versicherer untereinander im laufenden Vertrag zu klären:

Der führende Versicherer ist nicht berechtigt zu den Anzeigen und Willenserklärungen des Versicherungsnehmers Stellung zu nehmen, wenn er nicht das Einverständnis der beteiligten Versicherer eingeholt hat.

Dies kann man auch auf bestimmte Bereiche wie Summenerhöhung, Kündigungen usw. beschränken.

86 **c) Anschlussklausel.** Beispiel für eine Anschlussklausel:

Die vom führenden Versicherer mit dem Versicherungsnehmer getroffenen Vereinbarungen sind für die Mitversicherer verbindlich. Dies gilt insbesondere zu Gunsten des Versicherungsnehmers für die Schadenregulierung.

87 Der Versicherer verwaltet den Vertrag für die übrigen beteiligten Versicherer. Er übernimmt die Vertragsbearbeitung wie Policierung und die An- und Abmeldung von den in der Kanzlei tätigen Berufsträgern. Der führende Versicherer übernimmt auch die Schadenbearbeitung. Er nimmt die Schadenmeldung entgegen, wehrt die unberechtigten Ansprüche ab und leistet den Schadensersatz an den Dritten. Er ist den beteiligten Versicherern zur Rechenschaft verpflichtet, insbesondere wenn der führende Versicherer die Prämie für alle Versicherer einzieht und sie dann entsprechend der Quote verteilt. Zuweilen ergibt sich dies nicht direkt aus der Klausel, aber aus der geübten Praxis der Mitversicherer.

88 Nach der oben genannten Anschlussklausel ist der führende Versicherer berechtigt den Versicherungsvertrag verbindlich für die übrigen Versicherer zu regeln. Es betrifft die Betriebsabteilung des Versicherers hinsichtlich der Vertragsgestaltung und die Schadenabteilung hinsichtlich der Schadenbearbeitung und Schadenabwehr. Der führende Versicherer hat nach der oben genannten Klausel aktive Vollmacht und kann eine Leistung ablehnen oder den Vertrag gestalten oder für einen Sachverhalt Deckung von vornherein bestätigen, indem er den Vertrag verbindlich auslegt.

Einzelheiten:

89 **aa) Vertragsgestaltung, Betriebsabteilung.** Für die Betriebsseite, wenn der Versicherungsnehmer eine Bestätigung, Ergänzung oder Auslegung seines Vertrags verlangt, gibt es in der Vermögensschadenhaftpflichtversicherung eine Generalklausel mit aktiver Vollmacht eher selten. Die Versicherer haben eine unterschiedliche Zeichnungspolitik mit unterschiedlichen Zielsetzungen. Darüber hinaus kann die Beteiligungsquote selbst wieder rückversichert sein. Eine verbindliche Regelung des führenden Versicherers würde dazu führen, dass der beteiligte Versicherer möglicherweise ohne Rückversicherungsschutz ist, weil die Regelung nicht vereinbart ist und auch nicht mehr fakultativ vereinbar ist. Wenn wie üblich dies nicht ausdrücklich geregelt ist, übermittelt der Makler in der Praxis den Wunsch des Kunden nach Auslegung, Bestätigung usw. an den führenden Versicherer. Der Makler holt dann die Meinung/Entscheidung des führenden Versicherers ein und leitet sie an die übrigen Versicherer weiter. Die übrigen Versicherer prüfen dies und folgen dann ggf. der mitgeteilten Vorgabe des führenden Versicherers.

48 Langheid/Rixecker/*Langheid* § 77 Rn. 10.

Relevant, aber nicht diskutiert wird, ob sich der führende Versicherer mit den beteiligten Versicherern im laufenden Vertrag auch ohne Makler und den Versicherungsnehmer besprechen und entscheiden können, z.B. wenn eine Tätigkeit nach Einschätzung des führenden Versicherers nicht über den Vertrag versichert ist, aber versicherbar. Dabei sollte man danach differenzieren, ob es sich aus Sicht der Beteiligten um eine Bestätigung/Erweiterung des Versicherungsschutzes des bestehenden Vertrags handelt oder ob ein neues Risiko mit neuen Bedingungen/Prämie hinzukommt. Wenn es um die Bestätigung/Erweiterung des bestehenden Schutzes geht, ist davon auszugehen, dass sich die Versicherer austauschen und entscheiden können, auch gegen den Willen des Maklers/Versicherungsnehmers. Der Wettbewerb wird hier nicht beeinflusst. Der Makler hat kein Interesse daran, dass die Versicherer sich koordiniert austauschen ohne ihn, da sie sich gegen eine Deckungsbestätigung entscheiden können und damit dem Verlangen des Versicherungsnehmers nicht entsprechen. Da im laufenden Vertrag der Versicherungsnehmer/Makler keine Ausweichmöglichkeit hat, hat er die Entscheidung der Versicherer zu akzeptieren. Eine Feststellungsklage nach § 256 ZPO, dass die Deckung besteht, kommt praktisch nicht vor, da sie für das zu erzielende Ergebnis im Einzelfall zu aufwendig und langwierig wäre. Die Versicherer können sich aber in der kartellrechtlich zulässigen offenen Mitversicherung als Bietergemeinschaft zu Bedingungen und Prämien absprechen, um ein gemeinsames Angebot abgeben zu können, siehe zur kartellrechtlichen Zulässigkeit der Bietergemeinschaft § 1 Rn. 71 ff. Wenn es rechtlich zulässig ist, sich in der Angebotsphase auszutauschen, kann es rechtlich nicht unzulässig sein, sich auch im laufenden Vertrag auszutauschen und zwar auch ohne den Makler. Das Kartellrecht im Rahmen eines Wettbewerbsverbots nach § 1 GWB kann hier auch nicht mehr entgegenstehen. Es handelt sich um einen einzelnen laufenden Vertrag, an dem Versicherer beteiligt sind. Der bestehende Vertrag ist auszulegen oder zu ergänzen, weil ein nicht oder nur teilweise geregelter Sachverhalt aufgetreten ist. Die Versicherer bilden kein Kartell und üben keine marktbeherrschende Stellung aus, sondern der Versicherungsnehmer hat sich mit Hilfe des Maklers bewusst entschieden, diese Versicherer an einem einzelnen Vertrag zu beteiligen. In der Praxis gehen aber die Versicherer den üblichen Weg über den Makler, um ihre Geschäftsbeziehung zum Makler nicht zu gefährden. 90

Anderes gilt aber wieder, wenn ein neuer Vertrag mit eigenen Bedingungen oder Prämien neben dem bestehenden Berufshaftpflichtversicherungsvertrag erforderlich ist, z.B. die laufende Tätigkeit mit eigenen Bedingungen einer Insolvenzverwalter-Kanzlei. Die Versicherer stehen in einem Wettbewerb zueinander und können unterschiedliche Versicherungskonzepte für das neue Risiko bieten. Eine Absprache würde verhindern, dass der Versicherungsnehmer das bestmögliche Angebot erhält. 91

bb) Schadenbearbeitung. Die etablierten Versicherer arbeiten auch ohne Regelung bei der Schadenbearbeitung langjährig zusammen. Die Erfahrung und das Wissen der Schadenabteilungen der Versicherer führen zu einem Vertrauensverhältnis auf der Arbeitsebene, so dass nicht jedes Detail der Zusammenarbeit in komplizierten Regelwerken festgehalten werden muss. Üblich ist, dass der führende Versicherer die Abwehr von unberechtigten Ansprüchen selbständig organisiert und sich mit den anderen Versicherern abspricht bei ungewöhnlichen Schadenszenarien oder möglichen Präzedenzfällen. 92

d) Prozessführungsklauseln. Beispiel 1 zur Prozessführungsklausel: 93

Der führende Versicherer ist von den Mitversicherern bevollmächtigt, Rechtsstreitigkeiten in ihrem Namen durchzuführen, dies gilt sowohl für Prozesse vor den ordentlichen Gerichten als auch bei den Schiedsgerichten. Es wird jedoch auch ein nur gegen den führenden Versicherer wegen dessen Anteils erstrittenes Urteil oder ein nach Rechtshängigkeit geschlossener Vergleich oder ein solcher Schiedsspruch von den Mitversicherern als für sie verbindlich anerkannt.

94 Beispiel 2 zur Prozessführungsklausel:

Der Versicherungsnehmer wird bei Streitfällen aus diesem Vertrag seine Ansprüche nur gegen den führenden Versicherer und nur wegen dessen Anteil gerichtlich geltend machen. Die an der Versicherung mitbeteiligten Versicherer erkennen die gegen den führenden Versicherer rechtskräftig gewordene Entscheidung gegenüber dem Versicherungsnehmer als auch für sie verbindlich an.

95 Die Prozessführungsklausel soll verhindern, dass Prozesse aller Parteien untereinander zu führen sind, weil aufgrund der Einzelverträge jeder Partei eines Rechtsstreits sein kann. Der führende Versicherer kann deshalb für die übrigen Versicherer Prozessvollmacht erhalten. Parteien bleiben alle Versicherer. Die Prozessklauseln enthalten bei einer Prozessvollmacht üblicherweise gleichzeitig einen pactum de non petendo. Der Versicherungsnehmer verpflichtet sich nur gegen den führenden Versicherer vorzugehen und diese erkennen das Urteil auch zu ihren Lasten an. Möglich ist eine gewillkürte Prozessstandschaft.[49] Der führende Versicherer führt den Prozess für die übrigen Versicherer, die ihn als Rechteinhaber der einzelnen Versicherungsverträge dazu ermächtigen. Sie sind nicht Partei des Prozesses. Die aktive gewillkürte Prozessstandschaft auf Klägerseite ist zulässig,[50] die passive gewillkürte Prozessstandschaft auf der Beklagtenseite nicht.[51] Eine Führungsklausel ist nach §§ 133, 157 BGB auszulegen, ob sie die Ermächtigung enthält, die mehreren Mitversicherern zustehenden Ansprüche im Wege der gewillkürten Prozessstandschaft einzuklagen.[52] Man kann eine Prozessführungsklausel mit Anerkenntnis des Urteils durch die beteiligten Versicherer dahingehend auslegen, dass der führende Versicherer kraft Vereinbarung so zu stellen ist, dass er auch hinsichtlich der Anteile der übrigen Mitversicherer der einzige Versicherer ist. Der Versicherungsnehmer kann den Versicherer dann auch zu 100 % mit der Haftungssumme verklagen. Andernfalls müsste der Versicherungsnehmer erst den führenden Versicherer verklagen und dann jeden einzelnen Versicherer, was prozessökonomisch keinen Sinn macht.[53] Der führende Versicherer kann für die beteiligten Versicherer Regressansprüche geltend machen, § 7 III, § 86 VVG,[54] wenn es vereinbart ist oder so auszulegen ist.

F. Verhältnis Makler und Versicherer

I. Grundlegende Rechte und Pflichten

96 Versicherungsvermittler, die Versicherungsvertreter und Versicherungsmakler, vertreiben neben dem Direktvertrieb die Berufshaftpflichtversicherung. Makler schaffen die für den Versicherungsnehmer notwendige Markttransparenz. Der Versicherungsnehmer kennt regelmäßig nicht das für sein Risiko marktgerechte Bedingungs- und Prämienniveau. Die Makler sorgen für den notwendigen Wettbewerb unter den Versicherern.

97 Das Rechtsverhältnis zwischen Vermittler und Versicherungsnehmer regeln die §§ 59 ff VVG. Das Verhältnis des Maklers zum Versicherer ist nicht direkt im VVG geregelt, sondern es gibt nur vereinzelt Hinweise in den §§ 93 ff HGB zum Handelsmakler. Anzunehmen ist, dass zwischen dem Makler und dem Versicherer eine vertragsähnliche Rechtsbeziehung besteht, sobald der Makler mit dem Versicherer in Kontakt tritt, um ein Angebot für einen Kunden einzuholen. §§ 98, 101 und 94 HGB zeigen, dass der Handelsmakler nach dem gesetzlichen Leitbild als ein für beide

---

49 BGH NJW 1986, 850f.

50 Musielak/Voit/*Weth* § 51 Rn. 25.

51 offengelassen in BGH NJW 1983, 684, 685.

52 BGH NJW-RR 2002, 20.

53 OLG Bremen VersR 1994, 709.

54 BGH VersR 2002, 117.

Vertragsparteien handelnder Mittelsmann anzusehen ist.[55] Der Makler hat eine Doppelfunktion. Er ist Sachwalter für den Versicherungsnehmer als Auftraggeber und hat dessen Interessen wahrzunehmen.[56] Er darf aber nicht einseitig diese Interessen wahrnehmen, sondern muss auch die Interessen des Versicherers als neutraler Mittelsmann berücksichtigen. Zu einem anderen Ergebnis kommt man, wenn man stärker die vertragliche Verpflichtung des Maklers gegenüber dem Versicherungsnehmer sieht. Er verletzt seine Pflichten aus dem im Verhältnis zum Versicherungsnehmer bestehenden Geschäftsbesorgungsvertrag, wenn er alle für die Risikobeurteilung notwendigen und ihm bekannten Informationen dem Versicherer von sich aus mitteilt oder hinter dem Rücken des Versicherungsnehmers oder sogar gegen dessen Willen vom Versicherungsnehmer gemachte Angaben gegenüber dem Versicherer korrigiert. Für den Makler können sich im Ergebnis jedenfalls gem. den §§ 311 Abs. 3 Satz 1, 241 Abs. 2 BGB Rücksichtnahme- und Informationspflichten gegenüber dem Versicherer ergeben.[57]

Die Makler lassen sich Maklervollmachten vom Versicherungsnehmer geben, die den Auftrag 98 des Versicherungsnehmers und dessen Umfang beschreiben. Die Vollmachten beinhalten, ob der Makler umfänglich oder nur teilweise bevollmächtigt ist, den gesamten Versicherungsbestand des Versicherungsnehmers zu überprüfen, neu auszuschreiben, zu verhandeln und ggf. auf einen anderen Versicherer umzudecken und neu einzudecken. Als Sachwalter des Versicherungsnehmers bezieht sich der Maklerauftrag in der Regel nur auf das vom Versicherungskunden ihm zur Prüfung bzw. Optimierung aufgegebene Risiko bzw. Objekt. Es besteht grundsätzlich keine Verpflichtung des Versicherungsmaklers, die gesamte Versicherungssituation des Kunden ungefragt einer umfassenden Prüfung zu unterziehen.[58] Möglich ist, dass der Versicherungsnehmer sich aus geschäftspolitischen Gründen entscheidet und in der Hoffnung bessere Ergebnisse zu erzielen nicht einen Makler, sondern mehrere Makler gleichzeitig zu beauftragen. Schwierigkeiten im Verhältnis zum Versicherer entstehen, wenn mit unterschiedlichen Vollmachten verhandelt wird. Die Vollmachten hat der Versicherer nach §§ 133, 157 BGB auszulegen, wenn sich Widersprüche bei den Vollmachten ergeben, auch in Absprache mit dem Makler und Versicherungsnehmer selbst. Mitunter verpflichtet der Versicherungsnehmer über den eingeschalteten Makler, dass andere mitkonkurrierende Makler, die der Versicherungsnehmer daneben beauftragt hat, keine Kenntnis von der Mehrfachbeauftragung erhalten sollen.

Wenn die Vollmachten gleichlautend sind und die Anfragen ebenso, hat der Versicherer auf- 99 grund des Gleichbehandlungsgebots im Rahmen der vertragsähnlichen Beziehung des Versicherers zum einzelnen Makler mindestens gleichwertige Angebote abzugeben. Die Daten zum Risiko wie der Kanzleifaktor, Schadendaten, Tätigkeitsfelder sollten bei jeder Makleranfrage gleich sein, was aber in der Praxis nicht der Fall ist. Regelmäßig erstellt sich der Versicherer ein eigenes einheitliches Risikoprofil aus den unterschiedlichen Informationen, um daraus Angebote abgeben zu können. Der Versicherer berechnet dann die 100 % pro Kopf Prämie/Umsatzprämie und gibt dann auf seinen berechneten Kanzleifaktor die mögliche Gesamtprämie an, siehe zur Prämienberechnung nach Kanzleifaktor und Umsatz § 8 Rn. 22 ff.

Der Versicherer ist nicht verpflichtet, mit dem Makler zusammenzuarbeiten und ihm ein 100 Angebot zu machen.[59] Der Versicherer ist verpflichtet mit dem Makler zusammenzuarbeiten, wenn der Versicherungsvertrag zustande gekommen ist.[60]

Der Versicherer muss auch mit einem neuen Makler zusammenarbeiten, wenn der Versicherungsnehmer den Makler gewechselt hat, außer der neue Makler ist für den Versicherer unzumut-

55 Prölss/Martin/*Dörner* § 59 Rn. 65; nach anderer Ansicht gibt es keine Rechtsbeziehung, da der Makler nur im Lager des Versicherungsnehmers steht im Gegensatz zum Ausschließlichkeitsvertreter, siehe Beckmann/Matusche-Beckmann/*Voit* § 5 Rn. 370.

56 BGH VersR 1985, 930.

57 Prölss/Martin/*Dörner* § 59 Rn. 112.

58 OLG Hamm VersR 2016, 529.

59 LG Potsdam r+s 2012, 465.

60 BGH r+s 2013, 415; *Grams* FD-VersR 2013, 348; differenzierend *Zinnert* VersR 2005, 359, 361.

bar. Dies kann schon dann bestehen, wenn bei einer begrenzten Vollmacht ein unzumutbarer Mehraufwand entsteht.[61] Die Versicherer dürfen im Übrigen nur mit den Maklern zusammenarbeiten, die die Voraussetzungen nach § 48 VAG, § 34d GewO erfüllen.

101 Wenn die Versicherer mit dem Makler zusammenarbeiten, regeln sie regelmäßig die Hauptpunkte der Geschäftsbeziehung. Aus Sicht des Versicherers bezeichnet man es als Reversierung. Aus Sicht des Maklers bezeichnet man es als Kooperations- oder Rahmenvereinbarung.[62] Die Reversierung kann mehrfach an den verschiedenen Standorten eines Versicherers erfolgen. Geregelt wird in Grundzügen das Angebotsverfahren wie z.B. Vorlage einer Maklervollmacht, die Betreuung, technische Abwicklung, die Courtagesätze oder auch besondere Dienstleistungen wie Vertragsdokumentation, Prämieninkasso etc. Der Makler darf nicht die Schadenprüfung wie ein Haftpflichtversicherer übernehmen, weil die Schadensregulierung im Auftrag des Versicherers im Regelfall nicht als Nebenleistung zum Berufs- oder Tätigkeitsbild des Versicherungsmaklers gehört. Dies verstößt gegen das RDG.[63]

102 Darüber hinaus regeln die Makler im Einzelfall mit dem Versicherer mit besonderen Maklerklauseln ihre Rechte und Pflichten, zumeist im Versicherungsvertrag selbst. Inhalt sind die Rechte und Pflichten in der Betreuungsphase nach Abschluss des Versicherungsvertrags, die der Makler gegenüber dem Versicherer hat. Dies ist insbesondere der Fall bei größeren Kanzleien und der Beteiligung von mehreren Versicherern, siehe dazu ausführlich hier Einleitung – Versicherungstechnik und Klauseln in der Mitversicherung – Rn. 82 ff.

II. Angebotsphase

103 In der Angebotsphase hat der Makler dem Versicherer über Daten zum Risiko Auskunft zu geben, die zum Abschluss und ggf. Fortführung des Vertrags erforderlich sind. Die Risikoeinschätzung obliegt dem Versicherer, den der Makler dann auch nicht dazu beraten muss. Der Versicherungsnehmer hat die Pflicht solche Umstände zu offenbaren, nach denen der Versicherer ausdrücklich und schriftlich gefragt hat gem. § 19 Abs. 1 VVG.[64] Dazu hat der Versicherer selbständig nachzufragen, wenn ihm Daten zur Risikoeinschätzung fehlen. Der Makler hat die Nachfragen, wahrheitsgemäß und umfassend zu beantworten. Umstritten ist, ob der Makler aufgrund seiner Doppelfunktion nicht weitergehende Pflichten hat, insbesondere auch für den Kunden nachteilige Informationen an den Versicherer weiterzuleiten,[65] insbesondere wenn er ein Sonderwissen hat oder weiß oder fahrlässig nicht erkennt, dass risikorelevanten Daten beim Versicherungsnehmer vorliegen, die dieser aber trotz einer Pflicht nicht angibt, § 19 Abs. 1 VVG. Der Makler hat auf jeden Fall die Aufgabe, dass der Versicherungsnehmer seine vorvertraglichen Anzeigepflichten erfüllt.[66] Der Makler ist aber Sachwalter des Versicherungsnehmers und nicht des Versicherers. Die Doppelfunktion findet ihre Grenze im Auftragsverhältnis zum Versicherungsnehmer. Eine über die den Versicherungsnehmer nach § 19 VVG treffende Anzeigepflicht kann man nur dann annehmen, wenn besondere Umstände hinzutreten und das Verschweigen in der Geschäftsbeziehung zum Versicherer treuwidrig ist. Es wäre widersprüchlich, wenn der Versicherungsnehmer Nachteile dadurch hat, dass er einen Makler beauftragt. Wenn er einen Makler beauftragt, darf der Versicherungsnehmer nicht schlechter stehen, als wenn er selbst den Vertrag abschließt. Die Treuwidrigkeit kann nur vorliegen, wenn der Versicherer den Vertrag überhaupt nicht abgeschlos-

---

61 BGH VersR 2013, 841; in der Praxis kommt dies aber äußerst selten vor, da die Versicherer die Geschäftsbeziehung zum Makler nicht gefährden wollen und sich auch ggf. Neu-/Mehrgeschäft erwarten.

62 Rahmenabkommen nach Beckmann/Matusche-Beckmann/*Matusche-Beckmann* § 5 Rn. 367; Kooperationsvereinbarung nach Prölss/Martin/*Dörner* § 59 Rn. 113.

63 BGH z.B. in VersR 2016, 1118 und AnwBl 2016, 605.

64 BGH VersR 1986, 1089.

65 Zum Meinungsstand Beckmann/Matusche-Beckmann/*Matusche-Beckmann* § 5 Rn. 378 ff.

66 *Heinemann* VersR 1992 1319, 1322f.

sen hätte, wenn ihm die Information vorgelegen hätte, beispielsweise Zahlungsunfähigkeit bei einem beabsichtigten Insolvenzantrag des Versicherungsnehmers, von dem der Makler weiß, um zuvor noch eine D&O-Versicherung abzuschließen oder ein mehrmaliger Versicherwechsel wg. ausstehender Prämienzahlungen. Dies zeigt sich auch daran, dass umgekehrt nur dann das Verhalten des Maklers dem Versicherungsnehmer zuzurechnen ist, wenn der Makler arglistig den Versicherer getäuscht hat, § 166 Abs. 1 BGB, weil der Makler dann nicht Dritter ist nach § 123 Abs. 2 Satz 1 BGB.[67]

Der Makler ist nicht verpflichtet, dem Versicherer mitzuteilen, dass ein anderer Versicherer 104
ein Angebot gar nicht abgegeben hat, weil das Risiko selbst zu hoch ist mit Ausnahme bei konkreter Nachfrage. Der Versicherer ist verpflichtet, selbständig die Risikoinformationen zu sammeln, weil er das Risiko trägt. Der Makler ist verpflichtet auf konkrete Nachfrage des Versicherers, die risikorelevanten Daten zu beschaffen und weiterzuleiten. Insbesondere ist dies der Fall, wenn der Makler eine Kanzlei von einem Versicherer zum anderen umdecken möchte. Konkrete Informationen zu einer Einzelklausel im bestehenden Vertrag sind abzugeben, wenn der Makler dem neuen Versicherer von sich aus konkret bestätigt, dass im bestehenden Vertrag eine risikorelevante Klausel enthalten ist, die der Versicherungsnehmer weiterhin haben will.

Nicht eindeutig, aber praxisrelevant ist, ob der Versicherer die risikorelevanten Umstände 105
direkt vom Versicherungsnehmer abfragen kann oder sogar muss. Die Makler achten darauf, dass der Versicherer nur im Ausnahmefall direkten Kundenkontakt hat, um eine bessere Verhandlungsposition gegenüber dem Versicherer zu erhalten und nicht die Geschäftsbeziehung gegenüber dem Versicherungsnehmer zu gefährden. Der Versicherer ist zumindest im Rahmen der ihn treffenden vertraglichen Nebenpflichten nach § 241 Abs. 2 BGB grundsätzlich gehalten, mit einem vom Versicherungsnehmer eingeschalteten Vertreter zu korrespondieren und diesem auf Verlangen Auskunft zu erteilen.[68] Wenn es aber um die risikorelevanten Informationen geht, sollte der Versicherer das Recht haben selbständig mit dem Versicherungsnehmer Kontakt aufzunehmen. Die Nebenpflicht die Korrespondenz zu führen, kann nicht dazu führen, dass der Versicherer auf die Risikoübermittlung durch den Makler angewiesen ist, wenn der Versicherer die Informationen für nicht ausreichend erachtet und ggf. durch eigene Erkenntnisse die Angaben des Maklers für falsch hält. Wenn die Angebote der Versicherer in einer ausreichenden Zahl vorliegen und eine Marktübersicht gegeben ist, erstellt der Makler regelmäßig eine Synopse der Angebote und gibt seine Empfehlung nach den Bedürfnissen des Kunden als bestmögliches Angebot ab, § 60 Abs. 1 Satz 1 VVG.

III. Betreuungsphase

Die Makler regeln im Einzelfall mit dem Versicherer mit besonderen Maklerklauseln ihre Rechte 106
und Pflichten für Großrisiken und auch bei der Beteiligung von mehreren Versicherern in Kombination mit einer Führungsklausel. Die Maklerklausel beinhaltet üblicherweise, dass der Makler berechtigt ist die Korrespondenz mit dem Versicherer zu führen und die Anzeigen und Willenserklärungen des Versicherungsnehmers an den Versicherer weiterzuleiten. Ebenso trifft man Regelungen zum Prämieninkasso. Wenn es vereinbart ist, sind die Willenserklärungen vom Versicherer gegenüber dem Versicherungsnehmer dann zugegangen und erfüllt, wenn der Makler die Erklärung bekommen hat.[69] Bei mit dem Versicherer vereinbarten Zahlungsweise des Versicherungsnehmers an den Makler, ist die Zahlungsverpflichtung des Versicherungsnehmers mit Eingang des Betrags beim Makler erfüllt, § 362 Abs. 2 BGB. Ist der Makler nach dem Maklervertrag mit der Weiterleitung der Prämien an den Versicherer betraut und berechtigt, in allen Versicherungsange-

67 BGH NJW-RR 2008, 1649, 1650; OLG Köln VersR 2008, 810; OLG Köln r+s 2004, 95, 96; anders aber ist die Fallkonstellation, in der der Makler den VN arglistig täuscht: Hier ist § 123 Abs. 2 S. 1 BGB anwendbar, der Makler ist also Dritter.
68 BGH NJW 2013, 2354, 2355.
69 Beckmann/Matusche-Beckmann/*Matusche-Beckmann* § 5 Rn. 388.

legenheiten rechtsverbindliche Erklärungen für den Versicherungsnehmer abzugeben, so schließt dies die Befugnis ein, Zahlungen abweichend von der ursprünglichen Tilgungsbestimmung des Versicherungsnehmers verrechnen zu lassen.[70] Der Versicherungsnehmer muss sich eine durch den von ihm in die Schadensregulierung eingeschalteten Makler begangene arglistige Verletzung einer vertraglich vereinbarten Auskunftsobliegenheit zurechnen lassen mit der Folge, dass der Versicherer leistungsfrei wird.[71] Der Versicherungsmakler hat den Versicherungsnehmer während der gesamten Vertragslaufzeit über eine Anpassung des Versicherungsschutzes aufgrund von außerhalb der Sphäre des Versicherungsnehmers liegenden Veränderungen zu beraten. Bei Veränderungen in der Sphäre des Versicherungsnehmers hat der Versicherungsmakler nur zu beraten, wenn ihm diese bekannt werden. Zu einer laufenden, mindestens einmal jährlich durchzuführenden Bestandsaufnahme und Überprüfung der Versicherungsverhältnisse ist der Versicherungsmakler nicht verpflichtet.[72] Der Pflichtenkreis des Versicherungsmaklers umfasst grundsätzlich die Hilfestellung bei der Regulierung eines Versicherungsschadens. Bei einem Versicherungsmaklervertrag kann der zu beratenden Person, auch wenn sie über einschlägige Kenntnisse verfügt, regelmäßig nicht als mitwirkendes Verschulden vorgehalten werden, sie hätte das, worüber sie der Berater hätte aufklären oder unterrichten sollen, bei entsprechenden Bemühungen ohne fremde Hilfe selbst erkennen können.[73] Siehe hierzu auch Klauseln in der Mitversicherung in der Vertragsgestaltung im laufenden Vertrag Einleitung Rn. 89 ff.

IV. Nettoisierte Policen

107 Für Makler besteht die Möglichkeit eine Honorarvereinbarung mit dem Versicherungsnehmer zu schließen. Der Versicherer gibt dann ein sog. nettoisiertes Prämienangebot ab statt einer Bruttoprämie, bei der die Maklercourtage nicht ausgewiesen wird. Diese rechtlich zulässigen Nettopolicen[74] unterscheiden sich von den üblichen Bruttopolicen. Die Prämie des Versicherers für das Angebot ist um die Courtage vermindert, die die Makler oder auch Vertreter nach §§ 92 Abs. 3 und 4 HGB und dem Vertretervertrag vom Versicherer enthalten. Die Minderung wird aber nicht offen ausgewiesen. Dabei ist zu beachten, dass Makler mit höheren Courtagesätzen nach außen hin die Versicherung günstiger anbieten können als der Makler mit einem niedrigeren Courtagesatz. Es gibt daher auch Regelungen, nach denen pauschal ein festgelegter Satz abzuziehen ist, ohne Rücksicht auf den individuellen Courtagesatz. Regelmäßig ist für eine Nettopolice ein bestimmtes Prämienniveau erforderlich und der Makler hat dem Versicherer die Honorarvereinbarung mit dem Versicherungsnehmer vorzulegen. Zu beachten ist, dass es im Verhältnis des Versicherers zum Rückversicherer einen Unterschied macht, ob brutto oder netto angeboten wird. Die Prämie für die Rückversicherung berechnet sich nach der tatsächlich geleisteten Prämie, die die Kanzlei zahlt. Der Rückversicherer erhält damit bei einer Nettoprämie weniger Rückversicherungsprämie vom Erstversicherer als bei einer Bruttoprämie, weil die Nettoprämie niedriger ist als die Bruttoprämie.

108 Bei den Aufklärungspflichten und einem Widerruf nach §§ 8, 9 Abs. 2 VVG ist zwischen Vertretern und Maklern zu unterscheiden. Ein Versicherungsvertreter, der eine Nettopolice vermittelt und sich vom Versicherungsnehmer eine besondere Vergütung versprechen lässt, muss darüber eingehend belehren und dies dokumentieren.[75] Wenn ein Versicherungsvertreter die Nettopolice mit einer gesonderten Vergütung vereinbart, kann der Versicherungsnehmer nicht nur den Versicherungsvertrag widerrufen, sondern damit gleichzeitig auch die selbständige Honorarvereinba-

---

70 OLG Düsseldorf NJW-RR 2004, 563 2. LS des Einsenders.
71 OLG Frankfurt a.M. r+s 2023, 360.
72 OLG Hamburg r+s 2019, 120.
73 BGH r+s 2018, 222.
74 BGH VersR 2005, 406.
75 OLG Hamm VersR 2018, 222.

rung mit dem Versicherungsvermittler, weil es sich um zusammenhängende Verträge nach §§ 9 Abs. 2, 8 VVG handelt. Zwischen der Vereinbarung und der Nettopolice besteht ein enger zeitlicher, inhaltlicher und personeller Bezug.[76] Anders beim Makler. Der Makler hat keine gesonderte Aufklärungspflicht, weil es nicht Aufgabe des Maklers ist, den Versicherungsnehmer über mögliche Gefahren und Nachteile des Maklervertrags aufzuklären.[77] Es ist davon auszugehen, dass es beim vom Makler vermittelten Netto-Policen und der Honorarvereinbarung um zusammenhängende Verträge handelt. Es kann aber am persönlichen Zusammenhang fehlen mit der Folge, dass der Versicherungsnehmer an die gesonderte Vereinbarung gebunden ist, trotz Widerruf der Nettopolice.[78]

76 Dazu ausführlich *Reiff* VersR 2016, 757.

77 BGH VersR 2007, 1127, 1128f; *Reiff* r+s 2013, 525, 528.

78 Langheid/Rixecker/*Rixecker* § 9 Rn. 20 m.w.N., anders *Reiff* VersR 2016, 757, 764 zu Lebensversicherungen, weil andernfalls der Schutzzweck des § 9 Abs. 2 nicht erfüllt wird.

Teil 1 Allgemeine Versicherungsbedingungen

A Der Versicherungsschutz (§§ 1–4)

§ 1 Gegenstand des Versicherungsschutzes, Vermögensschaden, Versicherungsnehmer

I. Versicherungsschutz für berufliche Tätigkeit, Vermögensschadenbegriff

1. Gegenstand des Versicherungsschutzes
[1]Der Versicherer bietet dem Versicherungsnehmer Versicherungsschutz für den Fall, dass er wegen eines beider Ausübung beruflicher Tätigkeit von ihm selbst oder einer Person, für die er nach § 278 oder § 831 BGB einzustehen hat, begangenen Verstoßes von einem anderen aufgrund gesetzlicher Haftpflichtbestimmungen für einen Vermögensschaden verantwortlich gemacht wird.
[2]Ausgenommen sind Ansprüche auf Rückforderung von Gebühren oder Honoraren sowie Erfüllungsansprüche und Erfüllungssurrogate.

2. Mitversicherte Tätigkeiten
In Ergänzung zu I Ziff. 1 ist die Haftung mitversichert für Verstöße von zum Verstoßzeitpunkt versicherten Gesellschaftern, Angestellten und Mitarbeitern bei der Ausübung von Tätigkeiten nach Teil 2 B oder C oder Teil 3 B für den Versicherungsnehmer.

3. Definition des Vermögensschadens
Vermögensschäden sind solche Schäden, die weder Personenschäden (Tötung, Verletzung des Körpers oder Schädigung der Gesundheit von Menschen) noch Sachschäden (Beschädigung, Verderben, Vernichtung oder Abhandenkommen von Sachen, insbesondere auch von Geld und geldwerten Zeichen) sind, noch sich aus solchen von dem Versicherungsnehmer oder einer Person, für die er einzutreten hat, verursachten Schäden herleiten.

II. Berufsausübungsgesellschaften

1. Zurechnung
Umstände, die in der Person von Gesellschaftern, Angestellten oder Mitarbeitern gegeben sind und den Versicherungsschutz beeinflussen, werden dem Versicherungsnehmer zugerechnet. § 4 I Ziff. 3 bleibt unberührt.

2. Versicherungsschutz für Gesellschafterhaftung
a) In Ergänzung von I Ziff. 1 bietet der Versicherer den versicherten Angehörigen des Berufes, für den über diesen Vertrag eine Versicherung besteht (Berufsangehörige), und den berufsfremden Gesellschaftern Versicherungsschutz für die gesetzliche Haftpflicht, soweit sie für einen Versicherungsfall des in diesem Vertrag versicherten berufsangehörigen Versicherungsnehmers in Anspruch genommen werden.
b) Der Versicherungsschutz nach Ziff. 2 a) besteht auch für Verbindlichkeiten, die vor dem Eintritt in die Gesellschaft (Eintrittsversicherung), oder die vor dem Ausscheiden aus der Gesellschaft begründet wurden (Austrittsversicherung).

3. Zeitpunkt
Es gilt der Versicherungsschutz, der zum Zeitpunkt des Verstoßes vereinbart war.

https://doi.org/10.1515/9783111396415-003

Übersicht

A. Übersicht

1 § 1 bildet den Kern der Berufshaftpflichtversicherung. Dabei ist zu beachten, dass die Regelungen für alle rechts- und wirtschaftsberatenden Berufe gelten. Daher sind die Begrifflichkeiten nicht allein auf Rechtsanwälte zu beziehen, sondern auch auf Steuerberater.

In I Ziff. 1 ist der Gegenstand des Versicherungsschutzes genannt. Dies ist die Deckung für die berufliche Tätigkeit entsprechend der Regelung in § 51 BRAO. Versicherungsschutz besteht auch, wenn der Anwalt oder die Berufsausübungsgesellschaft einen Erfüllungs- oder Verrichtungsgehilfen einschaltet. Der Versicherungsfall ist der Verstoß. Versichert sind Ansprüche gesetzlicher Haftpflichtbestimmungen für einen Vermögensschaden. Der zweite Absatz von Ziff. 1 nennt deklaratorisch, dass Ansprüche auf Rückforderung von Gebühren und Honoraren und Erfüllungsansprüche und die entsprechenden Surrogate nicht versichert sind.

Nach I Ziff. 2 sind ausschließlich Vermögensschäden gedeckt. Die Regelung definiert sie negativ als ein Schaden, der kein Personen- oder Sachschaden ist. Ein Vermögensschaden ist auch nicht versichert, wenn er die Folge eines Personen- oder Sachschadens ist.

II regelt den Versicherungsschutz für die Berufsausübungsgesellschaften von Anwälten und Steuerberatern. II Ziff. 1 regelt die Zurechnung von Umständen, die den Versicherungsschutz gegenüber der Gesellschaft beeinflussen. III Ziff. 1 Satz 2 macht bei der wissentlichen Pflichtverletzung eine Ausnahme. Danach bleibt der Versicherungsschutz für die Gesellschaft und deren Mitarbeiter bestehen, wenn ein Angestellter eine wissentliche Pflichtverletzung begangen hat. Bei dem Angestellten kann der Versicherer nach § 7 III Ziff. 2 Rückgriff nehmen. II Ziff. 2 regelt den Versicherungsschutz für die gesellschaftsrechtliche akzessorische Haftung der Gesellschafter/Scheingesellschafter nach §§ 721 ff BGB.

B. Versicherer

2 Nach I Ziff. 1 hat der Versicherer den Versicherungsschutz zu bieten. Der Versicherer muss gem. § 51 BRAO ein in Deutschland zum Geschäftsbetrieb befugtes Versicherungsunternehmen sein. Das BaFin erteilt die schriftliche Erlaubnis zum Geschäftsbetrieb des Versicherers. Bei Versicherern, die aus dem Europäischen Wirtschaftsraum stammen (EU mit Island, Liechtenstein oder Norwegen als Vertreter der EFTA, aber ohne die Schweiz) gilt eine Sonderregelung aufgrund des freien Kapitalverkehrs. Die Versicherer, die in ihrem Heimatland Versicherungen anbieten, können dies auch in Deutschland. Voraussetzung ist die Anzeige bei der BaFin im Wege des Notifizierungsverfahrens, um den sog. „Europäischen Pass“ zu erhalten.

C. Versicherungsnehmer

I. Begriff Berufsausübungsgesellschaft, Berufsträger und gemeinschaftliche Berufsausübung

3 Nach I Ziff. 1 erhält der Versicherungsnehmer den Versicherungsschutz. Der Versicherungsnehmer ist der Vertragspartner des Versicherers. Das VVG setzt den Begriff des Versicherungsnehmers voraus. Aufgrund privatautonomen Handelns können die Parteien bestimmen, wer Versicherungsnehmer ist. Es gelten die Vorgaben der BRAO. Gem. § 51 Abs. 1 BRAO sind der Rechtsanwalt und die Berufsausübungsgesellschaft verpflichtet, eine Berufshaftpflichtversicherung abzuschließen. Durch die BRAO-Reform können jegliche Organisationsformen von Anwälten Versicherungsnehmer sein, siehe zur Öffnung der Gesellschaftsformen § 1 Rn. 218. Versicherungsschutz hat der Versicherungsnehmer, gleich ob er ein einzelner Anwalt ist oder die Gesellschaft, in der der Anwalt tätig ist.

4 Die Begriffe Berufsträger, Berufsausübungsgesellschaft, gemeinschaftliche Berufsausübungsgesellschaft, Sozietät und Anwalt tauchen in der BRAO und der BORA an verschiedener Stelle auf. Sie sind im jeweiligen Sinnzusammenhang zu verstehen.

- Berufsträger in § 206 Abs. 2 BRAO
- Berufsausübungsgesellschaft in §§ 59b ff BRAO
- Gemeinschaftliche Berufsausübung und ihre Regelungen bei Interessenwiderstreit, Benennung von Tätigkeiten, keine wirtschaftliche Beteiligung Dritter bei Kanzleien, Kanzleien als Adressaten für die Einhaltung von Berufspflichten und bei Beendigung der Gemeinschaft: §§ 3, 7, 8, 27, 32, 33 BORA
- Sozietät ist allein als sozietätsfähiger Beruf noch genannt in § 46 Abs. 5 Nr. 3 BRAO und als Adressat bei Interessenkonflikten § 3 Abs. 3 BORA.

Der Berufsträger ist der einzelne Anwalt.[1] Er übt den anwaltlichen Beruf aus. Die Berufsausübungsgesellschaft ist jeder Zusammenschluss eines Rechtsanwalts mit anderen zur gemeinschaftlichen Ausübung seines Berufs, § 59b Abs. 1 Satz 1 BRAO. Dies gilt ebenfalls für die Zusammenschlüsse von Steuerberatern, § 49 StBerG, oder Patentanwälten, § 52 PAO. Die Berufsausübungsgesellschaft kann zur Berufsträgerin werden. Sie ist zulassungspflichtig, sofern es sich um eine haftungsbeschränkte Gesellschaft handelt und hat eigenständige Rechte und Pflichten. Sie ist selbst befugt, Rechtsdienstleistungen iSd § 2 RDG zu erbringen, kann aber nur durch ihre Gesellschafter und Vertreter handeln, in deren Person die für die Erbringung von Rechtsdienstleistungen gesetzlich vorgeschriebenen Voraussetzungen im Einzelfall vorliegen müssen, § 59k BRAO. Die Berufsausübungsgesellschaft ist nach der BRAO-Reform[2] seit 2022 die Versicherungsnehmerin.

II. Einzelanwalt Versicherungsnehmer, I Ziff. 1

5 Jeder Rechtsanwalt in eigener Kanzlei muss eine eigene Berufshaftpflichtversicherung abschließen, § 51 BRAO. In eigener Kanzlei nach § 27 Abs. 1 BRAO tätig sind die Rechtsanwälte, die ihren Beruf im eigenen Namen, auf eigene Rechnung und auf eigenes Risiko ausüben. Solange die Zulassung zur Rechtsanwaltschaft besteht, ist der Anwalt verpflichtet eine Berufshaftpflichtversicherung zu unterhalten. Dies gilt auch, wenn der Anwalt vorübergehend nicht anwaltlich tätig ist oder nur den Titel Anwalt führen will, ohne die Absicht hat zu beraten. Die Versicherungspflicht beginnt mit der Zulassung. Der Anwalt hat für seine Zulassung bei der zuständigen Rechtsanwaltskammer die Deckungsbestätigung des Versicherers über das Bestehen der Berufshaftpflichtversicherung einzureichen.

---

1 BT-Drucks. 19/27670, 2. Anknüpfungspunkt der berufsrechtlichen Regulierung ist nicht mehr ausschließlich der einzelne Berufsträger, sondern auch die Entität, in der er seinen Beruf ausübt.

2 Inkrafttreten am 1.8.2022; BGBl. 2021 I, 2363.

6 Ein deutscher Anwalt kann von seiner Kanzleipflicht im Inland befreit werden, wenn er ausschließlich seine Kanzlei in einem anderen Staat einrichtet, § 29a Abs. 2 BRAO. Er muss im Inland einen Zustellungsbevollmächtigten benennen, § 30 BRAO. Anwälte können Zweigstellen errichten. Dabei handelt es sich um einen weiteren Standort, der dem Hauptsitz nachgeordnet ist. Er unterliegt den gleichen Voraussetzungen der Berufsausübung wie der Hauptsitz, § 5 BORA. Ein Anwalt ist aber nicht verpflichtet, seine einzelnen Kanzleisitze als „Kanzlei“ oder „Zweigstelle“ kenntlich zu machen.[3] Irreführend sind aber zwei Büroanschriften, wenn der Anwalt an dem angegebenen Ort kein vollwertiges Büro unterhält, sondern – ohne eigene vertragliche Grundlage – nur Bürodienstleistungen entgegennehmen kann, die auf der Grundlage eines anderen Vertragsverhältnisses erbracht werden.[4] Gleichfalls irreführend ist die Bezeichnung „Rechtsanwalts- und Steuerkanzlei“, wenn diese mehrere Kanzleien in verschiedenen Städten unterhält, § 27 BRAO.[5] Eine Kanzlei, die eine oder mehrere Zweigstellen unterhält, muss für jeden auf dem Briefkopf genannten Rechtsanwalt seine Kanzleianschrift angeben, § 10 Abs. 1 Satz 3 BORA.[6] Nach § 27 BRAO kann der Anwalt in einer weiteren Kanzlei tätig sein, wenn er z.B. als Einzelanwalt in seiner Zulassungskanzlei tätig ist und daneben noch in einer anderen Gesellschaft.

7 Der Umfang der Pflichtversicherung richtet sich nach § 51 BRAO. Nach dem Berufsrecht ist keine Deckung erforderlich für die gesellschaftsrechtliche Haftung oder der Rechtsscheinhaftung in einer Scheingesellschaft. Die Pflichtversicherung umfasst nicht die Haftung für die Gesellschaftsverbindlichkeit in einer Gesellschaft aufgrund eines Berufsfehlers eines anderen Gesellschafters, gleich ob dieser auch Anwalt ist oder einem sozietätsfähigen freien Beruf angehört. Zur Haftung des einzelnen Anwalts in einer Scheingesellschaft siehe § 1 Rn. 246. Zum Versicherungsschutz des Scheingesellschafters einer Scheingesellschaft siehe § 1 Rn. 316 ff. Davon zu trennen ist die Frage, wer Scheingesellschafter/Außensozius bei einer schon bestehenden Gesellschaft ist. Dieser Scheingesellschafter haftet ebenfalls als Gesellschafter, aber es besteht bereits Versicherungsschutz über die Versicherung der Berufsausübungsgesellschaft; siehe dazu § 1 Rn. 322. Die Haftpflichtversicherung muss die Haftung für Erfüllungsgehilfen und Verrichtungsgehilfen vorsehen. Die Versicherung muss für gesetzliche Haftpflichtansprüche einstehen. Daher sind Garantien/Zusagen nicht gedeckt und auch nicht öffentlich-rechtliche Ansprüche. Möglich sind eine Serienschadenklausel und Ausschlüsse für Tätigkeiten in ausländischen Kanzleien, außereuropäisches Recht im geografischen Sinn, aus Tätigkeiten des Rechtsanwalts vor außereuropäischen Gerichten, wegen Veruntreuung durch Personal, Angehörige oder Sozien des Rechtsanwalts.

8 Die Mindestversicherungssumme beträgt 250.000 Euro für jeden Versicherungsfall. Die Leistungen des Versicherers für alle innerhalb eines Versicherungsjahres verursachten Schäden können auf 1 Million EUR begrenzt werden. Beispielsweise ist damit ein Schaden von 500.000 EUR nur bis 250.000 EUR versichert. Maximal darf die Höhe der Schäden in der Summe nicht mehr als 1 Million EUR pro Jahr betragen, unabhängig von der Anzahl der Schäden.

9 Der Rechtsanwalt muss sich bei der örtlich für ihn zuständigen Rechtsanwaltskammer zulassen. Dazu ist der Nachweis der Berufshaftpflichtversicherung zu erbringen, eine vorläufige Deckungsbestätigung ist die Praxis. Nicht ausreichend ist die Police selbst. Die Zulassung zur Rechtsanwaltschaft wird wirksam mit der Aushändigung der Zulassungsurkunde im Rahmen der Vereidigung. Gleichzeitig mit der Zulassung entsteht die Pflichtmitgliedschaft im Versorgungswerk.

10 Es benötigen alle Personen, die den Titel „Anwalt“ führen wollen, eine eigene Berufshaftpflichtversicherung, weil § 51 BRAO eine eigene Versicherung fordert, gleich ob sie Einzelanwalt, Gesellschafter, Scheingesellschafter oder angestellter Anwalt oder freier Mitarbeiter in einer Gesellschaft sind. Für diese eigene Police der Anwälte besteht ein zusätzliches eigenes Bedingungswerk zu den VH 60, hier die VH 4511 nach der Risikobeschreibung I. Gleiches gilt für die Patentanwälte. Eine Anerkennungspolice benötigen auch die Steuerberater, wenn sie als Gesellschafter in

3 AnwGH Nordrhein-Westfalen BeckRS 2015, 12408.
4 AnwGH Nordrhein-Westfalen BeckRS 2016, 20723.
5 OLG Brandenburg BeckRS 2016, 06451.
6 BGH BeckRS 2015, 17900.

einer Berufsausübungsgesellschaft tätig sind und wenn der Steuerberater Tätigkeiten im eigenen Namen auf eigene Rechnung außerhalb der Kanzlei ausübt. Keine Anerkennungspolice benötigen angestellte Steuerberater und damit auch die Scheingesellschafter, die Partner/Scheinpartner einer PartmbB und die freien Mitarbeiter mit einem Auftraggeber, siehe ausführlich zum Deckungsumfang der Zulassungspolice/Anerkennungspolice eines Anwalts oder Steuerberaters einer Gesellschaft und dem Verhältnis zur Kanzleipolice und geldwertem Vorteil, § 1 Rn. 326 ff.

D. Verstoß

I. Begriff des Verstoßes

§ 100 VVG bestimmt für die Haftpflichtversicherung, dass der Versicherer Versicherungsschutz für eine während der Versicherungszeit eintretende Tatsache gewähren muss. Diese Tatsache kann sein: das Schadensereignis, der Rechtsverstoß, der Planungsfehler, das Inverkehrbringen eines Produktes, die erstmalige Feststellung des Schadens, die Schadensmeldung oder auch der Verwaltungsakt, z.B. in der Betriebsschließungsversicherung, wenn die Aufsichtsbehörde ein Krankenhaus aufgrund Keimbelastung schließen lässt. Bei Anwälten und allgemein bei rechts- und wirtschaftsberatenden Berufen kommt als Versicherungsfall „trigger" in Betracht: das Schadensereignis (occurence), der Verstoß (act committed) oder die Schadensmeldung (claims-made-Prinzip oder auch Anspruchserhebungsprinzip). 11

Das VVG gem. § 100 VVG legt nicht fest, welcher Vorgang in der Haftpflichtversicherung den Versicherungsfall darstellt. Nach I Ziff. 1 besteht Versicherungsschutz für einen Berufsfehler entsprechend der Regelung in § 51 Abs. 1 BRAO, nach der der Rechtsanwalt verpflichtet ist, eine Berufshaftpflichtversicherung zur Deckung der sich aus seiner Berufstätigkeit ergebenden Haftpflichtgefahren für Vermögensschäden abzuschließen. Der Berufsfehler ist damit der Verstoß (act committed), den der Versicherungsnehmer bei Ausübung seiner beruflichen Tätigkeit begangen hat. Es handelt sich um den Kern der Leistungsbeschreibung. Versichert ist allgemein das Risiko des Anwalts/Gesellschaft und der Mitversicherten, dass ein Dritter sie aufgrund eines Berufsversehens in Anspruch nimmt. Der Verstoß ist konkret das Kausalereignis im Sinne des haftungsrelevanten Verhaltens des Versicherungsnehmers, das den Schaden verursacht. Es ist nicht die Geltendmachung oder der Eintritt des Schadens. Grundsätzlich ist bei der Berufshaftpflichtversicherung zu beachten, dass der Verstoß erst dann zu einer Leistungspflicht des Versicherers mit mindestens einer Abwehrleistung führt, wenn auch ein konkret drohender Vermögensschaden vorliegt. 12

Der Verstoß als Versicherungsfall ist weit zu verstehen. Jede Art einer Pflichtverletzung eines Anwalts oder eines Steuerberaters kommt in Betracht, sei es ein Tun oder ein Unterlassen, unabhängig von der Qualität oder der Quantität der Verletzungshandlung. Allgemein gibt es gesetzliche Regelungen, die die verschiedenen Pflichten, die ein Anwalt bei seiner Berufsausübung zu beachten hat, näher konkretisieren. Wenn der Anwalt diese Pflichten verletzt, liegt regelmäßig auch im Versicherungsrecht ein Verstoß vor. Diese Pflichten sind aber selbstverständlich nicht abschließend. Die Kanzlei muss so organisiert sein, dass der Anwalt seinen Beruf ordentlich ausüben kann. Er ist verpflichtet, die für seine Berufsausübung erforderlichen sachlichen, personellen und organisatorischen Voraussetzungen in Kanzlei und Zweigstelle vorzuhalten, § 5 BORA. Er muss durch Anlegung von Handakten ein geordnetes Bild über die von ihm entfaltete Tätigkeit geben können, § 50 BRAO. Dazu gehört, dass er den Ablauf der Mandatsbeziehung von Anfang bis Ende strukturiert, wie die Aufteilung der Aufgaben zwischen Anwalt und Fachkraft, Kollisionskontrolle zu Altmandaten, Fristenkontrolle, auch Prüfungen nach dem Geldwäschegesetz, Zuordnung eines Neumandats zum entsprechenden Berufsträger etc. Bei allen organisatorischen Tätigkeiten besteht Versicherungsschutz über die Berufshaftpflichtversicherung, wenn es sich um die berufliche Tätigkeit des Anwalts handelt und ein direkter Bezug zum jeweiligen Mandat vorliegt. Der Bezug fehlt 13 dann, wenn es sich um berufsvorbereitende Maßnahmen handelt, die für jeden Dienstleister oder auch Produktionsbetrieb notwendig sind.

14 Der Anwalt oder sein Fachpersonal sind z.B. dazu verpflichtet die Handakten anzulegen. Wenn durch ein Büroversehen die Handakte vernichtet wird, besteht Versicherungsschutz, soweit der Anwalt seiner anwaltlichen Berufstätigkeit nicht nachkommen kann, z.B. er eine Frist versäumt, die in der Handakte vermerkt war. Wenn die Handakte keinen Bezug zu einem konkreten Mandat hatte und lediglich der Sachwert vernichtet wurde, liegt ein nicht gedeckter Eigenschaden vor. Es kommt aber eine Deckung über § 15 in Betracht. Wenn die Aufgaben zwischen Fachpersonal und Anwalt falsch verteilt sind, besteht Versicherungsschutz für den Berufsfehler, da der Anwalt nach außen auftritt und das Fachpersonal zuarbeitet, wie Kontrolle der Fristen, Führen von gerichtlichen Mahnverfahren oder auch das Stellen von formalisierten Anträgen wie Prozesskostenhilfe. Der Verstoß liegt auch vor, wenn sich ein allgemeines Lebensrisiko verwirklicht, aber dieses Lebensrisiko zu einer anwaltlichen Pflichtverletzung führt, z.B. wenn der Anwalt einen Termin versäumt, weil er einen Unfall hat. Es kommt nicht darauf an, warum der Anwalt den Termin versäumt hat, sondern dass der Anwalt einen Termin nicht wahrgenommen hat und deshalb z.B. die an sich erfolgreiche Revision nicht mehr zulässig ist.

15 Das besondere elektronische Anwaltspostfach (beA) soll die Kommunikation zwischen Anwälten, Gerichten, Behörden, Notaren, dem Schutzschriftenregister, Rechtsanwaltskammern sowie EGVP-Bürgerpostfächern erleichtern. Auf der Grundlage des § 31a BRAO muss ein Rechtsanwalt eine Kommunikation über das beA nur dann zulassen, wenn er hierfür einen Zugang erkennbar eröffnen will. Allein die Einrichtung dieses beA durch die BRAK reicht für die Annahme eines Zugangs nicht.[7] Wenn der Anwalt für einen Übermittlungsfehler haftet, der z.B. zu dem Verlust einer Forderung aufgrund Fristversäumnis führt, besteht Versicherungsschutz. Der Versicherer prüft nicht, warum die Frist versäumt wurde, sondern dass die Frist versäumt ist. Die Sachlage ist damit vergleichbar, wenn der Anwalt technische Hilfsmittel, wie ein Fax, zur Übermittlung von Schriftsätzen einsetzt. Voraussetzung nach § 1 ist, dass ein schuldhafter Verstoß vorliegt.

16 Als grundsätzlich zu beachtende Pflichten von Anwälten kommen in Betracht:

- Gewissenhaftigkeit; die §§ 43, 59a Abs. 2 Nr. 1a BRAO schreiben dem Anwalt vor, seinen Beruf gewissenhaft auszuüben. Näheres regelt die BORA, die die Anwälte zusammen mit den Kammern sich in ihrer Satzungsversammlung selbst geben.
- Wahrung der Unabhängigkeit als ein den freien Anwaltsberuf prägendes Element; §§ 1, 2 BRAO, § 1 BORA.
- Verschwiegenheit; §§ 43a Abs. 2 BRAO, 76 BRAO, § 2 BORA.
- Sachlichkeit; §§ 43a Abs. 3, 43b BRAO.
- Verbot widerstreitende Interessen zu vertreten; § 43a Abs. 4 BRAO, § 3 BORA. Voraussetzung ist aber ein Verschulden.[8] Ein Verstoß dagegen kann auch ein Parteiverrat nach § 356 StGB sein. Der Anwaltsvertrag ist dann nichtig, § 134 BGB.[9]
- Umgang mit fremden Vermögenswerten; § 43a Abs. 7 BRAO, § 4 BORA; die Berufshaftpflichtversicherung deckt eine Pflichtverletzung ausnahmsweise als sog. Anderkontendeckung ab, obwohl regelmäßig kein Vermögensschaden bei Fehlüberweisungen von Mandantengeldern vorliegt, sondern ein vom gesetzlichen Umfang der Pflichtversicherung nicht abzusichernder Erfüllungsschaden, siehe Erfüllungsansprüche und Erfüllungsurrogate § 1 Rn. 134 ff.
- Einrichten einer Kanzlei; § 27 BRAO, § 5 BORA danach hat der Anwalt organisatorische Maßnahmen zu treffen, um der Öffentlichkeit als rechtsuchendes Publikum den Willen des Rechtsanwalts zur Rechtsberatung zu offenbaren.[10]

7 AnwGH Berlin NJW 2016, 2195.
8 LG Karlsruhe BRAK-Mitt. 2017, 33.
9 BGH NJW 2016, 2561.
10 BGH NJW 2005, 1420.

II. Verstoßprinzip und claims-made-Prinzip

§§ 51, 59n BRAO verpflichtet den Rechtsanwalt und die Gesellschaft eine Versicherung für die 17
Dauer der Berufstätigkeit abzuschließen für alle Verstöße, die sie während dieser Zeit begehen. Es bedeutet, dass die Versicherung jeden Verstoß decken muss, auch wenn der Anwalt den möglichen Schaden als Versicherungsfall erst nach Beendigung der Versicherung meldet oder der Schaden erst sehr viel später tatsächlich eintritt, die sog. unbegrenzte Nachhaftungsfrist. Aufgrund dieser Vorgabe hat sich im Pflichtversicherungsbereich in Deutschland das Verstoßprinzip als Versicherungsfall bei den Rechtsanwälten und im Übrigen auch bei den anderen wirtschaftsberatenden Berufen durchgesetzt. In den angelsächsischen Ländern gibt es bei den Berufshaftpflichtversicherungen das claims-made Prinzip. Der Unterschied liegt in der Leistungspflicht für Versicherungsfälle, die der Versicherungsnehmer nach Ablauf des Versicherungsvertrags meldet. Beim Verstoßprinzip leistet der Versicherer, wenn der Verstoß in die materielle Vertragslaufzeit fällt. Unter Umständen leistet er noch nach Jahrzehnten, nachdem der Vertrag beendet wurde oder ein Wechsel des Versicherers stattgefunden hat. Beim claims-made-Prinzip in seiner reinen Form leistet der Versicherer, in dessen Vertragslaufzeit die Meldung des Schadens fällt, unabhängig davon, ob der Anwalt den Verstoß vor oder während der Vertragslaufzeit begangen hat. Der Versicherer kann nach Ende der Vertragslaufzeit sofort feststellen, ob der Vertrag Gewinne oder Verluste gebracht hat. In der Praxis gibt es zahlreiche Abwandlungen von der reinen Form des claims-made-Prinzips. Man kann z.B. eine Nachhaftungsfrist vereinbaren, in der die Verstöße nach Ablauf des Versicherungsvertrags noch gemeldet werden können, wobei der Verstoß aber grundsätzlich in die materielle Vertragslaufzeit fallen muss. Man kann aber auch den rückliegenden Zeitraum, in der die Verstöße begangen wurden, auf einen bestimmten Zeitraum statt einer unbegrenzten Rückwärtsdeckung einschränken. Man bezeichnet dies als retro-active-insurance bzw. retro-active-date.[11]

Das claims-made Prinzip ist auch im Pflichtversicherungsbereich möglich. Eine claims-made 18
Klausel ist keine überraschende Klausel. Das Verstoßprinzip ist eine Anknüpfungsmethode, ist aber nicht die einzig denkbare und mögliche. Es muss kein Gleichlauf zwischen Haftung und Deckung bestehen.[12] Das claims-made-Prinzip im Pflichtversicherungsbereich bei Rechtsanwälten bedeutet aber, dass eine unbegrenzte Nachhaftungsfrist vereinbart sein muss, da die Pflichtversicherung jeden Verstoß des Anwalts während der Versicherungslaufzeit decken muss. Im Ergebnis würde dann eine Verstoßdeckung mit Rückwärtsversicherung vorliegen.

III. Unterschiede Claims-made Deckung und Verstoßdeckung

Die Berufshaftpflichtversicherung hat in der Regel eine dreijährige Laufzeit mit einer automati- 19
schen Verlängerung um ein Jahr. Beim claims-made-Prinzip gibt es meist eine einjährige Vertragslaufzeit.[13] Die Vertragsverhandlungen sind hier zwischen Versicherer und Makler/Versicherungsnehmer jährlich neu zu führen auf der Grundlage des Ergebnisses der abgelaufenen Jahre. Der Versicherer erneuert den Vertrag in der Regel nicht bei einem ungünstigen Schadenverlauf oder nur zu deutlich risikoangemesseneren Prämien. Beim Verstoßprinzip hat der Versicherer einen Anspruch abzuwehren oder auch zu leisten, auch wenn die Kanzlei nicht mehr Versicherungsnehmer ist, aber der Verstoß in die Vertragslaufzeit fällt.

11 *Schramm*/Armbrüster/Baumann/Gründl, Das Anspruchserhebungsprinzip: Ein Deckungskonzept in der Haftpflichtversicherung zur zeitlichen Abgrenzung des Versicherungsschutzes, S. 286 ff.

12 OLG München VersR 2009, 1066–1068; zur D&O-Versicherungsschutz: *Graf v. Westphalen* VersR 2009, 145 ff; *Loritz/Hecker* VR 2012, 385 ff.

13 Ausführlich *Diller* Einl. Rn. 118 ff; *Grams* AnwBl 2003, 209; *Kouba* BRAK-Mitt. 2002, 165; *Meßmer* VW 1988, 294; zu internationalen Versicherungsprogrammen von Kanzleien und der Kombination mit deutschem Verstoßprinzip und englischem claims-made-Prinzip, *Bräuer* AnwBl 2015, 88 ff; *Wilhelmer* Berufshaftpflichtversicherung Rn. 1998 ff.

20 Die Versicherungssumme steht beim Verstoßprinzip für alle Verstöße im jeweiligen Verstoßjahr zur Verfügung. Das claims-made-Prinzip beinhaltet die Maximierung für das laufende Versicherungsjahr und zwar für alle Verstöße, die die Kanzlei dem Versicherer in diesem Jahr meldet, d.h. die Maximierung gilt für alle Verstöße aus den früheren Jahren, gleich in welchem Jahr der Anwalt den Verstoß begangen hat. Es bedeutet, dass die Kanzlei umfassend über mögliche Verstöße Auskunft geben muss, da auf dieser Grundlage die Prämie berechnet wird. Auf der anderen Seite ist die Berechnung der Höhe der Versicherungssumme beim claims-made-Prinzip aktueller und besser am Bedarf ausgerichtet als beim Verstoßprinzip. Hier können Entwicklungen rückwirkend für die Vergangenheit auftreten, die bei Vereinbarung des Vertrags nicht vorhersehbar sind. Beispiel hierfür ist die Notarversicherung, weil Haftungsfälle kurz nach der Wiedervereinigung in den 90er Jahren des 20. Jhds. auftraten, die sich aber erst ca. 10–15 Jahre später als Schäden bemerkbar machten. Wenn der Versicherungsnehmer Bedarf erkennt und nach dem Verstoßprinzip versichert ist, hat er eine Rückwärtsdeckung abzuschließen, die aber nicht die bekannten, sondern nur unbekannte, ggf. bereits begangene Verstöße, sog. incurred but not reported, sog. IBNR-Schäden, umfassen kann, wie es die Rückwärtsversicherung nach § 2 II vorsieht.

21 Die Kosten der Rechtsverteidigung, ob bei begründeten oder unbegründeten Haftpflichtansprüchen stehen beim Verstoßprinzip zusätzlich zur Versicherungssumme zur Verfügung. Übersteigt der geltend gemachte Haftpflichtanspruch die Versicherungssumme, trägt der Versicherer die Gebühren und Pauschsätze nur nach der der Versicherungssumme entsprechenden Wertklasse, § 3 II Ziff. 5, „Kosten exclusive". Beim claims-made-Prinzip umfasst die Versicherungssumme regelmäßig bereits die Kosten für die Rechtsverteidigung, „Kosten inclusive".

IV. Wechsel der Versicherungsfälle

22 Der Wechsel von einem Versicherungsfallprinzip zum anderen ist nur beim Wechsel vom Verstoßprinzip zum claims-made-Prinzip unproblematisch. Wenn der Versicherungsnehmer vom Verstoßprinzip zum claims-made Prinzip wechselt, hat er Versicherungsschutz für alle Verstöße, gleich wann sie begangen oder gemeldet werden. Wenn die Kanzlei vom claims-made-Prinzip zum Verstoßprinzip zurückkehren will, besteht eine Deckungslücke. Die beendete claims-made-Deckung deckt nur Schäden ab, die bis zum Ende des laufenden Versicherungsjahres gemeldet werden. Die Verstoßdeckung deckt nur Versicherungsfälle für die Zukunft ab. Um die Lücke zu schließen, kann die Kanzlei entweder mit dem claims-made-Versicherer eine Nachmeldefrist, sog. extended reporting period, vereinbaren, die aber unbegrenzt sein sollte oder aber sie kann eine Rückwärtsversicherung bei dem neuen Verstoß-Versicherer abschließen. Zuweilen vereinbaren die Kanzleien vorab die Konditionen für eine zukünftige Rückwärtsversicherung mit deutschen Versicherern nach dem Verstoßprinzip, um leichter vom claims-made-Prinzip zum Verstoßprinzip wechseln zu können.

V. Kombination aus Verstoßprinzip und claims-made-Prinzip

23 Für Kanzleien mit Auslandsniederlassungen ist die Kombination aus beiden Prinzipien oft die einzige Möglichkeit einen kompletten gemeinsamen Versicherungsschutz für die Muttergesellschaft und die Tochtergesellschaft zu erlangen, wenn eine Niederlassung in einem Land mit claims-made-Prinzip ihren Sitz hat. Die Tochtergesellschaft versichert sich vor Ort nach good-local-standard nach dem claims-made Prinzip. Der Versicherer der Muttergesellschaft in Deutschland versichert dann als Exzedentenversicherung mit Verstoßprinzip die Deckungsstrecke, die oberhalb des lokalen Versicherungsschutzes liegt. Sie gilt für alle Versicherungsfälle im In- und Ausland gemeinschaftlich und stellt eine einzige gemeinsame Versicherungssumme für In- und Auslandsfälle zur Verfügung. Die Programmklausel, sog. construction clause, im Hauptvertrag der Muttergesellschaft stellt sicher, dass der Versicherungsfall „claims-made" der Kanzleitochter auch gleich-

zeitig ein Versicherungsfall des Hauptvertrages mit „Verstoßprinzip" ist. Die Programmklausel garantiert, dass für alle Versicherungsfälle diese gemeinsame Versicherungssumme besteht. Bezogen auf die Versicherungssumme spricht man zuweilen von einer One-Tower-Lösung statt einer Two-Tower-Lösung.

Für Großkanzleien mit sehr hohem Versicherungsbedarf kommt die Kombination aus beiden 24 Versicherungsprinzipien ebenfalls in Betracht.[14] Die Pflichtversicherung oder auch etwas höhere Deckung besteht in Deutschland abgedeckt durch eine Verstoßdeckung, die Anschlussdeckung ist abgedeckt durch eine claims-made-Deckung, die zumeist am Londoner Versicherungsmarkt platziert ist. Versicherer sind dabei prozentual an unterschiedlichen Deckungsstrecken, den Layern, unter einem führenden Versicherer beteiligt.

E. Berufliche Tätigkeit des Anwalts

Versicherungsschutz besteht nach § 1 nur dann, wenn es sich um eine berufliche Tätigkeit handelt, § 51 BRAO. Nicht versichert ist eine private Tätigkeit, der Anwalt muss als Freiberufler tätig sein und es muss sich um eine anwaltliche Tätigkeit handeln. Zur Eigenschaft als Freiberufler siehe im ersten Satz vor § 18 BBR-RA Rn. 2.

I. Abgrenzung private und berufliche Tätigkeit

Die berufliche Tätigkeit liegt nicht vor, wenn der Anwalt privat handelt. Privat handelt der Berufs- 25 träger dann, wenn es sich um ein reines Gefälligkeitsverhältnis handelt. Der Anwalt haftet grundsätzlich in diesem Fall nicht, da ein Rat oder eine Empfehlung vorliegt, § 675 Abs. 2 BGB. Bei Ansprüchen aus behaupteten Gefälligkeitsverhältnissen besteht aber zumindest Abwehrschutz wie bei jeder Haftpflichtversicherung, da sich die vorwerfbare Pflichtverletzung auf eine berufliche Tätigkeit bezieht.[15] Das erste Indiz für eine Gefälligkeit ist die Unentgeltlichkeit der Beratung. Des Weiteren ist insbesondere zu prüfen, ob ein Rechtsbindungswillen des Anwalts vorliegt. Er liegt vor, wenn der andere unter den gegebenen Umständen nach Treu und Glauben mit Rücksicht auf die Verkehrssitte auf einen solchen Willen des Anwalts schließen musste. Es kommt darauf an, wie sich dem objektiven Beobachter das Handeln des Anwalts darstellt.[16] Kriterien sind das sozialübliche Verhalten, der Umfang und die Bedeutung der Angelegenheit oder auch der Ort der Leistung. Der andere trägt für das Vorliegen eines Anwaltsvertrags die Beweislast, wenn er Schadensersatz wegen einer Pflichtverletzung des Anwalts fordert. Ein anwaltlicher Auskunftsvertrag liegt vor, wenn die Auskunft für den Empfänger erkennbar von erheblicher Bedeutung ist und er sie zur Grundlage wesentlicher Entschlüsse machen will; dies gilt insbesondere in Fällen, in denen der Auskunftsgeber besonders sachkundig ist oder ein eigenes wirtschaftliches Interesse hat.[17]

II. Anwaltliche und nicht-anwaltliche Berufstätigkeit

Der Anwalt ist für die anwaltlichen Tätigkeiten versichert. Er darf dann nur nach dem RVG für 26 seine anwaltlichen Tätigkeiten abrechnen, § 1 RVG. Er unterliegt Tätigkeitsverboten als Anwalt, wenn er zuvor in anderer Funktion tätig war, § 45 BRAO. An Bedeutung verloren hat die Abgrenzung bei der Verjährung von Ansprüchen. Nach der besonderen Regelung des § 51b BRAO aF mit

14 *Bräuer* AnwBl 2015, 88 ff.
15 HBAnw/*Chab* § 18 Rn. 35.
16 OLG Düsseldorf BeckRS 2006, 06931.
17 BGH NJW 1992, 2082; BGH WM 2004, 1827.

Primär- und Sekundärverjährung, der bis zum 14.12.2004 galt, verjährten Ansprüche aus anwaltlicher Tätigkeit unabhängig von ihrer Kenntnis nach 3 Jahren ab Entstehung des Schadensersatzanspruchs. Die Rspr. entwickelte deshalb auch die Pflicht des Anwalts, seinen Mandanten auf mögliche Regressansprüche gegen ihn hinzuweisen und dem Mandanten zu helfen, diese Ansprüche zu sichern und zu verfolgen. Die Abgrenzung ist zumindest in der höchstrichterlichen Rspr. aufgrund der vielfach mehrstöckigen Verjährungen von Primär- und Regressansprüchen und den langen Prozesszeiten noch für Altfälle aktuell.

1. Abgrenzungskriterien

27 Die Versicherungsbedingungen und Risikobeschreibungen der Versicherer setzen den Begriff anwaltliche Tätigkeit voraus, grenzen ihn negativ durch Ausschlüsse ab und erweitern den Begriff positiv in der Risikobeschreibung. Nach § 1 besteht Versicherungsschutz ganz grundlegend für Berufsfehler. § 4 allgemein und § 15 für Anwälte schließen bestimmte Bereiche negativ von der Deckung aus. Nach § 18 wiederum sind gerade die amtsähnlichen und persönlichen Tätigkeiten als nicht-anwaltliche Tätigkeiten wieder mitversichert. Bei der Berufshaftpflichtversicherung handelt es sich um eine Versicherung, deren Versicherungsgegenstand dynamisch ist. Die Versicherung folgt dem sich wandelnden Berufsbild des Anwalts. Einerseits ist die Versicherung offen für Veränderungen und der Anwalt benötigt keine bestätigenden Nachträge zum aktuellen Versicherungsschutz, andererseits ist das jeweilige Bild der Berufstätigkeit die Grenze des Deckungsumfangs.

28 Die Gesetze und Gesetzgebungsmaterialien zur Berufsausübung von Anwälten geben jeweils für ihren Regelungszweck und Regelungsbereich Hinweise, was die anwaltliche Tätigkeit umfassen soll. Das anwaltliche Berufsrecht ist vor allem in der BRAO geregelt. § 3 BRAO beschreibt den Kernbereich des Anwaltsberufs: Der Anwalt ist der berufene unabhängige Berater und Vertreter in allen Rechtsangelegenheiten und er kann vor allen Gerichten, Schiedsgerichten oder Behörden auftreten. Das RDG regelt die Befugnis, außergerichtliche Rechtsdienstleistungen zu erbringen. Es dient dazu, die Rechtsuchenden, den Rechtsverkehr und die Rechtsordnung vor unqualifizierten Rechtsdienstleistungen zu schützen, § 1 Abs. 1 RDG. Das RDG ist auch anwendbar, wenn die Rechtsdienstleistung ausschließlich aus einem anderen Land erbracht wird und sie deutsches Recht betrifft, § 1 Abs. 2 RDG. Eine Dienstleistung ist also auch nach dem RDG zu beurteilen, wenn sie aus dem Ausland erbracht wird, ohne dass der Dienstleister in Deutschland ansässig ist. Nach § 2 Abs. 1 RDG ist eine Rechtsdienstleistung eine Tätigkeit in konkreten fremden Angelegenheiten, die eine rechtliche Prüfung des Einzelfalls erfordert. Das Steuerrecht grenzt die freiberufliche anwaltliche Tätigkeit von der gewerblichen Tätigkeit ab, weil der Anwalt Einkünfte aus selbständiger Arbeit hat. Er ist Freiberufler, § 18 Abs. 1 Nr. 1 Satz 2 EStG, und geht keinem Gewerbe nach. Das RVG regelt die Vergütung, Gebühren und Auslagen, für anwaltliche Tätigkeiten. Das RVG gilt aber gerade nicht für die amtsähnlichen oder persönlichen Tätigkeiten, die der Anwalt häufig ausübt, aber nicht dem Anwalt vorbehalten sind, § 1 Abs. 2 RVG. Das anwaltliche Gebührenrecht soll nur bei der Kerntätigkeit des Anwalts iSd §§ 1–3 BRAO Anwendung finden.[18] Die Treuhandtätigkeit kann z.B. im Einzelfall eine versicherte anwaltliche Tätigkeit sein, aber der damalige § 1 Abs. 2 BRAGO schließt gerade die Abrechnung nach dem anwaltlichen Gebührenrecht hierfür aus.[19] Das RVG gilt nicht bei einer Vermögensverwaltung, da sie nicht zur Berufstätigkeit eines Rechtsanwalts gehört.[20]

29 Der Gesetzgeber hat den Begriff der anwaltlichen Tätigkeit bei dem Entwurf zur damaligen BRAGO nicht definiert und ihn für die Rspr. offengelassen. Die Rspr. entscheidet zumeist nur im Hinblick auf die entsprechende Teilfrage und nicht zur Deckung selbst. Sie entscheidet meist zu

---

18 Gerold/Schmidt/Müller-Rabe/*Müller-Rabe* § 1 Rn. 22.
19 BGH NJW 1993, 199.
20 BGH NJW 1967, 876 zum damaligen § 3 Abs. 1 Satz 1 BRAGebO, der Schriftform erforderte.

Fragen des Gebührenrechts, der Verjährung oder zur Haftung. Die Rspr. ist im jeweiligen Zusammenhang zu werten und welche speziellen Kriterien für die typischen Nebentätigkeiten von Anwälten wie Treuhand, Maklertätigkeit, Anlageberatung und Vermögensverwaltung etc. gelten. Nicht zu unterschätzen ist aber auch der informelle Beitrag der Versicherer zusammen mit den Maklern und Anwälten selbst. Die Beteiligten klären im Vorfeld, ob eine bestimmte konkrete Tätigkeit unter den Versicherungsschutz „anwaltlicher Beruf" fällt. Unter Umständen gelangt dies abstrakt in die Versicherungsbedingungen für Kanzleien mit diesem Bedarf.

Abgrenzungsprobleme gibt es dort, wo Anwälte die Angelegenheiten ihrer Mandanten wirt- 30 schaftlich abwickeln oder fortentwickeln, die sie vorher rechtsberatend begleitet haben. Es bedarf für die wirtschaftliche Abwicklung keiner juristischen Ausbildung mehr, aber die Abwicklung hängt unmittelbar mit der vorher durchgeführten Beratungsleistung und der Vertrauensstellung des Anwalts zusammen, z.B. wenn der Anwalt treuhänderisch tätig wird, um den zuvor rechtlich ausgearbeiteten Kaufvertrag abzuwickeln. Gleichfalls problematisch ist, wenn die gesamten Tätigkeiten des Berufsträgers ineinander übergehen, wie z.B. bei umfassenden Due Diligence Prüfungen, die die interprofessionellen Kanzleien für Investoren als rechtliche, steuerrechtliche und wirtschaftliche Gesamtlösung anbieten. Ein anderes ähnliches Problem tritt auf, welches Berufsrecht gelten soll, wenn in einer interprofessionellen Kanzlei die Berufsträger handeln oder wenn ein Berufsträger doppelt oder mehrfach qualifiziert ist, also z.B. ein Anwalt auch Wirtschaftsprüfer ist. Dabei ist im Ergebnis bei Vorbehaltsaufgaben wie der Rechtsberatung die Zulassung des Berufsträgers maßgeblich und bei Gemeinschaftsaufgaben wie der Steuerberatung, wer tatsächlich handelt, zur Zurechnung der Handlungen siehe § 1 Rn. 298 ff.

2. Gesamtbetrachtung

Im Ergebnis ist nach der neueren Rspr. eine anwaltliche Tätigkeit schon dann anzunehmen, wenn 31 die anwaltsuntypische Aufgabe so eng und unmittelbar mit der Rechtsberatung zusammenhängt, dass sie ebenfalls Rechtsfragen aufwirft.[21] Entscheidend und wichtig für die Berufshaftpflichtversicherung ist die Folge dieser Annahme. Die gesamte Tätigkeit ist dann regelmäßig anwaltlicher Art und nicht nur der unbestrittene Teil einer Rechtsberatung. So ausdrücklich zu einem Steuerberaterfall: Die Trennung der Beauftragung des Bauherren–Treuhänders in einen unternehmerischen und in einen steuerberatenden Teil ist nicht möglich.[22] Damit ist die gesamte Tätigkeit eine versicherte Berufstätigkeit, auch in den Teilen, die berufsnah sind, aber eigentlich nicht anwaltlicher Art sind.

Die frühere Rspr. sah im Wesentlichen dann einen Anwaltsvertrag als gegeben an, wenn der 32 objektiv festzustellende Schwerpunkt der konkreten Tätigkeit rechtsberatend und rechtsgestaltend ist.[23] Es ist danach zu unterscheiden, ob die Aufgabe rechtlichen Beistand zu leisten im Vordergrund steht oder ob sie bei der Durchführung des erteilten Auftrags zurücktritt, als unwesentlich erscheint und im Ergebnis keine praktisch ins Gewicht fallende Rolle spielt. Gegen das Vorliegen einer anwaltlichen Tätigkeit sprach es ferner, wenn die betreffende Aufgabe in der Regel oder mindestens in erheblichem Umfang auch von Angehörigen anderer Berufe wahrgenommen wird.[24] Maßgeblich war der Inhalt der Aufgabe, die dem Anwalt übertragen und von diesem durchgeführt wird.

Die neuere Rspr. stellt auf den Bezug zu einer Rechtsberatung ab. Ein Anwaltsvertrag liegt 33 auch vor, wenn die Rechtsberatung und -vertretung nicht den Schwerpunkt der Tätigkeit bilden. Die anwaltliche Tätigkeit besteht daher auch dann, wenn die anwaltsfremden Tätigkeiten überwiegen. Es kommt maßgeblich darauf an, ob sie in einem engen inneren Zusammenhang mit der

21 BGH NJW 2004, 1169.
22 OLG Hamm LS 2 DStR 1993, 18792.
23 HBAnw/*Rinkler* § 1 Rn. 162.
24 BGH NJW 1980, 1855; BGH NJW 1970, 1189.

rechtlichen Beistandspflicht stehen und Rechtsfragen aufwerfen können. Etwas anderes gilt nur dann, wenn die Rechtsberatung und -vertretung völlig in den Hintergrund treten und deswegen als unwesentlich erscheinen.[25] Diese objektive Betrachtung ergänzt die Rspr. durch subjektive Elemente. Im Zweifel ist, sofern nicht deutliche und zwingende Gründe entgegenstehen, davon auszugehen, dass, sofern ein Anwalt mit der Vermittlung eines Kaufvertrags beauftragt ist, er eben in dieser Eigenschaft zugezogen wird, also von ihm erwartet wird, dass er bei seinem Tätigwerden insbesondere auch die rechtlichen Interessen betreut, wobei jedoch maßgebend ist, wie die Willenserklärung redlicherweise unter den bekannten Umständen nach Treu und Glauben unter Berücksichtigung der Verkehrssitte vom Anwalt verstanden werden darf.[26] Die versicherte anwaltliche Tätigkeit ist von nicht versicherten sonstigen Tätigkeiten eines Rechtsanwalts nach dem Schwerpunkt des Auftrags des Rechtsanwalts abzugrenzen und nicht danach, ob der behauptete Fehler bei einer einzelnen, dem Kernbereich der anwaltlichen Tätigkeit zuzurechnenden Tätigkeit unterlaufen ist. Bestand der Schwerpunkt des Auftrags in einer rechtsberatenden Tätigkeit, so ist jegliche Fehlleistung im Rahmen des Auftrags versichert, unabhängig davon, ob die Fehlleistung die rechtsberatenden Elemente des Auftrags betrifft oder nicht. Liegt der Schwerpunkt des Auftrags hingegen nicht im rechtlichen Bereich, z.B. in einer Geschäftsbesorgung mit vorrangig wirtschaftlich-technischem Charakter, so besteht für den gesamten Auftrag kein Versicherungsschutz, auch wenn es zu der schadensverursachenden Pflichtverletzung bei einer – untergeordneten – rechtsberatenden Tätigkeit des Anwalts kam.[27]

34 Speziell zur Berufshaftpflichtversicherung gilt, dass eine typischerweise berufsfremde Tätigkeit dann unter den Versicherungsschutz der Berufshaftpflichtversicherung fallen kann, wenn der Anwalt neben der wirtschaftlichen Tätigkeit auch die ihm als Anwalt obliegende rechtsberatende Funktion wahrnimmt. Dies kann gerechtfertigt sein, wenn die anwaltliche Beratung gegenüber der eigentlich berufsfremden Tätigkeit den Schwerpunkt des Mandats bildet und im Vordergrund steht. Bei einer umfassend angelegten Tätigkeit, die neben wirtschaftlichen Aspekten auch rechtliche Bereiche umfasst, ist entscheidend, wo nach dem Willen der Beteiligten der Schwerpunkt der vertraglichen Verpflichtung liegen soll.[28]

35 Diese objektiv-subjektive Rspr., die für die gesamte Aufgabe im Zweifel eine anwaltliche Tätigkeit annimmt, sofern ein gewisser Bezug zu einer Rechtsberatung vorliegt und der Mandant einen Rechtsanwalt auch für die berufsfremden Aufgaben beauftragen wollte, ist für die Deckungsfrage der Berufshaftpflichtversicherung und dem Schutz der Mandanten nicht unproblematisch.[29] Speziell für den Bereich der Berufshaftpflichtversicherung ist eine anwaltliche Tätigkeit und damit Deckungsschutz aus der Berufshaftpflichtversicherung auch für die nicht -anwaltlichen Elemente gegeben.[30] Denkbar wäre es auch danach abzugrenzen, ob der konkrete schadenstiftende Verstoß der Rechtsberatung oder der sonstigen unternehmerischen Tätigkeit des Anwalts zuzuordnen ist.[31] Diese Trennung findet auch gerade bei bestimmten berufsnahen Tätigkeiten statt. Bei der Steuerberatung/Buchführung durch einen Anwalt trennt man zwischen der versicherten anwaltlichen Tätigkeit und der nicht versicherten Buchführungstätigkeit, siehe hier § 1 Rn. 90. Des Weiteren ist zu beachten, dass sich Mandate erst entwickeln und ändern können. Wenn der Anwalt die Treuhand für einen Mandanten aus einer Erbschaft übernimmt, bei der er zuvor anwaltlich tätig war, und die Treuhand zum absoluten Hauptgeschäft des Anwalts führt, würde aus der ex-ante Sicht Deckungsschutz bestehen, da überwiegend Rechtsberatung, aber ex-post kein Deckungsschutz, da ganz überwiegend eine anwaltsfremde Tätigkeit besteht. Es führt dazu, dass der Anwalt und auch

25 BGH NJW 2004, 1169; BGH NJW 1998, 3486; BGH WM 1999, 1846, 1848; BGH WM 2001, 744, 745.
26 OLG Hamm NJW-RR 1995, 951; BGH NJW 1992, 682; BGH NJW 1980, 1856; BGH NJW 1985, 2642.
27 OLG München DStRE 2020, 180.
28 OLG Düsseldorf NVersZ 1998, 132 mit Nachweisen zur früheren und aktuellen BGH-Rspr.
29 HBAnw/*Chab* § 18 Rn. 39 f lehnt grundsätzlich die Rspr. ab mit weiteren Nachweisen.
30 *Jungk* AnwBl 2004, 117.
31 Vgl. auch OGH VersR 1993, 84; der Oberste Gerichtshof (OGH) in Österreich hatte entschieden, dass der Versicherer nur die Tätigkeiten decken muss, die sich aus der anwaltlichen Tätigkeit ergeben.

der Versicherer am Beginn einer Tätigkeit keine Aussage treffen können, ob Deckungsschutz besteht, da sich erst im Nachhinein herausstellt, ob die Rechtsberatung maßgeblich die Geschäftsbeziehung geprägt hat. Im Zweifel wird man dann doch zwischen der versicherten anwaltlichen Beratung und der nicht versicherten sonstigen Dienstleistung von vornherein unterscheiden.

3. Erlaubte Tätigkeit

Die Grenze der Deckung besteht immer dann, wenn es sich um rechtswidrige Tätigkeiten handelt. 36
Der Versicherungsschutz besteht nur dann, wenn die Tätigkeit an sich erlaubt ist. Wenn der Anwalt einen Fehler bei einer Tätigkeit begeht, die gegen Berufsverbote oder sonstige Gesetze verstößt, besteht kein Versicherungsschutz. Eine verbotene Tätigkeit ist keine anwaltliche Tätigkeit, sondern schlichtweg nicht erlaubt. Dies ergibt sich schon aus der Regelung zur Rechtsberatung bei Steuerberatern. Nach § 30 IV BBR-S besteht ausnahmsweise Versicherungsschutz für die an sich nicht dem Steuerberater erlaubte Rechtsberatung, soweit er die Grenzen der erlaubten Rechtsberatung iSd § 5 RDG nicht bewusst überschritten hat. Es bedeutet im Umkehrschluss, dass sonstige nicht erlaubte Tätigkeiten nicht versichert sind, gleich wer diese Tätigkeiten ausübt und um welche Tätigkeiten es sich handelt.[32]

4. Anwendung anwaltlichen Berufsrechts auf berufsnahe Teiltätigkeit

Wenn es sich um eine berufliche Tätigkeit eines wirtschaftsberatenden Berufs handelt, ist Rechts- 37
folge, dass das Berufsrecht des Berufsträgers auf die gesamte Tätigkeit anzuwenden ist, dabei aber nicht im Gesamten, sondern je nach Einzelfall und im jeweiligen Zusammenhang. Die Rspr. hat hierzu für einen Insolvenzverwalter als Rechtsanwalt entschieden, dass auf die Berufsordnung des Rechtsanwalts zurückzugreifen ist, weil er als Anwalt in einem Insolvenzverfahren gehandelt hat und auf die Berufsordnung zurückzugreifen ist, welcher der Berufsträger angehört.[33] Siehe dazu auch für den Anwalt als Insolvenzverwalter § 18 Rn. 19. Man greift daher im Kern auf diejenige Berufsordnung zurück, welcher der Berufsträger angehört. Weil es aber nicht die Kerntätigkeit des jeweiligen Berufsträger ist, gilt nicht uneingeschränkt das gesamte Berufsrecht. Maßgeblich für die Übertragung der berufsrechtlichen Anforderungen auf die sonstige Tätigkeit der Berufsträger sind die Grundsätze der Berufsausübungsfreiheit und das Verhältnismäßigkeitsprinzip. Zu beachten ist, dass der Anwalt den anwaltlichen Berufspflichten nur dann unterliegen kann, wenn er gleichzeitig als Anwalt auftritt. Wenn er nicht anwaltlich haften will, sollte der Berufsträger den Titel „Rechtsanwalt“ bei seiner Tätigkeit nur dann führen, wenn dies erforderlich ist.

III. Treuhand

Anwälte treten als Treuhänder aufgrund ihrer besonderen Stellung auf.

---

32 anders *Diller* § 1 Rn. 54.
33 BGH DStR 2015, 2407 zum vorhergehenden AGH München ZIP 2014, 830 mit Anm. *Wacker*.

1. Rechtliche Einordnung

38 Treuhandverträge bilden ein gesetzlich nicht geregeltes rechtsgeschäftliches Schuldverhältnis.[34] Wenn es entgeltlich ist, handelt es sich um einen Geschäftsbesorgungsvertrag, wenn es unentgeltlich ist, handelt es sich um einen Auftrag. Der Treugeber überträgt dem Anwalt als Treuhänder Vermögensrechte, wie z.B. eine Beteiligung oder räumt ihm Rechtsmacht über einen Vermögensgegenstand ein, z.B. am Eigentum. Im Außenverhältnis kann die Verfügungsmacht nicht beschränkt werden, § 137 Satz 1 BGB. Der Anwalt darf von der eingeräumten Verfügungsmacht im Innenverhältnis nicht zu seinem eigenen Vorteil Gebrauch machen. Er ist vielmehr durch die schuldrechtliche Treuhandabrede im Innenverhältnis an der Ausübung des Rechts gegenüber Dritten gebunden, § 137 Satz 2 BGB. Bei Verletzung der Treuhandabrede macht sich der Anwalt schadensersatzpflichtig.

39 Nach der Rechtsstellung des Treuhänders kann man unterscheiden: Die echte fiduziarische Treuhand, bei der der Treugeber dem Anwalt den Vermögenswert zu vollem Recht überträgt. Die unechte Treuhand, bei der der Treugeber Rechtsinhaber bleibt und entweder den Anwalt zu Verfügungen im eigenen Namen ermächtigt, Ermächtigungstreuhand nach § 185 BGB, oder den Anwalt dazu bevollmächtigt, im Namen des Treugebers zu handeln, Vollmachtstreuhand nach §§ 164 ff BGB. Nach dem Interesse an der Treuhand kann man unterscheiden: Die eigennützige Sicherungstreuhand, bei der der Anwalt als Treunehmer einen eigenen Nutzen hat, wenn der Treugeber, z.B. den Anwalt zur Absicherung der Anwaltsvergütung einen eigenen Anspruch abtritt. Die fremdnützige Verwaltungstreuhand, bei der der Treugeber selbst einen Nutzen verfolgt, z.B. er sein Recht nicht ausüben will oder kann. Wenn nur der Treugeber ein Interesse an der Treuhand hat, spricht man von einer einseitigen Treuhand, wenn es mehrere Treugeber gibt, spricht man von einer doppelseitigen und nach dem Interesse gerichteten doppelnützigen Treuhand.

40 Eine untergeordnete Treuhandtätigkeit kann auch ohne ausdrückliche gesetzliche Gestattung Unternehmensgegenstand einer Rechtsanwaltsgesellschaft sein. Eine Rechtsanwaltsgesellschaft kann unter der Bezeichnung „ESCRO Treuhandgesellschaft mbH Rechtsanwaltsgesellschaft" firmieren. Enthält die Firma einer Rechtsanwaltsgesellschaft inhaltlich zutreffend einen Hinweis auf eine von der Gesellschaft ausgeübte Treuhandtätigkeit, wird eine Irreführung der beteiligten Verkehrskreise nicht dadurch hervorgerufen, dass diese Tätigkeit in der Satzung der Gesellschaft als Unternehmenszweck nicht genannt wird.[35]

2. Versicherungsschutz

41 **a) Pflichtversicherung.** Die AVB-RS enthalten keinen Hinweis zum Versicherungsschutz der Treuhand bei Anwälten. Die Mitversicherung der Treuhand in § 18 II bezieht sich auf die Treuhand nach §§ 292 ff InsO bei der Restschuldbefreiung im Rahmen einer Verbraucherinsolvenz, §§ 286 ff InsO. Ein Ausschluss der Treuhandtätigkeit in den Versicherungsbedingungen wäre auch nicht möglich, weil die Pflichtversicherung nach § 51 BRAO nur bestimmte Ausschlüsse zulässt. Daher ist allein maßgeblich, ob es sich bei der Treuhand um eine berufliche anwaltliche Tätigkeit handelt oder nicht. Wenn es sich nach den Aufgaben und der tatsächlichen Tätigkeit des Anwalts oder der Gesellschaft im Rahmen der Treuhandabrede um eine anwaltliche Tätigkeit handelt, ist die gesamte Tätigkeit als anwaltliche Tätigkeit nach der Rspr. einzuordnen. Sie trennt bei einem Auftrag nicht zwischen anwaltlicher versicherter Treuhandtätigkeit und nicht versicherter sonstiger Treuhandtätigkeit. Wenn der Treuhänder als Anwalt handelt, gilt auch grundsätzlich das an-

34 Treuhandverträge durch rechts- und wirtschaftsberatende Berufe HBAnw/*D. Fischer* § 12; Borgmann/Jungk/Schwaiger/*Jungk* § 34; *Diller* § 1 Rn. 39 ff; *Borgmann* AnwBl 1997, 112f; *Chab* AnwBl 2004, 440f; *Wilhelmer* Berufshaftpflichtversicherung Rn. 1009 ff.

35 BGH BeckRS 2016, 02252.

waltliche Berufsrecht. Die Rspr. greift in diesen Fällen nicht vollständig, aber im Kern auf diejenige Berufsordnung zurück, welcher der Berufsträger angehört, siehe dazu § 1 Rn. 37.

Die Einordnung, ob anwaltlich oder nicht-anwaltliche Tätigkeit vorliegt, ist jeweils im Einzelfall festzustellen, gerade auch weil sich das Berufsbild der Anwälte wandelt, insbesondere da Anwälte als umfassender Dienstleister und aufgrund ihrer besonderen Vertrauensstellung wahrgenommen werden.[36] Die von der Vermögensschaden-Haftpflichtversicherung für Rechtsanwälte gedeckte freiberufliche Tätigkeit umfasst allein die von unabhängiger Beratung und Vertretung geprägte „klassische" Tätigkeit als Rechtsanwalt, wie sie auch in § 3 BRAO beschrieben ist.[37] Die isolierte Treuhandtätigkeit eines Rechtsanwalts ohne damit einhergehende Rechtsbeistandspflicht stellt keine versicherte Ausübung beruflicher Tätigkeit iSv § 1 der Anwaltsbedingungen dar.[38] Soweit dem Rechtsanwalt sowohl eine freiberufliche als auch eine gewerbliche Treuhandtätigkeit gestattet ist, erstreckt sich die Versicherungspflicht nicht auf die gewerbliche Tätigkeit.[39] Die Tätigkeit eines Rechtsanwalts als Treuhänder ist nicht vom Versicherungsschutz seiner Berufshaftpflichtversicherung umfasst.[40] Wird nach den AVB Versicherungsschutz auch für den Fall gewährt, dass der Versicherungsnehmer wegen einer fahrlässigen Verfügung über Beträge, die in unmittelbarem Zusammenhang mit einer RA-Tätigkeit auf ein Anderkonto eingezahlt sind, von dem Berechtigten in Anspruch genommen wird, umfasst dies nicht die Führung des Zahlungsverkehrs für einen Mandanten, dessen Konto gepfändet wurde, auf dem eigenen Geschäftskonto des RAs oder einem dafür eingerichteten Anderkonto; denn es handelt sich um eine reine Geschäftsbesorgung im kaufmännischen Bereich, wenn der RA im Wege der „Treuhandverwaltung" einen Mandanten „rein buchhalterisch betreut".[41] Anwälte dürfen darüber hinaus nicht für zwei Parteien tätig werden. Es besteht das Verbot der doppelnützigen Treuhand, § 3 Abs. 1 Satz 2 BORA. Die doppelnützige Treuhand ist keine anwaltliche Tätigkeit. Gleiches gilt für die Tätigkeit eines Anwalts, der als „Strohmann" für seinen Mandanten auftritt. Eine Strohmanntätigkeit entspricht nicht dem Berufsbild eines Rechtsanwalts. Derartige Aufgaben werden üblicherweise nicht einem Rechtsanwalt übertragen. Die Stellung des Strohmanns ist noch weniger typisch für den Rechtsanwaltsberuf als die eines Vermögensverwalters, bei dem die Rechtsprechung in der Regel eine berufsfremde Tätigkeit annimmt.[42] 42

Im Ergebnis lässt sich festhalten: 43

Der Versicherungsschutz umfasst nicht die Tätigkeit als Escrow-Agent, um Gelder treuhänderisch zu verwalten, und die Tätigkeit im Vorfeld oder in der Insolvenz als Sanierungs- und Verwaltungstreuhänder, weil es sich um doppelnützige Treuhandtätigkeiten handelt, siehe hierzu ausführlich § 1 Rn. 51 ff. Bei der Treuhand in der Kapitalanlage wie der Tätigkeit als Gründungsgesellschafter einer Fondsgesellschaft, Treuhandkommanditist oder Mittelverwendungskontrolleur überwiegt die unternehmerische kaufmännische Tätigkeit, selten die anwaltliche Beratungsleistung. Daher ist grundsätzlich diese besondere Treuhandtätigkeit nicht vom Versicherungsschutz umfasst, siehe hierzu ausführlich § 1 Rn. 55 ff. Grundsätzlich ebenfalls nicht versichert sind die verdeckten Treuhandtätigkeiten, bei denen es dem Treugeber als Auftraggeber darum geht, anonym zu bleiben. Sie entsprechen nicht dem Berufsbild eines Anwalts. Beispiel kann der Kauf von Kunstobjekten durch einen Anwalt im Auftrag des Mandanten sein, den er zuvor rechtlich beim Kauf beraten hat und der ihn als „Strohmann" einsetzt. Die Rechtsberatung beim Kaufvertrag ist selbstverständlich eine versicherte Tätigkeit, die Abwicklung als Treuhänder jedoch nicht.

36 *Saenger/Scheuch* AnwBl 2012, 497 die umfassend die anwaltliche Mittelverwendungskontrolle untersuchen und eine Deckung bejahen.
37 BGH NJW 2021, 1763.
38 OLG Köln r+s 2023, 1069.
39 OLG Köln BeckRS 2021, 55633.
40 OLG Köln BeckRS 2021, 55638 Rn. 7.
41 KG BeckRS 2021, 37509 Rn. 5.
42 OLG Düsseldorf NVersZ 1998, 132 Rn. 19.

44 Bei den sonstigen Treuhandtätigkeiten gibt es in Lit. und Rspr. kein einheitliches Bild. Die Rspr. stellt insgesamt eher auf den Einzelfall ab und zählt die Treuhand dann zu den anwaltlichen Tätigkeiten, wenn ein unmittelbarer und enger Bezug zu einer Rechtsberatung oder Rechtsgestaltung besteht,[43] andernfalls handelt es sich um eine berufsfremde Aufgabe.[44] Mitunter soll die Erwartungshaltung einer Rechtsberatung ausreichend sein.[45] Dieses Erfordernis ist bei einer Treuhandtätigkeit des Rechtsanwalts dann vorhanden, wenn es zu seinen Aufgaben gehört, den Mandanten im Rahmen der Treuhand und der auftretenden Rechtsfragen zu beraten. Dem Anwalt kann eine Treuhandschaft auch mit der Aufgabe der Rechtsbetreuung übertragen werden.[46] Alleinige Überwachungs- und Aufklärungspflichten genügen aber nicht.[47] Eine Treuhandtätigkeit, welche nicht mit einer Rechtsberatung in Zusammenhang steht, stellt daher keine anwaltliche Tätigkeit dar. Das folgt auch aus § 3 Abs. 1 BRAO und § 1 Abs. 2 RVG aF.[48] Ein Rechtsanwalt, der als Treuhänder vom Kunden beauftragt wird, Vermögensanlagen zu kündigen, die Abwicklung vorzunehmen und in Höhe des Abwicklungsguthabens mit einem Dritten einen Kaufvertrag abzuschließen, übt weder eine Tätigkeit als Rechtsanwalt im Sinne der Risikobeschreibung für die Vermögensschaden-Haftpflichtversicherung von Rechtsanwälten noch eine der dort gesondert genannten mitversicherten Tätigkeiten aus.[49]

45 Die Literatur zählt die Treuhand eher zu den nicht-anwaltlichen Tätigkeiten. Die Ausübung einer Treuhand ist eine gewerbliche Tätigkeit im Gegensatz zur freiberuflichen Tätigkeit des Anwalts. Daher ist sie in erster Linie nicht-anwaltlich.[50] Das Gleiche gilt, wenn es um rein verwaltende Vermögensbetreuung geht oder ein „isoliertes" Treuhandgeschäft geht. Kenntnisse rechtlicher Zusammenhänge bei der Ausführung der Treuhand führen nicht dazu, dass das gesamte Treuhandgeschäft zu einer Rechtsberatung wird.[51] Es ist nicht ausreichend, wenn der Dritte den Anwalt nur deshalb einschaltet, weil er eine besondere Vertrauensstellung einnimmt oder der Mandant eine gewisse subjektive Erwartungshaltung gegenüber dem Anwalt in seiner Funktion als Berater hat.[52] Eine generelle Bestätigung, dass die Treuhand eine anwaltliche Tätigkeit und damit gem. § 1 versichert wird, ist nicht möglich. Anders aber, wenn es einen unmittelbaren Bezug zur anwaltlichen Tätigkeit gibt. Wenn die Rechtsberatung nicht hinter die Geschäftsabwicklung zurücktritt oder wenn vielfältige rechtliche, insbesondere steuerrechtliche Interessen des Anlegers zu wahren sind, besteht eine versicherte anwaltliche Tätigkeit.[53]

46 Speziell zur Deckung einer Treuhand über die Berufshaftpflichtversicherung gibt es nur vereinzelt Urteile. Mindestvoraussetzung ist, dass der Berufsträger eine beratende und prüfende Tätigkeit ausübt.[54] Die berufsfremde Tätigkeit fällt unter den Versicherungsschutz der Berufshaft-

---

43 Anwaltstätigkeit bei Treuhandverhältnis angenommen: BGH VersR 2002, 622; BGH NJW 1993, 199; VGH Kassel BRAK-Mitt. 2011, 92; BGH WM 1988, 987; BGH NJW 1989, 1102; BGH NJW 1995, 1025; BGH NJW 2002, 2459 geht aber nur auf die Haftung ein; 1025, BGH NJW 1998, 3486; OLG Hamm BeckRS 2006, 03679; NJW-RR 1988, 1299. Weitere Beispiele *Wilhelmer* Berufshaftpflichtversicherung Rn. 1009 ff.

44 Anwaltstätigkeit bei Treuhandverhältnissen abgelehnt: BGH WM 1995, 347; OLG Celle NJW 2006, 3431; OLG Frankfurt Urt. v. 26.1.2006 – 2 U 58/05 mit nachfolgender abgewiesener Nichtzulassungsbeschwerde des BGH Beschl. v. 05. Juli 2007 – IX ZR 257/06, KG NJW-RR 2003, 780; OLG Stuttgart GI 2011, 102.

45 OLG Düsseldorf BeckRS 2008, 25292.

46 BGH NJW 1999, 3042.

47 BGH WM 1995, 347.

48 Beschl. des BGH zur Nichtzulassungsbeschwerde, 5.7.2007 – IX ZR 257/06 Rn. 2; vorhergehend OLG Frankfurt, 26.1.2006 – 2 U 58/05, dass erklärt, dass Treuhandverträge grundsätzlich zum typischen Berufsbild einer Anwaltssozietät gehören, während der BGH in seinem Beschl. feststellt, dass es sich um eine nicht anwaltstypische Tätigkeit handelt, da die Treuhand in keinem Zusammenhang mit der Rechtsberatung steht.

49 BGH BeckRS 2021, 5164.

50 Veith/Gräfe/Lange/Rogler/*Brügge* D § 19 Rn. 168.

51 MAH VersR Riechert/Sassenbach/*Riechert* § 18 Rn. 73.

52 *Chab* BRAK-Mitt. 2009, 67f zu OLG Düsseldorf BeckRS 2008, 25292.

53 Hess VGH AnwBl 2008, 790.

54 LG Köln VersR 1989, 355; dabei stellt hier das LG Köln auf das verwirklichte Risiko ab und nicht auf den Schwerpunkt; weiter ist zu beachten, dass das Urteil zu Steuerberatern und Wirtschaftsprüfern ergangen ist.

pflichtversicherung, wenn der Anwalt neben der wirtschaftlichen Tätigkeit auch die ihm als Anwalt obliegende rechtsberatende Funktion wahrnimmt. Dies kann aber nur dann gerechtfertigt sein, wenn die anwaltliche Beratung gegenüber der eigentlich berufsfremden Tätigkeit den Schwerpunkt des Mandats bildet, „im Vordergrund" steht.[55] Eine gewinnorientierte Transaktion im Rahmen einer als „Treuhandvertrag" bezeichneten Vereinbarung ist deshalb nicht versichert, auch wenn der Anwalt erklärt, das Geschäft ist legal, also rechtsberatend tätig ist, und er aufgrund seiner besonderen Vertrauensstellung damit beauftragt wird. Der Anwalt sollte Investitionskapital anlegen nach Austausch „Zug um Zug gegen eine refinanzierbare Bankgarantie" in enger Zusammenarbeit mit einem nicht genannten Koordinator im eigenen Namen und es mit einem Gewinn von 400 % in ca. sechs Wochen zurückzahlen.[56] Daher unterfallen Schadenfälle nicht der Berufshaftpflichtversicherung, die sich aus der treuhänderischen Tätigkeit eines Rechtsanwalts für eine Anlagegesellschaft ergeben, wobei der Rechtsanwalt sich auf eine Kontrolle der vertragsgemäßen Verwendung der stillen Beteiligungen der Anleger beschränkt. Dann besteht kein unmittelbarer Zusammenhang mit einem anwaltlichen Beratungsmandat.[57] Keine anwaltliche Berufsausübung liegt vor, wenn der Anwalt als Treuhänder für Bauherren im Rahmen eines Bauherrenmodells auftritt. Er wickelt ein durchkonstruiertes Konzept ab. Rechtsgestaltung liegt nicht vor.[58]

Anders die Treuhand bei den Steuerberatern und Wirtschaftsprüfern. Bei ihnen gehört die 47 Treuhandtätigkeit insgesamt zum Berufsbild. Versicherungsschutz besteht aber nur für die nichtgeschäftsführende Treuhand bei Steuerberatern nach § 30 II Ziff. 6 BBR-S. Die unternehmerische Tätigkeit eines Steuerberaters als geschäftsführender Treuhänder ist dagegen nach der Risikobeschreibung vom Versicherungsschutz ausgeschlossen, was auch zulässig ist.[59] Kein Versicherungsschutz besteht für die geschäftsführende Treuhand, weil es sich um ein unternehmerisches Risiko selbst handelt. Die Tätigkeit eines Geschäftsführers entspricht unternehmerischem Handeln. Der Ausschluss bezieht sich nicht nur auf die formale Stellung als Geschäftsführer. Der Begriff ist funktional zu verstehen. Geschäftsführend tätig ist, wer für einen Auftraggeber dessen Geschäfte besorgt und dessen Interessen wahrt. Der nicht-geschäftsführende Treuhänder verfügt über fremde Sachen und verwaltet sie. Er kontrolliert dabei die Geschäfte, hat aber keinen eigenen Entscheidungs- und Ermessenspielraum.[60] Für den Versicherungsschutz ist daher bei Steuerberatern/Wirtschaftsprüfern maßgeblich, ob sie eine geschäftsführende Tätigkeit wahrnehmen oder nicht. Ansonsten umfasst der Versicherungsschutz die Treuhandtätigkeit, weil es anders als bei Anwälten zu ihrem Berufsbild gehört.

b) Einzelobjekt/Projektdeckung. Wenn man eine anwaltliche/wirtschaftsberatende Berufstä- 48 tigkeit für die Treuhandtätigkeit annimmt, besteht Versicherungsschutz. Der Versicherungsschutz umfasst dann die gesamte Treuhandtätigkeit und nicht nur die Teile, die der Rechtsberatung/Wirtschaftsberatung entsprechen. Die Rspr. trennt nicht zwischen versicherter anwaltlicher/wirtschaftsberatender und nicht versicherter sonstiger berufsnaher Tätigkeit, siehe dazu ausführlich § 1 Rn. 31. Der Versicherungsschutz umfasst damit auch die weitaus wichtigere Haftung aus der Gesellschafterstellung des Treuhänders in der Fondsorganisation. Es handelt sich um eine versicherungsrechtliche Anspruchskonkurrenz. Der Versicherungsschutz würde andernfalls von der gewählten Anspruchsgrundlage abhängen, siehe ausführlich zur Anspruchskonkurrenz und Versicherungsschutz § 1 Rn. 141 ff. Weil der Versicherungsschutz unabhängig von der Anspruchsgrundlage gilt, besteht die Deckung insgesamt für alle Ansprüche oder die Ansprüche sind alle nicht

55 OLG Düsseldorf NVersZ 1998, 132.
56 OLG Düsseldorf VersR 2004, 635.
57 KG NJW-RR 2003, 780.
58 *Evers* NJW 1983, 1652; anders *Riedel* NJW 1984, 1021 wenn typischerweise individueller Rechtsrat und Rechtsschutz bei der Abwicklung im Vordergrund stehen.
59 OLG München VersR 1997, 961.
60 Veith/Gräfe/Gebert/*Gräfe*/*Brügge* § 19 Rn. 605 ff.

versichert, weil keine versicherte Berufstätigkeit vorliegt oder sie sind ausgeschlossen, z.B. weil eine wissentliche Pflichtverletzung vorliegt.[61]

49 Wenn keine anwaltliche Tätigkeit vorliegt, besteht für die Tätigkeit als Treuhänder kein Versicherungsschutz nach § 1. Erforderlich ist ein separater Versicherungsschutz. Üblich ist es eine nicht-anwaltliche Treuhand über eine Einzelobjektdeckung, selten über eine laufende Treuhanddeckung, zu versichern, zu den Grundsätzen einer Einzelobjektdeckung siehe Einleitung, Versicherungstechnik, Einzelobjektdeckung Rn. 42 ff. Grund hierfür ist, dass die Treuhanddeckung Versicherungsschutz für die Treuhandabrede, die Tätigkeit des Treuhänders bietet. Sie ist dann auch Bestandteil der Police. Anders als in der Pflichtversicherung nach § 51 BRAO besteht individueller Versicherungsschutz für die konkrete vertragliche Vereinbarung zwischen dem Treuhänder und dem Treugeber. Bei einer laufenden Treuhand ist es dem Versicherer nicht möglich das einzelne Risiko zu prüfen.

50 Weil die individuelle Treuhandabrede und die Haftung hieraus versichert sind, prüft der Versicherer individuell, ob und wie es zu versichern ist. Kriterien können sein, wie weit der Ermessensspielraum des Treuhänders geht und welches marktübliche Ziel die Treuhand verfolgt. Üblich kann eine fremdnützige/doppelnützige Treuhand sein, bei denen die Treugeber verhindern will, dass Dritte auf das Treugut Zugriff haben, wie z.B. bei einer Sicherungs- und Verwaltungstreuhand im Vorfeld oder in der Insolvenz oder eine reine Auszahlungstreuhand. Risikobehaftete Treuhandmodelle finden sich vor allem im Bereich der Kapitalanlage oder im Zusammenhang mit Auslandsaktivitäten oder um die rechtlichen und tatsächlichen Verhältnisse nicht offenbaren zu müssen, wie bei Scheingeschäften oder wenn der Treuhänder nur als „Strohmann“ handeln soll. Bei Treuhandtätigkeiten im Bereich der Kapitalanlage ist zu berücksichtigen, dass der Versicherer nicht nur das Risiko der Treuhandabrede übernehmen muss. Er hat auch die Haftung des Treuhänders zu versichern, die sich daraus ergibt, dass die Rspr. den Treuhänder mit einem Gründungsgesellschafter gleichstellt. Der Treuhänder muss dann die Anleger über Risiken der Kapitalanlage aufklären, siehe hierzu § 1 Rn. 58 ff. Das bedeutet ein Kumulrisiko bei einer Vielzahl von Anlegern. Ein Deckungsausschluss oder gleichermaßen eine eingeschränkte Leistungsbeschreibung würde wohl einer Inhaltskontrolle nach § 307 Abs. 2 Nr. 2 BGB nicht standhalten. Der Vertragszweck, Schutz vor dem eigentlichen Haftungsrisiko zu gewähren, würde gar nicht erreicht werden. Der Versicherungsnehmer als Treuhänder kann auch sein Haftungsrisiko nicht minimieren, weil eine Begrenzung der Haftung gegenüber den Anlegern gegen AGB-Recht verstößt, siehe § 1 Rn. 60. Versicherungssumme und die Tarifierung richten sich nach der konkreten Treuhand. Gewöhnlich minimiert man das Risiko durch Regelungen, wie z.B. Begrenzung der Nachhaftung, Anrechnung von Kosten auf die Versicherungssumme, Kumulklausel, Ausschluss für wirtschaftlichen Erfolg oder kaufmännische Ermessensentscheidungen usw.

3. Verbot der doppelnützigen Treuhand, § 3 BORA

51 **a) Grundsätze.** Bei einer Treuhand sind wie bei einer Third Party Legal Opinion Dritte neben den Mandanten in das Verhältnis eingebunden sind. Wie allgemein, wenn ein Drei-Personen-Verhältnis mit dem Anwalt besteht, ist das Verbot der widerstreitenden Interessen zu beachten. Das Verbot der widerstreitenden Interessen gehört zu den Grundwerten der Anwaltschaft und soll den Anwalt davor schützen in Interessenkonflikte zu geraten.[62] Wenn der Anwalt vorsätzlich pflichtwidrig handelt, begeht er Parteiverrat, § 356 StGB. Die Berufsordnung verbietet die doppelte Treuhand, §§ 43a Abs. 4 BRAO, 59a Abs. 2 Nr. 1e „Verbot der Vertretung widerstreitender Interessen“, § 3 Abs. 1 Satz 2 BORA: „Rechtsanwältinnen und Rechtsanwälte dürfen keine widerstreitenden Interessen vertreten. Sie dürfen in einem laufenden Mandat auch keine Vermögenswerte von der Mandantin oder dem Mandanten und/oder der Anspruchsgegnerin oder dem Anspruchsgeg-

61 OLG München mit Anm. *Gladys* VersR 1997, 961.
62 HBAnw/*D. Fischer* § 12 Rn. 39.

ner zum Zweck der treuhänderischen Verwaltung oder Verwahrung für beide Parteien entgegennehmen." Bei der Prüfung der widerstreitenden Interessen bei § 43a Abs. 4 BRAO nimmt man grundsätzlich einen subjektiven Maßstab an.[63] Ein Anwaltsvertrag, der gegen das Verbot der widerstreitenden Interessenvertretung verstößt, ist nichtig. Der Vertrag verstößt aber nicht gegen das Verbot, wenn der Anwalt im Gebühreninteresse für den Mandanten nachteilige Maßnahmen treffen könnte.[64] Versicherungsschutz besteht, wenn es sich um eine anwaltliche Treuhand handelt, die nicht gegen das Berufsverbot der widerstreitenden Interessen verstößt. Kritisch sind daher zwei Fallkonstellationen. Zum einen die Abwicklung von wirtschaftlichen Transaktionen, bei denen der Anwalt Geld unter Treuhandauflagen entgegennimmt, worunter auch die Tätigkeit als Escrow Agent fällt, und die doppelnützige Treuhand in der Insolvenz oder zur Sanierung von Unternehmen.[65]

b) Escrow-Agents. Anwälte treten als Escrow Agent gerade bei Kauf- und IT-Verträgen im internationalen Bereich auf. Bei Wirtschaftsmandaten hat der Anwalt häufig die Aufgabe nicht nur rechtlich zu beraten, sondern das Geschäft wirtschaftlich abzuwickeln, weil er Vertrauensperson ist. Die Leistungen seines Mandanten hängen von der Gegenleistung des Dritten ab. Der Dritte oder der Mandant zahlt erst, wenn der Anwalt auf seinem Treuhandkonto die Gegenleistung erhalten hat. Der Anwalt ist aufgrund der Treuhandabrede schuldrechtlich sowohl dem Mandanten als auch dem Dritten verpflichtet. Der Anwalt nützt seinem Mandanten, da er als neutrale Person Gelder des Mandanten an den Dritten erst auszahlt, wenn Bedingungen erfüllt sind, er nützt aber auch dem Dritten, der die Gelder nach Erfüllung erhält. Dies kann eine doppelnützige Treuhand bedeuten.[66] Der Interessenkonflikt kann bestehen und damit eine nicht versicherte Tätigkeit, wenn der Anwalt treuhandwidrige Anweisungen seines Mandanten ausführen soll. Einerseits soll er seinen Anwaltsvertrag erfüllen, andererseits verstößt er damit möglicherweise gegen den zuvor vereinbarten Treuhandvertrag zu Lasten des Dritten. Grundsätzlich bietet man hier Versicherungsschutz über Einzelobjekte/Projektdeckungen an, aber nicht über die laufende Berufshaftpflichtversicherung. 52

Davon zu trennen ist die versicherte Tätigkeit, wenn der Anwalt Gelder über sein Anderkonto abwickelt. Fremde Gelder hat der Anwalt unverzüglich an den Empfangsberechtigten weiterzuleiten oder auf ein Anderkonto einzuzahlen, § 43a Abs. 7 BRAO iVm § 4 Abs. 1 BORA. Versicherungsschutz besteht für fehlerhafte Verfügungen über anwaltliche Anderkonten, siehe ausführlich zur Anderkontendeckung § 17 Rn. 13 ff. Voraussetzung für den Versicherungsschutz ist, dass es sich um ein echtes Anderkonto bei einer Bank handelt und der Anwalt über die ihm anvertrauten Gelder im unmittelbaren Zusammenhang mit einer anwaltlichen Tätigkeit verfügt. Der unmittelbare Zusammenhang mit der anwaltlichen Tätigkeit liegt vor, wenn es sich um die Abwicklung eines Geschäfts handelt, bei dem der Anwalt zuvor einen Rechtsstreit geführt hat oder einen Rechtsrat erteilt hat. Die Grenze liegt dort, wo der Anwalt das Anderkonto nur einrichtet, um das Geschäft wirtschaftlich abzuwickeln, was er zuvor rechtlich begleitet hat. Versicherungsschutz kann regelmäßig über Einzelobjektdeckungen geboten werden. 53

c) Sanierungs- oder Verwaltungstreuhand. Bei der zweiten doppelnützigen Treuhand überträgt die zu sanierende/insolvente Firma ihre Anteile an den Anwalt als Treuhänder, um weiterhin Kredite von den Treugebern, den Banken, zu erhalten. Der Treuhänder führt die wirtschaftlichen Entscheidungen für den Insolvenzverwalter oder im Vorfeld der Insolvenz für die Gläubiger aus, saniert die Firma oder verkauft die Anteile an einen Investor. Dabei treten die Gläubiger, in der 54

63 BeckRS 2012, 06067; *Szalai/Tietze* AnwBl 2015, 37.
64 BGH VersR 2017, 1530.
65 *Römermann* AnwBl 2014, 34.
66 *Chab* AnwBl 2004, 441.

Hauptsache die Banken, nicht nach außen hin auf. Auch hier ist der Anwalt als Treuhänder den Banken, Investoren und den ehemaligen Firmeninhabern schuldrechtlich verpflichtet und handelt nicht nur im Interesse des Mandanten. Im Vorfeld einer Insolvenz und in der Insolvenz ist dies eine Verwaltungs- und Sicherungstreuhand. Es handelt sich um eine nicht versicherte doppelnützige Treuhand zugunsten der kreditgebenden Banken und des Schuldners. Sie beinhaltet ganz überwiegend keine rechtliche Beratung. Man versichert diese Treuhand im Vorfeld oder in der Insolvenz über separate Einzelobjektdeckungen/Projektdeckungen.

4. Treuhand bei der Kapitalanlage

Spezielle Fallgruppen gibt es bei der Treuhand im Rahmen von Kapitalbeteiligungen.

55 **a) Haftung aus Treuhand und Gesellschafterstellung, Berufsrecht.** Eine besondere Fallgruppe der Treuhand bildet die Treuhand bei der Kapitalanlage. Die Berufsträger übernehmen für Kapitalfonds und deren Gesellschaften verschiedene Aufgaben, insbesondere nicht nur gegenüber der Fondsgesellschaft direkt, sondern auch gegenüber den Anlegern. Sie haften vertraglich aus der Treuhandabrede aus dem Treuhandvertrag und gesellschaftsrechtlich gegenüber den Anlegern aufgrund einer Gesellschafterstellung, wenn sie Anleger fehlerhaft über die Risiken der Kapitalbeteiligung an der Fondsgesellschaft aufgeklärt haben oder nicht gewarnt haben.

56 Das jeweilige Berufsrecht, also bei den Anwälten insbesondere die BRAO, BORA, sind im Rahmen der Treuhandtätigkeit zu beachten. Es gilt das jeweilige Berufsrecht zwar nicht uneingeschränkt, aber im Kern, siehe hier zur Geltung des Berufsrechts auch für die nicht beruflichen, aber berufsnahen Tätigkeiten § 1 Rn. 37. Dies war bei der Verjährung für Schadensersatzansprüche noch wichtig, weil die Berufsordnungen bei der Verjährung von Ansprüchen zugunsten der Berufsträger vom BGB abwichen, §§ 51b BRAO aF, § 51 a WPO aF, § 68 StBerG aF. Jedenfalls unterliegen Schadensersatzansprüche gegen einen Wirtschaftsprüfer wegen Pflichtverletzungen im Rahmen treuhänderischer Verwaltungstätigkeiten gem. § 2 Abs. 2 Nr. 3 WPO in der Zeit bis 2003 gemäß dem damals geltenden § 51a WPO einer 5-jährigen Verjährung.[67] Anders aber, wenn der Berufsträger als Treuhänder zugleich eine Gesellschafterstellung in der Fondsorganisation einnimmt, z.B. Treuhandkommanditist ist. Dann gilt das Berufsrecht nicht mehr, sondern uneingeschränkt das gesellschaftsrechtliche Haftungsrecht, sowohl was die Verjährung als auch die sonstigen Berufsregeln betrifft. Die Rspr. drückt dies so aus: Schadensersatzansprüche, die ein Gesellschafter einer Kommanditgesellschaft gegenüber einem anderen Gesellschafter wegen der Verletzung gesellschaftsrechtlicher Pflichten geltend macht, verjähren nach allgemeinen Regeln und nicht nach den berufsspezifischen Spezialnormen. Die Pflichten und die Haftung eines Gesellschafters richten sich unabhängig von seinem Beruf nach den Vorschriften, die für jeden Gesellschafter in gleicher Situation gelten.[68]

57 Die Haftung hängt im Ergebnis davon ab, welche Aufgaben der Berufsträger für die Fondsgesellschaft übernimmt und ob er selbst an dem Fonds beteiligt ist, gleich ob er formal Gründungsgesellschafter ist oder als Treuhandkommanditist handelt. Die Berufsträger haften aufgrund der Gesellschafterstellung aus der Prospekthaftung im weiteren Sinn als Anwendungsfall der Haftung für Verschulden bei Vertragsschluss nach §§ 280 Absatz 1, 280 Absatz 3, 282, 241 Abs. 2, 311 Abs. 2 BGB.[69] Danach obliegen dem, der selbst oder durch einen Verhandlungsgehilfen einen Vertragsschluss anbahnt, Schutz- und Aufklärungspflichten gegenüber seinem Verhandlungspartner, bei deren Verletzung er auf Schadensersatz haftet. Abgesehen etwa von dem Sonderfall des § 311 Abs. 3 BGB, in dem auch ein Dritter haften kann, wenn er in besonderem Maße Vertrauen für

67 OLG Frankfurt a.M. Beschl. BeckRS 2015, 20176.
68 BGH VersR 2013, 1442 Rn. 17.
69 St. Rspr. BGH NJW 2017, 3001, 3002 Rn. 12a.

sich in Anspruch genommen hat, trifft die Haftung aus Verschulden bei Vertragsschluss denjenigen, der den Vertrag im eigenen Namen abschließen will. Das sind bei einem Beitritt zu einer Kommanditgesellschaft grundsätzlich die schon zuvor beigetretenen Gesellschafter. Denn der Aufnahmevertrag wird bei einer Personengesellschaft zwischen dem neu eintretenden Gesellschafter und den Altgesellschaftern geschlossen. Weitere Haftungsgrundlage ist der Vertrag zugunsten Dritter, die in diesem Fall die Anleger sind, § 328 BGB[70] und die Prospekthaftung im engeren Sinn, wenn der Berufsträger für die Geschicke des Unternehmens und damit auch für die Herausgabe des Prospekts verantwortlich ist.[71] Selbstverständlich haftet der Berufsträger darüber hinaus vertraglich, wenn er seine Pflichten aus dem Treuhandvertrag verletzt hat.

b) Fallgruppen bei Treuhändern bei der Kapitalanlage. Grundlage für die besondere Haftung der Treuhänder ist, dass die Alt- oder Gründungsgesellschafter den Anleger, der dem Fonds beitritt, vorvertraglich über die Kapitalanlage aufzuklären und zu warnen haben, Prospekthaftung im weiteren Sinn im vorvertraglichen Bereich, siehe hier § 1 Rn. 57. Der Anleger selbst ist nicht Haftungsadressat, weil er nur ein Beteiligungsverhältnis eingeht, ohne dass er in das Organisationsgefüge der Fondsgesellschaft eingebunden ist. 58

Bei allen Fallgestaltungen sollte der Versicherungsnehmer vorab verbindlich eine Versicherungsbestätigung verlangen, wenn Unsicherheiten bestehen. Nicht ausreichend ist eine allgemeine Versicherungsbestätigung oder ein allgemeiner Nachtrag. Die Bestätigung muss die konkrete Tätigkeit umfassen, insbesondere ist es keine Deckungszusage, wenn der Versicherer pauschal einen Versicherungsschutz ohne Prämienwirksamkeit bestätigt. Es ist nicht nachvollziehbar, dass der Versicherer auf eine bedingungsgemäße Einschränkung verzichten wollte.[72] 59

aa) Gründungsgesellschafter, gleichgestellte Treuhänder mit Kapitalanteil/Treuhandkommanditist. Die Gründungsgesellschafter einer Fondsgesellschaft haben Aufklärungs- und Warnpflichten, gleichgestellt sind die Treuhänder mit Kapitalanteil/Treuhandkommanditisten. 60

Haftung der Gründungsgesellschafter:
Die Gründungsgesellschafter haften selbst und auch für ihre vertrieblichen Erfüllungsgehilfen. Der Gründungsgesellschafter, der sich zu den vertraglichen Verhandlungen über einen Beitritt eines Vertriebs bedient und diesem oder von diesem eingeschalteten Untervermittler die geschuldete Aufklärung der Beitrittsinteressenten überlässt, haftet über § 278 BGB für deren unrichtige oder unzureichende Angaben. Er muss sich das Fehlverhalten von Personen, die er mit den Verhandlungen zum Abschluss des Beitrittsvertrags ermächtigt hat, zurechnen lassen, unabhängig davon, ob der Beitritt zur Gesellschaft unmittelbar oder nur mittelbar erfolgt.[73]

Haftung der Treuhandkommanditisten:
Er verwaltet die Anteile der Anleger und der Beteiligten. Gleichgestellt mit den Gründungsgesellschaftern und deren Haftung werden gerade auch die Anwälte/Steuerberater/Wirtschaftsprüfer, wenn sie als Treuhänder gegenüber den Anlegern handeln und selbst mit einem eigenen Kapitalanteil an der Gesellschaft beteiligt sind. Bei einer Publikumspersonengesellschaft haftet noch weitergehend ein mit einer eigenen Kapitaleinlage beteiligter Treuhandkommanditist wegen der Verletzung von Aufklärungspflichten bei der Anbahnung des Aufnahmevertrags nicht nur gegenüber nach ihm eintretenden Treugebern, sondern auch gegenüber Direktkommanditisten. Ein Anteil

70 BGH NJW 2010, 1279.
71 BGH NJW 2001, 360.
72 OLG Köln Beschl. Rn. 7 VersR 2017, 750.
73 BGH LS NJW-RR 2017, 1117.

von 100 EUR des Anwalts reicht schon aus bei einem Fondsvolumen im deutlich zweistelligen Millionenbereich.[74]

Zeitlicher Umfang der Haftung:
Die Haftung einer Treuhandkommanditistin gegenüber einem Anleger wegen fehlerhafter Aufklärung über die wesentlichen Risiken der Beteiligung setzt außerhalb des Treuhandverhältnisses voraus, dass die Treuhandkommanditistin bereits Gesellschafterin des Fonds war, als der Anleger beigetreten ist.[75] Die Haftung ist daher bei einer Publikumspersonengesellschaft insoweit ausgeschlossen, als sie sich gegen Altgesellschafter richten würde, die nach der Gründung der Gesellschaft rein kapitalistisch als Anleger beigetreten sind, weil sie auf die Vertragsgestaltung und auf die Beitrittsverhandlungen und -abschlüsse erkennbar keinerlei Einfluss haben.[76]

Aufklärungspflicht/AGB-Recht:
Der mit einem eigenen Kapitalanteil beteiligte Treuhänder hat über alle Umstände aufzuklären, die für die Anlageentscheidung des rein kapitalistisch beitretenden Anlegers von wesentlicher Bedeutung sind oder sein können. Haftungsfreizeichnungsklauseln wie „der Treuhänder und die Anwälte haften nicht für die Plausibilität des Angebots" und „Ausschlussfrist von 6 Monaten für Schadensersatzansprüche" unterliegen der AGB-rechtlichen Kontrolle. Sie sind in der Regel nichtig nach § 307 Abs. 1 BGB wegen der grundlegenden Bedeutung der Aufklärungspflicht für den Schutz der Investoren. Die kurze Verjährungsregelung ist eine nichtige Haftungsbegrenzung für grobe Fahrlässigkeit, § 309 Nr. 7b BGB.[77]

61 *Versicherungsschutz bei Steuerberatern/Wirtschaftsprüfern:*
Der Versicherungsschutz bei Steuerberatern/Wirtschaftsprüfern hängt davon ab, ob es sich um eine nicht-geschäftsführende Treuhand handelt und sich nicht ein sonstiges unternehmerisches Risiko verwirklicht hat. Im Gegensatz zu den Anwälten ist die nicht-geschäftsführende Treuhand bei Steuerberatern versichert. Die Aufklärungspflicht eines Steuerberaters als Treuhandkommanditistin und Gründungsgesellschafter mit eigener Pflichteinlage folgt aus der unternehmerischen Stellung und gehört nicht zu den versicherten Risiken.[78] Für die Abgrenzung einer versicherten Aufsichtstreuhand von einer nicht-versicherten geschäftsführenden Treuhand im Rahmen der Tätigkeit eines Steuerberaters als Treuhandkommanditist einer Fondsgesellschaft kommt es entscheidend darauf an, inwieweit dem Steuerberater aufgrund des Treuhandvertrags ein Entscheidungs- und Handlungsspielraum, Mitwirkungsrechte und/oder Ermessen zustehen und sich diese auf das unternehmerische Risiko der Fondsgesellschaft auswirken.[79] Betätigt sich eine Wirtschaftsprüfungsgesellschaft als Gründungskommanditistin einer Publikums-KG, handelt es sich hierbei um eine vom Versicherungsschutz ausgeschlossene unternehmerische Tätigkeit. Demgemäß sind Schadensersatzansprüche der beitretenden Anleger wegen der Verletzung von den Gründungskommanditisten treffenden Aufklärungspflichten nicht von einer etwaigen Deckungspflicht des Berufshaftpflichtversicherers umfasst.[80] Die Tätigkeit des Steuerberaters als Treuhandkommanditist eines Fonds kann in der Vermögensschadenhaftpflicht-Versicherung unter den Deckungsausschluss der geschäftsführenden Treuhand fallen. Durch die ihm eingeräumte Entscheidungsbefugnis, ob er Angebote auf den Abschluss von Treuhandverträgen annehmen wollte oder nicht, hatte der Steuerberater einen eigenen Handlungsspielraum, der seine Rolle in dem Gesellschaftsgefüge von einer rein aufsichtführenden Treuhändertätigkeit deutlich un-

74 BGH NJW 2017, 3001.
75 BGH BeckRS 2017, 116400 Rn. 32.
76 BGH NJW-RR 2017, 930 Rn. 15a; BGH NZG 2016, 986 Rn. 12.
77 BGH NJW-RR 2013, 1255.
78 OLG München Beschl. BeckRS 2016, 126164 Rn. 29.
79 BGH r+s 2024, 505.
80 LG München I BeckRS 2015, 00347 und LG München I BeckRS 2016, 126165.

terschied.[81] Der Versicherungsschutz eines Steuerberaters umfasst nicht die typische Haftungssituation als Treuhandkommanditist aufgrund seiner Gesellschaftsstellung. Die Verpflichtung des Treuhandkommanditisten, einem Anleger für seine Beitrittsentscheidung ein richtiges Bild über das Beteiligungsobjekt zu vermitteln, d.h. über alle Umstände, die für seine Anlageentscheidung von wesentlicher Bedeutung sind oder sein können, verständlich und vollständig aufzuklären, geht deutlich über die typischen Berufspflichten eines Steuerberaters hinaus. Ein Schadensersatzanspruch aufgrund Verletzung dieser Pflicht zur umfassenden Aufklärung der Anleger ist nicht vom Versicherungsschutz der Vermögensschadenhaftpflicht-Versicherung für Steuerberater gedeckt.[82] Pflichtverletzungen einer Wirtschaftsprüfungsgesellschaft im Rahmen der Tätigkeit als Treuhandkommanditistin einer Fondsgesellschaft sind nicht von der Vermögensschadenhaftpflichtversicherung der Wirtschaftsprüfer abgedeckt, da die vorgeworfene Pflichtverletzung nicht maßgeblich an die versicherte Tätigkeit als Wirtschaftsprüfer anknüpft.[83] Für die Abgrenzung einer versicherten Aufsichtstreuhand von einer nichtversicherten geschäftsführenden Treuhand im Rahmen der Tätigkeit eines Steuerberaters als Treuhandkommanditist einer Fondsgesellschaft kommt es entscheidend darauf an, inwieweit dem Steuerberater aufgrund des Treuhandvertrags ein Entscheidungs- und Handlungsspielraum, Mitwirkungsrechte und/oder Ermessen zustehen und sich diese auf das unternehmerische Risiko der Fondsgesellschaft auswirken.[84]

Versicherungsschutz bei Anwälten: 62
Für Anwälte als Treuhandkommanditist ist keine entscheidende Rspr. zum Versicherungsschutz ersichtlich. Wenn man von der Rspr. bei Steuerberatern/Wirtschaftsprüfern ausgeht, handelt es sich bei der Tätigkeit als Treuhandkommanditist um eine unternehmerische Tätigkeit, die schon bei Wirtschaftsprüfern/Steuerberatern nicht versichert ist und daher auch nicht bei Anwälten. Man kann die Tätigkeit eines Anwalts als Treuhandkommanditist auch nicht dadurch als versichert ansehen, weil er die Gesellschaftsverträge entwirft und damit rechtsberatend tätig ist. Es handelt sich um zwei getrennte Aufträge. Das Mandatsverhältnis kann übergeordnet die Treuhandstellung und die Rechtsberatung der Fondsgesellschaft beinhalten, aber beide können unabhängig als einzelne Aufträge voneinander ausgeführt werden und sind auch regelmäßig unterschiedlich vergütet. Die Aufträge sind zu trennen; zum Begriff des Mandats und Auftrags siehe bei Serienschadenklauseln § 3 Rn. 67 ff. Versicherungsschutz besteht daher nur für die Rechtsberatung der Fondsgesellschaft.

bb) Mittelverwendungskontrolleur. Mittelverwendungskotrolleure haben zu prüfen, ob die Auszahlungen/Beteiligungen konform sind zum Prospekt und sie in Übereinstimmung mit gesellschaftsvertraglichen Vereinbarungen erfolgen. Entscheidend sind der tatsächliche Auftrag und das Verhältnis zu den Anlegern. Sie bestimmen die Haftung. 63

Haftung des Mittelverwendungskontrolleurs: 64
Der in ein Anlagemodell als Mittelverwendungskontrolleur eingebundene Wirtschaftsprüfer ist grundsätzlich nicht verpflichtet, den Anlageinteressenten, der vor seinem Beitritt einen Prospekt mit dem Text des abzuschließenden Mittelverwendungskontrollvertrags erhalten hat, über Reichweite und Risiken dieses Vertrags aufzuklären.[85] Ein Vertrag zwischen einer Fondsgesellschaft und einem Mittelverwendungskontrolleur ist als echter Vertrag zugunsten der Anleger als Dritter auszulegen, wenn durch die Mittelverwendungskontrolle die bestimmungsgemäße Verwendung der Einlagen sichergestellt werden soll. Den Mittelverwendungskontrolleur eines geschlossenen

81 BGH DStR 2015, 2629 mit Vorinstanz OLG Köln Beschl. Rn. 10 BeckRS 2014, 17051.
82 *Meixner/Schröder* DStR 2017, 2766 zu OLG Köln, Hinweisbeschl. in BeckRS 2016, 1244517 und in BeckRS 2017, 115124.
83 OLG Frankfurt a.M. Beschl. BeckRS 2015, 20176.
84 BGH r+s 2024, 505.
85 BGH NJW-RR 2007, 1041.

Immobilienfonds trifft die vorvertragliche Pflicht zur Überprüfung des sowohl im Prospekt dargestellten als auch des vertraglich vorgesehenen Mittelverwendungskontrollsystems auf seine Effektivität. Stellt er die fehlende Effektivität fest, muss er auf eine Änderung hinwirken und die Anleger über die fehlende Effektivität aufklären.[86] Der Mittelverwendungskontrolleur einer Fondsgesellschaft, der vertraglich verpflichtet ist, ein Treuhandkonto einzurichten, über das nur er unwiderruflich Verfügungsbefugnis haben darf, verletzt seine Pflichten, wenn er seine Kontrollaufgaben über von ihm errichtete Konten abwickelt, deren Inhaber nicht er, sondern die jeweilige Fondsgesellschaft ist. Auch in einem solchen Fall besteht die Aufklärungspflicht, deren Verletzung zu einer Haftung des Mittelverwendungskontrolleurs für den Zeichnungsschaden führt.[87]

65 *Versicherungsschutz bei Anwälten:*
Die Frage, ob eine Tätigkeit eines Rechtsanwalts als Mittelverwendungskontrolleur eines geschlossenen Investmentfonds eine im Rahmen seiner Berufshaftpflichtversicherung versicherte berufliche Tätigkeit darstellt, kann nur im Einzelfall unter Berücksichtigung einerseits der im Versicherungsvertrag getroffenen Vereinbarungen und andererseits der konkreten vom Rechtsanwalt im Mittelverwendungskontrollvertrag übernommenen Aufgaben beurteilt werden. Übernimmt ein Rechtsanwalt in einem Fondsbeteiligungsmodell die Aufgabe der Mittelverwendungskontrolle und beschränkt sich seine Aufgabe auf Kontrolle, Überwachung und Mittelfreigabe, ist diese Tätigkeit grundsätzlich nicht vom Versicherungsschutz durch die Vermögensschadenshaftpflichtversicherung für Rechtsanwälte geschützt.[88]

Versicherungsschutz bei Wirtschaftsprüfern und Steuerberatern:
Die Mittelverwendungskontrolle ist im Einzelfall zu bewerten. Grundsätzlich ist sie aber vom Versicherungsschutz umfasst, wenn es sich nicht um eine geschäftsführende Tätigkeit handelt. Allein Prüf- und Kontrollaufgaben deuten noch nicht auf eine Geschäftsführung hin, weil hier kein Ermessen vorliegt.

66 **cc) Treuhänder ohne Kapitalanteil.** Berufsträger übernehmen die Aufgabe die Beteiligungen bei der Fondsgesllschaft zu beaufsichtigen, ohne dass sie selbst an der Gründung beteiligt waren oder einen Anteil an der Fondsgesellschaft persönlich halten.

67 *Haftung:*
Der Treuhänder ohne eigenen Kapitalanteil an der Fondsgesellschaft hat die Anleger aufzuklären und zu warnen. Allerdings kann es durchaus sein, dass dieser Treuhänder im Gegensatz zu den Treuhändern mit Kapitalanteil eine geringere Aufklärungspflicht hat. Bei dieser Sachlage bedarf es keiner Entscheidung, ob sich aus der Gesellschafterstellung eines Treuhandkommanditisten, der keine eigenen Anteile an der Fondsgesellschaft hält, ein weiterreichender Pflichtenkatalog ergibt.[89] Er müsste nicht umfassend über alle Umstände aufklären. Eine Plausibilitätskontrolle des Prospektmaterials könnte ausreichend sein, wenn allein auf dieser Grundlage nicht erkennbar ist, dass Fehler oder Unzulänglichkeiten vorliegen. Sachlicher Grund ist, dass dieser Treuhänder nicht in der Nähe des Emittenten steht, sondern in der Nähe des Anlegers.[90]

68 Berufsträger haften als Sicherheitentreuhänder aus einem Vertrag zugunsten Dritter, wenn sie im Prospekt als Treuhänder genannt sind, um Sicherheiten zugunsten von Anlegern zu gewährleisten. Der Pflichtenkreis beschränkt sich nicht allein auf die in den Treuhandverträgen

---

86 OLG Koblenz DStRE 2016, 1397.
87 BGH NJW 2018, 462.
88 *Suchomel* GWR 2016, 57 zu BGH Beschl. BeckRS 2016, 01208.
89 BGH NJW-RR 2017, 750 Rn. 27; siehe auch BGH NJW-RR 2013, 1255 Rn. 29, dort wurde diese Frage ebenfalls offengelassen.
90 *Zoller* NJW 2017, 2962, 2963.

ausdrücklich aufgeführten Tätigkeiten wie die rein formale Prüfung von Existenz und Rangstelle der treuhänderisch für die Anleger gehaltenen Grundschulden und deren Verwaltung. Die Prüfpflicht erstreckt sich auch darauf, ob Sicherheiten dem prospektierten Sicherheitenkonzept entsprechen, weil die Treuhänderin in ein Sicherungssystem eingebunden und der Treuhandvertrag im Wertpapierprospekt abgedruckt war.[91] Ebenfalls haften Berufsträger aus einem Vertrag zugunsten Dritter, wenn es Aufgabe des Treuhänders ist Anleihegläubigern die Auszahlung der Anlagegelder an die Emittentin und die Bestellung, Verwaltung und Freigabe der Grundpfandrechte nach Maßgabe der Bestimmungen der Treuhandverträge und der Anleihebedingungen zu kontrollieren und sie als Treuhänder die Vertretung der Anleihegläubiger gegenüber der Emittentin vertreten. Die zugunsten der Anleger geschlossenen Treuhandverträge begründen (vor)vertragliche Pflichten des Treuhänders, die im Allgemeinen mit denjenigen eines Treuhandkommanditisten oder Mittelverwendungskontrolleurs ohne weiteres vergleichbar sind.[92]

Versicherungsschutz bei Steuerberatern/Wirtschaftsprüfern: 69
Hat der Treuhänder, hier ein Steuerberater, im Bauherrenmodell in umfassender Weise für den Treugeber „alle Rechtsgeschäfte und Rechtshandlungen, auch soweit sie im Treuhandvertrag nicht ausdrücklich aufgeführt sind, im Namen und für Rechnung des Treugebers abzuschließen und durchzuführen“, so ist er damit umfassend bevollmächtigt, das Bauvorhaben im Namen, in Vollmacht und auf Rechnung der Bauherren vorzubereiten, zu betreuen und durchzuführen. Damit ist er geschäftsführender und nicht „nur aufsichtsführender“ Treuhänder iSd Berufshaftpflichtversicherung zugrunde liegenden Risikobeschreibung. Tätigkeiten, die im Vorfeld und mit unmittelbarem Bezug auf die spätere Treuhandtätigkeit erfolgt sind (Werbung für das Bauherrenmodell als Vorbereitungshandlung für die spätere Durchführung dieses Bauherrenmodells) sind ebenfalls vom unternehmerischen Risiko erfasst und vom Versicherungsschutz ausgeschlossen. Die Werbung für ein Bauherrenmodell ist eine „Empfehlung wirtschaftlicher Geschäfte, insb. von Geldanlagen“ und damit nicht versichert. Gleichfalls zum Bauherrenmodell und fehlendem Versicherungsschutz. Hat eine Steuerberatungsgesellschaft nach dem Treuhandvertrag alle Aktivitäten im Zusammenhang mit der Durchführung eines geplanten Bauvorhabens zu entfalten, so handelt es sich nicht lediglich um eine aufsichtsführende Treuhandtätigkeit, sondern um eine Tätigkeit als geschäftsführender Treuhänder.[93]

Versicherungsschutz bei Anwälten:
Schadensfälle, die sich aus der Tätigkeit eines Rechtsanwalts für eine Anlagegesellschaft ergeben, wobei der Anwalt sich auf eine Kontrolle der vertragsgemäßen Verwendung der stillen Beteiligungen der Anleger beschränkt, werden nicht von einer Vermögensschadenhaftpflichtversicherung erfasst, die Schäden aus freiberuflich ausgeübter Rechtsanwaltstätigkeit deckt.[94] Regelmäßig stellt auch die Tätigkeit eines Anwalts als Sicherheitentreuhänder eine anwaltsfremde Tätigkeit dar, da sie ganz überwiegend wirtschaftlich geprägt ist.[95]

dd) Einzahlungstreuhänder und Beteiligungsverwalter. Einzahlungstreuhänder und Beteiligungsverwalter verwalten die Anlagen und Einzahlungen der Anleger und sind auch persönlich nicht an der Fondsgesellschaft beteiligt. 70

91 OLG Düsseldorf BeckRS 2015, 09535.
92 OLG Düsseldorf BeckRS 2015, 05997.
93 OLG Köln VersR 1993, 86.
94 KG Beschl. NJW-RR 2003, 780.
95 BGH NJW 2020, 3451.

Haftung:
Die spezielle Gruppe der Treuhänder als Einzahlungstreuhänder oder Beteiligungsverwalter haften nicht aus der Prospekthaftung im weiteren Sinn, weil sie nicht Vertragspartner der Anleger werden.[96] Der Einzahlungstreuhänder ist mit den Anlegern vertraglich nur über eine Treuhandvereinbarung mit dem Zweck der Mittelverwendungskontrolle in der Investitionsphase verbunden, wenn er z.B. als Treuhandbank für das Kapital der Anleger handelt und es verwaltet. Der Einzahlungstreuhänder ist nicht verpflichtet, Anleger auf unrichtige Prospektangaben hinzuweisen. Dies ergibt sich auch nicht daraus, dass der Name des Treuhänders mehrfach an prominenter Stelle im Prospekt genannt wird, weil Werbung allein nicht zu einer Prospekthaftung führen kann.[97] Gleiches gilt für den Beteiligungsverwalter. Er handelt nicht bei Beitritt, sondern nach dem Beitritt des Anlegers. Er nimmt die Rechte und Pflichten der Anleger aus dem laufenden Gesellschaftsverhältnis in Gesellschafterversammlungen oder bei sonstigen Gesellschafterbeschlüssen wahr und reicht die Ausschüttungen und Berichte der Gesellschaft weiter.

Versicherungsschutz:
Der Versicherungsschutz umfasst nicht, wie auch bei Steuerberatern und Wirtschaftsprüfern, die unternehmerische Tätigkeit. Wenn es ein Rechtsanwalt im Rahmen einer als „Treuhandvertrag" bezeichneten Vereinbarung übernimmt, ein Investitionskapital nach Austausch „Zug um Zug gegen eine refinanzierbare Bankgarantie" in enger Zusammenarbeit mit einem nicht genannten Koordinator im eigenen Namen zu investieren und mit einem Gewinn von 400 % in ca. sechs Wochen zurück zu zahlen, und dabei erklärt, sämtliche Finanztransaktionen zur Erwirtschaftung des Gewinns seien völlig legal, gehört das weder zu den durch die Berufshaftpflichtversicherung gedeckten Tätigkeiten als Rechtsanwalt noch zur mitversicherten Tätigkeit als „Sachwalter", weil nicht die treuhänderischen Elemente der Betätigung das Gepräge geben, sondern die risikolose Vermehrung der eingesetzten Gelder, so dass – ungeachtet des dem Rechtsanwalt seines Berufs wegen entgegengebrachten Vertrauens – die nicht versicherte wirtschaftliche Tätigkeit dominiert.[98]

IV. Notar/Anwaltsnotar

71 In Deutschland gibt es die Gruppe der Nur-Notare und die zahlenmäßig deutlich überwiegende Gruppe der Anwaltsnotare. Anwaltsnotare sind nach § 3 Abs. 2 BNotO Rechtsanwälte, die für die Dauer ihrer Zulassung bei einem Gericht als Notar zu gleichzeitiger Amtsausübung neben dem Beruf als Rechtsanwalt zugelassen sind. Notare sind Träger eines öffentlichen Amtes. Sie sind hoheitlich tätig und zu strenger Neutralität verpflichtet, §§ 1, 14 Abs. 1 BNotO. Anwälte dagegen sind Berater und Vertreter in allen Rechtsangelegenheiten, § 3 Abs. 1 BRAO, und handeln auf der Grundlage zivilrechtlicher Geschäftsbesorgungsverträge mit ihren Mandaten im Privatrecht. Sie sind Parteivertreter und nehmen die Interessen nur einer Partei wahr.[99] In bei einer Kanzlei im Angestelltenverhältnis beschäftigter Anwalt besitzt nicht die persönliche Unabhängigkeit für ein Notararmt.[100]

1. Haftung

72 Der Anwalt haftet nach zivilrechtlichen Grundsätzen, wenn er seine Pflichten aus dem Mandatsvertrag verletzt hat. Der Notar haftet nach öffentlichem Recht nach der § 19 BNotO, der die allge-

96 BGH NJW-RR 2012, 937, 939 Rn. 21 ff.
97 BGH NJW-RR 2005, 23, 24f.
98 OLG Düsseldorf NJW-RR 2004, 756.
99 *Becker* AnwBl 2010, 618 ff.
100 KG BeckRS 2024, 2658.

meine Regelung des Art. 34 GG iVm. § 839 BGB verdrängt. Der Notar kann auf den Subsidiaritätsgrundsatz nach § 19 Abs. 1 Satz 2 BNotO zurückgreifen, „...wenn der Verletzte nicht auf andere Weise Ersatz verlangen kann...“ und sich auf den Haftungsausschluss des § 839 Abs. 3 BGB berufen, dass kein Rechtsmittel eingelegt wurde. Als Träger eines öffentlichen Amtes übt der Notar hoheitliche Befugnisse aus, § 1 BNotO. Daher können die Notare, anders als die Anwälte keine privatrechtlich zulässigen Haftungsbeschränkungen vereinbaren. Es gilt für beide Tätigkeiten die Regelverjährung, §§ 195 ff BGB. Die Verjährung wegen einer notariellen Amtspflichtverletzung beginnt aber erst dann, wenn der Geschädigte weiß, dass sein Schaden jedenfalls nicht vollständig auf andere Weise durch einen Dritten gedeckt werden kann.

2. Abgrenzung von anwaltlicher und notarieller Tätigkeit

Die Notartätigkeit lässt sich wie folgt von der Anwaltstätigkeit abgrenzen:

a) Notartätigkeit. Eindeutige Notartätigkeiten legen die §§ 20–22 BNotO fest: 73
- Beurkundungen, § 20 Abs. 1 BNotO
- Beglaubigungen, § 20 Abs. 1 BNotO
- Ausstellung von Bescheinigungen, § 21 BNotO
- Abnahme von Eiden, § 22 Abs. 1 BNotO
- Aufnahme von eidesstattlichen Versicherungen, § 22 Abs. 1 BNotO

Notartätigkeiten sind auch die Handlungen, die mit diesen Tätigkeiten untrennbar verbunden sind. Zu einer Beurkundung zählen mindesten folgende Hilfs- und unselbständige Nebenpflichten:
- Pflicht zur gestaltenden und unselbständigen Beratung, insbesondere die hierzu nötigen Belehrungen zu erteilen und bei Bedarf entsprechende Regelungen vorzuschlagen
- Wiedergabe des rechtsgeschäftlichen Willens der Beteiligten, Formulierungspflicht nach § 17 Abs. 1 BeurkG
- Belehrung über die rechtliche Tragweite des konkret zu beurkundenden Geschäfts, Rechtsbelehrung nach § 17 Abs. 1 BeurkG
- Warnung des Notars vor Gefahren, die ihm offensichtlich, aber nicht den Beteiligten bekannt sind, erweiterte Belehrungen nach § 14 Abs. 1 BNotO

Bei Anwaltsnotaren ist das Verbot der Mitwirkung als Notar zu beachten. Ein Anwaltsnotar, der als Anwalt einseitig für eine Partei tätig war, darf später in der gleichen Angelegenheit nicht mehr als Notar handeln, § 3 Abs. 1 Nr. 7 BeurkG. Das Verbot gilt auch für einen Anwaltsnotar als Sozius in einer Kanzlei.

b) Grenzfälle. Abzugrenzen zwischen anwaltlicher und notarieller Tätigkeit ist in den Fällen, in 74
denen der Anwaltsnotar neutral handelt und bei Verwahrungen. Diese Tätigkeiten können sowohl Anwalt als auch Notar ausüben. Der Notar hat im Bereich der vorsorgenden Rechtspflege Urkunden zu entwerfen und planend und selbständig zu beraten, § 24 Abs. 1 BNotO. Er berät neutral regelmäßig dann, wenn es um Testamente/Erbfolgen und die wirtschaftlichen und steuerrechtlichen Folgen geht. Nach § 24 Abs. 2 Satz 1 BNotO gilt, dass die Handlungen zur sonstigen Betreuung der Beteiligten auf dem Gebiet der vorsorgenden Rechtspflege dem Notarbereich zuzuordnen sind, wenn sie dazu bestimmt sind, Amtsgeschäfte der in den §§ 20 bis 23 bezeichneten Art vorzubereiten oder auszuführen. Nach § 24 Abs. 2 Satz 2 BNotO liegt im Zweifel eine anwaltliche Tätigkeit vor. Es liegt dagegen eine notarielle Tätigkeit vor, wenn nach den objektiven Umständen und den Vorstellungen der am Geschäft beteiligten Personen eine Aufgabe zu erfüllen ist, die in den Bereich notarieller Amtstätigkeit fällt. Bei der Feststellung, in welcher Eigenschaft ein Rechtsanwalt und Notar bei der Erfüllung einer unter § 24 Abs. 1 BNotO fallenden Aufgabe tätig geworden ist, sind die gesamten objektiven Umstände und die Vorstellungen der an dem Geschäft beteiligten

Personen zu berücksichtigen. Maßgeblich ist, ob der Berufsträger parteiisch als Anwalt oder neutral als Notar handelt und auch wie er gegenüber den Kunden auftritt, z.B. Verwendung eines Amtssiegels und die Gebührenabrechnung. Die Notarkammern weisen ihre Mitglieder darauf hin, dass der Anwaltsnotar klarstellen soll, ob er als Anwalt oder als Notar tätig wird.[101]

75 Verwahrungen können sowohl der Anwalt als auch der Notar vornehmen. Nach § 23 BNotO können Notare Geld, Wertpapiere und Kostbarkeiten zur Aufbewahrung oder Ablieferung an Dritte übernehmen. Sie können auch andere Gegenstände in Verwahrung nehmen, § 24 Abs. 1 BNotO. Auch Rechtsanwälte können Gegenstände verwahren, je nach Auftragsverhältnis. Die Abgrenzung erfolgt bei der Verwahrung nach den Vorstellungen der Kunden und wie der Anwaltsnotar auftritt. Er handelt als Notar, wenn er nicht einseitig die Interessen einer Partei wahrnimmt, sondern neutral und unparteiisch ist. Wenn Gelder über ein Anderkonto geführt werden, kommt es auf die Bezeichnung des Anderkontos an, entweder handelt es sich um ein Notar-Anderkonto oder ein Anwalts-Anderkonto.[102] Bei der Tätigkeit als Mittelverwendungskontrolleur ist die Sicht der Anleger entscheidend. Aus Sicht der Anleger ist von einem Treuhandkonto eines Notars auszugehen, wenn der Berufsträger als Anwaltsnotar sowohl als Rechtsanwalt wie auch als Notar handeln kann.[103] Eine notarielle Tätigkeit liegt vor, wenn ein Notar im Rahmen eines Kapitalanlagemodells als „Treuhänder, Rechtsanwalt und Notar" den Anlegern gegenüber bestätigt, dass die Sicherheiten zur Deckung des Anlagekapitals unwiderruflich zur Verfügung stehen. Die Berufsbezeichnung „Rechtsanwalt" ist unschädlich.[104] Eine Treuhandtätigkeit, bei der ein Rechtsanwalt und Notar Geld, das ihm von seinem Auftraggeber übergeben worden ist, in Bargeld einer anderen Währung einzutauschen hat, betrifft in der Regel kein notarielles Verwahrungsgeschäft iSd § 23 BNotO.[105] Die Bargeldannahme ist Notaren verboten, § 54a Abs. 1 BeurkG.

3. Versicherungsschutz Notar

76 Bei Notaren bestehen folgende Pflichtversicherungen, §§ 19a, 67 Abs. 3 BNotO:

- Grund- und Basisversicherung von 500.000 EUR, 2-fach maximiert, § 19a Abs. 3 Satz 1 und 2 BNotO
- Gruppenanschlussversicherung mit weiteren 500.000 EUR oberhalb der Grundversicherung für jeden Versicherungsfall, § 67 Abs. 3 Nr. 3 BNotO; Versicherungsnehmer sind die Notarkammern für ihre zu versichernden Mitglieder
- Vertrauensschadenversicherung für Vorsatzschäden mit einer Versicherungssumme von 250.000 Euro, § 67 Abs. 3 Nr. 3 BNotO; Versicherungsnehmer sind die Notarkammern für ihre zu versichernden Mitglieder. Die Jahreshöchstleistung beträgt je Notar 1 Mio EUR. Bei Ausschöpfen der Versicherungsleistung, gibt es ein Verteilungsverfahren analog § 109 VVG
- Versicherung für gesamtschuldnerische Haftung der Notarkammer und des Notariatsverwalters bei Amtspflichtverletzungen des Verwalters, §§ 19a, 67 Abs. 3 Nr. 3, 61 Abs. 2 BNotO
- Die Ländernotarkassen in München und Leipzig schließen sowohl die Basis- wie auch die Gruppenanschlussversicherung einheitlich für ihre Mitglieder ab, § 113 Abs. 3 Nr. 3 BNotO

77 Über die Pflichtversicherung hinaus besteht die Möglichkeit, dass der Notar sich individuell höher versichert durch einen Exzedenten oberhalb der Basis- und der Gruppenanschlussversicherung, also oberhalb von mind. 1 Mio EUR. Für die Exzedenten gelten gem. § 113 Abs. 3 VVG ebenfalls die Vorschriften über die Pflichtversicherung, §§ 114 ff VVG. Bei Einzelobjektdeckungen kann der No-

101 BGH LS 3 NJW 1998, 1864, siehe Ziff. I.3. der Richtlinienempfehlung der Bundesnotarkammer.
102 OLG Hamm BeckRS 2006, 03679.
103 OLG Frankfurt Urteil v. 17.9.2003, AZ 4 U 150/02.
104 BGH NJW 1997, 661.
105 BGH LS 2 NJW 1998, 1864.

tar gem. § 152 Abs. 2 Nr. 4 KostO die Versicherungsprämie für den 60 Mio Euro übersteigenden Anteil der Versicherungssumme als Gebühr von der Partei verlangen.[106]

Bei dem Notarversicherungsfonds der Notarkammern, früher Vertrauensschadenfonds genannt, handelt es sich um einen Fonds und keine Versicherung, § 67 Abs. 4 Nr. 4 BNotO. Der Fonds versichert Schäden aus einer Haftung, die die gesetzlich vorgeschriebene Berufshaftpflichtversicherung nach § 19a Abs. 1 Satz 1 BNotO, die Gruppenanschlussversicherung und die Vertrauensschadenversicherung nach § 67 Abs. 3 Nr. 3 BNotO nicht decken. Insbesondere geht es um Schäden, die vorsätzlich oder wissentlich verursacht wurden. Er besteht ohne Rechtsanspruch für vorsätzliche Amtspflichtverletzungen, für die aus der Vertrauensschadenversicherung 250.000 EUR zur Verfügung stehen. Darüber hinaus gibt es eine Exzedentenversicherung des Notarversicherungsfonds. Mit ihm erhöht die Notarkammer nicht die Höchstleistung der Entschädigung, sondern die Zahl der Schadenfälle je Notar und je Versicherungsjahr. 78

Bei Notaren ist ein Selbstbehalt von 5.000 EUR zulässig, § 19a Abs. 3 BNotO, bei Rechtsanwälten von 2.500 EUR, § 51 Abs. 5 BRAO, und je nach Größe der Kanzlei zwischen 5.000 EUR bis 25.000 EUR. Ein großer Unterschied besteht bei vorsätzlichen Handlungen. Sie sind bei Anwälten nicht versichert mit Ausnahme der wissentlichen Pflichtverletzung bei den haftungsbeschränkten Gesellschaften. Die Notare sind für vorsätzliche Pflichtverletzungen zwar nicht über ihre Haftpflichtversicherung versichert, aber über die Vertrauensschadenversicherung und zusätzlich über den Vertrauensschadenfonds der Notarkammern, weil die Lücke zu Staatshaftung zu schließen ist, Art. 34 GG iVm § 839 BGB gem. § 67 BNotO. 79

Ein Notarvertreter, der auch ein Anwalt sein kann, ist für die Tätigkeit als Notarvertreter im Versicherungsvertrag des vertretenen Notars mitversichert, soweit der Vertreter nicht selbst dieses Risiko abgedeckt hat.[107] Der Notarvertreter hat hier aber gerade auch eigenen Versicherungsschutz für diese Tätigkeit nach § 18 I, 7. Spiegelstrich. Im Verhältnis der beiden Berufshaftpflichtversicherungen ist die Anwaltsdeckung VH 60 als Notarvertreterversicherung zunächst eintrittspflichtig, weil die Versicherung des Notars nach den dortigen Bedingungen subsidiär ist. Der eigene Versicherungsschutz des Anwalts als Notarvertreter ist auch erforderlich, weil er selbst für diese gesonderte Tätigkeit nicht zum Abschluss einer Berufshaftpflichtversicherung verpflichtet ist, §§ 39 Abs. 4, 19a BNotO. Er benötigt aber eigenen Versicherungsschutz aufgrund möglicher Regressfälle und einem unterschiedlichen Versicherungsumfang bei der Versicherung des vertretenen Notars; siehe hierzu ausführlich zum Notarvertreter § 18 Rn. 135 ff. 80

Anwaltsnotare üben nur als Anwälte gemeinschaftlich ihren Beruf nach außen hin in einer Gesellschaft aus, aber nicht mit ihrer notariellen Tätigkeit, weil die Notare ihr Amt höchstpersönlich und hoheitlich ausüben. Bei Notaren/Anwaltsnotaren und Anwälten in einer Kanzlei kann der Versicherungsschutz unterschiedlich gestaltet sein. Der Versicherungsschutz der Notare für ihre Notartätigkeit besteht immer im Umfang der Pflichtversicherung getrennt von der Versicherungssumme der Anwälte. Oberhalb der Pflichtversicherung kann sich der Notar auf zwei Arten für seine Notartätigkeit versichern. Er kann separat versichert sein neben dem Versicherungsschutz der Anwälte. Er kann aber auch gemeinsam zusammen mit den Anwälten versichert sein. In diesem Fall besteht ein Exzedent oberhalb der Pflichtversicherungssumme der Notare, der die Tätigkeiten als Notar und die Tätigkeiten als Anwalt gemeinsam versichert. Vorteil hiervon ist, dass die Prämien schon allein deshalb günstiger sind, weil kein separater Versicherungsschutz geboten werden muss. 81

Einen Sonderfall bilden Notare, wenn sie zusammenarbeiten. Notare üben das Amt zwar hoheitlich und persönlich aus, aber alle anderen Tätigkeiten innerhalb des Notariats üben sie nach individueller Vereinbarung gemeinschaftlich aus. Sie können insbesondere eine sog. Gebührengemeinschaft bilden. Sie üben zwar nicht gemeinschaftliche ihren Beruf als Notar aus, aber teilen sich die anfallenden Gebühren. 82

106 *Zimmermann* DNotZ 2005, 661.

107 4. Absatz Teil 2 Risikobeschreibung AVB-N HV 39/11 bei der Allianz.

V. Maklertätigkeit

83 Der Anwalt kann neben seiner Beratungsleistung Kredite vermitteln oder Grundstücke veräußern oder verpachten.[108] Der Anwalt darf nicht dauerhaft nebenbei den Beruf des Maklers ausüben, da die gewinnorientierte Gewerbetätigkeit nicht mit dem Berufsbild des Anwalts als Organ der Rechtspflege vereinbar ist, § 7 Nr. 8 BRAO.[109] Dies gilt auch für die Geschäftsführungstätigkeit für ein Versicherungsmaklerunternehmen, wenn dieses Unternehmen nicht mehr selbst am Markt tätig wird, sondern nur als Franchise-Geber gegenüber selbstständigen Agenturinhabern wirkt.[110] Gleichfalls unvereinbar mit dem Anwaltsberuf und ein Verstoß gegen § 14 Abs. 2 Nr. 8 BRAO ist die Tätigkeit eines Geschäftsführers einer Immobiliengesellschaft, deren Geschäftsgegenstand unter anderem der Erwerb, die Bewirtschaftung sowie die Veräußerung und Vermittlung von Immobilien ist.[111] Rechtsanwälte, die mit Anwaltsnotaren ihren Beruf gemeinschaftlich ausüben, dürfen nicht als Grundstücksmakler tätig werden und sich nicht an der Vermittlung von Urkundengeschäfte beteiligen. Dies folgt aus § 14 Abs. 4 Satz 1 BNotO, der zwar nur für Anwaltsnotare und Nur-Notare gilt, aber die Unabhängigkeit des Notarberufs fordert, dass das Tätigkeitsverbot auf den gesamten Geschäftsbereich auszudehnen ist und damit auch für Anwälte gilt, mit denen der Notar sich zu gemeinsamer Tätigkeit zusammengeschlossen hat.[112] Der Anwalt kann aber grundsätzlich jedenfalls ein gelegentliches einzelnes Maklergeschäft rechtswirksam mit einem Dritten vereinbaren, da vereinzelte Maklertätigkeiten nicht Ansehen und Vertrauen in den Berufsstand des Rechtsanwalts untergraben.[113]

84 Für die Abgrenzung, ob eine versicherte anwaltliche Tätigkeit iSd § 1 vorliegt oder ein nicht versicherter Maklervertrag ist nach der Rspr., sofern nicht deutliche und zwingende Gründe entgegenstehen, davon auszugehen, dass die Partei, die anstelle eines Maklers einen Rechtsanwalt mit der Vermittlung eines (Kauf-)Vertrages beauftragt hat, ihn in eben dieser Eigenschaft zuzieht. Man erwartet vom Anwalt, dass er bei seinem Tätigwerden insbesondere die rechtlichen Interessen betreut, wobei jedoch maßgebend ist, wie die Willenserklärung redlicherweise unter den bekannten Umständen nach Treu und Glauben unter Berücksichtigung der Verkehrssitte vom Anwalt verstanden werden darf. Diese Auslegungsregel greift aber nicht ein, wenn feststeht, dass es dem Auftraggeber nicht um die Leistung rechtlichen Beistandes geht.[114] Wenn der Inhalt der dem Anwalt übertragenen Aufgabe in nicht unwesentlichem Umfang rechtsberatender Natur ist, handelt es sich insgesamt um einen Anwalts-Dienstvertrag. Er umfasst die Maklertätigkeit. Gerade wenn ein Klient einen Anwalt beauftragt, ist im Zweifel, sofern nicht eindeutige und zwingende Gründe entgegenstehen, davon auszugehen, dass die Partei, die anstelle eines Maklers einen Rechtsanwalt beauftragt hat, ihn in eben dieser Eigenschaft zuzieht, also von ihm erwartet, dass er bei seinem Tätigwerden insbesondere ihre rechtlichen Interessen betreut.[115] Es liegt dann auch kein Interessenwiderstreit vor, wenn ein Anwalt für den Pflichtteilsberechtigten und den Alleinerben die in deren Miteigentum stehenden Immobilien veräußert und ihre gemeinsamen Verbindlichkeiten und den Nachlassbestand klärt, da in einem solchen Fall die Interessen beider Mandanten gleichgerichtet sind.[116] Eine Maklertätigkeit liegt vor, wenn die Vermittlung des Grundstücksgeschäfts vom Rechtsanwalt ausgeht und nach den konkreten Umständen des Falles

---

108 *Jungk* AnwBl 2004, 117; *Diller* § 1 Rn. 35; *D. Fischer* NJW 2016, 3220; Gräfe/Brügge/Melchers/*Brügge* B Rn. 312 ff.
109 BGH Beschl. BeckRS 1975, 31181119 zur damaligen Rechtslage.
110 BGH NJW-RR 2000, 437.
111 BGH BeckRS 2016, 06149.
112 BGH NJW 2001, 1569.
113 BGH NJW 1992, 681.
114 OLG Hamm NJW-RR 1995, 951.
115 BGH NJW 1985, 2642 hatte hier entschieden, dass anwaltliches Gebührenrecht insgesamt gilt, aber er musste im Übrigen nicht zu einer Deckungsfrage aufklären.
116 OLG Koblenz BeckRS 2022, 11000.

einer etwaigen anwaltlichen Tätigkeit gegenüber der Maklertätigkeit eine völlig unerhebliche und praktisch bedeutungslose Rolle zukommt.[117]

85 Für die Deckungsfrage bietet es sich an zu prüfen, in welchem Bereich sich das Risiko verwirklicht hat, da hier die Maklertätigkeit eine wirtschaftliche erfolgsabhängige Tätigkeit ist und man sie von der Anwaltstätigkeit trennen kann. Daneben kann es zu Folgeproblemen kommen, wenn der Anwalt auch als Makler auftritt und dann in der Gesamtheit anwaltliches Standesrecht gelten muss, wie Verschwiegenheitspflichten etc. Die Ausübung einer Immobilienverwaltung in den Räumen einer Rechtsanwaltssozietät birgt aber nicht die Gefahr einer Verletzung der Verschwiegenheitspflicht.[118]

VI. Anlageberatung

86 Eine weitere Fallgruppe bildet die Anlageberatung. Grundsätzlich übernehmen Finanzdienstleister, die Aufgabe Anlageempfehlungen und Anlageentscheidungen für Dritte zu treffen. Es handelt sich um eine wirtschaftliche gewerbliche Tätigkeit.[119] Die wirtschaftliche Entscheidung hängt aber unter Umständen von einer Rechtsberatung, z.B. einer steuerrechtlichen Gestaltung, ab. Der BGH hat einen Anwaltsvertrag angenommen, wenn der Anwalt in engem innerem Zusammenhang mit einer von ihm ausgeübten rechtlichen Beratung eine Vermögensanlage empfiehlt. Dabei ging es um die Anwendung der damalig geltenden günstigen dreijährigen Verjährungsfrist, § 51 BRAO aF. Der Zusammenhang zur Beratungsleistung ist gegeben, wenn sich der Anwalt als wirtschaftlich denkender, die Interessen seines Mandanten umfassend berücksichtigender Berater aufgrund der Erörterung der Einkommens- und Vermögensverhältnisse im Rahmen des erteilten Auftrags herausgefordert fühlen darf, zur Vermögensanlage zu raten.[120]

87 Wenn die Rechts- bzw. Steuerberatung aber nur einen unwesentlichen Teil der Gesamtleistung ist, ist kein Anwaltsvertrag anzunehmen. Regelmäßig ist es nicht die Aufgabe eines Anlageberaters, Rechtsrat zu erteilen. Auch wenn rechtliche Gesichtspunkte zu beachten sind wie Steuerrecht und Gesellschaftsrecht wird die Anlageberatung nicht zur Rechtsberatung, außer die Rechtsfragen stehen im Vordergrund. Es ist auch nicht üblich, dass Anwälte die Anlageberatung übernehmen.[121] Allerdings ging es bei dieser früheren Entscheidung des BGH – auch noch unter dem Gesichtspunkt, ob die Rechtsberatung den Schwerpunkt des Auftrags bildet – darum, ob nach dem anwaltlichen Gebührenrecht abgerechnet werden kann, was der BGH hier ablehnte.

88 Zum Teil trennt man zwischen der eigentlichen Anlageberatung und der Rechtsberatung. Wenn der Berufsträger rechtsberatend bei der Anlageberatung tätig war, aber er allein fehlerhaft bei der Anlageempfehlung gehandelt hat, liegt keine anwaltliche Tätigkeit vor. Der Anwalt hatte seinen Mandanten dahingehend beraten, ob Gelder sicher und ertragbringend bei einer Firma angelegt werden können. Es liegt keine anwaltliche Tätigkeit und damit kein Deckungsschutz aus der Berufshaftpflichtversicherung vor, auch wenn man über den Inhalt der zu schließenden Verträge spricht. Es handelt sich allein um eine fehlerhafte Beratung bei der Geldanlage.[122] Im Einzelnen kann es maßgeblich sein, ob eine juristische Beratung in nennenswertem Umfang eingesetzt stattgefunden hat.[123]

117 OLG Hamm BeckRS 2011, 14911.
118 BGH NJW-Spezial 2017, 350.
119 *Jungk* AnwBl 2004, 117.
120 BGH NJW 1994, 1405 ff; HBAnw/*Rinkler* § 1 Rn. 169.
121 BGH NJW 1980, 1855.
122 LG Hamburg NStZ 2001, 277 Stbg.
123 *Diller* § 1 Rn. 36.

VII. Buchführung, Bilanzierung, Lohnabrechnung

89 Kaufmännische und bankmäßige Tätigkeiten gehören nicht zum Berufsbild des Anwalts.[124] Der BGH hat festgestellt, dass die kaufmännische Buchführung keine Berufstätigkeit eines Rechtsanwalts im Sinne von § 1 Abs. 1 BRAGebO aF ist. Bei der kaufmännischen Buchführung können zwar auch Rechtsfragen auftauchen und eine Rolle spielen, wie z.B. ein einzelner Posten zu verbuchen ist. Sie stehen aber nicht im Vordergrund, sondern die technischen Buchungsvorgänge ohne rechtlichen Gehalt. Daher übernehmen diese Aufgaben in der Regel nicht Anwälte, sondern Buchhalter, Wirtschaftsprüfer, Buchprüfer, Steuerberater oder Steuerbevollmächtigte.[125]

90 Das ändert sich auch dadurch nicht, dass Anwälte zur Hilfeleistung in Steuersachen berechtigt sind, §§ 33 iVm 3 Nr. 1 StBerG. Die steuerlichen Nebentätigkeiten wie Buchführung, wirtschaftsberatende Tätigkeit iSv §§ 57 Abs. 3 Nr. 3, 129 Abs. 3 Nr. 2 WPO gehören nicht zum Kernbereich anwaltlicher Tätigkeit, wenn nicht Rechtsfragen eindeutig im Vordergrund stehen.[126] Der Aufgabenkreis eines Steuerberaters ist ein Teilausschnitt aus dem Kreis rechtsanwaltlicher Tätigkeit. Buchführung, Fertigung des Jahresabschlusses oder die Mitwirkung bei einer finanzamtlichen Betriebsprüfung sind Aufgaben, die von der Rechtsberatung auf steuerlichem Gebiet nicht wesentlich geprägt sind.[127] Bei der Frage der Verjährung nach § 51 BRAO aF hat der BGH bei einem laufenden steuerrechtlich geprägten Mandat differenziert geurteilt. Die vorwiegende Aufgabe der Errichtung von Steuerbilanzen und Steuererklärungen ist rechtlicher Art und damit anwaltliche Tätigkeit. Eine damit zwangsläufig verbundene Kontrolle der Buchhaltung des Mandanten tritt demgegenüber in den Hintergrund und ist damit keine anwaltliche Tätigkeit, insbesondere dann, wenn der Anwalt einen Sonderauftrag übernimmt, bei dem es nicht auf seine Rechtskenntnisse ankommt, sondern auf Fachkenntnisse bei der Buchhaltung und Buchprüfung.[128]

VIII. Inkassodienstleistungen, Rentenberater, Rechtsdienstleister im ausländischen Recht

91 Das Rechtsdienstleistungsgesetz bestimmt, dass Rechtsdienstleistungen wie Inkassodienstleistung, Rentenberatung und Rechtsdienstleister im ausländischen Recht nur durch registrierte Personen erlaubt sind, § 10 RDG. Der Rechtsanwalt ist der berufene unabhängige Berater und Vertreter in allen Rechtsangelegenheiten, § 3 Abs. 1 BRAO. Anwälte sind daher berechtigt auch in allen drei genannten Teilbereichen tätig zu werden. Sie sind grundsätzlich nicht inkompatibel zum Anwaltsberuf.[129] Der Anwalt kann diese Dienstleistungen ausüben und sie auch als Interessen- und Tätigkeitsschwerpunkte auf dem Briefbogen benennen, § 7 BORA.

92 Die Inkassodienstleistung ist per Legaldefinition regelmäßig eine Rechtsdienstleistung, § 2 Abs. 2 RDG.[130] Nicht davon erfasst ist der echte Forderungskauf als rein wirtschaftlicher Vorgang, der erlaubnisfrei bleibt[131] und nicht der Pflichtversicherung unterliegt. Die Rentenberatung nach § 10 Abs. 1 Satz 1 Nr. 2 RDG umfasst die gesetzliche Rentenberatung und die Beratung in den Bereichen der betrieblichen und berufsständischen Versorgung, sowohl außergerichtlich als auch ge-

---

124 Borgmann/Jungk/Schwaiger/*Borgmann* § 6 Rn. 16.
125 BGH NJW 1970, 1189.
126 *Jungk* AnwBl 2004, 118.
127 BGH NJW 1970, 1190f.
128 BGH VersR 1972, 1052.
129 Henssler/Deckenbrock/*Rillig* RDG § 10 Rn. 18, 20f; bei Inkassounternehmen kommt es auf den Einzelfall an VGH Kassel NJW 2000, 2370 zum RBerG.
130 Das Bundesverfassungsgericht hat dies auch schon vorher entschieden BVerfG NJW 2002, 1190; NJW-RR 2004, 1570.
131 *Sabel* AnwBl 2007, 818.

richtlich. Die Rechtsdienstleistung im ausländischen Recht umfasst allein den außergerichtlichen Bereich. Vor Gericht darf nur der zugelassene Anwalt tätig werden.

Nach § 12 Abs. 3 Nr. 1 RDG ist Voraussetzung für die Registrierung in allen Teilbereichen, dass eine Berufshaftpflichtversicherung besteht. § 5 RDV regelt in bewusster Anlehnung an § 51 BRAO die Einzelheiten.[132] § 5 RDV und § 51 BRAO regeln aber nicht, ob eine Versicherung nach dem RDV zusätzlich erforderlich ist oder eine Versicherung nach § 51 BRAO ausreicht, wenn ein Anwalt eine Rechtsdienstleistung nach § 10 RDG mitausübt. Man wird danach differenzieren, ob der Anwalt die sonstige Rechtsdienstleistung als einen echten Zweitberuf oder nur als Nebenerwerb ausübt.[133] Wenn der Anwalt die Rechtsdienstleistung gelegentlich oder nebenher ausübt, wie regelmäßig anzunehmen ist, reicht es aus, wenn der Anwalt eine Pflichtversicherung nach § 51 BRAO unterhält. Sie umfasst die Dienstleistungen nach § 10 RDG. Dem Schutz des rechtsuchenden Publikums ist damit Genüge getan. Auch die Regelung in § 54 DVStB für Doppelbänder spricht dafür. Danach genügt ein Steuerberater, der zugleich Rechtsanwalt ist, den Anforderungen der Berufshaftpflichtversicherung, wenn die Anwalts-Versicherung nach § 51 BRAO die weiteren Voraussetzungen nach §§ 52 bis 53a DVStB erfüllt. Eine zusätzliche Versicherung nach § 5 RDV ist erforderlich, wenn der Berufsträger nicht als Anwalt, sondern als besonderer Rechtsdienstleister auftritt. Das ist der Fall, wenn nach außen nicht erkennbar ist, dass ein Anwalt handelt, sondern allein der Rechtsdienstleister, z.B. wenn der Anwalt räumlich und organisatorisch getrennt seinem Zweitberuf nachgeht. 93

IX. Legal Tech

1. Begriff

Unter dem Begriff Legal Tech versteht man grundlegend die Verwendung von Technologie, um juristische Leistungen zu erbringen.[134] Dienstleister übernehmen mithilfe von Algorithmen die Rechtsberatung, die bisher die Anwälte erbringen. Die Kanzleien selber verwenden Algorithmen, um Sachverhalte schneller aufzuklären oder eine Rechtsmeinung zu gewinnen.[135] 94

Darunter fallen: 95

- Anwaltssuchmaschinen zur Suche nach einer geeigneten Lösung, die Rechtsanwälte und Mandanten zusammenführen. Zielgruppe sind Verbraucher, die auf der Suche nach rechtlicher Beratung sind und einen Anwalt benötigen. Gegen Gebühr werden Anwälte gelistet
- Anwaltliche Hilfsmittel als Tools für den Anwalt, Kanzleisoftware, klassische Kanzleimanagementsysteme, Cloud-Lösungen für Archivierungen, Zeitmanagement, Abrechnung und juristische Chat Bots
- Dokumentenanalyse zur Zeitersparnis wie Datenanalyse-Software, Verarbeitung und Bewertung von Dokumenten/Daten; Strukturierung und Kategorisierung der Daten oder Herausfiltern Informationen, automatisierte Risikobewertung
- Dokumentenerstellung als onlinebasierte Anwendungen zur Erstellung von Rechtsdokumenten z.B. Mietverträge, erweiterte Formularsammlung; Rechts- und Vertragsgeneratoren und Legal Tech as a self-service
- Juristische Datenbanken
- Expertenportale und Marktplätze

132 BT-Drucks. 316/08, 14.
133 Henssler/Deckenbrock/*Rillig* RDG § 10 Rn. 22 zur Registrierungspflicht, was wohl auch die gesonderte Berufshaftpflichtversicherung mitumfassen dürfte.
134 Zu den Begrifflichkeiten *Weberstaedt* AnwBl 2016, 535 ff; ausführlichere Darstellung RAK-München Mitt. 04/2016; IT gestützte Streitbeilegung; Wissensmanagement und formale Arbeitsunterstützungen *Grupp* AnwBl 2014, 660 ff; zu Künstlicher Intelligenz (KI) in der Rechtsberatung *Frese* NJW 2015, 2090 ff.
135 *Riechert* AnwBl 2019, 101; *Zimmermann* AnwBl 2019, 815; *Jeschke* AnwBl 2016, 822 ff.

telefonische Rechtsberatung oder über das Internet. Legal Tech Unternehmen sind hier Vermittler und nehmen Gebühren für Dauermitgliedschaft oder einzelne Fragen

- Automatisierte Rechtsberatung
  Ziel ist die automatisierte Abwicklung von Fällen für wiederholende und strukturierbare Probleme für Endverbraucher, vormals Mandanten von Kanzleien. Beispiele sind automatisierte Fluggastentschädigungen und Einsprüche gegen Bußgeldbescheide aus dem Straßenverkehr, Immobilienfinanzierung, Hartz4-Bescheide, Mietnebenkosten, Lebensversicherungsverträge; meist handelt es sich um nicht anwaltliche Inkassodienstleister
- Legal Process Outsourcing
  Auslagerung anwaltlicher Dienstleistungen an Dritte; externe Expertise für Rechtsabteilungen und Kanzleien

2. Rechtliche Einordnung

Im Einzelnen zur rechtlichen Einordnung der Tätigkeit und ob für diese Tätigkeit Versicherungsschutz besteht.

96 **a) Verhältnis Anwalt und Legal Tech/Dienstleister.** Es handelt sich um eine anwaltliche Rechtsberatung im Verhältnis der Kanzlei zum regelmäßig von der Kanzlei ausgelagerten gewerblichen Dienstleister, wenn die Kanzlei den Dienstleister zu Rechtsfragen berät und wie er seinen Algorithmus erstellen muss. Der Anwalt fasst abstrakte Sachverhaltskonstellationen zusammen. Er bewertet sie rechtlich und trifft eine allgemeine Entscheidung. Dabei handelt es sich um eine abstrakte anwaltliche Tätigkeit, ähnlich einem Gutachten zu einer allgemeinen Rechtsfrage. Versicherungsschutz nach § 1 besteht daher, wenn der Anwalt den Dienstleister der Software zu abstrakten Sachverhaltskonstellationen berät, unabhängig von den konkreten Lebenssachverhalten der Nutzer.

97 Bei dieser Beratung übernimmt der Anwalt nicht die Verantwortung, dass mit ihr auch individuelle Sachverhalte ordnungsgemäß geprüft werden. Der Anwalt kennt den konkreten Sachverhalt nicht, zu dem der Endkunde Informationen wünscht. Der Anwalt kann deshalb zu dem einzelnen konkreten Sachverhalt nicht anwaltlich beraten. Der Anwalt kann nur auf die Besonderheiten eines Einzelfalls eingehen, wenn der ihm vorgelegte Vorgang vollständig bekannt ist. Dies ist bei einem Online-Dialog nicht der Fall, da die Aufklärung von vornherein auf die Fragen des Dienstleisters reduziert ist. Kein Versicherungsschutz über die Berufshaftpflichtversicherung der Kanzlei besteht, wenn der Anwalt anbieten sollte, dass mit ihrer Beratung zu abstrakten Fallgruppen die konkreten Sachverhalte der Nutzer der Software juristisch „gelöst" werden können.

98 **b) Verhältnis Legal Tech/Dienstleister zu Kunde/Nutzer/Mandant.** Im Verhältnis zwischen dem Dienstleister als Legal Tech Unternehmen und dem Endkunden handelt es sich regelmäßig um keine anwaltliche Tätigkeit. Rechtsdienstleistung ist jede Tätigkeit in konkreten fremden Angelegenheiten, sobald sie eine rechtliche Prüfung des Einzelfalls erfordert, § 2 Abs. 1 RDG. Im Online-Portal folgen die Ergebnisse einem festen Ablauf, je nachdem wie der Kunde seine Daten eingibt und wie der Algorithmus dies vorsieht. Der Endkunde gibt dabei selbständig Teile des Sachverhalts ein, um das Ergebnis zu erhalten. Der auf diese Weise aggregierte Sachverhalt wird anschließend den Fallgruppen zugeordnet. Beispielsweise erhält der Endkunde einen Arbeitsvertrag oder eine Bewertung zu einem Sachverhalt, ob ein Widerspruch oder eine Klage Aussicht auf Erfolg hat. Das Legal Tech Unternehmen berät aber gerade nicht konkret zu einem Einzelfall des Endkunden, sondern hat zuvor die Sachverhalte aggregiert. Es liegt weder eine Sachverhaltsaufklärung vor noch berät der Dienstleister individuell. Die Werbung eines Legal-Tech-Anbieters ist daher irreführend, wenn unter anderem der Eindruck erweckt wird, es wird eine komplette Abwicklung der außergerichtlichen und gerichtlichen Durchsetzung eines Abfindungsanspruchs

aus einem gekündigten Arbeitsverhältnis angeboten, obwohl der Kernbereich der juristischen Bearbeitung allein bei den Partneranwälten in alleiniger Verantwortung liegt.[136] Man muss davon ausgehen, dass das Legal Tech Unternehmen den Kunden nur und allein anbietet, zu Fallgruppen rechtliche Informationen zur Verfügung zu stellen. Es handelt sich dann regelmäßig um die Publikation einer Rechtsmeinung, wie z.B. eine Formularsammlung oder ein softwaregestützter Service, um eine Steuererklärung zu erstellen.

3. Rechtsfindung

Normen folgen einer typischen „Wenn – Dann" Logik. Wenn die Tatbestandsmerkmale erfüllt sind, tritt die Rechtsfolge ein. In diese Abfolge greift Legal Tech als automatisierte Dienstleistung ein. Grundsätzlich lässt sich die Rechtsanwendung in drei Schritte zerlegen. Bei diesen Schritten greift Legal Tech ein mit der Frage, ob dies eine anwaltliche versicherte Tätigkeit ist. 99

- Feststellung des Sachverhalts
  Die Sachverhaltsfeststellung ist eine der Hauptaufgaben bei der Rechtsanwendung. Nur wer den Sachverhalt aufklärt, kann das Recht auf den Sachverhalt anwenden.
- Finden der maßgeblichen Rechtsnorm
  Vor der Subsumtion muss die dafür passende Rechtsnorm gefunden werden. Dies ist das Hin- und Herwandern des Blicks des Rechtsanwenders zwischen Gesetz und Sachverhalt.
- Subsumtion des Sachverhalts unter die einschlägige Norm
  Die Subsumtion mit dem Gesetz als Obersatz und der Lebenssachverhalt mit den Merkmalen als Untersatz führt zur Feststellung, ob die Rechtsfolge eintritt.

Bei allen Schritten gilt:

Anwälte, die KI und Chatbots nutzen, um Rechtstexte zu generieren, müssen die Grenze der Berufsausübung nach § 43 BRAO beachten. Die Zusammenfassung von Urteilen oder eigener Schriftsätze ist zulässig, soweit der Anwalt die Ergebnisse überprüft. Er darf die Mandantendaten nicht weitergeben, dazu gehören auch Daten, die Rückschlüsse auf einen Mandanten zulassen. Das würde einen Verstoß gegen § 43a Abs. 2 BRAO und gegen die Vorschriften der DSGVO bedeuten.[137] Wenn er ungeprüft Ergebnisse übernimmt oder seine Verschwiegenheiten verletzt, besteht Versicherungsschutz, weil es sich um eine anwaltliche versicherte Tätigkeit handelt. Falsche Ergebnisse der KI sind der versicherte Verstoß des Anwalts. Unerheblich ist, ob der Anwalt die Ergebnisse vorher geprüft hat oder nicht. Zu prüfen ist, ob nicht eine wissentliche Pflichtverletzung oder ein vorsätzlicher Verstoß nach § 103 VVG vorliegt.

a) Feststellung Sachverhalt. Der Anwalt hat die Hauptaufgabe den Sachverhalt aufzuklären 100
und die genauen und relevanten Umstände für den Fall heraussuchen. Je einfacher die Norm, desto einfacher kann Legal Tech eingreifen und unterstützen durch die vollständige Erfassung des Sachverhalts auf Plattformen oder durch die Vorerfassung von Daten. Die Unternehmen bieten die Sachverhaltsabfrage über vorgefertigtes Online-Formulare an. Der Anspruch wird automatisiert geprüft anhand von Datenbanken und eine Auszahlung erfolgt im Erfolgsfall.[138] Es handelt sich um eine erlaubte Inkassodienstleistung nach § 10 Abs. 1 Nr. 1 RDG und keinen Verstoß gegen § 2 RDG und daher um keine versicherte anwaltliche Tätigkeit. Der Begriff der Inkassodienstleistung ist weit zu verstehen entsprechend der Wertung der Rechtsprechung des Bundesverfassungsgerichts.[139]

136 LG Bielefeld AnwBl 2018, 168.
137 *Hartung* RDi 2023, 209.
138 BGH NJW 2020, 208 zum Fall „wenigermiete.de".
139 BVerfG NJW 2002, 1190; NJW-RR 2004, 1570.

Die Vorerfassung von Daten als Sachverhaltsaufklärung übernehmen Dokumentensoftware wie z.B. bei rechtlicher/steuerrechtlicher Due Diligence Prüfung. Eine anwaltliche versicherte Tätigkeit liegt vor, wenn der Anwalt eine eigenständige konkrete Prüfung der Ergebnisse der automatisierten Erfassung vornimmt. Dies gilt auch bei eigenen Software-Produkten, die der Anwalt einem Mandanten zur Verfügung stellt, bei der die Software einzelne anwaltliche Prüfschritte mittels eines vorgegebenen standardisierten Frage-Antwort-Katalog simuliert. Dabei kommt ein Serienschaden in Betracht. Wenn der Anwalt sich hier auf die standardisierte IT-Lösung verlässt statt einzeln nachzuprüfen, wird ein systematisches falsches Ergebnis produziert. Für die Serienschadenklausel nach § 3 II Ziff. 2 c) kommt es darauf an, ob ein einheitlicher Auftrag vorliegt. Das ergibt sich aus dem vertraglichen Verhältnis zum Mandanten. Bei der Programmierungsberatung ist eher von einem einheitlichen Auftrag auszugehen, weil der Anwalt speziell für einen Mandanten eine Software-Lösung entwickelt und dazu beraten hat. Maßgeblich kann hier sein, dass der Anwalt einmal gegenüber dem Unternehmen abrechnet, statt für jede Prüfung. Ein anderer Auftrag mit einem einzelnen Fehler würde dagegen vorliegen, wenn das Unternehmen dann die Kanzlei beauftragt, sie in einem Statusfeststellungsverfahren in einem bestimmten Arbeitsverhältnis zu vertreten. Wenn der Anwalt keine Prüfung vornimmt, sondern dem Mandanten das Ergebnis überlässt, liegt keine versicherte anwaltliche Tätigkeit vor. Es besteht die Nähe zu einem Vertragsgenerator/Rechtsgenerator, kein Versicherungsschutz siehe § 1 Rn. 101. Der Anwalt handelt nicht mehr in konkreten fremden Rechtsangelegenheiten, da er vorgefertigte Fragen ohne konkreten Fallbezug übernimmt.[140] Sofern im speziellen Fall eine anwaltliche Tätigkeit angenommen wird, besteht grundsätzlich eine Verletzung der Kardinalpflicht einer Sachverhaltsaufklärung. Der Anwalt prüft nicht die Angaben des Mandanten oder fragt nach. Weil es sich um eine Kardinalpflicht handelt, kommt eine wissentliche Pflichtverletzung in Betracht.

101 **b) Rechtsnorm.** Der Anwalt hat die für den Sachverhalt passende Rechtsvorschrift zu suchen und anzuwenden. Wird mithilfe eines digitalen Rechtsdokumentengenerators ein Vertragsentwurf erstellt, bei dem anhand von Fragen und vom Nutzer auszuwählenden Antworten standardisierte Vertragsklauseln abgerufen werden, liegt hierin keine anwaltliche Tätigkeit vor. Eine Rechtsdienstleistung ist nach § 2 Abs. 1 RDG jede Tätigkeit in konkreten fremden Angelegenheiten, sobald sie eine rechtliche Prüfung des Einzelfalls erfordert. Die Erstellung eines Vertragsdokuments mithilfe eines digitalen Generators stellt keine Rechtsdienstleistung, weil das Angebot von standardisierten Rechtsdokumenten oder von fertigen Textbausteinen, etwa in einem Formularhandbuch, nicht auf einen konkreten Sachverhalt gerichtet ist.[141] Wenn der Anwalt den Rechtsgenerator betreibt, gilt das anwaltliche Berufsrecht, insbesondere die Aufklärungspflichten. Zur Klärung des Sachverhalts als Basis für die Prüfung und Feststellung der Rechtslage kann sich der Anwalt nicht mit den bloßen Aussagen des Mandanten begnügen.[142] Der Anwalt muss nachfragen, um z.B. Lücken auszufüllen oder exakte Angaben zu erhalten und schriftliche Unterlagen anfordern, um selbst die Sachlage festzustellen. Der Rechtsanwalt muss sowohl die Anhörung und Befragung des Mandanten als auch die eigentliche juristische Beratungstätigkeit persönlich ausüben und darf dies nicht dem Bürovorsteher überlassen.[143] Ein Anwalt muss, auch wenn er seine Dienstleistungen in Bezug auf Ehescheidungen als „zu den geringstmöglichen Kosten eines Fachanwalts“ und „ohne Anwaltsbesuch“ bewirbt und sie auf Basis online zur Verfügung gestellter Formulare erbringt, das Mandat bei erkennbarem Beratungsbedarf nach jeder Richtung umfassend wahrnehmen. Gibt der Mandant in einem im Internet zur Vorbereitung von Ehescheidungsverfahren bereitgestellten Formular an, auf Versorgungsausgleich und Ehegattenunterhalt verzichten zu wollen, darf der

140 Noch anwaltliche Tätigkeit *Wilhelmer* Berufshaftpflichtversicherung Rn. 1037f.

141 BGH NJW 2021, 3125. Nach anderer Ansicht liegt aber eine vom Berufsbild umfasste Tätigkeit und folglich versicherte Tätigkeit vor, *Wilhelmer* Berufshaftpflichtversicherung Rn. 1038.

142 BGH NJW-RR 2006, 923.

143 BGH NJW 1981, 2741, 2. LS.

Anwalt nicht von einem nur beschränkt erteilten Mandat ausgehen, sondern muss zunächst eruieren, inwieweit Beratungsbedarf besteht.[144]

c) Subsumtion. Der gefundene Sachverhalt wird auf die Norm angewendet. Chatbots wie ChatGPT, die künstliche Intelligenz einsetzen, um mit Nutzern über textbasierte Nachrichten und Bilder zu kommunizieren, können in Frage-Antworten Rechtsfolgen ableiten. Die Programme lernen grammatikalische Regeln. Sprache wird mathematisch zerlegt und wieder zusammengesetzt mit der Fähigkeit Texte zu generieren. Voraussetzung ist, dass der Algorithmus trainiert ist mit den entsprechenden Daten. Als Hilfsmittel kann der Anwalt die Chatbots verwenden. Es besteht Versicherungsschutz, soweit der Anwalt es als Hilfsmittel einsetzt. Soweit seine Beratung auf fehlerhaften Ergebnissen des Chatbots beruhen, handelt es sich um versicherte Verstöße nach § 1 AVB-RS. Zu prüfen ist aber, ob nicht eine wissentliche Pflichtverletzung vorliegt. 102

X. Datenschutzbeauftragter

1. Tätigkeit

Unternehmen, gleich ob gewerblich oder freiberuflich, also auch Kanzleien, müssen die gesetzlichen Anforderungen zum Schutz natürlicher Personen nach der Datenschutzgrundverordnung (DSGVO) der EU iVm dem Datenschutzanpassungs- und -Umsetzungsgesetz (DSAnpUG) und dem Bundesdatenschutzgesetz (BDSG) erfüllen, wenn sie personenbezogene Daten verarbeiten. Es bedeutet auf der einen Seite, dass die Kanzleien selbst einen Datenschutzbeauftragen benötigen und dass auf der anderen Seite Unternehmen Anwälte zu ihrem externen Datenschutzbeauftragten bestellen. 103

Unternehmen ab 10-Personen müssen einen Datenschutzbeauftragten bestellen, Art. 37 Abs. 4 DSGVO iVm § 38 Abs. 1 BDSG. Maßgeblich ist die Kopfzahl. Unerheblich ist, ob es sich um Vollzeit- oder Teilzeitkräfte oder um Angestellte oder freie Mitarbeiter handelt. 104

Der Datenschutzbeauftragte muss nicht mehr nur die Kanzlei beraten und unterrichten, sondern auch überwachen und dafür Sorge tragen, dass die Kanzlei das Datenschutzrecht einhält. Art. 30 DSGVO schreibt die Führung eines Verzeichnisses aller Verarbeitungstätigkeiten vor. Das Verzeichnis dient dem Nachweis einer DSGVO-konformen Datenverarbeitung in der Kanzlei, wie z.B. das Führen von elektronischen Anwaltsakten. Maßnahmen der Datensicherheit sind nach Art. 32 DSGVO im Verarbeitungsverzeichnis zu definieren. Die Kanzlei hat die technischen und organisatorischen Maßnahmen zu treffen, die sog. TOMs, damit die Sicherheit der in der Kanzlei verarbeiteten Personendaten gewährleistet ist, Art. 32 DSGVO. Die Regelung ergänzt den Grundsatz der Integrität und Vertraulichkeit, Art. 5 Abs. 1 lit. f DSGVO. Kanzleien dürfen mit der Datenverarbeitung nur dann andere Unternehmen, z.B. Büroserviceunternehmen beauftragen, wenn der Auftragsverarbeiter hinreichende Garantien für eine ordnungsgemäße Datenverarbeitung bietet, Art. 28, 29 DSGVO. Kanzleien müssen eine Datenschutzfolgeabschätzung durchführen, wenn ein Datenverarbeitungsverfahren ein hohes Risiko für die Betroffenen birgt, insbesondere bei Verwendung neuer Technologien, Art. 35 DSGVO. Kanzleien müssen der Aufsichtsbehörde die Verletzung des Schutzes personenbezogener Daten binnen 72 Stunden nach Bekanntwerden der Verletzung melden, Art. 33 DSGVO. Es gelten nicht zuletzt auch erheblich verschärfte Vorschriften zu Bußgeld- und Sanktionsmöglichkeiten. 105

144 LG Berlin NJW-RR 2014, 1145.

2. Datenschutzbeauftragter der Kanzlei

106 Wenn der intern für die Kanzlei bestellte Anwalt als Datenschutzbeauftragte einen Verstoß begangen hat, haftet die Kanzlei für den Schaden. Der Datenschutzbeauftragte haftet regelmäßig nach außen hin nicht persönlich. Er ist keine eigene verantwortliche Stelle. Ein Verstoß des Datenschutzbeauftragten gegen Datenschutzbestimmungen ist als Repräsentant der Kanzlei analog § 31 BGB ihr selbst zuzurechnen, weil der Beauftragte aufgrund seiner Weisungsunabhängigkeit kein Erfüllungs- oder Verrichtungsgehilfe sein kann. Der Betroffene selbst kann gegenüber der Kanzlei einen Vermögensschaden geltend machen oder Schadensersatz wegen erlittener Persönlichkeitsverletzung einen immateriellen Schadensersatz verlangen. Die Aufsichtsbehörde kann ein Bußgeld gegen die Kanzlei verhängen. Die Aufsichtsbehörde ist im Übrigen nicht die örtliche RAK, sondern die Landesdatenschutz-Aufsichtsbehörde.

Die Kanzlei kann Regress beim Datenschutzbeauftragten nehmen. Der Umfang des Regresses bestimmt sich nach den Verhältnissen in der Kanzlei. Als Angestellter haftet der interne Datenschutzbeauftragte nur eingeschränkt nach arbeitsvertraglichen Grundsätzen. Wenn es sich um einen Gesellschafter handelt, gelten die gesellschaftsrechtlichen Regelungen für den Innenregress. Es handelt sich in beiden Fällen aber nicht um einen Drittschaden, sondern um einen Eigenschaden der Kanzlei. Unabhängig von der Einordnung der Tätigkeit als Anwalt besteht daher schon kein Versicherungsschutz über die Berufshaftpflichtversicherung. Versicherungsschutz für den internen Datenschutzbeauftragten kann im Einzelfall geboten werden über eine D&O-Versicherung, speziell die Kanzleimanagerdeckung oder auch über die ODL (Outside-Directorship-Liability). Die Sonderbeauftragten wie Datenschutzbeauftragte oder auch Geldwäschebeauftragte sind zwar meist nicht die Manager/Geschäftsführer der Kanzlei, aber man stellt sie ihnen gleich. Wie in der D&O-Versicherung besteht dann Versicherungsschutz für Ansprüche, die die Kanzlei gegen ihre Manager und hier den Datenschutzbeauftragten hat.

3. Externer Datenschutzbeauftragte

107 **a) Tätigkeit und Versicherungsschutz.** Zum Datenschutzbeauftragten kann eine natürliche Person extern oder intern bestellt werden. Unternehmen bestellen Anwälte und sonstige Berufsträger als externe Datenschutzbeauftragte, die die Aufgabe haben im Unternehmen dafür zu sorgen, dass die Datenschutzgesetze eingehalten werden. Der Berufsträger haftet für jeden schuldhaften Verstoß nach dem zugrundeliegenden Auftragsverhältnis. Ein Rechtsanwalt übt aber als extern bestellter Datenschutzbeauftragter weder den Beruf eines Rechtsanwalts aus, noch ist diese Tätigkeit diesem Beruf ähnlich. Es handelt sich um keine rechtsberatende Tätigkeit, sondern um einen neuen eigenständigen Beruf. Ein Anwalt in Bezug auf seine Tätigkeit als externer Datenschutzbeauftragter ist gewerblicher Unternehmer iSd § 141 Abs. 1 AO, da er keine freiberufliche Tätigkeit iSd § 18 Abs. 1 Nr. 1 EStG ausübt. Als Datenschutzbeauftragter übt er weder eine dem Anwalt vorbehaltene noch eine diesem Beruf ähnliche Tätigkeit aus. Vielmehr wird damit ein eigenständiger, von der Anwaltstätigkeit abzugrenzender, Beruf ausgeübt.[145] Der Beruf des Datenschutzbeauftragten umfasst zwar Tätigkeiten, welche die Merkmale anwaltlicher Tätigkeit erfüllen. Diese stellen aber nicht den ganz eindeutigen Schwerpunkt der Leistungspflichten als externer Datenschutzbeauftragter dar. Die von einem Datenschutzbeauftragten zu erbringende Leistung im rechtlichen Bereich erreicht weder die erforderliche fachliche Tiefe noch die erforderliche fachliche Breite, um den Anforderungen einer für Syndikusanwälte geforderten anwaltlichen Tätigkeit zu genügen.[146] Da die Berufshaftpflichtversicherung nur anwaltliche Tätigkeiten versichert, ist ein gesonderter Versicherungsschutz erforderlich. Der Versicherungsschutz umfasst dann alle Tätigkeiten eines Datenschutzbeauftragten, insbesondere Beratungen zu Da-

145 BFH BeckRS 2003, 25002381; FG München BeckRS 2017, 137818; BFH NJW 2020, 1542.
146 Hamburgischer AGH BRAK 2017, 248 zu §§ 46, 46a BRAO.

tenschutz-Managementsystemen, IT-Beratungen oder auch Schulungen hierzu, aber auch die Tätigkeit eines Anwalts, der sich zum externen Datenschutzbeauftragten eines Unternehmens bestellen lässt. Versichert sind Vermögensschäden und Persönlichkeitsrechtsverletzungen.

b) Bußgeldregress. Nach der DSGVO können die Behörden bei Verletzung der Datenschutzgesetze Bußgelder gegen das Unternehmen verhängen. Die Unternehmen können beim externen Datenschutzbeauftragten Regress nehmen. Grundsätzlich haftet ein Geschäftsführer nicht für die dem Unternehmen auferlegte Geldbußen oder Strafen, aber ein Steuerberater, wenn dies gerade Mandatsinhalt war, siehe hierzu ausführlich § 1 Rn. 197 ff mit der Differenzierung zwischen D&O-Fällen und wirtschaftsberatenden Berufen. Grundsätzlich schließen die Versicherungsbedingungen außerhalb der Pflichtversicherung den Versicherungsschutz für direkt verhängte Bußgelder und für im Regress geltend gemachte Schadensersatzansprüche aus. Daher ist gesondert der Regress zu versichern für Haftpflichtansprüche, die sich aus Geldbußen wegen eines Verstoßes gegen Datenschutzgesetze ergeben und für die der Versicherungsnehmer von einem anderen verantwortlich gemacht wird. Üblich ist der Vorbehalt, soweit kein gesetzliches Versicherungsverbot besteht. 108

XI. Geldwäschebeauftragter

Anwälte haben bei einem Verdacht der Geldwäsche oder Terrorismusfinanzierung Pflichten. Bei Pflichtverletzungen haben sie Bußgelder zu tragen und können auf der Internetseite der aufsichtsführenden Rechtsanwaltskammer öffentlich genannt werden, §§ 50 ff GwG. Sie haben besondere Sorgfaltspflichten nach §§ 10 ff GwG. Der Anwalt muss nach § 10 Abs. 1 Nr. 1 GwG einen neuen Mandanten und gegebenenfalls die für diesen auftretende Person förmlich identifizieren und nach § 10 Abs. 1 Nr. 2 GwG muss der Anwalt abklären, ob der Mandant für einen sog. „wirtschaftlich Berechtigten" handelt. Der Anwalt hat ein Risikomanagement zu installieren, §§ 4 ff GwG.[147] Eine Pflicht zur Bestellung eines Geldwäschebeauftragten bei Anwälten gibt es nach dem GwG nicht. Die RAK kann es aber anordnen, § 7 Abs. 3 Satz 1 GwG. Nach § 7 Abs. 1 GwG ist der Geldwäschebeauftragte für die Einhaltung der geldwäscherechtlichen Vorschriften zuständig. 109

Wie beim Datenschutzbeauftragten sind Eigenschäden nicht versichert, wenn der interne Geldwäschebeauftragte einen Verstoß begeht. Die Tätigkeit als externer Geldwäschebeauftragter ist keine anwaltliche Tätigkeit. Es handelt sich wie beim Datenschutzbeauftragten um eine sonstige gewerbliche Tätigkeit, die keine gesonderten rechtlichen Kenntnisse erfordert. Wenn ein Anwalt sich als externer Geldwäschebeauftragter bestellen lässt, ist er deshalb nicht über die Berufshaftpflichtversicherung versichert. Hierzu ist gesonderter Versicherungsschutz erforderlich. Regelmäßig versichert man dann die Tätigkeit als Compliance- und Geldwäschebeauftragter. Versicherungsschutz besteht für die RDG-konforme Tätigkeit als Compliancebeauftragter, wie der Einhaltung von Verhaltensmaßregeln, Gesetzen und Richtlinien durch Unternehmen und die Tätigkeit nach dem Geldwäschegesetz, wenn er als Dritter Sorgfaltspflichten nach § 3 Abs. 1 Nr. 1 bis 3 GwG für einen Verpflichteten übernommen hat nach § 7 Abs. 1 GwG. Ausgeschlossen sind regelmäßig Haftpflichtansprüche aus dem Nichterreichen eines beabsichtigten wirtschaftlichen oder steuerlichen Erfolges. Wie beim Datenschutzbeauftragten ist der Bußgeldregress ausgeschlossen und muss gesondert eingeschlossen werden. 110

147 *Burmeister* AnwBl 2017, 1038 ff.

XII. Whistleblower, Hinweisgeberschutzgesetz

111 Das Hinweisgeberschutzgesetz ist die deutsche Umsetzung der sog. EU-Whistleblower-Richtlinie zum Schutz von Personen, die Verstöße gegen das Unionsrecht melden. Das HinSchG verbietet jegliche Repressalien gegenüber hinweisgebenden Personen, den sog. Whistleblowern, und verpflichtet Unternehmen, sichere Kanäle für die Meldung von Missständen einzurichten. Mit dem HinSchG besteht eine gesetzliche Verpflichtung zur Einführung eines Hinweisgeberverfahrens, sog. interne Meldestelle. Kleine Unternehmen mit in der Regel bis zu 49 Beschäftigten sind von der Pflicht zur Einrichtung eines internen Meldekanals ausgenommen. Unternehmen müssen die interne Meldestelle nicht selbst betreiben, sondern können nach § 14 Abs. 1 HinSchG auch Dritte als Meldestellen beauftragen. Die Meldestelle muss insbesondere den Anforderungen der Datenverarbeitung und der Datenschutzbehörden entsprechen und die Verschwiegenheitspflichten einhalten. Verstöße hierzu können zu einer Schadensersatzverpflichtung führen.

Grundsätzlich ist die Tätigkeit einer Meldestelle eine dienstleistende sonstige Tätigkeit. Es kann zu einer anwaltlichen Tätigkeit kommen, wenn der Whistleblower oder das Unternehmen den einzelnen rechtlich berät.

Die Tätigkeit der Meldestelle umfasst typischerweise folgende Schritte. Diese einzelnen Schritte lassen sich wie folgt bewerten in der Unterscheidung anwaltlich oder nicht-anwaltlich:

- Einreichen der Meldung durch den Hinweisgeber.
  Die Kontaktaufnahme ist über verschiedene Meldewege möglich: persönlich, per Webformular, telefonisch, per E-Mail, per Brief. Es liegt eine sonstige dienstleistende Tätigkeit vor.
- Bestätigung des Meldeeingangs
  Der Hinweisgebende erhält automatisch die gesetzlich vorgeschriebene Eingangsbestätigung. Es liegt eine sonstige dienstleistende Tätigkeit vor.
- Juristische Ersteinschätzung
  Die Compliance Experten ordnen den Sachverhalt rechtlich ein und klären offene Fragen im Dialog mit dem Hinweisgeber. Es liegt eine anwaltliche Tätigkeit vor.
- Risikoanalyse und Handlungsempfehlung
  Besteht ein Verdacht von Compliance-Verstößen, werden Ermittlungen eingeleitet. Es liegt eine anwaltliche Tätigkeit vor.
- Reporting an den Mandanten
  Der Mandant erhält einen Einzelbericht inklusive einer ersten rechtlichen Einordnung und Hinweisen zu etwaig erforderlichen Maßnahmen. Es liegt eine anwaltliche Tätigkeit vor.

Individuell kann die gesamte Tätigkeit über die Berufshaftpflichtversicherung versichert sein, um die Einordnung zu erleichtern.

XIII. Sonstige Einzelfälle

Ein Ingenieur verstößt gegen das RDG, wenn er als Vertreter für verschiedene Unternehmen Patente, Gebrauchsmuster und Marken anmeldet und er beim DPMA als Vertreter für bestimmte Patente und Gebrauchsmuster verzeichnet ist. Dies gilt auch, falls der Ingenieur selbst an der Entwicklung mitgearbeitet habe. Es handelt sich auch nicht um eine erlaubte Nebenleistung iSv § 5 Abs. 1 1 RDG. Vielmehr geht es um eine für Patentanwälte typische Tätigkeit, die auch nicht mithilfe elektronischer Datenverarbeitung schematisch abgewickelt werden kann. Gleiches gelte erst recht für Abmahnungen.[148]

148 BGH NJW 2016, 3441.

F. Verantwortlich machen durch einen anderen

Nach § 1 ist Voraussetzung des Versicherungsschutzes, dass ein Dritter den Anwalt „verantwortlich macht". Es muss dem Versicherer ein möglicher Haftpflichtanspruch mindestens gemeldet und damit bekannt sein. Verantwortlich machen ist nicht zu verwechseln mit der Definition des Versicherungsfalls nach § 5. Er ist der Verstoß, der Haftpflichtansprüche gegen den Versicherungsnehmer zur Folge haben könnte. Der Versicherungsfall kann eingetreten sein, ohne dass aber der Geschädigte den Versicherungsnehmer dafür verantwortlich macht, z.B. weil er sich seines Schadens gar nicht bewusst ist oder den Schaden nicht regulieren möchte.[149] 112

Voraussetzung des Versicherungsschutzes nach § 1 ist, dass ein anderer den Haftpflichtanspruch geltend macht. Dies ist nicht auf den Mandanten beschränkt. Ein anderer kann jeder Dritte sein, der einen Schaden erlitten hat. Ein Ausschluss von Drittschäden findet sich weder in den AVB-RS noch in der Risikobeschreibung. Nach der Rspr. ist ein solcher Ausschluss deutlich in den Bedingungen zu kennzeichnen.[150] Da es sich um eine Haftpflichtversicherung auch zum Schutz des rechtsuchenden Publikums handelt, wäre immer zu prüfen, ob ein solcher Ausschluss gegen § 51 BRAO verstößt. Dritter kann sogar der Anspruchsgegner des Anwalts sein, weil der Anwalt bei unberechtigter Schutzrechtsverwarnung neben dem Schutzrechtsinhaber unter dem Gesichtspunkt eines rechtswidrigen und schuldhaften Eingriffs in den eingerichteten und ausgeübten Gewerbebetrieb zum Schadensersatz verpflichtet ist.[151] 113

Aus der Regelung, dass ein anderer den Anspruch geltend machen muss, ergibt sich, dass ein Eigenschaden des Versicherungsnehmers nicht versichert ist. Es handelt sich bei der Berufshaftpflichtversicherung um eine Haftpflichtversicherung und keine Kaskoversicherung. Einem Rechtsanwalt, der in eigener Sache von einem Kfz-Haftpflichtversicherer Schadensersatz verlangt, steht auch dann kein Ersatz von Rechtsanwaltskosten zu, wenn er zur Höhe der Entschädigung mit dem Haftpflichtversicherer verhandelt hat.[152] Ein Eigenschaden liegt vor, wenn mitversicherte Personen einen Schaden haben. § 7 I Ziff. 3 bestimmt, dass die Schäden zwischen Versicherungsnehmer und mitversicherten Personen untereinander ausgeschlossen sind. Wenn die Sozietät als Berufsausübungsgesellschaft Versicherungsnehmerin ist und die Berufsträger als mitversicherte Personen gelten, sind Ansprüche der Sozietät ausgeschlossen, wenn die Sozietät einen ihrer Anwälte beauftragt für sie einen Anspruch durchzusetzen. Wenn die Sozietät einen ihrer Anwälte beauftragen möchte für sie anwaltlich tätig zu werden, kann dies der Versicherer ggf. in den Versicherungsschutz einmalig einbeziehen. 114

Ein Drittschaden liegt aber bei den Fällen vor, bei denen sich die Berufsträger gegenseitig vertreten, wie z.B. die Scheidung eines Kollegen zu übernehmen. Der zu beratene Kollege ist der Mandant, der hier nicht als versicherte Person auftritt, sondern als Mandant.[153] Gleiches gilt für den Fall, dass der Berufsträger im eigenen Namen und auf eigene Rechnung den Kollegen berät. Der Kollege ist Dritter und hat einen versicherten Anspruch gegen den Sozius. Auch wenn der Sozius an der Gesellschaft beteiligt ist, spielt dies keine Rolle, da erstens die persönliche Berufshaftpflichtversicherung und nicht die der Gesellschaft eintrittspflichtig ist und zweitens der Kollege wie in der anderen Fallkonstellation seinen eigenen Anspruch durchsetzt. Auch für die Anteilshöhe des Anwalts an der Gesellschaft ist wohl ein Drittschaden anzunehmen, eine Differenzierung nach Eigen- und Fremdanteil scheint nicht angemessen zu sein.[154] 115

149 *Diller* § 1 Rn. 46.

150 OLG Saarbrücken DStRE 2004, 294 zur Haftung eines Wirtschaftsprüfers für ein Verkehrswertgutachten eines Unternehmens.

151 BGH NJW 2016, 2110.

152 LG Dresden r+s 2022, 290.

153 *Diller* § 1 Rn. 65.

154 So aber zur Verjährung von Honoraransprüchen, für die ein Anwalt der Sozietät beauftragt war Gräfe/Brügge/Melchers/*Brügge* B Rn. 248.

G. Gesetzliche Haftpflichtbestimmungen

Voraussetzung des Versicherungsschutzes ist, dass der Anspruch des Dritten sich auf eine gesetzliche Haftpflichtbestimmung stützt, § 1.

I. Gesetzliche Haftpflichtbestimmung

116 Unter gesetzlichen Haftpflichtbestimmungen sind Rechtsnormen zu verstehen, die unabhängig von dem Willen der beteiligten Parteien an die Verwirklichung des Tatbestandes eines unter die Versicherungsbedingungen fallenden Schadensereignisses Rechtsfolgen knüpfen.[155] Zweck der Begrenzung ist die Ansprüche auszuschließen, die darauf beruhen, dass der Versicherungsnehmer das Risiko erhöht hat, weil er den Haftungsmaßstab verschärft hat. Nicht dagegen sollen Ansprüche ausgeschlossen sein, die die Leistungspflichten des Versicherers erweitern. Ansprüche, die sich beziehen auf eine Erfüllung oder ein Surrogat daraus, Gewährleistung, Nachbesserung und Herausgabe können nicht vom Versicherungsschutz der Berufshaftpflichtversicherung versichert sein, was nochmal § 1 I Ziff. 1 im 2. Absatz klarstellt.

II. Haftpflichtbestimmung

1. Vertragliche Schadensersatzansprüche aus Verstößen bei anwaltlicher Tätigkeit

117 Unter die versicherten gesetzlichen Haftpflichtbestimmungen fallen die Anspruchsgrundlagen für Schadensersatzansprüche: § 280 Abs. 1 BGB bildet regelmäßig die Anspruchsgrundlage für den vertraglichen Haftpflichtanspruch aufgrund der Schlechterfüllung des Anwaltsvertrags, den die Berufshaftpflichtversicherung deckt. Dies gilt auch für die Haftung aus Verschulden bei Vertragsschluss, § 311 Abs. 2 BGB. Darunter fällt auch der Schaden, der aus einer verzögerten Ablehnung eines Auftrags entsteht, § 44 Satz 2 BRAO oder auch § 63 StBerG. Ein gesetzlicher Haftpflichtanspruch ist auch der Schadensersatz statt der Leistung nach § 280 Abs. 1 und 3 iVm § 281 BGB. Allerdings gibt es keine praktische Bedeutung, da es wohl am konkreten Schaden für den Mandanten fehlt, wenn er statt Erfüllung Schadensersatz nach Fristsetzung verlangt, weil bei einem eingetretenen Schaden der Anwalt schon nach § 280 Abs. 1 BGB haftet.[156] Der Anwalt ist dem Mandanten auch für den eingetretenen Verzugsschaden verantwortlich, der ebenfalls versichert ist, § 280 Abs. 2, § 286 BGB.[157] Bei Geschäftsbesorgungsverträgen, die ausnahmsweise keinen Dienstleistungs-, sondern Werkvertragscharakter haben, wie z.B. bei Rechtsgutachten, einer Legal Opinion oder auch einer Due Diligence, gilt das Werkvertragsrecht mit der Mängelhaftung nach §§ 633 ff BGB. Übernimmt ein Rechtsanwalt eine Rechtsauskunft über eine konkrete Frage oder erstellt er ein schriftliches Rechtsgutachten, kann ein Werkvertrag vorliegen. Wird die anwaltliche Leistung so spät erbracht, dass eine sinnvolle Verwertung für den Auftraggeber nicht mehr zumutbar erscheint, liegt keine ordnungsgemäße, abnahmefähige Leistung vor. Kann der Leistungserfolg nicht mehr eintreten, liegt Unmöglichkeit gem. § 275 Abs. 1 BGB vor, welche gem. § 326 Abs. 1 Satz 1 BGB zum Wegfall des Anspruchs auf die Gegenleistung führt.[158] Eine Mängelbeseitigung durch eine Verbesserung des Werkes fällt dabei unter den Ausschluss des Erfüllungssurrogats nach § 1 I Ziff. 1 im 2. Absatz. Offen ist, ob Ansprüche des Insolvenzverwalters aus Anfechtung

---

155 BGH VersR 1971, 144 zur Haftpflichtversicherung eines Architekten.
156 Siehe dazu HBAnw/*G. Fischer* § 3 Rn. 14.
157 Für Verzugsschaden HBAnw/*G. Fischer* § 3 Rn. 29.
158 OLG Düsseldorf, Beschl. v. 12.10.2021 – I-24 U 265/20.

(§§ 129 ff., 143 InsO) versichert sind, wenn sie Zahlungen des Rechtsanwalts von einem Anderkonto zugunsten eines insolvenzbedrohten Mandanten betreffen.[159]

Auch eine Vertrauenshaftung kommt als gesetzliche Haftpflichtnorm in Betracht, wenn z.B. der Anwalt am Zustandekommen des Vertrags beteiligt war und er beim Vertragspartner ein besonderes Vertrauen geweckt hat, § 311 Abs. 3 BGB. 118

Ebenfalls dürfte der Anspruch aus § 179 Abs. 1 BGB des vollmachtlosen Vertreters versichert sein, wenn ein Anwalt z.B. einen Vergleich schließt und sich herausstellt, dass hierfür seine Vollmacht nicht ausreichend war. Die Rspr. sieht in § 179 Abs. 1 BGB eine gesetzliche Haftpflichtnorm, da unabhängig vom Parteiwillen der Vertreter dem anderen nach dessen Wahl zur Erfüllung oder zum Schadenersatz verpflichtet ist. Auch das Wahlrecht der Erfüllung steht dem nicht entgegen, da die getroffene Wahl nur den Inhalt festlegt und nicht die vertragliche Erfüllung meint. 119

Bei Schadensersatzansprüchen nach §§ 43 GmbHG und 93 AktG ist zu differenzieren. Sie sind versichert, wenn eine Anspruchskonkurrenz zu einem Schadensersatzanspruch des Dritten besteht, der auf einem Verstoß einer anwaltlichen Beratungsleistung der Rechtsanwalts-GmbH oder -AG beruht. Es besteht jedoch kein Versicherungsschutz für einen reinen Innenregress nach §§ 43 GmbHG und 93 AktG. Hier handelt es sich um Ansprüche, die auf einer Organtätigkeit beruhen und nicht auf einer anwaltlichen Tätigkeit. Sie sind über die D&O-Versicherung abgedeckt. 120

2. Schadensersatzansprüche aus Verstößen bei mitversicherten Tätigkeiten

In der Risikobeschreibung § 18 BBR-RA sind die Ansprüche mitversichert, die der Anwalt typischerweise mitausübt. Deckung besteht für die Haftung als: 121

- Insolvenzverwalter für Pflichtverletzungen gemäß 60, 61 InsO; als Gläubigerausschussmitglied gem. § 71 InsO; als Sachwalter im Eigenverfahren gem. § 274 InsO iVm 60 InsO; als Treuhänder im Verbraucherinsolvenzverfahren und als Treuhänder im Restschuldbefreiungsverfahren nach allgemeinen zivilrechtlichen Grundsätzen gem. § 280 Abs. 1 BGB, nicht nach § 60 InsO, da §§ 292 Abs. 3 und § 293 Abs. 2 InsO nur eingeschränkt verweisen.
- als Restrukturierungsbeauftragter, Sanierungsmoderator und Gläubigerbeiratsmitglied gem. StaRUG
- Gerichtlich bestellter (nicht rechtsgeschäftlich) bestellter Liquidator gem. § 71 Abs. 4 GmbHG, § 149 HGB, § 89 GenG
- Testamentsvollstrecker gem. § 2219 BGB
- Vormund gem. §§ 1773 ff BGB und Pfleger gem. §§ 1809 ff BGB und Betreuer, soweit nicht eine Berufsbetreuung vorliegt
- Nachlasspfleger als gesetzlicher Vertreter des unbekannten Erben und Nachlassverwalter gem. § 1985 BGB und allgemeinen zivilrechtlichen Haftungstatbeständen
- gesetzlich bestellte oder angeordnete Beistandschaft
- Abwickler einer Praxis gem. § 55 BRAO, Zustellungsbevollmächtigter gem. § 30 BRAO
- Notarvertreter gem. § 19 BNotO
- als Organ im Rahmen eines Aufsichtsmandats, soweit die Haftung auf eine anwaltliche Tätigkeit zurückzuführen ist gem. allgemeinen zivilrechtlichen Haftungstatbeständen. Nicht versichert ist die Organtätigkeit selbst. Es kommt bei der Abgrenzung darauf an, welche Tätigkeit dem Verstoß zugrunde lag, z.B. ist das Gutachten zu einer Steuerrechtsfrage versichert, während die Entscheidung des Anwalts im Gremium, dies auch wirtschaftlich umzusetzen, nicht versichert ist.[160]

159 OLG Köln r+s 2023, 1069 Rn. 24.

160 Die Versicherer bieten üblicherweise eine Outside Directorship Liability (ODL) Deckung an, wenn Anwälte aufgrund ihrer Mandatsbeziehungen in das Aufsichtsorgan von Wirtschaftsunternehmen geschickt werden.

Bei diesen mitversicherten amtlichen oder amtsähnlichen Tätigkeiten besteht keine Haftung aus dem vertraglichen Mandatsverhältnis. Der Anwalt haftet aus dem gesetzlichen Schuldverhältnis, das bei Antritt des jeweiligen Amtes entsteht. Es handelt sich dabei um Haftpflichtbestimmungen iSv § 1 I Ziff. 1.

3. Deliktische Ansprüche

122 Deliktische Ansprüche nach §§ 823 ff BGB sind als gesetzliche Haftpflichtbestimmung versichert. Die §§ 823 ff BGB sollen die einzelne Person in ihrer Integrität gegen widerrechtliche Eingriffe schützen. Das Vermögen als solches ist nicht geschützt, soweit der Anwalt nicht gegen ein Schutzgesetz gem. § 823 Abs. 2 BGB verstoßen hat. Als sonstige absolute Rechte kommen bei einer anwaltlichen Fehlberatung regelmäßig nur der Eingriff in den eingerichteten und ausgeübten Gewerbebetrieb und das Allgemeine Persönlichkeitsrecht in Betracht. Ein Eingriff in den eingerichteten und ausgeübten Gewerbebetrieb kann vorliegen, wenn der Anwalt unberechtigt einen Dritten wg. einer Schutzrechtsverletzung verwarnt. Geht die unberechtigte Schutzrechtsverwarnung auf eine fahrlässig unzutreffende Rechtsberatung des Schutzrechtsinhabers durch einen Rechtsanwalt zurück, kann der Rechtsanwalt neben dem Schutzrechtsinhaber unter dem Gesichtspunkt eines rechtswidrigen und schuldhaften Eingriffs in den eingerichteten und ausgeübten Gewerbebetrieb zum Schadensersatz verpflichtet sein. Den vom Schutzrechtsinhaber im Hinblick auf eine Schutzrechtsverwarnung eingeschalteten Rechtsanwalt trifft gegenüber dem später Verwarnten eine Garantenpflicht dahin, den Schutzrechtsinhaber nicht in einer die Rechtslage unzutreffend einschätzenden Weise über die Berechtigung der Schutzrechtsverwarnung zu beraten.[161] Macht ein Anwalt im eigenen Namen zu Unrecht Honorarforderungen gegen die Gegner seines Mandanten geltend, kommt als Anspruchsgrundlage für einen Ersatzanspruch bezüglich der zur Abwehr der Honorarforderungen entstandenen Rechtsanwaltskosten § 823 Abs. 2 BGB iVm § 352 StGB, § 3a UWG und ggf. auch iVm § 263 StGB in Betracht.[162] Praktisch nicht relevant, aber denkbar ist im Übrigen, dass Mitarbeiter des Anwalts ohne eigenen Versicherungsschutz, wie das Büropersonal, deliktisch gem. § 823 BGB einem Dritten haften ohne aber Versicherungsschutz zu haben. Der Prinzipal kann daneben gem. § 831 BGB haften, soweit keine Exkulpation möglich ist. Dafür besteht Versicherungsschutz, § 1 I Ziff. 1.

123 Theoretisch sind gedeckte Schadenfälle nach § 826 BGB möglich, bei denen aufgrund bedingten Vorsatzes zur Pflichtverletzung der Ausschluss der wissentlichen Pflichtverletzung nicht zur Anwendung kommt und der Anwalt den Versicherungsfall iSd § 103 VVG nicht widerrechtlich herbeigeführt hat, siehe auch Einzelheiten der Dritthaftung § 1 Rn. 143 ff.

4. Privatrechtliche und öffentlich-rechtliche Ansprüche

124 Die Festlegung nach § 51 BRAO auf privatrechtliche Ansprüche ist in den AVB-RS in der Version VH 60/01 gestrichen. Versichert sind damit auch öffentlich-rechtlich begründete Schadensersatzansprüche wie die Haftung des nicht bevollmächtigten Anwalts für Gerichtskosten.[163] Ausdrücklich besteht Versicherungsschutz der Haftung des Insolvenzverwalters für Schäden aus §§ 34, 69 AO und vergleichbaren Fällen der persönlichen Haftung wegen Nichtabführung von Sozialversicherungsbeiträgen oder anderen öffentlichen Abgaben, § 18 II Ziff. 2. Direkte Strafzahlungen, Geldbußen, sonstige Zahlungen mit Sanktionscharakter sind öffentlich-rechtliche Ansprüche, bleiben

---

161 BGH NJW 2016, 2110; hier der für den gewerblichen Rechtsschutz und Patentanwälte zuständige X. Senat. Die Lit. lehnt diese zu weitgehende Rspr. des BGH zur Anwaltshaftung ab, z.B. Anm. *Vohwinkel/Huff aE*; Anm. *Keller* GRUR 2016, 630 aE; Anm. *Künzel* GRUR-Prax. 2016, 219 aE.

162 AG Brandenburg BRAK-Mitt. 2024, 174.

163 OLG Köln VersR 2003, 55.

aber nicht versichert, da es sich nicht um gesetzliche Haftpflichtbestimmungen handelt mit der Rechtsfolge einer Zahlung für eine erlittene Vermögenseinbuße. Es handelt sich um Zahlungen, die ein rechtswidriges Verhalten sanktionieren. Versichert sind aber die Regressansprüche des Mandanten gegen den Anwalt, wenn der Mandant aufgrund einer ihm gegenüber bestehenden Pflichtverletzung eine Buße zu zahlen hat, § 1 Rn. 201 ff.

5. Soft Law

Beim Thema „Soft Law" ist schon nicht geklärt, ob es sich um eine gesetzliche Haftpflichtbestimmung handelt und ob hierfür Versicherungsschutz bestehen könnte. Darüber hinaus kann die Verletzung von „Soft Law" zu Sanktionen führen, die der Mandant zu tragen hat, was ein versicherter zivilrechtlicher Anspruch sein könnte. Diese Fälle sind vergleichbar mit Geldbußen/Geldstrafen für Steuerhinterziehung, wenn gerade der Berater den Mandanten vor derartigen Sanktionen schützen sollte wie bei einer Beratung zur Selbstanzeige, siehe dazu ausführlich § 1 Rn. 201 ff.

Grundsätzlich versteht man unter Soft Law im Gegensatz zum Hard Law Vorgaben in der **125** Form einer Empfehlung oder einer bestimmten Erwartung an Unternehmen, ohne dass sie den Rang eines förmlichen Gesetzes haben.[164] Im Gegensatz zum Hard Law beruht das Soft Law nicht auf einem staatlichen souveränen Akt, sondern auf durch nationale oder multinationale Gremien erlassenen Vorgaben. Beispiel hierfür sind die OECD-Leitsätze für Multinationale Unternehmen. Schon im Vorwort wird aber darauf verwiesen, dass die Leitsätze keine rechtsverbindlichen Grundsätze und Maßstäbe enthalten, sondern Empfehlungen der Regierungen an die multinationalen Unternehmen.[165] Die OECD-Leitsätze sollen aber trotzdem gelten, ohne dass das Unternehmen sie mit seinen Vertragspartnern gesondert vereinbart hat. Unternehmen befolgen diese Vorgaben im Rahmen ihrer unternehmerischen Gesellschaftsverantwortung als Corporate Social Responsibility (CSR). Die Unternehmen haben das Ziel ihr unternehmerisches Verhalten verantwortlich zu gestalten gegenüber ihren Geschäftspartnern, der Umwelt, ihren Arbeitnehmern und anderen Interessengruppen, den Stakeholdern. Das Soft Law bestimmt inhaltlich zumeist unternehmerische Sorgfaltspflichten.

Verletzungen von Soft Law können zu Schadensersatzprozessen in Deutschland nach §§ 823 ff **126** BGB mit der Frage der Verbindlichkeit über die einzuhaltenden Sorgfaltspflichten führen, „Soft Law with hard Sanctions". Untergerichtlich ist entschieden, dass ein Verhaltenskodex zwischen einem Unternehmen und dessen Lieferanten („Supplier Code of Conduct") rechtlich nicht zwingend als Vertrag zugunsten Dritter bzw. mit Schutzwirkung für Dritte zu qualifizieren ist. Eine Einbeziehung von etwaigen Arbeitnehmern des Lieferanten in den konkreten Schutzbereich des zwischen Unternehmen und Lieferanten vertraglich etablierten Schuldverhältnisses ist demnach nicht automatisch geboten. Ein Supplier Code of Conduct begründet daher regelmäßig keine taugliche Anspruchsgrundlage für eine zivilrechtliche Haftung des Unternehmens auf Schadensersatz gegenüber Arbeitnehmern des Lieferanten.[166] Oberster Maßstab für eine Verletzung einer Soft Law Bestimmung bleibt, ob das Unternehmen derart sittliche Grundanforderungen, die an jede menschliche und staatliche Ordnung zu richten sind, in so starkem Maße verletzt, dass auch der

164 *Spießhofer* AnwBl 2016, 366 zu CSR und Soft Law und *Grabosch* AnwBl 2016, 384 zu CSR im wirtschaftsrechtlichen Mandat.

165 OECD (2023), OECD-Leitsätze für multinationale Unternehmen zu verantwortungsvollem unternehmerischem Handeln, OECD Publishing, Paris, https://doi.org/10.1787/abd4d37b-de.

166 LG Dortmund, 7 O 95/15 im Verfahren Jabir u.a./KiK Textilien und Non-Food GmbH wg. des Brands in der Textilfabrik in Bangladesch/Pakistan in CCZ 2020, 103 mit Anm. Johnson. Etwaige Zahlungsansprüche waren bereits vor Eingang der Klage verjährt gewesen. Eine inhaltliche Klärung der materiellen Rechtslage nach pakistanischem Recht bedurfte es insoweit nicht.

Handel mit derartig hergestellten Produkten guten kaufmännischen Sitten widerspricht.[167] Das Unternehmen kann dann gegen § 1 GWG verstoßen.

127 Wenn der Anwalt das Unternehmen falsch zum Soft Law beraten hat, z.B. die AGB nicht entsprechend gestaltet hat, und das Unternehmen tatsächlich haftet, würde dies unstrittig zu einem Schaden beim Unternehmen führen. Ob für den Regress des Unternehmens gegen den Anwalt Versicherungsschutz besteht, ist nicht geklärt. Soweit die Soft Law Bestimmung nicht den Rang einer verbindlichen formal-staatlichen Regelung hat, sollte kein Versicherungsschutz für den Regress bestehen. Vergleichbar ist dies mit einer Vereinbarung einer sonstigen vertraglichen Zusage oder Garantie des Anwalts mit seinem Mandanten. Man vereinbart mit der Beratungsleistung, dass das Soft Law über die bestehenden gesetzlichen Haftpflichtbestimmungen hinaus zur Haftungsgrundlage für den Anwalt gemacht wird. Es besteht ein gesteigertes nicht einschätzbares Haftungsrisiko, das als Ausschluss nach § 4 II Ziff. 1 nicht versichert ist. Anders muss es wohl sein, wenn ein staatliches Gericht die Soft Law Bestimmung als rechtsverbindlich im Sinne einer staatlichen Norm anerkennt. Der Anwalt berät in diesem Fall zu einer anerkannten formalen und materiellen Norm. Soweit die Beratung zum Soft Law tatsächlich in diesen Fällen versichert ist, kommt es in den speziellen Regressfällen bei Zahlungen mit Strafcharakter auf den Mandatsinhalt an. Wenn wie in den Fällen der Steuerberaterhaftung bei einer verunglückten Selbstanzeige, der Berater gerade den Mandanten davon bewahren sollte, gegen eine Soft Law Bestimmung zu verstoßen, ist dies ein versicherter Vermögensschaden, siehe zum Regress bei Geldbußen in den Steuerberaterfällen § 1 Rn. 201 ff. Grundsätzlich besteht immer die Möglichkeit sich nach individueller Prüfung über eine Einzelobjektdeckung zu versichern oder einen Vorgang einmalig in die laufende Deckung einzubeziehen.

H. Nicht versicherte Ansprüche auf Rückforderung von Gebühren, Honoraren; Erfüllungsansprüche und Erfüllungssurrogate, § 1 I Ziff. 1 Satz 2

I. Allgemeines

128 Nach § 1 I Satz 2 sind ausgenommen Ansprüche auf Rückforderung von Gebühren oder Honoraren sowie Erfüllungsansprüche und Erfüllungssurrogate. Mit der Begrenzung auf gesetzliche Haftpflichtbestimmung sind diese Ansprüche nicht versichert, da es sich um die Primäransprüche aus der unternehmerischen Tätigkeit selbst handelt. Dies stellt § 1 nochmals klar: Hierzu zählen auch die Ansprüche auf Rückforderung von Gebühren oder Honoraren. Nachbesserungsansprüche oder auch Nacherfüllungsansprüche sind nicht versichert, da es sich um Ansprüche handelt, die auf die Mängelbeseitigung gerichtet sind. Weiter fallen nicht unter die Versicherung vertragliche Zusagen, Garantien und Eigenschäden des Versicherungsnehmers, die eine verschuldensunabhängige Haftung bedeuten. Vertragliche Zusagen und Garantien sind daher deklaratorisch gem. § 4 II Ziff. 1 nicht versichert.

II. Rückforderung von Gebühren oder Honoraren

Nach § 1 I Ziff. 1 Satz 2 sind Ansprüche auf Rückforderung von Gebühren oder Honoraren nicht versichert.

167 BGH NJW 1980, 2018.

1. Vergütungsanspruch des Rechtsanwalts

Der Rechtsanwalt erhält für seine anwaltliche Leistung die entsprechende Vergütung, bei einer Geschäftsbesorgung, der regelmäßig eine Dienstleistung zugrunde liegt, nach §§ 675 Abs. 1, 611 BGB und bei einem Werkvertrag nach §§ 675 Abs. 1, 631, 632 Abs. 2 BGB. Der Anwalt behält seinen Vergütungsanspruch aus einem Anwaltsdienstvertrag, unabhängig von der Güte der erbrachten Leistung. Den Anspruch wegen einer unzureichenden und pflichtwidrigen Leistung des Rechtsanwalts kann der Mandant nicht mindern. Das Dienstvertragsrecht kennt keine Gewährleistung, §§ 611, 675 BGB.[168] Der Vergütungsanspruch des Anwalts entfällt nur dann, wenn er sich selbst vertragswidrig verhalten hat. Das kann vorliegen, wenn der Rechtsanwalt über einen grob fahrlässigen Pflichtenverstoß hinaus einen nach § 356 StGB strafbaren Parteiverrat begangen hat.[169] Anders bei einem ausnahmsweise vorliegenden Werkvertrag, wie z.B. bei der Erstellung eines Gutachtens, einer Due Diligence oder einem Vertragsentwurf. Der Mandant kann die Vergütung bei Schlechterfüllung durch den Anwalt mindestens kürzen, z.B. wenn der Vertragsentwurf mangelhaft oder unvollständig ist, §§ 633 ff BGB.[170] Mögliche Anspruchsgrundlagen für die im Übrigen nicht versicherte Gebührenrückforderung, soweit nicht ein Berufsfehler hinzukommt, sind daher: Schadensersatz bei Kündigung zur Unzeit ohne wichtigen Grund; § 627 Abs. 2 Satz 2 BGB; Verlust des Gebührenanspruchs, § 628 Abs. 1 Satz 2, 3 BGB; Rückzahlung nach § 346 BGB bzw. nach Bereicherungsrecht; Schadensersatzanspruch bei Auflösungsverschulden, § 628 Abs. 2 BGB; Bereicherungsrecht, so z.B. bei Überzahlung von Gebühren. 129

Aus einer Vergütungsvereinbarung, die nicht den Anforderungen des § 3a Abs. 1 Satz 1 und 2 oder des § 4a Abs. 1 und 2 RVG entspricht, kann der Rechtsanwalt keine höhere als die gesetzliche Vergütung fordern. Die Vergütungsvereinbarung bleibt auch bei gesetzlichen Formverstößen wirksam, aber der Anwalt kann nur den jeweils niedrigsten Betrag, entweder RVG oder das Vereinbarte fordern. Eine Vergütungsvereinbarung ist nur dann „deutlich abgesetzt“, wenn der Vertrag die Vergütungsvereinbarung in einem gesonderten und entsprechend gekennzeichneten Abschnitt oder Paragrafen regelt. Sie muss optisch eindeutig von den anderen im Vertragstext enthaltenen Bestimmungen abgegrenzt sein. Wenn die Vereinbarung gegen die Formvorschriften des § 3a Abs. 1 RVG verstößt, kann der Mandant vom Anwalt die zu viel gezahlte Anwaltsvergütung zurückfordern, was jedoch nach § 1 nicht versichert ist. Ein Verzicht darauf ist nur in sehr engen Grenzen möglich, wie bei Kenntnis der Nichtleistungsverpflichtung.[171] 130

2. Gebühren als Schadensersatzanspruch

Kein Versicherungsschutz besteht, wenn es sich um einen Rückforderungsanspruch auf Herausgabe oder um einen bereicherungsrechtlichen Anspruch handelt, da es sich um keinen gesetzlichen Haftpflichttatbestand handelt. Versicherungsschutz besteht jedoch, wenn die Gebührenrückforderung Teil des kausalen Vermögensschadens ist. Beispiel: Der Anwalt hätte eine Forderung seines Mandanten vor Gericht abwehren können, wenn er die Einrede der Verjährung erklärt hätte. Die Gebühren sind vom Versicherungsschutz umfasst, denn bei ordnungsgemäßer Beratung hätte der Mandant den Prozess gewonnen. Der gegnerische Mandant hätte die Gebühren von beiden Anwälten und die Gerichtskosten begleichen müssen, die jetzt der fehlerhaft vertretene Mandant zu zahlen hat. Die Anwaltsgebühren des Anwalts bilden eine Schadenposition.[172] Nur die Gebühren und Auslagen sind erstattungspflichtig, die tatsächlich angefallen sind 131

168 BGH NJW 1981, 1211; NJW 2002, 1572; NJW 2010, 1364.
169 BGH NJW 2004, 2817.
170 HBAnw/*D. Fischer* § 2 Rn. 529; BGH BeckRS 2005, 5869.
171 *Römermann/Günther* NJW 2016, 1001 zu BGH BeckRS 2016, 01091 und BeckRS 2015, 18767.
172 BGH NJW 2004, 2817.

und zu deren Zahlung der Kostengläubiger seinem Rechtsanwalt verpflichtet ist.[173] Muss der Rechtsanwalt eine Honorarkürzung seitens seines Mandanten hinnehmen, entfällt auch ein Erstattungsanspruch in entsprechender Höhe.[174] Wenn der Mandant nicht eindeutig darlegt, ob es sich um einen versicherten Haftpflichtanspruch oder einen nicht versicherten Honorarrückforderungsanspruch aufgrund Unzufriedenheit des Mandanten mit der Leistungserbringung handelt, gilt folgendes: Es muss sich bei dem geltend gemachten Anspruch im Kern um einen Haftpflichtanspruch handeln. Unerheblich ist die Form der Geltendmachung. Handelt es sich bei dem vermeintlichen Honorarrückzahlungsverlangen um eine Haftpflichtforderung, besteht daher Versicherungsschutz. Geht es aber um eine reine Rückforderung von Überzahlungen, z.B. zu hoher Gegenstandswert abgerechnet, besteht kein Versicherungsschutz. Bei zunächst unklarer Sach- und Rechtslage prüft der Versicherer in Zusammenarbeit mit dem Anwalt, ob es sich um einen versicherten Schadensersatzanspruch handelt. Wenn feststeht, dass ein nicht versicherter Anspruch vorliegt, sind die Kosten dem Versicherer zurückzuerstatten. Zu weitgehend ist daher einen versicherten Herausgabeanspruch anzunehmen, wenn der Anwalt gegen einen unstreitigen Anspruch auf Herausgabe von Fremdgeld mit offensichtlich unbegründeten Honorarforderungen aufrechnet.[175] Es kommt auf den Herausgabeanspruch an, der aber nicht versichert ist.

132 Nicht versichert bleibt die Gebührenforderung, wenn die Stundenanzahl nicht korrekt war, der Gegenstandswert zu hoch angesetzt war oder falsche Gebührentatbestände zugrunde gelegt wurden.[176] Gleiches gilt, wenn der Anwaltsvertrag nicht wirksam ist. Dies kann darauf beruhen, dass der Vertrag nichtig ist aufgrund Anfechtung oder Verstoß gegen Verbotsgesetze.[177] Die Rückforderung der Gebühren richtet sich nach dem Bereicherungsrecht. Der Ausschluss ist für diese Fälle deklaratorisch. Ebenfalls besteht kein Versicherungsschutz, wenn die Rückforderung des Honorars darauf beruht, dass der Anwalt zu hohe Gebühren verlangt hat, weil er nicht den einfacheren Weg vorgeschlagen hat. Der Anwalt hat aus Sicht des Mandanten eine Pflichtverletzung begangen. Der Mandant fordert nach § 280 BGB als Schadensersatz die Differenz zu den eigentlich zugrunde zulegenden Gebühren zurück. Auch dieser Schadensersatzanspruch ist von § 1 I Ziff. 1 Satz 2 ausgeschlossen. Nach dem Wortlaut ist jegliche Rückforderung von Gebühren oder Honoraren ausgeschlossen, gleich in welcher Höhe auch ein Schadensersatzanspruch besteht.[178]

3. Gebühreneinwurf

133 Nach den AVB-RS rechnet der Versicherer nicht mit den vereinnahmten Gebühren des Anwalts auf, wenn der Versicherer den Anwalt von einem berechtigten Schadensersatzanspruch eines Dritten freistellt. Wenn man verrechnet, nennt man dies Gebühreneinwurf. Begründet hatte man in früheren Bedingungswerken den Gebühreneinwurf damit, dass der Anwalt nicht an einem Schadenfall verdienen soll. Der Anwalt behält aber seinen Gebührenanspruch, unabhängig davon, welche Leistung er erbracht hatte. Der Gebühreneinwurf ist mit dem Schutzzweck der Pflichtversicherung nicht vereinbar. Die Pflichtversicherung schützt nicht nur den Mandanten, sondern auch den Anwalt vor finanziellem Ruin. Daneben ist der Selbstbehalt in Höhe von max. 2.500 EUR zu beachten, der dann höher ausfallen würde.

---

173 BGH NJW 2008, 1087.
174 BeckOK ZPO/*Jaspersen* § 91 Rn. 166.
175 OLG Düsseldorf BeckRS 2017, 158318.
176 *Chab* AnwBl 2012, 922, 923.
177 *Diller* § 1 Rn. 84 zur Formunwirksameit der Honorarforderung.
178 *Chab* AnwBl 2012, 922, 923 *Diller* § 1 Rn. 85.

III. Erfüllungsansprüche und Erfüllungssurrogate

1. Abgrenzung Erfüllungsansprüche, Erfüllungssurrogate und Haftpflichtansprüche

Nach § 1 I Ziff. 1 Satz 2 sind Erfüllungsansprüche und Erfüllungssurrogate nicht versichert. Es 134
handelt sich um eine deklaratorische Klausel. Nach § 51 BRAO sind nur gesetzliche Haftpflichtbestimmungen zu versichern und nicht Erfüllungsansprüche, ebenso wenig wie Erfüllungssurrogate. Erfüllungssurrogat sind alle Tatbestände, die zum Erlöschen einer Schuld führen und dabei dem Gläubiger anstelle der ihm an sich geschuldeten Leistung einen äquivalenten Ersatz verschaffen, wie z.B. Nacherfüllung, Selbstvornahme, wegen Schäden, die verursacht werden, um die Nacherfüllung durchführen zu können, wegen des Ausfalls der Nutzung des Vertragsgegenstandes oder wegen des Ausbleibens des mit der Vertragsleistung geschuldeten Erfolges, auf Ersatz vergeblicher Aufwendungen im Vertrauen auf ordnungsgemäße Vertragserfüllung oder wegen anderer an die Stelle der Erfüllung tretender Ersatzleistungen.[179] Eine Ausnahme der Versicherung von Erfüllungsersatzansprüchen ist die Anderkontendeckung. Wenn der Anwalt z.B. an einen falschen Empfänger das Geld überweist, über das er als Treuhänder nach den Bedingungen eines Anderkontos verfügen kann, ist die Erfüllung oder ein Schadensersatz gegenüber dem richtigen Empfänger versichert, siehe Anderkontendeckung § 17 Rn. 14 ff.

Der wirtschaftliche Sinn der Regelung ist, dass der Versicherungsnehmer gegen Schadensersatzansprüche Dritter geschützt werden soll, die unbeabsichtigt bei der Ausübung seines Berufes erwachsen. Der Versicherer soll dem Versicherungsnehmer aber nicht die Erfüllung willentlich eingegangener Verbindlichkeiten oder daraus entstehender Erfüllungssurrogate abnehmen.[180] Ansprüche auf reine Vertragserfüllung sind auch nicht versicherbar, da es sich um keine Schadensersatzansprüche handelt, sondern um unternehmerische Tätigkeiten. Dies trifft auch für die unmittelbaren Rechtsfolgen zu, die bei nicht ordnungsmäßiger Erfüllung eintreten. Es kann dabei keinen Unterschied machen, welche Rechte der Gläubiger bei Schlechterfüllung hat, ob er eine Nachbesserung, die Erstattung aufgewandter Nachbesserungskosten oder eine Ersatzleistung beanspruchen kann.[181] Nach anderer Ansicht sind zumindest Erfüllungsersatzansprüche nicht vom Versicherungsschutz ausschließbar, da der Ersatzanspruch anstelle der Primärleistung tritt.[182] Dem ist nicht zu folgen, da der Erfüllungsersatzanspruch des Mandanten auch weiterhin auf die vertraglich vereinbarte Leistungspflicht abzielt. Es besteht andernfalls die Gefahr, dass der unternehmerische und wirtschaftliche Erfolg mitversichert ist.

Entscheidend ist die nicht immer einfache Abgrenzung zwischen Erfüllungs-/Erfüllungsersatz- 135
anspruch und Schadensersatzanspruch. Dies erfolgt anhand einer wertenden Beurteilung. Steht die ordnungsgemäße Erbringung oder Nachbesserung der vom Versicherungsnehmer vertraglich zugesagten Leistung im Vordergrund – nicht versichert – oder der Ausgleich eines für den Versicherungsnehmer nicht vorhersehbaren Folgeschadens – versichert.[183] Grundsätzlich sind Erfüllungssurrogate solche Ansprüche, die auf den Gegenwert derjenigen Leistung gerichtet sind, die der Versicherungsnehmer aufgrund seiner vertraglichen Erfüllungspflichten hätte erbringen müssen. Nicht allein die geltend gemachte Anspruchsgrundlage, sondern die Berücksichtigung des tatsächlich Verlangten und der Inhalt des vertraglichen Leistungsversprechens bestimmen die Einordnung. Ist der Umfang des vertraglichen Leistungsversprechens ermittelt, sind alle Ansprü-

---

179 BGH VersR 1961, 265, 266; BGH VersR 1962, 534 f.; BGH VersR 1962, 1049 f.; BGH, NJW 1975, 1278; BGH, VersR 1985, 1153; Littbarski/Tenschert/Klein/*Littbarski* § 4 Rn. 306f. In den Musterbedingungen AHB in A1-3.2 sind die Ersatzansrprüche aufgezählt und ausgeschlossen.

180 BGH NJW 1971, 429 zur Deckungspflicht der Berufshaftpflichtversicherung eines Architekten.

181 BGH NJW 1964, 1025.

182 OLG Stuttgart VersR 1999, 961.

183 Gräfe/Brügge/Melchers/*Brügge* B Rn. 171.

che, die das Zurückbleiben der tatsächlichen Leistung hinter dem Versprochenen ausgleichen sollen, als Erfüllungssurrogate zu sehen.[184]

136 Ein versicherter Schadensersatzanspruch liegt vor, wenn zwar formal eine Nachbesserung vorliegt, aber inhaltlich ein früherer Fehler beseitigt wird. Der Mandant macht die Gebühren seines aktuellen Steuerberaters im Wege eines Schadensersatzanspruchs gegenüber seinem früheren Steuerberater geltend, weil der aktuelle Steuerberater Fehler des früheren Steuerberaters entdeckt und beseitigt hat.[185] Es entstehen Kosten, weil der Berater seine Buchführungspflichten so verletzt hat, dass der Wirtschaftsprüfer den Jahresabschluss nochmals machen musste.[186] Ein versicherter Schadensersatzanspruch liegt vor, wenn ein Dritter gegenüber seinem Berater geltend macht, dass er eine Beratungs-, Aufklärungs- und Hinweispflicht verletzt hat.[187] Denkbar sind Fälle bei denen der die Nutzung des Vertragsgegenstandes ausfällt oder der Erfolg, der mit der Beratung geschuldet war, ausgeblieben ist, z.B. die Patentanmeldung oder falsche Berechnung der Steuerschuld. Auch kann der Ersatz vergeblicher Aufwendungen im Vertrauen auf ordnungsgemäße Vertragserfüllung versichert sein, wenn z.B. der Notar die Grundstücksübertragung beurkundet und die Vormerkung eintragen soll. Der Notar versäumt die Frist und der Käufer hat bereits den Architekten beauftragt. Die vergebliche Aufwendung ist versichert, soweit die haftungsausfallende Kausalität besteht. Bei Werkverträgen wie Rechtsgutachten, Legal Opinion, Due Diligence Reports ist der Anspruch auf Nachbesserung wg. fehlerhafter Erstellung ein nicht versicherter Erfüllungsersatzanspruch.

137 Der Mittelverwendungskontrolleur, der in das „Sicherheitssystem" eines Anlagemodells eingeschaltet ist, hat den Anlegern ihre Einlagen herauszugeben, wenn er die Transaktionen nicht ordnungsgemäß überwacht. Der Anspruch ist nicht versichert, da es sich um einen Erfüllungsanspruch handelt, §§ 675, 667 BGB; somit auch unabhängig davon, ob die Tätigkeit grundsätzlich versichert ist über die Berufshaftpflichtversicherung.[188] Ebenfalls handelt es sich um einen nicht versicherten Erfüllungsanspruch, wenn ein Anwalt als Treuhänder einer Bank den Schaden zu ersetzen hat, der sich dadurch ergibt, dass er Bürgschaften pflichtwidrig vorzeitig weitergibt, was als Tätigkeit bei einem Anwalt ohnehin grundsätzlich nicht versichert ist.[189] Wenn der Anwalt Sachen nicht mehr herausgeben kann, die er aufgrund seiner anwaltlichen Tätigkeit erlangt hat, ist nach dem Interesse des Mandanten und seinem Sachvortrag zu differenzieren. Soweit der Mandant Schadensersatz als Ausgleich für die nicht erbrachte Primärleistung verlangt, liegt ein nicht versicherter Anspruch vor, da es sich bei dem Herausgabeanspruch um keinen gesetzlichen Haftpflichtanspruch handelt. Soweit der Mandant einen Schadensersatz als weitere Folge der nicht mehr möglichen Herausgabe fordert, z.B. weil die Klage unvollständig vorbereitet wurde, liegt der Schwerpunkt auf einem versicherten Verstoß des Anwalts bei seiner Berufstätigkeit.[190]

2. Bereicherungsrecht

138 Bereicherungsrechtliche Ansprüche sind nicht versichert, da es sich um keinen Schadensersatzanspruch aufgrund eines eingetretenen Vermögensschadens handelt. Es geht vielmehr um die Herausgabe dessen, was der anderer rechtsgrundlos erhalten hat.

184 OLG Düsseldorf GI 2009, 100.
185 BGH GI 2007, 45.
186 OLG Düsseldorf BeckRS 2008, 25293.
187 OLG Stuttgart VersR 1999, 961 im Deckungsprozess eines Baubetreuers gegen seinen Versicherer; dem OLG ist aber insoweit nicht zu folgen, als es die Deckung für ein Erfüllungssurrogat bejahte, auf die es aber letztendlich nicht mehr ankam, da Deckung aufgrund eines Schadensersatzanspruchs bestand.
188 BGH NJW-RR 2004, 121; WPM 2003, 2382.
189 BGH NJW 2002, 2459.
190 Gräfe/Brügge/Melchers/*Brügge* B 174; anders *Diller* § 1 Rn. 107.

Insolvenzverwalter haften persönlich für fehlgeleitete Zahlungen, die auf einem von einem Rechtsanwalt als Insolvenzverwalter oder Treuhänder eingerichteten Anderkonto eingehen. In der laufenden Berufshaftpflichtversicherung besteht kein Versicherungsschutz für die Inanspruchnahme nach Bereicherungsrecht gegenüber einem als Insolvenzverwalter tätigen Berufsträger, da nach den Besonderen Bedingungen und Risikobeschreibung für Anwälte nach §§ 14 ff iVm § 1 nur die gesetzlichen Haftpflichtansprüche versichert sind. Die bereicherungsrechtlichen Ansprüche können aber dann versichert sein, wenn der Insolvenzverwalter ein Einzelobjekt als gesonderte Versicherung einer individuellen Insolvenz abschließt. 139

IV. Ausländische Bestimmungen

Nach § 1 I Ziff. 1 besteht Versicherungsschutz aufgrund eines Anspruchs, der auf einer gesetzlichen Haftpflichtbestimmung beruht. Die gesetzliche Bestimmung ist nicht beschränkt auf das deutsche Haftpflichtrecht. Es besteht Versicherungsschutz für die Verletzung jeglicher Haftpflichtbestimmung, ob der Anspruch auf eine inländische oder ausländische Rechtsgrundlage gestützt ist.[191] Dies ergibt sich aus den gem. § 51 BRAO zulässigen Ausschlüssen mit Auslandsbezug. Danach ist die Inanspruchnahme vor Gerichten, auch vor ausländischen Gerichten, für den Pflichtversicherungsbereich nicht ausschließbar, ebenso wenig wie die Beschäftigung mit europäischem Recht. Die gesetzlichen Haftpflichtbestimmungen umfassen die Ansprüche, die auf einem Verstoß bei der Beratung zum nationalen Recht eines europäischen Staats beruhen und vor einem ausländischen Gericht aufgrund der entsprechenden ausländischen Haftpflichtnorm eingeklagt werden nach § 51 BRAO. Versicherungsschutz besteht nicht, wenn die Ansprüche auf US-Recht/kanadischem Recht beruhen, soweit der Anwalt diese Rechtsordnungen nicht ausdrücklich mitversichert hat. Zu beachten ist auch, dass für den Versicherungsschutz aus der Inanspruchnahme vor außereuropäischen Gerichten ein Sublimit in Höhe der Mindestpflichtversicherungssumme von 250.000 EUR für Anwälte und 1 Mio/2,5 Mio EUR für Berufsausübungsgesellschaften besteht, siehe dazu ausführlich § 15 I Ziff. 4 Satz 2 Rn. 34 ff. 140

V. Anspruchskonkurrenz

Der Mandant oder ein Dritter kann seinen Schadensersatzanspruch auf verschiedene Anspruchsgrundlagen stützen. Dabei genügt für den Versicherungsschutz, dass einer der Anspruchsgrundlagen ein gesetzlicher Haftpflichtanspruch ist.[192] Andernfalls würde der Versicherungsschutz von der gewählten Anspruchsgrundlage abhängen. Insbesondere der Abwehrschutz im vorprozessualen Bereich wäre damit nicht gewährleistet, da die tatsächliche Anspruchsgrundlage weder für Versicherer noch für den Versicherungsnehmer exakt voraussehbar ist. Es hängt auch nicht davon ab, welche Anspruchsgrundlage erfolgversprechender oder gewichtiger ist, da es allein auf das Vorhandensein eines möglichen versicherten Schadensersatzanspruchs ankommt, der die Leistungspflicht in Form der Abwehrleistung des Versicherers nach sich zieht. Voraussetzung bleibt jedoch, dass der Anspruch auf einem Verstoß bei einer anwaltlichen oder sonstigen versicherten persönlichen amtsähnlichen Tätigkeit beruht. Zwar kann der Anwalt aufgrund eines gesetzlichen Haftpflichttatbestandes haften, aber es kann an einer Deckung hierzu fehlen, da keine versicherte Tätigkeit vorliegt. Z.B. ist die isolierte Treuhand ohne jegliche Rechtsberatung eine nicht versicherte Tätigkeit. Wenn vertraglich beschränkte Ansprüche und deliktische Ansprüche nebeneinander bestehen, sind sie nach Voraussetzung und Rechtsfolgen selbständig zu beurteilen. Ob vertragliche Haftungsbeschränkungen die deliktische Haftung modifizieren, ist auszulegen, soweit nicht ausdrücklich geregelt. 141

---

191 *Diller* § 1 Rn. 66.

192 BGH NJW 1998, 3486.

I. Haftung gegenüber Nichtmandanten (Dritthaftung) und Versicherungsschutz

I. Allgemeines

142 Nach § 1 I Ziff. 1 Satz 1 besteht Versicherungsschutz, wenn „ein anderer" einen Anspruch gegenüber dem Anwalt geltend macht. Regelmäßig ist dies der Mandant. Der Anwalt haftet für schuldhafte Vertragsverletzungen nach § 280 BGB des Mandatsvertrags. Grundlage hierfür ist der Dienstvertrag oder Werkvertrag in Form des Geschäftsbesorgungsvertrags. Der Anwalt haftet jedoch auch für Dritte, die nicht Mandanten sind.

Die Rspr. hat verschiedene vertragliche und vorvertragliche Konstruktionen entwickelt, um dem Dritten einen direkten Anspruch gegenüber dem Anwalt zu ermöglichen.[193] Die Dritthaftung tritt bei Steuerberatern und Wirtschaftsprüfern häufiger auf als bei Rechtsanwälten aufgrund ihrer wirtschaftsberatenden Ausrichtung, z.B. als Mittelverwendungskontrolleur, Treuhandkommanditist, Ersteller von Prospekten etc. Für den Versicherungsschutz ist entscheidend, dass die Berufshaftpflichtversicherung vertragliche Deckungserweiterungen nicht umfasst, da nur die Inanspruchnahme aufgrund gesetzlicher Haftpflichtbestimmungen gedeckt ist. § 4 II Ziff. 1 wiederholt deklaratorisch diese Beschränkung: Der Versicherungsschutz bezieht sich nicht auf Haftpflichtansprüche, soweit sie auf Grund Vertrages oder besonderer Zusage über den Umfang der gesetzlichen Haftpflicht hinausgehen.

II. Einzelheiten der Dritthaftung

143 Grundlage für die Dritthaftung bilden der Vertrag mit Schutzwirkung zugunsten Dritter, Auskunftsvertrag, Treuhandvertrag, Verschulden bei Vertragsschluss und Prospekthaftung.

1. Vertrag mit Schutzwirkung zugunsten Dritter

144 Die Rspr. hat den Vertrag mit Schutzwirkung zugunsten Dritter entwickelt. Der Dritte ist in den Schutzbereich des Mandatsvertrags so einbezogen, dass er aus dem ihm fremden Mandatsvertrag einen eigenen sekundären Schadensersatzanspruch gegen den Anwalt hat. Voraussetzungen sind: Erkennbarkeit der Einbeziehung des Dritten für den Anwalt; Leistungsnähe in dem Sinne, dass die anwaltliche Beratungsleistung das Vermögen des Dritten typischerweise beeinträchtigen kann; berechtigtes Interesse des Mandanten am Schutz des Dritten und Schutzbedürftigkeit des Dritten.[194] Es soll dem Dritten nur dann ein eigener Schadensersatzanspruch zustehen, wenn die Vertragserklärungen und das Verhalten der Vertragspartner eindeutige Anhaltspunkte dazu bieten.[195] Der Anwaltsvertrag baut auf einem Vertrauensverhältnis zwischen Mandant und Anwalt auf und ist deshalb vom Inhalt her streng zweiseitig ohne Außenwirkung angelegt. Interessen Dritter am Ergebnis der anwaltlichen Tätigkeit können im Allgemeinen nicht zu einer Haftungserweiterung des Anwalts führen, selbst wenn diese Personen dem Rechtsanwalt benannt oder gar bekannt sind.[196]

145 Die Berufshaftpflichtversicherung umfasst die Haftung des Anwalts aus Vertrag mit Schutzwirkung zugunsten Dritter.[197] Bei diesem Schadensersatzanspruch handelt es sich nicht um eine

193 HBAnw/*D. Fischer* § 8 Rn. 1 ff.
194 BGH NJW 1971, 1931; NJW 1996, 2927.
195 BGH NJW 2004, 3035.
196 LG Stuttgart AnwBl 2015, 625, das hier das OLG Düsseldorf NJW-RR 1986, 730 zitiert.
197 *Diller* AnwBl 2010, 52 ff; *Zugehör* NJW 2000, 1601; anders *Kahmann/Vitzthum* VersR 2009, 21.

Erweiterung eines gesetzlich bestehenden Haftpflichtanspruchs, sondern um einen Fall einer gesetzlichen Haftung.

Versicherungsschutz liegt vor:

a) Angehörige als Dritte. Der Anwalt haftet den Angehörigen des Mandanten, soweit nach Sinn und Zweck der Beratung gerade auch gegenüber ihnen eine Sorgfalts- und Obhutspflicht besteht und insbesondere der Anwalt auch damit rechnen kann. Versicherungsschutz besteht für: Kinder in einem für sie begünstigenden Testament,[198] in einer Scheidungsvereinbarung,[199] in einem zu spät gekündigten Mietvertrag,[200] für die Ehefrau einer Ruhegeldvereinbarung[201] oder für die gesetzlichen Erben einer Anfechtung eines Erbvertrags.[202] Die Schutzbedürftigkeit fehlt dann, wenn es bei dem Mandanten selbst nur um die eigenen Vermögensinteressen geht, wie bei einer Scheidungsvereinbarung zugunsten des früheren Ehemanns[203] oder auch eine verzögerte Scheidung zugunsten des neuen Ehemanns[204] oder den Kindern eines Erben, die bei richtiger Beratung keine Erbschaftssteuer zu zahlen gehabt hätten.[205] 146

b) Gesellschafter und Gründer von juristischen Personen und sonstige nahestehende Personen als Dritte. Der Anwalt haftet den Gesellschaftern oder Gründern einer juristischen Person, bei denen eine enge Beziehung zum Mandanten besteht.[206] Versicherungsschutz besteht für: Die GmbH, wenn Mandanten die Gesellschafter sind, wenn gerade die GmbH Gegenstand der Beratung war und das Ergebnis der Beratung unmittelbaren Einfluss auf den Schuldenstand der GmbH hatte.[207] Umgekehrt sind die Gesellschafter in den Beratungsvertrag der GmbH einbezogen, wenn es um die Risiken einer verdeckten Sacheinlage geht.[208] In den Schutzbereich fallen auch Tochtergesellschaften der auftraggebenden Gesellschaft, die durch die Falschberatung einen Verzögerungsschaden erleiden.[209] Der mit der Erstellung eines Jahresabschlusses für eine GmbH beauftragte Steuerberater hat die Mandantin auf einen möglichen Insolvenzgrund und die daran anknüpfende Prüfungspflicht ihres Geschäftsführers hinzuweisen, wenn entsprechende Anhaltspunkte offenkundig sind und er annehmen muss, dass die mögliche Insolvenzreife der Mandantin nicht bewusst ist.[210] Der Gesellschafter und der Geschäftsführer können in den Schutzbereich eines zwischen einer GmbH und einem Steuerberater geschlossenen Vertrages einbezogen sein, wenn der Steuerberater einem öffentlich bestellten Sachverständigen oder Wirtschaftsprüfer gleichzustellen ist.[211] Die Hinweis- und Warnpflicht des Rechtsberaters bei möglichem Insolvenzgrund kann Drittschutz für den Geschäftsleiter der juristischen Person oder Gesellschaft ohne Rechtspersönlichkeit entfalten. Voraussetzung ist ein Näheverhältnis zu der nach dem Mandats- 147

198 BGH NJW 1965, 1955.
199 BGH NJW 1977, 2073.
200 LG München NJW 1983, 1621.
201 BGH NJW 1988, 200.
202 OLG Hamm NJWE-VHR 1998, 130.
203 OLG Düsseldorf NJW-RR 1986, 730.
204 OLG Düsseldorf VersR 2007, 1083.
205 LG Köln NJW 1981, 351.
206 Borgmann/Jungk/Schwaiger/*Jungk* § 33 Rn. 27.
207 BGH NJW 1986, 581; konkret hatten die Hausanwälte der Gesellschafter nicht über die Möglichkeit des § 25 Abs. 2 HGB aufgeklärt, die Haftung der GmbH für Altschulden zu vermeiden und im Übrigen die Kostenrechnung an die GmbH adressiert.
208 BGH NJW 2000, 725.
209 BGH NJW-RR 2007, 857.
210 BGH DStR 2017, 942 LS 4 und Rn. 14 unter teilweiser Aufgabe von BGH WM 2013, 1081 mit ablehnender Anm. *Brügge* VersR 2018, 705.
211 BGH DStR 2012, 1825.

vertrag geschuldeten Hauptleistung. In den Schutzbereich des Vertrags bei Verletzung der Hinweis- und Warnpflicht bei möglichem Insolvenzgrund kann auch ein faktischer Geschäftsleiter einbezogen sein.[212] Nicht einbezogen ist der Ministerpräsident eines Bundeslandes in den Schutzbereich eines Beratungsvertrages des Landes mit einem Rechtsanwalt.[213] Der Vertragsgegner ist aufgrund der gegenläufigen Interessen ebenfalls regelmäßig nicht in den Schutzbereich einbezogen.[214] Dritter kann aber auch der Anspruchsgegner des Anwalts sein bei unberechtigter Schutzrechtsverwarnung. Der Anwalt haftet deliktisch aufgrund eines schuldhaften Eingriffs in den eingerichteten und ausgeübten Gewerbebetrieb.[215]

2. Expertenhaftung

148 Der Einbezug von Dritten kann sich aus der besonderen Sachkunde der Anwälte, Steuerberater oder Wirtschaftsprüfer ergeben. Die Berufsträger sind geprüfte Experten und üben Tätigkeiten aus, die allein ihnen vorbehalten sind. Die Rspr. stützt die Ansprüche der Expertenhaftung auf selbständige Auskunftsverträge, aus Auskunftspflicht, Werkvertrag oder dem Prüfvertrag, die eine Schutzwirkung zugunsten Dritter haben und auch dem Deliktsrecht, um die Lücken einer fehlenden vertraglichen Haftung zu ergänzen.[216] Die Unzulänglichkeiten des Drittschutzes dürfen jedoch nicht durch eine angenommene Vertragshaftung übertrieben werden, da der Anwalt sowohl gegenüber dem Dritten als auch seinem Mandanten haftet und sein Berufsrisiko damit verdoppelt.[217] Bei der insolvenznahen Krisenberatung besteht für Anwälte und Steuerberater eine verschärfte Beraterhaftung. Die Hinweis- und Warnpflicht des Rechtsberaters greift aber bei möglichem Insolvenzgrund nur unter engen Voraussetzungen ein. Geschuldet sind Hinweis oder Warnung erst, wenn dem Berater der mögliche Insolvenzgrund bekannt wird, dieser für ihn offenkundig ist oder der Insolvenzgrund sich ihm bei ordnungsgemäßer Bearbeitung des Mandats aufdrängt. Die bloße Erkennbarkeit reicht nicht aus. In den Schutzbereich des Vertrags kann auch ein faktischer Geschäftsleiter einbezogen sein. Dessen Einbeziehung setzt aber die Erkennbarkeit seiner Existenz für den Rechtsberater voraus.[218] Die berufsrechtliche Haftung der Anwälte aufgrund besonderer Sachkunde sieht im Übrigen z.B. das englische Deliktsrecht als Tort Of Negligence vor als Hauptanspruchsgrundlage.[219]

149 Der Versicherungsschutz nach § 1 umfasst die Fälle der Dritthaftung aus Auskunftsvertrag, Prospekthaftung, dem Vertrag mit Schutzwirkung zugunsten Dritter und §§ 823 ff BGB, weil es sich um gesetzliche Haftpflichtbestimmungen handelt. Ein stillschweigender Auskunftsvertrag des Anwalts kommt mit dem Dritten zustande, wenn nach den Gesamtumständen ein schlüssiges Verhalten des jeweiligen Berufsträgers zum Abschluss eines Vertrags vorliegt.[220] Er ist dann anzunehmen, wenn die Auskunft für den Empfänger erkennbar von erheblicher Bedeutung ist und er sie zur Grundlage wesentlicher Entschlüsse machen will. Der Einbezug des Dritten kommt in Betracht, wenn ein Kapitalgeber seine Kredit- und Investitionsentscheidung auf der Grundlage des Beratungsergebnisses gegenüber dem Auftraggeber trifft. Die Geschäftsbank vergibt oder verlängert ihren Kredit auf der Basis des Jahresabschlusses des Auftraggebers.[221] Die Haftung reicht

212 BGH r+s 2023, 774.
213 BGH DStR 2016, 2551 „Mappus-Fall“.
214 BGH NJW 1991, 32.
215 BGH NJW 2016, 2110.
216 BGH NJW 1996, 2927; NJW 2004, 3035.
217 HBAnw/*D. Fischer* § 11 Rn. 34; BGH NJW 1991, 23.
218 *Dahl/Taras* NJW-Spezial 2023, 629.
219 *Triebel/Silny* NJW 2008, 1034.
220 BGH NJW 1986, 180 speziell für den Steuerberater; BGH NJW 1972, 678 für den Rechtsanwalt; BGH NJW 1973, 321 für Wirtschaftsprüfer.
221 BGH NJW 1997, 1235.

jedoch nur so weit, wie der Berater die Verantwortung für die Richtigkeit seiner Erklärungen übernimmt.[222] Ein Strafverteidiger haftet aus einem Auskunftsvertrag gegenüber einem Dritten als Kautionsgeber, wenn er auf Nachfrage eine rechtlich unzureichende Auskunft über die Risiken der Bereitstellung einer Kaution abgibt. Es besteht aber kein Vertrag mit Schutzwirkung zugunsten des Dritten als Kautionsgeber, wenn der Verteidiger den Beschuldigten unzureichend zum Pfändungsschutz aufklärt.[223] Für die Haftung aus dem Auskunftsvertrag besteht Versicherungsschutz.

Wg. unerlaubter Handlung gem. § 826 BGB haftet der Anwalt, wenn er ohne Prüfung Behaup- 150
tungen „ins Blaue" hinein aufstellt.[224] Hierfür besteht jedoch kein Versicherungsschutz, soweit der Versicherungsnehmer vorsätzlich den Versicherungsfall herbeigeführt hat, § 103 VVG, oder eine wissentliche Pflichtverletzung begangen hat, § 4 I Ziff. 3. Der steuerlicher Berater, der zur Vereitelung eines Regressanspruchs seinem Auftraggeber vorspiegelt, eine – bereits rechtskräftig abgewiesene – Klage gegen einen Steuerbescheid sei noch anhängig und werde erfolgreich sein, kann aus § BGB § 826 BGB zum Schadensersatz verpflichtet sein.[225] Der Berater einer Anlagegesellschaft haftet als Gehilfe einer Anlagegesellschaft gegenüber den Anlegern, wenn er die sittenwidrige Praxis der Anlagegesellschaft, Kapitalerhaltungsgarantien zu versprechen, ohne dass diese mit Eigenkapital unterlegt worden waren, kannte und nicht dagegen einschritt, obwohl er hierzu in der Lage gewesen wäre.[226] Der Anwalt haftet deliktsrechtlich, wenn er an dem Abschluss eines Vertrages über die Zahlung eines unzulässigen Abfindungsbetrages gegen Rücknahme einer aktienrechtlichen Anfechtungsklage und den dazu geführten Verhandlungen mitgewirkt hat. Der Vorsatz ergibt sich daraus, dass der Anwalt keine Bedenken über die Motive der Mandanten hatte.[227]

3. Prospekthaftung

Bei der Prospekthaftung unterscheidet man zwischen der Prospekthaftung im engeren Sinn, die 151
spezialgesetzliche Prospekthaftung, und der Prospekthaftung im weiteren Sinn, bürgerlich-rechtliche oder zivilrechtliche Prospekthaftung. Im Ergebnis besteht Versicherungsschutz, soweit die der Haftung zugrundeliegende Tätigkeit als berufliche Tätigkeit zu betrachten ist.

Bei der Prospekthaftung im weiteren Sinn haften die Gründer, Gestalter und Initiatoren der 152
Anlagegesellschaft, die Hintermänner und auch die sog. Garanten und Experten.[228] Unter die letzte Gruppe fallen Rechtsanwälte, Wirtschaftsprüfer, Steuerberater, ggf. Notare und Sachverständige. Die Berufshaftpflichtversicherung umfasst die Haftung aus der bürgerlich-rechtlichen Prospekthaftung, wenn sie im Zusammenhang mit einer beruflichen Tätigkeit besteht. Ausführlich zur Haftung und Deckung bei der Beratung im Zusammenhang mit Kapitalanlagen bei Treuhändern siehe § 1 Rn. 58 ff.

Die Prospekthaftung im engeren Sinn ist die spezialgesetzliche Regelung der Haftung der 153
Prospektverantwortlichen. Die gesetzlich normierte Prospekthaftung hat als Adressatenkreis grundsätzlich die Personen, die das Vertrauen der Anleger, die eine Kapitalbeteiligung anstreben, in Anspruch nehmen. Die Regelungen in §§ 21–25 WpPG, §§ 20–22 VermAnlG umfassen den größten Teil der Zulassung von Wertpapierprospekten im Börsenhandel. Auch hier gilt, dass Versicherungsschutz besteht, wenn ein Zusammenhang mit einer beruflichen Tätigkeit besteht.

222 BGH NJW-RR 1989, 696.
223 BGH NJW 2004, 3630.
224 BGH NJW 1986, 180.
225 BGH NJW 1998, 1488.
226 KG Berlin DStR 2004, 149.
227 BGH NJW 1992, 2821.
228 BGH NJOZ 2001, 1327; NJW 1995, 1025; NJW 1992, 3296.

4. Reliance Letter, Third Party Legal Opinion, Due Diligence Report

154 Anwälte können gegenüber Dritten auf Schadenersatz haften, wenn sie Auskünfte oder Gutachten in Form der Third Party Legal Opinion, Due Diligence als Legal oder Tax Due Diligence oder eines Reliance Letter abgeben.[229] Bei diesen Dienstleistungen steht hinter den Mandaten ein Investor, der die Finanzierung eines wirtschaftlich und rechtlich komplexen Vorhabens sicherstellt. Der Mandant oder Dritte stellen zu diesem Zweck den beauftragten Anwälten die entsprechenden Daten zur Verfügung.[230] Für Investoren aus dem anglo-amerikanischen Rechtskreis ist die rechtlich sehr weitgehende Risikoprüfung als Legal Due Diligence ein Standardverfahren, weil im anglo-amerikanischen Rechtskreis kein ausgeprägtes Registerwesen besteht. Daneben trägt in Amerika der Käufer grundsätzlich das gesamte Beschaffenheitsrisiko der Kaufsache bei einem Kauf. Der Verkäufer haftet nur für solche Eigenschaften, die er ausdrücklich zugesichert hat, „Buyer-Beware-Prinzip". Bei dieser Rechtslage ist der Käufer verpflichtet, die Kaufsache vor dem Kauf sorgfältig auf mögliche Mängel bzw. Risiken zu untersuchen, um so später ggf. gegen den Verkäufer vorgehen zu können. Der Anwalt kann in diesen Fällen nicht nur aufgrund eines Vertrags mit Schutzwirkung zugunsten Dritter haften, sondern auch aufgrund eines Auskunftsvertrags, Deliktsrecht nach § 826 BGB und der bürgerlich-rechtlichen Prospekthaftung.[231] Dabei hat der Anwalt das Verbot der Vertretung widerstreitender Interessen zu beachten, §§ 43a Abs. 4 BRAO, 3 BORA. Der Rechtsanwalt ist verpflichtet, die Interessen des Mandanten und gerade auch des Dritten zu schützen. Der Anwalt darf aufgrund falsch verstandener Solidarität mit seinem Mandanten gegenüber dem Dritten Umstände weder beschönigen noch verschweigen. Andernfalls besteht die Gefahr eines strafbaren Parteiverrats aufgrund des Interessengegensatzes bei der gleichzeitigen Beratung von Auftraggeber und Drittem, § 356 StGB.

155 Bei der Due Diligence hat der Anwalt den gleichen Prüfungsmaßstab anzulegen wie bei jeder allgemeinen Rechtsberatung. Er kann aber auf die Richtigkeit und Vollständigkeit der ihm zur Verfügung gestellten Unterlagen vertrauen. Er hat die Pflicht die relevanten Probleme darzustellen, der Mandant hat die Pflicht die aus seiner Sicht bestehende unvollständige Prüfung des Anwalts nachholen zu lassen.[232] Um das Haftungsrisiko zu begrenzen, enthält der Report nicht nur einen Rechtsteil, sondern klärt vorneweg, was geprüft werden soll und was nicht und welche Unterlagen zur Verfügung standen. Der Anwalt muss nicht abstrakt auf alle Risiken hinweisen.[233] Für den Anwalt besteht keine Pflicht für einen geplanten Unternehmenskauf darauf hinzuweisen, dass ein Unternehmen Löhne und Sozialversicherungsbeiträge nachzahlen könnte, da der Tarifvertrag des Unternehmens mangels Tariffähigkeit des Tarifpartners von vornherein nicht wirksam ist.[234]

156 Der Versicherungsschutz nach § 1 umfasst die Fälle die Fälle der Dritthaftung aus den besonderen Dienstleistungen, wenn er aufgrund einer gesetzlichen Haftpflichtbestimmung haftet. Bei einer Due Diligence, Legal Opinions und anderen Gutachten ist Teil des Auftrags, Tatsachen und daraus folgende Rechtsfolgen zu bestätigen, z.B. die Eigenschaft einer natürlichen Person als Geschäftsführer zu dem Rechtsgeschäft befähigt zu sein. Des Weiteren bestätigen Anwälte die Vollständigkeit und Richtigkeit der eigenen Due Diligence. Hintergrund ist, dass die Investorengemeinschaften aus dem angloamerikanischen Raum als Dritte selbst gezwungen sind, Gutachten aufgrund Üblichkeit und fehlender Registerpflichten in ihrem Rechtskreis anfertigen zu lassen, um nicht selbst gegenüber Anlegern zu haften. Im Einzelnen besteht Versicherungsschutz, wenn die vom Prüfauftrag umfasste Rechtsmeinung notwendigerweise eine Aufarbeitung der Tatsachen

---

229 *Ganter* NJW 2014, 1771 zur Third Party Legal Opinion; *Kahmann/Vitzthum* VersR 2009, 21 zum Reliance Letter.

230 *Chab* AnwBl 2014, 444; *Zedler/Hasselmann* AnwBl 2013, 154; arbeitsrechtliche Due Diligence *Dzida* AnwBl 2013, 159; *Weidert/Lux/Klüßendorf* AnwBl 2014, 163 zur IP/IT-Due Diligence.

231 Ganter, NJW 2014, 1771: Vertrag mit Schutzwirkung zugunsten Dritter.

232 *Chab* AnwBl 2014, 445.

233 KG Berlin AnwBl 2014, 449–450.

234 LG Düsseldorf AnwBl 2014, 450.

erforderlich macht, wie z.B. die Bestätigung der Registrierung einer Gesellschaft im Handelsregister, um ihre Abschluss- und Verhandlungsfähigkeit erklären zu können. Die Grenze des Versicherungsschutzes besteht dann, wenn diese Bestätigungen und Erklärungen das übliche Maß einer sowieso vorzunehmenden Tatsachen- und Rechtsprüfung überschreiten, wie z.B. die Einschätzung der Solvabilität und Profitabilität des Unternehmens. Dies ist Aufgabe einer weitergehenden Due Diligence, die der Wirtschaftsprüfer oder Steuerberater vornimmt. Die formelhafte pauschale Bestätigung des Versicherers, dass die laufende Deckung eine Due Diligence bzw. Third Party Legal Opinion umfasst, bestätigt allein, dass ein gesetzlicher Haftpflichtanspruch versichert ist. Nicht versichert bleiben weitere Zusagen oder Garantien, auch wenn sie im Zusammenhang mit diesen Gutachten stehen.

Oftmals ist nicht eindeutig, ob der Investor/Bank als Dritter in den Schutzbereich des Man- **157** datsvertrags einbezogen ist. Um das Risiko zu minimieren, schließen Anwälte vertragliche Haftungsvereinbarungen oder geben einen non-reliance Letter ab. Darin bestätigt der Anwalt allein, dass das Gutachten Informationszwecken dient und er nicht für die Richtigkeit der dort enthaltenen Informationen haftet. Ausdrücklich kann der Anwalt die Haftung für Ansprüche aus Vertrag mit Schutzwirkung zugunsten Dritter ausschließen.[235] Um eine erweiterte vertragliche Dritthaftung auszuschließen, die die Berufshaftpflichtversicherung unter Umständen nicht abdeckt, vereinbaren Kanzleien, dass die Gutachten/Expertisen nicht zur Weitergabe bestimmt sind und die Gutachter für Dritte nicht haften. In der Mehrzahl der Fälle fordern die Dritten, dass sie in den Schutzbereich des Mandatsvertrags einbezogen sind, andernfalls investieren sie nicht beim Mandanten. Es handelt sich ohne Absprache mit dem Versicherer um eine nicht versicherte Garantie/Zusage gegenüber den Investoren. Daher ist in diesen Fällen vorab der Versicherungsschutz zu klären. Entweder ist einmalig das Projekt mit der Dritthaftung in die laufende Berufshaftpflichtversicherung einzubeziehen oder Versicherungsschutz kann über Einzelobjektdeckungen erlangt werden, was weitaus häufiger ist, um ggf. die Kosten der Deckung vom Dritten fordern zu können, siehe zur Einzelobjektdeckungen Einleitung Rn. 42 oben.

J. Einstandspflicht für sich und andere Personen

I. Abgrenzung zur gesellschaftsrechtlichen Haftung und Eigenansprüchen

Nach § 1 I Ziff. 1 besteht Versicherungsschutz für den Versicherungsnehmer, wenn er selbst oder **158** wenn eine Person, für die er nach § 278 oder § 831 BGB einzustehen, einen Verstoß begangen hat. Die Haftung und der Versicherungsschutz für Drittverhalten kommen insbesondere dann in Betracht, wenn der Anwalt Aufträge an Dritte außerhalb seiner Kanzlei vergibt, entweder im juristischen Bereich an andere wirtschaftsberatende Beruf als Legal-Outsourcing oder im nichtjuristischen an sonstige Dienstleister wie Schreibbüros als Non-Legal-Outsourcing.

Davon zu trennen ist die gesellschaftsrechtliche Haftung und Versicherung des Anwalts in **159** der Berufsausübungsgesellschaft als Sozietät. Die Mandantenverträge kommen mit der Sozietät und nicht mit dem einzelnen Anwalt zustande. Die Sozietät haftet für das Fehlverhalten ihrer Sozien und Scheinsozien nach § 31 BGB analog. Unterhalb der Organebene der Sozien rechnet man das Verhalten des Büropersonals für rechtsgeschäftliche Verbindlichkeiten nach § 278 BGB und für deliktisches Verhalten nach § 831 BGB zu, siehe dazu ausführlich § 1 Rn. 237 ff zur Haftung der Personengesellschaften. Die Anwälte haften akzessorisch für die Gesellschaftsverbindlichkeit, § 721 BGB. Für die einfache Partnerschaft gilt das gleiche Haftungsregime, § 1 Abs. 4 PartGG iVm der §§ 705 ff BGB. Dafür besteht freiwilliger Versicherungsschutz, siehe dazu § 1 Rn. 303 ff. Das Büropersonal und die angestellten Anwälte und freien Mitarbeiter ohne Außenauftritt hingegen haften nicht akzessorisch für die Gesellschaftsverbindlichkeit, da sie keine Gesellschafterstellung

235 BGH NJW 1998, 1059 zum Gutachten; NJW-RR 1989, 696 zum Jahresabschluss eines Steuerberaters; *Cannivé* ZIP 2009, 259 zur Legal Vendor Due Diligence.

haben. In Betracht kommt hier nur eine persönliche deliktische Verantwortlichkeit gem. §§ 823 ff BGB.

160 Kein Versicherungsschutz besteht für den Versicherungsnehmer gegen die versicherte Person nach § 7 I Ziff. 3 als In-Sich-Anspruch. Eine Haftpflichtversicherung setzt begrifflich voraus, dass der Versicherungsnehmer für fremde Ansprüche eines Dritten freigestellt wird. Die Berufsausübungsgesellschaft kann nicht gleichzeitig Versicherungsnehmer und geschädigter Dritter sein, auch wenn die Gesellschaft mandatiert ist. Es bedeutet, dass die Gesellschaft oder die Gesellschafter als Versicherungsnehmer nicht versichert sind, wenn ein mitversicherter Anwalt einen Anspruch für die Gesellschaft, z.B. eine ausstehende Honorarforderung, einklagt,[236] siehe dazu § 7 Rn. 17. Es besteht Versicherungsschutz, wenn der mitversicherte Anwalt nachweislich wie ein Mandant die Kanzlei anwaltlich beauftragt, z.B., wenn der Anwalt seinen Kollegen mandatiert, seine Scheidungsklage durchzuführen. Der Auftraggeber ist hier nicht die Gesellschaft, sondern der Anwalt, aber hier in seiner Eigenschaft als Privatperson und nicht als mitversicherter Sozius. Er hat in diesem Fall Versicherungsschutz, wenn der Kollege einen Verstoß begeht. Zur Abgrenzung sollte vorab der Versicherungsschutz geklärt werden.

II. Erfüllungsgehilfen, § 278 BGB

Der Anwalt hat das Verschulden seiner Erfüllungsgehilfen zu vertreten.

1. Mitarbeiter und Personal

161 Erfüllungsgehilfe ist, wer nach den tatsächlichen Gegebenheiten des Falls mit dem Wissen des Schuldners bei der Erfüllung einer diesem obliegenden Verbindlichkeit als dessen Hilfsperson tätig wird. Im Rahmen des anwaltlichen Mandats handelt das Büropersonal oder andere Beauftragte wie die Rechtsanwaltsfachangestellten, Schreibkräfte, sonstige Hilfskräfte oder freie Mitarbeiter als Erfüllungsgehilfe des Anwalts oder der Gesellschaft/Sozietät.[237] Die Zurechnung setzt voraus, dass die Tätigkeit innerhalb des Pflichtenkreises des Anwalts erfolgt ist und ein sachlicher Zusammenhang mit den Kanzleiaufgaben steht. Der Anwalt darf einfache Verrichtungen, die keine besondere Geistesarbeit oder juristische Schulung verlangen, wie etwa Botengänge oder die Eintragung vorher vom Anwalt verfügter Fristen, zur selbstständigen Erledigung auf sein geschultes und zuverlässiges Büropersonal übertragen.[238] Anders bei der eigentlichen Beratungsleistung des Anwalts wie Mandatsbearbeitung oder der Vertretung eines Anwalts. Die Beratungsleistung erbringt der Anwalt persönlich und ist sein Aufgabenbereich. Der Anwalt verstößt gegen sein Berufsrecht und er haftet dann persönlich, ohne dass eine Zurechnung nach § 278 BGB erforderlich ist, wenn er solche Tätigkeiten vom Kanzleipersonal erledigen lässt.[239] Die Klärung von Fragen, die unmittelbar das Mandat betreffen, darf er nicht dem Büropersonal überlassen. Die telefonische Entgegennahme eines Berufungsauftrags durch einen Angestellten ist aber die Tätigkeit eines Erfüllungsgehilfen.[240]

236 *Diller* § 1 Rn. 64.
237 Borgmann/Jungk/Schwaiger/*Jungk* § 38 Rn. 73; Peres/Senft/*Peres* § 7 Rn. 168.
238 BGH NJW 2013, 1309.
239 BGH NJW 1981, 2741, 2174.
240 BGH NJW 1981, 2815.

2. Externe non-legal Dienstleister

Anwälte lagern Hilfsleistungen wie z.B. Telefondienste, Schreibarbeiten an selbständige Dienstleister aus, Non-Legal-Outsourcing. Es handelt sich regelmäßig um Erfüllungsgehilfen im Rahmen seiner Büroorganisation. Der Anwalt hat Versicherungsschutz für die Fehler der externen Dienstleister als Erfüllungsgehilfen. Der Versicherer kann unter den Voraussetzungen des § 7 III Regress bei ihnen nehmen. 162

Wenn der Anwalt Aufträge an den externen Dienstleister vergibt, hat er berufsrechtliche und strafrechtliche Verschwiegenheitspflichten zu beachten. Selbstverständlich kann er immer die Einwilligung des Mandanten zur Weitergabe von Geheimissen einholen und muss dies auch berufsrechtlich, wenn er eine Dienstleistung in Anspruch nimmt, die unmittelbar einem einzelnen Mandat dient, § 43e Abs. 5 BRAO. Standesrechtlich regelt § 2 Abs. 4 lit. c) BORA, dass kein Verstoß gegeben ist, soweit das Verhalten des Rechtsanwalts im Rahmen der Arbeitsabläufe der Kanzlei einschließlich der Inanspruchnahme von Leistungen Dritter erfolgt und objektiv einer üblichen, von der Allgemeinheit gebilligten Verhaltensweise im sozialen Leben entspricht, Sozialadäquanz. Dies liegt bei normaler Verlagerung der Büroorganisation vor und ist auch im Rahmen einer ökonomischen Entscheidung des Anwalts akzeptiert. Bei Anwälten spezifizieren die §§ 43a Abs. 2 Satz 1, 43e BRAO, bei Steuerberatern der § 62a StBerG und bei Wirtschaftsprüfern der § 50a WPO die berufsrechtlichen Anforderungen, wenn die Berufsträger Dritte beauftragen, wie z.B. sorgfältige Auswahl und Form und Inhalt des Auftrags. Der Anwalt muss nach § 2 Abs. 2 BORA die zum Schutz des Mandatsgeheimnisses erforderlichen organisatorischen und technischen Maßnahmen ergreifen, soweit sie risikoadäquat und zumutbar. Strafrechtlich regelt § 203 Abs. 3 StGB die Offenbarung der dem Anwalt anvertrauten Geheimnisse. Im Ergebnis erlaubt ist das Offenbaren von fremden Geheimnissen gegenüber sonstigen mitwirkenden Personen, soweit dies für die externe Dienstleistung erforderlich ist, z.B. muss der Telefondienstleister des Anwalts zumindest die Information erhalten, dass eine bestimmte Person Mandant des betreffenden Anwalts ist und der externe Schreibdienst des Anwalts erhält notwendigerweise weitergehende inhaltliche Informationen über das Mandat. § 53a StPO zum Zeugnisverweigerungsrecht regelt, dass den Berufsgeheimnisträgern diese Personen gleichstehen. 163

3. Amtlich bestellte Vertreter des Anwalts

Das Verschulden des amtlich bestellten Vertreters eines Rechtanwalts gem. § 53 BRAO wird dem Vertretenen nach § 278 BGB zugerechnet. Der Vertreter selbst haftet aus eigener Pflichtverletzung, wenn er wie ein Abwickler einer Kanzlei auftritt, der Vertretene keinen Einfluss mehr auf das Mandat hat und persönliches Vertrauen wie ein Sachwalter in Anspruch nimmt.[241] Der Abwickler einer Kanzlei hat gegenüber den Mandanten die gleichen Verpflichtungen wie der frühere Anwalt, § 55 BRAO, und ist dazu bevollmächtigt, § 55 Abs. 2 Satz 4 BRAO. Der Wortlaut „Der Vertreter wird in eigener Verantwortung tätig", §§ 55 Abs. 3 iVm 54 Abs. 1 BRAO, spricht dafür, dass er selbst verpflichtet ist und keine Zurechnung nach § 278 BGB stattfindet.[242] 164

III. Substitution

1. Überblick

Anwälte übertragen juristische Tätigkeiten mit Bezug zu eigenen Mandaten an externe Dienstleister. Diese Dienstleister sind selbst Anwälte und können die Rechtsdienstleistung erbringen oder 165

241 OLG Frankfurt NJW 1986, 3091.
242 Borgmann/Jungk/Schwaiger/*Jungk* § 38 Rn. 72; differenzierend OLG Düsseldorf BeckRS 1997, 09352.

es handelt sich um Experten wie Steuerberater und Wirtschaftsprüfer, um z.B. die Höhe eines Schadensersatzes durch ein Bilanzgutachten zu prüfen. Dies fällt unter den Begriff des Legal-Outsourcings. Die Grenzen der §§ 2 ff RDG sind zu beachten. Die Einschaltung von pensionierten Richtern, um Rechtsanwälten oder Unternehmensrechtsabteilungen in konkreten Rechtsfällen prozesstaktische Ratschläge zu erteilen, stellt eine Rechtsdienstleistung dar, die unter den Erlaubnisvorbehalt des § 3 RDG fällt.[243] Dazu auch Anwalt und Legal Tech, auch hier schaltet der Anwalt Dritte für seine Tätigkeiten ein, siehe § 1 Rn. 94 ff. Im Übrigen zum umgekehrten Fall, wenn der Anwalt Erfüllungsgehilfe seines Auftraggebers werden soll, siehe B Satz 1 BBR-RA vor § 18 Rn. 5 ff.

166 Der Anwalt haftet, wenn er das Mandat oder Teile von ihm an Dritte, wie z.B. andere Anwälte, Steuerberater, Wirtschaftsprüfer oder Gutachter weitergibt. Der Inhalt der Haftung richtet sich danach, ob der Dritte Erfüllungsgehilfe ist oder ob der Dritte selbständig handelt, ohne vom erstmandatierten Anwalt abhängig zu sein. Wenn der Dritte unabhängig handelt, kann es sich um eine Substitution handeln, § 664 Abs. 1 Satz 2 BGB analog.[244] Wenn man dogmatisch § 664 BGB nicht anwenden will, weil es sich um eine Vertragsauslegung handelt, kann man auch annehmen, dass der erstmandatierte Anwalt das Mandat oder Teile von ihm weitergibt oder überträgt.[245] Unter Umständen beschränkt der erstmandatierte Anwalt damit sein Mandat und der Dritte begründet ein neues Vertragsverhältnis mit dem Mandanten. Der Begriff Substitution wird an dieser Stelle im üblicheren weiteren Sinn für alle diese Formen verwendet. Siehe speziell zur Haftung und Deckung bei der häufiger in der Praxis vorkommenden Einschaltung eines ausländischen Anwalts § 1 Rn. 177 ff. Im Ergebnis gilt für Haftung und Deckung folgendes:

167 Haftung:
Wenn der Dritte als Erfüllungsgehilfe handelt, haftet der Anwalt für dessen Fehler nach § 278 BGB und ist versichert. Wenn der Dritte als Substitut handelt, haftet der erstmandatierte Anwalt für sein eigenes Auswahlverschulden analog § 664 Abs. 1 Satz 2 BGB iVm § 675 BGB oder, falls man die Analogie ablehnt, nach Auslegung des Mandatsvertrags. Bei einer nicht gestatteten oder unberechtigten Substitution verbleibt es bei der Haftung des erstmandatierten Anwalts für Fehler des Dritten.[246] Sie kann eine wissentliche Pflichtverletzung darstellen.

168 Deckung:
Versicherungsschutz besteht für den Anwalt, wenn er einen Erfüllungsgehilfen einschaltet, § 1. Es besteht ebenfalls Versicherungsschutz für das Auswahlverschulden bei einer berechtigten Substitution, aber nur für das Auswahlverschulden. Wenn die Substitution unberechtigt war, besteht ebenfalls Versicherungsschutz. Es kommt aber eine wissentliche Pflichtverletzung des Anwalts in Betracht. Für den konkreten Versicherungsschutz kommt es daher auf die Haftungssituation an. Weil die Haftungssituation nicht von vornherein absehbar ist, wird Versicherungsschutz für die Tätigkeit der eingeschalteten Experten gefordert, wenn sie nicht in der Kanzlei beschäftigt sind, gleich ob sie als Erfüllungsgehilfen oder Substituten handeln. Es würde aber bedeuten, dass der Versicherer nicht nur die Verstöße des Versicherungsnehmers, sondern auch seiner möglichen anderen Berater abzudecken hat. Gerade der berechtigt eingeschaltete Substitut hat jedoch als Berater ein eigenes Risiko, das er selbständig abzudecken hat und wofür auch regelmäßig eine eigene Berufshaftpflichtversicherung besteht. Eine Versicherung der weiteren Berater und nicht nur des Versicherungsnehmers in einer laufenden Versicherung ist für den Versicherer ein von vornherein unbekanntes Risiko. Versicherungsschutz besteht allein für die Berufsausübungsgesellschaft/Sozietät, die entsprechend ihrem Risiko und nicht eines fremden neuen Risikos den Beitrag zahlt. Es besteht kein Versicherungsschutz für fremde Personen oder Gesellschaften, die nicht der

---

243 LG Hamburg NJW-RR 2016, 61; dazu auch *Hartung/Weberstaedt* NJW 2016, 2209.
244 BeckOK BGB/*D. Fischer* § 664 Rn. 8; RGZ 78, 310 Rn. 14; *Koller* ZIP 1985, 1243, 1246.
245 *Sieg* Internationale Anwaltshaftung S. 169.
246 MüKoBGB/*F. Schäfer* § 664 Rn. 16.

Kanzlei angehören. Es besteht im Einzelfall die Möglichkeit bei einer Einzelobjektdeckung die sonstigen Berater in den Versicherungsschutz einmalig einzubeziehen.

2. Abgrenzung Erfüllungsgehilfe und Substitution

Bei einer Substitution überträgt der Anwalt dem Dritten einen Teil des Auftrags. Der Substitut handelt in eigener Verantwortung. Anders der Erfüllungsgehilfe. Der Anwalt zieht ihn zur Erledigung seines Auftrags lediglich hinzu und der Anwalt behält die Verantwortung für den gesamten Auftrag. Ob der eingeschaltete Experte als Dritter Erfüllungsgehilfe oder Substitut ist, richtet sich danach, ob der eingeschaltete Dritte nach Übertragung einen eigenen Pflichtenkreis zum Mandanten begründet hat. Wenn der an den Dritten ausgelagerte Teilauftrag im Pflichtenkreis des erstmandatierten Anwalts verbleibt, handelt der Dritte als Erfüllungsgehilfe. Wenn der Dritte als Spezialist einen eigenen Pflichtenkreis zum Mandanten begründet, handelt der Dritte als berechtigter und gestatteter Substitut. Der erstmandatierte Anwalt und der Substitut haften eigenständig gegenüber dem Mandanten aus ihrem jeweiligen Auftragsverhältnis ohne Erfüllungsgehilfe des anderen zu sein. **169**

Der Anwalt kann einem Dritten nur dann wirksam Teile des Auftrags übertragen, wenn der Dritte selbständig den Teilauftrag auch bearbeiten und ausführen kann. Der Dritte ist in seinem Teilauftrag dann nicht abhängig vom erstmandatierten Anwalt und unterliegt nicht einer eingehenden materiellen Kontrolle oder einer inhaltlichen Weisung. Andernfalls handelt es sich um einen Gehilfen. **170**

3. Voraussetzungen einer Substitution

Die Substitution setzt voraus, dass der erstmandatierte Anwalt das Mandat oder Teile übertragen konnte und, dass er dazu auch berechtigt war. Maßgeblich ist in erster Linie der Wille des Mandanten als Auftraggeber, da er den Anwalt nur eingeschränkt in Haftung nehmen kann und diesen Nachteil zu tragen hat. Daneben besteht nur ein eingeschränkter Versicherungsschutz. Der Versicherer hat Fehler des Erfüllungsgehilfen zu versichern, § 51 BRAO, § 1. Der Versicherer hat aber nicht Fehler des Substituten zu versichern, sondern nur das Auswahlverschulden des Versicherungsnehmers, wenn er einen Substituten beauftragt. Das Einverständnis des Mandanten zu einer Substitution kann ausdrücklich erfolgen. Auch kann der Mandant sein Einverständnis stillschweigend erklären, dafür ist der Vertrag auszulegen, maßgeblich sind die Umstände des Einzelfalls und die Verkehrssitte.[247] Der Anwalt hat seine Pflichten im Zweifel in Person zu erfüllen, § 613 BGB. Fehlende Rechtskenntnisse berechtigen per se nicht zu einer Weitergabe des Mandats. Man setzt voraus, dass der Anwalt als Vertreter in allen Rechtsangelegenheiten gem. § 3 BRAO die erforderlichen Rechtskenntnisse hat. Eine Pflichtverletzung des Anwalts, der eine einschlägige Rechtsnorm übersehen hat, kann grundsätzlich nicht deshalb verneint werden, weil es sich dabei um eine entlegene Rechtsmaterie handelt.[248] Dies gilt auch bei ausländischen Mandaten.[249] **171**

4. Folgen der Substitution

Bei Haftung und Deckung einer Substitution ist zu unterscheiden, ob die Substitution berechtigt oder unberechtigt war.

---

247 MüKoBGB/*F. Schäfer* § 664 Rn. 8f.
248 BGH NJW 2006, 501.
249 BGH NJW 1972, 1044; OLG Bamberg MDR 1989, 542.

172 **a) Berechtigte Substitution.** Bei berechtigter Substitution haftet der erstmandatierte Anwalt allein für sein Auswahlverschulden. Regelmäßig danach, ob der Dritte nach Wahl des Anwalts geeignet war den Teilauftrag selbständig zu erfüllen, culpa in eligendo.[250] Der Anwalt hat den Spezialisten zu überwachen und zu kontrollieren, auf jeden Fall, wenn er es mit dem Mandanten vereinbart hat. Dogmatisch kommt man auf unterschiedlichen Wegen zum gleichen Ergebnis, entweder analog § 664 Abs. 1 Satz 2 BGB oder im Wege ergänzender Vertragsauslegung.[251] Hierfür besteht Deckung gem. § 1. Die Auswahl des Dritten ist eine anwaltliche Tätigkeit, da er nicht allein die Pflicht hat, ordnungsgemäß zu beraten und den sichersten Weg aufzuzeigen. Er hat grundsätzliche Belehrungs- und Hinweispflichten. Er hat darauf zu achten, die bestmögliche Beratung zu bieten. Wenn er dazu nicht fähig ist, ist es gerade geboten, dass er einen Dritten einschaltet.

173 Der eingeschaltete Experte als Dritter haftet als berechtigter Substitut nach dem zwischen ihm und dem Mandanten bestehenden Rechtsverhältnis. Wenn der Anwalt einen Gutachter, z.B. einen Wirtschaftsprüfer zur Berechnung eines Bilanzschadens im Namen des Mandanten einschaltet, haftet der Gutachter unmittelbar aus seinem Vertragsverhältnis zum Mandanten. Es besteht kein Versicherungsschutz für die Haftung des Dritten als Substituten. Er ist nicht Versicherungsnehmer.

174 **b) Unberechtigte Substitution.** Bei unberechtigter Substitution haftet der erstmandatierte Anwalt für die Fehler des Dritten gegenüber dem Mandanten. Der erstmandatierte Anwalt hat vertragswidrig gehandelt. Er bleibt weiterhin verantwortlich für die Pflichten aus dem Mandatsverhältnis. Ein Verschulden des Dritten oder dass der Schaden vorhersehbar war, ist nicht erforderlich, was zu einer Art Garantiehaftung führt. Allerdings wird es kaum praktische Fälle geben, bei denen ohne Verschulden des Dritten ein Schaden beim Mandanten eintritt. Einschränkend ist aber ein Kausalzusammenhang zwischen Übertragung und Schaden beim Mandanten notwendig. Der Zusammenhang ist unterbrochen, wenn der Schaden auch ohne die Übertragung eingetreten wäre.[252] Zu prüfen ist aber immer, ob der Mandant die Weitergabe nicht konkludent genehmigt hat. Es besteht Versicherungsschutz bei einer unberechtigten Substitution für den erstmandatierten Anwalt. Der Anwalt hat seine anwaltlichen Pflichten verletzt, das Mandat selbst zu erfüllen.

175 Bei der unberechtigten Substitution kommt eine wissentliche Pflichtverletzung in Betracht. Der Anwalt hat sein Mandatsverhältnis regelmäßig persönlich zu erfüllen. Wenn er das persönliche Mandatsverhältnis oder Teile hiervon auf einen Dritten unberechtigterweise überträgt, kann er damit einer der grundlegenden Anwaltspflichten verletzen, siehe zur wissentlichen Pflichtverletzung und der Annahme der Wissentlichkeit bei Verletzung von Kardinalpflichten § 4 Rn. 27 ff.

c) Fallgruppen

aa) Spezialisten wie andere Anwälte, Steuerberater, Wirtschaftsprüfer und Gutachter. Einzelheiten ergeben sich bei den typischen Fallgruppen:

176 Der Anwalt schaltet bei fehlenden Kenntnissen oder auch um sein eigenes Risiko zu minimieren andere Spezialisten ein. Dies ist regelmäßig auch im Interesse des Mandanten, wie z.B. die Prüfung des geltend gemachten bilanziellen Schadensersatzes nach Höhe und Umfang durch einen Wirtschaftsprüfer oder Steuerberater. Das Einverständnis des Mandanten setzt voraus, dass der Anwalt seinen Mandanten darüber informiert hat, dass er einen anderen Anwalt oder Spezia-

---

250 BGH NJW 1952, 2257; BGH NJW 1993, 1704.

251 analog § 664 BGH NJW 1952, 257; ablehnend, weil keine planwidrige Regelungslücke vorhanden BGB MüKoBGB/*F. Schäfer* § 664 Rn. 3.

252 MüKoBGB/*F. Schäfer* § 664 Rn. 19.

listen eingeschaltet hat. Wenn das Einverständnis nicht ausdrücklich vorliegt, spricht für einen eigenen Pflichtenkreis mit der Stellung als Substitut, wenn der Spezialist nach außen ersichtlich eigenständig handelt, wie z.B. selbständig mit dem Mandanten abrechnet. Der Anwalt hat den Mandanten über für ihn als Anwalt erkennbare Fehler und Risiken des übertragenen Auftrags aufzuklären, wenn er annehmen muss, dass der Mandant sie nicht sieht.[253] Falls der Dritte im Mandatsverhältnis eingeschaltet wird, er aber nur einen Teilauftrag ohne besondere Eigenverantwortung bearbeitet, ist er Erfüllungsgehilfe. Wenn unklar ist, ob der Dritte unselbständiger Gehilfe oder selbständiger Substitut ist, geht die Haftung zu Lasten des Anwalts und des Dritten. Sie haften dem Mandanten als Gesamtschuldner.[254]

bb) Ausländische Rechtsberater. Ein deutscher Anwalt kann einen ausländischen Anwalt unterbeauftragen als Erfüllungsgehilfen oder er kann einen anderen Anwalt für die Spezialfrage als Substituten empfehlen, was häufiger bei Patentanwälten vorkommt. Die Rspr. zur Einschaltung eines ausländischen Anwalts/Patentanwalts ist nicht einheitlich. Der BGH hat ein Urteil des OLG Bamberg nicht beanstandet, nach der das Verhältnis zwischen deutschem und ausländischem Rechtsanwalt nach dem Verhältnis zwischen Verkehrsanwalt und Prozessanwalt zu beurteilen ist.[255] Es bestehen zwei unterschiedliche Aufgabenkreise, keine Haftung nach § 278 BGB des erstmandatierten Anwalts. 177

Das RG hatte in bei einer ähnlichen Fallkonstellation bei Patentanwälten zunächst entschieden, dass der deutsche Patentanwalt nur für ein Auswahlverschulden des eingeschalteten argentinischen Patentanwalts haftet, analog § 664 Abs. 1 Satz 2 BGB.[256] Das RG hat diese Entscheidung später aber gerade nicht bestätigt.[257] Bei einem Geschäftsbesorgungsvertrag wie bei einem Anwaltsvertrag, verweist § 675 BGB nicht auf § 664 BGB. Eine planwidrige Lücke als Voraussetzung für eine Analogie liegt daher nicht vor. Nicht eindeutig ist hierzu eine Entscheidung des BGH aus dem Jahr 1952.[258] 178

Bei einer Unterbeauftragung eines ausländischen Anwalts sollte man daher den Mandatsvertrag auslegen, ob der Anwalt nach § 278 BGB haftet oder allein dafür, dass er ihn auswählt, unterweist oder ihn überwacht.[259] Bei einem Mandatsvertrag, dem als Geschäftsbesorgungsvertrag ein Dienstvertrag zugrunde liegt, hat der Anwalt grundsätzlich den Vertrag persönlich zu erfüllen. Die erforderlichen Rechtskenntnisse werden gem. § 3 BRAO als objektiv vorhanden vorausgesetzt. Gem. Nr. 3.1.3 der Berufsregeln in der EU (CCBE) hat der Anwalt bei Mandaten mit Auslandsbezug ein Mandat abzulehnen, wenn er weiß oder wissen muss, dass es ihm an den erforderlichen Kenntnissen fehlt, es sei denn, er arbeitet mit einem Rechtsanwalt zusammen, der diese Kenntnisse besitzt.[260] Wenn der Anwalt die fehlenden Kenntnisse nicht hat, hat er den Mandanten darüber aufzuklären, dass er einen anderen Anwalt unterbeauftragt hat, was dann eine berechtigte Substitution ist. Gleichfalls ist von einer Substitution auszugehen, wenn der Anwalt von sich aus einen ausländischen Kollegen empfiehlt. Es kommt ein eigener Anwaltsvertrag zwischen Mandant und ausländischem Anwalts zustande. Der Anwalt haftet dann nur für die sorgfältige Auswahl, die mögliche Unterweisung und die Überwachung von ihm. Hierfür besteht Versicherungsschutz. 179

---

253 BGH NJW-RR 2001, 201; BGH MDR 2001, 1444; Beschl. BGH BeckRS 2010, 08475.
254 BGH NJW 2001, 3477.
255 BGH MDR 1989, 543 mit Vorinstanz OLG Bamberg LSK 1989, 510007.
256 RG JW 1926, 246.
257 RGZ 161, 68.
258 Nicht eindeutig hier der BGH, Urteil vom 14.11.1951 – II ZR 55/51 NJW 1952, 257: Der II. Zivilsenat hat in der korrigierten Fassung in LM Nr. 1 erklärt: „Auf Dienstverträge, die eine Geschäftsbesorgung betreffen, ist § 664 BGB entsprechend anwendbar. Die frühere Rechtsprechung (RGZ 78, 310) wird bestätigt." Das in den LS gleichermaßen abgedruckte Urteil in NJW 1952, 257 hatte sich noch auf das RG Urteil RGZ 161, 68 gestützt. Dieses Urteil verneint aber gerade die analoge Anwendung von § 664 BGB.
259 *Sieg* Internationale Anwaltshaftung S. 168 ff.
260 Fassung vom 28.11.1998.

Wenn eine unberechtigte Substitution vorliegt, haftet der Anwalt für das Fehlverhalten des Dritten unmittelbar. Versicherungsschutz besteht, es kommt jedoch eine wissentliche Pflichtverletzung in Betracht, siehe zu den Folgen nach Haftung und Deckung bei der berechtigten und unberechtigten Substitution § 1 Rn. 172 ff.

180 **cc) Verkehrsanwalt/Korrespondenzanwalt und Prozessanwalt.** Bei der Haftung zwischen Verkehrsanwalt bzw. Korrespondenzanwalt und dem eingeschalteten Prozessanwalt gilt, dass jeder gegenüber dem Mandanten einen eigenen Pflichtenkreis begründet, je nach übernommenen Pflichten.[261] Beide haften unabhängig voneinander. Sie sind nicht Erfüllungsgehilfe zueinander und haften nicht als Gesamtschuldner.[262] Der Verkehrsanwalt übernimmt regelmäßig die Korrespondenz vor Ort mit dem Mandanten. Er hat Informations- und Belehrungspflichten. Der Prozessanwalt führt regelmäßig den Prozess. Er ist für die Schriftsätze und insbesondere für die Einhaltung der Fristen verantwortlich.

IV. Verrichtungsgehilfen, § 831 BGB

181 Der Anwalt haftet für das Fehlverhalten seiner Verrichtungsgehilfen. Schäden, die der Verrichtungsgehilfe verursacht und für die der Anwalt einzustehen hat, sofern der Entlastungsbeweis nach § 831 Abs. 1 Satz 2 BGB nicht gelingt, sind gem. § 1, § 51 BRAO gedeckt. Verrichtungsgehilfe ist, wem eine Tätigkeit von einem anderen übertragen worden ist, unter dessen Einfluss er allgemein oder im konkreten Fall handelt und zu dem er in einer gewissen Abhängigkeit steht. Sofern das Büropersonal deliktisch gehandelt hat, kommt eine Haftung des Anwalts nach § 831 BGB in Betracht. Wenn in einem ordentlichen Verfahren eine Zwangsvollstreckung nach Tilgung der Schuld weiterbetrieben wird, haftet der Anwalt nicht von vornherein für die Schäden, die seine Bürovorsteherin als Verrichtungsgehilfin verursacht hat.[263] Denkbar ist auch der Fall, dass das Büropersonal Mandantengelder unterschlägt, wofür der Anwalt nach § 831 BGB einzustehen hat.[264] Es besteht Versicherungsschutz für den Anwalt nach § 1. Er behält in seiner Person als Sozius den Versicherungsschutz trotz der vorsätzlichen Handlung seines Personals, § 4 I Ziff. 3a), wenn nicht eine Untreue vorliegt als Ausschluss nach § 15 II. Der Versicherer kann bei dem deliktisch handelnden Personal Regress nehmen, auch wenn darin eine wissentliche Pflichtverletzung bestand, § 7 III Ziff. 2.

V. Haftungsvereinbarungen, Bietergemeinschaften, Netzwerke

Besonderheiten bestehen bei Haftungsvereinbarungen zwischen Anwalt und Dritten und bei Bietergemeinschaften/Arbeitsgemeinschaften mit gesamtschuldnerischer Haftung und bei Netzwerken.

1. Haftungsvereinbarungen zwischen Anwalt und Dritten

182 Haftungsvereinbarungen zwischen der erstmandatierten Kanzlei und den eingeschalteten Dritten, gleich ob Substitut oder Erfüllungsgehilfe, dürfen den möglichen Regressanspruch des Versiche-

---

261 Zum Verkehrsanwalt OLG Koblenz NJW-RR 1993, 695; zum Prozessanwalt BGH NJW-RR 1997, 2168; zu den Pflichten BGH NJW 1988, 1079 und 3013.
262 BGH VersR 1990, 801; BGH NJW-RR 1990, 1241.
263 BGH NJW 1979, 1352.
264 *Chab* AnwBl 2014, 1050.

rers nicht vollständig vereiteln. Regelmäßig begrenzt die erstmandatierte Kanzlei ihre Haftung gegenüber dem eingeschalteten Dritten durch eine Haftungsvereinbarung, z.B. in internationalen Netzwerken begrenzen die Netzwerkpartner die Haftung untereinander auf ein niedriges Mehrfaches des üblichen Lohns. Wenn der Mandant einen Schaden durch den Verstoß des eingeschalteten Dritten erlitten hat, haftet die erstmandatierte Kanzlei dem Mandanten. Der Versicherer leistet gegenüber dem Mandanten vollständig, da die Haftungsbegrenzung nur zwischen der erstmandatierten Kanzlei und dem Dritten gilt, aber nicht gegenüber dem Mandanten. Der Rückgriffsanspruch des Anwalts gegenüber dem eingeschalteten Dritten geht auf den Versicherer über, § 7 III, § 86 Abs. 1 VVG. Der Regress ist aber nicht vollständig möglich, weil die Haftungsvereinbarung sich auf die Höhe des Regresses auswirkt. Der Regress entsteht nur bis zur Höhe der vereinbarten Summe. § 86 Abs. 2 VVG mit den Rechtsfolgen einer Vereitelung eines Ersatzanspruchs durch den Versicherungsnehmer ist nicht anwendbar, weil er nur für Ansprüche nach Eintritt des Versicherungsfalls gilt, nicht aber für vorhergehende Vereinbarungen, die auch gesetzlich möglich sind, § 52 BRAO. Die Haftungsvereinbarung zwischen dem Anwalt und dem Dritten vor Eintritt des Versicherungsfalls darf nicht völlig ungewöhnlich sein, analog § 86 Abs. 2 VVG. Maßgeblich ist die Dispositionsfreiheit des Versicherungsnehmers seine Haftung zu begrenzen und die Interessen des Versicherers den Rückgriffsanspruch auch vollständig durchsetzen zu können.[265] Die Leistungsfreiheit des Versicherers ist an sich kein Aspekt, der der Wirksamkeit des Haftungsausschlusses entgegensteht.[266] Mindestens sollte die mandatierte Kanzlei diesen für den Versicherer gefahrerhöhenden Umstand bei Pauschalvereinbarungen anzeigen, § 13 I. Ggf. kann der Versicherer Haftungsvereinbarungen durch eine Prämie berücksichtigen.

2. Kooperationen/Netzwerke

Anwälte und Kanzleien und auch nicht-sozietätsfähige Unternehmer unterstützen sich gegenseitig. 183
Sie bilden Kooperationen, häufig als sog. Netzwerke.[267] Die Netzwerkpartner sind eine Organisation, die auf Dauer angelegt und organisatorisch verfestigt ist, aber ohne gemeinschaftliche Berufsausübung nach außen. Eine Legaldefinition bei Anwälten fehlt, aber der Begriff der Kooperation ist wettbewerbsrechtlich anerkannt.[268] Bei Anwälten ist der Hinweis auf eine Kooperation zulässig, sofern nicht der Eindruck einer gemeinschaftlichen Berufsausübung erweckt wird, § 8 Satz 2 BORA. Wenn auf dem Briefbogen ein deutlicher Hinweis auf die Kooperation angebracht ist, besteht keine Scheinsozietät.[269] Eine Kooperation liegt vor, wenn ein Anwalt auf dem Briefbogen seiner Kanzlei auf im Ausland niedergelassene Anwälte als „Kooperationspartner" hinweist. Der Mandant geht von einer Zusammenarbeit ohne bestimmte gesellschaftsrechtliche Verpflichtungen aus.[270] Eine Scheinsozietät ist anzunehmen, wenn die Mitglieder einer Kanzlei Kenntnisse und Erfahrungen haben, die nur ein Kooperationspartner und nicht alle Partner haben.[271] In der EU dürfen im Übrigen die Berufskammern den Zugang zum Anwaltsnetzwerk nicht ohne weiteres auf die eigenen im Inland zugelassenen Anwälte beschränken. Sie müssen mindestens prüfen, ob es den Zielen des Verbraucherschutzes entspricht, dass ausländischen Anwälten ohne Zulassung im Inland der Zugang verwehrt wird.[272]

Der mandatierte Anwalt kann einen Netzwerkpartner auf mehreren Wegen einschalten. Ob 184
eine vollständige Mandatsweitergabe, Substitution oder ein Erfüllungsgehilfe vorliegt, hängt da-

265 BGH VersR 1956, 301; Prölss/Martin/*Armbrüster* § 86 Rn. 71.
266 BGH VersR 1985, 983.
267 *Riechert* AnwBl 2017, 198 ff.
268 OLG Köln NJW-RR 1997, 991; OLG Hamburg NJW-RR 1997, 357.
269 BGH NJW 2011, 3303; hier der IV. Zivilsenat.
270 BGH NJW 1993, 1331, 1332.
271 BGH WPK-Mitt. 2003, 135.
272 EuGH NJW 2017, 3285.

von ab, wie der Partner beauftragt wird. Der mandatierte Anwalt als Versicherungsnehmer hat Versicherungsschutz, wenn der Mandant ihn für einen Verstoß ihres Erfüllungsgehilfen in Anspruch nimmt, § 1, § 51 Abs. 1 BRAO. Der Erfüllungsgehilfe selbst als Netzwerk-Partner oder eingeschalteter Experte ist nicht mitversichert, sondern hat einen eigenen Versicherungsschutz für seine Berufstätigkeit. Die Einschaltung von Erfüllungsgehilfen kann in diesem Fall ein gefahrerhöhender Umstand sein, §§ 12 I, 13 I. Der Versicherer hat zumindest das Insolvenzrisiko des Dritten zu tragen, da der Versicherungsnehmer für den Fehler des Dritten haftet und der Versicherer nach § 7 III bei dem Dritten Regress nehmen kann. Zeigt die mandatierte Kanzlei das beabsichtigte Geschäftsmodell vor dem Abschluss der Berufshaftpflichtversicherung nicht an, kann der Versicherer vom Vertrag zurücktreten, leistungsfrei sein oder kündigen, § 12 II Ziff. 1, §§ 19–22 VVG. Zeigt die mandatierte Kanzlei im laufenden Versicherungsverhältnis es nicht an, kann der Versicherer leistungsfrei sein, § 13 I Ziff. 3, § 26 VVG. Praktisch sollte die Netzwerk-Kanzlei vorab mit dem Versicherer den Versicherungsschutz klären, ob und inwieweit Erfüllungsgehilfen ein gefahrerhöhender Umstand sind. Kriterien sind, wie häufig und in welchem Umfang die mandatierte Kanzlei andere Anwälte beauftragt. Möglich sind pauschalisierte Lösungen, bei denen gegen Prämienzahlung der Versicherer auf den Rückgriff nach § 7 III gegenüber dem Netzwerk-Partner verzichtet. Haftungsvereinbarungen zwischen den Partnern gehen zu Lasten des Versicherers, dürfen den Regress aber nicht vollständig vereiteln, siehe dazu Haftungsvereinbarungen § 1 Rn. 182.

185 Bei einer Substitution überträgt der Anwalt dem Netzwerkpartner den gesamten oder einen Teil des Auftrags. Bei einer berechtigten Substitution haftet der erstmandatierte allein für sein Auswahlverschulden. Hierfür besteht Deckung nach der Berufshaftpflichtversicherung, § 1, § 51 Abs. 1 BRAO. Die Auswahl des Dritten ist eine anwaltliche Tätigkeit, da er nicht allein die Pflicht hat, ordnungsgemäß zu beraten und den sichersten Weg aufzuzeigen. Er hat grundsätzliche Belehrungs- und Hinweispflichten. Bei einer unberechtigten Substitution haftet der erstmandatierte Anwalt für den Berufsfehler des eingeschalteten Dritten. Hierfür besteht ebenfalls Versicherungsschutz. Es kann eine wissentliche Pflichtverletzung vorliegen, siehe zu den Folgen einer Substitution § 1 Rn. 172 ff.

K. Versicherungsschutz amtsähnliche persönliche Tätigkeiten, I Ziff. 2

186 I Ziff. 2 erweitert den Versicherungsschutz für die Gesellschafter, Angestellten und Mitarbeiter eines Einzelanwalts oder einer Berufsausübungsgesellschaft auf die sonstigen amtsähnlichen Tätigkeiten außerhalb des anwaltlichen Berufs. Bei den in Teil 2 B oder C oder Teil 3 genannten Tätigkeiten handelt es sich ausdrücklich um nicht-anwaltliche Tätigkeiten, weil sie auch schon nicht vom RVG umfasst sind, § 1 Abs. 2 RVG. Es sind Deckungserweiterungen. Zwar übernehmen Anwälte häufig aufgrund ihrer besonderen Sachkunde und als Organ der Rechtspflege diese amtsähnlichen persönlichen Aufgaben, aber es muss sich nicht um einen Anwalt handeln.[273] Die Aufgabe wird gesetzlich oder rechtsgeschäftlich übertragen. Folge ist ein gesetzliches oder rechtsgeschäftliches Schuldverhältnis zwischen dem Anwalt und dem Auftraggeber bzw. den Beteiligten. Um Schwierigkeiten bei der Abgrenzung zwischen beruflicher und berufsnaher Tätigkeit zu vermeiden, haben die Versicherer in ihren jeweiligen Risikobeschreibungen die amtsähnlichen Tätigkeiten mitversichert. Die Versicherer erweitern damit den Versicherungsschutz auf die Tätigkeiten, die der Anwalt ausüben kann, die aber nicht-anwaltlicher Art sind, auch wenn ggf. anwaltliche Elemente hinzukommen. Dabei umfasst der Versicherungsschutz nur die jeweils für den versicherten berufsangehörigen Mitarbeiter genannte Erweiterung. Die Bestellung einer Gesellschaft ist ganz überwiegend nicht möglich. Daher sind die Mitarbeiter und Gesellschafter/Scheingesellschafter persönlich für ihre Tätigkeit versichert, auch wenn die Berufsausübungsgesellschaft der Versicherungsnehmer ist. Es besteht aber kein Versicherungsschutz in einer inter-

---

273 BT-Drucks. 12/7656, 49 zu § 51a BRAO.

professionellen Gesellschaft, wenn der Anwalt eine Tätigkeit ausübt, die allein beim Steuerberater versichert ist, z.B. die nicht geschäftsführende Treuhand.

In Abgrenzung zu eigenen Mandaten im eigenen Namen und auf eigene Rechnung des Anwalts besteht Versicherungsschutz über die Versicherung der Berufsausübungsgesellschaft, wenn der Berufsträger im wirtschaftlichen Interesse der Kanzlei handelt. Die Vergütung muss der Kanzlei zufließen, auch wenn Rechnungssteller die natürliche Person ist. Zu beachten ist, dass der Versicherungsumfang dieser mitversicherten Tätigkeiten dem Versicherungsschutz für die Anwaltstätigkeit entspricht, soweit nicht besonders geregelt. Bei der Versicherungssumme und Maximierung gilt aufgrund der Einheitlichkeit des Vertrags nach § 113 VVG, dass Schadenzahlungen aufgrund von Haftungsfällen bei den mitversicherten nicht-anwaltlichen Tätigkeiten den Pflichtversicherungsumfang nicht ausschöpfen dürfen. Dazu gibt es keine Regelung in den AVB-RS. Es ergibt sich aber aus § 51 BRAO als Vorschrift zur Pflichtversicherung; siehe zum Verhältnis der anwaltlichen Pflichtversicherung zur Mitversicherung der amtsähnlichen persönlichen Tätigkeiten oder sonstigen Tätigkeiten § 18 Rn. 8 f. 187

Für die amtsähnlichen persönlichen Tätigkeiten gelten die gleichen Voraussetzungen für den Versicherungsschutz wie für die anwaltliche Tätigkeit. Es muss sich um die versicherte Tätigkeit nach der Risikobeschreibung handeln. Versicherungsschutz wird nur iVm § 1 geboten, wenn es sich um eine Pflichtverletzung handelt und ein Dritter aufgrund gesetzlicher Haftpflichtbestimmungen einen Schadensersatzanspruch hat. Nicht versichert bleiben Erfüllungsansprüche oder Bereicherungsansprüche. Versicherungsschutz wird auch geboten, wenn der Versicherungsnehmer für einen Erfüllungsgehilfen nach § 278 BGB oder einem Verrichtungsgehilfen nach § 831 BGB haftet. 188

L. Vermögensschaden, § 1 I Ziff. 3

Nach § 1 I Ziff. 3 sind ausschließlich Vermögensschäden versichert. Die AVB-RS umschreiben den Vermögensschaden in einer Negativformulierung: Vermögensschäden sind solche Schäden, die weder Personenschäden noch Sachschäden sind, noch sich aus solchen Schäden herleiten. 189

I. Begriff

1. Allgemeines

Das BGB differenziert nicht nach einzelnen Schadenarten oder Schadenbildern. Nach § 249 BGB soll der Schädiger den Zustand wiederherstellen, der bestehen würde, wenn der zum Ersatz verpflichtende Umstand nicht eingetreten wäre. In § 253 BGB taucht der Begriff Nicht-Vermögensschaden auf. Er bezeichnet aber nur die immateriellen Schäden, die nur in den durch Gesetz bezeichneten Fällen oder ausnahmsweise ersetzt werden. Aus dem Schadenbegriff des BGB kann daher nicht auf den in § 51 BRAO verwendeten Vermögensschadenbegriff geschlossen werden. Es fehlt daher an einer positiven gesetzlichen oder vertraglichen Definition, was der Vermögensschaden ist. 190

Voraussetzung des Vermögensschadens nach § 1 ist, dass das Berufsversehen des Anwalts sich unmittelbar nachteilig auf das Vermögen des Mandanten ausgewirkt hat. Ein reiner Vermögensschaden muss vorliegen. Ein begründeter Anspruch, den der Anwalt aufgrund eigenen Verschuldens z.B. Fristversäumnis nicht durchsetzt, wird zu einer Forderung des Mandanten gegenüber dem Anwalt. Gleiches gilt für einen gegnerischen Anspruch, der zu Unrecht durchgesetzt wird, weil der Anwalt es versäumt hat, gegen den Anspruch vorzugehen. In beiden Fällen entsteht durch die konkrete Handlung des Anwalts eine Vermögenseinbuße beim Mandanten. Gleichgestellt zu Forderungen sind Rechte wie Patente, Urheberrechte, wenn der Anwalt es versäumt, den Patentschutz zu erneuern. 191

192 Der Vermögensschaden muss ein nach der Rechtsordnung gerechtfertigter unmittelbarer Vermögensverlust sein und vom Mandat umfasst sein. Der Verlust einer tatsächlichen oder rechtlichen Position, deren Erhalt der Geschädigte nach der Rechtsordnung nicht beanspruchen kann, stellt keinen ersatzfähigen Schaden dar.[274] Kein Vermögensschaden liegt vor, wenn der Anwalt ein vollkommen aussichtsloses Rechtsmittel fristwidrig einlegt. Das Gericht oder die Behörde hätten nur später gegen den Mandanten entschieden oder vollstreckt. Der mögliche Zeitgewinn ist kein dauerhafter Vermögensschaden.[275] Bei einem steuerberatenden Mandat zu einer Vermögensanlage ist nur über die Steuervorteile und -nachteile aufzuklären. Über das allgemeine Anlagerisiko bei einer Unternehmensbeteiligung ist nicht aufzuklären. Daher besteht kein Vermögensschaden, wenn sich das Risiko verwirklicht und der Mandant einen Verlust erleidet.[276]

193 Nicht versichert sind Vermögensfolgeschäden, die sich aus einem Personen- oder Sachschaden ergeben, § 1 I Ziff. 3 aE. Der entgangene Gewinn, § 252 BGB, oder die Nutzungsausfallentschädigung nach einem Verkehrsunfall als weiterer Schaden bilden zwar einen Vermögensschaden, sie beruhen jedoch auf einem Sachschaden. Sie sind in der Berufshaftpflichtversicherung nicht gedeckt. Entscheidend ist die konkrete Verletzungshandlung als Berufsversehen des Anwalts, die dann unmittelbar das Rechtsgut des Vermögens des Mandanten oder Dritten schädigen muss. Der versicherte Schaden muss messbar sein. Es darf kein rein ideelles Interesse oder Affektionsinteresse vorliegen wie z.B. bei Ehrverletzungsprozessen. Herausgabeansprüche sind z.B. die Herausgabe von Akten nicht versichert. Es handelt sich um keinen gesetzlichen Haftpflichttatbestand. Die Schadenabteilungen werden freiwillig Abwehrschutz bieten, soweit es um mögliche Schadensersatzansprüche aufgrund der Informationen in den Akten geht.

2. Eingriff in Gewerbebetrieb, immaterielle Schäden, Allgemeines Persönlichkeitsrecht, Datenverlust

194 Der Eingriff in den eingerichteten und ausgeübten Gewerbebetrieb ist ein versicherter Vermögensschaden.[277] Der BGH hat den Eingriff nicht ausdrücklich als Vermögensschaden bezeichnet, da es nach dem zugrundeliegenden Sachverhalt zu einer Produkthaftpflichtklausel unerheblich war, ob ein Sach- oder Vermögensschaden vorlag. Es handelt sich aber bei dem eingerichteten und ausgeübten Gewerbebetrieb um ein sonstiges ausnahmsweise geschütztes Recht nach § 823 Abs. 1 BGB.

195 Grundsätzlich nicht vom Versicherungsschutz umfasst sind die auf Personenschäden basierenden immateriellen Schäden wie Schmerzensgeldansprüche, Freiheitsentzug nach § 253 Abs. 2 BGB. Sie sind aber versichert, wenn der Beratervertrag auch den Schutz eines der geschützten Rechtsgüter des § 253 Abs. 2 BGB umfasst.[278] Nach § 3 III Ziff. 4 sind diese Ansprüche ausdrücklich mitversichert, siehe ausführlich zur Deckung über die Sachschadendeckung § 3 Rn. 143 Die Verletzung des allgemeinen Persönlichkeitsrechts ist ein Vermögensschaden, soweit der Zusammenhang mit der anwaltlichen Beratung besteht. Auch hier gilt die normative Korrektur durch die Lehre vom Schutzzweck der Norm, siehe dazu ausführlich zur Deckungserweiterung innerhalb der Sachschadendeckung § 3 Rn. 145.

196 Noch nicht abschließend entschieden ist, ob die Veränderung/Verlust von Daten ein Sach- oder Vermögensschaden ist. Grundsätzlich sind aber die auf Datenträgern gespeicherten Daten keine Sachen.[279] Versicherungsschutz besteht ausdrücklich nach § 3 III Ziff. 3 unabhängig davon,

274 BGH NJW-RR 1994, 453.
275 BGH NJW 2005, 1935.
276 BGH NJW-RR 2003, 1035.
277 BGH VersR 1991, 414 Rn. 23.
278 BGH NJW 2009, 3025, Rn. 14.
279 OLG Karlsruhe NJW-RR 1998, 891; Daten sind keine Sachen im Rechtssinne; LG Stuttgart NJOZ 2004, 3754; Sachschutz der Hausratversicherung erfasst keine gespeicherten Daten mit Verweis auf OLG Karlsruhe NJW-RR 1998, 891.

ob es sich bei Daten um eine Sache handelt oder nicht, siehe dazu ausführlich § 3 bei der Sachschadendeckung zur Deckung bei Datenveränderungen und Datenverlust Rn. 134 unten.

3. Bußgelder, Strafen als Regress

Bei Bußgeldern, Strafen oder sonstigen strafbewehrten Sanktionen ist zu differenzieren, ob ein versicherter Vermögensschaden vorliegt. Sanktionen sind nicht versichert, wenn der Berufsträger selbst der Adressat ist. Sie sind im Ergebnis weder bei den wirtschaftsberatenden Berufen versichert, siehe § 1 Rn. 202 noch grundsätzlich in der D&O-Versicherung, siehe § 1 Rn. 200. Auf der Haftungs- und Deckungsseite ist zu differenzieren, wenn der Berufsträger für Bußgelder, Strafen oder sonstige Ordnungswidrigkeiten im Regress haftet, wenn ihn der Geschädigte zivilrechtlich in Anspruch nimmt, weil er eine Geldbuße aufgrund einer fehlerhaften Beratung selbst hat zahlen müssen. Die Konstellation des Regresses kommt insbesondere in der D&O-Versicherung bei Kartellbußen des Unternehmens vor, bei dem die Frage der Regressfähigkeit gegenüber dem Unternehmensleiter eingehend diskutiert wird. Bei wirtschaftsberatenden Berufen stellt sich die Frage insbesondere bei der Steuerberatung, speziell bei leichtfertiger Steuerverkürzung und bei der Beratung zu verunglückten Selbstanzeigen des Mandanten. 197

a) D&O-Versicherung. Das deutsche und das EU-Kartellrecht sehen vor, dass das Unternehmen als Sanktion eine Unternehmensbuße trägt. Die unternehmensbezogenen Geldbußen können derzeit bis zu 10 % des Konzernumsatzes betragen.[280] Das ist in der Regel für den Konzern tragbar, aber nicht mehr für den einzelnen Vorstand. Es gibt aber kein Verbot, dass das Unternehmen hierfür nicht Regress bei einem Dritten nehmen kann.[281] Die Unternehmen geben deshalb zugunsten ihrer Organe Verzichts- und Freistellungszusagen ab, trotz des Verzichtsverbots nach § 93 Abs. 4 AktG. Wenn das Vorstandsmitglied einer Aktiengesellschaft durch eine Handlung, die Gegenstand eines Ermittlungs- oder Strafverfahrens ist, gleichzeitig seine Pflichten gegenüber der Gesellschaft verletzt hat, muss im Übrigen die Hauptversammlung einer Übernahme der Geldstrafe, Geldbuße oder Geldauflage durch die Gesellschaft zustimmen.[282] 198

Die Ersatzpflicht nach § 93 Abs. 2 Satz 1 AktG setzt voraus, dass der Gesellschaft ein Schaden entstanden ist. Ein zivilrechtlicher Haftungsschaden des Unternehmens besteht für Schäden nach §§ 33 Abs. 3, 33a GWG. Strittig ist, ob das Organ für den Schaden im Regress haftet. Auf der Haftungsseite ist bei Unternehmensbußen nach § 81 GWB in Verbindung mit dem OWiG bzw. von der EU-Kommission Verordnung (EG) Nr. 1/2003 des Rates vom 16. Dezember 2002 bisher nicht höchstrichterlich geklärt, ob das Unternehmen bei seinen Unternehmensleitern regressieren kann.[283] Man lehnt einen Regress ab, weil es dem Sanktionszweck einer Geldbuße eines Unternehmens widerspricht, wenn das Unternehmen sich die Bußzahlung wieder zurückholen kann. Daneben ist die einem Unternehmen auferlegte Geldbuße deutlich höher als die persönliche Geldbuße eines Unternehmensleiters.[284] Man kann aber auch einen Regress in vollem Umfang befürworten, wenn man formal auf den rechtlich eindeutig vorliegenden ersatzfähigen Schaden nach § 93 Abs. 2 Satz 1 AktG abstellt.[285] Damit müsste das Organ dann auch Schäden von 1 Mrd. EUR und höher zahlen, was kaum mehr versicherbar ist und den wirtschaftlichen Ruin eines Vorstands bedeutet. 199

280 Die EU-Kommission hat bereits Sanktionen von über 1 Mrd. EUR verhängt, siehe EU-Kommission Cartel Statistics.
281 BGH NJW 1957, 586.
282 BGH amtlicher LS BeckRS 2014, 16525.
283 Zum Schienenkartell hat das BAG, ob und inwieweit Geldbußen gegen das Unternehmen auf Organmitglieder der Gesellschaft abwälzbar sind, nicht entschieden und an die unteren Instanzen zurückverwiesen, BAG NJW 2018, 184. Diese hatten eine Organhaftung abgelehnt, LAG Düsseldorf CCZ 2015, 185.
284 *Thomas* VersR 2017, 596, 598; *Labusga* VersR 2017, 394, 400; *Hauger/Palzer* ZGR 2015, 33 ff.
285 *Zimmermann* WM 2008, 433, 436; *Werner* CCZ 2010, 143, 145; *Kersting* ZIP 2016, 1266.

Daher differenziert man auch danach, dass die Regresshöhe gedeckelt ist auf die Höhe des persönlichen Bußgelds, welches das Organ selbst zu zahlen hätte.[286] Die Rspr. ist nicht eindeutig, es fehlt an einer BGH-Entscheidung. Mehrheitlich wird der Regress abgelehnt, da er im Widerspruch steht, dem Unternehmen die Buße aufzuerlegen.[287] Wenn man einen Schaden annimmt, ist auch ein Vorteilsausgleich des Unternehmens zu berücksichtigen. Die Geldbuße enthält den Ahndungsteil und den Abschöpfungsteil. Nur der Ahndungsteil ist zu regressieren, während das Unternehmen auch Gewinn gemacht hat, was als Vorteilsausgleich von der Gesamtsumme abzuziehen ist.[288]

200 Auf der Deckungsseite kommt es bei der D&O-Versicherung auf die Formulierung des Ausschlusses an oder die ausdrückliche Mitversicherung, wenn man einen Regress annimmt, gleich ob in voller Höhe oder nur eingeschränkt. Der regressfähige Schaden ist ersatzfähig nach § 93 Abs. 2 Satz 1 AktG, weil es sich bei dem Regress nicht um eine Geldbuße handelt. Das Unternehmen macht zivilrechtlich einen Schadensersatzanspruch gegenüber den versicherten Organen geltend.[289] Es gibt kein Verbot, den Regress von Strafen und Bußgeldern zu versichern. Von vornherein ausgeschlossen sind Handlungen mit Vorsatz nach § 103 VVG und einer wissentlichen Pflichtverletzung. Es verbleiben fahrlässige Handlungen. Üblich in der D&O-Versicherung sind Formulierungen wie: „Der Versicherungsschutz bezieht sich nicht auf Haftpflichtansprüche *wegen* Vertragsstrafen, Bußen und Entschädigungen mit Strafcharakter (z.B. punitive oder exemplary damages)“ oder „Der Versicherungsschutz bezieht sich nicht auf Haftpflichtansprüche, die sich *aus* Vertragsstrafen, Bußen und Entschädigungen mit Strafcharakter (z.B. punitive oder exemplary damages) ergeben.“ Beide Formulierungen „...Haftpflichtansprüche wegen/aus...“ stellen klar, dass die direkt dem Versicherungsnehmer auferlegte Strafen oder Geldbußen nicht versichert sind. Beide Formulierungen sollten aber auch die zivilrechtlichen Regressansprüche des Unternehmens gegen seine Leiter ausschließen. Dabei ist die Formulierung „wegen“ grundsätzlich vom Wortlaut weiter und eindeutiger, während die Formulierung „aus“ Spielräume hat. Risikoausschlüsse sind zwar grundsätzlich eng auszulegen, siehe § 4 Rn. 5 ff, aber Sinn und Zweck der D&O-Versicherung ist es, die Unternehmen vor Vermögensschäden durch ihre Organe zu schützen und nicht vor Sanktionen. Die Trennung zwischen ordnungsrechtlicher Sanktionierung und zivilrechtlicher Lastentragung spricht nicht dafür, dass eine Geldbuße stets ein ersatzfähiger Schaden ist. Die gesetzgeberische Wertung, dass Normadressat der Geldbuße das Unternehmen ist und nicht die für sie handelnden Personen, ist auch im Zivilrecht zu berücksichtigen.[290] Der Repressions- und Präventionscharakter einer Geldbuße würde unterlaufen werden und das gesetzeswidrige Verhalten des Organs wäre gänzlich folgenlos.[291] Versicherungsnehmer/versicherte Personen sollten daher positiv mit dem Versicherer in der D&O-Versicherung vereinbaren, dass auch Regressansprüche aus/wegen Unternehmensbußen versichert sind.

201 **b) Wirtschaftsberatende Berufe.** Bei den wirtschaftsberatenden Berufen unterscheidet sich die Deckung gegenüber der D&O-Versicherung schon dadurch, dass es sich um eine Pflichtversicherung handelt. Die gesetzlich zulässigen Ausschlüsse sind abschließend. Der Versicherer kann nur oberhalb der Pflichtversicherung unter Beachtung von § 113 Abs. 3 VVG weitere Haftungstatbestände von der Deckung ausschließen.

---

286 *Fleischer* BB 2008, 1070, 1073.

287 LAG Düsseldorf BB 2015, 1018; LG Saarbrücken CCZ 1/2021, 50; OLG Düsseldorf MDR 2023, 1193; Überblick hierzu *Reuter* CCZ 2023, 289.

288 *Bayer/Scholz* GmbHR 2015, 449,454; *Marsch-Barner* ZHR 2009, 723.

289 *Thomas* VersR 2017, 596, 601.

290 LAG Düsseldorf CCZ 2015, 185 als Vorinstanz zur BAG-Rückverweisung zum Schienenkartell (BAG NJW 2018, 184), dass keine Haftung des Geschäftsführers einer GmbH für gegen das Unternehmen verhängte kartellrechtliche Geldbußen annimmt; zustimmend *Bunte* NJW 2018, 123.

291 *Strasser* VersR 2017, 65, 72.

In der Berufshaftpflichtversicherung der wirtschaftsberatenden Berufe gibt es im Gegensatz zu der D&O-Versicherung keine Klauseln, die Geldbußen/Geldstrafen oder auch Vertragsstrafen ausschließen. Wenn sie der Versicherungsnehmer selbst direkt zu zahlen hat, weil er die Tat begangen hat, wäre ein Ausschluss sowieso nur klarstellend. Die Geldbußen/Geldstrafen sind keine Kompensation für einen erlittenen Vermögensschaden, sondern eine Sanktionierung eines Fehlverhaltens. Vertragsstrafen sind nicht versichert.[292] Sie sind als Erweiterung des gesetzlich vorgesehenen Versicherungsschutzes ausgeschlossen und muss der Versicherungsnehmer mit seinem Mandanten gesondert vereinbaren, § 4 Ziff. 2 siehe dazu § 4 Rn. 54. 202

Anderes gilt aber im Regress des Mandanten gegen den Berater. Die Zahlung und sonstige Folgen einer Geldbuße, die der Mandant leistet, ist ein regressfähiger versicherter Schaden des Beraters, wenn er vertraglich verpflichtet war, seinen Mandanten vor der Begehung einer Straftat oder Ordnungswidrigkeit zu schützen. Es kommt auf den Inhalt und den verfolgten Zweck des mit dem Mandanten geschlossenen Mandatsvertrags an. Wenn der Steuerpflichtige sich aufgrund des komplizierten Steuerrechts einen Berater nimmt, so besteht dessen Aufgabe nicht nur darin, die seinem Mandanten zustehenden Steuervorteile auszuschöpfen, sondern er hat ihn auch davor zu bewahren, sich durch Überschreitung des zulässigen Rahmens der steuerstrafrechtlichen Verfolgung auszusetzen.[293] Diese Pflicht endet dort, wo der Mandant sich selbst über die Strafbarkeit seiner Vorgehensweise im Klaren ist. Wenn der Mandant vorsätzlich eine Steuerhinterziehung begeht, kann er die sein Vermögen betreffenden steuerstrafrechtlichen Folgen nicht auf den Berater abwälzen.[294] Ausnahme hiervon kann die Beratung bei einer verunglückten Selbstanzeige sein.[295] Das Mandat zielt gerade darauf ab, die Strafbefreiung und nach § 398a AO, das Absehen von Verfolgung, zu erreichen. Verletzt der Berater diese Pflicht, indem er etwa pflichtwidrig nicht auf eine vollständige oder auf eine rechtzeitige Selbstanzeige hinwirkt, verwirklichen sich die Nachteile, zu deren Abwendung der Berater aus dem Mandatsverhältnis gerade verpflichtet ist. Der Berater hat die Pflicht bei drängender Gefahr einer Tataufdeckung nach den Grundsätzen der gestuften Selbstanzeige vorzugehen. Der Berater ist dann schadensersatzpflichtig und versichert für die Geldauflage oder Geldstrafe und die mit der Strafverteidigung verbundenen Verteidigungskosten des Mandanten. Übermittelt der rechtliche Berater versehentlich ohne vorherige Abstimmung mit dem Mandanten eine für diesen gefertigte Selbstanzeige der Finanzverwaltung, liegt aber in der anschließend gegen den Mandanten festgesetzten Steuerpflicht kein ersatzfähiger Schaden.[296] Dafür besteht dann kein Versicherungsschutz. 203

Gleiches gilt für die Fälle, wenn der Anwalt zu einer Soft Law Bestimmung, wie z.B. OECD-Leitsätze für Multinationale Unternehmen, falsch beraten hat; zum Begriff Soft Law, zur Verbindlichkeit im Gegensatz zum Hard Law und Versicherungsschutz siehe § 1 Rn. 125 ff. Allein dann, wenn die Soft Law Bestimmung den formalen und materiellen Anforderungen einer staatlichen Norm genügt, besteht Versicherungsschutz für den Regress des Unternehmens gegen den Berater, siehe dazu § 1 Rn. 127. Wenn der Mandant einen Vermögensschaden dadurch erleidet, dass er eine Sanktion mit Strafcharakter auferlegt bekommt, ist der Mandatsinhalt wie in den Steuerberaterfällen maßgeblich. 204

II. Kausalität

Zwischen dem Berufsversehen und dem Vermögensschaden muss ein unmittelbarer kausaler Zusammenhang liegen. Die Kausalität zwischen der Pflichtverletzung des Anwalts und dem Schaden liegt nicht mehr vor, wenn der innere Zusammenhang zwischen den Ereignissen fehlt. Bei mehre- 205

292 *Wilhelmer* Berufshaftpflichtversicherung Rn. 1604.
293 BGH NJW 1997, 518, 519.
294 BGH DStR 2010, 1695.
295 OLG Nürnberg DStR 2017, 1531.
296 BGH VersR 2018, 224.

ren in Betracht kommenden Schadenursachen ist die weitere Schadenursache allein maßgeblich, wenn sie den Berufsfehler des Anwalts in den Hintergrund drängt. Der Zusammenhang ist nicht unterbrochen, wenn das Gericht fehlerhaft gehandelt hat. In einem Prozess ist der Anwalt verpflichtet, seinen Mandanten vor Fehlentscheidungen der Gerichte zu bewahren. Soweit sich deshalb in der gerichtlichen Fehlentscheidung das allgemeine Prozessrisiko verwirklicht, das darin liegt, dass das Gericht bei ordnungsgemäßem Vorgehen trotz des Anwaltsfehlers richtig hätte entscheiden können und müssen, ist dem Anwalt der Urteilsschaden haftungsrechtlich zuzurechnen.[297] Die Verpflichtung des Rechtsanwalts, die zu Gunsten seiner Partei sprechenden tatsächlichen und rechtlichen Gesichtspunkte so umfassend wie möglich darzustellen, erfährt durch den Grundsatz „iura novit curia" keine Einschränkung.[298]

206 Aufwendungen für den fehlgeschlagenen Zivilprozess sind zu ersetzen, wenn das Berufsversehen dazu geführt hat, dass der Mandant die Kosten des Verfahrens nicht hätte tragen müssen, weil er gewonnen hätte. Der Rechtsanwalt ist gehalten, den Mandanten in die Lage zu versetzen, eine eigenverantwortliche und sachgerechte Entscheidung über den Abschluss eines Vergleichs zu treffen; hierzu hat er den Mandanten über die Vor- und Nachteile des Vergleichs zu beraten. Die Beratungsbedürftigkeit des Mandanten entfällt erst dann, wenn der Mandant aus anderen Gründen über die Vor- und Nachteile des Vergleichs im Bilde ist; dies hat der Rechtsanwalt darzulegen und zu beweisen.[299] Eine normative wertende Betrachtung ist bei fehlerhaften Vergleichen erforderlich. Bei einem für den Mandanten nachteiligen Vergleich entsteht ein Schaden, wenn er bei korrekter Beratung von dem Vergleichsschluss abgesehen hätte, er einen Prozess geführt und ihn auch voraussichtlich gewonnen hätte. Der Anwalt hat von einem Vergleich abzuraten, wenn dieser für die von ihm vertretene Partei eine unangemessene Benachteiligung darstellt und insbesondere die begründete Aussicht besteht, im Fall einer streitigen Entscheidung ein wesentlich günstigeres Ergebnis zu erzielen. In diesem Fall greift die Vermutung ein, dass der Mandant dem Vorschlag des Anwalts, von einem Vergleichsschluss abzusehen, gefolgt wäre. Nimmt der Mandant auf Anraten seines Rechtsanwalts eine günstige Vergleichsmöglichkeit nicht wahr, kommt es für einen Pflichtverstoß darauf an, ob im Zeitpunkt der Vergleichsverhandlung objektive Anhaltspunkte vorhanden waren, die den Vergleich günstiger erscheinen ließen als dessen Ablehnung.[300] Der Wert des Vergleichs ist eine selbstständige Vermögensposition, die schon mit Angebot entsteht und nicht untergeht. Eine normative oder auch tatsächliche Betrachtung, ob dem Mandanten überhaupt ein Anspruch zusteht, nimmt die Rspr. nicht an.[301]

207 Der kausale Zusammenhang ist nicht unterbrochen, wenn der Anwalt durch eine Handlung gleichzeitig einen versicherten Vermögensschaden und einen nicht-versicherten Schaden verursacht. Der Rechtsanwalt als Zwangsverwalter versäumt es in einem leerstehenden Gebäude die Wasserleitungen zu kontrollieren. Es tritt ein nicht versicherter Wasserschaden ein. Die fehlende Kontrolle der Leitungen ist gleichzeitig eine Obliegenheitsverletzung gegenüber dem Gebäudeversicherer. Dabei handelt es sich um einen versicherten Vermögensschaden, da der Mandant einen unmittelbaren Vermögensverlust erlitten hat, weil der Versicherungsanspruch nicht mehr durchsetzbar ist.[302] Ein Vermögensschaden liegt vor, wenn ein gefahrerhöhender Umstand dem Sachversicherer nicht gemeldet wird. Das versicherte Gebäude brannte ab, aber der Anwalt hatte den Leerstand als gefahrerhöhenden Umstand dem Feuerversicherer nicht gemeldet.[303] Reparaturkos-

297 BGH NJW 2009, 987, 989.

298 BGH NJW 2016, 957.

299 BGH r+s 2023, 616.

300 BGH NJW 2016, 3430.

301 HBAnw/*G. Fischer* § 5 Rn. 103 unter Berufung auf unveröffentlichte Nichtannahmebeschlüsse des BGH, die die untergerichtliche Rspr. billigen; BGH, 28.6.1990 – IX ZR 241/89; BGH, 22.10.1998 – IX ZR 180/97.

302 LG Aachen ZInsO 2004, 873, 874.

303 BGH NJW 2003, 295.

ten können ein Vermögensschaden sein, wenn eine berechtigte Forderung auf Mängelbeseitigung verjährt. Die nachfolgenden notwendigen Reparaturkosten sind ein versicherter Schaden.[304]

III. Berechnung des Schadens und normative Korrektur

Ausgangspunkt jeder Schadensberechnung bildet die Differenzhypothese. Ob und inwieweit ein nach §§ 249 ff BGB zu ersetzender Vermögensschaden vorliegt, beurteilt sich nach einem Vergleich der infolge des haftungsbegründenden Ereignisses eingetretenen Vermögenslage mit derjenigen, die ohne jenes Ereignis eingetreten wäre. Nur eine Vermögensminderung, die durch das haftungsbegründende Ereignis verursacht ist, d.h. ohne dieses nicht eingetreten wäre, ist als ersatzfähiger Schaden anzuerkennen.[305] 208

Der Anwalt muss den Mandanten oder den Dritten durch die Schadensersatzleistung so stellen, wie er bei pflichtgemäßem Verhalten stehen würde. Man muss die tatsächliche Vermögenslage derjenigen gegenüberstellen, die sich ohne den Beratungsfehler des Anwalts ergeben hätte. Erforderlich ist ein Gesamtvermögensvergleich, der alle von dem haftungsbegründenden Ereignis betroffenen finanziellen Positionen umfasst. Einzubeziehen ist die die gesamte Schadensentwicklung bis zur letzten mündlichen Verhandlung in den Tatsacheninstanzen. Hypothetische und tatsächliche Vermögenslage sind zu bestimmen. Die Feststellungsklage ist nur begründet, wenn sich aus dem vom Mandanten vorgetragenen Sachverhalt unter Zugrundelegung dieser Grundsätze mit hinreichender Wahrscheinlichkeit ergibt, dass ihm bereits ein Schaden entstanden ist oder ihm ein solcher droht.[306] Lässt der Mandant offen, für welche von mehreren möglichen Vorgehensweisen er sich bei pflichtgemäßer Beratung entschieden hätte, ist die notwendige Schadenswahrscheinlichkeit nur gegeben, wenn diese sich für alle in Betracht kommenden Ursachenverläufe – nicht notwendig in gleicher Weise – ergibt; sie muss für alle diese Ursachenverläufe dargelegt und bewiesen werden. § 252 Satz 2 BGB ermöglicht dann in Ergänzung zu § 287 ZPO eine abstrakte Schadensberechnung des entgangenen Gewinns, erfordert aber gleichwohl die Darlegung und gegebenenfalls den Nachweis der erforderlichen Anknüpfungstatsachen hierfür, bei der behaupteten Anlage von Kapitalbeträgen etwa den Vortrag und den Nachweis der Anlage in eine bestimmte Art von Wertpapieren.[307] 209

Die Rspr. modifiziert die Differenzhypothese durch eine normative Kontrolle. Die Kontrolle ist notwendig, um hypothetische Kausalverläufe einschätzen zu können, da man den Schaden nicht rechnerisch bestimmen kann. Kontrollmaßstab ist der Schutzzweck der Norm sowie Funktion und Ziel des Schadensersatzes. Bei einem Berufsfehler des Anwalts in einem Prozess hat das Regressgericht – wie im Übrigen auch der Versicherer – zu werten, wie der Vorprozess bei richtigem Verhalten des Anwalts ausgegangen wäre. Das Regressgericht im Prozess des Mandanten gegen den Anwalt kann dabei über den Schaden und dessen Höhe nach § 287 ZPO unter Würdigung aller Umstände nach freier Überzeugung entscheiden. Kein Schaden ist der Verlust oder die Vorenthaltung einer tatsächlichen oder rechtlichen Position, auf die der Mandant oder der Dritte aufgrund der objektiven Umstände keinen Anspruch gehabt hätte. Die materielle Gerechtigkeit hat Vorrang vor der wirklichen Kausalität.[308] Ein Steuervorteil ist nur dann ein ersatzfähiger Schaden, wenn er rechtmäßig und nicht unter Verstoß gegen ein gesetzliches Verbot oder die guten Sitten hätte erlangt werden können.[309] 210

Bezugspunkt des Gesamtvermögensvergleichs ist in der Regel nur das Vermögen des Geschädigten, nicht dasjenige von Dritten. Die Einbeziehung rechtlich fremden Vermögens in den im 211

---

304 Beispiel bei *Chab* AnwBl 2009, 791.
305 BGH WM 2013, 1323, Rn. 20.
306 BGH NJW 2008, 2041, Rn. 24.
307 BGH LS 1, 2 VersR 2016, 727.
308 BGH NJW 2005, 3071 Rn. 1.
309 BGH NJW 2018, 541 Rn. 26.

Rahmen der Rechtsanwalts- und Steuerberaterhaftung vorzunehmenden Gesamtvermögensvergleich im Wege der konsolidierten Schadensbetrachtung setzt neben der Einbeziehung der Vermögensinteressen des Dritten in den Beratungsvertrag voraus, dass sich der Berater vereinbarungsgemäß mit einem bei wirtschaftlich wertender Betrachtung einheitlichen Vermögen zu befassen hat.[310] Grundsätzlich kann aufgrund eines Vertrags lediglich derjenige den Ersatz eines Schadens verlangen, bei dem der Schaden tatsächlich eingetreten ist und dem er rechtlich zur Last fällt.[311] Ausnahmen hiervon hat der BGH insbesondere im Zusammenhang mit der Übertragung von Vermögenswerten an Familienangehörige zugelassen. Eine konsolidierte Schadensberechnung hat dann zu erfolgen, wenn die Einbeziehung der Vermögensinteressen des oder der jeweiligen Verwandten oder sonstigen Dritten nach dem Inhalt des Beratungsvertrags geschuldet war.[312]

212 Im Übrigen gilt zur Erstattungspflicht der im Prozess unterliegenden Partei und damit zum Freistellungsanspruch gegenüber dem Versicherer: Die unterliegende Partei trifft keine prozessuale Kostenerstattungspflicht nach § 91 ZPO gegenüber der obsiegenden Partei bezüglich einer von dieser gem. § 3a RVG vereinbarten Vergütung, soweit diese die gesetzliche Vergütung übersteigt. Eine vom Rechtsanwalt im Einzelfall gezahlte Prämie für eine Anschlussdeckung zur Vermögensschadenshaftpflichtversicherung löst, soweit die Prämie auf Haftungsbeträge bis 30 Mio Euro entfällt, keinen gesetzlichen Vergütungsanspruch aus.[313]

213 Vorteile des Mandanten aus der fehlerhaften Beratung sind anzurechnen. Der Vorteil muss mit dem Nachteil in einem engeren qualifizierten Zusammenhang stehen.[314] Anzurechnen sind die Vorteile der verjährten nicht mehr durchsetzbaren Forderungen des Sozialversicherungsträgers gegenüber dem Arbeitgeber beim Schaden des Arbeitgebers.[315] Führt eine fehlerhafte steuerliche Beratung zu steuerlichen Vorteilen, die dem Mandanten wegen Festsetzungsverjährung verbleiben, können diese Vorteile bei wertender Betrachtung im Rahmen des Gesamtvermögensvergleichs schadensmindernd anzurechnen sein.[316] Wenn der Mandant aufgrund der Fehlberatung des Steuerberaters mehrere Anlagen tätigt, können einzelne von ihnen auch Vorteile bringen. Der Mandant muss dann insgesamt aufzeigen, dass ihm ein Schaden entstanden ist. Eines Vorteilsausgleichs, für den der Berater darlegungs- und beweisbelastet wäre, ist nicht erforderlich.[317]

214 Wenn der Vermögensschaden feststeht, sind die sich daraus ergebenden Folgeschäden mitumfasst. Teil des Schadensersatzes sind dann auch die fiktiven Punkteprämien eines zu Unrecht entlassenen Fußballtrainers, die sein Nachfolger tatsächlich erzielt hatte. Der Einwand zur Höhe des Schadens, dass der Trainer gerade wg. fehlender Ergebnisse entlassen wurde, ist nicht maßgeblich, da er gerade durch die Entlassung daran gehindert wurde, die gewünschten Ergebnisse zu erzielen.[318]

215 Wenn die Ansprüche von mehreren Geschädigten die Versicherungssumme übersteigen, regelt das Verteilungsverfahren nach § 109 VVG, dass der Versicherer die Ansprüche nach dem Verhältnis ihrer Beträge zu erfüllen hat. Aufgrund der vielen sich daraus ergebenden Problemen wie Zeitpunkt der Einschätzung und Auszahlungen und Rückforderungen will der Versicherer Doppelzahlungen und die Rückforderungen nach Bereicherungsrecht vermeiden. Da insbesondere der Zeitpunkt nicht bestimmbar ist, wann sämtliche Dritte und sämtliche Forderungen endgültig

---

310 BGH DB 2020, 2631.

311 BGH VersR 2015, 857 Tz. 8.

312 *D. Fischer* VersR 2016, 700, 705.

313 BGH NJW 2018, 1477. Eine vom Rechtsanwalt im Einzelfall gezahlte Prämie für eine Anschlussdeckung zur Vermögensschadenshaftpflichtversicherung löst, soweit die Prämie auf Haftungsbeträge bis 30 Mio Euro entfällt, keinen gesetzlichen Vergütungsanspruch aus.

314 BGH NJW 2019, 215 Rn. 17.

315 BGH NJW 2005, 1223.

316 BGH VersR 2022, 1117.

317 BGH NJW-RR 2019, 373 Rn. 38.

318 OLG Hamm BRAK-Mitt. 2015, 30.

feststehen, kann der Versicherer dies nur über die Präklusion nach § 109 Satz 2 VVG erreichen. Es verbleiben jedoch erhebliche Unsicherheiten für alle Beteiligten.[319]

M. Berufsausübungsgesellschaften, II

§ 1 II regelt die Berufsausübungsgesellschaften (BAG). 216
- Ziff. 1 regelt die Zurechnung der Umstände, die in den Mitarbeitern der Berufsausübungsgesellschaft liegen, für die Berufsausübungsgesellschaft als Versicherungsnehmerin. Speziell festgelegt sind die Zurechnung und die Folgen einer wissentlichen Pflichtverletzung von Mitarbeitern nach § 4 I Ziff. 3 wg. dem Ausschlusstatbestand nach § 51 Abs. 3 Nr. 1 BRAO
- Ziff. 2 regelt als freiwillige Versicherung den Versicherungsschutz für die akzessorische Haftung als Gesellschafter oder Scheingesellschafter in einer bestehenden Berufsausübungsgesellschaft.
- Ziff. 3 regelt, dass der Versicherungsumfang gilt, der zum Zeitpunkt des Verstoßes vereinbart war.

I. Berufsausübungsgesellschaften nach der BRAO

Alle Berufsausübungsgesellschaften haben eine eigene Pflichtversicherung abzuschließen und während der Dauer ihrer Tätigkeit aufrechtzuerhalten, § 59n Abs. 1 BRAO. Sie unterliegen einer eigenen Versicherungspflicht. Eine Mitversicherung über die Pflichtversicherung der anwaltlichen Berufsträger nach § 51 BRAO ist nicht möglich. Umgekehrt ist dies ebenfalls nicht möglich, auch wenn der Versicherer die Policen formal zusammenziehen kann, siehe dazu auch zu den Zulassungspolicen § 1 Rn. 326 ff. 217

1. Organisationsformen, § 59b BRAO

Für die gemeinschaftliche Berufsausübung von Anwälten gilt der Grundsatz der gesellschaftsrechtlichen Organisationsfreiheit, § 59b Abs. 2 BRAO. 218

Anwälten stehen als Organisationsform offen:
- Gesellschaften nach deutschem Recht einschließlich der gewerblichen Handelsgesellschaften
  Dies sind: Grundsätzlich alle privatrechtlichen Zusammenschlüsse, wie Personengesellschaften, Personenhandelsgesellschaften und Kapitalgesellschaften. Daher ist auch die GmbH & Co. KG als Organisationsform zulässig. Selbst Vereine und Genossenschaften sind nicht ausgeschlossen, soweit die Anwälte als Gesellschafter die Gründungsvoraussetzungen beachten und das Berufsrecht nicht entgegensteht.
- Europäische Gesellschaften
  Dies sind: Aktiengesellschaften in der Europäischen Union und im Europäischen Wirtschaftsraum nach europäischem Recht (SE)
- Gesellschaften, die zulässig sind nach dem Recht eines Mitgliedstaats der Europäischen Union oder eines Vertragsstaats des Abkommens über den Europäischen Wirtschaftsraum (Island, Liechtenstein, Norwegen; aber nicht die Schweiz). Aufgrund der europäischen Niederlassungsfreiheit können Gesellschaften mit Registersitz in einem anderen Mitglied- oder Vertragsstaat ihren Verwaltungssitz unter Wahrung ihres ausländischen Gesellschaftsstatuts nach Deutschland verlegen. Voraussetzung ist jedoch, dass die ausländische Gesellschaftsform, die nach dem jeweiligen Gründungsstatut für die Ausübung des Rechtsanwaltsberufs im Sinne

319 *Schultheiß* VersR 2016, 497.

eines freien Berufs offensteht. Dies entspricht der Rspr. des EuGH zur Niederlassungs- und Dienstleistungsfreiheit.[320]

- Ausländische Organisationsformen außerhalb der EU und des EWR als Zweigniederlassung in Deutschland, § 59b Abs. 2 Satz 2 BRAO iVm § 207a BRAO. Hier ist Voraussetzung, dass die Gesellschaft an ihrem Sitz im Ausland für die anwaltliche Tätigkeit befugt ist und in Deutschland zugelassen ist, unabhängig von der Rechtsform.

2. Sozietätsfähige Berufe, § 59c BRAO

219 Die Anwälte können gemeinschaftlich ihren Beruf ausüben mit anderen rechts- und wirtschaftsberatenden Berufsgruppen und anderen freien Berufen iSd § 1 PartGG. Zu beachten ist, dass eine gemeinschaftliche Berufsausübung außerhalb von Anwälten und Patentanwälten nur mit natürlichen Personen möglich ist nach dem Wortlaut von § 59c Abs. 1 Nr. 1–4 BRAO. Er zählt die Mitglieder der Anwalts- und Patentanwaltskammern auf, was die Gesellschaften umfasst. Bei Steuerberatern, Wirtschaftsprüfern und freien Berufen sind nur die Personen genannt. Dies ist Ausdruck des Fremdbesitzverbots nach § 59i Abs. 3 BRAO. Nur anwaltliche Berufsausübungsgesellschaften können Gesellschafter einer anwaltlichen Berufsausübungsgesellschaft sein, § 59i Abs. 1 Satz 1 BRAO.

220 **a) Rechts- und wirtschaftsberatende Berufe, inländisch und ausländisch; § 59c Abs. 1 Nr. 1–3 BRAO.** Die Sozietätsfähigkeit erstreckt sich auf die rechts- und wirtschaftsberatenden Berufe, § 59c Abs. 1 Nr. 1 BRAO unter Einbezug der ausländischen Berufsgruppen, § 59c Abs. 1 Nr. 2 und 3 BRAO:

- Mitglieder von Anwaltskammern und Patentanwaltskammern; Steuerberater, Steuerbevollmächtigte, Wirtschaftsprüfer und vereidigte Buchprüfer nur als natürlichen Personen Europäische Anwälte nach dem EuRAG und Anwälte eines Mitgliedstaates der Welthandelsorganisation nach § 206 BRAO[321]
- Ausländische Patentanwälte, Steuerberater, Steuerbevollmächtigte, Wirtschaftsprüfer und vereidigten Buchprüfer, wenn deren jeweilige deutsche inländische Berufsordnung in Deutschland die gemeinschaftliche Berufsausübung mit den ausländischen Berufsträgern zulässt

Die Zulässigkeit von Gesellschaften in einer anderen Berufsausübungsgesellschaft richtet sich nach § 59i BRAO, siehe zu den doppel- und mehrstöckigen Gesellschaften aus Anwälten § 1 Rn. 274.

221 Die Voraussetzungen der Tätigkeit und Zulassung der ausländischen Anwälte bestimmen sich nach § 59c Abs. 1 Nr. 2 BRAO, § 2 EURAG. Eine gemeinschaftliche Berufsausübung ist möglich, soweit der Berufsträger ein niedergelassener europäischer Anwalt ist. Der Titel „Rechtsanwalt" als Berufsbezeichnung ist nur nach entsprechender Tätigkeit und Qualifikation erlaubt, §§ 11 ff EURAG. Diese Voraussetzungen sind in Person des niedergelassenen europäischen Anwalts zu erfüllen, damit er für die Gesellschaft als Anwalt handeln oder vor Gerichten oder Behörden für die Gesellschaft auftreten kann, §§ 59j, 59k BRAO. Der Zusammenschluss ist für Anwälte aus den Mitgliedsstaaten der WHO nach § 206 BRAO möglich, die berechtigt sind sich im Inland niederzulassen. Die WHO-Anwälte sind nicht einem inländischen Anwalt gleichgestellt. Die WHO-Anwälte dürfen nur zum Recht ihres Herkunftsstaats beraten und ggf. zusätzlich zum Völkerrecht, § 206 Abs. 3 BRAO. Hierin darf der WHO-Anwalt die Gesellschaft vertreten, aber nicht im deutschen Recht.

---

320 EuGH 9.3.1999 – C-212–97, NJW 1999, 2027 ff. – Centros; EuGH 5.11.2002 – C-208/00, NJW 2002, 3614 ff. – Überseering und EuGH 30.9.2003 – C-167/01, NJW 2003, 3331 ff. – Inspire Act.

321 Gemeinschaftliche Berufsausübung bei WHO-Anwälten aber nur für das Recht des Herkunftsstaats und ggf. zusätzlich im Völkerrecht.

222 Wenn es sich um sonstige rechts- und wirtschaftsberatende ausländische Berufsgruppen handelt, wie z.B. einem Patent Attorney, ist dies nach dem jeweiligen entsprechenden inländischen Berufsrecht zu beurteilen, § 59c Abs. 1 Nr. 3 BRAO. Wenn dieses inländische Berufsrecht es zulässt, dass der ausländische Berufsangehörige mit dem inländischen Berufsangehörigen gemeinschaftlich den Beruf ausüben kann, dann ist auch eine gemeinschaftliche Berufsausübung mit einem Anwalt möglich. Beispiel der ausländische Patent Attorney und inländischer deutscher Anwalt: Wenn nach § 157 PAO der Patent Attorney mit einem inländischen Patentanwalt seinen Beruf gemeinschaftlich ausüben darf, dann darf er es auch mit einem Anwalt.

223 In einer Berufsausübungsgesellschaft sollen die Anwälte aktiv ihren Beruf ausüben, was sich aus § 59c Abs. 1 Satz 1 BRAO ergibt: „...*zur gemeinschaftlichen Berufsausübung*". Für die Partnerschaftsgesellschaft ergibt sich der Grundsatz aus § 1 Abs. 1 Satz 1 PartGG: Zweck der Partnerschaft ist der Zusammenschluss der Partner „zur Ausübung ihrer Berufe". Ausreichend ist ein Mindestmaß an beruflichen Aktivitäten.[322] Praktische Auswirkungen sind nicht bekannt, wenn ein Sozius/Partner/Gesellschafter nicht als Anwalt tätig ist, sondern nur auf dem Briefbogen z.B. als Sozietätsgründer geführt wird.

224 **b) Freie Berufe, § 59c Abs. 1 Satz 1 Nr. 4 BRAO.** Zulässig ist es, dass der Anwalt sich mit Personen aus freien Berufen zusammenschließt, die gerade nicht Mitglied einer Kammer sind, § 59c Abs. 1 Satz 1 Nr. 4 BRAO. Mit freien Berufen sind sämtliche freie Berufe in § 1 Abs. 2 Satz 1 PartGG gemeint und nicht nur die namentlich genannten in § 1 Abs. 2 Satz 2 PartGG. Ein freier Beruf nach § 1 Abs. 2 Satz 1 PartGG liegt vor, wenn er unabhängig ausgeübt wird. Die Person muss persönlich, eigenverantwortlich und fachlich handeln und gerade auch unabhängig sein wie ein Anwalt. Ein Zusammenschluss ist nicht möglich, wenn die berufsfremde Person weisungsgebunden ist. Sie muss frei entscheiden können. Nicht möglich bleibt ein Zusammenschluss eines Anwalts mit einem Gewerbetreibenden, weil hier die kaufmännische Leistung oder eine Standarddienstleistung im Vordergrund steht.[323] Der Anwalt kann sich daher mit einem Unternehmensberater nur dann zusammenschließen, wenn der Berater die konkrete Tätigkeit qualifiziert durch z.B. eine betriebs- oder volkswirtschaftliche Ausbildung, persönlich und eigenverantwortlich ohne Einfluss eines Dritten erbringt. Der Maßstab, ob ein freier sozietätsfähiger Berufs vorliegt, richtet sich daneben nach den Ausschlussgründen für eine Zulassung als Anwalt nach §§ 7, § 59 c Abs. 1 Satz 2 BRAO. Die Stellung des Anwalts als unabhängiges Organ der Rechtspflege oder das Vertrauen in seine Unabhängigkeit darf nicht gefährdet sein, § 59 c Abs. 1 Satz 1 Nr. 4 BRAO.

225 **c) Unternehmensgegenstand der Berufsausübungsgesellschaft.** Der Unternehmensgegenstand der anwaltlichen Berufsausübungsgesellschaft ist die Beratung und Vertretung in Rechtsangelegenheiten, § 59c Abs. 2 Satz 1 BRAO. Die sonstigen Tätigkeiten in einer interprofessionellen Gesellschaft treten neben die Berufstätigkeit der Anwälte, siehe dazu § 1 Rn. 227 f. Die Berufsausübungsgesellschaften nach den §§ 59b ff BRAO sind gem. § 59k rechtsdienstleistungsbefugt, entsprechend § 3 RDG, der ein Verbot mit Erlaubnisvorbehalt enthält. Voraussetzung ist, dass die Berufsausübungsgesellschaft bei der Erbringung von Rechtsdienstleistungen jeweils durch Personen handelt, die selber zur Erbringung von Rechtsdienstleistungen befugt sind. Berufsfremde Personen in einer interprofessionellen Gesellschaft können nicht für die Gesellschaft rechtsberatend tätig werden.

226 Eine untergeordnete gewerbliche Treuhandtätigkeit kann auch ohne ausdrückliche gesetzliche Gestattung Unternehmensgegenstand einer Rechtsanwaltsgesellschaft sein und nicht nur ne-

---

322 BT-Drucks. 13/9820, 14; BT-Drucks. 19/27670, 131.
323 BT-Drucks. 19/27670, 179.

ben der Rechtsdienstleistung von den übrigen berufsfremden Gesellschaftern ausgeübt werden.[324] Die Grenze für den Unternehmensgegenstand einer Berufsausübungsgesellschaft ist wie bei Anwälten selbst zu sehen entsprechend den Zulassungsvoraussetzungen nach § 7 BRAO.[325] Der sonstige Unternehmensgegenstand kann nur von untergeordneter Bedeutung sein. Die Nebentätigkeit darf nicht die Funktionsfähigkeit der Rechtspflege, den Schutz der rechtsuchenden Bevölkerung vor unqualifizierter Beratung und die Betreuung und die Integrität der Anwaltschaft beeinträchtigen. Der Gesetzgeber hat keine umfassende Regelung getroffen. Verfassungskonform ist von einem weiten Verständnis eines Eingriffs in die Berufsfreiheit auszugehen.[326]

227 **d) Interprofessionelle gemeinschaftliche Berufsausübung.** In der interprofessionellen Gesellschaft üben die Berufsgruppen ihren Beruf nach außen hin gemeinschaftlich aus, aber die Tätigkeiten bleiben weiterhin voneinander getrennt, § 59c Abs. 2 BRAO. Der Unternehmensgegenstand für die interprofessionelle Gesellschaft liegt für die Berufsgruppe der Anwälte allein in der anwaltlichen Beratung, untergeordnete sonstige vereinbare Tätigkeiten können hinzukommen, siehe zum Unternehmensgegenstand § 1 Rn. 225 f. Die Tätigkeiten zwischen den Anwälten und den berufsfremden Gesellschaftern bleiben getrennt. Bei einer Gesellschaft aus Anwälten und Architekten können die Anwälte nicht eine Architektenleistung anbieten und umgekehrt. Es bedeutet auch, dass nur bestimmte Leistungen von der Gesellschaft und ihren Berufsträgern gefordert werden kann. Nur die Berufsgruppe der Anwälte schuldet die Rechtsdienstleistung, nicht die Gruppe der übrigen Gesellschafter, was bei Vorbehaltsaufgaben schon an der rechtlichen Zulässigkeit scheitern würde. Bei Nicht-Erfüllung verbleibt es bei der Sekundärhaftung auf Geldersatz.

228 Die Berufsrechte der Anwälte, Steuerberater und Wirtschaftsprüfer als Hauptfall der interprofessionellen Tätigkeit sind angenähert. Anwälte können Tätigkeiten nicht ausüben, die mit der Stellung als Organ der Rechtspflege unvereinbar sind, §§ 7 Nr. 8, 14 Abs. 2 Nr. 8 BRAO; bei Steuerberatern sind die unvereinbaren Tätigkeiten nach § 57 Abs. 4 StBerG festgelegt und bei Wirtschaftsprüfern nach §§ 16 Abs. 1 Nr. 6, 43 Abs. 2 Satz 1, 43a Abs. 3 WPO. Die Berufspflichten der anwaltlichen Berufsausübungsgesellschaft sind nach § 59e BRAO geregelt und entsprechen grundsätzlich den Pflichten des einzelnen Anwalts. Die Berufsausübungsgesellschaft hat durch geeignete Maßnahmen sicherzustellen, dass berufsrechtliche Verstöße frühzeitig erkannt und abgestellt werden und bei berufsfremden Gesellschaftern muss dies auch in der Satzung geregelt sein. Entsprechend der Trennung der Berufsrechte kann die Regelung nur die anwaltliche Tätigkeit umfassen. Die persönliche berufsrechtliche Verantwortlichkeit der Gesellschafter, Organmitglieder und sonstigen Mitarbeiter der anwaltlichen Berufsausübungsgesellschaft bleibt daneben bestehen.

229 Die Gesellschaft kann aufgrund der Trennung der Berufe für jede Tätigkeit Verträge schließen. Der Gesellschaft ist es möglich, mehrere Versicherungsverträge für jede Berufsgruppe bei einem oder mehreren Versicherern als Versicherungsnehmerin abzuschließen. Der Versicherungsschutz besteht jeweils im Umfang desjenigen Versicherungsvertrages, den die Gesellschaft für die jeweilige Berufsgruppe abgeschlossen hat. Nicht mehr anzuwenden ist der Grundsatz des „strengsten Berufsrechts" der einer anderen in der Gesellschaft tätigen Berufsgruppe, § 59n BRAO.[327]

230 § 59c Abs. 1 BRAO regelt für die Anwälte, ob sie mit anderen Berufsgruppen ihren Beruf gemeinschaftlich ausüben können. Bei berufsfremden Personen mit eigener Kammermitgliedschaft bestimmt umgekehrt ebenfalls deren Berufsrecht, ob ein Zusammenschluss mit Anwälten oder anderen Berufsgruppen möglich ist. Die gemeinschaftliche Berufsausübung eines Arztes mit

---

324 BGH BeckRS 2016, 02252 zu einer RA-GmbH mit der Bezeichnung „ESCRO Treuhandgesellschaft mbH Rechtsanwaltsgesellschaft", noch zu § 59c Abs. 1 BRAO aF.

325 Davon zu trennen sind die registerrechtlichen Voraussetzungen nach Partnerschaftsregister und Handelsregister.

326 Henssler/Prütting/*Henssler* PartGG § 1 Rn. 22. Gewerbliche Tätigkeiten sind als zulässig und vereinbar mit dem Anwaltsberuf zu sehen.

327 BT-Drucks. 19/27670, 198f.

einem Anwalt ist nach der jeweiligen landesrechtlichen Berufsordnung für Ärzte sehr eingeschränkt. Ein Arzt darf mit einem Anwalt nur dann eine gemeinschaftliche Berufsausübung eingehen, wenn der Arzt nicht die Heilkunde am Menschen ausübt, also nur gutachterlich tätig ist, § 23b BO Ärzte Bayern.[328] Bei sonstigen freien Berufen ohne Kammermitgliedschaft gibt es regelmäßig kein Berufsrecht, dass eine gemeinschaftliche Berufsausübung verbieten könnte.

3. Postulationsfähigkeit

Berufsausübungsgesellschaften sind postulationsfähig. Sie können als Prozess- oder Verfahrensbevollmächtigte beauftragt werden und haben die Rechte und Pflichten eines Rechtsanwalts, § 59l Abs. 1 BRAO. Sie handeln durch ihre Gesellschafter und Vertreter, in deren Person die für die Erbringung von Rechtsdienstleistungen gesetzlich vorgeschriebenen Voraussetzungen im Einzelfall vorliegen müssen, § 59l Abs. 2 BRAO. Eine Berufsausübungsgesellschaft darf die durch sie geschuldeten Rechtsdienstleistung nicht durch berufsfremde Personen erbringen lassen. Eine zulassungspflichtige Berufsausübungsgesellschaft ohne Zulassung ist nicht postulationsfähig. Prozesshandlungen bleiben aber regelmäßig wirksam.[329] Zur Strafverteidigung kann nur eine natürliche Person bestellt werden, § 59l Abs. 3 BRAO. 231

4. Zulassung, § 59f BRAO

Nach § 59f BRAO sind grundsätzlich alle Berufsausübungsgesellschaften zulassungspflichtig. Die Zulassung ist bei der örtlich zuständigen Rechtsanwaltskammer zu beantragen. 232

Eine Ausnahme von der Zulassungspflicht besteht nach § 59f Abs. 1 Satz 2 BRAO:

- Monoprofessionelle Personengesellschaften ohne Haftungsbeschränkung, bei denen die Gesellschafter und Geschäftsführungs- und Aufsichtsorgane allein Anwälte sind
- Interprofessionelle Personengesellschaften ohne Haftungsbeschränkung, bei denen die Gesellschafter und Geschäftsführungs- und Aufsichtsorgane Anwälte sind zusammen mit anderen Gesellschaftern und Geschäftsführungs- und Aufsichtsorganen aus den rechts- und wirtschaftsberatenden Berufen, also Patentanwälten, Steuerberatern, Steuerbevollmächtigten, Wirtschaftsprüfern und vereidigten Buchprüfern, §§ 59f Abs. 1 Satz 2 iVm 59c Abs. 1 Satz 1 Nr. 1 BRAO.[330]
- Nach § 59c Abs. 2 BRAO besteht bei Mitwirkung von Anwälten dann keine Zulassungspflicht als Berufsausübungsgesellschaft nach der BRAO, wenn die Gesellschaft nicht der Ausübung des Berufs des Anwalts dient. Das ist der Fall, wenn Gegenstand der Gesellschaft nur die für Wirtschaftsprüfungsgesellschaft gesetzlich und berufsrechtlich zulässigen Tätigkeiten gemäß §§ 2, 129 iVm 43a Abs. 4 WPO sind.[331]
- Mandatsgesellschaften als Zusammenschluss von anwaltlichen Berufsausübungsgesellschaften für ein Projekt, §§ 59e, 59f Abs. 1 Satz 2 Nr. 2 BRAO, aber anzeigepflichtig bei der Kammer

In den nicht zulassungspflichtigen Gesellschaften unterliegen die Gesellschafter entweder unmittelbar der Aufsicht durch die Rechtsanwaltskammer und sind bei Verstößen Sanktionen unterworfen oder sie haben aufgrund der PAO, des StBerG oder der WPO der BRAO vergleichbare Berufspflichten und unterstehen der Aufsicht ihrer Kammer. Die nicht zulassungspflichtigen Gesellschaften können sich 233

328 Das BVerfG hatte im Beschluss zu § 59a BRAO im Übrigen auch nur zu gutachterlichen/beratenden Tätigkeit der Ärztin/Apothekerin entschieden, BVerfG 12.1.2016 – 1 BvL 6/13, NJW 2016, 700.

329 Beschluss BGH NJW 2012, 2592. Berufsrechtliche Verstöße oder auch der Entzug der Anwaltszulassung können in vielen Fällen materiell-rechtliche Auswirkungen haben. Aus Gründen der Rechtssicherheit bleiben jedoch die Prozessvollmacht und damit auch die Wirksamkeit von Prozesshandlungen in der Regel unberührt.

330 BT-Drucks. 19/27670, 186.

331 WPK Magazin 2-2022, 29.

freiwillig zulassen, § 59f Abs. 1 Satz 3 BRAO. Für sie gelten bei einer freiwilligen Zulassung dieselben Regelungen wie für die zulassungspflichtigen Gesellschaften. Bei allen anderen interprofessionellen Gesellschaften verbleibt es bei der Zulassungspflicht der Berufsausübungsgesellschaft. Mandatsgesellschaften sind anzeigepflichtig, § 59f Abs. 1 Satz 3 BRAO; siehe zur Mandatsgesellschaft § 1 Rn. 281. Sonstige Zulassungs-, Anmelde- oder Anerkennungsverfahren bleiben nach dem jeweiligen Berufsrecht bestehen. Die Gesellschaft aus Steuerberatern und Wirtschaftsprüfern muss sich entsprechend dem jeweiligen Berufsrecht anerkennen lassen. Eine Partnerschaft muss sich zusätzlich beim zuständigen Amtsgericht registrieren lassen, §§ 4,5 PartGG.

234 Der Versicherungsbeginn der Pflichtversicherung sollte bei haftungsbeschränkten Gesellschaften der Tag der Zulassung sein, §§ 59g Abs. 3, 59k BRAO.[332] Eine Ausnahme gilt für die PartmbB, bei der der Versicherungsbeginn der Tag der Eintragung in das Partnerschaftsregister ist. Die Gesellschaft als noch nicht zugelassene Gesellschaft ist bereits ab der Eintragung zur Rechtsdienstleistung befugt, weil die Rechtsdienstleistungsbefugnis nicht von der Zulassung abhängt.[333]

II. Haftung Berufsausübungsgesellschaften

1. Personengesellschaft

235 Anwälte und Steuerberater können jegliche gesellschaftliche Organisationsform gewerblicher oder freiberuflicher Art wählen und mit anderen freien Berufen eine Gesellschaft zur Berufsausübung gründen. Die Sozietät in der Rechtsform der GbR und auch einfachen Partnerschaft bilden nach wie vor die häufigste Rechtsform, in der Anwälte ihren Beruf ausüben.[334] Die BGB-Gesellschaft war schon seit 2001 teilrechtsfähig.[335] Nach § 705 Abs. 2 BGB ist die GbR in Gestalt der rechtsfähigen Gesellschaft als auf eine gewisse Dauer angelegte, mit eigenen Rechten und Pflichten ausgestattete Personengesellschaft. Daraus folgt, dass Trägerin der dem Gesellschaftsvermögen zugehörigen Rechte und Pflichten die Gesellschaft selbst ist, nicht mehr die Gesellschafter in ihrer gesamthänderischen Verbundenheit.[336]

236 Der Mandatsvertrag kommt mit der Berufsausübungsgesellschaft/Sozietät zustande, ausnahmsweise mit dem einzelnen Berufsträger. Dies kann gesetzlich vorgesehen sein oder vertraglich vereinbart werden. Die in § 18 BBR-RA genannten amtsähnlichen Tätigkeiten wie Insolvenzverwaltung sind persönlich. Das Gericht bestellt den Insolvenzverwalter persönlich und nicht die Gesellschaft, § 56 InsO. Gleiches gilt für den Testamentsvollstrecker, dabei können im Einzelfall mehrere bestellt werden, § 2197 BGB. Das Strafrechtsmandat ist persönlich, §§ 137 ff StPO. Nach Parteiwillen können Anwalt und Mandant auch ein Einzelmandat schließen, z.B. wenn der Anwalt neben der Kanzlei tätig werden möchte. Notare üben ihre hoheitliche Tätigkeit persönlich aus. Sie sind nicht sozietätsfähig nach § 59c BRAO. Ein Anwaltsnotar übt allein die anwaltliche Tätigkeit zusammen mit den anderen Gesellschaftsmitgliedern in der Gesellschaft gemeinschaftlich nach außen hin aus. Im Übrigen gilt zwischen Notaren untereinander, dass sie ihren Beruf nur eingeschränkt gemeinschaftlich ausüben können, § 9 BNotO. Es handelt sich um eine öffentliche höchstpersönliche Tätigkeit. Das öffentliche Notaramt schließt jede Form von Fremdverantwortlichkeit aus und ist vom Amtsträger nicht abspaltbar. Kein Partner darf wie ein Angestellter abhängig vom anderen sein.

332 Die Auffassungen der Exekutive reichen von Gründung der Gesellschaft, Eintragung im Register wie bei der Partnerschaft bis Zulassung.

333 BT-Drucks. 19/27670, 197.

334 *Kilian* AnwBl 2015, 45 und 2017, 724. Aufgrund der fehlenden Zulassungspflicht der GbR wird es auch weiterhin keine Statistik geben.

335 „ARGE Weißes Ross", BGHZ 146, 341.

336 MoPeG BT-Drucks. BT 19/27635, 125.

Die Berufsausübungsgesellschaft in Form der GbR oder Partnerschaftsgesellschaft, ist die Trägerin der Rechte und Pflichten. Die Mandatsverträge kommen zwischen ihr und den Mandanten zustande und nicht mit dem einzelnen Rechtsanwalt. Die Vertretungsmacht der Geschäftsführer nach § 720 BGB ist bei der GbR ebenso wie bei OHG und KG organschaftlicher Natur und nicht rechtsgeschäftlicher Art nach §§ 164 BGB[337] Auf die §§ 164 ff BGB kann aber zurückgegriffen werden, wenn keine Sonderregelungen gelten.[338] § 720 Abs. 1 BGB bestimmt die Gesamtbefugnis zur gesetzlichen Regel, wenn der Gesellschaftsvertrag nichts Abweichendes regelt. Nicht um eine von § 720 Abs. 1 BGB abweichende Vertretungsregelung handelt es sich, wenn Gesellschaftern oder Dritten außerhalb des Gesellschaftsvertrags Vollmacht eingeräumt wird. Insoweit geht es nicht um die Begründung organschaftlicher, sondern um gewillkürte Vertretungsmacht iSv §§ 164 ff BGB.[339] In Berufsangelegenheiten vertritt und verpflichtet jeder Gesellschafter alleine die Gesellschaft nach außen. Die Rspr. nimmt dies entgegen der alten Regel der gemeinschaftlichen Geschäftsführung nach §§ 709 aF, 714 aF BGB bei wirtschaftsberatenden Gesellschaften an.[340] 237

Die Gesellschaft/Sozietät haftet für das Fehlverhalten ihrer Gesellschafter und Scheingesellschafter. Man rechnet das schadenstiftende Handeln analog § 31 BGB der Gesellschaft als Eigenhandeln zu und nicht nach §§ 164, 166, 278, 831 BGB.[341] Die Zurechnung erfolgt auch bei Scheingesellschaftern/Scheinsozien.[342] Unterhalb der Organebene der Sozien rechnet man das Verhalten des Büropersonals für rechtsgeschäftliche Verbindlichkeiten nach § 278 BGB und für deliktisches Verhalten nach § 831 BGB zu. Eine Wissenszurechnung nach § 166 BGB ist nicht erforderlich.[343] 238

Die Berufsausübungsgesellschaft ist Schuldnerin der eingegangenen Verbindlichkeit. Nach der Erfüllungstheorie im Gegensatz zur Haftungstheorie ist der Gesellschafter verpflichtet, die Verbindlichkeit der Gesellschaft aus dem Mandatsverhältnis persönlich zu erfüllen, wenn der persönlich haftende Gesellschafter gegenüber der Gesellschaft dieselbe Leistung schuldet oder die Gesellschaftsschuld in einer vertretbaren Leistung besteht, bei der es auf die Person des Leistenden nicht ankommt.[344] Der Mandant kann deshalb im Rahmen einer Primärhaftung zunächst von jedem Gesellschafter persönlich die Erfüllung des Mandatsvertrags verlangen. Voraussetzung ist aber gerade die Person des Leistenden. Bei einer interprofessionellen Berufsausübungsgesellschaft kann z.B. der Steuerberater nicht verpflichtet sein rechtsberatend tätig zu werden. Bei ihm verbleibt es bei einer Sekundärhaftung auf Geldersatz. 239

2. Gesellschafter

a) Akzessorische Haftung, § 721 BGB. Die Personengesellschaft in Form der GbR/einfachen Partnerschaft haftet für ihre Verbindlichkeiten. Die Gesellschafter haften für die Gesellschaftsverbindlichkeit akzessorisch, § 721 BGB. Es bedeutet, dass die persönliche und unmittelbare Gesellschafterhaftung hinsichtlich der Entstehung, des Inhalts, der Durchsetzung und des Fortbestands von der Gesellschaftsverbindlichkeit abhängig ist. Die Gesellschafterhaftung ist weder gegenständlich noch summenmäßig begrenzt. Damit wird der Zweck erreicht, den Kredit der Gesellschaft zu sichern, die fehlende Kapitalsicherung auszugleichen und den Gleichlauf von Herrschaft und Haf- 240

337 MüKoBGB/*Carsten Schäfer* § 720 Rn. 5.
338 MüKoBGB/*Carsten Schäfer* § 720 Rn. 9.
339 MüKoBGB/*Carsten Schäfer* § 720 Rn. 17.
340 BGH NJW 1996, 2859; NJW 1971, 1801; NJW 1996, 48; WM 1996, 33, 35; WM 1990, 188; bestätigend BGH NJW 2012, 3102; NJW 2011, 2301.
341 BGH NJW 2003, 1445; zur Wissenszusammenrechnung OLG Karlsruhe, BeckRS 2008, 20 659; BGH NJW 2006, 830 für eine AG.
342 BGH NJW 2007, 2490.
343 Peres/Senft/*Peres* § 7 Rn. 225; BGH WM 2013, 924.
344 BGH NJW 1979, 1361; BGH NJW 1981, 1095; zu Erfüllungs- und Haftungstheorie siehe MüKoHGB/*Schmidt* § 172 Rn. 16 Haftung nur auf Geldersatz für einen Kommanditisten; Peres/Senft/*Peres* § 7 Rn. 238.

tung sicherzustellen.[345] Die Gesellschafterhaftung erfasst sowohl rechtsgeschäftlich als auch gesetzlich begründete Gesellschaftsverbindlichkeiten, auch Ansprüche aus unerlaubter Handlung, culpa in contrahendo, aus ungerechtfertigter Bereicherung und aus Produkt- oder Gefährdungshaftung. Zur Haftung der Scheingesellschafter, siehe § 1 Rn. 247 ff.

Daraus folgt:

- Akzessorische Haftung der Gesellschafter für die Gesellschaftsverbindlichkeit, § 721 BGB.
- Haftung des in die Gesellschaft eintretenden Gesellschafter für die zu diesem Zeitpunkt bereits begründeten Gesellschaftsverbindlichkeiten, § 721a BGB.
- 5-jährige Nachhaftung des austretenden Gesellschafters, § 728b BGB.

Für die einfache Partnerschaft gilt das gleiche Haftungsregime, § 1 Abs. 4 PartGG iVm der §§ 705 ff BGB mit der Sonderregelung der Haftungskonzentration auf den handelnden Partner nach § 8 Abs. 2 PartGG.

241 **b) Eintrittshaftung, § 721a BGB.** Auch der neu eintretende Gesellschafter haftet nach § 721a BGB für die Gesellschaftsverbindlichkeit. Die Vorschrift ist dem § 130 HGB aF, § 137 HGB nachgebildet. Sie stellt in Ergänzung zu § 721 BGB sicher, dass auch der in eine Gesellschaft eintretende Gesellschafter für die zu diesem Zeitpunkt bereits begründeten Gesellschaftsverbindlichkeiten unbeschränkt persönlich haftet. Eine dem § 128 HGB aF, § 126 HGB in Verbindung mit § 28 Absatz 1 Satz 1 HGB korrespondierende Regelung zur akzessorischen Haftung des in das Geschäft eines Einzelkaufmanns „eintretenden" Gesellschafters gibt es nicht.[346] Daher gibt es keine Haftung der neu gegründeten Kanzlei oder der jeweiligen Gesellschafter für die fremden Verbindlichkeiten. Die Rspr. wendet § 28 HGB bei Neugründung von Sozietäten/Berufsausübungsgesellschaften nicht auf Anwälte an. Ein Haftungsausschluss ist nicht über das Handelsregister möglich und die bloße Mitteilung ist unpraktisch.[347] Der eintretende Gesellschafter haftet unabhängig davon, ob der Verstoß zum Zeitpunkt des Eintritts zwar begangen, aber noch nicht bekannt war oder ob der Verstoß ihm oder den übrigen Gesellschaftern bereits bekannt ist oder ob er zum Zeitpunkt des Verstoßes überhaupt Anwalt war. Hier fallen weiterhin Gesellschaftsrecht und Berufsrecht auseinander. §§ 51, 59n BRAO verpflichten den Rechtsanwalt und die Gesellschaft allein die Versicherung während der Dauer ihrer Betätigung für ihre Berufstätigkeit aufrechtzuerhalten.

242 **c) Austrittshaftung, § 728b BGB.** Die ausgeschiedenen Gesellschafter haften für Verbindlichkeiten nach ihrem Austritt aus der Gesellschaft, § 728b BGB. Die Vorschrift zielt darauf ab, den ausgeschiedenen Gesellschafter einer GbR nach Ablauf von fünf Jahren gegenüber dem Gesellschaftsgläubiger von der Inanspruchnahme für solche Gesellschaftsverbindlichkeiten freizustellen, die bis zum Zeitpunkt seines Ausscheidens begründet wurden. Es handelt sich um eine Ausschlussfrist, nicht um eine Verjährungsfrist.[348] Der aus der Gesellschaft ausgeschiedene Gesellschafter haftet demnach für bis dahin begründete Verbindlichkeiten der Gesellschaft, wenn sie vor Ablauf von 5 Jahren nach dem Ausscheiden fällig sind und geltend gemacht werden. Wegen der Begründung der Verbindlichkeit ist der Zeitpunkt maßgebend, in dem der Rechtsgrund des jeweiligen Anspruchs geschaffen wurde, aus dem sich ohne Hinzutreten weiterer rechtsgeschäftlicher Akte die Gesellschaftsschuld ergibt; Entstehung und Fälligkeit oder die Abhängigkeit von einer Gegenleistung sind dagegen nicht von Bedeutung.[349] Übertragen auf eine Berufsausübungsgesellschaft bedeutet es, dass die maßgebliche Verbindlichkeit bereits zu dem Zeitpunkt begründet ist, zu dem die Gesellschaft mit dem anderen den Mandatsvertrag

345 BT-Drucks. 19/27635, 165.

346 BT-Drucks. 19/27635, 166.

347 BGH NJW-RR 2012, 239; BGH NJW 2004, 836.

348 BT-Drucks. 19/27635, 177.

349 Henssler/Strohn/*Steitz* HGB § 126 Rn. 49.

schließt und sich daraus ohne Hinzutreten weiterer Abreden zwischen Mandant und der Gesellschaft die Verpflichtung der Gesellschaft ergibt. Der Gesellschaftsgläubiger soll sich darauf verlassen dürfen, dass die bei Abschluss des Vertrages persönlich haftenden Gesellschafter auch im Falle eines späteren Ausscheidens als Haftende zur Verfügung stehen.[350] Bei gesetzlichen Schuldverhältnissen wie Delikt, GoA handelt es sich um Altverbindlichkeiten, wenn der das Schuldverhältnis begründende Tatbestand, die Verletzungshandlung oder die Übernahme des Geschäfts, bereits vor dem Ausscheiden des Gesellschafters erfüllt war. Bei Ansprüchen aus ungerechtfertigter Bereicherung ist zwischen Leistungskondiktion und Nicht-Leistungskondiktion zu unterscheiden: bei Leistungskondition gilt die Verbindlichkeit als begründet, wenn der fehlende Rechtsgrund schon bei Ausscheiden bestand, bei Nicht-Leistungskondiktion kommt es auf die Eingriffs- oder Verwendungshandlung an.[351] Überzeugender, aber gegen die Tendenz der Rspr. des BGH, wäre es bei rechtsgeschäftlichen Verbindlichkeiten einer Berufsausübungsgesellschaft in Form der GbR/Partnerschaftsgesellschaft auf den Zeitpunkt des Verstoßes wie bei deliktischen Handlungen abzustellen.[352] Die Nachhaftung für den ausgeschiedenen Sozius ist nicht kalkulierbar, da das Mandatsverhältnis nachträglich verändert werden kann, auf das der ausgeschiedene Gesellschafter keinen Einfluss hat. Darüber hinaus hat der Gläubiger die versicherte Gesellschaft als Haftungsschuldner, die eine Berufshaftpflichtversicherung für diese Gefahren vorhalten muss.

Die Fünf-Jahres-Frist beginnt zu dem Zeitpunkt, zu dem der Gläubiger von dem Ausscheiden des Gesellschafters positive Kenntnis erlangt hat.[353] Andernfalls kann der Gesellschafter trotz formalem Ausscheiden nach den Regeln der Anscheins- und Duldungsvollmacht unbegrenzt weiterhaften. Er muss aktiv den Rechtsschein zerstören. Nicht genügend ist es der Gesellschaft die Namensverwendung im Briefkopf oder auf einem Kanzleischild einfach nur zu untersagen.[354] Der ausgeschiedene Gesellschafter haftet nicht mehr, wenn er zwar noch im Briefkopf der Kanzlei namentlich genannt ist, aber am Seitenrand der Hinweis angebracht ist, dass er nicht mehr als Rechtsanwalt tätig ist.[355] 243

d) Interprofessionelle Haftung. Die interprofessionelle Gesellschaft schließt den Auftrag ab und nicht der einzelne Berufsträger.[356] Alle Rechtsanwaltsgesellschafter und mit ihnen alle sozietätsfähigen Mitglieder, gleich ob Steuerberater, Wirtschaftsprüfer, Patentanwalt etc. haften als Gesellschafter dem Mandanten oder Dritten gegenüber gesamtschuldnerisch und persönlich, § 721 BGB. Es gibt keine Unterscheidung zwischen Gemeinschafts- und Vorbehaltsaufgaben der verschiedenen Gesellschafter. Wird ein Anwaltsvertrag mit einer Gesellschaft geschlossen, der neben Rechtsanwälten auch Steuerberater angehören, so haften wegen Verletzung anwaltlicher Beratungspflichten auch diejenigen Gesellschafter persönlich, die selbst nicht Rechtsanwälte sind.[357] Nicht analog anzuwenden ist eine Haftungskonzentration nach § 8 Abs. 2 PartGG. Es fehlt an einer Regelungslücke.[358] 244

350 *Kiethe/Römer* DStR 1993, 1069; *Lüneborg* ZIP 2012, 2229.
351 MüKoHGB/*Schmidt* § 128 Rn. 59.
352 Borgmann/Jungk/Schwaiger/*Jungk* § 36 Rn. 13; LG Bonn DStR 2010, 1648; OLG Köln BeckRS 2011; 08572; AG Eilenburg BeckRS 2012, 05164.
353 BGH NJW 2007, 3784.
354 BGH NZG 2012, 222; *Offermann-Burckart* AnwBl 2013, 700.
355 OLG Düsseldorf AnwBl 2015, 181.
356 BGH NJW-RR 2006, 1071.
357 BGH NJW 2012, 2435, 2442; Haftungsinhalt ist aber nur Geldersatz, keine Erfüllung.
358 BGH NJW 2012, 2435 Rn. 74. Die gilt auch für die Neuregelung nach § 721 BGB.

3. Scheingesellschaften und Scheingesellschafter

245 **a) Scheingesellschaft.** Eine Berufsausübungsgesellschaft als Personengesellschaft iSd §§ 705 ff BGB liegt dann vor, wenn das Handeln der Gesellschafter aufgrund gemeinsamer Zweckvereinbarung und die Verpflichtung zu deren Förderung durch den Einsatz der beruflichen Arbeitskraft gegeben sind. Es muss keine schriftliche Vereinbarung vorliegen, sie kann auch konkludent vereinbart werden. Eine Scheingesellschaft[359] liegt vor, wenn die Vereinbarung fehlt, aber die Anwälte oder sonstigen Berufsträger nach außen hin ihren Beruf gemeinschaftlich ausüben. „Wenn mehrere Rechtsanwälte, zwischen denen keine Sozietät, sondern etwa nur ein Anstellungsverhältnis besteht, nach außen hin durch gemeinsames Kanzleischild, Briefbögen, Stempel usw. den Anschein einer Sozietät erwecken, so erzeugen sie gegenüber dem Rechtsverkehr den Anschein, dass der einzelne handelnde Rechtsanwalt sie sämtlich vertritt. An diesem von ihnen gesetzten Rechtsschein müssen sich deshalb alle Rechtsanwälte festhalten lassen."[360] Der BGH hat dies nicht als unzulässige Irreführung der Rechtsuchenden iSd § 43 b BRAO aF gesehen.[361]

246 Eine Scheingesellschaft gibt es nach der Rechtsprechung des BGH nicht.[362] Mit ihr kommt kein Mandatsvertrag zustande. Bei einer Scheingesellschaft gilt aber eine gesamtschuldnerische Haftung: Beim Fehlen einer gesellschaftsrechtlichen Verbundenheit verpflichtet das gemeinschaftliche Auftreten nach außen alle Rechtsanwälte nach Rechtsscheingrundsätzen zu einer gesamtschuldnerischen Haftung gegenüber dem Mandanten.[363] Diese haftungsrechtliche Gleichstellung mit Mitgliedern einer tatsächlich bestehenden Sozietät/Gesellschaft schützt den Mandanten, der in der Regel nicht ohne Weiteres erkennen kann, ob ein Anwalt die Stellung eines Sozius oder Scheinsozius innehat.[364] Der Rechtsscheinstatbestand sollte sich erstens auf die Existenz einer Sozietäts-GbR, zweitens auf die Gesellschafterstellung des handelnden Anwaltes und dessen Vertretungsmacht sowie drittens auf die Gesellschafterstellung des in Anspruch genommenen Anwaltes beziehen.[365] Die Lit. stützt die Zurechnung auf eine fiktive organschaftliche Geschäftsführungs- und Vertretungsmacht des Handelnden, wenn die Sozietät als Rechtsscheinträger nicht existiert, sondern nur eine Scheinsozietät vorliegt.[366] Zum Deckungsschutz eines Anwalts als vermeintlicher Gesellschafter einer Scheingesellschaft, siehe § 1 Rn. 316 f.

b) Scheingesellschafter einer bestehenden Berufsausübungsgesellschaft. Klar von der Scheingesellschaft sind die Fälle zu trennen, bei denen schon eine Gesellschaft als Personen- oder Personenhandelsgesellschaft besteht und einzelne Anwälte hinzukommen und nach außen hin als Gesellschafter/Sozien/Partner geführt werden, obwohl sie angestellt sind. Hier existiert eine Gesellschaft, die als Berufsausübungsgesellschaft nach § 59c BRAO geregelt ist.

247 **aa) Haftung.** Die Berufsträger als Scheingesellschafter treten nach außen hin als Gesellschafter/Sozien/Partner auf. Der Rechtsverkehr sieht sie als Gesellschafter an, unabhängig von ihrer gesellschaftsrechtlichen Stellung. Die Scheingesellschafter haften wie die Gesellschafter gesamtschuldnerisch und akzessorisch für die Gesellschaftsverbindlichkeit nach § 721 BGB.[367] Die Scheingesell-

---

359 Der BGH verwendet in gleicher Weise auch den Begriff Außensozietät NJW 2001, 240. Dies ist missverständlich, da gerade keine Gesellschaft existiert.
360 BGH NJW 2001, 165.
361 BGH NJW 2012, 3102 im Leitsatz.
362 NJW-RR 2012, 239, Rn. 23.
363 OLG Hamm NZG 2011, 137; OLG Köln NJW-RR 2004, 279; BGH NJW 2012, 3102 Rn. 36.
364 BGH NJW 2011, 3718 Rn. 24.
365 MüKoBGB/*Carsten Schäfer*§ 705 Rn. 366; MoPeG BT-Drucks. 19/27635, 161 f, ausdrücklich Rechtsscheinhaftung.
366 Peres/Senft/*Peres* § 11 Rn. 19f; *Deckenbrock/Meyer* ZIP 701, 703.
367 MüKoBGB/*Carsten Schäfer* § 721 Rn. 16.

schafter, die im Innenverhältnis freie Mitarbeiter oder angestellte Anwälte sind, vertreten und verpflichten eine bestehende Gesellschaft.[368] Die Haftung ergibt sich nach Rechtsscheingesichtspunkten, wenn der äußere Anschein einer Gesellschaft besteht. Der als Gesellschafter auftretende Rechtsanwalt schließt jedenfalls den Mandatsvertrag für die Gesellschaft nach Rechtsscheingesichtspunkten ab.[369] Die Rspr. nimmt nach den Grundsätzen der Anscheins- und Duldungsvollmacht eine Rechtsscheinhaftung an.[370] Der Scheingesellschafter haftet wie ein Gesellschafter auf Erfüllung. Die Gesellschaft selbst haftet für eine Pflichtverletzung des Scheingesellschafters, da er zumindest ihr Scheinrepräsentant oder Funktionsträger ist.[371]

Die Haftung nach § 721a BGB des in eine Gesellschaft neu eintretenden Scheingesellschafters 248
für die Altverbindlichkeiten der Gesellschaft lehnen die herrschende Lehre und Teile der Rspr. ab.[372] Der eintretende Scheingesellschafter konnte zu dem Zeitpunkt, als der Mandatsvertrag begründet wurde, noch gar keinen Rechtsschein setzen. Einen rückwirkenden Rechtsschein gibt es nicht.[373] Der Scheingesellschafter kann allenfalls dann haften, wenn der Mandatsvertrag erkennbar auch später eintretende Anwälte mit in die Erledigung des Auftrags einbeziehen will.[374] Nach anderer Ansicht müsste auch 721a BGB für die Haftung des Scheingesellschafters gelten. Der Mandant als Gläubiger ist schutzwürdig.[375]

Die ausgeschiedenen Scheingesellschafter haften für Verbindlichkeiten nach ihrem Austritt 249
aus der Sozietät/Gesellschaft, § 728b BGB. Es gibt keine Unterschiede zu Gesellschaftern/Sozien. Der Rechtsschein besteht anders als bei der Eintrittshaftung zu dem Zeitpunkt als der Mandatsvertrag mit der Gesellschaft geschlossen wird und der Scheingesellschafter der Gesellschaft angehört.

Man rechnet analog § 31 BGB Handlungen von Gesellschaftern der Gesellschaft zu, unabhän- 250
gig davon, ob es sich um rechtsgeschäftliche oder gesetzliche Verbindlichkeiten handelt. Bei rechtsgeschäftlichen Verbindlichkeiten setzt der Scheingesellschafter den Rechtsschein. Der Mandant vertraut darauf und schließt mit der Gesellschaft den Mandatsvertrag ab. Bei deliktischen Verbindlichkeiten kann der Mandant aber nicht auf einen Rechtsschein vertrauen. Das Vertrauen des Mandanten ist jedenfalls nicht kausal für die unerlaubte Handlung des Scheingesellschafters. Dies gilt ebenso für bereicherungsrechtliche Ansprüche.[376] Im Ergebnis haften die Gesellschaft und alle Gesellschafter und Scheingesellschafter aber trotzdem gesamtschuldnerisch und persönlich nach § 721 BGB, weil man eine Sonderverbindung annimmt. Wenn die unerlaubte Handlung in einem engen Zusammenhang mit einer rechtsgeschäftlichen Verbindlichkeit besteht, ist das Vertrauen des Mandanten oder auch eines Dritten schutzwürdig und beruht nicht auf einem Zufall. Nach der Rspr. haften daher die Gesellschaft und die Gesellschafter, wenn einer der Gesellschafter Mandantengelder veruntreut. Die Haftung ist unabhängig davon, ob der Scheingesellschafter oder ein Gesellschafter die Mandantengelder veruntreut hat oder ob ein Scheingesellschafter persönlich mithaftet.[377]

Bei anwaltsuntypischen Tätigkeiten gilt, dass der Scheingesellschafter für daraus entstehende 251
Forderungen nicht haftet. Es geht bei der Rechtsscheinhaftung allein um den Vertrauensschutz des Mandanten. Dies setzt ein konkretes Mandatsverhältnis voraus.[378] Nach der Lit. hingegen,

---

368 BGH NJW 2008, 2330; OLG Celle 2006, 3431.

369 *Deckenbrock* ZIP 2014, 702 ff; kritisch zur Rechtsscheinhaftung von Scheinsozien *Markworth* AnwBl 2014, 800.

370 BGH NJW 2007, 2490 Rn. 20; BGH NJW 2008, 2330 Rn. 8; BGH NJW 1999, 3040.

371 Peres/Senft/*Peres* § 11 Rn. 18.

372 *Deckenbrock/Meyer* ZIP 2014, 704; *Heyers* DStR 2013, 816; für die Rspr. OLG Saarbrücken NJW 2006, 2862; hier noch zur Regelung analog § 130 HGB.

373 Im Ergebnis BGH ZIP 2012, 369 Rn. 18 ff.; noch zur Haftung analog §§ 128 ff HGB nach der Akzessorietätstheorie.

374 Peres/Senft/*Peres* § 11 Rn. 23.

375 *Schäfer* DStR 2003, 1082; offen gelassen für Berufsversehen der II. Zivilsenat des BGH ZIP 2003, 899. Meinungen noch für die Regelung analog § 130 HGB.

376 Peres/Senft/*Peres* § 11 Rn. 23; *Deckenbrock/Meyer* ZIP 2014, 703; *Ulmer* ZIP 2001, 585, 597. Meinungen noch zur Regelung analog § 130 HGB.

377 BGH NJW 2007, 2490, BGH NJW 2011, 3718.

378 BGH NJW 2008, 2330; hier der für das Kaufrecht zuständige VIII. Zivilsenat.

entsprechend dem Akzessorietätsmodell, haftet der Scheingesellschafter, unabhängig von der Einordnung. Der Vertrag kommt mit der Gesellschaft zustande. Die Gesellschafter und gerade auch die Scheingesellschafter haften persönlich und unmittelbar nach § 721 BGB. Es kommt hier allein darauf an, ob der Vertrag mit der Gesellschaft zustande kommt oder mit einzelnen Gesellschaftern, die dann auch einzeln haften.[379] Zum Deckungsschutz für den Scheingesellschafter siehe § 1 Rn. 322 ff.

252 **bb) Abgrenzung Gesellschafter vom Scheingesellschafter.** Der Begriff des Gesellschafters nach II Ziff. 1 umfasst den Scheingesellschafter/Scheinsozius einer bestehenden Berufsausübungsgesellschaft. Er folgt dem durch die Rspr. ausgearbeiteten haftungsrechtlichen Begriff.[380] Um einen Gesellschafter/Scheingesellschafter von einem Nicht-Gesellschafter abgrenzen zu können, kann man auf die Regeln der Haftung der Schein-OHG zurückgreifen, weil Scheinsozien akzessorisch wie bestehende Gesellschafter für die Gesellschaftsschuld haften.[381] Es muss eine objektive Haftungsvoraussetzung geben. Es gilt der objektive Empfängerhorizont, analog §§ 133, 157 BGB. Als Rechtsscheinträger kommen in Betracht[382] wie die Kanzlei ihren Briefbogen gestaltet hat,[383] aber auch das Kanzleischild,[384] Stempel,[385] Vollmachtsurkunden,[386] gemeinsame Werbeauftritte mit anderen Kanzleien oder auch der Internetauftritt[387] etc. Kein Rechtsschein ist das Kanzleibüro, das der Anwalt von einem Kollegen übernommen hat oder der vom Kollegen übernommene Kanzleiname.[388] Unklarheiten gehen zu Lasten des Scheingesellschafters/Scheinsozietät, wenn z.B. der Briefbogen nicht den Zusatz enthält, dass der Anwalt allein Angestellter ist, aber der Internetauftritt wieder den Zusatz Angestellter enthält.[389]

253 Der Versicherer zieht als Rechtsscheinträger fast ausschließlich den Kanzleibriefbogen heran. Grund hierfür ist, dass in Streitfällen die Ansprüche mit den Schriftsätzen des Anwalts geltend gemacht werden, die die Kanzlei zum Verstoßzeitpunkt benutzt hat, da andere Anhaltspunkte für die Vergangenheit kaum zur Verfügung stehen. Entscheidend ist die Gestaltung des Briefbogens. Erforderlich ist, dass die Kanzlei den Rechtsschein aktiv zerstört und nicht passiv dem Verständnis des durchschnittlichen Mandanten überlässt. Angestellte Anwälte und freie Mitarbeiter können einem Rechtsschein vorbeugen, indem sie ihren wahren Status auf Kanzleischildern und Formularen deutlich machen.[390] Ausreichend ist wohl, dass ein Sternchen-Zusatz an nicht versteckter Stelle ausdrücklich auf den Angestellten-Status/freie Mitarbeiterschaft hinweist. Nicht überzeugend ist der Hinweis auf dem Briefbogen bei Partnerschaftsgesellschaften mit oder ohne beschränkter Berufshaftung, dass nur bestimmte Anwälte Partner iSd Partnerschaftsregisters sind. Der Mandant kann nicht ohne weitere Rechtskenntnisse erkennen, wer Angestellter ist und wer nicht. Der Rechtsschein gilt weiter, wenn der Anwalt aus der Kanzlei ausgeschieden ist, aber die

379 *Lux* NJW 2008, 2309, 2312 zur Entscheidung BGH NJW 2008, 2330 und noch zur Regelung analog § 130 HGB.
380 BGH NJW 2011, 3303 für Steuerberater.
381 *Schäfer* DStR 2003, 1082; Peres/Senft/*Peres* § 11 Rn. 11; nach *Deckenbrock/Meyer* ZIP 2014, 702f ist die Zurechnung nach den Regeln der Anscheins- und Duldungsvollmacht in früheren BGH-Entscheidungen nicht aktuell, da sie sich auf die überholte Doppelverpflichtungslehre bezogen hat. Die Meinungen gelten noch zur Akzessorietätstheorie analog § 128 HGB aF.
382 *Wetter* BRAK-Mitt. 2016, 109, 110.
383 OLG Hamm NZG 2011, 137, 139.
384 OLG Köln NJW-RR 2004, 279, 280.
385 BGH NJW 2008, 233019.
386 OLG Düsseldorf AnwBl 2015, 181.
387 OLG Celle NJW 2006, 3431, 3432.
388 OLG Düsseldorf BeckRS 2014, 22783.
389 *Schäfer* DStR 2003, 1078, 1084.
390 BGH NJW 2011, 3718 Rn. 27 als nicht entscheidungserhebliche Randbemerkung durch den für Versicherungsvertragsrecht zuständigen IV. Zivilsenat.

Kanzlei den Briefbogen nicht abgeändert hat.[391] Daher nützt es dem ausgeschiedenen Scheingesellschafter nichts, wenn er die Verwendung des alten Briefbogens nur untersagt.[392] Der Mandant muss auf den Rechtsschein vertrauen dürfen und gutgläubig sein. Denkbar ist das Gegenteil nur, wenn der Mandant wusste, dass der Scheingesellschafter kein Gesellschafter ist oder der Mandant wusste, dass der Briefbogen falsch ist.

Einzelfälle zur Abgrenzung:

Annahme eines Scheingesellschafters/Scheinpartners: 254

- Briefbogen unter namentlicher Nennung der Anwälte unter dem Titel „Anwaltsgemeinschaft",[393] Kanzleigemeinschaft[394]
- Mit dem Zusatz „Inhaber" neben einem Rechtsanwalt auf dem Briefbogen der Kanzlei wird nach außen nicht hinreichend deutlich, dass die anderen Rechtsanwälte angestellt sind. Der angestellte Anwalt ist aus Sicht des Mandanten als Scheinsozius anzusehen.[395]
- Es ist bereits fraglich, ob die Nennung eines angestellten Anwalts auf der Kanzleihomepage zur Begründung einer Rechtsscheinhaftung ausreicht, wenn er auf dem Briefkopf der Kanzlei nicht genannt ist. Jedenfalls muss aber der Mandant darlegen, dass er den Internetauftritt bei Mandatierung kannte und hierauf vertraut hat.[396]
- Bezeichnet ein Anwalt einen bei ihm angestellten Anwalt als „Partner", ist diese Bezeichnung zur Irreführung über die Person und Eigenschaften seiner Kanzlei geeignet, da sie den unzutreffenden Eindruck erweckt, der angestellte Berufsträger sei Gesellschafter und mithin Teilinhaber der beworbenen Kanzlei.[397]
- Führt ein Anwalt auf dem Briefbogen seiner Kanzlei den Zusatz „Inhaber", wird nach außen nicht hinreichend deutlich, dass die anderen aufgeführten Anwälte lediglich angestellt sind. Ohne expliziten Hinweis auf seine Anstellung wird ein angestellter Anwalt vom Rechtsuchenden als Scheinsozius angesehen.[398]
- Titel Diplom-Wirtschaftsjuristin auf dem Briefkopf ohne Klarstellung der Zusammenarbeit erweckt den Eindruck einer Sozietät, Verstoß gegen § 59a BRAO aF und §§ 8, 10 BORA.[399]
- Der Zusatz beim Namen einer Anwältin „in Elternzeit" ist nicht ausreichend. Der Mandant kann nicht erkennen, dass „in Elternzeit" bedeutet, dass die Anwältin angestellt und nicht Sozia ist. Sie ist lediglich nicht aktiv.[400]
- Englische Begriffe sind ebenfalls nach den Vorstellungen eines durchschnittlichen Mandanten auszulegen. Der Begriff „Associate" ist nach internationaler Praxis die Bezeichnung für einen Angestellten im Gegensatz zum „Partner". Der Begriff ist jedoch in Deutschland nicht so geläufig, dass er den Rechtsschein einer Scheinsozietät zerstören kann.[401] Gleiches gilt für den Begriff „Of Counsel", der einen Fachmann außerhalb einer Kanzleiorganisation bezeichnet, der nicht anwaltlich tätig ist.[402] Diese Spezialkenntnisse hat ein Mandant nicht.
- Häufig bezeichnen sich verbeamtete Hochschullehrer, die Professoren, als Of Counsel, weil sie nicht als Anwalt nach § 7 Nr. 10 BRAO zugelassen werden können.[403] Soweit ein Hochschullehrer des Rechts nach den Vorschriften der § 22 Abs. 1 Satz 1 BVerfGG, § 392 Abs. 1 AO, § 67 Abs. 2 Satz 1 VwGO, § 3 BDG iVm § 67 Abs. 2 Satz 1 VwGO, § 73 Abs. 2 Satz 1 SGG oder des § 138

391 BGH NJW-RR 1988, 1299.
392 BGH NJW 1991, 1225.
393 OLG Hamm NZG 2011, 137, 139.
394 OLG Köln MDR 2003, 900; *Grams* BRAK-Mitt. 2003, 123.
395 LG Bremen, Urt. v. 9.9.2022 – 4 O 2229/19.
396 OLG Köln, Hinweisbeschl. v. 14.5.2021 – 24 U 81/20.
397 LG Münster BeckRS 2021, 34786.
398 LG Bremen BeckRS 2022, 33201.
399 BGH NJW-Spezial 2016, 158.
400 *Grams* BRAK-Mitt. 2008, 213 zu AG Berlin-Charlottenburg, 26.2.2008 – 206 C 491/07.
401 BGH NJW 2005, 1770 Rz. 7; *Wischemeyer/Honisch* NJW 2014, 881, 884.
402 *Schäfer* DStR 2003, 1078, 1080.
403 BVerfG NJW 2009, 3710.

Abs. 1 StPO gesetzlich befugt ist, als Verfahrensbevollmächtigter oder Verteidiger aufzutreten, kann er aufgrund dieser ihm gesetzlich eingeräumten Befugnis außergerichtlich alle Rechtsdienstleistungen erbringen, die im Zusammenhang mit der gerichtlichen Vertretung stehen oder ihrer Vorbereitung dienen.[404] Ein Hochschullehrer ohne Anwaltszulassung darf auch im Rahmen einer Berufsausübungsgemeinschaft keine den Anwälten vorbehaltene Tätigkeiten ausüben.[405] Allein eine deutlich gekennzeichnete Kooperation kann den Rechtsschein zerstören. Zur Versicherung eines Of Counsel und von Professoren siehe § 1 Rn. 323 ff.

- Der Begriff „in Bürogemeinschaft“ ist unklar. Die Rspr. hat dies bisher nicht eindeutig entschieden. Ob der durchschnittliche Mandant sich über die Unterschiede zwischen einer Außen-GbR und einer bloßen Bürogemeinschaft und den Haftungsfolgen bewusst ist, lässt sich zumindest bezweifeln. Für einen potenziellen Mandanten ist der Hinweis auf eine bloße Kostenstruktur irrelevant. Er misst dem Begriff „Büro“ eher die Bedeutung einer Sozietät zu.[406] Dies vor allem dann, wenn der Begriff „Bürogemeinschaft“ versteckt, z.B. klein in einer Fußzeile auftaucht. Der Begriff „Bürogemeinschaft“ ist damit nicht eindeutig, obwohl die BRAO gerade zwischen Bürogemeinschaft und Berufsausübungsgesellschaft unterscheidet, §§ 59c, 59q BRAO.[407]

255 Keine Annahme eines Scheingesellschafters/Scheinpartners:

- Namentliche Nennung des Rechtsanwalts auf dem Briefbogen, aber am Seitenrand war ein deutlicher Hinweis angebracht, dass er nicht mehr in der Kanzlei tätig war, „R. Rechtsanwalt und Fachanwalt für Strafrecht bis 4/2008“, entsprechend § 10 Abs. 4 BORA.[408]
- Kreuz auf dem Briefbogen für einen verstorbenen Sozius, entsprechend § 10 Abs. 4 BORA.[409]
- Der Begriff „in Kooperation“ ist zumindest erläuterungsbedürftig: Wenn ein Anwalt auf dem Briefbogen seiner Kanzlei auf im Ausland niedergelassene Anwälte als „Kooperationspartner“ hinweist, die er bei Fragen des ausländischen Rechts ständig zu Rate zieht, geht der Mandant von einer Zusammenarbeit ohne bestimmte gesellschaftsrechtliche Verpflichtungen aus.[410] Eine Scheinsozietät ist aber anzunehmen, wenn die Mitglieder einer Kanzlei Kenntnisse und Erfahrungen haben, die nur ein Kooperationspartner und nicht alle Partner haben. In der Kopfleiste des Briefbogens waren die Sozien zusammen mit den Berufsbezeichnungen RA, StB und PatA genannt ohne Zuordnung der Qualifikation. Unten rechts im Briefbogen waren die Kooperationspartner genannt, hier aber mit genauer Zuordnung der Qualifikation. Das erweckt nach außen den Anschein, dass alle Gesellschafter/Sozien die Qualifikation haben.[411] Auch hier gilt, dass nur klare Hinweise den Rechtsschein aktiv zerstören. Wenn auf dem Briefbogen ein deutlicher Hinweis auf die Kooperation angebracht ist, besteht keine Scheingesellschaft/Scheinsozietät.[412]

4. Partnerschaft nach dem Partnerschaftsgesetz

Der Gesetzgeber hat mit der Partnerschaft eine eigene Organisationsform für Zusammenschlüsse von Freiberuflern geschaffen.

---

404 BT-Drucks. 16/3655, 32, 53; BVerwG NVwZ-RR 2016, 394; Deckenbrock/Henssler/*Deckenbrock* § 5 Rn. 62. 5. Auflage 2021Rn. 62, 62a.

405 BGH NJW 2020, 3170 Rn. 14.

406 OLG Köln NJW-RR 2004, 279, 280.

407 *Deckenbrock/Meyer* ZIP 2014, 701, 706; noch zu § 59a BRAO aF.

408 OLG Düsseldorf AnwBl 2015, 181.

409 *Henssler/Michel* NZG 2012, 401, 411.

410 NJW 1993, 1331, 1332.

411 BGH Beschl. vom 23.9.2002 in WPK-Mitt. 2003, 135.

412 BGH NJW 2011, 3303; hier der IV. Zivilsenat.

a) Handelndenhaftung. Das PartGG regelt die Haftung der Partnerschaft und der Partner in § 8 PartGG. Die Haftung orientiert sich an der OHG, §§ 126 ff HGB mit der akzessorischen Haftung der Partner für die Verbindlichkeiten der Partnerschaft. Der Unterschied zwischen den Organisationsformen GbR und der einfachen Partnerschaft besteht in dem Haftungsprivileg des § 8 Abs. 2 PartGG, zugunsten der nicht selbst an der fehlerhaften Mandatsbearbeitung beteiligten Partner, die sog. Handelndenhaftung/Haftungskonzentration. Wenn nur einzelne Partner mit der Bearbeitung eines Auftrags befasst waren, so haften nur sie für berufliche Fehler neben der Partnerschaft. Der § 8 Abs. 2 PartGG ist weit auszulegen. Er umfasst sämtliche Schadensersatzansprüche wegen fehlerhafter Berufsausübung durch Anwälte. Darunter fallen auch deliktische Ansprüche, die man der Partnerschaft zurechnet, analog § 31 BGB. Die Handelndenhaftung umfasst die Partner und die Scheinpartner.[413] § 8 Abs. 2 PartGG findet auf den bereicherungsrechtlichen Anspruch keine Anwendung.[414] Nicht umfasst sind die angestellten Partner oder die Partner, die aufgrund ihrer Qualifikation die Aufgabe nicht bearbeiten können und dürfen. Die Haftungskonzentration ist auf den Partner beschränkt, der nach dem Geschäftsverteilungsplan zuständig ist und selbständig das Mandat bearbeitet, andernfalls haften alle Partner gesamtschuldnerisch für die Verbindlichkeit der Partnerschaft. War ein Partner mit der Bearbeitung eines Auftrags befasst, endet seine Mithaftung nicht mit der Abgabe des Mandats innerhalb der Partnerschaftsgesellschaft.[415] 256

Das PartGG regelt gesetzlich die Ein- und Austrittshaftung von Partnern. Die Nachhaftung bei Austritt ist in § 10 Abs. 2 PartGG iVm §§ 137, 151 HGB für begründete Verbindlichkeiten der Partnerschaft auf fünf Jahre beschränkt. Der Begriff der begründeten Verbindlichkeit ist gleich wie nach der Rspr. zur Haftung bei der GbR nach § 728b BGB, siehe § 1 Rn. 242 f. Der Mandatsvertrag muss daher vor Austritt geschlossen sein. Der Partner haftet dann noch 5 Jahre lang für Verstöße nach seinem Austritt. Der Partner haftet auf der anderen Seite für Verbindlichkeiten der Partnerschaft, die vor seinem Eintritt begründet wurden, § 8 Abs. 1 Satz 2 PartGG iVm § §§ 721a und 721b BGB. Die Rspr. zur GbR gilt entsprechend, siehe § 1 Rn. 241. Eine Haftung des Partners, der in eine bestehende Einzelkanzlei eines anderen Anwalts eintritt, ist im PartGG nicht vorgesehen. Die Rspr. lehnt eine analoge Anwendung des § 28 HGB ab.[416] Der Gesetzgeber hat bei der Neuordnung der GbR in den §§ 705 ff BGB die Anwendung von § 28 HGB abgelehnt.[417] 257

b) Partner und Scheinpartner. Auch die Scheinpartner, gleich ob mit oder ohne Registereintrag im Partnerschaftsregister, haften akzessorisch für die Verbindlichkeiten der Partnerschaft. Es gilt der handelsrechtliche Grundsatz. Wer im Geschäftsverkehr als Gesellschafter einer OHG auftritt, muss sich auch als persönlich haftender Gesellschafter behandeln lassen.[418] Maßgeblich ist wie in der Personengesellschaft in Form der GbR der Außenauftritt. Der Rechtsschein der Partnereigenschaft muss aktiv zerstört sein, um die Haftung auszuschließen, siehe bei der nicht haftungsbeschränkten Berufsausübungsgesellschaft zur Abgrenzung von Scheingesellschaftern von Gesellschaftern § 1 Rn. 252 ff. 258

c) Altmandate bei Wechsel der Organisationsform. Wenn Anwälte sich in der Form einer PartmbB neu organisieren und ihre früheren Mandate oder Dauermandate in der PartmbB weiterhin bearbeiten, gilt wohl für diese Altmandate das Haftungsregime, das zum Zeitpunkt des Mandatsschlusses bestand. Es bedeutet, dass bei der Neugründung der PartmbB aus einer bestehenden GbR/Partnerschaft weiterhin die Anwälte persönlich und unmittelbar für ihre Berufsfehler haften. 259

---

413 OLG München DB 2001, 809, 811.
414 OLG Brandenburg, Urt. v. 4.12.2018 – 6 U 133/14.
415 BGH DB 2018, 2400.
416 BGH NJW 2004, 836, 837. Anders MüKo BGB/*Carsten Schäfer* § 8 PartGG Rn. 12.
417 BT-Drucks. 19/27635, 166.
418 Henssler/Prütting/*Henssler* § 8 PartGG Rn. 21; MüKoBGB/*Carsten Schäfer* PartGG § 8 Rn. 12.

Die persönlich bestehende Haftung der Partner liegt in dem identitätswahrenden Rechtsformwechsel der „Umwandlung". Bei dem identitätswahrenden Rechtsformwechsel von einer GbR in eine PartmbB oder einer PartG in eine PartmbB handelt sich lediglich um eine neue Organisationsform. Der Anwalt haftet persönlich und unmittelbar für die Haftungsverbindlichkeit der Partnerschaft, wenn der Mandant das Mandatsverhältnis mit der „alten" Sozietät/Partnerschaft geschlossen hat, aber der Anwalt den Berufsfehler erst später in der PartmbB begangen hat.[419] In diesem Fall haftet der neu in die PartmbB eingetretene Partner für die Altverbindlichkeiten auch persönlich und unmittelbar, die Haftungsbegrenzung nützt ihm nichts. Nach anderer Ansicht haften die Partner nicht mehr persönlich ab Abschluss der Berufshaftpflichtversicherung, egal ob der Partner den Berufsfehler in der alten Sozietät/Partnerschaft oder in der neuen PartmbB begangen hat. Die Enthaftung nach § 8 Abs. 4 PartGG orientiert sich an der Versicherung. In der Berufshaftpflichtversicherung gilt das Verstoßprinzip. Wenn zum Zeitpunkt des Verstoßes schon die Berufshaftpflichtversicherung der PartmbB gilt, ist die Haftung auf das Gesellschaftsvermögen beschränkt.[420] Die Haftung der Partner für Altmandate ist zeitlich auf 5 Jahre begrenzt nach „Umwandlung" in die PartmbB, analog §§ 160 Abs. 3 HGB aF, 137 HGB, 224 Abs. 2 UmwG.[421] Der Gesetzgeber hat hier keine Regelung zur Haftung bei Altmandaten getroffen und §§ 190 UmwG mit den normierten Haftungsfolgen sind nicht anwendbar. Es gibt aber keinen unbegrenzten Vertrauensschutz. Spätestens mit dem Publikmachen der PartmbB im Partnerschaftsregister hat der Mandant Kenntnis von der Haftungsbeschränkung auf das Gesellschaftsvermögen, kann aber im Gegenzug die Partner für einen begrenzten Zeitraum noch persönlich für ihre Verstöße in Anspruch nehmen. Wenn der Mandant der Übertragung des Mandats auf die PartmbB zugestimmt hat, gilt auf jeden Fall die Haftungsbeschränkung auf das Gesellschaftsvermögen.

260 Nicht versichert ist die wissentliche Pflichtverletzung bei Altmandaten oder den amtsähnlichen persönlichen Tätigkeiten nach § 18. Dies stellt § 4 I Ziff. 3 c) klar: *„Bei Berufsausübungsgesellschaften nach § 59o Abs. 1, 2 BRAO, § 52n Abs. 1, 2 PAO findet der Ausschluss nach Ziff. 3 keine Anwendung in Höhe der im Verstoßzeitpunkt vorgeschriebenen Mindestversicherungssumme, sofern dieser Vertrag zur Erfüllung der Pflichtversicherung dient."* Der Versicherungsschutz ist ausgeschlossen, wenn der Verstoß auf einem Altmandat beruht, dass der Gesellschafter als Mitglied einer GbR geschlossen hat. Es besteht allein Deckung für die wissentliche Pflichtverletzung, wenn die PartmbB ein Mandat abgeschlossen hat und der Gesellschafter im Rahmen dieses Mandats einen Verstoß begangen hat.

5. Partnerschaftsgesellschaft mit beschränkter Berufshaftung (PartmbB)

261 Der Gesetzgeber wollte mit der Regelung einer Partnerschaft mit beschränkter Berufshaftung den Trend zur LLP stoppen.[422] Die PartmbB ist eine haftungsbeschränkte Berufsausübungsgesellschaft. Sie ist keine neue Organisationsform. Für Verbindlichkeiten der Partnerschaft aus Schäden wegen fehlerhafter Berufsausübung haftet den Gläubigern nur das Gesellschaftsvermögen, wenn die Partnerschaft eine Berufshaftpflichtversicherung unterhält, § 8 Abs. 4 PartGG. Für sonstige Verbindlichkeiten z.B. Mietforderungen besteht dagegen keine Haftungsbeschränkung auf das Gesellschaftsvermögen. Wenn die PartmbB wirksam besteht, haftet allein das Gesellschaftsvermögen der Partnerschaft. Die beschränkte Berufshaftung begrenzt nicht die Haftung der PartmbB der Höhe nach. Die Haftung auf das Gesellschaftsvermögen für Berufsversehen bleibt unbegrenzt. Die

---

419 *Riechert* AnwBl 2014, 266, 267; Merkblatt der BRAK zur PartGmbB Nr. 8 und 9, Stand 8.7.2014; *Sommer/Treptow* NJW 2013, 3269, 3271.

420 Henssler/Prütting/*Henssler* PartGG § 8 Rn. 71; BT-Drucks. 17/10487, 14 in der Begründung des RegE.

421 *Sommer/Treptow/Dietlmeier* NJW 2011, 1553; *Riechert* AnwBl 2014, 266, *268* im Rahmen einer Gesamtanalogie zu § 159 HGB aF, § 160 HGB aF, 10 Abs. 2 PartGG, § 160 Abs. 3 HGB aF, § 224 Abs. 2 HGB; anders *Bachmann/Schaloske* Phi Haftpflicht international 2013, 204.

422 BT-Drucks. 17/10487, 11.

Versicherung beendet allein die persönliche Haftung der Partner. Diese Haftungsbeschränkung tritt unabhängig davon ein, ob der Geschädigte aus dem Vermögen der Partnerschaft und einer Versicherung der Partnerschaft den vollen Schaden ersetzt bekommt.

Der Name der Partnerschaft muss den Zusatz „mit beschränkter Berufshaftung" oder die Abkürzung „mbB" oder eine andere allgemein verständliche Abkürzung dieser Bezeichnung enthalten; anstelle der Namenszusätze nach § 2 Abs. 1 PartGG kann der Name der Partnerschaft mit beschränkter Berufshaftung den Zusatz „Part" oder „PartG" enthalten. Wenn die PartmbB nicht den nach § 8 Abs. 4 Satz 3 PartGG geforderten Zusatz führt, wie z.B. „mit beschränkter Berufshaftung", verstößt sie gegen § 37 Abs. 1 HGB. Der Handelnde haftet dann auch wieder persönlich und unmittelbar, dann nach § 179 BGB.[423] Keine Voraussetzung für eine wirksame Haftungsbeschränkung ist die Eintragung des Namens der Partnerschaft im Partnerschaftsregister des zuständigen Amtsgerichts.[424] Es besteht aber die Pflicht, die PartmbB beim Partnerschaftsregister mit der entsprechenden Versicherungsbescheinigung anzumelden, § 4 Abs. 3 PartGG, 113 Abs. 2 VVG. Die zuständige Berufskammer erhält eine Bestätigung der Versicherung der PartmbB, § 8 Abs. 4 PartGG iVm § 51a Abs. 2 BRAO. Bei interprofessionellen Gesellschaften müssen die anderen Berufskammern jeweils die separate Bestätigung entsprechend ihren Berufsgesetzen erhalten. Das Ende einer PartGmbB zeigt der Versicherer den Berufskammern an, 117 Abs. 2 VVG. Eine Beendigungsmitteilung über die PartmbB gegenüber dem Partnerschaftsregister ist nicht vorgesehen. Dies kann dazu führen, dass eine nicht mehr existierende Partnerschaft noch im Partnerschaftsregister erscheint. Bei interprofessionellen PartmbBs gilt keine doppelte Kammermitgliedschaft. Wenn ein Steuerberater und ein Rechtsanwalt sich als Partner zu einer PartmbB zusammenschließen, handelt es sich um eine Berufsausübungsgesellschaft, die sowohl eine Zulassung nach § 59f BRAO als auch eine Anerkennung nach § 53 StBerG benötigt. Die interprofessionellen PartmbBs und auch die jeweiligen Gesellschafter müssen aber nicht sowohl Mitglieder der RAK als auch der StBK sein, da es keine Doppelmitgliedschaften mehr gibt, § 60 Abs. 2 Nr. 3 und 4 BRAO, § 74 Abs. 2 StBerG. 262

6. Juristische Person

Gem. § 35 Abs. 1 S. 1 GmbHG vertritt die GmbH gerichtlich und außergerichtlich ausschließlich der Geschäftsführer, nicht die Gesellschafter. Es handelt sich um eine organschaftliche Vertretung. Bei Prokuristen, General- und Handlungsbevollmächtigten handelt es sich um eine rechtsgeschäftliche Vertretung. Die Gesellschaft wird damit durch ihre Organe und Vertreter tätig.[425] Die Anwälte, die auf dem Briefbogen der GmbH genannt sind, erwecken regelmäßig den Anschein, dass sie aufgrund einer Rechtsscheinvollmacht die Gesellschaft im Rahmen der rechtsberatenden Tätigkeit vertreten dürfen. Dies ist aber nicht der Rechtsschein einer Gesellschafterstellung.[426] Die Zurechnung von Fehlverhalten einschließlich deliktischer Handlungen der Geschäftsführer gegenüber der Gesellschaft erfolgt analog § 31 BGB und nicht über § 278 BGB. Innerhalb bestehender Schuldverhältnisse haftet die Gesellschaft für ihre Angestellten gem. § 278 BGB.[427] 263

Die Kapitalgesellschaft haftet ausschließlich für die Berufsfehler ihrer Anwälte, z.B. § 13 Abs. 2 GmbHG. Hierzu gibt es Ausnahmen. Erstens: Die Anwälte haften persönlich nach den Grundsätzen der Sachwalterhaftung, § 311 Abs. 3 Satz 2 BGB. Dies gilt insbesondere dann, wenn der Anwalt in besonderem Maße Vertrauen für sich in Anspruch nimmt und dadurch die Verhandlungen oder 264

423 BGH NJW 2012, 2871 für den fehlenden UG-Zusatz; BGH NZG 2007, 426 und BGH NJW 1991, 2627 bei einer GmbH.
424 BT-Drucks. 17/13944 S. 15.
425 Eigenhandeln der Gesellschaft *Beuthien* NJW 1999, 1142, 1144; Zurechnung des Eigenhandelns der für die GmbH handelnden Organe, BeckOK GmbHG *Wisskirchen/Kuhn* § 35 Rn. 4.
426 BGH NJW 1992, 3037, 3039.
427 BeckOK GmbHG/*Ziemons/Jaeger* § 35 Rn. 97.

den Mandatsschluss erheblich beeinflusst.[428] Zweitens: Die Anwälte haften selbst für deliktisches Handeln, §§ 823 ff BGB. Drittens: Wird die Berufshaftpflichtversicherung nicht oder nicht in dem vorgeschriebenen Umfang unterhalten, so haften zum Schutz der Mandantschaft neben der Gesellschaft die Gesellschafter und die Geschäftsführer persönlich in Höhe des fehlenden Versicherungsschutzes, 59n Abs. 3 BRAO. Eine fehlende oder unzureichende Berufshaftpflicht führt zum Widerruf der Zulassung, § 59h Abs. 3 Ziff. 1 BRAO.

III. Versicherungsschutz Berufsausübungsgesellschaften

Der Umfang des Versicherungsschutzes einer Berufsausübungsgesellschaft richtet sich danach, ob die jeweilige Gesellschaft haftungsbeschränkt ist oder nicht, § 59o Abs. 1 oder Abs. 2 BRAO.

1. Versicherungsumfang

265 **a) Nicht haftungsbeschränkte Gesellschaft.** Um eine nicht haftungsbeschränkte Gesellschaft handelt es sich, wenn für Verbindlichkeiten der Gesellschaft aus Schäden wegen fehlerhafter Berufsausübung eine natürliche Person persönlich haftet. Das sind insbesondere die GbR, §§ 705 ff BGB, einfache Partnerschaften, § 1, 8 Abs. 1 PartGG, ausländische Gesellschaften je nach Einordnung nach dem Gesellschaftsrecht des Gründungsstaats in der EU/EWR (Gründungstheorie) oder andernfalls des Sitzstaats (Sitztheorie) und nach bilateralen Abkommen. Die Kommanditgesellschaften sind nach dem Berufsrecht als haftungsbeschränkte Gesellschaften einzuordnen, weil die Kommanditgesellschaft eine umfassende Haftungsbefreiung erlaubt.

266 Die Versicherungssumme beträgt:

- 0,5 Mio EUR als Höchstleistung für den einzelnen Versicherungsfall, § 59o Abs. 3 BRAO

Die Jahreshöchstleistung/Maximierung für alle innerhalb eines Versicherungsjahres verursachten Schäden beträgt:

- 0,5 Mio EUR × Anzahl der Gesellschafter. Sie beträgt aber mindestens das Vierfache, § 59o Abs. 4 BRAO. Die Zahl der Gesellschafter/Geschäftsführer richtet sich allein nach der Zahl der anwaltlichen Gesellschafter/Geschäftsführer.[429]
- Der Begriff des „Gesellschafters“ umfasst den Scheingesellschafter. „Eine als Gemeinschaftskanzlei bezeichnete Verbindung zweier Anwälte erweckt ebenso wie eine Gemeinschaftspraxis nach außen den Eindruck des Vorliegens einer Sozietät.“[430] Der Gesetzgeber hat bei der Mindestversicherungssumme einer Personengesellschaft eine Pflichtversicherungssumme vorgeschrieben von 500.000 EUR, mind. 4-fach maximiert. Er ging von zwei Anwälten aus, ohne hier eine Differenzierung zwischen Gesellschaftern und Scheingesellschaftern vorzunehmen.[431]

Beim materiellen Umfang des Versicherungsschutzes bestehen keine Besonderheiten. Es gelten die allgemeinen Anforderungen mit Ausschlüssen nach § 59o Abs. 3 iVm § 51 BRAO. Zum Versicherungsschutz des einzelnen Anwalts in einer Scheingesellschaft siehe § 1 Rn. 316 ff. Zum erweiterten Versicherungsschutz von Anwälten, die alle Haftungsgefahren einer Scheingesellschaft abdecken wollen, ohne eine Berufsausübungsgesellschaft zu sein und zum hierfür gedachten Abschluss einer Berufshaftpflichtversicherung siehe § 1 Rn. 319.

---

428 OLG Nürnberg AnwBl 2008, 468; BGH NJW 1994, 2220; BGH BeckRS 2008, 16047 LS 1 für Kapitalanlagefälle.
429 BT-Drucks. 19/27670, 199. Nach § 60 Abs. 2 Nr. 3 BRAO sind die nicht-anwaltlichen Geschäftsführungs- und Aufsichtsorgane Mitglied der Rechtsanwaltskammer. Dies ist verfassungsgemäß nach Bayerischer AGH NJW-RR 2023, 1482.
430 OLG Köln 17.12.2002 – 22 U 168/02, DStRE 2004, 485 zur Abgrenzung Bürogemeinschaft/Sozietät aus zwei Anwälten, wenn in einer Bürogemeinschaft der Briefbogen „in Kanzleigemeinschaft“ verwendet wird.
431 BT-Drucks. 19/27670, 149: 500.000 EUR als das Doppelte der Versicherungssumme für einen Einzelanwalt von 250.000 EUR.

b) Haftungsbeschränkte Gesellschaft

aa) Grundsatz. Um eine haftungsbeschränkte Gesellschaft handelt es sich, wenn für Verbindlichkeiten der Gesellschaft aus Schäden wegen fehlerhafter Berufsausübung rechtsformbedingt keine natürliche Person haftet oder bei denen die Haftung der natürlichen Personen beschränkt wird. Das sind insbesondere alle Kapitalgesellschaften, die Partnerschaft mit beschränkter Berufshaftung (PartmbB), ausländische Gesellschaften je nach Einordnung nach dem Gesellschaftsrecht des Gründungsstaats in der EU/EWR (Gründungstheorie) oder andernfalls des Sitzstaats (Sitztheorie) und nach bilateralen Abkommen. Die Kommanditgesellschaften mit der GmbH & Co. KG werden nach dem Berufsrecht als haftungsbeschränkte Gesellschaft betrachtet. 267

Bei kleineren Gesellschaften mit nicht mehr und einschließlich 10 Personen gilt eine niedrigere Versicherungssumme von 1 Mio EUR, § 59o Abs. 2 BRAO iVm § 59c Abs. 1 BRAO. Personen meint alle sozietätsfähigen Gesellschafter und nicht nur die Anwälte, § 59c Abs. 1 Satz 1 BRAO, gerade anders als bei der Jahreshöchstleistung. Die Zahl der Personen ist die Zahl der Köpfe, unabhängig vom Tätigkeitsumfang. Bei den Gesellschaften mit mehr als 10 Personen gilt eine höhere Versicherungssumme von 2,5 Mio EUR, § 59o Abs. 1 BRAO. Die Jahreshöchstleistung/Maximierung für alle innerhalb eines Versicherungsjahres verursachten Schäden beträgt bei den Gesellschaften 1 Mio oder 2,5 Mio EUR × Anzahl der Gesellschafter und Geschäftsführer, die nicht Gesellschafter sind. Sie beträgt aber mindestens das Vierfache, § 59o Abs. 4 BRAO. Die Zahl der Gesellschafter/Geschäftsführer richtet sich allein nach der Zahl der anwaltlichen Gesellschafter/Geschäftsführer und umfasst die Scheingesellschafter, siehe dazu § 1 Rn. 266. Auch bei der PartmbB zählen die Scheinpartner für die Jahreshöchstleistung mit. Die PartmbB kann nur dann eine entsprechende Berufshaftpflichtversicherung nach § 8 Abs. 4 Satz 1 PartGG unterhalten, wenn auch die Scheinpartner in der Versicherung der PartGmbB berücksichtigt sind. Der durch das Auftreten des Scheinpartners erweckte Rechtsschein verpflichtet, eine entsprechende Versicherung zu unterhalten.[432] Es wäre widersprüchlich, wenn einerseits für die Maximierung nur die Partner im Register gelten, andererseits aber bei einem Mangel gerade dieser Haftpflichtversicherung wieder alle Partner einschließlich Scheinpartner persönlich haften sollen. 268

Nicht möglich ist es § 59o Abs. 4 BRAO insoweit zu umgehen, als man eine drop-down-Regelung für Exzedenten oberhalb der Mindestversicherungssumme vereinbart. Die drop-down Regelung beinhaltet regelmäßig, dass bei Erschöpfen einer darunterliegenden Deckung, meist der Grunddeckung, der nächsthöhere Summenbereich für die aufgebrauchte darunter liegende Summe eintrittspflichtig ist. Bei einer haftungsbeschränkten Gesellschaft mit z.B. zehn Partnern ist eine Grunddeckung von 1 Mio EUR, 10-fach vorzuhalten. Wenn der drop-down z.B. eine Versicherungssumme von 1 Mio EUR, 1-fach, aufweist, ist dies nicht eine Versicherungssumme von 1 Mio EUR, 10-fach. Bei einem Schaden von 10 Mio EUR ist die Versicherungssumme von 10 Mio EUR schlichtweg verbraucht. 269

bb) Ausschluss der wissentlichen Pflichtverletzung. Beim Umfang des Versicherungsschutzes besteht die Besonderheit, dass der Ausschluss der wissentlichen Pflichtverletzung bei haftungsbeschränkten Gesellschaften nicht möglich ist, § 59n Abs. 2 Satz iVm § 51 Abs. 2, 3 Nr. 2–5 BRAO. Die fehlende Ausschlussmöglichkeit bezieht sich auf die Pflichtversicherung der anwaltlichen und patentanwaltlichen Berufstätigkeit. Bei einem der Gesellschaft zurechenbaren Verstoß aus einer sonstigen anderen Tätigkeit bleibt der Ausschluss bestehen. 270

Nach § 4 I Ziff. 3 lit. c) aE nimmt der Versicherer bei der Gesellschaft als Versicherungsnehmerin Regress, wenn er wg. einer wissentlichen Pflichtverletzung geleistet hat. Der Mandant als Verbraucher bleibt geschützt, weil er den Schadensersatz erhält und der Schutz des Vermögens der Versicherungsnehmerin ist hier nachrangig. Der Versicherer kann Regress bei der Gesellschaft nehmen, wenn er ausdrücklich sich in den Versicherungsbedingungen den Regress vorbehalten 271

432 *Riechert* AnwBl 2014, 266, 267; *Zimmermann* NJW 2014, 1142, 1143.

hat und einer der Partner/Scheinpartner die wissentliche Pflichtverletzung begangen hat. Der Versicherer kann aber auch Regress beim angestellten Anwalt nehmen, wenn er die wissentliche Pflichtverletzung begangen hat und dafür nach arbeitsrechtlichen Grundsätzen haftet. Für Zurechnung und Voraussetzungen gelten die allgemeinen Versicherungsbedingungen, nach denen die Gesellschaft den Versicherungsschutz behält, aber der Versicherer beim angestellten Anwalt Regress nimmt, § 4 I Ziff. 3 lit. a) iVm 7 III Ziff. 2, siehe dort zum Regress § 7 Rn. 29 f. Der Versicherer kann auf den Regress verzichten. Es besteht dann bis zur Mindestversicherungssumme von 1 Mio/ 2,5 Mio EUR Versicherungsschutz für die wissentliche Pflichtverletzung. Es bedeutet, dass der Versicherer auch nicht beim Angestellten Regress nach § 7 III Ziff. 2 nimmt. Andernfalls würde der Angestellte von dem Regressverzicht nicht bessergestellt wie in einer nicht haftungsbeschränkten Gesellschaft.

272 Der Versicherungsschutz für die wissentliche Pflichtverletzung besteht allein im Umfang der Pflichtversicherung der Berufsausübungsgesellschaft. Dies stellt § 4 I Ziff. 3 c) sicher: *„Bei Berufsausübungsgesellschaften nach § 59o Abs. 1, 2 BRAO, § 52n Abs. 1, 2 PAO findet der Ausschluss nach Ziff. 3 keine Anwendung in Höhe der im Verstoßzeitpunkt vorgeschriebenen Mindestversicherungssumme, sofern dieser Vertrag zur Erfüllung der Pflichtversicherung dient.“* Die wissentliche Pflichtverletzung bleibt nach § 4 I Ziff. 3 c) nicht versichert, wenn ein Dritter Ansprüche oberhalb der Pflichtversicherung gegenüber der haftungsbeschränkten Gesellschaft geltend macht, sofern keine ausdrückliche gesonderte Vereinbarung besteht. Es besteht auch kein Versicherungsschutz bei einer wissentlichen Pflichtverletzung, wenn sie bei einer amtsähnlichen persönlichen Tätigkeit nach § 18 begangen wird. Um diese Trennung sicherzustellen, sind grundsätzlich 2 Policen erforderlich wg. der Regelung in § 113 Abs. 3 VVG. Die Vorschriften der Pflichtversicherung gelten auch dann, wenn der Versicherungsvertrag eine über die vorgeschriebenen Mindestanforderungen hinausgehende Deckung gewährt.[433] Zumeist bieten die Versicherer trotzdem den Versicherungsschutz für die haftungsbeschränkten Gesellschaften in einer Police an und geben ein Sublimit wie hier in § 4 I Ziff. 3 c) an, siehe dazu zur Aufspaltung von Verträgen bei Pflichtversicherungen § 1 Rn. 18.

273 Berufsausübungsgesellschaften können Ansprüche auf Ersatz eines fahrlässig verursachten Schadens durch vorformulierte Vertragsbedingungen für Fälle einfacher Fahrlässigkeit auf den vierfachen Betrag der Mindestversicherungssumme beschränken, wenn insoweit Versicherungsschutz besteht, § 52 Abs. 1 Satz 2 iVm Satz 1 Nr. 2 BRAO. Dies bedeutet eine Versicherungssumme von 10 Mio EUR oder 4 Mio Für die wissentliche Pflichtverletzung ist es ausreichend, wenn Versicherungsschutz für die wissentliche Pflichtverletzung bis 1 Mio/2,5 Mio EUR besteht. Die Versicherungssumme muss nicht 4 Mio/10 Mio EUR betragen. Dies ergibt sich aus dem Wortlaut des § 52 BRAO, der vom „Betrag der Mindestversicherungssumme“ spricht. Es ist auch widersprüchlich, wenn die Haftung für leichte Fahrlässigkeit nur dadurch erreicht wird, wenn man die wissentliche Pflichtverletzung bis 10 Mio mitversichern muss.

2. Doppel- und mehrstöckige Gesellschaften

274 Zugelassene Berufsausübungsgesellschaften können Gesellschafter einer Berufsausübungsgesellschaft sein, § 59i Abs. 1 Satz 1 BRAO. Doppel- oder mehrstöckige Gesellschaften sind leichter möglich, weil für die Tätigkeit der anwaltlichen Beratung es nicht mehr erforderlich ist, dass die Mehrheit der Stimm- und Gesellschaftsanteile bei Anwälten liegt. Das Erfordernis des Fremdbesitzverbots bleibt unangetastet.[434] Eine Ausnahme bildet das Halten von Gesellschaftsanteilen an einer GbR allein für diesen Zweck mit der Zurechnung der Anteile an der Berufsausübungsgesellschaft, § 59i Abs. 3 BRAO. Voraussetzung einer doppel- oder mehrstöckigen Gesellschaft ist, dass die Gesellschaft, die an der anwaltlichen Berufsausübungsgesellschaft beteiligt ist, selbst eine zu-

433 Prölss/Martin/*Klimke* § 113 Rn. 12.
434 AGH Bayern NJW 2023, 1744, gegen das Fremdbesitzverbot bestehen grundsätzliche Zweifel.

gelassene anwaltliche Berufsausübungsgesellschaft ist. Eine Berufsausübungsgesellschaft mit einer Steuerberatungsgesellschaft als Gesellschafterin kann nicht als anwaltliche Berufsausübungsgesellschaft zugelassen werden, §§ 59i Abs. 1, 59f BRAO.[435]

Die Versicherungssumme der doppel- oder mehrstöckigen Gesellschaft richtet sich danach, 275 ob die jeweilige Gesellschaft haftungsbeschränkt ist oder nicht, § 59o Abs. 1 oder Abs. 2 BRAO. Die Jahreshöchstleistung richtet sich nach der Anzahl der Gesellschafter/Geschäftsführer der jeweiligen beteiligten Berufsausübungsgesellschaften als „Tochtergesellschaften" zusammen mit der Anzahl der Gesellschafter/Geschäftsführer der übergeordneten Berufsausübungsgesellschaft als „Muttergesellschaft". Andernfalls kann das typische Haftungsrisiko nicht zutreffend abgebildet werden, wenn allein auf die Gesellschafter der zu versichernden „Muttergesellschaft" abgestellt wird. Die Gesellschafter und Geschäftsführer der „Tochtergesellschaft" üben ihren anwaltlichen Beruf ebenfalls aus und erhöhen damit das Risiko und sind mitzuzählen.[436] Gesellschafter und auch Scheingesellschafter sind die anwaltlichen Gesellschafter, siehe dazu § 1 Rn. 266. Eine andere Regelung gilt bei der Mandatsgesellschaft nach §§ 59f Abs. 1 Satz 2 Ziff. 2, 59o Abs. 4 Satz 3 BRAO. Bei ihr zählen nur die Gesellschafter der Mandatsgesellschaft für die Jahreshöchstleistung, siehe hierzu § 1 Rn. 281 ff. Keine Voraussetzung ist richtigerweise, dass mindestens ein Anwalt persönlich Gesellschafter der Berufsausübungsgesellschaft sein müsste. Im Wortlaut des seit dem 1.8.2022 in Kraft befindlichen § 59i Abs. 1 Satz 1 BRAO lassen sich keine Anhaltspunkte dafür finden, dass eine aus Rechtsanwälten bestehende Berufsausübungsgesellschaft nicht Alleingesellschafterin einer anderen Berufsausübungsgesellschaft sein kann.[437]

3. GmbH & Co. KG

Die Kommanditgesellschaft ist nach der BRAO eine haftungsbeschränkte Gesellschaft, § 59o Abs. 1 276 Satz 1 Alt. 1 BRAO. Die Kommanditgesellschaft ermöglicht eine Haftungsbefreiung, wenn der Kommanditist die Haftungssumme geleistet hat.[438]

Der Versicherungsschutz der GmbH & Co. KG im Überblick: 277

- Eigener Versicherungsschutz der GmbH & Co. KG als haftungsbeschränkte Gesellschaft, § 59o Abs. 1, 2 BRAO
- Eigener Versicherungsschutz der Komplementär-GmbH als haftungsbeschränkte Gesellschaft, §§ 59i, 59n iVm 51, 59o BRAO und Versicherungsschutz nach § 1 II Ziff. 2 als Gesellschafterin der GmbH & Co. KG
- Zulassungspolicen:
  - Alle angestellten Anwälte ohne Außenauftritt der GmbH & Co. KG erhalten als Berufsträger eine Zulassungspolice, § 51 Abs. 1 BRAO.
  - Alle anwaltlichen Gesellschafter/Geschäftsführer der Komplementär-GmbH erhalten als Berufsträger eine Zulassungspolice, § 51 Abs. 1 BRAO.

Die beiden zugelassenen Berufsausübungsgesellschaften haben jeweils ihre eigene Pflichtversicherung, §§ 59i, 59n iVm 51, 59o BRAO. Bei der Prämienberechnung ist die Kombination der beiden Risiken zu berücksichtigen. Allein die GmbH & Co. KG ist anwaltlich tätig, nicht aber die GmbH. Die Zulassungspolicen für die Anwälte als Kommanditisten/Angestellte oder Geschäftsführer/Gesellschafter sind zusätzlich auszustellen, § 51 BRAO.

---

435 AGH Nordrhein-Westfalen BeckRS 2024, 20218.
436 BT-Drucks. 19/27670, 199 mit Begründung aus Urteil des BGH 20.3.2017 – AnwZ (Brfg) 46/15, NJW-Spezial 2017, 286.
437 Nicht-Annahme Beschluss BVerfG NJW 2022, 3146; LS der Redaktion. Römermann/*Römermann* BeckOK BRAO § 59i Rn. 6. Anders die Gesetzesbegründung BT-Drucks. 19/27670, 191; Weyland/*Jähne* § 59i Rn. 7.
438 BT-Drucks. 19/27670, 198.

Im Einzelnen

278 Versicherungsschutz der Kommanditgesellschaft der GmbH & Co. KG:

Die Kommanditgesellschaft in Form der GmbH & Co. KG benötigt als haftungsbeschränkte Gesellschaft mind. 1 Mio EUR für den Versicherungsfall. Wenn mehr als 10 Personen tätig sind, erhöht sich die Versicherungssumme auf 2,5 Mio EUR; § 59o Abs. 1,2 BRAO. Dabei ist es unerheblich, ob es sich um Anwälte, sonstige fremde Berufsträger, Kommanditisten oder um Gesellschafter/Geschäftsführer der Komplementär-GmbH handelt. Es kommt ausschließlich auf das durch die Zahl der tätigen Personen erhöhte Risiko an, siehe dazu § 1 Rn. 268.

279 Die Jahreshöchstleistung der jeweiligen Versicherungssumme von 1 Mio EUR oder 2,5 Mio EUR richtet sich nach der Anzahl der Gesellschafter/Geschäftsführer, mindestens das Vierfache, § 59o Abs. 4 BRAO. Die Kommanditgesellschaft als GmbH & Co. KG ist eine doppelstöckige Gesellschaft. Es sind die Gesellschafter/Geschäftsführer sowohl in der Mutter- als auch in der Tochtergesellschaft zu berücksichtigen.[439] Die Zahl der Gesellschafter und Geschäftsführer ist damit die Zahl der Gesellschafter und Geschäftsführer der Komplementär-GmbH und der Kommanditgesellschaft.

280 Versicherungsschutz der Komplementär-GmbH der GmbH & Co. KG:

Die Komplementär-GmbH benötigt selbst eine Pflichtversicherung. Als zugelassene Berufsausübungsgesellschaft ist sie Gesellschafterin der Kommanditgesellschaft, § 59i Abs. 1 Satz 1 BRAO. Als GmbH benötigt sie mind. 1 Mio EUR für den Versicherungsfall. Wenn mehr als 10 Personen tätig sind, erhöht sich die Versicherungssumme auf 2,5 Mio EUR; § 59o Abs. 1,2 BRAO. Die Jahreshöchstleistung richtet sich nach der Zahl der Gesellschafter/Geschäftsführer der GmbH. Das Risiko der GmbH ist gering einzuschätzen und sollte wie eine Zulassungspolice eines Anwalts einer Gesellschaft behandelt werden, da nach außen die GmbH & Co. KG auftritt. Die GmbH haftet persönlich als Gesellschafterin für die Gesellschaftsverbindlichkeiten, §§ 161 ff HGB. Als Gesellschafterin einer Berufsausübungsgesellschaft hat sie Versicherungsschutz nach § 1 II Ziff. 2. Daher benötigt sie allein eine Pflichtversicherung in Höhe und Umfang einer haftungsbeschränkten Gesellschaft. Wenn die GmbH & Co. KG eine höhere Versicherungssumme hat, ist die GmbH in Höhe dieser Versicherungssumme versichert.

4. Arbeitsgemeinschaft (ARGE), Mandatsgesellschaft § 59f Abs. 1 Satz 2 Nr. 2 BRAO

281 Durch die Öffnung der sozietätsfähigen Berufe ist auch die Tätigkeit der Anwälte in einer interprofessionellen Gesellschaft möglich wie in einer ARGE und für Projektgesellschaften zwischen Anwälten, die Mandatsgesellschaft nach §§ 59f Abs. 1 Satz 2 Nr. 2 BRAO. Die ARGE ist der Zusammenschluss verschiedener Berufsgruppen zur Durchführung eines Projekts, meist im Baubereich. Hier sind nicht nur Anwälte beteiligt. Die ARGE kann während der Angebotsphase in der Bietergemeinschaft oder später bei der eigentlichen Bauausführung gebildet werden. Die Rechtsform einer ARGE ist regelmäßig die GbR. Aufgrund des Fremdbesitzverbots ist die ARGE, die aus berufsfremden Gesellschaften gebildet wird, nicht möglich, sondern nur mit natürlichen Personen, siehe hier § 1 Rn. 283. Dabei ist zu beachten, dass es sich um eine interprofessionelle Gesellschaft handelt, bei der alle Gesellschafter für die Verbindlichkeiten der Gesellschaft haften, also für Vermögens-, Sach- und Personenschäden, gleich welcher Gesellschafter sie verursacht hat, § 721 BGB. Erforderlich ist, dass die wechselseitige Verpflichtung in den Versicherungsbedingungen aller Gesellschafter besteht, dass die berufsfremden Gesellschafter wie Architekten auch für die Berufsfehler der berufsangehörigen Gesellschafter wie den Anwälten versichert sind und gerade auch umgekehrt. Wenn keine Versicherungspflicht besteht, z.B. bei einem IT-Dienstleister, ist der Abschluss einer Versicherung und dann mit wechselseitigem Einschluss dringend zu empfehlen, andernfalls entstehen Deckungslücken.

282 Die Mandatsgesellschaft ist eine besondere Form der anwaltlichen Berufsausausübungsgesellschaft. Die temporäre Tätigkeit ist beschränkt auf ein Mandat und ein Vorhaben. Es liegt keine

439 Dies gilt ausdrücklich für mehrstöckige Gesellschaften BT-Drucks. 19/27670, 199.

gewerbliche Tätigkeit vor. Die Mandatsgesellschaft nach §§ 59f Abs. 1 Satz 2 Nr. 2 BRAO in Form einer Personengesellschaft ist versicherungspflichtig. Sie ist nicht zulassungspflichtig, muss aber der zuständigen Kammer angezeigt werden, §§ 59e, 59f Abs. 1 Satz 3 BRAO. Dies sollte auch für eine PartmbB gelten als Personengesellschaft mit beschränkter Haftung, was in der Praxis kaum vorkommen dürfte. Für die Versicherungspflicht gilt die Pflichtversicherungssumme von 500.000 EUR für eine Personengesellschaft, § 59o Abs. 3 BRAO. Für die Jahreshöchstleistung gilt die Zahl der Gesellschafter der Mandatsgesellschaft und nicht die Zahl der mittelbar beteiligten Gesellschafter der Kanzleien, die die Mandatsgesellschaft bilden, § 59o Abs. 4 Satz 3 BRAO.

Die übrigen Voraussetzungen einer Berufsausübungsgesellschaft bei einer Mandatsgesellschaft/ARGE bleiben bestehen: **283**

- Nur anwaltliche Berufsausübungsgesellschaften können Gesellschafter einer anwaltlichen Berufsausübungsgesellschaft sein, §§ 59f Abs. 1 Satz 2 Nr. 2, 59i Abs. 1 BRAO. Die Mandatsgesellschaft muss sich nicht zulassen, aber ist der zuständigen Rechtsanwaltskammer anzuzeigen, 59f Abs. 1 Satz 3 BRAO.
- Keine Mandatsgesellschaft zwischen einer Berufsausübungsgesellschaft und einer Gesellschaft aus anderen Berufen, insbesondere nicht z.B. eine ARGE aus einer Rechtsanwalts-Gesellschaft und einer Gesellschaft aus Architekten, Ingenieur oder IT-Gesellschaften. Dies verstößt gegen das Fremdbesitzverbot nach § 59i Abs. 3 BRAO und § 59f Abs. 1 Satz 2 Nr. 2 BRAO. Daher ist der Zusammenschluss von Anwälten ausdrücklich nur mit Personen und nicht Gesellschaften erlaubt, die in der Berufsausübungsgesellschaft einen freien Beruf nach § 1 PartGG ausüben, § 59c Abs. 1 Satz 1 Ziff. 4 BRAO. Darüber hinaus ermöglicht § 59c Abs. 1 Satz Ziff. 1 BRAO nur den Zusammenschluss mit Mitgliedern der Rechtsanwaltskammer/Patentanwaltskammer. Umgekehrt gilt dies ebenfalls. Die Mandatsgesellschaft aus einer fremden Berufsgesellschaft zusammen mit Anwälten als nat. Personen als Gesellschafter ist ebenfalls nicht zulässig, z.B. Architekten-GbR mit 2 Anwälten, siehe zur Sozietätsfähigkeit von anderen Berufen § 1 Rn. 219.
- Richtigerweise ist nicht notwendig, dass ein Rechtsanwalt als persönlich haftender Gesellschafter Teil der ARGE sein muss. Dies findet sich nicht im Wortlaut von § 59i Abs. 1 Satz BRAO und § 59 Abs. 1 Satz 2 Nr. 2 BRAO wieder, siehe dazu § 1 Rn. 275.

Bei unzulässigen ARGEs/Gesellschaften/Bietergemeinschaften ist der Vertrag zwischen der ARGE und dem Auftraggeber bei einer Beteiligung von Rechtsanwälten mit nicht-sozietätsfähigen Berufen nichtig, § 134 BGB iVm § 59c BRAO, § 5 RDG. Für begangene anwaltliche Pflichtverletzungen haftet der Anwalt gleichwohl, § 280 Abs. 1 BGB iVm § 311 Abs. 2 Nr. 1 bzw. 3, 241 Abs. 2 BGB.[440] Die Berufshaftpflichtversicherung enthält keinen ausdrücklichen Ausschluss für Tätigkeiten des Anwalts, die fahrlässig oder vorsätzlich gegen ein gesetzliches Verbot verstoßen. Der Ausschluss der wissentlichen Pflichtverletzung bezieht sich auf die anwaltliche Tätigkeit selbst, nicht auf das Eingehen einer verbotenen Bietergemeinschaft. Eine Deckung besteht jedoch nicht. Versicherungsschutz besteht nur für die erlaubte anwaltliche Beratung des Anwalts in einer zulässigen Gemeinschaft. Es besteht kein Versicherungsschutz für eine Tätigkeit in einer unerlaubten Gemeinschaft, wie z.B. zusammen mit einer Unternehmensberatergesellschaft in einer Bietergemeinschaft.[441] Versichert und versicherbar sind nur erlaubte Tätigkeiten, siehe dazu § 1 Rn. 36. **284**

5. Ausländische Anwälte und Organisationsformen

a) Ausländischer Anwalt. Bei ausländischen Anwälten, die in Deutschland tätig sind, ist zwischen europäischen Anwälten und anderen ausländischen Anwälten zu unterscheiden. Gemein-

440 *Deckenbrock* AnwBl 2010, 228.
441 *Hartung/Melchior* AnwBl 2013, 580 noch zu § 59a BRAO aF.

sam ist, dass ein Anwalt nicht allein die ihm obliegenden Berufspflichten seines Herkunftsstaats, sondern auch das Berufsrecht des Aufnahmestaats zu befolgen hat.[442]

285 **aa) Europäische Anwälte aus der EU/EWR.** Die Voraussetzungen für einen ausländischen Anwalt einer rechtsberatenden Dienstleistung bestimmen sich nach §§ 25 ff EuRAG und die dauerhafte Niederlassung nach §§ 2 ff EuRAG. Eine Dienstleistung liegt vor, wenn er nur gelegentlich im Inland tätig. § 25 Abs. 1 EuRAG nennt hier als Kriterien die Regelmäßigkeit, Kontinuität und die Dauer. Eine Niederlassung liegt vor, wenn der Anwalt in stabiler und kontinuierlicher Weise eine Berufstätigkeit in einem anderen Mitgliedstaat ausübt, indem er sich von einem Berufsdomizil aus auch an die Angehörigen seines Herkunftsstaats wendet.[443] In Großbritannien zugelassene Solicitors sind nicht mehr EU/EWR-Anwälte. Bestehende Aufnahmen in die deutsche Rechtsanwaltskammer gem. § 4 Abs. 2 EuRAG sind zu widerrufen.[444]

Niedergelassener europäischer Anwalt, § 2 EuRAG
Der niedergelassene europäische Anwalt darf in Deutschland unter der Berufsbezeichnung seines Herkunftsstaats die Tätigkeit eines Rechtsanwalts ausüben. Er kann auf dem Gebiet des deutschen Rechts beraten, § 2 Abs. 1 EuRAG iVm §§ 1–3 BRAO. Nach § 2 EuRAG gilt: Die Berufshaftpflichtversicherung ist Voraussetzung, dass der ausländische Anwalt sich in Deutschland niederlassen kann, sog. europäischer Anwalt. Sie muss nach Bedingungen und Deckungsumfang der Berufshaftpflichtversicherung nach § 51 BRAO entsprechen, §§ 7 Abs. 1 iVm 6 Abs. 1 EuRAG. Eine jährliche Bescheinigung über den gleichen Deckungsumfang wie nach § 51 BRAO wäre ausreichend. Weil weder die Anwälte selbst, die Kammer und die Versicherer ausreichend feststellen können, ob hier Deckungsgleichheit besteht, schließen die Anwälte eine Versicherung nach § 51 BRAO ab.

286 Dienstleistender europäischer Rechtsanwalt, § 25 EuRAG
§ 27 Abs. 1 EuRAG regelt die dienstleistenden europäischen Rechtsanwälte. Im Gegensatz zur dauerhaften Niederlassung sind diese Anwälte nur gelegentlich in Deutschland tätig und dürfen aber nicht als deutscher Anwalt auftreten, sondern nur unter der Berufsbezeichnung ihres Heimatlandes, z.B. advocato. Der ausländische Anwalt darf auch nicht uneingeschränkt tätig sein. In den gerichtlichen und behördlichen Strafverfahren wie Straftaten, Ordnungswidrigkeiten, Dienstvergehen oder Berufspflichtverletzungen muss er einen deutschen Einvernehmensanwalt beauftragen, § 28 Abs. 1 EuRAG.

§ 27 Abs. 3 EuRAG regelt die Berufshaftpflichtversicherung. Grundsätzlich benötigt der Anwalt hier keine Versicherung eines deutschen Versicherungsunternehmens, da nicht auf § 51 BRAO verwiesen wird und die Versicherung die Risiken entsprechend dem Umfang der Dienstleistung abdecken soll. Praktisch gilt, dass die Deckung iSd § 51 BRAO gelten muss. Der ausländische Anwalt ist in Deutschland tätig, so dass aus Verbraucherschutzgründen der Mandant davon ausgehen kann, dass die primäre Grundversicherung gewährleistet ist.

287 **bb) Ausländischer Anwalt aus Staaten der WHO und andere Staaten.** Ein ausländischer Anwalt kann sich mit Aufnahme in die zuständige Rechtsanwaltskammer in Deutschland unter der Berufsbezeichnung seines Herkunftsstaats niederlassen, §§ 206 f BRAO. Ein Angehöriger eines Mitgliedstaats der WTO, dessen Beruf in der Verordnung zur Durchführung des § 206 BRAO aufgeführt ist, kann nur dann auf Antrag in eine deutsche Kammer aufgenommen werden, wenn er den Beruf im Recht seines Herkunftsstaats auch tatsächlich ausübt.[445] Die anwaltliche Tätigkeit

442 AGH Nordrhein-Westfalen BeckRS 2023, 29705.
443 EuGH 30.11.1995 – C-55/94, NJW 1996, 579 – Gebhard.
444 BGH BeckRS 2024, 8727.
445 AnwGH Schleswig-Holstein BeckRS 2017, 144135.

ist aber auf das Recht seines Herkunftsstaats beschränkt. Zusätzlich darf er im Völkerrecht beraten, wenn er aus einem Mitgliedsstaat der Welthandelsorganisation (WHO) kommt, § 206 Abs. 2 BRAO. §§ 206, 207 BRAO räumen aus ihrem Herkunftsstaat aus politischen Gründen geflüchteten ehemaligen ausländischen Anwälten kein Recht ein in eine deutsche Rechtsanwaltskammer aufgenommen zu werden. Die Aufnahmevoraussetzungen setzen zwingend voraus, dass ein Berufsträger in seinem Herkunftsstaat befugt ist, seinen Beruf auszuüben.[446] Die Versicherungspflicht des ausländischen Anwalts ist wie beim europäischen Rechtsanwalt geregelt. Der ausländische Anwalt kann der zuständigen Rechtsanwaltskammer eine Versicherungsbestätigung aus seinem Herkunftsstaat vorlegen, die den Bedingungen und Deckungsumfang einer Berufshaftpflichtversicherung nach § 51 BRAO entspricht, § 207 Abs. 3 Satz 2 BRAO iVm § 7 Abs. 1 und 2 EuRAG. Auch hier versichern sich aber ausländische Anwälte regelmäßig über eine Pflichtversicherung nach § 51 BRAO, da der Nachweis der Gleichwertigkeit regelmäßig schwer zu führen ist.

b) Ausländische Rechtsanwaltsgesellschaften. Bei ausländischen Berufsgesellschaften ist wie bei einzelnen Anwälten zwischen Organisationsformen aus einerseits den Staaten der EU und dem EWR und andererseits Mitgliedsstaaten der WHO und übrigen Staaten zu unterscheiden.

aa) Berufsgesellschaften aus der EU/EWR. Es besteht eine grundsätzliche Gleichstellung zwi- 288
schen den ausländischen Gesellschaften aus der EU oder dem EWR und den Berufsausübungsgesellschaften nach §§ 59c ff BRAO aufgrund der Rspr. des EuGH zur Niederlassungsfreiheit und Dienstleistungsfreiheit. Zum jeweiligen anzuwendenden Verkehrs- und Gesellschaftsrecht, insbesondere der Haftung, die für die Einordnung in haftungsbeschränkte oder nicht-haftungsbeschränkte Gesellschaft iSd BRAO maßgeblich ist: Für eine Gesellschaft mit Gründung und Satzungssitz in der EU/EWR und einer Berufstätigkeit mit einer Niederlassung in Deutschland ist nach der Gründungstheorie maßgeblich das Gesellschaftsrecht nach dem Recht des Herkunftsstaats und das Verkehrsrecht nach dem deutschen Recht, insbesondere das Vertrags-, Delikts-, Insolvenz- und Steuerrecht und das anwaltliche Berufsrecht. Nach dem anwaltlichen deutschen Berufsrecht hat die Gesellschaft selbst die umfassende Befugnis zur Rechtsdienstleistung aus § 59k BRAO iVm § 2 RDG. Die Befugnis zur Vertretung vor Gerichten und Behörden ergibt sich aus § 59f BRAO. Zwingend erforderlich ist aber, dass in der Person der Gesellschafter und Vertreter der Gesellschaft die für die Erbringung von Rechtsdienstleistungen gesetzlich vorgeschriebenen Voraussetzungen vorzuliegen haben, §§ 59k Satz 2, 59l Abs. 2 BRAO. Ein zugelassener Rechtsanwalt oder auch ein niedergelassener europäischer Anwalt muss in der Gesellschaft tätig sein, andernfalls ist die anwaltliche Beratung unzulässig. Die gesellschaftsrechtliche Struktur der Gesellschaft richtet sich nach der Gründungstheorie nach dem Gesellschaftsrecht des Herkunftsstaats. Das ausländische Gesellschaftsrecht bestimmt danach, welches Haftungsregime gilt – auch persönliche Haftung der Gesellschafter oder Haftung nur der Gesellschaft und damit welche Pflichtversicherung gilt.

bb) Berufsgesellschaften außerhalb der EU/EWR. Die Niederlassungs- und Dienstleistungs- 289
freiheit innerhalb der EU gilt nicht für Rechtsanwaltsgesellschaften mit Satzungssitz außerhalb der EU/EWR, auch nicht für die Schweiz. Nach § 207a BRAO beinhaltet, dass die Organisationsformen mit einem Verwaltungssitz in Drittstaaten jegliche Freiheit der Organisationsform für diese Art der Zweigniederlassung mit Sitz in Deutschland wählen können. Die Zweigniederlassung in Deutschland einer LLP nach britischem oder US-amerikanischem Recht oder einer sonstigen anwaltlichen Organisationsform ist erlaubt, da § 207a BRAO keine Hinweise auf Einschränkungen enthält oder auf § 59b BRAO verweist. Andere Organisationsformen bleiben im Übrigen aufgrund

446 BGH NJW 2024, 76.

multilateraler oder bilateraler Abkommen erlaubt wie mit der Schweiz, weil §§ 59b, 207a BRAO nicht abschließend sind.[447]

Wie bei anderen anwaltlichen Berufsgesellschaften gelten die Voraussetzungen nach § 207a Abs. 1 Nr. 1–4 BRAO für alle ausländischen Gesellschaften:
- der Unternehmensgegenstand ist die Rechtsberatung
- die Gesellschaft muss nach dem ausländischen Recht zur Rechtsdienstleistung befugt sein
- Gesellschafter sind Anwälte oder auch europäische Anwälte oder sonstige rechts- und wirtschaftsberatende Berufe gehören ihr an
- die deutsche Zweigniederlassung muss eine eigene Geschäftsleitung haben, die die Gesellschaft vertreten kann.

290 Die ausländische Gesellschaft kann Rechtsdienstleistungen auch auf dem Gebiet des deutschen Rechts anbieten, wenn mindestens ein Rechtsanwalt Gesellschafter der ausländischen Rechtsanwaltsgesellschaft ist und in der deutschen Zweigniederlassung Rechtsanwälte in vertretungsberechtigter Anzahl tätig sind. Ausschließlich diese Rechtsanwälte dürfen dann für die Gesellschaft handeln und anwaltlich beraten, § 207a Abs. 4 iVm §§ 59k und 59l BRAO. Wenn diese genannten Voraussetzungen nicht vorliegen, darf die Gesellschaft nur zum Recht des Herkunftsstaats und Völkerrecht beraten und auch nur dann, wenn für sie ein niedergelassener ausländischer Anwalt nach § 206 Abs. 1 BRAO handelt.

291 Die Versicherungspflicht ist in § 207 Abs. 2 BRAO geregelt und die Zulassungspflicht in § 207a Abs. 1 Nr. 5 BRAO. Für alle ausländischen Gesellschaften ist eine Berufshaftpflichtversicherung für die Zulassung erforderlich. Wie bei den Gesellschaften aus der EU/EWR richtet sich die Art der Pflichtversicherung nach dem Haftungsregime. Aber anders als für Gesellschaften aus der EU/EWR mit der Gründungstheorie gilt die Sitztheorie, weil die Jurisdiktionsgewalt des EuGH auf die EU-Mitgliedstaaten und die EWR-Staaten beschränkt ist. Möglich sind abweichende bilaterale oder multilaterale Verträge. Die Gründungstheorie ist zwischen den USA und Deutschland vereinbart, weil ein bilateraler Vertrag vorliegt.[448] Die Besonderheit besteht bei der Jahreshöchstleistung/Maximierung der Versicherungssumme. Es kommt nach §§ 207a Abs. 2 Satz 3, 59o BRAO allein auf die Zahl der Mitglieder der Geschäftsleitung in der deutschen Zweigniederlassung an und nicht zusätzlich auf die Zahl der der Mitglieder in der dahinterstehenden ausländischen Muttergesellschaft, wie es bei einer mehrstöckigen Gesellschaft der Fall wäre. Das gilt gleichermaßen für die Gesellschafter, ohne dass der Gesetzgeber dies näher ausgeführt hat. Es gibt keine Ausnahme von der Zulassungspflicht für nicht-haftungsbeschränkte Gesellschaften. Die Zweigniederlassung der Gesellschaft hat sich ausnahmslos bei der örtlich zuständigen Rechtsanwaltskammer zuzulassen.

292 **cc) LLP.** Das Haftungsregime entsprechend dem Gesellschafsrecht einer LLP bestimmt den Umfang der Pflichtversicherung, §§ 207a Abs. 2 iVm § 59o Abs. 1, 2 BRAO oder § 59o Abs. 1, 2 BRAO oder § 59o Abs. 3 BRAO:
- Gründung innerhalb der EU/EWR: Gründungstheorie, es gilt das Gesellschaftsrecht des EU/EWR-Staats, in dem die Gesellschaft gegründet wurde.
- Gründung außerhalb der EU/EWR: Sitztheorie, es gilt das Gesellschaftsrecht des Staats, in dem die Gesellschaft ihren Verwaltungssitz hat, soweit keine bilateralen oder sonstigen Abkommen bestehen

  Für die LLP nach britischem Recht mit Verwaltungssitz in Großbritannien sollte daher das britische Gesellschaftsrecht als haftungsbeschränkte Gesellschaft[449] gelten mit der Folge, dass sich die Zweigniederlassung als haftungsbeschränkte Berufsausübungsgesellschaft mit mind. 1 Mio/2,5 Mio, 4-fach zu versichern hat, § 59o Abs. 1, 2 BRAO.

---

447 Stellungnahme Henssler zur BRAO-Reform, Sachverständigenanhörung am 14.4.2021; S. 13.

448 BGBl. 1956 II 487, 491.

449 In England haften die Anwälte aber weiterhin persönlich nach dem Deliktsrecht, „Tort Of Negligence". Die Anwälte übernehmen eine persönliche Leistungsverantwortung gegenüber den Mandanten; *Becker* AnwBl 2011, 860.

Zur Besteuerung gilt, dass die Art der Gewinnermittlung nach Einkünften aus freiberuflicher Tätigkeit erfolgt, § 2 Abs. 2 Nr. 1 EStG durch eine Einnahmen-Überschuss-Rechnung, § 4 Abs. 3 EStG. Bei LLP mit Niederlassung in Deutschland aus den USA gilt: Die Besteuerungszuweisung nach Art. 14 Abs. 1 DBA-USA ist auch bei einer Freiberufler-Personengesellschaft personenbezogen zu verstehen, sog. Ausübungsmodell. Der Gesellschafter muss seine Tätigkeit im anderen Vertragsstaat persönlich ausüben und es muss ihm für die Ausübung seine Tätigkeit gewöhnlich eine feste Einrichtung zur Verfügung stehen. Eine wechselseitige Zurechnung der Tätigkeiten zwischen den Gesellschaftern findet nicht statt.[450] 293

IV. Zurechnung, II Ziff. 1

Die Berufsausübungsgesellschaft ist Versicherungsnehmerin. Das Verhalten der Berufsträger und Mitarbeiter wird ihr als Personen- oder Kapitalgesellschaft zugerechnet. Die versicherungstechnische Zurechnungsklausel nach II Ziff. 1 Satz 1 und Satz 2 folgt der gemeinschaftlichen Berufsausübung der Berufsträger und ihrer gesamtschuldnerischen Haftung. Ausschlussgründe, Obliegenheiten oder sonstige Gründe mit Einfluss auf den Versicherungsschutz können in der Person des einzelnen vorliegen. Sie können sich auf die Versicherung der Gesellschaft auswirken. Die Regelung stellt sicher, dass das Fehlverhalten der tatsächlich handelnden Personen der Gesellschaft zugerechnet wird. Ein Sonderfall bildet die wissentliche Pflichtverletzung. Sie ist erstens in der Pflichtversicherung der haftungsbeschränkten anwaltlichen Gesellschaften nicht mehr ausschließbar und grundsätzlich bleibt der Versicherungsschutz für die anwaltliche Gesellschaft erhalten, wenn ein angestellter Anwalt sie begangen hat, II Ziff. 1 Satz 2, siehe hierzu § 4 Rn. 33. 294

1. Keine Repräsentantenhaftung

Die versicherungstechnische Zurechnungsklausel folgt der gemeinschaftlichen Berufsausübung der Gesellschafter/Scheingesellschafter in einer Gesellschaft und ihrer gesamtschuldnerischen Haftung. Schon das RG und später der BGH noch vor der BRAO-Reform und der Änderung zur akzessorischen Haftung in der BGB-Gesellschaft haben entschieden, dass die Regelungen zum Gesamtschuldverhältnis nach § 427 BGB bei Anwälten in einer Gesellschaft nicht gelten.[451] Das umfasst auch die Scheingesellschafter. Alle Gesellschafter haften für fehlerhafte Mandatsbearbeitungen eines einzelnen Gesellschafters. Folgerichtig wird das Wissen/Fehlverhalten/sonstige Umstände des einen Gesellschafters über die Gesellschaft den anderen Gesellschaftern im Versicherungsverhältnis nach II Ziff. 1 zugerechnet. 295

Gegen das Ergebnis der ausnahmslosen Zurechnung wendet man ein, dass die Bedingungen der Berufshaftpflichtversicherer eine Repräsentantenhaftung bedeuten, obwohl die Repräsentantenhaftung gerade nicht bei der Berufshaftpflichtversicherung anwendbar ist, weil der Anwalt als Berufsträger für sich selbst handelt und niemals der Repräsentant des anderen ist.[452] Dieser Grundsatz gilt auch nach der großen BRAO-Reform, nach der die Gesellschaft Versicherungsnehmerin ist. Nach dem Institut der Repräsentantenhaftung würde der Gesellschafter auch für das Verhalten seiner Repräsentanten wie für sein eigenes Verhalten haften. Der Versicherungsschutz würde insgesamt entfallen.[453] Zwar gilt die Repräsentantenhaftung nicht bei der Berufshaftpflichtversicherung, aber im Ergebnis ist das Verhalten des einen Gesellschafter trotzdem dem anderen Gesellschafter zuzurechnen, weil eine Zurechnung gegenüber der Gesellschaft erfolgt. Der BGH 296

450 NJW 2016, 1901.
451 RGZ 85, 306; BGHZ 56, 355, 362.
452 BGH VersR 2011, 2003.
453 Zur Repräsentantenhaftung Beckmann/Matusche-Beckmann/*Looschelders* § 17 V Rn. 29 ff; Prölss/Martin/*Armbrüster* § 28 Rn. 98 ff.

hat aber gerade auch vor der BRAO-Reform festgestellt, dass dann zumindest keine unzulässige Benachteiligung und damit keine versteckte Repräsentantenhaftung vorliegt, wenn es sich um gesetzlich zulässige Ausschlüsse handelt.[454]

2. Zurechnung der Umstände, II Ziff. 1 Satz 1

297 Die Berufsausübungsgesellschaft ist die Versicherungsnehmerin und die dort tätigen Mitarbeiter nach II Ziff. 1 sind die mitversicherten Personen. Es gelten damit grundlegend die Regeln im VVG zur Eigenversicherung der Berufsausübungsgesellschaft und Fremdversicherung der mitversicherten Personen nach §§ 43 ff VVG. Dem Versicherer stehen hier zwei Personen gegenüber mit einer Verschränkung von einer Eigen- und Fremdversicherung. Diese Trennung soll die Rechtsstellung des Versicherers nicht verschlechtern.[455] Daher ordnet § 47 Abs. 1 VVG an, dass die Kenntnis und das Verhalten des Versicherten zu berücksichtigen sind, wenn sie für den Versicherungsnehmer von rechtlicher Bedeutung sind. Die Vorschrift bezieht sich auf gesetzliche und vertragliche Obliegenheiten[456] und auf Leistungsausschlüsse.[457] §§ 1 II Ziff. 1 und § 7 I als vertragliche Vereinbarung modifizieren die gesetzliche Regelung des § 47 Abs. 1 VVG. II Ziff. 1 ist dabei zu § 7 I die spezielle Norm, nach dem die in der Person des Verstoßenden gegebenen Umstände dem Versicherungsnehmer zugerechnet werden. Umstände sind dabei alle erheblichen Tatsachen, die für das Versicherungsverhältnis zwischen der Gesellschaft und dem Versicherer relevant sind. Damit sind wie in § 47 Abs. 1 VV alle gesetzlichen, vertraglichen Obliegenheiten und auch die gesetzlich zulässigen Leistungsausschlüsse oder sonstige Vereinbarungen mit dem Versicherer gemeint.

298 Bei interprofessionellen Berufsausübungsgesellschaften, Doppelbändern oder Mehrfachbändern sind die Umstände zuzuordnen. Der Steuerberater haftet akzessorisch für die Verbindlichkeiten der Gesellschaft, auch für einen Anwaltsfall, und erhält hierfür Versicherungsschutz. Daher muss die Zurechnung entsprechend der Haftung auch für berufsfremde Fehler erfolgen und nicht nur innerhalb einer Berufsgruppe. Zuzuordnen ist aber bei den verschiedenen Berufstätigkeiten in der Gesellschaft, welches Berufsrecht und welcher Versicherungsschutz gilt. Grundsätzlich ist nach Vorbehaltsaufgaben und Gemeinschaftsaufgaben zu differenzieren. Bei reinen Vorbehaltsaufgaben gilt das Recht desjenigen, der die Tätigkeit auch ausüben darf. Bei einer interprofessionellen Berufsausübungsgesellschaft gilt das Recht der Anwälte, wenn eine Rechtsberatung erbracht wird oder das Recht der Wirtschaftsprüfer, wenn eine Abschlussprüfung nach § 2 Abs. 1 WPO vorliegt.[458] Das Bundesverwaltungsgericht hat festgestellt, dass Tätigkeiten, die eindeutig nur einem von mehreren Berufen zuzuordnen sind, ausschließlich nach dem für diesen Beruf geltenden Vorschriften zu beurteilen sind.[459] Die Zuordnung bedeutet dann, dass ausschließlich und einheitlich das jeweilige Berufs- und Versicherungsrecht gilt. Eine Kombination der verschiedenen Regeln ist nicht möglich, z.B. gibt es für ein Mandat nicht gleichzeitig Versicherungsschutz für wissentliche Pflichtverletzung aus dem Berufsrecht der Anwälte und eine sonstige Jahreshöchstleistung aus dem Berufsrecht der Wirtschaftsberater. Für den Anwalt, der auch Wirtschaftsprüfer ist, gilt das Anwaltsrecht, wenn er rechtsberatend tätig ist.[460]

---

454 BGH NJW 2011, 3718, Rn. 21 ff.
455 MüKoVVG/*Dageförde* § 47 Rn. 1.
456 BGH r+s 2003, 186.
457 OLG Düsseldorf VersR 1980, 81.
458 BT-Drucks. 18/6282, 77, Abs. 4 letzter Satz und Abs. 5 Satz 1 umständlich formuliert: „Für den Rechtsanwaltspartner enthält die Spiegelvorschrift des § 51a Abs. 1 S. 1 BRAO die eindeutige Bezugnahme auf die Rechtsberatung. Eine entsprechende Regelung wird klarstellend in die WPO übertragen.".
459 BVerwG NJW-RR 2001, 350.
460 BT-Drucks. 18/6282, 77, Abs. 5 Satz 6; BGH NJW 2005, 1057 als Folge einer Mehrfachqualifikation; BGH NJW-RR 2001, 350.

Bei Gemeinschaftsaufgaben wie der Steuerberatung ist die Zulassung des jeweils handelnden Berufsträgers maßgeblich[461] Bei der Steuerberatung gilt, dass das einem Rechtsanwalt erteilte Mandat in der Regel nicht die Beratung und Belehrung im Steuerrecht umfasst. Ob ein Anwalt, der nicht zugleich Fachanwalt für Steuerrecht ist, die steuerlichen Auswirkungen einer Maßnahme bedenken und mit dem Mandanten erörtern muss, hängt von der praktischen Bedeutung und dem „Bekanntheitsgrad" der jeweils steuerrechtlichen Regelungen ab.[462] Bearbeitet das steuerrechtliche Mandat der Rechtsanwalts-Partner, ist daher das Berufsrecht und die versicherungsrechtlichen Anforderungen eines Anwalts anzuwenden. Bei gemeinschaftlichen Mandaten mit berufsfremden Gesellschaftern, z.B. einem Unternehmenskauf, die in der Kanzlei die Anwälte, Steuerberater und Wirtschaftsprüfer bearbeiten, ist derjenigen Berufsgruppe der Verstoß zuzuordnen, in deren Verantwortungsbereich die Pflichtverletzung begangen worden ist. Wenn dies nicht möglich ist, kann man auf den Handelnden iSd § 8 Abs. 2 PartGG zurückgreifen oder es ist zwischen den Versicherern zu quoteln nach Verschuldensmaßstäben. Zu beachten ist auch der Parteiwille bei Gemeinschaftsaufgaben. Es gilt das Berufsrecht und das Versicherungsrecht, das der Mandant und der Versicherungsnehmer dem Vertragsverhältnis erkennbar zugrunde gelegt haben, soweit es dispositiv sein kann. Wenn ein doppelt qualifizierter Steuerberater und Wirtschaftsprüfer tätig ist, entscheidet der Parteiwille, wenn es um die Verjährung von Ersatzansprüchen geht.[463] 299

Für weitere unklare Fälle hat sich eine stufenweise Zurechnung ergeben als Richtlinie: 300

- Der Versicherungsfall betrifft zuerst den Gesellschafter, der den Verstoß begangen hat oder nachrangig den Gesellschafter, dem der Verstoß zur Last gelegt wird. Bei Verstößen von Vertretern, auch bei kurzfristiger Vertretung den Gesellschafter, der vertreten wurde und nicht der Vertreter selbst.
- Bei Verstößen des Personals der Gesellschaft: Der Versicherungsfall betrifft zuerst den Gesellschafter, der die fehlerhaft behandelte Sache bearbeitet hat, danach den Gesellschafter, der nach der internen Geschäftsverteilung für die Bearbeitung der fehlerhaft behandelten Sache zuständig ist, danach den Gesellschafter, der nach seinem Berufsbild für die Bearbeitung der fehlerhaft behandelten Sache zuständig ist.
- Bei Verstößen, die nach den oberen Fallgruppen nicht zurechenbar sind: alle Gesellschafter
- Bei Unklarheiten bei Versicherungsfällen bei mehrfach qualifizierten Berufsträgern geht man auch zuweilen praktisch zugunsten der Berufsträger vor: Betrifft ein Versicherungsfall einen Sozius mit mehreren Qualifikationen, für den unterschiedliche Bedingungswerke gelten, wie z.B. bei einem Anwalt, der auch als Steuerberater zugelassen ist, so kommt für diesen Gesellschafter das Bedingungswerk zur Anwendung, nach dem der Versicherungsfall gedeckt wäre.

Rechtsfolge der Zurechnung des Fehlverhaltens ist, dass der Versicherungsschutz für die Gesellschaft entfällt. Es entfällt auch der Versicherungsschutz für die mitversicherten Personen. Daher wirkt die Zurechnung eines Umstandes eines einzelnen Mitversicherten über den Versicherungsvertrag der Gesellschaft auch gegenüber den übrigen Mitversicherten. Andernfalls hätte der Mitversicherte ggf. noch Versicherungsschutz trotz eines Ausschlussgrundes in der Person eines anderen Mitversicherten. Mitversicherte Person ist in diesem Fall auch der berufsfremde Mitversicherte. 301

3. Wissentliche Pflichtverletzung, II Ziff. 1 Satz 2

Nach II Ziff. 1 Satz 2 gilt speziell für den Ausschluss der wissentlichen Pflichtverletzung die Regelung in § 4 I Ziff. 3 für die Pflichtversicherung und wer sie begangen hat, siehe dazu § 4 Rn. 33. Bei anwaltlichen haftungsbeschränkten Gesellschaften ist bis zur Höhe der Pflichtversicherungssumme der Ausschluss der wissentlichen Pflichtverletzung von 1 Mio/2,5 Mio VSU nicht mehr mög- 302

---

461 BT-Drucks. 18/6282, 77, Abs. 5 Satz 5.
462 OLG Düsseldorf VersR 2016, 122.
463 BGH NJW 1988, 1663; OLG Düsseldorf, Beschl. vom 12. Februar 2007, I-12 U 194/06 in openJur 2011, 51198.

lich. Der Ausschluss der wissentlichen Pflichtverletzung ist anwendbar bei den Beratungs- und Prüfungsgesellschaften der Steuerberater und Wirtschaftsprüfer, § 53a Abs. 1 Nr. 1 DVStB und § 54 Abs. 3 Nr. 1 WPO und auch bei den sonstigen berufsfremden Gesellschaftern.

Nach § 4 Ziff. 3 gilt im Falle einer wissentlichen Pflichtverletzung

- Bei Anwälten:
  Wenn ein Gesellschafter, Geschäftsführer oder Organ gehandelt hat, bleibt der Versicherungsschutz bis zur Höhe der Pflichtversicherungssumme bestehen. Ein Regress bei der Gesellschaft ist möglich.
  Wenn ein Angestellter gehandelt hat, bleibt der Versicherungsschutz immer bestehen, unabhängig von der Pflichtversicherungssumme. Ein Regress bei dem Angestellten, der die wissentliche Pflichtverletzung begangen hat, ist möglich.
- Bei den übrigen Berufsgruppen, insbesondere Steuerberater und Wirtschaftsprüfer:
  Der Versicherungsschutz entfällt aufgrund des Ausschlusses

V. Versicherungsschutz für gesellschaftsrechtliche Haftung, interprofessionelle Tätigkeit und Rechtsscheinhaftung, II Ziff. 2

1. Gemeinschaftliche Berufsausübung in einer Berufsausübungsgesellschaft, interprofessionelle Gesellschaft

303 **a) Umfang Pflichtversicherung.** Die Anwälte können mit anderen Berufsträgern gemeinschaftlich ihren Beruf nach außen hin ausüben in einer bestehenden interprofessionellen Berufsausübungsgesellschaft, siehe ausführlich § 1 Rn. 220 ff, zur Scheingesellschaft § 1 Rn. 316 ff. Die Berufsausübungsgesellschaft kann mehrere Berufshaftpflichtversicherungen unterhalten. Die Pflichtversicherungen der anwaltlichen Gesellschaften und der Anwälte selbst und auch die übrigen Berufshaftpflichtversicherungen der anderen Berufsgruppen decken allein ihre berufseigenen Tätigkeiten ab. Die Deckung der interprofessionellen Berufsausübungsgesellschaft bestimmt sich getrennt nach den jeweiligen berufsrechtlichen und versicherungsrechtlichen Vorgaben der Anwälte, Steuerberater und Wirtschaftsprüfer oder sonstiger Berufsgruppen. Die Anforderungen für den Versicherungsschutz ergeben sich aus dem jeweiligen Berufsrecht und nicht kumulativ aus unterschiedlichen Berufsrechten.

304 Die Pflichtversicherung der rechts- und wirtschafsberatenden Berufe deckt die eigene berufliche Tätigkeit, entweder die des Berufsträgers oder die der Gesellschaft nach §§ 51, 59o BRAO. Nach § 721 ff BGB haften die Gesellschafter einer Gesellschaft für die Verbindlichkeiten der Gesellschaft, siehe zur Haftung der Gesellschafter in einer nicht haftungsbeschränkten Berufsausübungsgesellschaft § 1 Rn. 240 f; zur Haftung in einer Scheingesellschaft § 1 Rn. 245 ff, zur Haftung eines Scheingesellschafters in einer bestehenden Gesellschaft § 1 Rn. 247 ff.

305 Im Überblick die Anforderungen der Pflichtversicherung bei der praktisch relevanten interprofessionellen Tätigkeit aus Anwälten, Steuerberatern und Wirtschaftsprüfern:

Versicherungssumme und Jahreshöchstleistung:

- Rechtsanwälte:
  - nicht haftungsbeschränkte Gesellschaft: 500.000 EUR, mind. 4-fach pro Jahr; § 59o Abs. 3 BRAO
  - haftungsbeschränkte Gesellschaft: 1 Mio EUR bei nicht mehr als 10 Personen, gleich ob Anwalt oder eine andere Berufsgruppe, mind. 4-fach pro Jahr, § 59o Abs. 2 BRAO; bei mehr als 10 Personen 2,5 Mio EUR, mind. 4-fach, § 59o Abs. 1 BRAO.
- Steuerberater:
  - nicht haftungsbeschränkte Gesellschaft: 500.000 EUR, mind. 4-fach pro Jahr; § 59f Abs. 4 StBerG
  - haftungsbeschränkte Gesellschaft: 1 Mio EUR, mind. 4-fach pro Jahr, § 59f Abs. 3 StBerG

- Wirtschaftsprüfer für alle Organisationsformen: 1 Mio EUR, mind. 4-fach pro Jahr, § 54 Abs. 4 WPO[464]
  Die WPO schreibt für die interprofessionelle Berufsausübung mit Rechtsanwälten und Steuerberatern vor, dass die Versicherungssumme in Höhe von mind. 1 Mio, mind. 4-fach maximiert zur Verfügung stehen muss, §§ 44b Abs. 4 WPO, § 7a WPBHV. Weil die Berufsrechte gleichgeordnet sind, kann aber das jeweilige Berufsrecht der anderen Berufsgruppe nicht vorschreiben, wie sie sich zu versichern hat. Der Versicherer der interprofessionellen Gesellschaft mit Wirtschaftsprüfern muss allein bestätigen, dass auch bei gesamtschuldnerischer Inanspruchnahme der Versicherungsschutz für den Wirtschaftsprüfer weiterhin zur Verfügung steht.

Selbstbehalt für jede Organisationsform:
- Rechtsanwälte: 1 % der Mindestversicherungssumme, § 51 Abs. 5 BRAO
- Steuerberater: 1.500 EUR, § 52 Abs. 2 Satz 1 DVStB
- Wirtschaftsprüfer: 1 % der Mindestversicherungssumme, § 54 Abs. 4 Satz 4 WPO

Ausschlüsse nach § 51 Abs. 3 BRAO, § 53a DVStB, § 54 Abs. 3 WPO:
- Veruntreuung hinsichtlich der Personen
  - Rechtsanwälte: für Ersatzansprüche wegen Veruntreuung durch Personal, Angehörige oder Mitgesellschafter des Rechtsanwalts
  - Steuerberater: Fehlbeträge bei der Kassenführung, durch Verstöße beim Zahlungsakt oder durch Veruntreuung durch das Personal, Angehörige oder Sozien des Versicherungsnehmers
  - Wirtschaftsprüfer: Fehlbeträge bei der Kassenführung, durch Pflichtverletzungen beim Zahlungsakt oder durch Veruntreuung durch das Personal des Versicherungsnehmers
- Ausland hinsichtlich des Geltungsbereichs und des Auslandssachverhalts
  - Rechtsanwälte: alle Auslandssachverhalte außerhalb des europäischen geografischen Geltungsbereichs, aber Mitversicherung der Inanspruchnahme vor außereuropäischen Gerichten
  - Steuerberater: Aufzählung von Staaten, die zum Teil in Europa liegen
  - Wirtschaftsprüfer: anders als bei Anwälten können Ansprüche, die vor Gerichten in Drittstaaten geltend gemacht werden, ausgeschlossen werden

Haftungsbeschränkungen:
- Rechtsanwälte: § 52 Abs. 1 Nr. 2 BRAO nur Haftungsbeschränkung für leichte Fahrlässigkeit, keine für grobe Fahrlässigkeit in vorformulierten Vertragsbedingungen
- Steuerberater/Wirtschafsprüfer: § 54a Abs. 1 WPO und § 67a Abs. 1 StBerG, jegliche Form der Fahrlässigkeit

Bei allen Berufsgruppen gibt es die Möglichkeit, die Haftung auf den Bearbeiter zu konzentrieren. Allein die BRAO fordert für Anwälte, dass der Mandant gesondert seine Zustimmung dazu unterschreiben muss, § 51a Abs. 2 Satz 3 BRAO.

b) Umfang Versicherungsschutz, II Ziff. 2 a). Die Pflichtversicherung deckt nicht die gesell- 306
schaftsrechtliche Haftung der Berufsträger ab, gleich ob es sich um Anwälte oder eine sonstige Berufsgruppe handelt. Der Anwalt und die Berufsausübungsgesellschaft sind nur versichert für „seine/ihre" anwaltliche berufliche Tätigkeit", §§ 51, 59n Abs. 1 BRAO. Bei der Haftung der Gesellschafter für die Verbindlichkeit der Berufsausübungsgesellschaft nach § 721 BGB handelt es sich um keine Haftung aus der Berufstätigkeit, sondern eine Haftung aus der gesellschaftsrechtlichen Stellung. Die für die Tätigkeit als Anwalt erforderlichen Pflichtversicherungen nach § 51 BRAO bieten keinen Versicherungsschutz für die gesellschaftsrechtliche Haftung. Die Zulassungspolicen decken die Haftung der Berufstätigkeit außerhalb der Gesellschaft und nicht die Haftung in der Gesellschaft und sie haben auch nicht den Umfang der Pflichtversicherung für die haftungsbeschränkten Gesellschaften aufgrund des Ausschlusses der wissentlichen Pflichtverletzung. Die Fol-

464 keine unmaximierte Jahreshöchstleistung, FISG BT-Drucks. 19/26966, 121.

ge der Öffnung der sozietätsfähigen Berufe macht es aber notwendig, dass die sich aus Berufsfehlern eines Gesellschafters für die jeweils anderen berufsfremden Gesellschafter ergebende gesellschaftsrechtliche Haftung versichert wird. Dies dann jeweils gegenseitig als sog. Partizipationsmodell.

307 Nach II Ziff. 2 a) besteht freiwillig Versicherungsschutz für die gesellschaftsrechtliche Haftung. Voraussetzung der Deckung nach II Ziff. 2 ist, dass die Berufsausübungsgesellschaft als Versicherungsnehmerin versichert ist, zur Deckung des vermeintlichen Gesellschafters einer Scheingesellschaft § 1 Rn. 316 ff. Die berufsangehörigen Gesellschafter sind die Gesellschafter derjenigen Berufsausübungsgesellschaft, für die der Versicherungsschutz besteht. Die berufsfremden Gesellschafter sind die übrigen Gesellschafter. II Ziff. 2 a) bestimmt, dass sowohl die berufsangehörigen Gesellschafter wie auch die berufsfremden Gesellschafter in den Versicherungsschutz der berufsangehörigen Gesellschaft und der Gesellschafter einbezogen sind. Die Leistungen für die versicherten Berufsgruppen der Gesellschaft bestimmen sich nach dem Versicherungsvertrag, den die Berufsgruppe abgeschlossen hat. Wenn ein Ausschluss besteht, z.B. aufgrund einer Vorsatztat nach § 103 VVG, gibt es auch keine Leistungen aus dem Versicherungsvertrag für den berufsfremden Gesellschafter. Kein Versicherungsschutz besteht, wenn der berufsfremde Gesellschafter Tätigkeiten übernommen hat, die z.B. einer versicherten anwaltlichen Tätigkeit entsprechen, aber er selbst nicht Anwalt ist. Der Versicherungsschutz erstreckt sich allein auf Verstöße der jeweilig in der Gesellschaft versicherten Berufsgruppe.

308 Nach II Ziff. 2 ist Voraussetzung: Es muss eine Gesellschaftsverbindlichkeit bestehen, die der versicherten Gesellschaft aufgrund eines Verstoßes/Fehlverhaltens eines mitversicherten Berufsträgers zugeordnet wird.

Daraus ergibt sich folgender Versicherungsschutz:

- die Berufsgruppe der berufsangehörigen Gesellschafter haben Versicherungsschutz für die Gesellschaftsverbindlichkeit aufgrund eines Verstoßes der versicherten beruflichen Tätigkeit
- die Berufsgruppe der berufsfremden Gesellschafter haben Versicherungsschutz für die Gesellschaftsverbindlichkeit aufgrund eines versicherten Verstoßes eines berufsangehörigen Berufsträgers
- der Versicherungsschutz umfasst auch die direkte Inanspruchnahme eines Gesellschafters, da der Gesellschaft auch deliktische Ansprüche analog § 31 BGB zugerechnet werden
- kein Versicherungsschutz besteht für den Anwalt/Steuerberater als aus Sicht des anderen Versicherers berufsfremden Gesellschafter für eine Gesellschaftsverbindlichkeit, wenn die Gesellschaft zwar versichert ist, aber der Anwalt/Steuerberater nicht wechselseitig über diese Bedingung in den Versicherungsschutz einbezogen ist. II Ziff. 3 ist freiwillig. In den Versicherungsverträgen der Gesellschaft ist daher die Klausel wechselseitig zu vereinbaren, um Deckungslücken zu vermeiden
- kein Versicherungsschutz für nicht versicherte Verstöße, z.B. bei Personen- und Sachschäden, soweit nicht ausdrücklich versichert wie bei Akten oder sonstigen Schriftstücken, siehe § 3 Rn. 124.

309 Bei gleichem Sachverhalt, unterschiedlichen Verstößen, aber verschiedenen Berufsträgern gilt: Wenn der gleiche Sachverhalt zu mehreren Verstößen aus unterschiedlichen Versicherungsverträgen führt, können die Versicherungssummen kumulieren. Jeder der Berufsträger hat einen Verstoß/Fehlverhalten nach seinem Pflichtenkreis begangen, was jeweils anhand der Haftung und der Deckung der versicherten Berufsgruppen zu zwei verschiedenen Versicherungsfällen führen kann. Der durch eine Versicherungsleistung nach der Höhe nicht versicherte Schaden kann dann durch die Summe aus beiden Versicherungsleistungen ersetzt werden müssen.

310 Grundsätzlich besteht keine Möglichkeit für den Versicherer beim anderen Berufsträger und dessen Versicherung Regress zu nehmen, wenn eine Haftung nach §§ 721 BGB besteht und über den jeweiligen Versicherungsvertrag der Verstoß gedeckt ist. Dies ergibt sich aus der Mitversicherung der berufsfremden Gesellschafter für die gesellschaftsrechtliche Haftung. Es besteht jedoch eine Regressmöglichkeit, wenn der berufsfremde Gesellschafter nach allgemeinen Grundsätzen Dritter iSd § § 86 VVG ist. Dies liegt vor, wenn das Interesse des hier mitversicherten Gesellschafters im Ausnahmefall nicht durch die Versicherung geschützt ist.[465] Wenn der Anwalt das Bilanzgutachten seines Steuerberater-Kollegen als offizielles Mandat in Auftrag gibt und in seiner Beratung verwendet ohne Substitution, kann der Anwaltsversicherer beim Steuerberater und dessen Versicherung Regress nehmen. Der Regress ist möglich, weil der Steuerberater in diesem Fall Dritter ist.

Nach § 59n Abs. 3 BRAO haften neben der Berufsausübungsgesellschaft die Gesellschafter und 311 die Mitglieder des Geschäftsführungsorgans persönlich in Höhe des fehlenden Versicherungsschutzes, wenn die Berufshaftpflichtversicherung nicht im vorgeschriebenen Umfang unterhalten wird. Hierfür besteht Versicherungsschutz nach II Ziff. 2 a), da die Berufsausübungsgesellschaft versichert ist und die Deckung für die akzessorische Haftung unabhängig ist vom Umfang der Pflichtversicherung.

2. Eintritts- und Austrittshaftung, II Ziff. 2 b)

Nach § 721a BGB haftet der eintretende Gesellschafter mit den anderen Gesellschaftern für die 312 vor seinem Eintritt begründeten Verbindlichkeiten der Gesellschaft. Der in eine Berufsausübungsgesellschaft eintretende Gesellschafter hat Versicherungsschutz für die Verbindlichkeiten der Gesellschaft. Es besteht Versicherungsschutz, wenn ein Altgesellschafter einen Verstoß begangen hat und der neu eintretende Gesellschafter nach § 721a BGB dafür persönlich in Anspruch genommen wird. Voraussetzung des Versicherungsschutzes ist, dass ein Verstoß nach § 1 in der Berufsausübungsgesellschaft begangen wurde und eine Gesellschaftsverbindlichkeit entstanden ist. Wer den Verstoß begangen hat, ist unerheblich. Es besteht selbst dann Versicherungsschutz, wenn der eintretende Gesellschafter zum zurückliegenden Verstoßzeitpunkt noch nicht als Anwalt zugelassen war. Selbst Kenntnis von einem Versicherungsfall schließt den Versicherungsschutz für den eintretenden Gesellschafter nicht aus.

Die Haftung des in eine Berufsausübungsgesellschaft neu eintretenden Gesellschafters für die 313 Altverbindlichkeiten gilt auch für den Scheingesellschafter und den berufsfremden Gesellschafter. Es gilt der Gesellschafterbegriff des § 1 II Ziff. 1. Voraussetzung ist selbstverständlich, dass auch der Scheingesellschafter haftet, siehe dazu § 1 Haftungsfragen bei Scheingesellschaftern § 1 Rn. 247 ff.

Nach § 728b BGB haftet der Gesellschafter, der aus der Gesellschaft ausscheidet für die bis 314 dahin begründeten Gesellschaftsverbindlichkeiten, wenn sie vor Ablauf von fünf Jahren nach seinem Ausscheiden fällig sind. Nach überwiegender Auffassung ist die Verbindlichkeit zu dem Zeitpunkt begründet, in dem die Gesellschaft das Mandatsverhältnis geschlossen hat. Auf den tatsächlichen Verstoß, z.B. wenn der Anwalt die Einspruchsfrist versäumt hat, kommt es nicht an. Der aus der Gesellschaft austretende berufsfremde Gesellschafter hat Versicherungsschutz wie der eintretende Gesellschafter, soweit er für die versicherte Gesellschaftsverbindlichkeit in Anspruch genommen wird.

3. Verstoßzeitpunkt bei gesellschaftsrechtlicher Haftung, II Ziff. 3

II Ziff. 3 stellt sicher, dass sich der Versicherungsumfang nach dem Verstoßprinzip richtet. Nach 315 der gesellschaftsrechtlichen Haftung nach §§ 721 BGB kann die Gesellschaftsverbindlichkeit mit dem Abschluss des Mandatsvertrags entstehen. Die zum Schadensersatz verpflichtende Handlung kann später hinzukommen. Maßgeblich für den Versicherungsschutz nach Versicherungssumme und Bedingungen ist aber nicht der Zeitpunkt des Entstehens der Verbindlichkeit, sondern der Zeitpunkt, wann der Verstoß begangen wurde. Das gilt insbesondere für die Eintritts- und Austrittshaftung. Wenn der Neu-Gesellschafter eintritt, kommt es nicht darauf, welcher Versicherungsschutz zum Zeitpunkt der Mandatsbegründung galt, sondern auf den Versicherungsschutz zum

465 MüKoVVG/*Dageförde* § 43 Rn. 36f.

Zeitpunkt als der Altgesellschafter den Verstoß begangen hat. Gleiches gilt für die Austrittshaftung. Wenn der ehemalige Gesellschafter austritt, kann sich nach seinem Austritt der Versicherungsumfang verändert haben, z.B. niedrigere oder höhere Versicherungssumme. Es ist die Versicherungssumme der Berufsausübungsgesellschaft maßgeblich, die zum Zeitpunkt des Verstoßes von einem der Gesellschafter galt.

4. Scheingesellschafter und Scheingesellschaft

316 Bei der Versicherung der Haftungsrisiken eines Scheingesellschafters fallen Gesellschaftsrecht und Berufsrecht auseinander, zur Scheingesellschaft und Haftung § 1 Rn. 245 f.

317 Der Anwalt kann in einer Scheingesellschaft, auch Außengesellschaft genannt, seinen Beruf ausüben. Eine Scheingesellschaft[466] liegt vor, wenn eine gesellschaftliche Vereinbarung im Innenverhältnis fehlt, aber die Anwälte oder sonstigen Berufsträger nach außen hin ihren Beruf gemeinschaftlich ausüben. Die vertraglichen Beziehungen des Innenverhältnisses können sein: Anstellungsverhältnis, freie Mitarbeit, Bürogemeinschaft, Kooperation und ähnliches. Dies ist zulässig nach dem BGH.[467] Der Mandant schließt mit dem einzelnen Anwalt den Mandatsvertrag ab. Ein Vertrag mit der Scheingesellschaft kann nicht vereinbart werden, da die Scheingesellschaft nicht existiert. Bei einer Scheingesellschaft gilt aber eine gesamtschuldnerische Haftung.[468] Der Anwalt haftet in einer Scheingesellschaft für die Verstöße der übrigen Scheingesellschafter und umgekehrt. Zur Haftung in einer Scheingesellschaft ausführlich § 1 Rn. 245 f. Davon zu trennen ist die Frage, wer Scheingesellschafter/Außensozius bei einer schon bestehenden Gesellschaft ist. Dieser Scheingesellschafter haftet ebenfalls als Gesellschafter, aber es besteht bereits Versicherungsschutz über die Versicherung der Berufsausübungsgesellschaft nach II Ziff. 2; siehe dazu § 1 Rn. 322.

318 Der einzelne Anwalt hat für seine berufliche Tätigkeit in der Scheingesellschaft Versicherungsschutz, wenn er für seinen eigenen Verstoß auch als vermeintlicher Gesellschafter einer Scheingesellschaft in Anspruch genommen wird. Der Anwalt hat eine Berufshaftpflichtversicherung nach § 51 Abs. 1 BRAO zur Deckung der sich aus seiner Berufstätigkeit ergebenden Haftpflichtgefahren abzuschließen. Wenn man die Regelung aus § 51 BRAO weit auslegt, kann man die Gefahren aus der beruflichen Tätigkeit auch darin sehen, wenn er als Scheingesellschafter einer Scheingesellschaft für seinen Verstoß in Anspruch genommen wird. Darüber hinaus besteht Anspruchskonkurrenz zwischen der persönlichen Inanspruchnahme aus dem Mandatsvertrag und der Rechtsscheinhaftung. Es bedeutet einerseits, dass die Rechtsscheinhaftung versichert ist, soweit ein persönlicher Anspruch aus dem Mandatsvertrag geltend gemacht wird und andererseits die Grenze des Versicherungsschutzes. Nach § 1 I Ziff. 1 sind allein die Gefahren gedeckt, die sich aus der beruflichen Tätigkeit ergeben.

319 Nach den AVB-RS besteht kein Versicherungsschutz für die Haftung nach Rechtsscheingesichtspunkten in der Scheingesellschaft für Verstöße der übrigen Scheingesellschafter. Es handelt sich nicht um eine eigene zu versichernde berufliche Tätigkeit nach § 1, sondern um die Tätigkeit von anderen Berufsträgern. Der Anwalt kann aber hierfür Versicherungsschutz erhalten über individuelle Vereinbarungen: *„Der Versicherer bietet dem Versicherungsnehmer Versicherungsschutz entsprechend § 1 II Ziff. 2 a) AVB-RS. Voraussetzung ist, dass die beim Versicherer versicherten Versicherungsnehmer die gleich hohe Versicherungssumme zum Zeitpunkt des Verstoßes haben."* Der einzelne Anwalt erhält Versicherungsschutz als Versicherungsnehmer für den Verstoß eines anderen versicherten einzelnen Scheingesellschafters, wenn der Anwalt für den Verstoß des anderen Scheingesellschafters in Anspruch genommen wird. Die Leistung erhält der Anwalt aus der

---

466 Der BGH verwendet in gleicher Weise auch den Begriff Außensozietät NJW 2001, 240. Dies ist missverständlich, da gerade keine Gesellschaft existiert.

467 BGH NJW 2012, 3102 im Leitsatz.

468 OLG Hamm NZG 2011, 137; OLG Köln NJW-RR 2004, 279; BGH NJW 2012, 3102 Rn. 36.

Berufshaftpflichtversicherung des Scheingesellschafters, der auch den Verstoß begangen hat entsprechend der Regelung in § 1 II Ziff. 2a). Voraussetzung ist, dass die versicherten Anwälte oder auch sonstigen Berufsträger die gleich hohe Versicherungssumme zum Verstoßzeitpunkt haben. Andernfalls würde zulasten des höher versicherten Anwalts eine Deckungslücke bestehen, da er Versicherungsschutz nur in Höhe des niedriger versicherten Anwalts hätte. Der Versicherungsschutz bleibt unabhängig davon, ob der versicherte Anwalt oder ein sonstiger versicherter Berufsträger den Verstoß begangen hat. Eine weitere Möglichkeit zur Absicherung der Haftung in der Scheingesellschaft besteht darin zusammen mit den übrigen Scheingesellschaftern eine Berufshaftpflichtversicherung entsprechend der Regelung in § 59n BRAO abzuschließen. Zwar kann es die Scheingesellschaft als Versicherungsnehmerin einer Berufshaftpflichtversicherung nicht geben, aber wenn eine Versicherung für die Haftung in einer Scheingesellschaft abgeschlossen wird, kann man von einer Zweckgesellschaft ausgehen. Soweit eine Berufshaftpflichtversicherung allein zur Absicherung der Haftpflichtgefahren aus der Scheingesellschaft abgeschlossen ist, besteht Deckung wie in einer bestehenden Berufsausübungsgesellschaft, insbesondere gilt die Regelung in § 1 II Ziff. 2 zum Versicherungsschutz für Berufsverstöße von berufsfremden Gesellschaftern.

Wenn eine Scheingesellschaft vorliegt, z.B. eine Bürogemeinschaft im Innenverhältnis mit 320 einem Außenauftritt als gemeinschaftliche Kanzlei, sollte die Pflichtversicherung auch eine Scheingesellschaft umfassen, dass die in ihr tätigen Scheingesellschafter sich versichern müssen wie jede Berufsausübungsgesellschaft nach § 59n BRAO. Der BGH hat die Scheingesellschaft nicht als unzulässige Irreführung der Rechtsuchenden iSd § 43 b BRAO aF gesehen. Voraussetzung war nach dem BGH, dass die Beauftragung der zusammengeschlossenen Rechtsanwälte dem Rechtsverkehr im Wesentlichen die gleichen Vorteile bietet wie die Mandatierung einer Anwaltssozietät.[469] Durch die BRAO-Reform hat sich aber die Versicherungspflicht geändert. Zum Schutz des Mandanten ist die Berufsausübungsgesellschaft mit mind. 500.000 EUR Versicherungssumme selbst höher versichert als der einzelne Anwalt mit 250.000 EUR, da mit der Gesellschaft höhere Risiken bestehen. Der Mandant hat bei einer nicht versicherten Scheinsozietät daher Nachteile gegenüber einer versicherten Sozietät als Berufsausübungsgesellschaft. Nach dem Grundsatz des venire contra factum proprium müssen sich darüber hinaus diejenigen, die den Rechtsschein einer gemeinschaftlichen Berufsausübung setzen, so behandeln lassen, wie wenn sie eine Gesellschaft bilden.

Kein Versicherungsschutz besteht für eine fremde bestehende Gesellschaft, wenn sie für einen 321 Fehler der versicherten Gesellschaft in Anspruch genommen wird, weil es sich um eine vermeintliche Berufsausübungsgesellschaft aus zwei Gesellschaften handelt, wie z.B. bei nicht klar gekennzeichneten Netzwerken oder Kooperationen, meist im internationalen Bereich. Es handelt sich um eine gemeinschaftliche Berufsausübung von Gesellschaften, die selbst zu versichern ist nach § 59i BRAO. In diesem Fall handeln zwei bestehende Gesellschaften. Diese Versicherung ergibt sich auch nicht durch die üblichen Haftungsübernahmeerklärungen der Netzwerkpartner, wenn einer der Partner für einen Verstoß des anderen in Anspruch genommen wird. Die Erklärungen sind eine vertragliche Zusage und gehen über einen Anspruch aufgrund einer gesetzlichen Haftpflicht hinaus, siehe zu vertraglichen Zusagen und Garantien als Ausschluss nach § 4 II Ziff. 1, § 4 Rn. 53 ff.

5. Scheingesellschafter einer bestehenden Berufsausübungsgesellschaft

Wenn eine Berufsausübungsgesellschaft nach §§ 59b ff BRAO existiert, gibt es die Berufsträger, die 322 angestellt sind, aber nach außen hin wie ein Gesellschafter auftreten. Sie sind Scheingesellschafter. II Ziff. 2 macht keinen Unterschied, ob es sich um Gesellschafter nach dem Gesellschaftsvertrag handelt oder um angestellte Berufsträger mit Außenauftritt ohne eigenständige Kennzeichnung als Angestellte. Die Anwälte gelten als Gesellschafter, wenn sie als Berufsträger nach außen hin gemeinschaftlich ihren Beruf ausüben ohne Rücksicht auf das vertragliche Innenverhältnis. Der einzelne Anwalt als Gesellschafter oder Scheingesellschafter hat Versicherungsschutz nach II

469 BGH NJW 2012, 3102 im Leitsatz.

Ziff. 2. Er benötigt diesen Versicherungsschutz, da gesetzliche Voraussetzung nach § 59n BRAO ist, dass die Jahreshöchstleistung der Versicherungssumme sich nach der Anzahl der Gesellschafter richtet. Die BRAO differenziert nicht danach, ob ein Gesellschafter oder Scheingesellschafter vorliegt. Der Mandant ist zu schützen, der bei Abschluss des Vertrags nicht erkennen kann, wer Gesellschafter im Innenverhältnis ist. Der Scheingesellschafter benötigt den Versicherungsschutz, da er nach §§ 721 ff BGB akzessorisch für die Verbindlichkeiten der Gesellschaft haftet, siehe ausführlich zum gesellschaftsrechtlichen Schutz § 1 Rn. 306 ff. Der angestellte Anwalt, der nicht nach außen hin auftritt, ist nicht Gesellschafter/Scheingesellschafter. Er zahlt regelmäßig eine geringere Prämie, da er zwar das Risiko der Inanspruchnahme der Gesellschaft erhöht, aber nicht haftet, auch nicht akzessorisch gem. § 721 BGB, siehe zur Prämienkalkulation einer Kanzlei § 8 Rn. 22 ff.

VI. Angestellte Anwälte ohne Außenauftritt, freie Mitarbeiter in der Sozietät/Gesellschaft, Of Counsel

323 Angestellte Anwälte ohne Außenauftritt:
Wenn angestellte Anwälte nach außen hin nicht auftreten, sind sie keine Scheingesellschafter. Gegenüber Dritten haften sie nicht, da kein Rechtsverhältnis zwischen ihnen und den Dritten besteht und nach §§ 721 BGB haften akzessorisch nur Gesellschafter/Scheingesellschafter. Die angestellten Anwälte ohne Außenauftritt erhöhen aber das Risiko, dass der Dritte die Gesellschaft aufgrund eines Verstoßes in Anspruch nimmt, weil sie in der Berufsausübungsgesellschaft tätig sind. Daher ist es üblich, dass die Versicherer für die Tätigkeit der Angestellten ebenfalls Prämie erheben. Die Prämie entspricht aber nicht dem 100 %-Tarif eines Gesellschafters, sondern enthält regelmäßig einen Abschlag, da das Haftungsrisiko selbst geringer ist, regelmäßig zwischen 50 und 80 %.[470] Diese Anwälte sind aber trotz des geringeren Prämienniveaus mitversichert. Sie haben den gleichen Versicherungsschutz wie die übrigen Gesellschafter und Scheingesellschafter nach § 1 I Ziff. 2. Diese Anwälte müssen eine Berufshaftpflichtversicherung unterhalten, um sich als Anwalt zuzulassen. Sie benötigen eine Zulassungspolice, die man auch als Titulardeckung bezeichnet, da andernfalls der Titel „Anwalt" nicht möglich ist.

324 Freie Mitarbeiter:
Wenn der freie Mitarbeiter nicht nach außen hin auftritt, entspricht er dem Risiko eines Angestellten ohne Außenauftritt. Die Prämie entspricht wie beim Angestellten nicht dem 100 %-Tarif eines Gesellschafters, sondern enthält regelmäßig den gleichen Abschlag wie beim Angestellten, da das gleiche Haftungsrisiko besteht. Wenn er einen Außenauftritt hat, gilt er regelmäßig als Scheinsozius und hat in diesem Fall die gleich hohe Prämie zu entrichten wie die übrigen Gesellschafter/Scheingesellschafter. Für die Abgrenzung von scheinselbstständigen Anwälten und freien Mitarbeitern einer Kanzlei ist das Gesamtbild der Arbeitsleistung entscheidend.[471] Ob eine Person Arbeitgeber ist, richtet sich nach dem Sozialversicherungsrecht, das weitgehend auf das Arbeitsrecht Bezug nimmt. Gem. § 7 I 1 SGB IV ist Beschäftigung die nichtselbstständige Arbeit, insbesondere in einem Arbeitsverhältnis. Anhaltspunkte für eine Beschäftigung sind eine Tätigkeit nach Weisungen und eine Eingliederung in die Arbeitsorganisation des Weisungsgebers. Der BGH betont, dass sich aus dem anwaltlichen Berufsbild und den berufsrechtlichen Normen für diese Abgrenzung nichts wesentlich anderes ergibt. Zwar kann es die Eigenart der Anwaltstätigkeit als einer Dienstleistung höherer Art mit einer sachlichen Weisungsfreiheit einerseits und einem weitgehend durch Sachzwänge bestimmten zeitlichen und örtlichen Arbeitsablauf mit sich bringen, dass sich das Abgrenzungsmerkmal der äußeren Weisungsgebundenheit hinsichtlich Zeit, Ort und Dauer des Arbeitseinsatzes so reduzieren kann, dass es eine sichere Unterscheidung zwischen abhängiger und selbstständiger Ausübung nicht mehr erlaubt. Sofern allerdings im Einzelfall die Weisungsgebundenheit eines Anwalts deutlich über das sich aus Sach-

---

470 *Chab* AnwBl 2012, 274, 277.
471 BGH NJW 2023, 2357.

zwängen ergebende Maß hinausgeht, kann dies ein deutliches Signal sein, dass eine solche Tätigkeit als eine abhängige Beschäftigung qualifiziert werden muss.

Of Counsel, verbeamtete Hochschullehrer: 325
Einen Of Counsel versichert man wie einen Gesellschafter/Scheingesellschafter. Der Begriff Of Counsel ist im deutschen Recht nicht definiert. Regelmäßig versteht man darunter Mitarbeiter, die nicht Teil der Gesellschaft/Sozietät sind. In Deutschland sind dies häufig verbeamtete Rechtsprofessoren, weil sie nicht als Anwalt tätig sein können, § 7 Nr. 10 BRAO.[472] Sie arbeiten der Gesellschaft zu und treten nicht gegenüber den Mandanten/Dritten als Berater auf. Sie sind rechtlich Kooperationspartner, anders als der Angestellte oder freie Mitarbeiter. Das Risiko der Inanspruchnahme besteht darin, dass die Gesellschaft den Of Counsel in Regress nimmt, wenn ihr Schaden auf einem Beratungsfehler des Of Counsel beruht. Korrekt ist daher der Regress der Gesellschaft gegenüber dem Of Counsel zu versichern, praktisch wird der Of Counsel als Mitversicherter geführt, obwohl er als Nicht-Anwalt nicht über die Berufshaftpflichtversicherung versichert werden darf. Der Of Counsel zahlt in der Regel die gleich hohe Prämie wie der einzelne Gesellschafter, da das gleiche Risiko besteht. Zu berücksichtigen ist, dass der Of Counsel fast immer nur in Teilzeit neben seinem Hauptberuf für die Kanzlei tätig ist. Der Versicherungsschutz bei der Lösung über die Mitversicherung beinhaltet allein den Versicherungsschutz für die Tätigkeit, die der Of Counsel für die Gesellschaft erbringt. Kein Versicherungsschutz besteht, wenn der Professor in seinem eigenen Namen gegenüber eigenen Kunden und nicht gegenüber der kooperierenden Gesellschaft tätig ist. Hier benötigt er eine eigene Deckung, die seine nach dem RDG weitere erlaubte Tätigkeit versichert.

VII. Zulassungspolicen und Anerkennungspolicen

Risikobeschreibung und Besondere Bedingung zur Vermögensschaden-Haftpflichtversicherung für den Gesellschafter/Geschäftsführer oder angestellten Rechtsanwalt/Patentanwalt einer rechts- und wirtschaftsberatenden Berufsausübungsgesellschaft
VH 4511

Risikobeschreibung
I. Rechtsanwälte/Patentanwälte
Versichert ist die Tätigkeit als Rechtsanwalt/Patentanwalt für eigene Mandate, die der Versicherungsnehmer neben seiner hauptberuflichen Tätigkeit als Gesellschafter/Geschäftsführer oder angestellter Rechtsanwalt/Patentanwalt einer anwaltlichen, patentanwaltlichen, steuerberatenden oder wirtschaftsprüfenden Berufsausübungsgesellschaft ausübt.
II. Steuerberater
Versichert ist die Tätigkeit als Steuerberater für eigene Mandate, die der Versicherungsnehmer neben seiner hauptberuflichen Tätigkeit als Gesellschafter einer anwaltlichen, patentanwaltlichen, steuerberatenden oder wirtschaftsprüfenden Berufsausübungsgesellschaft ausübt.

Besondere Bedingung
I. Die Beitragsberechnung gilt nur so lange, wie der Versicherungsnehmer seine Tätigkeit im angegebenen Umfang ausübt.
II. Eine Veränderung der gegebenen Verhältnisse ist gem. Teil 1 § 13 I Ziff. 1 der Allgemeinen und Besonderen Versicherungsbedingungen zur Vermögensschaden-Haftpflichtversicherung für Rechtsanwälte/Patentanwälte und Steuerberater anzeigepflichtig (AVB-RS VH 60).
III. Aufgrund der Änderungsanzeige oder sonstiger Feststellungen wird die Prämie entsprechend dem Zeitpunkt der Veränderung richtig gestellt (Teil 1 § 8 IV AVB-RS VH 60).

---

472 BGH NJW-Spezial 2019, 447; kein Verstoß gegen Grundrechte oder Europäisches Recht.

1. Überblick

326 Alle Personen, die den Titel „Anwalt" führen wollen, benötigen eine eigene Berufshaftpflichtversicherung, weil § 51 BRAO eine eigene Versicherung fordert. Die eigene notwendige Police des Anwalts ist unabhängig von der Organisationsform, in der der Anwalt arbeitet, anders als bei Steuerberatern. Die Anwälte erhalten eine Zusatzbedingung zu den AVB-RS, damit sie sich als Anwälte zulassen können, Zusatzbedingung VH 4511. Eine Mitversicherung dieser Anwälte in der Police der übergeordneten Organisationsform in der Kanzleipolice ist nicht vorgesehen. Wenn der Berufsträger für die Zulassung über die Kanzleipolice als mitversichert geführt wird, muss es sich materiell um eine selbständige Versicherung neben der Kanzleipolice handeln, weil zwei unterschiedliche Pflichtversicherungen vorliegen. Wenn sie „mitversichert" sind, ist sicherzustellen, dass die Versicherungssummen der Gesellschaften und der einzelnen Berufsträger separat vorliegen. Bei der Mitversicherung ist aufgrund der Pflichtversicherungsregelungen nach § 113 Abs. 3 VVG nicht eindeutig, wie Deckungsbausteine der haftungsbeschränkten Gesellschaft wie die wissentliche Pflichtverletzung von der reinen Zulassungspolice der Berufsträger zu trennen sind. Jede Erweiterung des Versicherungsschutzes der Gesellschaft könnte dazu führen, dass er auch für die mitversicherten Anwälte gilt.

327 Bei Steuerberatern ist für die Anerkennungspolice zu differenzieren. Nur die Partner einer PartmbB und die angestellten Steuerberater sind von einer eigenen Versicherungspflicht befreit, § 67 Abs. 1 StBerG iVm § 51 Abs. 3 DVStB. Da es eine dem § 51 Abs. 3 DVStB entsprechende Regelung für andere Rechtsformen nicht gibt, reicht bei diesen eine Mitversicherung der Gesellschafter in der Versicherung der Berufsausübungsgesellschaft nicht aus. Die Gesellschafter und Geschäftsführer sind daher verpflichtet eine eigene Anerkennungspolice abzuschließen. Angestellte Steuerberater benötigen keine eigene Anerkennungspolice. Es gilt der arbeitsrechtliche Begriff. Eine Anerkennungspolice ist immer erforderlich, wenn der Steuerberater eigene Mandate im eigenen Namen in eigener Praxis neben seiner Tätigkeit in einer Gemeinschaftspraxis betreut.

2. Versicherungsumfang Zulassungspolice VH 4511

328 Die Bedingung VH 4511 gilt für alle Anwälte/Patentanwälte und Steuerberater, die in einer Kanzlei gemeinschaftlich arbeiten. Die Risikobeschreibung beinhaltet, dass der Berufsträger nur und ausschließlich für seine nebenberufliche Tätigkeit versichert ist. Er ist versichert für seine eigenen Mandate, die er im eigenen Namen auf eigene Rechnung ausübt außerhalb der hauptberuflichen Tätigkeit in der Kanzlei. Die Zulassungspolice oder Anerkennungspolice tritt daher auch nicht ein, wenn der Berufsträger persönlich für eine Tätigkeit in der Berufsausübungsgesellschaft in Anspruch genommen wird.

329 Die Besondere Bedingung (BB) der VH 4511 regelt die Prämie für die Zulassungspolice. Da es sich um eine nebenberufliche Tätigkeit handelt, geht der Versicherer von einem geringen Umfang der eigenen Mandate des Anwalts aus. Die Beitragsberechnung gilt nur so lange, wie der Versicherungsnehmer hauptberuflich als Mitarbeiter einer rechts- und/oder wirtschaftsberatenden Kanzlei tätig ist, Ziff. 1 BB. Veränderungen in der Tätigkeit des Mitarbeiters sind anzeigepflichtig nach Teil 1 § 13 I Ziff. 1, Ziff. 2 BB. Dies gilt insbesondere dann, wenn er nicht mehr in der Gesellschaft arbeitet, sondern ausschließlich im eigenen Namen tätig ist. Im Schadenfall gelten die Regelungen aufgrund einer Obliegenheitsverletzung des § 26 VVG, § 13 I Ziff. 3, siehe ausführlich § 13 Rn. 10. Bei ordnungsgemäßer Meldung stellt der Versicherer ab dem Zeitpunkt der Veränderung die Prämie rückwirkend richtig nach Teil 1 § 8 IV, Ziff. 3 BB.

3. Verhältnis Kanzleiversicherung und eigene Mandate des Anwalts

330 In den Zulassungs- und Anerkennungspolicen der einzelnen Berufsträger sind die amtsähnlichen persönlichen Tätigkeiten wie Pflegschaft, Testamentsvollstreckung etc. mitversichert. Die Beson-

derheit besteht, dass der Berufsträger die Tätigkeiten nur im eigenen Namen ausüben kann. Die Berufsausübungsgesellschaften können nicht zu diesen Tätigkeiten ernannt oder bestellt werden. Wenn die Gesellschaften Versicherungsnehmer sind, werden diese Tätigkeiten mitversichert nach § 1 I Ziff. 2, siehe dazu ausführlich § 1 Rn. 186 ff. In Abgrenzung zu eigenen Mandaten im eigenen Namen und auf eigene Rechnung des Berufsträgers besteht Versicherungsschutz über die Berufshaftpflichtversicherung der Gesellschaft, wenn der Berufsträger im wirtschaftlichen Interesse der Kanzlei handelt. Die Vergütung muss der Kanzlei zufließen, auch wenn Rechnungssteller die natürliche Person ist.

4. Geldwerter Vorteil von Prämien

Wenn der Arbeitgeber Beiträge zur Berufshaftpflichtversicherung seiner angestellten Anwälte übernimmt, ist zu unterscheiden zwischen eigenbetrieblichen Interessen – kein zu versteuernder geldwerter Vorteil – und den lohnsteuerpflichtigen Vorteilen des Anwalts – geldwerter Vorteil. Die eigene Berufshaftpflichtversicherung einer Rechtsanwalts-GbR ist kein zu versteuernder Arbeitslohn des Angestellten.[473] Die Beiträge des Arbeitgebers für die eigene Berufshaftpflichtversicherung einer Rechtsanwalts-GmbH sind kein Arbeitslohn.[474] Die Einbeziehung eines angestellten Rechtsanwalts in die Vermögensschaden-Haftpflichtversicherung einer Berufsausübungsgesellschaft führt in Höhe des Prämienanteils zu Arbeitslohn, der auf die in § 51 Abs. 4 BRAO vorgeschriebene Mindestbemessungsgrundlage entfällt, wenn der angestellte Rechtsanwalt erst durch den Einbezug in die Berufsausübungsgesellschaftsversicherung seiner Versicherungspflicht nach § 51 Abs. 1 Satz 1 BRAO genügt. Anders aber beim angestellten Anwalt ohne Außenauftritt: Haftet der angestellte Anwalt im Außenverhältnis nicht für eine anwaltliche Pflichtverletzung, ist seine Einbeziehung in den über die Mindestversicherungssumme hinausgehenden Versicherungsschutz der Sozietät allein dieser aus versicherungsrechtlichen Gründen geschuldet. Der hierauf entfallende Prämienanteil führt daher nicht zu Arbeitslohn.[475] Mit der eigenen Versicherungspflicht der Gesellschaft und der davon getrennten Zulassungspolice für die Anwälte bedeutet dies: Wenn der Arbeitgeber die Prämie für die notwendige Zulassungspolice des angestellten Anwalts übernimmt, ist sie als geldwerter Vorteil zu versteuern. Wenn in dem Versicherungsschutz der Gesellschaft der Versicherungsschutz der Zulassungspolice für die einzelnen angestellten Anwälte integriert ist, liegt in Höhe der Beiträge für den gesetzlichen Mindestumfang der Pflichtversicherung ein geldwerter Vorteil vor. Die Beiträge und damit der geldwerte Vorteil sind dann nach plausiblen und nachvollziehbaren Verfahren aus dem Gesamtprämienbeitrag der Sozietät/Partnerschaft zu berechnen. Dabei sollte die Kanzlei dies vorab mit dem Finanzamt klären. Dem Arbeitnehmer steht in Höhe des geldwerten Vorteils ein „korrespondierender“ Werbungskostenabzug nach § 9 Abs. 1 Satz 1 EStG zu.[476] 331

N. Versicherungspflicht Steuerberater

I. Übersicht Versicherungspflicht

Alle Berufsausübungsgesellschaften der Steuerberater sind nach der BRAO-Reform verpflichtet, eine Berufshaftpflichtversicherung abzuschließen. Dies gilt unabhängig von der Rechtsform, § 55f StBerG. Eine Mitversicherung über die Versicherungen der Gesellschafter reicht nicht aus. Bei der Anerkennung ist wie bei den Anwälten zu trennen. Keiner Anerkennung bedürfen Personengesellschaften, bei denen keine Beschränkung der Haftung der natürlichen Personen vorliegt und denen 332

473 BFH DStR 2016, 1256 und in SteuK 2016, 319 mit Anm. *Pelkmann*. Entscheidung vor der BRAO-Reform.
474 BFH DStR 2016, 298.
475 BFH 1.10.2020 DStR 2021, 338.
476 *Geserich* DStR 2016, 441 zur Entscheidung des BFH zur Rechtsanwalts-GmbH in DStR 2016, 298.

als Gesellschafter und als Mitglieder der Geschäftsführungs- und Aufsichtsorgane ausschließlich Steuerberater und Steuerbevollmächtigte oder Angehörige eines in § 50 Abs. 1 Satz 1 Nr. 1 StBerG genannten Berufs angehören, sowie Wirtschaftsprüfungsgesellschaften und Buchprüfungsgesellschaften. Ein freiwilliger Antrag ist möglich, § 53 Abs. 1 Satz 3 StBerG.

Bei dem Steuerberater ist bei der Versicherungspflicht zu unterscheiden, wie er tätig ist, § 67 Abs. 1 StBerG: Selbständige Steuerberater und Steuerbevollmächtigte sind verpflichtet, sich gegen die sich aus ihrer Berufstätigkeit nach den §§ 33 und 57 Absatz 3 Nummer 2 und 3 StBerG ergebenden Haftpflichtgefahren für Vermögensschäden zu versichern und diese Berufshaftpflichtversicherung während der Dauer ihrer Bestellung aufrechtzuerhalten. Das betrifft den Steuerberater in Einzelpraxis und den Gesellschafter einer Berufsausübungsgesellschaft nach § 67 Abs. 1 StBerG, nicht aber den Scheingesellschafter und den Partner einer PartmbB, § 51 Abs. 3 DVStB.[477]

333 Die Versicherungspflicht im Überblick:
- Versicherungspflicht aller Berufsausübungsgesellschaften, § 55f StBerG
- Versicherungspflicht für alle Steuerberater, die im eigenen Namen auf eigene Rechnung in eigener Praxis außerhalb der Gesellschaft tätig sind, § 67 Abs. 1 StBerG
  Versicherungspflicht für alle selbständigen Gesellschafter einer Berufsausübungsgesellschaft. Das Merkmal „selbständig“ wird hier arbeitsrechtlich verstanden. Sofern der Gesellschafter/Geschäftsführer Angestellter ist, besteht keine Versicherungspflicht, was damit auch auf die Scheingesellschafter zutrifft. Soweit eine Gesellschafterstellung ohne arbeitsvertragliche Anstellung bei der Gesellschaft besteht, ist er „selbständig“ und damit versicherungspflichtig, § 67 Abs. 1 StBerG.
  Eine Ausnahme hiervon ist die Tätigkeit als Partner einer PartmbB. Sie sind selbst nicht versicherungspflichtig, müssen sich aber nach wie vor in der Versicherung der PartmbB mitversichern, § 51 Abs. 3 DVStB.
- Mitversicherung des Steuerberaters in der Versicherung der Berufsausübungsgesellschaft: Die Mitversicherung des Steuerberaters ist erforderlich für angestellte Steuerberater und freie Mitarbeiter, § 51 Abs. 2, 3 DVStB, sofern wie oben dargestellt nicht neben der Gesellschaft eine eigene Tätigkeit besteht.

Versicherungspflicht besteht ebenfalls für grenzüberschreitende Hilfeleistung aus dem EU-Ausland in Steuersachen ohne physische Präsenz in Deutschland. Zur Versicherungspflicht im Ausland und vom Ausland erbrachten Dienstleistungen, siehe § 15 Rn. 54.

II. Organisationsformen der Steuerberater

Versicherungspflicht im Einzelnen:

1. Steuerberater in eigener Praxis

334 Jeder Steuerberater in eigener Praxis muss eine eigene Berufshaftpflichtversicherung abschließen, § 67 StBerG, § 51 Abs. 1 DVStB. In eigener Praxis tätig sind die Steuerberater, die ihren Beruf im eigenen Namen, auf eigene Rechnung und auf eigenes Risiko ausüben. Die Versicherungspflicht ist unabhängig davon, ob der Berufsträger tatsächlich aktiv ist. Auch der Steuerberater, der allein den Titel führen will, muss trotzdem eine Berufshaftpflichtversicherung abschließen, um dem Mandantenschutz zu genügen.[478] Die Versicherungspflicht beginnt mit der Bestellung zum Steuerberater.

477 BStBK, FAQ Stand 18. Mai 2022, VII Ziff. 2. Der Gesetzgeber hat hier nicht bewusst differenziert, sondern die Anpassung des StBerG und der DVStB an die BRAO-Reform nicht vorgenommen.

478 BGH BeckRS 2007, 965 für Wirtschaftsprüfer, was gleichermaßen für die Steuerberater gilt.

2. Berufsausübungsgesellschaften

Nach § 55f Abs. 1 StBerG sind Berufsausübungsgesellschaften verpflichtet, eine Berufshaftpflichtversicherung abzuschließen. Dies gilt unabhängig von der Rechtsform. Die Pflicht zur Aufrechterhaltung einer Berufshaftpflichtversicherung endet erst dann, wenn die Tätigkeit nach außen klar erkennbar beendet wird. Dies gilt auch bei einer nur vorübergehenden Einstellung der Tätigkeit der Gesellschaft. 335

a) Nicht haftungsbeschränkte Gesellschaft. Um eine nicht haftungsbeschränkte Gesellschaft handelt es sich, wenn für Verbindlichkeiten der Gesellschaft aus Schäden wegen fehlerhafter Berufsausübung eine natürliche Person persönlich haftet. Das sind insbesondere die einfache Partnerschaftsgesellschaft gem. § 8 Abs. 1 PartGG, die OHG, die GbR gem. §§ 705 ff BGB und ausländische Gesellschaften je nach Rechtsform. Die Kommanditgesellschaften und damit auch die GmbH &Co. KG sind nach dem Berufsrecht als haftungsbeschränkte Gesellschaften einzuordnen, weil die Kommanditgesellschaft eine umfassende Haftungsbefreiung erlaubt. 336

Die Versicherungssumme und Jahreshöchstleistung betragen: 337

- Versicherungssumme: 0,5 Mio EUR als Höchstleistung für den einzelnen Versicherungsfall, § 55f Abs. 4 BRAO, § 52 Abs. 4 DVStB
- Jahreshöchstleistung: 0,5 Mio EUR × Anzahl der Gesellschafter/Geschäftsführer. Sie beträgt aber mindestens das Vierfache, § 55f Abs. 5 StBerG, § 52 Abs. 4 DVStB. Die Zahl der Gesellschafter/Geschäftsführer richtet sich allein nach der Zahl der steuerberatenden Gesellschafter/Geschäftsführer.
- Der Begriff des „Gesellschafters" umfasst den Scheingesellschafter. „Eine als Gemeinschaftspraxis bezeichnete Verbindung zweier Steuerberater erweckt nach außen den Eindruck des Vorliegens einer Praxis."[479]

Beim materiellen Umfang des Versicherungsschutzes bestehen keine Besonderheiten. Es gelten die allgemeinen Anforderungen mit Ausschlüssen nach §§ 53, 53a DVStB.

b) Haftungsbeschränkte Gesellschaft. Um eine haftungsbeschränkte Gesellschaft handelt es sich, wenn für Verbindlichkeiten der Gesellschaft aus Schäden wegen fehlerhafter Berufsausübung rechtsformbedingt keine natürliche Person haftet oder bei denen die Haftung der natürlichen Personen beschränkt wird. Das sind insbesondere alle Kapitalgesellschaften, die PartmbB, die Kommanditgesellschaften mit der GmbH & Co. KG und ausländische Gesellschaften je nach Rechtsform. 338

Die Versicherungssumme und Jahreshöchstleistung betragen: 339

- Versicherungssumme: 1 Mio EUR als Höchstleistung für den einzelnen – Versicherungsfall, § 55f Abs. 3 BRAO, § 52 Abs. 4 DVStB
- Jahreshöchstleistung: 1 Mio EUR × Anzahl der Gesellschafter/Geschäftsführer. Sie beträgt aber mindestens das Vierfache, § 55f Abs. 5 StBerG, § 52 Abs. 4 DVStB. Die Zahl der Gesellschafter/Geschäftsführer richtet sich allein nach der Zahl der steuerberatenden Gesellschafter/Geschäftsführer.

Beim materiellen Umfang des Versicherungsschutzes bestehen keine Besonderheiten. Es gelten die allgemeinen Anforderungen mit Ausschlüssen nach §§ 53, 53a DVStB. Im Gegensatz zu den haftungsbeschränkten anwaltlichen Berufsausübungsgesellschaften kann der Ausschluss der wissentlichen Pflichtverletzung vereinbart werden. Die Versicherungspflicht beginnt bei einer Steuerberatungsgesellschaft mit der Anerkennung.

---

479 OLG Köln 17.12.2002 – 22 U 168/02, DStRE 2004, 485 zur Abgrenzung Bürogemeinschaft/Sozietät aus zwei Anwälten, wenn in einer Bürogemeinschaft der Briefbogen „in Kanzleigemeinschaft" verwendet wird.

3. Freie Mitarbeiter und Angestellte

340 Die Versicherungspflicht der freien Mitarbeiter unterscheidet sich bei Anwälten und Steuerberatern. Anwälte benötigen zur Führung des Titels Anwalt eine eigene Berufshaftpflichtversicherung, § 51 BRAO. Bei Steuerberatern gilt für freie Mitarbeiter und Angestellte nach § 51 Abs. 2 und 3 DVStB, dass sie in die Berufshaftpflichtversicherung ihres Auftraggebers, Steuerberaters oder der Steuerberatungsgesellschaften nach § 3 StBerG eingeschlossen sind. Der freie Mitarbeiter oder der angestellte Steuerberater benötigt für die ausschließliche Tätigkeit für den Auftraggeber keinen eigenen Versicherungsschutz. Der Versicherer stellt keine förmliche Bestätigung nach §§ 55 Absatz 1 DVStB, 113 Absatz 2 VVG aus. Den Nachweis des Versicherungsschutzes kann der freie Mitarbeiter/Angestellte durch Vorlage des Versicherungsscheins des Auftraggebers sowie eine Bestätigung des Auftraggebers über die Beschäftigung bei der zuständigen Steuerberaterkammer erbringen.

4. Doppel- oder Mehrfachbänder, ausländische Steuerberater mit Eignungsprüfung, § 54 Abs. 1, 2 DVStB

341 Bei Steuerberatern und Steuerberatungsgesellschaften mit Mehrfachqualifikation gilt folgendes: Ist der Steuerberater zugleich als Rechtsanwalt, niedergelassener europäischer Rechtsanwalt, Wirtschaftsprüfer oder vereidigter Buchprüfer bestellt oder ist eine versicherungspflichtige Gesellschaft zugleich als Rechtsanwaltsgesellschaft, Wirtschaftsprüfungsgesellschaft oder Buchprüfungsgesellschaft anerkannt, wird der Versicherungspflicht des Steuerberaters auch mit einer diesen Berufen vorgeschriebenen Berufshaftpflichtversicherung genügt, sofern der Versicherungsvertrag die Mindestdeckung nach §§ 52 bis 53a DVStB erfüllt, § 54 Abs. 1 DVStB. Zwar bestehen zwischen der Berufshaftpflichtversicherung der Steuerberater und der anderen Versicherungen kleine Unterschiede, wie z.B. bei der wissentlichen Pflichtverletzung, aber es ist üblich, dass der Versicherer des Anwalts auch die Bestätigung gegenüber der Steuerberaterkammer abgibt. Die Versicherungsleistung muss dann aber jeweils getrennt für die Tätigkeiten als Anwalt und als Steuerberater zur Verfügung stehen, also jeweils mind. 250.000 EUR, 4-fach. Die Regelung in § 54 DVStB kann die Regelung in § 51 BRAO nicht abändern, weil es sich um gleichrangige Normen handelt. Andernfalls würde es bedeuten, dass die Steuerberaterfälle die Versicherungsleistung für Anwaltsfälle erschöpfen kann und umgekehrt, was aber der Pflichtversicherung widerspricht.

342 Erfolgt die Bestellung zum Steuerberater nach Ablegung der Eignungsprüfung gemäß § 37a Abs. 2 StBerG – Bewerber mit einem Befähigungs- oder Ausbildungsnachweis in einem anderen Mitgliedstaat der Europäischen Union oder Vertragsstaat des Abkommens über den Europäischen Wirtschaftsraum oder in der Schweiz –, ist eine Berufshaftpflichtversicherung, die bei einem Versicherungsunternehmen eines anderen Mitgliedstaats der Europäischen Union, eines EWR-Vertragsstaats oder der Schweiz genommen wird, ausreichend, wenn sie in Bezug auf Deckungsbedingungen und -umfang den in Deutschland geltenden Rechts- und Verwaltungsvorschriften genügt, § 54 Abs. 2 DVStB.

O. Versicherungspflicht Wirtschaftsprüfer und vereidigte Buchprüfer

I. Übersicht Versicherungspflicht

343 Die BRAO-Reform hat für die Wirtschaftsprüfer allein die Zusammenarbeit mit den Rechtsanwälten und Steuerberatern neu geregelt, aber das Berufsrecht und die Versicherungspflicht nicht verändert. Grund hierfür war, dass der Gesetzgeber wegen der weitreichenden europarechtlichen Vorgaben durch die Abschlussprüferrichtlinie das Berufsrecht von der Reform ausgenommen hat.

Die Versicherungspflicht in § 54 Abs. 1 WPO knüpft daran an, ob der WP/vBP in eigener Praxis oder auch in gemeinsamer Berufsausübung nach §§ 44b, 43a Abs. 1 Nr. 1 WPO tätig ist und nicht an die Selbständigkeit des WPs.[480] Versicherungspflichtig sind nach §§ 54 Abs. 1, 130 Abs. 1, 2 WPO die Wirtschaftsprüfer und ver. Buchprüfer, die ihren Beruf nach § 43a Absatz 1 Nr. 1 WPO in eigener Praxis ausüben und die anerkannten Wirtschaftsprüfungsgesellschaften/Buchprüfungsgesellschaften. Nicht eigenständig versicherungspflichtig sind die WP/vBP, die eine sog. originäre WP-Tätigkeit ausüben. Diese originäre Tätigkeit setzt nicht eine eigene Praxis voraus, die neben der Tätigkeit in einer Gesellschaft mit eigener Versicherungspflicht zu führen wäre, z.B. ist die Tätigkeit eines Wirtschaftsprüfers, der als Geschäftsführer einer Steuerberatungsgesellschaft beschäftigt ist, eine originäre WP-Tätigkeit. Wenn der Wirtschaftsprüfer keine eigenen Mandate betreut, ist er nicht versicherungspflichtig, § 43a Abs. 1 Nr. 4 WPO.[481] Eine originäre Tätigkeit ist auch die Tätigkeit als Partner oder Sozius in einer nicht anerkannten Partnerschaftsgesellschaft oder in einer Sozietät in gemeinsamer Berufsausübung mit anderen Partnern/Sozien, § 43a Abs. 1 Nr. 1 WPO iVm § 44b WPO. Es entfällt aber nicht die Versicherungspflicht, weil § 54 WPO vorsieht, dass „Berufsangehörige, die ihren Beruf nach § 43a Absatz 1 Nr. 1 WPO ausüben, ...“*...verpflichtet sind, eine Berufshaftpflichtversicherung zu unterhalten.*“[482]

Konkret gilt die Versicherungspflicht:[483] 344

- WP/vBP in eigener Praxis
- WP/vBP in gemeinsamer Berufsausübung mit anderen WPs/vBPs oder nach der Berufsordnung zugelassenen anderen wirtschaftsberatenden Berufsträgern gemäß § 44b WPO in der Organisationsform als:
  - WP/vBP in Gesellschaften bürgerlichen Rechts,
  - WP/vBP in Partnerschaften,
  - WP/vBP in sonstigen Personengesellschaften wie z.B. OHG, KG
  - WP/vBP in ausländischen Personengesellschaften wie z.B. LLP, LLC
- Wirtschaftsprüfungsgesellschaften (WPG) und Buchprüfungsgesellschaften (BPG)
- Partnerschaftsgesellschaften mit beschränkter Berufshaftung ohne die Anerkennung als Berufsgesellschaft

Die Versicherungspflicht gilt, wenn der Berufsangehörige seinen Beruf in eigener Praxis oder in 345
gemeinsamer Berufsausübung nach § 44b WPO ausübt. Das Wort „unterhalten“ statt „abzuschließen und aufrechtzuerhalten“ der Versicherung in § 44b WPO bedeutet, dass es nicht eines eigenen neu abgeschlossenen Versicherungsvertrags bedarf. In der Praxis verlangt die Wirtschaftsprüferkammer nur eine auf den Berufsangehörigen ausgestellte Versicherungsbestätigung, ohne nachzuprüfen, ob ein eigenständiger Versicherungsvertrag abgeschlossen wurde. Dem Regelungsziel des § 54 WPO und dem Schutzinteresse potentiell geschädigter Dritter genügt dies.[484]

II. Organisationsformen der Wirtschaftsprüfer/ver. Buchprüfer

Im Folgenden die einzelnen Organisationsformen, ihre Versicherungspflicht und das jeweilige Versicherungskonzept.

480 WPK Magazin 2/2016, 38 ff.
481 WPK Magazin 2/2016, 39.
482 WPK Magazin 2/2016, 40.
483 WPK Merkblatt zur Unterhaltung einer Berufshaftpflichtversicherung, Stand Oktober 2016.
484 BT-Drucks. 18/6282, 77 zum APAREG mit der Neuordnung des § 44b WPO.

1. WP/vBP in eigener Praxis

346 Jeder WP/vBP in eigener Praxis muss eine eigene Berufshaftpflichtversicherung abschließen. In eigener Praxis tätig sind alle WP/vBP, die ihren Beruf im eigenen Namen, auf eigene Rechnung und auf eigenes Risiko ausüben. Die Versicherungspflicht ist unabhängig davon, ob der Berufsträger tatsächlich aktiv ist oder tatsächlich auch Einnahmen hat. Wie bei Anwälten gilt, dass der Berufsträger, der allein den Titel führen will, eine Berufshaftpflichtversicherung abzuschließen hat.[485] Die Versicherungspflicht beginnt unabhängig von der Eintragung der eigenen Praxis im Berufsregister mit dem ersten Auftreten im Rechtsverkehr.

2. WP/vBP in gemeinsamer Berufsausübung in nicht anerkannten Personengesellschaften/Sozietät

347 Bei der einfachen Partnerschaft genügt es, dass der Wirtschaftsprüfer für die Durchführung von Abschlussprüfungen über den Versicherungsvertrag bei der Partnerschaftsgesellschaft mitversichert ist. Er kann sich selbstverständlich aber auch gesondert als Prüfer versichern. Klargestellt ist, dass die Sozietät in Form der GbR/Partnerschaft die Auftragnehmerin und die Rechnungsempfängerin und Rechnungsstellerin für die Vorbehaltstätigkeiten eines Wirtschaftsprüfers, die „siegelführende" Tätigkeit, sein kann. Nach der WPK ist aber zusätzlich eine eigene Praxis des Wirtschaftsprüfers notwendig, weil nur der Prüfer selbst Prüfungen vornehmen kann, aber keinesfalls die nicht anerkannte Partnerschaft, auch wenn sie Vertragspartner ist.[486]

348 Wenn der WP/vBP in einer nicht anerkannten Wirtschaftsprüfungsgesellschaft tätig ist, benötigt er mindestens im Pflichtversicherungsumfang eine eigene Police. Zulässig ist es aber auch, dass die Sozietät/Partnerschaft Versicherungsnehmerin der Berufshaftpflichtversicherung ist und der WP für seine „siegelführende" Vorbehaltstätigkeit und sonstige Tätigkeit dort mitversichert ist. Er erhält dann für diese Mitversicherung wieder eine eigene Versicherungsbestätigung, die den Kammern vorzulegen ist.[487] Um aber Klarheit zu schaffen, stellt üblicherweise der Versicherer dem Prüfer eine eigenständige „Zulassungspolice" zum gesetzlichen Mindestumfang mit einer Umsatzbegrenzung aus, die dann als Bestätigung gegenüber der WPK dient; zur Versicherungspflicht des einzelnen Wirtschaftsprüfers, der seine Tätigkeit in einer nicht anerkannten PartmbB ausübt, sollte das Gleiche gelten, siehe dazu § 1 Rn. 350. Bei einer einfachen Partnerschaft mit Steuerberatern bleibt der WP wohl versicherungspflichtig.

3. Wirtschaftsprüfungsgesellschaft/Buchprüfungsgesellschaften als anerkannte Prüfungsgesellschaft

349 Für Wirtschaftsprüfer/ver. Buchprüfer sind nach §§ 27 Abs. 1 WPO, 130 WPO abschließend folgende anerkannte Gesellschaftsformen möglich: Europäische Gesellschaften, Gesellschaften nach deutschem Recht oder Gesellschaften in einer nach dem Recht eines Mitgliedstaats der Europäischen Union oder eines Vertragsstaats des Abkommens über den Europäischen Wirtschaftsraum. Wirtschaftsprüfungsgesellschaft/Buchprüfungsgesellschaften müssen mit ihrer Anerkennung eine eigene Berufshaftpflichtversicherung abschließen, § 54 WPO. Die Versicherungspflicht besteht unabhängig von einer tatsächlichen Geschäftstätigkeit. Holdings oder Mantelgesellschaften ohne Berufstätigkeit nach außen bleiben versicherungspflichtig. Die Versicherungspflicht für die Geschäftsführer, Partner oder die Angestellten entfällt, da die anerkannte Berufsgesellschaft, soweit

485 BGH BeckRS 2007, 965.

486 WPK Magazin 2/2017, 30, 1. Frage „Als Abschlussprüfer werden demgegenüber nur die habilen WP/vBP-Partner bestellt".

487 WPK Magazin 2/2017, 31, 1. Frage rechte Seite.

sie selbst versicherungspflichtig ist, die mögliche Pflicht der in ihr tätigen Personen umfasst. Versicherungspflichtig sind die WP/vBP selbstverständlich wiederum, wenn sie eine eigene Praxis neben der Gesellschaft haben.

4. Partnerschaftsgesellschaften mit beschränkter Berufshaftung

Eine anerkannte PartmbB ist wie die anderen anerkannten Prüfungsgesellschaften selbst versicherungspflichtig, § 54 Abs. 1 Satz 1 WPO. Eine nicht anerkannte Prüfungsgesellschaft mit beschränkter Berufshaftung ist gleichfalls selbst versicherungspflichtig, § 54 Abs. 1 Satz 2 WPO. Die eigene Versicherungspflicht der WP/vBP-Partner für die Tätigkeit in der PartmbB entfällt, solange die Partnerschaft eine eigene Berufshaftpflichtversicherung nach § 54 WPO unterhält. Eine etwaige eigene Praxis des WP/vBP ist dagegen ununterbrochen versicherungspflichtig.[488] Man sollte hier davon ausgehen, dass die eigene Praxis wieder für die Tätigkeit in der nicht anerkannten PartmbB mit einer eigenen Versicherungspflicht notwendig ist. Die nicht anerkannte PartmbB kann keine Abschlussprüfungen vornehmen. Wie bei der einfachen Partnerschaft, stellt üblicherweise der Versicherer dem Prüfer eine eigenständige „Zulassungspolice“ zum gesetzlichen Mindestumfang mit einer Umsatzbegrenzung aus, die dann als Bestätigung gegenüber der WPK dient, siehe zur Versicherung des WP in einer einfachen nicht anerkannten Partnerschaft § 1 Rn. 347. 350

III. Versicherungsschutz und Besonderheiten bei Wirtschaftsprüfern/ver. Buchprüfern

1. Versicherungssummen und Maximierung

Die Mindestversicherungssumme der Berufshaftpflichtversicherung beträgt mindestens 1 Million EUR, § 54 Abs. 4 Satz 1 WPO und ist entkoppelt von § 323 Abs. 2 Satz 1 HGB. Sie gilt für den WP/vBP in eigener Praxis und die Wirtschaftsprüfungsgesellschaften.

Die Versicherungssumme und Jahreshöchstleistung betragen: 351

- Versicherungssumme: 1 Mio EUR als Höchstleistung für den einzelnen Versicherungsfall, § 54 Abs. 4 Satz 1 WPO
- Jahreshöchstleistung in Einzelpraxis: 1 Mio EUR, mind. 4-fach, § 54 Abs. 4 Satz 2 WPO
- Jahreshöchstleistung Wirtschaftsprüfungsgesellschaft: 1 Mio EUR × Anzahl der Gesellschafter/Geschäftsführer. Sie beträgt aber mindestens das Vierfache, § 54 Abs. 4 Satz 3 WPO.

§ 44b Abs. 4 WPO regelt die Mindestversicherungssumme bei interprofessionellen Personengesellschaften. WP/vBP können ihren Beruf in einer Personengesellschaft mit gesamtschuldnerischer Haftung, z.B. GbR, OHG, Partnership nach engl. Recht, S.N.C. nach franz. Recht nur gemeinsam mit Nicht-WP/vBP ausüben, wenn die Mindestversicherungssumme auch bei gesamtschuldnerischer Inanspruchnahme für jeden Versicherungsfall uneingeschränkt zur Verfügung steht. Neben dem handelnden WP/vBP-Partner kann auch der Rechtsanwalt oder Steuerberater den Auftrag bearbeitet haben, wenn es sich um eine Gemeinschaftsaufgabe wie die Steuerberatung handelt. Für einen Fehler wird dann die Partnerschaft in Anspruch genommen.[489] Es bedeutet aber, dass allein der Wirtschaftsprüfer die Versicherungssumme von 1 Million EUR, mind. 4-fach, vorweisen muss. Die Anwälte und Steuerberater, die ihren Beruf gemeinschaftlich mit dem Wirtschaftsprüfer ausüben, benötigen jeweils andere Versicherungssummen, in einer nicht-haftungsbeschränkten Gesellschaft z.B. 500.000 EUR. Die Versicherer der Anwälte/Steuerberater müssen allein sicherstellen, dass bei 352

488 WPK Merkblatt zur Unterhaltung einer Berufshaftpflichtversicherung, Seite 2 unten zur PartG mbB, Stand Oktober 2016.

489 WPK Merkblatt zur Unterhaltung einer Berufshaftpflichtversicherung 2. Versicherungssumme, Stand Oktober 2016.

einer gesamtschuldnerischen Inanspruchnahme der Sozien die Versicherungssumme von 1 Million EUR für die Prüfungsfälle der Wirtschaftsprüfer weiterhin uneingeschränkt zur Verfügung steht.

2. Gesellschaften mit oder ohne Anerkennung

353 Die Regelungen bei den Anwälten und Steuerberatern zu den Berufsausübungsgesellschaften, die ausnahmslos eine Pflichtversicherung als Versicherungsnehmer benötigen, lassen die Regelungen bei den Wirtschaftsprüfungsgesellschaften unberührt. Bei den Wirtschaftsprüfungsgesellschaften mit und ohne Anerkennung gilt:

- einfache Partnerschaft ohne Anerkenntnis und GbR, § 44b WPO
  Die Wirtschaftsprüfer können in der einfachen Partnerschaft/GbR ohne Anerkenntnis als Berufsausübungsgemeinschaft ihren Beruf ausüben; § 54 WPO. Die Berufsträger bleiben die Wirtschaftsprüfer und sind versichert oder können sich in der Versicherung der nicht anerkannten Partnerschaft/GbR mitversichern, siehe § 1 Rn. 347. Die Mindestversicherungssumme beträgt für jeden einzelnen Wirtschaftsprüfer bei Aufnahme einer Prüfertätigkeit mindestens 1 Mio EUR, mind. 4-fach, § 54 Abs. 4 WPO. Gleiches gilt für die GbR.
- anerkannte Partnerschaftsgesellschaft
  Die anerkannte Partnerschaftsgesellschaft ist die Berufsträgergesellschaft, § 27 Abs. 1 WPO. Sie ist Versicherungsnehmerin; § 54 WPO. Die Mindestversicherungssumme beträgt für die Gesellschaft bei Aufnahme einer Prüfertätigkeit mindestens 1 Mio EUR, mind. 4-fach, § 54 Abs. 4 WPO. Die Versicherungspflicht des einzelnen Wirtschaftsprüfers entfällt, da die Personengesellschaft als anerkannte Berufsgesellschaft selbst versicherungspflichtig ist.[490]
- Partnerschaftsgesellschaft mit beschränkter Berufshaftung.
  Die Partnerschaftsgesellschaft mit beschränkter Berufshaftung kann anerkannt sein nach § 27 Abs. 1 WPO oder nicht. Für beide Organisationsformen gilt: Zur Beschränkung der Haftung auf das Gesellschaftsvermögen muss die Gesellschaft als Versicherungsnehmerin eine Berufshaftpflichtversicherung vorweisen, § 8 Abs. 4 PartGG, § 54 Abs. 1 Satz 2 WPO. Die Mindestversicherungssumme beträgt 1 Mio EUR, mind. 4-fach, § 54 Abs. 4 WPO. Die Versicherungspflicht des einzelnen Wirtschaftsprüfers entfällt in der anerkannten PartmbB. In der nicht anerkannten PartmbB gilt die Regelung wie in der einfachen nicht anerkannten Partnerschaft. Der Prüfer kann sich mitversichern, benötigt aber wiederum für die Aufrechterhaltung der eigenen Praxis eine Versicherungsbestätigung, siehe dazu im Einzelnen § 1 Rn. 350.

3. Freie Mitarbeiter

354 Die WP/vBP, die als freie Mitarbeiter für die Gesellschaft tätig sind, benötigen eine eigene Berufshaftpflichtversicherung. Sie treten gegenüber ihrem Auftraggeber im eigenen Namen, auf eigene Rechnung und auf eigenes Risiko auf. Sie sind damit in eigener Praxis tätig und selbst versicherungspflichtig. Dies ist die gleiche Regelung wie bei Anwälten, die gleichfalls als freie Mitarbeiter eine eigene Berufshaftpflichtversicherung benötigen, § 51 BRAO.

490 WPK Magazin Sonderausgabe 2016, 35f zu den Änderungen durch das APAREG.

§ 2 Vorwärts- und Rückwärtsversicherung

I. Vorwärtsversicherung

Die Vorwärtsversicherung umfasst die Folgen aller vom Beginn des Versicherungsschutzes an (§ 3) bis zum Ablauf des Vertrages begangener Verstöße.

II. Rückwärtsversicherung

1. Versicherungsumfang
[1]Die Rückwärtsversicherung bietet Versicherungsschutz für in der Vergangenheit begangene Verstöße. [2]Bei Antragstellung ist die rückwärts zu versichernde Zeit nach Anfangs- und Endzeitpunkt zu bezeichnen.

2. Kein Versicherungsschutz bei bekanntem Verstoß
Hat der Versicherungsnehmer oder eine mitversicherte Person bei Abgabe der Vertragserklärung davon Kenntnis, dass ein Verstoß schon begangen wurde, ist der Versicherer nicht zur Leistung verpflichtet.

III. Verstoßzeitpunkt bei Unterlassung

Wird ein Schaden durch fahrlässige Unterlassung verursacht, gilt im Zweifel der Verstoß als an dem Tag begangen, an welchem die versäumte Handlung spätestens hätte vorgenommen werden müssen, um den Eintritt des Schadens abzuwenden.

Übersicht

https://doi.org/10.1515/9783111396415-004

A. Übersicht

1 I regelt den Grundfall der Vorwärtsversicherung. Versichert sind alle Verstöße, die in den versicherten Zeitraum fallen, unabhängig davon, wann der Anwalt den Versicherungsfall meldet. Das Verstoßprinzip enthält in I die unbegrenzte Nachmeldefrist wie sie §§ 51, 59n BRAO vorschreibt.

II regelt die Rückwärtsversicherung für Berufsfehler, die zeitlich vor dem formalen Vertragsbeginn liegen. II Ziff. 1 beinhaltet als Voraussetzung des Versicherungsschutzes, dass die Verstöße nicht bekannt sein dürfen und dass die Rückwärtsversicherung genau datiert sein muss. II Ziff. 2 definiert, wann Kenntnis eines Verstoßes vorliegt.

III regelt den Verstoßzeitpunkt, wenn der Anwalt nicht aktiv gehandelt hat, sondern eine Handlung unterlassen hat. Maßgeblich ist der Tag, an welchem die versäumte Handlung spätestens hätte vorgenommen werden müssen, um den Eintritt des Schadens abzuwenden.

B. Vorwärtsversicherung, I

I. Unbegrenzte Nachmeldefrist, I

2 Nach §§ 51, 59o BRAO muss die Berufshaftpflichtversicherung alle Verstöße umfassen, die sich während seiner Berufstätigkeit ergeben. Der Anwalt ist für diese Verstöße versichert, gleich wann er sie meldet. Dies bezeichnet man als zeitlich unbegrenzte Nachmeldefrist. Im Rahmen der Pflichtversicherung ist eine Einschränkung nicht möglich. Zu beachten ist § 113 Abs. 3 VVG: Die Vorschriften der Pflichtversicherung sind auch insoweit anzuwenden, als der Versicherungsvertrag eine über die vorgeschriebenen Mindestanforderungen hinausgehende Deckung gewährt. Wenn der Versicherer eine zeitlich begrenzte Nachmeldefrist, z.B. 5 Jahre außerhalb der Pflichtversicherung vereinbart, sollte er einen zweiten Versicherungsvertrag abschließen. Andernfalls besteht die Gefahr, dass die Begrenzung unwirksam ist.[1] Üblich ist dies jedoch nicht. Siehe auch zu der Anwendung der Pflichtversicherungsregeln § 18 Rn. 8.

3 Bei Objektdeckungen/Projektdeckungen gilt das Gleiche. In Höhe der Pflichtversicherung ist eine Begrenzung der Nachmeldefrist unwirksam, darüber hinaus ist eine Begrenzung möglich. Die Begrenzung muss einer Inhaltskontrolle standhalten. Wenn die Objektdeckung hinter den Versicherungsschutz der laufenden Stammdeckung zurückfällt, kann die Klausel überraschend und deshalb unwirksam sein, siehe zu Objektdeckung und Nullstellungsklausel Einleitung Rn. 49. Wenn der Versicherer jedoch ausdrücklich auf die Klausel hinweist, dürfte sie wirksam vereinbart sein. Sie ist dann nicht überraschend.

4 § 117 Abs. 2 VVG regelt die Nachhaftung. Sie ist nicht zu verwechseln mit der unbegrenzten Nachmeldefrist. Nach § 117 Abs. 2 VVG ist der Versicherer nicht sofort ab dem Zeitpunkt gegenüber dem Dritten leistungsfrei, wenn das Versicherungsverhältnis nicht mehr besteht oder es geendet hat, sondern erst nach einem Monat. Dies bezeichnet man als Nachhaftungsfrist. Für Verstöße, die in diesen Zeitraum fallen, hat der Versicherer zusätzlich trotz Beendigung des Vertrages Schadensersatz zu leisten. Die Frist beginnt gegenüber dem Dritten mit dem Ablauf eines Monats, nachdem der Versicherer diesen Umstand der hierfür zuständigen Stelle angezeigt. Zuständige Stelle ist bei den wirtschaftsberatenden Berufen die jeweilige Berufskammer, § 51 Abs. 7 BRAO, § 56 Abs. 1 DVStB und § 6 WPBHV, was nicht gilt, wenn eine zuständige Stelle iSd § 113 VVG fehlt wie bei den nur versicherten, aber nicht zugelassenen Berufsausübungsgesellschaften, siehe dazu § 16 Rn. 2. Die Regelung dient dazu, den Dritten als Verbraucher zu schützen und die Berufskammern können gegen die unversicherte Berufstätigkeit vorgehen. Nach Fristablauf sind alle Verstöße, die der Berufsträger begeht, nicht mehr versichert. Dies gilt selbstverständlich auch für nachvertragliche Pflichtverstöße, wie z.B. Verletzung der Verschwiegenheit. Eine Nachhaftung kann sich auch daraus ergeben, dass der Anwalt es versäumt gegenüber den Mandanten klarzustellen, dass er nicht mehr Sozius/Gesellschafter ist. Wenn er beispielsweise

1 Prölss/Martin/*Knappmann* § 113 Rn. 12.

noch als Scheinsozius auf dem Briefbogen erscheint, haftet er weiterhin nach § 728b Abs. 1 BGB in einer GbR oder einfachen Partnerschaft. Nach Kundgabe haftet er noch 5 Jahre für Verstöße bei Mandatsverträgen, die vor seinem Ausscheiden geschlossen wurden, siehe bei Austritt zur Haftung § 1 Rn. 242 ff und zum Versicherungsschutz § 1 Rn. 314 ff.

II. Zeitpunkt des Verstoßes

1. Bedeutung

5 Die Feststellung des Zeitpunkts des Verstoßes ist wichtig für
- § 1 I: die Eintrittspflicht des Versicherers
- § 5 II: Obliegenheiten im Versicherungsfall
- § 3 II Ziff. 2: Serienschadenklausel; Vorliegen eines einzigen Versicherungsfalls oder mehrerer Versicherungsfälle
- Eintrittspflicht welches Versicherers, wenn ein Wechsel stattgefunden hat
- Versicherungsumfang zum Zeitpunkt des Verstoßes

6 Der Versicherer hat mit der Schadenmeldung festzustellen, zu welchem Zeitpunkt der Versicherungsnehmer den Verstoß begangen hat. Unerheblich ist, wann der Anwalt den Verstoß meldet oder wann er vom Verstoß Kenntnis hatte aufgrund der unbegrenzten Nachmeldefrist. Der Versicherungsschutz besteht auch dann, wenn der Anwalt die Berufsausübungsgesellschaft verlassen hat, seinen Versicherungsvertrag gekündigt hat, den Versicherer gewechselt hat oder seine Zulassung zurückgegeben hat. Anders grundsätzlich beim claims-made-Prinzip, bei dem es darauf ankommt, dass der Schaden im Vertragszeitraum gemeldet wird. Beim claims-made-Prinzip ist es aber regelmäßig möglich, eine Nachmeldefrist zu vereinbaren, siehe zu den unterschiedlichen triggern claims-made und Verstoßprinzip § 1 Rn. 17 ff. Der Zeitpunkt des Verstoßes bestimmt, welchen Versicherungsschutz der Versicherungsnehmer für den aktuellen Schadenfall hat, insbesondere Versicherungssumme und materieller Umfang der Versicherungsleistung. Aufgrund des erheblichen Zeitraums, der zwischen der schadenverursachenden Handlung und dem Eintritt des Schadens als Spätschadenrisiko liegen kann, ist regelmäßig der Versicherungsumfang bei Verstoß und Schadeneintritt nicht identisch. Wenn der Versicherungsnehmer Kenntnis vom Versicherungsfall hat, besteht die Obliegenheit dem Versicherer die Umstände anzuzeigen, § 5 II Ziff. 1. Es handelt sich um eine Obliegenheit, deren Verletzung zur Leistungskürzung oder Leistungsfreiheit führen kann, § 6 I, II. Der Versicherungsnehmer darf nicht auf die Geltendmachung oder sogar Schadeneintritt für die Meldung warten. Er hat bei möglicher Kenntnis eines Fehlverhaltens dem Versicherer Anzeige zu erstatten, damit dieser frühzeitig sein Leistungsversprechen erfüllen kann. Die AVB-RS enthalten keine Regelung, welcher Versicherer eintrittspflichtig ist, wenn nach einem Versichererwechsel der Verstoßzeitpunkt unklar ist.[2] Fälle sind nicht bekannt, bei denen zulasten des Anwalts sich die Versicherer über den Zeitpunkt des Versicherers uneins waren. Auch die D&O-Musterversicherungsbedingungen und die üblichen D&O-Bedingungen sehen nicht vor, dass der besitzende Versicherer bei strittigen Fällen die Schäden übernimmt. Beim claims-made-Prinzip mit Nachhaftungsvereinbarungen sind bei einem Versichererwechsel sogar noch eher Fälle möglich, bei denen nicht klar ist, wer die Leistung zu übernehmen hat.

2. Feststellung des Zeitpunkts

7 Nach § 100 VVG ist der Versicherer verpflichtet zu leisten, wenn der Versicherungsnehmer verantwortlich ist für eine während der Versicherungszeit eingetretene Tatsache, die der Dritte geltend

2 Anders die R+V Versicherung in Punkt 2.5. AVB-P: Wenn bei einem Unterlassen der Verstoßzeitpunkt unklar ist, bietet die R+V Versicherungsschutz während der Laufzeit zu ihrem Vertrag.

macht. Das VVG lässt die Definition des Versicherungsfalls offen.[3] § 1 iVm § 51 BRAO definiert den Versicherungsfall als beruflichen Verstoß. § 2 legt den Zeitpunkt fest, ab wann und wie lange der Versicherungsschutz für einen Verstoß besteht. Der Verstoß selbst ist nicht näher definiert. Der Verstoß kann sowohl in einem Tun als auch in einem Unterlassen liegen.

8 **a) Kausalkette.** Grundsätzlich gilt als maßgeblicher Verstoß das erste Fehlverhalten, das in unmittelbarer Kausalkette zu dem Schaden geführt hat.[4] Dabei bleibt es auch dann, wenn der Anwalt die Möglichkeit und die Rechtspflicht hatte, den Fehler zu berichtigen und seine schädlichen Auswirkungen abzuwenden. Man stellt nicht auf die letzte Möglichkeit ab, bei der der Anwalt noch den Fehler beseitigen hätte können. Das sich fortlaufend wiederholende Nichterkennen des ersten und für den Versicherungsfall relevanten Verstoßes stellt keinen neuen Verstoß dar. Es liegt kein neuer selbständiger Versicherungsfall vor. Es handelt sich um unselbständige Ursachen.

9 Bei einem aktiven Handeln kommt es auf den frühestmöglichen Zeitpunkt des möglichen Fehlverhaltens an. Bei einem positiven Tun ist die erste Handlung maßgeblich, die die Kausalkette in Gang setzt. Schwierigkeiten bereiten die Fälle, wenn mehrere Pflichtverletzungen am Ende oder eine Kombination aus einem aktiven Tun und einer Unterlassung zum Schaden geführt haben. Der Zeitpunkt kann die erste Schadenursache sein oder die letzte Abwendungsmöglichkeit. Das Setzen der ersten Schadenursache bleibt auch dann der Verstoßzeitpunkt, wenn der Berufsträger nach dem ersten maßgeblichen Verstoß die Möglichkeit gehabt hätte, ihn im weiteren Verlauf zu berichtigen und damit seine schädliche Auswirkung abzuwenden. Das spätere Unterlassen den Fehler zu korrigieren und damit eigentlich erst den Schadeneintritt zu bewirken ist kein neues, eine Leistungspflicht des nachfolgenden Versicherers auslösendes Kausalereignis.[5] Dies gilt ebenfalls, wenn der Versicherungsnehmer bei einem Versichererwechsel es versäumt hat beim Vorversicherer einen Leistungsanspruch geltend zu machen. Das Versäumnis und der dann beim Vorversicherer nicht regulierte Schaden ist kein Versicherungsfall für den nachfolgenden Versicherer. Es handelt sich um die Fortentwicklung der Schadenskette, die durch den ursprünglichen Verstoß und den Verlust der Ansprüche gegen den Vorversicherer in Gang gesetzt wurde.[6]

10 **b) Selbständige und unselbständige Verstöße.** Wenn selbständige Verstöße vorliegen, die eine eigene Schadenskette in Gang setzen, liegen auch selbständig zu regulierende Schadenfälle vor. Der Versicherer leistet für jeden einzelnen selbständigen Verstoß, der Selbstbehalt fällt jedes Mal an. Dagegen hat der Versicherer bei weiteren unselbständigen Verstößen nur einmal zu leisten, der Selbstbehalt fällt aber nur einmal an. Ein selbständiger Verstoß im Sinne einer Handlung oder Unterlassung, der eine neue Kausalkette in Gang setzt, liegt vor, wenn der Berufsträger erneut hätte handeln müssen und diese Handlung notwendig und erforderlich gewesen wäre. Es muss eine besondere Handlungspflicht bestehen. Dies kann ein gerichtlicher oder behördlicher Hinweis sein.[7] Eine erneute nachfolgende Prüfung und Entscheidung ist dann der entscheidende selbständig zu behandelnde Verstoß. Auch ein späteres Unterlassen ist als selbständiger Verstoß zu bewerten.[8]

11 Bei steuerlichen Dauermandaten mit wiederkehrenden Leistungen sieht die Rspr. eine Pflicht jeweils gesondert zu prüfen vor. Wenn der Anwalt über mehrere Jahre die Steuererklärung des Mandanten bearbeitet und ihn unterjährig auch im Steuerrecht berät, liegt jeweils für jedes Jahr ein einzelner Verstoß vor, auch wenn sich der Fehler des Anwalts wiederholen sollte. Ein Steuerbe-

3 BT-Drucks. 16/3945, 85.
4 BGH VersR 1970, 825, 826; OLG Hamm VersR 2001, 633.
5 OLG Nürnberg VersR 1994, 1462.
6 OLG München VersR 1996, 1008.
7 *Diller* § 2 Rn. 13.
8 BGH VersR 1970, 247.

rater, der in mehreren aufeinanderfolgenden Jahren bei Abgabe der Jahressteuererklärung seinen Mandanten nicht darauf hinweist, dass wegen einer neben der freiberuflichen Tätigkeit ausgeübten gewerblichen Tätigkeit die gesamte Tätigkeit gewerbesteuerpflichtig ist, begeht mehrere Verstöße. Es liegen damit mehrere Versicherungsfälle vor.[9] Ein Steuerberater, der jeweils Einkünfte aus einem Einzelhandelsunternehmen zur Gewerbesteuer anmeldet, obwohl keine Gewerbesteuerschuld besteht, begeht bei jeder einzelnen jährlichen Gewerbesteueranmeldung einen Verstoß. Es liegen mehrere Versicherungsfälle vor. Das Unterlassen ein Rechtsmittel gegen den fehlerhaften Steuerbescheid einzulegen, ist kein neuer oder weiterer Versicherungsfall. Beim Wechsel des Haftpflichtversicherers des Steuerberaters ist der neue Haftpflichtversicherer nur für diejenigen fehlerhaften Gewerbesteueranmeldungen des Steuerberaters eintrittspflichtig, die in seine Versicherungszeit fallen.[10]

c) Serienschaden. Wenn mehrere Versicherungsfälle durch formal gleichartige Verstöße vorliegen, 12
kommt ein Serienschaden in Betracht, § 51 Abs. 2 BRAO, § 3 II Ziff. 2. Bei der Anwaltstätigkeit kommt ein Serienschaden weniger häufig vor als bei anderen wirtschaftsberatenden Berufen, da der Anwalt individuell berät, auch wenn es sich um den formal gleichen Sachverhalt handelt. Anders bei der Beratungstätigkeit im Zusammenhang mit Finanzanlagen. Wirtschaftsprüfer/Steuerberater erstellen die Prospekte für Finanzanlagen. Es liegt nur ein Versicherungsfall mit einer einmaligen Versicherungssumme vor, unabhängig von der Zahl der geschädigten Anleger.[11] Bei Treuhandverträgen bei Bauherrenmodellen liegen mehrere Versicherungsfälle und kein Serienschaden vor. Für jeden Geschädigten besteht der Versicherungsschutz, da die Geschädigten getrennt voneinander gehandelt haben und einzeln beraten wurden.[12] Zum Serienschaden § 3 Rn. 57 ff.

C. Rückwärtsversicherung, II

Die Rückwärtsversicherung bietet Versicherungsschutz gegen die in der Vergangenheit vorgekom- 13
menen Verstöße. Der Versicherungsschutz beginnt vor dem Zeitpunkt des Vertragsschlusses, entsprechend der Legaldefinition in § 2 VVG. Voraussetzung ist, dass der Anwalt oder die versicherten Personen keine Kenntnis von Verstößen hatten. Um Rechtssicherheit zu erhalten, ist das Datum in der Vergangenheit, ab wann die Rückwärtsversicherung beginnt und das Enddatum in die Versicherung aufzunehmen, II Satz 2.

I. Versicherungsumfang der Rückwärtsversicherung, II Ziff. 1

1. Versicherungsschutz

Den Versicherungszeitraum gliedert man in den materiellen, formellen und technischen Zeitraum. 14
Der materielle Zeitraum, ist die Zeitspanne, in der der Versicherer haftet. Der formelle Zeitraum umfasst den Beginn und das Ende des Vertragsverhältnisses. Der materielle ist weiter als der formelle Versicherungszeitraum, da die unbegrenzte Nachmeldefrist besteht. Der technische Zeitraum ist die Zeit, in der der Versicherungsnehmer die Prämien zu zahlen hat.[13] Bei der Rückwärtsversicherung vereinbaren die Vertragspartner, dass der Versicherer vor dem eigentlichen Versicherungsbeginn Deckung bietet.

9 BGH VersR 1991, 873.
10 OLG Saarbrücken VersR 1991, 457.
11 LG München I GI 1992, 80 mit Anm. *Gräfe*.
12 LG Köln DB 1988, 2093.
13 Prölss/Martin/*Armbrüster* § 2 Rn. 2 ff.

15 Die Vertragspartner müssen die Rückwärtsversicherung gesondert vereinbaren. Wenn der Vertragsbeginn vor dem Vertragsschluss liegt, ist ohne weiteres eine Rückwärtsversicherung mit einem in der Vergangenheit anzunehmenden materiellen Haftungszeitpunkt des Versicherers anzunehmen, §§ 133, 157 BGB. Der Versicherungsnehmer will in der Regel erkennbar eine echte Rückwärtsversicherung iS von § 2 Abs. 1 VVG aF. VVG beantragen, wenn er einen Zeitpunkt als Versicherungsbeginn angibt, der vor dem des (voraussichtlichen) Vertragsschlusses, also der Vertragsannahme durch den Versicherer, oder gar vor dem des Versicherungsantrages, liegt.[14] An den Einbezug sind keine engen Grenzen zu setzen. Versicherungsschutz besteht für alle Verstöße, die in den rückwärts versicherten Zeitraum fallen. Da keine Pflichtversicherung vorliegt, ist eine Begrenzung der Nachmeldefrist denkbar. Absolut üblich ist aber, dass die Nachmeldefrist wie bei der Vorwärtsversicherung unbegrenzt ist. Die Rückwärtsversicherung entspricht im Versicherungsumfang einer Vorwärtsdeckung nach den AVB-RS. Die Vertragsparteien müssen grundsätzlich zumindest die Versicherungssumme vereinbaren. Die Jahreshöchstleistung beträgt das Zweifache der vereinbarten Versicherungssumme, § 14, soweit die Vertragspartner nichts Abweichendes regeln.

2. Bedarf für eine Rückwärtsversicherung

16 Bedarf für eine Rückwärtsversicherung besteht, wenn die in der Vergangenheit vereinbarte Versicherungssumme nicht ausreichend ist, insbesondere gilt dies bei Notaren. Es kann sein, dass das Mandatsverhältnis sich weiterentwickelt und das Risiko sich erhöht hat. Ein eher seltener Grund ist, dass die Versicherungssumme für das entsprechende Verstoßjahr in der Vergangenheit annähernd oder sogar bereits erschöpft ist. Um Versicherungsschutz zu erhalten, muss der Anwalt eine Rückwärtsversicherung abschließen. Die Prämienberechnung erfolgt in der Regel anhand der Vorwärtsversicherung. Der risikoträchtigste Zeitraum ist vom gegenwärtigen Zeitpunkt aus gesehen der des ersten Jahres der Vergangenheit. Für alle weiteren zurückliegenden Jahre wird das Risiko nach und nach geringer, so dass für immer weiter zurückliegende Jahre auch eine geringere Prämie anfällt. Der Versicherungsnehmer zahlt dabei keine jährliche Prämie, sondern eine Einmalprämie für alle Jahre. Um das Risiko zu minimieren, bietet man die Rückwärtsdeckung meist nur in der Höhe an, in der bereits die Vorwärtsversicherung besteht.

17 Ein besonderer Bedarf besteht, wenn der Berufsträger mit der Zahlung seiner Folgeprämien in Verzug ist und der Versicherer qualifiziert gemahnt hat. Der Versicherer kann fristlos kündigen, § 38 Abs. 3 VVG. Die fristlose Kündigung ist unwirksam, wenn der Berufsträger zahlt, und zwar innerhalb eines Monats nach der Kündigung oder bei Fristbestimmung innerhalb eines Monats nach Fristablauf. Der Versicherer muss wieder Versicherungsschutz bieten, der aber nur für zukünftige Verstöße ab der späteren Zahlung gilt. Kein Versicherungsschutz besteht für die in der Vergangenheit zwischen Fristablauf und vor Zahlung begangenen Verstöße. Um den gesetzlichen Anforderungen nach § 51 BRAO zu entsprechen, ist der Anwalt verpflichtet eine Rückwärtsversicherung abzuschließen. Für diese Fälle bieten die Versicherer schon vorformuliert eine Rückwärtsversicherung an, die mindestens dem gesetzlichen Mindestumfang entspricht.

18 Eine Rückwärtsversicherung ist erforderlich, wenn der Anwalt ohne eigenen Berufshaftpflichtversicherungsvertrag tätig gewesen ist. Dies kann aufgrund des Zeitpunkts zwischen Tätigkeit und Zulassung passieren. Die Versicherer gewähren nach außen hin in ihrer Bestätigung unbedingten Versicherungsschutz, auch für bekannte Verstöße. Der Versicherungsschutz ist aber im Innenverhältnis zwischen Versicherer und dem Anwalt auf Verstöße begrenzt, die dem Anwalt bis zum Abschluss der Versicherung nicht bekannt sind. Die Einschränkung im Innenverhältnis widerspricht nicht § 51 BRAO, da der Versicherer nicht verpflichtet ist, bekannte Verstöße zu decken.

14 BGH NJW 1982, 2776, 2778.

II. Kein Versicherungsschutz bei Kenntnis des Verstoßes, II Ziff. 2

Der Versicherungsschutz entfällt für die Rückwärtsversicherung bei Kenntnis des Verstoßes.

1. Begriff Kenntnis

Der Berufsträger hat keinen Versicherungsschutz für Verstöße, die dem Versicherungsnehmer 19 oder den versicherten Personen bei Abgabe der Vertragserklärung bekannt waren. Die Regelung entspricht § 2 Abs. 2 VVG. Die Vertragserklärung ist in der Regel der Antrag des Anwalts für seine Berufshaftpflichtversicherung. Damit sind auch die Verstöße versichert, die zwischen dem Antrag durch den Versicherungsnehmer und dem endgültigen Vertragsschluss durch den Versicherer liegen. Kein Versicherungsschutz besteht aber, wenn der Berufsträger Kenntnis erlangt, bevor die Vertragserklärung beim Versicherer zugegangen ist.[15] Wenn der Makler den Antrag beim Versicherer nach Kenntnis eines Versicherungsfalls abgibt, hat der Berufsträger keinen Versicherungsschutz. Erst wenn der Berufsträger tatsächlich den Antrag nicht mehr beeinflussen kann, schadet eine Kenntnis nicht mehr.

Kenntnis bedeutet positive Kenntnis vom Verstoß. Fahrlässige Unkenntnis genügt nicht. Wenn 20 er arglistig handelt, besteht ebenfalls positive Kenntnis.[16] Der Berufsträger muss Kenntnis haben, dass das Ereignis einen Versicherungsfall bedeutet. Bei Anwälten genügt nicht, dass möglichweise ein Verstoß vorliegt. Der Anwalt muss wissen, dass er z.B. eine Frist versäumt hat und sich hieraus Schadensersatzansprüche ergeben, weil er eine Forderung seines Mandanten nicht mehr gerichtlich durchsetzen kann. Nicht erforderlich ist, dass der Anwalt seinen Verstoß als Versicherungsfall mit einer Leistungspflicht des Versicherers verbindet. Ausreichend ist, wenn er die Tatsachen kennt und sie als Berufsfehler wertet. Inwieweit die Kenntnis vorliegt, ist im Einzelfall auch zwischen den jeweiligen Interessen des Versicherers keinen bekannten Schadenfall zu versichern und dem Anwalt an einem lückenlosen Deckungsschutz zu entscheiden. Um Klarheit zu schaffen, lassen die Versicherer zuweilen Unbedenklichkeitserklärungen unterzeichnen. In der D&O-Versicherung mit claims-made-Prinzip ist dies aufgrund der Rückwärtsdeckung als „warranty statement" üblich. Der Versicherer will keinen bestehenden Schadenfall versichern. Für eine Versicherung eines möglichen Schadenfalls muss der Versicherer ausdrücklich einen bekannten Schadenfall decken wollen. Das gilt auch dann, wenn sie mit einer Vorwärtsversicherung verbunden ist. Andernfalls sind das Risiko und die entsprechende Prämienkalkulation nicht mehr möglich.[17] Daran ändert sich auch nichts, wenn bei einer Vorwärtsversicherung mit hoher Prämie die Rückwärtsversicherung mit einem bekannten Schadenfall nicht ins Gewicht fällt. Es gilt der Grundsatz, dass „brennende Häuser" nicht versicherbar sind.

2. Zurechnung der Kenntnis

II Ziff. 2 umfasst auch die mitversicherten Personen, bei denen die Kenntnis des Versicherungsfalls 21 dazu führt, dass der Versicherungsschutz ausgeschlossen ist. Die Regelung ist speziell zu den Zurechnungsregelungen in § 1 II Ziff. 1 für die Berufsausübungsgesellschaften. II Ziff. 2 bedeutet: Wer in den Versicherungsschutz einbezogen ist, dessen Kenntnis ist schädlich für ihn und alle anderen. Dies sind die Gesellschafter und Scheingesellschafter der Kanzlei und die angestellten Anwälte oder sonstigen mitversicherten Personen.

---

15 BGH VersR 2000, 1133, 1134.

16 KG VersR 2011, 993, 994.

17 Anders *Klimke* VersR 2005, 598 f.

D. Verstoßzeitpunkt bei Unterlassen, III

22 Bei unterlassenen Handlungen gilt gem. III im Zweifel der Zeitpunkt als Verstoßzeitpunkt, an welchem die versäumte Handlung hätte spätestens vorgenommen werden müssen, um den Eintritt des Schadens abzuwenden.

I. Abgrenzung zu aktivem Tun, gedehnter Versicherungsfall

23 Die Abgrenzungsproblematik zum aktiven Tun tritt beim sog. gedehnten Versicherungsfall auf. Wesensmerkmal eines gedehnten Versicherungsfalls ist die Fortdauer des mit seinem Eintritt geschaffenen Zustandes über einen mehr oder weniger langen Zeitraum. Es geht nicht darum, dass der Versicherungsfall schrittweise eintritt.[18] Beim gedehnten Versicherungsfall setzt regelmäßig die erste Handlung die Kausalkette in Gang, während beim Unterlassen die letzte Handlungsmöglichkeit zählt. Ergebnis sind unterschiedliche Verstoßzeitpunkte, entweder aktives Tun am Anfang oder das Unterlassen am Ende der Kausalkette. Es ist nicht deskriptiv, sondern normativ zu urteilen. Maßgeblich ist der Schwerpunkt des Fehlverhaltens. In einer nicht alle wesentlichen Aspekte umfassenden Beratung eines Steuerberaters liegt ein Pflichtverstoß durch positives Tun und nicht durch Unterlassen.[19] Wenn der Großteil des vorwerfbaren Verhaltens im aktiven Tun liegt, ist dies der Verstoß, ansonsten das meist spätere Unterlassen. Beispielsweise, wenn der Anwalt eine Frist falsch berechnet. Der Anwalt trägt den 31. August statt 31. Juli in sein Fristenbuch ein – aktives Tun. Deshalb versäumt er am 31. August die Frist – Unterlassen. Wenn der Anwalt eine Frist versäumt, ist der letzte Tag, an dem der Anwalt die Frist hätte wahren können, der maßgebliche Verstoßzeitpunkt – der 31. August.

II. Auslegungsregel

24 Eine Auslegungsregel bietet III. Wird ein Schaden durch fahrlässige Unterlassung verursacht, gilt im Zweifel der Verstoß als an dem Tag begangen, an welchem die versäumte Handlung spätestens hätte vorgenommen werden müssen, um den Eintritt des Schadens abzuwenden. Bei einer Vermögensschadenhaftpflichtdeckung ist der Zeitpunkt des Unterlassens danach derjenige, an dem die vertraglich geschuldete Leistung noch letztmalig den Schaden hätte abwenden können.[20] Der den Versicherungsfall auslösende Verstoß durch den Anwalt ist erst dann vollendet, wenn die Folgen unwiderruflich vollendet sind. Bei fahrlässigem Unterlassen des Anwalts ist hypothetisch festzustellen, wann der Anwalt spätestens den Schaden noch hätte vermeiden können, wenn er noch gehandelt hätte.[21] Man stellt auf den letztmöglichen Zeitpunkt in der Kausalkette ab. Zuvor ist jedoch wie oben beschrieben zwischen dem aktiven Tun und Unterlassen nach dem Schwerpunkt abzugrenzen, erst dann ist die Auslegungsregel anwendbar. Des Weiteren gilt, dass nicht zuvor ein selbständiger Verstoß dazwischen liegen darf, der einen eigenständigen Versicherungsfall auslöst. Die Auslegungsregel ist erst dann heranzuziehen, wenn sich ein früherer Verstoßzeitpunkt durch Unterlassen nicht eindeutig feststellen lässt.[22] Für die Definition der Fahrlässigkeit ist der allgemeine zivilrechtliche Rechtsbegriff maßgeblich und nicht ein spezieller Begriff oder Maßstab aus dem Versicherungsrecht oder einer einzelnen Versicherungssparte.[23]

---

18 BGH NJW 1989, 3019, 3020; *Bultmann* VersR 1994, 401, 404.
19 KG VersR 2009, 1350 LS 1.
20 LG Berlin VersR 1995, 330 zur Deckungspflicht des Versicherers für einen Hausverwalter.
21 OGH Österreich VersR 1995, 75.
22 KG VersR 2009, 1350 LS 3.
23 BGH VersR 2001, 985, 986.

§ 3 Beginn und Umfang des Versicherungsschutzes

I. Beginn des Versicherungsschutzes

1. Beginn
Der Versicherungsschutz beginnt an dem im Versicherungsschein angegebenen Zeitpunkt, sofern der Versicherungsnehmer die erste oder einmalige Prämie zusammen mit den angegebenen Kosten und etwaigen öffentlichen Abgaben rechtzeitig gemäß § 8 I Ziff. 1 zahlt.

2. Beginn bei späterer Prämienforderung
Wird die erste Prämie erst nach dem als Beginn der Versicherung festgesetzten Zeitpunkt gefordert, dann aber ohne Verzug bezahlt, beginnt der Versicherungsschutz mit dem vereinbarten Zeitpunkt.

II. Umfang des Versicherungsschutzes

1. Abwehrschutz und Freistellung
Der Versicherungsschutz umfasst die Abwehr unberechtigter Schadenersatzansprüche und die Freistellung des Versicherungsnehmers von berechtigten Schadenersatzverpflichtungen.
a) Berechtigt sind Schadenersatzverpflichtungen dann, wenn der Versicherungsnehmer aufgrund Gesetzes, rechtskräftigen Urteils, Anerkenntnisses oder Vergleichs zur Entschädigung verpflichtet ist und der Versicherer hierdurch gebunden ist.
b) Anerkenntnisse und Vergleiche, die vom Versicherungsnehmer ohne Zustimmung des Versicherers abgegeben oder geschlossen worden sind, binden den Versicherer nur, soweit der Haftpflichtanspruch auch ohne Anerkenntnis oder Vergleich bestanden hätte.
c) Der Versicherer ist bevollmächtigt, alle zur Beilegung oder Abwehr des Haftpflichtanspruchs ihm zweckmäßig erscheinenden Erklärungen im Namen des Versicherungsnehmers abzugeben.

2. Höchstbetrag der Versicherungsleistung
[1]Die Versicherungssumme stellt den Höchstbetrag der dem Versicherer – abgesehen vom den Kosten (siehe Ziff. 5) – in jedem einzelnen Versicherungsfall obliegenden Leistung dar und zwar mit der Maßgabe, dass nur eine einmalige Leistung der Versicherungssumme in Frage kommt:
a) gegenüber mehreren Entschädigungspflichtigen, auf welche sich der Versicherungsschutz erstreckt,
b) bezüglich eines aus mehreren Verstößen stammenden einheitlichen Schadens,
c) bezüglich sämtlicher Pflichtverletzungen bei der Erledigung eines einheitlichen Auftrags, mögen diese auf dem Verschulden des Versicherungsnehmers oder einer von ihm herangezogenen Hilfsperson beruhen.

[2]Weitere Bestimmungen zum Höchstbetrag der Versicherungsleistung enthalten die Besonderen Bedingungen.

3. Jahreshöchstleistung
[1]Die Leistungen des Versicherers können im Rahmen der gesetzlichen Bestimmungen begrenzt werden. [2]Weitere Bestimmungen zur Jahreshöchstleistung enthalten die Besonderen Bedingungen.

4. Selbstbehalt des Versicherungsnehmers
a) An der Summe, die vom Versicherungsnehmer aufgrund richterlichen Urteils oder eines vom Versicherer genehmigten Anerkenntnisses oder Vergleichs zu bezahlen ist (Haft-

https://doi.org/10.1515/9783111396415-005

pflichtsumme), wird der Versicherungsnehmer mit einem Selbstbehalt von 1.000 EUR beteiligt (Festselbstbehalt).

b) Bei Haftpflichtansprüchen aus Tätigkeiten im Zusammenhang mit der Beratung und Beschäftigung im außereuropäischen Recht oder der Tätigkeit vor außereuropäischen Gerichten wird der Versicherungsnehmer in jedem Schadenfall mit einem Selbstbehalt von 5.000 EUR beteiligt.

c) Abweichend von Ziff. 4 a) kann ein anderer gesetzlich zulässiger Selbstbehalt vereinbart werden.

d) [1]Ein Selbstbehalt ist jedoch ausgeschlossen, wenn bei Geltendmachung des Schadens durch einen Dritten die Bestellung bzw. Zulassung des Versicherungsnehmers erloschen ist. [2]Dies gilt auch, wenn Haftpflichtansprüche gegen die Erben erhoben werden. [3]Zudem entfällt in den ersten drei Jahren nach der Zulassung oder Bestellung als Berufsträger der Selbstbehalt, sofern kein abweichender Selbstbehalt vereinbart wurde. [4]Ziff. 4 d) gilt nicht für Berufsausübungsgesellschaften.

5. Prozesskosten

a) [1]Die Kosten eines gegen den Versicherungsnehmer anhängig gewordenen, einen gedeckten Haftpflichtanspruch betreffenden Haftpflichtprozesses sowie einer wegen eines solchen Anspruchs mit Zustimmung des Versicherers vom Versicherungsnehmer betriebenen negativen Feststellungsklage oder Nebenintervention trägt der Versicherer. [2]Sofern nicht im Einzelfall mit dem Versicherer etwas anderes vereinbart ist, werden die Rechtsanwaltskosten entsprechend den Gebührensätzen des RVG übernommen.

b) [1]Abweichend von § 101 VVG trägt der Versicherer die Gebühren und Pauschsätze entsprechend dem Streitwert des Haftpflichtanspruchs nach folgender Maßgabe: Der Versicherer trägt die Gebühren und Pauschsätze bis zu einem Streitwert in Höhe von 1 Mio EUR. [2]Aus einem Streitwert über 1 Mio EUR hinaus übernimmt der Versicherer die Gebühren und Pauschsätze nur dann, sofern die Versicherungssumme 1 Mio EUR übersteigt. [3]Der Versicherer trägt die Gebühren und Pauschsätze maximal aus demjenigen Streitwert, welcher der über 1 Mio EUR hinausgehenden Versicherungssumme entspricht. [4]Bei den nicht durch Pauschsätze abzugeltenden Auslagen tritt eine verhältnismäßige Verteilung auf Versicherer und Versicherungsnehmer ein.

c) Übersteigt der Haftpflichtanspruch nicht den Betrag des Selbstbehalts, treffen den Versicherer keine Kosten.

d) Sofern ein Versicherungsnehmer sich selbst vertritt oder durch einen Gesellschafter, Angestellten oder Mitarbeiter vertreten lässt, werden eigene Gebühren nicht erstattet.

6. Schäden mit Auslandsbezug

a) Bei der Inanspruchnahme vor ausländischen Gerichten ersetzt der Versicherer begrenzt auf seine Leistungspflicht Kosten höchstens nach der der Versicherungssumme entsprechenden Wertklasse nach deutschem Kosten- und Gebührenrecht, sofern nicht im Einzelfall mit dem Versicherer etwas anders vereinbart ist.

b) [1]Bei Haftpflichtansprüchen aus Tätigkeiten im Zusammenhang mit der Beratung und Beschäftigung im außereuropäischen Recht, der Tätigkeit oder aus der Inanspruchnahme vor außereuropäischen Gerichten gilt abweichend Folgendes:
[2]Aufwendungen des Versicherers für Kosten werden als Leistungen auf die Versicherungssumme angerechnet. [3]Kosten sind Anwalts-, Sachverständigen-, Zeugen- und Gerichtskosten, Aufwendungen zur Abwendung oder Minderung des Schadens bei oder nach Eintritt des Versicherungsfalles sowie Schadenregulierungskosten, auch Reisekosten, die dem Versicherer nicht selbst entstehen; dies gilt auch dann, wenn diese Kosten auf Weisung des Versicherers entstanden sind.

7. Sicherheitsleistung zur Abwendung der Zwangsvollstreckung
An der Sicherheitsleistung oder Hinterlegung, die zur Abwendung der zwangsweisen Beitreibung der Haftpflichtsumme zu leisten ist, beteiligt sich der Versicherer in demselben Umfange wie an der Ersatzleistung, höchstens jedoch bis zur Höhe der Versicherungssumme.

8. Leistungsbegrenzung bei gescheiterter Erledigung des Haftpflichtanspruchs oder Zurverfügungstellung der Versicherungsleistung
Falls die vom Versicherer verlangte Erledigung eines Haftpflichtanspruchs durch Anerkenntnis, Befriedigung oder Vergleich am Verhalten des Versicherungsnehmers scheitert oder falls der Versicherer seinen vertragsmäßigen Anteil zur Befriedigung des Geschädigten zur Verfügung stellt, hat der Versicherer für den von der Weigerung bzw. der Zurverfügungstellung an entstehenden Mehraufwand an Hauptsache, Zinsen und Kosten nicht aufzukommen.

9. Beratung im Vorfeld eines Versicherungsfalles
[1]Bestehen Zweifel über das Vorliegen eines Verstoßes, bietet der Versicherer Versicherungsschutz in Form einer vorsorglichen Rechtsberatung. [2]§ 5 II Ziff. 1 bleibt unberührt.

III. Sachschaden, Datenschäden, sonstige Schäden

1. Sachschäden
[1]Mitversichert sind Haftpflichtansprüche wegen Sachschäden an Akten, Schriftstücken und sonstigen beweglichen Sachen, die bei der Ausübung der versicherten beruflichen Tätigkeit für die Sachbehandlung in Betracht kommen, sofern hierfür kein anderweitiger Versicherungsschutz besteht. [2]Nicht versichert sind Haftpflichtansprüche wegen Sachschäden, die dadurch entstehen, dass Geld, Wertpapiere (mit Ausnahme von Wechseln), Wertsachen oder Schlüssel abhandenkommen.

2. Schäden im Zusammenhang mit Versicherungsverträgen
Nicht versichert sind Haftpflichtansprüche wegen Schäden, die dadurch entstehen, dass Versicherungsverträge nicht oder nicht ordnungsgemäß abgeschlossen, erfüllt oder fortgeführt werden.

3. Datenschäden
Mitversichert sind Haftpflichtansprüche wegen Sach- und Vermögensschäden im Zusammenhang mit der Ausübung der versicherten beruflichen Tätigkeit, die aus dem Verlust, der Veränderung oder der Nichtverfügbarkeit von Daten bei Dritten entstehen.

4. Sonstige Schäden
Mitversichert sind Haftpflichtansprüche im Zusammenhang mit der Ausübung der versicherten beruflichen Tätigkeit • wegen Schäden, die aufgrund der Verletzung einer Vorschrift zum Schutz vor Diskriminierung, insbesondere nach dem Allgemeinen Gleichbehandlungsgesetz (AGG) bei Mandanten entstehen,
- wegen Schäden, die durch Freiheitsentzug verursacht worden sind (z.B. Straf- oder Untersuchungshaft, Unterbringung),
- wegen immaterieller Schäden (z.B. Schmerzensgeld) bei Mandatsverhältnissen,
- wegen Schäden, die aus der Verletzung von Vorschriften der Datenschutzgesetze sowie aus der Verletzung beruflicher Geheimhaltungs- und Vertraulichkeitspflichten entstehen.

IV. Kumulsperre

[1]Unterhält der Versicherungsnehmer aufgrund zusätzlicher Qualifikationen weitere Versicherungsverträge (z.B. als Rechtsanwalt, Rechtsbeistand, Patentanwalt, Steuerberater, vereidigter Buchprüfer oder Wirtschaftsprüfer) und kann er für ein und denselben Verstoß Versicherungsschutz auch aus einem oder mehreren Versicherungsverträgen in Anspruch nehmen, begrenzt die Versicherungssumme des Vertrages mit der höchsten Versicherungssumme die Leistung aus allen Versicherungsverträgen; eine Kumulierung der Versicherungssummen findet nicht statt. [2]§ 78 Abs. 2 Satz 1 VVG gilt entsprechend.

Übersicht

A. Übersicht

§ 3 regelt Beginn und Umfang des Versicherungsschutzes und gesonderte versicherte Sachverhalte. 1

I regelt den Beginn des Hauptvertrages bei Zahlung der Erstprämie.

II regelt den Umfang des Versicherungsschutzes:

- II Ziff. 1 – Kernstück ist der Abwehrschutz und die Freistellungsverpflichtung, die näher umschrieben sind mit der für den Versicherer erforderlichen Schadenbearbeitungsvollmacht.
- II Ziff. 2 – Höchstleistung des Versicherers in einem Schadenfall mit der Definition eines Serienschadens, § 51 Abs. 2 BRAO.
- II Ziff. 3 – Höchstleistung des Versicherers pro Jahr mit Verweis auf die Besonderen Bedingungen der Anwälte und Steuerberater.
- II Ziff. 4 – Selbstbehalt des Versicherungsnehmers
- II Ziff. 5 – Kosten der Schadenabwehr wie Prozesskosten

- II Ziff. 6 – Auslandssachverhalte bei Rechtsanwälten und Steuerberatern
- II Ziff. 7 – Beteiligung des Versicherers an der Sicherheitsleistung zur Abwendung einer Zwangsvollstreckung
- II Ziff. 8 – verminderte Leistung des Versicherers, wenn die vom Versicherer verlangte Erledigung am Verhalten des Versicherungsnehmers scheitert
- Ziff. 9 – Beratungsleistung des Versicherers im Vorfeld eines Versicherungsfalles

III regelt den Versicherungsschutz bei Sachschaden, Datenschäden und sonstigen Schäden wie Schmerzensgeld oder immateriellen Schäden.

B. Vorläufige Deckung

I. Allgemeines

2 Für die Zulassung als Anwalt oder als Berufsgesellschaft ist die Versicherungsbestätigung erforderlich. Mit der vorläufigen Deckungsbestätigung schließt der Versicherer die zeitliche Lücke zwischen der Zulassung und der eigentlichen Deckung nach §§ 51, 59n BRAO. Die vorl. Deckung ist ein selbständiger Versicherungsvertrag entsprechend der Trennungstheorie, bei dem alle Regelungen des VVG gelten mit den Besonderheiten in §§ 49 bis 52 VVG.[1] Die vorl. Deckung ist unabhängig davon, ob die Berufshaftpflichtversicherung zustande kommt oder der Anwalt später überhaupt einen Antrag stellt.[2] Sie ist ein Vertrag, der durch Antrag und Annahme zustande kommt. An die Willenserklärungen sind keine übertriebenen Anforderungen zu stellen. Es handelt sich dann um die Frage der Darlegungs- und Beweislast, wer von den Parteien jeweils Leistungen aus der möglichen vorl. Deckung erhalten will. Ein Telefonat ist nicht ausreichend, wenn der Versicherer nur angekündigt hat, Formulare oder Bestätigungen zu schicken.[3]

3 Den Beginn der vorläufigen Deckung können der Versicherer und Antragsteller vereinbaren. Der Versicherer kann den Versicherungsschutz von der Zahlung einer Prämie abhängig machen, was eher unüblich ist. Man spricht veraltet vom Einlösungsprinzip. Wenn in diesem Fall vor Zahlung der Prämie ein Versicherungsfall eintritt, ist der Versicherer leistungsfrei. Auf diese nachteiligen Rechtsfolgen hat der Versicherer durch gesonderte Mitteilung in Textform oder durch einen auffälligen Hinweis im Versicherungsschein aufmerksam zu machen, wovon er auch nicht abweichen kann, § 51 Abs. 1 und Abs. 2 VVG. Der Versicherer kann auch nach § 50 VVG vereinbaren, dass der Versicherungsnehmer verpflichtet ist, im Fall des Nichtzustandekommens des Hauptvertrags eine Prämie für die vorläufige Deckung zu zahlen. Die Prämie entspricht der Prämie, die beim Zustandekommen des Hauptvertrags für diesen zu zahlen gewesen wäre, selbstverständlich anteilig für die gewährte Laufzeit der vorläufigen Deckung. Die Versicherer können auch vereinbaren, dass der Versicherungsschutz der vorläufigen Deckung rückwirkend wegfällt, wenn der Versicherungsnehmer die Erstprämie für den Hauptvertrag nicht rechtzeitig gezahlt hat. Das VVG regelt dies nicht ausdrücklich. Jedenfalls nicht anwendbar ist § 38 Abs. 1 VVG zur qualifizierten Mahnung, weil er für Folgeprämien gilt und auch nicht § 52 Abs. 1 Satz 2 VVG, der für den Beginn des Versicherungsschutzes bei rechtzeitiger Zahlung der Prämie maßgeblich ist. Aber der Wegfall des Versicherungsschutzes ist möglich, wie sich aus § 9 Satz 2 KfzPflVV ergibt. Aufgrund der negativen Folgen des fehlenden Versicherungsschutzes ist aber Voraussetzung, dass der Versicherer den Versicherungsnehmer über die Folgen der fehlenden Zahlung aufgeklärt hat. Dies gilt auch für künftige Versicherungsfälle.[4] Der Versicherungsnehmer behält den Versicherungsschutz, wenn er die Nichtzahlung nicht zu vertreten hat, analog §§ 52 Abs. 1 Satz 2, 37 Abs. 2 Satz 1 VVG.

---

1 Langheid/Rixecker/*Rixecker* § 49 Rn. 1 ff.

2 OLG Celle VersR 1952, 93.

3 OLG Köln VersR 1998, 180 zu einer Kaskoversicherung.

4 Noch vor der VVG-Reform: BGH NJW 1956, 1634; NJW 1967, 1800; BGH NJW-RR 2006, 1101; anders Prölss/Martin/*Klimke* § 52 Rn. 37, 38; BGH VersR 1985, 981.

Nach § 52 Abs. 1 Satz 1 VVG endet die vorläufige Deckung automatisch, wenn der Hauptvertrag, die Berufshaftpflichtversicherung nach §§ 51, 59n BRAO, zustande kommt. Kommt die Versicherung mit dem Versicherer nicht zustande, weil der Versicherungsnehmer seine Vertragserklärung nach § 8 VVG widerruft oder nach § 5 Abs. 1 und 2 VVG einen Widerspruch erklärt, endet die vorläufige Deckung spätestens mit dem Zugang des Widerrufs oder des Widerspruchs beim Versicherer, § 52 Abs. 3 VVG. Wenn die vorläufige Deckung befristet ist, endet sie automatisch mit Fristende. Wenn der Hauptvertrag schon vorher begonnen hat, zu diesem vorigen Zeitpunkt. Wenn die vorläufige Deckung unbefristet ist, kann der Versicherer oder Versicherungsnehmer in Textform kündigen, allerdings ist die Kündigung des Versicherers erst nach Ablauf von zwei Wochen nach Zugang wirksam, § 52 Abs. 4 VVG. 4

Nach § 52 Abs. 2 Satz 1 VVG endet die vorläufige Deckung automatisch, wenn der Hauptvertrag mit einem fremden Versicherer zustande kommt und nicht mit dem Versicherer der vorläufigen Deckung. Eine Doppelversicherung iSd §§ 77 ff VVG als Nebeneinander von vorläufiger Deckung und Hauptvertrag gibt es nicht. Die vorläufige Deckung lebt auch wieder nicht auf, wenn der Vertrag bei dem fremden Versicherer erlischt oder rückwirkend aufgehoben wird. Der Versicherer der vorläufigen Deckung kann in Fällen der Fremdversicherung dann nach § 50 VVG die Prämie anteilig für die Laufzeit der vorläufigen Deckung bis zum Beginn des Hauptvertrags verlangen. Dies gilt gerade auch dann, wenn der Versicherer nicht ausdrücklich auf eine Prämienzahlung hingewiesen hat, falls der Hauptvertrag nicht zustande kommt. Es gilt eine stillschweigende Vereinbarung nach dem Rechtsgedanken der §§ 612 Abs. 1, 632 Abs. 1 BGB, weil in der Berufshaftpflichtversicherung es üblich und erwartbar ist, dass der Versicherer für seine Leistung auch eine Prämie erhält.[5] Er trägt auch das Risiko der unbegrenzten Nachhaftung. Der Versicherungsnehmer hat dem Versicherer der vorläufigen Deckung den Vertragsschluss über den Hauptvertrag beim anderen Versicherer unverzüglich mitzuteilen, § 52 Abs. 2 Satz 2 VVG, andernfalls kann sich der Versicherungsnehmer schadensersatzpflichtig machen. 5

II. Vorläufige Deckung im Zulassungsverfahren bei Anwälten

Die Versicherer bieten die vorl. Deckung zur Zulassung, § 12 Abs. 2 BRAO. Oft genügt ein Telefonat mit den Angaben zu Adresse und Name des Antragstellers. Üblicherweise erhält der Antragsteller ein Anschreiben zur vorläufigen Deckung, das den Inhalt und Umfang umschreibt und die Bestätigung des Versicherungsschutzes zur Vorlage bei der Kammer und eine Erklärung zur Rücksendung an den Versicherer mit den Angaben zur Versicherungssumme und dem Zulassungsdatum enthält. Das Anschreiben beinhaltet die Angaben zu Beginn und Ende der vorläufigen Deckung. Für den Beginn wählen die Versicherer regelmäßig nicht das Einlösungsprinzip, bei dem die vorl. Deckung erst mit Prämienzahlung beginnen würde, andernfalls wäre die Zulassung komplizierter. Die vorl. Deckung und damit der Versicherungsschutz beginnt mit der Zulassung des Antragstellers zur Anwaltschaft. Der Versicherer gibt dem Antragsteller zur Vorlage bei der Rechtsanwaltskammer hierzu die Bestätigung, dass Versicherungsschutz ab dem Datum der Zulassung besteht. Die Bestätigung regelt gleichzeitig den Inhalt und Umfang der vorläufigen Deckung. Der Versicherer bestätigt, dass der gesetzlich erforderliche Versicherungsschutz nach §§ 51, 59o BRAO besteht, mindestens in Höhe von 250.000/1Mio/2,5 Mio EUR für jeden Versicherungsfall und einer Höchstleistung für alle Schäden in einem Jahr von...: *„Zur Vorlage bei der zuständigen Rechtsanwaltskammer bestätigen wir (der Versicherer), dass Sie ab dem Zeitpunkt ihrer Zulassung eine Berufshaftpflichtversicherung abgeschlossen haben...“.* 6

Um den finalen Hauptvertrag ausfertigen und zusenden zu können, erhält der Antragsteller zusätzlich eine gesonderte Erklärung. Darin wird der Antragsteller aufgefordert dem Versicherer nach seiner Zulassung die erforderlichen Angaben mitzuteilen, insbesondere das Datum der Zulassung für den Versicherungsbeginn. Daraufhin erhält der Anwalt/die Gesellschaft den finalen Versi- 7

5 MüKoVVG/*Rixecker* § 50 Rn. 1.

cherungsvertrag nach §§ 51, 59o BRAO. Versicherungsbeginn ist der Zeitpunkt der Zulassung. Nicht erforderlich ist es, dass der Versicherer der Kammer nochmals den Zulassungsbeginn meldet. Die Kammer hat durch die vorl. Deckung schon die Bestätigung des Versicherungsschutzes. Üblicherweise weist der Versicherer für das Ende der vorl. Deckung darauf hin, dass die vorl. Deckung bis zur Zahlung der Erstprämie für den Hauptvertrag wirksam ist, veraltetet bis zur Einlösung des Versicherungsscheins. Eine Befristung der vorl. Deckung ist individualvertraglich zulässig, was sich aus § 52 Abs. 4 Satz 1 VVG ergibt.[6] Die Versicherer befristen die vorl. Deckung regelmäßig, weil sie nicht von einer Prämienzahlung abhängig ist, zum einen auf meistens 10 bis14 Tage nach Zusendung des Versicherungsscheins, des Hauptvertrages, und zum anderen noch auf zwei Monate nach Zulassung des Antragstellers zur Rechtsanwaltschaft.

C. Beginn des Hauptvertrages, I Ziff. 1 und Ziff. 2

8 I regelt den Beginn der Versicherung, abhängig von der Zahlung der Erstprämie, deren Fälligkeit und den Verzug. Die Rechtsfolgen bei fehlender Zahlung der Erst- oder Folgeprämie sind in § 8 geregelt ist. Der Versicherungsschutz beginnt mit dem vereinbarten Zeitpunkt, der im Versicherungsschein dokumentiert ist. Voraussetzung ist, dass der Anwalt die erste Prämie oder die Einmalprämie, z.B. bei einer Rückwärtsdeckung, rechtzeitig zahlt. Nach Ziff. 2 beginnt der Versicherungsschutz auch rückwirkend mit dem vereinbarten Zeitpunkt, wenn der Anwalt nach Aufforderung ohne Verzug zahlt. Der Zeitpunkt des Versicherungsbeginns in der Versicherungsbestätigung zur Pflichtversicherung enthält nach richtiger Auffassung bei Rechtsanwälten/Gesellschaften das Datum der Zulassung und bei der PartmbB das Datum der Eintragung in das Register.

9 Prämienzahlung und Leistungen des Versicherers hängen voneinander ab. Wenn der Anwalt die Erstprämie nicht rechtzeitig zahlt, kann der Versicherer vom Vertrag zurücktreten, § 37 Abs. 1 VVG, soweit der Anwalt das Nicht-Zahlen auch zu vertreten hat. Nach § 37 Abs. 2 VVG ist der Versicherer leistungsfrei, wenn die Erstprämie nicht gezahlt wurde und in dieser Zeit ein Versicherungsfall eingetreten ist. Entsprechend dem VVG regelt § 8 I Ziff. 2 das Rücktrittsrecht und § 8 I Ziff. 3 die Leistungsfreiheit des Versicherers, siehe § 8 I Ziff. 2 zum Rücktrittsrecht § 8 Rn. 5 ff und § 8 I Ziff. 3 die Leistungsfreiheit, siehe § 8 Rn. 10 ff.

10 I Ziff. 1 beinhaltet die einfache Einlösungsklausel und I Ziff. 2 die erweiterte Einlösungsklausel. Der Versicherungsschutz als materielle Verpflichtung des Versicherers im Versicherungsfall zu leisten, beginnt mit der rechtzeitigen Zahlung der Erstprämie. Kein Versicherungsschutz besteht für Verstöße, die in den Zeitraum fallen, in der der Anwalt die Prämie nicht gezahlt hat. Diese Rechtsfolge ergibt sich aus § 8 I Ziff. 3, der die Regelung des § 37 Abs. 2 VVG übernimmt. I Ziff. 2 ändert aber § 37 Abs. 2 VVG zugunsten des Anwalts ab, sog. erweiterte Einlösungsklausel.[7] Der Versicherer bietet Versicherungsschutz sofort und rückwirkend ab dem vereinbarten Zeitraum, wenn nach Zahlungsaufforderung rechtzeitig gezahlt wird. Rechtzeitig bedeutet, dass der Anwalt die Prämie ohne Verzug gezahlt hat, soweit der Versicherer fehlerfrei und eindeutig die Prämie gefordert hat. Der Versicherer ist zur Leistung verpflichtet, wenn in der Zeit zwischen Vertragsbeginn und Zahlung ein Versicherungsfall eintritt, unabhängig von Kenntnis oder sonstigen Umständen.[8] Es ist nicht erforderlich, dass der Versicherer gesondert auf die Rechtsfolgen der Nichtzahlung der Prämie hinweist, da die erweiterte Einlösungsklausel gilt. Prämie ist die erste Prämie bei Ratenzahlung oder die Gesamtprämie bei Einmalzahlung. Die Prämie umfasst Kosten und etwaige öffentliche Abgaben, incl. Versicherungssteuer.

---

6 Prölss/Martin/*Klimke* § 52 Rn. 35.

7 Langheid/Rixecker/*Rixecker* § 37 Rn. 22.

8 OLG Hamm NJW-RR 1994, 992 für die Unfallversicherung.

D. Umfang des Versicherungsschutzes, II Ziff. 1 bis 9

Der Umfang des Versicherungsschutzes ist in II geregelt, insbesondere erstens die Abwehr unberechtigter Schadensersatzansprüche und zweitens die Freistellung von berechtigten Schadensersatzverpflichtungen. 11

I. Bindungswirkung und Trennungsprinzip

1. Haftpflichturteil, Adhäsionsverfahren

Das Haftpflichtverhältnis des Geschädigten zum Versicherungsnehmer ist streng vom Deckungsverhältnis zwischen Versicherer zum Versicherungsnehmer zu trennen.[9] Die Rspr. durchbricht das Trennungsprinzip im Wege der ergänzenden Vertragsauslegung: Entscheidungen im Haftpflichtverhältnis binden den Versicherer/Versicherungsnehmer im Deckungsverhältnis bei Voraussetzungsidentität. Grund hierfür ist, dass der Versicherer die Vollmacht hat, die Haftung zu beurteilen und zu bearbeiten und dem Versicherungsnehmer Weisungen erteilen kann. Der Versicherer ist für das Ergebnis des Haftpflichtprozesses ergebnisverantwortlich. Es ist daher gerechtfertigt ihn hinsichtlich des Haftpflichturteils für einen nachfolgenden Deckungsprozess zu binden.[10] Das VVG regelt und setzt zum Teil voraus, dass die Feststellungen im Haftpflichtverhältnis auch zwischen Versicherer und Versicherungsnehmer gelten, §§ 124 VVG und 106 VVG. Grundsätzlich von der Bindung umfasst sind Feststellungen zu Schaden, Schadenshöhe und Schadensverursachung, nicht aber die Tatsachen, die das Versicherungsverhältnis konkret betreffen wie Obliegenheitsverletzungen, aber auch die Verschuldensform. Der Versicherungsnehmer muss dem Versicherer im Haftpflichtprozess nicht den Streit verkünden. Auf der anderen Seite wird Nebenintervention des Versicherers zugelassen, damit er keine nachteiligen Folgen des Haftpflichtprozesses hinnehmen muss. Dabei hat der Versicherer seine Treuepflichten aus dem Versicherungsverhältnis zum Versicherungsnehmer zu wahren. Der Versicherer darf nicht auf ein Urteil hinwirken, dass dazu führt, dass er nicht leisten muss.[11] 12

Keine Bindungswirkung haben Entscheidungen des Strafgerichtes im Adhäsionsverfahren, §§ 403 ff StPO. Die Entscheidung bindet weder die Haftpflichtversicherung des Schädigers noch das Gericht im nachfolgenden Zivilprozess. Zwar steht gem. § 406 Abs. 3 Satz 1 StPO das Strafurteil einem im bürgerlichen Rechtsstreit ergangenen Urteil gleich. Diese Bindungswirkung ist aber entsprechend § 318 ZPO grundsätzlich nur auf die an dem Verfahren beteiligten Parteien beschränkt und der Versicherer kann in einem Adhäsionsverfahren nicht beteiligt sein. Eine Bindung würde dazu führen, dass die auch zum Schutz des Versicherers angeordnete begrenzte Rechtskrafterstreckung nach § 124 Abs. 1 VVG zu seinem Nachteil unterlaufen würde.[12] Der Versicherer kann sich auf alle Risikoausschlüsse berufen, insbesondere auch auf die wissentliche Pflichtverletzung oder Vorsatz, auch wenn das Strafgericht Fahrlässigkeit angenommen hat. In der Praxis ist von einem Adhäsionsverfahren abzuraten, wenn der Anwalt/Steuerberater/Wirtschaftsprüfer Beklagter oder Angeklagter ist, da der Geschädigte mit diesem Verfahren nicht gegen den Versicherer vorgehen kann, aber zuweilen prozesstaktisch erforderlich zum Feststellen bestimmter Tatsachen. 13

9 BGH VersR 1959, 256; VersR 1960, 73; VersR 1961, 399; VersR 2006, 107; VersR 2011, 203; *Krämer* r+s 2001, 177; *Chab* AnwBl 2015, 892.

10 BGH VersR 1971, 144; VersR 1977, 174; VersR 1978, 862.

11 *Chab* AnwBl 2015, 892; OLG München VersR 2009, 822; OLG Frankfurt, VersR 2001, 1314.

12 BGH BeckRS 2013, 02365.

2. Voraussetzungsidentität

14 Die Bindungswirkung für den Deckungsprozess tritt ein für die maßgeblichen und erheblichen Punkte. Es muss Voraussetzungsidentität vorliegen.[13] Sie liegt vor, als eine für die Entscheidung im Deckungsprozess maßgebliche Frage, die sich auch im Haftpflichtprozess nach dem vom Haftpflichtgericht gewählten rechtlichen Begründungsansatz bei objektiv zutreffender rechtlicher Würdigung als entscheidungserheblich erweist.[14] Wenn der Versicherer nicht am Haftpflichtprozess beteiligt war, tritt die Bindungswirkung trotzdem ein.[15]

15 Bindungswirkung besteht für die Feststellungen zur formalen Haftung selbst. Sie gehören zum Haftungstatbestand und sind damit immer entscheidungserheblich. Bindungswirkung besteht insbesondere für die Entscheidung über den Haftungsgrund und für die Pflichtverletzung und teilweise für den Verschuldensgrad, siehe dazu ausführlich unten § 3 Rn. 18 ff. Darunter fallen auch die vorwerfbare Handlung und die Kausalkette zwischen Handlung und Schaden und die Schadenhöhe.[16]

16 Keine Bindungswirkung besteht für die Punkte, die nicht entscheidungserheblich und unwesentlich sind. Der Versicherer kann z.B. im Deckungsprozess einwenden, dass der Berufsträger eine nicht versicherte Tätigkeit ausgeübt hat.[17] Sog. überschießende Feststellungen, die für die Begründung des Tenors nicht tragend oder sonst nicht erforderlich sind, binden den Versicherer nicht.[18] Dies umfasst die Feststellungen, ob nach der Tätigkeit überhaupt Versicherungsschutz besteht oder der Schutz ausgeschlossen ist, weil ein Ausschlussgrund vorliegt oder weil der Versicherungsnehmer seine Obliegenheiten verletzt hat. Wenn mehrere Anspruchsgrundlagen für die Haftung in Betracht kommen, besteht auch keine Bindungswirkung für diejenige Anspruchsgrundlage, die im Haftpflichtprozess maßgeblich war. Dies kann zulasten des Versicherers gehen, wenn der Anwalt aufgrund einer vertraglichen Zusage haftet, die nach § 1 nicht gedeckt ist, aber er auch aufgrund einer gesetzlichen Haftpflichtbestimmung gehaftet hätte. In diesem Fall kann der Versicherer sich nicht auf die Bindungswirkung des Ausschlusstatbestandes berufen, sondern muss in den Deckungsprozess einsteigen.[19] Ebenfalls keine Bindungswirkung entfalten die Feststellungen in einem Deckungsprozess, der vor dem Haftpflichtprozess ergeht.[20] Das Gericht des Deckungsstreits kann auch nicht anordnen, dass die Verhandlung bis zur Erledigung des Haftpflichtprozesses auszusetzen ist. Der Deckungsstreit hängt nicht von einem anderen Rechtsverhältnis ab.[21]

17 Versicherer und Versicherungsnehmer müssen sich treu und redlich verhalten. Dem Versicherer bleibt es trotz des haftpflichtversicherungsrechtlichen Trennungsprinzips und der ergänzenden Bindungswirkung des Haftpflichturteils für den Deckungsrechtsstreit unbenommen, im Deckungsprozess den Einwand des arglistigen Zusammenwirkens von Versicherungsnehmer und vermeintlich Geschädigtem zu erheben.[22] Der Versicherer muss sich das Haftpflichturteil entgegenhalten lassen, wenn er zuvor abgelehnt hat, Deckung zu geben und er sich deshalb nicht am Haftpflichtprozess beteiligt hat.[23] Gleiches gilt, wenn er vom Termin des Haftpflichtprozesses wusste, auch wenn der Versicherungsnehmer selbst es unterlassen hatte, den Schadenfall anzuzeigen.[24] Die im Versäumnisurteil getroffenen Feststellungen zum Haftungsgrund entfalten nur dann

13 OLG Koblenz VersR 1995, 1298, 1299; OLG Hamm NVersZ 2002, 415; OLG Karlsruhe VersR 2010, 940, 941; LG Berlin NJW-RR 2003, 460, 461.
14 BGH NJW-RR 2007, 827.
15 BGH VersR 1963, 158.
16 BGH VersR 2001, 1103.
17 BGH VersR 2011, 203.
18 BGH VersR 2004, 590.
19 OLG Koblenz VersR 1979, 830.
20 OLG München VersR 2009, 59.
21 BGH VersR 1984, 252, 253.
22 BGH NJW-RR 2022, 404 LS 2.
23 BGH VersR 1963, 158.
24 BGH Betrieb 60, 578.

Bindungswirkung, wenn sie auch in den Akten der Vorinstanzen des Haftpflichtprozesses beigezogen waren.[25] Bei Obliegenheitsverletzungen nach § 119 VVG des Versicherungsnehmers gilt die Rechtsfolge des § 120 VVG. Der Versicherer haftet nur auf den Betrag, den er auch bei gehöriger Erfüllung der Obliegenheit zu leisten gehabt hätte. Dies ist im Deckungsprozess zu klären.[26]

a) Entscheidung über den Haftungsgrund. Regelmäßig ist der Versicherer gebunden, wenn 18
das Gericht feststellt, dass eine Pflichtverletzung vorlag, die unter eine versicherte Tätigkeit fällt. Gleiches gilt, wenn feststeht, dass der Berufsträger aufgrund einer gesetzlichen Haftpflichtbestimmung haftet.[27] Die Anspruchsgrundlage hat Bindungswirkung für den Deckungsprozess. Wenn im Haftpflichtprozess die Begründung der Haftung in einer gesetzlichen Haftpflichtbestimmung gesehen wird, kann der Versicherer nicht einwenden, es handelt sich auch um einen Erfüllungsanspruch.[28] Der für den Deckungsprozess bindende Haftungstatbestand umfasst die vom Tatrichter des Haftpflichtprozesses festgestellten und seiner Entscheidung zugrunde gelegten tatsächlichen Elemente. Seine rechtliche Einordnung ist dagegen ohne Belang. Die Bindungswirkung geht aber nicht weiter als die Tatsachen an sich reichen. Maßgeblich ist der äußere Tatbestand der Pflichtwidrigkeit, nicht dessen rechtliche Einordnung.[29]

b) Pflichtverletzung und Verschuldensgrad. Der Grund für die Pflichtverletzung bindet re- 19
gelmäßig den Versicherer. Er kann sich nicht auf einen anderen Grund berufen, der nicht Gegenstand im Haftpflichturteil war. Dies gilt auch für die Feststellungen zur Kausalität und der Kausalkette der Pflichtverletzung, die zum Schaden geführt hat. Der Versicherer kann sich nicht darauf berufen, dass auch eine wissentliche Pflichtverletzung vorliegt, die aber auf einem anderen Verstoß beruht, der im Haftpflichtprozess nicht relevant war.[30] Für die Haftung ist der Verschuldensgrad unerheblich, also ob der Berufsträger fahrlässig oder vorsätzlich gehandelt hat. Für die Deckung ist dies anders. Wenn der Berufsträger wissentlich seine Pflichten verletzt hat, ist der Versicherungsschutz mit Ausnahme bei den haftungsbeschränkten Gesellschaften ausgeschlossen. Wenn der Grad des Verschuldens für die Haftung unerheblich war, kann der Versicherer im Deckungsprozess weiterhin einwenden, dass der Berufsträger wissentlich gehandelt hat. Voraussetzung ist, dass der Grad des Verschuldens gerade offenbleiben konnte, wenn die fahrlässige Verursachung ausreichend war.[31] Keine Bindung besteht, wenn das Gericht ausdrücklich festgestellt hat, dass Fahrlässigkeit vorliegt, weil dies maßgeblich für die Höhe des Schmerzensgeldes war.[32] Wenn das feststellende Gericht annimmt, dass der Berufsträger vertraglich etwas garantiert hat, muss das Gericht im Deckungsprozess nicht annehmen, dass eine nicht versicherte Garantie vorliegt.[33]

c) Feststellung des Verstoßzeitpunkts. Der Verstoßzeitpunkt entfaltet regelmäßig Bindungs- 20
wirkung. Die für den Deckungsprozess maßgebliche Frage des Verstoßzeitpunkts muss im vorangegangenen Haftpflichtprozess bei objektiv zutreffender rechtlicher Würdigung maßgeblich gewe-

25 BGH NJW-RR 2003, 1572, 1573.
26 Prölss/Martin/*Knappmann* § 120 Rn. 5.
27 *Chab* AnwBl 2015, 892, 893.
28 BGH NJW 2006, 289.
29 BGH VersR 2011, 203; siehe dazu auch *Harsdorf-Gebhard* r+s 2012, 261.
30 BGH NJW-RR 2001, 1311, 1312.
31 BGH NJW-RR 2007, 827; BGH NJW 2015, 947; NJW 1992, 1509; NJW 1993, 68.
32 BGH NJW 1993, 68; OLG Köln VersR 2002, 1371.
33 OLG Koblenz VersR 1979, 830.

sen sein.[34] Dies liegt vor, wenn der Berater seinen Versicherer während eines laufenden Mandats wechselt und es zu einem Haftpflichtprozess kommt. Entscheidend ist die erste schuldhafte Pflichtverletzung als aktives Tun. Weitere Pflichtverstöße im Mandatsverhältnis sind unerheblich.[35] Diese Feststellungen sind für den Deckungsprozess entscheidungserheblich und können nicht mehr bestritten werden. Der Versicherer ist eintrittspflichtig, der zum Zeitpunkt des ersten Pflichtverstoßes der Vertragspartner war. Dieser Zeitpunkt gilt dann auch, ob ein Versicherungsausschluss vorliegt.

21 **d) Sonstige Feststellungen.** Versäumnisurteile sind unter Voraussetzungen bindend. Grundlage bei Versäumnisurteilen sind der Urteilstenor und die Klageschrift.[36] Die Bindung kann nur so weit gehen, soweit der Versicherer in der Lage war, die Haftungsfrage mitaufzuklären. Andernfalls ist zu prüfen, ob der Versicherungsnehmer nicht seine Obliegenheiten verletzt hat.[37] Wenn der Versicherer auf anderem Wege davon erfahren hat, kann er sich nicht mehr darauf berufen, dass er keine Kenntnis hatte. Die Kenntnis und die Möglichkeit mitzuwirken, wirken sich auch bei Anerkenntnissen und Vergleichen aus. An sie ist der Versicherer nur dann gebunden, wenn er sein Einverständnis dazu erklärt hat.

3. Einwendungen des Versicherers und vorweggenommener Deckungsprozess

22 Der Versicherer kann im Deckungsprozess vorbringen, dass der Versicherungsnehmer eine versicherungsrelevante Obliegenheit begangen hat oder ein Risikoausschlussgrund vorliegt. Es handelt sich um die Einwendungen, die das Vertragsverhältnis zwischen Versicherer und Versicherungsnehmer betreffen und nicht um die Haftungsfrage. Die Umstände hierzu sind selbständig zu prüfen.[38] Keine Bindungswirkung besteht im umgekehrten Fall, wenn der Deckungsprozess dem Haftpflichtprozess vorausgeht, was nur dann vorliegen kann, wenn der Haftungsprozess ausgesetzt ist. Das Gericht entscheidet im Deckungsprozess darüber, ob der Versicherungsschutz auf Grundlage der tatsächlichen Behauptungen des Geschädigten besteht. Es entscheidet nicht darüber, ob der Haftpflichtanspruch begründet ist.[39] Den Deckungsprozess kann man auch nicht gem. § 148 ZPO bis zur Beendigung des Haftpflichtprozesses aussetzen, da er nicht vorgreiflich ist.[40] Erhebt der Versicherte eine vorweggenommene Deckungsklage, ist für die Frage, ob der Versicherer dem Versicherungsnehmer Deckungsschutz gewähren muss, ausschließlich das Vorbringen der Klägerin im Haftungsprozess maßgeblich. Eine Verfahrensaussetzung nach § 148 ZPO ist nicht möglich.[41] Das Trennungsprinzip in der Haftpflichtversicherung steht einer unmittelbaren Inanspruchnahme des Versicherers durch den Geschädigten auch ohne vorherige Feststellung des Haftpflichtanspruchs nicht entgegen, wenn der Deckungsanspruch wirksam an den Geschädigten abgetreten ist.[42] Der Geschädigte kann damit ohne vorhergehenden Haftpflichtprozess eine direkte Zahlungsklage gegen den Versicherer aus abgetretenem Recht erheben.

---

34 BGH NJW-RR 2004, 676.
35 KG Berlin DStR 2009, 1778 mit Anm. *Meixner.*
36 BGH VersR 2003, 635; BGH VersR 1963, 421; OLG Düsseldorf VersR 2002, 748.
37 BGH VersR 1963, 421.
38 OLG Köln r+s 1990; 10 OLG Hamm VersR 1987, 88.
39 BGH NJW-RR 2001, 316.
40 BGH VersR 1984, 252, 253; OLG Düsseldorf BeckRS 2021, 48922.
41 OLG Düsseldorf BeckRS 2021, 48922.
42 BGH NJW 2016, 3453.

II. Abwehranspruch und Freistellungsverpflichtung, II Ziff. 1

1. Abwehranspruch

Die Haftpflichtversicherung ist in den §§ 100 bis 112 VVG geregelt, was II konkretisiert und modifiziert. Der Abwehranspruch für unberechtigte Ansprüche und die Verpflichtung des Versicherers, den Versicherungsnehmer freizustellen, sind gleichrangige Hauptpflichten und nicht nebenrangig.[43] Der Abwehranspruch ist die Rechtsschutzkomponente der Haftpflichtversicherung. Der Versicherer hat die Kosten für die Schadenabwehr zu übernehmen. Die Höhe und der Umfang der Kosten ist in II Ziff. 5 b) geregelt und beinhaltet sowohl die Kosten für die Abwehr unbegründeter Ansprüche als auch für die Freistellung von berechtigten Schadensersatzverpflichtungen, siehe dazu § 3 Rn. 83 ff.

a) Umfang der Abwehr

aa) Abwehrpflicht. Die Pflicht zur Abwehr besteht, wenn der Versicherungsnehmer oder ein 23
Dritter meldet, dass möglicherweise ein Schadenfall vorliegt. Ausreichend ist eine ernsthafte Erklärung eines Dritten, aus der hervorgeht, dass er einen Anspruch gegen den Versicherungsnehmer hat. Darunter fallen Haftpflichtansprüche, bei denen auch nur die entfernte Möglichkeit besteht, dass der Versicherungsnehmer aus dem unter das versicherte Risiko fallenden und behaupteten Tatbestand verurteilt wird. Gleiches gilt, wenn der Versicherungsnehmer aus einem Rechtsgrund verurteilt wird, der außerhalb des versicherten Risikos liegt, sofern nur der Tatbestand des Urteils erkennen lässt, dass der Urteilsspruch auch auf Rechtsgründe innerhalb des versicherten Risikos hätte gestützt werden können.[44] Beispiele hierfür sind: Streitverkündung gegenüber dem Versicherungsnehmer,[45] Aufrechnungserklärung des Geschädigten mit Schadensersatzansprüchen,[46] nicht aber die Regressdrohung durch gegnerischen Anwalt,[47] Aufforderung zum Verjährungsverzicht in einem finanzgerichtlichen Verfahren,[48] auch das Abwarten eines vorgezogenen Deckungsprozesses des Versicherungsnehmers.[49]

Der behauptete Verstoß des Berufsträgers muss zeitlich in den versicherten Zeitraum der 24
Berufshaftpflichtversicherung fallen, damit der Anspruch auf Abwehrschutz besteht. Maßgeblich ist der behauptete Zeitpunkt des Verstoßes. Bei einem Versichererwechsel, bei gedehnten Versicherungsfällen und beim Unterlassen ist genau abzugrenzen, siehe dazu § 2 Rn. 23. Der behauptete Verstoß muss materiell versichert sein. Die Abwehrpflicht des Versicherers umfasst nur die Abwehr von gedeckten Haftpflichtansprüchen. Dies ergibt sich schon aus II Ziff. 5 a): Wenn der Haftpflichtanspruch gedeckt ist, hat der Versicherer die Kosten zu tragen, andernfalls der Versicherungsnehmer. Maßgeblich ist, was der Geschädigte behauptet. Die Abwehrpflicht besteht bereits dann, wenn eine entfernte Möglichkeit bei summarischer Prüfung in Betracht kommt, dass der Sachverhalt einen gedeckten Anspruch auslöst.[50] Ausreichend ist einer von mehreren möglichen Ansprüchen. Bei Sachverhalten, die unter einen Risikoausschluss fallen, ist zu differenzieren. Wenn der unbestrittene Sachverhalt unter einen Risikoausschluss fällt, wie z.B. eine Vorsatztat mit dolus directus, sind alle Ansprüche ausgeschlossen. Wenn der Anwalt den Sachverhalt bestreitet, der zum Risikoausschluss führt, z.B. er hat fahrlässig und nicht vorsätzlich gehandelt, besteht

---

43 St. Rspr. BGH NJW 2007, 2258, 2259; NJW 1993, 68; VersR 1976, 477.
44 BGH VersR 1980, 1066; OLG Koblenz VersR 1979, 830.
45 BGH VersR 2003, 900.
46 LG Berlin VersR 1987, 578.
47 BGH VersR 1979, 1117.
48 OLG Karlsruhe VersR 2006, 538.
49 OLG Köln r+s 1998, 59.
50 BGH NJW-RR 2001, 316; BGH VersR 1957, 212.

zunächst Versicherungsschutz. Der Versicherer hat die unbegründeten Ansprüche abzuwehren, solange die Haftpflicht des Anwalts noch nicht feststeht. Versicherungsschutz soll auch dann bestehen, wenn der Versicherungsnehmer der falsche Beklagte ist, da ein unbegründeter Anspruch abzuwehren ist.[51]

25 Unter den in der Pflichtversicherung möglichen Ausschlüssen und der Abwehrleistung hat allein der Ausschluss der wissentlichen Pflichtverletzung Bedeutung. Anders als z.B. bei der ausgeschlossenen Auslandstätigkeit des Anwalts, ist anhand der äußeren Umstände auf den inneren Umstand zu schließen und zu werten, ob er wissentlich gehandelt hat oder nicht. Daher besteht die Ausnahme bei den AVB-RS VH 60. Bis man formal festgestellt hat, dass der Anwalt wissentlich seine Pflichten verletzt hat, besteht Versicherungsschutz. Erst dann hat der Anwalt die Kosten zurückzuerstatten, siehe wissentliche Pflichtverletzung § 4 Rn. 37. Der Versicherer hat auch ein Interesse am Abwehrschutz. Der Abwehrschutz ist erforderlich, um nicht ggf. später ein negatives Urteil mit Folgewirkungen zu erhalten. Daneben gebietet die Treupflicht aus dem Versicherungsverhältnis, dass der Versicherer sich mit dem vorgetragenen Sachverhalt auseinandersetzt.[52] Der Sachvortrag des Anwalts ist dann maßgeblich, wenn der Dritte gerade eine wissentliche Pflichtverletzung behauptet, die der Anwalt bestreitet. Erst wenn der Anwalt selbst vorträgt, er hat wissentlich seine Pflichten verletzt, braucht der Versicherer keinen Abwehrschutz zu leisten.

26 Wenn die Ernsthaftigkeit des Anspruchs besteht, ist der Versicherer verpflichtet, die Haftung gegenüber dem Dritten zu klären. Dies ist der notwendige Teil der Abwehr von unberechtigten Schadensersatzverpflichtungen. Der Versicherer hat den Anwalt zu informieren und zu beraten und ihm die Hilfe zu geben, die er braucht, um den Anspruch abzuwehren. Der Versicherer kann dabei nach pflichtgemäßem Ermessen entscheiden, wie er seine Verpflichtung aus dem Versicherungsvertrag erfüllen will. Er kann abwehren, in den Prozess gehen oder sofort anerkennen und befriedigen. Bei seiner Entscheidung hat der Versicherer die Interessen des Anwalts und der Kanzlei zu wahren, wie es ein beauftragter Anwalt ebenfalls tun würde oder müsste.[53] Die Geschädigten sind regelmäßig die Mandanten des Anwalts und bilden als Geschäftsbeziehung die wirtschaftliche Grundlage seiner Tätigkeit. Wenn der Versicherer rechtswidrig die Deckung ablehnt, ist er in Verzug und trägt das Haftungsrisiko und dann auch die Insolvenz des Anwalts. Gewährt der Versicherer dem Versicherungsnehmer nach Anhängigkeit einer Deckungsklage bei noch nicht rechtskräftig abgeschlossenem Haftpflichtprozess uneingeschränkt Versicherungsschutz im Sinne von Abwehrschutz, hat er damit seine Verpflichtung aus der Haftpflichtversicherung gem. § 362 BGB erfüllt. Die Deckungsklage des Versicherungsnehmers ist dann insoweit unbegründet.[54] Erhebt der Versicherte eine vorweggenommene Deckungsklage, ist für die Frage, ob der Versicherer dem Versicherungsnehmer Deckungsschutz gewähren muss, ausschließlich das Vorbringen der Klägerin im Haftungsprozess maßgeblich.[55] Der versicherungsrechtliche Abwehranspruch umfasst auch die Sicherheitsleistung. Der Versicherer ist schadensersatzpflichtig, wenn er sie nicht leistet, der Anwalt insolvent wird und deshalb die Zulassung verliert.

27 **bb) Abwehrpflicht und Selbstbehalt.** Die AVB-RS bestimmen nicht, was gilt, wenn der behauptete Anspruch unterhalb des Selbstbehalts liegt. § 3 II Ziff. 5 c) regelt zu den Prozesskosten, dass der Versicherer sie nicht zu tragen hat, wenn der Haftpflichtanspruch nicht den Betrag des Mindest- oder eines vereinbarten festen Selbstbehalts übersteigt. Aus dieser Kostenregel und dem Sinn und Zweck des Selbstbehalts, dass der Versicherer keine Bagatellschäden regulieren soll, ist abzuleiten, dass der Versicherer in diesem Fall keine Abwehrpflicht hat und nachfolgend auch keine Kosten zu tragen hat. Dies umfasst mindestens die berechtigten Ansprüche und nach über-

51 *Diller* § 3 Rn. 15 mit Verweis auf die Bedingungen der R+V.
52 Gräfe/Brügge/Melchers/*Gräfe* D Rn. 108f.
53 OLG Köln VersR 2013, 1390.
54 OLG Köln VersR 2017, 478 zu einer Betriebshaftpflichtversicherung.
55 OLG Düsseldorf BeckRS 2021, 48922.

wiegender Auffassung auch die unberechtigten Ansprüche,[56] siehe dazu ausführlich zum Selbstbehalt § 3 II Ziff. 5 c) Rn. 96. Praktisch wird der Versicherer bei der Erstmeldung Abwehrhilfe geben. Der Versicherer muss sich mit dem Anspruch schon insoweit auseinandersetzen, als der tatsächliche Anspruch höher sein kann als der geltend gemachte Anspruch und er dann abzüglich des Selbstbehalts bei einem berechtigten Anspruch zu leisten hätte. Wenn der Haftpflichtanspruch die vereinbarte Versicherungssumme übersteigt, hat der Versicherer den Anspruch abzuwehren; zu den zu übernehmenden Kosten, wenn der Anspruch oberhalb der Versicherungssumme liegt, siehe § 3 Rn. 93.

b) Abwehranspruch und Aufrechnung. Der Versicherungsnehmer hat keinen Anspruch darauf, dass der Versicherer aktiv einen Prozess gegen einen möglichen Haftpflichtanspruch führt. Der Versicherer kann bestimmen, ob er abwehren oder befriedigen will. Eine Ausnahme besteht, wenn der Mandant mit seinem Schadensersatzanspruch gegen den Honoraranspruch des Anwalts aufrechnet.[57] Der Anwalt hat dann Anspruch auf Führung und Finanzierung eines Aktivprozesses, obwohl die Rückforderung/Einbehalt von Honorar nicht versichert ist nach § 1 I Ziff. 1 im 2. Absatz. Voraussetzung hierfür ist, dass es sich bei dem geltend gemachten Anspruch im Kern um einen versicherten Haftpflichtanspruch handelt. Bei zunächst unklarer Sach- und Rechtslage prüft der Versicherer in Zusammenarbeit mit dem Anwalt, ob es sich um einen versicherten Anspruch handelt. Bis zur Feststellung, ob ein versicherter Anspruch besteht, leistet der Versicherer Abwehrschutz. Wenn kein Haftpflichtanspruch besteht und der Mandant allein mit der Vertretung unzufrieden war, auch wenn der Prozess verloren wurde, sind schon verauslagte Kosten dem Versicherer zurückzuerstatten. Wenn der Schadensersatzanspruch zu Recht bestand, hat der Versicherer die Kosten zu tragen, inkl. Zinsen.[58] Maßgeblich für die Höhe der Kosten bleibt die Höhe des geltend gemachten Schadensersatzanspruchs und nicht die Gesamtkosten einschließlich der Honorarforderung.[59] 28

Der Anwalt kann seinerseits mit seinem Honoraranspruch gegen einen Schadensersatzanspruch des Mandanten aufrechnen. Er kann den Haftpflichtanspruch damit anerkennen, § 105 VVG. Wenn der Haftpflichtanspruch zu Recht bestand, hat der Anwalt gegenüber dem Versicherer einen Zahlungsanspruch in Höhe des Haftpflichtanspruchs, § 106 VVG, soweit der Versicherer nicht aus sonstigen Gründen leistungsfrei ist. Der Versicherer hat auch die Zinsen zu zahlen, die er sonst an den Geschädigten hätte zahlen müssen. Der Versicherer darf aus der Aufrechnung keinen Vorteil ziehen.[60] Wenn der Versicherer bestreitet, dass der Anspruch des Dritten bestand, hat der Versicherer den Anwalt aktiv zu unterstützen. Er hat die Kosten für die dann erforderliche negative Feststellungklage zu tragen, dass die Haftpflichtforderung nicht besteht. 29

2. Berechtigte Schadensersatzverpflichtungen, II Ziff. 1 a)

a) Urteil, Anerkenntnis, Vergleich. Der Versicherer muss den Anwalt von berechtigten Schadensersatzverpflichtungen freistellen. Sie bestehen dann, wenn der Anwalt aufgrund gesetzlicher Verpflichtungen und Urteilen, Anerkenntnisses oder Vergleichs zu zahlen hat und die Verpflichtung ihn bindet, § 106 VVG. Mit der Bindung kraft Gesetzes sind die Pflichtversicherungsbestimmungen gemeint wie die Regelung in § 117 Abs. 1 VVG. Der Versicherer kann unter Umständen weiterhin gegenüber dem Geschädigten zur Leistung verpflichtet sein, obwohl er nach dem Versicherungsvertrag nicht mehr leisten müsste. Weder die AVB-RS noch § 106 VVG 30

56 *Diller* § 3 Rn. 101 für die Abwehrpflicht des Versicherers bei Abwehr unberechtigter Ansprüche.
57 LG Kiel VersR 1962, 1075; AG Charlottenburg VersR 1969, 315.
58 LG Berlin VersR 1987, 578.
59 *Chab* AnwBl 2011, 217, 218.
60 Prölss/Martin/*Lücke* § 101 Rn. 6.

regeln, wann die Verpflichtung aus einem Urteil berechtigt ist und ihn binden. Dies ist nicht zu verwechseln mit der Bindungswirkung/Trennungsprinzip, bei dem es um die Bindung der im Haftpflichturteil niedergelegten Gründe für die Deckung geht, siehe ausführlich § 2 Rn. 12 ff. Rechtskräftige Urteile verpflichten den Versicherer Schadensersatz zu leisten. Es ist nicht Aufgabe des Deckungsprozesses, rechtskräftige Urteile in Frage zu stellen.[61] Dies gilt auch dann, wenn der Versicherungsnehmer seine Obliegenheiten verletzt hat. Es würde andernfalls dazu führen, dass bei einer fahrlässigen Obliegenheitsverletzung der Versicherer nicht leisten muss. Die Verpflichtung besteht für sachlich unrichtige Haftpflichturteile, wenn der Versicherer zuvor die Deckung abgelehnt hat. Er soll keinen Vorteil daraus ziehen, dass er sie zu Unrecht abgelehnt hat.[62] Ungeschickte oder nachlässige Prozessführung des Versicherungsnehmers verpflichten den Versicherer ebenfalls. Ebenfalls bindet den Versicherer das Urteil, wenn er den Anspruch aktiv abgewehrt hat oder den Versicherungsnehmer angewiesen hat in bestimmter Weise zu verfahren. Wenn der Versicherer aber aktiv nicht abwehren konnte, wie bei einem Anerkenntnis- und Versäumnisurteil kann es den Versicherer nicht binden, soweit das Anerkenntnis materiell zu Unrecht erfolgt ist und das Versäumnisurteil nicht der wahren Rechtslage entspricht.[63] Der Versicherer, der am Haftpflichtprozess nicht beteiligt war, kann den Einwand, dass der Geschädigte und der Versicherungsnehmer bzw. der Versicherte hinsichtlich des schädigenden Ereignisses eine arglistige Täuschung verübt haben, auch nach dem rechtskräftigen Abschluss des Haftpflichtprozesses noch im Deckungsprozess erheben.[64]

31 Anerkenntnis ist das zivilrechtliche Anerkenntnis nach § 781 BGB, weil das prozessuale Anerkenntnis schon zu einem Urteil führt. Vergleich ist jeder gerichtliche oder außergerichtliche Vergleich. Der Begriff des Anerkenntnisses oder des Vergleichs ist weit zu fassen, entsprechend der Regelung in § 111 VVG. In dem 3-Personen-Verhältnis zwischen Versicherungsnehmer, Versicherer und Geschädigtem kann der Versicherer dabei verschiedentlich anerkennen und vergleichen. Bindung besteht, wenn der Versicherer gegenüber dem Versicherungsnehmer anerkennt oder sich vergleicht, er gegenüber dem Geschädigten anerkennt oder sich vergleicht oder auch, wenn er zustimmt zu einem Anerkenntnis oder Vergleich zwischen Versicherungsnehmer und Geschädigtem. Schriftform ist nicht notwendig.[65] Es ist auszulegen, ob der Versicherer mit Zahlung zumindest einen Teil des Schadensersatzanspruchs anerkennt oder einen Vergleich anbietet.[66] Ein tatsächliches den Versicherer bindendes Verhalten liegt vor, wenn er an den Geschädigten aufgrund eines Versicherungsfalls zahlt. Wenn der Versicherer dem Geschädigten mitteilt, dass er einzeln aufgeführte Schadenpositionen zahlen wird, liegt darin ein deklaratorisches Schuldanerkenntnis und nicht eine unverbindliche Mitteilung.[67] Kein Anerkenntnis ist eine eindeutige Kulanzzahlung oder dass der Versicherer den Prozess führt.[68] Erklärt der Haftpflichtversicherer, er sei „regulierungsbereit“, ergibt sich daraus in der Regel keine verbindliche Anerkennung seiner Einstandspflicht.[69] Sagt der Versicherer Abwehrdeckung zu, folgt daraus nicht, dass beim Scheitern der Abwehr die Befriedigung der Haftpflichtansprüche geschuldet wird.[70] Wenn der Versicherer einem Anerkenntnis/Vergleich nicht zugestimmt hat, gilt II Ziff. 1 b) als Regelung zu § 105 VVG. Soweit der Versicherer hätte leisten müssen, besteht Bindung. Um tatsächlich leistungsfrei zu sein und seiner Freistellungsverpflichtung nachzukommen, hat der Versicherer bei einem eigenen Anerkenntnis/Vergleich im Zweifel gegenüber dem Geschädigten zu zahlen. Dagegen bleibt ein

61 LG Bonn r+s 2013, 493; Prölss/Martin/*Lücke* § 106 Rn. 5.
62 BGH NJW 2007, 2258.
63 Prölss/Martin/*Lücke* § 106 Rn. 5f.
64 OLG Frankfurt a.M. NJW-RR 2014, 1376.
65 BGH VersR 2009, 106.
66 MüKoVVG/*Littbarski* § 111 Rn. 15.
67 OLG Frankfurt OLGR Frankfurt 2009, 362, 363 Rn. 4.
68 Prölss/Martin/*Lücke* § 111 Rn. 4.
69 OLG Karlsruhe VersR 2016, 1562 zur Erklärung eines Kfz-Versicherers nach einem Verkehrsunfall.
70 OLG Düsseldorf VersR 2018, 2017.

vom Versicherungsnehmer erklärtes Anerkenntnis auch dann ohne Einfluss auf das Deckungsverhältnis mit dem Versicherer, wenn das Anerkenntnis durch widerspruchslose Feststellung des Haftpflichtanspruchs zur Insolvenztabelle erfolgt ist. Die Rechtskraftwirkung der Eintragung in die Insolvenztabelle bewirkt keine Bindung im Sinne von § 106 Satz 1VVG zulasten des Haftpflichtversicherers des Schuldners.[71]

b) Schiedsgerichtsverfahren, Schiedssprüche

aa) Grundsatz. Anwälte vereinbaren Schiedsverfahren mit ihren Mandanten, um langwierige 32
und ungewisse Rechtsstreitigkeiten, gerade auch im Ausland, zu vermeiden. Auf der Haftungsebene gilt, dass ein Schiedsspruch nicht ohne weiteres den ordentlichen Gerichtsweg ausschließt. Das Rechtsschutzbedürfnis für den Antrag auf gerichtliche Entscheidung gem. § 1032 Abs. 2 ZPO entfällt nicht durch den Erlass eines Teil- oder Endschiedsspruchs.[72] Auf der Deckungseben ist im Ergebnis davon auszugehen, dass ein Schiedsspruch den Versicherer nur so weit binden kann, wie ein unabgestimmtes Anerkenntnis oder ein Vergleich nach § 105 VVG wie es die Regelung in II Ziff. 1 b) vorsieht. Bindung ohne weiteres kann nur dann bestehen, wenn das Schiedsverfahren und der Schiedsspruch mit dem Versicherer abgestimmt sind.

Zur Frage, ob Schiedssprüche den Versicherer wie ein Urteil binden, nennen § 106 VVG und 33
auch II Ziff. 1 a) gerade nur Urteil, Anerkenntnis und Vergleich, aber nicht einen Schiedsspruch. Höchstrichterlich ist nicht entschieden, ob man Schiedssprüche diesen Entscheidungen gleichstellen kann. Ein Schiedsverfahren mit einem bindenden Schiedsspruch ist vom Versicherungsschutz nicht umfasst, weil dies eine Erweiterung des Versicherungsschutzes ist. Wenn keine Vereinbarung getroffen wurde, besteht kein Versicherungsschutz gem. §§ 1, 3 II Ziff. 1 a).[73] Das RG hat eine Schiedsvereinbarung einem ohne Zustimmung des Versicherers geschlossenen Vergleich gleichgestellt, was zur Verwirkung der Versicherungsleistung führte.[74] Der Schiedsspruch ergeht regelmäßig nicht nur aufgrund einer gesetzlichen Haftpflichtbestimmung, sondern es spielen auch wirtschaftliche Erwägungen eine Rolle. Insoweit steht der Schiedsspruch schon einem Haftpflichturteil nicht gleich. Den fehlenden Versicherungsschutz zeigt aber auch der Vergleich mit den Musterbedingungen des GDV zur Betriebshaftpflichtversicherung AHB. Danach sind Schiedsgerichtsvereinbarungen mitversichert.[75] Die Betriebshaftpflichtversicherung erweitert gerade den Versicherungsschutz für ein Schiedsverfahren, andernfalls müsste die Betriebshaftpflichtversicherung das Schiedsverfahren nicht erwähnen, da es ohnehin versichert wäre. Daneben würden die Mitwirkungsrechte des Versicherers beeinträchtigt. In einem Schiedsverfahren hat der Versicherer nur eingeschränkte Möglichkeiten und nicht die Rechte wie in einem Verfahren vor ordentlichen Gerichten.

Man kann aber auch von einer Gleichstellung ausgehen, weil das Schiedsverfahren ein echtes, 34
wenn auch privates richterliches Verfahren ist und der Schiedsspruch die Parteien wie ein Urteil verpflichtet, § 1055 ZPO.[76] Keine Bindungswirkung hat aber ein Schiedsspruch nach Billigkeit, § 1051 Abs. 3 ZPO. Der Spruch ergeht hier nicht aufgrund gesetzlicher Haftpflichtbestimmungen, sondern auf der Grundlage einer Billigkeitserwägung. Voraussetzung ist im Übrigen, dass formelle und materielle Rechtskraft besteht. Rechtskraft gegenüber dem Versicherer besteht in teleologischer Reduktion von § 106 VVG, wenn die Aufhebungsfrist des § 1059 Abs. 3 ZPO abgelaufen ist,

---

71 BGH NJW-Spezial 2021, 373.
72 BGH NJW 2017, 3723 in Fortführung von BGH NJW 2017, 488.
73 MüKoVVG/*Gal* 130 Rn. 192; anders *Diller* § 3 Rn. 31 in analoger Anwendung von § 3 II Ziff. 1 a).
74 RG VA 1918, 55.
75 Abgebildet in Prölss/Martin/*Lücke* BetrH AT § 7.6.6 und Rn. 3: Bindungswirkung nach den Grundsätzen nach § 106 VVG.
76 MüKoVVG/*Gal* 130 Rn. 186.

weil nur der Geschädigte, aber nicht der Versicherungsnehmer den Antrag auf Vollstreckbarerklärung stellen kann.[77] Vollstreckbar sind die Schiedssprüche nach § 794 Abs. 1 Nr. 4a ZPO.

35 **bb) Gleichstellung mit unabgestimmten Anerkenntnissen/Vergleichen.** Aufgrund der Unklarheiten sollte man differenzieren. Unabgestimmte Schiedsverfahren und deren Schiedssprüche bedeuten nicht von vornherein, dass der Freistellungsanspruch im Ganzen entfällt. Die unabgestimmten Schiedssprüche sind mit Anerkenntnissen oder Vergleichen gleichzustellen, die der Versicherungsnehmer ebenfalls ohne Zustimmung des Versicherers mit dem Geschädigten getroffen hat. Nach § 105 VVG gibt es kein Anerkenntnis- und Befriedigungsverbot gegenüber dem Versicherungsnehmer. II Ziff. 1 b) regelt daher, dass der Versicherer nur so weit leisten muss, soweit der Haftpflichtanspruch auch ohne Anerkenntnis oder Vergleich bestanden hätte, siehe zu den Anerkenntnissen und den Folgen bei fehlender Zustimmung hier § 3 Rn. 41 ff. Die Ausgangslage bei unabgestimmten Schiedssprüchen und den Anerkenntnissen oder Vergleichen ist gleich. In beiden Fällen handelt der Versicherungsnehmer ohne sich mit dem Versicherer abgesprochen zu haben, so dass er den Versicherungsfall nicht mehr bearbeiten und regulieren kann. Daher kann die Bindung des Versicherers an den Schiedsspruch nur so weit gehen, wie der Haftpflichtanspruch auch ohne den Schiedsspruch – wie bei Anerkenntnis oder Vergleich – bestanden hätte. Soweit andere Erwägungen im Verfahren, wie z.B. Billigkeit oder Vermeidung eines langwierigen Prozesses, eine Rolle gespielt haben, gehen sie zu Lasten des Versicherungsnehmers. Der Versicherungsnehmer muss sich in diesem Fall mit dem Versicherer auseinandersetzen, um nachträglich wie bei den Anerkenntnissen/Vergleichen den Teil des berechtigten Haftpflichtanspruchs zu klären.

36 Praktikabler ist es, dass Versicherer und Versicherungsnehmer von vornherein vereinbaren, dass Versicherungsschutz für ein Schiedsverfahren und die darauf beruhenden Schiedssprüche besteht. Das kann vorab für einen bestimmten Mandanten, Auslandssachverhalte erfolgen, aber auch allgemein für Schiedsverfahren, soweit für den Versicherer das Risiko erkennbar bleibt. Regelmäßig legen die Versicherer die Voraussetzungen und das Verfahren einer Schiedsgerichtsvereinbarung von vornherein fest, um sicherzustellen, dass der Schiedsspruch einem staatlichen Urteil gleichsteht. Grundsätzlich sollte das Schiedsgericht aus mindestens drei Schiedsrichtern bestehen, von denen der Vorsitzende die Befähigung als Richter haben sollte. Das Verfahren sollte festlegen, dass die Schiedsrichter nach materiellem Recht und nicht nach Billigkeit entscheiden. Der Schiedsspruch sollte schriftlich erfolgen und die Rechtsnormen nennen, auf denen der Schiedsspruch basiert. Die Mitwirkungsrechte des Versicherers sind zu beachten. Problematisch sind integrierte Schiedsverfahren. Dabei werden Haftungs- und Deckungsthemen in ein- und demselben Schiedsverfahren geklärt. Die Haftungsfrage klärt das Schiedsgericht integriert als Voraussetzung einer Schadensersatzpflicht. Das Trennungsprinzip und die Bindungswirkung zwischen Haftpflichturteil und Deckungsurteil sind nicht gewahrt. Wenig wahrscheinlich ist, dass eine angenommene Haftung dann an einem möglichen Ausschluss scheitert. Bei einem geplanten integrierten Schiedsverfahren sollte der Anwalt diese Erweiterung mit seinem Versicherer abklären.

37 **c) Schlichtungsstelle, § 191f BRAO.** Nach § 191f BRAO, §§ 36 ff VSBG müssen Anwälte auf die Möglichkeit der Teilnahme am Schlichtungsverfahren der Anwaltschaft hinweisen, wenn sie mehr als 10 Personen beschäftigen, eine Webseite unterhalten und/oder AGBs verwenden. Nach Entstehen der Streitigkeit muss jeder Anwalt auf die Schlichtungsstelle verweisen und erklären, ob er bereit ist, daran teilzunehmen. Versicherungsschutz für die Abwehr der Ansprüche und die Freistellung aufgrund eines Schlichtungsspruchs besteht unter den gleichen Voraussetzungen wie bei einem Schiedsverfahren. Versicherungsnehmer und Versicherer können vereinbaren, dass der Versicherer den Schlichtungsspruch anerkennt, unter bestimmten Voraussetzungen oder voraussetzungslos oder im Einzelfall nach Entstehen einer Streitigkeit, siehe hier zum Versicherungs-

77 *Koch* SchiedsVZ 2007, 285; *Lembcke* VersR 2010, 725.

schutz bei Schiedsverfahren § 3 Rn. 32 ff. Der Versicherer muss nicht aufgrund der Pflichtversicherungsregelungen Versicherungsschutz bieten, da der Anwalt entscheiden kann, ob er am Schlichtungsverfahren teilnimmt oder nicht.

Der Anwalt hat auch im Schlichtungsverfahren den Versicherer unverzüglich von der Beantragung des Schlichtungsverfahrens in Kenntnis zu setzen und sein weiteres Verhalten in dem Schlichtungsverfahren mit dem Versicherer abzustimmen wie bei jedem Versicherungsfall. Der Regulierungsvorschlag des Schlichters der BRAK nach § 191f BRAO bindet den Versicherer, wenn der Versicherer ihn anerkennt.[78] Wenn der Anwalt ohne Zustimmung des Versicherers den Vorschlag annimmt, hat der Versicherer zu leisten, soweit der Haftpflichtanspruch auch ohne Anerkenntnis bestanden hätte. Wenn der Versicherungsnehmer ohne Zustimmung des Versicherers oder weisungswidrig anerkennt oder vergleicht, bleibt der Versicherer damit relativ leistungspflichtig. Es handelt sich um keine Obliegenheitsverletzung, weil es kein Anerkenntnisverbot mehr nach § 105 VVG gibt. 38

d) Umfang des Freistellungsanspruchs. Der Versicherer leistet mit befreiender Wirkung gegenüber dem Geschädigten. Wenn er gegenüber dem Versicherungsnehmer leistet und dieser den Betrag nicht weitergibt, ist der Versicherer weiterhin leistungspflichtig, § 100 VVG. Der Anspruch des Versicherungsnehmers auf Befreiung ist fällig, wenn der Versicherer aufgrund Gesetzes, rechtskräftigen Urteils, Anerkenntnisses oder Vergleiches zur Entschädigung verpflichtet ist, II Ziff. 1 b). Es besteht kein Feststellungsinteresse an der Deckung des Versicherers vor der bindenden Entscheidung im Haftpflichtprozess.[79] Ausnahmsweise folgt ein Feststellungsinteresse des Geschädigten aus der Sozialbindung der Haftpflichtversicherung, beispielsweise wenn der Versicherer dem Geschädigten auf Anfrage keine oder keine eindeutige Auskunft gibt, ob er Versicherungsschutz gewährt.[80] Wenn der Versicherungsnehmer seine Haftung anerkennt, so wandelt sich sein Freistellungsanspruch gegen den Haftpflichtversicherer in einen Zahlungsanspruch um.[81] Diese Konstellation kann vorliegen, wenn der Geschädigte mit seiner berechtigten Schadensersatzforderung gegen die offenen Honorarforderungen des Anwalts aufrechnet. Die Forderungen sind damit erloschen, § 389 BGB. Der Anwalt kann in Höhe der berechtigten Schadensersatzforderung Zahlung an ihn verlangen, aber abzüglich des Selbstbehalts. Gleiches gilt, wenn der Anwalt seinen Freistellungsanspruch an den Geschädigten abtritt oder wenn der Geschädigte sich den Anspruch pfänden und überweisen lässt. 39

Wenn die Versicherungssumme oder die Jahresmaximierung erschöpft ist, hat der Versicherer bei mehreren Geschädigten seine Leistungen aufzuteilen, § 109 VVG. Der Versicherer muss die Leistungen nach dem Verhältnis der Höhe der Forderungen aufteilen. Schwierigkeiten bereitet es dabei abzuschätzen, wann tatsächlich abzusehen ist, dass die Versicherungssumme nicht mehr ausreicht. Nachzahlungen und Nachforderungen können die Folge sein, wenn noch nicht abzusehende weitere Forderungen dazukommen.[82] Siehe zum Verteilungsverfahren ausführlich § 14 Rn. 6 ff. 40

3. Anerkenntnis und Vergleich ohne Zustimmung des Versicherers, II Ziff. 1 b)

Vor der VVG Reform sahen die Bedingungen der Haftpflichtversicherer ein striktes Verbot von Anerkenntnissen/Vergleichen des Versicherungsnehmers mit dem Geschädigten vor. Der Versicherer war leistungsfrei, wenn er nicht zugestimmt hatte. § 105 VVG hebt das Anerkenntnis- und Befriedigungsverbot auf. II Ziff. 1 b) regelt, dass der Versicherer aber nur so weit leisten muss, 41

78 *Knöpnadel* AnwBl 2010, 130.
79 OLG Naumburg r+s 2013, 431.
80 BGH NJW-RR 2001, 316; BGH BeckRS 2009, 22726.
81 BGH NJW 1977, 716 (L) noch zum Anerkenntnis- und Befriedungsverbot § 154 Abs. 2 VVG aF.
82 Prölss/Martin/*Lücke* § 109 Rn. 10.

soweit der Haftpflichtanspruch auch ohne Anerkenntnis oder Vergleich bestanden hätte. Dabei verlagert sich das Prozessrisiko. Die Haftung ist im Deckungsprozess zu prüfen, wenn der Versicherer nicht voll regulieren will. Der Versicherungsnehmer trägt die Darlegungs- und Beweislast für die anspruchsbegründenden Tatsachen und der Versicherer die Darlegungs- und Beweislast für Einwendungen und Einreden. Folge ist darüber hinaus, dass im Deckungsprozess der Geschädigte Zeuge sein kann, was er als Partei im Haftpflichtprozess nicht sein kann.[83]

4. Regulierungs- und Bearbeitungsvollmacht des Versicherers, II Ziff. 1 c)

42 **a) Dauer der Vollmacht.** Nach II Ziff. 1 c) hat der Versicherer eine vertraglich vereinbarte Schadenbearbeitungs- und Regulierungsvollmacht.[84] Er kann Erklärungen gegenüber Dritten abgeben, die den Versicherungsnehmer binden. Umgekehrt kann er auch Erklärungen annehmen, § 164 Abs. 3 BGB. Im Innenverhältnis muss der Versicherer den Versicherungsnehmer informieren und Rechenschaft ablegen, analog § 666 BGB. Das Weisungsrecht nach § 5 II Ziff. 2 a) ergänzt die Regulierungsvollmacht.[85] Regelmäßig übt der Versicherer die Vollmacht im Namen des Versicherungsnehmers aus und nicht im eigenen Namen. Handeln nur im eigenen Namen des Versicherers entspricht nicht der Rechtswirklichkeit.[86]

43 Die Vollmacht endet mit der Pflicht zu regulieren, wenn der Versicherer keine Haftung sieht, die Deckung ablehnt oder er leistungsfrei ist.[87] Der Versicherer muss frühzeitig anzeigen, dass er ablehnen möchte, andernfalls macht er sich schadensersatzpflichtig.[88] Wenn der Versicherungsnehmer umgekehrt sich so verhält, dass der Versicherer nicht ablehnen oder regulieren kann, trägt der Versicherungsnehmer den Mehraufwand an Kosten und Zinsen, siehe § 3 II Ziff. 8 Rn. 104 ff. Über die eigentliche Leistungspflicht hinaus besteht die Regulierungsvollmacht in der Pflichtversicherung, § 117 Abs. 1 und Abs. 2 VVG. Das Versicherungsverhältnis besteht nach § 117 VVG zu dem Dritten fiktiv fort und gegenüber den Mitversicherten vertritt der Versicherer den Versicherungsnehmer.[89] Die Vollmacht endet nicht mit dem formalen Ende des Versicherungsvertrages, weil das Verstoßprinzip mit unbegrenzter Nachhaftung gilt.

44 **b) Umfang der Vollmacht, Regulierungsvollmacht.** Die Regulierungsvollmacht reicht nicht weiter als die Regulierungspflicht. Der Grundsatz ist jedoch mehrfach eingeschränkt worden. Der Versicherer kann gegenüber dem Geschädigten regulieren oder den Anspruch abwehren. Dabei muss er sich unverzüglich entscheiden, ob er regulieren will oder nicht, spätestens dann, wenn er Kenntnis von der Klage des Geschädigten hat.[90] Die Entscheidung muss der Versicherer nach pflichtgemäßem Ermessen treffen. Sie liegt in seiner Entscheidungshoheit und nicht in der des Anwalts als Versicherungsnehmer.[91] Der Versicherer hat die Pflicht, die Sach- und Rechtslage sorgfältig zu prüfen und die Interessen des Versicherungsnehmers so zu wahren, wie es ein von ihm beauftragter Anwalt tun würde oder müsste.[92] Zu prüfen ist insbesondere die materielle Rechtslage, aber auch die Abhängigkeit des Anwalts vom Mandanten.[93] Der Anwalt kann aber nicht verlan-

83 *Chab* AnwBl 2008, 63, 64.
84 HBAnw/*Chab* § 18 Rn. 52.
85 Beides zusammen kann man als Prozessmundschaft/Prozessmuntschaft bezeichnen, *Diller* § 3 Rn. 49; *Krämer* r+s 2001, 177.
86 BGH VersR 2009, 106; 107; BGH NJW 2007, 69, 71; NJW 1958, 1590.
87 BGH NJW 1987, 2586, 2588 zur Kfz-Haftpflichtversicherung und dem Direktanspruch des Dritten.
88 BGH VersR 2001, 1151.
89 MüKoVVG/*Schneider* § 117 Rn. 55.
90 BGH VersR 2007, 2258.
91 OLG Frankfurt NJW-RR 2003, 394.
92 OLG Köln VersR 2013, 1390.
93 BGH VersR 2001, 1150.

gen, dass der Versicherer reguliert, damit der Anwalt weiterhin den Mandanten behält. Bei fehlerhaftem Ermessensgebrauch haftet der Versicherer.[94]

Der Versicherer kann alle Erklärungen nach seinem Ermessen im Namen des Versicherungsnehmers abgeben. Erklärungen für die mitversicherten Personen, insbesondere für die Berufsträger ohne Außenauftritt, gibt der Versicherer regelmäßig im konkludenten Einverständnis der Berufsträger ab. Die AVB-RS und das VVG regeln die Vollmacht hierfür nicht ausdrücklich, II Ziff. 1 c) *„im Namen des Versicherungsnehmers"*, aber nicht im Namen der Mitversicherten. Es gelten für die Mitversicherten aber die gleichen Rechte und Pflichten gegenüber dem Versicherer, der andernfalls nicht ordentlich den Schaden bearbeiten könnte, siehe dazu § 7 Rn. 8. 45

Die Regulierungsvollmacht umfasst auch Vergleichsverhandlungen im Namen des Versicherungsnehmers.[95] Vergleichsverhandlungen des Versicherers bedeuten ohne weiteres, dass er in Höhe des Vergleichs den Versicherungsnehmer von der Forderung des Geschädigten freistellen will.[96] Die Regulierungsvollmacht ist uneingeschränkt. Sie geht über den Umfang der eigentlichen Regulierungspflicht hinaus. Die Vollmacht gilt daher auch für Ansprüche oberhalb der Deckungssumme und unterhalb des Selbstbehalts.[97] Das ist entscheidend, wenn der Versicherer sich über diese jeweiligen Grenzen hinaus vergleicht oder anerkennt. Es gibt in den AVB-RS keine entsprechenden Regelungen und auch die Auslegung schränkt die Vollmacht nicht ein,[98] so dass der Versicherungsnehmer einen eigenen Anteil zu leisten hat, wenn z.B. der Vergleich oberhalb der Versicherungssumme liegt. Allerdings hat der Versicherer wie ein Anwalt die Interessen des Versicherungsnehmers zu beachten, siehe § 3 Rn. 44. Wenn der Versicherer sich auf Verhandlungen bis zur Versicherungssumme beschränken will oder er unterhalb des Selbstbehalts einen Vergleich sucht, hat er dies deutlich erkennbar nach außen hin zu machen. 46

Der Versicherer kann den Prozessbevollmächtigten auswählen. Andernfalls könnte der Versicherer einen Anspruch eines Dritten nicht abwehren. Der Versicherungsnehmer kann jedoch dann widersprechen, wenn von vornherein sachliche nachvollziehbare Gründe gegen einen bestimmten Prozessanwalt sprechen, wie z.B. Kenntnisse von bestimmten persönlichen Fehlverhalten des möglichen Anwalts gegenüber dem Versicherungsnehmer. Hierbei müssen jedoch die nachvollziehbaren Sachgründe ganz überwiegend gegen den Anwalt sprechen, andernfalls kann der Versicherer nicht ordentlich seiner Hauptleistungspflicht nachkommen, den Rechtsschutz zu organisieren.[99] Ob ein Rechtsanwalt einen haftpflichtigen Versicherten in dessen Auftrag oder im Auftrag des Haftpflichtversicherers vertritt, hängt von den Umständen des Falls ab. Allein die Befugnis und die Verpflichtung des Versicherers, dem Versicherten durch Bestellung eines Rechtsanwalts Rechtsschutz zu gewähren, macht ihn nicht zum Vertragspartner des Rechtsanwalts.[100] 47

Die Regulierungs- und Bearbeitungsvollmacht umfasst weitere Rechte: 48

Der Versicherer hat den Schriftverkehr mit dem Geschädigten zu führen, kann aber auch den betroffenen Anwalt damit beauftragen. Die Erklärungen gelten sowohl für die Haftung als auch die Deckung. Der Versicherer kann den Haftpflichtanspruch vollständig befriedigen oder anerkennen oder einen Vergleich schließen. Er kann auf die Verjährungseinrede verzichten oder die Verjährung hemmen.[101] Die Erklärung des Haftpflichtversicherers eines Schädigers gegenüber dem Geschädigten, einen geltend gemachten Schadensfall zu prüfen, begründet grundsätzlich ver-

---

94 LG Berlin VersR 2013, 849.
95 OLG Düsseldorf VersR 1979, 151.
96 BGH VersR 2009, 106, 107.
97 BGH DStR 2007, 1011 mit Anm. *Meixner/Schröder*; OLG Düsseldorf VersR 1979, 151; Gräfe/Brügge/Melchers/*Gräfe* D Rn. 368.
98 BGH NJW-RR 1988, 278; OLG Braunschweig NJW-RR 1989, 799; BGH VersR 1964, 1199, 1200; BGH VersR 1969, 451, 452; BGH VersR 1970, 549.
99 MüKoVVG/*Büsken* 300 Allgemeine Haftpflichtversicherung Rn. 122f.
100 BGH MDR 2019, 382.
101 BGH VersR 1962, 809; BGH VersR 1963, 187.

jährungshemmende Verhandlungen iSv § 203 Satz 1 BGB.[102] Zu weit geht es, wenn der Versicherer mit Forderungen des Versicherungsnehmers gegen Schadensersatzansprüche aufrechnet.[103] Es bedeutet, dass der Versicherer mit dem Honoraranspruch des Anwalts gegen den Schadensersatzanspruch aufrechnen kann. Es geht darum einen Schaden zu regulieren, nicht darum in die Geschäfte des Versicherungsnehmers einzugreifen, auch wenn die Aufrechnung Erfüllung ist. Nach überwiegender Ansicht ist die Aufrechnung mit Forderungen des Anwalts aber zumindest aus demselben Schadenereignis dem Versicherer gestattet.[104] Die Regulierungsvollmacht umfasst auch die Prozessvollmacht als Weisungsrecht. Der Versicherer führt auf seine Kosten den Haftpflichtprozess im Namen des Versicherungsnehmers, II Ziff. 5. Der Versicherer hat die Prozessführungsbefugnis. Er trägt die Verantwortung für den Ausgang des Prozesses. Dazu ist er berechtigt, den Versicherungsnehmer anzuweisen. Die Anweisung muss zumutbar sein, siehe zur Zumutbarkeit von Obliegenheiten § 5 Rn. 10.

49 **c) Folgen von Pflichtverletzungen.** Wenn der Versicherer seine Vollmacht nicht ordnungsgemäß ausübt, haftet er dem Versicherungsnehmer im Innenverhältnis, §§ 280 ff BGB. Maßstab ist das Treueverhältnis zwischen Versicherungsnehmer und Versicherer und die Pflicht des Versicherers den Schadenfall wie ein Anwalt zu bearbeiten.[105] Dabei überwiegen im Zweifel die sachlichen Interessen des Versicherungsnehmers gegenüber den Interessen des Versicherers.[106] Der Versicherer hat den Schaden zu ersetzen, der entsteht, wenn er auf den Prozess einwirkt, soweit er bereits entschlossen war, keine Deckung zu geben.[107] Gleiches gilt, wenn er trotz offensichtlich begründeter Ansprüche weiterhin versucht, den Anspruch abzuwehren.[108] Ebenfalls schadensersatzpflichtig ist der Versicherer, wenn er einen günstigen Vergleichsvorschlag ablehnt und der Prozess mit einem festgestellten Schaden verloren geht, der oberhalb der Versicherungssumme liegt.[109] Die Differenz hat der Versicherer zu tragen. Die Regulierungsvollmacht wirkt im Außenverhältnis zum Dritten und im Innenverhältnis gegenüber dem Versicherungsnehmer. Wenn der Versicherungsnehmer sich der Regulierung entzieht oder der Weisung nicht Folge leistet, begeht der Versicherungsnehmer eine Obliegenheitsverletzung. Die Rechtsfolgen ergeben sich aus § 3 II Ziff. 8 und 7. Der Versicherungsnehmer hat den Mehraufwand zu tragen, insbesondere Zinsen und Kosten, siehe dazu § 3 Rn. 104.

III. Höchstbetrag und Jahreshöchstleistung der Versicherungsleistung, II Ziff. 2

50 Nach II Ziff. 2 ersetzt der Versicherer gegenüber dem Geschädigten den Schaden in der Höhe, in der er entstanden ist, entsprechend den Grundsätzen einer Haftpflichtversicherung, die den Dritten schützt und nicht allein die Vermögensinteressen des Versicherungsnehmers.

---

102 OLG Düsseldorf r+s 2023, 820.
103 LG München VersR 1971, 615; AG Köln VersR 1988, 940; MüKoVVG/*Büsken* 300 Allgemeine Haftpflichtversicherung Rn. 118; *Diller* § 3 Rn. 57 eher ablehend.
104 Prölss/Martin/*Lücke* AHB 200 Abs. 5 Ziff. 5 Rn. 20; *Littbarski* § 5 Rn. 147f.
105 BGH VersR 2001, 1150, 1151; BGH NJW 1993, 68, 69.
106 BGH NJW 1993, 68, 69; BGH VersR 1981, 180, 181.
107 BGH VersR 2001, 1151.
108 LG Berlin VersR 2013, 849.
109 *Diller* § 3 Rn. 55.

1. Begriffe Höchstbetrag und Jahreshöchstleistung

Der Höchstbetrag als Versicherungssumme bezeichnet den Betrag, den der Versicherer maximal 51
in einem Schadenfall zu zahlen hat. Die Jahreshöchstleistung bezeichnet die Summe der Beträge, die der Versicherer maximal in einem Jahr für alle Schadenfälle zusammen zu leisten hat, auch Maximierung genannt, die man als das x-fache des Höchstbetrages oder der Versicherungssumme ausdrückt, siehe dazu genauer Einleitung, Versicherungstechnik, Versicherungssumme/Jahreshöchstleistung Rn. 40. Maßgeblich für den Höchstbetrag und die Jahreshöchstleistung sind die Bestimmungen zur Pflichtversicherung, die AVB-RS und die individuellen Vereinbarungen mit dem Versicherungsnehmer.

2. Begrenzungen der Versicherungsleistung

Die Versicherungsleistung ist in vierfacher Hinsicht begrenzt: 52
- Die Versicherungsleistung ist begrenzt für den einzelnen Schaden der Höhe nach auf die mit dem Versicherungsnehmer vereinbarte Versicherungssumme, II Ziff. 2. Einen darüberhinausgehenden Schadensersatzanspruch hat der Versicherungsnehmer selbst zu tragen.
- Die Versicherungsleistung ist begrenzt für miteinander zusammenhängende Schadenfälle auf eine einmalige Leistung, Serienschadenklausel nach II Ziff. 2 a) bis c), siehe § 3 Rn. 57 ff.
- Die Versicherungsleistung ist begrenzt für alle Schadenfälle eines Jahres insgesamt auf eine Jahreshöchstleistung. Die Versicherungssumme ist maximiert, II Ziff. 2 aE und II Ziff. 3 nach den besonderen Regelungen für die jeweiligen Berufsträger. Außerhalb der Pflichtversicherung beträgt die Jahreshöchstleistung das Zweifache der Versicherungssumme, wenn nichts anderes vereinbart ist, siehe dazu auch § 14 Rn. 5.

3. Keine Anrechnung der Kosten auf die Versicherungsleistung

Der Kosten der Abwehrleistung gehen zu Lasten des Versicherers. Die Kosten schmälern nicht die 53
Versicherungssumme und damit die Schadensersatzleistung. Dies entspricht der Regelung in § 102 Abs. 2 VVG. II Ziff. 5 b) erweitert und schränkt teilweise die Übernahme der Kosten ein, siehe zu den Kosten bei berechtigten und unberechtigten Ansprüchen § 3 Rn. 93 f.

4. Zinsen und Anrechnung

II Ziff. 5 a) regelt nicht ausdrücklich, ob man die Zinsen auf die Versicherungssumme anrechnet 54
oder ob sie Teil der Kosten sind, die der Versicherer zu leisten hat. Daher gilt § 102 Abs. 2 Satz 2 VVG als Regelung zu den Zinsen, weil II Ziff. 5 a) nicht § 102 Abs. 2 Satz 2 VVG abbedingt.[110] Der Versicherer hat die Zinsen als Kosten zu tragen, wenn er für die Verzögerung verantwortlich ist, dass der Geschädigte sein Geld erhält. Der Versicherer ist verantwortlich, wenn sich der Versicherer mit der Zahlung in Verzug befindet. Hierfür ist ein Verschulden des Versicherers nicht erforderlich, da die Risiken der Abwehr der gegen den Versicherungsnehmer gerichteten Ansprüche aus seiner Sphäre stammen, insbesondere wenn der Versicherer damit rechnen musste, dass der Versicherungsnehmer unterliegt, weil es nicht um so schwierige Sach- und Rechtsfragen ging.[111] Wenn der Versicherer über das Prozessrisiko irrt, geht dies zu Lasten von ihm.[112] Auf ein Verschul-

---

110 BGH VersR 1990, 191.
111 BGH VersR 1992, 1257.
112 BGH VersR 1990, 153.

den des Versicherers kommt es insoweit nach § 102 Abs. 2 Satz 2 VVG nicht an.[113] Praktisch unterscheidet der Versicherer zwischen den Zinsen, die der Geschädigte als Nebenforderung geltend macht und Zinsen, die das Gericht im Kostenfestsetzungsbeschluss festlegt. Die Verzugs- und Prozesszinsen rechnet er auf die Hauptforderung an unter Berücksichtigung der Versicherungssumme und des Selbstbehalts. Die anderen Zinsen sind Teil der Kosten und werden nicht angerechnet.

5. Erschöpfen der Versicherungsleistungen

55 Kein Versicherungsschutz besteht mehr, wenn die Versicherungssumme oder die Jahreshöchstleistung für alle Schadenfälle eines Jahres verbraucht ist. Dies ist der Fall, wenn der Schadensersatzanspruch höher ist als die Versicherungssumme. Die Differenz hat der Versicherungsnehmer zu tragen. Gleiches gilt, wenn die Schadenfälle in einem Jahre die Jahreshöchstleistung überschreiten. Für die Pflichtversicherung nach §§ 51, 59o BRAO bedeutet es, dass der Anwalt oder die Gesellschaft den Teilbetrag selbst zu leisten hat, der oberhalb eines Schadens in Höhe der Pflichtversicherung liegt.

56 Dies gilt auch für die Abwehransprüche, sowohl bei berechtigten als auch bei unberechtigten Ansprüchen des Dritten. Wenn die Versicherungssumme erschöpft ist oder die Jahreshöchstleistung erreicht ist, sind die gegenseitigen Leistungsversprechen erfüllt und der Versicherer muss nicht mehr leisten und auch keinen Abwehrschutz geben. Es besteht gerade keine unmaximierte Versicherungssumme. Einer noch weiteren Leistung steht keine Prämienzahlung gegenüber. Dies entspricht der Regelung in § 101 VVG. Die Rechtsschutzkomponente ist in dem Moment vollbracht, in dem der Versicherer sein Leistungsversprechen eingehalten hat. Bei Fällen, in denen der Anspruch höher ist als die restliche noch nicht verbrauchte Versicherungssumme, gibt der Versicherer Abwehrschutz. Er übernimmt aber nur die Kosten, die sich aus dem Gegenstandswert der verbleibenden Versicherungssumme ergeben. Er übernimmt nicht die Kosten auf den gesamten Anspruch, II Ziff. 5 b).

IV. Serienschaden, II Ziff. 2

1. Allgemeines

57 II Ziff. 2 a)–c) begrenzt die Versicherungssumme auf eine einmalige Leistung. Die gesamte Regelung bezeichnet man als Serienschadenklausel. Im engeren Sinn liegt aber nur nach II Ziff. 2 c) ein Serienschaden vor, weil die Schadenfälle bei einem einheitlichen Auftrag zusammengefasst werden. Die Regelung nach lit. c) entspricht dem gesetzlich zulässigen Ausschluss des § 51 Abs. 2 des 2. HS BRAO. Bei lit. a) handelt es sich um eine Verursacherklausel, bei lit. b) um eine Schadenklausel, die man beide als Serienschaden im weiteren Sinn bezeichnet. Der Gesetzgeber hat bei den wirtschafts- und steuerberatenden Berufen die Versicherungsfälle, Verstöße und mehrere Geschädigte zu einem einmaligen Schadenfall zusammenzufassen, unterschiedlich geregelt: Bei den Steuerberatern in § 53 Abs. 3 a) – c) StBerG und bei den Wirtschaftsprüfern in § 54 Abs. 2 Satz 2 Nr. 1 und Nr. 3 WPO. Bei den Rechtsanwälten hat der Gesetzgeber den Serienschaden nur im engeren Sinn in § 51 Abs. 2 BRAO geregelt, aber gerade nicht den Serienschaden im weiteren Sinn. II Ziff. 2 lit. a) und lit. b) bilden, wenn auch nicht wortwörtlich, die gesetzlichen Vorgaben der Steuerberater und Wirtschaftsprüfer ab.

58 Die Bedingungen für die Rechtsanwälte übernehmen die Serienschadenklausel der Steuerberater und Wirtschaftsprüfer. Die AVB-RS könnten damit die Pflichtversicherungsbestimmungen des § 51 Abs. 2 BRAO verletzen. Es handelt sich aber bei II Ziff. 2 lit. a) und b) um keinen echten Ausschluss nach der Pflichtversicherung. Es handelt sich vielmehr um eine Regelung, die sich aus

113 Prölss/Martin/*Lücke* § 101 Rn. 30.

dem Verstoßprinzip und der Vermögensschadenhaftpflichtversicherung ergibt und das Risiko des Versicherers begrenzt. Der Versicherer hat das legitime Interesse, dass der Versicherungsnehmer sorgfältig arbeitet und Haftpflichtfälle vermeidet. Praktisch soll der Versicherer nicht unbegrenzt trotz begrenzter Versicherungssumme leisten müssen.[114] Die Serienschadenklausel hält auch einer Inhaltskontrolle stand. Es kommt nicht darauf an, ob es sich um eine freiwillige oder um eine Pflichtversicherung handelt, ebenso wenig, dass die Pflichtversicherung drittschützende Funktion hat.[115] Damit hängt aber zusammen, dass die Serienschadenklausel als Risikobegrenzungsklausel eng auszulegen ist. Es ist auf die Verständnismöglichkeiten eines durchschnittlichen Versicherungsnehmers ohne versicherungsrechtliche Spezialkenntnisse abzustellen. Im Ergebnis ist die Serienschadenklausel häufig nicht anwendbar, da zwar gleichartige Fälle vorliegen, aber der Berufsträger individuell und bedarfsgerecht zu beraten hat.

Zu beachten ist, dass der Serienschaden in der Erstversicherung bei den wirtschaftsberaten- 59
den Berufen nicht dem Serienschadenbegriff in der Rückversicherung entsprechen muss. Grund für den Unterschied ist regelmäßig, dass die Formulierungen abstrakt gehalten sein müssen, um eine Vielzahl möglicher Schadenfälle umfassen zu können. Die Parteien in der Rückversicherung können die Regelungen hierzu frei treffen. Es kann dazu führen, dass auf der Rückversicherungsseite ein Serienschaden vorliegt, aber nicht auf der Erstversicherungsseite, weil hier nur bestimmte gesetzlich vorformulierte Klauseln zum Serienschaden möglich sind. Problematisch für den Erstversicherer ist die Konstellation, wenn einzelne Schadenfälle vorliegen, die kein Serienschaden sind, aber einen Schadenkomplex bilden, z.B. die Falschberatung bei einer Kapitalanlage oder bei Notaren bei der Beratung zu Bauherrenmodellen mit typisierten Verträgen. Der einzelne Schaden übersteigt nicht den mit dem Rückversicherer vereinbarten Eigenbehalt des Erstversicherers, aber die Schadenfälle übersteigen in der Summe den Eigenbehalt. Der Erstversicherer hat trotz Rückversicherung im Gesamten über seinen Eigenbehalt zu leisten, soweit keine Sonderregelung mit dem Rückversicherer vorliegt. Die Regelungen hierzu bezeichnet man als „clash-cover“ zum Schutz der Bilanz des Erstversicherers.

2. Umfang

Die Serienschadenklausel bezieht sich nicht auf die Anzahl der Geschädigten. Wenn mehrere 60
Geschädigte vorhanden sind, aber nur ein Verstoß, liegt schon nur ein Versicherungsfall mit einem Schaden vor. Die Versicherungsleistung ist nur einmal zu leisten[116] Es bedarf keiner Serienschadenklausel. Auch die Pflichtversicherung nach § 51 Abs. 2 BRAO fordert allein, dass der Anwalt Versicherungsschutz für jede einzelne Pflichtverletzung haben muss und nicht für jeden einzelnen Geschädigten.[117] Nach anderer Ansicht liegt ein Schadenfall pro Geschädigtem vor. Der Versicherer hat mehrmals zu leisten, soweit nicht die Serienschadenklausel eingreift.[118] Diese Ansicht stützt sich darauf, dass andernfalls der Versicherungsschutz nicht erreicht wird, die Geschädigten ausreichend zu schützen. Zu fragen ist aber in der Vermögensschadenhaftpflichtversicherung immer danach, ob ein Verstoß oder mehrere Verstöße vorliegen. Wenn schon nur ein Verstoß vorliegt, kann nur ein zu regulierender Versicherungsfall vorliegen mit einer Schadenleistung an mögliche mehrere Geschädigte. Das zeigt sich auch daran, wenn ein einzelnes Versehen mehrere nicht verklammerte Verstöße beinhaltet. Der Anwalt wirft alle Anträge von verschiedenen Mandanten in den falschen Briefkasten ein. Der Anwalt versäumt in jedem einzelnen Fall die Frist, obwohl eine einzige falsche Handlung vorliegt. Jedes einzelne Fristversäumnis ergibt einen einzelnen Schadenfall mit einer einzelnen Versicherungssumme, gedeckelt durch die Maximierung. Darun-

114 BGH VersR 1991, 175.
115 BGH NJW 2003, 3705, 3706.
116 LG München GI 1992, 80.
117 Beckmann/Matusche-Beckmann/*v. Rintelen* § 26 Rn. 337.
118 LG Köln VersR 1989, 355, 356; *Ebel* VersR 1988, 1104, 1108.

ter fallen auch diejenigen Sachverhalte, bei denen der Anwalt systematisch einen Fehler begeht, z.B. weil er das Fristenbuch grundsätzlich falsch führt oder das Fristenbuch aufgrund eines Hackerangriffs nicht mehr zur Verfügung steht. Zwar liegt ein Fehler vor, aber jedes einzelne Mandat stellt einen einzelnen Schadenfall dar.[119]

3. Folgen eines Serienschadens

61 Wenn ein Serienschaden feststeht, leistet der Versicherer auf den gesamten Schadenkomplex nur einmal und nicht mehrmals. Der Vorteil für den Versicherer ist, dass er nur einmal zu zahlen braucht. Der Vorteil für den Versicherungsnehmer ist, dass er nur einmal den Selbstbehalt zu leisten hat. Der Zeitpunkt, wann der erste Verstoß den Versicherungsfall auslöst, kann auch günstiger/schlechter sein, wenn er in diesem Zeitpunkt günstigere/schlechtere Bedingungen vereinbart hatte.[120]

62 Die unter dem Serienschaden fallenden Fälle sieht man technisch entweder als einzelnen Verstoß oder Dauerverstoß an oder man fasst die eingetretenen Schäden zu einem einheitlichen Schadenfall zusammen.[121] Da in jedem Fall mehrere Ereignisse zusammengefasst sind, ist für den Versicherungsschutz entscheidend, welchen Verstoßzeitpunkt man annimmt. Wenn man die Verstöße/Pflichtverletzungen und die Schadenfälle zusammenfasst, gilt der erste Verstoß als maßgeblicher Zeitpunkt für den Versicherungsfall.[122] Dies entspricht dem Versicherungsprinzip bei einer Verstoßdeckung, siehe dazu und zum gedehnten Versicherungsfall § 2 Rn. 23. Wenn man die Klausel eng auslegt, kann man auch die Auffassung vertreten, dass der aus Sicht des Versicherungsnehmers günstigere Zeitpunkt gelten soll.[123]

4. Klauseln im Detail

63 Die Klauseln nach II Ziff. 2 a) und b) fassen Fälle einer kumulativen Kausalität zusammen, entweder gibt es mehrere Verursacher oder mehrere Verstöße, die zu einem Schaden führen, für den die Berufsträger aber alle gemeinschaftlich haften. Wie oben dargestellt ist II Ziff. 2 c) die eigentliche Serienschadenklausel mit Klammerwirkung, bei der mehrere Verstöße bei einem einheitlichen Auftrag vorliegen können.

64 **a) Verursacherklausel, II Ziff. 2 a).** Nach II Ziff. 2 a) hat der Versicherer nur einmal gegenüber mehreren entschädigungspflichtigen Personen – mehrere Anwälte einer Gesellschaft – zu leisten, auf welche sich der Versicherungsschutz erstreckt. Es liegt ein Versicherungsfall vor, wenn mehrere Anwälte gemeinsam durch einen Verstoß oder durch mehrere Verstöße einen einheitlichen Schaden verursacht haben und sie dafür gesamtschuldnerisch haften. Voraussetzung ist, dass die Berufsträger alle mitversichert sind. Die Klausel soll verhindern, dass der Geschädigte mehrmals die Schadenssumme ersetzt erhält, obwohl nur ein einheitlicher Schaden vorliegt. Die Deckung entspricht der Haftung. Beispiel: In einer Gesellschaft ist die Klage des ersten Anwalts unschlüssig, der zweite mitarbeitende Anwalt versäumt im gleichen Mandat eine Frist. Beide Verstöße führen zu einem Schaden, für den die Gesellschaft und die Gesellschafter in einer nicht haftungsbeschränkten Gesellschaft haften und für den der Versicherer nur einmal zahlt. Die Versicherungssumme steht nicht mehrfach zur Verfügung. Wenn zwei versicherte Anwälte zwei verschiedene

119 Beckmann/Matusche-Beckmann/*v. Rintelen* § 26 Rn. 338; *Diller* § 3 Rn. 75.
120 *Lange* VersR 2004, 563; *Langheid/Grote* VersR 2005, 1165.
121 BGH NJW 2003, 3705.
122 *Koch* VersR 2007, 288; *Therstappen* AnwBl 2015, 708.
123 Gräfe/Brügge/Melchers/*Gräfe* D Rn. 393.

Verstöße in einem einzigen Mandat begehen, steht die Versicherungssumme nicht pro Gesellschafter pro Verstoß zur Verfügung, da auch nur ein Schaden vorliegt. Die Versicherungssummen der Gesellschafter addieren sich nicht.

Bei der Abwehr unberechtigter Forderungen, ist II Ziff. 2 a) nicht anwendbar. Es geht allein darum, dass der Versicherer die Versicherungssumme bei einem Schaden nur einmal leistet. Die Abwehr der unberechtigten Forderungen ergibt sich aus schon aus § 1. Bei mehreren Schädigern in einer Gesellschaft hat die Gesellschaft Versicherungsschutz und die übrigen Gesellschafter sind mitversichert für ihre gesellschaftsrechtliche Haftung, § 1 II Ziff. 2. Sie erhalten alle ihren Abwehrschutz. 65

b) Schadenklausel, II Ziff. 2 b). Nach II 2 b) hat der Versicherer nur einmal zu leisten bezüglich eines aus mehreren Verstößen stammenden einheitlichen Schadens. Zweck der Klausel ist es den Versicherungsnehmer, der mehrfach fehlerhaft handelt, nicht besser zu stellen als denjenigen, der nur einmal fehlerhaft handelt. Der mehrfach fehlerhaft Handelnde könnte andernfalls ohne die Klausel für jeden einzelnen Verstoß Versicherungsschutz verlangen und damit mehrfach die Versicherungssumme erhalten. Der „Mehrfachtäter" hätte in einem Mandat besseren Versicherungsschutz als der „Einfachtäter".[124] Voraussetzung ist, dass ein einheitlicher Schaden vorliegt. Der Schaden ist dann einheitlich, wenn die einzelnen Verstöße zu einem nicht aufteilbaren Ergebnis geführt haben. Der Bezug zu einer einheitlichen Vermögensmasse muss vorhanden sein.[125] Die Verstöße müssen aber nicht gleichartig sein oder auf gleichartiger Fehlerquelle beruhen. Abzugrenzen ist der einheitliche Schaden von gleichartigen Fehlern, die der Berufsträger wiederholt, aber immer wieder neu begeht. Der Steuerberater, dem in mehreren Veranlagungsjahren der gleiche Fehler unterläuft, begeht jeweils einen neuen Verstoß.[126] Jeder Verstoß für sich ist ein Versicherungsfall und ist kein Dauerverstoß oder ein gedehnter Versicherungsfall oder ein Serienschaden, selbst wenn immer die gleiche falsche Vorstellung des Steuerberaters vorlag. Es liegt aber ein einheitlicher Schaden vor, wenn der Steuerberater bei einer Steuererklärung einen Fehler macht und er die Einspruchsfrist zusätzlich versäumt. Der Schaden des Mandanten aufgrund der höheren Steuerlast bleibt gleich hoch und er kann nicht zweimal den Schaden verlangen. 66

c) Serienschadenklausel im engeren Sinn, II Ziff. 2 c). II Ziff. 2 c) beinhaltet die Serienschadenklausel im engeren Sinn nach § 51 Abs. 2 BRAO. Der Versicherer hat nur einmal zu leisten, wenn mehrere Pflichtverletzungen bei einem einheitlichen Auftrag zum Schaden geführt haben. Entscheidend ist, dass ein einheitlicher Auftrag vorliegt. Maßgeblich ist das, was der Mandant mit dem Anwalt vertraglich als konkreten Gegenstand vereinbart hat unter einer normativen Wertung. Es handelt sich um einen Auftrag, wenn er in einem bestimmten Rechtsverhältnis tätig wird, z.B. einen Unternehmenskauf in einer Due Diligence zu prüfen. Es liegt ein Serienschaden nach lit. c) vor, wenn der Anwalt oder auch mehrere Anwälte einer Kanzlei bei dem Unternehmenskauf im Steuerrecht und im Kaufvertrag zwei unterschiedliche Verstöße begangen haben. Negativ abgrenzbar ist der Begriff des einheitlichen Auftrags vom übergeordneten Mandat. Das Mandatsverhältnis ist die Geschäftsbeziehung des Anwalts zum Mandanten, der Auftrag ist die einzelne konkrete Geschäftsbesorgung in einem bestimmten Rechtsverhältnis. Ein Mandat kann daher mehrere Aufträge umfassen, die nicht unter die Serienschadenklausel fallen.[127] Meistens liegen dann auch zwei getrennt voneinander abzurechnende Aufträge als streitige Angelegenheiten vor. Beispielsweise bei einem Gewerbekunden als Dauermandant. Er beauftragt den Anwalt einen Geschäftsführervertrag zu entwerfen und ihn in einem Kündigungsschutzprozess zu vertreten. 67

124 *Diller* § 3 Rn. 80.
125 *Wilhelmer* ZFR 2015, 253, 255.
126 BGH NJW-RR 1991, 1306.
127 *Diller* § 3 Rn. 87.

Schwieriger ist es, wenn der Mandant zum gleichen Sachverhalt Aufträge verteilt. Hier ist zu werten. Beispielsweise, wenn der Anwalt einen fehlerhaften Mustervertrag für einen gewerblichen Autoverkäufer entwirft. Bei jedem Verkauf kommt es zum Schaden. Es liegt ein einheitlicher Auftrag trotz der verschiedenen Schäden vor, weil der Anwalt nur einmal tätig geworden ist und einen Auftrag hatte. Anders aber, wenn der Anwalt in einem zeitlichen Abstand neu hinzugezogen wird und neu prüfen soll. Wenn der Anwalt den gleichen Fehler wiederholt, sind trotzdem eher zwei verschiedene Aufträge anzunehmen, die jeder für sich einen Versicherungsfall darstellen ohne ein Serienschaden zu sein. Ebenfalls zwei Aufträge liegen vor, wenn sich die Aufträge inhaltlich voneinander unterscheiden lassen. Beispielsweise, wenn der Gewerbekunde einen Kaufvertrag für das Grundstück und einen Leasingvertrag für die Fahrzeugflotte prüfen lässt.

68 Wenn der Anwalt allerdings jeweils eigene Prüfpflichten gegenüber verschiedenen Personen hatte, kann die Serienschadenklausel nicht greifen. Bei einer WP-Gesellschaft als Treuhänderin, die zwei Erwerbermodelle mit je 54 Eigentumswohnungen fehlerhaft abgewickelt hat, liegen jeweils einzelne Versicherungsfälle vor ohne Serienschaden.[128] Bei einem Steuerberater liegt ebenfalls kein Serienschaden vor, wenn er es über mehrere Jahre unterlassen hat, darauf hinzuweisen, dass der Mandant gewerbesteuerpflichtig ist, auch wenn er einmalig die übergreifende generelle Grundsatzfrage falsch beurteilt hat. Es liegt jedes Jahr ein neuer unabhängiger Verstoß vor.[129] Ein einziger Verstoß mit einer Versicherungssumme liegt dagegen vor, wenn der Steuerberater einen Prospekt falsch beurteilt. Der Initiator der Kapitalanlage hat die Anleger zu entschädigen und nimmt Regress beim Berater. Zwischen Initiator und Berater liegt ein Mandatsverhältnis vor mit einem einheitlichen Auftrag, den Prospekt zu erstellen oder zu prüfen. Der Regress ist ein einziger Versicherungsfall, auch wenn jeweils der einzelne Anleger jeweils auf die Richtigkeit des Prospekts vertraut hat und einen individuellen Schaden hat.[130] Wenn der Anwalt im Bereich Legal Tech ein Tool entwickelt und dem Mandanten zur Verfügung stellt, liegt ein einheitlicher Auftrag vor mit der Folge, dass alle fehlerhaften Anwendungen des Tools einen einheitlichen Schaden darstellen.[131] Nicht anzuwenden ist die Serienschadenklausel im engeren Sinn, wenn der gesamte Schaden auf einem Verstoß beruht. Dieser Fall ist bereits über § 1 und § 2 versichert aufgrund des Verstoßprinzips. Sämtliche Folgen dieses Verstoßes sind versichert. Der Beratungsfehler eines Steuerberaters führt zu einem Schaden bei der Einkommen-, Gewerbe- und Körperschaftssteuer.

V. Weitere Bestimmungen zum Höchstbetrag und zur Jahreshöchstleistung, II Ziff. 3

Weitere Bestimmungen zum Höchstbetrag der Versicherungsleistung regeln die Besonderen Bedingungen.

69 Die Versicherungssumme und die Jahreshöchstleistung regeln die AVB-RS gesondert jeweils in den Besonderen Bedingungen. Hierzu verweist II Ziff. 3 auf die Besonderen Bedingungen. Bei den Rechtsanwälten in § 14 BBR-RA, bei Steuerberatern in § 25 BBR-S. Es gilt mindestens der Pflichtversicherungsumfang. Bei einzelnen Anwälten und in einer Sozietät/Partnerschaft hat der Anwalt mindestens eine Versicherungssumme von 250.000 EUR pro Versicherungsfall und mindestens 1 Million EUR für alle Schadenfälle eines Jahres zusammen. Bei den Gesellschaften beträgt die Leistung 1 Mio/2,5 Mio EUR pro Versicherungsfall und mindestens 4 Mio/10 Mio EUR für alle Versicherungsfälle eines Jahres. Nach II Ziff. 3 kann der Versicherer Besonderheiten vereinbaren.

128 LG Köln VersR 1989, 355.
129 BGH VersR 1991, 873.
130 *Gräfe* NJW 2003, 3673.
131 *Riechert* AnwBl 2020, 168.

VI. Selbstbehalt, II Ziff. 4

1. Regelungen, II Ziff. 4 a) und c)

Die Pflichtversicherungsbestimmungen sehen die Möglichkeit vor, dass der Versicherer einen Selbstbehalt bis 1 % der Mindestversicherungssumme vereinbart. Bei Anwälten daher maximal 2.500 EUR, bei den anwaltlichen nicht haftungsbeschränkten Gesellschaften 5.000 EUR und haftungsbeschränkten Gesellschaften 10.000 EUR oder 25.000 EUR, §§ 51 Abs. 5, 59 Abs. 2 Satz 2 BRAO. Historisch gesehen ist der Zweck des Selbstbehalts, den Anwalt ausreichend am Schaden zu beteiligen, um zu verhindern, dass fahrlässigem Verhalten Vorschub geleistet und das Verantwortungsgefühl gemindert werde.[132] Die Versicherer machen von der Selbstbehaltsregelung der BRAO unterschiedlich Gebrauch. Nach den AVB-RS gilt ein fester Selbstbehalt von 1.000 EUR für alle Anwälte, gleich ob Einzelanwalt oder Berufsausübungsgesellschaft.[133] Wenn der Anwalt einen anderen Selbstbehalt vereinbaren möchte, wirkt sich die Höhe in der Regel auf die Prämie aus. Nach II Ziff. 4 c) können die Berufsträger auch einen höheren Selbstbehalt vereinbaren. Die Vereinbarung ist aber beschränkt auf die gesetzlich zulässige Höhe von jeweils 1 % der Mindestversicherungssumme. Wenn trotzdem ein höherer Selbstbehalt vereinbart ist, wirkt sich ein höherer Selbstbehalt nicht zu Lasten des Geschädigten aus, weil der Selbstbehalt auch den geschädigten Mandanten oder Dritten schützt. Der Versicherer hat gegenüber dem Mandanten den Schadensersatz bei der Pflichtversicherung ohne Abzug des Selbstbehalts zu leisten. Der Versicherer hat aber gegenüber dem Versicherungsnehmer einen Anspruch in Höhe des Selbstbehalts. 70

2. Umfang

Der Versicherer sollte dem Geschädigten die Haftpflichtsumme ohne Abzug des Selbstbehalts zahlen, weil er den Selbstbehalt des Versicherungsnehmers gegenüber dem geschädigten Dritten bei der Pflichtversicherung nicht entgegenhalten kann, § 114 Abs. 2 Satz 2 VVG. Den Betrag in Höhe des Selbstbehalts kann sich der Versicherer vom Versicherungsnehmer holen. Er trägt damit dessen Insolvenzrisiko. Dies gilt auch dann, wenn der Dritten keinen Direktanspruch nach § 115 VVG hat oder wenn bei einem Direktanspruch der Versicherungsschutz die Mindestanforderungen überschreitet oder das Versicherungsverhältnis im Innenverhältnis gestört ist, § 117 Abs. 3 VVG.[134] Auch gegenüber den mitversicherten Anwälten kann der Selbstbehalt nicht geltend gemacht werden. § 51 Abs. 5 BRAO ist nicht lex specialis zu § 114 VVG.[135] 71

Die Haftpflichtsumme ist legal definiert als der Betrag, den der Versicherer zu zahlen hat auf Grund richterlichen Urteils oder eines vom Versicherer genehmigten Anerkenntnisses oder Vergleichs, siehe auch § 3 Rn. 30 ff. Der Versicherer zieht den Selbstbehalt nicht von der vereinbarten Versicherungssumme ab, sondern von der Haftpflichtsumme. Bei einer Versicherungssumme von 250.000 EUR, einem Selbstbehalt von 1.000 EUR und einer Haftpflichtsumme von 251.000 EUR bedeutet es, dass der Versicherer 250.000 EUR an den Geschädigten zu zahlen hat. Der Versicherer muss in diesem Fall nicht die volle Haftpflichtsumme zahlen, die die vereinbarte Versicherungssumme übersteigt.[136] 72

132 So nach der Anordnung des Kaiserlichen Aufsichtsamts von 1906.
133 Die Vorgängerversion der AVB in der Version HV 60/07 sah noch einen festen Selbstbehalt von 1.500 EUR vor.
134 Prölss/Martin/*Klimke* § 114 Rn. 10.
135 MüKoVVG/*Brand* § 114 Rn. 26.
136 OLG Düsseldorf VersR 1979, 151.

3. Auslandssachverhalte, II Ziff. 4 b)

73 Die Sonderregelung des erhöhten Selbstbehalts von 5.000 EUR ergibt sich aus der Standardabsicherung für Auslandssachverhalte. Zum Versicherungsschutz mit Auslandsbezug, siehe ausführlich § 15 Rn. 34 ff. Der Versicherer kann nach § 51 Abs. 3 BRAO Ansprüche aus Tätigkeiten im Zusammenhang mit der Beratung und Beschäftigung im außereuropäischen Recht und Tätigkeiten des Rechtsanwalts vor außereuropäischen Gerichten von der Deckung ausschließen. Nach den AVB nach § 15 I besteht freiwilliger Versicherungsschutz für diese Auslandssachverhalte bei Anwälten. Bei Steuerberatern besteht nach § 26 BBR-S kein Versicherungsschutz für Auslandssachverhalte entsprechend der Regelung nach § 53a Abs. 1 DVStB für Haftpflichtansprüche, welche vor ausländischen Gerichten geltend gemacht werden oder der Verletzung oder Nichtbeachtung ausländischen Rechts mit den gesetzlich normierten Ausnahmen für bestimmte Staaten und Tätigkeiten. Für die freiwillig versicherten Auslandssachverhalte gilt der erhöhte Selbstbehalt von 5.000 EUR. Weil es sich um freiwillig versicherte Ansprüche handelt, ist ein höherer Selbstbehalt möglich, um die möglichen dazukommenden Kosten eines Schadensersatzanspruchs im Ausland abzudecken.

74 Der Begriff „außereuropäisches Recht" für die Anwendung des erhöhten Selbstbehalts von 5.000 EUR nach II 4 b) ist geografisch gemeint und nicht politisch. Der Festselbstbehalt von 1.000 EUR nach II Ziff. 4 a) für europäisches Recht gilt für das Recht der Schweiz und für das Recht der Staaten, die sich über den europäischen Kontinent erstrecken, wie z.B. die Türkei oder europäischen Staaten mit Überseeterritorien wie Frankreich. Die Rechtsordnung ist einheitlich. Der Selbstbehalt darf hier nicht vom Zufall abhängen, ob z.B. die Beratung im europäischen oder im asiatischen Teil von Istanbul stattgefunden hat.

75 Soweit internationales Recht in Deutschland im Rang des nationalen Rechts steht, gilt der Festselbstbehalt von 1.000 EUR nach II Ziff. 4 a). Dies gilt insbesondere für das Völkerrecht, das Europarecht als supranationales Recht, das in der EU gilt, oder auch das internationale Handelsrecht, das zwischen Gesellschaften die Rechtsbeziehungen regelt. Internationale Schiedsgerichtsordnungen, wie z.B. die Schiedsgerichtsordnung der International Chamber of Commerce ICC, hier aber nur als Beratung zu dieser Schiedsgerichtsordnung. Auch international anerkannte Rechnungslegungsstandards sind versichert, weil hierauf § 315a HGB verweist.[137] Der erhöhte Selbstbehalt besteht nur dann, wenn der Rechtsanwalt im außereuropäischen Recht beraten oder sich damit beschäftigt hat. Bei den Steuerberatern ist dies sinngemäß zu verstehen, wenn der Steuerberater außereuropäisches Recht verletzt oder nicht beachtet hat, § 26 BBR-S.

76 Nach II Ziff. 4 b) besteht ein erhöhter Selbstbehalt von 5.000 EUR, wenn der Anwalt vor außereuropäischen Gerichten tätig ist. Gericht meint jedes staatliche Gericht, aber nicht die Schiedsgerichte.[138] Der erhöhte Selbstbehalt gilt auch, wenn zwar über deutsches Recht verhandelt wird, aber die Verhandlung vor dem außereuropäischen Gericht, z.B. in den USA, geführt wird, da es sich um einen Auslandssachverhalt handelt. Der Begriff Tätigkeit meint die anwaltliche Tätigkeit vor Gericht. Wenn der Anwalt nur zuarbeitet, z.B. das verhandelte deutsche Recht erläutert, besteht der normale Selbstbehalt.

4. Sonderfälle, II Ziff. 4 d)

77 Nach II Ziff. 4 d) gilt in drei Fällen der Selbstbehalt nicht. Erstens kein Selbstbehalt nach Ziff. 4 d) Satz 1, wenn die Zulassung eines Anwalts oder die Bestellung/Anerkenntnis eines Steuerberaters erloschen ist. Grund hierfür ist, dass dem Schadensersatzanspruch keine Einkünfte mehr entgegenstehen.Zweitens kein Selbstbehalt nach Ziff. 4 d) Satz 2, wenn Haftpflichtansprüche gegen die Erben des Versicherungsnehmers erhoben werden. Maßgeblicher Zeitpunkt ist nicht der Verstoß als Berufsfehler, sondern der Zeitpunkt, in dem der Dritte den Schaden oder den Haftpflichtan-

---

137 *Diller* A 2.1 Rn. 27.
138 *Diller* A 2.1 Rn. 21.

spruch gegen die Erben geltend macht.[139] Grund hierfür ist, dass hier der Anwalt und seine Erben vor finanziellen Einbußen zu schützen sind, wenn sie nicht mehr aktiv am Berufsleben teilnehmen. Drittens kein Selbstbehalt bei Berufsanfängern nach Ziff. 4 d) Satz 3. Sie sind finanziell zu schützen, wenn sie ihren Beruf zum ersten Mal ausüben. Der Selbstbehalt entfällt in den ersten drei Jahren nach Zulassung/Bestellung. Zugunsten des Berufsanfängers entfällt der Selbstbehalt auch für die Berufsgesellschaft, wenn er dort tätig ist und in den ersten drei Jahren den Verstoß begangen hat. Bei den ersten beiden Fällen gilt nicht das Verstoßprinzip. Der Selbstbehalt entfällt bei Geltendmachung, weil der Berufsträger und die Erben nach seiner Berufstätigkeit zu schützen sind. Als Berufsanfänger kommt es auf den Verstoßzeitpunkt an.

Nach II Ziff. 4 d) Satz 4 gelten die Sonderregelungen nicht für die Berufsausübungsgesellschaf- 78
ten von Anwälten oder Steuerberatern. Im Gegensatz zum einzelnen Berufsträger stehen hier erhöhte Einnahmen aus der Gesellschaft zur Verfügung. Es besteht kein besonderes Schutzbedürfnis des ehemaligen Berufsträgers oder dessen Erben.

5. Besonderheiten

a) Abwehrkosten bei Forderung unterhalb des Selbstbehalts. Der Versicherer zieht den 79
Selbstbehalt nicht bei den Abwehransprüchen ab. Es geht beim Abwehranspruch nicht um eine bindende Schadensersatzforderung, sondern um einen möglichen Anspruch. Der Versicherer trägt die anfallenden Kosten vollständig.

Der Selbstbehalt wirkt sich jedoch dann aus, wenn die Forderung den Selbstbehalt nicht 80
übersteigt. In diesem Fall trägt der Versicherer nach II Ziff. 5 c) auch die Abwehrkosten nicht, unabhängig ob der Anspruch berechtigt ist oder nicht, siehe zu den Kosten bei Ansprüchen unterhalb des Selbstbehalts ausführlich § 3 Rn. 95 f. Die Regulierungsvollmacht des Versicherers umfasst auch den Selbstbehalt, also den gesamten Anspruch von „0" an.[140] Probleme können dann entstehen, wenn die Forderung oberhalb des Selbstbehalts liegt, aber der Versicherer einem Vergleich nur unterhalb des Selbstbehalts zustimmen will. Der Versicherungsnehmer kann einem solchen Vergleich widersprechen. Der Versicherer trägt zunächst die Kosten, weil der Anspruch oberhalb des Selbstbehalts liegt. Bei einem Vergleich unterhalb des Selbstbehalts könnte er die Kosten zurückfordern, weil der Anwalt als Versicherungsnehmer das Risiko trägt, wenn das Gericht feststellt, dass der Anwalt nur in einer Höhe unterhalb des Selbstbehalts haftet. Bei einem außergerichtlichen Vergleich hat der Versicherer wie ein Anwalt die Interessen des Versicherungsnehmers zu wahren. Allein sich unterhalb des Selbstbehalts zu vergleichen oder anzuerkennen, ist nicht gerechtfertigt. Es müssen sachliche Gründe hierfür vorliegen. Praktisch einigen sich die Versicherer mit den Versicherungsnehmern in diesen Fällen einvernehmlich, auch unter Kostengesichtspunkten.

b) Selbstbehalt und Aufrechnung gegen Honorarforderung. Der Geschädigte kann gegen- 81
über dem Anwalt gegen noch offene Honorarforderungen aufrechnen, § 389 BGB. Auch hier ist der Selbstbehalt abzuziehen. Die Forderungen sind mit der Aufrechnung erloschen. Soweit der Anspruch des Geschädigten berechtigt war, wandelt sich der Freistellungsanspruch in einen Zahlungsanspruch des Anwalts gegen den Versicherer um.[141] Der Zahlungsanspruch ersetzt den Freistellungsanspruch, soll den Versicherungsnehmer aber nicht besserstellen, siehe auch zum Abwehranspruch und Aufrechnung § 3 Rn. 28.

---

139 Die ERGO ist erzieherischer und zieht den Selbstbehalt nur dann nicht ab, wenn der Anwalt nicht unehrenhaft seine Zulassung zurückgegeben hat, ERGO AVB-R 2022 (Stand 1.8.2022) Ziff. 9.3.2.

140 Gräfe/Brügge/Melchers/*Gräfe* D Rn. 368.

141 BGH VersR 1977, 174.

VII. Prozesskosten, II Ziff. 5

1. Allgemeines

82 § 3 Ziff. 5 regelt, welche Kosten der Versicherer übernimmt, wenn er Schadensersatzansprüche abwehrt oder den Versicherungsnehmer von berechtigten Schadensersatzverpflichtungen freistellt.

- Ziff. 5 a) regelt, dass der Versicherer die anfallenden prozessualen Kosten zu übernehmen hat. Die Kosten sind nicht auf die Versicherungssumme anrechenbar und kommen zur Versicherungssumme dazu. Die Anwaltsgebühren als Kosten richten sich nach dem RVG.
- Ziff. 5 b) regelt eine Abweichung vom Grundsatz aus § 101 VVG. Die Kosten werden bis zu einer Streitwerthöhe von 1 Mio übernommen, auch wenn der Anwalt eine niedrigere Versicherungssumme – meist die Pflichtversicherungssumme von 250.000 EUR – vereinbart hat, darüber hinaus immer nur bis zur Höhe der vereinbarten Versicherungssumme.
- Ziff. 5 c) regelt, dass der Versicherer keine Kosten übernimmt, wenn der Anspruch unterhalb des Selbstbehalts liegt.
- Ziff. 5 d) regelt die Eigenvertretung des Anwalts, der hierfür keine Kostenerstattung erhält.

2. Übernahme der Kosten durch den Versicherer, Ziff. 5 a)

83 Die Pflicht des Versicherers, unberechtigte Ansprüche abzuwehren und den Versicherungsnehmer freizustellen, ist in II Ziff. 1 genannt, siehe § 3 Rn. 23 ff. Die Höhe und der Umfang der Kosten des Versicherers ist in II Ziff. 5 a) bis d) geregelt und beinhaltet die Regelung für die Kosten für die Abwehr unbegründeter Ansprüche und für die Freistellung von berechtigten Schadensersatzverpflichtungen, für die Abwehr im vorprozessualen Bereich und für Ansprüche oberhalb der vereinbarten Versicherungssumme.

84 **a) Umfang der Kosten.** Der Versicherer hat die Schadenabwehr zu übernehmen. Wenn der Versicherungsnehmer seinen Zivilprozess gewinnt, trägt der Versicherer die eigenen Kosten, wie seine eigene Schadenbearbeitung in seiner Schadenabteilung. Er trägt die Gerichtskostenvorschüsse, wenn deren Erstattung nicht alsbald vom Gegner zu erlangen ist.[142] Er trägt die Kosten der Zwangsvollstreckung in den Befreiungsanspruch.[143] Bei unberechtigten Ansprüchen, kann der Versicherer verlangen, dass ihm der Kostenerstattungsanspruch gegen den Kläger abgetreten wird, wenn er dem Versicherungsnehmer vorher die Kosten erstattet hat, § 91 ZPO und § 86 VVG. Der Versicherer trägt damit das Risiko, dass er die Kosten zurückerstattet bekommt. Dies gilt auch für die Inanspruchnahme vor ausländischen Gerichten, wenn jede Partei unabhängig vom Ausgang des Rechtsstreits ihre Kosten selbständig zu tragen hat.[144]

85 Der zur Abwehr bestellte Anwalt ist Vertragspartner des Versicherers. Der Versicherer hat direkt die Anwaltsgebühren zu übernehmen. Daraus folgt, dass er für die Kosten für einen möglichen versicherten Anspruch vorleisten muss. Wenn der Versicherungsnehmer vorsteuerabzugsberechtigt ist, hat der Versicherer nur Kosten ohne Umsatzsteuer zu leisten.[145] Der Versicherer hat keinen weitergehenden materiellen Kostenerstattungsanspruch bei der Abwehr eines unberechtigten Anspruchs für außergerichtliche Kosten, wie z.B. die Personalkosten für die Schadenbearbeitung. Der Aufwand für die Rechtswahrnehmung ist kein Folgeschaden oder eine kostenpflichtige Schadensbeseitigung.[146] Der Versicherungsnehmer hat dagegen nach § 5

142 OLG Köln r+s 1989, 74.
143 BGH r+s 1990, 82.
144 *Diller* § 3 Rn. 9.
145 OLG Karlsruhe BeckRS 2002, 30246306.
146 BGH NJW 1976, 1256, 1257.

II Ziff. 2 c) den aus Anlass eines Schadenfalles erforderlichen Schriftwechsel unentgeltlich zu führen hat und der Versicherer auch den sonstigen anfallenden Aufwand sowie auch die Kosten eines vom Versicherungsnehmer außergerichtlich beauftragten Bevollmächtigten nicht zu erstatten, siehe ausführlich § 5 Rn. 40. Grund dafür ist, dass sowohl der Versicherungsnehmer als auch der Versicherer die Kenntnisse und Erfahrungen haben, sich außergerichtlich mit dem Dritten zu besprechen und einigen zu können. Der Versicherer ist zudem verpflichtet, auf eigene Kosten die Haftungsprüfung zu übernehmen.[147] Er hat die umfassende Schadenbearbeitungsvollmacht. Er organisiert und übernimmt die Abwehr von Ansprüchen und kann auch den Anspruch anerkennen, bevor es zum Prozess kommt. Der Versicherer trägt seine eigenen Kosten. Wenn der Versicherungsnehmer selbst einen Anwalt beauftragt, ohne dass ein Prozess anhängig ist, trägt er das Risiko. Wenn der Versicherungsnehmer seinen Zivilprozess zur Haftung verliert, trägt der Versicherer die gerichtlichen, die eigenen und die dem Gegner zu erstattenden Kosten.

b) Kosten ohne Anrechnung auf die Versicherungssumme. Das VVG regelt in §§ 100, 101 86
VVG die Freistellungs- und Abwehrpflicht des Versicherers und dass er die gerichtlichen und außergerichtlichen Kosten für die Abwehr von berechtigten und unberechtigten Schadensersatzansprüchen zu tragen hat. Entsprechend der Regelung in § 101 VVG übernimmt der Versicherer die Kosten für einen Haftpflichtprozess gegen den Versicherungsnehmer sowie einer wegen eines solchen Anspruchs mit Zustimmung des Versicherers vom Versicherungsnehmer betriebenen negativen Feststellungsklage oder Nebenintervention, Ziff. 5 a) Satz 1. Es bedeutet, dass die Kosten nicht auf die Versicherungssumme angerechnet werden. Der Versicherer erstattet oder übernimmt die Kosten zusätzlich zur Schadensersatzleistung. „Gedeckter" Haftpflichtanspruch nach Ziff. 5 a) ist der Anspruch, der unter den Versicherungsschutz fällt. Gedeckt meint daher nicht, dass es sich um einen berechtigten Schadensersatzanspruch handeln muss.[148] Um keinen gedeckten Anspruch handelt es sich dann, wenn der Anspruch außerhalb des Versicherungsschutzes liegt, z.B. stützt sich der Geschädigte auf dolus directus des Versicherungsnehmers nach § 103 VVG oder der Verstoß fällt nicht in den versicherten Zeitraum.

Der Umfang der Kosten richtet sich nach § 101 Abs. 1 Satz 1, §§ 91 Abs. 1 Satz 1, 788 ZPO.[149] 87
Kosten meint alle Kosten, die bei einer gerichtlichen Auseinandersetzung anfallen. Dies umfasst die Auslagen, wie z.B. Reisekosten nach § 92 Abs. 2 ZPO des Anwalts. Die Kosten müssen im Einzelfall geboten sein. Geboten sind die Kosten, wenn sie notwendig sind, um den Haftpflichtanspruch abzuwehren. Dabei gilt der Maßstab wie bei jedem anwaltlichen Handeln, in diesem Fall im Sinne einer Obliegenheit, die Kosten in einem möglichen Schadenfall gering zu halten. Zu berücksichtigen ist, dass der Versicherer die umfassende Vollmacht hat, zu regulieren und zu bearbeiten. Wenn der Versicherungsnehmer nach den Weisungen des Versicherers in der gerichtlichen Auseinandersetzung handelt, gehen die Kosten zu Lasten des Versicherers. Wenn der Versicherungsnehmer sich weigert, z.B. die Erledigung durch Anerkenntnis oder Vergleich vorzunehmen, treffen ihn die Mehrkosten und der zusätzliche Aufwand in der Hauptsache zzgl. der Zinsen, die nach dem Zeitpunkt seiner Weigerung entstehen.[150] Bei Gutachterkosten kommt es darauf an, ob sie erforderlich und geeignet sind, den ungewöhnlichen Fall aufzuklären. Bei privaten Rechtsgutachten eher selten, da der Versicherungsnehmer selbst oder der beauftragte Anwalt die Rechtskenntnisse haben.[151] Die Kosten für einen anderen Anwalt sind nach Ziff. 5 a) nur dann geboten, wenn ein Prozess erforderlich ist. Wenn der Versicherer selbst einen Anwalt beauftragt, kommt der

147 *Chab* AnwBl 2017, 552.

148 Anders *Diller* § 3 Rn. 11, der sich auf OLG Düsseldorf NJW-RR 1990, 1367 bezieht. Entschieden wurde in diesem Fall aber über eine ältere überholte Version der AVB.

149 OLG Karlsruhe BeckRS 2002 30246306; OLG Hamburg MDR 2000, 146; OLG Düsseldorf r+s 1989, 325.

150 Gräfe/Brügge/Melchers/*Gräfe* D Rn. 353.

151 OLG Frankfurt OLGR 2002, 274; LG Köln VersR 1993, 717.

Mandatsvertrag zwischen ihm und dem Anwalt zustande. Die Kosten verbleiben bei dem Versicherer. Wenn der Mandatsvertrag zwischen dem Versicherungsnehmer und dem Anwalt als Prozessvertreter zustande gekommen ist, kann der Versicherungsnehmer die Kosten vom Versicherer verlangen. Die Kosten für das Schlichtungsverfahren sind nicht umfasst, wenn der Versicherer nicht zugestimmt hat.[152] Der Versicherer hat die Zinsen als Kosten zu tragen, wenn er für die Verzögerung verantwortlich ist, dass der Geschädigte sein Geld erhält, insbesondere dann, wenn der Versicherer damit rechnen musste, dass der Versicherungsnehmer unterliegt, weil es nicht um so schwierige Sach- und Rechtsfragen ging,[153] siehe ausführlich § 3 Rn. 54.

3. Kosten für negative Feststellungsklage und Nebenintervention

88 II Ziff. 5 a) Satz 1 enthält eine echte Rechtsschutzkomponente. Der Versicherungsnehmer kann aktiv gegen den Dritten vorgehen, ohne dass dieser ihn zuvor verklagt hat. Der Versicherungsnehmer kann eine negative Feststellungsklage nach § 256 ZPO oder eine Nebenintervention nach §§ 66 ff ZPO erheben. Der Versicherer trägt dafür die Kosten. Voraussetzung ist, dass der Versicherer der Klage oder der Nebenintervention zugestimmt hat, entweder durch Einwilligung oder Genehmigung, §§ 184 ff BGB. Auch schlüssiges Verhalten des Versicherers ist ausreichend, dass er das aktive Vorgehen des Versicherungsnehmers billigt. Beide Formen sind selten. Der weitaus häufigste Fall ist, dass der Geschädigte den Anwalt verklagt und nicht umgekehrt. In Betracht kommt eine negative Feststellungklage, wenn der Ruf des Versicherungsnehmers als Privatperson oder als Berufsträger verletzt wird, was dazu führt, dass er keine Aufträge mehr erhält. Nicht genügend ist, dass der Geschädigte einen Anspruch behauptet. Die Haftpflichtversicherung ist keine Rechtsschutzversicherung mit einer aktiven Möglichkeit, Klage zu erheben.[154] Eine Nebenintervention ist kaum denkbar. Sie kommt allenfalls in Betracht, wenn der Anwalt mit einem anderen Berufsträger wie Wirtschaftsprüfer oder Steuerberater zusammengearbeitet hat, z.B. wenn der Wirtschaftsprüfer eine Bilanz in einem gemeinsamen Mandat falsch erstellt hat und der Geschädigte allein den Wirtschaftsprüfer verklagt hat. Der Anwalt kann einer weiteren Klage des Geschädigten gegenüber ihm zuvorkommen, wenn der Fehler allein beim Wirtschaftsprüfer liegen sollte.

4. Kostenregelung, Ziff. 5 b)

89 **a) Kosten bis zur Versicherungssumme von 1 Mio EUR, Satz 1 bis 3.** Ziff. 5 b) enthält eine Kostenregel und weicht von § 101 VVG als dispositive Regelung ab, § 112 VVG. Zugunsten des Versicherungsnehmers gilt eine höhere fiktive Versicherungssumme von bis zu 1 Mio EUR, aus der sich die Kosten berechnen, Ziff. 5 b) Satz 1. Der Versicherer übernimmt die Kosten auch dann, wenn der Anspruch höher ist als die vereinbarte Versicherungssumme. Beispiel: Der Mandant macht einen Anspruch in Höhe von 500.000 EUR geltend. Der Anwalt hat nur die Pflichtversicherungssumme von 250.000 EUR vereinbart. Der Versicherer übernimmt die Kosten aus dem Streitwert von 500.000 EUR, obwohl eine niedrigere Summe vereinbart ist. Maximal sind die Kosten aus einem geltend gemachten Anspruch in Höhe von 1 Mio versichert, wenn die Versicherungssumme niedriger sein sollte. Grund hierfür ist, dass die pflichtversicherten Anwälte regelmäßig die zu § 101 VVG abweichende Regelung nicht kennen und dadurch ein verbesserter Versicherungsschutz für Einzelanwälte besteht.

90 Wenn der Haftpflichtanspruch die Versicherungssumme übersteigt – nach Ziff. 5 b) Satz 1 immer oberhalb der fiktiven 1 Mio EUR als Grenze –, sind die Kosten gedeckelt nach Ziff. 5 b)

152 *Knöpnadel* AnwBl 2010, 130, 132.
153 BGH VersR 1992, 1257.
154 Gräfe/Brügge/Melchers/*Gräfe* D Rn. 96.

Satz 2. Der Versicherer trägt die Gebühren und Pauschsätze entsprechend dem Streitwert bis zur vereinbarten Versicherungssumme. Der Versicherer trägt die Kosten vollständig, soweit der Anspruch nicht die Versicherungssumme übersteigt. Wenn der Anspruch die Versicherungssumme übersteigt, trägt der Versicherungsnehmer die überschießenden Kosten selbst. Ganz überwiegend reduzieren sich die geltend gemachten Ansprüche im Prozess erheblich.

Nach II Ziff. 5 a) Satz 2 sind nur die gesetzlich vorgesehenen Gebühren und Auslagen nach RVG zu erstatten. Im Einzelfall nach Ermessen im Einverständnis mit dem Versicherer werden auch Stundenhonorare oder höhere Gebühren erstattet. Auch der gegnerische Anwalt erhält nur die gesetzlichen Gebühren und Auslagen gemäß RVG für die erforderlichen Maßnahmen. Unmaßgeblich ist, dass die obsiegende Partei ein höheres Honorar vereinbart hat,[155] was auch für ausländische Anwälte gilt oder wenn die Partei keinen Anwalt gefunden hat, der bereit gewesen ist, sie zu den gesetzlichen Konditionen zu vertreten.[156] 91

Nach Ziff. 5 b) Satz 3 teilt man bei sonstigen Auslagen wie Kosten für Aktenauszüge, Reisekosten des Versicherungsnehmers oder Anwalts die Kosten verhältnismäßig auf zwischen Versicherer und Versicherungsnehmer, wenn der Anspruch die Versicherungssumme übersteigen sollte. Das Verhältnis bildet man zwischen dem geltend gemachten Anspruch und der vereinbarten Versicherungssumme. 92

b) Kosten bei berechtigten und unberechtigten Ansprüchen. Die Deckelung der Kosten und Auslagen bei Ansprüchen oberhalb der vereinbarten Versicherungssumme gilt für die Freistellungsverpflichtung, aber auch für die Abwehrkosten für unberechtigte Ansprüche.[157] Satz 1 der Ziff. 5 b) beinhaltet, dass von der Regelung in § 101 VVG abgewichen wird, in dem es um die Abwehr von berechtigten und unberechtigten Ansprüchen geht. Mit dem Verweis ist klargestellt, dass auch die unberechtigten Ansprüche umfasst sind, weil sich die Abweichung zugunsten des Versicherungsnehmers allein auf die fiktive Höhe der Versicherungssumme von 1 Mio EUR bezieht. Der Versicherer weicht nicht davon ab, dass entsprechend der Wertklasse die Kosten gedeckelt sind sowohl bei berechtigen als auch unberechtigten Ansprüchen. Zu einer früheren Version der AVB-RSW wurde noch anders entschieden.[158] Der Versicherer hatte hier die Abwehrkosten in voller Höhe zu leisten, unabhängig von der Versicherungssumme, wenn der Anspruch unberechtigt war. Nach anderer Auffassung könnte die Klausel aber überraschend nach § 305c BGB sein, da die Kosten auch für unberechtigte Ansprüche gedeckelt sind und es zu einer Entwertung des Versicherungsschutzes führt, wenn der Versicherungsnehmer ohne Rücksicht auf die letztlich begründete Schadenssumme die Kosten der Rechtsverteidigung anteilig tragen müsste.[159] 93

Gleiches gilt für Exzedentenversicherungen/Anschlussdeckungen, wenn der Versicherungsnehmer sein Risiko bei einem Versicherer grundversichert und einen Exzedenten bei einem anderen Versicherer abschließt. Der Grundversicherer hat die Abwehrkosten nur gedeckelt nach seiner vereinbarten Versicherungssumme zu tragen, unabhängig ob ein berechtigter oder unberechtigter Anspruch vorliegt. Der Exzedentenversicherer hat die Abwehrkosten zu tragen, die sich darüber hinaus ergeben. Andernfalls würde sich das Risiko einseitig zu Lasten des Grundversicherers verlagern.[160] 94

---

155 BGH BeckRS 2018, 2606.
156 BeckOK ZPO/*Jaspersen* § 91 Rn. 166.
157 *Diller* § 3 Rn. 109.
158 OLG Düsseldorf NJW-RR 1990, 1367 zu AVB-RSW HV 60/05 § 3 Ziff. 6 lit. a).
159 Gräfe/Brügge/Melchers/*Gräfe* D Rn. 338f unter Bezugnahme auf die HDI-Bedingungen in § 3 III 5.2 Satz 2; Prölss/Martin/*Lücke* § 101 Rn. 21, 33 allgemein zur Kostentragung.
160 Anders konsequent für unbegründete Anspruche Gräfe/Brügge/Melchers/*Gräfe* D Rn. 343. Gegen diese Auffassung spricht jedoch auch, dass Makler in gelayerten Programmen eine unbegrenzte Kostenregelung zulasten des Grundversicherers individuell vereinbaren wollen.

5. Kosten bei Ansprüchen unterhalb des Selbstbehalts, Ziff. 5 c)

95 II Ziff. 5 c) regelt, dass der Versicherer keine Kosten erstattet, wenn die Haftpflichtsumme nicht den vereinbarten Selbstbehalt übersteigt. Ziff. 5 c) unterscheidet nach dem Wortlaut dabei nicht zwischen berechtigten und unberechtigten Ansprüchen. Mindestens gilt die Kostenregelung für berechtigte Ansprüche. Der Versicherer hat mit dem berechtigten Anspruch nichts zu tun, weil er auch nicht über ihn entscheiden kann. Andernfalls könnte der Versicherer auch zu Lasten des Anwalts entscheiden, der dann den Schadensersatz selbst leisten müsste, obwohl er es nicht will.

96 Nach strittiger Meinung gilt auch für unberechtigte Ansprüche, dass der Versicherer nicht die Kosten übernimmt. Der Versicherer wäre andernfalls wieder gezwungen, den Prozess zu führen und ggf. anzuerkennen, weil er Kosten fürchtet, die möglicherweise höher sind als der eigentliche Anspruch.[161] Wenn der Versicherer in der Weise reguliert, dass er den Anspruch unterhalb des Selbstbehalts als berechtigt ansieht, würde der Versicherungsnehmer nicht nur selbst zahlen müssen, sondern auch die Abwehrkosten, weil der Anspruch berechtigt ist, unstrittig nach Ziff. 5 c). Ein Deckungsstreit für einen Bagatellfall wäre die Folge. Der Selbstbehalt soll aber gerade derartige Streitigkeiten verhindern. Nach anderer Ansicht hat der Versicherer bei unberechtigten Ansprüchen abzuwehren und die Kosten zu tragen. Der Selbstbehalt nach II Ziff. 4 a) bezieht sich nach seinem Wortlaut nur auf die Haftpflichtsumme, nicht auf die Abwehr unberechtigter Ansprüche.[162] Dagegen steht aber der eindeutige Wortlaut von II Ziff. 5 c), „Haftpflichtanspruch".[163] Systematisch sind die Abwehrkosten auch bei den Prozesskosten zu regeln und nicht beim Selbstbehalt, andernfalls würde die Regelung möglicherweise intransparent sein. Darüber hinaus gilt, dass der Manager bei der D&O-Versicherung die Abwehrkosten beim gesetzlich vorgeschriebenen Selbstbehalt selbst zu tragen haben, unabhängig ob der Anspruch berechtigt oder unberechtigt ist, § 93 Abs. 2 Satz 3 AktG.[164] Daneben stellt in der Allgemeinen Betriebshaftpflicht die Regelung in A3-5.4 AVB BHV ausdrücklich fest, dass der Versicherer auch dann zur Anspruchsabwehr verpflichtet ist, wenn der jeweilige Schaden die Höhe des Selbstbehalts nicht übersteigt, was aber gerade in den AVB-RS fehlt.

97 Der Versicherer hat Abwehrkosten in voller Höhe zu leisten, wenn der geltend gemachte Anspruch, ob berechtigt oder unberechtigt, den Selbstbehalt übersteigt. Der Abzug für den Selbstbehalt bezieht sich nur auf den Freistellungsanspruch, nicht aber auf die Abwehrkosten. Der Versicherer kann auch nicht seine Kosten abziehen, die er hat, um den Anspruch zu prüfen und abzuwehren. Der Selbstbehalt bezieht sich auf die gedeckte Haftpflichtsumme, II Ziff. 4 a), siehe allgemein zum Selbstbehalt § 3 Rn. 70 ff.

6. Kosten bei Eigenvertretung, Ziff. 5 d)

98 II Ziff. 5 d) regelt, dass der Versicherer dem Anwalt nicht die Gebühren erstattet, wenn er sich selbst vertritt, gleich ob er sich persönlich vertritt oder sonstige Mitarbeiter der Gesellschaft. Die Regelung gilt sinngemäß auch für die Vertretung durch die Berufsausübungsgesellschaft, deren Rechtsdienstleistungsbefugnis sich aus dem jeweiligen Berufsträger ableitet und daher nicht ausdrücklich genannt ist. Es sollen alle denkbaren wechselseitigen Vertretungsfälle erfasst sein.[165]

---

161 *Chab* AnwBl 2017, 552, 554.

162 Diller § 3 Rn. 101 für die Abwehrpflicht des Versicherers bei Abwehr unberechtigter Ansprüche; Gräfe/Brügge/Melchers/*Gräfe* D Rn. 373 auch ohne Unterscheidung zwischen berechtigten und unberechtigten Ansprüchen.

163 Littbarski/Tenschert/Klein/*Kilian*/*Schaloske* § A3.5 Rn. 18 zu den Musterbedingungen der BHV: Soweit nicht etwas anderes vereinbart wurde, bleibt der Versicherer auch bei *Schäden*, deren Höhe die Selbstbeteiligung nicht übersteigt, zur Abwehr unberechtigter Schadensersatzansprüche verpflichtet.

164 *Laschet* Phi 2009, 158, 164. Es besteht aber kein Verbot, den Selbstbehalt wieder eigens zu versichern. Die D&O-Versicherer bieten dies marktkonform an, was die gesetzliche Intention ad absurdum führt.

165 *Diller* § 3 Rn. 111.

Zweck der Regelung ist, dass der Anwalt, der einen Berufsfehler begeht, nicht am Schaden verdienen soll. Des Weiteren ist zu beachten, dass die Vertretung in eigener Sache zuweilen dazu führt, dass man den Streit oder den Sachverhalt nicht neutral führen oder aufklären kann. Zu raten ist daher immer, dass ein anderer Anwalt das Mandat übernimmt. Versicherer und Kanzleien vereinbaren aber auch, dass die Kanzlei ihre eigenen Schadensprozesse selbst führt und dafür die Honorargebühren vom Versicherer erhält. Wenn er den Haftpflichtprozess gewinnt, kann er seine Gebühren vom Gegner verlangen. Er muss sie nicht an den Versicherer abtreten.

VIII. Kosten bei Auslandsprozessen, Ziff. 6

II Ziff. 6 regelt die Kosten bei Auslandssachverhalten, da sie mit Ausnahme eines Bezugs auf USA/ 99
Kanada in den AVB-RS versichert sind ohne weitere Zusatzbedingung, die in früheren AVB-Versionen erforderlich war. II Ziff. 6 a) bedeutet eine Begrenzung der Kosten des Versicherers bei Auslandsprozessen auf die Kosten, die auch bei einem Prozess in Deutschland angefallen wären. Die Kosten für Verfahren im Ausland sind für den Versicherer regelmäßig höher als bei einem vergleichbaren Prozess im Inland. Der Versicherer muss auf jeden Fall einen ausländischen Anwalt beauftragen, da er und zumeist auch der deutsche Anwalt weder die Haftung im Detail noch die prozessualen Besonderheiten kennen. Zweck der Regelung ist es, dass der Versicherer die Kosten für Auslandssachverhalte kalkulieren kann. Kosten meint umfassend alle möglichen anfallenden Kosten wie die gesamten anfallenden Auslagen, Gebühren der eingeschalteten Anwälte und die Gerichtskosten. Es gilt die gesamte Kostenregelung des § 3 II. Der Versicherer ersetzt nicht die Kosten für Stundenhonorare, da er nach dem RVG/GKG abrechnet. Wenn die Kosten niedriger sind als sie das RVG vorsieht, ersetzt der Versicherer auch nur diese Kosten. Wenn der Anspruch die Versicherungssumme übersteigt, sind die Kosten gedeckelt, siehe II Ziff. 5 b). Das Kostenrisiko verlagert sich bei Auslandsprozessen auf den Versicherungsnehmer. Ziff. 6 a) sieht daher die Möglichkeit vor, dass der Anwalt mit dem Versicherer etwas anderes vereinbart. Dies ist bei Auslandssachverhalten oft erforderlich, da die Honorare eher höher sind und zumeist nach Aufwand als Stundenhonorar abgerechnet wird. Ausländische Versicherer lösen die höheren Honorare regelmäßig dadurch, dass der Versicherer die Kosten auf die Versicherungssumme anrechnet und er nicht wie in Deutschland die Kosten zusätzlich übernimmt. Wenn ein Dritter den Anwalt vor einem außereuropäischen Gericht in Anspruch nimmt, ist zu beachten, dass nur die Mindestpflichtversicherungssumme gilt, siehe dazu § 15 Rn. 34 ff.

Nach II Ziff. 6 b) gilt bei Haftpflichtansprüchen aus Tätigkeiten im Zusammenhang mit der 100
Beratung und Beschäftigung im außereuropäischen Recht, der Tätigkeit oder aus der Inanspruchnahme vor außereuropäischen Gerichten, dass die Kosten auf die Versicherungssumme angerechnet werden anders als bei Ansprüchen ohne Auslandsbezug. Dies ist möglich, da § 101 VVG nach § 112 VVG dispositiv ist. Die Kosten umfassen alle möglichen anfallenden Kosten, Gebühren und Pauschsätze im Zusammenhang mit der Regulierung des Schadens. Der Wortlaut als „Kosten" sollte alles umfassen.[166] Die Kosten sind auch dann anzurechnen, wenn der Versicherungsnehmer und die beauftragten Anwälte auf Weisung des Versicherers handeln.

IX. Sicherheitsleistung, II Ziff. 7

II Ziff. 7 regelt, dass der Versicherer Sicherheit zu leisten oder hinterlegen kann, um die Zwangs- 101
vollstreckung des Haftpflichtanspruchs zu vermeiden. Der Versicherer hat im Rahmen des Rechtsschutzes die Aufgabe, den Versicherungsnehmer vor jeder Art einer Vollstreckung zu schützen wie auch vor Arresten oder einstweiligen Verfügungen, 101 Abs. 3 VVG. Hauptanwendungsfall ist, dass der Versicherungsnehmer die Zwangsvollstreckung aus einem erstinstanzlichen Urteil

166 *Diller* § 3 Rn. 117.

abwenden will, § 709 ZPO. Der Versicherer hat die Schadenbearbeitungs- und Prozessführungsbefugnis. Er kann deshalb auch den Anspruch anerkennen, um die Vollstreckung zu verhindern. Wenn er anderer Auffassung ist, kann er wählen, ob er Sicherheit leistet, z.B. er selbst als Versicherer oder durch eine Bankbürgschaft, oder ob er hinterlegt.[167] Der Dritte kann den Anspruch des Versicherungsnehmers auf Sicherheitsleistung pfänden und sich überweisen lassen. Er kann dann gegen den Versicherer direkt klagen. Wenn der Versicherer die Zwangsvollstreckung erfolgreich abgewendet hat, stehen dem Versicherungsnehmer keine fiktiven Zinsen zu, wie wenn er selbst geleistet hätte, soweit das vollstreckbare Urteil wieder aufgehoben wird.[168] Der Versicherer hat dem Versicherungsnehmer Schadensersatz zu leisten, wenn er seine Pflicht zur Sicherheitsleistung nicht erbringt.[169]

102 Ziff. 6 zur Sicherheitsleistung nimmt die Regelung in § 101 Abs. 3 VVG auf, die dispositiv ist, § 112 VVG. Ziff. 6 weicht von § 101 VVG ab. Der Versicherer übernimmt nur die Sicherheitsleistung/Hinterlegung bis zur Höhe der Versicherungssumme. Wenn die Sicherheitsleistung höher ist, hat der Versicherungsnehmer den überschießenden Teil selbst zu leisten. Der Versicherer übernimmt nicht die Kosten und Zinsen, die er zusätzlich zur Versicherungssumme nach § 101 Abs. 3 iVm 2 VVG tragen müsste. Der Versicherer zieht auch die Kosten des Selbstbehalts von der Sicherheitsleistung ab. Der Wortlaut von Ziff. 6 stellt die Sicherheitsleistung gleich mit der Freistellung von Schadensersatzverpflichtungen.[170] Wenn man die Sicherheitsleistung entgegen dem Wortlaut rein als Kostenblock betrachtet, kann der Versicherer den Selbstbehalt nicht abziehen.[171]

103 Die Sicherheitsleistung des Versicherers ist umfassend und unbedingt. Das Insolvenzrisiko verlagert sich damit auf den Versicherer, wenn das erstinstanzliche Urteil später abgeändert wird und der Rückforderungsanspruch nicht mehr durchsetzbar ist. Dies ist für den Versicherer insbesondere nachteilig, wenn er Abwehrschutz bei der wissentlichen Pflichtverletzung leistet. Wenn rechtskräftig feststeht, dass der Versicherungsnehmer wissentlich gehandelt hat, kann er die Abwehrkosten zurückverlangen, § 4 Ziff. 3 b). Wenn er bereits Sicherheit geleistet hat und der Versicherungsnehmer insolvent ist, gerade weil seine wissentliche Pflichtverletzung nicht versichert ist, wird der Versicherer die Sicherheitsleistung vom Versicherungsnehmer kaum mehr zurückerhalten.

X. Leistungsbegrenzungen des Versicherers, II Ziff. 8

104 II Ziff. 8 regelt zwei Fälle, bei denen der Versicherer weitere Leistungen, insbesondere Zinsen und Kosten, nicht mehr zu tragen hat. Erstens, wenn der Versicherungsnehmer sich so verhält, dass die Hauptsache nicht erledigt werden kann und zweitens, wenn der Versicherer den Schadensersatzanspruch des Geschädigten dadurch anerkennt, dass er an den Geschädigten leistet. Das Risiko der weiteren Kosten verlagert sich in diesen zwei Fällen auf den Versicherungsnehmer.

105 Der Versicherer hat die Vollmacht den Schaden zu bearbeiten und gegenüber dem Geschädigten zu regulieren. Der Versicherer hat dazu ein umfassendes Weisungsrecht. Der Versicherer führt den Prozess, der Mandatsvertrag kommt zwischen Versicherer und Prozessanwalt zustande. Der Versicherer kann jedoch nicht gegen den Versicherungsnehmer vorgehen. Dies ergibt sich daraus, dass der Versicherer eine Obliegenheit des Versicherungsnehmers nicht einklagen kann.[172] Auch kann der Versicherer das Treueverhältnis des Versicherungsnehmers gegenüber ihm als Versicherer nicht einklagen. Wenn er sich treuwidrig verhält, wie den Schaden und die daraus folgenden Kosten ge-

167 OLG Hamm NJW-RR 1987, 1109.
168 BGH VersR 1984, 943.
169 Prölss/Martin/*Lücke* § 101 Rn. 32.
170 *Diller* § 3 Rn. 124.
171 Gräfe/Brügge/Melchers/*Gräfe* D Rn. 367.
172 BGH VersR 1968, 162, 163.

ring zu halten, hat der Versicherer keine Möglichkeit darauf Einfluss zu nehmen. Als Rechtsfolge beinhaltet II Ziff. 8, dass der Versicherer den folgenden Mehraufwand nicht zu tragen hat.

Weder gesetzlich aus dem VVG noch vertraglich nach II Ziff. 8 ergibt sich ein Widerspruchs- 106
recht des Versicherungsnehmers gegen Weisungen/Handlungen des Versicherers.[173] Der Versicherer hat ein Leistungsversprechen gegenüber dem Versicherungsnehmer. Der Versicherungsnehmer hat im Schadenfall Obliegenheiten zu leisten, damit der Versicherer den Schaden im Rahmen seiner Vollmacht regulieren oder abwehren kann. Der Versicherungsnehmer kann nur in Ausnahmefällen widersprechen und dem Versicherer die Vollmacht entziehen, wenn sich der Versicherer treuwidrig verhält.[174] Allerdings kann zwischen Versicherer und Versicherungsnehmer ein Deckungsstreit entstehen, wer sich treuwidrig verhalten hat. Im Übrigen gilt, dass der Versicherungsnehmer nur faktisch widersprechen kann. Wenn der Versicherer nach außen hin handelt, bindet es den Versicherungsnehmer und den Dritten. Ein möglicher Widerspruch des Versicherungsnehmers kann nur im Innenverhältnis Bindungswirkung entfalten.[175] Anerkenntnis, Befriedigung oder Vergleich sind beispielhaft aufgezählt für Fälle, wenn sich der Versicherungsnehmer treuwidrig verhält. Maßgeblich ist das Verhalten des Versicherungsnehmers. Wenn sein Verhalten dazu führt, dass der Haftpflichtanspruch scheitert, hat er den daraus entstehenden Mehraufwand zu tragen.

Der vertragsgemäße Anteil am Schadensersatz des Versicherers zur Befriedigung des Geschä- 107
digten iSd Ziff. 8 ist entweder die volle Summe des Schadens oder der Anteil am Schadensersatz, wenn die Versicherungssumme in der Hauptsache nicht ausreichend ist. Zu beachten ist, dass der Versicherer nur dann leistungsfrei ist, wenn er an den Geschädigten leistet. Erst damit stellt er den Versicherungsnehmer von berechtigten Schadensersatzverpflichtungen frei. Eine Zahlung an den Versicherungsnehmer selbst, der sie dann nicht an den Geschädigten weiterleitet, bedeutet nicht, dass der Versicherer erfüllt hat.

Mehraufwand meint die Zinsen und Kosten, die dadurch entstanden sind, dass der Versiche- 108
rungsnehmer sich geweigert hat oder dass der Versicherungsnehmer den Prozess weitertreiben will.

XI. Beratung im Vorfeld eines Versicherungsfalls, II Ziff. 9

Der Versicherer hat den Deckungsschutz gegenüber der Vorauflage HV 60/08 AVB-RS erweitert auf 109
eine vorsorgliche Rechtsberatung, II Ziff. 9. Der Anwalt oder Steuerberater hat Zweifel, ob er einen Verstoß begangen hat. Er befürchtet bei fehlender Meldung, dass er eine Obliegenheitsverletzung begehen könnte oder dass er bei einer Meldung seinen Versicherungsvertrag negativ belasten könnte. Der Versicherer bietet die vorsorgliche Rechtsberatung an, um die Zweifel beseitigen zu können. Es besteht für den Versicherungsnehmer unabhängig von der notwendigen Schadenmeldung die Pflicht, den Sachverhalt aufzuklären und die rechtlichen Aspekte zu erörtern. Die Vorsorgeberatung soll nicht dazu führen, dass der Versicherungsnehmer die gegenüber dem Mandanten geschuldete Rechtsberatung durch den Versicherer kontrollieren lässt. Die vorsorgliche Rechtsberatung entbindet den Versicherungsnehmer nicht, den tatsächlichen Schadenfall, der ggf. nach der vorsorglichen Beratung eintritt, dem Versicherer anzuzeigen, II Ziff. 9 Satz 2 iVm § 5 Ziff. 1.

---

173 *Diller* § 3 Rn. 128; anders Gräfe/Brügge/Melchers/*Gräfe* D 29 ff für ein echtes Widerspruchsrecht wie ein Entzug der Vollmacht.

174 Prölss/Martin/*Lücke* AHB 200 § 5 Rn. 17.

175 OLG Bamberg VersR 1976, 651, 652; LG Köln VersR 1964, 398, 399; MüKoVVG/*Büsken* 300 Allgemeine Haftpflichtversicherung Rn. 114.

XII. Deckungsprozess, Direktanspruch und Leistungspflicht in der Pflichtversicherung

1. Klage gegen den Versicherer, vorweggenommener Deckungsprozess

110 Der Versicherungsnehmer kann gegen den Versicherer auf Leistung klagen, dass er ihn von dem berechtigten Schadensersatzanspruch durch Zahlung an den Geschädigten freistellt, wenn der Anspruch mit bindender Wirkung gegenüber dem Versicherer festgestellt ist durch rechtskräftiges Urteil, Anerkenntnis oder Vergleich, siehe dazu § 3 Rn. 30 ff. Wenn das Urteil vollstreckt wird, ist der Gläubiger befriedigt.[176] Wenn der Versicherungsnehmer bereits selbst gezahlt hat, wandelt sich der Befreiungsanspruch um. Er hat einen Anspruch gegen den Versicherer, dass er die Zahlung an ihn leistet.[177] Ebenfalls hat der Versicherungsnehmer einen Zahlungsanspruch gegen den Versicherer, wenn er den Anspruch des Dritten anerkennt oder befriedigt, soweit der Anspruch auch tatsächlich begründet war, § 105 VVG. Das Risko trägt der Versicherungsnehmer. Der Versicherungsnehmer kann aber nicht den Versicherer auf Freistellung verklagen, ohne dass zuvor der Haftpflichtanspruch feststeht.[178] Andernfalls kann der Versicherer nicht mehr zwischen Abwehr und Freistellung wählen. Hat der Versicherungsnehmer seine Ansprüche gegen den Versicherer gemäß § 108 VVG wirksam an den Geschädigten abgetreten hat, kann der Geschädigte unmittelbar gegen den Versicherer vorgehen.[179]

111 Der Versicherungsnehmer kann gegen den Versicherer klagen, wenn der Versicherer dem Versicherungsnehmer keinen Abwehrschutz für einen Haftpflichtprozess geben möchte. Beispielsweise, wenn der Versicherer meint, dass der Versicherungsschutz ausgeschlossen ist, insbesondere beim Vorwurf der wissentlichen Pflichtverletzung. Der Versicherungsnehmer hat in dem vorweggenommenen Deckungsprozess auf Feststellung zu klagen, dass der Versicherer wegen einer, im Einzelnen genau zu bezeichnenden Haftpflichtforderung, Versicherungsschutz zu gewähren hat. Das Gericht entscheidet aber nicht darüber, ob der Haftpflichtanspruch begründet ist. Es entscheidet darüber, ob der Versicherungsschutz besteht. Maßgeblich sind die tatsächlichen Behauptungen des Geschädigten.[180] Die Klage auf Freistellung vom Haftpflichtanspruch kann der Versicherungsnehmer erst einreichen, wenn der Anspruch rechtskräftig ist und für den Versicherer feststeht.[181]

2. Direktanspruch des Geschädigten gegen den Versicherer

112 Die Berufshaftpflichtversicherung der wirtschaftsberatenden Berufe ist eine Pflichtversicherung, §§ 113 ff VVG. Der Geschädigte kann seinen Anspruch auf Schadensersatz auch gegen den Versicherer geltend machen, wenn der Versicherungsnehmer insolvent ist oder sein Aufenthaltsort unbekannt ist, § 115 Abs. 1 Nr. 2 und 3 VVG. Der Direktanspruch unterliegt der gleichen Verjährung wie der Schadensersatzanspruch gegen den Versicherungsnehmer, § 115 Abs. 2 Satz 1 VVG. Eine positive Entscheidung des Versicherers beendet die Verjährungshemmung iSd § 115 Abs. 2 Satz 3 VVG nur dann, wenn der Anspruchsteller aufgrund dieser Entscheidung sicher sein kann, dass auch künftige Forderungen aus dem Schadensfall freiwillig bezahlt werden, sofern er die entsprechenden Schadensposten der Höhe nach ausreichend belegt. Demgemäß muss die Erklärung zu den Ansprüchen erschöpfend, umfassend und endgültig sein.[182] Es besteht aber keine weitere rechtliche Beziehung zwischen Geschädigtem und dem Versicherer. Das Rechtsverhältnis besteht aus-

176 Gräfe/Brügge/Melchers/*Gräfe* D Rn. 144.
177 OLG Köln r+s 1996, 222.
178 NJW 1981, 870, 871.
179 BGH NJW 2016, 3453.
180 BGH NJW 1981, 870, 871; BGH VersR 2001, 90.
181 BGH VersR 1981, 173.
182 BGH NJW 2017, 2271.

schließlich zwischen Versicherungsnehmer und Versicherer. Der Geschädigte kann aber gegen den Versicherer auf Zahlung klagen, wenn er sich den Befreiungsanspruch des Versicherungsnehmers gegen den Versicherer pfänden und überweisen lässt. Der Befreiungsanspruch muss aber zu Recht bestehen.[183]

In der Haftpflichtversicherung kann auch der Geschädigte ein rechtliches Interesse nach § 256 ZPO an der Feststellung haben, dass der Versicherer dem Schädiger Deckungsschutz zu gewähren hat. Es liegt vor, wenn die Gefahr besteht, dass dem Geschädigten der Anspruch verloren geht, weil der Versicherungsnehmer untätig geblieben ist. Das rechtliche Interesse des Geschädigten folgt aus der Sozialbindung der Haftpflichtversicherung, die den Schädiger und den Geschädigten vor Insolvenz schützen soll.[184] Gleiches soll auch dann gelten, wenn der Versicherungsnehmer nicht die Haftpflichtforderung erfüllen kann oder der Versicherer seine Eintrittspflicht verneint.[185] Wenn der Versicherungsschutz einer Pflichtversicherung nach §§ 113, 115 VVG nicht gefährdet ist, dann besteht kein Feststellungsinteresse des Geschädigten für eine Klage, z.B. bei drohender Verjährung, weil für den Anspruch des Geschädigten in der Pflichtversicherung eine eigene Verjährung besteht.[186] Maßgeblich ist der Sachverhalt, den der Geschädigte vorträgt.[187] 113

3. Leistungspflicht gegenüber Dritten, § 117 VVG

Wenn das Deckungsverhältnis gestört ist, das sog. „kranke“ Versicherungsverhältnis, bleibt der Versicherer nach § 117 VVG im Verhältnis zum Dritten eintrittspflichtig, auch wenn er gegenüber dem Versicherungsnehmer nicht leisten muss. Die Regelung schützt den Dritten, der andernfalls nur nach § 115 VVG einen Direktanspruch hätte. § 115 VVG gilt nicht für die Berufshaftpflichtversicherung eines Anwalts, da es sich nicht um eine Haftpflichtversicherung zur Erfüllung einer nach dem Pflichtversicherungsgesetz bestehenden Versicherungspflicht handelt.[188] Soweit der Versicherer den Dritten befriedigt, geht die Forderung des Dritten gegen den Versicherungsnehmer auf ihn über, § 117 Abs. V VVG. 114

a) Fälle des § 117 VVG. § 117 VVG sieht zwei Fälle vor, bei denen der Versicherer dem Dritten leisten muss. Erstens nach § 117 Abs. 1 VVG, wenn der Versicherer im Innenverhältnis leistungsfrei ist und zweitens nach § 117 Abs. 2 VVG, wenn ein Umstand vorliegt, der das Nichtbestehen oder die Beendigung des Versicherungsverhältnisses zur Folge hat.

Voraussetzung für beide Fälle ist, dass der Versicherer leistungspflichtig sein oder gewesen sein muss, weil der Versicherer nach § 117 Abs. 3 VVG nur innerhalb „der von ihm übernommenen Gefahr“ leisten muss. Wenn er von vornherein nicht eintrittspflichtig ist, besteht gegenüber dem Dritten keine Leistungspflicht. Der Versicherer muss nicht leisten, wenn es sich um keine versicherte anwaltliche Tätigkeit gehandelt hat, siehe dazu § 3 Rn. 118, oder der Verstoß ist selbst nicht versichert, weil eindeutig ein gesetzlicher Ausschluss oder ein vertraglich vereinbarter Risikoausschluss vorliegt, z.B. wenn der Anwalt vorsätzlich gehandelt hat.[189] Dies gilt auch gegenüber dem geschädigten Dritten, da es sich insoweit nicht um eine Leistungsfreiheit iS von §§ 158c Abs. 1 VVG aF handelt, sondern weil bei Eingreifen des Risikoausschlusses von vornherein kein Versicherungsschutz besteht.[190] 115

183 BGH VersR 2004, 634.
184 NJW-RR 2001, 316 bei einer insolventen Transportfirma; keine Pflichtversicherung.
185 Gräfe/Brügge/Melchers/*Gräfe* D Rn. 169.
186 BGH VersR 2003, 635.
187 BGH VersR 2001, 90; Gräfe/Brügge/Melchers/*Brügge* A 185.
188 OLG Frankfurt a.M. NJW-RR 2018, 932.
189 BGH NJW 1971, 459; OLG Hamm VersR 1988, 1122; OLG Köln VersR 1982, 303; OLG München VersR 1990, 484.
190 NJW 2011, 610, 612 Rn. 27.

116 Die Leistungsfreiheit des Versicherers gegenüber dem Versicherungsnehmer kann im Innenverhältnis bestehen, die aber trotzdem eine Leistung im Außenverhältnis bedeutet, wenn der Versicherungsnehmer eine Obliegenheit vor oder nach Vertragsschluss verletzt hat. Vor Vertragsschluss, wenn der Versicherungsnehmer die Erstprämie nach § 8 I Ziff. 3 nicht rechtzeitig zahlt und ebenfalls nach Vertragsschluss bei Folgeprämien nach § 8 II Ziff. 3. Gleiches gilt, wenn er einen Versicherungsfall nicht rechtzeitig meldet nach § 6 iVm § 5. Weiter kommen subjektive und objektive Gefahrerhöhungen in Betracht.

117 § 117 Abs. 2 VVG regelt die Nachhaftung des Versicherers, in der er gegenüber dem Dritten noch zu leisten hat. Ein Umstand, der das Nichtbestehen oder die Beendigung des Versicherungsverhältnisses zur Folge hat, wirkt gegenüber dem Dritten erst nach einem Monat, nachdem der Versicherer diesen Umstand der jeweiligen Berufskammer angezeigt hat. Dies gilt auch, wenn das Versicherungsverhältnis durch Zeitablauf endet. Nichtbestehen liegt vor, wenn der Versicherungsvertrag von vornherein nicht zustande gekommen ist, z.B. bei Geschäftsunfähigkeit, Anfechtung des Vertrages oder bei Rücktritt des Versicherers vom Vertrag wegen Nichtzahlung der Erstprämie, § 8 I Ziff. 2. Beendigung liegt vor, wenn der Vertrag endet, weil der Versicherer gekündigt hat, weil der Versicherungsnehmer nicht gezahlt hat, §§ 37, 38 VVG, Kündigung im Schadenfall nach § 9 II, der Vertrag aufgehoben oder ausgelaufen ist oder auch der Wegfall der Zulassung oder Tod des Versicherungsnehmers, § 9 IV. Die Monatsfrist verkürzt sich, wenn der Versicherungsnehmer einen anderen Versicherungsvertrag abgeschlossen hat und diese Versicherungsbestätigung der jeweiligen Berufskammer zugegangen ist. Die Berufskammer hat zu leisten, wenn die Bestätigung eingegangen ist, bevor der Berufsträger den Verstoß begangen hat, § 117 Abs. 2 Satz 4 VVG.

118 **b) Umfang der Leistungspflicht des Versicherers.** Nach § 117 Abs. 3 VVG ist der Versicherer nur im Rahmen der vorgeschriebenen Mindestversicherungssumme je nach Rechtsform bei Anwälten von 250.000 EUR, 500.000 EUR, 1 Mio EUR oder 2,5 Mio EUR, §§ 51, 59o BRAO und der von ihm übernommenen Gefahr zur Leistung verpflichtet. Der Dritte hat keinen Anspruch auf eine höhere Versicherungssumme, auch wenn sie individuell mit dem Versicherungsnehmer vereinbart ist. § 113 Abs. 3 VVG, der dem Dritten den höheren Versicherungsschutz geben würde, ist hier nicht anzuwenden. § 117 VVG ist lex specialis zu § 113 VVG.[191] Der Versicherer muss mehr als die Mindesthöhe leisten, wenn das Fehlverhalten des Versicherungsnehmers nicht dazu führt, dass der Versicherer im Innenverhältnis vollständig leistungsfrei ist. Dies kann der Fall sein, wenn der Versicherungsnehmer eine Obliegenheit verletzt hat, die zu einer Quotelung führt.[192] Der Versicherer muss in den Fällen von § 117 VVG ohne Abzug des Selbstbehalts leisten, § 114 Abs. 2 Satz 1 VVG.

119 Ebenfalls sollte § 117 VVG in den Fällen der mitversicherten amtsähnlichen Tätigkeiten anwendbar sein, wenn der Anwalt, wie z.B. Insolvenzverwaltung, Testamentsvollstreckung ausgeübt hat, die keine anwaltliche Tätigkeit sind.[193] Zwar handelt es sich bei diesen Tätigkeiten nicht um pflichtversicherte Tätigkeiten, aber es geht hier um einen Mindestversicherungsumfang zum Schutz des Dritten. Selbstverständlich gilt für diese persönlichen Tätigkeiten nach BBR-RA aber auch die Mindestdeckung nach der Höhe und Jahreshöchstleistung. Nicht umfasst sind aber sonstige vertragliche Erweiterungen. § 117 VVG gibt keinen weitergehenden Versicherungsschutz als die Mindestdeckung. Die sonstigen Rechte und Pflichten des Versicherers wie seine Schadenregulierungs- und Bearbeitungsvollmacht behält er bei, § 3 II Ziff. 1 c) und § 5 II Ziff. 2 a).[194]

120 Wenn der Versicherer an den Dritten wg. § 117 VVG geleistet hat, kann er beim Versicherungsnehmer Regress nehmen, einschließlich der Kosten iSd §§ 101 VVG, 117 Abs. 5 VVG. Wenn er leistet, ohne dass ein Fall des § 117 VVG vorliegt, kann er gegen den Versicherungsnehmer nur nach

---

191 BT-Drucks. 16/3945, 88.
192 BGH VersR 1983, 688; *Diller* § 3 Rn. 137.
193 *Diller* § 3 Rn. 138.
194 BGH VersR 1987, 924.

Bereicherungsrecht vorgehen mittels einer Leistungskondiktion nach § 812 Abs. 1 Satz 1 Fall 1. Alt. BGB, weil er ohne Rechtsgrund geleistet hat.

E. Sachschäden, Datenschäden, sonstige Schäden Sachschäden, III

I. Übersicht

Personen- und Sachschäden sind in der Berufshaftpflichtversicherung nicht zu versichern, § 1 entsprechend den gesetzlichen Anforderungen nach § 51 BRAO. § 3 III erweitert die Berufshaftpflichtversicherung auf Ansprüche wegen Sachschäden, Datenschäden und sonstigen definierten Schäden. Ziff. 1 beinhaltet die Mitversicherung von echten Sachschäden, Ziff. 2 den Ausschluss von Schäden bei der Fortführung von Versicherungsverträgen, Ziff. 3 die Mitversicherung von Datenschäden z.B. durch Verlust von Daten und Ziff. 4 von weiteren Schäden, die sich aus der Berufstätigkeit ergeben können. 121

Die Sachschadendeckung nach III soll Lücken im Deckungsschutz des Anwalts schließen. Datenschäden und die sich daraus ergebenden Folgeschäden sind versichert, unabhängig davon, ob man Daten als Sache definiert. Klargestellt ist darüber hinaus, dass die nach dem BGB abschließend definierten immateriellen Schäden nach § 253 Abs. 2 BGB versichert sind. Für den Versicherungsschutz für Sachschäden muss eine Pflichtverletzung des Anwalts im Sinne des § 1 vorliegen, entsprechend dem Wortlaut „mitversichert". Erfüllt sein müssen die weiteren Voraussetzungen der Versicherungsleistung, dass kein Ausschluss oder eine Obliegenheitsverletzung vorliegt. Insbesondere ist Voraussetzung, dass die Pflichtverletzung schuldhaft war. Keine Deckung besteht, wenn z.B. ein Feuer von benachbarten Räumen auf die Kanzlei übergegriffen hat oder Löschwasser vom Nachbargrundstück die Kanzleiräume und die Akten verwüstet hat. Allgemein gilt, dass Sachschäden aufgrund von unabwendbaren Ereignissen wie Blitzschlag, Kurzschluss nicht gedeckt sind. Es fehlt an einer dem Anwalt vorwerfbaren Pflichtverletzung. Hier greifen Gebäude- und Hausratversicherungen, die unabhängig von einem Verschulden und auch der Eigentumsfrage Deckungsschutz bieten. Alle Folgeschäden aus einem versicherten Schaden sind versichert. Der Schadenbegriff ist einheitlich und umfasst die sich daraus ergebenden materiellen Einbußen. 122

Nach I Satz 1 aE ist der Versicherungsschutz für Sachschäden subsidiär. Es besteht kein Versicherungsschutz, wenn ein anderer Versicherungsschutz vorliegt. Die Berufshaftpflichtversicherung ist eine Versicherung, um die Vermögensschäden aus der beruflichen Tätigkeit abzudecken. Sie ersetzt nicht eine allgemeine Haftpflichtversicherung, die die Sach- und Personenschäden deckt, oder eine Gebäudeversicherung. 123

II. Sachschäden, III Ziff. 1

Nach III Ziff. 1 sind die Sachschäden an den Gegenständen versichert, die der Berufsträger für seine berufliche Tätigkeit benötigt. Satz 1 bestimmt die versicherten Sachschäden, Satz 2 die nicht versicherten Sachschäden. Ziel und Zweck der Regelung in Ziff. 1 ist es, dem Anwalt Versicherungsschutz an den Gegenständen zu geben, die in einem engen Zusammenhang mit seiner beruflichen Tätigkeit stehen, damit der Anwalt auch weiterhin seinen Beruf ausüben kann. Die Sachschadendeckung soll aber nicht fahrlässige Beschädigungen an jeglichen Sachen decken, die irgendwie in einem gedachten möglichen Zusammenhang mit seiner Tätigkeit stehen.

1. Versicherte Sachschäden, III Ziff. 1 Satz 1

a) Akten, Schriftstücken und sonstigen beweglichen Sachen. Zum Begriff der Akte eines Anwalts gibt es keine Legaldefinition, aber darunter ist auf jeden Fall die Handakte im Sinne 124 des § 50 BRAO zu verstehen. Unter einer Akte versteht man eine geordnete Sammlung von eine Angelegenheit betreffenden Schriftstücken und Unterlagen und unter einer Handakte eine Akte, die innerdienstlich oder -betrieblich benutzt wird und deren Inhalt vertraulich ist.[195] Das betrifft das gesamte aktenfähige Material, das einen Bezug zur anwaltlichen Tätigkeit aufweist. Darunter fallen dann Urkunden, Belege, Verträge, Klageschriften, Gutachten etc. und insbesondere auch die elektronische Akte. Weitere für die Sachbehandlung in Betracht kommende Schriftstücke meint Gegenstände, die unter Umständen nicht zu den Akten selbst gehören oder schlichtweg gesondert gelagert werden. Dazu gehören ggf. Vollstreckungstitel. Unter sonstige bewegliche Sachen fallen alle Objekte, die der Anwalt für seine berufliche Tätigkeit benötigt. Dabei sind nur Sachschäden an beweglichen Sachen versichert, nicht versichert sind Schäden an Grundstücken. In Betracht kommen Sachen, die der Mandant dem Rechtsanwalt in Obhut gegeben hat oder die schlichtweg in einer Akte keinen Platz finden wie Augenscheinobjekte als Beweismittel.

125 **b) Sachzusammenhang.** Voraussetzung der Deckung ist, dass es sich um Gegenstände handelt, die für die Sachbehandlung der versicherten beruflichen Tätigkeit in Betracht kommen. Die Sachbeschädigung muss im sachlichen und zeitlichen Zusammenhang mit der Berufstätigkeit des Anwalts erfolgen. Der Anwalt erhält z.B. Sachen des Mandanten zu Beweiszwecken, die verloren gehen. Der Zusammenhang besteht auch dann, wenn der Anwalt bei einem Mandantenbesuch z.B. den Laptop des Mandanten beschädigt, den der Anwalt benötigt hatte, um die Beratung durchzuführen. Dabei sind auch der Datenverlust und die sich daraus ergebenden Vermögensschäden beim Mandanten versichert, z.B. wenn ein Gewerbetreibender Gewinneinbußen hat, weil er aufgrund fehlender Unterlagen keine Angebote mehr schreiben kann. Ausgeschlossen bleiben aber Schäden, die zufällig oder bei Gelegenheit entstehen, z.B. wenn der Anwalt beim Mandantenbesuch einen Einrichtungsgegenstand beschädigt oder auf dem Weg zum Mandanten schuldhaft einen Autounfall hat.

126 **c) Fremd- und Eigenschaden.** Bei der Berufshaftpflichtversicherung handelt es sich um eine Haftpflichtversicherung. Versichert sollten daher grundsätzlich nur Schäden an Gegenständen sein, die im Eigentum eines Dritten stehen. Es besteht aber Versicherungsschutz gerade auch für die Sachschäden an Akten, Schriftstücken und sonstigen beweglichen Sachen, die bei der Ausübung der versicherten beruflichen Tätigkeit für die Sachbehandlung in Betracht kommen. III unterscheidet hier nicht zwischen Fremd- und Eigenschaden. Voraussetzung ist, dass es sich jedoch um eine berufliche Tätigkeit handelt und dass es sich um Gegenstände handelt, die für die Sachbehandlung erforderlich sind. Schäden an eigenen Büromaterialien oder am eigenen Büroinventar fallen daher nicht unter den Versicherungsschutz. Es fehlt an der Voraussetzung des sachlichen und zeitlichen Zusammenhangs mit der Mandatsbearbeitung. Zwar braucht der Anwalt z.B. Kopien von Mandantenunterlagen, die er mit einem Kopierer erstellt, aber der Kopierer ist nicht ausschließlich und konkret für die Mandatsbearbeitung nötig, sondern dient schlichtweg der Vervielfältigung von Schriftstücken. Daher ist auch nicht ein Schaden zu ersetzen, wenn der Anwalt seine in seinem Eigentum stehenden elektronischen Hilfsmittel wie Computer, Laptop oder Handy beschädigt. Sie sind nicht für die Sachbehandlung in Bezug auf ein konkretes Mandatsverhältnis erforderlich, sondern dienen allein der allgemeinen Büroorganisation.

127 Zu beachten ist, dass es sich regelmäßig bei einem Berufsfehler des Anwalts schon um einen versicherten Vermögensschaden nach § 1 handelt, der auf einem Sachschaden als formaler Erstursache beruhen kann. Wenn dem Anwalt z.B. sein Fristenbuch zerstört wird oder abhandenkommt, ist der Verlust des Fristenbuchs zwar ein Sachschaden, aber wenn der Anwalt deshalb eine Frist versäumt, liegt ein gedeckter Vermögensschaden vor. Der Versicherungsfall liegt nicht darin, dass das Fristenbuch als Sache verloren geht, sondern dass der Anwalt die Frist versäumt, was der

195 Henssler/Prütting/*Offermann-Burckart* BRAO § 50 Rn. 8.

versicherte Verstoß nach § 1 ist. Maßgeblich ist nicht die äquivalente Erstursache, sondern der Verstoß.

d) Sachschäden bei mitversicherten nicht-anwaltlichen Tätigkeiten. Die versicherte Berufstätigkeit des Anwalts umfasst auch die mitversicherten amtsähnlichen persönlichen Tätigkeiten des Anwalts nach der Risikobeschreibung der Anwälte in § 18 BBR-RA wie Pflegschaft, Testamentsvollstreckung usw. Die Sachschadendeckung ist daher sehr weitgehend. Der Insolvenzverwalter hat den Auftrag die Insolvenzmasse zu sichern und zu bewahren oder auch den Betrieb fortzuführen. Die Objekte der versicherten Tätigkeit sind dann die beweglichen Produktionsmittel aus der Masse wie Maschinen oder ähnliches. Wenn der Insolvenzverwalter die Sachen schuldhaft beschädigt, kann nur dann Versicherungsschutz nach III bestehen, wenn die Beschädigung im Zusammenhang mit der Sachbehandlung der Insolvenzverwaltung stand. Regelmäßig ist davon auszugehen, dass fahrlässige Beschädigungen der allgemeinen Lebenswirklichkeit zuzuordnen sind und sie nicht ausschließlich gerade aufgrund der konkreten Insolvenzverwaltung erfolgt sind. Gleiches gilt für die sonstigen mitversicherten Tätigkeiten, wie z.B. als Testamentsvollstrecker, wenn zum Nachlass ein Betrieb gehört. 128

2. Nicht versicherte Sachschäden, III Ziff. 1 Satz 2

Nicht versichert sind Ansprüche wegen Sachschäden, die entstehen durch Abhandenkommen von Geld, Wertpapieren, Wertsachen und Schlüsseln. Versichert bleiben Ansprüche, wenn Wechsel abhandenkommen. Wertsachen sind Wertgegenstände wie Schmuck, Goldmünzen oder ähnliches. Wechsel bleiben versichert. Der Wechsel ist nicht nur ein Instrument des Zahlungsverkehrs, sondern auch ein Kreditinstrument und ein Sicherungsmittel. Die praktische Bedeutung ist gering. Diese Ansprüche sind ausgeschlossen, da im Schadenfall der Versicherer kaum einen Gegenbeweis antreten kann. Die Sachschadendeckung wäre eine Ausfallversicherung mit hohem Risiko. Versicherungsschutz besteht aber für fahrlässige Verfügung über Beträge, die in unmittelbarem Zusammenhang mit einer Rechtsanwaltstätigkeit auf ein Anderkonto eingezahlt wurden, siehe Anderkontendeckung § 17 Rn. 13 ff. 129

Der Verlust von Schlüsseln, z.B. für die Schließanlage der gemieteten Büroräume, ist nicht versichert nach III. Es handelt sich um ein allgemeines Haftpflichtrisiko und der Bezug zur anwaltlichen Tätigkeit fehlt. Es besteht aber Versicherungsschutz über die Bürohaftpflichtversicherung nach III der Risikobeschreibung der Allianz-Bedingungen VH 4273. Wenn der Anwalt die fremden Schlüssel für die Schließanlage der gemieteten Büroräume verliert, ersetzt der Versicherer bis zu einem Sublimit von 10.000 EUR die Kosten für die notwendige Auswechslung von Schlössern oder Schließanlagen, die infolge des Abhandenkommens der Schlüssel entstehen. 130

III. Fortführung von Versicherungsverträgen, III Ziff. 2

Kein Versicherungsschutz besteht, wenn Versicherungsverträge nicht oder nicht ordnungsgemäß abgeschlossen, erfüllt oder fortgeführt werden. Der Ausschluss spielt bei anwaltlichen Tätigkeiten eine untergeordnete Rolle. Die Sachschadendeckung nach III im allgemeinen Teil bezieht sich aber auch auf die amtsähnlichen persönlichen Tätigkeiten nach § 18. Der Insolvenzverwalter hat Versicherungsschutz für die Sachschäden beim insolventen Unternehmen. Regelmäßig bestehen Firmenpolicen und Betriebshaftpflichtversicherungen des Unternehmens. Sie sollen das Unternehmen gegen allgemeine Risiken wie Feuer, Betriebsunterbrechung, eigene Kaskoschäden am Fuhrpark etc. absichern. Wenn die Versicherungsverträge nicht mehr bestehen, würde das gesamte Unternehmen durch die Regelung in III gegen Sachschäden abgesichert sein. Die Berufshaftpflicht- 131 versicherung soll jedoch nicht den Wegfall von bestehenden Versicherungen decken, sondern die beruflichen Fehler.

IV. Datenschäden, Cyber, III Ziff. 3

Anwaltskanzleien speichern personenbezogene Daten und nutzen Informationstechnologien. Die Kanzleien müssen auf der einen Seite selbst die gesetzlichen Anforderungen des Datenschutzes erfüllen und sind auf der anderen Seite Cyberangriffen auf ihre Daten ausgesetzt.

1. Risikoanforderungen

132 Nach § 43e BRAO darf der Anwalt bei der Inanspruchnahme von Dienstleistungen den Zugang zu Tatsachen nur eröffnen, auf die sich die Verpflichtung zur Verschwiegenheit bezieht. Er hat die Zusammenarbeit mit den Dienstleistern unverzüglich zu beenden, wenn der Dienstleister die Pflichten zu Verschwiegenheit verletzt. Die Kanzleien müssen die Anforderungen der Datenschutzgrundverordnung (DSGVO) der EU iVm dem Datenschutzanpassungs- und -Umsetzungsgesetz (DSAnpUG) und dem Bundesdatenschutzgesetz (BDSG) erfüllen. Sie müssen einen Datenschutzbeauftragten bestellen, siehe hierzu ausführlich und zum internen und externen Datenschutzbeauftragten § 1 Rn. 103 ff.

133 Die Kanzleien müssen aber nicht nur selbst auf Datenschutz achten, sondern sind selbst Angriffen auf ihre Daten und ihren Kanzleibetrieb ausgesetzt. Drohen kann ein APT (Advanced Persistent Threat) als ein Netzwerk-Angriff, bei dem sich eine unautorisierte Person Zugriff auf ein Netzwerk verschafft, um wertvolle Informationen zu holen sind. Bei einem DoS (Denial of Service) sind die Systeme aufgrund mutwilliger, und oft auch absichtlichen Angriffen auf einen Server, einen Rechner oder sonstiger Komponenten in einem Datennetz blockiert. Angriffe haben zur Folge, dass die gespeicherten Daten gelöscht oder blockiert sind und die Computer nicht mehr richtig funktionieren. Der Kanzleibetrieb kann nicht in gewohnter Weise aufrechterhalten werden. Die Kanzlei hat Schäden, weil der Betrieb teilweise unterbrochen ist, die Mandanten sind zu informieren und ein behördliches Datenschutzverfahren wird eingeleitet.

2. Versicherungsschutz für Datenschäden

Versicherungsschutz besteht in unterschiedlicher Form über III Ziff. 3 für Datenschäden, über den IT-Baustein der Bürohaftpflichtversicherung und über Cyber-Produkte.

134 **a) Berufshaftpflichtversicherung.** III Ziff. 3 erweitert den Versicherungsschutz auf Schäden, wenn Daten bei Dritten, also keine eigenen Daten, verändert werden oder der Anwalt Bestimmungen zum Datenschutz verletzt hat. Dabei ist es unerheblich, ob man den Datenschaden als Sach- oder Vermögensschaden einordnet. Wenn der Datenschaden als Vermögensschaden betrachtet wird, besteht bei einem anwaltlichen Verstoß schon nach § 1 I Versicherungsschutz. Um den Versicherungsschutz zu vervollständigen, ist der Datenschaden auch versichert, wenn er einen Sachschaden darstellt. Verlust, Veränderung oder die Nichtverfügbarkeit von Daten bedeutet, dass der Dritte nicht mehr auf seine gespeicherten Daten zugreifen kann. Voraussetzung ist aber, dass der Anwalt in Ausübung seiner beruflichen Tätigkeit schuldhaft die Daten des Dritten verändert hat. Versicherungsschutz besteht, wenn der Anwalt eine virenverseuchte Mail an den Mandanten schickt, die dazu führt, dass der Mandant seine Daten nicht mehr verwenden kann. Kein Versicherungsschutz besteht dagegen, wenn der Anwalt sich unbemerkt einen Computervirus einfängt,

der sich selbständig über die Kontakte seines Mailprogramms weiterverbreitet. Es fehlt am schuldhaften Verstoß des Anwalts.

Versichert sind die Folgeschäden, die sich aus dem Verlust der Daten beim Mandanten oder Dritten ergeben. Es bedeutet, dass auch die Kosten versichert sind, um die gelöschten und/oder beschädigten Daten wiederherzustellen, die auf Datenträgern wie Servern, Festplatten, usw. gespeichert sind. Der Folgeschaden besteht auch, wenn der Geschädigte Umsatzeinbußen hat, weil er seinen Geschäftsbetrieb nur eingeschränkt aufrechterhalten kann. Bei einem Folgeschaden ist Voraussetzung, dass er unmittelbar und adäquat kausal aus dem versicherten Erstschaden entsteht. 135

b) Bürohaftpflichtversicherung, Auszug VH 4273 Bürohaftpflichtversicherung. Die Zusatzvereinbarungen in der Bürohaftpflicht versichern ebenfalls eingeschränkt Datenschäden. Wie in der Berufshaftpflichtversicherung ist Voraussetzung, dass sich die Schäden im Zusammenhang mit der beruflichen Tätigkeit ergeben haben. Darüber hinaus sind ebenfalls nur Drittschäden versichert, nicht aber Eigenschäden, weil es sich um eine Haftpflichtversicherung handelt. 136

Die maßgebliche Klausel in der Bürohaftpflichtversicherung lautet im Auszug:

Auszug VH 4273 Bürohaftpflichtversicherung

IV. Nutzung von Internettechnologien

1. Mitversichert ist die gesetzliche Haftpflicht wegen Personen-, Sach- und Vermögensschäden im Zusammenhang mit der Ausübung der versicherten beruflichen Tätigkeit aus dem Austausch, der Übermittlung und der Bereitstellung elektronischer Daten (z.B. im Internet, per e-mail oder mittels Datenträger), soweit es sich um Schäden handelt aus

a) der Löschung, Unterdrückung, Unbrauchbarmachung oder Veränderung von Daten (Datenveränderung) bei Dritten durch Computer-Viren und/oder andere Schadprogramme;

b) der Datenveränderung aus sonstigen Gründen sowie der Nichterfassung oder fehlerhaften Speicherung von Daten bei Dritten und zwar wegen

aa) sich daraus ergebender Personen- und Sachschäden, nicht jedoch weiterer Datenveränderungen sowie

bb) der Kosten zur Wiederherstellung der veränderten Daten bzw. Erfassung oder korrekten Speicherung nicht oder fehlerhaft erfasster Daten;

c) der Störung des Zugangs Dritter zum elektronischen Datenaustausch;

d) der Verletzung von Persönlichkeits- und Namensrechten; insoweit besteht auch Versicherungsschutz für immaterielle Ansprüche, nicht jedoch von Urheberrechten.

2. Im Rahmen des versicherten Risikos obliegt es dem Versicherungsnehmer, dass seine auszutauschenden, zu übermittelnden oder bereitgestellten Daten durch Sicherheitsmaßnahmen oder -techniken (z.B. Virenscanner, Firewall) gesichert und geprüft werden bzw. worden sind, die dem Stand der Technik entsprechen. Diese Maßnahmen können auch durch Dritte erfolgen.

Nicht versichert sind Haftpflichtansprüche wegen Schäden aus nachfolgend genannten Tätigkeiten und Leistungen:

- **Software-Erstellung, -Handel, -Implementierung, -Pflege;**
- **IT-Beratung, -Analyse, -Organisation, -Einweisung, -Schulung;**
- **Netzwerkplanung, -installation, -integration, -betrieb, -wartung, -pflege;**
- **Bereithalten fremder Inhalte, z.B. Access-, Host-, Full-Service-Providing;**
- **Betrieb von Rechenzentren und Datenbanken;**
- **Betrieb von Telekommunikationsnetzen;**
- **Anbieten von Zertifizierungsdiensten im Sinne des Signaturgesetzes bzw. der Signaturverordnung;**
- **Tätigkeiten, für die eine gesetzliche Pflicht zum Abschluss einer Vermögensschaden-Haftpflichtversicherung besteht.**

Internet-Technologien sind mitversichert, wenn Dritte gesetzliche Haftpflichtansprüche wegen Personen-, Sach- und Vermögensschäden geltend versicherten beruflichen Tätigkeit aus dem Aus- 137 tausch, der Übermittlung und der Bereitstellung elektronischer Daten, z.B. im Internet, per E-Mail oder mittels Datenträger. Voraussetzung ist dabei aber, dass es sich um Schäden aus der Löschung, Unterdrückung, Unbrauchbarmachung oder Veränderung von Daten bei Dritten durch Computer-Viren und/oder andere Schadprogramme handelt. Ebenfalls versichert sind Datenveränderungen aus sonstigen Gründen, sowie die Nichterfassung oder fehlerhafte Speicherung von Daten bei Dritten sind und die sich daraus ergebender Personen- und Sachschäden, nicht jedoch weiterer Datenveränderungen sowie der Störung des Zugangs Dritter zum elektronischen Datenaustausch. Dies umfasst dann auch die Verletzung von Persönlichkeits- und Namensrechten; insoweit besteht auch Versicherungsschutz für immaterielle Ansprüche. Voraussetzung ist, dass der Anwalt Vorsorge getroffen hat, dass seine auszutauschenden, zu übermittelnden, bereitgestellten Daten durch Sicherheitsmaßnahmen oder -techniken, z.B. Virenscanner, Firewall gesichert sind und geprüft werden bzw. worden sind, die dem Stand der Technik entsprechen.

138 Nicht versichert sind Haftpflichtansprüche wegen Schäden aus der Erstellung, dem Handel, der Implementierung oder der Pflege von Software. Ebenfalls nicht versichert sind die IT-Beratung, IT-Analyse, die Organisation, die Einweisung oder IT-Schulungen wie auch die Netzwerkplanung, die Netzwerkinstallation oder ähnliches. Darüber hinaus gilt im Zusammenhang mit der Nutzung der Internettechnologien, dass kein Versicherungsschutz besteht für Schäden, die aus massenhaft versandten, vom Empfänger ungewollten elektronisch übertragenen Informationen, z.B. Spamming, stammen oder die mit Dateien, z.B. Cookies in Zusammenhang stehen, mit denen widerrechtlich bestimmte Informationen über Internet-Nutzer gesammelt werden können. Nicht erfasst sind auch Verletzungen von Urheberrechten. Anders als in der Berufshaftpflichtversicherung rechnet man üblicherweise die Kosten als Leistung auf die Versicherungssumme an. Unter Kosten fallen auch die Aufwendungen zur Abwendung oder Minderung des Schadens.

3. Cyber

139 Bei dem Versicherungsschutz über sog. „Cyber-Produkte" besteht anders als in der Haftpflichtversicherung auch Versicherungsschutz für Eigenschäden in Kombination mit Drittschäden. Die Versicherer bieten Versicherungsschutz für reine Vermögensschäden. Schäden aufgrund von oder im Zusammenhang mit Personen- und/oder Sachschäden sind nicht versichert. Dabei gelten dann aber die Daten und die Computerprogramme nicht als Sache und sind damit wieder versichert. Im Gegensatz zur Berufshaftpflichtversicherung der Anwälte sind die Haftpflichtansprüche Dritter und die behördlichen Verfahren dann versichert, wenn innerhalb des versicherten Zeitraums oder einer sich daran anschließenden vertraglich vereinbarten Nachhaftungsfrist erstmalig ein Anspruch oder eine Forderung geltend gemacht wird oder das Verfahren erstmalig schriftlich angezeigt ist, sog. claims-made-Versicherung wie in der D&O-Versicherung statt der Verstoßdeckung.

140 Die Eigenschäden sind versichert, wenn erstmalig die Schäden festgestellt sind. Gleiches gilt für die Serviceleistungen des Versicherers, wenn forensische Dienstleistungen gedeckt sind oder eine Krisenkommunikation erforderlich ist, z.B. wenn in den Medien erstmalig negativ berichtet wird. Die Schäden sind versichert, wenn die Kanzlei wieder Daten oder Informationen wiederherstellen muss oder auch ggf. die Kanzlei erpresst wird, andernfalls bleiben ihre Computer blockiert. Versicherer bieten auch Versicherungsschutz für die Abwehrkosten des Versicherungsnehmers, wenn gegen ihn wegen einer Datenschutzverletzung ein Straf-, Ordnungswidrigkeits- oder sonstiges behördliches Verfahren eingeleitet wird. Drittschäden sind versichert, wenn Datenschutzgesetze oder Vertraulichkeitsanforderungen verletzt sind, das Netzwerksystem oder einzelne Computer der Kanzlei nicht mehr einwandfrei funktionieren oder auch die digitale Kommunikation beeinträchtigt ist.

4. Abgrenzung Cyber/Berufshaftpflicht/Bürohaftpflicht

141 Die Abgrenzung zwischen der Sachschadendeckung der AVB-RS nach § 15, der Bürohaftpflichtversicherung und der eigentlichen Cyber-Deckung ist im Einzelfall zu treffen. Es gibt regelmäßig Überschneidungen, die sich aufgrund der verschiedenen Schadenszenarien nicht vermeiden lassen. Grundsätzlich gilt, dass die Cyber-Versicherung auch die Eigenschäden abdeckt. Die Haftpflichtversicherungen können nur Drittschäden versichern, soweit nicht speziell als Eigenschäden genannt. Der Deckungsumfang der Cyberschutzversicherung ist weitgehender als der der Sachschadendeckung in der Berufshaftpflichtversicherung und dem IT-Baustein der Bürohaftpflichtversicherung. Bei der Bürohaftpflicht sind Vertragsstrafen nicht versichert, während die Cyber-Deckung regelmäßig auch Vertragsstrafen umfasst. Die Betriebsunterbrechung ist nur bei Cyber versichert, weil auch hier definierte Eigenschäden versichert sind. Die Bürohaftpflicht kann nur Schäden von Dritten als Haftpflichtversicherung decken. Die wichtige Wiederherstellung von Daten ist bei Cyber nicht nur bei einem Drittschaden versichert, sondern auch bei einem Eigenschaden. Daten Dritter sind in beiden Deckungen versichert, wenn sie unbrauchbar gemacht werden, verändert oder gelöscht werden. Nur Cyber beinhaltet aber die Absicherung der eigenen Daten, um z.B. ein Mandat überhaupt führen zu können. Erpressungen sind nur bei Cyber versichert, wie auch Abwehrkosten bei behördlichen Datenschutzverfahren und auch die unzulässige Nutzung des Systems durch Mitarbeiter, wenn sie ihre Berechtigungen in Schädigungsabsicht überschreiten. Kosten von Sachverständen und Schadenermittlungskosten als forensische Dienstleistungen sind regelmäßig nicht in der Bürohaftpflichtversicherung enthalten, aber in der Cyber-Versicherung.

V. Sonstige Schäden, III Ziff. 4

1. AGG-Recht, 1. Punkt

142 Versicherungsschutz besteht für Schäden, die sich daraus ergeben, dass der Anwalt Schutzvorschriften vor Diskriminierung, insbesondere das AGG, verletzt. Versicherungsschutz besteht, wenn der Anwalt unberechtigt einen Mandanten ablehnt. Der Versicherungsschutz erstreckt sich auf die immateriellen Schäden. Nicht versichert sind Ansprüche gegen den Anwalt in seiner Funktion als Arbeitgeber, Dienstherr, Auftraggeber von Werklohnverträgen oder Unternehmer im Sinne von §§ 84 ff HGB, weil es sich dann nicht um einen Schaden bei einem Mandanten handelt, sondern um einen Eigenschaden. Der Ausschluss besteht, da es um die Ansprüche von seinen Angestellten oder möglichen Angestellten geht.

2. Freiheitsentzug, 2. Punkt

143 Ebenfalls versichert sind die Ansprüche bei Mandatsverhältnissen, die den Mandanten vor Freiheitsentzug schützen sollen. Vermögensschäden aufgrund der beruflichen Tätigkeit sind bereits nach § 1 versichert. Klargestellt wird, dass die freiheitsentziehenden Maßnahmen und sich daraus ergebende Schäden als Vermögensschäden betrachtet werden. Die Nennung der Untersuchungshaft und der Unterbringung sind beispielhaft aufgezählt und nicht abschließend. Die Strafverteidigerin verlegt den Prozesstermin zur Hauptverhandlung nicht und klärt den Mandanten kurz vor dessen Reiseantritt zur Hochzeit in seinem Heimatland nicht über das Risiko einer Verhaftung bei Versäumung des Termins auf. Der Mandant kommt deshalb in Haft.[196] Der Verlust der Beamtenei-

196 KG Berlin NJW 2005, 1284.

genschaft und die sich daraus ergebenden Vermögensnachteile aufgrund einer Haftstrafe sind ein Vermögensschaden.[197]

3. Immaterielle Schäden, 3. Punkt

144 Zivilrechtlich ist der immaterielle Schaden nach § 253 Abs. 1 BGB definiert als Schaden, der nicht Vermögensschaden ist. Er kann nur in den durch das Gesetz bestimmten Fällen gefordert werden. Das sind die Fälle des § 253 Abs. 2 BGB wegen einer Verletzung des Körpers, der Gesundheit, der Freiheit oder der sexuellen Selbstbestimmung, wie auch §§ 651f Abs. 2 BGB wg. nutzlos aufgewendeter Urlaubszeit und insbesondere auch bei Verletzungen des allgemeinen Persönlichkeitsrechts (APKR). Versicherungsrechtlich ist der Begriff des Vermögensschadens in § 1 definiert als Schaden, der nicht ein Personen- oder Sachschaden ist. Der immaterielle Schaden nach dem BGB ist daher nicht in jedem Fall deckungsgleich mit dem Vermögensschaden nach § 1. Ziff. 4 erweitert deshalb den Versicherungsschutz auf immaterielle Schäden, auch wenn sie im Einzelfall als unversicherter Personen- oder Sachschaden einzuordnen wären. Versicherungsschutz besteht daher für Ansprüche, die allgemein den Schutz der Rechtsgüter des § 253 Abs. 2 BGB beinhalten oder die durch Gesetz bestimmte Fälle eines immateriellen Schadensersatzanspruchs und insbesondere auch die Verletzung des APKR.[198] Voraussetzung ist, dass der Anwalt für seine Pflichtverletzung auch für einen immateriellen Schaden haftet. Der Anwalt hat die Pflicht, seinen Mandanten rechtlich zu beraten. Der Anwalt haftet, soweit der Schutzzweck der verletzten vertraglichen Pflicht reicht. Dies bedeutet für die Haftung, dass der Anwalt nur für solche Nachteile einzustehen hat, zu deren Abwendung er die aus dem Mandat folgenden Pflichten übernommen hat.[199] Die anwaltliche Pflicht dient erst einmal grundsätzlich nicht dem Schutz der Gesundheit des Mandanten. Schmerzensgeldansprüche oder auch Freiheitsentzug sind damit regelmäßig ausgeschlossen.[200] Die anwaltliche Pflichtverletzung führt aber zu einem versicherten immateriellen Schadensersatzanspruch des Mandanten, wenn das Mandat den Schutz der Rechtsgüter des § 253 Abs. 2 BGB umfasst, was auf der Haftungsseite zu klären ist. Es können Ansprüche entstehen, wenn der Anwalt den Mandanten durch die Falschberatung in eine seelische Zwangslage gebracht hat.[201]

145 Der Versicherungsschutz für immaterielle Schäden nach III Ziff. 4 umfasst auch die Verletzung des APKR. Bei einer Verletzung des APKR hat der Geschädigte neben dem Anspruch auf Unterlassen einen Anspruch auf Geldentschädigung.[202] Der Haftpflichtanspruch wegen einer APKR-Verletzung besteht grundsätzlich unabhängig davon, ob ein körperlicher oder psychischer Personenschaden eingetreten ist.[203] Ein reiner Vermögensschaden ist nicht anzunehmen, weil es an einer Beeinträchtigung des Vermögens des Betroffenen fehlt.[204] Daher wäre eine APKR-Verletzung im Einzelfall nicht versichert, weil kein Vermögensschaden nach § 1 vorliegt. Die Verletzung des APKR ist aber nach Ziff. 4 ein versicherter Schaden als immaterieller Schaden. Der Anwalt hat Schadensersatz aufgrund der Verletzung des APKR zu leisten, wenn die Pflicht zum Schutz des APKR besteht. Denkbar ist ein Schadenfall nur dann, wenn der Anwalt im laufenden Mandat durch seine Verhandlungsführung auch z.B. die Ehre des Mandanten fahrlässig verletzt oder Informationen aus der Privat- oder Intimsphäre weitergibt und dieser Schutz erkennbar im Mandatsverhältnis eine besondere Rolle gespielt hat.

---

197 Chab AnwBl 2005, 497.
198 *Diller* § 3 Rn. 157.
199 HBAnw/*G. Fischer* § 5 Rn. 68.
200 BGH NJW 2009, 3025.
201 BGH VersR 2010, 211.
202 BGH NJW 1995, 861 zum Fall Caroline von Monaco.
203 BGH NJW 1963, 902.
204 Prölss/Martin/*Lücke* AHB 200 Abs. 1 Ziff. 1 Rn. 32.

4. Datenschutzgesetz, Verletzung der Vertraulichkeit, 4. Punkt

Versicherungsschutz besteht für Schäden, die sich daraus ergeben, dass der Anwalt Vorschriften 146 der verschiedenen Datenschutzgesetze verletzt, wie z.B. der Datenschutz-Grundverordnung (DSGVO), des Bundesdatenschutzgesetzes (BDSG) oder auch gleichartiger bundes- und landesrechtlicher Vorschriften. Es besteht Versicherungsschutz für die Verletzung von beruflichen Geheimhaltungs- und Vertraulichkeitsverpflichtungen, soweit der Mandatsbezug vorhanden ist. Dies ist deklaratorisch, da es zu den Grundpflichten des Anwalts gehört, verschwiegen zu sein, § 43a Abs. 2 BRAO. Erteilt ein Anwalt seinem Mandanten eine Datenauskunft nach Art. 15 DSGVO erst neun Monate nach deren Beantragung, kann dies einen Schmerzensgeldanspruch aus Art. 82 Abs. 1 DSGVO begründen.[205] Der bloße Verstoß gegen die DSGVO reicht aber nicht aus, um einen Schadensersatzanspruch zu begründen.[206] Die betroffene Person muss auch das Vorliegen eines durch diesen Verstoß verursachten Schadens nachweisen, ohne dass dieser Schaden jedoch einen gewissen Schweregrad erreichen müsste.[207] Der Schadensersatzanspruch aus Art. 82 DSGVO besteht schon nicht darin, dass ein mit einer unrechtmäßigen Datenverarbeitung als negative Folge einhergehender Kontrollverlust vorliegt. Nötig ist eine konkrete individuelle Darlegung der über den Kontrollverlust hinausgehenden, kausal auf das Scraping zurückzuführenden persönlichen Beeinträchtigung. Im Einzelfall kann es bereits an einem Kontrollverlust ohne Schadenfolge fehlen, wenn die gescrapte Handynummer vor dem Scrapingvorfall schon unmittelbar oder mittelbar an einen unbestimmten Kreis weitergegeben worden ist.[208] Die Tätigkeit als externer Datenschutzbeauftragter und die Folgen einer Pflichtverletzung sind nicht versichert, da es sich um keine anwaltliche Tätigkeit handelt. Zum Datenschutzbeauftragten und dessen Versicherungsschutz siehe § 1 Rn. 103 ff.

F. Kumulsperre, IV

IV regelt die Kumulsperre, wenn für einen Verstoß mehrere Versicherungsverträge in Betracht 147 kommen, wenn ein Berufsträger doppelt oder mehrfach qualifiziert ist, z.B. der Anwalt auch als Steuerberater bestellt ist. Weiter gibt es Überschneidungen in der Deckung, wenn der Versicherungsnehmer als Notarvertreter tätig ist oder der Anwalt einen Anwaltsvertreter bestellt hat, der hierfür in der Police des zu vertretenen Anwalts versichert ist nach § 18 I als und § 19. Der zu vertretene Notar und auch der Anwaltsvertreter haben regelmäßig einen eigenen Versicherungsschutz. Daher können beide Versicherungsverträge den gleichen Versicherungsfall betreffen. Speziell gibt es bei Auslandssachverhalten die Master-Cover-Lösung mit einer Kumulsperre, nach der die inländischen und ausländischen Versicherungssummen nicht kumulieren. Zum Anwendungsbereich der Kumulsperre nach IV ist zunächst festzustellen, wer den Verstoß begangen hat und bei welcher Art der Tätigkeit. Andernfalls kann man nicht bestimmen, wessen Berufsrecht und welcher vereinbarte Versicherungsvertrag dann auch ausschließlich gelten. Die Leistung des Versicherers ist begrenzt, wenn ein doppelt oder mehrfach qualifizierter Berufsträger einen Verstoß begangen hat und der Verstoß unter den verschiedenen Policen versichert ist. Berufsträger der wirtschaftsberatenden Berufe können doppelt oder mehrfach qualifiziert sein. Welche Versicherung bei welchem Verstoß gilt, regelt nicht ausdrücklich das Berufs- und Gesellschaftsrecht.

Die Regelung in IV ist aber im Grunde genommen nur deklaratorisch. Der Verstoß bei einem 148 doppelt oder mehrfach qualifizierten Berufsträger ist immer vorab dem jeweiligen Berufsrecht zuzuordnen, andernfalls wäre nicht klar, nach welchem Berufsrecht er haftet und welche Versicherungsbedingungen gelten. Wenn das Berufsrecht feststeht, steht auch das Versicherungsrecht

---

205 BeckRS 2022, 17897.
206 EuGH NJW 2024, 2599.
207 EuGH r+s 2024, 644; r+s 2024, 1080.
208 OLG Hamm r+s 2024, 869.

fest. Es bedeutet, dass nur nach dieser bestimmten Berufshaftpflichtversicherung einheitlich und ausschließlich Versicherungsschutz besteht, nicht aber aus beiden möglichen Verträgen. Zur Zurechnung von Verstößen in der interprofessionellen Gesellschaft, siehe § 1 Rn. 294 ff. Eine Kumulierung der Versicherungssummen aus beiden Verträgen ist damit schon ausgeschlossen, weil man zuvor eindeutig zuordnet. Die Klausel in IV stellt aber bei Gemeinschaftsaufgaben klar, dass nur die höchste Versicherungssumme gilt. Bei Gemeinschaftsaufgaben handelt es sich um Aufgaben, die alle wirtschaftsberatenden Berufe ausüben können, wie die Steuerberatung. Bei ihnen ist im Zweifel die Zulassung des jeweils handelnden Berufsträgers maßgeblich.[209] Bearbeitet das steuerrechtliche Mandat der Rechtsanwalts-Partner, sind daher das Berufsrecht und die versicherungsrechtlichen Anforderungen eines Anwalts anzuwenden. Weil es sich um eine Gemeinschaftsaufgabe handelt, können die Parteien auch vereinbaren, welches Berufsrecht gelten soll. Es gilt das Berufsrecht und dann auch das Versicherungsrecht das der Mandant und der Versicherungsnehmer dem Vertragsverhältnis erkennbar zugrunde gelegt haben. Nach IV ist Folge, dass bei einem Verstoß nicht die Versicherungssummen aus der Anwaltsdeckung und der Steuerberater-/Wirtschaftsprüferdeckung zusammenaddiert werden. Es gilt für einen Schadenfall maximal die Versicherungssumme, die die höchste von den in Betracht kommenden Versicherungen ist. Man kann die Regelung in diesem Sinn als Zweifelsregelung betrachten. Wenn es unklar ist, welches Versicherungsrecht gilt, nimmt man zugunsten des Versicherungsnehmers an, dass die höchste der in Frage kommenden Versicherungssummen maßgeblich ist. Bei Vorbehaltsaufgaben ist schon die Kumulsperre nach IV direkt nicht anwendbar. Bei Doppel- oder Mehrfachbändern gilt das Recht, das der Vorbehaltsaufgabe entspricht. Der Anwalt/Steuerberater, der rechtsberatend tätig ist, haftet nach dem Berufsrecht der Rechtsanwälte und ist hierfür auch versichert. Er haftet nicht zusätzlich nach dem Berufsrecht der Steuerberater. Daher ist hier allein die Berufshaftpflichtversicherung nach § 51 BRAO maßgeblich und es gilt die dort vereinbarte Versicherungssumme.

149 Nach I Satz 2 ist die Verteilungsregel bei einer Haftung bei einer Mehrfachversicherung entsprechend § 78 Abs. 2 Satz 1 VVG anzuwenden. Die Versicherer sind im Verhältnis zueinander zu Anteilen nach Maßgabe der Beträge verpflichtet, die sie dem Versicherungsnehmer nach dem jeweiligen Vertrag zu zahlen haben. Der praktische Anwendungsfall ist kaum denkbar, da man auch hier zuvor den Verstoß dem jeweiligen Versicherungsrecht zuordnet. Es kann auch hier nur dazu kommen, wenn Unklarheiten bestehen, welcher Vertrag gelten könnte.

209 BT-Drucks. 18/6282, 77, Abs. 5 Satz 5.

§ 4 Ausschlüsse

I. Allgemeine Ausschlüsse

Der Versicherungsschutz bezieht sich nicht auf Haftpflichtansprüche
1. **mit Auslandsbezug, entsprechend den Regelungen in den Besonderen Bedingungen (Teil 2 BBR-RA, Teil 3 BBR-S);**
2. **wegen Schäden durch Veruntreuung entsprechend den Regelungen in den Besonderen Bedingungen (Teil 2 BBR-RA, Teil 3 BBR-S)**
3. **wegen Schadenverursachung durch wissentliches Abweichen von Gesetz, Vorschrift, Anweisung oder Bedingung des Auftraggebers oder durch sonstige wissentliche Pflichtverletzung.**
   a) **Der Versicherungsnehmer behält den Anspruch auf Versicherungsschutz, wenn ein Angestellter oder Mitarbeiter (nicht ein Gesellschafter, Geschäftsführer oder Organ) seine Pflichten wissentlich verletzt hat.**
   Der Rückgriff nach § 7 III Ziff. 2 bleibt vorbehalten.
   b) **[1]Wird der Vorwurf der wissentlichen Pflichtverletzung erhoben, besteht Versicherungsschutz in Form der Abwehr unberechtigter Schadenersatzansprüche. [2]Erbrachte Leistungen sind zu erstatten, wenn die wissentliche Pflichtverletzung rechtskräftig festgestellt wird.**
   c) **Bei Berufsausübungsgesellschaften nach § 59o Abs. 1, 2 BRAO, § 52n Abs. 1, 2 PAO findet der Ausschluss nach Ziff. 3 keine Anwendung in Höhe der im Verstoßzeitpunkt vorgeschriebenen Mindestversicherungssumme, sofern dieser Vertrag zur Erfüllung der Pflichtversicherung dient.**

Bei einer Freistellung von berechtigten Schadenersatzverpflichtungen nimmt der Versicherer im Fall einer wissentlichen Pflichtverletzung Rückgriff gegen den Versicherungsnehmer.

II. Besondere Ausschlüsse

[1]Der Versicherungsschutz bezieht sich nicht auf Haftpflichtansprüche
1. **soweit sie aufgrund Vertrages oder besonderer Zusage über den Umfang der gesetzlichen Haftpflicht hinausgehen;**
2. **aus der Tätigkeit des Versicherungsnehmers oder seines Personals als Leiter, Geschäftsführer, Vorstands-, Aufsichtsrats-, Beiratsmitglied von Firmen, Unternehmungen, Vereinen, Verbänden. [2]Ist der Versicherungsnehmer eine Berufsausübungsgesellschaft, gilt dies entsprechend für die Berufsausübungsgesellschaft und die dort tätigen mitversicherten Personen gemäß § 7 I Ziff. 1.**

Übersicht

https://doi.org/10.1515/9783111396415-006

A. Übersicht

1 § 4 regelt die Risikoausschlüsse in I und II.

In I:

Ziff. 1 verweist für die Auslandssachverhalte auf die Besonderen Bedingungen der Rechtsanwälte und Steuerberater

Ziff. 2 schließt den Versicherungsschutz für Veruntreuungsfälle aus.

Ziff. 3 als einer der wichtigsten und umstrittensten Regelungen schließt den Versicherungsschutz für wissentliche Pflichtverletzungen des Berufsträgers aus, soweit keine Pflichtversicherung bei haftungsbeschränkten Gesellschaften vorliegt

In II:

Ziff. 1 schließt den Versicherungsschutz aus, wenn der Berufsträger Sondervereinbarungen trifft.

Ziff. 2 schließt den Versicherungsschutz für Fälle aus, bei denen der Berufsträger außerhalb seiner anwaltlichen Beratung in Leitungs- und Aufsichtsgremien tätig ist.

B. Überblick Risikoausschlüsse

§ 4 enthält die Regelungen für die Risikoausschlüsse und Klarstellungen zum Versicherungsschutz. 2
Um das Risiko zu begrenzen und insgesamt für die Versichertengemeinschaft tragbar zu machen, sehen die Berufsordnungen mögliche gesetzlich vorgegebene Risikoausschlüsse vor.[1] Es handelt sich um Auslandssachverhalte, Veruntreuungsschäden usw. Andere Ausschlüsse sind im Pflichtversicherungsbereich nicht möglich. Alle anderen Ausschlüsse der AVB-RS stellen deshalb nur klar, dass hier sowieso kein Versicherungsschutz besteht. Sie beseitigen allein Missverständnisse, wie z.B., dass nur die gesetzliche Haftpflicht versichert ist und nicht noch zusätzlich vertragliche Abreden, § 4 II Ziff. 1. Zur Abgrenzung zu Obliegenheiten, siehe § 5 Rn. 3 ff. Bei Risikoausschlüsse ist zunächst der Sinn und Zweck festzulegen, danach kann man sie auslegen und einer Inhaltskontrolle nach AGB-Recht unterziehen, siehe zur Auslegung der AVB-RS als Versicherungsbedingungen ausführlich Einleitung, Allgemeine Versicherungsbedingungen und Auslegung Rn. 25 f.

§ 51 Abs. 3 BRAO normiert die gesetzlich in der Berufshaftpflichtversicherung zulässigen Risi- 3
koausschlüsse für Anwälte. Andere Ausschlüsse sind nur oberhalb der Pflichtversicherung möglich. Die AVB-RS in § 4 entsprechen § 51 BRAO. Deklaratorisch sind die Regelungen in II Ziff. 1 zu den vertraglichen Zusagen und Garantien und in II Ziff. 2 zu den Organtätigkeiten. Die nochmals ausdrücklich genannten Ausschlüsse beruhen darauf, dass der Versicherer nur die Haftpflicht, aber keine vertraglichen Ansprüche deckt und nur die anwaltliche Tätigkeit und nicht die Organtätigkeit.[2] Zu II Ziff. 2 stellt im Übrigen auch § 18 I im 9. Punkt klar, dass nur die anwaltliche Tätigkeit versichert ist, wenn der Versicherungsnehmer eine kontrollierende Tätigkeit, z.B. als Aufsichtsrat, aufnimmt. Bei allen Ausschlüssen handelt es sich um außergewöhnliche Ereignisse oder ein außergewöhnliches Fehlverhalten. Sie weichen vom Normalfall eines fahrlässigen Berufsversehens eines Berufsträgers ab. Bei den nachfolgenden Auslegungsgrundsätzen ist zu beachten, dass der Gesetzgeber selbst den Wortlaut der Ausschlüsse vorgegeben hat. Diese Risikoausschlüsse können nur sehr eingeschränkt unklar, mehrdeutig oder überraschend sein. Lediglich die systematische Stellung oder die Verbindung mit anderen Klauseln, wie z.B. der Zurechnung bei der wissentlichen Pflichtverletzung auf andere Gesellschafter, kann dazu führen, dass sie unwirksam sein können.

Die AVB-RS verweisen als Sammelbedingung für Anwälte und Steuerberater für Auslands- 4
sachverhalte und Veruntreuungsschäden auf die Besonderen Bedingungen der jeweiligen Berufsgruppen. § 4 Ziff. 1 schließt z.B. Haftpflichtansprüche mit Auslandsbezug für alle Berufsgruppen aus. Für Anwälte nach § 15 BBR-RA und für Steuerberater nach § 26 BBR-S. Eine einheitliche Regelung ist nicht möglich, da sich die gesetzlichen Vorgaben der Berufsgruppen unterscheiden. Die Unterschiede werden maßgeblich, wenn in einer interprofessionellen Berufsausübungsgesellschaft in einer GbR/einfachen Partnerschaft die verschiedenen Berufsträger gemeinschaftlich haften. Versichert ist für alle Berufsträger der Auslandssachverhalt, wenn derjenige Berufsträger den Verstoß begangen hat, bei dem der Auslandssachverhalt auch versichert ist. Dann sind auch die persönlich mithaftenden Gesellschafter versichert nach § 1 II Ziff. 2, auch wenn sie selbst für diesen Verstoß nicht versichert wären.

I. Auslegung und AGB-Kontrolle der Risikoausschlüsse

Risikoausschlüsse sind danach auszulegen, wie ein durchschnittlicher Versicherungsnehmer ohne 5
versicherungsrechtliche Spezialkenntnisse sie bei verständiger Würdigung und aufmerksamer Durchsicht unter Berücksichtigung des erkennbaren Sinnzusammenhangs verstehen muss. Da die Klauseln den Versicherungsschutz einschränken, muss man sie eng auslegen unter Beachtung

1 BGH NJW 1966, 929, 930.

2 Noch immer missverständlich in § 51 Abs. 3 BRAO. Der Versicherer kann nicht die Haftung ausschließen, sondern nur die Deckung.

ihres Sinns, des wirtschaftlichen Zwecks und der gewählten Ausdrucksweise.[3] Bei den AVB-RS handelt es sich um ein Vertragswerk, das abstrakte Sachverhalte umfasst. Die Rechtsbegriffe sind nach ihrem rechtlichen Gehalt auszulegen, zugunsten des Versicherungsnehmers kann auch der entsprechende Sinn und Zweck herangezogen werden[4] Zu Lasten aber nur dann, wenn nur eine Auslegung überhaupt sinnvoll und möglich ist. Der Versicherungsnehmer muss keine Lücken hinnehmen, soweit sie überraschend sind und der Versicherer sie nicht hinreichend erklärt.[5]

6 Risikobeschreibungen sind nach AGB-Recht nicht kontrollfähig, weil sie den Versicherungsschutz beschreiben, siehe dazu Einleitung, Allgemeine Versicherungsbedingungen und Auslegung zur Inhaltskontrolle Rn. 31 ff. Ein Risikoausschluss, der die versicherte Tätigkeit einschränkt, unterliegt aber wieder der Inhaltskontrolle.[6] Die Risikoausschlüsse können ungewöhnlich und überraschend sein, wenn sie vom Leitbild des Versicherungsvertrags oder dispositivem Recht erheblich abweichen.[7] Wenn der Ausschluss mehrdeutig ist, hat der Versicherer die Unklarheit zu tragen, § 305c Abs. 2 BGB, weil er die AGB verwendet. Allerdings muss die Klausel tatsächlich mehrdeutig sein.[8] Wenn der Ausschluss einer Inhaltskontrolle nicht standhält, ist er insgesamt unwirksam und nicht nur in Teilen.[9]

II. Darlegungs- und Beweislast

7 Wenn der Risikoausschluss vorliegt, braucht der Versicherer nicht zu leisten. Nach allgemeiner Regel hat der Versicherer den ihn begünstigenden Tatbestand darzulegen und zu beweisen. Der Versicherungsnehmer kann anführen, dass der Tatbestand nicht erfüllt ist oder dass er mit dem Versicherer vereinbart hat auf den Risikoausschluss zu verzichten. Schweigen oder ein konkludenter Verzicht auf den Ausschluss sind nur ausnahmsweise anzunehmen, da der Versicherer Rechte aufgibt. Verhandlungsergebnisse fixiert man in der Praxis schriftlich, gerade auch dann, wenn es um Auslegungsalternativen geht. Wenn die Parteien, meist über den Makler, ein weitreichendes Ergebnis vereinbaren, hält man es in Nachträgen fest. Sie erhält der Versicherungsnehmer zu seinem bestehenden Versicherungsvertrag. Das spätere Festhalten des Versicherers auf einem Ausschluss führt nicht dazu, dass er darauf verzichtet, wenn er ihn zunächst nicht einwendet.[10] Erst wenn der Versicherer in Kenntnis über längere Zeit ohne weiteres Abwehrschutz gewährt, kann man ausnahmsweise davon ausgehen, dass er verzichtet.[11]

III. Verschiedene Anspruchsgrundlagen und Risikoausschlüsse

8 Der Risikoausschluss greift nur dann, wenn die versicherte Tätigkeit mit dem Risikoausschluss kausal zusammenhängt. Dabei sind der Auftrag, die verschiedenen Ursachen und der Verstoß mit mehreren Anspruchsgrundlagen zu betrachten. Abgrenzungsprobleme entstehen, wenn ein einheitlicher Auftrag vorliegt, aber die Ursachen oder die verschiedenen Anspruchsgrundlagen einmal versichert sind und einmal nicht. Die Probleme entstehen, da es sich bei Mandatsverhältnis, Auftrag, Verstoß und Ausschlüsse um Rechtsbegriffe handelt, die man normativ wertet. Je mehr der Schutz des Dritten betont wird, desto stärker stellt man auf einzelne Aspekte eines an

3 BGH VersR 2003, 454 zur Rechtsschutzversicherung; BGH VersR 1980, 353.
4 *Diller* § 4 Rn. 8 ff.
5 BGH MDR 2003, 744.
6 BGH NJW 2001, 2014.
7 BGH NJW 1992, 1256.
8 BGH NJW-RR 1995, 1303; BGH NJW 1986, 431.
9 BGH NJW 2000, 1110; es gibt keine geltungserhaltende Reduktion.
10 Gräfe/Brügge/Melchers/*Gräfe* E Rn. 20.
11 BGH VersR 1955, 140.

sich einheitlichen Schadenbildes ab und umgekehrt. Dies ist ähnlich zu den Fallkonstellationen, wann die Serienschadenklausel greift. Auch hier ist inhaltlich und wertend nach Verstoß, Auftrag und Mandat abzugrenzen.

Die erste Fallgruppe betrifft den Auftrag selbst. Dabei kommt es von vornherein nicht mehr auf einen Risikoausschluss an, wenn der Auftrag grundsätzlich nicht unter eine versicherte Tätigkeit fällt. Man spaltet einen einheitlichen Auftrag nicht in einen versicherten und nicht versicherten Teil auf. Wenn von vornherein der Auftrag auf einer nicht versicherten Tätigkeit beruht, besteht kein Versicherungsschutz. Selbst wenn der Teilaspekt wieder versichert wäre. Anders aber, wenn man den Auftrag tatsächlich und rechtlich aufteilen kann. Dann ist jeder Verstoß jeweils in Bezug auf die Teilmandate danach zu beurteilen, ob eine versicherte Tätigkeit vorliegt und ob dann nicht ein Risikoausschluss greift. Wenn ein Wirtschaftsprüfer oder Steuerberater vor Abschluss eines nicht versicherten Treuhandvertrags eine prüfende/beratende Tätigkeit ausübt, so ist die prüfende/beratende Tätigkeit auf jeden Fall versichert. Die geschäftsführende Treuhandtätigkeit aber nicht, da sie als Risikoausschluss nicht versichert ist. Maßgeblich sind dafür die Behauptungen des Geschädigten. Sie verpflichten den Versicherer dann zumindest Abwehrschutz zu leisten.[12] 9

Die zweite Fallgruppe betrifft die unterschiedlichen Ursachen in einem einheitlichen Auftrag. Wenn ein Risikoausschluss bei dem einheitlichen Auftrag greift, entfällt der Versicherungsschutz insgesamt. Dies gilt auch dann, wenn eine Ursache wieder versichert ist und kein Ausschluss greift. Beispielsweise beim Ausschluss der wissentlichen Pflichtverletzung. Wenn der Versicherungsnehmer den Schaden durch eine wissentliche Pflichtverletzung, aber auch fahrlässig verursacht hat, hat er insgesamt keinen Versicherungsschutz, auch wenn die fahrlässige Ursache wieder versichert wäre.[13] Gleichfalls sollte der Ausschluss für alle Pflichtverletzungen gelten, wenn ein Serienschaden im engeren Sinn nach § 3 II Ziff. 2 c) vorliegt. Der Versicherungsschutz für den einheitlichen Auftrag entfällt insgesamt. Wenn die verschiedenen Verstöße zusammengefasst sind, kann auch nur ein einheitlicher Versicherungsschutz bestehen. Wenn z.B. der Auftrag eine Due Diligence durchzuführen, verschiedene Verstöße beinhaltet, entfällt der Versicherungsschutz insgesamt, wenn eine Veruntreuung dabei begangen wird, siehe zum Serienschaden im engeren Sinn § 3 Rn. 67 ff. 10

Die dritte Fallgruppe betrifft den Verstoß selbst mit mehreren Anspruchsgrundlagen. Der Geschädigte behauptet einen Verstoß des Berufsträgers und begründet ihn mit zwei verschiedenen Anspruchsgrundlagen. Beide Anspruchsgrundlagen sind versichert, aber eine davon fällt unter einen Risikoausschluss. Der Berufsträger hat Versicherungsschutz. Dies beruht darauf, dass bei gleichwertigen Anspruchsgrundlagen es nicht darauf ankommt, auf welche sich das Gericht stützt. Es liegt zumindest ein versicherter Anspruch vor, siehe aber oben zum Ausschluss der wissentlichen Pflichtverletzung, der den gesamten Versicherungsschutz entfallen lässt, § 4 Rn. 23. Diese Regel gilt im Übrigen nicht nur für den in Betracht kommenden Risikoausschluss. Sie gilt auch dafür, ob der Verstoß unter eine versicherte Tätigkeit fällt.[14] Beispielsweise, wenn die Treuhandtätigkeit untrennbar mit der Rechtsanwaltstätigkeit verbunden ist und man eine anwaltliche Tätigkeit annimmt. Es besteht Versicherungsschutz, obwohl die Treuhandtätigkeit an sich nicht versichert ist. 11

IV. Belehrungspflicht/Aufklärungspflicht des Versicherers

Der Versicherer hat gegenüber dem Versicherungsnehmer keine Pflicht, ihn über die Ausschlüsse aufzuklären. Der Versicherungsnehmer hat selbst die Pflicht Inhalt und Umfang der Bedingungen zu prüfen. Im Zweifel hat er selbst nachzufragen. Der Versicherungsnehmer hat keinen Anspruch 12

12 LG Köln VersR 1989, 355.
13 Gräfe/Brügge/Melchers/*Gräfe* E Rn. 25.
14 OLG Düsseldorf r+s 2002, 148.

auf einen lückenlosen Versicherungsschutz.[15] Der Versicherer hat aber aufzuklären, wenn er erkennen kann, dass der Versicherungsnehmer sich völlig falsche Vorstellungen macht. Dabei wird man auch danach differenzieren, wie weit der Versicherungsnehmer vom notwendigen Versicherungsschutz ausgehen darf. Je abstrakter der Sachverhalt und schwieriger die Parallelwertung der Rechtsbegriffe ist, desto eher ist der Versicherer verpflichtet, zu belehren und aufzuklären. Beispielsweise kann dies der Fall sein, wenn die Unterschiede zwischen den Versicherungsfalldefinitionen nicht bekannt sind. Der Versicherungsnehmer schließt oberhalb der Pflichtversicherung eine claims-made-Deckung ab, weil sie günstiger ist, die aber wiederum keine unbegrenzte Nachhaftung enthält. Bei den gesetzlichen Risikoausschlüssen dagegen dürfte der Versicherer nicht aufklären müssen, insbesondere wenn Großkanzleien im Ausland Büros unterhalten, müssen sie davon ausgehen, dass sie nicht versichert sind. Die Policen listen auch gerade die versicherten Anwälte in den jeweiligen Büros auf, spätestens dann sollte einer Kanzlei der fehlende Schutz auffallen.[16] Merkblätter, wie sie die großen Versicherer zum bestehenden Versicherungsschutz anbieten, lassen allgemein die Pflicht entfallen, aufzuklären.[17]

C. Risikoausschlüsse nach § 4

Die einzelnen Risikoausschlüsse nach § 4.

I. Auslandssachverhalte, I Ziff. 1

13 I Ziff. 1 schließt Haftpflichtansprüche mit Auslandsbezug aus. Da die AVB-RS als Sammelbedingung Anwälte und Steuerberater umfassen, verweist Ziff. 1 auf die Besonderen Bedingungen der jeweiligen Berufsgruppen, für Anwälte nach § 15 BBR-RA und für Steuerberater nach § 26 BBR-S. Gemeinsam ist allen, dass grundsätzlich die Berufsträger Versicherungsschutz haben, wenn sie im europäischen Recht beraten oder sie ein Dritter dort vor Gerichten in Anspruch nimmt. Europa ist hier geografisch zu sehen und nicht politisch. Die Steuerberater erweitern dies auf bestimmte einzelne Staaten. Sachverhalte mit außereuropäischem Bezug sind bei Anwälten nach den AVB-RS VH 60 versichert mit Ausnahme von USA/Kan., § 15 I. Bei allen Berufsgruppen sind ausländische Büros nicht mitversichert. Dies wäre auch nicht möglich. Die Versicherer unterliegen dem Versicherungsaufsichtsrecht der jeweiligen Staaten und haben in den Staaten im Ausland keine Zulassung, das Versicherungsgeschäft zu betreiben, sog. non-admitted Problematik.

II. Veruntreuungsschäden, I Ziff. 2

14 I Ziff. 2 schließt Schäden durch Veruntreuung aus, entsprechend den Regelungen in den Besonderen Bedingungen für Rechtsanwälte § 15 II, siehe dazu mit Erläuterung Rn. 58 ff, die für Steuerberater in § 26 II BBR-S. Wie bei Auslandssachverhalten ist eine gemeinsame Regelung nicht möglich, da die gesetzlichen Vorgaben unterschiedlich sind. Allen gemeinsam ist, dass Veruntreuung durch Personal, Gesellschafter/Sozien oder durch einen Angehörigen nicht versichert ist. Daneben sind bei Steuerberatern ausdrücklich auch Schäden ausgeschlossen, welche durch Fehlbeträge bei der Kassenführung oder durch Verstöße beim Zahlungsakt verursacht worden sind. Bei Anwälten ist schon die Kassenführung keine versicherte Tätigkeit, aber Fehler bei Zahlungen sind versichert über die Anderkontendeckung nach § 17 II, siehe § 17 Rn. 13.

---

15 BGH VersR 1963, 768; OLG München VersR 1996, 1008.
16 Anders *Diller* § 4 Rn. 18.
17 LG Köln r+s 1991, 51.

III. Wissentliche Pflichtverletzung, I Ziff. 3

I Ziff. 3 schließt Haftpflichtansprüche aus, wenn der Versicherungsnehmer eine wissentliche Pflichtverletzung begangen hat. Der Versicherer kann den Versicherungsschutz ausschließen bei Einzelanwälten und Gesellschaften ohne Haftungsbeschränkung, §§ 51 Abs. 3 Nr. 1, 59n Abs. 2 BRAO. Bei den haftungsbeschränkten Gesellschaften ist dies im Umfang der Pflichtversicherung bis 1 Mio/2,5 Mio nicht möglich, § 59n Abs. 2 Satz 2 BRAO.

1. Überblick

Bei der wissentlichen Pflichtverletzung handelt es sich um einen subjektiven Risikoausschluss, der AGB-konform ist. Der Ausschluss und damit der Verlust des Versicherungsschutzes gilt auch für die Scheingesellschafter. Wissentlichkeit bedeutet dolus directus 2. Grades hinsichtlich der Pflichtverletzung, was die Kenntnis der Pflicht als Pflichtbewusstsein voraussetzt. Keine Voraussetzung ist, dass der Berufsträger einen Dritten schädigen wollte. Die Wissentlichkeit als subjektives Element schließt man regelmäßig aus der äußeren Verletzungshandlung einer elementaren Grundpflicht, den Kardinalpflichten. Der Versicherer hat alle Tatbestandselemente der wissentlichen Pflichtverletzung darzulegen und zu beweisen. Die Feststellungen im Haftpflichturteil binden aber nicht das Gericht des Deckungsprozesses. Wenn Wissentlichkeit auch festgestellt ist, handelt es sich um überschießende Feststellungen. 15

Der Ausschluss wissentliche Pflichtverletzung in I Ziff. 3 der AVB weicht von § 103 VVG ab. Dies ist möglich, da § 103 VVG dispositiv ist, § 112 VVG, und der Zweck der Vermögensschadenhaftpflichtversicherung nicht unterlaufen wird.[18] Der Ausschluss der wissentlichen Pflichtverletzung als solcher hält einer Wirksamkeits- und Inhaltskontrolle nach §§ 307 ff BGB stand.[19] Der Ausschluss wissentliche Pflichtverletzung ist nicht überraschend. Man kann von Steuerberatern, Wirtschaftsprüfern und auch Anwälten erwarten, dass sie Kenntnis von ihren berufsspezifischen Pflichten haben und sie einhalten. Das Berufsethos sollte sie von wissentlichen Verstößen abhalten. Die Regelung ist weder im Wortlaut noch im Regelungsgehalt unklar. Die Regelung weicht auch nicht vom gesetzlichen Leitbild ab. Die fehlende Schadenabsicht gleicht der Ausschluss dadurch aus, dass er nur bei Verstößen greift, die ihrer Art nach schadensgeneigt sind. Dies bleibt dem Versicherungsnehmer bei zutreffender Beurteilung seiner Pflichten nicht verborgen und den Verstoß muss er eben wissentlich begehen. Der Ausschluss rechtfertigt sich, weil der Versicherer in jedem Versicherungsvertrag ein mehr oder minder großes subjektives Risiko übernimmt. Eintritt und Umfang seiner Leistungspflicht sind in hohem Maße von dem Verhalten des Versicherungsnehmers abhängig. Hiergegen muss er angemessen geschützt werden, wenn das übernommene Risiko tragbar und zumutbar bleiben soll. Dem dienen die gesetzlichen Vorschriften über die Herbeiführung des Versicherungsfalls, über die Gefahrerhöhung, die Schadenabwendungs- und Schadenminderungspflicht des Versicherungsnehmers sowie die ergänzenden Versicherungsbedingungen.[20] 16

Die wissentliche Pflichtverletzung beschränkt das subjektive Element auf die Wissentlichkeit hinsichtlich der Pflichtverletzung, aber nicht den Schadenerfolg, der nicht maßgeblich ist und sogar in bester Absicht erfolgen kann.[21] Der Ausschluss weicht in zweifacher Hinsicht von § 103 VVG ab. Zum einen stellt § 4 I Ziff. 3 zu Gunsten des Versicherungsnehmers nur auf näher beschriebene Verstöße gegen konkrete Berufspflichten ab und lässt insoweit nicht einen bedingten Vorsatz genügen, sondern fordert direkten Vorsatz. Zum anderen muss der Versicherungsnehmer 17

18 Gräfe/Brügge/Melchers/*Gräfe* E Rn. 207.

19 BGH VersR 1991, 176 noch zum damaligen §§ 3,5,9 AGBGB zur Berufshaftpflichtversicherung eines Steuerberaters; BGH VersR 2001, 1103, 1104; *Späth* VersR 2000, 825, 826.

20 BGH VersR 1965, 703, 704.

21 BGH NJW-RR 1991, 145; OLG Köln VersR 2009, 58.

nicht den schädigenden Erfolg als möglich vorhergesehen und billigend in Kauf genommen haben.[22] Die fehlende Schädigungsabsicht wirkt zulasten des Versicherungsnehmers und zugunsten des Versicherers.

18 Bei der wissentlichen Pflichtverletzung gibt es drei Probleme:

Erstens: Es handelt sich um einen subjektiven Risikoausschluss. Der fehlende Versicherungsschutz knüpft an ein Verhalten des Versicherungsnehmers an, als anders bei den objektiven Risikoausschlüssen, bei denen es auf vorliegende Tatsachen ankommt. Der subjektive Ausschluss ist schwierig zu beurteilen, da der Versicherer die innere Tatsache der Wissentlichkeit bei dem Verstoß darlegen und beweisen muss, siehe zur Feststellung der Wissentlichkeit anhand von Fallgruppen § 4 Rn. 26 f.

Zweitens: Die Feststellungen über eine mögliche wissentliche Pflichtverletzung im Haftpflichtprozess binden auch nicht im Deckungsprozess. Im Deckungsprozess ist die Wissentlichkeit selbstständig zu beurteilen, siehe dazu ausführlich Bindungswirkung und Trennungsprinzip zum Verschulden des Versicherungsnehmers § 3 Rn. 19 und § 4 Rn. 42.

Drittens: Die Regelungen zur wissentlichen Pflichtverletzung und Zurechnung sind grundlegend umstritten. Der Versicherungsschutz entfällt auch dann, wenn ein Scheingesellschafter und nicht nur ein Gesellschafter wissentlich gehandelt hat, siehe dazu § 4 Rn. 34 f.

2. Objektive und subjektive Voraussetzungen

Die wissentliche Pflichtverletzung enthält das objektive Element der Pflichtverletzung und das subjektive Element der Wissentlichkeit in Bezug auf die Pflichtverletzung.[23] Nicht erforderlich ist anders als bei § 103 VVG, dass der Versicherungsnehmer den Schaden will.[24]

19 Nach der Grundstruktur der wissentlichen Pflichtverletzungen müssen objektiv und subjektiv folgende Voraussetzungen vorliegen, damit der Versicherer leistungsfrei ist.

Objektive Voraussetzungen:

- Bestehen einer Pflicht des Berufsträgers
- Verletzung der Pflicht durch den Berufsträger
- Kausalität der Pflichtverletzung für den Schaden

Subjektive Voraussetzungen:

- Bewusstsein des Berufsträgers, dass die konkrete Pflicht besteht
- Wissen des Berufsträgers, dass er die konkrete Pflicht mit seiner Handlung verletzt

a) Objektive Elemente: Pflichtverletzung, Verletzungshandlung und Kausalität, I Ziff. 3. Zur objektiven Pflichtverletzung muss im Einzelnen bestehen:

20 **aa) Abweichen von Vorschriften und Weisungen des Auftraggebers oder sonstige Pflichtverletzung.** Nach I Ziff. 3 verletzt der Berufsträger eine Pflicht, wenn er von Gesetz, Vorschrift, Anweisung oder Bedingung des Auftraggebers wissentlich abweicht oder eine sonstige Pflichtverletzung wissentlich begeht. Die Aufzählung ist exemplarisch und beinhaltet zwei grundsätzliche Punkte. Erstens, wenn der Berufsträger von einer objektiv bestehenden Berufspflicht oder eines sonstigen in Gesetz oder Vorschrift bestehenden Pflicht abweicht. Zweitens, wenn der Berufsträger von einer Anweisung oder Bedingung des Auftraggebers abweicht oder sich in sonstiger Weise fehlverhält.

---

22 BGH r+s VersR 2001, 408.
23 OLG Düsseldorf VersR 2000, 447.
24 BGH r+s 1991, 45; OLG Koblenz VersR 1980, 643; *Späth* VersR 2000, 825, 826.

Das „Abweichen von Gesetz/Vorschrift“ umfasst nicht nur die Hauptpflichten, sondern auch ungeschriebene Nebenpflichten des Versicherungsnehmers.[25] Nebenpflichten können gerade die elementaren, jedem Berufsträger bekannten Pflichten sein. Der Umfang der Pflichten eines Anwalts richtet sich danach, wie weit seine Befugnis als Berater und Vertreter in allen Rechtsangelegenheiten reicht, § 3 BRAO. Grundsätzlich hat er den Mandanten zu informieren, aufzuklären, rechtlich zu beraten und zu vertreten. Dafür hat er seine Kanzlei zu organisieren, verschwiegen zu sein und weitere anwaltliche Pflichten einzuhalten; § 43a BRAO, der die Grundpflichten in Verbindung mit der BORA regelt. Die Pflichten und Pflichtverletzungen können sich nur konkret aus dem Mandat ergeben. Der konkrete Mandatsbezug fehlt regelmäßig, wenn der Berufsträger seine Kanzlei allgemein nicht richtig organisiert, z.B. die Handakten nicht ordentlich führt oder einfach keinen optimalen Büroablauf hat, der Fehler verhindern würde. Man darf keinesfalls von jedem objektiven auffälligen Fehlverhalten auf das subjektive Element der „Wissentlichkeit“ schließen. 21

Der Anwalt hat die Weisungen des Mandanten zu beachten und zu befolgen, da der Anwalt der Beauftragte ist und der Mandant das Erfolgs- und Kostenrisiko trägt.[26] Bei der Verpflichtung eines Rechtsanwalts, Weisungen der Mandantschaft zu beachten, unter welchen Voraussetzungen Berufung eingelegt werden soll, handelt es sich um eine elementare berufliche Pflicht eines Rechtsanwalts, deren Kenntnis nach der Lebenserfahrung bei jedem Berufsangehörigen vorausgesetzt werden kann.[27] Der Anwalt darf nur dann abweichen, wenn Unerlaubtes, Unredliches, rechtlich Unzulässiges oder Aussichtsloses verlangt wird. Er ist damit an die Weisungen gebunden.[28] Weisung ist die einseitige Anordnung des Auftraggebers, die dem Beauftragten Gegenstand und Art und Weise seines Tuns vorschreibt.[29] Eine wissentliche Pflichtverletzung besteht selbst dann, wenn der Anwalt die Anweisung für schädlich hält und meint, dass er durch sein abweichendes Verhalten einen Vorteil für den Mandanten erzielt. Bei Zweifeln über den Inhalt der Weisung oder deren Zweckmäßigkeit, muss der Anwalt mit seinem Mandanten darüber sprechen und aufklären.[30] Dies ergibt sich schon aus § 666 BGB. Der Anwalt kann dann abweichen, wenn er den Umständen nach annehmen darf, dass der Auftraggeber bei Kenntnis der Sachlage die Abweichung billigen würde, § 665 BGB. Dabei ist aber zu berücksichtigen, dass sich der Anwalt nicht einfach über die Weisungen des Mandanten als Auftraggeber hinwegsetzen darf. Es reicht gerade das Wissen aus, dass er eine Weisung missachtet. Die Frage, wie sich der Mandant bei vertragsgerechter Belehrung durch seinen Anwalt verhalten hätte, zählt zur haftungsausfüllenden Kausalität, die der Anspruchsteller zu beweisen hat. Zugunsten des Anspruchstellers ist jedoch zu vermuten, der Mandant wäre bei pflichtgemäßer Beratung den Hinweisen seines Anwalts gefolgt, sofern im Falle sachgerechter Aufklärung aus der Sicht eines vernünftig urteilenden Mandanten eindeutig eine bestimmte tatsächliche Reaktion nahegelegen hätte.[31] 22

bb) Kausalität zwischen Pflichtverletzung und Schaden. Voraussetzung für den Ausschluss ist, dass der Anwalt die konkrete Pflicht verletzt hat und sie kausal zum Vermögensschaden geführt hat. Die Kausalität wird nicht dadurch unterbrochen, dass der derselbe Schaden nicht nur durch eine wissentliche Pflichtverletzung, sondern möglicherweise auch durch weitere, nicht wissentliche Pflichtverletzungen mitverursacht worden ist, siehe auch Zusammentreffen von fahrlässiger und wissentlicher Pflichtverletzung § 4 Rn. 43. Andernfalls könnte sich der Versicherungsnehmer dadurch entlasten und den Versicherungsschutz erhalten, dass er darauf verweist, neben 23

25 OLG Hamm ZfSch 1995, 382; *Späth* VersR 2000, 825.
26 Borgmann/Jungk/Schwaiger/*Jungk* § 22 Rn. 143.
27 OLG Düsseldorf r+s 2022, 505 LS 3.
28 BGH VersR 1958, 526.
29 LG Göttingen MDR 2009, 1075.
30 BGH VersR 1991, 176, 178; Gräfe/Brügge/Melchers/*Gräfe* E Rn. 242.
31 BGH BeckRS 2021, 29230.

der wissentlichen Pflichtverletzung fahrlässig gehandelt zu haben. Es wäre sinnwidrig den sorglosen Versicherungsnehmer besser zu stellen als denjenigen, der lediglich eine wissentliche Pflichtverletzung begangen hat.[32] Kausalität liegt vor, wenn die wissentlich verheimlichte Provisionsaussicht Ursache dafür ist, dass ein Steuerberater seinen Mandanten unzureichend berät und der Mandant daraufhin die falsche Geldanlageentscheidung trifft.[33] Gleiches gilt, wenn der Anwalt ein eigenes wirtschaftliches Interesse an einem Investmentgeschäft verheimlicht, zu dem er anwaltlich beraten soll.[34]

24 **b) Subjektive Elemente.** Die subjektiven Elemente im Einzelnen: Das Pflichtbewusstsein ist die Kenntnis der Umstände, die der Berufsträgers konkret erfüllen muss. Die Kenntnis bezieht sich aber nicht auf Erinnerungen oder Tatsachen, die ein Dritter dem Berufsträger irgendwann mitgeteilt hat.[35] Am Pflichtbewusstsein fehlt es, wenn Dritte den Berufsträger auf eine bestimmte Rechtslage und daraus folgenden Pflichten hinweisen. Es besteht Pflichtbewusstsein, wenn der Berufsträger sich die Hinweise des Dritten zu eigen macht.[36]

25 Das Pflichtverletzungsbewusstsein ist das Wissen, dass der Berufsträger mit seiner Handlung die konkrete Pflicht verletzt, nicht aber Schädigungswille oder -wissen.[37] Wissentlichkeit bei der Pflichtverletzung bedeutet dolus directus 2. Grades, auch direkter Vorsatz oder Handeln wider besseren Wissens genannt. Nicht ausreichend ist dolus eventualis, bedingter Vorsatz, oder auch jede Form der Fahrlässigkeit, z.B. wenn der Versicherungsnehmer es nur für möglich hält, dass er mit seinem Verhalten eine Pflicht verletzen würde. Ebenso wenig spielen gute oder böse Absichten eine Rolle. Maßgeblich ist allein das Wissen um die Pflichtverletzung. Die Spannbreite ist groß. Beispielhaft liegt noch keine Wissentlichkeit vor, wenn ein Steuerberater selbst einen sogar nach seiner Ansicht nach „geradezu abenteuerlichen" Treuhandvertrag für den Mandanten entwirft.[38] Wissentlichkeit soll wiederum vorliegen, wenn der Berufsträger „die Augen vor sich aufdrängenden Bedenken verschlossen hat".[39]

3. Fallgruppen

26 Der Versicherer hat die Darlegungs- und Beweislast für das Vorliegen des subjektiven Risikoausschlusses der wissentlichen Pflichtverletzung.[40] Er muss hier anders als bei den objektiven Ausschlüssen aber nicht nur die Pflichtverletzung des Berufsträgers nachweisen, sondern auch dessen innere Einstellung, die Wissentlichkeit. Der Berufsträger kann absichtlich eine Frist versäumen oder auch nur fahrlässig. Äußerlich ist es das gleiche Ergebnis. Um dem zu entgehen, muss der Versicherer bei einer Verletzung elementarer Berufspflichten durch den Versicherungsnehmer jedoch zunächst nur einen Sachverhalt vortragen, der auf die Wissentlichkeit der Pflichtverletzung hindeutet.[41]

27 Man nimmt eine wissentliche Pflichtverletzung an, wenn der Berufsträger das Primär- und Elementarwissen seines Berufs außer Acht gelassen hat.[42] Er muss eine Kardinalpflicht verletzt

32 LG Köln v. 28.6.2012 – 24 O 53/12 – juris Tz. 70.
33 BGH VersR 1991, 176.
34 LG Stuttgart v. 12.12.1989 – 17 O 279/89.
35 BGH r+s 1989, 45.
36 OLG Saarbrücken VersR 1992, 994.
37 OLG Karlsruhe LS 1 VersR 2017, 1389.
38 OLG Hamm r+s 1996, 16.
39 OLG Düsseldorf v. 8.11.1988 – 4 U 238/87.
40 OLG München LS 2 VersR 2016, 1183.
41 OLG Karlsruhe LS 2 VersR 2017, 1389.
42 OLG Hamm VersR 2007, 1550 zur Architektenhaftung.

haben. Abzugrenzen ist von den fahrlässigen Pflichtverletzungen, die in jedem Mandatsverhältnis unterlaufen können. Keine wissentliche Pflichtverletzung liegt vor, wenn der Berufsträger oberflächlich arbeitet oder seine Kanzlei schlampig oder mangelhaft organisiert.[43] Ein völlig einwandfreies Arbeiten kann man nicht voraussetzen, andernfalls würde jede Pflichtverletzung zum Ausschluss des Versicherungsschutzes führen.[44] Wiederholte und dauerhafte Versäumnisse sprechen dann aber eher dafür, dass der Berufsträger sie wissentlich und nicht fahrlässig begangen hat.[45]

Man bildet Fallgruppen, die sich an den grundlegenden Pflichten eines Berufsträgers orientieren:

a) Fristenkontrolle und Kanzleiorganisation. Grundsätzlich gilt, dass ein Berufsträgers eine Frist fahrlässig oder grob fahrlässig versäumt. Ein Anwalt darf regelmäßig erwarten, dass einem ersten Antrag auf Verlängerung der Berufungsbegründungsfrist stattgegeben wird, wenn er einen erheblichen Grund vorträgt. Erst bei weiteren Anhaltspunkten ist davon auszugehen, dass der Berufsträger wissentlich gehandelt hat. Anhaltspunkt hierfür kann sein, dass der Berufsträger die Fristen bewusst mangelhaft kontrolliert.[46] Wenn der Berufsträger keine Mitteilungen mehr bekommen kann, weil z.B. das Faxgerät kaputt ist, verliert er erst dann den Versicherungsschutz, wenn er weiß, dass er für Mandanten und Behörden nicht erreichbar ist und er trotzdem untätig bleibt.[47] Keine wissentliche Pflichtverletzung liegt vor, wenn der Berufsträger kein Postausgangsbuch[48] oder ein Notar seine Akten nicht ordnungsgemäß führt. Im Zweifel gilt keine wissentliche Pflichtverletzung, wenn der Fehler auch bei ordnungsgemäßer Aktenführung hätte passieren können.[49] 28

b) Arbeitsüberlastung. Wenn der Berufsträger überlastet ist und Fristen versäumt oder den Fall nicht bearbeitet, kann man nicht von vornherein Wissentlichkeit unterstellen, weil er die Termine schlichtweg vergessen haben könnte. Erst dann, wenn er tatsächlich weiß, dass Fristen ablaufen und er dennoch untätig bleibt, handelt er wissentlich.[50] Der Berufsträger entscheidet sich damit bewusst, die Fälle nicht zu bearbeiten. Wie auch sonst ist eine Aussage, dass der Berufsträger geprüft hat, obwohl er es nicht gemacht hat, eher wissentlich geschehen. Es muss aber dazu kommen, dass der Mandant auf die Prüfung vertraut, um die erforderliche Kausalität herzustellen. Wissentlichkeit liegt vor, wenn der Anwalt nicht die Akten sichtet, um die Verjährung zu prüfen, weil er überfordert ist und keine Zeit mehr hat.[51] Dies gilt auch, wenn der Anwalt die Sache verjähren lässt, weil es sich nach eigenem Vortrag um eine schwierige oder unmögliche Rechtslage handelt.[52] Man kann hier aber auch Fahrlässigkeit wg. Überforderung annehmen.[53] Der Berufsträger darf jedenfalls nicht auf wiederholte Fristverlängerungen von Kollegen oder des Gerichts vertrauen, soweit hierfür keine objektiven Gründe vorliegen.[54] Ein Berufsträgers handelt wissentlich, wenn er darauf vertraut, dass die übliche Praxis eines Gerichts weiterhin besteht, dass in der Früh angekommene Briefe mit dem Posteingangsstempel des Vortags versehen werden.[55] 29

43 OLG Frankfurt NVersZ 2001, 42; BGH VersR 1986, 647, 648.
44 OLG Stuttgart NVersZ 1999, 337; BGH VersR 1979, 1121.
45 OLG Düsseldorf GI 2009, 174; Fallgruppen bei Gräfe/Brügge/Melchers/*Gräfe* E Rn. 225 ff.
46 BGH BeckRS 2017, 114181; *Späth* VersR 2000, 825.
47 *Diller* § 4 Rn. 58.
48 OLG Stuttgart NVersZ 1999, 337.
49 OLG Hamm VersR 1987, 802.
50 Gräfe/Brügge/Melchers/*Gräfe* E Rn. 236.
51 OLG Köln r+s 2001, 58.
52 LG Düsseldorf VersR 1980, 81.
53 OLG Karlsruhe VersR 2010, 940.
54 OLG Saarbrücken BRAK-Mitt. 2008, 162.
55 OLG Koblenz VersR 1980, 643.

30 **c) Säumnis.** Wissentlichkeit kommt auch in Betracht, wenn der Berufsträger weiß er hat einen Fehler gemacht, will ihn aber nicht korrigieren, weil er hofft, dass der Mandant den Fehler nicht erkennt oder kein Schaden eintritt.[56] Bei Versäumnisurteilen ist zu differenzieren. Wenn der Anwalt bewusst das Urteil hinnimmt, um in der Berufung seinen Fehler wieder gutmachen zu können, liegt keine wissentliche Pflichtverletzung vor.[57] Sie liegt dagegen vor, wenn der Anwalt seinen Mandanten über ein Versäumnisurteil nicht unterrichtet und er auch den zweiten Gerichtstermin nach dem Versäumnisurteil bewusst nicht wahrnimmt. Er verletzt fundamentale Berufspflichten.[58]

31 **d) Abweichen von Weisungen und Gesetz.** Der Anwalt hat die Weisungen des Mandanten zu beachten und zu befolgen. Der Mandant trägt das Erfolgs- und Kostenrisiko, siehe oben § 4 Rn. 21 f. Der Anwalt ist deshalb an die Weisungen des Mandanten als Auftraggeber gebunden. Eine wissentliche Pflichtverletzung besteht dann, wenn der Anwalt prozessual weiter vorgeht, obwohl der Mandant es in Verbindung mit dem Rechtsschutzversicherer davon abhängig gemacht hat, dass er keinerlei Kostennachteile hiervon hat.[59] Keine wissentliche Pflichtverletzung liegt vor, wenn der Anwalt längere Zeit untätig ist. Sie liegt erst dann vor, wenn der Mandant konkret auffordert, tätig zu werden, und der Anwalt die Frist versäumt, obwohl er wusste, dass seine weitere Untätigkeit gerade das Fristversäumnis bedeutet.[60] Der Rechtsanwalt verstößt nicht gegen seine Mandatspflicht, wenn er nach genügender Belehrung dem Wunsch des Mandanten nachkommt, die Rechtsverfolgung auf eine juristische Meinung zu stützen, die allenfalls noch vertretbar erscheint.[61] Keine Wissentlichkeit liegt vor, wenn ein Steuerberater Belege bucht, ohne die dahinterstehenden Vorgang zu kennen. Es müssen weitere Anhaltspunkte hinzukommen.[62] Wissentlichkeit liegt vor, wenn der Anwalt es weisungswidrig unterlässt für den Mandanten den Termin für eine Zwangsversteigerung eines Grundstücks wahrzunehmen. Nicht relevant ist, dass er rechtsirrig meinte, dass kein Schaden entstehen kann. Erst wenn er sich mit dem Mandanten darüber abgestimmt hätte, wäre seine rechtsirrige Meinung ein wieder versicherter fahrlässiger Verstoß gewesen.[63] Der Berufsträger weicht nicht von einer Weisung ab, wenn der Mandant ihn wiederholt mahnt, endlich zu arbeiten. Der Versicherungsschutz entfällt deshalb auch dann nicht, wenn die Verjährung eintritt. Es handelt sich um keine konkrete Anweisung.[64] Man kann aber die Wissentlichkeit darin sehen, dass er die Verjährung als Kardinalpflicht nicht geprüft hat, wenn dies wiederholt geschieht.[65]

32 **e) Fehler bei Zahlungsvorgängen.** Der Anwalt hat die Pflicht, fremde Gelder unverzüglich an den Empfangsberechtigten weiterzuleiten oder auf ein Anderkonto einzuzahlen, § 43a Abs. 7 Satz 2 BRAO. Wissentlichkeit liegt vor, wenn der Berufsträger Gelder statt auf einem dafür eingerichteten Sonderkonto selbst vereinnahmt und diese Gelder an andere Gläubiger/Mandanten weitergibt.[66] Wissentlichkeit liegt auch vor, wenn der Berufsträger Gerichtskosten deshalb verspätet einzahlt, weil er den vom Mandanten überwiesenen Gerichtskostenvorschuss bewusst und zweckwidrig

56 *Therstappen* AnwBl 2014, 182, 183.
57 *Diller* § 4 Rn. 61.
58 OLG Köln r+s 2012, 172.
59 *Diller* § 4 Rn. 54.
60 Gräfe/Brügge/Melchers/*Gräfe* E Rn. 236.
61 OLG Düsseldorf MDR 2020, 1472.
62 OLG Düsseldorf GI 2009, 100.
63 Gräfe/Brügge/Melchers/*Gräfe* E Rn. 242.
64 BGH VersR 2001, 1103, 1105; *Diller* § 4 Rn. 53.
65 Gräfe/Brügge/Melchers/*Gräfe* E Rn. 235.
66 LG Duisburg Urt. v. 24.9.1980 – 3 O 275/80.

zunächst für sich selbst verwendet. Es handelt sich schon um Untreue.[67] Wissentlichkeit liegt vor, wenn ein Rechtsanwalt ihm treuhänderisch überlassene Gelder falsch auszahlt, wenn er die konkrete Verpflichtung kennt und weiß, dass er sich entgegen der Verpflichtung verhält.[68] Keine Wissentlichkeit liegt vor, wenn der Anwalt Eigen- und Fremdgeld vermischt und für eigene Zwecke von dem Konto Geld abhebt. Er handelt nicht wissentlich gegenüber den Mandanten, die Ansprüche auf das Geld haben.[69] Zahlungen vor Fälligkeit sind nicht ohne weiteres als wissentliche Pflichtverletzung zu werten.[70]

4. Zurechnung und Folgen der wissentlichen Pflichtverletzung, I Ziff. 3 a) und b)

Wenn eine wissentliche Pflichtverletzung vorliegt, ist bei den Folgen zwischen den Organisations- 33
formen zu unterscheiden. I Ziff. 3 a) regelt die Folgen bei einer Einzelkanzlei und einer Berufsausübungsgesellschaft. In einer Gesellschaft verliert nach Ziff. 3 a) nicht nur der Gesellschafter den Versicherungsschutz, der die Pflichtverletzung begangen hat, sondern auch die Gesellschaft und die übrigen Gesellschafter. Dies gilt auch für Scheingesellschafter, siehe dazu § 4 Rn. 34. Nach Ziff. 3 a) Satz 2 iVm § 7 III Ziff. 2 bleibt der Versicherungsschutz aber bestehen, wenn ein angestellter Anwalt ohne Außenauftritt, das Büropersonal oder ein freier Mitarbeiter die wissentliche Pflichtverletzung begangen hat. Der Versicherer kann aber bei ihm Regress nehmen. Die Gesellschaft selbst verliert den Versicherungsschutz, wenn einer der Gesellschafter die wissentliche Pflichtverletzung begangen hat, da man nach § 1 II Ziff. 1 das Fehlverhalten der Gesellschafter der Gesellschaft zurechnet. Die Berufsausübungsgesellschaft verliert den Versicherungsschutz, wenn man ihr das Fehlverhalten zurechnen kann.

a) Berufsausübungsgesellschaften, I Ziff. 3 a) Satz 1

aa) Gesellschafter/Scheingesellschafter/Angestellter. Nach dem Wortlaut von Ziff. 3 a) 34
Satz 1 behält der Gesellschafter den Versicherungsschutz, wenn nicht er selbst und auch nicht ein anderer Gesellschafter/Scheingesellschafter oder auch Geschäftsführer oder Organ die wissentliche Pflichtverletzung begangen hat. Versicherungsschutz besteht daher, wenn ein Angestellter die wissentliche Pflichtverletzung begangen hat. Der Versicherer leistet gegenüber dem Geschädigten und kann bei dem Angestellten, der wissentlich gehandelt hat, nach Ziff. 3 a) Satz 2 iVm § 7 III Ziff. 2 Regress nehmen.

Unter den Begriff Gesellschafter fällt auch der Scheingesellschafter. Der Scheingesellschafter wird einem Gesellschafter gleichgestellt und der Versicherungsschutz entfällt. Grund für die Gleichstellung des Scheingesellschafters mit einem Gesellschafter ist die Definition des Begriffs Gesellschafter in § 1 II. Wenn der Anwalt nach außen hin als Gesellschafter auftritt, gilt er als Gesellschafter nach den AVB-RS. Der BGH hat zum Ausschluss der Veruntreuung entschieden, dass die Ausschlussklausel auch für Scheinsozien gilt.[71] Die Regelung ist mit den wesentlichen Grundgedanken des § 51 Abs. 3 BRAO vereinbar. Sie schützt den Versicherer und die Gemeinschaft der Versicherten vor unkalkulierbaren Risiken. Sie höhlt den Vertragszweck nicht aus, da das primäre Leistungsversprechen, die Haftung aus anwaltlicher Tätigkeit zu decken, unangetastet bleibt.[72] Das OLG München hatte dagegen zu einem älteren Bedingungswerk zur Veruntreuung

67 LG Saarbrücken Urt. v. 22.3.2006 – 14 O 157/05.
68 OLG Kiel JRPV 1932, 135; ältere Rspr., aber im Grundsatz anwendbar.
69 OLG Düsseldorf BeckRS 2008, 25292.
70 OLG Karlsruhe OLGR 2003, 182.
71 BGH NJW 2011, 3718.
72 BGH mit Anm. *Juretzek* DStR 2011, 2068.

entschieden, dass die Klausel überraschend ist und Scheinsozien unangemessen benachteiligt, §§ 305c Abs. 1, 307 Abs. 2 Nr. 1 und Nr. 2 BGB.[73]

35 Auch der unterschiedliche Wortlaut der Ausschlüsse Veruntreuung und wissentliche Pflichtverletzung in der BRAO macht es nicht erforderlich, dass die Scheingesellschafter ihren Versicherungsschutz behalten. Bei der wissentlichen Pflichtverletzung lautet die Regelung in § 51 Abs. 3 Nr. 1 BRAO *„Ausschluss der wissentlichen Pflichtverletzung"*. Bei der Veruntreuung sind die Personen aufgeführt, auf die sich der Ausschluss bezieht wie *„Personal, Angehörige oder Mitgesellschafter des Rechtsanwalts"*, § 51 Abs. 3 Nr. 5 BRAO. Daraus könnte man ableiten, dass nur derjenige keinen Versicherungsschutz hat, der auch die wissentliche Pflichtverletzung begangen hat. Bei Gesellschaftern ist aber unstrittig, dass der Versicherungsschutz für alle Gesellschafter und auch Scheingesellschafter entfällt. Die Zurechnungsklausel nach § 1 II Ziff. 1 besteht aufgrund der gemeinschaftlichen Berufsausübung der Gesellschafter und der gesamtschuldnerischen Haftung nach § 52 Abs. 2 Satz 1 BRAO. Diese Überlegung gilt auch für Scheingesellschafter. Sie haften ebenfalls gesamtschuldnerisch aufgrund der gemeinschaftlichen Berufsausübung. Darüber besteht gerade der Versicherungsschutz auch weiterhin für die Gesellschafter/Scheingesellschafter, wenn ein Angestellter die wissentliche Pflichtverletzung begangen hat, § 4 Ziff. 3 a) Satz 1. Die nach dem Wortlaut des § 51 Abs. 3 unterschiedlich formulierten Risikoausschlüsse „wissentliche Pflichtverletzung" und „Veruntreuung" sind damit in den AVB-RS notwendig und hinreichend differenziert.

36 **bb) Gesellschaft.** Der Versicherungsschutz der Gesellschaft ist gleichfalls über I Ziff. 3 a) geregelt, wenn sie selbst Versicherungsnehmerin ist. Der Versicherungsschutz entfällt, wenn einer der Gesellschafter/Scheingesellschafter wissentlich gehandelt hat. Die Zurechnung des Verstoßes, der den Ausschluss des Versicherungsschutzes bedeutet, erfolgt nach § 1 II Ziff. 1. Sie verliert den Versicherungsschutz, wenn einer der Gesellschafter die wissentliche Pflichtverletzung begangen hat, da man nach § 1 II Ziff. 1 das Fehlverhalten der Gesellschafter der Gesellschaft zurechnet, siehe § 1 Rn. 302. Nach I Ziff. 3 a) behält die Gesellschaft den Versicherungsschutz, wenn einer ihrer Angestellten oder Mitarbeiter wissentlich gehandelt hat. Nach der Definition in der Klammer entfällt der Versicherungsschutz dann, wenn ein Gesellschafter/Scheingesellschafter, Geschäftsführer oder Organ gehandelt hat.

37 **b) Abwehranspruch bis zur rechtskräftigen Feststellung der Wissentlichkeit, I Ziff. 3 b).** Nach I Ziff. 3 b) bietet der Versicherer ausdrücklich Abwehrschutz bei dem Vorwurf der wissentlichen Pflichtverletzung. Wird der Vorwurf der wissentlichen Pflichtverletzung erhoben, besteht Versicherungsschutz in Form der Abwehr unberechtigter Schadenersatzansprüche. Erbrachte Leistungen sind zu erstatten, wenn die wissentliche Pflichtverletzung rechtskräftig festgestellt wird. Der Versicherungsschutz wird damit erweitert. Grundsätzlich gilt, dass der Abwehranspruch gegen den Versicherer entsteht, wenn auch nur „die entfernte Möglichkeit" besteht, dass der Berufsträger aus dem unter das versicherte Risiko fallenden und behaupteten Tatbestand in Anspruch genommen wird,[74] siehe dazu ausführlich § 3 Rn. 23. Wenn der behauptete Tatbestand eine wissentliche Pflichtverletzung bedeutet, hat der Versicherer ohne die Klausel keinen Abwehrschutz zu leisten. Die Klausel soll aber nicht dazu verleiten, dass er allgemein sorglos handelt. Daher sind nach I Ziff. 3 b) die Vorleistungen des Versicherers zurückzuerstatten, wenn die wissentliche Pflichtverletzung feststeht. Dem Versicherer ist es versagt, sich auf einen Ausschluss wegen arglistiger Täuschung zu berufen, wenn er vorläufige Abwehrkosten bei wissentlicher oder vorsätzlicher Pflichtverletzung bis zum Vorliegen einer rechtskräftigen gerichtlichen Entscheidung zugesagt hat, aus der sich die Tatsachen ergeben, welche die wissentliche oder vorsätzliche Pflicht-

73 OLG München NJW-RR 2008, 1560; rechtskräftig, weil die Revision nicht zugelassen und eine Nichtzulassungsbeschwerde aufgrund der zu hohen Wertgrenze nicht statthaft war.

74 OLG Hamm NJW-RR 1992, 477; OLG Koblenz VersR 1979, 830; BGH VersR 1957, 212.

verletzung belegen, und es an einer solchen Entscheidung fehlt.[75] Um Streit zu vermeiden, wann sie vorliegt, ist eine gerichtliche Entscheidung darüber erforderlich. Praktisch bedeutet es, dass der Versicherungsnehmer nur dann die Leistungen zurückzuerstatten hat, wenn der Versicherer einen Deckungsstreit gewinnen sollte. Das Haftpflichturteil wird selten Wissentlichkeit feststellen, da der Berufsträger schon bei Fahrlässigkeit haftet. Daneben würde die Feststellung „überschießend" sein und das Gericht im Deckungsprozess nicht binden, siehe zur fehlenden Bindungswirkung bei Wissentlichkeit § 4 Rn. 42.

Der Versicherer hat Sicherheit zu leisten, um die Vollstreckung abzuwehren, § 3 II Ziff. 7. Dies 38 führt dazu, dass der Versicherer auch das Insolvenzrisiko des Versicherungsnehmers übernimmt, wenn der Versicherungsnehmer die Sicherheitsleistung als Teil der vorgestreckten Abwehrkosten nicht zurückzahlen kann, was gerade dann der Fall sein wird, wenn er rechtskräftig aufgrund einer dann nicht versicherten wissentlichen Pflichtverletzung verurteilt wird, siehe dazu § 3 Rn. 103.

5. Pflichtversicherung, I Ziff. 3 c)

Bei haftungsbeschränkten Berufsausübungsgesellschaften ist der Ausschluss der wissentlichen 39 Pflichtverletzung bis zur Höhe der Mindestpflichtversicherungssumme nicht möglich, 59o Abs. 1 und 2 BRAO, jeweils in Höhe von 1 Mio EUR oder 2,5 Mio EUR bei über 10 Mitarbeitern. Das gilt gleichfalls für die Gesellschaften von Patentanwälten, § 52n Abs. 1, 2 PAO. Die Regelung „*...sofern dieser Vertrag zur Erfüllung der Pflichtversicherung dient*", hat klarstellende Bedeutung. Bei Exzedenten-Verträgen oberhalb der Pflichtversicherungssumme wird das gleiche Bedingungswerk verwendet. Bei fehlendem Hinweis wäre es möglich gewesen, dass der Exzedentenvertrag als eigenständiger Vertrag als Pflichtversicherung betrachtet wird. Folge wäre gewesen, dass auch der Exzedentenvertrag trotz höherer Versicherungssumme die wissentliche Pflichtverletzung nicht ausgeschlossen hätte. Der Regress nach I Ziff. 3 c) richtet sich gegen die Berufsausübungsgesellschaft, auch wenn der Versicherungsschutz einem unmittelbar in Anspruch genommenen mitversicherten Gesellschafter gewährt wurde.[76] Der Regress gegenüber der Gesellschaft findet nicht statt, wenn ein Angestellter oder Mitarbeiter nach I Ziff. 3 a) die wissentliche Pflichtverletzung begangen hat. Hier bleibt der Versicherungsschutz bestehen, es ist nur ein Regress gegen den Angestellten oder Mitarbeiter selbst möglich, I Ziff. 3 a) Satz 2 iVm § 7 III. Kein Versicherungsschutz besteht für die wissentliche Pflichtverletzung, wenn der Berufsträger eine amtsähnliche persönliche Tätigkeit ausübt nach § 18 BBR-RA. Die wissentliche Pflichtverletzung besteht nur im Umfang der Pflichtversicherung und kann daher nicht sonstige mitversicherte Tätigkeiten umfassen.

6. Prozessuales

Prozessual gelten die allgemeinen Regeln zur Darlegungs- und Beweislast für den subjektiven Risikoausschluss und auch zur Bindungswirkung des Haftpflichturteils für den Deckungsprozess.

a) Beweislast. Darlegungs- und beweispflichtig für die Verwirklichung der subjektiven Tatbe- 40 standsmerkmale des Risikoausschlusses der wissentlichen Pflichtverletzung ist der Versicherer. Dem Versicherten obliegt es, Umstände aufzuzeigen, warum die vom Versicherer vorgetragenen Indizien den Schluss auf eine wissentliche Pflichtverletzung nicht zulassen.[77] Der Versicherer muss

75 OLG Frankfurt a.M. r+s 2021, 502.
76 *Diller* § 4 Rn. 82.
77 OLG Köln r+s 2024, 27 zur D&O-Versicherung.

die Merkmale darlegen wie Bestehen der Pflicht, Verletzen der Pflicht, Kausalität der Pflichtverletzung für den Schaden und die Merkmale wie Bewusstsein des Anwalts, dass die konkrete Pflicht besteht und Wissen des Anwalts, dass er die konkrete Pflicht mit seiner Handlung verletzt.[78] Die Anforderungen an den vom Versicherer zu erbringenden Nachweis einer wissentlichen Pflichtverletzung dürfen aber nicht überspannt werden, zumal es sich um eine innere Tatsache handelt, die sich nur aus Indizien erschließen lässt.[79] Der Versicherungsnehmer kann im Deckungsprozess entweder einwenden, dass er die konkrete Pflicht nicht gekannt hat oder dass er kein Pflichtverletzungsbewusstsein gehabt hat.[80] Prozessual führt diese Differenzierung dazu, dass der Berufsträger sich nicht widersprüchlich verteidigen kann. Er kann sich nicht damit verteidigen, er kannte einerseits die Pflicht nicht, aber er hat andererseits gemeint, dass er die Pflicht mit seiner konkreten Handlung nicht verletzt oder auch erfüllt hat.[81] Der Versicherungsnehmer kann sich auch nicht damit entlasten, dass er den Schadeneintritt nur für möglich gehalten hat oder ihn gar nicht wollte, ebenso wenig, dass er dem Mandanten mit seinen Handlungen nur helfen wollte. Es handelt sich um keine Tatbestandsmerkmale der wissentlichen Pflichtverletzung.[82]

41 Die subjektiven Elemente Pflichtbewusstsein und Wissen um die Pflichtverletzung kann man als inneres Motiv des Berufsträgers nur aus den äußeren Gesamtumständen schließen. Es gibt keinen Anscheinsbeweis für innere Vorgänge, weil dazu keine Erfahrungssätze vorhanden sind.[83] Die Rspr. nimmt aber wohl zumindest eine sekundäre Beweislast des Berufsträges bei wissentlicher Pflichtverletzung an, um hier die Beweisfrage besser lösen zu können.[84] Zunächst hat der Versicherer alle Tatsachen darzulegen, die als Indiz auf die wissentliche Pflichtverletzung deuten. Jenseits der Fälle der Verletzung von „beruflichen Kardinalpflichten", in denen vom äußeren Geschehensablauf und dem Ausmaß des objektiven Pflichtverstoßes auf innere Vorgänge geschlossen werden kann, ist es Aufgabe des darlegungs- und beweisbelasteten Versicherers, Anknüpfungstatsachen vorzutragen, die als schlüssige Indizien für eine wissentliche Pflichtverletzung betrachtet werden können.[85] Nicht erforderlich ist es, dass der Berufsträger von vornherein darlegen muss, warum er sich falsch verhalten hat.[86] Der Berufsträger muss nur nach dem Vortrag des Versicherers plausibel und nachvollziehbar darlegen, warum dies im konkreten Fall keine wissentliche Pflichtverletzung war. Dem Versicherer obliegt es dann wiederum, dies zu widerlegen. Zunächst hat der Versicherer daher darzustellen, ob der Berufsträger den Sachverhalt und die Risiken erkannte, auch anhand seiner Berufserfahrung und seinem Fachwissen. Zu klären sind darüber hinaus, welche Motive der Berufsträger hatte und ob er sich nicht alltäglich und üblich verhalten hatte. Indizien für eine wissentliche Pflichtverletzung sind, wie schwerwiegend und atypisch die Pflichtverletzung war. Er muss eine Kardinalpflicht verletzt haben, z.B. das Fehlen jeglicher Reaktion auf ein zugegangenes Versäumnisurteil. Hier ist bei einem Verstoß gegen elementare Pflichten nur direkter Vorsatz denkbar.[87] Wenn der Berufsträger eine Kardinalpflicht verletzt hat, muss der Berufsträger darlegen, warum er die Pflicht nicht gekannt hat.[88] Wenn die Lebenserfahrung dafür spricht, dass der Berufsträger die Umstände als rechtswidrig erkennen musste, hat der Versicherer keine weitere Beweislast. Der Berufsträger muss dann weiter nachweisen, dass er aus besonderen Gründen zu dieser Einsicht nicht fähig war.[89] Gleiches dürfte auch

78 BGH VersR 1991, 176; BGH VersR 2001, 1103, 1105; OLG Hamm NJW-RR 1995, 1431.
79 OLG Karlsruhe, Urt. v. 14.3.2017 – 12 U 141/16.
80 *Therstappen* AnwBl 2014, 182, 184.
81 *Diller* § 4 Rn. 47.
82 BGH VersR 1991, 177; OLG Hamm VersR 2000, 483; *Diller* § 4 Rn. 43.
83 Bei § 103 VVG ist kein prima-fache Beweis möglich nach BGH NJW 1988, 2040, 2041; OLG Hamm VersR 1986, 567; OLG Köln VersR 1994, 339 f.
84 *Lehmann* r+s 2016, 1, 9; KG VersR 2007, 1076, 1078.
85 OLG Düsseldorf r+s 2022, 505 LS 2.
86 BGH VersR 2015, 181.
87 OLG Köln VersR 2009, 58.
88 BGH NJW 2015, 947; OLG Köln VersR 2013, 1438.
89 OLG Koblenz VersR 1980, 643.

gelten, wenn der Anwalt Weisungen seines Mandanten offensichtlich ignoriert, sie missachtet oder gegen sie handelt. Der Tatrichter hat die Aufgabe die Tatsachen zu würdigen. Konkret muss er entscheiden, ob der Vortrag des Versicherers ausreichend ist, dass man als Indiz von einer wissentlichen Pflichtverletzung ausgehen kann und ob der Gegenvortrag des Berufsträgers ausreichend ist, dass er gerade nicht wissentlich gehandelt hat.

b) Bindungswirkung des Haftpflichturteils. Bindungswirkung des Haftpflichturteils für den 42
Deckungsprozess besteht nur, soweit Voraussetzungsidentität vorliegt. Die Verschuldensform ist für die Haftung regelmäßig nicht entscheidungserheblich. Der Berufsträger haftet sowohl bei einem fahrlässigen als auch vorsätzlichem Verstoß. Der Versicherer kann daher immer Wissentlichkeit im Deckungsprozess vortragen, wenn das Gericht im Haftpflichturteil Fahrlässigkeit festgestellt hat. Eine rechtskräftige Feststellung der wissentlichen Pflichtverletzung kann nicht im Haftpflichtprozess erfolgen.[90] Wenn das Urteil die Wissentlichkeit offenlässt oder nicht erörtert, ist dies nicht bindend. Das Gleiche gilt, wenn das Gericht feststellt, dass eine wissentliche Pflichtverletzung nicht hinreichend feststellbar ist. Die Urteilsausführungen sind „überschießend" und deshalb für den Deckungsprozess nicht maßgeblich.[91] Für die Frage, ob ein Pflichtverstoß wissentlich erfolgte, ist allein auf die im Haftpflichturteil für den Deckungsrechtsstreit bindend festgestellte schadenursächliche Pflichtverletzung abzustellen.[92] Bei der Beurteilung des Deckungsschutzes durch die Berufshaftpflichtversicherung ist vom Vortrag des Geschädigten auszugehen und nicht über den Haftpflichtanspruch zu entscheiden. Die weisungswidrige Einlegung von Rechtsmitteln ohne Deckungszusage der Rechtsschutzversicherung impliziert einen Verstoß gegen elementare Anwaltspflichten, der den subjektiven Risikoausschluss der Schadensverursachung durch wissentliche Pflichtverletzung in der Berufshaftpflichtversicherung erfüllt.[93] Liegen im vorweggenommenen Deckungsprozess keine für den Deckungsprozess Bindungswirkung entfaltende Tatsachenfeststellungen aus einem Haftpflichtprozess zugunsten des den Anspruch geltend machenden Geschädigten vor, ist bei der Beurteilung der Frage, ob ein Versicherer Deckungsschutz für eine Inanspruchnahme durch einen Dritten zu gewähren hat, vom Vortrag des Geschädigten auszugehen und nicht über den Haftpflichtanspruch zu entscheiden. Eine Aussetzung des Verfahrens kommt vor diesem Hintergrund nicht in Betracht.[94] Nach anderer Ansicht besteht die Bindungswirkung, wenn im Haftpflichtprozess der Vorsatz verneint worden ist. Allerdings ging es hier darum, dass der Versicherer verzichtet hatte, den Haftpflichtprozess für den Versicherten zu führen, weil er annahm, dieser habe vorsätzlich gehandelt und damit die Voraussetzung des Risikoausschlusses nach den Allgemeinen Haftpflichtbedingungen erfüllt. Entschieden wurde, dass der Versicherer sich dann im Deckungsprozess nicht mehr darauf berufen kann, die Feststellung im vorausgegangenen Haftpflichtprozess, der Versicherungsnehmer habe nicht vorsätzlich gehandelt, sei falsch.[95] Der Versicherer kann ebenfalls nicht noch eine andere wissentliche Pflichtverletzung vorbringen.[96]

c) Zusammentreffen wissentliche und nicht wissentliche Pflichtverletzung. Wenn der 43
Berufsträger wissentlich einen Verstoß begangen hat, er aber gleichzeitig auch fahrlässig gehandelt, entfällt der Versicherungsschutz insgesamt. Der Berufsträger behält auch nicht den Versiche-

90 OLG Frankfurt a.M. BeckRS 2021, 21425.
91 BGH VersR 2007, 641; OLG Düsseldorf r+s 2005, 155.
92 OLG Düsseldorf r+s 2020, 451.
93 OLG Düsseldorf BeckRS 2021, 48922.
94 OLG Düsseldorf r+s 2022, 505.
95 BGH NJW 1993, 68.
96 BGH VersR 2003, 635; BGH NJW-RR 2002, 1377; BGH VersR 2007, 641; BGH VersR 2006, 106; BGH VersR 2004, 590; BGH VersR 1958, 361, siehe insgesamt *Riechert* AnwBl 2017, 996 ff.

rungsschutz für den fahrlässigen Verstoß. Selbstverständlich ist vorab immer die Frage zu prüfen, ob es sich nicht um selbständige Verstöße handelt mit jeweils selbständigem Versicherungsschutz oder ob es sich um einen Serienschaden handelt, bei dem verschiedene Verstöße zusammengefasst werden, siehe zum Serienschaden § 3 Rn. 57 ff. Das Zusammentreffen einer wissentlichen Pflichtverletzung und einer nicht wissentlichen Pflichtverletzung darf den Berufsträger nicht privilegieren. Wenn der Berufsträger auch fahrlässig gehandelt hat, darf er nicht bessergestellt sein als derjenige, der allein wissentlich gehandelt hat.[97]

IV. Vorsätzliche Herbeiführung des Versicherungsfalls, § 103 VVG

1. Verhältnis zum Ausschluss der wissentlichen Pflichtverletzung

44 Nach § 103 VVG ist der Versicherer nicht zur Leistung verpflichtet, wenn der Versicherungsnehmer vorsätzlich und widerrechtlich den bei dem Dritten eingetretenen Schaden herbeigeführt hat. Wie die wissentliche Pflichtverletzung handelt es sich um einen subjektiven Risikoausschluss.[98] Nach § 103 VVG hat der Versicherungsnehmer die Pflichtverletzung und den Schaden mindestens billigend in Kauf zu nehmen. Er muss hinsichtlich beider Merkmale mindestens mit dolus eventualis handeln. § 103 VVG ist dispositiv, § 112 VVG. Abweichungen hiervon sind möglich wie z.B. der Ausschluss der wissentlichen Pflichtverletzung, siehe § 3 Rn. 16.

45 Im Verhältnis der beiden Ausschlüsse zueinander gibt es zwei Punkte. Erstens, ob die wissentliche Pflichtverletzung den § 103 VVG abbedingt und zweitens, ob der Versicherer die wissentliche Pflichtverletzung und § 103 VVG gleichzeitig in einer Klausel als Ausschluss formulieren darf. Bei der ersten Frage ist davon auszugehen, dass die wissentliche Pflichtverletzung allein den § 103 VVG nicht abbedingt. Wenn man den gesetzlich möglichen Ausschluss der wissentlichen Pflichtverletzung nach § 51 Abs. 3 BRAO vereinbart, bleiben die sonstigen VVG-Regelungen unberührt. Erst wenn ausdrücklich die Parteien den § 103 VVG abbedingen, gilt er nicht. Andernfalls müsste man bei jeder AVB-Regelung das Verhältnis zum VVG ausdrücklich beschreiben. Bei der zweiten Frage ist davon auszugehen, dass der Versicherer den Ausschluss nach § 103 VVG und den Ausschluss der wissentlichen Pflichtverletzung gleichzeitig in einer Klausel vereinbaren kann. Die obergerichtliche Rechtsprechung sieht die Kumulation der Ausschlüsse als wirksam an. Das Transparenzgebot ist nicht verletzt.[99] Der BGH sah bisher noch keinen grundsätzlichen Klärungsbedarf und hat deshalb die Nichtzulassungsbeschwerde hiergegen zurückgewiesen.[100] Nach anderer Ansicht ist dies intransparent.[101]

2. Vorsatz, Widerrechtlichkeit

46 Anders als bei der wissentlichen Pflichtverletzung kommt es nicht auf die Pflichtverletzung selbst an. Es kommt darauf an, dass der Versicherungsnehmer vorsätzlich den Schaden herbeigeführt hat. Vorsatz liegt dann vor, wenn der Anwalt um den rechtswidrigen Erfolg gewusst und gewollt hat. Ausreichend ist bedingter Vorsatz, dolus eventualis. Der Anwalt hat sich den als maßgeblich vorgestellten Erfolg in seinen Willen aufgenommen und für den Fall seines Eintritts gebilligt.[102]

---

97 OLG Saarbrücken ZfS 2008, 219 Rn. 58; BGH r+s 2015, 386 in einem obiter dictum im Zurückweisungsbeschluss zu OLG Celle, Beschl. v. 12.6.2014 – 8 U 84/14 n. v.

98 BGH VersR 1971, 239, 240; OLG München VersR 1990, 484.

99 OLG Oldenburg Urt. v. 30.7.2014 – 5 U 47/14 n. v. zumindest erörtert das OLG die Wirksamkeit nicht.

100 BGH Beschl. v. 25.3.2015 – IV ZR 343/14.

101 *Schweitzer* Zulässigkeit der Ausschlussklauseln für Vorsatz und wissentliches Handeln in der D&O-Versicherung (Dissertation), S. 237 ff.

102 BGH NJW 1952, 1291; OLG Hamm VersR 1985, 726.

Der Vorsatz muss dabei nicht alle Einzelheiten umfassten. Es genügt, dass der Geschehensablauf oder die Schadensfolge von dem Vorstellungsbild des Handelnden nur unwesentlich abweichen.[103] Der Ausschluss des § 103 VVG liegt daher dann nicht vor, wenn der Anwalt die Schadensfolgen weder als möglich erkannt noch für den Fall ihres Eintritts gewollt oder billigend in Kauf genommen hat.[104]

Grundsätzlich bildet man Fallgruppen, um von den äußeren Umständen auf die innere Hal- 47 tung des Vorsatzes schließen zu können. Bei der wissentlichen Pflichtverletzung hat man die Kardinalpflichten entwickelt, siehe zu den Fallgruppen bei der wissentlichen Pflichtverletzung § 4 Rn. 26 ff. Bei § 103 VVG hat die Rspr. und Lit. bisher keine Fallgruppen für die Berufshaftpflichtversicherung der wirtschaftsberatenden Berufe entwickelt. Dies liegt daran, dass § 103 VVG wg. dem Ausschluss der wissentlichen Pflichtverletzung in der Vermögensschadenhaftpflicht keine Bedeutung hat. Es dürfte jedoch nicht falsch sein die Verletzung von Kardinalpflichten gleichfalls, wie bei der wissentlichen Pflichtverletzung als entscheidend dafür anzusehen, dass der Berufsträger nicht korrekt gehandelt hat. Der Versicherer hat aber zusätzlich darzulegen, dass der Vorsatz sich auch auf die Schadenfolgen bezogen hat. Der Versicherer muss die Umstände aufzeigen, bei denen der Tatrichter aus der Gesamtheit des Geschehensablaufs die Schlussfolgerung ziehen kann, dass der Berufsträger den bei dem geschädigten Dritten eingetretenen Schaden habe auch herbeiführen wollen.[105] Der Versicherer ist darlegungspflichtig für die Umstände, dass der Berufsträger zumindest billigend in Kauf genommen hat, dass er durch sein Verhalten den Mandanten/Dritten geschädigt hat. Darauf kann z.B. hindeuten, dass der Berufsträger in besonderem Maße und wiederholt die Pflicht verletzt hat, wie es ihm nach den äußeren Umständen egal war, welche Folgen sein Fehlverhalten hatte.

Weitere Voraussetzung von § 103 VVG ist, dass der Versicherungsnehmer den Schaden wider- 48 rechtlich herbeigeführt haben muss. Widerrechtlichkeit bedeutet Rechtswidrigkeit. Der Versicherungsnehmer handelt damit nicht widerrechtlich, wenn sein Verhalten gerechtfertigt. Bei der Vermögensschadenhaftpflichtversicherung sind die üblichen Fälle kaum denkbar, wie z.B. Notwehr nach § 227 BGB oder Notstand nach §§ 228, 904 BGB. Die Widerrechtlichkeit hat keine praktische Bedeutung.

3. Zurechnung

Nach § 103 VVG entfällt der Versicherungsschutz für den Versicherungsnehmer. Bei Gesellschaften 49 gehen nach § 1 II Ziff. 1 in der Person eines Gesellschafters vorliegende Umstände, die den Versicherungsschutz beeinflussen, zu Lasten aller Gesellschafter, siehe ausführlich § 1 Rn. 297 ff. Der Begriff des Gesellschafter nach § 1 II umfasst dabei auch den Scheingesellschafter, siehe dazu § 1 Rn. 322. Es bedeutet, dass der Versicherungsschutz entfällt, wenn ein Gesellschafter vorsätzlich den Versicherungsfall nach § 103 VVG herbeigeführt hat. Der Versicherungsschutz für die Gesellschafter und die Gesellschaft entfällt auch dann, wenn eine versicherte Person wie der angestellte Anwalt ohne Außenauftritt oder Büropersonal vorsätzlich gehandelt haben. Anders als bei der wissentlichen Pflichtverletzung in § 4 Ziff. 3 a) für die Berufsausübungsgesellschaft gibt es nicht die Regelung, dass der Versicherungsschutz bestehen bleibt, wenn ein Angestellter gehandelt hat. Voraussetzung ist daher, dass man das Handeln der Gesellschaft zurechnen kann, gleich wer gehandelt hat. Zuzurechnen ist das Fehlverhalten, wenn es sich um Wissensvertreter handelt. Die Anwälte, die vorbereitend tätig sind, aber selbst das Mandant nicht führen, handeln mit Wissen und Wollen des Geschäftsherrn als Verhandlungsführer oder -gehilfen.[106] Dies gilt gerade bei einer

103 OLG Düsseldorf VersR 1977, 745, 746; OLG Hamm VersR 1981, 789.
104 BGH VersR 1971, 806, 807; BGH VersR 1972, 1039; BGH NJW 1975, 1278, 1279.
105 MüKoVVG/*Littbarski* § 103 Rn. 59.
106 Peres/Senft/*Peres* § 7 Rn. 189.

Täuschungshandlung.[107] Das Verhalten des Büropersonals rechnet man nach § 278 BGB zu. Der Versicherungsschutz entfällt damit für die übrigen Gesellschafter und Scheingesellschafter, wenn einer der Gesellschafter/Scheingesellschafter oder das Büropersonal vorsätzlich gehandelt hat.

4. Prozessuales

50 § 103 VVG und die wissentliche Pflichtverletzung unterscheiden sich bei der Darlegungs- und Beweislast und der Bindungswirkung des Haftpflichturteils nur beim Vorsatz. Anders als bei der wissentlichen Pflichtverletzung hat sich der Vorsatz nicht nur auf das Schadenereignis, sondern auf die Schadensfolge zu beziehen, vgl. der Wortlaut des § 103 VVG *„...den Schaden vorsätzlich herbeigeführt haben."* Ebenso die Gesetzesbegründung zu § 103 VVG. „Klargestellt wird, dass sich der Vorsatz hier – anders als bei § 823 BGB – nicht nur auf die Handlung, sondern auch auf die Schadensfolgen beziehen muss, damit der Haftungsausschluss zu Gunsten des Versicherers greift".[108]

51 Es bedeutet, dass der Versicherer wie bei der wissentlichen Pflichtverletzung alle objektiven und subjektiven Merkmale darlegen und beweisen muss. Er muss die objektiven Merkmale darlegen wie Eintritt des Versicherungsfalls und die Kausalität zwischen dem Verhalten des Berufsträgers und dem Schadenseintritt. Der Versicherer muss aber gerade auch die Umstände darlegen, die darauf schließen lassen, dass der Berufsträger den Schaden mindestens billigend in Kauf genommen hat, also mit dolus eventualis gehandelt hat. Deshalb geht es zu Lasten des Versicherers, wenn die innere Einstellung des Versicherungsnehmers zur Zeit der Handlung nicht aufgeklärt werden kann.[109] Es kann bei § 103 VVG auch keinen Anscheinsbeweis geben, weil es an einem durch die Lebenserfahrung gesicherten typischen Verhalten fehlt.[110] Siehe zur sekundären Beweislast bei der wissentlichen Pflichtverletzung § 4 Rn. 41. Der Versicherungsnehmer kann darlegen, warum er im konkreten Fall nicht vorsätzlich gehandelt hat. Der Versicherer muss dagegen die Voraussetzungen der Rechtswidrigkeit beweisen.[111] Wie oben dargestellt kommen aber bei einer Vermögensschadenhaftpflichtversicherung kaum Rechtfertigungsgründe wie Notstand oder Nothilfe in Betracht, siehe § 4 Rn. 48.

52 Wie auch bei der wissentlichen Pflichtverletzung, tritt Bindungswirkung des Haftpflichturteils nur ein, soweit Voraussetzungsidentität vorliegt. Der Berufsträger haftet sowohl für Fahrlässigkeit als auch Vorsatz. Der Versicherer kann damit regelmäßig Vorsatz nach § 103 VVG im Deckungsprozess behaupten, um leistungsfrei zu werden. Auch besteht keine Bindungswirkung, wenn das Haftpflichturteil Vorsatz verneint. Es handelt sich um überschießende Feststellungen, nach anderer Ansicht entfaltet das Haftpflichturteil Bindungswirkung, siehe zur Bindungswirkung bei wissentlicher Pflichtverletzung ausführlich § 4 Rn. 42.

V. Vertragliche oder besondere Zusage, Garantien, II Ziff. 1

1. Umfang

53 II Ziff. 1 schließt Ansprüche aus, soweit sie auf Grund Vertrages oder besonderer Zusage über den Umfang der gesetzlichen Haftpflicht hinausgehen. Der Wortlaut umfasst auch Garantien, die einzeln mit dem Mandanten oder allgemein getroffen werden. Grund hierfür ist, dass der Versicherer den durch den Anwalt zugesagten Erfolg decken würde. Es würde dann nicht mehr auf die Pflicht-

107 BGH NJW 2007, 2989 Rn. 12.
108 BT-Drucks. 16/3945, 85.
109 BGH VersR 1991, 176, 178; OLG Hamm r+s 1981, 203.
110 BGH VersR 1988, 683; OLG Saarbrücken ZfS 2009, 699.
111 Prölss/Martin/*Lücke* § 103 Rn. 7; OLG Hamm VersR 2006, 781; anders MüKoVVG/*Littbarski* § 103 Rn. 62.

widrigkeit und ein Verschulden ankommen. Der Versicherer kann sein Risiko nicht mehr einschätzen, da unabhängig von einer gesetzlich begründeten Haftung eine Einstandspflicht für jeden denkbaren Garantiefall besteht wie bei einer Erfolgshaftung.[112] Es handelt sich um einen deklaratorischen Ausschluss, da die Pflichtversicherung nach § 51 BRAO, § 1 den Versicherungsschutz auf Ansprüche aufgrund gesetzlicher Haftpflichtbestimmungen beschränkt.

Vertragsstrafen, die der Versicherungsnehmer mit seinem Mandanten schließt, sind damit ebenfalls vom Versicherungsschutz ausgeschlossen. Es handelt sich um keine gesetzliche Haftpflichtbestimmung. Der Mandant macht einen Anspruch geltend, der auf einer besonderen Vereinbarung mit dem Berufsträger beruht. 54

Der Versicherungsschutz entfällt aber nicht, wenn der Anspruch gleichzeitig auf der Anspruchsgrundlage einer gesetzlichen Haftpflichtbestimmung und auf einer vertraglichen Zusage beruht. Die vertragliche Abrede lässt den Versicherungsschutz für die gesetzliche Haftpflicht unberührt. Dies beinhaltet die Formulierung, *„...soweit sie auf Grund Vertrages oder besonderer Zusage über den Umfang der gesetzlichen Haftpflicht hinausgehen.“* Wenn der Verstoß des Anwalts unabhängig und selbständig von der Erklärung zum Schaden geführt hat, besteht Versicherungsschutz. Wenn sich der Mandant allein auf die Zusage/Garantie beruft und dies kausal den Schaden verursacht hat, besteht kein Versicherungsschutz. Der Anwalt, der die Einrede der Verjährung fahrlässig nicht erhebt, ist versichert, unabhängig vom Versprechen – hier die Garantie – den Prozess zu gewinnen.[113] 55

2. Abgrenzung Leistungserweiterungen von Garantien und Zusagen

Versichert ist aber, wenn der Anwalt seine vertragstypischen Pflichten aus dem Mandatsverhältnis nur erweitert oder ergänzt. Konkret ist danach zu differenzieren, ob der Berufsträger durch seine Erklärungen seine anwaltliche Leistungspflicht erweitert, was versichert ist, oder ob seine Erklärungen den Haftungsmaßstab verschärfen, was nicht versichert ist. 56

Ein selbständiges Garantieversprechen ist dadurch gekennzeichnet, dass eine Verpflichtung zur Schadloshaltung übernommen wird, falls der garantierte Erfolg nicht eintritt. Es kommt darauf an, ob der Anwalt persönlich und verschuldensunabhängig haften sollte, wenn der Garantiefall eingetreten ist.[114] Für ein Garantieversprechen genügen jedoch nicht bloße Äußerungen wie „feste Zusage“ oder das „garantiere ich“. Nicht jegliche Äußerung des Anwalts kann dazu führen, dass er seinen Versicherungsschutz verliert. Die Aufgabe der Pflichtversicherung, den Mandanten vor Vermögensverlusten zu schützen, wäre nicht mehr gewährleistet. 57

Erklärt ein Rechtsanwalt gegenüber seinem späteren Auftraggeber, dass er für den Fall, dass ihm das Mandat zum Führen von Vertragsverhandlungen erteilt werde, den Eintritt des erstrebten Verhandlungserfolgs garantiere, kann darin nicht ohne Weiteres ein haftungsbegründendes Garantieversprechen des Rechtsanwalts für den Fall des Scheiterns der Verhandlungen gesehen werden.[115] Wenn ein Anwalt seine Einzelkanzlei in eine GbR einbringt, ist in der Verpflichtung der GbR, offene Verbindlichkeiten der bisherigen Einzelkanzlei zu bedienen, ebenfalls keine Garantieübernahme der persönlichen Haftung des vorigen Einzelanwalts zu sehen.[116] Eine Garantiehaftung des Rechtsanwalts kommt nur in Betracht, wenn er gegenüber seinem Mandanten klar und eindeutig zu erkennen gibt, dass er über die sorgfältige Erfüllung seiner dienstvertraglichen Pflichten hinaus verschuldensunabhängig dafür einstehen will, dass der Mandant in Folge der Dienstleistung bestimmte Erfolge erzielt.[117] Bei eingeschränkten Prüfungsaufträgen ist der Versicherungs- 58

112 Borgmann/Jungk/Schwaiger/*Jungk* § 10 Rn. 25.
113 Gräfe/Brügge/Melchers/*Gräfe* E Rn. 192.
114 BGH NJW 1999, 1542.
115 OLG Frankfurt NJW 2007, 1467.
116 BGH NJW-RR 2012, 239.
117 OLG Düsseldorf LS 7 AnwBl 2008, 72.

schutz ausgeschlossen, wenn die Haftung ausschließlich auf der haftungsverschärfenden Erklärung beruht.[118]

59 Bei Erklärungen eines Berufsträgers zur Verjährung ist zu differenzieren. Nach der Rspr. bleibt bei der Betriebshaftpflichtversicherung der Versicherungsschutz bestehen, wenn der Versicherungsnehmer nach Eintritt des Versicherungsfalls auf die Einrede der Verjährung verzichtet. Durch die Verlängerung der Verjährungsfrist verletzt der Versicherungsnehmer jedoch seine Obliegenheit den Versicherer bei der Abwehr des Schadens zu unterstützen. Sie führt jedoch nicht zu einem Rechtsverlust, wenn dies im Zuge einer Verhandlung geschah, um gerade eine Klage zu verhindern.[119] Anders vor Eintritt des Versicherungsfalls. Wenn der Versicherungsnehmer die Verjährungsfrist selbständig über den gesetzlichen Rahmen verlängert, besteht kein Versicherungsschutz. Das Interesse des Versicherers eine Risikoeinschätzung nach dem gesetzlichen Haftungsumfang vornehmen zu können, überwiegt hier. Zumindest dann, wenn der Verjährungsverzicht über das übliche Maß der Sparte hinausgeht.[120]

VI. Leitungs- und Überwachungstätigkeiten des Berufsträgers, II Ziff. 2

1. Umfang des Ausschlusses

60 II Ziff. 2 regelt den Ausschluss für Haftpflichtansprüche für Tätigkeiten des Versicherungsnehmers als Organ in Leitungs- und Überwachungsgremien. Der Ausschluss gilt nach dem Umfang auch für die mitversicherten amtsähnlichen Tätigkeiten, siehe hierzu § 18 Rn. 1 f. Der Ausschluss knüpft nicht an die Persönlichkeit oder Qualifikation des Versicherungsnehmers an. Er knüpft an die Funktion an, die in Ziff. 2 beschrieben ist. Der Ausschluss ist deklaratorisch. Der Ausschluss erfasst alle Berufsträger wie Anwälte, Steuerberater und Wirtschaftsprüfer. Die Berufshaftpflichtversicherungen versichern allein die Berufstätigkeit der Berufsträger, bei Anwälten die Beratungstätigkeit und sonstige ausdrücklich aufgeführte Nebentätigkeiten. Dazu gehört nicht, Unternehmen zu leiten oder zu überwachen. Der Manager haftet gesetzlich dafür, dass er die Sorgfalt eines ordentlichen Kaufmanns nicht angewendet hat, § 43 Abs. 2 GmbHG, und nicht für eine fehlerhafte Beratung. Er haftet dabei nicht nur gegenüber Dritten, sondern vor allem gegenüber dem eigenen Unternehmen. Der Ausschluss greift dann, wenn der Anwalt die jeweilige Funktion wahrnimmt, z.B. Mitglied im Aufsichtsrat eines Unternehmens ist und als Aufsichtsorgan entscheidet. Hierfür besteht Versicherungsschutz über die Managerhaftpflichtversicherung, die D&O-Versicherung. Sie können die Anwälte separat für Aufsichtsratstätigkeiten abschließen. Man nennt sie in diesem Fall outside directorship liability – Deckung (ODL-Deckung).

61 Der Ausschluss in Ziff. 2 gilt auch für das Personal nach Satz 1 und für anerkannte oder zugelassene Berufsausübungsgesellschaften und die dort tätigen mitversicherten Personen nach Satz 2. Der Ausschluss für das Personal nach Satz 1 ist erforderlich, um die Ansprüche auszuschließen, die man dem Anwalt zurechnen kann. Wenn das Personal für sich selbst in einem Gremium ist, spielt der Ausschluss keine Rolle. Sie können nicht anwaltlich tätig sein. Die Personen haften hierfür allein und persönlich. Der Ausschluss nach Satz 2 für die in den Berufsausübungsgesellschaften tätigen mitversicherten Personen ist erforderlich, weil Anwälte dort zu den mitversicherten Personen zählen, § 7 I Ziff. 1. Die Mitversicherung entspricht regelmäßig der Zurechnung nach § 1 II Ziff. 1. Wenn die Berufsausübungsgesellschaften Versicherungsnehmerin ist, sind mitversichert: Organe, Geschäftsführer, Gesellschafter von Personengesellschaften, Partner und Angestellte oder auch die sonstigen Personen, die die Pflichten der Gesellschaft erfüllen, siehe zur Mitversicherung bei § 7 Rn. 5 ff. Kein Versicherungsschutz besteht, soweit die in den Gesellschaften mitver-

118 *Wilhelmer* Berufshaftpflichtversicherung Rn. 1277.

119 OLG Düsseldorf VersR 1999, 480; zumindest greift der Ausschluss nicht ein, wenn der Versicherungsnehmer die Verjährungsfrist erst nach dem Versicherungsfall verlängert Prölss/Martin/*Lücke* AHB 200 Ziff. 7 Rn. 25.

120 LG Kaiserslautern NJW-RR 2005, 1114; anders Prölss/Martin/*Lücke* AHB 200 Ziff. 7 Rn. 24.

sicherten Anwälte leitend oder kontrollierend in einem Unternehmen als Organ tätig sind. Für die eigene anwaltliche Tätigkeit besteht selbstverständlich wieder Versicherungsschutz nach § 18 I letzter Punkt. Die Berufsausübungsgesellschaften selbst wie allgemein juristische Personen, Personenhandelsgesellschaften und andere Gesamthandsgemeinschaften können im Übrigen nicht Organmitglied einer Gesellschaft sein, § 76 AktG, so dass keine Regelung erforderlich ist.

2. Leitungs- und Überwachungstätigkeiten

Ziff. 2 nimmt nicht-anwaltliche Tätigkeiten vom Versicherungsschutz aus, die die Geschäftsleiter oder Mitglieder von Überwachungs- und Beratungsorganen ausüben. Die Begriffe in Ziff. 2 wie Leiter, Geschäftsführer, Mitglied in einer Firma und weitere sind nicht abschließend. Sie stehen exemplarisch für die leitenden, überwachenden und kontrollierenden Tätigkeiten.[121] Abzustellen ist auf die vergleichbare zugewiesene Funktion. Der Ausschluss soll das wirtschaftliche Risiko ausschließen, das mit solchen Tätigkeiten verbunden ist. Die kaufmännische Tätigkeit ist von der beratenden Tätigkeit zu trennen und nicht versichert. Nach anderer Ansicht sind die aufgezählten Funktionen abschließend und nicht analogiefähig, da es sich um Risikobegrenzungen handelt, die eng auszulegen sind.[122] Jegliche Leitungs- und Überwachungstätigkeit entspricht aber schon nicht einer versicherten Tätigkeit nach § 1. Daneben würde es widersprüchlich sein, wenn ausländische Gesellschaften versichert sind, weil die ausländischen Begriffe in Ziff. 2 nicht genannt sind. Daher sind auch vergleichbare Funktionen nach ausländischem Recht ebenfalls ausgenommen. Beispielsweise muss die LLP nach englischem Recht mindestens zwei Organe haben und ebenfalls mindestens zwei designated members, die als company secretary arbeiten und die gesetzlichen Offenlegungs- und Informationspflichten gegenüber der Registerbehörde in England erfüllen. Hierbei handelt es sich um keine anwaltlichen Tätigkeiten, weil die Berufsträger die LLP leiten und verwalten und daher als Tätigkeiten nicht versichert sind. 62

a) Leiter eines Unternehmens. Leiter eines Unternehmens ist derjenige, der die unternehmerischen Entscheidungen trifft.[123] Es handelt sich um die Geschäftsführer eine GmbH oder die Vorstände von Aktiengesellschaften oder Genossenschaften. Erfasst ist auch die Leitungsebene von Personen- und Personenhandelsgesellschaften wie OHG, KG, GmbH & Co. KG. Gleiches gilt für eingetragene Vereine e.V. und nicht rechtsfähige Vereine nach § 54 BGB iVm § 705 ff BGB, die Vorstände/Geschäftsführer leiten. Weil der Ausschluss nur wiedergibt, dass die sonstigen unternehmerischen leitenden und kontrollierenden Entscheidungen nicht versichert sind, kommt es nicht darauf an, dass nur dann der Versicherungsschutz ausgeschlossen ist, wenn formal eine derartige Funktion vorliegt. Auch ein Generalbevollmächtigter hat keinen Versicherungsschutz, wenn er als Anwalt eine unternehmerische leitende Entscheidung in der Firma trifft. Es kommt allein darauf an, ob es sich um eine von der Leitungsfunktion abgrenzbare versicherte anwaltliche Tätigkeit handelt.[124] 63

b) Aufsichtsrat und Beirat. Die Aufsichts- und Beiratstätigkeit umfasst als Ausschluss die Tätigkeiten, die überwachend und kontrollierend in einem Gremium sind. Gesetzlich vorgesehen ist das Gesellschaftsorgan zwingend in der Aktiengesellschaft nach §§ § 30, 95 AktG und fakultativ in der GmbH nach § 52 GmbHG. Nicht vorgesehen ist der Aufsichtsrat für eine Personengesellschaft. Das Kontrollgremium einer Personengesellschaft fällt damit formal nicht unter den Begriff „Auf- 64

121 BGH VersR 1990, 191.
122 HBAnw/*Chab* § 18 Rn. 64; *Diller* § 4 Rn. 23.
123 OLG Hamm NJW-RR 1993, 1308.
124 Anders *Diller* § 4 Rn. 26.

sichtsrat“. Wenn aber die Funktion vergleichbar ist, besteht für diese Tätigkeit kein Versicherungsschutz. Die Aufzählung der Bedingungen ist nicht abschließend.[125] Ebenfalls unter den Begriff Beirat kann die Tätigkeit eines Syndikusanwalts fallen, wenn der Syndikusanwalt eine Funktion hat, die den Aufgaben eines Leitungs- und Kontrollorgans vergleichbar ist. Die Funktion liegt vor, wenn es erforderlich ist, dass der Syndikusanwalt zu allen oder einzelnen unternehmerischen Entscheidungen zustimmen muss.[126]

3. Abgrenzung freiberufliche anwaltliche Tätigkeit von Leitungs- und Überwachungstätigkeit

65 Der Ausschluss nach Ziff. 2 greift aber nicht, wenn der Versicherungsnehmer einen Verstoß begangen hat, der auf einer anwaltlichen Tätigkeit beruht. Dies stellt § 18 I letzter Punkt klar: *Versichert sind die Ansprüche..., soweit die dem Verstoß zugrundeliegende Tätigkeit einer anwaltlichen Berufsausübung entspricht.* Es handelt sich um eine Klarstellung, weil die anwaltliche Beratungstätigkeit als Pflichtversicherung gedeckt sein muss. Es wäre nicht möglich, den Ausschluss formal dann anzuwenden, wenn der Anwalt Funktionsträger ist, aber anwaltlich berät. Es ist im Einzelfall abzugrenzen, welche Tätigkeit der Anwalt ausgeübt hat, ob versicherte anwaltliche Tätigkeit oder nicht versicherte Organtätigkeit.

66 Die versicherte anwaltliche Tätigkeit von der nicht versicherten Organtätigkeit voneinander abzugrenzen ist nicht immer leicht. Anwälte sind oftmals Mitglied in Leitungs- und Aufsichtsgremien, weil sie spezielle Rechtskenntnisse haben. Daneben sind die Hausanwälte oftmals auch im Aufsichtsrat eines Unternehmens tätig, mit denen Dauermandate bestehen.[127] Die beratende Tätigkeit als Anwalt fällt dann mit der wirtschaftlichen Tätigkeit als Organ zusammen. Anhaltspunkt für eine anwaltliche Tätigkeit ist, dass die Gesellschaft ihn als Anwalt gerade für seine Kenntnisse in einem Fachgebiet in einem konkreten Fall heranzieht neben der sonstigen Tätigkeit als Mitglied des Leitungsorgans.[128] Die Aufgabe muss bestimmt sein.[129] Dieser Grundsatz ergibt sich aus §§ 113, 114 AktG und hat als spezielle Regelung Vorrang vor der sonstigen Abgrenzung zwischen anwaltlicher und nicht-anwaltlicher Tätigkeit. §§ 113, 114 AktG regeln speziell für Aufsichtsratsmitglieder, dass der Aufsichtsrat als Organ dem gesondert zu vergütenden Dienst- oder Werkvertrag mit einem seiner Aufsichtsratsmitglieder zustimmen muss. Beratungsverträge, die sich auch auf die Überwachungsaufgabe beziehen, sind nichtig oder unwirksam. Grundsätzlich zulässig sind damit allein Verträge über Dienste, die Fragen eines besonderen Fachgebietes betreffen, sofern sich die zu erbringenden Beratungsleistungen nicht auch dabei auf übergeordnete, in den Rahmen der Aufsichtsratstätigkeit fallende allgemeine Fragen der Unternehmenspolitik beziehen.[130] Eine anwaltliche Tätigkeit neben der Tätigkeit als Organ liegt vor, wenn der Aufsichtsrat konkret auf der Grundlage einer bestimmten Beratungsleistung des Anwalts für das Unternehmen entschieden hat.[131] Der Aufsichtsrat kann die anwaltliche Beratung aber nur gesondert genehmigen und vergüten, wenn die Leistungen so konkret bezeichnet sind, dass sich der Aufsichtsrat ein eigenständiges Urteil über die Art der Leistung, ihren Umfang sowie die Höhe und Angemessenheit der Vergütung bilden kann. Verträge, die diese Anforderungen nicht erfüllen, kann der Aufsichtsrat gar nicht genehmigen nach § 114 AktG, so dass sie im Ergebnis nichtig sind, § 113 AktG. Sie erlauben in

---

125 BGH VersR 1990, 191.

126 Prölss/Martin/*Lücke* AVB Verm 250 § 4 Rn. 33, der sich auf die Rspr. nach BGH VersR 1990, 191 bezieht.

127 *Brandner* Der Hausanwalt einer AG als Mitglied des Aufsichtsrats, FS Geiß 2000, S. 231; *Happ* Anwaltlicher Beratungsvertrag und Aufsichtsratsmandat, FS Priester, 2007, S. 175.

128 BGH NJW Jahr 1991, 1830 zu §§ 113, 114 AktG.

129 BGH ZIP 2007, 22; *Grunewald* AnwBl 2007, 568.

130 BGH NJW Jahr 1991, 1830.

131 BGH NJW 1998, 3486; in Österreich OGH VersR 1998, 84; HBAnw/*Chab* § 18 Rn. 65; *Diller* § 4 Rn. 36.

diesem Fall kein Urteil darüber, ob die vereinbarte Beratung zur Organtätigkeit gehört.[132] Nichtig ist daher ein Rahmen-Beratungsvertrag über *„...Beratung in allen Angelegenheiten, die nicht in den Aufgabenbereich als Vorstandsmitglied fallen...“* Die generellen Formulierungen auf hohem Abstraktionsniveau ermöglichen es dem Aufsichtsrat nicht, präventiv zu überprüfen, ob der Vertrag tatsächlich nur Dienstleistungen außerhalb der organschaftlichen Tätigkeit umfasst.[133] Nach anderer Ansicht überspannt man damit die Anforderungen an die Konkretisierung des Leistungsprogramms und verhindert, dass spezialisierte Anwälte ein Aufsichtsratsmandat übernehmen.[134] Wenn keine Vergütung vorliegt, können der Umfang der Beratung und die Bedeutung der Angelegenheit für das Unternehmen maßgeblich sein.[135] Unerheblich ist, ob der Mandatsvertrag der Anwalt persönlich oder seine Sozietät geschlossen hat. Die Vergütung fließt ihm auch mittelbar über die Sozietät zu.[136]

4. Ausschluss bei mitversicherten amtsähnlichen persönlichen Tätigkeiten

Der Ausschluss Leistungs- und Überwachungstätigkeit gilt allgemein für alle beruflichen Tätigkeiten des Anwalts, sowohl für die anwaltliche Tätigkeit als auch die mitversicherten nicht-anwaltlichen Tätigkeiten, entsprechend nach den Risikobeschreibungen und Besonderen Bedingungen der jeweiligen Berufsgruppen. Ziff. 2 steht systematisch im Allgemeinen Teil vor den Spezialregelungen der Anwälte und deren Besonderheiten. Der allgemeine Ausschluss gilt darüber hinaus auch für die Steuerberater, soweit nicht Besonderheiten in den BBR-S bestehen. Dabei ist zu beachten, dass die mitversicherten Tätigkeiten unternehmerische Elemente enthalten, insbesondere bei der Testamentsvollstreckung. Zur Erbmasse können gerade auch Unternehmensanteile oder Unternehmen gehören, die der Testamentsvollstrecker bis Volljährigkeit des Erbberechtigten fortzuführen hat. Abzugrenzen zwischen versicherter Tätigkeit und nicht versicherter unternehmerischer kaufmännischer Tätigkeit ist danach, ob der Berufsträger sich noch innerhalb der gesetzlichen Grenzen des ihm persönlich übertragenen Amts hält. Beispiel Insolvenzverwaltung: Der Ausschluss betrifft nicht die Haftpflichtansprüche aus der Leitung privater Unternehmungen des als Insoverwalter tätigen Rechtsanwalts aus der Fortführung des insolventen Unternehmens, die dem Ziel dient, eine möglichst günstige Verwertung der Konkursmasse herbeizuführen.[137] Anders ist es, wenn der Berufsträger das Unternehmen wie ein Unternehmer mit dem Ziel der Gewinnerzielung und gerade nicht mit dem Ziel einer möglichst günstigen Verwertung der Masse weiterbetreibt.[138] Darunter fallen die grundlegenden Managemententscheidungen wie Produkt- und Angebotswesen,[139] siehe dazu ausführlich zur mitversicherten Insolvenzverwaltertätigkeit nach § 18 I Rn. 11 ff. 67

132 BGH NJW 1994, 2484.
133 LG Stuttgart ZIP 1998, 1275.
134 *Müller* NZG 2002, 797.
135 Beckmann/Matusche-Beckmann/*v. Rintelen* § 26 Rn. 275, 279, 283 ff.
136 LG Stuttgart ZIP 1998, 1275, 1280.
137 BGH VersR 1980, 353.
138 BGH VersR 1990, 191 zum Konkursverwalter.
139 *Diller* § 4 Rn. 26.

B Der Versicherungsfall (§§ 5 und 6)

§ 5 Versicherungsfall, Obliegenheiten im Versicherungsfall, Zahlung des Versicherers

I. Versicherungsfall

Versicherungsfall ist der Verstoß, der Haftpflichtansprüche gegen den Versicherungsnehmer zur Folge haben könnte.

II. Obliegenheiten im Versicherungsfall

1. Anzeigepflichten
a) Jeder Versicherungsfall ist dem Versicherer (vgl. § 11) spätestens innerhalb einer Woche anzuzeigen.
b) [1]Auch wenn der Versicherungsnehmer den Versicherungsfall selbst bereits angezeigt hat, hat er dem Versicherer unverzüglich Anzeige zu erstatten, wenn gegen ihn ein Anspruch gerichtlich geltend gemacht, Prozesskostenhilfe beantragt, ein Mahnbescheid erlassen, ihm der Streit verkündet, ein Schlichtungsverfahren vor der Schlichtungsstelle der Rechtsanwaltschaft beantragt, ein Ermittlungsverfahren eingeleitet oder ein Strafbefehl erlassen wird. [2]Das gleiche gilt im Fall eines Arrestes, einer einstweiligen Verfügung oder eines selbständigen Beweisverfahrens. [3]Gegen Mahnbescheide oder Verfügungen von Verwaltungsbehörden auf Schadenersatz hat er, ohne die Weisung des Versicherers abzuwarten, fristgemäß die erforderlichen Rechtsbehelfe zu ergreifen.
c) Macht der Geschädigte seinen Anspruch gegenüber dem Versicherungsnehmer geltend, ist dieser zur Anzeige innerhalb einer Woche nach der Erhebung des Anspruchs verpflichtet.
d) [1]Durch das Absenden der Anzeige werden die Fristen gewahrt. [2]Für die Rechtsnachfolger des Versicherungsnehmers tritt an Stelle der Wochenfrist jeweils eine Frist von einem Monat.

2. Mitwirkung des Versicherungsnehmers bei der Schadenabwehr.
a) Der Versicherungsnehmer ist, soweit für ihn zumutbar, verpflichtet, unter Beachtung der Weisungen des Versicherers, insbesondere auch hinsichtlich der Auswahl des Prozessbevollmächtigten, für die Abwendung und Minderung des Schadens zu sorgen und alles zu tun, was zur Aufklärung des Schadenfalles dient.
b) Er hat den Versicherer bei der Abwehr des Schadens sowie bei der Schadenermittlung und -regulierung zu unterstützen, ihm gegenüber ausführliche und wahrheitsgemäße Sachverhaltsschilderungen abzugeben, alle Tatumstände, welche auf den Schadenfall Bezug haben, mitzuteilen und alle nach Ansicht des Versicherers für die Beurteilung des Schadenfalls erheblichen Schriftstücke einzusenden.
c) [1]Den aus Anlass eines Schadenfalles erforderlichen Schriftwechsel hat der Versicherungsnehmer unentgeltlich zu führen. [2]Sonstiger anfallender Aufwand sowie auch die Kosten eines vom Versicherungsnehmer außergerichtlich beauftragten Bevollmächtigten werden nicht erstattet.
d) [1]Eine Streitverkündung seitens des Versicherungsnehmers an den Versicherer ist nicht erforderlich. [2]Die Kosten einer solchen werden vom Versicherer nicht ersetzt.
e) Bei Haftpflichtansprüchen aus Tätigkeiten im Zusammenhang mit der Beratung und Beschäftigung im außereuropäischen Recht, aus der Tätigkeit oder aus der Inanspruchnahme vor außereuropäischen Gerichten entsprechend den Regelungen in den Besonderen Bedingungen (Teil 2 BBR-RA, Teil 3 BBR-S) hat der Versicherungsnehmer im Scha-

https://doi.org/10.1515/9783111396415-007

denfall den Schriftverkehr mit dem Versicherer ausschließlich über inländische Einheiten in deutscher und englischer Sprache abzuwickeln, dem Versicherer einen inländischen Ansprechpartner zu benennen, den Schadenfall entsprechend aufzubereiten und – vorbehaltlich anderweitiger Vereinbarungen mit dem Versicherer – vor Ort die rechtliche Argumentation zur Abwehr von Schadenersatzansprüchen in Absprache mit dem Versicherer zu übernehmen.

III. Zahlung des Versicherers

1. Zeitpunkt
Ist die Schadenersatzverpflichtung des Versicherungsnehmers mit bindender Wirkung (§ 3 II Ziff. 1a) für den
Versicherer festgestellt, hat dieser den Versicherungsnehmer binnen zwei Wochen vom Anspruch des Dritten freizustellen.

2. Erfüllung
Die Leistungen des Versicherers erfolgen in Euro. Die Verpflichtung des Versicherers gilt mit dem Zeitpunkt als erfüllt, in dem der Euro-Betrag bei einem inländischen Geldinstitut angewiesen ist.

Übersicht

A. Übersicht

1 § 5 regelt, dass der Versicherungsnehmer einen möglichen Schadenfall dem Versicherer anzuzeigen hat und was im Falle eines Versicherungsfalls der Versicherungsnehmer und der Versicherer zu tun haben. Das System der Obliegenheiten in den AVB folgt dem zeitlichen Verlauf in einem Versicherungsverhältnis. Bei Verletzung der vorvertraglichen Anzeigepflichten kann der Versicherer vom Versicherungsvertrag zurücktreten, leistungsfrei sein, den Vertrag kündigen, wegen arglistiger Täuschung anfechten oder auch berechtigt sein, den Vertrag zu ändern, § 12 II iVm §§ 19–22 VVG. § 13 regelt die Anzeigepflichten des Versicherungsnehmers während der Vertragslaufzeit mit dem Verweis auf § 26 VVG, wenn eine Risikoerhöhung nicht angezeigt ist. § 5 regelt die Obliegenheiten im Versicherungsfall mit den Rechtsfolgen nach § 6, wenn der Versicherungsnehmer fehlerhaft meldet. In den AVB-RS ergänzen § 5, 6 die gesetzlich vorgeschriebenen Anzeigepflichten im Versicherungsfall nach § 104 Abs. 1, 2 VVG und allgemein nach § 30 Abs. 1 VVG wie auch die Rettungsobliegenheit nach § 82 Abs. 1, 2 VVG. § 12 verweist auf die vorvertraglichen Anzeigepflichten nach § 19–22 VVG und übernimmt sie. § 13 verweist nur in I Ziff. 3 auf § 26 VVG auf die Obliegenheiten in einem bestehenden Vertrag vor einem Versicherungsfall hin und nicht komplett auf die gesetzlich vorgesehenen Bestimmungen in §§ 23–27 VVG. § 13 I ist daher als Konkretisierung zum VVG zu sehen, wie die Meldung von weiteren Anwälten als zuschlagpflichtige Personen oder wenn die Kanzlei einen Exzedenten bei einem anderen Versicherer abschließt. § 28 VVG bleibt daher bei §§ 5, 6, 13 anwendbar, da die AVB-RS nicht allein die gesetzlichen Obliegenheiten wiedergeben, sondern konkretisieren.

B. Obliegenheiten

I. System der Obliegenheiten

2 Das VVG oder sonstige Regeln definieren nicht den Begriff der Obliegenheiten, sondern die Rspr. entwickelt das Regelungssystem weiter.[1] Der Versicherer kann dabei ein bestimmtes Verhalten des Versicherungsnehmers nicht erzwingen oder es einklagen oder deshalb Schadensersatz fordern. § 278 ist nicht anwendbar.[2] Die Obliegenheit ist nicht Vertragsbestandteil im Sinne des Vertragsverhältnisses Leistung gegen Prämie. Die Obliegenheiten disziplinieren dasjenige Verhalten des Versicherungsnehmers, das der Versicherer nicht durch Ausschlüsse oder Schadensersatzansprüche regeln kann. Vorvertraglich hat der Versicherungsnehmer über das Risiko aufzuklären und Änderungen des Risikos mitzuteilen, damit der Versicherer überlegen kann, wie zu versichern ist. Im Versicherungsfall hat er die Umstände zu melden und bei der Aufklärung und Abwehr mitzuwirken, damit der Versicherer entsprechend der Haftung und Deckung regulieren kann. Auf der anderen Seite soll der Versicherungsnehmer nicht bei jedem Fehlverhalten fürchten müssen, dass sein Versicherungsschutz verloren geht, für den er Prämien gezahlt hat. § 28 VVG als Bestimmung für die vertraglichen Obliegenheiten regelt diese beiderseitigen Interessen. Dabei ist § 28 VVG

1 BT-Drucks. 16/3945, 68.

2 BGH VersR 1981, 321; 1964, 475.

zwar nach seinem Wortlaut nur für die vertraglichen Obliegenheiten in den AVB-RS maßgeblich, aber wenn der Versicherer die gesetzlichen Obliegenheiten übernimmt oder sie ergänzt und eine Sanktion vorsieht, gilt ebenfalls § 28 VVG.[3]

II. Abgrenzung zu Risikoausschlüssen

Die Rechtsfolgen von Verletzungen einer Obliegenheit und einem Risikoausschluss sind unterschiedlich, zu den Risikoausschlüssen allgemein siehe § 4 Rn. 3 ff. Bei einem Risikoausschluss, wie z.B. in § 4 bei Auslandssachverhalten bei anwaltlicher Beratung gilt, dass der Versicherer von vornherein nicht leisten muss, wenn der Risikoausschluss verwirklicht ist, gleich welche Art des Verschuldens vorliegt. Auch der bei Obliegenheitsverletzungen regelmäßig mögliche Kausalitätsgegenbeweis des Versicherungsnehmers, dass die Verletzung sich nicht auf den Versicherungsschutz ausgewirkt hat, ist nicht möglich, weil schon der Versicherungsschutz von vornherein ausgeschlossen ist. 3

Maßgeblich für die Abgrenzung zwischen Obliegenheit und Ausschluss ist, wie die Klausel formuliert ist, wo sie steht und ihr materieller Gehalt.[4] Wenn die Klausel als Obliegenheit bezeichnet ist, handelt es sich grundsätzlich um eine Obliegenheit.[5] Eine Obliegenheit liegt mindestens dann vor, wenn ein bestimmtes beschriebenes Fehlverhalten des Versicherungsnehmers im Sinne des Versicherungsvertrages dazu führt, dass der Versicherer nicht leisten muss. Die Obliegenheit kann nur der Versicherungsnehmer selbst erfüllen als „Pflicht gegen sich selbst". Ein Ausschluss liegt vor, wenn ein Zustand oder ein Ereignis dazu führt, dass der Versicherer nicht leisten muss. Zu beachten ist aber, dass sich fast jede Klausel, die zur Leistungsfreiheit des Versicherers führen soll, sich als Obliegenheit oder Risikobegrenzung formulieren lässt.[6] 4

Um Obliegenheiten handelt es sich in allen Fällen der vorvertraglichen Anzeigepflichten nach § 12, im bestehenden Vertrag nach § 13 und den Anzeige- Mitwirkungs- und Aufklärungspflichten nach § 5, 6. Hier wird das Verhalten des Versicherungsnehmers nach seinem Verschulden und der Kausalität sanktioniert, wie es auch die AVB-RS in den Überschriften im Wortlaut und nach der systematischen Stellung dokumentieren. Bei allen Fällen des § 4 handelt es sich um Risikoausschlüsse. Es liegen Zustände oder Ereignisse vor, bei denen der Versicherer nicht leisten muss, wie z.B., wenn der Anwalt Gelder veruntreut. Ausnahme ist der Ausschluss der wissentlichen Pflichtverletzung nach § 4 Ziff. 3, weil ein Verhalten und kein Ereignis beschrieben wird. Es handelt sich aber um einen gesetzlich zulässigen Ausschluss, § 51 Abs. 3 Nr. 1 BRAO, und nicht um eine Obliegenheit.[7] 5

III. Rechtsfolgen von Obliegenheitsverletzungen

Das VVG hat für die Rechtsfolgen von Obliegenheitsverletzungen ein weitgehend einheitliches System geschaffen, gleich ob es sich um vertragliche oder gesetzliche Obliegenheiten handelt.

Bei den vorvertraglichen Anzeigepflichtverletzungen, z.B. falsche Risikodaten einer Kanzlei wie Anzahl der Berufsträger, favorisiert das VVG, dass der Vertrag angepasst bestehen bleibt, wenn auch zu geänderten Vertragsbedingungen oder einer höheren Prämie. Der Versicherungsnehmer kann immer nachweisen, dass die Obliegenheitsverletzung nicht den Versicherungsschutz beeinflusst hat als sog. Kausalitätsgegenbeweis. Der Versicherer kann sich vom Vertrag rückwirkend oder für die Zukunft nur lösen bei Arglist und Vorsatz und eingeschränkt bei grober Fahrläs- 6

3 BGH VersR 1987, 477; OLG Düsseldorf VersR 2003, 102; OLG Oldenburg VersR 1985, 977.
4 Langheid/Rixecker/*Rixecker* § 28 Rn. 12; *Koch* VersR 2014, 283.
5 BGH VersR 2009, 1659.
6 Beckmann/Matusche-Beckmann/*Marlow* § 13 Einleitung Rn. 15a.
7 OLG Hamm VersR 1996, 1006.

sigkeit, wenn der nicht gemeldete Umstand vertragshindernd war, §§ 19–22 VVG, siehe dazu ausführlich § 11a Rn. 31 ff. Bei leichter Fahrlässigkeit gibt es keine gravierenden Folgen, allenfalls kann der Versicherer den Vertrag anpassen. Die gleichen Regelungen und die Rechtsfolgen gelten grundsätzlich, wenn der Versicherungsnehmer im laufenden Vertrag gefahrerhöhende Umstände nicht meldet, § 13 I Ziff. 3, § 23 ff VVG.

7 Bei den Obliegenheitsverletzungen im laufenden Vertrag, z.B. wie bei Eintritt des Versicherungsfalls, wenn der Versicherungsnehmer einen Schadenfall nicht meldet, bleibt der Versicherer regelmäßig zur Leistung verpflichtet, außer der Versicherungsnehmer hat arglistig gehandelt. Bei grober Fahrlässigkeit muss der Versicherer nur anteilsmäßig leisten. Der Versicherer bleibt zur Leistung verpflichtet, wenn der Versicherungsnehmer durch einen Kausalitätsgegenbeweis nachweisen kann, dass die Obliegenheitsverletzung den Versicherungsschutz nicht beeinflusst hat. Bei leichter Fahrlässigkeit bleibt der Versicherer immer zur Leistung verpflichtet, § 6 III Satz 2, siehe dazu allgemein zu den Rechtsfolgen bei Obliegenheitsverletzungen im Schadenfall § 6 Rn. 1 ff.

IV. Darlegungs- und Beweislast

8 Nach allgemeiner Regel hat der Versicherer den ihn begünstigenden Tatbestand darzulegen und zu beweisen und in gleicher Weise der Versicherungsnehmer. Es bedeutet, dass der Versicherer regelmäßig die Obliegenheitsverletzung des Versicherungsnehmers darlegen und beweisen muss, während der Versicherungsnehmer den Kausalitätsgegenbeweis führen kann.[8] Wenn der Versicherer den objektiven Tatbestand der Obliegenheitsverletzung nachgewiesen hat, wird die grobe Fahrlässigkeit des Versicherungsnehmers vermutet, § 28 Abs. 2 Satz 2, 2. HS VVG. Der Versicherungsnehmer muss den Gegenbeweis antreten. Vorsatz hat der Versicherer zu beweisen. Der Versicherungsnehmer muss den Kausalitätsgegenbeweis führen, dass seine Obliegenheitsverletzung nicht den Versicherungsschutz beeinflusst hat, weder den Eintritt oder die Feststellung des Versicherungsfalls noch dessen Umfang, § 28 Abs. 3 Satz 1 VVG. Zweifel gehen zu seinen Lasten. Der Versicherer hat die Beweislast, dass er den Versicherungsnehmer ordnungsgemäß belehrt und aufgeklärt hat, wenn dieser seine Obliegenheiten verletzt.

C. Regelungsgehalt

I. Systematik des § 5

9 § 5 folgt grob einem gedachten Schadenfall von der Meldung bis zur Regulierung.

I definiert den Versicherungsfall. Der Versicherungsfall bei der Berufshaftpflichtversicherung ist der Verstoß, der Haftpflichtansprüche gegen den Versicherungsnehmer zur Folge haben könnte, siehe zum Verstoß und Verstoßprinzip ausführlich § 1 Rn. 11 ff.

II regelt, was der Versicherungsnehmer im Versicherungsfall zu tun hat. Die Obliegenheiten dienen dazu, dass der Versicherer in der Lage ist, die Rechtsschutz- und Freistellungsverpflichtung erfüllen zu können, § 3 II Ziff. 1, § 100 VVG. Der Versicherungsnehmer muss den Schaden dem Versicherer melden. Wenn der Geschädigte seinen Anspruch gerichtlich durchsetzt, muss er dies ggf. nochmals melden und hat gegenüber prozessualen Verfügungen selbständig zu agieren, II Ziff. 1 a) bis 1 e). Er hat die Obliegenheit den Schaden zu minimieren und den Schadenfall aufzuklären, II Ziff. 2. Bei Verletzung dieser Pflichten kann der Versicherer leistungsfrei sein oder die Leistungen kürzen, je nach Schwere des Verschuldens des Versicherungsnehmers, § 6. § 5 folgt dem VVG in den allgemeinen und speziellen Vorschriften im Versicherungsverhältnis und in der Schadenversicherung. Das VVG unterscheidet im Versicherungsfall nach den Anzeigeobliegenhei-

8 Beckmann/Matusche-Beckmann/*Marlow* § 13 Rn. 172–179.

ten nach §§ 30, 31, 104 VVG, den Aufklärungsobliegenheiten nach § 31 VVG und der Schadenminderungsobliegenheit nach §§ 82, 28 VGG. Der Versicherer darf bei allen Obliegenheiten nicht zulasten des Versicherungsnehmers abweichen, §§ 32, 87, 112 VVG.

III regelt die Verpflichtungen des Versicherers, wenn der Versicherungsnehmer Schadensersatz aufgrund seiner Haftung zu leisten hat. Er hat innerhalb von zwei Wochen gegenüber dem Geschädigten zu leisten.

II. Zumutbarkeit und Ende der Obliegenheiten

Der Versicherungsnehmer hat die Obliegenheiten zu erfüllen, die zumutbar sind. Dies ergibt sich 10 aus II Ziff. 2 a) *„...soweit für ihn zumutbar...“*. Die Regelung gilt allgemein für alle Obliegenheiten in § 5 und nicht allein für die Schadenminderungsobliegenheit. Der Versicherungsnehmer soll nicht etwas machen müssen, was für ihn allgemein und persönlich nicht durchführbar ist. Maßstab ist einerseits, dass der Versicherungsnehmer als Vertragspartner im Versicherungsverhältnis und als Geschäftspartner zu seinem Mandanten zu betrachten ist. Andererseits muss der Versicherer in der Lage sein, den Schadenfall aufklären und bearbeiten zu können.[9] Unzumutbar ist es, wenn der Versicherer vom Versicherungsnehmer verlangt, falsche oder unwahre Erklärungen oder Tatsachen zu schildern oder im Haftpflichtprozess falsch auszusagen. Es handelt sich nicht mehr um eine prozesstaktische Maßnahme, sondern um eine nicht gerechtfertigte Einflussnahme auf den Prozessverlauf. In den Bedingungen der Betriebshaftpflicht ist dies konkret beschrieben und kann als allgemeiner Maßstab gelten. Nach B3-3.1.1 S. 1 AVB BHV hat der Versicherungsnehmer besonders gefahrdrohende Umstände auf Verlangen des Versicherers innerhalb angemessener Fristen zu beseitigen. Dies gilt gemäß B3-3.1.1 S. 2 AVB BHV nicht, soweit die Beseitigung unter Abwägung der beiderseitigen Interessen unzumutbar ist. Ein Umstand, der zu einem Schaden geführt hat, gilt gemäß B3-3.1.1 S. 3 AVB BHV ohne Weiteres als besonders gefahrdrohend.[10]

Die Obliegenheit des Versicherungsnehmers endet mit dem Zeitpunkt, zu dem der Versicherer 11 seine Leistungsablehnungserklärung abgegeben hat. Hiermit ist die Entscheidungsfindung des Versicherers abgeschlossen und seine Schutzbedürftigkeit entfällt.[11] Weil der Versicherer nicht mehr schutzbedürftig ist, braucht der Versicherungsnehmer keine Auskünfte mehr erteilen oder muss sich mit ihm in irgendeiner Form abstimmen. Der Versicherungsnehmer kann den Anspruch anerkennen oder auch selbst ablehnen. Wenn er den Anspruch erfüllt, wird ein möglicher Anspruch gegenüber dem Versicherer fällig, § 5 III, § 106 VVG.[12] Ebenfalls nicht verletzt der Versicherungsnehmer seine Obliegenheiten, wenn sich der Versicherer treuwidrig verhält. Das liegt vor, wenn er den Versicherungsnehmer anweist, Widerspruch gegen einen Mahnbescheid einzulegen und es auf ein streitiges Verfahren ankommen lässt, obwohl bereits zu diesem Zeitpunkt dem Versicherer bewusst sein musste, dass er überhaupt nicht eintrittspflichtig war, weil es sich um nicht versicherte Ansprüche aus der Erfüllung von Verträgen handelte.[13] Die Obliegenheit besteht aber wieder, wenn der Versicherer unmissverständlich zu erkennen gibt, dass er wieder in die Prüfung seiner Leistungspflicht eintreten und zu diesem Zweck die Verhandlungen über die Schadensregulierung erneut aufnehmen will, z.B. etwa aufgrund nachträglich bekannt gewordener Umstände.[14] Allerdings sollte bei einer anhängigen Klage der Versicherungsnehmer seinen Versicherer trotzdem gesondert informieren nach II Ziff. 1 b). Auch wenn der Versicherer zuvor die

9 *Wilhelmer* Berufshaftpflichtversicherung Rn. 3759.
10 Littbarski/Tenschert/Klein/*Littbarski* AVB BHV § B3.3 Rn. 148.
11 BGH NJW 1989, 2472 f; 2473; HBAnw/*Chab* § 18 Rn. 121.
12 OLG Hamm VersR 1987, 802, 804; BGH NJW 2001, 1311 f; 1312; OLG Köln NJW-RR 2002, 1646 zu Steuerberatern/Wirtschaftsprüfern.
13 OLG Celle NJW-RR 2004, 466.
14 BGH NJW 1989, 2472 f; OLG Hamm VersR 1999, 1405.

Deckung abgelehnt hat, können in der Klage neue Tatsachen und rechtliche Hinweis auftreten, die dazu führen, dass der Versicherer eintrittspflichtig ist.

III. Verschwiegenheit des Versicherers im Schadenfall

12 Der Anwalt ist zur Verschwiegenheit verpflichtet, § 203 Abs. 1 Nr. 3 StGB, § 43a Abs. 2 BRAO und § 2 BORA. Gleiches muss gegenüber Dritten auch für den Versicherer gelten, wenn er einen Schaden bearbeitet, wie wenn er selbst der Anwalt wäre. Dabei hat der Versicherer aber kein Zeugnisverweigerungsrecht wie ein Anwalt und er kann einer Beschlagnahme einer Akte nicht widersprechen, § 94 StPO. Dies wirkt sich dann aus, wenn die Staatsanwaltschaft versucht über den Versicherer an relevante Informationen heranzukommen, um ein Strafverfahren eröffnen zu können, beispielsweise wenn bestimmte Einzelobjekte versichert sind und strafbare Verdachtsfälle bestehen. Der Versicherer darf aber von sich aus nicht Straftatbestände melden oder Unterlagen ohne weiteres weitergeben.[15] Rechtlich kann man die Verschwiegenheit des Versicherers als Nebenpflicht aus dem Versicherungsverhältnis zwischen Anwalt und Versicherer sehen. Daher haftet der Versicherer bei Verletzung seiner Pflicht gegenüber dem Anwalt aus dem Versicherungsvertrag.

D. Versicherungsfall, I

13 Der Berufsfehler des Versicherungsnehmers als Verstoß ist der Versicherungsfall. Die Versicherung deckt jeden Verstoß, der in die Vertragslaufzeit fällt. Der Versicherer darf die Deckung nicht auf die Verstöße begrenzen, die der Anwalt nach Beendigung des Vertrages meldet, sog. unbegrenzte Nachhaftung. Der Versicherer trägt das Spätschadenrisiko, sog. long-tail-Risiko. Es können mehrere selbständige Verstöße vorliegen, die jeweils einzeln einen Versicherungsfall nach § 5 I bedeuten, die aber auch einen Serienschaden bilden können. Mehrere Verstöße können dann einen Versicherungsfall bedeuten, siehe zum Serienschaden § 3 Rn. 67. Auch ein Unterlassen und der erste Verstoß in einem gedehnten Versicherungsfall sind Versicherungsfälle, siehe zum Unterlassen und gedehnten Versicherungsfall § 2 Rn. 23. Im Übrigen anders ist die Definition des Versicherungsfalls beim claims-made-Prinzip. Der Versicherungsfall liegt nicht im Verstoß, sondern in der Meldung eines Schadenfalls. Regelmäßig begrenzt der Versicherer die Meldung des Versicherungsfalls auf eine bestimmte Zeit, wenn das Vertragsverhältnis beendet ist, siehe ausführlich § 1 Rn. 17.

E. Obliegenheiten im Versicherungsfall, II

I. Zweck der Schadenanzeige

14 Nach II hat der Versicherungsnehmer in unterschiedlichen Fällen einen möglichen Versicherungsfall anzuzeigen. Auslöser ist, dass der Versicherungsnehmer von einem Versicherungsfall Kenntnis hat oder der Mandant/Dritte einen Haftpflichtanspruch geltend macht, entweder gerichtlich oder außergerichtlich. Dann hat der Versicherungsnehmer binnen Wochenfrist dem Versicherer die Umstände in Textform zu melden. Sinn und Zweck dieser Obliegenheiten ist, dass der Versicherer den Versicherungsfall überhaupt erkennen und den Sachverhalt feststellen kann, ggf. auch um Beweise zu sichern. Anders als in der allgemeinen Haftpflichtversicherung kommt es hier als geistige Dienstleistung gerade auf Schriftstücke und Verhandlungen des Versicherungsnehmers mit dem Mandanten an. Der Sachverhalt kann durch Zeitablauf nicht mehr rekonstruierbar sein. Der Versicherer kann bei frühzeitiger Schadenmeldung in Zusammenarbeit

15 *Diller* § 5 Rn. 62.

mit dem Versicherungsnehmer verhindern, dass ein weiterer Schaden eintritt. Die Versicherer haben das Fachwissen, das der Anwalt im Schadenfall abrufen kann. Eine mögliche Pflichtverletzung, wie zum Beispiel ein Fristversäumnis, lässt sich noch korrigieren, wenn die Möglichkeiten der Wiedereinsetzung bestehen. Eine Rechtsberatung ohne erkennbaren Haftungsfall ist allgemein nicht damit verbunden, aber der Versicherer bietet bei Zweifeln über das Vorliegen eines Verstoßes eine vorsorgliche Beratung an nach § 3 II Ziff. 9, siehe dazu § 3 Rn. 109. Zu den notwendigen Erhebungen des Versicherers über Eintritt und Umfang des Versicherungsschutzes zählen auch Nachforschungen, ob der Versicherungsnehmer bei Vertragsschluss seine vorvertraglichen Anzeigeobliegenheiten iSv § 19 Abs. 1 Satz 1 VVG ordnungsgemäß erfüllt hat.[16]

II. Fristen, Inhalt, Textform, II Ziff. 1 a), 1 c), 1 d)

Nach II Ziff. 1 a) ist jeder Versicherungsfall mindestens innerhalb einer Woche anzuzeigen. Gleiches gilt, wenn der Geschädigte seinen Anspruch gegenüber dem Versicherungsnehmer geltend macht, II Ziff. 1 c). Diese Regelungen entsprechen dem VVG. Nach § 30 VVG hat der Versicherungsnehmer den Eintritt des Versicherungsfalls nach Kenntniserlangung unverzüglich anzuzeigen. Nach § 104 Abs. 1 Satz 1 VVG hat der Versicherungsnehmer dem Versicherer innerhalb einer Woche die Tatsachen anzuzeigen, die seine Verantwortlichkeit gegenüber einem Dritten zur Folge haben könnte. Der Versicherungsnehmer hat nur dann nach § 6 einen Nachteil, wenn er die Wochenfrist nicht einhält. Es genügt, wenn er die Anzeige innerhalb der Wochenfrist absendet, nicht maßgeblich ist der Zugang beim Versicherer, § 104 Abs. 3 VVG, II Ziff. 1 d) Satz 1. Zugunsten von Erben oder sonstigen Rechtsnachfolgern, die oftmals erst später reagieren können, gilt eine Frist von einem Monat, II Ziff. 1 d) Satz 2. Die Fristen berechnen sich nach §§ 186 ff BGB. 15

Die Textform ist ausreichend, also auch eine E-Mail, § 126b BGB. Die Textform ergibt sich im Übrigen schon aus § 11. Jede Erklärung soll gegenüber dem Versicherer in Textform abzugeben sein. Nicht ausreichend sind aber ein Telefonat oder sonstige mündliche Erklärungen. Wenn der Versicherungsnehmer behauptet, mündlich den Versicherer informiert zu haben, hat er objektiv die Obliegenheit nach II Ziff. 1 a) verletzt. Der Versicherer bleibt jedoch regelmäßig zur Leistung oder einer Teilleistung verpflichtet, denn nach § 30 Abs. 2 VVG kann sich der Versicherer nicht auf die vereinbarte Textform nach II Ziff. 1 a) berufen, wenn er auf andere Weise vom Eintritt des Versicherungsfalles rechtzeitig Kenntnis erlangt hat.[17] Der Versicherungsnehmer muss auch nicht mehr melden, wenn der Versicherer seine Leistungsverpflichtung ablehnt. Die Wahrnehmung von Obliegenheiten nach Eintritt des Versicherungsfalls dient nämlich nur dazu, dem erfüllungsbereiten Versicherer die Prüfung seiner Leistungspflicht zu ermöglichen und zu erleichtern. Dessen bedarf er nach endgültiger Leistungsablehnung nicht mehr.[18] Will der Versicherer nach einer Leistungsablehnung wieder in die Sachprüfung eintreten und dafür den Schutz vertraglich vereinbarter Obliegenheiten erneut in Anspruch nehmen, muss er dies gegenüber dem Versicherungsnehmer zweifelsfrei klarstellen.[19] 16

Der Versicherungsnehmer muss inhaltlich den Versicherer in die Lage versetzen, den möglichen Versicherungsfall bearbeiten zu können. Er muss aber die Ansprüche nicht genau bezeichnen oder den Schaden beziffern. Der Versicherer sollte in der Lage sein die Sach- und Rechtslage zu übersehen. Insgesamt sind die Anforderungen an eine vorsorgliche Schadenmeldung nicht hoch. Schlüssigkeit ist nicht erforderlich.[20] Es ist Aufgabe des Versicherers beim Versicherungsnehmer aufzuklären und ggf. die entsprechenden Einzelheiten abzufragen. Tatsächlich ist es von Vorteil, wenn der Versicherungsnehmer dem Versicherer die Umstände meldet und eine eigene 17

16 BGH NJW 2017, 1391.
17 OLG Köln r+s 2002, 338, 339; KG VersR 2002, 703.
18 BGH r+s 1992, 100 zu einem Versicherer von Krankentagegeld.
19 BGH, Urteil vom 13.3.2013 – IV ZR 110/11 LS 2.
20 BGH MDR 2014, 1028.

Einschätzung mit einer kurzen aussagekräftigen Sachverhaltsschilderung abgibt, insbesondere zu der Pflichtverletzung. Hilfreich sind auch Hintergrundinformationen. Nach § 2 Abs. 4 lit. b) BORA verletzt der Anwalt auch nicht die Schweigepflicht, wenn er die Umstände meldet, die zur Durchsetzung oder Abwehr von Ansprüchen aus dem Mandatsverhältnis oder zur Verteidigung in eigener Sache dienen. Es handelt sich um berechtigte Interessen. Dieser eingeschränkten Schweigepflicht im Versicherungsverhältnis unterliegen auch der Versicherer und der beauftragte Makler, siehe § 5 Rn. 12 zur Schweigepflicht des Versicherers.

18 Adressat der Anzeige ist nach § 11 die Allianz Versicherungs-AG in Berlin. Das ist das Zentrum für die Briefbearbeitung der Allianz. Dort scannt man die Dokumente und schickt sie an die entsprechenden Einheiten. Die Obliegenheit ist auch dann erfüllt, wenn sie direkt an die jeweiligen Betriebs- oder Schadenbearbeiter gelangen. Wenn ein Ausschließlichkeitsvertreter die Kanzlei betreut, genügt die Anzeige gegenüber ihm, da er Erfüllungsgehilfe des Versicherungsunternehmens ist. Wenn ein Makler die Kanzlei betreut, enthält der Versicherungsvertrag regelmäßig eine Klausel, die Rechte und Pflichten des Maklers beinhaltet. Danach ist der Makler meist berechtigt, alle Willenserklärungen des Versicherungsnehmers zu Lasten und zu Gunsten gegenüber dem Versicherer entgegenzunehmen und weiterzuleiten. Der Makler ist damit verpflichtet die Anzeigen der Anwälte rechtzeitig an den Versicherer weiterzugeben. Der Makler ist nicht dazu berechtigt, die Schadenbearbeitung vorzunehmen. Die Schadensregulierung im Auftrag des Versicherers gehört im Regelfall nicht als Nebenleistung zum Berufs- oder Tätigkeitsbild des Versicherungsmaklers. Es handelt sich um eine konkrete Subsumtion eines Sachverhalts unter die maßgeblichen rechtlichen Bestimmungen, die über eine bloß schematische Anwendung von Rechtsnormen ohne weitere rechtliche Prüfung hinausgeht, § 2 RDG.[21]

III. Anzeigeobliegenheit des Versicherungsnehmers

19 Der Versicherungsnehmer hat in drei verschiedenen Fällen einen möglichen Versicherungsfall dem Versicherer zu melden. Die Anzeigeobliegenheit besteht bei:

- Kenntnis vom Versicherungsfall, II Ziff. 1 a)
- Gerichtliche Maßnahmen und prozessuale Maßnahme wie Antrag auf Prozesskostenhilfe, Mahnbescheid, Streitverkündung oder Schlichtungsverfahren, Ermittlungsverfahren, Strafbefehlen, II 1 b) Satz 1; bei einem Arrest, einstweiliger Verfügung oder einem selbständigen Beweisverfahren, II 1 b) Satz 2
- Erhebung des Anspruchs durch den Geschädigten, II Ziff. 1 c)

Rechtsfolge ist, dass der Versicherungsnehmer spätestens in einer Woche dem Versicherer die Umstände melden muss. Gegen Mahnbescheide oder Verfügungen hat der Versicherungsnehmer zusätzlich fristgemäß Widerspruch zu erheben. Bei Verletzung einer Anzeigenpflichtverletzung ist der Versicherer nur dann teilweise leistungsfrei, wenn der Versicherungsnehmer mindestens grob fahrlässig gehandelt, Umkehrschluss aus § 28 Abs. 3 S. 1 VVG.

1. Kenntnis vom Versicherungsfall, II Ziff. 1 a)

20 Der Versicherungsnehmer hat nach II Ziff. 1 a) jeden Versicherungsfall dem Versicherer zu melden. Der Versicherungsfall ist als Verstoß definiert, der Haftpflichtansprüche gegen den Versicherungsnehmer zur Folge haben könnte, I Ziff. 1, siehe oben § 5 Rn. 13 ff. Es müssen zwei Elemente vorliegen: Zum ersten die Kenntnis vom Verstoß selbst und zum zweiten, dass daraus Haftpflichtansprüche geltend gemacht werden können, also dass möglicherweise ein Schaden entstanden ist oder eintreten wird.[22]

---

21 BGH VersR 2016, 1118.

22 *Diller* § 5 Rn. 24.

Die Pflicht, den Versicherungsfall anzuzeigen, liegt konkret vor, wenn der Versicherungsnehmer seine Anzeigeobliegenheit und die anzeigepflichtigen Tatsachen kennt, die zum Verstoß geführt haben. Der Versicherungsnehmer muss positive Kenntnis von denjenigen Umständen haben, die den Versicherungsfall zur Folge haben können. Keine Obliegenheitsverletzung besteht, wenn der Versicherungsnehmer nur die Umstände hätte kennen müssen, wie wenn sich dem Versicherungsnehmer ein Schadenbild präsentiert, dass auf den Versicherungsfall schließen lassen würde.[23] Ausreichend ist aber, wenn eine greifbare Wahrscheinlichkeit besteht, dass die Umstände zu einem Schaden führen können.[24] Der Anwalt hat hingegen nicht jeden theoretisch denkbaren Fehler, der zu einem Schadenfall führen kann, zu melden. Ein Schaden muss zumindest nachvollziehbar vorliegen können. Weitere hypothetische Ursachen sind nicht dazu zudenken.[25] Die Meldeobliegenheit nach II Ziff. 1 a) im Versicherungsfall entspricht grundsätzlich dem Ausschluss von bekannten Schäden bei der Rückwärtsversicherung, wie bei § 2 II Ziff. 2. Danach sind bei der Rückwärtsversicherung bekannte Schäden ausgeschlossen. Sie sind dann bekannt, wenn der Versicherungsnehmer mindestens positive Kenntnis von den Umständen hat, die einen Verstoß bedeuten, siehe dazu § 2 Rn. 19 f. Wenn der Anwalt Kenntnis vom Versicherungsfall hat, setzt man das Pflichtbewusstsein melden zu müssen, voraus. 21

Eine selbständige Anzeigeobliegenheit löst es aus, wenn der Dritte bereits einen Schaden gemeldet hat, wie sich schon aus II Ziff. 1 c) ergibt, unabhängig von einem Versicherungsfall. Es bedeutet, dass der Versicherungsnehmer den vom Dritten erhobenen Anspruch melden muss, auch wenn er selbst den Anspruch für unbegründet hält.[26] Tatsächlich ist die Spannbreite groß zwischen den Versicherungsnehmern, die jeden Umstand melden und den Versicherungsnehmern, die einen Schadenfall abwarten. Jedenfalls ist es gerade auch bei langjährigen Geschäftsbeziehungen nicht nachteilig für einen Versicherungsnehmer frühzeitig zu melden. Insgesamt sollte der Versicherungsnehmer sich bei Anhaltspunkten, dass er einen Fehler gemacht hat, sich der Sache annehmen und ggf. die Meinung von Dritten einholen.[27] 22

2. Gerichtliche Geltendmachung und behördliche Maßnahmen, II Ziff. 1 b) Satz 1 und Satz 2

Der Versicherungsnehmer hat nicht nur den Versicherungsfall anzuzeigen, sondern nach II Ziff. 1 b) Satz 1 und Satz 2 auch unverzüglich gegen ihn gerichtete behördliche Maßnahmen zu melden. Dies umfasst die Anträge über Prozesskostenhilfe, Mahnbescheide, Streitverkündung, das Schlichtungsverfahren bei den Rechtsanwaltskammern oder auch bei einem Ermittlungsverfahren oder einem Strafbefehl. Ebenfalls hat der Versicherungsnehmer einen Arrest, eine einstweilige Verfügung oder ein selbständiges Beweisverfahren anzuzeigen, auch dann, wenn er den möglichen Versicherungsfall oder die künftige Klageerhebung bereits dem Versicherer mitgeteilt hat.[28] Der Versicherer muss den Versicherungsnehmer nicht darauf hinweisen, dass er zusätzlich zum Versicherungsfall noch weitere sonstige Maßnahmen anzuzeigen hat.[29] Die weitere Mitteilungspflicht verstößt nicht gegen Treu und Glauben. 23

Anders als in II Ziff. 1 a) ist bei behördlichen/gerichtlichen Maßnahmen unverzüglich statt in einer Woche anzuzeigen. Je eher der Versicherer Maßnahmen einleiten kann, desto besser für den Versicherungsnehmer und auch den Geschädigten. Auch hier sollte der Versicherungsnehmer in Textform anzeigen, § 11. Wenn der Dritte den Versicherer über die Klageeinreichung unter 24

23 BGH NJW-Spezial 2008, 394; OLG Hamm r+s 1997, 391 zum Schadenbild eines Rohrbruchs.
24 HBAnw/*Chab* § 18 Rn. 122.
25 *Diller* § 5 Rn. 27.
26 BGH VersR 1971, 213, 214; OLG VersR 1976, 157, 158.
27 OLG Nürnberg VersR 1979, 561, 562.
28 OLG Köln VersR 2004, 1547.
29 OLG Düsseldorf r+s 1991, 121; anders Prölss/Martin/*Lücke* § 104 Rn. 19.

Beifügung der Klageschrift informiert hat, ist dies ausreichend. Der Versicherungsnehmer verletzt seine Obliegenheiten nicht, wenn er es unterlässt die Klageerhebung des geschädigten Dritten zusätzlich zu melden. Der Versicherer ist hier schon ausreichend informiert und nach Treu und Glauben nicht schützenswert.[30]

25 Gerichtliche Geltendmachung ist jede Form der Klageerhebung. Es kommt allein darauf an, dass der Versicherer frühzeitig informiert ist. Die Grenze liegt dort, wo keine auch nur entfernte Möglichkeit besteht, dass der Versicherer abzuwehren oder zu leisten hat. Daher ist jede Art der Klage zu melden, unabhängig davon, ob sie zulässig/unzulässig/begründet/unbegründet ist, gleichgültig auch wie die Rechtsauffassung des Versicherungsnehmers ist. Darunter fallen Leistungs- oder Feststellungsklage, § 256 ZPO, das Gesuch auf PKH, §§ 114 ff. ZPO, der Erlass von Mahnbescheiden, § 688 ff. ZPO, auch die Anrufung der anwaltlichen Schlichtungsstelle nach § 191f BRAO, ebenfalls die Streitverkündung durch den Geschädigten nach §§ 72 ff ZPO,[31] und auch wenn nicht der Versicherungsnehmer oder eine versicherte Person in Anspruch genommen wird, sondern ein Dritter wie regelmäßig der Mandant.[32] Ebenfalls anzuzeigen hat der Versicherungsnehmer eine Aufrechnung, z.B. wenn der Geschädigte mit Honoraransprüchen aufrechnet oder eine Widerklage erhebt, die Erhebung zivilrechtlicher Ansprüche beim Adhäsionsverfahrens nach §§ 403 ff StPO und auch wenn ein Dritter seine Forderungen bei Insolvenz des Versicherungsnehmers zur Insolvenztabelle nach § 174 InsO anmeldet.[33] Wenn Schiedsgerichtsverfahren und deren Entscheidungen vom Versicherungsschutz umfasst sind, siehe dazu § 1 Rn. 36 ff, hat der Versicherungsnehmer aufzuklären, dass ein Schiedsgerichtsverfahren eingeleitet wurde, andernfalls kann der Versicherer nicht reagieren.

26 Zu melden ist gleichfalls ein Ermittlungsverfahren oder ein Strafbefehl nach §§ 407 ff StPO. Dabei geht es um die Information des Versicherers zur Leistungserbringung. Daher ist nicht jedes Ermittlungsverfahren zu melden, sondern allein das nach § 160 StPO und das Bußgeldverfahren nach §§ 35 ff OWiG. Nicht darunter fallen grundsätzlich Disziplinarverfahren, standesgerichtliche Verfahren vor den Kammern oder der Generalstaatsanwaltschaft nach §§ 121 ff BRAO, behördeninterne Untersuchungen oder verwaltungsbehördliches Verwarnungsverfahren nach § 56 OwiG.[34] Letztlich ist danach abzugrenzen, ob Behörden/Institutionen einen zivilrechtlichen Anspruch als Geschädigter gegenüber dem Versicherungsnehmer geltend machen können. Ein Leistungsbescheid einer Verwaltungsbehörde ist zu melden.[35] Dies ergibt sich auch aus II Ziff. 1 b) Satz 3. Der Versicherungsnehmer hat gegen Verfügungen einer Verwaltungsbehörde auf Schadensersatz selbständig Maßnahmen einzuleiten. Die gleiche Überlegung gilt, wenn sich die Maßnahmen nicht gegen den Versicherungsnehmer richten, sondern gegen einen Dritten, den Mandanten oder den Geschädigten. Wenn sich ein möglicher Anspruch gegen den Versicherungsnehmer abzeichnet, sollte er melden. Der Wortlaut von II Ziff. 1 a) bis d) ist aber nicht ganz eindeutig. Der Versicherer kann jedoch im Zweifel noch weitere Schäden abwenden oder mit seinen Mitteln helfen. Dabei ist auch zu berücksichtigen, dass nur grob fahrlässiges Verhalten und Vorsatz die Leistungspflicht des Versicherers einschränken, siehe § 6 Rn. 9 ff im Ergebnis.

27 Nach II Ziff. 1 b) Satz 2 gilt die Anzeigepflicht für den Versicherungsnehmer auch bei einem Arrest nach §§ 916 ff ZPO, einer einstweiligen Verfügung nach §§ 935 ff ZPO und einem selbständigen Beweisverfahren nach §§ 485 ff ZPO.[36] Wie bei II Ziff. 1 a) ist bei Ziff. 1 b) Kenntnis des Versicherungsnehmers davon notwendig, dass die gerichtlichen/behördlichen Maßnahmen eingeleitet wurden und die Erkenntnis, dass die Maßnahmen einen Haftpflichtanspruch gegen ihn auslösen können. Wenn die Maßnahmen keinen Bezug zu einem Haftpflichtanspruch haben, muss er nicht melden.

---

30 OLG Frankfurt a.M. NJW-RR 2000, 984.

31 BGH VersR 2003, 900; OLG Karlsruhe VersR 1980, 349.

32 *Diller* § 5 Rn. 37.

33 OLG Köln r+s 1996, 432.

34 Prölss/Martin/*Lücke* § 104 Rn. 14.

35 BGH VersR 2007, 200.

36 Antrag auf Beweissicherung Köln ZfS 2004, 326; KG VersR 2003, 1246; Saarbrücken VersR 1991, 872; Stuttgart NVersZ 1999, 289.

3. Widerspruch und Rechtsbehelfe bei Mahnbescheiden und Verwaltungsverfügungen, II Ziff. 1 b) Satz 3

Nach II Ziff. 1 b) Satz 3 hat der Versicherungsnehmer gegen Mahnbescheide oder Verwaltungsverfügungen auf Schadensersatz fristgemäß Widerspruch zu erheben oder die erforderlichen Rechtsbehelfe zu ergreifen, unabhängig davon, ob ihn der Versicherer ausdrücklich dazu anweist. Die Regelung zielt wie II insgesamt darauf ab, dem Versicherer die Möglichkeit zu geben, weiteren Schaden zu verhindern und ggf. noch weiter aufzuklären. Wenn der Versicherungsnehmer nicht fristgemäß Widerspruch gegen einen Mahnbescheid einlegt, kann es dazu führen, dass der Versicherungsnehmer haftpflichtig gemacht wird, obwohl der Anspruch unbegründet war. Verwaltungsverfügungen umfassen auch ggf. öffentlich-rechtliche Erstattungsansprüche/Schadensersatzansprüche. Eine Behörde kann neben einem privatrechtlichen versicherten Anspruch noch einen öffentlich-rechtlichen Anspruch auf Erstattung von Aufwendungen haben, z.B. zur Gefahrenabwehr. Ein bestandskräftiger Bescheid der Behörde kann dazu führen, dass der Versicherer zusammen mit dem Versicherungsnehmer die dort festgestellten Behauptungen nicht mehr weiter aufklären kann und ihn binden. Dies gilt insbesondere bei den mitversicherten amtsähnlichen Tätigkeiten.[37] 28

4. Außergerichtliche Geltendmachung des Anspruchs durch Geschädigten

Nach II Ziff. 1 c) hat der Versicherungsnehmer innerhalb einer Woche dem Versicherer anzuzeigen, wenn der Geschädigte gegenüber ihm seinen Anspruch erhoben hat. Bei diesem Anspruch handelt es sich um einen außergerichtlichen Anspruch, nicht um den gerichtlich geltend gemachten, der in II Ziff. 1 b) geregelt ist. Der Geschädigte kann den Anspruch gleich in welcher Form erheben. Es genügt eine mündliche Erklärung, aus der hervorgeht, dass der Geschädigte gegenüber dem Versicherungsnehmer eine Forderung stellt. Daher ist es auch unerheblich, wie in den übrigen Fällen von II, ob der Anspruch begründet oder unbegründet ist oder ob der Versicherungsnehmer den Anspruch für abwegig hält. Der Versicherungsnehmer muss auch anzeigen, wenn der Geschädigte die Honorarzahlung wg. Schadensersatz verweigert oder aufrechnet. Keine Anzeigeverpflichtung besteht aber, wenn der Geschädigte schlichtweg mit dem erzielten Ergebnis der Beratung nicht einverstanden ist und das Honorar kürzen möchte. Nicht eindeutig ist, ob der Versicherungsnehmer zusätzlich wie bei II Ziff. 1 b) Satz 1 bei den gerichtlichen Ansprüchen noch anzuzeigen hat, wenn er bereits den Versicherungsfall nach II Ziff. 1 a) gemeldet hat. Nach dem Wortlaut gilt dies nur bei II Ziff. 1 b) *„Auch wenn der Versicherungsnehmer den Versicherungsfall selbst bereits angezeigt hat…“* Allerdings ist nach Sinn und Zweck davon auszugehen, dass der Versicherungsnehmer nochmal zusätzlich melden sollte. Der Versicherer ist damit besser in der Lage den Anspruch abzuwehren.[38] 29

F. Schadenminderungs- und Auskunftsobliegenheiten, II Ziff. 2

I. Allgemeines

II Ziff. 2 a) bis e) regeln die Obliegenheiten des Versicherungsnehmers, wenn der Versicherungsfall eingetreten ist: Er hat den möglichen Schaden zu mindern und dem Versicherer umfassend Auskunft zu geben, II Ziff. 2 a) und b). Der Versicherungsnehmer erhält hierfür vom Versicherer keine Kostenerstattung, II Ziff. 2 c). Eine Streitverkündung gegenüber dem Versicherer ist nicht notwendig, damit dieser seiner Abwehrpflicht nachkommt, II Ziff. 2 d). Die AVB-RS entsprechen 30

37 VersR 2007, 200.
38 So auch *Diller* § 5 Rn. 42.

den Vorgaben der §§ 82, 31 VVG. Der Versicherungsnehmer einer Schadenversicherung hat gem. § 82 Abs. 1 VVG nach Möglichkeit für die Abwendung und Minderung des Schadens zu sorgen. Er hat nach § 82 Abs. 2 VVG die Weisungen des Versicherers zu befolgen und sie auch nach den vorliegenden Umständen einzuholen. Der Versicherungsnehmer ist im Schadenfall verpflichtet, den Schaden zu mindern, §§ 82, 83 VVG. Diese Kosten hat der Versicherungsnehmer selbst zu tragen, außer er vereinbart sie mit dem Versicherer. Eine Ausnahme kann man nur dann machen, wenn der Versicherer den Versicherungsnehmer ausdrücklich anweist und die Anweisung über die üblichen Obliegenheiten des Versicherungsnehmers hinausgehen. Dies ergibt sich daraus, dass seinerseits der Versicherungsnehmer die Kosten zu tragen hat, wenn er selbst überflüssige Kosten verursacht, was dann umgekehrt auch für den Versicherer zu gelten hat. Dabei darf der Versicherer aber nicht zum Nachteil des Versicherungsnehmers von der Regelung in § 83 VVG zum Aufwendungsersatz für Rettungsmaßnahmen abweichen, der nach § 87 halbzwingend ist.

31 Der Versicherer kann nach § 31 Abs. 1 VVG verlangen, dass der Versicherungsnehmer jede Auskunft erteilt und zumutbare Belege beschafft, die zur Feststellung des Versicherungsfalles oder des Umfanges der Leistungspflicht des Versicherers erforderlich sind. § 31 VVG begründet aber keine echte Rechtspflicht des Versicherungsnehmers, deren Verletzung gem. § 280 BGB zu einer Schadensersatzpflicht führen würde. § 31 Abs. 1 VVG ist eine unvollständige gesetzliche Obliegenheit. Sie normiert ein Verhaltensgebot ohne Rechtsfolgen. Die Rechtsfolgen müssen die Parteien vereinbaren. Dies ist dann die Regelung in § 6, der der halbzwingenden Anforderung nach § 28 VVG entspricht und dem gesetzlichen Leitbild bei der Verletzung vertraglicher Obliegenheiten des § 31 Abs. 1 VVG folgt. Die vertragliche Nebenpflicht, den Vertragspartner nicht arglistig zu täuschen, bleibt vorbehalten. Wenn sie vorliegt, gilt zwar grundsätzlich das abgeschlossene System in §§ 28, 31 VVG und § 6 VVG, aber die getäuschte Partei kann Schadensersatzansprüche nach § 280 Abs. 1 BGB geltend machen oder leistungsfrei sein nach § 242 BGB.[39]

II. Schadenminderungsobliegenheit und Weisungsrecht des Versicherers, II Ziff. 2 a)

1. Schadenminderungsobliegenheit

32 Der Versicherungsnehmer hat nach II Ziff. 2 a) die Obliegenheit, den Schaden abzuwenden und zu mindern, die Rettungsobliegenheit. Er hat dabei die Weisungen des Versicherers einzuholen und zu beachten. Der Versicherungsnehmer ist verpflichtet, die in der jeweiligen Situation möglichen und zumutbaren Rettungsmaßnahmen unverzüglich zu ergreifen und mit der im Verkehr erforderlichen Sorgfalt zu handeln, wie wenn er nicht versichert wäre.[40] Der Versicherungsnehmer darf nicht folgenlos untätig bleiben, wenn der Schaden eingetreten ist. Wichtig ist, dass die Rettungsobliegenheit beginnt, wenn der Versicherungsfall eingetreten ist nach dem Wortlaut von Ziff. 2 a): *„...für die Abwendung des Schadens...“* Dies entspricht auch der für den Versicherer zwingenden Regelung in § 82 Abs. 1 VVG. Vor der Reform des VVG in 2008 war dies umstritten, insbesondere wenn der Versicherungsfall unmittelbar bevorstand, sog. Vorerstreckung, was nun ausschließlich in § 90 VVG für die Sachversicherung vorgesehen ist. Der Versicherungsnehmer hat vor Eintritt des Versicherungsfalls grundsätzlich nicht die Pflicht einen drohenden Schaden zu verhüten.[41] Er kann es unterlassen, ohne dass er eine Obliegenheit verletzt. Auf der anderen Seite beginnt die Pflicht, aber auch nicht erst dann, wenn der Schaden sich schon manifestiert hat, z.B. verletzt der Versicherungsnehmer die Schadenminderungsobliegenheit, wenn er bei Fristversäumnis die mögliche Wiedereinsetzung nicht beantragt. Ein Anwalt/Steuerberater sollte daher selbstverständlich noch in Absprache mit dem Versicherer versuchen einen unschlüssigen Schriftsatz zu korrigieren, einen Antrag auf Wiedereinsetzung bei Fristversäumnis zu stellen oder ein

---

39 *Wandt* VersR 2018, 321, 328.

40 BGH VersR 1968, 140; BGH NJW 1972, 1809; OLG Nürnberg VersR 1965, 175.

41 BGH NJW 1995, 56; BGH VersR 1984, 25.

Einspruchsverfahren durchzuführen, wenn das Finanzamt eine steuerliche Gestaltung abgelehnt hat.[42] Verzichtet ein Versicherungsnehmer durch einen Abfindungsvergleich auf künftige Ansprüche gegen einen Dritten wie dem Haftpflichtversicherer des Unfallgegners, liegt darin gegenüber seinem Versicherer eine Obliegenheitsverletzung iSv § 86 Abs. 2 VVG vor.[43] Wenn der Verstoß gemeldet ist, obliegt es dem Versicherer in Absprache mit dem Versicherungsnehmer die geeigneten Schadenverhütungsmaßnahmen oder Rettungsmaßnahmen anzuweisen. Die Rettungsobliegenheit endet, wenn der Schaden eingetreten ist und der Versicherungsnehmer aus tatsächlichen und rechtlichen Gründen ihn nicht mehr beeinflussen kann, beispielsweise wenn bei einem Fristversäumnis auch die Wiedereinsetzung nicht mehr möglich ist und weitere Rechtsbehelfe nicht mehr zur Verfügung stehen.

Die Rettungsobliegenheit umfasst inhaltlich die in der jeweiligen Situation unverzüglich 33
möglichen und zumutbaren Rettungsmaßnahmen. Der Versicherungsnehmer muss aber keine Maßnahmen treffen, die offensichtlich sinn- oder zwecklos sind.[44] Für den Berufsträger bedeutet es, dass er alle behördlichen und gerichtlichen Rechtsbehelfe und Rechtsmittel zu ergreifen hat, wie Einsprüche, Widersprüche, Berufung, Revision usw. Die Maßnahmen müssen im Nachhinein nicht erfolgreich gewesen sein.[45] Auf der anderen Seite bedeutet die Rettungsobliegenheit nicht, dass der Versicherungsnehmer den Geschädigten aktiv abhalten muss, Haftpflichtansprüche geltend zu machen oder den Entschluss fördert oder weckt, sie überhaupt geltend zu machen. Eine Obliegenheitsverletzung liegt aber dann vor, wenn er den Geschädigten ermuntert, einen unberechtigten Anspruch zu stellen.[46] Eine Obliegenheitsverletzung liegt gleichfalls vor, wenn der Versicherungsnehmer versucht die drohenden Schadensersatzansprüche so lange wie möglich hinauszuschieben und den entstandenen Schaden auf andere Ursachen abzuwälzen.[47] Man muss eine Obliegenheitsverletzung auch dann annehmen, wenn der Anwalt nur zögernd und bewusst unvollständig informiert, um seine Geschäftsbeziehung zum Mandanten nicht zu gefährden.

Den Versicherer trifft die Darlegungs- und Beweislast, dass der Versicherungsnehmer seine 34
Rettungsobliegenheit verletzt hat. Er muss darlegen, welche konkreten Maßnahmen der Versicherungsnehmer hätte ergreifen können und auch müssen. Wenn der Versicherungsnehmer einwendet, dass der Versicherer weiterhin zur Leistung verpflichtet ist, hat er die Umstände darzulegen, warum die Verletzung der Obliegenheit weder für die Feststellung des Versicherungsfalles noch für die Feststellung oder den Umfang der Leistungspflicht ursächlich gewesen ist, § 82 Abs. 4 Satz 1 VVG, siehe ausführlich zu den einzelnen Rechtsfolgen einer Obliegenheitsverletzung in Abhängigkeit vom Verschulden und der Kausalität für den Schaden, § 6 Rn. 9 ff.

Des Weiteren hat der Versicherungsnehmer alles zu tun, was zur Klarstellung des Schadenfal- 35
les dient, II Ziff. 2 a). Dies ist die selbstverständliche Pflicht, die sich korrespondierend aus der Abwehr- und Freistellungsverpflichtung des Versicherers nach § 3 II Ziff. 1 ergibt. Der Versicherer kann seine Pflichten nur dann erfüllen, wenn der Versicherungsnehmer ihm zuarbeitet und auf Nachfrage den Sachverhalt weiter aufklärt. Praktisch arbeiten der Schadensachbearbeiter und der Versicherungsnehmer zusammen. Wenn der Versicherer nicht genügend aufklärt und nachfrägt, gehen fehlende Informationen zu seinen Lasten. Sich aufdrängende Informationen sollte der Versicherungsnehmer von sich aus dem Versicherer melden, es dürfen jedoch keine überzogenen Forderungen an die eigene Nachforschungspflicht des Versicherungsnehmers gestellt werden. Wenn er sich nicht an der Aufklärung genügend beteiligt, kann eine Obliegenheitsverletzung vorliegen.

42 Beispiele bei Gräfe/Brügge/Melchers/*Brügge* F Rn. 32.
43 LG Saarbrücken, Urt. v. 22.11.2018 – 14 O 221/17.
44 BGH NJW 1972, 1809.
45 BGH NJW 1972, 1809.
46 BGH VersR 1955, 340; OLG Nürnberg VersR 1965, 175, 176.
47 BGH VersR 1971, 213, 214.

2. Weisungsrecht des Versicherers

36 **a) Umfang.** Nach II Ziff. 2 a) hat der Versicherungsnehmer die Weisungen des Versicherers zu beachten. Die AVB-Regelung weicht geringfügig von § 82 Abs. 2 VVG ab. Der Versicherungsnehmer ist anders als nach § 82 Abs. 2 Satz 1 VVG nicht verpflichtet, Weisungen des Versicherers einzuholen. Auf der anderen Seite muss der Versicherer auch keine Weisungen erteilen. Weisungen sind rechtsgeschäftsähnliche Handlungen. Sie bedürfen keiner Form, aber müssen erkennen lassen, dass der Versicherer ein bestimmtes Verhalten wünscht.[48] Jeder für den Versicherungsnehmer erkennbar mit dem Fall befasste Schadensachbearbeiter oder sonstiger Beauftragter kann ihn anweisen. Es besteht keine Pflicht des Versicherungsnehmers nachzufragen, ob der Bearbeiter auch befugt dazu ist. Der Versicherer darf keine Weisung erteilen, wenn er zuvor die Deckung abgelehnt hat. Die Obliegenheiten des Versicherungsnehmers enden hier.[49]

37 Die Weisungen müssen nach ihrem Inhalt zumutbar sein, II Ziff. 2 a). Die Zumutbarkeit bezieht sich auf alle Maßnahmen, die der Versicherungsnehmer tätigt. Vom Versicherungsnehmer darf man nichts Unbilliges, Unzumutbares, Überflüssiges, Unfaires oder Sittenwidriges erwarten. Die Zumutbarkeit richtet sich an den Interessen von Versicherer und Versicherungsnehmer aus. Auf der einen Seite das Interesse des Versicherers den Schadenfall aufzuklären und weitestgehend mögliche Schadensersatzansprüche zu verhindern oder gering zu halten. Auf der anderen Seite das Interesse des Versicherungsnehmers, dass seine berechtigten Interessen an der Abwehr oder Freistellung von der Forderung nicht gefährdet werden. Es bedeutet für den Versicherer im Haftungsprozess, dass er sich nicht anders verhalten darf wie ein Anwalt, der einen anderen Anwalt vertritt, wie wenn er nicht versichert wäre.[50] Der Versicherungsnehmer hat der ihm zumutbaren Weisung zu folgen. Gleichfalls hat die versicherte Person den Weisungen zu folgen, siehe dazu § 7 Rn. 9. Er hat damit seine Obliegenheit erfüllt, ggf. erhält er Aufwendungsersatz, siehe zum Anspruch des Versicherungsnehmers für Maßnahmen im Schadenfall § 5 Rn. 40 ff. Er muss der Weisung auch folgen, wenn der Versicherer auf einer Weisung besteht, obwohl ihn der Versicherungsnehmer darauf hingewiesen hat, dass sie falsch oder aufgrund eines neuen Aspekts überholt ist.[51] Die unberechtigte oder unzweckmäßige Weisung kann aber dazu führen, dass sich der Versicherer über die Versicherungsleistung hinaus schadensersatzpflichtig macht.[52] Der Versicherungsnehmer kann den Versicherer nicht zwingen, eine Weisung zu erteilen. Es liegt keine Obliegenheitsverletzung vor, wenn der Versicherungsnehmer den Versicherer bittet, die von ihm vorgeschlagene Rettungsmaßnahme anzuweisen, er aber keine Weisung erhält und die Maßnahme dann so durchführt.[53] Der Versicherer kann auf der anderen Seite rein faktisch den Versicherungsnehmer auch nicht zu einem bestimmten Verhalten zwingen. Ebenfalls kann der Versicherer den Versicherungsnehmer faktisch nicht davon abhalten sich weisungswidrig zu verhalten.

38 **b) Wahl des Prozessbevollmächtigten.** Der Versicherer hat das Recht nach II Ziff. 2 a) den Prozessbevollmächtigten für den Versicherungsnehmer zu bestimmen.[54] Der Versicherer kann dem Anwalt selbst auch die Eigenverteidigung übertragen. Wenn es sich um größere, ggf. auch spezialisierte Kanzleien handelt, stimmen die Versicherer oftmals zu, dass die Kanzlei sich selbst verteidigt. Der Versicherer kann den Anwalt aber nicht dazu zwingen, sich selbst zu verteidigen, um die eigenen Verteidigungskosten zu sparen. Der Versicherungsnehmer hat kein Recht, einen Prozessvertreter abzulehnen. Eine Ausnahme soll dann bestehen, wenn nachvollziehbare Sach-

48 OLG Hamburg VersR 1984, 258, 259.
49 OLG Saarbrücken r+s 2002, 381.
50 HBAnw/*Chab* § 18 Rn. 126; *Diller* § 5 Rn. 53.
51 BGH VersR 1984, 1161, 1162.
52 OLG Jena NJW-RR 2009, 965, 966 zur allgemeinen Haftpflicht.
53 OLG Saarbrücken VersR 1998, 1499, 1501; Düsseldorf r+s 2001, 379, 380.
54 BGH r+s 2007, 191.

gründe ganz überwiegend gegen die Wahl des Prozessvertreters sprechen, andernfalls kann der Versicherer nicht ordentlich seiner Hauptleistungspflicht nachkommen, den Rechtsschutz zu organisieren.[55] Wenn Bedarf besteht, sollten die Versicherungsnehmer dies vorab in ihren Policen regeln, dass der Versicherungsnehmer entgegen II Ziff. 2 a) das Recht hat sich einen passenden Anwalt zu suchen.

G. Informationspflichten des Versicherungsnehmers, II Ziff. 2 b)

Nach II Ziff. 2 b) hat der Versicherungsnehmer den Versicherer umfassend zum Schaden aufzuklären, zusätzlich zur Pflicht alles zu tun, was zur Klarstellung des Schadenfalls dient nach II Ziff. 2 a) aE. Dazu hat er die dazugehörigen Schadenberichte zu erstellen und die Tatumstände zu berichten, nebst den dazugehörigen Schriftstücken. Schriftstücke umfassen die Kopie der Akte oder sonstige Aufzeichnungen im Mandatsverhältnis. Zweck ist es, wie in jeder anderen Schadenversicherung, dass der Versicherer sachgemäße Entscheidungen in dem konkreten Versicherungsfall treffen kann. Der Versicherungsnehmer hat verständig und verantwortungsbewusst nach den Umständen des Einzelfalls aufzuklären und mitzuteilen. Ein allgemein verbindlicher Maßstab ist nicht möglich.[56] Der Versicherungsnehmer muss das mitteilen, was der Sache dienlich ist. Die Obliegenheit umfasst es, auch für den Versicherungsnehmer nachteilige Tatsachen darzustellen, wie z.B. die mehrmalige Verletzung von Kardinalpflichten, die eine wissentliche Pflichtverletzung bedeuten können oder strafrechtliche oder behördliche Maßnahmen nach sich ziehen könnten.[57] Er muss aber nur Tatsachen aufklären, wie es der Wortlaut des II Ziff. 2 b) beinhaltet. Er muss keine rechtlichen Würdigungen abgeben. Dies ist Aufgabe des Versicherers, die sich aus der Rechtsschutzverpflichtung ergibt. Das Weisungsrecht des Versicherers umfasst nicht, ein Gutachten vom Versicherungsnehmer oder eines Dritten auf dessen Kosten zu verlangen. Praktisch gibt es zwischen Versicherer und Versicherungsnehmer keine Schwierigkeiten. Wenn der Versicherer aus den Mitteilungen den Schadenfall nicht erkennen kann, hat er selbständig nachzufragen. Die in der Privatversicherung verwendeten Schadenformulare sind in der Berufshaftpflichtversicherung nicht üblich. Die Schadenfälle als Vermögensschaden eines Berufsfehlers sind zu komplex und die Berufsträger sind in der Lage einen Sachverhalt darzustellen. 39

H. Kosten der Aufklärung und Schadenabwehr, II Ziff. 2 c)

Nach II Ziff. 2 c) hat der Versicherungsnehmer die Kosten der Aufklärung des Schadenfalls und die Schadenabwehr selbst zu tragen. Der Versicherer übernimmt die Kosten für einen Prozess, siehe dazu § 3 Rn. 83. Der Versicherungsnehmer hat konkret den Schriftwechsel mit dem Geschädigten und dem Versicherer auf seine Kosten zu führen. Er erhält dafür nicht die Portokosten oder eine sonstige Pauschale. Nach II Ziff. 2 c) Satz 2 am Anfang ist auch der sonstige Aufwand des Versicherungsnehmers nicht zu erstatten. Sonstiger Aufwand meint den Aufwand neben der schriftlichen Korrespondenz. Darunter fallen die Kosten für Besprechungstermine mit dem Geschädigten und auch dem Versicherer. Der Versicherungsnehmer erhält auch nicht seinen Zeitaufwand ersetzt. Dies ergibt sich schon aus einem Vergleich mit der Privathaftpflichtversicherung, bei der der Versicherungsnehmer als Privatperson ebenfalls seine möglichen Spezialkenntnisse nicht vergütet erhält, um den Anspruch abzuwehren. 40

II Ziff. 2 c) Satz 2 am Ende regelt, dass der Versicherer die Kosten für einen vom Versicherungsnehmer außergerichtlich beauftragten Anwalt nicht übernimmt.[58] Sie entspricht der Rege- 41

55 MüKoVVG/*Büsken* 300 Allgemeine Haftpflichtversicherung Rn. 122f.
56 BGH VersR 1968, 140, 141.
57 OLG Kassel VersR 1953, 443.
58 Anders *Diller* § 5 Rn. 68.

lung zu den Prozesskosten, § 3 II Ziff. 5 a). Der Versicherer ersetzt aufgrund seiner Rechtsschutzverpflichtung die gerichtlich anfallenden Kosten. Er ersetzt aber keine außergerichtlichen Kosten, siehe dazu ausführlich § 3 Rn. 83 ff. Die Regelungen in § 3 und § 5 sind nach ihrem Wortlaut eindeutig.

42 Die Kosten für die Rettungsmaßnahmen zur Schadenminderung oder -aufklärung erhält der Versicherungsnehmer nicht erstattet. Der Versicherungsnehmer kann vom Versicherer nicht den Zeitaufwand oder die Gebühren verlangen, um einen möglichen Schaden zu verhindern oder zu minimieren. Wenn der Berufsträger einen Fehler begangen hat, ist er regelmäßig aufgrund des Mandatsvertrags weiterhin verpflichtet den Mandanten bestmöglich zu beraten. Dies schließt es mit ein, dass er den eigenen erkannten Fehler wieder beseitigt. Der Anwalt hat z.B. selbständig einen Antrag auf Wiedereinsetzung zu stellen oder Einspruch oder Widerspruch zu erheben.[59] Der Anwalt erhält nicht den Zeitaufwand/Gebühren erstattet, wenn er erfolgreich oder nicht erfolgreich den Schaden beseitigt oder minimiert.[60] Der Anwalt muss die Kosten für die Korrekturen seiner Fehler selbst übernehmen. Auch höhere Honoraransprüche aufgrund eigener aufwendiger Fehlerkorrektur hat der Anwalt selbst durchzusetzen und kann sie nicht als Schadensersatzleistung gegenüber dem Versicherer geltend machen. Der Anwalt hat einen Mandatsauftrag und hat ihn bei einem korrigierbaren Fehler schlichtweg noch nicht erfüllt. Andernfalls würde der fehlerhaft arbeitende Anwalt bessergestellt als der ordnungsgemäß leistende Anwalt, da der mögliche höhere Honoraranspruch der Versicherer zu zahlen hätte.[61] Kosten des Berufsträgers, der den Schaden abwendet, können aber dann ausnahmsweise erstattungsfähig sein, wenn die Obliegenheit nicht zumutbar ist, was sich schon aus II Ziff. 2 a) ergibt, siehe dazu § 5 Rn. 10. Die Zumutbarkeit gilt für alle Obliegenheiten nach § 5. Wenn der Versicherer etwas verlangt, was überobligationsmäßig im Sinne einer Unbilligkeit ist, kann er auch verlangen, dass er hierfür die Aufwendungen ersetzt bekommt.[62] Maßstab ist einerseits die Rechtsschutzverpflichtung des Versicherers, die er nicht auf den Versicherungsnehmer abwälzen kann und andererseits die Verpflichtung des Versicherungsnehmers selbst das Mandatsverhältnis entsprechend seinen Berufspflichten zu erfüllen.

I. Deckungszusagen des Versicherers

43 Die konkrete Deckungszusage ist nicht zu verwechseln mit der offiziellen Versicherungsbestätigung. Die Versicherungsbestätigung ist die Bestätigung nach §§ 3 I, 8 I, 9 I. Der Versicherer bestätigt gegenüber Aufsichtsbehörden, dass der Versicherungsschutz zumindest vorläufig besteht, §§ 49 ff VVG, damit sich die Anwälte zulassen können, § 12 Abs. 2 BRAO. Die Deckungszusage ist die konkrete Bestätigung des Versicherers, dass er für einen bestimmten Sachverhalt seine Leistung verspricht. Dies kann ein bereits eingetretener Schadenfall sein oder die Bestätigung für eine konkrete Tätigkeit, bei der Unsicherheit besteht, ob sie unter den Versicherungsschutz fällt, beispielsweise die konkrete Treuhandtätigkeit eines Anwalts. Der Anwalt erhält damit Sicherheit, dass der Versicherer im Falle eines berechtigten Schadensersatzanspruchs auch leistet, ohne dass er nochmals mit dem Versicherer über seine Leistungspflicht verhandeln muss. Es handelt sich regelmäßig um ein deklaratorisches Schuldanerkenntnis, das Einwendungen und Einreden ausschließt, die dem Versicherer bei seiner Abgabe bekannt waren oder mit denen er zumindest rechnete.[63] Die Bestätigungen der Versicherer enthalten oftmals den Zusatz „im bedingungsgemäßen Umfang“. Dies soll verdeutlichen, dass die gewährte Deckung nach Versicherungssumme und

59 Gräfe/*Brügge* F Rn. 32 ff.

60 Anders *Diller* § 3 Rn. 112.

61 Veith/Gräfe/Gebert/Gräfe/Brügge § 17 Rn. 471 ff; BGH NJW 1994, 1472; BGH NJW 2000, 3560. Anders Diller § 3 Rn. 113 und § 3 Rn. 68.

62 Gräfe/Brügge/Melchers/*Brügge* F Rn. 37.

63 OLG Düsseldorf r+s 1985, 48 zur Deckungszusage eines Rechtsschutzversicherers.

Maximierung auf den bestehenden Vertrag beschränkt ist. Dabei ist aber auch zu berücksichtigen, dass der Zusatz bei komplexen Sachverhalten dazu führt, dass im Schadenfall zuweilen nicht klar ist, was konkret der Versicherer bestätigt hat. Die Erklärung ist dann nach §§ 133, 157 BGB auszulegen.

J. Streitverkündung an den Versicherer, II Ziff. 2 d)

44 Nach II Ziff. 2 d) ist eine Streitverkündung im Schadenfall seitens des Versicherungsnehmers an den Versicherer nicht erforderlich. Daher ersetzt der Versicherer auch ausdrücklich nicht die Kosten einer Streitverkündung, Ziff. 2 d) Satz 2. Die Regelung soll den Aufwand und die Kosten zwischen Versicherungsnehmer und Versicherer verringern. Sie drückt die Bindungswirkung des Haftpflichtprozesses gegenüber dem Deckungsprozess aus, siehe ausführlich § 2 Rn. 18 ff. Im Einzelfall kann es trotzdem günstig sein, dass der Versicherungsnehmer dem Versicherer den Streit verkündet. Dies kann der Fall sein, wenn der Versicherer die Deckung endgültig abgelehnt hat, um ihn dann wieder dazu zu bringen, zumindest Abwehrschutz zu leisten.[64]

K. Obliegenheiten bei Auslandssachverhalten, II Ziff. 2 e)

45 Die AVB regeln die Auslandssachverhalte an verschiedenen Stellen. Der Umfang des Versicherungsschutzes bei Auslandssachverhalten ist in § 15 geregelt, siehe dort § 15 Rn. 1 ff BBR-RA für die Rechtsanwälte und § 26 Teil 3 BBR-S für die Steuerberater, die Kostenübernahme des Versicherers im ausländischen Versicherungsfall in § 3 II Ziff. 6, siehe dort § 3 Rn. 99 f und die Obliegenheiten des Versicherungsnehmers hier in § 5 II Ziff. 2 e). Der Versicherungsnehmer hat im Schadenfall den Schriftverkehr mit dem Versicherer in Deutschland, meist die Schadenabteilung, in deutscher und englischer Sprache abzuwickeln, dem Versicherer einen Ansprechpartner in Deutschland zu nennen und den Schadenfall entsprechend aufzubereiten. Meist schaltet der Versicherer einen ausländischen Anwalt ein, da das Fachwissen für den ausländischen Sachverhalt nicht besteht entsprechend dem Zusatz in Ziff. 2 e) der anderweitigen Vereinbarung mit dem Versicherer. Die Regelung ist erforderlich, da im Gegensatz zu einem inländischen Versicherungsfall der Versicherer ohne umfassende Unterstützung des Versicherungsnehmers nicht die Abwehr und die Leistung anbieten kann. Außereuropäisches Recht ist das Recht der Länder außerhalb des geografischen Europas, also nicht die politischen Einheiten der EU oder EWR. Gleiches gilt für die Tätigkeiten und die Inanspruchnahme vor ausländischen Gerichten. Es gilt die Rechtseinheit für Staaten, deren Staatsgebiet in Europa und außerhalt davon liegt. Türkisches Recht gilt als europäisches Recht.

46 Zu beachten ist, dass bei Auslandssachverhalten nach § 3 II Ziff. 6 a) die Kostenübernahme des Versicherers begrenzt ist auf die Kosten, die auch bei einem Prozess in Deutschland angefallen wären. Nicht erstattet werden die tatsächlichen Kosten, die bei Einschaltung von ausländischen Anwälten höher ausfallen können. Die anfallenden Kosten und Aufwendungen des Versicherers, insbesondere die Abwehrkosten, rechnet der Versicherer nach § 3 II Ziff. 6 b) auf die Versicherungssumme an und werden nicht neben der Haftpflichtsumme erstattet Eine Einschränkung, wie der Versicherungsnehmer zu verfahren hat und welche Kosten und Gebühren der Versicherer übernimmt, ist möglich, da § 101 VVG nach § 112 VVG dispositiv ist.

64 *Diller* § 5 Rn. 74.

L. Schadensersatzzahlung des Versicherers, III

47 III regelt wann, wie und in welchem Zeitraum der Versicherer bei einem berechtigten Schadensersatzanspruch leisten muss, § 106 VVG. Davon kann der Versicherer zum Nachteil des Versicherungsnehmers nicht abweichen, § 112 VVG. Der Versicherer hat nach III Schadensersatz an den Geschädigten zu leisten, soweit die Schadenersatzverpflichtung des Versicherungsnehmers mit bindender Wirkung für den Versicherer festgestellt ist. Die bindende Wirkung ist definiert nach § 3 II Ziff. 1 a), wenn der Versicherungsnehmer aufgrund Gesetzes, rechtskräftigen Urteils, Anerkenntnisses oder Vergleiches zur Entschädigung verpflichtet ist und der Versicherer hierdurch gebunden ist, siehe zur Verpflichtung bei Urteilen und der Bindungswirkung bei § 3 Rn. 30 ff und Rn. 12 ff. Wenn der Versicherer nicht an das Urteil gebunden ist, dann ist der Freistellunganspruch von vornherein nicht entstanden. Fälligkeit ist damit nicht möglich.[65]

48 Bei dem Anspruch des Versicherungsnehmers gegenüber dem Versicherer handelt es sich um einen Freistellungsanspruch. Es handelt sich nicht um einen Zahlungsanspruch des Versicherungsnehmers an ihn selbst. Der Versicherungsnehmer kann nur verlangen, dass der Versicherer an den Geschädigten leistet. Der Versicherer berücksichtigt dabei die Höhe seiner Leistungsverpflichtung. Wenn der Versicherungsnehmer an den Geschädigten geleistet hat, hat der Versicherungsnehmer einen Anspruch gegen den Versicherer in der Höhe, in der der Versicherer nach § 3 II Ziff. 1 a) verpflichtet und gebunden ist. Dieser Zahlungsanspruch ergibt sich nicht aus den AVB-RS, sondern aus § 106 Satz 2 VVG. Es besteht darüber hinaus die Möglichkeit, dass der Versicherer an den Versicherungsnehmer leistet. Die Zahlung leitet dann der Versicherungsnehmer an den Geschädigten weiter. Der Versicherer wird aber durch die Leistung allein an den Versicherungsnehmer nicht frei. Wenn der Versicherungsnehmer nicht die Zahlung weitergibt, besteht weiterhin die Freistellungsverpflichtung nach III Ziff. 1, § 106 VVG.

49 Der Versicherer hat innerhalb von zwei Wochen an den Geschädigten zu leisten, wenn die Schadensersatzverpflichtung bindend feststeht, III Ziff. 1. Gleichfalls hat der Versicherer innerhalb von zwei Wochen an den Versicherungsnehmer zu leisten, wenn der Versicherungsnehmer bindend für den Versicherer an den Geschädigten geleistet hat, § 106 Satz 2 VVG. Der Versicherer trägt die Verzugszinsen für nicht fristgerechte Leistungen.[66] Die Frist dient dazu, dass der Versicherer prüfen kann, ob er verpflichtet und gebunden ist. Der Anspruch soll sofort fällig sein, wenn der Versicherer die Fälligkeit herbeigeführt hat, wenn er selbst den Anspruch anerkennt, sich vergleicht oder er dazu verurteilt wird, zu leisten.[67] Wenn der Versicherer die Leistung ablehnt, wird die Freistellungsverpflichtung nicht sofort fällig. Der noch nicht fällige Befreiungsanspruch wandelt sich durch den Erlass eines Pfändungs- und Überweisungsbeschlusses noch nicht in einen fälligen Zahlungsanspruch um. Fälligkeit besteht erst dann, wenn der Versicherungsnehmer aufgrund der Weigerung des Versicherers zahlt, anerkennt oder vergleicht, soweit dies berechtigt war.[68]

50 Der Versicherer leistet in EUR auf ein Konto bei einer inländischen Bank, III Ziff. 2. In der Praxis ist dies nur dann relevant, wenn Auslandsniederlassungen mitversichert sind oder ein anderer Auslandsbezug vorliegt. Der Versicherer muss nicht in Fremdwährung oder in das Ausland überweisen. Regelmäßig vereinbaren Versicherer mit den Versicherungsnehmern Klauseln für EUR-Zahlungen an inländische Banken, wenn sie Auslandssachverhalte über die Pflichtversicherung hinaus decken. Die Leistung ist erfüllt, wenn der Betrag angewiesen ist, nicht erst, wenn der Betrag gutgeschrieben ist. Mit ordnungsgemäßer Leistung gehen Ersatzansprüche auf den Versicherer über, § 7 III Ziff. 1, § 86 VVG.

---

65 Prölss/Martin/*Lücke* § 105 Rn. 5.

66 BGH NJW-RR 1990, 160 für die Feuerversicherung.

67 Prölss/Martin/*Lücke* § 106 Rn. 13; anders *Lange* VersR 2008, 713.

68 OLG Stuttgart VersR 1970, 170.

§ 6 Leistungsfreiheit, Leistungskürzung und Fortbestehen der Leistungspflicht bei einer Obliegenheitsverletzung nach § 5

I. Leistungsfreiheit

Wird eine Obliegenheit verletzt, die dem Versicherer gegenüber zu erfüllen ist, ist der Versicherer von der Verpflichtung zur Leistung frei, wenn der Versicherungsnehmer die Obliegenheit vorsätzlich verletzt hat.

II. Leistungskürzung

[1]Im Fall einer grob fahrlässigen Verletzung der Obliegenheit ist der Versicherer berechtigt, seine Leistung in einem der Schwere des Verschuldens des Versicherungsnehmers entsprechenden Verhältnis zu kürzen. [2]Weist der Versicherungsnehmer nach, dass er die Obliegenheit nicht grob fahrlässig verletzt hat, bleibt der Versicherungsschutz bestehen.

III. Fortbestehen der Leistungspflicht

[1]Der Versicherer bleibt zur Leistung verpflichtet, soweit der Versicherungsnehmer nachweist, dass die Verletzung der Obliegenheit weder für den Eintritt oder die Feststellung des Versicherungsfalls noch für die Feststellung oder den Umfang der dem Versicherer obliegenden Leistung ursächlich war. [2]Das gilt nicht, wenn der Versicherungsnehmer die Obliegenheit arglistig verletzt hat.

Übersicht

A. Übersicht

§ 6 regelt die Rechtsfolgen einer Obliegenheitsverletzung nach § 5, wenn der Versicherungsnehmer Anzeige-, Auskunfts- und Aufklärungsobliegenheiten und Mitwirkungspflichten im Versicherungsfall verletzt hat. Die Rechtsfolgen einer vorvertraglichen Obliegenheitsverletzung sind in § 12 geregelt und die Rechtsfolgen während der Vertragslaufzeit in § 13.

I regelt die Leistungsfreiheit des Versicherers, wenn der Versicherungsnehmer die Obliegenheit vorsätzlich missachtet hat.

II regelt die Leistungskürzung des Versicherers bei grober Fahrlässigkeit. Nach Satz 1 ist zu quoteln nach der Schwere der Schuld des Versicherungsnehmers. Nach Satz 2 hat der Versiche-

https://doi.org/10.1515/9783111396415-008

rungsnehmer nachzuweisen, dass er nicht grob fahrlässig gehandelt hat, um Leistungen des Versicherers zu erhalten.

III regelt das Fortbestehen der Leistungspflicht des Versicherers trotz grober Fahrlässigkeit oder Vorsatz des Versicherungsnehmers, wenn der Kausalitätsgegenbeweis erbracht wird. Der Versicherungsnehmer muss hierzu nach Satz 1 nachweisen, dass die Verletzung der Obliegenheit weder für den Eintritt oder die Feststellung des Versicherungsfalls noch für die Feststellung oder den Umfang, der dem Versicherer obliegenden Leistung ursächlich war. Eine Ausnahme besteht hierfür nach Satz 2 dann, wenn der Versicherungsnehmer arglistig gehandelt hat.

B. Allgemeines

1 § 6 regelt die Rechtsfolgen einer Obliegenheitsverletzung nach § 5 mit den Pflichten im Versicherungsfall. Es handelt sich um Anzeige-, Auskunfts- und Aufklärungsobliegenheiten und Mitwirkungspflichten im Versicherungsfall. Für die Verletzung dieser Obliegenheiten gelten ausschließlich die Rechtsfolgen über § 6, der § 28 VVG nachgebildet ist. § 28 VVG ist gem. § 32 VVG mit Ausnahme des zwingenden, den Rücktritt bei Obliegenheitsverletzung verbietenden, aber wenig bedeutsamen § 28 Abs. 5 halbzwingend. Der Versicherer hat keinen Schadensersatzanspruch gegen den Versicherungsnehmer, wenn er sich im Versicherungsfall grob falsch oder arglistig verhält. Der Versicherungsnehmer verliert seinen Leistungsanspruch ganz oder teilweise gegenüber dem Versicherer, je nach Schwere des Verschuldens. Grund für diese Obliegenheit ist, dass der Versicherungsnehmer näher am Risiko ist als der Versicherer. Die Obliegenheit soll das Verhalten des Versicherungsnehmers steuern und die Leistungspflicht des Versicherers auf solche Fälle zu beschränken, für die ein redlicher Versicherungsnehmer typischerweise Versicherungsschutz sucht.[1]

2 § 6 orientiert sich am nach dem Verschuldensgrad abgestuften Sanktionssystem des § 28 VVG:

- Die einfache Fahrlässigkeit des Versicherungsnehmers bleibt folgenlos, II Satz 2 sieht hier keine Sanktion vor, wie auch § 28 VVG nicht
- Vorsatz führt zur Leistungsfreiheit, I und § 28 Abs. 2 Satz 1 VVG
- Grobe Fahrlässigkeit führt dazu, dass der Versicherer seine Leistung je nach Verschuldensgrad kürzen kann, II Satz 1 und § 28 Abs. 2 Satz 2 VVG
- Voraussetzung der Leistungsfreiheit oder Leistungskürzung des Versicherers: Die Obliegenheitsverletzung ist kausal für den Versicherungsfall oder den Umfang der Leistung des Versicherers, III Satz 2 und § 28 Abs. 3 Satz 1 VVG. Bei arglistigem Verhalten des Versicherungsnehmers ist keine Kausalität erforderlich, III Satz 3 und § 28 Abs. 3 Satz 2 VVG
- Der Versicherer muss den Vorsatz des Versicherungsnehmers beweisen, I und § 28 Abs. 2 Satz 1 VVG. Grobe Fahrlässigkeit und die Kausalität vermutet man zugunsten des Versicherers. Der Versicherungsnehmer kann hierfür den Gegenbeweis antreten, II Satz 2 und § 28 Abs. 2 Satz 2, 2. HS VVG

3 Weil die Berufshaftpflichtversicherung eine Pflichtversicherung ist, sind die §§ 117 ff VVG für das Verhältnis zwischen dem geschädigten Dritten und dem Versicherer anwendbar. §§ 119 und 120 VVG regeln die Obliegenheiten des Dritten gegenüber dem Versicherer, während die §§ 28 ff VVG die Obliegenheiten zwischen Versicherer und Versicherungsnehmer beinhalten. Es gilt aber grundsätzlich, dass sich der Versicherer nicht gegenüber dem Geschädigten auf Leistungsfreiheit berufen kann, § 117 Abs. 1 und Abs. 3 VVG. Die Leistungspflicht besteht aber nur in Höhe der Pflichtversicherungssumme und nicht für die gesamte Versicherungssumme, § 117 Abs. 3 VVG als lex specialis zu § 113 VVG. Der Versicherer darf einen vereinbarten Selbstbehalt gegenüber dem Geschädigten nicht abziehen, § 117 VVG.[2] Der Versicherer ist aber auch gegenüber dem Dritten leistungsfrei, wenn es sich nicht um eine pflichtversicherte berufliche Tätigkeit nach § 1 handelt oder ein Ausschluss vorliegt.[3]

---

1 MüKoVVG/*Wandt* Vorbemerkung zu § 28 Rn. 4.

2 Prölss/Martin/*Klimke* § 114 Rn. 10.

3 BGH VersR 1971, 239.

C. Verpflichtete der Obliegenheit, Zurechnung

Der Versicherungsnehmer ist nicht allein verantwortlich die Obliegenheiten zu erfüllen. Gerade bei 4 den Anzeige-, Auskunfts- und Aufklärungsobliegenheiten nach § 5 stehen sich gegenüber auf der einen Seite das Interesse des Versicherungsnehmers an Leistung und auf der anderen Seite das Interesse des Versicherers, dass er keine Nachteile dadurch erleiden will, dass der Versicherungsnehmer/Makler und deren Personal die Obliegenheiten nicht erfüllen. Letztlich geht es bei der Zurechnung darum, dass nicht nur den Versicherungsnehmer die Pflichten im Versicherungsfall oder auch vorher treffen, sondern auch diejenigen, die mit dem Versicherungsfall in der Kanzlei zu tun haben und dass im Ergebnis die Rechtsfolgen interessengerecht zu tragen sind.[4] Der Makler haftet regelmäßig bei zeitlichen, sachlichen oder wertmäßigen Lücken des Versicherungsschutzes bei Abschluss eines Versicherungsvertrags oder Umdeckung eines Risikos vertraglich und nach den §§ 63 Satz 1, § 60, § 61 Abs. 1 VVG, „Quasideckung".[5] Wenn der Versicherungsnehmer einen Vermittler einschaltet, kann der Versicherungsnehmer einen Schadensersatzanspruch wegen einer Pflichtverletzung bei der Abwicklung eines Versicherungsfalls auch nach § 280 Abs. 1 BGB geltend machen. Der Pflichtenkreis des Versicherungsmaklers umfasst grundsätzlich auch die Hilfestellung bei der Regulierung eines Versicherungsschadens. Der Makler ist auch für die Einhaltung der Obliegenheiten verantwortlich, selbst dann, wenn die zu beratende Person Warnungen oder ohne Weiteres erkennbare Umstände, die gegen die Richtigkeit des vom Berater eingenommenen Standpunkts sprechen, nicht genügend beachtet oder der Makler den Berater nicht über eine fundierte abweichende Auskunft unterrichtet hat.[6]

I. Zurechnung nach VVG und den AVB-RS

Gesetzlich und nach der Rspr. und in den AVB-RS gibt es verschiedene Regelungen zur Zurech- 5 nung. Die AVB-RS enthalten mehrere Zurechnungsvorschriften wie § 1 II Ziff. 1 in der Gesellschaft und § 7 I Satz 2 für mitversicherte Personen. Zurechnungsnormen im BGB sind die § 31 BGB für die Zurechnung bei rechtlich verselbständigten Organisationen; § 278 BGB für Sonderverbindungen, § 831 BGB für Deliktshaftung und § 166 BGB für Willensmängel und Wissenszurechnung. Sie alle betreffen aber nicht direkt die Obliegenheiten. Um fremdes Verhalten dem Versicherungsnehmer zuzurechnen, hat die Rspr. die Grundsätze der Repräsentantenhaftung entwickelt und die Figur des Wissenserklärungsvertreters entwickelt. Fremdes Wissen rechnet man über die Figur des Wissensvertreters zu. Die für die Beurteilung des Verhaltens erheblichen Kenntnisse des Wissenserklärungsvertreters/Repräsentanten werden dem Versicherungsnehmer dabei unabhängig davon zugerechnet, ob die fremde Person auch Wissensvertreter war.[7]

II. Wissenserklärungsvertreter und Wissensvertreter

Man rechnet nicht nur das Wissen der Gesellschafter und Geschäftsführer der Gesellschaft zu. Es 6 reicht die Zurechnung von Obliegenheitsverletzungen auf unterer Ebene durch einen Wissenserklärungsvertreter. Der Versicherungsnehmer haftet für die Angaben derjenigen Personen, die er mit der Erstattung von Auskünften gegenüber dem Versicherer betraut hat.[8] Dies gilt auch für ein Unterlassen, wenn der Versicherungsnehmer einen Anwalt beauftragt.[9] Dogmatisch begründen kann man die Zu-

4 BGH NJW 2007, 2038.
5 BGH NJW 2016, 3366.
6 BGH NJW 2018, 1160.
7 Prölss/Martin/*Armbrüster* § 28 Rn. 151.
8 RGZ 58, 342, 346 f; 159, 243, 245; BGH VersR 1952, 428; BGH VersR 1981, 948, 950; BGH VersR 1993, 960 f; OLG Düsseldorf VersR 1999, 1106, 1107; Prölss/Martin/*Armbrüster* § 28 Rn. 153 ff.
9 OLG Koblenz VersR 2000, 315 f.

rechnung der Kenntnis eines Wissenserklärungsvertreters analog § 166 Abs. 1 BGB oder nach § 278 BGB, was zum gleichen Ergebnis führt.[10] Das Wissen und nicht das Verhalten eines Dritten rechnet man dem Versicherungsnehmer über einen Wissensvertreter zu. Wissensvertreter ist derjenige, den der Versicherungsnehmer dazu berufen hat, im Rechtsverkehr für ihn bestimmte Aufgaben in eigener Verantwortung zu erledigen und die dabei anfallenden Informationen zur Kenntnis zu nehmen und ggf. weiterzugeben. Spezialwissen wie medizinisches Fachwissen eines Anwalts in einer Kanzlei kann nicht zugerechnet werden.[11] Die Zurechnung erfolgt analog § 166 BGB.[12]

7 Für die Kanzlei heißt dies: Der Gesellschaft und den mitversicherten Anwälten sind Obliegenheitsverletzungen zuzurechnen, die die Gesellschafter/Scheingesellschafter in der Gesellschaft begehen. Gleichgestellt sind ihnen die Berufsträger, die die Mandate bearbeiten wie die angestellten Anwälte als Scheingesellschafter. Wenn ein Kanzleimanager oder spezielle Anwälte oder auch sonstiges Personal für die Versicherung und die Schadenbearbeitung vorgesehen sind, sind sie in jedem Fall Wissenserklärungs- und Wissensvertreter, weil sie mit der Schadenbearbeitung konkret betraut sind. Wenn sie selbst oder auch der Anwalt, der einen Versicherungsfall verursacht hat, eine Anzeige- oder Auskunftsobliegenheit verletzen, ist dies der Gesellschaft zuzurechnen. Eine Obliegenheitsverletzung ist dann aber nicht mehr zuzurechnen, wenn das Personal nicht in besonderer Weise für die Schadenbearbeitung zuständig ist und nur am Rande damit zu tun hat. Hier fehlt es daran, dass dem vom Versicherungsfall wissenden Personal konkret eine Aufgabe übertragen wurde. Praktisch sind hier keine Fälle bekannt, bei denen es Probleme gibt. Regelmäßig meldet der Anwalt, der den Verstoß begangen hat, den Schadenfall und ist verantwortlich für die weitere Fallbearbeitung. In größeren Kanzleien übernehmen die für die Schadenbearbeitung spezialisierten Anwälte die Fälle. Sie sind der Ansprechpartner intern für den Anwalt und extern für den Versicherer sind.

III. Repräsentantenhaftung als Risikoverwaltung und Vertragsverwaltung

8 Man kann zur Begründung der Zurechnung auch die Repräsentantenhaftung heranziehen, wenn man zwischen Risikoverwaltung und Vertragsverwaltung differenziert. Bei der Risikoverwaltung geht es im Rahmen der übertragenen Gefahr um die Herbeiführung des Versicherungsfalls durch den Repräsentanten. Bei der Vertragsverwaltung geht es um das Interesse des Versicherers an der Einhaltung von Obliegenheiten. Sie kann der Dritte verletzen, weil der Versicherungsnehmer den Dritten in die Lage versetzt hat, insoweit selbstständig und in nicht unbedeutendem Umfang für ihn zu handeln, er ihm also insoweit die eigenverantwortliche Verwaltung des Versicherungsvertrags übertragen hat.[13] Für die Anwälte in einer Gesellschaft gilt, dass sie nicht Repräsentanten des anderen Anwalts sind, weil der Anwalt seine eigenen Berufspflichten wahrnimmt,[14] siehe dazu ausführlich § 1 Rn. 295 f. Bei der Vertragsverwaltung geht es aber nicht um originäre Berufspflichten, sondern um die Obliegenheiten, die jeder Versicherungsnehmer zu erfüllen, gleich welche Art von Versicherungsvertrag er abgeschlossen hat. Man kann im Ergebnis eine Obliegenheit eines Dritten dem Versicherungsnehmer zurechnen nach den Grundsätzen der Repräsentantenhaftung, wenn man dies als Teil der Vertragsverwaltung sieht,[15] siehe zur Zurechnung in der Gesellschaft ausführlich § 1 Rn. 294 ff. Dies lässt sich auf Obliegenheitsverletzungen übertragen. Wenn schon die Zurechnung eines Ausschlussgrundes nach wirksam ist, die zum Verlust des Versicherungsschutzes führt, muss dies auch für Obliegenheitsverletzungen gelten, die gleichfalls dazu führen, dass der Versicherer nicht leisten muss. Auch die Regeln der Repräsentantenhaftung weitet man hier nicht in unzuläs-

---

10 Analog § 166 BGB: BGH NJW 1990, 975; BGH NJW 2001, 359, 360; BGH NJW 2010, 862; § 278 BGB: Prölss/Martin/*Armbrüster* § 28 Rn. 154.

11 BGH NJW 1989, 2323.

12 BGH VersR 2000, 1133, 1134; OLG Düsseldorf VersR 2006, 785, 786.

13 BGH NJW 2007, 2038 Rz. 8.

14 BGH NJW 2011, 3303, 3305f; *Scholl* VersR 2011, 1108; für Steuerberater OLG Frankfurt BeckRS 2011, 15495.

15 Prölss/Martin/*Armbrüster* § 28 Rn. 104 f; *Lücke* VersR 1993, 1098; *Kampmann* VersR 1994, 280.

siger Weise aus, wenn man die Anzeige- und Aufklärungsobliegenheiten als Unterfall der Repräsentantenhaftung, als eine Vertragsverwaltung, ansieht, die auf einen anderen übertragbar ist. Nach § 7 I Ziff. 1 Satz 2 bleibt der Versicherungsnehmer neben den versicherten Personen für die Erfüllung der Obliegenheiten verantwortlich. Damit ist klargestellt, dass die mitversicherten Anwälte jeweils die Obliegenheit auch zu erfüllen haben, siehe ausführlich § 7 Rn. 8 ff. In der Gesellschaft haben die mitversicherten Anwälte schon nach §§ 43 ff VVG die gleichen Obliegenheiten zu erfüllen.[16] Das gilt sowohl für die gesetzlichen als auch vertraglichen Obliegenheit, weil § 47 Abs. 1 VVG für beides gilt. Die Obliegenheitsverletzung des Versicherungsnehmers selbst oder der mitversicherten Person wirken sich damit zulasten aller Mitglieder einer Kanzlei aus. Die Regelungen machen andernfalls keinen Sinn, da der Versicherungsschutz damit nur für denjenigen entfällt, der den Verstoß begangen hat, was in der arbeitsteiligen Kanzlei nicht zum Nachteil des Versicherers führen kann. Nach anderer Ansicht behält die versicherte Person den Versicherungsschutz, wenn allein der Versicherungsnehmer die Obliegenheit verletzt hat.[17] Das würde in der Gesellschaft dazu führen, dass die Gesellschaft, soweit sie Versicherungsnehmerin ist, den Versicherungsschutz verliert, aber nicht die mitversicherten Anwälte, was widersprüchlich ist.

D. Einzelne Regelungen

I. Leistungsfreiheit, I

Nach I ist der Versicherer leistungsfrei, wenn der Versicherungsnehmer die Obliegenheit vorsätzlich verletzt hat, was der Regelung in § 28 Abs. 2 Satz 2 VVG entspricht. Der Versicherer hat die Beweislast für den Vorsatz, III Satz 1 und § 28 Abs. 4 VVG. Voraussetzung ist, dass die Obliegenheitsverletzung kausal für den Versicherungsfall oder die Leistung des Versicherers war. Der Versicherungsnehmer kann dies durch einen Kausalitätsgegenbeweis widerlegen und trägt hierfür die Beweislast, III Satz 1 siehe dazu § 6 Rn. 14 f. Bei Auskunfts- oder Aufklärungsobliegenheiten ist zusätzlich erforderlich, dass der Versicherer auf die Rechtsfolgen in Textform hingewiesen hat, § 28 Abs. 4 VVG. Der fehlende Hinweis auf die Belehrungspflicht gemäß § 28 Abs. 4 VVG in der Rechtsfolgenwiedergabe in den Versicherungsbedingungen führt aber dann nicht zur Unwirksamkeit, wenn diese im Übrigen korrekt die Rechtsfolgenbestimmungen für Obliegenheitsverletzungen aus § 28 VVG wiedergeben.[18] Die vollständige Leistungsfreiheit des Versicherers tritt bei vorsätzlicher Obliegenheitsverletzung nicht unmittelbar kraft Gesetzes ein. Es handelt sich nicht um eine Einwendung, sondern um eine Einrede, die der Versicherer vorbringen muss.[19] 9

Es gilt der Vorsatzbegriff des Zivilrechts, § 276 BGB. Vorsatz setzt wie bei der wissentlichen Pflichtverletzung die Kenntnis des Versicherungsnehmers von der Obliegenheit voraus. Man vermutet die Kenntnis, wenn die Obliegenheit einer elementaren allgemein bestehenden Rechtspflicht entspricht.[20] Der Versicherungsnehmer muss die Versicherungsbedingungen nicht im genauen Wortlaut kennen und nicht ihre volle rechtliche Bedeutung erfassen. Keine Voraussetzung ist daher, dass er die Rechtsfolgen der Leistungsverweigerung kannte oder auch den Versicherer schädigen wollte. Er muss zumindest den wesentlichen Kerngehalt erfassen.[21] Angenommen wird, dass der durchschnittliche Versicherungsnehmer weiß, dass er verpflichtet ist, wahre und vollständige Anzeigen und Erklärungen abzugeben.[22] Wenn er Kenntnis hat, genügt dolus eventualis. Man vermutet aber zugunsten des Versicherungsnehmers, dass kaum jemand bewusst und wil- 10

16 BGH VersR 1991, 1404, 1405.
17 So *Diller* § 7 Rn. 13 mit Bezug auf *Littbarski* § 5 Rn. 23 ff.
18 OLG Celle, Urt. v. 30.11.2017 – 8 U 27/17.
19 BGH VersR 1974, 689, 690.
20 BGH VersR 1970, 410, 411.
21 BGH VersR 1958, 389.
22 BGH VersR 1965, 451, 452; OLG Düsseldorf VersR 1962, 345, 346.

lentlich seinen Versicherungsschutz gefährden will.[23] Eine vorsätzliche Verletzung der Obliegenheit zur Anzeige des Versicherungsfalls führt zur Leistungsfreiheit, wenn die Anzeige erst sechs Monate nach dem der Schadenfall eingetreten ist und der Versicherungsnehmer grundsätzliche Kenntnis von der Anzeigeverpflichtung hatte.[24] Der Rechtsanwalt handelt regelmäßig fahrlässig, wenn er einen außergerichtlichen Anspruch des Mandanten gegenüber seinem Versicherer nicht anzeigt. Wenn der Mandant dagegen einen Anspruch gerichtlich gegen den Anwalt geltend macht und der Anwalt dies nicht meldet, ist von Vorsatz auszugehen, selbst wenn er die Prozessaussichten als gut einschätzt.[25] Bei der Verletzung von Aufklärungs- und Auskunftspflichten kann man von Vorsatz ausgehen, wenn der Anwalt den Versicherer wiederholt und falsch über den Versicherungsfall informiert, gerade auch, weil der Versicherer hier vorher auf die Rechtsfolgen in Textform hinweisen muss, § 28 Abs. 4 VVG. Bei Unterlassen ist Vorsatz anzunehmen, wenn der Versicherungsnehmer in Kenntnis seiner Handlungspflicht zum Tun nichts veranlasst.[26] Vorsatz des Versicherungsnehmers bei der Begehung einer Obliegenheitsverletzung muss der Versicherer beweisen. Den Versicherungsnehmer trifft jedoch eine Substantiierungslast. Er muss die zu der Obliegenheitsverletzung führenden Umstände, die seiner Sphäre angehören, also z.B. die Gründe für etwaige Falschangaben, dartun und der Nachprüfung zugänglich machen.[27]

II. Leistungskürzung, II

11 Der Versicherer ist ganz oder teilweise leistungsfrei, wenn der Versicherungsnehmer die Obliegenheit grob fahrlässig verletzt hat, II Satz 1. Der Versicherer kann quoteln gegenüber dem früheren Alles-oder-nichts-Prinzip. Wenn der Versicherungsnehmer nachweist, dass er nicht grob fahrlässig gehandelt hat, bleibt der Versicherungsschutz bestehen, II Satz 2. Der Versicherer muss weiterhin leisten, wenn der Versicherungsnehmer die Obliegenheit fahrlässig verletzt hat. Für die Definition der groben Fahrlässigkeit ist der allgemeine zivilrechtliche Rechtsbegriff maßgeblich und nicht ein spezieller Begriff oder Maßstab aus dem Versicherungsrecht oder einer einzelnen Versicherungssparte.[28] Grobe Fahrlässigkeit liegt vor, wenn der Versicherungsnehmer die Obliegenheit in besonders außergewöhnlichem Maß verletzt hat. Er muss dasjenige missachtet haben, was jedem eingeleuchtet hätte. Ein Rechtsanwalt kann sich nicht darauf berufen, er kennt die Obliegenheiten aus dem Versicherungsvertrag nicht. Spätestens bei Eintritt eines Schadenfalles ist jeder Versicherungsnehmer verpflichtet, sich mit den einschlägigen Bestimmungen der dem Vertrag zugrundeliegenden Versicherungsbedingungen vertraut zu machen.[29] Grobe Fahrlässigkeit ist dann anzunehmen, wenn es sich wegen des Eintritts eines Versicherungsfalls aufdrängt, die Vertragsunterlagen einzusehen.[30] Eine grob fahrlässige Obliegenheitsverletzung des Rechtsanwalts liegt vor, wenn er gegen einen Mahnbescheid keinen Widerspruch einlegt.[31] Grob fahrlässig handelt der Versicherungsnehmer, der sich 15 Monate nicht um die Anzeige eines Versicherungsfalls kümmert.[32]

12 Wenn grobe Fahrlässigkeit vorliegt, ist zu quoteln. Für die Bestimmung des Gewichts der groben Fahrlässigkeit soll entscheidend sein, ob die grobe Fahrlässigkeit im konkreten Fall nahe beim bedingten Vorsatz oder aber eher im Grenzbereich zur einfachen Fahrlässigkeit liegt. Es gibt hier keine Sche-

23 Hamm VersR 1978, 809; 1981, 821; BGH VersR 2003, 187; 1979, 1117; Koblenz VersR 1996, 1356.
24 OLG Hamm VersR 2017, 1261 bei einer Kaskoversicherung für einen Unfall, der sich vor 6 Monaten ereignet hat.
25 Gräfe/Brügge/Melchers/*Brügge* F Rn. 65.
26 LG Frankfurt a.M. VersR 1982, 233.
27 OLG Celle, Urt. v. 30.11.2017 – 8 U 27/17.
28 BGH VersR 2001, 985, 986.
29 LG Münster VersR 1978, 412.
30 BGH NJW 1992, 2233, 2234; BGH VersR 1982, 567, 568.
31 LG Stuttgart BeckRS 2007, 18594.
32 OLG München VersR 1982, 1089.

mata. Der Einzelfall ist zu bewerten auf einer Skala von 0 % bis 100 %.[33] Eine zweifache grob fahrlässige Obliegenheitsverletzung, eine verspätete Anzeige des Versicherungsfalls und Verkauf des unreparierten Unfallfahrzeugs ohne Information an den Versicherer, berechtigt den Kaskoversicherer zur Leistungskürzung auf Null.[34] Für das Verschuldensmaß, nach dem sich im Fall grober Fahrlässigkeit der Umfang der Leistungspflicht bestimmt, ist der Versicherer beweispflichtig.[35]

Zur Beweislast gilt nach II Satz 2, dass der Versicherer vollständig leistungspflichtig bleibt, wenn der Versicherungsnehmer nachweist, dass er nicht grob fahrlässig gehandelt hat. Gleichfalls vollständig leistungspflichtig bleibt der Versicherer, wenn der Versicherungsnehmer nachweist, dass die Verletzung der Obliegenheit weder für den Eintritt oder die Feststellung des Versicherungsfalls noch für die Feststellung oder den Umfang der dem Versicherer obliegenden Leistung ursächlich war, siehe hier bei III Fortbestehen der Leistungspflicht § 6 Rn. 14 f. 13

III. Fortbestehen der Leistungspflicht, III

1. Kausalitätsgegenbeweis

Der Versicherer bleibt nach III Satz 1 zur Leistung weiterhin verpflichtet, wenn die Verletzung der Obliegenheit nicht kausal zu Nachteilen des Versicherers geführt hat. III listet entsprechend der Regelung in § 28 Abs. 3 Satz 1 VVG die vier Fälle auf, bei denen die Kausalität entfallen kann: Eintritt des Versicherungsfalls, Feststellung des Versicherungsfalls, Feststellung der dem Versicherer obliegenden Leistungen, Umfang der dem Versicherer obliegenden Leistungen. Hier gilt wie nach schuldrechtlichen Grundsätzen, dass die Pflichtverletzung nur dann sanktioniert wird, wenn dadurch kausal ein feststellbarer Schaden entstanden ist. Der Versicherer soll weiterhin leisten, wenn der Versicherungsnehmer nachweist, dass seine Obliegenheitsverletzung irrelevant war. Der Versicherer soll dagegen nicht leisten müssen, wenn das Verhalten des Versicherungsnehmers geeignet war, die Interessen des Versicherers ernsthaft zu gefährden, und dem Versicherungsnehmer ein erhebliches Verschulden zur Last fiel.[36] 14

Der Versicherungsnehmer muss für das Entfallen der Kausalität nachweisen, dass die Obliegenheitsverletzung nicht zu bestimmten konkreten Nachteilen für den Versicherer geführt hat. Die Darstellung, dass die Interessen des Versicherers generell nicht gefährdet waren, ist nicht ausreichend.[37] Maßgeblich ist der Zeitpunkt der Obliegenheitsverletzung, auch wenn sie später irrelevant wird, wenn z.B. die Obliegenheitsverletzung zunächst kausal für die Schadenbearbeitung waren, aber der Versicherer später aufgrund eigener Tatsachenfeststellung seine Handlung korrigiert hat. Hier hat die Obliegenheitsverletzung tatsächlich nicht zu einem Nachteil des Versicherers geführt. Allerdings ist der Sinn und Zweck von III, dass treuwidriges Verhalten nicht zulasten der Versichertengemeinschaft gehen darf. Auch der Wortlaut von III beinhaltet, dass die Verletzungshandlung selbst zu bewerten ist.[38] Ein nachträgliches Entfallen der Kausalität bedeutet daher nicht, dass der Versicherer leisten muss. Der Kausalitätsgegenbeweis ist nicht geführt, wenn offenbleibt, ob dem Versicherer Feststellungsnachteile durch die Maßnahmen erwachsen sind, die er bei Erfüllung der Obliegenheit getroffen hätte.[39] 15

Die Kausalität entfällt konkret, wenn auch bei ordnungsgemäßer Erfüllung der Obliegenheit der Versicherungsfall und die Leistungspflicht im selben Umfang eingetreten und ihre Feststellung 16

33 BT-Drucks. 16/3945, S. 69 in der Gesetzesbegründung der Bundesregierung zur VVG-Reform; BGH VersR 2012, 431, Leistung des Versicherers auf 0 % bei Fahren im Zustand der absoluten Fahruntüchtigkeit.

34 OLG Köln r+s 2019, 80.

35 BT-Drucks. 16/3945, S. 69.

36 BGH NJW 2011, 1364; BGH VersR 2009, 968 Rn. 9; BGH VersR 2007, 785 Rn. 15; BGH NJW-RR 2004, 1395.

37 Prölss/Martin/*Armbrüster* § 28 Rn. 243.

38 KG r+s 2011, 15; OLG Saarbrücken VersR 2013, 180.

39 OLG Celle, Urt. v. 30.11.2017 – 8 U 27/17.

nicht anders ausgefallen wäre.[40] Wenn es sich um ein Unterlassen handelt, entfällt die Kausalität, wenn der Versicherungsfall bei gebotenem Tun oder der Aufklärungsnachteil für den Versicherer nicht eingetreten wäre. Für den Zusammenhang zwischen Obliegenheitsverletzung und Nachteil gelten die allgemeinen Kausalitätserfordernisse wie Äquivalenz, Adäquanz und innerer Zusammenhang.[41] Der Versicherungsnehmer kann die fehlende Kausalität dadurch nachweisen, dass er die Tatsachen des Sachverhalts darlegt, die in bestimmter Weise gegen die Kausalität sprechen. Der Versicherer muss dann darlegen, dass die Obliegenheitsverletzung doch zu seinem Nachteil war. Er muss darlegen, welche Maßnahmen er ergriffen hätte und welcher Erfolg eingetreten wäre, was der Versicherungsnehmer widerlegen kann.[42] Bei der Verletzung von Anzeige- und Aufklärungsobliegenheiten ist der Kausalitätsgegenbeweis erst erbracht, wenn sicher ist, dass dem Versicherer keine Feststellungsnachteile erwachsen sind. Bleibt dies unklar und in der Schwebe, ist der Versicherungsnehmer beweisfällig.[43] Die Kausalität kann auch teilweise entfallen mit der Folge, dass der Versicherer dann eine Teilleistung zu erbringen hat, entsprechend dem Wortlaut von III *„...soweit der Versicherungsnehmer nachweist...“*. Der Versicherer darf nach §§ 28 Abs. 3, 32 VVG nicht zum Nachteil des Versicherungsnehmers abweichen, wenn er die Obliegenheitsverletzung sanktioniert.

2. Arglist

17 Der Versicherer ist auf jeden Fall leistungsfrei, wenn der Versicherungsnehmer die Obliegenheit arglistig verletzt hat. Es kommt nicht mehr auf eine Kausalität an, sondern darauf, dass einem zu missbilligenden Verhalten aus Gründen einer Generalprävention vorzubeugen ist. Der Versicherungsnehmer handelt arglistig, wenn er der Obliegenheit bewusst und gewollt zuwiderhandelt und zugleich wenigstens in Kauf nimmt, das Verhalten des Versicherers dadurch zu dessen Nachteil zu beeinflussen.[44] Der Versicherungsnehmer muss einen aus seiner Sicht gegen die Interessen des Versicherers gerichteten Zweck verfolgen.[45] Arglist ist als Ausnahme zum möglichen Gegenbeweis der Kausalität zu verstehen. Man kann von Arglist nur dann ausgehen, wenn der Versicherungsnehmer sich bewusst und böswillig über die Interessen des Versicherers hinwegsetzen will. Denkbar ist dies, wenn der Berufsträger nach Eintritt des Versicherungsfalls Weisungen des Versicherers bewusst missachtet oder die Aufklärung verhindert, damit der Schaden zu seinen Gunsten höher reguliert wird, z.B. wenn der Berufsträger Akten nicht herausgibt oder absichtlich verschwinden lässt. Der Versicherungsnehmer muss sich eine durch den von ihm in die Schadensregulierung eingeschalteten Makler begangene arglistige Verletzung einer vertraglich vereinbarten Auskunftsobliegenheit zurechnen lassen mit der Folge, dass der Versicherer leistungsfrei wird.[46] Der Versicherer kann sich im Umfang der Pflichtversicherung gegenüber dem Geschädigten nicht auf die Arglist berufen und bleibt weiterhin leistungspflichtig, §§ 117 Abs. 1 und 3 VVG.

40 BGH r+s 2001, 361.
41 BGH r+s 2002, 292; 1997, 485.
42 BGH NJW 1964, 1899; BGH VersR 2001, 756; OLG Düsseldorf VersR 2004, 769; 2001, 888; OLG Nürnberg VersR 1992, 1511; OLG Hamburg VersR 1990, 304.
43 OLG Köln r+s 2019, 80.
44 BGH NJW 2001, 2326; BGH VersR 1995, 1358; OLG Düsseldorf r+s 2010, 58; OLG Köln VersR 2010, 943.
45 BGH VersR 2007, 785; BGH VersR 1986, 77, 78.
46 OLG Frankfurt a.M. r+s 2023, 360.

C Das Versicherungsverhältnis (§§ 7–15)

§ 7 Versicherung für mitversicherte Personen, Abtretung, Verpfändung, Rückgriffsansprüche

I. Versicherung für mitversicherte Personen

1. Vertragsbestimmungen
[1]Soweit sich die Versicherung auf Haftpflichtansprüche erstreckt, die gegen andere als den Versicherungsnehmer selbst gerichtet sind, finden alle in dem Versicherungsvertrag bezüglich des Versicherungsnehmers getroffenen Bestimmungen auch auf diese Personen sinngemäße Anwendung. [2]Der Versicherungsnehmer bleibt neben den mitversicherten Personen für die Erfüllung der Obliegenheiten verantwortlich.

2. Geltendmachung der Versicherungsansprüche
Mitversicherte Personen können ihre Versicherungsansprüche selbständig geltend machen.

3. Ansprüche des Versicherungsnehmers gegen mitversicherte Personen
Ansprüche des Versicherungsnehmers gegen mitversicherte Personen sind, soweit nichts anderes vereinbart ist, von der Versicherung ausgeschlossen.

II. Abtretung, Verpfändung

[1]Der Freistellungsanspruch darf vor seiner endgültigen Feststellung ohne Zustimmung des Versicherers weder abgetreten noch verpfändet werden. [2]Eine Abtretung an den geschädigten Dritten ist zulässig.

III. Rückgriffsansprüche

1. Übergang von Ansprüchen des Versicherungsnehmers gegen Dritte
Steht dem Versicherungsnehmer ein Ersatzanspruch gegen einen Dritten zu, geht dieser Anspruch auf den Versicherer über, soweit der Versicherer den Schaden ersetzt hat.

2. Rückgriff gegen Angestellte oder Mitarbeiter des Versicherungsnehmers
Rückgriff gegen Angestellte oder Mitarbeiter des Versicherungsnehmers wird nur genommen, wenn diese ihre Pflichten vorsätzlich oder wissentlich verletzt haben.

3. Wahrungs- und Mitwirkungspflichten
[1]Der Versicherungsnehmer hat seinen Anspruch gemäß Ziff. 1 oder ein zur Sicherung dieses Anspruchs dienendes Recht unter Beachtung der geltenden Form- und Fristvorschriften zu wahren und bei dessen Durchsetzung durch den Versicherer soweit erforderlich mitzuwirken. [2]Die Folgen einer Verletzung dieser Obliegenheit ergeben sich aus § 86 Abs. 2 VVG.

Übersicht

https://doi.org/10.1515/9783111396415-009

A. Übersicht

§ 7 regelt die Versicherung für die versicherten/mitversicherten Personen, die Abtretung des Freistellungsanspruchs und die Rückgriffsansprüche des Versicherers gegen den Verursacher, wenn er geleistet hat.

1 I beinhaltet den Versicherungsschutz für die mitversicherten Personen. Nach Ziff. 1 Satz 1 haben die mitversicherten Personen grundsätzlich den gleichen Versicherungsschutz wie der Versicherungsnehmer selbst. Nach Ziff. 1 Satz 2 haben die mitversicherten Personen auch die gleichen Pflichten. Der Versicherungsnehmer und die mitversicherten Personen sind für die Erfüllung der Obliegenheiten verantwortlich. Nach Ziff. 2 können die mitversicherten Personen unabhängig vom Versicherungsnehmer ihre Ansprüche gegenüber dem Versicherer geltend machen. Nach Ziff. 3 sind Ansprüche untereinander zwischen Versicherungsnehmer und mitversicherten Personen ausgeschlossen, insbesondere zwischen der Gesellschaft als Versicherungsnehmerin und den dort beruflich tätigen Mitarbeitern.

II regelt, dass der Versicherungsnehmer nicht über seinen Freistellungsanspruch gegen den Versicherer frei verfügen kann. Eine Ausnahme liegt dann vor, wenn der Versicherungsnehmer den Anspruch an den geschädigten Dritten abtritt gem. der zwingenden Regelung in § 108 Abs. 2 VVG.

III regelt die Rückgriffsansprüche des Versicherers gegen den Versicherungsnehmer. Nach Ziff. 1 gehen die Ansprüche des Versicherungsnehmers, die er gegen den Dritten hat, auf den Versicherer über. Ziff. 2 beinhaltet den Rückgriff gegen Angestellte, wenn dieser eine wissentliche

Pflichtverletzung begangen hat. Ziff. 3 regelt die Obliegenheiten des Versicherungsnehmers, wenn der Versicherer einen Rückgriffsanspruch gegen einen Dritten hat.

B. Geltung der Vertragsbestimmungen für mitversicherte Personen, I Ziff. 1

I. Begriff mitversicherte Personen, Mitversicherung, I Ziff. 1 Satz 1

Nach I Ziff. 1 Satz 1 gelten die Versicherungsbedingungen bei Haftpflichtansprüchen nicht nur für den Versicherungsnehmer, sondern auch für die anderen mitversicherten Personen in einer Berufsausübungsgesellschaft.

1. Mitversicherte Personen im VVG

Die Versicherung für fremde Rechnung oder Fremdversicherung ist ein Drei-Personen-Verhältnis: 2
Der Versicherer, der Versicherungsnehmer und die versicherte Person, die auch gängig als mitversicherte Person oder Versicherter bezeichnet wird, §§ 43 VVG. Bekanntester Anwendungsfall in der Vermögensschadenhaftpflichtversicherung ist die D&O-Police. Versicherungsnehmer ist das Unternehmen, versicherte Personen sind die Organe und leitenden Angestellten. Wer Versicherungsnehmer und mitversicherte Person ist, können die Parteien frei vereinbaren. Nach dem VVG können die mitversicherten Personen ihre Rechte aus dem Versicherungsvertrag nur dann geltend machen, wenn der Versicherungsnehmer zugestimmt hat oder er im Besitz des Versicherungsscheins ist, §§ 44 Abs. 2, § 44 Abs. 1 Satz 1 VVG. Davon weicht I Ziff. 2 zugunsten der mitversicherten Berufsträger als Gesellschafter ab. Sie können ihre Rechte selbständig geltend machen.

Das Außenverhältnis des Versicherungsnehmers und der mitversicherten Person zum Versi- 3
cherer bestimmt sich nach §§ 44, 45 VVG. Soweit die Kenntnis und das Verhalten des Versicherungsnehmers von rechtlicher Bedeutung sind, sind bei der Versicherung für fremde Rechnung auch die Kenntnis und das Verhalten des Mitversicherten zu berücksichtigen, § 47 VVG. Das Innenverhältnis zwischen Versicherungsnehmer und mitversicherter Person regelt das VVG nur speziell für die Insolvenz des Versicherungsnehmers. Die Rspr. entwickelte daher ein gesetzliches Treuhandverhältnis zwischen Versicherungsnehmer und mitversicherter Person. Sie müssen sich wechselseitig unterstützen bei der Geltendmachung ihrer Rechte. Das Verfügungsrecht über die Rechte des Mitversicherten aus dem Versicherungsvertrag ist nur zu treuen Händen überlassen.[1] Grundlegende Abstimmungspflichten bestehen bei der Versicherung für fremde Rechnung, wenn die Gesellschaft Versicherungsnehmerin ist und die Gesellschafter mitversichert sind, siehe zum Umfang der Mitversicherung der Anwälte als Gesellschafter in der Gesellschaft für die sonstigen amtsähnlichen persönlichen Tätigkeiten § 1 Rn. 186 ff und für die gesellschaftsrechtliche Haftung § 1 Rn. 303 ff. In der Regel wird ein gelebtes Auftragsverhältnis zwischen Gesellschaft und mitversicherten Personen vorliegen. Die Gesellschaft handelt durch einen hierzu beauftragten Anwalt oder Kanzleimanager als Vertreter. Er vertritt die Interessen gegenüber dem Versicherer und ist für die Vertragsverhandlungen und Obliegenheiten im laufenden Vertrag zuständig. Die Gesellschaft darf nicht gegen die Interessen der mitversicherten Anwälte handeln. Auf der anderen Seite haben die mitversicherten Anwälte ebenfalls die Rechte der Gesellschaft zu wahren. Sie dürfen sich nicht einer Schadensregulierung widersetzen.

1 BGH VersR 1973, 1369; BGH NJW 1991, 1056; MüKoVVG/*Dageförde* § 46 Rn. 6.

2. Mitversicherte Personen in den AVB-RS

4 Die AVB-RS erwähnen die versicherte Person oder mitversicherte Person an verschiedenen Stellen.

- § 2 II: Bei der Rückwärtsversicherung sind Verstöße nur versichert, sofern sie weder dem Versicherungsnehmer noch einer mitversicherten Person bei Abgabe der Vertragserklärung bekannt sind.
- § 4 II Ziff. 2: Es besteht ein Ausschluss des Versicherungsschutzes für die mitversicherten Personen, in der Regel die Gesellschafter oder die Geschäftsführer einer Berufsausübungsgesellschaft, soweit sie als Leitungsorgan tätig sind. Der Versicherungsschutz für die anwaltliche Tätigkeit bleibt nach § 1 bestehen.
- § 7 I definiert und regelt, dass die mitversicherten Personen wie der Versicherungsnehmer Versicherungsschutz haben. Sie sind aber auch für die Erfüllung der Obliegenheiten zuständig und Ansprüche zwischen Versicherungsnehmer und mitversicherter Person sind ausgeschlossen.

Zentral ist, wer als mitversichert in der Berufshaftpflichtversicherung gilt:

5 **a) Gesellschafter/Scheingesellschafter, I Ziff. 1 Satz 1.** Die Gesellschafter und Scheingesellschafter oder Partner und Scheinpartner sind in der versicherten Gesellschaft die mitversicherten Personen, zum Deckungskonzept der Berufsausübungsgesellschaft siehe ausführlich § 1 Rn. 265 ff. Wenn die Gesellschaft Versicherungsnehmerin ist, liegt neben der Eigenversicherung der Gesellschaft auch eine Versicherung für fremde Rechnung zugunsten der Gesellschafter/Partner vor. Sie sind mitversicherte Personen. In haftungsbeschränkten Gesellschaften wie in der GmbH, AG oder in der PartmbB haften die Anwälte nicht persönlich. Sie können jedoch persönlich für deliktische Handlungen in Anspruch genommen werden, §§ 823 ff BGB. Sie sind in den Versicherungsschutz miteinbezogen nach § 1 II und mitversicherte Personen nach I.

6 **b) Angestellte Anwälte/Steuerberater und freie Mitarbeiter, I Ziff. 1 Satz 1.** Anwälte ohne Außenauftritt als angestellte Anwälte und freie Mitarbeiter sind mitversicherte Personen mit einem eingeschränkten Versicherungsschutz. Diese Anwälte haften nicht persönlich und gesamtschuldnerisch für die Verbindlichkeit der Gesellschaft, § 721 BGB, und können keine Deckung haben. Wenn sie als Scheingesellschafter auftreten, besteht Versicherungsschutz. Die Meldung von Anwälten, die in die Gesellschaft eintreten, ist aber ein risikoerhöhender Umstand. Es handelt sich um eine Obliegenheit. Bei einer fahrlässig unterbliebenen Meldung besteht der Versicherungsschutz auch für sie als angestellte Anwälte, ohne dass sie als Scheingesellschafter tarifiert wurden.

7 **c) Personal.** Zur Erfüllung ihrer Aufgaben bedient sich die Kanzlei weiterer Personen wie Rechtsanwaltsgehilfen, Aushilfen oder Referendaren. Die Mitarbeiter sind keine mitversicherten Personen. Das Büropersonal ist allein zur Aufrechterhaltung des Kanzleibetriebs und der Kanzleiorganisation erforderlich. Sie können und dürfen keine anwaltliche Tätigkeit ausüben. Der Rechtsanwalt haftet für das schuldhafte Verhalten des Büropersonals gem. § 278 BGB, siehe § 1 Rn. 238. Daher ist auch keine Deckung erforderlich. Sie erhöhen regelmäßig nicht das Risiko, dass der Mandant den Anwalt für einen Berufsfehler in Anspruch nimmt. Der Versicherer berücksichtigt aber in der Regel die juristisch vorgebildeten Mitarbeiter, wie z.B. Diplom-Wirtschaftsjuristen, Magistri jur. Sie dürfen zwar nicht anwaltlich tätig sein, erhöhen aber das Risiko eines Berufsfehlers des Anwalts aufgrund ihrer Zuarbeit für den jeweiligen Anwalt. Sie sind angestellten Anwälten und freien Mitarbeitern als mitversicherte Personen gleichgestellt.

II. Maßgebliche Versicherungsbestimmungen, I Ziff. 1 Satz 1

1. Vertragsgegenstand

Ebenso wie der Versicherungsnehmer hat eine mitversicherte Person Rechte und Pflichten aus dem Versicherungsvertrag, I Ziff. 1 Satz 1. Die Bestimmungen des Versicherungsvertrags finden sinngemäße Anwendung auf die mitversicherten Personen. Anwälte als mitversicherte Personen als Gesellschafter in der Gesellschaft haben Versicherungsschutz für die gesellschaftsrechtliche Haftung nach § 721 ff BGB nach § 1 und für die amtsähnlichen persönlichen Tätigkeiten nach § 18. Die Rechte der mitversicherten Personen umfassen im Ergebnis den Abwehranspruch und den Freistellungsanspruch, die vereinbarte Versicherungssumme, die Jahreshöchstleistung, Selbstbehalt und die sonstigen Vereinbarungen wie auch die Ausschlüsse. Die mitversicherte Person ist aber nicht Vertragspartner des Versicherers, was ausschließlich die Gesellschaft als Versicherungsnehmerin ist. Daraus ergibt sich, dass die mitversicherten Anwälte nicht Prämienschuldner nach § 8 sind. Die Vertragsdauer bestimmt der Versicherungsnehmer, sowohl Beginn als auch Ende, was auch die Kündigung des Vertrags als vertragsgestaltende Erklärung umfasst. Dem Versicherungsnehmer steht auch ausschließlich das Sonderkündigungsrecht im Schadenfall nach § 9 II zu. 8

2. Weisungen und Vollmacht des Versicherers

Die mitversicherten Anwälte haben wie der Versicherungsnehmer die Weisungen des Versicherers im Schadenfall zu beachten, § 5 II Ziff. 2 a). Der Versicherer kann den Versicherungsnehmer anweisen, alles Notwendige zu tun, um den Schaden abzuwenden und zu mindern. Ein fehlendes Weisungsrecht würde bedeuten, dass der Versicherer seine Aufgabe, den Abwehrschutz zu organisieren, nicht nachkommen könnte. Gleiches gilt für die Regulierungs- und Bearbeitungsvollmacht nach der Regelung in § 3 II Ziff. 1 c).[2] Der Wortlaut *„im Namen des Versicherungsnehmers"* bevollmächtigt zwar nicht ausdrücklich den Versicherer im Namen der mitversicherten Person zu handeln. Man darf aber davon ausgehen, dass die mitversicherten Anwälte regelmäßig konkludent mit der Schadenmeldung auch die Vollmacht erteilen, siehe dazu § 3 Rn. 45. Wenn man die Annahme nicht trifft, gilt schon der Wortlaut des I Ziff. 1 Satz 1, dass die in dem Versicherungsvertrag bezüglich des Versicherungsnehmers getroffenen Bestimmungen auch auf die mitversicherten Personen sinngemäße Anwendung finden. Hier gibt es keinerlei Interessen der mitversicherten Person, die Vollmacht nicht zu erteilen. 9

3. Selbstbehalt

Gem. § 114 Abs. 2 Satz 2 VVG kann ein Selbstbehalt des Versicherungsnehmers gegenüber einer mitversicherten Person nicht geltend gemacht werden, wenn der Versicherer den Dritten entschädigt. Dies gilt auch für die Berufshaftpflichtversicherung der Anwälte für den gesetzlich zulässigen Selbstbehalt. § 51 Abs. 5 BRAO ist nicht lex specialis zum VVG, auch wenn die BRAO vor der VVG-Reform erlassen wurde.[3] Den fehlenden Betrag in Höhe des Selbstbehalts kann sich der Versicherer vom Versicherungsnehmer holen. Er trägt dessen Insolvenzrisiko, siehe dazu auch Selbstbehalt im Pflichtversicherungsbereich § 3 Rn. 70 ff. 10

2 *Diller* § 7 Rn. 14.
3 MüKoVVG/*Brandt* § 114 Rn. 28 f.

4. Ausschlüsse

11 Bei den Ausschlüssen gilt, dass der Ausschluss zurechenbar bei allen übrigen Versicherungsnehmern und den mitversicherten Personen den Versicherungsschutz entfallen lässt, und zwar gleich, ob der Versicherungsnehmer oder die mitversicherte Person den Ausschlusstatbestand verwirklicht. Die Ausnahme bildet die wissentliche Pflichtverletzung nach § 7 III Ziff. 2, § 4 I Ziff. 3, siehe dazu § 7 Rn. 29 ff.

12 **a) Ausschluss bei der mitversicherten Person.** Für die mitversicherte Person gelten die gleichen Ausschlüsse wie für den Versicherungsnehmer. Wenn der mitversicherte Anwalt einen Ausschlusstatbestand verwirklicht, z.B. im nicht vereinbarten US-Recht berät, besteht für ihn kein Versicherungsschutz. Die Folge gilt auch für den Versicherungsnehmer und die übrigen mitversicherten Anwälte. Für die Gesellschaft regelt § 1 II Ziff. 1, dass in der Person eines Gesellschafters gegebene Umstände, die den Versicherungsschutz beeinflussen, zu Lasten der Gesellschaft geht, siehe dazu ausführlich § 1 Rn. 297 ff.

13 **b) Ausschluss bei dem Versicherungsnehmer, wissentliche Pflichtverletzung.** Wenn nach § 1 II Ziff. 1 der Gesellschaft der Umstand, der den Versicherungsschutz ausschließt, zugerechnet wird, verlieren die Gesellschaft selbst und alle mitversicherten Personen den Versicherungsschutz. Bei der wissentlichen Pflichtverletzung eines Gesellschafters gilt die spezielle Regelung entsprechend der Regelung zum Ausschluss nach § 51 Abs. 3 Nr. 1 BRAO: Die Gesellschafter/Scheingesellschafter und die Gesellschaft als Versicherungsnehmerin behalten den Versicherungsschutz, wenn ein Anwalt sie begeht, der weder Gesellschafter noch Scheingesellschafter ist, also ein Anwalt ohne Außenauftritt, § 4 I Ziff. 3a). Der Versicherer kann bei diesem Mitarbeiter Regress nehmen, § 7 III Ziff. 2.

III. Obliegenheiten, I Ziff. 1 Satz 2

Nach I Ziff. 1 Satz 2 bleibt der Versicherungsnehmer neben den mitversicherten Personen für die Erfüllung der Obliegenheiten verantwortlich. Die Obliegenheitsverletzungen gehen zu Lasten der Versicherungsnehmer und der übrigen mitversicherten Personen.

1. Obliegenheitsverletzung der mitversicherten Person

14 Wenn der mitversicherte Anwalt die Obliegenheit verletzt, gehen die Rechtsfolgen auf jeden Fall zu Lasten von ihm selbst. Es geht dann auch zu Lasten des oder der Versicherungsnehmer und der übrigen mitversicherten Personen, wenn der mitversicherte Anwalt zurechenbar im Geschäftsbereich des Versicherungsnehmers tätig ist. Dies ist die Frage der Zurechenbarkeit eines Fehlverhaltens wie in § 6, der die Rechtsfolgen einer Obliegenheitsverletzung beinhaltet. Zur Zurechenbarkeit bei I Ziff. 1 Satz 2 gelten die gleichen Regelungen wie in § 6 und in § 7 I Ziff. 1 Satz 2 und in § 1 II Ziff. 1, siehe hierzu ausführlich zur Zurechenbarkeit von Obliegenheitsverletzungen § 6 Rn. 4 ff. Der Versicherungsnehmer soll nicht automatisch seinen Versicherungsschutz verlieren, wenn ein mitversicherter Anwalt seine Obliegenheit verletzt, z.B. wenn er einen Versicherungsfall absichtlich nicht meldet, um keine Schwierigkeiten in der Kanzlei zu haben.[4] Der Versicherungsnehmer verliert aber dann den Versicherungsschutz, wenn der mitversicherte Anwalt ein Wissenserklärungsvertreter/Wissensvertreter ist, was regelmäßig der Fall ist. Man kann eben-

4 *Littbarski* § 7 Rn. 28.

falls nach den Regeln der Repräsentantenhaftung zurechnen, soweit man nach Risikoverwaltung und der hier maßgeblichen Vertragsverwaltung differenziert.

2. Obliegenheitsverletzung des Versicherungsnehmers

Wenn der Versicherungsnehmer, zugerechnet als Handlung eines Anwalts, die Obliegenheit verletzt, geht dies auf jeden Fall zu Lasten der Gesellschaft, was § 6 als Rechtsfolge regelt und I Ziff. 1 Satz 2 nochmals klarstellt. Die Obliegenheitsverletzung geht ebenfalls zu Lasten der übrigen Mitarbeiter und Gesellschafter. Der Wortlaut von I Ziff. 1 Satz 2 stellt ausdrücklich die mitversicherte Person und den Versicherungsnehmer gleich. Beide haben die Obliegenheiten zu erfüllen. Sinn und Zweck der Regelung in der Berufshaftpflichtversicherung ist es, dass der Versicherer im Schadenfall reagieren kann. Wenn nur derjenige den Versicherungsschutz verliert, der die Obliegenheitsverletzung begeht, bleibt der Versicherungsschutz aufrecht, da der Versicherer die übrigen Mitarbeiter vom Anspruch freizustellen hat. Selbst eine absichtliche Obliegenheitsverletzung wäre folgenlos. 15

C. Geltendmachung der Versicherungsansprüche, I Ziff. 2

Nach I Ziff. 2 können die versicherten Personen ihre Versicherungsansprüche selbständig geltend machen. Die AVB-RS bedingen zugunsten der versicherten Personen § 44 Abs. 1 und 2 VVG ab. Danach kann eine mitversicherte Person ihren Anspruch auch dann geltend machen, wenn sie nicht im Besitz des Versicherungsscheins ist und den Anspruch auch gerichtlich durch eine Klage durchsetzen. Nicht maßgeblich ist, dass der Versicherer die mitversicherten Personen namentlich als Gesellschafter oder als angestellte Anwälte ohne Außenauftritt im Versicherungsschein erfasst, auch wenn es üblich ist, dass der Versicherer die versicherten Personen namentlich im Versicherungsvertrag nennt, um im Schadenfall zu wissen, wer versichert ist oder war. 16

D. Ausschluss von Ansprüchen des Versicherungsnehmers gegen versicherte Personen, I Ziff. 3

I. Ansprüche des Versicherungsnehmers gegen die mitversicherte Person

Nach I Ziff. 3 sind die Ansprüche des Versicherungsnehmers gegen die mitversicherten Personen ausgeschlossen. Die Regelung soll verhindern, dass die in der Gesellschaft tätigen Mitarbeiter zu Lasten des Versicherers kollusiv zusammenarbeiten. Gleichfalls soll die Regelung verhindern, dass der Versicherungsnehmer einen Eigenschaden als Drittschaden dem Versicherer anzeigt, wenn der mitversicherte Anwalt einen Verstoß begangen hat. Eine Haftpflichtversicherung setzt begrifflich voraus, dass der Versicherungsnehmer für fremde Ansprüche eines Dritten freigestellt wird. Die Gesellschaft kann nicht gleichzeitig Versicherungsnehmer und geschädigter Dritter sein. Es besteht kein Versicherungsschutz für den mitversicherten Anwalt, wenn er für die Kanzlei einen Anspruch geltend macht, z.B. Honorar einklagt und die Kanzlei von ihm Schadensersatz wegen eines Berufsfehlers verlangt.[5] Wenn das Personal des Anwalts eine Straftat begeht, z.B. Mandantengelder veruntreut, haben weder der Gesellschafter noch die Gesellschaft Anspruch auf Versicherungsschutz, wenn sie gegen das Personal vorgehen. Die Gesellschaft als Versicherungsnehmer hat für einen möglichen Innenregress gegen die versicherte Person keinen Versicherungsschutz.[6] 17

5 *Diller* § 7 Rn. 19.
6 *Diller* § 7 Rn. 19.

18 Kein Versicherungsschutz besteht ebenfalls, wenn die Versicherungsnehmer als Gesellschaft einen mitversicherten Anwalt in Anspruch nehmen, wenn der mitversicherte Anwalt im eigenen Namen auf eigene Rechnung die Kanzlei vertritt und einen Schaden für die Kanzlei verursacht. Die Zulassungspolice versichert zwar die Berufsfehler im eigenen Namen, aber Eigenschäden der Gesellschaft sind dort ausgeschlossen. Die Zulassungspolice des Anwalts für seine Nebentätigkeiten enthält regelmäßig in der Risikobeschreibung den Zusatz, dass nur Tätigkeiten versichert sind, die der Anwalt außerhalb der Kanzlei ausübt. Versichert ist die Tätigkeit als Rechtsanwalt, die der Versicherungsnehmer weder als Mitarbeiter einer rechts- und/oder wirtschaftsberatenden Kanzlei noch als deren Vertreter oder Gesellschafter ausübt.[7] Bei freien Mitarbeitern gilt das Gleiche, weil sie nicht freiberuflich für die Kanzlei arbeiten, wie im ersten Satz vor § 18 Satz der BBR-RA voraussetzt ist. In beiden Fällen ist der angestellte Anwalt oder der freie Mitarbeiter weiterhin Mitarbeiter der Gesellschaft und berät nicht einen fremden Dritten.[8] Siehe zum Versicherungsschutz bei Ansprüchen der Gesellschaft und Eigenschaden § 1 Rn. 114 f.

II. Ansprüche der versicherten Person untereinander und gegen den Versicherungsnehmer

19 I Ziff. 3 schließt nach dem Wortlaut allein den Anspruch des Versicherungsnehmers gegen die mitversicherten Personen aus. Nicht genannt sind Ansprüche der versicherten Personen untereinander und gegen den Versicherungsnehmer, wie z.B., wenn der mitversicherte Anwalt die Kanzlei für seinen eigenen Scheidungsfall mandatiert und der in ihr tätige Fachanwalt für Familienrecht einen Verstoß begeht. Der Versicherungsschutz umfasst diesen Anspruch des mitversicherten Anwalts gegen die Kanzlei und deren Mitarbeiter. Diese beiden Ansprüche sind aufgrund des eindeutigen Wortlauts im Umkehrschluss versichert. Die Gesellschaft als Versicherungsnehmerin ist hier nicht die geschädigte Dritte, sondern der Mitarbeiter, aber eben nicht in der Funktion als Kanzleimitarbeiter, sondern als Privatperson. Zwar können hier Bedenken bestehen, weil § 7 I generell das kollusives Zusammenwirken vermeiden soll. Aber es würde dazu führen, dass Mitarbeiter nicht ihre eigene Kanzlei mandatieren können und es geht eben um den Mitarbeiter als Privatperson und nicht als mitversicherten Anwalt. Ansprüche der mitversicherten Personen untereinander sind nur dann denkbar, wenn sie als Privatpersonen sich gegenseitig mandatieren im eigenen Namen auf eigene Rechnung. Sie sind dann formal zwar Mitarbeiter der Kanzlei, werden aber als freiberuflich außerhalb der Gesellschaft tätig. Versicherungsschutz besteht hierfür allein über die Zulassungspolice.

III. Ansprüche der Versicherungsnehmer untereinander

20 Ansprüche der Versicherungsnehmer untereinander, die Gesellschafter und die Gesellschaft, als gesellschaftsrechtliche Innenansprüche, sind ausgeschlossen. Wenn ein Gesellschafter einen Verstoß begeht, haftet die Gesellschaft und die Gesellschafter persönlich und gesamtschuldnerisch, § 721 ff BGB. Der in Anspruch genommene Gesellschafter hat einen gesellschaftsrechtlichen Innenausgleichsanspruch nach § 426 Abs. 1 BGB gegenüber den anderen Gesellschaftern oder einen Innenregressanspruch gegen die Partnerschaft § 6 Abs. 3 Satz 2 PartGG iVm §§ 116 Absatz 1, 2 Satz 1 und Absatz 3 bis 6, 117, 118 und 119 HGB. Es handelt sich jedoch um einen gesellschaftsrechtlichen Ausgleichsanspruch und nicht um einen berufsrechtlichen Verstoß, wofür kein Versicherungsschutz besteht. Selbstverständlich gilt wie im oberen Beispiel, siehe § 7 Rn. 19, etwas anderes, wenn der Gesellschafter einen anderen Gesellschafter oder einen mitversicherten Anwalt als Privatperson beauftragt, um einen eigenen Anspruch durchzusetzen, wie z.B., wenn er den Mitgesellschafter beauftragt, das Scheidungsverfahren durchzuführen. Versicherungsschutz besteht aber

---

7 Bei der Allianz VH 4511.

8 *Grams* BRAK Mitt. 2003, 12, 13.

immer nach § 1 II Ziff. 2 für die persönliche Haftung der Gesellschafter für die Gesellschaftsverbindlichkeit, siehe ausführlich § 1 Rn. 306 ff.

E. Abtretung und Verpfändung des Freistellungsanspruchs, II

Nach II Satz 1 darf der Versicherungsnehmer nicht über den Freistellungsanspruch ohne Zustimmung des Versicherers verfügen, § 108 Abs. 1 VVG. Grund der Regelung ist, dass der Versicherer sich nur mit dem Versicherungsnehmer und dem Geschädigten auseinandersetzen soll. Andernfalls könnten andere gewinnorientierte Betriebe wie Factoring-Unternehmen die Forderungen aufkaufen und verwerten. Die Abtretung des Freistellungsanspruchs an den Dritten kann der Versicherer aber nicht ausschließen, II Satz 2 und § 108 Abs. 2 VVG. Der Versicherungsnehmer kann den Freistellungsanspruch jederzeit abtreten, daher auch für die Zukunft bei Vertragsschluss mit dem Mandanten, § 398 BGB. Auch nach Abtretung des Freistellungsanspruches bleibt der Versicherungsnehmer aber Vertragspartner des Versicherers, insbesondere treffen ihn auch die Obliegenheiten.[9] Wenn der Versicherungsnehmer den Freistellungsanspruch abtritt, wandelt sich der Anspruch in einen Zahlungsanspruch des Geschädigten/Dritten gegenüber dem Versicherer um. Die Abtretung hat prozessual zu Folge, dass die Trennung zwischen Haftungs- und Deckungsprozess aufgehoben ist. In dem Direktprozess des geschädigten Mandanten gegenüber dem Versicherer hat das Gericht gleichzeitig die Haftungs- und Deckungsfragen zu klären. Der Leistungsumfang und der Inhalt der Deckung bleiben aber gleich. Der Dritte hat nicht weniger oder mehr Rechte als der Versicherungsnehmer. Er hat die Haftung des Versicherungsnehmers und die Leistungspflicht des Versicherers darzulegen und zu beweisen. Der Versicherer kann die gleichen Ausschlüsse dem Geschädigten vorhalten, wie dem Versicherungsnehmer oder dass er eine Obliegenheit verletzt hat, § 404 BGB. Weil der Versicherungsnehmer in diesem Prozess nicht mehr Beklagter ist, kann er als Zeuge aussagen. Ein Anwalt kann dann aussagen, dass keine wissentliche Pflichtverletzung vorliegt, die als Beweis zu würdigen ist statt als Parteieinvernahme.[10] 21

Der Dritte kann den Versicherungsnehmer nicht neben dem Versicherer in Anspruch nehmen, 22
auch wenn die Abtretung erfüllungshalber erfolgt. Er ist aus der zugrundeliegenden Vereinbarung verpflichtet, sich an den Versicherer zu halten.[11] In dieser Zeit ist die Verjährung sowohl des Haftungs- als auch Deckungsanspruchs gehemmt. Wenn der Dritte die Klage verliert, weil der Versicherungsnehmer nicht haftet, ist der Abtretungsvertrag dahingehend auszulegen, dass die Entscheidung über die Haftpflichtforderung den Dritten bindet. Er kann nicht mehr gegen den Versicherungsnehmer klagen. Wenn der Dritte die Klage verliert, weil der Versicherer nicht deckungspflichtig ist, kann der Dritte gegen den Versicherungsnehmer vorgehen. Man nimmt dann aber an, dass der Versicherer dem Versicherungsnehmer keinen Versicherungsschutz mehr zu gewähren hat, der Versicherungsnehmer also auch keinen Abwehrschutz mehr hat, weil die Rechtskraft des Urteils nach § 325 ZPO den Versicherungsnehmer bindet.[12] Damit ist auch gewährleistet, dass nicht mehrmals über den gleichen Sachverhalt zu entscheiden ist.[13] Wie der Wortlaut von II eindeutig belegt, kann der Versicherungsnehmer nur den Freistellungsanspruch abtreten, aber nicht den Abwehranspruch. Hierfür besteht auch kein Bedarf, da der Dritte den Versicherer in Anspruch nimmt.

---

9 Prölss/Martin/*Lücke* § 108 Rn. 32.

10 *Grote/Schneider* BB 2007, 2689, 2697.

11 Prölss/Martin/*Lücke* § 108 Rn. 27.

12 MüKoVVG/*Dageförde* § 108 Rn. 139; anders *Lange* r+s 2007, 401, 405.

13 *Armbrüster* r+s 2010, 441, 451.

F. Rückgriffsansprüche des Versicherers, III

23 III regelt die Rückgriffsansprüche des Versicherers gegen Dritte und modifiziert § 86 VVG. Ziff. 1 regelt den allgemeinen Rückgriffsanspruch und dessen Umfang. Ziff. 2 regelt den Rückgriffsanspruch des Versicherers gegen den Mitarbeiter, der wissentlich gehandelt hat. Ziff. 3 regelt, was der Versicherungsnehmer zu tun hat, damit der Versicherer seinen Rückgriffsanspruch gegenüber dem Dritten ausüben kann. Durch das schädigende Ereignis können gleichzeitig zwei Ansprüche entstehen. Auf der einen Seite der Anspruch des Versicherungsnehmers gegen den Versicherer, weil ein Versicherungsfall nach § 5 I vorliegt. Auf der anderen Seite ein Regressanspruch des Versicherers, weil der Versicherungsnehmer selbst einen Anspruch gegen einen Dritten hat. § 86 VVG und Ziff. 1 schreiben vor, dass in diesem Fall der Versicherer den Anspruch gegen den tatsächlichen Schädiger erhält. Sinn ist, dass der Dritte als Schädiger keinen Vorteil daraus ziehen soll, dass der Versicherungsnehmer hierfür versichert ist und dass der Versicherungsnehmer sich nicht bereichern soll.[14]

I. Übergang von Ansprüchen des Versicherungsnehmers gegen Dritte, III Ziff. 1

Nach III Ziff. 1 geht ein Anspruch über, wenn ein Ersatzanspruch besteht, er sich gegen den Dritten richtet und der Übergang nicht zum Nachteil des Versicherungsnehmers geht.

1. Ersatzanspruch

24 Es gehen alle Schadensersatzansprüche über, ob aus vertraglichen, vertragsähnlichen oder deliktsrechtlichen Schuldverhältnissen oder ob verschuldensabhängig oder nicht. Umfasst sind auch Ausgleichsansprüche unter Gesamtschuldnern nach § 426 Abs. 1 BGB und Innenansprüche der Gesellschaft gegen Gesellschafter, aber es muss sich selbstverständlich um einen Anspruch gegenüber einem Dritten handeln. Ansprüche auf Kostenersatz gehen ebenfalls über. Dies ergibt sich schon daraus, dass nach § 3 II Ziff. 1 Versicherungsschutz für die Abwehr von unberechtigten Schadensersatzansprüchen besteht und der Versicherer die Kosten für den Prozess übernimmt, siehe dazu § 3 Rn. 83 ff. Gleichfalls erfasst sind Bereicherungsansprüche. Wenn sie nicht übergehen, sind sie ggf. nach § 255 BGB abzutreten.

2. Rückgriff bei Dritten

25 Maßgeblich für den Übergang ist, ob der Schädiger Dritter im Sinne von III Ziff. 1 ist. Die AVB-RS und § 86 Abs. 1 VVG lassen den Begriff offen. Dritter ist nach dem Sinn des Vorteilsausgleichs und dem Bereicherungsgedanken derjenige, dessen betroffenes Interesse nicht durch den Versicherungsvertrag versichert ist. Dritter ist demnach regelmäßig jeder, der nicht Versicherungsnehmer oder Versicherter ist.[15] Grundsätzlich gilt, dass ein Mitarbeiter Dritter sein kann, wenn er nicht versichert ist, so dass ein Regress möglich ist. Dies kann erstens der Fall sein, wenn es sich um eingeschaltete fremde Personen handelt, zweitens der Kanzleimitarbeiter fremdversichert ist oder drittens auch gerade, wenn der Mitarbeiter dem Versicherer unbekannt ist, weil die Kanzlei den zu versichernden Mitarbeiter nicht gemeldet hat. Ein unbekannter Mitarbeiter, gleich ob Gesellschafter/Scheingesellschafter oder angestellter Anwalt ohne Außenauftritt oder freier Mitarbeiter, der nicht gemeldet ist, ist nicht versichert. Die fehlende Meldung von Mitarbeitern für die Berufsausübungsgesellschaft ist eine Risikoerhöhung und keine Gefahrerhöhung iSd VVG. Dabei führt

14 BGH VersR 1983, 462; Prölss/Martin/*Armbrüster* § 86 Rn. 1.
15 OLG Hamm VersR 1989, 36; BGH VersR 1959, 500.

die fahrlässige unterbliebene Meldung nicht zum Verlust des Versicherungsschutzes der Gesellschaft, da es sich um eine Obliegenheitsverletzung handelt. Ein Regress ist nicht denkbar, da der Versicherungsschutz aufrechterhalten wird und der Mitarbeiter nicht Dritter ist.

a) Eingeschaltete Experten. Wenn der Anwalt andere Experten einschaltet, z.B. einen Wirtschaftsprüfer, der ein Bilanzgutachten zu einem Schadenfall erstellen soll, handelt es sich um einen Erfüllungsgehilfen oder um einen Substituten mit eigenem Auftrag. Er ist Dritter nach III Ziff. 1. Der Anwalt als Auftraggeber ist für den Fehler des Wirtschaftsprüfers als fremden Dritten versichert, für den Fehler des Erfüllungsgehilfen, soweit er im Pflichtenkreis des Anwalts arbeitet, oder sein Auswahlverschulden, § 1. Der Wirtschaftsprüfer ist aber nicht Teil der Kanzlei oder eine versicherte Person. Er ist regelmäßig selbst für seine Berufsfehler versichert. Der Anspruch des Anwalts gegen den Wirtschaftsprüfer aus seinem Auftragsverhältnis geht auf den Versicherer über, III Ziff. 1, siehe zum Versicherungsschutz bei Einschaltung von Dritten als Substituten § 1 Rn. 165 ff. 26

b) Personal. Das Personal ist in den Versicherungsschutz einbezogen und nicht Dritter. Nach § 1 haben die Gesellschaften Versicherungsschutz für die Tätigkeit ihrer Erfüllungsgehilfen. Der Versicherer kann nur Rückgriff nehmen, wenn es sich um eine wissentliche Pflichtverletzung handelt, § 7 III. 27

3. Kein Nachteil für Versicherungsnehmer

Der Ersatzanspruch geht in Höhe der geleisteten Zahlung auf den Versicherer über gem. §§ 401 ff BGB. Der Übergang kann aber nicht zum Nachteil des Versicherungsnehmers geltend gemacht werden. Der Ersatzanspruch des Versicherten kann nur soweit übergehen, wie der Anspruch des Versicherungsnehmers nicht mehr zur Deckung seines Schadens benötigt wird. Nach der von der Rspr. entwickelten Differenztheorie/Quotenvorrecht kann darüber hinaus der Anspruch auf den Versicherer erst übergehen, wenn der Versicherungsnehmer seinen gesamten Schaden ausgeglichen erhalten hat. Der Anspruch geht nicht über, wenn weder die Versicherungsleistung noch der Ersatzanspruch des geschädigten Versicherungsnehmers ausreichen, um den gesamten Schaden des Versicherungsnehmers auszugleichen.[16] Dies bedeutet, dass bei einem alleinigen schuldhaften Verstoß des Dritten, der Versicherer vollständig Regress nimmt, wenn z.B. der Schadenexperte oder fremdversicherte Wirtschaftsprüfer ein falsches Bilanzgutachten erstellt hat. Wenn die Verschuldensanteile zwischen Versicherungsnehmer und Drittem gleichauf liegen, nimmt er in Höhe der Hälfte der geleisteten Schadenszahlung Regress. Er wird nicht in voller Höhe Regress nehmen, da er selbst die Hälfte leisten muss. Der Übergang kann nicht zu Lasten des Versicherungsnehmers gehen. 28

II. Rückgriff gegen Mitarbeiter bei wissentlicher Pflichtverletzung, III Ziff. 2

Nach III Ziff. 2 nimmt der Versicherer bei einem Mitarbeiter Rückgriff, wenn er seine Pflichten wissentlich verletzt hat. Die Regelung zur wissentlichen Pflichtverletzung beinhaltet im Ergebnis, dass die Gesellschaft und die Gesellschafter/Scheingesellschafter den Versicherungsschutz behalten, wenn ein Mitarbeiter eine wissentliche Pflichtverletzung begangen hat, § 4 I Ziff. 3 a). Dafür 29

---

16 Ausführlich und dagegen MüKoVVG/*Segger* § 86 Rn. 142 ff mit den dortigen Nachweisen der Rspr. und Lit., weil der Versicherungsnehmer wg. dem fehlenden Selbstbehalt oder einer Unterversicherung bessergestellt wird, auch *Ebert/Segger* VersR 2001, 143.

nimmt der Versicherer bei dem Mitarbeiter Regress, III Ziff. 2, worauf auch § 4 I Ziff. 3 a) Satz 2 ausdrücklich verweist. Der Begriff des Mitarbeiters umfasst den angestellten Anwalt ohne Außenauftritt und den freien Mitarbeiter. Der Versicherungsschutz besteht für die Gesellschaft bei zuschlagpflichtigen Mitarbeitern, gleich ob es sich um einen angestellten Anwalt oder freien Mitarbeiter handelt und im Übrigen auch gleich, ob für sie Beitrag bezahlt wurde oder nicht.[17] Bei angestellten Anwälten ist selbstverständlich Voraussetzung, dass sie für einen Berufsfehler auch haften. Nur ein bestehender Haftungsanspruch kann als Ersatzanspruch übergehen. Es gilt die materiell-rechtliche Haftungsprivilegierung, die die Rspr. für den Bereich der Arbeitnehmerhaftung entwickelt hat. Danach gilt als Grundsatz, dass bei Vorsatz und grober Fahrlässigkeit in der Regel keine Haftungsentlastung gewährt wird. Bei mittlerer Fahrlässigkeit werden die Schäden zwischen Arbeitgeber und Arbeitnehmer quotal verteilt. Bei leichtester Fahrlässigkeit ist der Schaden allein vom Arbeitgeber zu tragen.[18] Vorsatz umfasst das Wissen und Wollen des rechtswidrigen Erfolges. Er muss sich nicht nur auf die Pflicht- bzw. Rechtsgutsverletzung, sondern auch auf den konkreten Schaden beziehen,[19] was bei der wissentlichen Pflichtverletzung nicht sein muss. Daher ist ein Rückgriff in voller Höhe kaum möglich und wenig praxisrelevant, weil er schon schwierig durchzuführen ist und der Angestellte hat regelmäßig nicht die Mittel, um den Anspruch zu begleichen.

III. Mitwirkungspflichten des Versicherungsnehmers und vorhergehende Haftungsbeschränkungen, III Ziff. 3

30 Der Versicherungsnehmer hat Wahrungs- und Mitwirkungspflichten, um den Regressanspruch des Versicherers durchsetzen zu können. Der Versicherungsnehmer hat den Versicherer bei der Anspruchsdurchsetzung zu unterstützen, insbesondere hat er ihm Auskunft zu erteilen. Die Rechtsfolgen einer Obliegenheitsverletzung ergeben sich aus § 86 Abs. 2 VVG. Verletzt der Versicherungsnehmer seine Obliegenheit vorsätzlich, ist der Versicherer zur Leistung insoweit nicht verpflichtet, als er infolgedessen keinen Ersatz von dem Dritten erlangen kann. Im Fall einer grob fahrlässigen Verletzung der Obliegenheit ist der Versicherer berechtigt, seine Leistung in einem der Schwere des Verschuldens des Versicherungsnehmers entsprechenden Verhältnis zu kürzen; die Beweislast für das Nichtvorliegen einer groben Fahrlässigkeit trägt der Versicherungsnehmer. § 86 VVG setzt voraus, dass der Anspruch entstanden ist. Es bedeutet, dass der Versicherungsfall bereits eingetreten sein muss, damit der Anspruch übergeht. Wenn der Versicherungsnehmer vor Eintritt den Ersatzanspruch ausschließt oder ihn begrenzt, z.B. durch eine Haftungsvereinbarung mit einem Dritten, gilt aber § 86 Abs. 2 analog. Haftungsvereinbarungen vor der Entstehung des Anspruchs dürfen den möglichen Regressanspruch des Versicherers nicht vollständig vereiteln,[20] siehe dazu § 1 Rn. 182. Allein in dieser Höhe, wenn die Vereinbarung wirksam ist, geht dann der Anspruch über. Ggf. ist dies als risikoerhöhender Umstand zu werten nach §§ 12, 13.

17 OLG Hamburg VersR 1985, 229; *Diller* § 7 Rn. 33.
18 BAG NZA 1994, 1083.
19 BAG NJW 1968, 717; *Richardi* JZ 1986, 796, 805 f.
20 Prölss/Martin/*Armbrüster* § 86 Rn. 71.

§ 8 Prämienzahlung (Erst- und Folgeprämie) und Rechtsfolgen bei Nichtzahlung, Verzug bei Abbuchung, Prämienregulierung, Prämienrückerstattung

I. Zahlung der Erstprämie des Hauptvertrages

1. Fälligkeit

Die erste oder einmalige Prämie ist unverzüglich nach Zugang des Versicherungsscheins zu zahlen, jedoch nicht vor dem vereinbarten und im Versicherungsschein angegebenen Beginn des Versicherungsschutzes.

2. Rücktrittsrecht des Versicherers bei Nichtzahlung

[1]Wird die erste oder einmalige Prämie nicht rechtzeitig bezahlt, ist der Versicherer, solange die Zahlung nicht bewirkt ist, zum Rücktritt vom Vertrag berechtigt. [2]Dies gilt nicht, wenn der Versicherungsnehmer nachweist, dass er die Nichtzahlung nicht zu vertreten hat.

3. Leistungsfreiheit des Versicherers bei Nichtzahlung

[1]Ist die Prämie zur Zeit des Eintritts des Versicherungsfalles noch nicht bezahlt, ist der Versicherer von der Verpflichtung zur Leistung frei. [2]Dies gilt nicht, wenn der Versicherungsnehmer nachweist, dass er die Nichtzahlung nicht zu vertreten hat.

II. Zahlung der Folgeprämien des Hauptvertrages

1. Fälligkeit

Die Folgeprämien sind an den im Versicherungsschein festgesetzten Zahlungsterminen fällig.

2 Zahlungsfrist bei Nichtzahlung

[1]Wird eine Folgeprämie nicht rechtzeitig gezahlt, kann der Versicherer dem Versicherungsnehmer auf dessen Kosten in Textform eine Zahlungsfrist von mindestens zwei Wochen bestimmen. [2]Dabei sind die rückständigen Beträge der Prämie, Zinsen und Kosten im Einzelnen zu beziffern und die Rechtsfolgen anzugeben, die nach den Ziff. 3 und 4 mit dem Fristablauf verbunden sind.

3. Leistungsfreiheit des Versicherers bei Nichtzahlung

Tritt der Verstoß nach dem Ablauf dieser Frist ein und ist der Versicherungsnehmer zur Zeit des Eintritts mit der Zahlung der Prämie oder der Zinsen oder der Kosten im Verzug, ist der Versicherer nicht zur Leistung verpflichtet.

4. Kündigungsrecht des Versicherers bei Nichtzahlung

[1]Der Versicherer kann nach Fristablauf den Vertrag ohne Einhaltung einer Frist kündigen, sofern der Versicherungsnehmer mit der Zahlung der geschuldeten Beträge in Verzug ist. [2]Hat der Versicherer den Vertrag gekündigt und zahlt der Versicherungsnehmer danach innerhalb eines Monats den angemahnten Betrag, besteht der Vertrag fort. [3]Für Versicherungsfälle, die zwischen dem Ablauf der Zahlungsfrist und der Zahlung eingetreten sind, besteht jedoch kein Versicherungsschutz.

https://doi.org/10.1515/9783111396415-010

III. SEPA-Lastschriftverfahren

1. Rechtzeitigkeit der Prämienzahlung
Wenn ein SEPA-Lastschriftverfahren vereinbart wurde, ist die Prämienzahlung rechtzeitig, wenn der Versicherer den Betrag zum Fälligkeitstag einziehen kann und der Versicherungsnehmer einer berechtigten Einziehung nicht widerspricht.

2. Rechtzeitigkeit der Prämienzahlung nach Zahlungsaufforderung
Ist die Einziehung einer Prämie aus Gründen, die der Versicherungsnehmer nicht zu vertreten hat, nicht möglich, ist die Prämienzahlung rechtzeitig, wenn sie unverzüglich nach einer in Textform abgegebenen Zahlungsaufforderung des Versicherers erfolgt.

3. Aufforderungsrecht des Versicherers zur Überweisung
Kann aufgrund eines Widerspruchs oder aus anderen Gründen eine Prämie nicht eingezogen werden, so kann der Versicherer von weiteren Einzugsversuchen absehen und den Versicherungsnehmer in Textform zur Zahlung durch Überweisung auffordern.

IV. Prämienregulierung
Aufgrund einer Änderungsanzeige oder sonstiger Feststellungen gemäß § 13 I wird die Prämie entsprechend dem Zeitpunkt der Veränderung richtig gestellt.

Übersicht

A. Übersicht

§ 8 regelt die Zahlung der Prämien.
1 I regelt die Zahlung der Erstprämie für den Hauptvertrag und dass der Versicherer berechtigt ist vom Vertrag zurückzutreten oder leistungsfrei ist, wenn die Prämie nicht rechtzeitig gezahlt ist.

II regelt die Zahlungen der Folgeprämien und dass der Versicherer berechtigt ist zu kündigen oder leistungsfrei ist, wenn sie nicht gezahlt ist entsprechend den Regelungen im VVG.
III regelt den häufigen Zahlungsvorgang der Prämie bei Lastschrifteinzug (SEPA-Mandat).
IV regelt, dass die Prämie sich bei einer Risikoerhöhung ändert.

B. Zahlung der Erstprämie des Hauptvertrags und Folgen der Nichtzahlung, I

I. Fälligkeit, I Ziff. 1

Der Beginn des Versicherungsvertrags ist abhängig von der Zahlung der Erstprämie, § 3. Nach I Ziff. 1 ist die erste oder einmalige Prämie fällig, wenn der Versicherungsschein, also der Versicherungsvertrag, dem Anwalt zugegangen ist. Er muss aber nicht vor dem im Versicherungsvertrag genannten Beginn zahlen, was bei Anwälten das Datum der Zulassung ist oder Beginndatum bei einem Versichererwechsel. Der Versicherer hat zunächst ein Rücktrittsrecht und ist darüber hinaus leistungsfrei, wenn der Anwalt zum Zeitpunkt des Verstoßes noch nicht gezahlt hat. 2

Die Erstprämie ist die erste Prämie für die erste Versicherungsperiode des Versicherungsvertrags. Der Vertrag kann ein laufender Berufshaftpflichtversicherungsvertrag, eine Rückwärtsversicherung oder auch eine Einzelobjektdeckung mit einer Einmalprämie sein. Die vorl. Deckung ist im Übrigen ein selbständiger Vertrag, der auch eine Erstprämie verlangen kann. Üblich ist aber, dass der Versicherer für die vorl. Deckung für die Zulassung keine Prämie verlangt und er dann mit dem Hauptvertrag die anfallenden Prämien als Erstprämie verlangt, siehe § 3 Rn. 2 ff. Einmalprämien sind ebenfalls Erstprämien, z.B. für einen Instanzenzug mit langandauerndem Gutachterstreit, bei denen der Anwalt kaum tätig ist. Bei Vereinbarung einer Ratenzahlung statt der üblichen Jahresprämie ist die erste Rate die Erstprämie und die folgenden Raten die Folgeprämie nach II. 3

Die AVB-RS ändern zugunsten des Versicherungsnehmers den Zahlungszeitpunkt ab. Er muss nicht nach Abschluss des Versicherungsvertrags unverzüglich zahlen, sondern erst nach Zugang des Vertrags. Die Regelung bei Abschluss ist zu früh, weil der Versicherungsnehmer unter Umständen keine Kenntnis davon haben kann, was und wohin er zu leisten hat. Ebenfalls zugunsten des Versicherungsnehmers beginnt der Versicherungsschutz sofort und rückwirkend ab dem vereinbarten Zeitraum, wenn der Anwalt nach Zahlungsaufforderung rechtzeitig ohne Verzug zahlt; § 3 I Ziff. 2, der § 37 Abs. 2 VVG abändert, siehe § 3 Rn. 10. 4

II. Rücktrittsrecht des Versicherers bei Nichtzahlung, I Ziff. 2

1. Rechtzeitigkeit

Nach I Ziff. 2 kann der Versicherer vom Vertrag zurücktreten, wenn und solange der Versicherungsnehmer schuldhaft nicht rechtzeitig die Erstprämie gezahlt hat. Rechtzeitig bedeutet, dass der Versicherungsnehmer innerhalb der gesetzten Frist gezahlt hat. Die Forderung muss hierzu fällig sein. Nach I Ziff. 1 ist sie fällig bei Zugang des Versicherungsscheins, aber nicht vor Beginn des Versicherungsschutzes. Der Versicherer muss den Versicherungsnehmer aufgefordert haben, eine bestimmte Summe zu zahlen, andernfalls kann die unbestimmte Forderung nicht fällig werden. Wenn der Versicherer eine Frist zur Zahlung bestimmt hat, ist die Zahlung innerhalb der Frist rechtzeitig. Wenn er keine Frist bestimmt hat, gilt wieder die Regel des I Ziff. 1. Unverzüglich bedeutet ohne schuldhaftes Zögern. Zahlungen innerhalb von 2 Wochen dürften noch unverzüglich sein. Der Versicherer hat zu beweisen, dass dem Versicherungsnehmer die Zahlungsaufforderung überhaupt zugegangen ist.[1] 5

1 BGH VersR 1996, 445; OLG Hamm VersR 1996, 1408.

6 Für den Zeitpunkt der Rechtzeitigkeit kommt es auf den Zeitpunkt des Leistungserfolgs an. Wenn der Versicherungsnehmer die Prämie überweist, muss der Betrag dem Versicherer innerhalb der Banküberweisung gutgeschrieben sein.[2] Aufrechnung mit Rückwirkung ist möglich, § 389 BGB. Wenn der Versicherungsnehmer nur einen sehr geringfügigen Teil nicht gezahlt hat, kann es treuwidrig sein, wenn sich der Versicherer im Versicherungsfall auf Leistungsfreiheit wg. fehlender Prämienzahlung beruft, wenn der Versicherungsnehmer nicht bewusst und gewollt bei der Teilzahlung gehandelt hat, § 242 BGB.[3]

7 Zu beachten ist der Beginn des Versicherungsschutzes nach § 3 I Ziff. 2, der § 37 Abs. 2 VVG zugunsten des Versicherungsnehmers durch eine erweiterte Einlösungsklausel abändert. Wird die erste Prämie erst nach dem als Beginn der Versicherung festgesetzten Zeitpunkt eingefordert, dann aber ohne Verzug bezahlt, beginnt der Versicherungsschutz mit dem vereinbarten Zeitpunkt, siehe § 3 Rn. 10. Der Versicherer kann nicht vom Vertrag zurücktreten oder bei einem Versicherungsfall leistungsfrei sein nach I Ziff. 2 und 3, wenn der Versicherer erst später nach dem formalen Beginn des Versicherungsschutzes die Prämie fordert und der Versicherungsnehmer ohne Verzug zahlt. Erst bei Verzug nach Zahlungsaufforderung stehen dem Versicherer die Rechte zu.

2. Rücktrittsrecht

8 Der Versicherer kann bei nicht rechtzeitiger Zahlung der Prämie vom Vertrag zurücktreten. Als Gestaltungsrecht genügt eine formlose Erklärung, die den Rücktritt anzeigt. Üblich ist, dass die Versicherer den Rücktritt schriftlich per Brief erklären. Die Erklärung muss gegenüber dem Versicherungsnehmer erfolgen, § 349 BGB. Nicht erforderlich ist, dass der Versicherer auf die Folgen des möglichen fehlenden Versicherungsschutzes gesondert aufmerksam gemacht hat, § 37 Abs. 1 VVG.

3. Vertretenmüssen, I Ziff. 2 Satz 2 und Ziff. 3 Satz 2

9 Der Versicherer kann nur vom Vertrag zurücktreten oder ist leistungsfrei, wenn der Versicherungsnehmer die fehlende Rechtzeitigkeit der Zahlung auch zu vertreten hat. Das eigene Verschulden des Versicherungsnehmers nach § 276 BGB oder fremdes nach § 278 BGB wird vermutet. Er kann es widerlegen. Mögliche Gründe können sein, dass der Versicherer eine unverständliche Rechnung geschickt hat[4] oder auch Differenzen zwischen fest vereinbarter und eingeforderter Prämienhöhe bestehen.[5] Wenn der Versicherer nicht oder fehlerhaft nach der § 7 VVG iVm VVG-InfoV über die Prämie informiert hat, hat der Versicherungsnehmer die verzögerte Zahlung nicht zu vertreten.[6] Er kann nicht leisten, wenn er nicht weiß, was er zahlen soll. Zahlungsunfähigkeit ist niemals ein Grund, weil der Versicherungsnehmer als Schuldner zu leisten hat.

III. Leistungsfreiheit bei Nichtzahlung, I Ziff. 3

10 Nach I Ziff. 3 Satz 1 muss der Versicherer nicht leisten, wenn ein Versicherungsfall eingetreten und der sich im Verzug befindliche Versicherungsnehmer noch nicht gezahlt hat. Anders als beim Rücktrittsrecht nach I Ziff. 2 ist weitere Voraussetzung, dass der Versicherungsnehmer über die Leistungsfreiheit gesondert in Textform informiert hat oder im Versicherungsvertrag auffällig

---

2 MüKoVVG/*Staudinger* § 36 Rn. 14; EuGH NJW 2008, 1935.
3 BGH VersR 1988, 484.
4 OLG Düsseldorf VersR 1978, 912.
5 BGH VersR 1978, 241; BGH VersR 1992, 1501.
6 MüKoVVG/*Staudinger* § 37 Rn. 21; es wäre treuwidrig nach § 242 BGB.

hingewiesen hat, § 37 Abs. 2 VVG, von dem Versicherer nicht abweichen darf, § 42 VVG. Die Belehrung muss so erfolgen, dass der Versicherungsnehmer weiß, dass er keinen Versicherungsschutz hat. Zeitlich muss die Belehrung so zugehen, dass er noch genügend Zeit hat zu zahlen, um den Versicherungsschutz zu erlangen. Im Antragsformular ist daher der Hinweis zu früh und im Rücktrittsschreiben zu spät.[7] Wie beim Rücktrittsrecht nach I Ziff. 2 ist der Versicherer nur leistungsfrei, wenn der Versicherungsnehmer die Nicht-Zahlung zu vertreten hat, I Ziff. 3 Satz 2. Zum Vertreten-Müssen bei der Leistungsfreiheit gilt das Gleiche wie beim Rücktrittsrecht des Versicherers, siehe § 8 Rn. 9.

C. Zahlung der Folgeprämien des Hauptvertrages und Folgen der Nichtzahlung, II

II regelt die Fälligkeit der Prämien und die Folgen, wenn der Versicherungsnehmer nicht rechtzeitig zahlt. 11 Der Versicherer ist für die Verstöße bei Zahlungsverzug leistungsfrei, die nach Fristablauf der Mahnung eintreten, II Ziff. 3. Der Versicherer kann kündigen, II Ziff. 4 Satz 1. Wenn der Versicherungsnehmer nach Fristablauf noch innerhalb eines Monats zahlt, bleibt der Versicherer trotzdem für die Verstöße leistungsfrei, die zwischen Fristablauf und der Zahlung eingetreten sind, II Ziff. 4 Satz 2. Es gibt hier keine Rückwirkung der Zahlungen. Um keine Unklarheiten zu schaffen, sind die II Ziff. 2 bis 4 weiterhin in den AVB-RS vorhanden und um die Regelung zur Leistungsfreiheit bei Zahlung nach Fristablauf der Mahnung ergänzt, obwohl § 38 VVG den gleichen Regelungsgehalt hat.

I. Fälligkeit der Folgeprämie, II Ziff. 1

Die Folgeprämie ist zu Beginn des jeweiligen Prämienzeitraums fällig. Der jeweilige Prämienzeit- 12 raum ist frei vereinbar. Entweder ist vereinbart, dass eine Jahresprämie zu zahlen ist oder eine Ratenzahlung mit monatlicher, vierteljährlicher oder halbjährlicher Zahlung. Die regelmäßigen Zahlungstermine sind im Versicherungsvertrag zu finden. Der Versicherungsnehmer hat die gesamte Prämie einschließlich der Versicherungssteuer an den Versicherer zu entrichten.

II. Qualifizierte Mahnung, II Ziff. 2

Der Versicherer ist erst leistungsfrei und kann kündigen, wenn der Versicherungsnehmer trotz 13 qualifizierter Mahnung in Verzug war und nicht rechtzeitig gezahlt hat. Die Voraussetzungen einer qualifizierten Mahnung beinhaltet II Ziff. 2. Der Versicherungsnehmer muss dem Versicherungsnehmer qualifiziert in Textform nach § 126b BGB gemahnt haben und ihm eine Zahlungsfrist von mindestens zwei Wochen geben. Die Fristberechnung erfolgt nach §§ 186 ff BGB. Empfänger können neben dem Versicherungsnehmer selbst die Empfangsvertreter sein, § 164 Abs. 3 BGB. In einer Kanzlei gilt regelmäßig die Mahnung als zugegangen, wenn die Mahnung per Brief im Briefkasten der Kanzlei liegt oder die E-Mail im Posteingang des E-Maildienstes auftaucht. Wenn sie zur Unzeit ankommt, gilt erst der nächste Tag als Zugang.[8] Die Beweislast für den Zugang trägt der Versicherer.[9] In der Praxis schicken die Versicherer die Mahnung regelmäßig nur dann per Einschreiben mit Rückschein, wenn es sich um auffällige Versicherungsnehmer handelt. Die qualifizierte Mahnung setzt voraus, dass der Versicherer die rückständigen Prämien, die Zinsen und

7 OLG Celle VersR 2000, 314.
8 *Ultsch* NJW 1997, 3007, 3008.
9 OLG Nürnberg VersR 1992, 602; OLG Hamm VersR 1992, 1205.

Kosten im Einzelnen und nicht nur als Gesamtbetrag aufgelistet hat. Für die Zinsforderung ist ausreichend, wenn der Versicherer den Zinssatz und den zu verzinsenden Betrag angibt. Kosten sind die möglichen Mahnkosten, aber nicht die sonstigen zur Prämie gehörenden Gebühren, die dort einzurechnen sind. Der Versicherer hat zu den Forderungen unmissverständlich und umfassend auf die Folgen hinzuweisen, wenn der Versicherungsnehmer weiterhin nicht zahlt. Er muss konkret darauf hinweisen, dass er nach Fristablauf leistungsfrei ist und kündigen kann. Rechtzeitig ist die Prämie vom Versicherungsnehmer gezahlt, wenn der Versicherer die Prämie bei Fälligkeit innerhalb der Zahlungsfrist erhalten hat, ihm der Betrag also gutgeschrieben ist.

14 Die qualifizierte Mahnung soll den Versicherungsnehmer warnen und ihm die Folgen seines vertragswidrigen Verhaltens aufzeigen. Anders als im allgemeinen Zivilrecht gem. § 286 Abs. 1 BGB ist die Mahnung unwirksam, wenn der Versicherer zu viel oder zu wenig fordert.[10] Der Versicherer muss erneut qualifiziert mahnen, wenn die erste Mahnung mangelhaft war. Er kann den Fehler einer mangelhaften Mahnung nicht heilen, indem er auf den Fehler nur hinweist oder ihn richtig zu stellen versucht.[11]

15 Die Kosten der qualifizierten Mahnung trägt der Versicherungsnehmer, „*...auf dessen Kosten...*“, was § 38 Abs. 1 VVG entspricht, der dem Versicherer das Recht einräumt diese Mahnkosten zu verlangen. Da im Versicherungsschein die Fälligkeiten mit Datum genannt sind, ist der Versicherungsnehmer auch ohne Mahnung in Verzug, § 286 Abs. 2 Ziff. 1 BGB. Die Kosten für die qualifizierte Mahnung könnte der Versicherer als Verzugskosten daher auch ohne den ausdrücklichen Hinweis in II Ziff. 2, § 38 VVG verlangen.

III. Leistungsfreiheit bei Nichtzahlung, II Ziff. 3

16 Der Versicherer ist für Verstöße leistungsfrei, die nach dem Fristablauf der qualifizierten Mahnung eintreten, II Ziff. 3. Für Verstöße vor Fristende bleibt der Versicherer leistungspflichtig. Voraussetzung ist, dass sich der Versicherungsnehmer zum Zeitpunkt des Verstoßes und nach Fristende noch in Verzug befindet und zwar entweder mit der Prämie oder den Zinsen oder den Kosten.

17 Wenn der Versicherungsnehmer den fehlenden Betrag wieder bezahlt hat, ist der Versicherer ab dem Zeitpunkt, bei dem ihm die Zahlung zugeht, nicht mehr leistungsfrei. Die Leistungsfreiheit bleibt weiterhin für den Verzugszeitraum bestehen und entfällt nicht rückwirkend trotz der nachträglichen Zahlungen. Die nachträglichen Zahlungen wirken nur für die Zukunft und nicht auch für die Vergangenheit.[12] Wenn der Versicherungsnehmer für die Vergangenheit für die Verstöße, die in den Verzugszeitraum nach Fristende fallen, wieder Versicherungsschutz haben möchte, hat er eine Rückwärtsversicherung abzuschließen, siehe dazu auch die Möglichkeit den Vertrag fortzuführen, wenn der Versicherungsnehmer noch innerhalb eines Monats trotz Kündigung zahlt mit der gleichen Folge, dass zwar der Vertrag fortgilt, aber nicht rückwirkend, hier § 8 Rn. 20. Der Versicherer kann für diese Fälle regelmäßig eine Rückwärtsversicherung anbieten, muss es aber nicht. Auf jeden wird das Angebot aber bekannte Verstöße ausschließen gem. § 2 II Ziff. 2.

18 Der Versicherer ist nach Treu und Glauben trotz der Voraussetzungen nach II Ziff. 2 nicht leistungsfrei, wenn der Versicherungsnehmer die Folgebeiträge entrichtet hat und der angemahnte Beitrag zwar nicht bezahlt, aber vor längerer Zeit angemahnt war.[13] Zu beachten ist § 117 Abs. 2 VVG als Sonderregel für die Pflichtversicherung. Im Verhältnis zum geschädigten Dritten ist der Versicherer erst im Rahmen der Pflichtversicherung leistungsfrei mit dem Ablauf eines Monats, nachdem der Versicherer der jeweiligen Berufskammer das Nichtbestehen/Ende des Versicherungsvertrags angezeigt hat, auch wenn im Verhältnis zum Versicherungsnehmer die Voraussetzungen

10 MüKoVVG/*Staudinger* § 38 Rn. 5; BGH VersR 1985, 533; BGH VersR 1992, 1501.
11 BGH VersR 1985, 533.
12 BGH NJW 1963, 1054; BGH VersR 1974, 121; OLG Hamm VersR 1972, 751; MüKoVVG/*Staudinger* § 38 Rn. 16.
13 BGH NJW 1963, 1054, 1056.

zungen des II Ziff. 2; § 38 Abs. 2 VVG vorliegen. Der Versicherer kann bei Befriedigung des Dritten beim Versicherungsnehmer Regress nehmen, § 117 Abs. 5 VVG.

IV. Kündigung bei Nichtzahlung, II Ziff. 4

Der Versicherer kann nach Fristablauf kündigen, wenn der Versicherungsnehmer mit der Prämie, den Zinsen oder den Kosten in Verzug ist, II Ziff. 4 Satz 1. Es handelt sich um eine außerordentliche fristlose Kündigung, die dem Versicherungsnehmer als empfangsbedürftige Willenserklärung zugehen muss, § 130 BGB. Die Beweislast trägt der Versicherer. Regelmäßig erfolgt eine qualifizierte Mahnung, wenn der Versicherungsnehmer den Folgebeitrag nicht gezahlt hat. Die Kündigung erfolgt nach einem weiteren Zeitraum mit sofortiger Wirkung für die Zukunft, zugleich verbunden mit der Mitteilung an die Kammer, dass die Berufshaftpflichtversicherung des Berufsträgers nicht mehr besteht. Nach § 38 Abs. 3 Satz 2 VVG kann der Versicherer die Kündigung mit der Zahlungsfrist verbinden, dass sie automatisch mit Fristablauf wirksam wird, wenn der Versicherungsnehmer zu diesem Zeitpunkt mit der Zahlung in Verzug ist entsprechend dem Wortlaut des II Ziff. 4 *„...nach Fristablauf kündigen kann...“*. Die Versicherer machen hiervon regelmäßig keinen Gebrauch. 19

Der Versicherungsnehmer kann nach § 38 Abs. 3 Satz 3 VVG den Vertrag trotz der Kündigung wieder reaktivieren. Er muss hierzu innerhalb eines Monats nach Zugang der Kündigungserklärung die ausstehenden Zahlungen leisten. Zur Klarstellung ist die Regelung des § 38 VVG in II Ziff. 4 Satz 2 aufgenommen. Zu beachten ist wie in II Ziff. 3, dass die Zahlungen nur für die Zukunft wirken. Verstöße, die in den Verzugszeitraum bis Zahlungseingang beim Versicherer fallen, sind nicht versichert, II Ziff. 4 Satz 3 und § 38 Abs. 2 Satz 3 aE VVG. Der Versicherungsnehmer hat zum eigenen Schutz eine Rückwärtsversicherung abzuschließen, siehe hier § 8 Rn. 17. 20

D. SEPA-Lastschriftverfahren, III

III regelt das im Zahlungsverkehr übliche Lastschriftverfahren durch Einzugsermächtigung, SEPA-Mandat. Dabei regelt III allein die Voraussetzungen, wann beim Lastschriftverfahren der Verzug vorliegt, damit der Versicherer seine Rechte aus II Ziff. 3 und 4 geltend machen kann. Wenn Verzug vorliegt, muss der Versicherer die Verfahren zur qualifizierten Mahnung mit Fristablauf beachten, um nach II Ziff. 3 leistungsfrei zu sein und nach II Ziff. 4 kündigen zu können. Rechtzeitig ist die Prämieneinziehung, wenn der Versicherer fristgerecht die Prämie abbuchen konnte oder der Versicherungsnehmer der fristgerechten Einziehung nicht widersprochen hat, III Ziff. 1. Wenn der Versicherungsnehmer die fehlende Zahlung nicht zu vertreten hat, besteht kein Verzug, was sich aus III Ziff. 2 aA ergibt. Er kommt in Verzug, wenn die Prämienzahlung nicht unverzüglich nach einer Mahnung des Versicherers erfolgt ist, III Ziff. 2. Dazu muss der Versicherer den Versicherungsnehmer in Textform gem. § 126b BGB aufgefordert haben, den ausstehenden Betrag zu zahlen, gleich ob Prämie, Zinsen oder Kosten. Wenn die Zahlung unverzüglich, ohne schuldhaftes Zögern, nach der Zahlungsaufforderung erfolgt, liegt kein Verzug vor. Der Versicherer kann auch gleich qualifiziert mahnen, um nach Fristablauf leistungsfrei zu sein oder kündigen zu können. Die Verzugszinsen und die sonstigen Kosten trägt der Versicherungsnehmer unter den Voraussetzungen des § 288 BGB. Selbstverständlich muss der Versicherungsnehmer auch hier die fehlende Zahlung zu vertreten haben. Eine fehlende Deckung des Kontos hat der Versicherungsnehmer zu vertreten oder auch die Angabe einer falschen IBAN. Kann aufgrund eines Widerspruchs oder aus anderen Gründen eine Prämie nicht eingezogen werden, so kann der Versicherer von weiteren Einzugsversuchen absehen und den Versicherungsnehmer in Textform zur Zahlung durch Überweisung auffordern, III Ziff. 3. Der Versicherer muss aber nicht zur Überweisung auffordern, sondern kann sofort qualifiziert mahnen. 21

E. Prämienregulierung, Kalkulation, IV

I. Kalkulation von Kanzleien

22 Der Versicherer kalkuliert die Prämie anhand verschiedener Kriterien. Risikorelevante Kriterien sind: Anzahl der Mitarbeiter oder der Umsatz als Kennzahl für die Größe der Kanzlei; die Höhe der Versicherungssumme mit der entsprechenden Jahresmaximierung, besondere Deckungserweiterungen etc. Der bisherige Schadenverlauf unterteilt nach Großschäden und Frequenzschäden ist ebenfalls relevant. Dabei können Frequenzschäden darauf hindeuten, dass die Kanzlei nicht ausreichend organisiert ist und schadenanfällig ist. § 13 I Ziff. 2 nennt als weiteren gefahrerheblichen und prämienrelevanten Umstand den bei einem anderen Versicherer bestehende Versicherungsschutz für eine höhere Versicherungssumme, oder der erstmalige Abschluss eines solchen Versicherungsvertrages wie auch die Änderungen einer Nebentätigkeit. Häufigste Fehlerquelle sind Fristversäumnisse oder auch einfache Übermittlungs- und Übertragungsfehler, so dass sonstige Kriterien eine untergeordnete Rolle spielen. Kriterien wie in der Kfz-Haftpflicht, z.B. nach Wohnort oder ähnlichem, können keine Rolle spielen, weil es sich um eine ortsungebundene Dienstleistung handelt. Wenn es sich um Einzelobjekte/Projektdeckungen handelt, ist im Gegensatz zu den laufenden Versicherungen das individuelle Mandat maßgeblich und ggf. die Qualifikation des Anwalts. Der Versicherer deckt hier nicht eine allgemeine anwaltliche Tätigkeit nach der Pflichtversicherung, sondern ein individuelles spezielles Risiko.

23 Aus den oben genannten Kriterien kalkuliert der Versicherer einen 100 %-Beitrag pro Berufsträger, die Gesellschafter/Scheingesellschafter sind, als Jahresnettobeitrag ohne Versicherungssteuer. Für die angestellten Anwälte und juristischen Mitarbeiter, die keinen Außenauftritt haben und daher nicht auf dem Briefbogen erscheinen, erheben die Versicherer regelmäßig einen bestimmten Prozentsatz des Beitrags eines Sozius. Er beträgt in der Regel 50 bis 80 % des Beitrags des Gesellschafters.[14] Daraus errechnet sich der sog. Kanzleifaktor: Faktor 1 für jeden einzelnen Gesellschafter/Scheingesellschafter und bei 80 %-Beitrag Faktor 0,8 für jeden angestellten Anwalt ohne Außenauftritt. Den Kanzleifaktor multipliziert der Versicherer mit dem 100 % Beitrag des eines einzelnen meist namentlich im Versicherungsschein genannten Gesellschafters. Der Kunde erhält die Gesamtprämie der Berufsausübungsgesellschaft als Summe der Einzelbeiträge pro versicherten und genannten Berufsträger. Der 100 %-Beitrag pro Kopf sollte darüber hinaus auch der Vergleichsmaßstab sein, um die Prämien im Wettbewerb der Versicherer untereinander vergleichen zu können, da die Anzahl der Gesellschafter und Mitarbeiter nicht sofort ersichtlich und schwankend im Laufe einer Verhandlungsphase ist, aber der Kunde und der Makler die Prämien der verschiedenen Versicherer einschätzen müssen. Dies ist der Grundsatz, wovon aber jeder Versicherer abweichen kann und abweicht, was insbesondere Makler/Kunden für die Berechnung der Gesamtprämie zu beachten haben.

24 Möglich ist auch nach dem erzielten Umsatz zu kalkulieren. Umsatz ist der Nettojahresumsatz, erzielt aus den Einnahmen für das versicherte Risiko ohne durchlaufende Posten oder auch z.B. nicht versicherte Einnahmen wie Miete. Die Höhe der Prämie aus dem Umsatz als Maßstab für die Prämie richtet sich zumindest bei der anfänglichen Berechnung ebenfalls nach der pro-Kopf-Prämie. Grund hierfür ist, dass man zur Vergleichbarkeit die Größe der Kanzlei anhand der Berufsträger bemisst. Die Umsatzprämie wird dann als %-Zahl des Umsatzes ausgedrückt. Dabei gibt es Varianten, bei denen die Prämie nicht linear mit dem Umsatz steigt oder fällt, sondern degressiv gestaffelt ist, wie z.B. in Umsatzstaffeln, was bedeutet Mindestprämien einzuführen.

14 *Chab* AnwBl 2012, 274, 277.

II. Änderungsanzeige oder sonstiger Feststellungen nach IV iVm § 13 I

Wenn der Versicherer einen Regulierungsfragebogen an den Versicherungsnehmer versendet, fragt er nach Änderungen im Umsatz, Anzahl der Mitarbeiter und sonstigen Risikoangaben. Mit den veränderten Angaben stellt er die Prämie richtig. Dazu erhebt er einen Beitrag nach oder erstattet einen Beitrag. Die neue Prämie gilt dann rückwirkend ab dem Zeitpunkt, ab dem die Veränderung wirksam war, nicht erst später, ab dem der Versicherer von der Veränderung Kenntnis hatte. Grund hierfür ist, dass der Versicherer auch regelmäßig den Versicherungsschutz nach den geänderten Umständen bietet. Die Prämie folgt dem Versicherungsschutz. Sonstige Feststellungen nach § 13 I Ziff. 2 sind ausdrücklich zuschlagpflichtige Personen, der bei einem anderen Versicherer bestehende Versicherungsschutz für eine höhere Versicherungssumme oder der erstmalige Abschluss eines solchen Versicherungsvertrages oder auch Änderungen einer Nebentätigkeit. 25

Zuschlagpflichtige Personen sind freie Mitarbeiter/angestellte Anwälte/Steuerberater. Sie erhöhen das Risiko einer Inanspruchnahme des Versicherungsnehmers. Mitzuversichernde Personen hat der Versicherungsnehmer auch ohne Aufforderung zu melden. Es handelt sich um eine Risikoerhöhung und keine Gefahrerhöhung nach §§ 23 ff VVG. Eine Gefahrerhöhung wäre eine nachträgliche Änderung der im Zeitpunkt der Vertragserklärung des Versicherungsnehmers tatsächlich vorhandenen gefahrerheblichen Umstände, die den Eintritt des Versicherungsfalls oder eine Vergrößerung des Schadens wahrscheinlicher macht. Der gefahrerhöhende Umstand darf allerdings nicht schon Bestandteil des Versicherungsfalls sein. Die Erhöhung des Wertes oder Umfangs des versicherten Interesses stellt keine Erhöhung der Schadensauswirkungsgefahr dar.[15] Es handelt sich bei fehlender Meldung der Mitarbeiter um eine Risikoerhöhung, weil nur eine Erhöhung des Umfangs des versicherten Interesses erfolgt. Die Kanzlei vergrößert sich, aber das versicherte Interesse des Anwaltsberufs ändert sich nicht. Als Obliegenheitsverletzung bleibt der Versicherungsschutz der Kanzlei erhalten, wenn Mitarbeiter fahrlässig nicht gemeldet werden. Für neu eintretende Berufsträger gilt die bei Vertragsschluss vereinbarte 100 %-Prämie pro Berufsträger, siehe zur Prämienberechnung nach Köpfen, § 8 Rn. 23, und kann nur im Renewal verändert werden, wenn der Vertrag verlängert wird, da die Prämie fest vereinbart ist. Eine Veränderung der Prämie pro Kopf während der Vertragslaufzeit ist nur dann möglich, wenn die Prämie als Gesamtprämie ausgewiesen ist, ohne den externen Ausweis der 100 %-Prämie pro Berufsträger. 26

Der bei einem anderen Versicherer bestehende Versicherungsschutz für eine höhere Versicherungssumme oder der erstmalige Abschluss eines solchen Versicherungsvertrages, meint die fremdversicherten Exzedenten. Der Versicherer schließt einen Grundversicherungsvertrag mit einer bestimmten Prämie für eine bestimmte Versicherungssumme ab. Der Versicherungsnehmer schätzt das Risiko selbst höher ein und versichert sich bei einem anderen Versicherer oberhalb der Grunddeckung, meist um Prämie zu sparen. Dies erhöht das Risiko, dass die Versicherungssumme im Grundvertrag durch Schadenfälle erschöpft wird, weil der Versicherungsnehmer selbst davon ausgeht, dass die beim Grundversicherer abgeschlossene Versicherungssumme nicht ausreichend ist. Daher hat der Versicherer die Prämie entsprechend dem gestiegenen Risiko zu kalkulieren und nicht nur nach der bei ihm vereinbarten Versicherungssumme. Praktisch relevant sind die Grunddeckungen von internationalen Kanzleien in Deutschland. Deren Pflichtversicherungen bestehen in Deutschland nach §§ 51, 59n BRAO. Die Exzedenten oberhalb der Grunddeckung bestehen meist als claims-made Deckung über den sog. „Londoner Markt". 27

Änderung der Nebentätigkeit meint alle Umstände, bei denen der Anwalt die bisher nebenberuflich ausgeübte anwaltliche Tätigkeit im eigenen Namen auf eigene Rechnung in größerem Umfang ausübt. Darunter fallen mehrere Varianten. Die Geschäftsführer/Gesellschafter einer Berufsausübungsgesellschaft benötigen eine Zulassungspolice, auch als „Babypolice" bezeichnet. Hierfür zahlen sie eine geringe Prämie, weil sie hauptberuflich in der Gesellschaft als Anwälte tätig sind. Wenn die nebenberufliche Tätigkeit zu einer hauptberuflichen Tätigkeit wird, ist die Prämie anzupassen. Gleiches gilt für die nebenberufliche Tätigkeit der angestellten Anwälte ohne 28

15 Prölss/Martin/*Armbrüster* § 23 Rn. 7f.

Außenauftritt, die in größerem Umfang eigene Mandate im eigenen Namen wahrnehmen. Darüber hinaus bieten die Versicherer auch Berufshaftpflichtversicherungen an, deren günstigere Prämie sich aus einem niedrigen Umsatz ergibt. Wenn der Anwalt diese nebenberuflichen fest vereinbarten Umsatzgrenzen überschreitet, ist die Prämie gleichermaßen anzupassen.

III. Stichtagsregelung mit Versehensklausel

29 Der Ein- und Austritt von Berufsträgern und der schwankende Umsatz machen es erforderlich, dass der Versicherer die Prämie im laufenden Vertrag anpasst. Bei der üblichen Prämie pro Berufsträger ergibt sich die Anpassung der Prämie schon dadurch, dass die Kanzlei neue und austretende Berufsträger meldet, damit sie ihre Zulassungspolice erhalten und der Versicherer sie in den Versicherungsschutz der Kanzlei einbezieht. Die Prämie für die Kanzlei erhöht oder vermindert sich mit den neuen oder austretenden Berufsträgern. Die Verwaltung der Verträge von Kanzleien mit vielen Berufsträgern ist aber aufwendig, weil die neuen und austretenden Berufsträger einzeln eine Berufshaftpflichtversicherung benötigen und in den Versicherungsschutz der Kanzlei einbezogen sein müssen. Dies ist unabhängig davon, ob es sich um eine pro-Kopf-Prämie oder um eine Umsatzprämie handelt. Eine taggenaue Abrechnung ist jedoch kaum möglich.

30 Lösung hierfür sind sog. Stichtagsregelungen mit Versehensklauseln:

In die Berufsausübungsgesellschaft während der laufenden Versicherungsperiode eintretende Gesellschafter, Partner, Organe und/oder Mitarbeiter sind mitversichert, auch wenn eine Anzeige abweichend von Teil 1 C § 13 der Allgemeinen und Besonderen Versicherungsbedingungen sowie Risikobeschreibung zur Vermögensschaden-Haftpflichtversicherung (AVB-RS VH 60) an den Versicherer versehentlich unterblieb. Der Versicherungsnehmer ist verpflichtet, dem Versicherer unaufgefordert jeweils zur Hauptfälligkeit den aktuellen Stand der über den Vertrag versicherten Personen anzuzeigen. Die Prämienregulierung erfolgt rückwirkend zum gemeldeten Eintrittsdatum. Diese Vereinbarung beeinflusst nicht einen gesetzlich vorgeschriebenen Pflichtversicherungsumfang.[16]

31 Die Stichtagsregelungen müssen zwei zu regelnde Punkte enthalten, einmal die Prämie und deren Berechnung zu einem bestimmten Stichtag – die Stichtagsregelung – und zum anderen die Versicherung der Berufsträger und deren Versicherungsschutz für die Tätigkeit in der Kanzlei – die Versehensklausel. Zur Berechnung der Prämie vereinbaren die Versicherer mit der Kanzlei, dass sich die Prämie an einem bestimmten jährlichen Stichtag entweder nach dem Umsatz oder der Anzahl der Berufsträger berechnet. Dabei ist dann allein die Höhe des Jahresumsatzes oder die Anzahl der in der Kanzlei beschäftigten Berufsträger zu diesem Stichtag für die Prämie maßgeblich. Nicht maßgeblich ist, ob der Umsatz während des Jahres geschwankt hat oder wie viele Berufsträger unterjährig ein- oder ausgetreten sind. Man geht hier davon aus, dass sich die Neuprämie und der Wegfall einer Prämie über die versicherten Zeiträume ausgleichen. Damit vermeiden Versicherer, Makler und die Kanzlei, dass in kurzen Abständen Nacherhebungen oder Rückerstattungen einer Prämie erforderlich sind.

32 Der zweite Punkt, die Versehensklausel, betrifft den Versicherungsschutz der Berufsträger für die Tätigkeit in der Kanzlei. Die in der Kanzlei tätigen Anwälte müssen in den Versicherungsschutz der Kanzlei einbezogen sein. Bei größeren Kanzleien gibt es häufig Wechsel. Daher gilt, dass während des laufenden Versicherungsjahres neu eintretende Anwälte bis zum Zeitpunkt der Beitragserhebung, dem bestimmten Stichtag, im Rahmen des Kanzleivertrags mitversichert sind und zwar auch dann, wenn sie dem Versicherer noch nicht gemeldet wurden. Diese äußerst wichtige Versehensklausel schafft Sicherheit für die Kanzlei, dass die Anwälte für ihre Tätigkeit versichert sind, selbst dann, wenn der Versicherer sie nicht kennt. Dies ist die Abbedingung von § 13 I Ziff. 1 und 2, da die Kanzlei jede Änderung des Risikos wie gerade den Eintritt von zuschlagpflichtigen Personen, melden müsste.

16 Allianz Versehensklausel VHK 4383/00.

Von der Stichtagsregelung/Versehensklausel sind die Zulassungspolicen für die Berufsträger der Kanzlei zu trennen. Die Kanzlei/Makler melden dem Versicherer den neuen Anwalt. Er erhält dann eine Versicherungsbestätigung zur Zulassung bei der Rechtsanwaltskammer. Zuweilen bildet man hierzu eine Sammelpolice unter einem Versicherungsschein mit einer Versicherungsnummer. Auf diese Police legt der Versicherer die Zulassungspolicen an. 33

F. Prämienrückerstattung bei vorzeitigem Vortragsende und Geschäftsgebühr, § 39 VVG

Es gilt ohne ausdrückliche AVB-RS Regelung, dass dem Versicherer eine zeitanteilige Prämie für den Zeitraum des Versicherungsschutzes zusteht, wenn das Versicherungsverhältnis vor Ablauf der Vertragszeit endet oder nach Beginn der Versicherung rückwirkend aufgehoben wird oder von Anfang an nichtig ist. Der Versicherungsnehmer hat auch dann die Prämie zurückzuerstatten, wenn die Prämie auf mehrere Jahre vorausbezahlt war oder das Verhältnis infolge Kündigung im Schadenfall nach § 9 II endet. Wird das Versicherungsverhältnis durch Rücktritt oder durch Anfechtung des Versicherers wegen arglistiger Täuschung nach §§ 12, 13 beendet, steht dem Versicherer die Prämie bis zum Wirksamwerden der Rücktritts- oder Anfechtungserklärung zu, § 39 Abs. 1 Satz 2 VVG. Der Versicherer erhält die Prämie also darüber hinaus nicht nur bis zum Eintritt der Leistungsfreiheit. Tritt der Versicherer wegen Zahlungsverzug der Erstprämie nach § 8 II Ziffer 2 zurück, kann er eine angemessene Geschäftsgebühr verlangen, § 39 Abs. 1 Satz 3 VVG. Sie muss angemessen im Verhältnis zum Aufwand und den vereinbarten Beiträgen stehen. Die Kalkulation hat der Versicherer offenzulegen, andernfalls schätzt der Richter nach § 287 ZPO.[17] 34

17 *Markopoulos* r+s 2013, 110; AG Arnsberg NJW-RR 2007, 1254, 1255; *Kramer* VersR 1970, 599, 600.

§ 9 Vertragsdauer, Kündigung, Erlöschen

I. Vertragsdauer und ordentliche Kündigung

[1]Der Vertrag ist zunächst für die in dem Versicherungsschein festgesetzte Zeit abgeschlossen. [2]Beträgt diese mindestens ein Jahr, bewirkt die Unterlassung rechtswirksamer Kündigung eine Verlängerung des Vertrages jeweils um ein Jahr. [3]Die Kündigung ist rechtswirksam, sofern sie spätestens drei Monate vor dem jeweiligen Ablauf des Vertrages in Textform erklärt wird.

II. Kündigung im Schadenfall

1. Kündigungsvoraussetzungen
Das Versicherungsverhältnis kann nach Eintritt eines Versicherungsfalles in Textform gekündigt werden, wenn eine Zahlung aufgrund eines Versicherungsfalles geleistet oder der Haftpflichtanspruch rechtshängig geworden ist oder der Versicherungsnehmer mit einem von ihm geltend gemachten Versicherungsanspruch rechtskräftig abgewiesen ist.

2. Kündigungsfrist
[1]Der Versicherer hat eine Kündigungsfrist von einem Monat einzuhalten. [2]Der Versicherungsnehmer kann mit sofortiger Wirkung oder zum Schluss der laufenden Versicherungsperiode kündigen.

3. Erlöschen des Kündigungsrechts
Das Recht zur Kündigung erlischt, wenn es nicht spätestens einen Monat, nachdem die Zahlung geleistet, der Rechtsstreit durch Klagerücknahme, Anerkenntnis oder Vergleich beigelegt oder das Urteil rechtskräftig geworden ist, ausgeübt wird.

III. Rechtzeitigkeit der Kündigung

Die Kündigung ist nur dann rechtzeitig, wenn sie dem Vertragspartner innerhalb der jeweils vorgeschriebenen Frist zugegangen ist.

IV. Erlöschen des Versicherungsschutzes

[1]Bei Wegfall des versicherten Interesses (z.B. Wegfall der Zulassung oder Bestellung, Auflösung der Gesellschaft) erlischt der Versicherungsschutz. [2]Teil 3 A § 23 I) BBR-S bleibt unberührt.

Übersicht

https://doi.org/10.1515/9783111396415-011

A. Übersicht

Während § 3 den Beginn und den Umfang des Versicherungsvertrags regelt, beinhaltet § 9 die Vertragsdauer, Kündigung und das Erlöschen des Versicherungsvertrags. 1

I regelt die Vertragsdauer des Hauptvertrags mit der automatischen Verlängerung, wenn der Versicherungsnehmer ihn nicht rechtzeitig kündigt.

II regelt die Kündigung im Schadenfall, sowohl des Versicherers als auch des Versicherungsnehmers.

III regelt, wann eine Kündigungserklärung rechtzeitig zugegangen ist und IV, dass der Versicherungsschutz automatisch erlischt, wenn das Risiko selbst nicht mehr besteht, z.B. wenn der Anwalt oder die Berufsausübungsgesellschaft nicht mehr zugelassen ist. Der Versicherungsschutz für den Steuerberater als Praxisabwickler für den ehemaligen Berufsträger bleibt aber aus dessen Police bestehen und erlischt nicht.

B. Vertragsdauer und ordentliche Kündigung, I

Der Versicherungsvertrag und damit der Versicherungsschutz gelten schlichtweg solange, wie sie vereinbart sind, I Satz 1. Wenn nichts konkret geregelt ist, was praktisch nicht vorkommt, gilt § 10 VVG. Die Versicherung beginnt dann mit Beginn des Tages um 0:00 Uhr, an dem der Vertrag geschlossen wird und endet mit Ablauf des letzten Tages der Vertragszeit, also 24:00 Uhr, sog. Mitternachtsregel. 2

Wenn die Vertragslaufzeit unter einem Jahr liegt, endet der Vertrag automatisch mit dem vereinbarten Ende, ohne dass es einer Kündigung bedarf. Wenn der Vertrag mindestens für ein Jahr geschlossen ist, verlängert er sich automatisch, soweit der Versicherungsnehmer nicht spätestens drei Monate vor dem Ablauf des Vertrages gekündigt hat, I Satz 1 und Satz 2. § 11 VVG sieht keine Form vor, aber I Satz 3 setzt Textform nach § 126b BGB voraus, E-Mail, Fax sind ausreichend. Die Voraussetzungen der Textform werden auch durch die Schriftform, die elektronische Form, die notarielle Beurkundung und die öffentliche Beglaubigung erfüllt. Praxisrelevant sind Kündigungsfristverkürzungen bei Vertragsverhandlungen. Verhandlungen zur Vertragsverlängerung, dem Renewal, gehen häufig über den Zeitpunkt der üblichen 3-monatigen Kündigungsfrist hinaus. Um weiter verhandeln zu können, vereinbaren der Versicherungsnehmer/Makler mit dem Versicherer, dass die Kündigungsfrist auf z.B. 1 Monat oder auf den 15.12. vor Ablauf des Vertrages verkürzt wird, häufig auch mehrmalig hintereinander, wenn das Ergebnis noch nicht feststeht. Wenn sich die Vertragsverhandlungen über das eigentliche Ablaufdatum hinziehen, ist es erforderlich, dass der Versicherer mit dem Versicherungsnehmer eine vorläufige Deckung über den bisherigen Vertrag vereinbart. Sie ist in der Regel befristet, die Befristung kann man ebenfalls verlängern. Die vorläufige Deckung endet dann rückwirkend mit Abschluss des Hauptvertrages.

Wenn der Hauptvertrag nicht verlängert wird, ist die Prämie an den Versicherer entsprechend der Laufzeit der vorläufigen Deckung auf der Grundlage des Deckungsinhalts zu entrichten.

C. Kündigung im Schadenfall, II

I. Kündigungsvoraussetzungen, II Ziff. 1

3 II regelt das Sonderkündigungsrecht des Versicherers und des Versicherungsnehmers im Schadenfall, die Schadenfallkündigung. II weicht von der gesetzlichen Regelung in § 111 VVG ab, der aber nicht zwingend ist, § 112 VVG. Jede Vertragspartei hat nach dem Eintritt des Versicherungsfalles ein außerordentliches, befristetes Kündigungsrecht, da mit dem Eintritt des Versicherungsfalles nicht selten eine Beeinträchtigung des Vertrauensverhältnisses oder gar dessen Zerstörung zwischen den Vertragsparteien einhergeht. Die Schadenfallkündigung ist gleichfalls für beide Parteien möglich, wenn der Versicherungsfall für mitversicherte Personen eingetreten ist, also wenn ein einzelner Gesellschafter/Scheingesellschafter betroffen ist.[1] Nach § 7 I Ziff. 1 Satz 1 haben die mitversicherten Personen die gleichen Rechte und Pflichten und die Interessenlage ist die gleiche wie bei dem Versicherungsnehmer.

4 Grundvoraussetzung für die Kündigungsmöglichkeit ist, dass der Versicherungsfall eingetreten ist. Der Versicherungsfall liegt nach § 5 I vor, wenn dem Versicherer ein Verstoß, der Haftpflichtansprüche gegen den Versicherungsnehmer zur Folge haben könnte, gemeldet ist, siehe ausführlich § 5 Rn. 19 ff. Der Versicherungsfall liegt auch dann vor, wenn der Versicherer im Einzelfall von der Deckungspflicht befreit ist aufgrund einer wirksamen Obliegenheitsverletzung, der vorsätzlichen Herbeiführung des Versicherungsfalles, der Gefahrerhöhung oder des Prämienzahlungsverzuges durch den Versicherungsnehmer. Voraussetzung ist immer, dass der geltend gemachte Anspruch auch unter den Versicherungsschutz fällt. Ein Anspruch, der von vornherein nicht von der Deckung umfasst ist, z.B. die Rückforderung von Gebühren oder Erfüllungsansprüche nach § 1 I Ziff. 1 aE, kann auch nicht zu einer Kündigung führen. Daher gibt es kein Kündigungsrecht, wenn sich der Versicherungsnehmer allein beschwert oder der geltend gemachte Haftpflichtanspruch unterhalb des vereinbarten Selbstbehalts liegt. Es liegt zwar objektiv ein Versicherungsfall vor, aber der Versicherer ist nicht eintrittspflichtig.[2] Zum fehlenden Versicherungsschutz auch für unbegründete Ansprüche unterhalb des Selbstbehalts § 3 Rn. 27.

5 Wenn der Versicherungsfall vorliegt, gibt es drei Ereignisse, die zur Kündigung berechtigen. Erstens, wenn der Versicherer eine Zahlung aufgrund eines Versicherungsfalles geleistet hat, zweitens, wenn der Haftpflichtanspruch rechtshängig geworden ist und drittens, wenn der Versicherungsnehmer mit einem von ihm geltend gemachten Versicherungsanspruch rechtskräftig abgewiesen worden ist.

6 Die erste Möglichkeit zu kündigen, besteht, wenn der Versicherer eine Zahlung aufgrund eines Versicherungsfalles geleistet hat. Der Versicherer muss tatsächlich an den berechtigten Dritten geleistet haben, regelmäßig an den Mandanten des versicherten Anwalts. Erfüllungswirkung und damit gleichzusetzen mit einer Zahlung ist die Aufrechnung nach §§ 387 ff BGB mit Zugang der Aufrechnungserklärung. Ausreichend ist, wenn der Versicherer oder Versicherungsnehmer in Abstimmung mit dem Versicherer einen Vergleich schließt und der Versicherer hierauf zahlt. Der Haftungs- oder Deckungsvergleich muss sich aber auf den gemeldeten Versicherungsfall beziehen. Nicht ausreichend ist es, wenn der Versicherer eine Kulanzzahlung leistet oder der Vergleich selbst die Kulanzzahlung ist.[3] Um Klarheit zu schaffen, ist es ebenfalls nach II Satz 1 1. Alt. nicht ausreichend – abweichend von § 111 VVG –, dass der Versicherer den Anspruch nur anerkannt hat oder dem Versicherungsnehmer oder dem Dritten zugesagt hat zu zahlen. Erst mit der erfolg-

---

1 KG JW 1937, 2622.

2 Langheid/Rixecker/*Langheid* § 111 Rn. 3.

3 LG Hagen VersR 1983, 1147.

ten Zahlung besteht das Kündigungsrecht. Auch nicht ausreichend ist, dass der Versicherer den Anspruch prüft oder den Anspruch außergerichtlich abwehrt. Wenn der Versicherer nur einen Teil der Zahlung leistet, können die Parteien auch außerordentlich kündigen, weil unabhängig von der Höhe der Zahlung das Vertrauensverhältnis zwischen den Parteien berührt ist.

Die zweite Möglichkeit außerordentlich zu kündigen, besteht, wenn der Haftpflichtanspruch, 7 auch nur teilweise, rechtshängig geworden ist. Rechtshängigkeit ist die Zustellung der Klageschrift, §§ 253 Abs. 1, 261 Abs. 1 ZPO, 270 Abs. 1 ZPO oder eines Mahnbescheids, §§ 688 Abs. 1, 693 Abs. 1 ZPO. Gleiches gilt, wenn im Versicherungsvertrag vereinbart ist, dass Versicherungsschutz für ein Schiedsgerichtsverfahren besteht. Wenn es einberufen wird aufgrund eines Versicherungsfalls, besteht das Kündigungsrecht. Da dies aber ohne formelles gerichtliches Verfahren stattfindet, darf die Anrufung nicht willkürlich erscheinen, um einen Vertrag kündigen zu können. Das außerordentliche Kündigungsrecht soll auch dann bestehen, wenn der versicherte Haftpflichtanspruch vor einem sachlich unzuständigen Gericht erhoben wird.[4] Kein Kündigungsrecht besteht, wenn sich der Versicherungsnehmer/Dritter beim BaFin oder beim Versicherungsombudsmann beschwert oder der Streit nach §§ 72 ff ZPO verkündet oder ein PKH-Antrag nach §§ 114 ZPO gestellt wird.[5]

Die dritte Möglichkeit außerordentlich zu kündigen, besteht, wenn der Versicherungsnehmer 8 mit einem von ihm geltend gemachten Versicherungsanspruch rechtskräftig ganz oder teilweise abgewiesen worden ist. Diese Möglichkeit ist die Gegenvariante zur Zahlung des Versicherers. Wenn der Versicherungsnehmer auf Deckung klagt und das Gericht feststellt, dass der Versicherer nicht zu leisten hat, können beide Parteien kündigen. Gleichfalls sollte das Kündigungsrecht gelten, wenn der Versicherungsnehmer sich den Anspruch gegen den Versicherer abtreten lässt und klagt und dann abgewiesen wird. Auch hier ist das Versicherungsverhältnis gestört.

Eine Schadenfallkündigung ist nur dann wirksam, wenn zum Zeitpunkt der Kündigungserklä- 9 rung alle Voraussetzungen vorliegen. Eine vorzeitige unwirksame Schadenfallkündigung muss wiederholt werden, sobald die Voraussetzungen der Kündigung nach I vorliegen.[6] Wenn der Versicherungsnehmer/Versicherer vor Eintritt der Voraussetzungen nach II Ziff. 1 kündigt, aber die Voraussetzungen später doch eintreten, wird der Vertrag nicht wirksam beendet. Der Wortlaut von II und III und auch der gesetzlich möglichen Schadenfallkündigung nach § 111 Abs. 2 Satz 1 VVG sind eindeutig.[7] Einer unwirksamen Kündigung durch den Versicherungsnehmer sollte der Versicherer aber widersprechen. Andernfalls könnte darin unter Umständen die stillschweigende Zustimmung des Versicherers vorliegen, den Vertrag aufzuheben.[8] Auch hier wie bei der ordentlichen Kündigung nach I gilt die Textform nach § 126b BGB wie durch E-Mail oder Fax, siehe hier § 9 Rn. 2.

II. Kündigungsfrist, II Ziff. 2

Die Kündigungsfrist zwischen Zugang der Kündigung und dem formellen Ende des Versicherungs- 10 verhältnisses ist in II Ziff. 2 geregelt. Die 1-Monats-Frist, wie lange das Kündigungsrecht im Schadenfall ausgeübt werden kann, regelt dann II Ziff. 3. Die Kündigungsfristen bei Versicherer und Versicherungsnehmer sind zugunsten des Versicherungsnehmers unterschiedlich gestaltet. Der Versicherer hat eine Kündigungsfrist von einem Monat einzuhalten, II Ziff. 2 Satz 1. Es bedeutet, dass mit Zugang der Kündigung des Versicherers beim Versicherungsnehmer nicht sofort das Versicherungsverhältnis endet, sondern erst einen Monat später. Dieser Monat soll dem Versiche-

4 *Diller* § 9 Rn. 19.
5 Späte/Schimikowski/*Harsdorf-Gebhardt* AHB Ziff. 19 Rn. 16; OLG Stuttgart VerAfP 1928.
6 Langheid/Rixecker/*Langheid* § 111 Rn. 11; Prölss/Martin/*Lücke* § 111 Rn. 10, eine verfrühte Kündigung nach dem Schadensfall ist unwirksam und muss ggf. wiederholt werden.
7 MüKoVVG/*Littbarski* § 111 Rn. 64.
8 *Diller* § 9 Rn. 17.

rungsnehmer die Zeit geben, sich neuen Versicherungsschutz zu besorgen. Versicherungsnehmer und Versicherer vereinbaren zuweilen auch, dass die Kündigungsfrist verlängert wird. Gerade bei einer Schadenfallkündigung gehen in der Regel Vertragsverhandlungen voraus, weil das Risiko für den Bestandsversicherer zu den bisherigen Konditionen nicht mehr versicherbar ist. Wenn die Verhandlungen zu keinem Ergebnis führen, ist die Monatsfrist für den Versicherungsnehmer recht kurz, weil er mit einer negativen Renta einen neuen Versicherer suchen muss. Der Versicherungsnehmer kann mit sofortiger Wirkung kündigen oder zum Schluss der laufenden Versicherungsperiode, II Ziff. 2 Satz 2. Auch hier ist der Zweck, dass der Versicherungsnehmer die Möglichkeit haben soll, sich einen anderen Versicherer zu suchen, wenn er mit der Schadenbearbeitung nicht zufrieden war oder die nachfolgenden Prämienforderungen des Versicherers im Schadenfall als zu hoch erscheinen. Laufende Versicherungsperiode meint die jährlichen Fälligkeitszeitpunkte, wenn wie üblich ein 3-Jahres-Vertrag vereinbart ist und nicht das Ende der Vertragslaufzeitpunkt nach 3 Jahren. § 12 VVG ist nicht abbedungen.

11 Rechtsfolge ist in allen Fällen, dass das Versicherungsverhältnis vorzeitig endet. Wenn der Versicherungsnehmer bereits die Prämie entrichtet hat, gewährt der Versicherer den Prämienanteil für den danach liegenden Zeitraum zurück.

III. Erlöschen des Kündigungsrechts, II Ziff. 3

12 Das Recht selbst kündigen zu können, erlischt nach einem Monat, nachdem der Versicherer geleistet hat oder der Rechtsstreit beigelegt wurde oder das Urteil rechtskräftig geworden ist. Die Frist berechnet sich nach §§ 186 ff BGB. Wenn der Versicherer auf einen versicherten Haftpflichtanspruch geleistet hat, erlischt das Recht 1 Monat nach Zahlungseingang. Die 1-Monats-Frist nach Beilegung des Rechtsstreits beginnt mit dem Zeitpunkt, zu dem der Haftpflichtanspruch rechtshängig geworden ist, II Ziff. 1. Daher erlischt das Recht nach einem Monat, nach Klagerücknahme, Anerkenntnis oder Vergleich. Gleiches gilt, wenn das Urteil rechtskräftig geworden ist.

D. Rechtzeitigkeit der Kündigung, III

13 Nach III ist jegliche Art der Kündigung rechtzeitig, wenn sie dem Vertragspartner innerhalb der Fristen zugeht, entweder die ordentliche Kündigung nach I mit Zugang spätestens drei Monate vor dem jeweiligen Ablauf des Vertrages oder die außerordentliche Schadenfallkündigung mit Zugang spätestens 1 Monat nach Entstehen des Kündigungsrechts. Der Zeitpunkt des Zugangs bei der jeweilig anderen Vertragspartei und nicht des Absendens des Vertragspartners ist maßgeblich.

E. Umdeutung von nicht korrekten Kündigungen

14 Eine Kündigung kann mangelhaft sein, weil sie verfrüht, verspätet oder nicht der Form entspricht oder in sonstiger Weise nicht ordnungsgemäß ist. Was die Rechtsfolgen einer mangelhaften Kündigung sind, ist pauschal nicht beantwortbar. Es hängt von der Art des Fehlers ab und wie die Interessen der Parteien verteilt sind.[9] Der Versicherer kann verpflichtet sein, die Kündigung zurückzuweisen, man kann die Kündigung umdeuten oder auslegen oder man kann sie auch als Angebot zur Vertragsaufhebung auffassen.

15 Der Versicherer ist grundsätzlich nicht mehr verpflichtet, den Versicherungsnehmer über eine unwirksame Kündigung zu informieren und sie zurückzuweisen.[10] Eine Pflicht des Versicherers auf einen Mangel einer Erklärung aufmerksam zu machen, kann sich im Einzelfall indes aus

---

9 *Bach* VersR 1977, 881, 884.
10 BGH r+s 2013, 424.

§ 6 Abs. 4 iVm § 1 a VVG ergeben. Bei schuldhafter Verletzung dieser Beratungspflicht hat der Versicherer den Versicherungsnehmer so zu stellen, wie er bei zutreffender Informationserteilung über die Unwirksamkeit der Kündigung gestanden hätte.[11] Rechtsfolge einer fehlenden Zurückweisung ist nicht, dass die Kündigung wirksam ist. Andernfalls würde der Versicherungsnehmer entgegen der gesetzlichen Wertung ein weiteres Kündigungsrecht gerade dadurch erhalten, dass er sich treuwidrig verhält.[12] In Betracht kommt ein Schadensersatzanspruch des Versicherungsnehmers. Der Schaden kann darin liegen, dass er weiterhin Prämien für den Versicherungsschutz zu zahlen hat.[13]

Im Einzelfall ist zu entscheiden, ob eine unwirksame Kündigung in eine wirksame Kündigung umdeutbar ist oder ob ein Angebot des Versicherungsnehmers vorliegt, den Vertrag aufzuheben. Nach § 140 BGB kommt es auf den Willen des Versicherungsnehmers an, ob eine wirksame Kündigung gewollt war. Eine außerordentliche Kündigung wg. vermeintlich nicht regulierter Ansprüche ist in eine ordentliche Kündigung umdeutbar.[14] Gleiches gilt für eine Kündigung wg. Differenzen mit dem Versicherer.[15] Wenn die Kündigung vom Eintritt künftiger Ereignisse abhängt, ist sie nicht umdeutbar und kann nur das Angebot zur Aufhebung des Vertrags sein.[16] Wenn der Versicherungsnehmer zum nächstmöglichen Zeitpunkt innerhalb der korrekten Kündigungsfrist kündigt, ist keine Umdeutung erforderlich. Es bedeutet, dass der Vertrag zum Vertragsablauf endet. 16

Wenn der Versicherungsnehmer die ordentliche 3-monatige-Kündigungsfrist nach I oder II nicht einhält und verspätet kündigt, wird der Versicherer in der Regel die Erklärung nicht umdeuten und den Vertrag erst zur nächsten Hauptfälligkeit oder dem Vertragsende beendigen. Wenn die Kündigungsfrist korrekt eingehalten ist, aber der Kündigungstermin falsch ist, z.B. das Datum der Vertragsbeendigung zu spät oder zu früh ist, kann der Versicherer umdeuten zum korrekten Kündigungstermin. Wenn ein längerer Zeitraum zwischen dem beabsichtigten Ende des Vertrags und dem tatsächlichen möglichen Ende des Vertrags liegt, informiert der Versicherer üblicherweise den Versicherungsnehmer, dass er erneut mit dem richtigen Kündigungstermin kündigen kann. 17

F. Sonstige Kündigungsmöglichkeiten

Neben der Schadenfallkündigung nach II und der ordentlichen Ablaufkündigung nach I gibt es weitere Möglichkeiten für den Versicherungsnehmer das Versicherungsverhältnis vor Vertragsende zu kündigen. Die Berufsträger sind einzeln oder in den im Berufsrecht vorgesehenen Gesellschaftsformen tätig. Bei Wechsel der Organisationsform oder eine Umwandlung oder einer Neugründung kann der Versicherungsnehmer/Versicherer unter bestimmten Voraussetzungen kündigen. Grund ist, dass das Berufsrecht dann eine andere Versicherungsform voraussetzt. Wann das Versicherungsverhältnis bei Wechsel der Gesellschaftsform kündbar ist, ist nicht ausdrücklich aufgrund der Vielzahl der Fallgestaltungen geregelt. Makler nutzen diese besonderen Kündigungsmöglichkeiten, einen Versicherungsnehmer vorzeitig von einem Versicherer zum anderen umdecken zu können. Für Ausschließlichkeitsvertreter kommt es zwar nicht direkt darauf an, ob der Vertrag kündbar ist, aber es spielt eine Rolle, ob das sog. bisher versicherte Wagnis im Verhältnis zum Versicherer bestehen bleibt oder ein neues abgeschlossen wird. Bei allen Fällen geht es auch um Provisionen und Ausgleichszahlungen für Provisionen der neuen und bestehenden Vermittler und der drohende Prämienverlust des Bestandsversicherers. 18

---

11 Rüffer/Halbach/Schimikowski/*Muschner* § 11 Rn. 26 ff.

12 BGH r+s 2013, 424; BGH VersR 2015, 230.

13 MüKoVVG/*Fausten* § 11 Rn. 130; BSG r+s 2007, 144; LG Koblenz BeckRS 2013, 12087; anders OLG Karlsruhe MDR 2002, 581; OLG Hamm VersR 1977, 999; LG Hannover VersR 1977, 351.

14 OLG Düsseldorf NVersZ 2001, 571.

15 LG Hanau ZfS 1988, 283.

16 LG Bielefeld VersR 1967, 27.

19 Gesetzlich geregelt ist zumindest in § 80 Abs. 2 VVG, dass bei Wegfall des versicherten Interesses nach dem Beginn der Versicherung das Versicherungsverhältnis vorzeitig endet, der analog auch für die Berufshaftpflichtversicherung gilt.[17] Dies findet sich ebenfalls in IV: Das Versicherungsverhältnis erlischt, wenn der Anwalt oder die Berufsausübungsgesellschaft nicht mehr zugelassen sind, siehe hier § 9 Rn. 26. Grund hierfür ist, dass das Verhältnis von Leistung und Gegenleistung zwischen dem Versicherungsnehmer und dem Versicherer mit Wegfall des versicherten Interesses gestört ist. Es gibt keinen Deckungsfall mehr, der Versicherungsnehmer hat deshalb auch keine Prämien mehr zu entrichten. Dieser Grundgedanke ist heranzuziehen, ob ein vorzeitiges Kündigungsrecht zugunsten Makler/Vertreter besteht oder ob der Vertrag fortzuführen ist. Ebenfalls zu berücksichtigen sind die Besonderheiten des jeweiligen Berufsrechts. Beispielsweise haben Anwälte immer eine eigene Berufshaftpflichtversicherung abzuschließen, gleich welcher Organisationsform sie angehören und wie diese Organisation selbst versichert ist. Ebenfalls nicht eindeutig sind die Kündigungsfristen und Kündigungstermine in diesen besonderen Fällen, bis wann das Recht zur Kündigung auszuüben ist. Man wird entsprechend der Schadenfallkündigung nach § 9 II vorgehen. Es gilt, dass das Kündigungsrecht für Versicherungsnehmer und Versicherer 1 Monat nach dem Ereignis und Kenntnis der Umstände hierzu erlischt, entsprechend § 9 II Ziff. 3. Der Versicherer hat eine Kündigungsfrist von einem Monat einzuhalten. Der Versicherungsnehmer kann mit sofortiger Wirkung oder zum Schluss der laufenden Versicherungsperiode kündigen, entsprechend § 9 II Ziff. 2. Den Gedanken der Regelung kann man heranziehen, da Rechtssicherheit für beide Seiten bestehen muss und der Versicherungsnehmer ausreichend geschützt ist, sich einen neuen Versicherer zu suchen.

I. Gründung einer Berufsausübungsgesellschaft, Ein- und Austritt

20 Der einzelne Anwalt gründet zusammen mit anderen Anwälten oder auch anderen Steuerberatern/Wirtschaftsprüfern eine Berufsausübungsgesellschaft wie GbR oder Partnerschaft oder auch eine Kapitalgesellschaft. Grundsätzlich gilt bei einem Wechsel von einem Einzelunternehmen zu einer Gesellschaft, dass die bestehenden Einzelverträge der Anwälte weiterhin gelten ohne Kündigungsmöglichkeit. Die Gesellschaft benötigt eine eigene neue Versicherung. Die ergibt aus dem Berufsrecht der wirtschaftsberatenden Berufe. Die bisher versicherten Anwälte benötigen weiterhin eine Berufshaftpflichtversicherung, § 51 BRAO, um als Anwalt auftreten zu können und für eigene Mandate. Sie gilt nicht für seine Tätigkeit in der Gesellschaft. Deren Umfang ändert sich aufgrund der Tätigkeit neben der neuen Gesellschaft. Es handelt sich um eine Risikoerhöhung mit der Folge, dass kein Sonderkündigungsrecht besteht. Der Anwalt hat aber Anspruch auf eine Prämienreduzierung, da sich das Risiko für den Versicherer mindert. Die Gesellschaft als Personengesellschaft ist selbst versicherungspflichtig. Sie hat eine neue Berufshaftpflichtversicherung abzuschließen.

21 Wenn der Anwalt aus einer Gesellschaft austritt, kommt es auf seine bisherige Zulassungspolice an. Soweit er sie weiterhin benötigt, gibt es keine Kündigungsmöglichkeit. Die Zulassungspolice ist unabhängig von der Tätigkeit in einer Gesellschaft, ggf. ist die Prämie anzupassen.

II. Wechsel der Organisationsform GbR zur einfachen Partnerschaft und Partnerschaft mit beschränkter Berufshaftung

1. Identitätswahrender Rechtsformwechsel

22 Eine Sozietät als GbR „wandelt sich um" in eine Partnerschaftsgesellschaft, gleich ob mit oder ohne beschränkter Berufshaftung. Die Umwandlung einer Sozietät in eine Partnerschaft erfolgt

17 MüKoVVG/*Halbach* § 80 Rn. 3; anders Prölss/Martin/*Armbrüster* § 80 Rn. 3.

nicht nach dem Umwandlungsgesetz. Die Sozietät ist kein Rechtsträger nach § 191 Abs. 1 UmwG. Die Umwandlung erfolgt ganz überwiegend dadurch, dass die Sozien die „Umwandlung" im Gesellschaftsvertrag vereinbaren. Die neue Partnerschaft trägt das Registergericht in das Partnerschaftsregister ein. Es handelt sich um einen identitätswahrenden Rechtsformwechsel.[18] Die Organisationsform ist neu, aber es handelt sich nicht um einen Rechtsträgerwechsel, weil die Personengesellschaft bestehen bleibt. Eine Auflösung oder Abwicklung der bisherigen Sozietät/einfachen Partnerschaft ist nicht erforderlich.

2. Kündigungsmöglichkeit

Es besteht keine Kündigungsmöglichkeit, wenn sich die Sozietät zu einer einfachen Partnerschaft 23 „umwandelt". Die Versicherungsstruktur bleibt gleich. Die Gesellschaft bleibt weiterhin versicherungspflichtig, es ändert sich nicht der gesetzliche vorgeschriebene Versicherungsumfang.

Eine Kündigungsmöglichkeit dürfte bestehen, wenn die Sozietät/einfache Partnerschaft sich 24 zu einer Partnerschaftsgesellschaft mit beschränkter Berufshaftung wandelt oder einer sonstigen haftungsbeschränkten Berufsausübungsgesellschaft. Es handelt sich zwar weiterhin allein um einen identitätswahrenden Rechtsformwechsel,[19] weil die PartmbB eine Personengesellschaft bleibt und nur in ihrer Haftung für Berufsfehler einer Kapitalgesellschaft gleichgestellt wird. Das Berufsrecht schreibt jedoch vor, dass die PartmbB eine eigene Berufshaftpflichtversicherung abzuschließen hat, § 59n BRAO, § 8 Abs. 4 PartGG. Hier geht es um eine neue Versicherungsstruktur, weil von einer nicht-haftungsbeschränkten Gesellschaft zu einer haftungsbeschränkten Gesellschaft gewechselt wird. Die Anwälte dagegen benötigen für ihre Zulassung weiterhin ihre bisherige Berufshaftpflichtversicherung nach § 51 BRAO. Das Risiko verringert sich nur, es besteht nur der Anspruch auf eine Prämienreduzierung, siehe auch hier § 9 Rn. 21. Gleiches gilt, keine Kündigungsmöglichkeit, wenn der Anwalt aus einer bestehenden haftungsbeschränkten Gesellschaft austritt. Seine Zulassungspolice gilt weiterhin. Die Prämie ist nach § 13 I Ziff. 1 und Ziff. 2 anzuzeigen und anzupassen.

III. Beendigung, Auflösung und Liquidation einer Gesellschaft

Grundsätzlich wird man den einzelnen Berufsträgern einer Gesellschaft, wenn sie beendet wird, 25 eine Kündigungsmöglichkeit einräumen. Die Gesellschaft besteht nicht mehr fort und wird abgewickelt. Hier haben sich die gesamte Risikosituation und die bisherige Versicherungsstruktur nicht für den einzelnen geändert, sondern für alle bisher beruflich tätigen Anwälte in der Gesellschaft. Die Versicherungsstruktur hat sich am Risiko der Gesellschaft orientiert und nicht am einzelnen Berufsträger. Daher ist es gerechtfertigt, die Interessen des einzelnen an einer Änderung seiner Versicherung höher zu stellen als die Interessen des Versicherers am Fortbestand eines ohnehin anzupassenden Vertrags. Problematisch sind Fälle der Fusion von mehreren Kanzleien. Hier kommt es auf den Einzelfall an. Eine Kündigungsmöglichkeit kommt für alle Berufsträger in Betracht, wenn sie komplett eine neue Kanzlei mit einer neuen Organisationsform gründen, siehe hier § 9 Rn. 24. Allerdings ist konkret nach der jeweiligen Fusionsvereinbarung zwischen den Kanzleien zu urteilen, ob dabei eine der alten Kanzleien aufgelöst wird mit Kündigungsmöglichkeit und die andere Kanzlei weiterhin bestehen bliebt ohne Kündigungsmöglichkeit.

---

18 Peres/Senft/*Posegga* § 15 Rn. 44.
19 *Sommer*/*Treptow* NJW 2013, 3269, 3270.

G. Erlöschen des Versicherungsschutzes, IV

I. Wegfall der Zulassung, Satz 1

26 Der Grundgedanke von IV findet sich in der halbzwingenden Regelung in § 80 VVG. Das Verhältnis von Leistung und Gegenleistung zwischen dem Berufsträger und dem Versicherer mit Wegfall des versicherten Interesses ist gestört. Es ist nicht mehr gerechtfertigt, dass die Parteien das Versicherungsverhältnis aufrechterhalten, weil es keinen Deckungsfall mehr geben kann, wenn der Versicherungsnehmer nicht mehr beruflich tätig ist. Nach IV Satz 1 erlischt der Versicherungsschutz bei Wegfall des versicherten Interesses, z.B. wenn der Anwalt seine Zulassung zurückgibt. Die Kammern haben die Zulassung zu widerrufen, wenn der Anwalt in Vermögensverfall geraten ist, § 14 Abs. 2 Nr. 7 BRAO. Ein Vermögensverfall wird vermutet, wenn ein Insolvenzverfahren über das Vermögen des Rechtsanwalts eröffnet wurde.[20] In diesen Fällen muss der Versicherer nicht kündigen. Der Vertrag endet automatisch zu diesem Zeitpunkt. Der Wortlaut „*...erlischt der Versicherungsschutz*" bedeutet für den Versicherungsnehmer, dass er keine weiteren Prämien mehr zu entrichten hat und für den Versicherer, dass er für mögliche Verstöße nach Wegfall der Zulassung keine Deckung mehr gewähren muss. Solange der Berufsträger noch beruflich tätig sein darf, z.B. weil er sich gegen den Wegfall der Zulassung wehrt, besteht der Versicherungsschutz mit Prämienpflicht weiterhin, weil der Berufsträger auch weiterhin beruflich tätig ist.

27 Gleiches gilt bei Ableben des Versicherungsnehmers. Das Versicherungsverhältnis erlischt und geht nicht auf die Erben über.[21] Es handelt sich um eine personenbezogene und nicht um eine sachbezogene Versicherung.[22] Bei Rechtsanwälten haben die Erben des Versicherungsnehmers für acht Wochen Versicherungsschutz aus Verstößen die bis zur Bestellung eines Praxisabwicklers oder bis zur Praxisveräußerung vorgekommen sind, § 20 Rn. 1, beispielsweise wenn die verbliebenen Gesellschafter oder andere Personen einen Berufsfehler bei der Mandatsabwicklung begehen und die Erben dafür in Anspruch genommen werden.

II. Praxisabwickler, Satz 2

28 Für Steuerberater gibt es Besonderheiten. Nach IV Satz 2 hat der Praxisabwickler eines Steuerberaters Versicherungsschutz und zwar über den Vertrag desjenigen früheren Berufskollegen, dessen Praxis er abwickelt, § 70 StBerG. Der Praxisabwickler ist für die Dauer der Bestellung in der Police des Versicherungsnehmers mitversichert. Daher läuft der Versicherungsschutz in diesem Fall weiter für den Praxisabwickler trotz des Wegfalls des versicherten Interesses des bisherigen Praxisinhabers, der z.B. seine Bestellung als Steuerberater zurückgegeben hat. Gleiches gilt im Übrigen für den Wirtschaftsprüfer, dessen Versicherungsvertrag gesondert und nicht mehr über die AVB-RS geregelt ist.

29 Anders bei den Anwälten. Der Praxisabwickler nach § 55 BRAO ist versichert für seine Tätigkeit über seine eigene Police nach § 18 I, 6. Spiegelstrich, siehe dazu § 18 Rn. 127 ff. Eine Mitversicherung in der Police desjenigen, dessen Praxis er abwickelt, ist nicht erforderlich.

---

20 BGH NJW 2017, 1181.

21 HBAnw/*Chab* § 18 Rn. 103.

22 BGH NJW-RR 1993, 1048, 1049 zur Hausratversicherung, die auf die Erben als Hinterbliebene nach §§ 1922, 1967 BGB übergeht.

§ 10 Verjährung, zuständiges Gericht, anwendbares Recht, Sanktionsklausel

I. Verjährung

Die Verjährung der Ansprüche aus dem Versicherungsvertrag richtet sich nach den Vorschriften des Bürgerlichen Gesetzbuches.

II. Zuständiges Gericht

1. Klagen gegen den Versicherer
a) Ansprüche aus dem Versicherungsvertrag können gegen den Versicherer bei dem für seinen Geschäftssitz
oder für den Geschäftssitz seiner vertragsführenden Niederlassung örtlich zuständigen Gericht geltend gemacht werden.
b) Für Klagen des Versicherungsnehmers aus dem Versicherungsvertrag oder der Versicherungsvermittlung ist auch das deutsche Gericht örtlich zuständig, in dessen Bezirk der Versicherungsnehmer zur Zeit der Klageerhebung seinen Wohnsitz, in Ermangelung eines solchen seinen gewöhnlichen Aufenthalt hat.

2. Klagen gegen den Versicherungsnehmer
Für Klagen des Versicherers ist ausschließlich das Gericht örtlich zuständig, in dessen Bezirk der Versicherungsnehmer zur Zeit der Klageerhebung seinen Wohnsitz- oder Geschäftssitz, in Ermangelung eines solchen seinen gewöhnlichen Aufenthalt hat.

3. Unbekannter Wohnsitz- oder Geschäftssitz oder Aufenthalt des Versicherungsnehmers
[1]Ist der Wohn- oder Geschäftssitz oder der gewöhnliche Aufenthalt des Versicherungsnehmers in Deutschland im Zeitpunkt der Klageerhebung nicht bekannt, bestimmt sich die gerichtliche Zuständigkeit für Klagen aus dem Versicherungsvertrag gegen den Versicherer oder den Versicherungsnehmer ausschließlich nach dem Sitz des Versicherers oder seiner für den Versicherungsvertrag zuständigen Niederlassung. [2]Ist der Versicherungsnehmer eine juristische Person, gilt dies entsprechend, wenn sein Geschäftssitz unbekannt ist.

4. [1]Wohn- oder Geschäftssitz des Versicherungsnehmers außerhalb der Europäischen Gemeinschaft, Island, Norwegen oder der Schweiz. [2]Hat der Versicherungsnehmer zum Zeitpunkt der Klageerhebung seinen Wohn- oder Geschäftssitz nicht in einem Mitgliedstaat der Europäischen Gemeinschaft, Island, Norwegen oder der Schweiz, ist das Gericht nach Ziff. 3 Satz 1 ausschließlich zuständig.

III. Anwendbares Recht

Die Rechte und Pflichten aus dem Versicherungsvertrag bestimmen sich ausschließlich nach deutschem Recht.

IV. Sanktionsklausel

[1]Es besteht – unbeschadet der übrigen Vertragsbestimmungen – Versicherungsschutz nur, soweit und solange dem keine auf die Vertragsparteien direkt anwendbaren Wirtschafts-, Handels- oder Finanzsanktionen bzw. Embargos der Europäischen Union oder der Bundesrepublik Deutschland entgegenstehen. [2]Dies gilt auch für Wirtschafts-, Handels- oder

https://doi.org/10.1515/9783111396415-012

Finanzsanktionen bzw. Embargos der Vereinigten Staaten von Amerika, soweit dem nicht Rechtsvorschriften der Europäischen Union oder der Bundesrepublik Deutschland entgegenstehen.

Übersicht

A. Übersicht

§ 10 regelt vier Sachverhalte rund um den Versicherungsvertrag: In I die Verjährung nach dem BGB, in II das zuständige Gericht für Klagen aus dem Versicherungsvertrag, in III das anwendbare Recht und in IV die für die Versicherer vorgeschriebene Embargoklausel nach EU-Verordnung 267/2012, die der GDV als Muster zur Verfügung stellt.

B. Verjährung, I

1 I verweist darauf, dass die Vorschriften für die Verjährung von Ansprüchen aus dem Versicherungsvertrag sich nach dem BGB richten gem. §§ 194 ff BGB. Danach verjähren die Ansprüche aus dem Versicherungsvertrag regelmäßig nach 3 Jahren, § 195 BGB, maximal nach 10 oder 30 Jahren bei fehlender Unkenntnis oder grob fahrlässiger Unkenntnis, § 199 Abs. 3 BGB. Die Verjährung beginnt mit dem Schluss des Jahres, in dem der Anspruch entstanden ist und der Gläubiger von den anspruchsbegründenden Umständen und der Person des Schuldners Kenntnis erlangt hat oder ohne grobe Fahrlässigkeit erlangen hätte müssen, § 199 Abs. 1 BGB.

2 Die Hemmung oder Verlängerung der Verjährung richtet sich nach § 209 BGB. Bei Nachlassfällen ist die Verjährung nach §§ 210, 211 BGB gehemmt. Nach § 3 Abs. 4 Satz 2 VVG ist die Verjährung gehemmt für Abschriften von Erklärungen des Versicherungsnehmers gegenüber dem Versicherer, die der Versicherungsnehmer für die Vornahme von Rechtshandlungen benötigt. Der für den Versicherer zwingende § 15 VVG regelt, dass die Verjährung gehemmt ist, wenn ein Anspruch aus dem Versicherungsvertrag beim Versicherer angemeldet worden ist bis zu dem Zeitpunkt, zu dem die Entscheidung des Versicherers dem Anspruchsteller in Textform zugeht. Die Verhandlungen des Haftpflichtversicherer führen zur Verjährungshemmung gem. § 203 Satz 1 BGB auch gegenüber dem Schädiger. Für die Annahme, die Verhandlungen sind beendet, ist ein strenger Maßstab anzulegen, wofür aber die Mitteilung über den Abschluss der Prüfung und die Verweigerung der Leistung auch im Hinblick auf die Verhandlungen ausreichend sein kann.[1] Für die Verjährung bei der Berufshaftpflichtversicherung als Pflichtversicherung gilt § 115 Abs. 2 VVG für die Direktan-

1 OLG Hamm r+s 2022, 715.

sprüche des Dritten gegen den Versicherer. Ansonsten können die Allgemeinen Versicherungsbedingungen die Verjährungsvorschriften abändern.[2]

Die Verjährungsregeln betreffen die Ansprüche des Versicherungsnehmers und Versicherers 3
aus dem Versicherungsvertrag. Dies umfasst alle Leistungsansprüche und sonstige Ansprüche, die ihre rechtliche Grundlage im Versicherungsvertrag haben, insbesondere die Schadensersatzleistung und die Abwehrleistung nach § 3 II Ziff. 1, wie auch die Ansprüche auf den Versicherungsvertrag selbst oder einen Ersatzvertrag, Verzugszinsen und auch Rückforderungs- und Rückgewähransprüche aus zu viel gezahlten Prämien, z.B. wenn ein Vertrag rückwirkend aufgehoben wird.

C. Gerichtsstand, II

II regelt den örtlichen Gerichtsstand, in Ziff. 1 für Klagen des Versicherungsnehmers gegen den 4
Versicherer und in Ziff. 2 für Klagen des Versicherers gegen den Versicherungsnehmer. II enthalten die vertraglichen Gerichtsstandsvereinbarungen, entsprechend der zwingenden Regelung in § 215 VVG. II iVm mit § 215 VVG stellen für Versicherungsangelegenheiten einen besonderen Gerichtsstand zur Verfügung und weichen damit zugunsten des Versicherungsnehmers vom Grundsatz „actor sequitur forum rei" gem. §§ 12 bis 17 ZPO ab. Der Versicherungsnehmer, sowohl die natürliche als auch juristische Person, hat die Möglichkeit an seinem Wohnsitz/Geschäftssitz zu klagen, um nicht einen auswärtigen Prozess führen zu müssen. Sachlich zuständig sind nach § 13 GVG die ordentlichen Gerichte, da es sich bei Streitigkeiten aus einem Versicherungsvertrag um bürgerliche Streitigkeiten handelt. Die Amtsgerichte sind zuständig bis zu einem Streitwert von 5.000 EUR gem. § 23 Nr. 1 GVG. Darüber hinaus sind die Landgerichte zuständig, § 71 Abs. 1 GVG.

I. Klagen gegen den Versicherer, II Ziff. 1

Nach II Ziff. 1 a) kann der Versicherungsnehmer gegen den Versicherer Klage einreichen und zwar bei dem Gericht am Geschäftssitz des Versicherers oder bei seiner Niederlassung.

Nach II Ziff. 1 b) ist für Klagen des Versicherungsnehmers aus dem Versicherungsvertrag auch 5
das deutsche Gericht örtlich zuständig, in dessen Bezirk der Versicherungsnehmer zur Zeit der Klageerhebung seinen Wohnsitz oder gewöhnlichen Aufenthalt hat, wenn er keinen Wohnsitz hat. II Ziff. 1 b) wiederholt den Wortlaut von § 215 Abs. 1 Satz 1 VVG. Er eröffnet dem Versicherungsnehmer die Möglichkeit auch an seinem Wohnsitz zu klagen. § 215 Abs. 1 Satz 1 erfasst auch gegen den Wortlaut Klagen aus einem Versicherungsvertrag, dessen Versicherungsnehmer eine juristische Person ist, wobei auf deren Sitz im Sinne des § 17 ZPO abzustellen ist.[3] Gleiches zur Zuständigkeit des örtlichen Gerichts gilt im Grundsatz für versicherte Personen nach § 7 I.[4]

Der Anwendungsbereich für Ansprüche aus dem Versicherungsvertrag ist weit zu verstehen. 6
Es handelt sich um alle Ansprüche, die der Versicherungsvertrag festlegt oder im Zusammenhang mit ihm stehen wie die Anbahnung oder die Rückabwicklung.[5] Das sind insbesondere die Ansprüche des Versicherungsnehmers auf Schadensersatz, einschließlich deliktischer Ansprüche oder Abwehrleistung nach § 3 II Ziff. 1, die Prämienzahlung und auch Verzug oder das grundsätzliche Bestehen des Vertrags mit Rücktritt, Widerruf oder Kündigung oder auch Nebenleistungen wie Ansprüche auf Auskunft, Schutzpflichten. Ebenfalls darunter fallen Ansprüche aus Bereicherungsrecht sowie aus Geschäftsführung ohne Auftrag wie auch die vorläufige Deckung nach §§ 49 ff VVG. Ein Geschädigter, der unmittelbar gegen den Versicherer des Schädigers klagen kann, ist

2 MüKoVVG/*Fausten* § 15 Rn. 49.
3 BGH NJW 2018,232.
4 OLG Oldenburg NJW 2012, 2894; LG Halle NJW-RR 2011, 114; LG Limburg VersR 2012, 889.
5 Prölss/Martin/*Klimke* § 215 Rn. 4 ff.

nicht an eine Gerichtsstandsvereinbarung, die zwischen dem Versicherer und dem Schädiger getroffen wurde, gebunden.[6]

II. Klagen gegen den Versicherungsnehmer, II Ziff. 2

7 II Ziff. 2 regelt den Gerichtsstand für Klagen des Versicherers gegen den Versicherungsnehmer. Ausschließlich ist das Gericht örtlich zuständig, wo der Versicherungsnehmer seinen Wohnsitz oder gewöhnlichen Aufenthalt hat. Dies ist eine zwingende Regelung nach § 215 Abs. 1 Satz 2 VVG.[7] Der persönliche Anwendungsbereich „...*der Versicherungsnehmer...*" nach II Ziff. 2 iVm § 215 VVG ist darüber hinaus weit zu verstehen. Der Begriff Versicherungsnehmer umfasst nicht nur die natürliche Person, sondern auch die juristische Person.[8]

III. Unbekannter Wohnsitz oder Aufenthalt des Versicherungsnehmers, II Ziff. 3

8 Wenn der Wohnsitz oder der Aufenthalt des Versicherungsnehmers in Deutschland nicht bekannt ist, ist das Gericht des Sitzes des Versicherers oder seiner Niederlassung örtlich zuständig. Das gilt sowohl für Klagen des Versicherungsnehmers, auch für juristische Personen nach II Ziff. 3 Satz 2, wie auch für Klagen des Versicherers. Diese vertragliche Gerichtsstandsvereinbarung ist als Ausnahme nach § 215 Abs. 3, 2. Alt. VVG möglich, weil dann das zuständige Gericht nach § 215 Abs. 1 VVG nicht ermittelbar ist. Die praktische Relevanz ist nicht vorhanden.

IV. Wohn- oder Geschäftssitz außerhalb der EUR oder bestimmten Ländern, II Ziff. 4

9 Wenn der Versicherungsnehmer, gleich ob natürliche oder juristische Person, seinen Wohn- oder Geschäftssitz im Zeitpunkt der Klage nicht in der EU oder in den Ländern Island, Norwegen oder der Schweiz, wohl auch Liechtenstein, hat, ist das Gericht zuständig, das für den Sitz des Versicherers örtlich zuständig ist, II Ziff. 4 iVm Ziff. 3 Satz 1. Diese Abweichung ist nach § 215 Abs. 3, 1. Alt. VVG möglich. Wenn der Wohn- oder Geschäftssitz des Versicherungsnehmers in der EU oder den anderen genannten Ländern liegt, gelten die Regelungen nach der Verordnung über die gerichtliche Zuständigkeit und die Anerkennung und Vollstreckung von Entscheidungen in Zivil- und Handelssachen (EuGVVO) und dem Luganer Übereinkommen über die gerichtliche Zuständigkeit und die Vollstreckung gerichtlicher Entscheidungen in Zivil- und Handelssachen (LugÜ).[9] Versicherungsnehmer wie auch Verbraucher und Arbeitnehmer dürfen nur an ihren Wohnsitzen von den jeweiligen Vertragspartnern verklagt werden, Art. 10 ff, Art. 14 Abs. 1, 18 Abs. 2, 22 Abs. 1 EuGVVO und Art. 8 ff LugÜ.[10] Praktisch hat dies kaum Bedeutung, da die wirtschaftsberatenden Berufe in Deutschland eine Pflichtversicherung bei einem im Inland zum Geschäftsbetrieb befugten Versicherungsunternehmen abschließen müssen.

---

6 EuGH NJW 2017, 2813, 2814.

7 *Bauer/Rajkowski* VersR 2010, 1559.

8 BGH NJW 2018,232; *Mühlhausen* r+s 2016, 161; OLG Schleswig-Holstein VersR 2015, 1422; OLG München r+s 2016, 213.

9 dazu *Czernich/Tiefenthaler/Kodek* Europäisches Gerichtsstands- und Vollstreckungsrecht – EuGVVO und Lugano-Übereinkommen.

10 BGH NZV 2013, 177.

D. Geltung deutschen Rechts für den Versicherungsvertrag, III

Die Rechte und Pflichten aus dem Versicherungsvertrag bestimmen sich ausschließlich nach deutschem Recht, III, soweit die Parteien nicht etwas anderes vereinbaren. Zum anwendbaren Recht bei ausländischem Versicherer und inländischem Versicherungsmakler gilt, dass der im Inland niedergelassene Versicherungsmakler in der Regel Mittelsperson im Sinne des Art. 9 IV EGVVG aF ist.[11] 10

E. Embargoklausel, IV

Nach IV Satz 1 gewährt der Versicherer nur Versicherungsschutz, wenn keine Embargobestimmungen entgegenstehen, die unmittelbar das Versicherungsverhältnis berühren. Diese Embargoklausel ist gesetzlich vorgeschrieben nach der EU-Verordnung 961/2010 vom 27.10.2010 und EU-Verordnung 267/2012. Sie ist in den EU-Mitgliedsstaaten unmittelbar geltendes Recht und ist maßgeblich für Unternehmen mit Sitz in der EU und EU-Bürger weltweit, Art. 39 der VO. Der Versicherungsvertrag kann nach § 134 BGB nichtig sein, da es sich bei der Verordnung um ein inländisches Verbotsgesetz handelt.[12] Bei einem vorsätzlichen Verstoß kann eine Straftat nach den Bestimmungen des Außenwirtschaftsgesetzes vorliegen, bei Fahrlässigkeit eine Ordnungswidrigkeit nach den Bestimmungen der Außenwirtschaftsverordnung. 11

IV Satz 2 nimmt die Sanktionen der USA gegen den Iran auf, entsprechend dem Comprehensive Iran Sanctions, Accountability and Divestment Act, (CISADA) vom 1. Juli 2010. Nicht geklärt ist aber, ob Unternehmen in der EU Sanktionen von Drittländern, hier den USA, befolgen müssen. Daher ist klarstellend aufgenommen, dass der Versicherungsschutz nur dann entfällt, wenn dem nicht europäische oder deutsche Rechtsvorschriften entgegenstehen. Grundsätzlich gilt, dass US-Sanktionen dann bindend sind, wenn es sich handelt um US-Personen und Gesellschaften wohnhaft oder mit Sitz in den USA, Personen und Gesellschaften, die in den USA tätig sind und nach sog. „US Nexus" für jeden, der sich im US Rechtsraum bewegt, U.S. Territorium; USD; „US controlled origin goods" etc. 12

---

11 BGH NJW 2016, 3369.

12 Aber aus dem Bereich Allgemeine Haftpflicht LG Hamburg BeckRS 2015, 8372. Bei einem ausländischen Verbotsgesetz kommt eine Anwendung des § 134 BGB nicht in Betracht, weil dieses im Inland unmittelbar keine Verbindlichkeit besitzt.

§ 11 Form der Willenserklärungen gegenüber dem Versicherer

Alle für den Versicherer bestimmten Anzeigen und Erklärungen sollen auch dann in Text- oder Schriftform erfolgen, wenn eine solche Form weder im Gesetz noch im Versicherungsvertrag vorgesehen ist, und an die Allianz Versicherungs-AG, 10900 Berlin gerichtet werden.

1 § 11 enthält eine Sollvorschrift. Danach sollen alle Anzeigen und Erklärungen des gegenüber dem Versicherer, der Allianz Versicherungs-AG, in Text- oder Schriftform erfolgen. Die Dokumente sollen an die Postadresse nach Berlin geschickt werden. Die Berliner Adresse der Allianz ist das Scan-Zentrum der Allianz in Deutschland und nicht die Hauptverwaltung. Die dorthin gesandten Dokumente werden eingescannt an die zuständigen Stellen weitergeroutet. Mit Anzeigen und Erklärungen sind alle Dokumente gemeint, die für den Versicherungsvertrag relevant sind oder sein können. Es geht nicht darum, dass bestimmte Erklärungen nicht geschickt werden sollen, sondern dass möglichst die gesamte Korrespondenz lückenlos dokumentiert und gespeichert ist. Damit dies möglich ist, sollten die Mindestangaben wie Versicherungsnehmer, Anschrift, Versicherung mit am besten der Versicherungsscheinnummer und das Anliegen aus dem Schreiben hervorgehen. Text- oder Schriftform bedeutet nach § 126b BGB, dass der andere mindestens eine lesbare Erklärung in dauerhafter Form abgegeben hat. Schriftform ist daher nicht erforderlich, Fax oder insbesondere auch E-Mail sind ausreichend.

2 § 11 ist eine Sollvorschrift und keine Muss-Vorschrift. Erklärungen und Anzeigen, die direkt an die vertragsführende Stelle, die Niederlassung oder einen Vertreter des Versicherers gehen, gehen gleichfalls beim Versicherer ein. Es ist möglich die Textform verbindlich vorzuschreiben gem. § 309 Nr. 13 BGB. Es wäre jedoch nicht kundenorientiert. Andernfalls würde man den Zugangsweg des Versicherungsnehmers trotz Digitalisierung wieder beschränken.

https://doi.org/10.1515/9783111396415-013

§ 12 Vorvertragliche Anzeigepflichten des Versicherungsnehmers, Rechtsfolgen von Anzeigepflichtverletzungen

I. Vorvertragliche Anzeigepflichten des Versicherungsnehmers

1. Vollständigkeit und Richtigkeit von Angaben über gefahrerhebliche Umstände
[1]Der Versicherungsnehmer hat bis zur Abgabe seiner Vertragserklärung dem Versicherer alle ihm bekannten Gefahrumstände anzuzeigen, nach denen der Versicherer in Textform gefragt hat und die für den Entschluss des Versicherers erheblich sind, den Vertrag mit dem vereinbarten Inhalt zu schließen (z.B. § 13 II Ziffer 2). [2]Der Versicherungsnehmer ist auch insoweit zur Anzeige verpflichtet, als nach seiner Vertragserklärung, aber vor Vertragsannahme der Versicherer Fragen im Sinne des Satzes 1 stellt.

2. Gefahrerhebliche Umstände
Gefahrerheblich sind die Umstände, die geeignet sind, auf den Entschluss des Versicherers Einfluss auszuüben, den Vertrag überhaupt oder mit dem vereinbarten Inhalt abzuschließen.

3. Zurechnung des Vertreterwissens
Wird der Vertrag von einem Vertreter des Versicherungsnehmers geschlossen und kennt dieser den gefahrerheblichen Umstand, muss sich der Versicherungsnehmer so behandeln lassen, als habe er selbst davon Kenntnis gehabt oder dies arglistig verschwiegen.

II. Rechtsfolgen von Anzeigepflichtverletzungen

1. Rechte des Versicherers
[1]Die Folgen einer Verletzung der Anzeigepflicht ergeben sich aus §§ 19- 22 VVG. [2]Unter den dort genannten Voraussetzungen kann der Versicherer vom Versicherungsvertrag zurücktreten, leistungsfrei sein, den Vertrag kündigen, wegen arglistiger Täuschung anfechten oder auch berechtigt sein, den Vertrag zu ändern.

2. Kündigungsrecht des Versicherungsnehmers bei Vertragsänderung
Erhöht sich durch die Vertragsänderung gemäß Ziffer 1 der Beitrag um mehr als 10 % oder schließt der Versicherer die Gefahrabsicherung für den nicht angezeigten Umstand aus, kann der Versicherungsnehmer den Vertrag nach Maßgabe von § 19 Abs. 6 VVG kündigen.

Übersicht

https://doi.org/10.1515/9783111396415-014

A. Übersicht

1 § 12 regelt die vorvertraglichen Anzeigepflichten, deren schuldhafte Verletzung zu Sanktionsrechten des Versicherers führen können, je nach Schuldform und Auswirkung auf den Vertrag. Das System der Obliegenheiten in den AVB folgt dabei dem zeitlichen Verlauf in einem Versicherungsverhältnis. Bei Verletzung der vorvertraglichen Anzeigepflichten kann der Versicherer vom Versicherungsvertrag zurücktreten, leistungsfrei sein, den Vertrag kündigen, wegen arglistiger Täuschung anfechten oder auch berechtigt sein, den Vertrag zu ändern, § 12 II iVm §§ 19–22 VVG. § 13 regelt die Anzeigepflichten des Versicherungsnehmers während der Vertragslaufzeit. Voraussetzung für die Rechte des Versicherers ist immer, dass der Versicherer in Textform nach den gefahrerheblichen Umständen gefragt hat, was auch bis zum Vertragsschluss möglich ist, § 12 I Ziff. 1 Satz 1 und 2, § 19 Abs. 1 VVG. Alle Rechte des Versicherers setzen voraus, dass er den Versicherungsnehmer auf die Folgen seiner Anzeigepflichtverletzung hingewiesen hat und dass er innerhalb eines Monats nach Kenntnis auch sein Recht ausgeübt hat, §§ 19 Abs. 6, 21 Abs. 1 Satz 1 VVG, spätestens nach 10 Jahren, aber nicht für bereits eingetretene Versicherungsfälle, § 21 Abs. 3 VVG. Nach § 117 Abs. 3 VVG gilt in der Pflichtversicherung, dass der Versicherer mindestens im Umfang der Pflichtversicherung gegenüber dem Geschädigten leistungspflichtig bleiben kann trotz Leistungsfreiheit im Innenverhältnis zum Versicherungsnehmer. I regelt die Rechtsfolgen von Anzeigepflichtverletzungen und das Kündigungsrecht des Versicherungsnehmers bei Vertragsänderungen, die eine Gefahrerhöhung darstellen. Ziff. 1 nennt die Rechte des Versicherers, wenn der Versicherungsnehmer seine Anzeigepflicht verletzt hat und Ziff. 2 das Kündigungsrecht des Versicherungsnehmers bei Vertragsänderungen.

2 Die Regelungen in §§ 12 und 13 stimmen mit den Regelungen in §§ 19 ff VVG überein. Grundsätzlich wäre es möglich § 12 zu streichen, weil die vorvertraglichen Anzeigepflichten und die Rechtsfolgen nach § 12 als Teil der AVB-RS erst nach Vertragsschluss Rechtswirkungen erzeugen. Zu beachten ist aber, dass die Informationen und Erklärungen für den Versicherer entscheidend sind, um das Risiko einschätzen zu können. Daher ist es notwendig, dass der Versicherer den Makler und den Versicherungsnehmer nochmals ausdrücklich auf die Nennung der Umstände vor Vertragsschluss hinweist. Makler haben auch regelmäßig die Grundbedingungen der Versicherer vorliegen, um auf dieser Grundlage verhandeln zu können und wissen daher um die Anzeigepflichten auch vor Vertragsschluss. Grundsätzlich sind Fragen, die ein Makler dem Versicherungsnehmer vor Vertragsschluss stellt, dem Versicherer nicht zurechenbar. Bei Risikofragen, die der Makler oder Vertreter über eine Online-Plattform stellt, sind sie dem Versicherer zurechenbar, wenn eindeutig und unübersehbar auf die Bedeutung der Risikofragen des Maklers hingewiesen wird.[1]

1 *Jakobi/Riemer* VuR 2022, 247.

B. System der Anzeigepflichten vor und während des Vertrags

§ 12 und § 13 regen die vertraglichen Anzeigepflichten vor und während des Versicherungsvertrags. Die AVB-RS Regelungen bilden weitgehend die Regelungen der §§ 19 ff VVG vor und § 23 ff VVG im laufenden Vertrag nach. Sie konkretisieren die gesetzlichen Vorgaben, von denen der Versicherer nicht zum Nachteil des Versicherungsnehmers abweichen kann, § 32 Satz 1 VVG. 3

Für sämtliche Verletzungen vertraglicher Pflichten und Obliegenheiten des Versicherungsnehmers wie Anzeige von Gefahrumständen, Verbot der Gefahrerhöhung sieht das VVG ein weitgehend einheitliches Regime von Rechtsfolgen vor. Im Ergebnis führt das komplexe System nach den §§ 19 ff VVG iVm § 12 und § 23 ff VVG iVm § 13 dazu, dass der Vertrag regelmäßig bestehen bleibt und der Versicherer den Vertrag nach dem nicht gemeldeten Umstand durch einen Ausschluss oder eine höhere Prämie anpassen kann. Der Versicherer kann sich nur bei Arglist und Vorsatz des Versicherungsnehmers vom Vertrag lösen. Wenn der Versicherungsnehmer grob fahrlässig gehandelt hat, nur dann, wenn die Anzeigepflichtverletzung sich auf Umstände bezogen hat, bei denen der Versicherer den Vertrag überhaupt nicht geschlossen hätte.

Grundsätze dieses Systems, dem die AVB-RS folgen:[2] 4

- Einfach fahrlässig verursachte Verstöße bleiben zwingend folgenlos.
- Vorsätzliche Verstöße führen grundsätzlich zur Leistungsfreiheit. Für vorvertragliche Anzeigepflichten regeln dies §§ 19 Abs. 2, Abs. 3 Satz 1, 21 Abs. 2 Satz 1 VVG, § 12 II Ziff. 1. Bei Vorsatz kann der Versicherer vom Vertrag zurücktreten. Der Versicherer bleibt im Fall eines Rücktrittes nach Eintritt des Versicherungsfalles aber zur Leistung verpflichtet, wenn der fehlende Umstand für den Versicherungsfall oder für den Umfang der Leistungspflicht nicht ursächlich war. Für Anzeigepflichten im laufenden Vertrag regeln dies §§ 26 Abs. 1 Satz 1, Abs. 3 Ziff. 1, § 13 I Ziff. 3. Der Versicherer bleibt zur Leistung verpflichtet, wenn im laufenden Vertrag der fehlende Umstand für den Versicherungsfall oder den Umfang der Leistungspflicht nicht ursächlich war.
- Bei grob fahrlässigen Verstößen des Versicherungsnehmers gegen Obliegenheiten kann der Versicherer seine Leistung entsprechend der Schwere des Verschuldens kürzen.
  Für vorvertragliche Anzeigepflichten gilt das System der §§ 19–22 VVG, § 12 II Ziff. 1. Im Ergebnis führt das komplexe System der Rechtsfolgen dazu, dass der Vertrag regelmäßig bestehen bleibt und der Versicherer den Vertrag nach dem nicht gemeldeten Umstand durch einen Ausschluss oder eine höhere Prämie anpassen kann, außer der Umstand war so erheblich, dass der Versicherer den Vertrag überhaupt nicht geschlossen hätte. Für Anzeigepflichten im laufenden Vertrag regeln dies § 26 Abs. 1 Satz 2, § 13 I Ziff. 3. Im Fall einer grob fahrlässigen Verletzung ist der Versicherer berechtigt, seine Leistung in einem der Schwere des Verschuldens des Versicherungsnehmers entsprechenden Verhältnis zu kürzen.
- Auf die Leistungsfreiheit als Rechtsfolge wird nicht verzichtet; in manchen Fällen ist es aber ausreichend, wenn der Versicherer kündigen oder eine höhere Prämie verlangen kann.
  Für vorvertragliche Anzeigepflichten regeln dies § 19 Abs. 4 VVG, § 12 II Ziff. 1, wenn der Versicherer den Vertrag bei Kenntnis der nicht gemeldeten Umstände, wenngleich mit einem Ausschluss oder einer höheren Prämie, fiktiv trotzdem geschlossen hätte. Für Anzeigepflichten im laufenden Vertrag regeln dies § 25 Abs. 1 Satz 1 VVG, § 13 Abs. 1 Ziff. 3, wenn der Versicherer statt zu kündigen eine höhere Prämie verlangen kann oder den gefahrerheblichen Umstand ausschließt.
- Zur Leistungsfreiheit können grundsätzlich nur solche Verstöße führen, die kausal für den Versicherungsfall oder den Umfang der Leistung des Versicherers sind. Nur betrügerisches Verhalten des Versicherungsnehmers vor und nach dem Versicherungsfall führt immer zur Leistungsfreiheit.
  Für vorvertragliche Anzeigepflichten regeln dies §§ 19 Abs. 4 Satz 1, 21 Abs. 2 VVG, § 12 II Ziff. 1. Der Vertrag bleibt bestehen, wenn der Versicherer fiktiv trotzdem den Vertrag so oder

2 BT-Drucks. 16/3945, 49.

anders geschlossen hätte. Für Anzeigepflichten im laufenden Vertrag regeln dies §§ 26 Abs. 3 Ziff. 1 VVG, § 13 I Ziff. 3. Der Versicherer bleibt zur Leistung verpflichtet, wenn im laufenden Vertrag der nicht gemeldete Umstand nicht ursächlich für den Eintritt des Versicherungsfalles oder den Umfang der Leistungspflicht war. Ausnahme ist hiervon die Arglist, §§ 22, 21 Abs. 2 Satz 2 VVG und § 28 Abs. 3 Satz 2 VVG für die vertraglichen Obliegenheiten.

- Der Versicherungsnehmer soll nicht von der Leistungsfreiheit überrascht werden: Es werden Belehrungspflichten des Versicherers vorgesehen, die den Versicherungsnehmer warnen und ihn zu richtigem Verhalten anhalten sollen.
  Für vorvertragliche Anzeigepflichten regeln dies § 19 Abs. 5 Satz 1 VVG, § 12 II Ziff. 1. Dem Versicherer stehen die Gestaltungsrechte nur zu, wenn er den Versicherungsnehmer durch gesonderte Mitteilung in Textform auf die Folgen einer Anzeigepflichtverletzung hingewiesen hat. Für Anzeigepflichten im laufenden Vertrag regeln dies § 28 Abs. 4, § 13 I Ziff. 3. Die vollständige oder teilweise Leistungsfreiheit des Versicherers hat bei Verletzung einer nach Eintritt des Versicherungsfalles bestehenden Auskunfts- oder Aufklärungsobliegenheit zur Voraussetzung, dass der Versicherer den Versicherungsnehmer durch gesonderte Mitteilung in Textform auf diese Rechtsfolge hingewiesen hat.
- Die Beweislast: Der Versicherer trägt die Beweislast für die Verletzung einer Anzeigepflicht oder einer anderen Obliegenheit durch den Versicherungsnehmer. Er muss die Umstände für seinen Rücktritt nachweisen wie auch die Gefahrerheblichkeit des verschwiegenen oder falsch angegebenen Umstands. Der Versicherungsnehmer hat alle Umstände nachzuweisen, die den Rücktritt verhindern. Er muss darlegen, dass er nicht vorsätzlich und auch nicht grob fahrlässig gehandelt hat wie auch die Kenntnis des Versicherers vom verschwiegenen Umstand.[3]

C. Vorvertragliche Anzeigepflicht des Versicherungsnehmers, I

5 I Ziff. 1 entspricht § 19 Abs. 1 VVG. Die Regelungen normieren die gesetzliche Pflicht des Versicherungsnehmers die Umstände dem Versicherer vor Vertragsschluss mitzuteilen. Der Versicherer kann das Risiko mit den gewonnen Risikoinformationen individuell bewerten und so generell auf die Versichertengemeinschaft übertragen, um das Versicherungsgeschäft langfristig betreiben zu können. Dieser Zweck und die Funktion bestimmen die Auslegung. Grundsätzlich berechnet der Versicherer die Prämie abstrakt auf der Grundlage seiner Schadenerfahrungen, der Statistiken des Gesamtverbands der Deutschen Versicherungswirtschaft, soweit vorliegend, und seiner Verwaltungs- und Vertriebskosten. Die tatsächliche Wirtschaftlichkeit einer Versicherungssparte berechnet sich dann nach der Combined Ratio, die das Verhältnis zwischen Prämieneinnahme und Ausgaben des Versicherers aufgrund Schadenzahlungen und den Verwaltungs- und Vertriebskosten wiedergibt. Wenn das Verhältnis unter 100 % liegt, macht der Versicherer Gewinn. Er hat weniger für Zahlungen/Kosten ausgegeben als er eingenommen hat. Aktuariell ist bei der unbegrenzten Nachhaftung eine Ultimate-Betrachtung erforderlich. Erst nach der Verjährung von 30 Jahren kann man exakt bestimmen, ob eine Versicherungsperiode eines Vertrags auch Gewinn gebracht hat. Zur Prämienberechnung einer Kanzlei anhand der Risikodaten, insbesondere des Kanzleifaktors, siehe § 8 Rn. 22 ff und § 13 Rn. 4 f.

I. Neuvertrag, I Ziff. 1

6 Nach I Ziff. 1, § 19 Abs. 1 VVG besteht eine vorvertragliche Anzeigepflicht, während nach § 13, §§ 23, 26 VVG eine Anzeigepflicht im laufenden bereits geschlossenen Vertrag gilt. Bei einer Anzeigepflichtverletzung vor Vertragsschluss bestehen Gestaltungsrechte wie Anfechtung, Rücktritt,

3 MüKoVVG/*Langheid* § 19 Rn. 177 ff.

Kündigung und ggf. Leistungsfreiheit, während bei einer Anzeigepflichtverletzung nach Vertragsschluss nur Leistungsfreiheit besteht. Ein Neuvertrag ist dann anzunehmen, wenn ein erkennbares und anerkennenswertes Interesse des Versicherers zugrunde liegt, eine neue Gefahrenlage zu übernehmen.[4] Auf jeden Fall besteht die vorvertragliche Anzeigepflicht daher vor Abschluss eines ersten Vertrags. Eine Vertragsänderung oder -anpassung ist anzunehmen, wenn im Einzelfall der bestehende Vertrag unter Wahrung seiner Identität lediglich geändert werden soll.[5] Es kommt insgesamt nicht auf die formalen Umstände an, sondern auf Inhalt und Art der angestrebten Veränderung.[6]

Auf die Berufshaftpflichtversicherung übertragen, kommt ein Neuvertrag in Betracht, wenn 7 sich die gesellschaftliche Organisationsform der Kanzlei ändert. Der Neuvertrag ist anzunehmen, wenn ein echter Gesellschaftswechsel stattfindet und ein neuer Versicherungsnehmer erforderlich ist, beispielsweise, wenn sich die bisherigen Berufsträger entschließen statt einer nicht-haftungsbeschränkten Gesellschaft eine haftungsbeschränkte Gesellschaft zu gründen, da sich der Versicherungsumfang nach der gesetzlichen Vorgabe verändert. Eine Änderung im laufenden Vertrag liegt dagegen vor, wenn die Kanzlei von der Organisationsform einer GbR in eine einfache Partnerschaftsgesellschaft wechselt. Der Versicherungsnehmer und auch die Risikosituation sind gleich. Ebenfalls eine Änderung im laufenden Vertrag und kein Neuvertrag liegt vor, wenn sich die Parameter für die Prämie ändern, z.B. steigt oder verringert sich die Anzahl der Anwälte in einer Kanzlei oder der Umsatz verändert sich. Der Versicherer prüft hier nicht erneut das Risiko, sondern führt es als einkalkulierte Folge des Ursprungsvertrages weiter fort. Es handelt sich um eine Risikoerhöhung und nicht um eine Gefahrerhöhung nach §§ 19 ff VVG. In einem Renewal, wenn die Parteien nach der üblichen 3-jährigen Vertragslaufzeit den Vertrag verhandeln und dann fortsetzen wollen, ist nach dem vermuteten Parteiwillen von einer Vertragsverlängerung auszugehen, weil die Parteien zwar die Versicherungssumme und die Bedingungen verändern mit nachfolgender Neukalkulation der Prämie, aber die Organisationsform und der Versicherungsnehmer gleichbleiben. Nach I Ziff. 1 Satz 1 hat der Versicherungsnehmer bis zur Abgabe seiner Vertragserklärung dem Versicherer alle ihm bekannten Gefahrumstände anzuzeigen, nach denen der Versicherer in Textform gefragt hat und die für den Entschluss des Versicherers erheblich sind, den Vertrag mit dem vereinbarten Inhalt zu schließen wie z.B. § 13 I Ziff. 2. Was der Versicherungsnehmer melden muss und was für den Versicherer erforderlich ist, ergibt sich aus der Regelung in I Ziff. 2, siehe § 12 Rn. 11 ff. Der Versicherer muss hier mindestens in Textform gefragt haben, § 126b BGB. Die Frage muss lesbar und dauerhaft und der Versicherer muss erkennbar sein.

II. Anzeigeverpflichteter

Der Versicherungsnehmer ist verpflichtet, die Informationen zur Anzeige zu bringen. Das Verhal- 8 ten Dritter als Obliegenheitsverletzung rechnet man zu, um eine wesentliche Verschlechterung der Position des Versicherers zu verhindern, siehe ausführlich wer Anzeigeverpflichteter ist und wie man zurechnet, § 6 Rn. 4. Im Ergebnis gilt: Da man die Zurechnung bei Obliegenheiten nach § 278 BGB weitestgehend ablehnt, hat man neben der zivilrechtlichen und gesellschaftsrechtlichen Zurechnung auch eine versicherungsrechtliche Zurechnung entwickelt. Die Berufsträger sind entweder selbst verpflichtet als Versicherungsnehmer, versicherte Person oder verantwortlich als Wissenserklärungsvertreter oder auch als Repräsentant des Versicherungsnehmers im Sinne der Vertragsverwaltung, auch wenn grundsätzlich die Regeln der Repräsentantenhaftung in der Berufshaftpflichtversicherung ausgeschlossen sind, siehe zur Repräsentantenhaftung und der Differenzierung zwischen Risiko- und Vertragsverwaltung § 1 Rn. 8 ff. Das überlegene Wissen über einen gefahrerhöhenden Umstand eines einzelnen Anwalts, das aber nicht angezeigt wird, kann

4 BGH NJW VersR 1993, 213; OLG Karlsruhe VersR 1990, 781.
5 OLG Hamm VersR 1979, 413.
6 BGH VersR 1990, 486; OLG Köln VersR 2002, 1225.

zu den Rechtsfolgen nach § 12, §§ 19 ff VVG führen. Nicht hierunter fällt grundsätzlich das Büropersonal, dessen Wissen unschädlich ist, weil es nur Bote ist.

9 Der Versicherungsnehmer erteilt einem Makler üblicherweise eine Vollmacht, §§ 164 ff BGB. Danach bestimmen sich die Rechte und Pflichten gegenüber dem Versicherer und inwieweit der Versicherungsnehmer sich eine Obliegenheitsverletzung zuzurechnen hat. Nach § 20 VVG ist sowohl die Kenntnis des Vertretenen als auch die des Vertreters entscheidend. Der Makler als Sachwalter des Versicherungsnehmers haftet wiederum gegenüber dem Versicherungsnehmer, wenn er seine individuellen Beratungspflichten verletzt.[7]

III. Zeitpunkt bis zur Abgabe der Vertragserklärung oder auf Nachfrage, I Ziff. 1 Satz 2

10 Der Versicherungsnehmer hat seine Aufklärung zu den gefahrerheblichen Umständen bis zur Abgabe der Vertragserklärung zu erfüllen, I Ziff. 1 Satz 1, was regelmäßig der Antrag des Versicherungsnehmers ist. Beim invitatio-Modell sind dies die Erklärungen des Versicherungsnehmers zu den Risikofragen und nicht seine spätere finale Annahmeerklärung.[8] Die Anzeigepflicht besteht aber dann wieder, wenn der Versicherer nochmals in Textform Fragen zu gefahrerheblichen Umständen stellt, I Ziff. 1 Satz 2, § 19 Abs. 1 Satz 2 VVG.

IV. Anzeigepflicht für gefahrerhebliche Umstände, I Ziff. 2 und Ziff. 1 Satz 1

1. Gefahrerhebliche Umstände

11 Nach I Ziff. 2 sind die Umstände dann für den Versicherer vor Vertragsschluss gefahrerheblich, wenn der Versicherer den Vertrag nicht – Alt. 1 – oder nicht so – Alt. 2 – geschlossen hätte. Die Rechte des Versicherers setzen aber voraus, dass der Versicherer nach den gefahrerheblichen Umständen in Textform gefragt hat, § 126b BGB. Diese Anzeigepflicht nach Aufforderung entspricht derjenigen im laufenden Vertrag nach § 13 I Ziff. 2, wenn der Versicherer ausdrücklich über die Änderungen informiert werden will. Auch hier hat der Versicherungsnehmer das anzugeben, wonach der Versicherer gefragt hat. Es gibt jedoch im laufenden Vertrag eine selbständige Anzeigepflicht nach § 12 I Ziff. 1 gerade für diese Gefahrumstände, die die vorvertraglichen Anzeigepflichten iSd § 12 I Ziff. 2 betreffen. Folge davon ist, dass die Definition der gefahrerheblichen Umstände deshalb nicht für den vorvertraglichen Bereich entscheidend wird, sondern für den laufenden Vertrag, weil der Versicherer in diesem Fall nicht nachfragen muss, siehe hierzu § 13 Rn. 2 ff. Für die vorvertraglichen Anzeigepflichten verlagert sich daher die Pflicht des Versicherungsnehmers. Er hat nicht unaufgefordert zu informieren, sondern hat nur die gestellten Fragen umfassend und wahrheitsgemäß zu beantworten. Der Versicherer hat konkret und unmissverständlich zu fragen, insbesondere die Frage nach den Vorschäden, siehe hier § 12 Rn. 23 ff. Zu beachten ist, dass es trotzdem im vorvertraglichen Bereich eine selbständige „spontane" Anzeigepflicht bei atypischen Fällen nach Treu und Glauben geben kann, siehe hier § 12 Rn. 15 f.

12 Das VVG oder die AVB-RS können die gefahrerheblichen Umstände nicht konkret definieren, weil jede Änderung der Sach- und Rechtslage in Bezug auf das Risiko gefahrerhöhend sein kann. Auf der anderen Seite ist nicht jede Änderung für das übernommene Risiko relevant. Die Regelungen zur Gefahrerhöhung und den Folgen bei einer Nicht-Anzeige sind daher eine spezielle versicherungsrechtliche Ausprägung der Störung der Geschäftsgrundlage.[9] Man muss dazu die Interessen des Versicherungsnehmers am Fortbestand des Vertrages und die Interessen des Versicherers,

---

7 Sachwalter-Urteil des BGH NJW 1985, 2595.

8 Beckmann/Matusche-Beckmann/*Knappmann* § 14 Rn. 47.

9 BGH VersR 1963, 429, 430; *Reusch* VersR 2011, 13, 14.

dass Prämie und Risiko in einem vernünftigen Verhältnis stehen, beurteilen. Eine Gefahrerhöhung im Gegensatz zu einer Risikoerhöhung liegt dann vor, wenn ein Vorgang einen neuen Zustand erhöhter Gefahr schafft. Der Zustand muss eine gewisse Dauer haben, so dass er die Grundlage eines neuen natürlichen Gefahrenverlaufs bilden kann und damit den Eintritt des Versicherungsfalls generell zu fördern geeignet ist.[10] Es bedeutet, dass der Zustand dazu führt, dass ein Versicherungsfall wahrscheinlicher und die Höhe des Schadens größer wird oder dass der Versicherer vermehrt Ansprüche abwehren muss. Für die Vermögensschadenhaftpflichtversicherung machen Lit. und Rspr. keine besonderen Ausführungen. Maßgeblich sollte sein, ob der Versicherer die Versicherung aufgehoben oder nur gegen erhöhte Prämie fortgesetzt hätte, was einer sachgemäßen vernünftigen Versicherungstechnik entspricht.[11] Umstände, den Vertrag überhaupt nicht zu schließen, kann man nur annehmen, wenn der Versicherungsnehmer sein Risiko völlig falsch dargestellt hat. Vorstellbar ist dies nur dann, wenn der vorige Versicherer dem Versicherungsnehmer aufgrund von Vorschäden gekündigt hat und er diesen Umstand völlig verschwiegen hat und auch die Vorschäden nicht wahrheitsgemäß angegeben hat. Dies dürfte dann aber auch eine arglistige Täuschung sein, die zur Anfechtung berechtigt.

2. Gefahrfragen des Versicherers

Die Anzeigepflicht des Versicherungsnehmers für die gefahrerheblichen Umstände besteht nur auf Nachfrage. Der Versicherer muss hierzu in verständlicher Form fragen. Was der Versicherer nicht fragt, kann der Versicherungsnehmer auch nicht beantworten. Nicht eindeutig ist, inwieweit pauschale Generalfragen eine Obliegenheitsverletzung nach sich ziehen können.[12] Der Versicherer sollte hier eher konkretisiert nachfragen, da er das Risiko einschätzen muss und nicht der Versicherungsnehmer. Üblicherweise stellt der Versicherer bei der Berufshaftpflichtversicherung konkrete Fragen: Versicherte Tätigkeit, wer soll Versicherungsnehmer sein, die Versicherungssumme, die Vorschäden, ggf. auch Reservierungen hierfür, Besonderheiten auch im Vorvertrag, die Einfluss auf den Schadenaufwand haben, wie z.B. Selbstbeteiligung, besondere Einschlüsse, bisheriger versicherter Zeitraum und ähnliche risikorelevante Faktoren, siehe zur Prämienkalkulation § 8 Rn. 22 ff und § 13 Rn. 4 f. 13

Voraussetzung einer Obliegenheitsverletzung ist, dass der Versicherungsnehmer von dem Gefahrenumstand weiß und ihn kennt. Kennenmüssen, auch grob fahrlässige Unkenntnis, ist nicht ausreichend.[13] Bei der Berufshaftpflichtversicherung sind die Obliegenheitsverletzungen im Gegensatz zur Kranken- oder Berufsunfähigkeitsversicherung weniger relevant. Der Versicherungsnehmer hat jedoch die Pflicht, alles Nötige zu tun, um auch die Risikofrage beantworten zu können. Der Kanzleimanager oder Anwälte, die die Kanzleiversicherung betreuen, haben in der Kanzlei nachzuhalten, ob nicht noch weitere Großschäden oder Frequenzschäden gemeldet wurden oder gemeldet werden müssen, da danach gerade der Versicherer das individuelle Risiko einschätzt. Weil es ausschließlich Sache des Versicherers ist, Inhalt und Umfang von Aufklärungsobliegenheiten festzulegen, kann er auch nach Umständen fragen, deren Beantwortung unter Umständen zu seiner Leistungsfreiheit führen kann. Dazu zählt auch eine Frage nach den Vermögensverhältnissen des Versicherungsnehmers.[14] 14

10 Z.B. BGH VersR 2012, 1300, 1301.
11 BGH NJW 1981, 926, 927.
12 Beckmann/Matusche-Beckmann/*Knappmann* § 14 Rn. 28.
13 BGH VersR 1994, 799; KG VersR 2007, 53.
14 BGH VersR 2016, 793.

3. Spontane Anzeigepflicht

15 Eine spontane Anzeigepflicht des Versicherungsnehmers im vorvertraglichen Bereich auch gefahrerhebliche Umstände anzuzeigen, wenn der Versicherer nicht nachgefragt hat, gibt es grundsätzlich nicht. Der Wortlaut und der Schutzzweck des I Ziff. 1, § 19 Abs. 1 VVG den Versicherungsnehmer zu schützen, sind eindeutig. Der Gesetzgeber hat bewusst die alte Regelung des § 16 VVG aF mit der spontanen Anzeigepflicht nicht für das VVG übernommen. Im laufenden Vertrag hingegen muss der Versicherer nicht nachfragen. Die Definition der gefahrerheblichen Umstände ist daher entscheidend für den laufenden Vertrag, weil der Versicherer nicht nachfragen muss, siehe hierzu § 13 Rn. 2 ff. Allerdings sind atypische Fälle im vorvertraglichen Bereich im Rahmen von Treu und Glauben §§ 311 Abs. 2, 241 Abs. 2 BGB zu beachten. Eine spontane Anzeigepflicht besteht nur bei Umständen, die zwar offensichtlich gefahrerheblich, aber so ungewöhnlich sind, dass eine auf sie abzielende Frage nicht erwartet werden kann.[15] Es kann aber auf der anderen Seite dem Versicherungsnehmer nicht als Verstoß gegen Treu und Glauben angelastet werden, wenn er den Fragenkatalog des Versicherers als abschließend ansieht und keine weitergehenden Überlegungen dazu anstellt, welche Umstände für den Versicherer darüber hinaus von Interesse sein könnten. Nach der gesetzlichen Wertung obliegt zunächst dem Versicherer die Mitteilung der Umstände, die er für gefahrerheblich ansieht.

16 Für die Berufshaftpflichtversicherung könnte eine spontane Anzeigepflicht allenfalls in Betracht kommen, wenn dem Versicherungsnehmer schon mehrmals wegen eines Schadenfalls bei verschiedenen Versicherern gekündigt wurde und er einer erneuten Kündigung zuvorkommen möchte, weil ein Schadenfall droht, den er weder dem derzeitigen noch potentiellen Versicherer anzeigen will. Dies ist dann auch eher ein arglistiges Verhalten. Es verbleibt dabei, dass der Versicherer präzise und genau fragen muss, um sich auf die Verletzung einer Anzeigeobliegenheit berufen zu können.

4. Informationen des Versicherers vom Vorversicherer und Makler, Kartellrecht

17 **a) Vorversicherer.** Anfragen beim Vorversicherer dienen dazu, unabhängig vom Versicherungsnehmer und Makler Informationen zum Risiko zu erhalten oder auch deren Angaben zu überprüfen. Der Versicherer hat die Datenschutzgesetze und das Kartellrecht iSd § 1 GWBG, Art. 101 Abs. 1 AEUV zu beachten. Allgemein zum Kartellrecht bei offenen Bietergemeinschaften und in der Mitversicherung, siehe § 1 Rn. 71 ff.

18 **aa) Fragen nach dem Risiko.** Regelmäßig können die Versicherer auch personenbezogene Daten nach § 4 Abs. 2 Satz 2 Nr. 2 BDSG erheben, um die Angaben zu verifizieren oder spezifische Erfahrungen des Vorversicherers zu sammeln. Dies kann im Interesse des Versicherungsnehmers liegen, wenn Umstände eines Schadenfalls zugunsten des Versicherungsinteressenten sprechen. Bei personenbezogenen Daten kann der Versicherer aber tatsächlich nur das verifizieren, worüber er zuvor gefragt hat und es sich auch tatsächlich um gefahrerhebliche Umstände handelt. Sinnvoll ist immer das Einverständnis des Versicherungsnehmers einzuholen.

19 Unbedenklich sind Marktinformationssysteme und Projekte zum Benchmarking, um Leistungen in der Versicherungswirtschaft zu vergleichen und Verbesserunen einzuleiten. Diese Verfahren, wie sie der GDV insbesondere bei der Allgemeinen Haftpflicht zur Verfügung stellt, dienen dem Wettbewerb unter den Versicherern und verhindern ihn nicht. Auch wettbewerbsrelevante

---

15 OLG Celle LS 2 VersR 2017, 211 zum Abschluss einer Pflegeversicherung bei einer Vorerkrankung; *Schäfers* VersR 2017, 989.

Daten können gesammelt und zugänglich gemacht werden, wenn die Daten anonymisiert sind und man keinen Rückschluss auf Einzelgeschäfte oder ein Versicherungsunternehmen ziehen kann.[16]

Ohne Daten aus den Informationssystemen ist eine konkrete Vorversichereranfrage unbedenklich, wenn dadurch der Wettbewerb zwischen den Versicherern nicht verhindert wird.[17] Dies liegt auf jeden Fall vor, wenn die Versicherer die reinen Risikodaten zum Vertrag austauschen, wie z.B. Versicherungsnehmer, versicherte Personen und die Versicherungssumme, weil hier der anfragende Versicherer sich nicht nach dem Vorversicherer richten kann. Dies gilt auch, wenn die Anfrage direkt gegenüber dem Vorversicherer erfolgt und nicht über den Makler oder Versicherungsnehmer. Wettbewerbsrelevant können aber Daten sein, die normalerweise ein Geschäftsgeheimnis sind, wie z.B. die Prämie, die Renta oder auch ein zukünftiges Verhalten, wie z.B. eine Sanierung nach einem größeren Schadenfall oder auch die Maklercourtage. Diese Informationen beeinträchtigen den Wettbewerb, weil sie den Grad der Ungewissheit über das fragliche Marktgeschehen verringern oder beseitigen.[18] Selbstverständlich ist der Vorversicherer nicht verpflichtet, die Fragen zu beantworten, weil es um seine Geschäftsbeziehung geht. 20

Für Einzelpunkte gibt es keine gesicherte Rspr., aber man kann sich zumindest eine Richtlinie nach Sinn und Zweck bilden. Folgende Fragen sollten nicht gegen das Kartellrecht verstoßen:[19] 21

- Versicherungssumme
- Selbstbehalt
- Vorschäden/Rückstellungen, siehe hier gesondert unten § 12 Rn. 23
- Schadenstückzahl
- vertragliche Haftungsbegrenzungen des Versicherungsnehmers nach § 52 BRAO, die die Schadensumme begrenzen können
- Ein- und Ausschlüsse
- Kooperationsbereitschaft bei Schadenermittlung
- Versicherungszeitraum und Hinweise auf Umstände, die zur Beurteilung des Risikos erforderlich sind und die aus dem bisherigen Schadenverlauf und dem Schadenaufwand nicht ersichtlich sind, z.B. wenn die reine Anwaltsgesellschaft Steuerberater und Wirtschaftsprüfer mitaufnimmt

Folgende Punkte können gegen das Kartellrecht verstoßen: 22

- Prämien in der Vergangenheit oder in der Zukunft
- Vertragsbedingungen, außer sie haben Einfluss auf den Schadenaufwand
- Sanierungsabsichten, um eine höhere Prämie wg. einem Schadenfall durchzusetzen. Praktisch erschließen sich dies die Versicherer aber regelmäßig aus den Zahlungen, was zulässigerweise abgefragt wird.

bb) Fragen nach Vorschäden. Für die Frage nach den Vorschäden ist begrifflich zwischen Verstoßjahresschäden, Meldejahresschäden zu unterscheiden und den sich daraus ergebenden Berechnung zur Rentabilität eines Vertrags. 23

Bei Schäden nach Verstoßjahren handelt es sich um die Schäden, die sich in dem Verstoßjahr ereignet haben. Meldejahresschäden sind die Schäden, die der Anwalt in dem jeweiligen Jahr meldet, also nicht wann er einen Verstoß begangen hat. Schäden nach Verstoßjahren berechnen die Aktuare, um die Schadenendlast, das Ultimate, berechnen zu können, meist für eine Kundengruppe. In der finalen Betrachtung ist ersichtlich, was dem Versicherer als Gewinn/Verlust tatsächlich übrigbleibt. Schäden nach Meldejahren berechnen üblicherweise die Schadenabteilungen. Der Anwalt meldet den Schaden. Für das Meldejahr und nicht das Verstoßjahr, wird der Schaden in

16 BKartA Fallbericht „Standard für kartellrechtskonforme Gestaltung von Marktinformationssystemen im Bereich der Beschaffung von Rohmilch", v. 12.5.2011 – B2–118/10 S. 4 f und BKartA, TB 1976, BT-Drucks. 8/704, 11 f.

17 EuGH BeckRS 2006, 70910.

18 EuGH v. 4.6.2009 – Rs. C-8/08, Slg. 2009, I-4529 in WuW/E EU-R 1589 Rn. 32.

19 Bürkle/*Stancke* Compliance in Versicherungsunternehmen § 13 Rn. 93 ff.

der Höhe nach Reserve und dann auch tatsächlicher Zahlung angelegt. Beispiel hierzu, der Anwalt versäumt eine Frist im Jahr 2018, meldet den Schadenfall 2020 und die Zahlung fließt im Jahr 2022. Die Aktuare berechnen für das Jahr 2018 wie viel der Versicherer anhand der Schäden und der Prämie voraussichtlich verdient/verloren hat. Die Schadenabteilung legt den Schadenfall mit Reserve und den tatsächlich geleisteten Schäden für das Jahr 2018 als Meldejahresschaden an. Die Zahlung im Jahr 2022 wird auf das Meldejahr 2018 gebucht und ist damit Teil des Meldejahresschadens.

24 Die tatsächlich geleisteten Zahlungen bezeichnet man als Zahlungsaufwand. Die Zahlungen mit den Reserven bezeichnet man als Schadenaufwand. Aus den Zahlungen und den Reserven lässt sich die Rentabilität, die sog. Renta, eines Vertrags als Quotient berechnen, die man als Prozentzahl angibt. Dabei ist die Zahlungsquote das Verhältnis zwischen tatsächlichen Zahlungen und Prämie und die Schadenquote das Verhältnis zwischen Zahlungen + Reserven und der Prämie, beispielsweise ist bei einer Zahlung von 400 EUR, einer Reserve von 200 EUR bei einer Prämie von 1.000 EUR die Zahlungsquote 40 % und die Schadenquote 60 %. Um den Wettbewerb nicht zu verhindern, darf der anfragende Versicherer aus den Schäden nicht auf die Prämie schließen dürfen. Daher kann der anfragende Versicherer die Anzahl der Schäden und die tatsächlich geleisteten Zahlungen, den Zahlungsaufwand, abfragen. Nicht abfragen darf der Versicherer aber die Rentadaten. Mit der Zahlungsquote oder der Schadenquote kann der Versicherer auf die Prämie zurückrechnen. Üblich ist, dass die Meldejahresschäden für einen 5-Jahres-Zeitraum aufgrund des long-tail-Risikos abgefragt werden, allerdings können die Versicherer bei Nachfragen auch das Verstoßdatum erfragen, um zwischen Frequenzschäden und einmaligen Schäden unterscheiden zu können.

25 **b) Versicherungsnehmer/Makler.** Zu beachten ist, dass die Vorversichererfrage nur dann gegen das Kartellrecht zu Lasten des Versicherungsnehmers verstößt, wenn damit der Wettbewerb zwischen den Versicherern verhindert wird. Das ist dann nicht der Fall, wenn der Versicherer sich die Informationen von Dritten beschafft, die nicht im Lager des anderen Versicherers stehen. Es handelt sich nicht um einen wettbewerbsverhindernden Austausch von Informationen zwischen zwei Konkurrenten. Der Versicherer darf direkt den Versicherungsnehmer nach den Punkten fragen, die ihm kartellrechtlich als direkte Frage beim Vorversicherer verboten sind. Zulässig ist deshalb auch, wenn er nach spezifischen Punkten wie Prämie, Zahlungs- und Schadenquoten frägt. Der Versicherer kann auch dem Makler diese an sich gegenüber einem Vorversicherer unzulässigen Fragen stellen, weil auch der Makler als Sachwalter des Versicherungsnehmers in dessen Lager steht.[20] Ein kartellrechtlich unzulässiger Informationsaustausch zwischen den Versicherern darf aber nicht durch einen entsprechenden Informationsaustausch über Dritte, hier den Maklern, erfolgen. Um dies zu verhindern, sollte der Versicherer dokumentieren, welche konkreten wettbewerbsrelevanten Daten er unter welchen Umständen vom Makler/Versicherungsnehmer und anderen Dritten erhalten hat.[21]

26 Bei größeren Kanzleien ist es üblich, dass der Makler ein Exposé als Aufstellung über die Risikodaten der Kanzlei erstellt. Er erstellt die Übersicht auf der Grundlage seiner Risikoinformationen und gibt die Bedingungen und regelmäßig eine Zielprämie vor. Die angefragten Versicherer sollen ein Angebot nach diesen Vorgaben abgeben, um den möglichen Zuschlag zu erhalten. Wenn dem Versicherer noch Informationen fehlen oder die Aufstellung nicht konkret ist, wird er nachfragen. Bei dieser Art des Vertragsschlusses hat der Versicherer keine umfassenden Gefahrfragen gestellt und auch nicht über die Folgen einer Anzeigepflichtverletzung nach II Ziff. 1, § 19 Abs. 5 VVG belehrt. Der Versicherer kann sich nur dann auf seine Rechte nach § 12, § 19 VVG berufen, wenn er sich die Fragen des Maklers erkennbar für den Versicherungsnehmer zu eigen gemacht

---

20 MüKoVVG/*Dreher*/*Hoffmann* 160. Versicherungskartellrecht Rn. 61.

21 *Dreher*/Hoffmann/Kling § 7 Rn. 68. Praktisch machen dies die Versicherer aber nicht.

hat.[22] Nicht ausreichend ist, dass die Fragen des Maklers an sich branchenüblich sind.[23] Es muss für den Versicherungsnehmer bei der Antragsaufnahme ersichtlich sein, dass es sich um Fragen des Versicherers handelt.[24] Dagegen kann es wieder ausreichend sein, wenn sie den üblichen Fragen des Versicherers entsprechen und inhaltlich auf ihn zurückgehen, selbst wenn der Versicherungsnehmer dies nicht erkennt.[25] Bei Fragen über eine Plattform eines Maklers gilt ebenfalls, dass Fragen, die ein Makler dem Versicherungsnehmer vor Vertragsschluss stellt, dem Versicherer nicht zurechenbar sind, auch ein „Fragezeichen" als Info-Icon auf der Website reicht für eine solche Zurechnung nicht aus. Nur bei eindeutigen, unübersehbaren Hinweisen auf die Bedeutung der Risikofragen des Maklers benötigt der Versicherer keine weiteren, eigenen zu stellen, sondern stellt diese bereits über die Plattform.[26] Bei der Berufshaftpflichtversicherung sind die Anzahl der in der Kanzlei tätigen Anwälte, Steuerberater, Wirtschaftsprüfer als sog. Kanzleifaktor, siehe dazu § 8 Rn. 22 ff, und die Vorschäden elementar, um die Prämie kalkulieren und ein Angebot abgeben zu können. Diese Grundinformationen und -fragen des Maklers sind daher als Fragen des Versicherers nach § 12, § 19 Abs. 1 zu verstehen.[27]

D. Zurechnung des Vertreterwissens, I Ziff. 3

Nach I Ziff. 3 rechnet man das Wissen des Vertreters dem Versicherungsnehmer zu. Die Versicherer haben die halbzwingende Vorschrift regelmäßig nicht abbedungen, §§ 20, 32 Abs. 1 VVG. Wenn der Versicherungsnehmer einen Dritten einschaltet, darf es nicht zulasten und auch nicht zugunsten des Versicherers gehen. Sowohl Kenntnis als auch Arglist des Versicherungsnehmers wie auch des Vertreters sind maßgeblich. Der qualifizierte Schuldvorwurf des Vertreters und des Versicherungsnehmers bei der Verletzung der Anzeigepflicht nach § 20 Satz 2 VVG ist nicht in I Ziff. 3 ausdrücklich genannt, ergibt sich aber aus dem Verweis des II Ziff. 1 auf §§ 19–22 VVG. Der Versicherungsnehmer kann die Rechtsfolgen der §§ 19 ff VVG nur dann vermeiden, wenn weder er selbst noch der Vertreter vorsätzlich oder grob fahrlässig gehandelt haben. I Ziff. 3 iVm § 20 VVG gelten nicht, wenn der Versicherer den Vertrag anfechtet wegen arglistiger Täuschung. Hier gelten aufgrund der Sondervorschrift des § 22 VVG die allgemeinen zivilrechtlichen Zurechnungsgrundsätze nach § 166 BGB, § 123 Abs. 2 BGB. 27

Vertreter ist sowohl der rechtsgeschäftliche als auch der gesetzliche Vertreter. I Ziff. 3, § 20 VVG umfasst die gesetzlichen Vertreter, z.B. Insolvenzverwalter, Testamentsvollstrecker, Betreuer, die einen Versicherungsvertrag abschließen oder ihn auch kündigen. Makler sind die rechtsgeschäftlichen Vertreter des Versicherungsnehmers, wenn der Versicherungsnehmer sie bevollmächtigt hat. Die Maklervollmacht regelt das Außenverhältnis zu Dritten, insbesondere zum Versicherer. Im Innenverhältnis handeln die Makler im Rahmen des Maklerauftrags ihres Auftraggebers. Die Vollmacht umfasst grundsätzlich, die Versicherungsangelegenheiten des Auftraggebers zu betreuen und den erforderlichen Versicherungsschutz zu beschaffen. Dabei kann die Vollmacht auf einzelne Versicherungssparten und Teilbereiche beschränkt sein. Üblich umfasst die Vollmacht: die Vertretung des Auftraggebers gegenüber dem Versicherer mit allen dazugehörigen Willenserklärungen und Anzeigen, die Änderung bestehender und der Abschluss neuer Verträge, Geltendmachung von Leistungen, Mitwirkung bei Schadenfällen und Entgegennahme von Schadensersatzleistungen für den Auftraggeber und Weitergabe von Zahlungen des Auftraggebers an den Versicherer. Meist haben die Makler eine Inkassovollmacht mit der Folge, dass die Prämienzahlun- 28

22 Beckmann/Matusche-Beckmann/*Knappmann* § 14 Rn. 23.
23 OLG Hamm VersR 2011, 469.
24 LG Dortmund r+s 2012, 426.
25 *Neuhaus* r+s 2014, 432; *Langheid* NJW 2011, 3265.
26 *Jakobi/Riemer* VuR 2022, 247.
27 OLG Köln VersR 2013, 745; VersR 2015, 477; KG VersR 2014, 1315: Bei Gesundheitsfragen in einem vom Makler erstellten Antragsformular für eine Krankenversicherung handelt es sich um Fragen des Versicherers.

gen an den Makler als Erfüllungsleistung gegenüber dem Versicherer gelten. Die Vollmacht erlischt mit Ende des Maklerauftrags.

29 Der Versicherungsnehmer muss sich die Kenntnis und Arglist seines vertretungsberechtigten Maklers zurechnen lassen, I Ziff. 3, § 20 VVG. Fehlerhafte oder unvollständige Angaben im Antrag können den Versicherer berechtigen, vom Versicherungsvertrag gem. § 19 Abs. 2 VVG zurückzutreten oder den Vertrag gem. § 22 VVG, § 123 BGB wegen arglistiger Täuschung anzufechten. Der Versicherungsnehmer muss sich eine durch den von ihm in die Schadensregulierung eingeschalteten Makler begangene arglistige Verletzung einer vertraglich vereinbarten Auskunftsobliegenheit zurechnen lassen mit der Folge, dass der Versicherer leistungsfrei wird.[28] Der Versicherungsnehmer kann sich gegenüber dem Versicherer nicht damit verteidigen, dass eine fehlerhafte Angabe aufgrund einer entsprechenden Beratung seines Maklers erfolgte.[29] Bei Kanzleien haben die Makler insbesondere die Aufgabe dem Versicherer die Zu- und Abgänge der Anwälte zu melden, andernfalls kann der Versicherungsschutz gefährdet sein. Wenn der Makler Angaben macht, die der Versicherungsnehmer unterschreibt, handelt es sich um Angaben des Versicherungsnehmers. Falschangaben des Maklers sind dann Falschangaben des Versicherungsnehmers.

30 Wenn der Makler ohne Vollmacht handelt, hängt der Versicherungsvertrag von der Genehmigung des Versicherungsnehmers ab. Die Anzeigepflicht besteht bis zum Zeitpunkt der Genehmigung. Wenn der Versicherungsnehmer einen Dritten einschaltet, der nicht sein Vertreter ist, der aber die Obliegenheiten erfüllen soll oder Erklärungen abgeben kann, handelt der Dritte als Wissenserklärungsvertreter. Seine Kenntnisse rechnet man dem Versicherungsnehmer analog § 166 BGB zu.[30]

E. Rechtsfolgen von Anzeigepflichtverletzungen, II

31 Die Fälle und Folgen von Anzeigepflichtverletzungen sind in der Praxis selten. Zwar handelt es sich um eine personenbezogene Versicherung, aber die Risikofaktoren wie Anzahl der Berufsträger, Umsätze und Vorschäden werden regelmäßig korrekt übermittelt oder auf Nachfrage richtiggestellt. Zur Vollständigkeit werden hier trotzdem das System der Voraussetzungen und Rechtsfolgen einer vorvertraglichen Anzeigepflichtverletzung nach AVB-RS und dem VVG dargestellt. II regelt die Rechtsfolgen von Anzeigepflichtverletzungen und das Kündigungsrecht des Versicherungsnehmers bei Vertragsänderungen. Ziff. 1 nennt die Rechte des Versicherers, wenn der Versicherungsnehmer seine Anzeigepflicht verletzt hat. Im Ergebnis führt das System der Rechtsfolgen nach §§ 19–22 VVG mit dem Verweis in § 12 II Ziff. 1 dazu, dass der Vertrag regelmäßig bestehen bleibt und der Versicherer den Vertrag nach dem nicht gemeldeten Umstand durch einen Ausschluss oder eine höhere Prämie anpassen kann. Der Versicherer kann sich auf jeden Fall nur bei Arglist und Vorsatz des Versicherungsnehmers vom Vertrag lösen. Wenn der Versicherungsnehmer grob fahrlässig gehandelt hat, gilt dies nur dann, wenn die Anzeigepflichtverletzung sich auf Umstände bezogen hat, bei denen der Versicherer im Rahmen eines Kausalitätsgegenbeweises den Vertrag überhaupt nicht geschlossen hätte.

---

28 OLG Frankfurt a.M. r+s 2023, 360.

29 Veith/Gräfe/Gebert/*Harder* § 20 Rn. 178.

30 BGH VersR 1993, 960.

I. Gestaltungs- und Leistungsverweigerungsrechte des Versicherers, §§ 19–22 VVG, II Ziff. 1

1. Allgemeine Voraussetzungen nach dem VVG

Dem Versicherer stehen sämtliche Gestaltungsrechte nur zu, wenn er den Versicherungsnehmer durch gesonderte Mitteilung in Textform nach § 126b BGB auf die Folgen einer Anzeigepflichtverletzung hingewiesen hat, § 19 Abs. 5 Satz 1 VVG. Der Versicherer muss nicht ein separates Blatt verwenden, andernfalls verliert der Versicherungsnehmer aufgrund der Vielzahl der Unterlagen den Überblick.[31] Die Anforderungen des § 19 Abs. 5 Satz 1 VVG sind in Fällen, in denen der Versicherer den Versicherungsnehmer nicht in einer von sonstigen Erklärungen getrennten Urkunde auf die Folgen einer Anzeigeobliegenheitsverletzung hingewiesen hat, nur gewahrt, wenn die Belehrung drucktechnisch so gestaltet ist, dass sie sich deutlich vom übrigen Text abhebt und vom Versicherungsnehmer nicht übersehen werden kann.[32] Der Versicherer kann bis zur Annahmeerklärung die Hinweise geben.[33] Die Hinweispflicht bezieht sich auf den Rücktritt, die Kündigung und die Vertragsanpassung, § 19 Abs. 5 iVm Abs. 2 bis 4 VVG. Die Aufzählung ist abschließend. Die Leistungsfreiheit des Versicherers besteht daher auch dann, wenn er nicht darauf gesondert hingewiesen hat, bei der Anfechtung wg. Arglist ist dies sowieso nicht nötig, § 22 VVG.[34] 32

Die Rechte des Versicherers sind ausgeschlossen, wenn er den nicht angezeigten Gefahrumstand oder die Unrichtigkeit der Anzeige kannte, § 19 Abs. 5 Satz 2 VVG. Zeitlich sind die Rechte ausgeschlossen, wenn der Versicherer seine Rechte nicht innerhalb eines Monats schriftlich nach § 126 BGB geltend macht und dabei die Umstände angibt, auf die er seine Erklärung stützt, § 21 Abs. 1 VVG. Die Rechte des Versicherers erlöschen nach Ablauf von fünf Jahren nach Vertragsschluss. Wenn der Versicherungsnehmer die Anzeigepflicht vorsätzlich oder arglistig verletzt, verlängert sich die Frist auf zehn Jahre, § 21 Abs. 3 VVG. Die Fristen gelten nicht für Versicherungsfälle, die vor Ablauf dieser Frist eingetreten sind, um Missbrauchsfällen vorzubeugen. 33

2. Besondere Voraussetzungen nach Verschuldensform und Kausalität

Die Möglichkeiten des Versicherers auf eine vorvertragliche Anzeigepflichtverletzung zu reagieren, hängen vom Grad des Verschuldens des Versicherungsnehmers ab und ob der Versicherer den Vertrag nicht sowieso geschlossen hätte als Kausalitätsgegenbeweis. Dabei kann der Versicherer immer das mildere Gestaltungsrecht wählen, wenn die Voraussetzungen für das folgenschwerere Gestaltungsrecht vorliegen, also z.B. kündigen statt vom Vertrag zurückzutreten oder ihn anzufechten. Das hat aber kaum Praxisbedeutung. 34

a) Arglistige Täuschung; Anfechtung, § 22 VVG. Wenn der Versicherungsnehmer arglistig getäuscht hat, kann der Versicherer den Vertrag anfechten, §§ 123, 124, 142 BGB, § 22 VVG. Andere Anfechtungsgründe sind nicht möglich, da §§ 19 bis 22 VVG die §§ 119 ff BGB ausschließen. Das Verhalten des Maklers wird dem Versicherungsnehmer zugerechnet. Der Versicherungsmakler als Sachwalter des Versicherungsnehmers ist regelmäßig sein Verhandlungsgehilfe und nicht Dritter iSd § 123 Abs. 2 BGB.[35] Wenn der Versicherungsvertreter hingegen falsche Angaben macht, rechnet man sein arglistiges Verhalten nicht dem Versicherungsnehmer zu, wenn der Versicherungsneh- 35

31 BGH VersR 2013, 297.
32 BGH VersR 2018, 281.
33 LG Dortmund NJW-RR 2010, 1260.
34 BGH VersR 2014, 565.
35 BGH VersR 2008, 809, 810; OLG Düsseldorf VersR 2017, 1449.

mer selbst den Vertreter zutreffend informiert hat.[36] Arglistige Täuschung liegt vor, wenn der Versicherungsnehmer bewusst und willentlich auf die Entscheidung des Versicherers einwirkt und dabei erkennt und billigt, dass der Versicherer seinen Antrag bei Kenntnis des wahren Sachverhalts gar nicht oder nur zu anderen Konditionen annehmen werde.[37] Ausreichend ist, dass dem Versicherungsnehmer bewusst ist, dass der Versicherer möglicherweise seinen Antrag nicht oder nur unter erschwerten Bedingungen annimmt, wenn er die Wahrheit sagt.[38] Der Versicherer kann auch dann zur Anfechtung des Versicherungsvertrags wegen arglistiger Täuschung berechtigt sein, wenn der Versicherungsnehmer bei dem Vertragsschluss Umstände verschwiegen hat, nach denen der Versicherer nicht gem. § 19 Abs. 1 S. 1 VVG in Textform gefragt hat.[39]

36 Zur Sachversicherung, aber nicht zur Berufshaftpflichtversicherung gibt es Rspr. Zur zentralen Frage nach Vorschäden kann diese Rspr. in gewissem Maße übertragen werden. Arglist ist anzunehmen, wenn der Versicherungsnehmer die Vorschäden und die Vorschäden verschweigt[40] oder in positiver Kenntnis verneint.[41] Bei der Berufshaftpflichtversicherung dürften alle Vorschäden und Vorversicherungen der einzelnen Anwälte und Steuerberater anzugeben sein, wenn sich mehrere von ihnen zu einer Gesellschaft zusammenschließen.[42] Keine Arglist dürfte vorliegen, wenn ein nicht versicherter Vorschaden vorliegt und der Versicherungsnehmer die Frage missverstanden hat[43] oder die Vorversicherung zwar vorlag, aber schadenfrei war und der Versicherer nicht darlegen kann, ob dies für die Prämie relevant gewesen ist.[44] Ebenfalls keine Arglist liegt vor, wenn nur beiläufig gefragt wird und der Versicherungsnehmer nur einen Schadenfall nicht nennt, der ohne Zahlung geschlossen wurde.[45] Gegen eine Arglist spricht es, wenn Unklarheiten bei der Frage nach Vorschäden bestehen, insbesondere ob Vorschäden auch Reserven des Vorversicherers mitumfassen, selbst wenn der Versicherungsnehmer objektiv unzutreffende Angaben gemacht hat.[46]

37 Rechtsfolge der Anfechtung ist, dass der Versicherungsvertrag von Anfang an nichtig ist, § 142 BGB. Der Versicherungsnehmer gilt als von Anfang an nicht versichert und hat keinen Leistungsanspruch, auch für eingetretene Versicherungsfälle. Leistungen sind im Rahmen der Leistungskondiktion zurückzugewähren, § 812 Abs. 1 Satz 1, 1. Alt. BGB. Der Versicherer kann bereits geleistete Schadenzahlungen vom Versicherungsnehmer zurückverlangen. Der Versicherungsnehmer kann sich nicht auf Entreicherung nach § 818 Abs. 3 BGB berufen, weil der Versicherungsnehmer den fehlenden Rechtsgrund kannte, §§ 819, 818 Abs. 4 BGB, 142 Abs. 2 BGB. Der Versicherer müsste die bereits gezahlten Prämien zurückerstatten. Er behält sie aber gem. § 39 Abs. 1 Satz 2 VVG, damit der Versicherungsnehmer nicht einen Vorteil aus seinem arglistigen Verhalten ziehen kann.

---

36 BGH VersR 2018, 85.

37 BGH VersR 2011, 337; BGH VersR 2008, 809, 810; BGH VersR 2007, 785, 786.

38 Prölss/Martin/*Armbrüster* § 22 Rn. 7; OLG München r+s 2013, 511; OLG Koblenz VersR 2009, 53; OLG Karlsruhe r+s 2009, 120.

39 OLG Celle LS 1 VersR 2017, 211.

40 OLG München BeckRS 2012, 04097.

41 OLG Saarbrücken VersR 2006, 254.

42 OLG Frankfurt VersR 2005, 1429 und LG Oldenburg VersR 2004, 1263 für die Frage zu Vorversicherungen auch des Ehegatten bei einer Hausratversicherung.

43 OLG Hamm VersR 2011, 793.

44 KG VersR 2005, 351.

45 OLG Karlsruhe VersR 1997, 1484.

46 OLG Düsseldorf VersR 2018, 153 zu Unklarheiten bei der Frage nach Vorschäden bei Abschluss einer Betriebshaftpflichtversicherung.

b) Vorsatz, grobe Fahrlässigkeit, Rücktrittsrecht, Vertragsanpassung, § 19 Abs. 2, 3, 4 VVG

aa) Vorsatz, § 19 Abs. 2. Wenn der Versicherungsnehmer vorsätzlich oder arglistig seine Anzeigepflicht verletzt hat, kann der Versicherer uneingeschränkt nach § 19 Abs. 2 VVG vom Vertrag zurücktreten. Vorsatz liegt vor, wenn der Versicherungsnehmer die Fragen nach den ihm bekannten Umständen falsch beantwortet oder er bewusst die Umstände verharmlost. Der Vorsatz liegt nicht vor, wenn ein verschwiegener Umstand nach seiner Auffassung nicht gefahrerheblich war und er die Gefahrerheblichkeit nicht in Kauf genommen hat oder er die Frage missverstanden hat.[47] Wie oben dargestellt, siehe hier § 12 Rn. 32, kann der Versicherer aber nur unter weiteren Voraussetzungen zurücktreten. Erstens, wenn der Hinweis auf die Folgen der Anzeigepflichtverletzung nach § 19 Abs. 5 Satz 1 erfolgt ist, zweitens, wenn der Versicherer keine Kenntnis hatte nach § 19 Abs. 5 Satz 2 VVG und drittens, wenn die Rücktrittserklärung fristgemäß innerhalb eines Monats nach Kenntnis erging nach § 21 Abs. 1 VVG und zuletzt, wenn der Versicherer nicht auf seine Rechte verzichtet hat, konkludent oder ausdrücklich. 38

Rechtsfolge des Rücktritts ist, dass die empfangenen Leistungen zurückzugewähren sind, 39 §§ 346 ff BGB. Wie bei Arglist behält aber der Versicherer die bereits gezahlten Prämien, § 39 Abs. 1 Satz 2 VVG. Es besteht von Anfang an kein Versicherungsschutz für den Versicherungsnehmer, was aber § 21 Abs. 2 Satz 1 VVG wieder einschränkt. Der Versicherer muss bei grob fahrlässigem und auch vorsätzlichem Verhalten des Versicherungsnehmers trotzdem leisten, wenn dem Versicherungsnehmer der Kausalitätsgegenbeweis gelingt. Der Versicherungsnehmer muss nachweisen, dass sich die Verletzung der Anzeigepflicht weder auf den Eintritt oder die Feststellung des Versicherungsfalles noch auf die Feststellung oder den Umfang der Leistungspflicht ausgewirkt hat. Anders, wie oben dargestellt bei § 12 Rn. 35 ff, kann den Kausalitätsgegenbeweis der Versicherungsnehmer bei arglistigem Verhalten aus Gründen der Generalprävention nicht führen. Der Versicherer ist in jedem Fall leistungsfrei.[48]

bb) Grobe Fahrlässigkeit, § 19 Abs. 4. Grobe Fahrlässigkeit ist anzunehmen, wenn sich der 40 Versicherungsnehmer über präzise Fragen hinwegsetzt. Dabei kann man schon gewisse Anforderungen an den Versicherungsnehmer stellen, die Fragen des Versicherers richtig zu beantworten.[49] Der Versicherer kann zurücktreten, wenn der nicht gemeldete Umstand dazu geführt hätte, dass er den Vertrag abgelehnt hätte. Es liegt ein vertragshindernder Umstand vor.

Wenn der Versicherer nur zu anderen Bedingungen, also bei einem vertragsändernden Umstand, den Vertrag geschlossen hätte, kann er nicht zurücktreten, § 19 Abs. 4 Satz 1 VVG. Fiktiv beurteilt man nach der bestehenden Praxis und den üblichen AVBs, ob der Versicherer auch bei Kenntnis der Umstände das Risiko so oder zumindest angepasst unter anderen Bedingungen, übernommen hätte, § 19 Abs. 4 Satz 1 VVG.[50] Andere Bedingungen meint alles zum Vertrag, also Versicherungsbedingungen, Ausschlüsse und gerade auch die Prämienhöhe, Vertragsdauer oder eine andere Versicherungssumme. Der Versicherer muss in diesem Fall schriftlich, § 21 Abs. 1 VVG, verlangen, dass er den Vertrag anpassen will, z.B. kann er die Prämie erhöhen oder einen Risikoausschluss einziehen. Wenn sich die Prämie um mehr als 10 % erhöht oder der Versicherer gerade den nicht angezeigten Umstand ausschließen will, kann der Versicherungsnehmer den Vertrag kündigen, II Ziff. 2, § 19 Abs. 6 VVG. 41

Die geänderten Bedingungen und Prämienforderungen gelten rückwirkend ab dem Vertragsschluss, wenn der Versicherungsnehmer schuldhaft gehandelt hat. Sie gelten rückwirkend ab der laufenden Versicherungsperiode iSd § 12 VVG, wenn der Versicherungsnehmer nicht schuldhaft 42

47 Prölss/Martin/*Armbrüster* § 19 Rn. 122.
48 BT-Drucks. 16/3945, 66.
49 OLG Nürnberg VersR 1980, 36, 37f; LG Heidelberg r+s 1989, 163.
50 *Schirmer* VersR 2008, 1473; OLG Köln VersR 2013, 745, 746.

gehandelt hat, § 19 Abs. 4 Satz 2 VVG. Dies bedeutet im Übrigen, dass auch bei einer schuldlosen oder einfach fahrlässigen Handlung der Versicherer nicht leisten muss für einen Versicherungsfall, wenn dieser unter einen Risikoausschluss fällt, den der Versicherer anpassen will. Ein Risikoausschluss wirkt aber dann für die Zukunft und nicht rückwirkend zu Lasten des Versicherungsnehmers, zumindest bei schuldlosem Handeln.[51]

43 Bei der Berufshaftpflichtversicherung mit normierten Ausschlüssen und Selbstbehalten und einer Versicherung des Berufsbilds sind vertragshindernde Umstände kaum denkbar. Es können allenfalls ungenannte Vorschäden vorliegen, bei denen nach Frequenz und Höhe nicht zu erwarten ist, dass die Renta positiv ausfallen kann. Bei den vertragsändernden Umständen dürfte die falsche Zahl von Berufsträgern oder Umsatz dazu führen, dass nur die Prämie anzupassen ist, aber kein Rücktritt möglich ist.

44 **c) Leichte Fahrlässigkeit, schuldloses Handeln, Kündigung, § 19 Abs. 3 und 4 VVG.** Der Rücktritt ist ausgeschlossen, wenn der Versicherungsnehmer leicht fahrlässig oder auch schuldlos seine Anzeigepflicht verletzt hat, also nicht grob fahrlässig oder vorsätzlich gehandelt hat, wie es § 19 Abs. 3 Satz 1 VVG ausdrückt. Stattdessen kann der Versicherer den Vertrag mit einer Kündigungsfrist von einem Monat für die Zukunft beenden, § 19 Abs. 3 Satz 2 VVG. Der Versicherer kann aber nicht kündigen, wenn nur vertragsändernde Umstände nicht gemeldet wurden und der Versicherer den Vertrag, ggf. angepasst, auch bei Kenntnis der Umstände geschlossen hätte, § 19 Abs. 4 Satz 1 VVG. Es gelten die gleichen Grundsätze wie beim Rücktritt bei vertragsändernden Umständen mit der Folge, dass der Versicherer den Vertrag anpassen kann, rückwirkend ab Vertragsschluss bei leichter Fahrlässigkeit und rückwirkend ab der letzten Versicherungsperiode bei schuldlosem Handeln, siehe dazu hier § 12 Rn. 41 f. Rechtsfolge der Kündigung bei einem vertragshindernden Umstand ist, dass der Vertrag bis zum Kündigungszeitpunkt wirksam ist. Der Versicherer hat die in der Vertragslaufzeit aufgetretenen Versicherungsfälle zu regulieren, der Versicherungsnehmer die Prämien bis zum Kündigungszeitpunkt zu zahlen.

II. Kündigungsrecht des Versicherungsnehmers, § 19 Abs. 6 VVG, II Ziff. 2

45 Nach II Ziff. 2, § 19 Abs. 6 VVG kann der Versicherungsnehmer kündigen, wenn sich die Prämie aufgrund des nicht angezeigten Umstands um mehr als 10 % erhöht oder der Umstand ausgeschlossen bleibt. Der Versicherer hat den Versicherungsnehmer in der Mitteilung auf dieses Recht hinzuweisen. Der Versicherungsnehmer kann den Vertrag innerhalb eines Monats nach Zugang der Mitteilung des Versicherers kündigen. Rechtsfolge ist, dass bis dahin der Versicherungsnehmer versichert bleibt und der Versicherer bis dahin die Prämie erhält.§

51 Prölss/Martin/*Armbrüster* § 19 Rn. 117; Beckmann/Matusche-Beckmann/*Knappmann* § 14 Rn. 112; *Looschelders* VersR 2011, 697, 703.

§ 13 Anzeigepflichten des Versicherungsnehmers während der Vertragslaufzeit

I. Gefahrerhöhung und Risikoerhöhung

1. Selbständige Anzeigepflicht des Versicherungsnehmers
Treten nach Abgabe der Vertragserklärung des Versicherungsnehmers Umstände ein, die für die Übernahme des Versicherungsschutzes Bedeutung haben (§ 12 I Ziffer 2), hat er die Gefahrerhöhung, nachdem er von ihr Kenntnis erlangt hat, dem Versicherer unverzüglich anzuzeigen.

2. Anzeigepflicht nach Aufforderung des Versicherers
[1]Der Versicherungsnehmer ist verpflichtet, nach Erhalt einer Aufforderung des Versicherers, welche auch durch einen der Prämienrechnung beigefügten Hinweis erfolgen kann, Mitteilung darüber zu machen, ob und welche Änderungen in dem versicherten Risiko gegenüber den zum Zwecke der Prämienbemessung gemachten Angaben eingetreten sind, zum Beispiel zuschlagspflichtige Personen, der bei einem anderen Versicherer bestehende Versicherungsschutz für eine höhere Versicherungssumme oder der erstmalige Abschluss eines solchen Versicherungsvertrages, Änderungen einer Nebentätigkeit. [2]Diese Anzeige ist innerhalb eines Monats nach Erhalt der Aufforderung zu machen. [3]Auf Verlangen des Versicherers sind die Angaben durch die Geschäftsbücher oder sonstige Belege nachzuweisen.

3. Leistungsfreiheit infolge unrichtiger Angaben und arglistigen Verschweigens
Unrichtige Angaben zu den Gefahrumständen gemäß Ziffern 1 und 2 oder das arglistige Verschweigen sonstiger Gefahrumstände können den Versicherer unter den Voraussetzungen des § 26 VVG berechtigen, den Versicherungsschutz zu versagen.

II. Änderung von Anschrift und Name

[1]Hat der Versicherungsnehmer eine Änderung seiner Anschrift dem Versicherer nicht mitgeteilt, genügt für eine Willenserklärung, die dem Versicherungsnehmer gegenüber abzugeben ist, die Absendung eines eingeschriebenen Briefs an die letzte dem Versicherer bekannte Anschrift. [2]Die Erklärung gilt drei Tage nach der Absendung des Briefs als zugegangen. [3]Dies gilt entsprechend für den Fall einer Namensänderung des Versicherungsnehmers.

Übersicht

https://doi.org/10.1515/9783111396415-015

A. Gefahrerhöhung und Risikoerhöhung, I

§ 13 regelt in I Ziff. 1 die Gefahrerhöhung und die Anzeigepflichten bei einem laufenden Vertrag und folgt damit § 12. I Ziff. 2 regelt die Risikoerhöhung und die Anzeigepflichten des Versicherungsnehmers. II schützt den Versicherer, wenn der Versicherungsnehmer seine Anschrift nicht angegeben hat.

1 I regelt, wann der Versicherungsnehmer im laufenden Vertrag dem Versicherer Umstände zu melden hat, die für das übernommene Risiko und dann für die Prämie maßgeblich sind. Ziff. 1 regelt die selbständige Anzeigepflicht des Versicherungsnehmers für gefahrerhöhende Umstände und Ziff. 2 die Anzeigepflicht nach Aufforderung für prämienrelevante Umstände als Risikoerhöhung. Wenn der Versicherer nach prämienrelevanten Änderungen Auskunft verlangt, bedeutet dies nicht, dass eine sonstige Gefahrerhöhung nicht mitzuteilen wäre.

I. Selbständige Anzeigepflicht des Versicherungsnehmers, I Ziff. 1

2 Im Gegensatz zu den vorvertraglichen Anzeigepflichten hat der Versicherungsnehmer nicht nur auf Nachfrage des Versicherers die Umstände zu melden, sondern selbständig. I Ziff. 1 verweist dazu auf die Umschreibung der gefahrerheblichen Umstände nach § 12 I Ziff. 2. Was als Gefahrerhöhung und selbständig zu melden ist, kann man nicht allgemeinverbindlich in einer Definition festlegen. Nach der Auslegungshilfe des § 27 VVG ist nicht jede Gefahrerhöhung zu melden. Sie muss objektiv erheblich sein, so dass der Versicherer den Vertrag aufheben oder anpassen würde. Das Äquivalenzprinzip zwischen übernommener Gefahr und Prämienzahlung muss gestört sein. Der Versicherer hat typische Veränderungen hinzunehmen. Maßgeblich sollte sein, ob der Versicherer die Versicherung aufgehoben oder nur gegen erhöhte Prämie fortgesetzt hätte, was einer sachgemäßen vernünftigen Versicherungstechnik entspricht.[1] Siehe hierzu ausführlich zur Bestimmung der gefahrerheblichen Umstände § 12 Rn. 11 ff. Bei der Berufshaftpflichtversicherung kann sich eine Gefahrerhöhung iSd § 23 VVG nur daraus ergeben, dass der Versicherungsnehmer seine Organisationsform ändert, insbesondere von einer nicht-haftungsbeschränkten zu einer haftungsbeschränkten Gesellschaftsform, da sich hier der gesetzlich vorgeschrieben Versicherungsumfang ändert. Wenn es sich nicht um eine Gefahrerhöhung handelt, kommt eine Risikoerhöhung vor. Soweit der Versicherungsnehmer die Risikoerhöhung nicht meldet, gelten die Regelungen zur Verletzung von Obliegenheiten und deren Rechtsfolgen.

II. Anzeigepflicht nach Aufforderung des Versicherers, I Ziff. 2

I Ziff. 2 verpflichtet den Versicherungsnehmer nach Erhalt einer Aufforderung, meist nach der in der Prämienrechnung beiliegenden Mitteilung, darüber zu informieren, ob und welche Änderungen in dem versicherten Risiko gegenüber den zum Zwecke der Prämienbemessung gemachten Angaben eingetreten sind. Es handelt sich um eine Frage zur Risikoerhöhung, regelmäßig liegt keine Gefahrerhöhung iSd §§ 23 ff VVG vor wie in I Ziff. 1. Üblich ist, dass der Versicherer in der Prämienrechnung zwei Hinweise gibt. Der erste Hinweis betrifft die Abbuchung. Wenn sich die Kontodaten für die Einzugsermächtigung geändert haben, soll der Versicherungsnehmer dies mitteilen. Der zweite Hinweis enthält die Anzeige: Der Versicherungsnehmer soll unverzüglich innerhalb der in den AVB-RS genannten Fristen, hier 1 Monat nach § 13 I Ziff. 2 Satz 2, anzeigen, ob und welche Änderungen in dem versicherten Risiko eingetreten sind, z.B. Erhöhung oder Verminderung der Zahl der beschäftigten Personen. In der Vermögensschadenhaftpflichtversicherung versichert der Versicherer die gesamte berufliche Tätigkeit des Anwalts/Steuerberaters/Wirtschaftsprüfers. Der Versicherer kalkuliert typischerweise nach Anzahl der Mitarbeiter als Kopf-Tarif oder dem Umsatz, der Höhe der Versicherungssumme mit der entsprechenden Jahres-

1 BGH NJW 1981, 926, 927.

maximierung, den besonderen Deckungserweiterungen und dem bisherigen Schadenverlauf, siehe hierzu § 8 Rn. 22 ff. Hinzukommen können besondere Rabatte aufgrund von Zertifikaten, Qualifikationen oder Fortbildungen. Die Gefahr selbst, die Deckung für die berufliche und nebenberufliche Tätigkeit kann sich nicht ändern. Besondere Mandate können das Risiko kaum beeinflussen, da der Versicherer sie nicht ausschließen kann und die Anwaltschaft grundsätzlich als Kundengruppe betrachtet wird. Auch für die Prämie ist in den seltensten Fällen die Geschäftssituation und Ausrichtung der Kanzlei maßgeblich. Es handelt sich daher bei den genannten Hinweispflichten des Versicherungsnehmers auf Aufforderung des Versicherers zur Prämienbemessung um eine Risikoerhöhung und keine Gefahrerhöhung, weil die Erhöhung des Wertes oder Umfangs des versicherten Interesses keine Erhöhung der Schadensauswirkungsgefahr darstellt.[2] Die zuschlagpflichtigen Personen erhöhen allein das Risiko einer Inanspruchnahme des Versicherungsnehmers, weil nur eine Erhöhung des Umfangs des versicherten Interesses erfolgt. Die Kanzlei vergrößert sich, aber das versicherte Interesse des Anwaltsberufs ändert sich nicht. Als Obliegenheitsverletzung bleibt der Versicherungsschutz der Kanzlei erhalten, wenn Mitarbeiter fahrlässig nicht gemeldet werden.

Risikoänderungen teilt der Versicherungsnehmer/Makler in der Regel in der Form mit, ob 3
eine bestimmte sonstige anwaltsnahe Tätigkeit noch von der bestehenden Deckung mitumfasst ist oder sie mitversichert werden soll oder ob eine gesonderte Deckung erforderlich ist. Dabei betrachtet der Versicherer auch die gesamte Geschäftsbeziehung, inwieweit die Änderungen zu versichern sind. Wenn die Tätigkeit ohnehin bereits versichert ist, erfolgt grundsätzlich keine Anpassung. Wenn die Tätigkeit mitzuversichern ist, kommt es auf den Umfang, Dauer und dem Gewicht der Tätigkeit zur bisherigen Deckung an. Ggf. deckt der Versicherer die neue Tätigkeit mit einem Sublimit. Wenn eine gesonderte Versicherung erforderlich ist, kalkuliert der Versicherer dies als Neuvertrag für eine gesonderte Prämie. Dies ist aber immer abhängig vom jeweiligen Versicherer.

1. Benannte Änderungen

Ausdrücklich nennt I Ziff. 2 als Beispiel zuschlagspflichtige Personen, der bei einem anderen Versicherer bestehende Versicherungsschutz für eine höhere Versicherungssumme oder der erstmalige Abschluss eines solchen Versicherungsvertrages und noch die Änderungen einer Nebentätigkeit.

a) Fehlende Meldung von Mitarbeitern, Prämienkalkulation. Praxisrelevant ist, dass der 4
Versicherungsnehmer Mitarbeiter nicht meldet. Sie sind prämienrelevant nach I Ziff. 2. Der Versicherer kalkuliert das Risiko in Abhängigkeit von der Anzahl der Mitarbeiter/Umsatz. Wenn keine Stichtagsregelung mit Versehensklausel besteht, siehe hierzu § 8 Rn. 30 ff, sollte der Versicherungsnehmer schon ein eigenes Interesse daran haben, seine Mitarbeiter richtig zu versichern. Grundsätzlich wird der Versicherungsschutz bestehen bleiben, da die Gesellschaft versichert ist und nicht der einzeln tätige Anwalt. Jedoch kann der Versicherungsschutz in Frage stehen, wenn der Anwalt eine amtsähnliche persönliche Tätigkeit ausübt, da er nicht als Mitarbeiter mit dem entsprechenden Versicherungsschutz gemeldet ist. Er hat darüber hinaus das Interesse, dass über die Gesellschaft, seine notwendige Zulassungspolice als Anwalt, abgeschlossen wird. Der fremdversicherte Exzedent ist für den Versicherer maßgeblich, auch insbesondere dann, wenn der Versicherungsnehmer eine preiswertere claims-made-Deckung, meist über den englischen Markt, im Ausland abschließt. Nicht ausschlaggebend ist, ob der Exzedent nur ein Indiz ist und selbst das Risiko nicht erhöht. Die Versicherungsnehmer sieht sein Risiko höher an, weil er einen Exzedenten abschließt. Versicherungsfälle sind für den Grundversicherer mit höheren Kosten verbunden, weil die geltend gemachten Ansprüche höher werden. Die bestehende Versicherungssumme wird nicht allein für die größten Schäden erforderlich sein, sondern öfter und höher als kalkuliert für darun-

2 Prölss/Martin/*Armbrüster* § 23 Rn. 7f.

terliegende Schäden. Wenn der Versicherer in die Prämienkalkulation besondere Punkte aufgenommen hat, z.B. einen Sondernachlass aufgrund eines Zertifikats oder einer besonderen Qualifikation wie einem Fachanwaltstitel gewährt hat, sind Änderungen ebenfalls anzeigepflichtig. Hier hat der Versicherer offengelegt, dass die Umstände für die Gefahr relevant sind. Andere Parameter wie die wirtschaftliche Ausrichtung der Kanzlei, z.B. nur Annahme von Gewerbekunden statt Privatkunden oder reines Industriegeschäft, sind nicht anzeigepflichtig. Der Versicherer versichert allgemein die anwaltliche Tätigkeit.

5 Wenn der Versicherer einen Regulierungsfragebogen an den Versicherungsnehmer versendet, fragt er nach Änderungen im Umsatz, Anzahl der Mitarbeiter und sonstigen Risikoangaben. Mit den veränderten Angaben stellt er die Prämie richtig. Dazu erhebt er einen Beitrag nach oder erstattet einen Beitrag. Die neue Prämie gilt rückwirkend ab dem Zeitpunkt, ab dem die Veränderung wirksam war, nicht erst später, ab dem der Versicherer von der Veränderung Kenntnis hatte. Grund hierfür ist, dass der Versicherer auch regelmäßig den Versicherungsschutz nach den geänderten Umständen bietet. Um lückenlosen Versicherungsschutz zu leisten, schließt man Stichtagsregelungen mit der Versehensklausel ab. Wenn keine Regelung besteht, lösen die Versicherer meist das Problem dadurch, dass gegen Prämiennachzahlung der Anwalt von Beginn an als Gesellschafter/Scheingesellschafter gilt.

6 **b) Änderung der Nebentätigkeit.** Auch für die Änderung einer Nebentätigkeit gilt die Anzeigepflicht nach I Ziff. 2 wie folgt: Es handelt sich um die Zulassungspolicen, die der Anwalt benötigt, um seine Zulassung zu erhalten. Mit der Nebentätigkeit sind die Tätigkeiten gemeint, die der Versicherungsnehmer außerhalb seiner hauptberuflichen Tätigkeit in einer Kanzlei, gleich welcher Organisationsform, oder einer sonstigen Haupttätigkeit ausübt. Änderungen führen zu einem geänderten Risiko und einer geänderten Prämie, siehe dazu den Überblick zu den Zulassungspolicen von Anwälten und wer sie benötigt und wie sie zu versichern sind § 1 Rn. 326 ff.

7 Die jeweiligen Risikobeschreibungen dieser Policen bezeichnen diese Tätigkeiten genau. Dabei enthalten die Besonderen Bedingungen alle die gleiche Regelung zur Risikoerhöhung und Anpassung nach § 13 und § 8: *Die Beitragsberechnung gilt nur so lange, wie der Versicherungsnehmer die beschriebene Tätigkeit ausübt. Eine Veränderung der gegebenen Verhältnisse ist gemäß § 13 I anzeigepflichtig. Aufgrund der Änderungsanzeige oder sonstiger Feststellungen wird die Prämie entsprechend dem Zeitpunkt der Veränderung richtig gestellt nach § 8 IV.* Der Versicherer regelt damit doppelt, dass die Änderung der nebenberuflichen Tätigkeit anzuzeigen ist und die Prämien angepasst wird. Einmal in § 13 I in der Hauptbedingung der AVB-RS und den Zusatzbedingungen der jeweiligen nebenberuflichen Tätigkeiten.

8 **c) Fremdversicherter Exzedent.** Nach § I Ziff. 2 ist der Abschluss eines fremdversicherten Exzedenten auf Nachfrage mitzuteilen, Sonstige Punkte sind in der Vermögensschadenhaftpflichtversicherung kaum denkbar. Wenn der Versicherer ein Tarifierungsmerkmal wie eine Fachqualifikation in Kenntnis des Versicherungsnehmers offengelegt hat, hat dies der Versicherungsnehmer von sich aus zu melden, wenn sie wegfällt.

2. Formale Voraussetzungen der Anzeigepflicht, I Ziff. 2 Satz 2, 3

9 Der Versicherer hat den Versicherungsnehmer aufzufordern, die prämienrelevanten Änderungen zu melden, I Ziff. 2 Satz 1. Die Aufforderung des Versicherers geht dem Versicherungsnehmer meist mit der Prämienrechnung in Schriftform zu. Textform ist aber ausreichend. Den Zugang der Aufforderung hat der Versicherer nachzuweisen. Dabei kann der Versicherer konkret oder allgemein Punkte abfragen. Wenn er die Änderungen abfragt, geht es zu seinen Lasten, wenn nicht hinreichend deutlich ist, was der Versicherungsnehmer mitteilen soll. Der Versicherungsneh-

mer hat innerhalb eines Monats nach Erhalt der Aufforderung die Änderungen mitzuteilen, I Ziff. 2 Satz 2. Auf Verlangen des Versicherers sind die Angaben durch die Geschäftsbücher oder sonstige Belege nachzuweisen, I Ziff. 2 Satz 3. Dies scheint aber auch in der Praxis noch nicht vorgekommen zu sein und soll wohl den Versicherer allein vor betrügerischem Verhalten schützen.

III. Leistungsfreiheit infolge unrichtiger Angaben und arglistigen Verschweigens, I Ziff. 3

Wenn der Versicherungsnehmer seine Anzeigepflichten nach I Ziff. 1 oder 2 verletzt, gelten die 10 Rechtsfolgen nach § 26 VVG, I Ziff. 3, die aber kaum praxisrelevant sind. Der Versicherer ist vollständig oder teilweise leistungsfrei für einen Versicherungsfall, der nach einer Risiko- oder Gefahrerhöhung eingetreten ist. Nach dem System des § 26 VVG hat der Versicherer weiterhin zu leisten, wenn der Versicherungsnehmer leicht fahrlässig oder unverschuldet die Anzeige nicht gemacht hat. Bei grober Fahrlässigkeit ist der Schaden zu quoteln, je nach Schwere des Verschuldens des Versicherungsnehmers. Die Beweislast für das Nichtvorliegen einer groben Fahrlässigkeit trägt der Versicherungsnehmer, § 26 Abs. 1 aE VVG. Bei Vorsatz ist der Versicherer vollständig leistungsfrei, § 26 Abs. 1 Satz 1 VVG. Voraussetzung ist hierfür, dass die Obliegenheitsverletzung kausal für den Versicherungsfall war. Der Versicherungsnehmer kann einen Kausalitätsgegenbeweis führen und es dürfen nicht sonstige Ausschlussgründe vorliegen, § 26 Abs. 3 VVG. Bei Arglist ist der Versicherer ohnehin leistungsfrei, auch bei fehlender Kausalität.

B. Änderung von Anschrift und Name, II

Nach II hat der Versicherungsnehmer die Änderung seiner Anschrift und eine Namensänderung 11 mitzuteilen. Der Versicherer kann andernfalls die Verträge nicht richtig zuordnen und seine Rechte aus möglichen Obliegenheitsverletzungen geltend machen, was aber kaum Praxisrelevanz hat. Wenn der Versicherungsnehmer seine Anschrift nicht mitgeteilt hat, gilt eine Zugangsfiktion. Der Versicherer kann seine Willenserklärung an die alte Adresse mit altem Namen senden, die dann drei Tage nach der Absendung des Briefs als zugegangen gilt. Die Willenserklärung muss aber mit eingeschriebenem Brief zugehen, ein einfacher Brief genügt nicht, um Beweisprobleme zu vermeiden. Die Willenserklärung umfasst jede Art von Anzeige/Mitteilung, auch die Kündigung eines Vertrags. Auf der anderen Seite muss die neue Adresse oder der neue Name erkennbar dem Versicherer zugehen. Nicht ausreichend ist es, wenn der Versicherer nur beiläufig Gelegenheit hatte, bei Anspannung aller Sorgfalt die Adressänderung zu erkennen, z.B. durch Verwendung der neuen Absenderanschrift auf dem Briefumschlag einer Mitteilung.[3] Praxisrelevant ist allein der Fall, wenn die Kanzlei umzieht und dies nicht meldet oder auch, wenn Kanzleiadresse und Wohnadresse des Versicherungsnehmers nicht in einem Bundesland liegen, z.B. bei Pendlern in Stadtstaaten wie in Hamburg.

3 *Diller* § 11b Rn. 18.

Teil 2 Besondere Bedingungen und Risikobeschreibungen für Rechtsanwälte und Patentanwälte (BBR-RA)

Teil 2 enthält die Besonderen Bedingungen und Risikobeschreibungen für Rechtsanwälte und Patentanwälte (BBR-RA). Teil 3 die Besonderen Bedingungen und Risikobeschreibungen für Steuerberater (BBR-S). Die Teile sind untergliedert in A mit den Besonderen Bedingungen und B mit der Risikobeschreibung jeweils für die Rechtsanwälte und für die Steuerberater.

A. Besondere Bedingungen (§§ 14–17)

§ 14 Jahreshöchstleistung

Ist eine höhere als die gesetzliche Mindestversicherungssumme vereinbart, beträgt die Höchstleistung des Versicherers für alle Versicherungsfälle eines Versicherungsjahres (Jahreshöchstleistung) vorbehaltlich abweichender Vereinbarung das Zweifache der vereinbarten Versicherungssumme; die Jahreshöchstleistung beträgt jedoch mindestens das Vierfache der Mindestversicherungssumme.

A. Begriff

Die Jahreshöchstleistung ist die Summe aller Schadenzahlungen zusammen, die der Versicherer maximal für alle Schadenfälle eines Jahres bezahlt. Dies drückt man durch die Maximierung aus, die als Vielfaches der maximalen Schadensersatzleistung in einem einzelnen Schadenfall angegeben wird. Beispiel hierfür: Die Pflichtversicherung nach § 51 BRAO regelt für den Einzelanwalt, dass der Versicherer mindestens 250.000 EUR pro Schadenfall zu leisten hat. Für alle Schadenfälle zusammen in einem Jahr hat er mindestens 1 Million EUR zu leisten; 250.000 EUR, 4-fach maximiert. Wenn der Versicherer für einen Schaden in Höhe von 400.000 EUR zu leisten hat, muss der Anwalt davon selbst 150.000 EUR tragen, weil die Versicherungssumme von 250.000 EUR im Einzelfall überschritten wurde. Die Schadenfälle insgesamt dürfen im Jahr nicht die Summe von 1 Mio EUR übersteigen, siehe im Überblick zu den Begrifflichkeiten Einleitung Rn. 40 f. 1

Die Jahreshöchstleistung bezieht sich schon nach dem Wortlaut auf ein gesamtes Jahr einer Versicherungsperiode. Die Versicherungsperiode beginnt regelmäßig mit dem ursprünglichen Anfangsdatum des Vertrags. Die Periode kann dabei mit dem Kalenderjahr zusammenfallen oder auch unterjährig sein, gilt aber immer ein Jahr lang, außer bei besonderen Vereinbarungen. Aufgrund des Verstoßprinzips mit unbegrenzter Nachhaftung ist nach Ende der Periode weder für den Versicherer noch für den Versicherungsnehmer bekannt, ob die Versicherungssumme und Jahreshöchstleistung für das abgelaufene Jahr erschöpft sind. Das ist erst möglich, wenn alle Ansprüche dieses abgelaufenen Jahres verjährt sind, spätestens nach 30 Jahren. 2

Kein Versicherungsschutz besteht mehr innerhalb der Versicherungsperiode, wenn die Schadenfälle eines Jahres bereits die Jahreshöchstleistung erschöpft haben. Wenn der Versicherer in einem Schadenfall nicht mehr zu leisten hat, muss er auch nicht mehr Abwehrschutz leisten, auch nicht für unberechtigte Ansprüche, weil das Versprechen der Leistung nicht mehr gegeben ist.[1] Das zeigt auch die Regelung in § 3 II Ziff. 5 b) Satz 2. Aus einem Streitwert über 1 Mio EUR hinaus übernimmt der Versicherer die Gebühren und Pauschsätze nur dann, sofern die Versicherungssumme 1 Mio EUR übersteigt. Es bedeutet, dass die Kosten nur insoweit zu tragen sind, als sie der restlichen Versicherungssumme, einschließlich der maximierten Jahreshöchstleistung, entsprechen, aber gerade nicht in unbegrenzter Höhe und auch nicht mehr, wenn die Versiche- 3

1 Anders *Diller* A 1 Ziff. 1 Rn. 5.

https://doi.org/10.1515/9783111396415-016

rungssumme nicht mehr vorhanden ist. Dies ist auch sachgereicht, weil andernfalls der Versicherer aufgrund seiner Regulierungsvollmacht von vornherein einen Vergleich mit dem Geschädigten schließen kann, um die Kosten zu minimieren. Den Vergleich hätte der Versicherungsnehmer hinzunehmen und müsste den Schaden dann selbst bezahlen. Das wäre für den Fortbestand des Versicherungsverhältnisses nicht mehr tragbar.

4 Auf die Jahreshöchstleistung und auch die Versicherungssumme können innerhalb einer Berufsausübungsgesellschaft alle Gesellschafter und die mitversicherten Personen zugreifen. Das ergibt sich daraus, dass die Gesellschaft Versicherungsnehmerin ist. Die Verstöße der in ihr tätigen Anwälte werden der Gesellschaft zugerechnet. Wenn es sich um eine interprofessionelle Gesellschaft handelt, besteht der Versicherungsschutz in Höhe und Umfang und der Maximierung, den die jeweilige Berufsgruppe für sich abgeschlossen hat.

5 § 14 bestimmt, dass bei Exzedenten oberhalb der Pflichtversicherungssumme, die Jahreshöchstleistung das Zweifache der vereinbarten Versicherungssumme beträgt. Fast ausschließlich gelten individuelle Vereinbarungen. Die Versicherungssumme und die Jahreshöchstleistung sind oberhalb der Pflichtversicherungsgrenzen frei verhandelbar. Bei größeren Kanzleien mit hohen Versicherungssummen ist es üblich, die Maximierungen wie eine Pyramide aufzubauen. In der Grundversicherung und den darauffolgenden Exzedenten ist die Anzahl der Maximierungen hoch. Mit zunehmender Versicherungssumme nimmt die Zahl der Maximierungen bis zu einer 1-fachen Maximierung im letzten Exzedenten ab.

B. Verteilungsverfahren nach § 109 VVG

6 Aufgrund des Verstoßprinzips und der unbegrenzten Nachhaftung können die Versicherer und der Versicherungsnehmer nicht einschätzen, ob die Versicherungssumme und die Jahreshöchstleistung für die Schadenfälle des laufenden Jahres ausreichen. Erst nach endgültiger Verjährung steht dies fest. Der Versicherer reguliert die Versicherungsfälle schlicht nach Eingang und Zahlung. Theoretisch ist es möglich, dass die Versicherungsleistung des Versicherungsfalls für das Verstoßjahr bereits erschöpft ist. Dieses Prioritätsprinzip, dass in der Zwangsvollstreckung in das bewegliche Vermögen nach § 804 Abs. 3 ZPO gilt, durchbricht § 109 Satz 1 VVG mit dem Verteilungsverfahren, weil das Prioritätsprinzip dem sozialen Gedanken der Haftpflichtversicherung widerspricht.[2] § 109 VVG soll die Gefahr verhindern, dass die Versicherungssumme nicht ausreicht, und ordnet an, dass die Summe auf alle Anspruchsberechtigten gleichmäßig im Verhältnis zu ihren Beträgen verteilt wird. Das gilt aber formal nicht für die Pflichtversicherung nach § 118 Abs. 1 Nr. 1–5 VVG als lex specialis zu § 109 VVG. Danach gibt es eine Rangfolge, um besondere Gruppen zu schützen und zu privilegieren.[3] Dadurch ändert sich nichts Wesentliches, weil regelmäßig alle konkurrierenden Ansprüche in der Rangklasse des § 118 Abs. 1 Nr. 5 VVG liegen und der Ausschluss später hinzugekommener Forderungen nach § 118 Abs. 2 VVG der Regelung in § 109 VVG inhaltlich entspricht.[4]

7 Voraussetzung des Verteilungsverfahrens ist, dass der Versicherer überhaupt damit rechnen konnte oder musste, dass weitere Ansprüche die Jahreshöchstleistung übersteigen werden, § 109 Satz 2 VVG. Das Verteilungsverfahren kommt nicht zur Anwendung, wenn der Versicherer unverschuldet die ihm bekannten Schadenfälle bereits soweit bezahlt hat, dass die Jahreshöchstleistung aufgebraucht ist. Der zu spät gekommene Dritte geht dann leer aus. Der Versicherer trägt hierfür die Darlegungs- und Beweislast, dass er schuldlos gehandelt hat. Allerdings dürfen die Anforderungen an den Versicherer nicht überspannt werden. Er muss nicht jede einfache Fahrlässigkeit vertreten. Er hat die Sorgfalt anzuwenden, die ein vernünftiger und praktischer Versicherer unter den Umständen des besonderen Falles anwendet und von ihm verlangt werden kann. Grund

2 *Armbrüster* VersR 2014, 1, 3.
3 BGH VersR 1985, 1054, 1055.
4 *Diller* A 1 Rn. 13.

hierfür ist, dass der Versicherer erheblich mit der Aufklärung belastet wäre. Der Versicherer hat zudem die Schadenfälle gegenüber den Geschädigten zeitnah abzuwickeln.[5] Das wäre nicht möglich, wenn er zur Sicherheit jeweils abwarten müsste, bis die Verjährung weiterer möglicher Fälle eingetreten wäre. Wenn der Versicherer tatsächlich bei der Schadensabwicklung und Schadensregulierung feststellt, dass die Versicherungssumme nicht ausreicht, hat er die Schadenzahlungen neu zu berechnen. Er hat die Schadenzahlungen verhältnismäßig zu verteilen, wenn er den Sachverhalt erstmalig feststellt und auch zu korrigieren, wenn die Schadenzahlungen erneut die Versicherungssumme zu übersteigen drohen.[6]

Nicht eindeutig ist aber der Zeitpunkt, wann der Versicherer festzustellen hat, dass die Jahres- **8**
höchstleistung nicht ausreicht. Man kann den Zeitpunkt früh ansetzen, zu dem der Versicherer die Zahlungen an die berechtigten Dritten vorzunehmen und damit deren Forderungen zu erbringen hat. Dann sollte der Versicherer schon wissen, ob alle Schadenfälle zusammen die Versicherungssumme übersteigen oder nicht.[7] Man kann jedoch auch den Zeitpunkt auf die Zahlung selbst festlegen.[8] Das ist allerdings theoretischer Art, weil kaum Schadenfälle bekannt sind, die die Versicherungssumme bei Anwälten ausschöpfen können. Anders im Finanzanlagebereich bei der Kapitalanlage, wenn Kapitalanlagegesellschaften und deren Vertriebspartner eine Vielzahl von Anlegern bei einer Anlage falsch beraten haben.

5 MüKoVVG/*Littbarski* § 109 Rn. 9.
6 *Wenke* VersR 1983, 900, 901.
7 MüKoVVG/*Littbarski* § 109 Rn. 29.
8 Langheid/Rixecker/*Langheid* § 109 Rn. 7.

§ 15 Ausschlüsse

I. Haftpflichtansprüche mit Auslandsbezug

[1]Der Versicherungsschutz bezieht sich nicht auf Haftpflichtansprüche aus Tätigkeiten
1. **über in anderen Staaten eingerichtete oder unterhaltene Kanzleien oder Büros,**
2. **im Zusammenhang mit der Beratung und Beschäftigung im Recht der Vereinigten Staaten von Amerika und Kanada,**
3. **des Rechtsanwalts oder der Berufsausübungsgesellschaft vor Gerichten mit Sitz in den Vereinigten Staaten von Amerika und Kanada,**
4. **bei Haftpflichtansprüchen aus Tätigkeiten im Zusammenhang mit der Beratung, Beschäftigung im außereuropäischen Recht oder der Tätigkeit vor außereuropäischen Gerichten bezieht sich der Versicherungsschutz nicht auf Haftpflichtansprüche, die sich aus Vertragsstrafen, Bußen und Entschädigungen mit Strafcharakter (z.B. punitive oder exemplary damages) sowie aus Anfeindung, Schikane, Belästigung, Ungleichbehandlung, Ehrverletzung, Beleidigung oder sonstigen Diskriminierungen ergeben. [2]Für Haftpflichtansprüche aus der Inanspruchnahme des Versicherungsnehmers vor außereuropäischen Gerichten besteht die Leistungspflicht in Höhe der Mindestpflichtversicherungssumme.**
5. **Die Ausschlussbestimmungen in Ziff. 2., 3., 4. Satz 2 finden für die Tätigkeit als Patentanwalt oder der patentanwaltlichen Berufsausübungsgesellschaft keine Anwendung.**

II. Veruntreuungsschäden

Der Versicherungsschutz bezieht sich nicht auf Haftpflichtansprüche wegen Schäden durch Veruntreuung durch Personal, Angehörige oder Mitgesellschafter des Versicherungsnehmers; als Angehörige gelten:
1. **der Ehegatte des Versicherungsnehmers, der Lebenspartner im Sinne des Lebenspartnerschaftsgesetzes oder einer vergleichbaren Partnerschaft nach dem Recht anderer Staaten;**
2. **wer mit dem Versicherungsnehmer in gerader Linie verwandt oder verschwägert oder im zweiten Grad der Seitenlinie verwandt ist.**

III. Tätigkeit als Angestellter

In Ergänzung von § 4 II Ziff. 2 bezieht sich der Versicherungsschutz nicht auf Haftpflichtansprüche aus der Tätigkeit des Versicherungsnehmers als Angestellter.

§ 15 nimmt verschiedene Ausschlüsse auf, die gesetzlich nach § 51 BRAO möglich sind. Der Auslandsschutz ist zugunsten des Versicherungsnehmers modifiziert.

Übersicht

https://doi.org/10.1515/9783111396415-017

A. Auslandsschutz

§ 4 beinhaltet die Ausschlüsse für alle wirtschaftsberatenden Berufe. Die Besonderen Bedingungen der AVB-RS konkretisieren diese Ausschlüsse für die jeweiligen Berufsgruppen. § 15 der Besonderen Bedingungen für die Anwälte und Patentanwälte (BBR-RA), § 26 der Besonderen Bedingungen (BBR-RS) für die Steuerberater. Es handelt sich um die gesetzlich zulässigen Ausschlüsse nach der jeweiligen Berufsordnung, die zugunsten der Berufsgruppen modifiziert sind. Andere Ausschlüsse sind im Umfang der Pflichtversicherung nicht möglich.

I. Ausschlüsse Auslandsbezug, I

Die Ausschlüsse mit Auslandsbezug sind in § 15 geregelt. I Ziff. 1 folgt dem gesetzlich zulässigen 1 Ausschluss in § 51 Abs. 3 Nr. 2 BRAO, dass Auslandsbüros vom Versicherungsschutz ausgeschlossen werden können.[1] Das ist nicht unangemessen, weil es nicht von der gesetzlichen Regelung abweicht und klar und verständlich den Inhalt wiedergibt, § 307 Abs. 3 Satz 2 BGB. Wenn das Verhal-

1 *Riechert* AnwBl 2013, 460.

ten des Anwalts einen Ausschlussgrund bedeutet, hat er keinen Versicherungsschutz und auch keinen Abwehrschutz. Oberhalb der Pflichtversicherungssummen können die Ausschlüsse weitergehend sein. Der Regelfall ist, dass Einheitlichkeit besteht, zumindest dann, wenn ein einzelner Versicherer die gesamte Deckung vorhält. § 17 betont ausdrücklich, dass der gesamte Vertrag einem Bedingungswerk unterliegt, wenn nicht ausdrücklich etwas anderes vereinbart ist. Zur Auslegung des Ausschlusses sind zwei unterschiedliche Interessen zu beachten. Vorrangig der Schutz des rechtsuchenden Publikums und das Interesse des Rechtsanwalts für seine berufliche Tagesarbeit Deckungsschutz zu haben, auf der anderen Seite das Interesse des Versicherers über die Versichertengemeinschaft ein ausgewogenes und kalkulierbares Risiko zu erhalten.[2]

2 Vom Versicherungsschutz ausgeschlossen sind Auslandshaftpflichtansprüche nach § 15 I:
- Ziff. 1: Tätigkeiten über in anderen Staaten eingerichtete oder unterhaltene Kanzleien oder Büros; § 51 Abs. 3 Nr. 2 BRAO
- Ziff. 2: im Zusammenhang mit der Beratung und Beschäftigung im Recht der Vereinigten Staaten von Amerika und Kanada; dies ist eine Modifizierung zugunsten des Anwalts von § 51 Abs. 3 Nr. 3 BRAO, da alle außereuropäischen Beratungsmandate ausgeschlossen werden könnten
- Ziff. 3: Tätigkeiten des Rechtsanwalts oder der Berufsausübungsgesellschaft vor Gerichten mit Sitz in den Vereinigten Staaten von Amerika und Kanada; dies ist eine Modifizierung zugunsten des Anwalts von § 51 Abs. 3 Nr. 4 BRAO, da alle Tätigkeiten vor außereuropäischen Gerichten ausgeschlossen werden könnten
- Ziff. 4 Satz 2: Versicherungsschutz für Inanspruchnahme vor außereuropäischen Gerichten besteht bis zur Höhe der Mindestpflichtversicherungssumme als Anwalt oder Berufsausübungsgesellschaft, aber nicht darüber hinaus; die Inanspruchnahme ist zu versichern, da kein gesetzlicher Ausschluss möglich ist.

3 Vereinfacht und positiv ausgedrückt besteht Versicherungsschutz weltweit für den Anwalt oder die Gesellschaft mit Ausnahme von Niederlassungen im Ausland und für Haftpflichtansprüche im Zusammenhang mit Amerika/Kanada. Ein Sublimit in Höhe der Mindestpflichtversicherungssumme ist versichert, wenn der Anwalt/Gesellschaft außerhalb Europas vor einem Gericht in Anspruch genommen wird.

II. Kanzleien und Büros im Ausland, I Ziff. 1

1. Non-admitted Problematik

4 Der Grund dafür, dass der Gesetzgeber die Deckung für ausländische Niederlassungen nicht umfassend regeln kann, liegt im staatlichen Territorialitätsprinzip. Hoheitsakte aus Deutschland sind im Ausland verboten, sofern sie nicht durch den anderen Staat zugelassen oder sie völkerrechtlich gerechtfertigt sind.[3] Das deutsche Berufsrecht für Anwälte kann einer ausländischen Zweigniederlassung einer deutschen Kanzlei nicht vorschreiben, sie muss sich nach § 51 BRAO versichern. Einige Länder verbieten deshalb nach ihrem Aufsichtsrecht grenzüberschreitende Versicherungsdeckungen, wenn der Versicherer nicht lokal zugelassen ist. Auch möchten sie nicht auf Steuereinnahmen verzichten. Hier besteht die eigentliche non-admitted Problematik. Das Territorialitätsprinzip bedeutet in diesem Fall, dass der Staat das Versicherungswesen selbständig regelt und die Tätigkeit unter Erlaubnisvorbehalt stellt, in Deutschland gem. § 5 Abs. 1 VAG.[4] Es muss eine Pflichtversicherung bei einem im Inland zum Geschäftsbetrieb zugelassenen Versicherungsunternehmen genommen werden. In der EU/EWR gilt: Versicherungsunternehmen mit Sitz in der EU/EWR dürfen EU/EWR-weit nach Durchlaufen des Notifikationsverfahrens Versicherungen anbie-

---

2 BT-Drucks. 12/4993, 31.
3 BVerfG NJW 1983, 2757 zur Vollstreckbarkeit ausländischer Titel.
4 *Langheid/Grote* VW 2008, 630.

ten. Das Versicherungsunternehmen braucht nicht in jedem EU/EWR-Staat eine lokal zugelassene Niederlassung zu haben, um Versicherungen anbieten zu dürfen. Außerhalb der EU/EWR gelten sehr unterschiedliche Regelungen: Manche Länder sind sehr liberal. Z.B. kann es erlaubt sein, dass ausländische Versicherer ohne Sitz im Land der Zweigniederlassung dortige Risiken eindecken können. Manche Länder sehen vor, dass in bestimmten Versicherungszweigen nur ein inländisch zugelassener Versicherer tätig werden darf, z.B. in der Kfz-Versicherung. Manche Länder differenzieren danach, wo der Versicherungsnehmer seinen Hauptsitz hat und ob nur die Zweigniederlassung mitversichert werden soll, z.B. Hauptsitz des Anwalts in Deutschland und Deckung der ausländischen Anwaltskanzlei als bloße Mitversicherung, auch ohne lokale Zulassung des deutschen Versicherungsunternehmens. Bei Anwaltstätigkeiten differenzieren die ausländischen Behörden auch danach, welche Art von Tätigkeit der Anwalt ausübt, wie z.B. reine Beratung oder Tätigkeiten vor Gerichte, oder ob im inländischen Recht beraten wird oder nur Ausländer vertreten werden. In UK gilt derzeit für auswärtige Versicherer ohne englische Zulassung, dass sie berechtigt sind Versicherungsschutz für Risiken in England anzubieten, wenn der Versicherer keine regulated activities in UK ausübt wie Verhandeln und Ausstellen von Versicherungsverträgen, Werbung etc. und der Versicherungsschutz nicht im Bereich einer gesetzlichen Pflichtversicherung besteht. Wieder andere Länder schließen von vornherein eine Mitversicherung der Niederlassung aus. Das Versicherungsunternehmen muss inländisch zugelassen sein, unabhängig vom Sitz des Versicherungsnehmers und der Niederlassung. Non-admitted bedeutet dann auch non-permitted. Beispiel: Ein deutscher Versicherer ohne Zulassung in der Schweiz darf nicht eine in der Schweiz gelegene Kanzlei oder die Zweigniederlassung einer Kanzlei mit Hauptsitz in Deutschland versichern. Gem. § 3 Abs. 1 VAG-Schweiz ist eine Bewilligung der schweizerischen Finanzmarktaufsicht für das Versicherungsunternehmen erforderlich. Verstöße dagegen sind gem. § 86 ff VAG-Schweiz strafbar. Selbst ein Makler, ob in der Schweiz registriert oder nicht, macht sich strafbar, wenn er an ein nicht in der Schweiz zugelassenes Versicherungsunternehmen Versicherungsverträge vermittelt, § 41 iVm § 87 Abs. 1 lit. a) VAG-Schweiz.

Regelmäßig nicht von der non-admitted Problematik betroffen sind sog. „representative offices". Bei einem representative office handelt es sich um eine Einrichtung, die repräsentative Aufgaben als Vertreter der Hauptniederlassung wahrnimmt. Repräsentative Aufgaben bedeutet Werbung, Marketing oder Aufbau von Kundenkontakten für die Hauptniederlassung. Es handelt sich dabei nicht um anwaltlich tätige Zweigniederlassungen. Diese Aktivitäten eines representative office dürfen daher nicht die anwaltliche Beratung und eine sonstige berufliche Tätigkeit umfassen.[5] Versicherungsschutz kann dann nur für diese sonstigen Marketing-Aktivitäten zur Mandantenakquise geboten werden. 5

2. Büro, Kanzlei

a) Begriff. Vor dem Hintergrund der Problematik um non-admitted/non-permitted sind die Begriffe eingerichtete oder unterhaltene Kanzleien oder Büros zu verstehen. Es geht darum, dass keine dauerhafte Einrichtung besteht, aus der die Anwälte ihre Beratungsleistung erbringen. Die Kanzlei/Büro ist von der bloßen Beratungsleistung an einem ausländischen Ort ohne festes Büro zu unterscheiden. Versicherungsschutz besteht, wenn ein Anwalt in das Ausland reist, z.B. nach Zürich und dort den Mandanten am dortigen Unternehmenssitz aufsucht und ihn dann berät. Anders aber, wenn er für seine Aufenthalte in Zürich ein eigenes Büro mit Kanzleischild eröffnet, auch wenn der Hauptsitz weiterhin in Deutschland bleibt. Maßgebliche Kriterien, ob eine versicherte Beratungsleistung oder ein unversichertes Büro vorliegt, richtet sich nach dem Auftritt des Anwalts gegenüber dem Mandanten. Ein festes Büro liegt vor, wenn der Anwalt eine Büroadresse mit lokaler Anschrift, Telefonnummer und Faxadressen angibt. Kein festes Büro liegt vor, wenn 6

5 Siehe z.B. für das Bankwesen im Staat New York, Registration of domestic representative office, Statutory authority: Banking Law, §§ 14[1], 132, 258.

ein Konferenzraum nur einmalig oder für einen kurzen Zeitraum angemietet ist, um nicht im Hotel beraten zu müssen. Zu berücksichtigen ist das Interesse des ausländischen Staats, z.B. ein dort belegenes Risiko durch einen lokal zugelassenen Versicherer absichern zu lassen und Mandanten vor missbräuchlicher Rechtsberatung zu schützen und auch die lokale Versicherungssteuer zu erhalten. Dies ist dann nicht nur ein deckungsrechtliches Problem, sondern auch ein aufsichtsrechtliches für den Versicherer und den Makler.

7 **b) Mandate mit Bezug zu inländischen und ausländischen Kanzleien.** Bei Kanzleien mit Zweigniederlassungen im Ausland kommt es bei internationalen Mandaten vor, dass das Mandat sowohl die Anwälte im inländischen als auch im ausländischen Büro bearbeiten. Der Verstoß ist zuzuordnen, ob er über die inländische Berufshaftpflichtversicherung nach § 51 BRAO oder über die mögliche ausländische Pflichtversicherung gedeckt ist. Maßgeblich sollte hier der Mandatsvertrag sein. Der Mandant und die Kanzlei vereinbaren, welche Kanzlei Vertragspartner ist. Wenn es sich um eine rechtlich selbständige Kanzlei im Ausland handelt, kann sie auch selbständig nach ihren Regeln einen Mandatsvertrag abschließen. Es ist dann eine Frage der Zuordnung des Verstoßes nach § 278 BGB oder nach den Regeln einer Substitution und nicht eine Frage des Schwerpunkts des Mandats, ob Versicherungsschutz besteht. Wenn man den Schwerpunkt als maßgeblich betrachtet, würde man den Versicherungsschutz versagen müssen, wenn der Mandant mit der Hauptniederlassung in Deutschland den Vertrag geschlossen hat, aber das Mandat hauptsächlich im Ausland bearbeitet wurde, gleich ob der tatsächliche Fehler in Deutschland oder im Ausland passiert ist.[6] Dies würde der Regelung der Pflichtversicherung iSd § 51 BRAO widersprechen, wenn der Verstoß in Deutschland passiert ist und der Mandatsvertrag mit der deutschen Hauptniederlassung geschlossen wurde.

III. Versicherung von Auslandsniederlassungen

8 Aufgrund der verschiedenen Aufsichtsrechte und der verschiedenen Kundenwünsche gibt es mehrere Modelle, eine Kanzlei im Ausland zu versichern. Makler haben bei Internationalen Programmen auf die möglichen verschiedenen Grundkonzeptionen mit DIC/DIL und FINC-Klausel und lokalen Policen hinzuweisen. Der Versicherer muss allein auf die eigenen Produkte verweisen. Die Kanzlei ist insbesondere vom Makler daraufhin zu beraten, welche steuerlichen Auswirkungen das Programm hat und welche aufsichtsrechtlichen Probleme und Gefahren bestehen.

1. EU/EWR; Freedom of Services-Policen, FoS

9 In der EU/EWR besteht die Möglichkeit, Zweigniederlassungen der deutschen Kanzlei im deutschen Vertrag durch eine FoS-Police zu versichern, „Freedom of Services"-Police, dazu auch § 57 VAG, wann eine Dienstleistung und eine Betriebsstätte vorliegt. Aufgrund der Dienstleistungsfreiheit kann der deutsche Versicherer Versicherungsleistungen innerhalb der Grenzen der EU/EWR Union anbieten. Versicherungsunternehmen mit Sitz in der EU/EWR dürfen EU/EWR-weit nach Durchlaufen des Notifikationsverfahrens Versicherungen anbiete, dann auch ohne lokale Niederlassung. Anwälte und auch Steuerberater und Wirtschaftsprüfer unterliegen in der EU aber oftmals der Pflichtversicherung oder einer Anzeigepflicht mit Bestätigung einer Versicherung. Diese Pflichtversicherung hat der deutsche Versicherer anzubieten. Daher hat der deutsche Versicherer im Einzelfall zu prüfen, ob eine Versicherung nicht gegen die eigenen Zeichnungsgrundsätze verstößt. Beispielsweise kann es erforderlich sein, Vorsatz mitzuversichern. Dabei ist die Auslandsniederlassung für den Versicherer ein deutlich erhöhtes Risiko. Im Versicherungsfall muss er auf-

6 So *Diller* A 2.1 Rn. 11.

grund fehlender Kenntnisse die Schadenbearbeitung ins Ausland abgeben, ohne den Fall selbst bearbeiten und steuern zu können.

2. Außerhalb EU/EWR

Eine Mitversicherung der ausländischen Niederlassung ist über eine FoS-Police nur in der EU/ EWR möglich. Für die anderen Auslandsniederlassungen außerhalb der EU/EWR gibt es andere Modelle, um die non-admitted Problematik zu lösen.[7] 10

a) Grundsätze. Bei allen Modellen ist individuell zu beurteilen, ob man gegen die non-admitted-Regelungen im Sinne des lokalen Versicherungsaufsichtsrechts oder gegen das dortige Steuerrecht verstößt. Eine pauschale Lösung ist nicht möglich, da jedes Land sein eigenes Aufsichtsrecht hat. Rechtsanwälte, Versicherer und auch Makler müssen „compliant" handeln. Zulässig ist es, wenn das Modell den lokalen Versicherungsmarkt berücksichtigt und damit die Interessen der staatlichen Aufsichtsbehörden wahrt. Dies ist der Fall, wenn der deutsche Versicherer über das Modell eine höhere Versicherungssumme für die ausländische Niederlassung bietet im Anschluss an eine lokal übliche Versicherungssumme und die Bedingungen den „good local standard" beachten bzw. was darüber hinaus üblicherweise die lokalen Versicherer bieten können.[8] Good local standard bedeutet, dass derjenige Versicherungsschutz besteht, der üblicherweise durch einen dortigen Versicherer als Standarddeckung gewährt wird. Es kann z.B. die lokale Pflichtversicherung sein. „Best local standard" bezeichnet die lokal höchstmögliche Versicherungssumme mit dem weitestgehenden Versicherungsschutz. Der Versicherer hat dabei aber für sich einzuschätzen, was tatsächlich die lokal höchste Versicherungssumme ist und was über den „good local standard" hinaus der lokale Versicherer bestmöglich bietet. Unklar ist die Situation, wenn die ausländische Niederlassung nur einen eng begrenzten lokalen Versicherungsschutz besitzt und der überwiegende Teil der Versicherungsleistung von Null an – ground up – durch die Master-Police abgedeckt wird. Das Risiko wird damit hauptsächlich nicht lokal, sondern vom ausländischen Versicherer gedeckt. Es könnte den Interessen der Aufsicht und der Steuererhebung im non-admitted Land widersprechen, auch wenn es international die Praxis ist, nur Mindestdeckungen lokal vorzuhalten.[9] Die Modelle bei Auslandsniederlassungen im Bereich non-admitted sind insgesamt nicht eindeutig, da kein harmonisiertes Versicherungsaufsichtsrecht für Unternehmen und Makler besteht. Für jedes Land muss man gesondert eine Lösung finden. Es gibt keine gesicherte Rspr. oder aufsichtsrechtliche Aussagen, wie zu verfahren ist und man verlässt sich auf die geübte Praxis. Aufsichtsbehörden können jederzeit eingreifen und ein Modell für unzulässig erklären, insbesondere wenn Versicherungssteuer vorenthalten wird, weil die anfallende Versicherungssteuer in Deutschland verbleibt. Auch sollten die Kanzleien und insbesondere die Makler die Probleme nicht unterschätzen, da sie selbst ebenfalls Adressaten des Aufsichtsrechts sind. 11

b) Lokale Policen. Die Versicherung über einen ausländischen zugelassenen Versicherer ist die beste Möglichkeit. Der ausländische Versicherer versichert die ausländische Niederlassung entsprechend dem lokalen Berufs- und Versicherungsrecht und gibt die entsprechenden Bestätigungen ab. Die Schadenbearbeitung erfolgt vor Ort, die lokale Zweigniederlassung hat den passenden Versicherungsschutz nach lokalen Usancen, dem „good local standard" bis hin zu „best local standard". Nach den Compliance-Regeln kann man nur dann im Rahmen eines Internationalen Versicherungsprogramms auf eine lokale Deckung verzichten, wenn das betreffende Risiko lokal gar 12

7 *Bialowons/Kerst* r+s, 2011, 317 ff.
8 *Langheid/Grote* VW 2008, 632.
9 *Bähr/Püttgen* VW 2008, 1079.

nicht gedeckt werden kann. Dieser Versicherungsnotstand kommt sehr selten in Betracht. In Deutschland besteht weitgehend Einigkeit, dass Internationale Versicherungsprogramme auf einer lokalen Deckung nach „best local standard" aufbauen sollten. Eine DIC/DIL-Deckung wie auch die FINC-Klausel sind nur im Ausnahmefall zu verwenden, um die Lücke zwischen dem lokal erhältlichen und dem von der deutschen Konzernmutter weltweit einheitlich gewünschten Deckungsschutz zu füllen.[10] Siehe zur FINC-Klausel § 15 Rn. 17 f. Die lokale Police hat den Vorteil, dass sich die Hauptniederlassung in Deutschland sich nicht um Versicherungsfragen im Ausland kümmern muss. Die Schadenregulierung erfolgt vor Ort. Der Versicherer führt die Versicherungssteuer ab. Auch belasten lokal versicherte Schadenfälle der Zweigniederlassung nicht die Police der Hauptniederlassung in Deutschland. Hier gibt es selbstverständlich keine aufsichtsrechtlichen Probleme, wenn der Versicherungsschutz in einer stand-alone-Lösung besteht, also ohne sonstigen Versicherungsschutz aus Master-Cover oder ähnlichem.

13 **c) Steuerrecht.** Grundsätzlich gilt, dass die Versicherungssteuer in dem Staat zu entrichten ist, in dem das Risiko belegen ist, selbst wenn der Versicherungsnehmer seinen Sitz in einem anderen Staat hat. Tochtergesellschaften, die über ein Internationales Versicherungsprogramm Versicherungsschutz haben und dafür Zahlungen an die Muttergesellschaft entrichten, unterliegen der örtlichen Versicherungssteuer.[11] Das gilt aber nicht, wenn das Programm eine Haftungsübernahmeerklärung oder eine FINC-Klausel enthält, da nicht die Tochtergesellschaft versichert wird, sondern allein die Muttergesellschaft gegen interne Ansprüche der Tochtergesellschaft. Das Bundesministerium der Finanzen hat am 20.7.2021 ein überarbeitetes Merkblatt zur Besteuerung von in Deutschland belegenen Risiken veröffentlicht, das die Änderungen des Versicherungsteuergesetzes durch das Versicherungsteuerrechtsmodernisierungsgesetz vom 3.12.2011 berücksichtigt.[12]

14 **d) Master-Cover; DIC/DIL-Deckungen.** Regelmäßig unterscheiden sich die lokale Deckung der ausländischen Zweigniederlassung und die Deckung der Hauptniederlassung in Deutschland. Das Modell eines „Master-Covers" gleicht den fehlenden Versicherungsschutz der lokalen Deckung im Ausland an die weitergehende Deckung in Deutschland an.

15 Beispiel für Bedingungen eines Master-Covers:

1. Vorrang der lokalen Police
   Besteht Versicherungsschutz im Rahmen einer lokalen Police, steht dieser vorrangig zur Verfügung. Ergänzend besteht unter Beachtung lokaler Non-Admitted Bestimmungen im Anschluss an die lokalen Policen Versicherungsschutz im Rahmen und Umfang des Mastercovers.
2. DIL-Regelung
   Für den Teil eines Schadens, der die Versicherungssumme einer lokalen Police übersteigt, besteht Versicherungsschutz nach den Bestimmungen des Mastercovers.
   Die für einen Versicherungsfall zur Verfügung stehende Versicherungssumme im Mastercover reduziert sich entsprechend der unter der lokalen Police bereits erbrachten Versicherungsleistungen.
3. DIC-Regelung
   Sehen die Bedingungen des Mastercovers einen weitergehenden Versicherungsschutz als eine lokale Police vor, besteht insoweit Versicherungsschutz nach den Bestimmungen des Mastercovers.

10 *Armbrüster* r+s 2023, 97.

11 EuGH Rechtssache Kvaerner EuZW 2001, 444.

12 Versicherungssteuer und Feuerschutzsteuer; Merkblatt für EU-/EWR-Versicherer vom 20.7.2021 Bundesministerium der Finanzen.

4. Ausschöpfung lokaler Versicherungssummen und Zahlungsausfall als Step-down-Regelung
Ist die Versicherungssumme einer lokalen Police vollständig ausgeschöpft, besteht Versicherungsschutz nach den Bestimmungen des Mastercovers.
Ist die Versicherungssumme einer lokalen Police teilweise ausgeschöpft, besteht im Anschluss an die lokal noch zur Verfügung stehende Versicherungssumme Versicherungsschutz nach den Bestimmungen des Mastercovers.
Die Versicherungssumme einer lokalen Police gilt auch als vollständig bzw. teilweise ausgeschöpft, wenn und soweit der Versicherer der lokalen Police nicht leistet wegen
a) Zahlungsunfähigkeit des Versicherers der lokalen Police oder
b) einer unberechtigten Deckungsablehnung.
5. Selbstbehalt
Ist ein Versicherungsfall sowohl unter einer lokalen Police als auch unter dem Mastercover versichert oder liegt ein Fall der Ausschöpfungsdeckung bei Ausschöpfung lokaler Versicherungssummen und Zahlungsausfall vor (Ziff. 4), findet für den Versicherungsfall insgesamt nur der höhere der unter der lokalen Police und dem Mastercover vereinbarten Selbstbehalte Anwendung. Bereits von Versicherten für diesen Versicherungsfall unter der lokalen Police getragene Selbstbehalte werden auf den Selbstbehalt unter dem Mastercover angerechnet.

Die Klauseln stellen sicher, dass der Versicherungsschutz der Zweigniederlassung dem der Haupt- 16
niederlassung entspricht.

Die Ziff. 1 stellt sicher, dass der lokale Versicherungsschutz vorgeht. Dies ist auch regelmäßig erforderlich, weil es sich bei den Berufshaftpflichtversicherungen um Pflichtversicherungen handelt.

Die Ziff. 2 als DIC-Klausel stellt sicher, dass die lokale Deckung die gleich hohe Versicherungssumme hat wie die Deckung der Hauptniederlassung. Die Versicherungssumme aus der Master-Police steht erst im Anschluss an die örtliche Versicherung zur Verfügung. Schäden innerhalb der örtlichen Versicherungssumme berühren die Versicherungssumme aus dem Master-Cover nicht.

Die Ziff. 3 als DIL-Klausel stellt sicher, dass die lokale Deckung die gleichen Bedingungen haben wie die Deckung der Hauptniederlassung. Die lokale Deckung erfüllt regelmäßig den „good local standard". Wenn der Versicherungsumfang der deutschen Versicherung wie üblich weiter geht als der der örtlichen Versicherung, gilt der Versicherungsumfang der deutschen Deckung. Fehlt z.B. in der örtlichen Versicherung die Deckung für anwaltlich notwendige Übersetzungstätigkeiten, wird über den Master-Cover der deutschen Police auch die Deckung für Übersetzungstätigkeiten der Anwälte in der Zweigniederlassung im Ausland gewährt.

Die Ziff. 4 als Step-down-Regelung stellt sicher, dass die Versicherung der Hauptniederlassung auch dann Versicherungsschutz gewährt, wenn die Versicherungsleistung aus der lokalen Police ganz oder teilweise erschöpft ist. Man erstreckt die Regelung auch auf fehlende Deckung, die aber der lokale Versicherungsnehmer nicht verschuldet hat, wie Insolvenz des lokalen Versicherers oder eine unberechtigte Ablehnung der Leistung. Die lokale Police wirkt damit im Verhältnis zur Hauptdeckung zugunsten des Versicherungsnehmers nicht als unversicherter Teil, falls die Deckung erschöpft ist.

Die Ziff. 5 stellt sicher, dass der jeweils höhere Selbstbehalt gilt, wenn beide Versicherungen Versicherungsschutz bieten.

e) Financial Interest Clause, FINC. Ein weiteres Modell ist die Financial Interest Clause, FINC. 17
Sie verwendet man hauptsächlich bei der D&O-Versicherung, wenn die non-admitted-Regeln ein Mastercover nicht zulassen. Im Bereich der Risiken aus dem Professional Indemnity Bereich (PI) wie Rechtsanwälte und Steuerberater oder Wirtschaftsprüfer wird die Lösung sehr selten angewendet, da meistens Pflichtversicherungen bestehen und die lokale Aufsicht konkret die Voraus-

setzungen einer fremden Versicherung prüft.[13] Versichert ist das finanzielle Interesse als Bilanzschutzinteresse der Hauptniederlassung.

18 Beispiel für Bedingungen eines FINC-Covers:

1. Bilanzschutz
   Ist es dem Versicherer aufgrund von anzuwendenden Non-Admitted Bestimmungen nicht erlaubt, lokal Versicherungsschutz aus dem Mastercover zur Verfügung zu stellen, bietet er dem Versicherungsnehmer Versicherungsschutz nach den Bestimmungen des Mastercovers für den Fall, dass dieser innerhalb der Versicherungsperiode oder einer sich daran anschließenden vertraglich vereinbarten Nachhaftungsfrist einen bilanziellen Schaden erleidet.
2. Regress oder Schadenminderung
   Erhalten versicherte Niederlassungen oder lokale Berufsträger Zahlungen im Zusammenhang mit dem lokalen Schaden oder mindert sich der bilanzielle Schaden aus einem anderen Grund, z.B. Verzicht, reduzieren diese Zahlungen oder Schadenminderungen die Leistungspflicht des Versicherers. Zu viel gezahlte Versicherungsleistungen sind durch den Versicherungsnehmer zu erstatten.
3. Anzeigepflicht, Information, Vergleich
   Der Versicherungsnehmer hat als Voraussetzung für den Versicherungsschutz
   a) dem Versicherer unverzüglich, spätestens jedoch 60 Tage nach Kenntnisnahme jeden lokalen Schaden und jeden bilanziellen Schaden anzuzeigen und ihm jede Auskunft zu erteilen, die zur Feststellung des Eintritts eines bilanziellen Schadens oder eines lokalen Schadens sowie zur Ermittlung des Umfanges der Leistungspflicht des Versicherers erforderlich sind, und
   b) darauf hinzuwirken, dass die Zweigniederlassung dem Versicherer alle Informationen zur Verfügung stellt, die zur Feststellung des Eintritts eines bilanziellen Schadens oder eines lokalen Schadens sowie zur Ermittlung des Umfanges der Leistungspflicht des Versicherers erforderlich sind, und
   c) vor dem Abschluss einer vertraglichen Vereinbarung, durch die die Haftung eines lokalen Berufsträgers, was der lokale Schaden ist, festgestellt wird, die schriftliche Zustimmung des Versicherers zum Abschluss einer solchen Vereinbarung einzuholen. Der Versicherer ist nicht verpflichtet, eine schriftliche Zustimmung zum Abschluss einer solchen vertraglichen Vereinbarung zu erteilen, wenn die Abwehr eines Anspruches nicht unter voller vorheriger Einbeziehung und unter Berücksichtigung der Weisungen des Versicherers erfolgte.
      Die Verpflichtung des Versicherungsnehmers zur Information des Versicherers gemäß a) umfasst auch die Information über bereits erlöste oder noch mögliche Regresse oder Schadenminderungen.
4. Anwendbare Bestimmungen
   Die Bestimmungen des Master-Covers gelten entsprechend bei der Feststellung des Versicherungsschutzes für einen bilanziellen Schaden.
5. Zurechnung
   Lediglich für die Versicherung des bilanziellen Schadens werden dem Versicherungsnehmer auch das Wissen sowie die Handlungen und Unterlassungen der Zweigniederlassung oder der lokalen Berufsträger und der dort beschäftigter Personen zugerechnet.
6. Regressverzicht
   Der Versicherer verzichtet im Rahmen des Versicherungsschutzes für einen bilanziellen Schaden auf Regressansprüche gegen die Zweigniederlassung oder die lokalen Berufsträger und Personen.

---

13 gegen die Zulässigkeit: *Langheid/Grote* VW 2008, 635 und *Bialowons/Kerst* r+s 2011, 323 ff; für die Zulässigkeit: *Bähr/Püttgen* VW 2008, 1081.

7. Fremdwährungsumrechnung
   Jede Zahlung zur Freistellung von einem bilanziellen Schaden erfolgt in EUR. Maßgeblich für die Berechnung des bilanziellen Schadens ist der Währungskurs zum Zeitpunkt
   a) der Zahlung des Versicherungsnehmers zur Freistellung von einem lokalen Schaden an eine lokale Zweigniederlassung oder an einen lokalen Berufsträger.
   b) der Fälligkeit der Verpflichtung des Versicherungsnehmers zur Freistellung von einem lokalen Schaden an eine lokale Zweigniederlassung oder an einen lokalen Berufsträger.
   c) des Abschlusses einer vertraglichen Vereinbarung, in der die Haftung eines lokalen Berufsträgers für einen Anspruch als bilanzieller Schaden festgestellt wird.

Ziff. 1 definiert den Versicherungsschutz. Versichert sind alle Vermögenswerte der Gruppe/der gesamten Kanzleigemeinschaft als bilanzieller Schaden. Bilanzieller Schaden ist jede durch den Versicherungsnehmer direkt oder indirekt durch eine Zweigniederlassung zur Freistellung von einem lokalen Schaden an eine Zweigniederlassung oder an einen lokalen Berufsträger geleistete Zahlung oder eine Verpflichtung zur Zahlung. Meist gilt der bilanzielle Schaden als zu dem Zeitpunkt eingetreten, an dem der zugrunde liegende Anspruch erstmalig gegenüber der Zweigniederlassung und/oder den lokalen Berufsträgern geltend gemacht wurde, um auch den Versicherungsfall des claims-made-Prinzips im Ausland zu erfassen. Versicherungsnehmer ist die Hauptniederlassung und nicht die Zweigniederlassung. Die Zweigniederlassung ist ausdrücklich auch nicht mitversichert und darf auch nicht als mitversichert bezeichnet werden, andernfalls würde es sich um eine non-admitted Versicherung handeln. Der Anspruch des Dritten gegenüber der Auslandsniederlassung soll sich allein auf die Bilanz der Hauptkanzlei in Deutschland auswirken. Der Fremdschaden der Zweigniederlassung wird damit als Bilanzschaden der Hauptniederlassung simuliert. 19

Ziff. 2 stellt sicher, dass immer nur der tatsächliche Schaden versichert ist. Es soll keine Doppelzahlung aus versichertem lokalem Schaden und dem Bilanzschaden entstehen.

Ziff. 3 beinhaltet die Obliegenheiten des Versicherungsnehmers im Schadenfall und verlagert diese auf die Zweigniederlassung, die den Schaden eigentlich verursacht hat. Der Versicherer muss alle Informationen haben, um den Bilanzschaden feststellen zu können. Er muss auf Haftungsvergleiche zwischen Geschädigtem und der Zweigniederlassung einwirken können, weil sie unmittelbar einen Bilanzschaden darstellen.

Ziff. 4 verweist auf die Regelung zum Master-Cover, um den Schaden feststellen zu können, wenn zusätzlich oder nebeneinander ein Master-Cover vereinbart ist.

Ziff. 6 stellt sicher, dass auch tatsächlich eine Versicherung besteht und nicht nur eine Ausfallversicherung. Der Versicherer nimmt keinen Regress gegen die Zweigniederlassung. Der Regressverzicht muss ausdrücklich vereinbart sein, andernfalls kann der Versicherer nach § 7 III Ziff. 1 bei der Zweigniederlassung regressieren.

Ziff. 7 regelt, welcher EUR-Betrag für den Schaden gilt, wenn der tatsächliche Schaden in einer Fremdwährung zu zahlen ist.

f) Haftungsübernahmeerklärung zwischen Kanzlei und Niederlassung. Ein weiteres Modell ist die Versicherung einer sog. Haftungsübernahmeerklärung. Sie verwendet man üblicherweise dann, wenn aufgrund der non-admitted-Problematik ein Master-Cover nicht möglich ist. Sie ist ähnlich, aber nicht gleich zur FINC und findet sich eher bei den Risiken der wirtschaftsberatenden Berufe, wird aber aufgrund einer verschärften Versicherungs- und Steueraufsicht kaum vereinbart. Versicherungsschutz bei der Haftungsübernahmeerklärung besteht für den Fall, dass die Hauptniederlassung aufgrund einer internen Haftungsfreistellung von ihrer Zweigniederlassung in Anspruch genommen wird. Bei der Haftungsübernahmeerklärung geht es daher um die Übernahme einer konkreten Haftung der Zweigniederlassung. Die Hauptniederlassung stellt durch die Übernahmeerklärung ihre Zweigniederlassung im non-admitted Land von Drittansprüchen frei, die aufgrund von Verstößen bei Ausübung der beruflichen Tätigkeit der Niederlassung geltend gemacht werden. Übernimmt aufgrund interner Vereinbarung die in Deutschland versicherte 20

Kanzlei die Haftung der Auslandsniederlassung gegenüber einem Dritten, so wandelt sich dieser Haftpflichtanspruch gegen die Niederlassung zu einem eigenen Anspruch gegen die in Deutschland ansässige Kanzlei um. Dieser Anspruch ist versichert. Nicht versichert bleibt aber der direkte Anspruch des Dritten gegen die Zweigniederlassung, weil sie weder versichert noch mitversichert ist. Die Bedingungen und Regelungen entsprechen grundsätzlich den FINC-Regelungen, auch zum Regress, Obliegenheiten, Feststellung des Schadens und Währungsklauseln. Abwehrschutz besteht wie bei der FINC-Klausel nur für den internen Anspruch, aber nicht für die Abwehr des Anspruchs des Dritten gegenüber der Zweigniederlassung. Die non-admitted Problematik sollte eigentlich bei dieser Konstellation nicht bestehen, was aber schwierig zu beurteilen ist, da es auch eine Umgehung des lokalen Aufsichtsrechts und der Vorenthaltung von Versicherungssteuer ist, wie auch bei der FINC. Das Risiko liegt fiktiv wirtschaftlich in Deutschland und der Versicherer deckt formal inländische Ansprüche ab, die aber materiell im Ausland liegen.

21 **g) Fronting, Fakultative Rückversicherung.** Fronting bedeutet, ein ausländisches Risiko durch den deutschen Versicherer der Hauptniederlassung in Deutschland rückzuversichern. Der örtliche Versicherer versichert das Risiko der anwaltlichen Tätigkeit in der Zweigniederlassung vollständig. Zwischen dem örtlichen Versicherer und dem deutschen Versicherer wird vereinbart, dass der deutsche Versicherer die Schäden ab einer bestimmten Höhe als Rückversicherer übernimmt. Ganz überwiegend gilt ein einheitliches Bedingungswerk für den Versicherungsnehmer. Eine Fronting-Lösung wird aber nur zwischen Versicherern der gleichen Gruppe möglich sein, da andernfalls die enge Abstimmung bei Leistung, einheitlichem Bedingungswerk und Prämiengestaltung zu aufwendig ist. Auch hier muss der Versicherer das Verhältnis zwischen seiner Rückversicherung der Zweigniederlassung, die für die Zweigniederlassung selbstverständlich eine Erstversicherung bleibt, regeln. Er muss eine Regelung hierzu im Hauptvertrag, wie Anrechnung der lokalen Schäden auf die Gesamtversicherungssumme bestimmen, wenn er beide Verträge verbinden will. Das Fronting ist aufsichtsrechtlich unproblematisch, da der lokale Erstversicherer vollständig das Risiko abdeckt und eine lokale Police abgibt, soweit nicht eine völlig marktunübliche niedrige Prämie genommen wird, da dies die lokale Versicherungssteuer berührt. Der Erstversicherer in Deutschland, der dann im Fronting als Rückversicherer handelt, muss zur Rückversicherung in Deutschland zugelassen sein. In einer Holding-Struktur eines Versicherungsunternehmens ist es üblich, dass ein Unternehmen der Gruppe zur Rückversicherung zugelassen ist und die anderen Unternehmen im Namen und auf Rechnung des zugelassenen Rückversicherungs-Unternehmens handeln.

22 **h) Internationales Versicherungsprogramm, IVP.** Das Master-Cover, die FINC-Klausel/Haftungsübernahmeerklärung und die lokale Deckung zusammen bezeichnet man als Internationales Versicherungsprogramm, IVP. Ggf. mit einem Teilfronting. Der Versicherungsschutz besteht dann wie folgt: Die Klauseln des Master-Covers und oder allein die FINC-Klauseln vereinbart man im deutschen Vertrag im Master-Cover-Teil. Meist ist Voraussetzung für das Programm, dass ein örtlicher ausländischer Versicherungsschutz überhaupt besteht und dann im Schadenfall nicht ausreichend ist. Andernfalls müsste in der deutschen Versicherung jeweils der örtliche Versicherungsschutz abgebildet werden, was die non-admitted Problematik wieder berühren würde. Wenn dann tatsächlich der Versicherer für die Zweigniederlassung aus der Master-Police Schadensersatz leistet, rechnet man die Leistung in der Master-Police an. Es besteht ein einheitliches Vertragswerk mit einer Versicherungssumme, die insgesamt für alle Schäden aller Niederlassungen zur Verfügung steht. Die Versicherungssummen kumulieren regelmäßig nicht, allerdings gibt es Varianten als koordinierte oder integrierte Programme. Bei koordinierten Programmen kann es bei mehreren Schadenfällen zu einer Kumulierung der Deckungssummen kommen. Bei integrierten Programmen ist maßgeblich, dass Leistungen unter einer integrierten lokalen Police und/oder dem Masterprogramm auf die Gesamthöchstleistung angerechnet werden.

Das IVP muss das Verhältnis der Police der Hauptniederlassung und der Zweigniederlassung regeln. Beispiel für eine Rangfolge des Versicherungsschutzes im IVP: 23

1. An erster Stelle kommt der Versicherungsschutz unmittelbar unter dem Master-Cover zur Anwendung, wenn keine lokale Police besteht und wenn dem keine anzuwendenden Non-Admitted Bestimmungen entgegenstehen.
2. An zweiter Stelle kommt der Versicherungsschutz der lokalen Police unter einer lokalen Police zur Anwendung.
3. An dritter Stelle kommt der Versicherungsschutz unter dem Master-Cover nach der DIL-Klausel, der DIC-Klausel und der Step-down-Regelung zur Anwendung.
4. An vierter Stelle kommt der Versicherungsschutz unter dem Master-Cover in der Form der Versicherung eines bilanziellen Schadens zur Anwendung.

Bei zwei unterschiedlichen Triggern ist eine sog. „construction clause“ erforderlich. Die construction clause stellt sicher, dass der lokale Versicherungsfall der ausländischen Niederlassung auch als Versicherungsfall in der deutschen Police im Master-Cover gilt. Dies ist meist erforderlich, weil im deutschen Vertrag das Verstoßprinzip gilt, im ausländischen Vertrag aber das claims-made-Prinzip. Beispiel für eine derartige Klausel: Ein lokaler Schaden wird als Versicherungsfall unter dem Masterprogramm der Versicherungsperiode zugeordnet, in welcher der zugrundeliegende Versicherungsfall unter der lokalen Police der Zweigniederlassung erstmalig eingetreten ist. Für solche Versicherer, die lokaler Kapazitätsgeber sind, gilt diese Übernahmepflicht nur im Rahmen ihrer jeweiligen Gesamthöchstleistung. Die Versicherungssummen aus lokaler Police und dem Master-Cover kumulieren nicht. 24

IV. Beratung und Beschäftigung im Recht der Vereinigten Staaten von Amerika und Kanada, I Ziff. 2

Nach Ziff. 2 besteht kein Versicherungsschutz für Haftpflichtansprüche aus Tätigkeiten im Zusammenhang mit der Beratung und Beschäftigung im Recht der Vereinigten Staaten von Amerika und Kanada. Versichert bleiben die Beratung und Beschäftigung im sonstigen ausländischen Recht. 25

1. Recht der Vereinigten Staaten von Amerika und Kanada, internationales Recht

Der Begriff „Recht der Vereinigten Staaten von Amerika und Kanada“ nach Ziff. 2 ist ein geografischer Begriff und umfasst alle Territorien von Amerika und Kanada. Neben dem jeweiligen Landesrecht gibt es internationales Recht. Es gilt nicht nur in Europa, da es nicht an die Nationalstaaten gekoppelt ist, sondern über die Staatengrenzen hinweg. Dies gilt insbesondere für das Völkerrecht, das Europarecht als supranationales Recht, das in der EU gilt, oder auch das internationale Handelsrecht, das zwischen Gesellschaften die Rechtsbeziehungen regelt. Dies ist ebenfalls vom Versicherungsschutz umfasst. Ebenfalls vom Versicherungsschutz noch umfasst sind internationale Schiedsgerichtsordnungen, wie z.B. die Schiedsgerichtsordnung der International Chamber of Commerce ICC, hier aber nur als Beratung zu dieser Schiedsgerichtsordnung. Auch international anerkannte Rechnungslegungsstandards sind versichert, weil hierauf § 315a HGB verweist.[14] 26

2. Beratung/Beschäftigung

Der Ausschluss besteht, wenn der Rechtsanwalt/Gesellschaft im außereuropäischen Recht beraten oder sich damit beschäftigt hat. Bei den Steuerberatern hingegen besteht der Ausschluss schon dann, wenn der Steuerberater außereuropäisches Recht verletzt oder nicht beachtet hat, § 26 I 27

14 *Diller* A 2.1 Rn. 27.

Ziff. 2 der BBR-RS. Der Ausschluss der Steuerberater ist damit weitergehend als bei Rechtsanwälten. Die Ausschlüsse der Rechtsanwälte folgen § 51 BRAO und die Ausschlüsse der Steuerberater § 53a DVStB.

28 Die Beratung und die Beschäftigung mit dem Recht der Vereinigten Staaten von Amerika und Kanada bedeuten im Gegensatz zu der Nicht-Beachtung bei Steuerberatern, dass der Anwalt aktiv handeln muss. Kein Versicherungsschutz besteht, wenn der Anwalt positiv weiß und erkennt, dass er im Recht der Vereinigten Staaten von Amerika und Kanada berät. Der Anwalt bleibt aber versichert, wenn er nicht aktiv handelt, wenn er Handlungen anderer amerikanischer Anwälte koordiniert und auf Vollständigkeit prüft. Versichert bleibt er auch, wenn der Anwalt fahrlässig nicht erkennt, dass er im Recht der Vereinigten Staaten von Amerika und Kanada zu beraten hätte.[15] Das ergibt sich schon daraus, dass er weiterhin im versicherten Recht bleibt. Der Verstoß selbst, das falsche Recht anzuwenden, ist auch versichert, weil der Verstoß hier die versicherte materiellrechtliche Prüfung ist und nicht die Beratung. Dies gilt auch, wenn der Anwalt materiellrechtlich die Frage, welches Recht nach IPR-Grundsätzen gilt, falsch beantwortet hat und statt dem außereuropäischen Recht das deutsche Recht angenommen hat, z.B. bei einer Scheidung. Die Prüfung nach dem IPR ist versichert, weil die IPR-Regeln deutsches und nicht ausländisches Recht sind. Der Anwendungsbereich von Ziff. 2 ist auch nicht eröffnet. Wenn der Anwalt aber zum Ergebnis, auch fehlerhaft, kommt, dass das Recht der Vereinigten Staaten von Amerika und Kanada gilt, besteht kein Versicherungsschutz, wenn er in diesem Recht berät.

29 Bei Mandaten mit der Beratung im versicherten deutschen/europäischen Recht und gleichzeitig dem nicht versicherten Recht kommt es auf den Verstoß an, da dieser den Versicherungsfall bestimmt. Bei allgemeinen Fehlern, die man nicht als Fehler in der materiellrechtlichen Frage bewerten kann, wie z.B. Fristversäumnissen aufgrund mangelnder Büroorganisation ist zugunsten vom Versicherungsnehmer anzunehmen, dass sie das versicherte Mandat als solches betreffen. Anders selbstverständlich, wenn es sich um eine Frist zum Recht der Vereinigten Staaten von Amerika und Kanada handelt.

3. Versicherungsschutz

30 Versicherer bieten üblicherweise Versicherungsschutz für die Beschäftigung im Recht der Vereinigten Staaten von Amerika und Kanada. Die Berührung ist leicht möglich. Teilweise genügt es nach den Bundesgesetzen in den USA, dass „minimum contacts" bestehen. Um die Verbraucher in den USA zu schützen und sie in den USA nach amerikanischen Verbrauchergesetzen klagen lassen zu können, ist es ausreichend, dass z.B. in Deutschland produzierte Waren über verschiedene Handelswege direkt oder auch indirekt in die USA kommen. Dies kann zu einer Produkthaftungsklage in den USA führen mit einem Haftungsrisiko des Rechtsanwalts, der das Produktionsunternehmen zum außereuropäischen Recht berät. Wenn der Anwalt im Übrigen noch selbst in den USA mitverklagt wird – die Inanspruchnahme des Anwalts vor einem außereuropäischen Gericht – besteht zumindest in Höhe der Mindestversicherungssumme Deckungsschutz. Der Versicherungsschutz für die Auslandssachverhalte von Amerika/Kanada kann individuell und problemlos erweitert werden durch eine Zusatzbedingung: Versicherungsschutz besteht für Haftpflichtansprüche aus Tätigkeiten im Zusammenhang mit der Beratung und Beschäftigung im Recht der Vereinigten Staaten von Amerika und Kanada. Man vereinbart regelmäßig einen höheren Selbstbehalt, um die Risiken für den Versicherer zu minimieren. Dies ist möglich, weil es sich nicht um den Pflichtversicherungsumfang handelt. Zu den Prozesskosten gilt üblicherweise, dass man sie auf die Versicherungssumme anrechnet, auch hier um die Risiken zu verringern: Aufwendungen des Versicherers für Kosten werden als Leistungen auf die Versicherungssumme angerechnet. Kosten sind Anwalts-, Sachverständigen-, Zeugen- und Gerichtskosten, Aufwendungen zur Abwendung oder Minderung des Schadens bei oder nach Eintritt des Versicherungsfalles

15 *Borgmann* AnwBl 2005, 733.

sowie Schadenregulierungskosten, auch Reisekosten, die dem Versicherer nicht selbst entstehen; dies gilt auch dann, wenn diese Kosten auf Weisung des Versicherers entstanden sind.

V. Tätigkeit vor Gerichten mit Sitz in den Vereinigten Staaten von Amerika und Kanada, I Ziff. 3

Nach Ziff. 3 sind Haftpflichtansprüche ausgeschlossen, wenn der Anwalt/Gesellschaft vor Gerichten mit Sitz in den Vereinigten Staaten von Amerika und Kanada tätig ist. Der Anwalt ist damit versichert für Prozesse, die er vor sonstigen ausländischen Gerichten führt. Der Ausschluss ist modifiziert zugunsten des Anwalts, da Tätigkeiten vor außereuropäischen Gerichten ausschließbar sind. Dabei hat er zu beachten, dass regelmäßig die rechtsberatende Tätigkeit unter einem Erlaubnisvorbehalt steht. Die Mitgliedsstaaten der EU, des EWR und auch die Schweiz haben in ihren nationalen Aufsichtsgesetzen Regelungen für ausländische Anwälte getroffen, wenn sie dienstleistend tätig sind oder sich dauerhaft niederlassen wollen. Z.B. ist der ausländische Anwalt in Österreich oder auch in der Schweiz eingeschränkt postulationsfähig. Bei Anwaltszwang darf er nur im Einvernehmen mit einem im dortigen Anwaltsregister eingetragenen Anwalt handeln.[16] In Deutschland hat der ausländische Anwalt, wenn er sich dauerhaft niederlassen will, eine der deutschen Berufshaftpflichtversicherung gleichwertige Deckung seines Herkunftsstaats nachzuweisen, § 28 Abs. 1 EuRAG. 31

Gericht meint jedes staatliche Gericht in den USA, aber nicht die Schiedsgerichte.[17] Der Ausschluss gilt auch dann, wenn zwar über deutsches Recht verhandelt wird, aber die Verhandlung vor dem außereuropäischen Gericht in den USA geführt wird.[18] US-Gericht meint das Gericht des jeweiligen einheitlichen Rechtsraums. Der Begriff Tätigkeit meint die anwaltliche Tätigkeit vor Gericht. Der Ausschluss soll die Inanspruchnahme in den USA/Kanada verhindern. Wenn der Anwalt nur zuarbeitet, z.B. das verhandelte deutsche Recht erläutert, besteht Versicherungsschutz, weil er nicht vor dem Gericht auftritt. Zu beachten ist, dass der Versicherungsschutz sich auf das US-Recht/Kanada-Recht beziehen muss, zu dem er berät. Die Inanspruchnahme des Anwalts vor außereuropäischen Gerichten ist versichert bis zur Höhe der Mindestpflichtversicherungssumme, da der Ausschluss nach § 51 Abs. 3 BRAO gesetzlich nicht zulässig ist, siehe hier § 15 Rn. 34 ff, I Ziff. 4 Satz 2. 32

VI. Ausschluss für Haftpflichtansprüche mit Strafcharakter, I Ziff. 4 Satz 1

Kein Versicherungsschutz besteht für Haftpflichtansprüche mit pönalem Charakter, I Ziff. 4 Satz 1, weil gerade im US-amerikanischen Recht derartige Schadensersatzzahlungen zu den Haftpflichtansprüchen hinzukommen. Sie sind außerhalb der Kompensation für den erlittenen Schaden und werden verhängt, um den Schädiger für sein Verhalten zu bestrafen und ihn davon abzuhalten, erneut das rechtswidrige Verhalten zu zeigen als Spezialprävention und auch andere von dem Verhalten abzuschrecken als Generalprävention. Gleiches gilt für Haftpflichtansprüche, die sich aus Anfeindung, Schikane, Belästigung, Ungleichbehandlung, Ehrverletzung, Beleidigung oder sonstigen Diskriminierungen ergeben. Es handelt sich nicht um Schadensersatzansprüche. 33

---

16 Österreich: § 5 Abs. 1 EIRAG; Schweiz: Art. 23 BGFA.
17 *Diller* A 2.1 Rn. 21.
18 HBAnw/*Chab* § 18 Rn. 58.

VII. Inanspruchnahme des Versicherungsnehmers vor außereuropäischen Gerichten, I Ziff. 4 Satz 2

1. Regelungsinhalt

34 Nach I Ziff. 4 Satz 2 sind Haftpflichtansprüche aus der Inanspruchnahme des Versicherungsnehmers vor außereuropäischen Gerichten nur in Höhe der Mindestpflichtversicherungssumme versichert. Es handelt sich um keinen Ausschluss, sondern um ein Sublimit. Einzelanwälte und Gesellschaften haben einen Versicherungsschutz in Höhe von 250.000 EUR, 4-fach, die Gesellschaften in Höhe von 1 Mio und 2,5 Mio EUR, maximiert mit der Anzahl der Geschäftsführer/Partner für diese Ansprüche. Ein Ausschluss wäre nicht möglich, da § 51 Abs. 3 BRAO für Auslandssachverhalte nicht die Inanspruchnahme vor ausländischen Gerichten ausschließt, gleich auch ob inner- oder außereuropäisch. Die Versicherer versehen die Inanspruchnahme vor außereuropäischen Gerichten in ihren Standardbedingungswerken mit einem Sublimit und lassen umgekehrt den Versicherungsschutz für die Inanspruchnahme vor europäischen Gerichten unbegrenzt bestehen. Dies ist gerechtfertigt, da das Schadenrisiko für den Versicherer außerhalb Europas erheblich ist. Die Schadensersatzleistungen, insbesondere die vor US-amerikanischen Gerichten zugesprochenen Schadenssummen, sind sehr hoch im Vergleich zum deutschen Schadensersatzrecht. Auslandssachverhalte erfordern einen erheblichen organisatorischen Aufwand. Der Versicherer hat für das zumeist fremde Recht andere Anwälte zu bestimmen und kann nicht auf die eigene Schadenabteilung zur Abwehr der Ansprüche zurückgreifen.

2. Sublimit und § 113 Abs. 3 VVG

35 Das Sublimit für die Inanspruchnahme vor außereuropäischen Gerichten gilt auch für Exzedenten oberhalb der Pflichtversicherungssumme. Nach § 113 Abs. 3 VVG gilt jedoch, dass ein einziger Pflichtversicherungsvertrag nicht in zwei verschiedene Abschnitte aufgeteilt werden kann. Der Vertrag ist als Einheit in Inhalt und Umfang zu betrachten. Nach § 17 gilt auf der Ebene des Versicherungsvertrags: Soweit der Versicherungsvertrag den Inhalt oder Umfang der Pflichtversicherung überschreitet, gelten die Bedingungen des Teil 1 entsprechend, soweit nichts Abweichendes, z.B. durch zusätzliche Vereinbarungen, bestimmt ist. Bedenklich ist daher, dass die Regelung in den AVB-RS ein Sublimit beinhaltet, auch wenn ein Exzedent im gleichen Vertrag vereinbart ist. Man geht jedoch bei den Versicherern davon aus, dass die Regelung wirksam ist. I Ziff. 4 Satz 2 schließt nicht die gesamte Inanspruchnahme vor ausländischen Gerichten aus, sondern nur die Inanspruchnahme vor außereuropäischen Gerichten. Der Anwalt erhält Versicherungsschutz über die Grenze der Pflichtversicherung hinaus. Daher ist es gerechtfertigt und nicht überraschend, dass ein Teil der Erweiterung ein Sublimit erhält. Die Gruppe der Anwälte mit Auslandssachverhalten ist sich des Risikos auch bewusst. Die Versicherer bieten problemlos und marktüblich Versicherungsschutz für die Inanspruchnahme vor außereuropäischen Gerichten an.

3. Umfang des Ausschlusses

36 **a) Außereuropäisches Gericht.** Versicherungsschutz besteht ausdrücklich für die Inanspruchnahme des Anwalts vor einem europäischen Gericht. Gericht ist jedes staatliche Gericht, aber nicht die Schiedsgerichte. Außereuropäisch ist das geografische Gebiet außerhalb Europas. Bei Staaten, die geografisch auch andere Gebiete umfassen, gilt der außereuropäische Teil als mitversichert, wie z.B. bei der Türkei.

b) Leistungen und Kosten. Für den Versicherungsschutz in Bezug auf die Leistungen selbst ist es unerheblich, ob der Anwalt vor einem europäischen oder außereuropäischen Gericht in Anspruch genommen wird. In beiden Fällen trägt der Versicherer die Prozesskosten, wie bei einem Regressprozess im Inland nach § 3 II Ziff. 5. Danach ersetzt der Versicherer bei der Inanspruchnahme vor ausländischen Gerichten begrenzt auf seine Leistungspflicht Kosten höchstens nach der der Versicherungssumme entsprechenden Wertklasse nach deutschem Kosten- und Gebührenrecht, sofern nicht im Einzelfall mit dem Versicherer etwas anders vereinbart ist, § 3 II Ziff. 6 a). Im Einzelfall kann es den Anwalt betreffen, weil die Gebühren im Ausland höher ausfallen und nicht die Regelung wie in Deutschland gilt, dass die unterlegene Partei alle Kosten trägt. Sonstige Gebühren oder Stundensätze trägt der Versicherer nicht, außer bei besonderer Vereinbarung. 37

c) Ausländischer Haftungsmaßstab. Der Haftungsmaßstab des ausländischen Gerichts kann unterschiedlich zu dem in Deutschland sein. Die Pflichtversicherung in der BRAO und im VVG geben keine Hinweise, welche Folgen es für den Versicherungsschutz hat, wenn ein anderer ausländischer Haftungsmaßstab gilt. Wenn das ausländische Gericht deutsches Haftungsrecht seiner Entscheidung zugrunde gelegt hat, besteht selbstverständlich Versicherungsschutz. Das Haftpflichturteil entfaltet Bindungswirkung für den Deckungsprozess des Versicherers auf jeden Fall, wenn das Haftpflichturteil so auch nach deutschem Recht zustande gekommen wäre. Wenn es aber fehlerhaft zustande gekommen ist, gilt zunächst auch, dass der Versicherer das Urteil anzunehmen hat. Er sollte hier aber die Möglichkeit haben, das ausländische Urteil im deutschen Deckungsprozess überprüfen zu können. Andernfalls besteht die Gefahr, dass willkürliche Urteile ohne rechtsstaatliche Verfahrensgrundsätze oder nicht plausibel nachvollziehbare Entscheidungen den Versicherer binden, ohne dass er das Urteil korrigieren kann. Er kann auch im Ausland meist nur eingeschränkt auf die Urteilsfindung einwirken. Es obliegt dem Versicherer darzulegen und zu beweisen, dass das ausländische Urteil nach der Sach- und Rechtslage nicht nachvollziehbar war.[19] Wenn es sich aber um Gerichtsfehler handelt, die auch einem deutschen Gericht unterlaufen wären, sollte dies den Versicherer binden, um nicht die Schadenzahlungen unnötig zu verzögern. Zumindest sollte es gelten, wenn der Versicherer hier die Möglichkeit hatte den Haftpflichtprozess im Ausland mitzugestalten. 38

Bei einem verschärften Haftungsmaßstab ist zu differenzieren. Zugunsten des Mandantenschutzes sollte im Rahmen des Pflichtversicherungsumfangs auch der strengere Maßstab vom Versicherungsschutz umfasst sein. Der Mandant ist vor Verlusten zu schützen und der Anwalt vor finanziellem Ruin. Die Inanspruchnahme vor ausländischen Gerichten unterliegt auch nicht seinem Willen. Anders als bei einer aktiven Beratung in einem ausländischen Rechtsgebiet, genügen schon geringfügige Kontakte mit dem ausländischen Mandanten, ohne dass ein eigentlicher Auslandssachverhalt begründet ist, dass ihn der Mandant vor dem ausländischen Gericht verklagen kann. Zu beachten ist aber, dass weiterhin nur die Entschädigungsleistungen als solche versichert sein können nach § 1. Strafzahlungen, punitive damages, bleiben weiterhin ausgeschlossen. Beispiele für eine mitversicherte verschärfte Haftung können sein, z.B. eine Beweislastumkehr oder auch ein anderer Haftungsmaßstab sein. Grenze des Deckungsschutzes ist, dass die Regeln eines rechtsstaatlichen Verfahrens eingehalten worden sind und das Urteil nachvollziehbar begründet ist. Wenn es nicht der Fall ist, kann der Versicherer das Urteil im Deckungsprozess überprüfen lassen. 39

Umgekehrt kann es Fälle geben, wenn das Gericht einen Haftungsmaßstab anwendet, der für den Anwalt den Versicherungsschutz ausschließt. Das ausländische Gericht nimmt beispielsweise eine wissentliche Pflichtverletzung an, die nach deutschem Maßstab eine Fahrlässigkeit war. Zugunsten des Anwalts wird man annehmen, dass der deutsche Haftungsmaßstab gilt. Allerdings hat dies dann der Anwalt als Versicherungsnehmer darzulegen und zu beweisen. Der Versicherer muss nicht zugunsten des Versicherungsnehmers den Sachverhalt und die Rechtslage klären. Der 40

19 Ähnlich *Diller* A 4.1 Rn. 6.

Versicherer kann zugunsten des Anwalts vorab eine Vereinbarung treffen. Er kann z.B. die Schadensersatzleistung davon abhängig machen, dass der Anspruch nach deutschem Recht berechtigt gewesen wäre, sog. as-if-Klausel oder dass der Anspruch sich nach deutschem Haftungsrecht, einschließlich des Verschuldensmaßstabs, richtet.

VIII. Ausländische Anwälte und Gesellschaften in Deutschland

Ausländische Anwälte mit juristischen Abschlüssen ihres Heimatlandes können in Deutschland tätig sein und sich dauerhaft niederlassen.

1. Anwälte aus der EU, EWR und der Schweiz; EuRAG

41 Das EuRAG regelt für die europäischen Anwälte, die berechtigt sind, als Rechtsanwalt unter der Bezeichnung ihres Herkunftsstaats in Deutschland tätig zu sein, die Berufsausübung und die Zulassung zur Rechtsanwaltschaft in Deutschland. Das EuRAG umfasst die Anwälte aus der EU, dem EWR und der Schweiz, § 1 EuRAG. Das EuRAG unterscheidet zwischen Anwälten mit Niederlassung in Deutschland nach §§ 2 ff EuRAG und dienstleistenden Anwälten ohne Niederlassung in Deutschland nach §§ 25 ff EuRAG. Es handelt sich um eine Niederlassung, wenn der Anwalt in stabiler und kontinuierlicher Weise eine Berufstätigkeit in einem anderen Mitgliedstaat ausübt, indem er sich von einem Berufsdomizil aus auch an die Angehörigen seines Herkunftsstaats wendet.[20] Eine bloße Dienstleistung liegt vor, wenn der Anwalt nur vorübergehend in einem anderen Mitgliedstaat tätig wird. Entscheidend ist die Dauer, Häufigkeit, die Regelmäßigkeit und Kontinuität der Tätigkeit, § 25 Abs. 1 Satz 2 EuRAG.

42 **a) Niedergelassener europäischer Anwalt, § 2 EuRAG.** Wenn der ausländische Anwalt sich in Deutschland dauerhaft als europäischer Rechtsanwalt niederlassen will, § 2 EuRAG, muss er eine Berufshaftpflichtversicherung abschließen, die hinsichtlich der Bedingungen und dem Deckungsumfang einer Versicherung nach § 51 BRAO entspricht, § 7 Abs. 1 iVm § 6 Abs. 1 EuRAG. Die Anwälte können der Anwaltskammer jährlich bescheinigen, dass die Versicherung ihres Herkunftsstaats ausreichend ist. Praktisch können die Anwälte und die Versicherer nicht feststellen, ob die lokale Versicherung dem genügt, allein schon aufgrund des ausländischen Textes und der Begriffe. Der europäische niedergelassene Anwalt erhält fast ausschließlich für seine Zulassung in Deutschland die Pflichtversicherungsbedingungen der AVB-RS, um die Unsicherheiten zu vermeiden. Die persönliche Haftung eines niedergelassenen europäischen Rechtsanwalts für Ansprüche des Auftraggebers kann er nur dann ausschließen, soweit eine Berufshaftpflichtversicherung oder Garantie besteht, die den Voraussetzungen der §§ 59n und 59o BRAO entspricht, § 8 Abs. 2 EuRAG.

43 **b) Dienstleistender europäischer Anwalt, § 25 EuRAG.** Dienstleistende europäische Rechtsanwälte können unter der Berufsbezeichnung ihres Heimatstaates vorübergehend die Tätigkeiten eines Rechtsanwalts ausüben, § 27 Abs. 1 EuRAG. Zur Führung gerichtlicher Verfahren sowie behördlicher Verfahren wegen Straftaten, Ordnungswidrigkeiten, Dienstvergehen oder Berufspflichtverletzungen, in denen der Mandant nicht selbst den Rechtsstreit führen oder sich verteidigen kann, benötigt der dienstleistende europäische Rechtsanwalt einen deutschen Rechtsanwalt, mit dessen Einvernehmen er handeln darf (Einvernehmensanwalt), § 28 Abs. 1 EuRAG. Der Einvernehmensanwalt muss darauf achten, dass der europäische Anwalt bei der Vertretung oder Verteidi-

---

20 EuGH Slg. 1995, 4165 – Gebhard.

gung das deutsche Verfahrensrecht beachtet. Handlungen, die ohne diesen Nachweis vorgenommen werden, sind unwirksam. Nach § 31 Abs. 1 EuRAG hat der dienstleistende europäische Rechtsanwalt gegenüber dem Gericht oder der Behörde einen Rechtsanwalt als Zustellungsbevollmächtigten zu benennen, wenn er in einem Verfahren vor Gerichten oder Behörden tätig wird.

Nach § 27 Abs. 3 EuRAG hat der dienstleistende Anwalt eine Berufshaftpflichtversicherung abzuschließen, die nach Art und Umfang den durch seine berufliche Tätigkeit entstehenden Risiken angemessen ist. Eine Versicherung eines in Deutschland ansässigen Versicherungsunternehmens ist nicht erforderlich, weil nicht auf § 51 BRAO verwiesen wird. Es ist aber davon auszugehen, dass die Deckung nach Umfang und Versicherungsleistung der einer Berufshaftpflichtversicherung nach § 51 BRAO entsprechen sollte. Eine Abstufung der Risiken ist kaum praktikabel. Daher ist auch hier eine Deckung nach den üblichen Pflichtversicherungen nach den AVB-RS angemessen. Der Versicherer hat die Möglichkeit entsprechend dem tatsächlichen Risiko die Prämie festzulegen. 44

2. Ausländischer Anwalt aus Staaten der WHO und andere Staaten

Ein ausländischer Anwalt kann sich mit Aufnahme in die zuständige Rechtsanwaltskammer in Deutschland unter der Berufsbezeichnung seines Herkunftsstaats niederlassen, §§ 206 f BRAO. Die anwaltliche Tätigkeit ist aber auf das Recht seines Herkunftsstaats beschränkt. Zusätzlich darf er im Völkerrecht beraten, wenn er aus einem Mitgliedsstaat der Welthandelsorganisation (WHO) kommt, § 206 Abs. 2 BRAO. Die Versicherungspflicht des ausländischen Anwalts ist wie beim europäischen Rechtsanwalt geregelt. Der ausländische Anwalt kann der zuständigen Rechtsanwaltskammer eine Versicherungsbestätigung aus seinem Herkunftsstaat vorlegen, die den Bedingungen und Deckungsumfang einer Berufshaftpflichtversicherung nach § 51 BRAO entspricht, § 207 Abs. 3 Satz 2 BRAO iVm § 7 Abs. 1 und 2 EuRAG. Auch hier versichern sich ausländische Anwälte regelmäßig über eine Pflichtversicherung nach § 51 BRAO, da der Nachweis der Gleichwertigkeit regelmäßig schwer zu führen ist. 45

3. Ausländische Organisationsformen

Bei ausländischen Anwaltsgesellschaften mit inländischen Zweigniederlassungen ist zwischen den Staaten der EU und dem EWR und den Mitgliedsstaaten der WHO und den übrigen Staaten zu unterscheiden. 46

Berufsgesellschaften aus der EU/EWR:
Die Rechtsanwaltsgesellschaften, die in einem Mitgliedsstaat in der EU oder dem EWR gegründet wurden, sind grundsätzlich deutschen Rechtsanwaltsgesellschaften gleichgestellt.[21] Für eine Gesellschaft mit Gründung und Satzungssitz in der EU/EWR und einer Berufstätigkeit mit einer Niederlassung in Deutschland ist nach der Gründungstheorie maßgeblich das Gesellschaftsrecht nach dem Recht des Herkunftsstaats und das Verkehrsrecht nach dem deutschen Recht, insbesondere das Vertrags-, Delikts-, Insolvenz- und Steuerrecht und das anwaltliche Berufsrecht.

Diese Gesellschaften aus der EU/EWR haben die umfassende Befugnis zur Rechtsdienstleistung aus § 59k BRAO iVm § 2 RDG. Die Befugnis zur Vertretung vor Gerichten und Behörden ergibt sich aus § 59f BRAO. Es muss aber ein zugelassener Rechtsanwalt oder auch ein niedergelassener europäischer Anwalt in der Gesellschaft tätig sein, weil in der Person der Gesellschafter und Vertreter der Gesellschaft die für die Erbringung von Rechtsdienstleistungen gesetzlich vorgeschriebenen Voraussetzungen vorzuliegen haben, §§ 59k Satz 2, 59l Abs. 2 BRAO. 47

21 EuGH 9.3.1999 – C-212–97, NJW 1999, 2027 ff. – Centros; EuGH 5.11.2002 – C-208/00, NJW 2002, 3614 ff. – Überseering und EuGH 30.9.2003 – C-167/01, NJW 2003, 3331 ff. – Inspire Act.

48 Die gesellschaftsrechtliche Struktur der Gesellschaft richtet sich nach der Gründungstheorie nach dem Gesellschaftsrecht des Herkunftsstaats. Daraus ergibt sich:

- Zulassungspflicht:
  Alle Personengesellschaften mit Ausnahme von den Personengesellschaften, bei denen keine Beschränkung der Haftung der natürlichen Personen vorliegt und denen als Gesellschafter und als Mitglieder der Geschäftsführungs- und Aufsichtsorgane ausschließlich Rechtsanwälte oder sonstige rechts- und wirtschaftsberatende Berufe, insbesondere Steuerberater und Wirtschaftsprüfer angehören; § 59f Abs. 1 Satz 2 BRAO.
- Versicherungspflicht:
  Die haftungsbeschränkten Gesellschaften: 2,5 Mio EUR; Maximierung × Anzahl der Geschäftsführer/Gesellschafter/Scheingesellschafter, mind. 4-fach
  Ausnahme: kleinere Gesellschaften mit nicht weniger als 10 Personen, die anwaltlich oder rechts- und wirtschaftsberatend tätig sind, 1 Mio EUR VSU
  Nicht haftungsbeschränkte Gesellschaften: 500.000 EUR; Maximierung × Anzahl der Gesellschafter/Scheingesellschafter, mind. 4-fach

49 *Berufsgesellschaften aus den WHO-Staaten:*
Die Niederlassungs- und Dienstleistungsfreiheit innerhalb der EU gilt nicht für Rechtsanwaltsgesellschaften mit Satzungssitz außerhalb der EU/EWR – im Übrigen auch nicht für die Schweiz – und einer Zweigniederlassung oder Zweigstelle in der EU/EWR. Nach § 207a BRAO gilt jegliche Freiheit der Organisationsform für diese Zweigniederlassung mit Sitz in Deutschland. Die Zweigniederlassung in Deutschland einer LLP nach britischem oder US-amerikanischem Recht oder einer sonstigen anwaltlichen Organisationsform ist damit erlaubt, da § 207a BRAO keine Hinweise auf Einschränkungen enthält oder auf § 59b BRAO verweist. Andere Organisationsformen bleiben im Übrigen aufgrund multilateraler oder bilateraler Abkommen erlaubt, weil §§ 59b, 207a BRAO nicht abschließend sind.[22] Darunter fallen Verträge mit der Schweiz.

50 Die ausländische Gesellschaft kann Rechtsdienstleistungen auch auf dem Gebiet des deutschen Rechts anbieten, wenn mindestens ein Rechtsanwalt Gesellschafter der ausländischen Rechtsanwaltsgesellschaft ist und in der deutschen Zweigniederlassung Rechtsanwälte in vertretungsberechtigter Anzahl tätig sind. Ausschließlich diese Rechtsanwälte dürfen dann für die Gesellschaft handeln und anwaltlich beraten, § 207a Abs. 4 iVm §§ 59k und 59l BRAO. Wenn diese genannten Voraussetzungen nicht vorliegen, darf die Gesellschaft nur zum Recht des Herkunftsstaats und Völkerrecht beraten und auch nur dann, wenn für sie ein niedergelassener ausländischer Anwalt nach § 206 Abs. 1 BRAO handelt.

51 Wie bei anderen anwaltlichen Berufsgesellschaften auch, sind weitere Voraussetzungen nach § 207a Abs. 1 Nr. 1–4 BRAO für alle ausländischen Gesellschaften erforderlich:

- der Unternehmensgegenstand ist die Rechtsberatung
- die Gesellschaft muss nach dem ausländischen Recht zur Rechtsdienstleistung befugt sein
- Gesellschafter sind Anwälte oder auch europäische Anwälte oder sonstige rechts- und wirtschaftsberatende Berufe gehören ihr an
- die deutsche Zweigniederlassung muss eine eigene Geschäftsleitung haben, die die Gesellschaft vertreten kann.

52 Zulassungspflicht § 207a Abs. 1 Nr. 5 BRAO:
Wichtig zur Zulassung: Es gibt keine Ausnahme von der Zulassungspflicht für nicht-haftungsbeschränkte Gesellschaften. Die Zweigniederlassung der Gesellschaft hat sich ausnahmslos bei der örtlich zuständigen Rechtsanwaltskammer zuzulassen.

53 Versicherungspflicht, § 207 Abs. 2 BRAO:
Für alle ausländischen Gesellschaften gilt, dass eine Berufshaftpflichtversicherung für die Zulassung erforderlich ist. Wie bei den Gesellschaften aus der EU/EWR richtet sich die Art der Pflichtversicherung nach der Art der Haftung, die dem Gesellschaftsrecht folgt, das auf die Gesell-

22 Stellungnahme Henssler zur BRAO-Reform, Sachverständigenanhörung am 14.4.2021; S. 13.

schaft anzuwenden ist. Aber anders als für Gesellschaften aus der EU/EWR mit der Gründungstheorie gilt die Sitztheorie, weil die Jurisdiktionsgewalt des EuGH auf die EU-Mitgliedstaaten und die EWR-Staaten beschränkt ist. Möglich sind abweichende bilaterale oder multilaterale Verträge. Die Gründungstheorie ist demnach zwischen den USA und Deutschland vereinbart, weil hier ein bilateraler Vertrag vorliegt.[23] Für die Jahreshöchstleistung/Maximierung der Versicherungssumme gilt eine Sonderregelung nach § 207a Abs. 2 Satz 3 BRAO: Es kommt allein auf die Zahl der Geschäftsführer der deutschen Zweigniederlassung an. Die Zahl der Geschäftsführer der Muttergesellschaft im Ausland ist wie sonst bei miteinander verbundenen mehrstöckigen Gesellschafen nicht dazuzuzählen.

4. Ausländischer Steuerberater ohne Niederlassung in Deutschland

Die Steuerberatung einer ausländischen Gesellschaft ist zulässig, wenn die Steuerberatung ein 54
Steuerberater/Steuerberatungsgesellschaft mit Sitz im EU-Ausland für Mandanten in Deutschland erbringt, auch ohne dass eine Niederlassung in Deutschland besteht.[24] Es gilt aber § 3a StBerG. Bei ihrer Tätigkeit im Inland unterliegen die ausländischen Steuerberater denselben Berufsregeln wie die in § 3 StBerG genannten Personen, § 3a Abs. 1 Satz 4 StBerG. Eine im EU-Ausland, dem Niederlassungsstaat, genommene Versicherung reicht aus, wenn sie den Anforderungen der Berufshaftpflichtversicherung in Deutschland entspricht. Wenn die Versicherung im Niederlassungsstaat nicht ausreicht, muss der ausländische Steuerberater/Gesellschaft eine Zusatzversicherung abschließen, die die Lücken nach Versicherungssumme und den Bedingungen schließt. Dies kann über eine DIC/DIL-Deckung erfolgen, siehe dazu grundsätzlich Einleitung, Versicherungstechnik zur DIC/DIL-Deckung Rn. 58. Regelmäßig deckt man das Risiko vollständig über die Standard-Pflichtversicherungen wie den AVB-RS ab, da die DIC/DIL-Klausel zu komplex wird.

IX. Deutscher Anwalt im Ausland, § 29a BRAO

Nach § 29a BRAO kann ein in Deutschland zugelassener Anwalt auch eine Kanzlei im Ausland 55
unterhalten oder sogar seinen Kanzleisitz ausschließlich im Ausland haben. Die Kammer kann den Anwalt von der Pflicht befreien, eine Kanzlei in Deutschland zu haben, wenn nicht überwiegende Interessen der Rechtspflege entgegenstehen Nach § 30 BRAO hat dieser Anwalt dann einen Zustellungsbevollmächtigten zu bestellen.[25] Der Anwalt ohne Kanzleisitz in Deutschland benötigt trotzdem eine Berufshaftpflichtversicherung nach § 51 BRAO. Grund hierfür ist, dass er jederzeit das Recht zur Beratung und Vertretung in allen Rechtsangelegenheiten auch im Inland hat.[26] Der Versicherungsschutz umfasst nicht den Versicherungsschutz für die Tätigkeiten, die über die ausländische Kanzlei ausgeübt werden, gleich ob es sich um einen inländischen Sachverhalt eines inländischen Mandanten handelt. Es besteht der Ausschluss nach § 15 I Ziff. 1. Eine im Ausland abgeschlossene Berufshaftpflichtversicherung für die Zulassung des Anwalts ist nicht ausreichend, weil nach § 51 Abs. 1 Satz 2 BRAO die Versicherung bei einem im Inland zum Geschäftsbetrieb befugten Versicherungsunternehmen genommen werden muss.[27] Ausnahme hiervon sind selbstverständlich die in der EU/EWR ansässigen Versicherer, soweit sie notifiziert sind.

Bei der Berufshaftpflichtversicherung des Anwalts ist seine eigene Tätigkeit als Zustellungsbe- 56
vollmächtigter nach § 30 BRAO mitversichert gem. § 18 I, 6. Spiegelstrich, siehe hier § 18 Rn. 132 ff. Nicht versichert ist aber die Tätigkeit eines anderen Anwalts, den der Anwalt zum Zustellungsbe-

23 BGBl. 1956 II 487 (491).
24 EuGH DStR 2016, 558.
25 BGH BRAK-Mitt. 2014, 316.
26 AGH BW BRAK-Mitt. 2009, 85.
27 BGH BRAK-Mitt. 1998, 40.

vollmächtigten bestimmt hat. Dabei muss der Zustellungsbevollmächtigte nicht notwendig ein Anwalt sein, aber praktisch kommt dies nicht vor.

Im Einzelnen besteht Versicherungsschutz für folgende Tätigkeiten:

1. Bereitstellung einer Geschäftsanschrift und die damit regelmäßig verbundenen Dienstleistungen wie die Weiterleitung der eingehenden Postsendungen an den Auftraggeber
2. Bereitstellung einer inländischen Geschäftsanschrift iS v. § 8 Abs. 4 Nr. 1 GmbHG und die damit regelmäßig verbundenen Dienstleistungen wie die Weiterleitung der eingehenden Postsendungen an den Auftraggeber
3. Wahrnehmung von Aufgaben nach § 10 Abs. 2 Satz 2 GmbHG und die damit regelmäßig verbundenen Dienstleistungen wie die Weiterleitung der eingehenden Willenserklärungen an den Auftraggeber.

X. Auslandsschutz bei Patentanwälten, I Ziff. 5

57 Patentanwälte und die Patentanwaltsgesellschaften sind überwiegend international tätig. Aufgrund der beruflichen Risiken sind die bei Anwälten üblichen Ausschlüsse zum Ausland nicht in den Standardbedingungen vereinbart. Der Patentanwalt hat Versicherungsschutz weltweit mit Ausnahme von Haftpflichtansprüchen aus Tätigkeiten über in anderen Staaten eingerichtete oder unterhaltene Kanzleien oder Büros. Mitversichert sind damit die Beratung/Beschäftigung im ausländischen Recht, die Tätigkeit vor ausländischen Patentgerichten und die Inanspruchnahme vor ausländischen Patentgerichten. Bestehen bleibt der Ausschluss für die Ansprüche mit Strafcharakter oder die Ansprüche aufgrund von Anfeindung, Schikane, Belästigung, Ungleichbehandlung, Ehrverletzung, Beleidigung oder sonstigen Diskriminierungen.

B. Veruntreuungsschäden, II

I. Überblick

58 Nach II sind Haftpflichtansprüche wegen Veruntreuung ausgeschlossen, die Mitgesellschafter, Personal oder Angehörige des Versicherungsnehmers verursacht haben. Dies entspricht der gesetzlichen Regelung in § 51 Abs. 3 Nr. 5 BRAO im Gegensatz zur wissentlichen Pflichtverletzung, bei der die Personen nicht genannt sind, siehe zur wissentlichen Pflichtverletzung § 4 Rn. 15 ff. Dementsprechend behalten die Mitgesellschafter den Versicherungsschutz bei einer wissentlichen Pflichtverletzung des Personals oder von angestellten Anwälten mit Regressmöglichkeit bei ihnen, § 4 I Ziff. 3a) iVm § 7 III Ziff. 2 vor.

Bei der Veruntreuung verliert auch der Gesellschafter den Versicherungsschutz, wenn das Personal, angestellte Anwälte Mitgesellschafter oder Angehörige eine Veruntreuung begangen haben. Die Versicherung soll nicht den Gesellschafter in dem Fall schützen, wenn er zusammen mit seinem Personal oder mit Angehörigen Sachen veruntreut, z.B. Mandantengelder zweckentfremdet. Der Ausschluss ist AGB-konform[28] und gilt auch für Scheinsozien/Scheingesellschafter, siehe hier § 15 Rn. 61. Häufigster Anwendungsfall ist die Veruntreuung von Mandantengeldern. Eigene veruntreute Gelder des Berufsträgers sind als Eigenschäden sowieso nicht versichert.

59 Bei der Veruntreuung handelt es sich wie bei der wissentlichen Pflichtverletzung um einen Verstoß, den der Anwalt außerhalb seiner gewöhnlichen beruflichen Tätigkeit begeht. Es handelt sich um kein übliches Berufsversehen. Der Berufsträger handelt bewusst gegen seine Pflichten und ist nicht schützenswert. Zweck des Ausschlusses ist, dass die Versichertengemeinschaft nicht dasjenige tragen muss, was der Versicherungsnehmer zusammen mit anderen ihm nahestehenden Personen veruntreut. Der Risikoausschluss Veruntreuung schließt iVm § 1 die Vermögensschäden

28 OLG Köln VersR 1990, 191.

aus, die sich aus der Veruntreuung ergeben. § 3 III als Sachschadendeckung ergänzt den Ausschluss der Veruntreuung. Danach sind nicht versichert Ansprüche wegen Sachschäden die dadurch entstehen, dass Geld, Wertpapiere, Wertsachen oder Schlüssel abhandenkommen, siehe § 3 Rn. 129 ff. § 3 III und § 15 II schließen damit zusammen jegliche Schäden, gleich ob Sach- oder Vermögensschäden, an Geld oder Wertsachen aus. Dabei ist zu beachten, dass auch der Anspruch des Dritten auf Herausgabe des veruntreuten Geldes nicht versichert ist, weil es sich um einen Erfüllungsanspruch handelt, § 1 I Ziff. 1 Satz 2.[29] Der Ausschluss der Veruntreuung bezieht sich auch auf Ansprüche im Zusammenhang mit einem Anderkonto. Zwar sind hier Erfüllungsansprüche versichert, aber die Veruntreuung ist der allgemeine Ausschluss, der die Erweiterungen des gesetzlichen Versicherungsschutzes umfasst, siehe Anderkontendeckung nach § 17 Rn. 13 ff. Versicherungsschutz für Veruntreuung kann über einen Vertrauensschadenversicherer erlangt werden. Sie decken Vorsatztaten. Ein Vertrauensschadenfonds der Kammern für Schädigungen von Dritten bieten einige wenige Rechtsanwaltskammern an.

II. Veruntreuung

1. Objektive Voraussetzungen

Objektive Voraussetzung des Ausschlusses ist, dass eine Veruntreuung vorliegt, die ein Gesellschafter/Scheingesellschafter, das Personal oder ein Angehöriger begangen hat. Wie üblich beim Verstoßprinzip müssen die Voraussetzungen für den Ausschluss des Versicherungsschutzes wg. Veruntreuung zum Zeitpunkt des Verstoßes vorliegen.

Veruntreuung liegt mindestens vor bei einer Unterschlagung nach § 246 Abs. 2 StGB, Betrug 60
nach § 263 StGB oder eben Untreue nach § 266 StGB.[30] Untreue kann durch einen Anwalt durch Tun oder Unterlassen begangen werden. Verwirklicht er den Tatbestand ausschließlich dadurch, dass er pflichtwidrig dem Mandanten oder einem Dritten zustehende Gelder nicht weiterleitet, sondern auf seinem Geschäftskonto belässt, besteht die Untreue in einem Unterlassen.[31] Veruntreuung ist weiter zu verstehen als der strafrechtliche Begriff. Danach sind alle Handlungen umfasst, die gegen fremdes Vermögen gerichtet sind und die die besondere Vertrauensstellung ausnutzen, die Gesellschafter oder auch das Personal gegenüber dem Mandanten haben. Der Anwalt nützt das besondere Vertrauensverhältnis aus, das zwischen ihm und dem Mandanten besteht. Daher fällt aber Diebstahl als gegen die Sache und nicht das Vermögen als solche gerichtete Handlung nicht unter II, bleibt aber trotzdem unversichert, weil es sich um eine Vorsatztat handelt, § 103 VVG oder zumindest eine wissentliche Pflichtverletzung. Der Diebstahl ist im Übrigen auch nicht nach § 3 III versichert, da es sich um das Abhandenkommen einer Sache handelt.

Der Begriff Mitgesellschafter umfasst auch die Scheingesellschafter. Es gilt die gleiche Ausle- 61
gung wie bei der wissentlichen Pflichtverletzung, siehe dazu ausführlich § 4 Rn. 34 ff. Der BGH hat zum Ausschluss der Veruntreuung entschieden, dass die Ausschlussklausel auch für Scheinsozien, jetzt Scheingesellschafter, gilt. Die Regelung ist mit den wesentlichen Grundgedanken des § 51 Abs. 3 BRAO vereinbar.[32] Das OLG München hatte dagegen noch anders entschieden. Aber die Entscheidung erging zu einem älteren Bedingungswerk, das die Zurechnung für den Ausschluss an nicht passender Stelle regelte. Die Zurechnungsklausel nach § 1 II Ziff. 1 war zum Zeitpunkt des Verstoßes im damalig maßgeblichen Bedingungswerk in § 12 Abs. 3 AVB-RSW[33] geregelt. Das

29 *Diller* A 2.2 Rn. 2.
30 LG Köln GI 2002, 147.
31 BGH BeckRS 2022, 14108.
32 BGH NJW 2011, 3718.
33 § 12 zur Durchschnittsleistung, nicht mehr im aktuellen Bedingungswerk VH 60, da die Gesellschaften selbst Versicherungsnehmer sind und nicht mehr die einzelnen Sozien.

Urteil ist rechtskräftig, weil die Revision nicht zugelassen und eine Nichtzulassungsbeschwerde aufgrund der Wertgrenze nicht statthaft war.[34]

62 Personal ist jeder Mitarbeiter des Versicherungsnehmers. Darunter fallen Angestellte und freie Mitarbeiter. Angehörige sind nach II Ziff. 1 und Ziff. 2 legal definiert. Nach Ziff. 1 sind Angehörige der Ehepartner und der eingetragene Lebenspartner nach dem Lebenspartnerschaftsgesetz oder einer vergleichbaren Partnerschaft nach ausländischem Recht. Nach Ziff. 2 sind Angehörige die Verwandten in gerader Linie, also direkt voneinander abstammen, § 1589 BGB oder die mit dem Berufsträger in gerade Linie verschwägert sind, §§ 1590 Abs. 1 iVm 1589 BGB. Zweiter Grad der Seitenlinie sind die Geschwister des Berufsträgers, § 1589 Satz 2 BGB. Nach II Ziff. 1 und Ziff. 2 ist der Versicherungsschutz ausgeschlossen, wenn andere Mitgesellschafter, das Personal oder Angehörige des Versicherungsnehmers die Veruntreuung begangen haben. Man rechnet die Veruntreuungshandlung den übrigen Gesellschaftern nach § 1 II Ziff. 1 über die Berufsausübungsgesellschaft zu. Der Anwalt haftet nach § 831 BGB darüber hinaus für eine Veruntreuung seines Personals. Er haftet dafür, dass er seine Aufsichts-, Organisations- und Kontrollpflichten verletzt hat, soweit er sich nicht exkulpieren kann. Diese Haftung ist ebenfalls nicht versichert. Zwar handelt es sich bei ihm um eine fahrlässige Handlung, aber die Veruntreuung hat das Personal bereits begangen, was bereits den Versicherungsschutz nach § 51 Abs. 3 Nr. 5 BRAO, § 15 II ausschließt. Es würde sonst dazu führen, dass die an sich ausgeschlossene Veruntreuung wieder versichert wäre.[35]

2. Subjektive Voraussetzungen

63 Der subjektive Tatbestand ist bei der Veruntreuung anders gestaltet als bei der wissentlichen Pflichtverletzung. Bei der wissentlichen Pflichtverletzung muss zwingend dolus directus 2. Grades hinsichtlich der Pflichtverletzung vorliegen, nicht aber Schädigungsabsicht. Es ist sogar unerheblich, ob der Gesellschafter dem Mandanten helfen wollte. Bei der Veruntreuung ist kein Wissen im Sinne des dolus directus erforderlich. Es genügt dolus eventualis. Er muss aber dann auch hinsichtlich aller objektiven Tatbestandsmerkmale vorliegen. Der Anwalt muss sich sowohl der Pflichtwidrigkeit seines Verhaltens als auch des dadurch bewirkten Nachteils für das betreute Vermögen bewusst sein, was gerade bei der wissentlichen Pflichtverletzung nicht der Fall sein muss.

C. Tätigkeit als Angestellter und Syndikusanwalt, III

64 Nach III hat der angestellte Anwalt für seine Tätigkeit keinen Versicherungsschutz. Allein die freiberuflich ausgeübte Tätigkeit ist versichert im ersten Satz vor § 18 BBR-RA, siehe § 18 Rn. 2 ff. Der Ausschluss bezieht sich uneingeschränkt auf die Tätigkeit eines Anwalts bei einem nichtjuristischen Arbeitgeber als Syndikusanwalt nach § 46 Abs. 2 BRAO. Es handelt sich bei der Tätigkeit um eine abhängige Tätigkeit und nicht um eine freiberufliche Tätigkeit. Bei Secondments, wenn Kanzleien für einen begrenzten Zeitraum ihre Anwälte für Projekte in Unternehmen schicken, besteht ebenfalls kein Versicherungsschutz, siehe ausführlich der Anwalt als Freiberufler B Satz 1 Rn. 3 f. Die im Gesetzgebungsverfahren zum Syndikusanwalt angedachte Versicherungspflicht hätte im Übrigen das Ziel verfehlt, die Anwälte von der Rentenversicherungspflicht zu befreien. Die Versicherungsprämie hat sich an Haftung und Risiko zu orientieren. Erstens gilt nach dem BAG die Haftungsprivilegierung des Angestellten dann nicht mehr, wenn eine Haftpflichtversicherung gesetzlich vorgeschrieben ist, zumindest bei einer Kfz-Haftpflichtversiche-

---

34 OLG München NJW-RR 2008, 1560.

35 anders *Diller* A 2.2 Rn. 7.

rung, weil andernfalls die Haftungsprivilegierung nur dem Versicherer zugutekommt.[36] Zweitens wirken anders als die freiberuflichen Anwälte die angestellten Syndikusanwälte an unternehmerischen Entscheidungen mit hoher Tragweite mit, z.B. in den Rechts- und Patentabteilungen von Industriekonzernen. Drittens haben die Vorstandsmitglieder als Vertretungsorgan der Gesellschaft die Pflicht, Ansprüche der Gesellschaft durchzusetzen.[37] Der Vorstand darf grundsätzlich für die Gesellschaft weder auf Ansprüche verzichten noch diese verjähren lassen.[38] Das umfasst dann auch Regressfälle gegen den Syndikusanwalt. Diese drei Punkte bedeuten, dass eine mögliche Berufshaftpflichtversicherung auch fahrlässige Verstöße eines angestellten Syndikusanwalts zu decken hätte, die weit über die Risiken einer Kanzlei hinausgehen und die man nicht vertraglich von vornherein ausschließen kann. Eine Mindestpflichtversicherung von 250.000 EUR, 4-fach wäre nicht für den üblichen Tarif zu erhalten. Der Versicherer hätte zu berücksichtigen, dass die Versicherungssumme bei jedem möglichen Schadenfall auszureservieren wäre. Die Übernahme der Versicherungsprämie durch den Arbeitgeber würde daneben dazu führen, dass der Arbeitnehmer die Prämien als geldwerten Vorteil zu versteuern hätte. Eine Versicherung wäre kaum möglich gewesen und hätte im Übrigen bedeutet, dass auch ein angestellter Anwalt einer Steuerberatungs- oder Prüfungsgesellschaft ebenfalls für seine Risiken abzusichern gewesen wäre, was nicht Ziel der Regelung in der BRAO gewesen ist.

Der Ausschluss nach III ergänzt nach dem Wortlaut den Ausschluss des § 4 II Ziff. 2. Diese 65
Regelung im Allgemeinen Teil stellt klar, dass die Tätigkeiten in übergeordneten Leitungs-, Kontroll- und Überwachungstätigkeiten in Abhängigkeitsverhältnissen nicht versichert sind. III im Besonderen Teil korrespondiert mit § 4 II Ziff. 2 und umfasst die Tätigkeiten aus untergeordneten Angestelltenverhältnissen. Beide Ausschlüsse sind klarstellend, weil allein die gesetzliche Haftpflicht des Versicherungsnehmers aus der gegenüber seinem Auftraggeber freiberuflich ausgeübten Tätigkeit als Rechtsanwalt versichert ist. Die weisungsabhängige Tätigkeit ist nicht versichert. Dies entspricht der Regelung in § 51 BRAO für einen freiberuflichen Anwalt mit Versicherungszwang und der Regelung in den §§ 46 BRAO für die angestellten Anwälte. Andere Ausschlüsse sind gesetzlich nicht zulässig.

36 BAG BeckRS 9998, 119333.
37 BGH NJW 1992, 1166.
38 OLG Koblenz NJW-RR 2000, 483, 484 für GmbH-Geschäftsführer.

§ 16 Meldepflichten des Versicherers

Der Versicherer ist verpflichtet, der Rechtsanwalts- bzw. Patentanwaltskammer den Beginn und die Beendigung oder Kündigung des Versicherungsvertrages sowie jede Änderung des Versicherungsvertrages, die den vorgeschriebenen Versicherungsschutz beeinträchtigt, unverzüglich mitzuteilen.

1 Nach § 16 ist der Versicherer verpflichtet der Rechtsanwalts- bzw. Patentanwaltskammer den Beginn und die Beendigung oder Kündigung des Versicherungsvertrages sowie jede Änderung des Versicherungsvertrages, die den vorgeschriebenen Versicherungsschutz beeinträchtigt, unverzüglich mitzuteilen. Diese Regelung ist nach § 51 Abs. 6 BRAO in den Versicherungsvertrag aufzunehmen. Der Versicherer hat darüber hinaus nach § 113 Abs. 2 VVG dem Anwalt eine Bestätigung zu geben, dass seine Berufshaftpflichtversicherung den gesetzlichen Vorgaben entspricht, § 12 Abs. 2 Satz 2 BRAO. Gleiches gilt zu den Meldepflichten gegenüber der Steuerberaterkammer nach § 27. Zu den haftungsbeschränkten Gesellschaften bestehen bei den regionalen Rechtsanwaltskammern, aber nicht bei den Steuerberaterkammern, unterschiedliche Auffassungen, welches Datum für den Versicherungsbeginn die Versicherungsbestätigung enthalten muss. Entweder das Registrierungsdatum der jeweiligen Registerbehörde wie z.B. die Eintragung einer PartmbB im Partnerschaftsregister nach § 7 Abs. 1 PartGG oder das Zulassungsdatum bei der Anwaltskammer. Das Zulassungsdatum sollte maßgeblich sein, da erst dann die volle Rechtsdienstleistungsbefugnis und Postulationsfähigkeit vorliegt.[1] Der Versicherer hat unverzüglich der Kammer mitzuteilen, dass der Versicherungsschutz beeinträchtigt ist, § 121 BGB. Der zuständigen Kammer darf der Versicherer auf Nachfrage Daten zum Versicherungsschutz auch ohne Zustimmung des Berufsträgers mitteilen. Voraussetzung ist, dass ein unmittelbarer Sachzusammenhang besteht und das Recht des Versicherers besteht, seine Leistungsfreiheit auch gegenüber dem geschädigten Dritten nach § 117 Abs. 2 VVG herbeizuführen. Das ist auch im Interesse des Versicherers, der andernfalls gegenüber den Dritten leistungspflichtig aufgrund der Pflichtversicherungsregelungen bleibt.

2 Eine Pflicht zur Abmeldung gegenüber den Kammern entfällt bei nicht-haftungsbeschränkten Gesellschaften, da es für nicht zugelassene Berufsausübungsgesellschaften keine zuständige Stelle gibt und die Versicherer keine Versicherungsbestätigung abgeben müssen, § 117 Abs. 2 Satz 5 VVG. In § 59f Abs. 4 BRAO, § 52f Abs. 4 PAO, § 53 Abs. 4 StBerG[2] sind die Sonderfälle geregelt, dass eine Berufsausübungsgesellschaft nach Abschluss des Versicherungsvertrages ihre freiwillige Zulassung beantragt und ihren Berufshaftpflichtversicherer hierüber nicht informiert. Wenn der Versicherer keine Kenntnis von der Zulassung erhält, werden die Rechtsanwaltskammern und anderen Kammern verpflichtet, den Berufshaftpflichtversicherer, über die Zulassung zu informieren, andernfalls würde eine Nachhaftung des Versicherers bestehen, ohne dass er davon Kenntnis hat. Die Versicherer sind dann wieder verpflichtet die Abmeldung mitzuteilen, um die Folgen von § 117 Abs. 2 VVG zu vermeiden.

1 Henssler/Prütting/*Henssler* BRAO § 59f Rn. 29; BGH NJW 2012, 2592. Die Postulationsfähigkeit besteht erst mit der Zulassung.

2 In-Kraft-Treten erst nach 6 Monaten nach Verkündung des Gesetzes zur Regelung hybrider und virtueller Versammlungen.

https://doi.org/10.1515/9783111396415-018

§ 17 Pflichtversicherung

I. Überschreiten der Pflichtversicherung

[1]Soweit der Versicherungsvertrag den Inhalt oder Umfang der Pflichtversicherung überschreitet, gelten die Bedingungen des Teil 1 entsprechend, soweit nichts Abweichendes, z.B. durch zusätzliche Vereinbarungen, bestimmt ist. [2]Erweiterungen des Versicherungsschutzes lassen den Umfang des gesetzlich vorgeschriebenen Versicherungsschutzes unberührt.

II. Ausschluss kaufmännischer Risiken

[1]Ergänzend zu § 4 bezieht sich der Versicherungsschutz nicht auf Haftpflichtansprüche wegen Schäden aus einer kaufmännischen Kalkulations-, Spekulations- oder Organisationstätigkeit. [2]Soweit der Versicherungsnehmer gemäß InsO (z.B. als (vorläufiger) Insolvenzverwalter, Sonder(insolvenz)verwalter, Gläubigerausschussmitglied, Sachwalter und Treuhänder), gemäß StaRUG als Restrukturierungsbeauftragter, Sanierungsmoderator und Gläubigerbeiratsmitglied oder als gerichtlich bestellter (vorläufiger) Liquidator oder Abwickler oder gemäß § 55 BRAO als Abwickler einer Praxis tätig ist, sind Haftpflichtansprüche wegen Schäden aus einer kaufmännischen Kalkulations- oder Organisationstätigkeit bis zur Höhe der vereinbarten Versicherungssumme, maximal in Höhe von EUR 2.500.000 je Versicherungsfall und Versicherungsjahr versichert.

III. Deckung für Auszahlungsfehler bei Anderkonten

[1]Versicherungsschutz wird auch für den Fall geboten, dass der Versicherungsnehmer wegen einer fahrlässigen Verfügung über Beträge, die in unmittelbarem Zusammenhang mit einer Rechtsanwaltstätigkeit auf ein Anderkonto eingezahlt sind, von dem Berechtigten in Anspruch genommen wird. [2]Das gleiche gilt für die Inanspruchnahme des Versicherungsnehmers aus fahrlässigen Verfügungen über fremde Gelder, die zur alsbaldigen Anlage auf ein Anderkonto in Verwahrung genommen und ordnungsgemäß verbucht sind.

Übersicht

https://doi.org/10.1515/9783111396415-019

A. Überschreiten der Pflichtversicherung, I

1 Nach I ist der Versicherungsvertrag in Inhalt und Umfang als Einheit zu betrachten. Wenn die Regelungen zur Pflichtversicherung überschritten werden, gelten die Bedingungen des Allgemeinen Teil 1 und damit die §§ 1 bis 13. Es finden sich in den Verträgen jedoch immer individuelle Ausnahmen, Sublimits oder Erweiterungen. Um sicherzugehen, dass die Pflichtversicherung und die nachfolgenden Exzedenten auch versicherungstechnisch getrennt bleiben, sollte der Versicherer zwei Verträge ausstellen. Andernfalls besteht die Gefahr, dass nach § 113 Abs. 3 VVG die Einheitlichkeit des Versicherungsvertrags anzunehmen ist.[1] Ausschlüsse, die im Exzedenten möglich sind, aber nicht im Rahmen der Pflichtversicherung, könnten unwirksam sein. Dies ist nach § 113 Abs. 3 VVG nicht unbedenklich. Praktisch gehen die Versicherer den Weg, einen einzigen Vertrag, auch auf Kundenwunsch, zu erstellen. Das Risiko, dass die Sublimits und Ausschlüsse nicht wirksam sind, betrachtet man als theoretisch, siehe hierzu § 15 Rn. 35.

2 Nach I Satz 2 lassen Erweiterungen des Versicherungsschutzes den Umfang des gesetzlich vorgeschriebenen Versicherungsschutzes unberührt. Die Regelung ist erforderlich, um das Verhältnis der mitversicherten nicht-anwaltlichen Tätigkeiten zur Pflichtversicherung zu bestimmen, insbesondere zu den amtsähnlichen persönlichen Tätigkeiten nach § 18, wie z.B. der Insolvenzverwaltung. Diese mitversicherten Tätigkeiten sind keine anwaltlichen Tätigkeiten. Sie unterliegen nicht der Pflichtversicherung nach § 51 BRAO. Die Pflichtversicherung legt gesetzlich fest, dass die Pflichtversicherungsleistungen immer für die pflichtversicherte Tätigkeit, die anwaltliche Tätigkeit, zur Verfügung stehen muss. Die anderen Tätigkeiten dürfen den Versicherungsschutz nicht beeinträchtigen. Eine Schadensersatzleistung im Rahmen einer Insolvenzverwaltung oder einer sonstigen mitversicherten Tätigkeit darf nicht die Pflichtversicherungssumme schmälern. Wenn die Versicherungsleistung eines Jahres durch die mitversicherte Tätigkeit ausgeschöpft wäre, hat der Versicherer weiterhin in Höhe der Mindestpflichtversicherung für die anwaltlichen Fälle zu leisten. Dies gilt selbstverständlich nicht umgekehrt. Wenn anwaltliche Schadensfälle die Leistung erschöpft haben, ist der Versicherer leistungsfrei, gleich ob es sich um weitere Anwaltsfälle oder sonstige mitversicherte Schadenfälle handelt; siehe dazu auch § 18 Rn. 9.

B. Ausschluss kaufmännische Risiken, II

3 Nach II sind kaufmännische Risiken vom Versicherungsschutz ausgeschlossen. Dabei handelt es sich um Schäden aus einer kaufmännischen Kalkulations-, Spekulations- oder Organisationstätigkeit. Wenn der Anwalt eine Tätigkeit nach der InsO ausübt, sind aber die Schäden wieder versichert und zwar aus einer kaufmännischen Kalkulations- oder Organisationstätigkeit bis zur Höhe der vereinbarten Versicherungssumme, maximal in Höhe von 2,5 Mio EUR für einen Versicherungsfall und für alle Versicherungsfälle eines Jahres zusammen. Schäden aus einer Spekulationstätigkeit bleiben auf jeden Fall ausgeschlossen.

I. Begriffe unternehmerisches Risiko und kaufmännische Tätigkeiten

4 Ergänzend zu § 4 bezieht sich der Versicherungsschutz nicht auf Haftpflichtansprüche wegen Schäden aus einer kaufmännischen Kalkulations-, Spekulations- oder Organisationstätigkeit. Der Wortlaut von II ist in der Überschrift *„Ausschluss kfm. Risiken"* missverständlich, weil es sich um einen gesetzlich nicht zulässigen Ausschluss handeln würde. Nach § 51 BRAO sind nur bestimmte Ausschlüsse möglich, weitere nicht genannte Ausschlüsse sind nicht möglich. Der Ausschluss der kfm. Risiken bezieht sich zum einen auf das bestehende Berufsbild des Anwalts und ist hier klarstellend. Der Anwalt ist Rechtsberater und nicht Kaufmann. Daher können auch die kfm.

1 Langheid/Rixecker/*Langheid* § 113 Rn. 8 ff.

Tätigkeiten nicht versichert sein. Die Ergänzung zu den anderen Ausschlüssen ist aber andererseits bei den mitversicherten Tätigkeiten erforderlich. Die Tätigkeiten kann ein Anwalt ausüben, sie sind aber wie z.B. die Insolvenzverwaltung oder Testamentsvollstreckung nicht-anwaltlicher Art. Die kaufmännische Tätigkeit kann Teil des Berufsbildes sein. Ein ausdrücklicher Ausschluss ist daher notwendig und zulässig, da die mitversicherten Tätigkeiten nicht § 51 BRAO unterliegen.

1. Unternehmerisches Risiko

Die Risiken aus kaufmännischer Kalkulations-, Spekulations- oder Organisationstätigkeit sind zunächst vom allgemeinen unternehmerischen Risiko abzugrenzen. Das unternehmerische Risiko ist vom Versicherungsschutz ausgeschlossen, weil es keine anwaltliche Tätigkeit ist. Ausdrücklich ausgeschlossen ist das unternehmerische Risiko bei der Tätigkeit von Steuerberatern, § 26 III. Der Ausschluss gilt für die steuerberatende Tätigkeit und auch für die mitversicherten Tätigkeiten. Der Versicherungsschutz bei diesen Berufsgruppen bezieht sich nicht auf Haftpflichtansprüche aus Schäden, die dadurch entstanden sind, dass der Versicherungsnehmer im Bereich eines unternehmerischen Risikos einen Verstoß begeht, das sich im Rahmen der Ausübung einer versicherten Tätigkeit ergibt, z.B. als Testamentsvollstrecker, soweit ein gewerbliches Unternehmen zum Nachlass gehört, § 26 III Ziff. 1 für Steuerberater. 5

Für Anwälte gilt der Ausschluss des unternehmerischen Risikos ebenfalls, was aber nicht ausdrücklich genannt werden muss. Die Kerntätigkeit des Anwalts umfasst die Tätigkeit in konkreten fremden Angelegenheiten des Mandanten, die eine rechtliche Prüfung des Einzelfalls erfordern, § 2 Abs. 1 RDG. Er entscheidet für seinen Mandanten nicht unternehmerisch. Gleiches gilt für die mitversicherten Tätigkeiten, wie z.B. Insolvenzverwaltung. Das Insolvenzverfahren sieht grundsätzlich Möglichkeiten der Abwicklung des Schuldnerunternehmens vor: Das Regelverfahren zur Befriedigung der Gläubiger und die Unternehmenssanierung zur Fortführung des Unternehmens, § 1 InsO, und das Restrukturierungsverfahren in der Eigenverwaltung. Die Unternehmensfortführung ist auch Kernaufgabe des vorläufigen Insoverwalters, § 22 Abs. 1 Satz 2 Nr. 2 InsO. In beiden Fällen, aber insbesondere bei der Unternehmensfortführung, trifft der Insoverwalter unternehmerische Entscheidungen. Er trägt das Geschäftsführungsrisiko. Die Tätigkeit eines Insoverwalters unterscheidet sich aber aufgrund des Berufsbildes von der eines Unternehmers. Der Insoverwalter trifft zwar unternehmerische Entscheidungen, ist aber in seiner Verwaltungs- und Verfügungsbefugnis eingeschränkt aufgrund seiner Stellung zu den Gläubigern und der Aufsicht durch das Gericht. Er ist nach der „Amtstheorie" eine Art „amtlicher Treuhänder", der materiell-rechtlich wie auch prozessual im eigenen Namen für und gegen die Insolvenzmasse handelt.[2] Im Rahmen dieses Aufgabenfeldes besteht Versicherungsschutz. Diese Tätigkeit unterfällt nicht dem Risikoausschluss. Anders aber, wenn die Insoverwaltung des Betriebes vollständig in den Hintergrund getreten ist und der Insoverwalter echte unternehmerische Zwecke verfolgt. Rein unternehmerisches Handeln liegt vor und damit eine nicht versicherte Tätigkeit, wenn die leitenden Entscheidungen nicht vom Insozweck geprägt, sondern auf einen gewinnbringenden Überschuss gerichtet sind.[3] Dies gilt beispielsweise, wenn der Insoverwalter aktiv die Geschäfte übernommen hat, indem er persönlich nach außen wie ein Leiter des Unternehmens auftritt.[4] Siehe zur Insolvenzverwaltung und Versicherungsschutz für kfm. Tätigkeiten auch § 18 Rn. 43 f. 6

2 NV BFH 2020, 377.
3 Dazu *Diller* A 4.2 Rn. 8.
4 BGH VersR 1980, 353.

2. Kaufmännische Kalkulations-, Spekulations- oder Organisationstätigkeit, II Satz 1

7 Die Risiken aus kaufmännischer Kalkulations-, Spekulations- oder Organisationstätigkeit sind ausgeschlossen. Diese Merkmale umschreiben konkrete betriebswirtschaftliche Tätigkeiten. Kalkulation ist allgemein die Berechnung, um Kosten zu ermitteln, wie z.B. Preis einer Ware oder eines Projekts. Risiken aus einer anwaltlichen kalkulatorischen Tätigkeit bleiben dagegen versichert, z.B. wenn der Anwalt die Bilanz eines Unternehmens zu Betriebsausfallschäden prüft, ob eine Schadensersatzforderung der Höhe nach korrekt ist. Die Tätigkeit ist kalkulatorisch, sie ist aber nicht kaufmännisch. Die Prüfung ist für sich genommen nicht gewinnorientiert, sondern eine notwendige Tätigkeit, um anwaltlich beraten zu können.

8 Begriffe: Kfm. Organisation bedeutet die Regelung von Arbeitsmengen und Geschäftsvorfällen. Die abstrakte Menge an Arbeit/Geschäften ist nach betriebswirtschaftlichen Methoden bestmöglich zu gestalten und effizient zu verteilen. Der Anwalt hingegen berät seinen Mandanten zu einem konkreten Einzelfall. Der Anwalt erarbeitet den individuellen Sachverhalt, subsumiert ihn und berät den Mandanten, welche Möglichkeiten bestehen und klärt ihn zu den Risiken auf. Eine Spekulation liegt vor, wenn man versucht aus Preisdifferenzen Gewinn zu erzielen, wie z.B. Aktienanlage, wenn man steigende oder fallende Kurse erwartet. Es muss sich um eine gewinnorientierte Handlung handeln. Das Merkmal „kaufmännisch" liegt vor, wenn es sich um eine betriebswirtschaftliche Tätigkeit handelt. Dabei ist von einer typischen Tätigkeit auszugehen, die gerade ein Kaufmann vornimmt, um das Unternehmen voranzubringen.

II. Rechtsfolge

9 Der Ausschluss der kaufmännischen Tätigkeiten ist deklaratorisch und konstitutiv. Er ist deklaratorisch, soweit es sich um anwaltliche Tätigkeiten handelt. Er ist konstitutiv, soweit es sich um die mitversicherten persönlichen amtsähnlichen Tätigkeiten handelt, wie z.B. der Testamentsvollstreckung.

1. Deklaratorischer Ausschluss bei anwaltlicher Tätigkeit

10 Der für die anwaltliche Tätigkeit deklaratorische Ausschluss ist systematisch zu den Ausschlüssen in § 4 zu sehen. § 51 BRAO erlaubt gesetzlich nur bestimmte Ausschlüsse für die anwaltliche Berufstätigkeit. Andere Ausschlüsse ergeben sich nur aus dem Berufsbild des Anwalts. Der Rechtsanwalt handelt in der Praxis grundsätzlich gewinnorientiert. Es gibt aber gesetzliche Berufspflichten, die das Berufsbild des Anwalts prägen, anders als einen Gewerbetreibenden wie einem Kaufmann. Der Anwalt ist unabhängiges Organ der Rechtspflege und kein Kaufmann, § 1 BRAO. Seine Freiheitsrechte gewährleisten die Teilhabe des Bürgers am Recht. Seine Tätigkeit dient der Verwirklichung des Rechtsstaats, § 1 Abs. 2 BORA. Unter sein Freiheitsrecht fällt auch seine wirtschaftliche und finanzielle Unabhängigkeit.[5] Eine kaufmännische Tätigkeit entspricht damit nicht dem Berufsbild eines unabhängigen Rechtsanwalts. Die spezifischen kaufmännischen Risiken sind bei der anwaltlichen Tätigkeit nicht versichert gem. § 1. Andere Versicherer gehen den umgekehrten Weg. Sie versichern ausschließlich die kaufmännischen Tätigkeiten bei Tätigkeiten im Rahmen der Insolvenzordnung und regeln sonst nichts weiter. Es fehlt ausdrücklich der Ausschluss, es handelt sich ausdrücklich um eine Erweiterung des Versicherungsschutzes. Diese Versicherer schließen wohl im Umkehrschluss aufgrund des Berufsbildes des Anwalts als Rechtsberater und bei den sonstigen mitversicherten Tätigkeiten die kaufmännischen Risiken aus.[6]

5 *Pfeiffer* BRAK-Mitt. 1987, 104.

6 Z.B. Allcura § 9 Deckung für kaufmännische Risiken Teil 2 Besondere Versicherungsbedingungen RB RA 2011-08.

2. Konstitutiver Ausschluss bei amtsähnlicher persönlicher Tätigkeit

Konstitutiv gilt der Ausschluss für die mitversicherten amtsähnlichen persönlichen Tätigkeiten. 11 Sie sind nach § 51 BRAO nicht Teil des Pflichtversicherungsumfangs. Es handelt sich um Tätigkeiten die typischerweise ein Anwalt ausübt, die ganz überwiegend kaufmännisch und betriebswirtschaftlich geprägt sind. Es handelt sich aber nicht um anwaltliche Tätigkeiten.[7] Der Ausschluss der kfm. Tätigkeiten ergibt sich systematisch aus dem Umkehrschluss zu II Satz 1. Der Ausschluss ist ausdrücklich genannt. Die Ausnahme mit einem Sublimit besteht gem. II Satz 2 allein für die Tätigkeiten im Rahmen der Insolvenzordnung. Daher bleibt der Ausschluss für alle anderen Tätigkeiten ausdrücklich bestehen. Dies gilt insbesondere für die anderen amtsähnlichen Tätigkeiten, wie Testamentsvollstreckung oder Betreuung.

III. Kfm. Kalkulations- oder Organisationstätigkeit, II Satz 2

Bei Insolvenzverwaltern, Restrukturierungsbeauftragten und anderen Abwicklertätigkeiten wie 12 Liquidation und Abwicklern besteht ausdrücklich Versicherungsschutz für Haftpflichtansprüche wegen Schäden aus einer kaufmännischen Kalkulations- oder Organisationstätigkeit bis zur Höhe der vereinbarten Versicherungssumme, maximal in Höhe von EUR 2.500.000 und für alle Versicherungsfälle eines Jahres. Die Aufzählung ist abschließend und nicht beispielhaft. Ausgeschlossen bleiben Ansprüche aus einer Spekulationstätigkeit, z.B. aufgrund der Anlage von privatem oder Unternehmens- und Betriebsvermögen in Vermögenswerte mit spekulativem Charakter, wie z.B. Derivate, Aktien und Optionsscheine. Dabei kommt es nicht darauf an, ob der Schwerpunkt der Tätigkeit kaufmännisch ist. Es kommt allein darauf an, ob der konkrete Verstoß auf einer fehlerhaften kaufmännischen Kalkulation oder Organisation beruht.

C. Anderkontendeckung, III

I. Berufsrecht

Der Anwalt hat bei der Ausübung seiner Tätigkeit Grundpflichten zu beachten. Er ist bei der 13 Behandlung der ihm anvertrauten Vermögenswerte zu der erforderlichen Sorgfalt verpflichtet. Fremde Gelder sind unverzüglich an den Empfangsberechtigten weiterzuleiten oder auf ein Anderkonto einzuzahlen, § 43a Abs. 7 Satz 2 BRAO. Dies gilt auch bei Fremdgeldern der Rechtsschutzversicherung.[8] Das Nähere regelt § 4 BORA über die Verwaltung von Fremdgeldern. Zum Schutz des Vermögens des Mandanten gibt es spezielle Anderkontenbedingungen, die die Standesvertretungen mit den Banken entsprechend den berufsrechtlichen Vorgaben ausgehandelt haben. Die AVB-RS folgen in diesem Fall den Grundpflichten und bieten Deckungsschutz für die fehlerhafte Verfügung von Geldern im Rahmen einer Anderkontendeckung, III. Die Verletzung der Grundpflichten ist jedoch im Übrigen nicht zwingend identisch mit der Deckung über die Berufshaftpflichtversicherung nach § 51 BRAO. Wenn der Anwalt z.B. seine Grundpflicht verletzt, sich fortzubilden gem. § 43a Abs. 8 BRAO, gibt es keinen gedeckten Schadensersatzanspruch, wenn die Kammer wg. fehlender Fortbildung des Anwalts Maßnahmen ergreift.

7 *Diller* A 4.2 Rn. 8.
8 AGH Hamburg BeckRS 2023, 48053.

II. Anderkontendeckung als Erweiterung der Pflichtversicherung

14 Bei der Treuhanddeckung nach III handelt es sich um eine Erweiterung des gesetzlich erforderlichen Versicherungsschutzes. Die Deckung ist nicht Teil der nach § 51 BRAO erforderlichen Pflichtdeckung. Dies folgt bei der fahrlässigen Verfügung über Gelder allein schon daraus, dass der Anspruchsberechtigte gegenüber dem Anwalt keinen Schadensersatzanspruch geltend macht, sondern einen Erfüllungsanspruch. Wenn der Anwalt eine fehlerhafte Verfügung trifft, z.B. an den falschen Geschäftspartner überweist, gar nicht handelt oder auch zu wenig überweist, hat der Geschäftspartner weiterhin Anspruch auf das Geld, ggf. kann er seinen Anspruch auf § 667 BGB stützen. § 51 BRAO verlangt jedoch ausschließlich eine Deckung für Haftpflichtgefahren aus der Berufstätigkeit und keine Deckung für Erfüllungsansprüche. Erfüllungsansprüche und Erfüllungssurrogate sind von der Versicherung nicht gedeckt, da nicht die unternehmerische Leistung des Anwalts versichert ist, sondern die Gefahren aus seinem Tätigwerden selbst. Es besteht auch keine Deckung für Auszahlungsfehler über die Sachschadendeckung nach § 3 III Ziff. 1. Nicht versichert sind Ansprüche wegen Sachschäden, die entstehen durch Abhandenkommen von Geld, geldwerten Zeichen, Wertsachen, Inhaberpapieren und in blanko indossierten Orderpapieren, siehe § 3 Rn. 129 ff.

15 Das Anderkonto ist ein offenes Treuhandkonto. Es dient der gesonderten Verwahrung von Mandantengeldern. Nur Kammerberufler dürfen ein Anderkonto eröffnen. Der Anwalt als Treuhänder soll auf fremde Rechnung das Vermögen des Dritten als Treugeber verwalten. Die Bedingungen verlangen, dass ein Zusammenhang mit der Ausübung der anwaltlichen berufsständischen Tätigkeit steht. Der Anwalt darf kein eigenes Geld auf das Anderkonto einzahlen oder das eingezahlte Geld für sich verwenden. Um bestmöglichen Schutz zu bieten, ist grundsätzlich für jedes Mandat ein gesondertes Anderkonto zu führen. Rechts- und auch Patentanwälte können auch mehrere Mandate über Sammelanderkonten abwickeln. Der Anwalt muss den jeweiligen wirtschaftlich Berechtigten angeben oder beim Sammelanderkonto auf Anforderung benennen. Gläubiger des Anwalts können nicht auf das Geld des Treuhandkontos zugreifen, da es wirtschaftlich dem Treugeber zugeordnet wird. Dem Treugeber steht die Drittwiderspruchsklage gemäß § 771 ZPO zu. Der Anwalt darf Werte, die seinen eigenen Zwecken dienen, nicht dem Anderkonto zuführen oder auf dem Anderkonto belassen, andernfalls handelt es sich nicht mehr um ein Anderkonto. Das Geschäftskonto des Anwalts, auf das er die Einnahmen und Ausgaben laufen lässt, ist kein Anderkonto iSd § 17 III.

1. Bezug zur Rechtsanwaltstätigkeit, III Satz 1

16 Wichtigste Deckungsvoraussetzung ist, dass ein unmittelbarer Bezug mit einer Rechtsanwaltstätigkeit besteht, sowohl bei Fehlverfügungen über Gelder, die sich bereits auf dem Anderkonto befinden gem. Satz 1 als auch bei Fehlverfügungen, die alsbald auf das Anderkonto eingezahlt werden sollen gem. Satz 2. Dies ergibt sich aus der Formulierung *„...Das gleiche gilt...“* Rechtsanwaltstätigkeit meint die anwaltliche Tätigkeit iSd § 1, zur Abgrenzung anwaltliche und nicht-anwaltliche Tätigkeit, siehe § 1 Rn. 26 ff. Nicht versichert sind Auszahlungsfehler, wenn eine mitversicherte persönliche oder amtsähnliche Tätigkeit nach § 18 vorliegt, wie z.B. Verfügungen als Insoverwalter oder Testamentsvollstrecker. Es handelt sich erstens nicht um Anwaltstätigkeiten und zweitens kann der Berufsträger bei diesen Tätigkeiten kein Anderkonto, sondern nur ein offenes Treuhandkonto eröffnen, da er nicht als verkammerter Berufsträger, sondern als sonstiger Dritter handelt. Auf jeden Fall besteht ein Bezug, wenn es sich um eine anwaltstypische Tätigkeit handelt, wie z.B. Weiterleitung eines Gerichtskostenvorschusses oder ein außergerichtlicher Vergleich wird geschlossen und die Gegenseite überweist das Geld an den Anwalt oder der Versicherer leistet nach Vorlage einer Zahlungsvollmacht auf ein Anderkonto des Anwalts.

Nicht versichert hingegen sind Leistungen auf ein Anderkonto, wenn sie kaufmännisch oder treuhänderisch oder auch privat veranlasst sind.[9] Das Einrichten eines Anderkontos zur bloßen Zug-um-Zug Abwicklung eines Kaufs ist nicht ausreichend, auch wenn das anwaltliche Anderkonto den Sinn hatte, die Seriosität der finanziellen Transaktion herauszustellen.[10] 17

Grundsätzlich gilt die Abgrenzung zwischen anwaltlicher und nicht-anwaltlicher Tätigkeit, aber allein der Wortlaut *„unmittelbarer Zusammenhang mit der Rechtsanwaltstätigkeit"* nach III unterscheidet sich von der Deckung nach § 1 *„bei Ausübung beruflicher Tätigkeit"*. Die Grenze zu einem nicht gedeckten Auszahlungsfehler ist bei der Anderkontendeckung schneller erreicht, denn es handelt sich um eine Erweiterung des gesetzlich geforderten Versicherungsschutzes und um keine Pflichtdeckung und versichert sind Erfüllungsansprüche und nicht Schadensersatzansprüche. Versicherungsschutz besteht, wenn das Einrichten des Anderkontos im Zusammenhang mit der Rechtsberatung aus einem weitergehenden Treuhandverhältnis steht, gerade weil eine besondere Vertrauensstellung der Anwaltsnotarin aus Sicht des Kunden bestand.[11] Kein Versicherungsschutz besteht, wenn der Hauptinhalt darin liegt, die fremden Gelder zu verwalten.[12] Kein Versicherungsschutz dürfte auch bestehen, wenn der Anwalt die Gelder nach einer umfassenden Treuhandvereinbarung zu verwalten und zu überweisen hat. Er handelt als Dienstleister des Mandanten, um dessen Geschäftsvorgang abzuschließen, z.B. das Closing eines M&A-Projekts. Der Zahlungsvorgang und die Abwicklung eines Geschäfts als solches stehen im Vordergrund. Ebenfalls besteht keine Deckung, wenn der Anwalt auf einem Anderkonto Geld erhält, welches von einem Dritten in Erfüllung einer mit dem Mandanten getroffenen Vereinbarung geleistet wird. Der Mandant saß in U-Haft und ein Dritter sammelte Geld für die Kaution und zahlte sie auf das Anderkonto des Anwalts ein. Der Anwalt handelt als Vertreter seines Auftraggebers und nicht des Mandanten.[13] Die Grenze der Anderkontendeckung kann die wirtschaftlich-kaufmännische Ausführung eines Geschäfts sein, wenn z.B. die Kanzlei ein Anderkonto einrichtet, um den Kauf von Kunstgegenständen im Rahmen eines eigenständigen Treuhandauftrags zu übernehmen. 18

2. Fremdgelder

III Satz 1 bietet Deckungsschutz für fahrlässige Verfügungen über Geld, das sich bereits auf dem Rechtsanwaltsanderkonto befindet. III Satz 2 bietet Deckungsschutz für fahrlässige Verfügungen über Geld, das sich noch nicht auf dem Anderkonto befindet, aber darauf gebucht werden soll. Der Begriff *„Betrag"* nach Satz 1 meint allein das Buchgeld auf dem Anderkonto des Anwalts, das wirtschaftlich dem Treugeber gehört und damit immer fremd aus Sicht des Anwalts ist. Der Begriff *„fremde Gelder"* nach Satz 2 ist demgegenüber weitergehender. Es handelt sich nicht nur um Buchgeld, sondern umfasst auch das Bargeld des Berechtigten, weil der Anwalt das Bargeld dann in Verwahrung nimmt, um es auf das Anderkonto einzuzahlen. Nicht unter den Deckungsschutz fallen sonstige Vermögenswerte iSd § 4 Abs. 2 Satz 1, 2. Alt. BORA wie Wertpapiere und andere Urkunden. Sie können jedoch unter Umständen unter den Versicherungsschutz der Sachschadendeckung nach § 3 III fallen. 19

a) Eingezahlte Beträge und Fremdgelder oder zur alsbaldigen Anlage auf dem Anderkonto bestimmt, III Satz 1 und 2. III Satz 1 versichert eine Fehlverfügung über bereits eingezahlte Beträge auf dem Anderkonto. Daher ist allein die Verfügung versichert, die bei der Auszah- 20

---

9 Gräfe/Brügge/Melchers/*Gräfe* E Rn. 47.

10 OLG Stuttgart BeckRS 2011, 13746 unter Bezugnahme auf OLG Düsseldorf BeckRS 2008, 25292, das eine Deckung annahm.

11 OLG Düsseldorf BeckRS 2008, 25292.

12 *Diller* A 4.3 Rn. 11.

13 BGH NJW 2009, 840.

lung passiert.[14] III Satz 2 versichert eine Fehlverfügung über Fremdgelder, die der Anwalt in Verwahrung genommen hat, ordnungsgemäß verbucht hat und die kurzfristig auf das Anderkonto eingezahlt werden sollen. Hier besteht der Versicherungsschutz darin, dass die Fremdgelder nicht bestimmungsgemäß auf dem Anderkonto landen. Gedeckt sind die Fälle, wenn der Anwalt Geld auf seinem laufenden Geschäftskonto erhält und er es falsch weiterleitet oder auch, wenn er Bargeld des Mandanten nicht ordnungsgemäß auf das Anderkonto einzahlt. Um die versicherten Fremdgelder für das Anderkonto von anderen nicht versicherten Geldern, z.B. auf dem Geschäftskonto oder auch in den Büroräumen, wenn es sich um Bargeld handelt, unterscheiden zu können, sind die Voraussetzungen von Satz 2 zu beachten. Geld auf dem Geschäftskonto muss so verbucht sein, dass man es unterscheiden kann und das Bargeld muss verwahrt sein. Die Anforderungen sind dabei nicht zu eng zu sehen, für den Versicherer muss allein erkennbar sein, dass es sich um Fremdgelder handelt. Das Kriterium der alsbaldigen Anlage der Gelder auf dem Anderkonto dient dazu, dass der Versicherungsschutz für den Geldverkehr des Anwalts nicht zeitlich unbegrenzt ausfallen soll, um nicht im Nachhinein eine nicht zu leistende Aufklärung betreiben zu müssen. Eine Woche sollte hierfür ausreichend sein.[15]

21 **b) Fahrlässige Verfügung.** Eine fahrlässige Verfügung liegt vor, wenn der Anwalt wissentlich und willentlich das Geld auf dem Anderkonto überweisen wollte und bei diesen Vorgängen ein Fehler passiert, die versicherte fahrlässige Handlung. Der Anwalt muss die Verfügung damit auch gewollt haben. Die Fahrlässigkeit bezieht sich nur auf den Vorgang der Verfügung selbst. Wenn der Anwalt nicht verfügen wollte, er also die Auszahlung vom Anderkonto nicht angestoßen hatte, gibt es keinen Deckungsschutz. Gleiches gilt, wenn der Anwalt einfach das Geld verliert, da hier auch die Verfügung selbst fehlt. Versichert sind damit die typischen Fehler, wenn z.B. der Geldbetrag zu hoch oder zu niedrig ist.[16]

22 Grundsätzlich besteht kein Versicherungsschutz, wenn der Anwalt an eine falsche Person überweist. Es handelt sich um keine falsche Verfügung. Die Verfügung hat der Anwalt bewusst und willentlich veranlasst. Es handelt sich um einen Verstoß beim Zahlungsakt. III kann man als Ausschluss eng auslegen, weil der Versicherer den Versicherungsschutz erweitert und nicht ausschließt. Etwas anderes gilt dann, wenn der Anwalt aufgrund juristischer Erwägungen den falschen Empfänger gewählt hat. Es handelt sich dann um einen versicherten anwaltlichen Berufsfehler nach § 1.[17]

---

14 *Diller* A 4.3 Rn. 7.

15 Gräfe/Brügge/Melchers/*Gräfe* E Rn. 45.

16 *Diller* A 4.3 Rn. 13.

17 OGH VersR 1995, 1215 zur Reichweite des Art. 4 Absatz 1 Nr. 6 AVBV 51, österreichische Berufshaftpflichtversicherung für Anwälte.

B. Risikobeschreibungen für die Vermögensschaden-Haftpflichtversicherung von Rechtsanwälten (einschließlich des Rechtsanwalts-Risikos von Anwaltsnotaren) (§§ 18–21)

Im Rahmen der dem Vertrag zugrundeliegenden Allgemeinen Versicherungsbedingungen zur Vermögensschaden-Haftpflichtversicherung für Rechtsanwälte und Patentanwälte ist versichert die gesetzliche Haftpflicht des Versicherungsnehmers aus der gegenüber seinem Auftraggeber freiberuflich ausgeübten Tätigkeit als Rechtsanwalt.

Die Risikobeschreibung in §§ 18 ff B BBR-RA ist eine weitergehende vertragliche Vereinbarung 1 über den Umfang des Versicherungsschutzes, den der Versicherer bietet. Die Risikobeschreibung beschreibt das zu versichernde Risiko, die freiberufliche Tätigkeit und weitere sonstige mitversicherte Tätigkeiten. Maßgeblich, ob überhaupt Versicherungsschutz besteht, ergibt sich dann aus der Tätigkeit selbst, sog. primäre Risikoabgrenzung. §§ 18 ff stellen den Versicherungsschutz des Anwalts klar und erweitern ihn. Klarstellend ist, dass der Anwalt nur für seine freiberufliche Tätigkeit versichert ist und nicht z.B. als Syndikusanwalt. Erweiternd ist, dass die persönlichen amtsähnlichen Tätigkeiten versichert sind. Die Aufzählung ist abschließend. Es besteht kein Versicherungsschutz für sonstige Tätigkeiten, auch wenn sie ähnlich wären.

A. Anwalt als Freiberufler, vor § 18 B BBR-RA Satz 1

Nach dem Einleitungssatz der Risikobeschreibung ist allein versichert die gesetzliche Haftpflicht 2 des Versicherungsnehmers aus der gegenüber seinem Auftraggeber freiberuflich ausgeübten Tätigkeit als Rechtsanwalt. Kein Versicherungsschutz besteht, wenn es sich um eine rechtsberatende Tätigkeit eines Angestellten handelt als Syndikusanwalt bei einem nicht-juristischen Arbeitgeber nach § 46 Abs. 2 BRAO, weil er weisungsabhängig ist. Für den angestellten Anwalt enthält § 15 III diesen klarstellenden Ausschluss, siehe dazu § 15 Rn. 64 ff. Grundsätzlich besteht schon kein Versicherungsschutz für den angestellten Anwalt bei einem juristischen Arbeitgeber nach § 46 Abs. 1 BRAO, weil es sich um keine freiberufliche Tätigkeit handelt. Der Versicherungsschutz für die Zulassungspolice nach § 51 BRAO umfasst nur die Nebentätigkeit im eigenen Namen außerhalb der Kanzlei. Es besteht der Versicherungsschutz über die Police der Kanzlei.

B. Secondment-Verpflichtung

Nicht versichert sind sog. Secondments, weder die Sozietät noch der entsendete Anwalt hat 3 hier Versicherungsschutz. Bei einem Secondment handelt es sich um Vereinbarungen zwischen der Kanzlei und einem Wirtschaftsunternehmen, nach der ein bei der Kanzlei beschäftigter Anwalt für einen beschränkten Zeitraum bei dem Wirtschaftsunternehmen arbeitet. Vorteil für das Unternehmen ist, dass für Projekte auf Zeit ein juristisch fachkundiger Mitarbeiter zur Verfügung steht. Vorteil für die Kanzlei ist, dass sie ihr Personal flexibel entsprechend der Auftragslage einsetzen kann und die Mandantenbeziehung zu einem Kunden stärkt. Es besteht kein Versicherungsschutz in der Berufshaftpflichtversicherung für die Kanzlei/den Secondee, wenn der abgeordnete Anwalt einen Berufsfehler begeht. Inhaltlich handelt es sich um kein abgegrenztes Mandat, sondern der Anwalt ist für die Kanzlei in verschiedenen Projekten und im Tagesgeschäft rechts- und wirtschaftsberatend tätig. Die Kanzlei verleiht einen Anwalt gegen eine Gebühr. Dieser Leihvertrag als Dienstleistungsvertrag ist kein Mandatsvertrag. Der Anwalt als Secondee hat keinen Versicherungsschutz, weil er nicht freiberuflich tätig ist. Ggf. ist zur bestehenden Stammversicherung eine Sondervereinbarung zu treffen für bestimmte Projekte, was risikoangemessen zu berücksichtigen ist.

4 Zu beachten ist, dass die Kanzlei möglicherweise als Entleiher nach dem Arbeitnehmerüberlassungsgesetz auftritt, was nach § 1 Abs. 1 AÜG erlaubnispflichtig ist. Die abgeordneten Anwälte sind zwar formal nicht in die Arbeitsorganisation des Wirtschaftsunternehmens eingebunden, aber praktisch arbeiten sie nach den Anweisungen des Unternehmens in deren Organisationsstrukturen. In der Regel vereinbaren die Parteien, dass der Anwalt nicht in die Arbeits- und Organisationsstruktur des Unternehmens eingegliedert wird, sondern seine Leistungen für die Kanzlei als externer Dienstleister erbringt. Die Tätigkeit des Anwalts gegenüber den anderen Angestellten im Unternehmen grenzen die Kanzlei/Unternehmen dadurch ab, dass der Anwalt seine Ergebnisse im Namen und ggf. auf dem Briefbogen der Kanzlei abgibt. Wie bei einer Mandatsvereinbarung finden sich meist Regelungen zur Haftungsbegrenzung im Rahmen von § 52 BRAO, Vertraulichkeitserklärungen und Abreden zur Vergütung. Zu beachten ist, dass der Versicherer nur die rechtlich zulässige Tätigkeit versichern kann und keine rechtlich unzulässige Tätigkeit, die gegen §§ 1, 16 AÜG verstößt. Eine Arbeitnehmerüberlassung nach § 1 Abs. 1 AÜG wird nicht von § 46 Abs. 1 BRAO erfasst. Die Zulassung als Anwalt gem. § 7 Nr. 8 BRAO ist zu versagen, da eine Tätigkeit ausgeübt werde, die mit dem anwaltlichen Beruf, insbesondere seiner Stellung als unabhängiges Organ der Rechtspflege, nicht vereinbar ist.[1] Einem Volljuristen ist die Anwaltszulassung zu versagen, wenn dieser als Angestellter einer nichtanwaltlichen Leiharbeitsfirma in eine Anwaltskanzlei zur Erbringung von Rechtsdienstleistungen verliehen wurde.[2]

C. Anwalt als Erfüllungsgehilfe

5 Der Anwalt schaltet nicht nur Erfüllungsgehilfen ein, sondern handelt selbst auch als Erfüllungsgehilfe. Es besteht Versicherungsschutz für seine freiberufliche anwaltliche Tätigkeit als Erfüllungsgehilfe. Voraussetzung ist, dass die Tätigkeit als Erfüllungsgehilfe nicht gegen §§ 2 Abs. 2, 3 RDG verstößt. Der Anwalt als Rechtsberater kann nur dann erlaubt Erfüllungsgehilfe des Geschäftsherrn sein, wenn der Geschäftsherr selbst zur Rechtsberatung befugt ist. Der Geschäftsherr kann das RDG nicht dadurch umgehen, dass er sich der Rechtsberatung eines Anwalts bedient, auch wenn der Geschäftsherr eine Wirtschaftsprüfungsgesellschaft ist.[3] Der Anwalt darf nicht Erfüllungsgehilfe eines Unternehmensberaters sein. Der Auftraggeber, der Unternehmensberater, verstößt gegen §§ 2 Abs. 2, 3, 10 RDG und gegen §§ 3 Abs. 1, 4 Nr. 11, 8 UWG: Steuert ein mit der Geltendmachung von Ansprüchen aus gekündigten Lebens- und Rentenversicherungsverträgen befasstes Unternehmen die Anspruchsdurchsetzung seines Kunden, indem es den Rechtsanwalt auswählt, beauftragt und in Abstimmung mit diesem über die einzelnen Maßnahmen entscheidet, so liegt darin eine außergerichtliche Rechtsdienstleistung in Form der entgeltlichen Rechtsprüfung iSd §§ 2, 3 RDG. Hieran ändert auch der formale Umstand, dass zwischen dem Kunden und dem Rechtsanwalt ein eigenständiges Mandatsverhältnis besteht, nichts.[4] Gleiches gilt im Übrigen für einen Steuerberater oder Wirtschaftsprüfer. Falls ein Steuerberater in gleicher Form wie der Rechtsanwalt mit einem Kontierer/Bilanzbuchhalter/Unternehmensberater zusammenarbeitet, liegt eine wettbewerbswidrige, unbefugte Hilfeleistung in Steuersachen durch den Kontierer oder Unternehmensberater vor.[5] Konkret bedeutet es, dass nicht der Gewerbetreibende als Auftraggeber Vertragspartner des Mandanten sein darf. Der Gewerbetreibende darf nicht die Berufsträger als Erfüllungsgehilfen einsetzen, weil der Berufsträger dann nicht unabhängig und eigenverantwortlich als Freiberufler arbeitet. Eine Zusammenarbeit zwischen Berufsträger und Gewerbetreibenden kann nur in der Form erfolgen, dass der Gewerbetreibende Erfüllungsgehilfe des Berufsträgers ist, aber niemals um-

1 AGH Nordrhein-Westfalen BeckRS 2021, 2055.
2 BGH NJW 2023, 2724.
3 BGH NJW 2008, 3069 noch zum RBerG.
4 BGH DStR 2016, 2247 mit Anm. *Wacker.*
5 BGH NJW 1987, 1323.

gekehrt. Für die Tätigkeit als Erfüllungsgehilfe eines Gewerbetreibenden oder nicht sozietätsfähigen Berufs besteht auch kein Versicherungsschutz, weil es sich nicht um eine rechtmäßige Tätigkeit handelt. Wenn der Anwalt rechtmäßig als Erfüllungsgehilfe eines Beraters handelt, haftet er dem Vertragspartner seines Auftraggebers in der Regel nicht. Der Dritte als Vertragspartner ist nicht in den Schutzbereich des Anwaltsvertrags einbezogen.[6]

6 BGH VersR 2018, 429.

§ 18 Mitversicherung

I. Mitversicherte Tätigkeiten

Mitversichert sind die nachfolgend abschließend aufgezählten Tätigkeiten, sofern keine Pflichtversicherung gesetzlich vorgeschrieben ist

- gemäß InsO, z.B. als (vorläufiger) Insolvenzverwalter, Sonder(insolvenz)verwalter, Gläubigerausschussmitglied, Sachwalter und Treuhänder;
- gemäß StaRUG als Restrukturierungsbeauftragter, Sanierungsmoderator und Gläubigerbeiratsmitglied;
- als gerichtlich bestellter (vorläufiger) Liquidator oder Abwickler;
- als Testamentsvollstrecker, Nachlasspfleger, Nachlassverwalter, Vormund, Betreuer, Pfleger, Beistand;
- als Schiedsrichter, Schlichter, Mediator;
- gemäß § 55 BRAO als Abwickler einer Praxis und gemäß § 30 BRAO als Zustellungsbevollmächtigter;
- als Notarvertreter;
- als Autor, Dozent und Referent auf rechtswissenschaftlichem Gebiet;
- als Mitglied eines Aufsichtsrates, Beirates, Stiftungsrates oder ähnlicher Gremien, soweit die dem Verstoß zugrundeliegende Tätigkeit einer anwaltlichen Berufsausübung entspricht.

II. Tätigkeiten nach der Insolvenzordnung

Soweit eine Tätigkeit ausgeübt wird als (vorläufiger) Insolvenzverwalter, Sonder(insolvenz)verwalter, Restrukturierungsbeauftragter, Sanierungsmoderator oder Gläubigerausschuss /-beiratsmitglied sind im bedingungsgemäßen Umfang insbesondere Haftpflichtansprüche mitversichert

1. wegen Schäden, welche daraus resultieren, dass der Betrieb des Schuldners ganz oder teilweise fortgeführt wird;
2. aus §§ 34, 69 AO und vergleichbaren Fällen der persönlichen Haftung wegen Nichtabführung von Sozialversicherungsbeiträgen oder anderen öffentlichen Abgaben, sofern nicht wissentlich vom Gesetz abgewichen wurde;
3. welche darauf beruhen, dass Versicherungsverträge nicht oder nicht ordnungsgemäß abgeschlossen, erfüllt oder fortgeführt werden, es sei denn, es wurde bewusst davon abgesehen;
4. wegen Fehl- oder Doppelüberweisungen sowie Fehlern bei der Auszahlung der Insolvenzquote und der Abrechnung des Insolvenzgeldes;
5. wegen Schäden durch vorsätzliche Straftaten gegen das Vermögen durch Personal des Versicherungsnehmers wie auch des Insolvenzschuldners, soweit der Versicherungsnehmer oder eine berufsangehörige mitversicherte Person wegen fahrlässiger Verletzung ihrer Aufsichts- und Überwachungspflicht in Anspruch genommen wird;
6. gegen den Versicherungsnehmer oder eine berufsangehörige mitversicherte Person wegen Pflichtverletzungen von Angestellten des Insolvenzschuldners, Angestellten und Gesellschaftern des Versicherungsnehmers und dessen freien Mitarbeitern, derer er sich zur Mitwirkung bei der Ausübung seiner Tätigkeit bedient.

https://doi.org/10.1515/9783111396415-020

Übersicht

A. Mitversicherung, I

I. Mitversicherte Tätigkeiten
Mitversichert sind die nachfolgend abschließend aufgezählten Tätigkeiten, sofern keine Pflichtversicherung gesetzlich vorgeschrieben ist...

1 Der Gesetzentwurf der Regierung aus 1993 zur Berufshaftpflichtversicherung für Anwälte sah noch vor, dass typische mit dem Anwaltsberuf vereinbare Tätigkeiten vom Deckungsumfang mitumfasst sein mussten, wie z.B. die Tätigkeit als Insolvenzverwalter.[1] Der Gesetzgeber hat dies aber nicht in die BRAO aufgenommen.[2] Die Deckungen der Versicherungswirtschaft umfassen die amtsähnlichen persönlichen Tätigkeiten wie Insolvenzverwalter, Testamentsvollstrecker, Betreuer auch ohne gesetzliches Erfordernis. Die mitversicherten Tätigkeiten sind abschließend aufgezählt. Ähnliche Tätigkeiten sind nicht versichert, beispielsweise ist nur der gerichtlich bestellte Liquidator versichert, aber nicht der rechtsgeschäftlich vereinbarte. Versicherungsschutz ist aber individuell möglich nach Prüfung des einzelnen Risikos. Versicherungsschutz kann dann entweder als laufende separate Versicherung oder meist als Einzelobjektdeckung erlangt werden. Ggf. kann das individuelle Risiko in die bestehende laufende Stammversicherung eingeschlossen werden. Kein Versicherungsschutz besteht für die abschließend genannten Tätigkeiten, wenn eine gesetzliche Pflichtversicherung vorliegt. Andernfalls würden mehrere Pflichtversicherungen in einer Police zu regeln sein mit unterschiedlichen Voraussetzungen und Rechtsfolgen und der Versicherungsumfang der jeweiligen Versicherung wäre unklar und verwirrend, zur Pflichtversicherung bei

1 BT-Drucks. 12/4993, 7.
2 BGBl. 1994 I, 2281.

Betreuertätigkeiten siehe § 18 Rn. 107 ff. Die Pflichtversicherung für die Insolvenzverwaltung ist in Planung, Stand Herbst 2024.

I. Mitversicherung und Tätigkeitsverbote, § 45 BRAO

Bei der Übernahme der persönlichen Ämter hat der Anwalt die Tätigkeitsverbote nach § 45 BRAO 2
zu beachten. Abs. 1 erfasst die Fälle, bei denen der Berufsträger zunächst außerhalb seines Anwaltsberufs in anderer Funktion tätig war, die nicht-anwaltliche Vorbefassung. § 45 Abs. 1 Nr. 1 und Nr. 2 BRAO erfassen die Fälle, wenn er zuvor ein öffentliches Amt übernommen hat, insbesondere als Schiedsrichter oder Notar. Die Objektivität in einem öffentlichen Amt ist zu wahren, was mit einer nachfolgenden Parteivertretung nicht vereinbar ist. § 45 Abs. 1 Nr. 3 BRAO erfasst die Fälle einer Interessenkollision, wenn der Berufsträger nachfolgend gegen denjenigen vorgehen soll, dessen Vermögen er verwaltet hat, wie als Insolvenzverwalter und bei Nachlass- und Vormundschaftstätigkeiten. § 45 Abs. 1 Nr. 4 soll Situationen verhindern, bei denen eine Interessenkollision bestehen könnte. § 45 Abs. 2 BRAO erstreckt die Fälle auf Sozietätssachverhalte, wenn eine gemeinschaftliche Berufsausübung vorlag.

§ 43a Abs. 4 BRAO erfasst die Fälle, bei denen der Berufsträger zuerst als Anwalt gehandelt 3
hat und dann in anderer Funktion seine Tätigkeit fortsetzen will. Das Vertrauen sowohl der Öffentlichkeit als auch der einzelnen Mandanten in die unabhängige Interessenswahrnehmung durch den Rechtsanwalt soll geschützt werden. § 43a Abs. 4 BRAO ist die spiegelbildliche Vorschrift zu § 45 Abs. 1 Nr. 3 BRAO. Verhindert werden Angelegenheiten, bei denen der Anwalt nachfolgend die Funktion einer Vermögensverwaltung übernehmen will, bei denen er bereits als Rechtsanwalt gegen den Träger des zu verwaltenden Vermögens befasst war.

II. Einschaltung Dritter

Bei den mitversicherten amtsähnlichen Tätigkeiten handelt es sich um Tätigkeiten, die der Berufs- 4
träger persönlich ausführt. Er wird hierzu anerkannt, zugelassen oder bestellt. Regelmäßig dürfen weder Kapitalgesellschaften noch Personengesellschaften diese Tätigkeiten ausüben. Dabei sind die Tätigkeiten häufig so umfangreich, dass der einzelne Berufsträger die Aufgabe nicht erfüllen kann. Weil die Aufgaben persönlich sind, kann der Berufsträger aber die Aufgabe nicht vollständig einem anderen übertragen. Die jeweiligen Kernpflichten und Kernaufgaben muss er selbständig erfüllen. Er kann Dritte nur mit Teilaufgaben beauftragen. Er ist aber auch dazu verpflichtet, wenn er selbst nicht für diese Tätigkeit qualifiziert ist, keine Erfahrungen hat oder weil die Aufgabe es erforderlich macht, wie z.B., wenn der Insoverwalter nicht selbst den Steuerabschluss machen kann oder der Testamentsvollstrecker bei der Firmenfortführung für den Erben einen Unternehmensleiter einschaltet. Die Haftung richtet sich nach dem Rechtsverhältnis zum Dritten. Wenn der Berufsträger einen Erfüllungsgehilfen einschaltet, haftet er für dessen Verschulden, § 278 BGB. Wenn es sich um eine erlaubte Substitution handelt, haftet er für Auswahl- und Aufsichtsverschulden, § 664 Abs. 1 Satz 2, bei unerlaubter Substitution grundsätzlich für jeden Schaden der nicht entstanden wäre, wenn er selbst gehandelt hätte, siehe dazu ausführlich die Einschaltung von Dritten als Erfüllungsgehilfen/Substituten § 1 Rn. 169 ff.

Abzugrenzen für unbeschränkte Haftung, § 278 BGB, und eingeschränkte Haftung, § 664 Abs. 1 5
Satz 2 BGB, ist danach, ob es sich um den Pflichtenkreis bei der jeweiligen Funktion handelt, in der der Berufsträger den Dritten einschaltet oder ob es grundsätzlich einer ordnungsgemäßen Verwaltung/Tätigkeit entspricht einen Dritten hinzuzuziehen oder ob es sich um selbständige Vertragspartner mit eigenem Vertragsverhältnis handelt. Ein Erfüllungsgehilfe liegt vor, wenn der Berufsträger z.B. die anfallenden Büroarbeiten einem anderen übergibt. Eine erlaubte Substitution

liegt vor, wenn der Berufsträger Einzelaufgaben überträgt, die er selbst aufgrund seiner Qualifikation nicht ausüben kann, z.B. wenn der Testamentsvollstrecker einen Hausverwalter beauftragt.[3]

6 Bei der Insolvenzverwaltung ist zu beachten, dass zugunsten der Geschädigten entschieden wurde, dass eine Sonderverbindung zwischen dem Berufsträger und den Beteiligten besteht, § 278 BGB als Voraussetzung einer Haftung für einen Erfüllungsgehilfen. Der Insolvenzverwalter hat gegenüber den Insolvenzgläubigern das Verschulden eines Rechtsanwalts, den er mit der Durchsetzung einer zur Masse gehörenden Forderung beauftragt hat, in gleichem Umfang zu vertreten wie eigenes Verschulden.[4] Siehe zur Haftung bei der Einschaltung von Personen mit besonderer Sachkunde § 18 Rn. 36. Ob dies auf andere persönliche Tätigkeiten wie der Testamentsvollstreckung oder einem Betreuer übertragbar ist, ist im Einzelfall nach der Aufgabe zu entscheiden, da die gleiche Ausgangslage besteht, wenn der Berufsträger Dritte aufgrund ihrer Sachkunde einschaltet. Für die Haftung eines Gläubigerausschussmitglieds geht die Haftung für einen Erfüllungsgehilfen nur soweit, wie das Mitglied selbst eigene Pflichten haben kann. Das kommt in Betracht, wenn es sich um Steuer-, Rechnungslegungs- und Rechtsfragen handelt oder Strategieentscheidungen zu treffen sind. Ansonsten ist nicht nach § 278 BGB zuzurechnen. Im Hinblick auf die Prüfung von Geldverkehr und -bestand besteht die Pflicht der Mitglieder des Gläubigerausschusses allein darin, eine mit der Prüfung zu betrauende Person sorgfältig auszuwählen und zu überwachen.[5]

III. Bedingungen, Versicherungssumme, Jahreshöchstleistung,

7 Der Versicherungsumfang in Voraussetzung und Rechtsfolgen für die mitversicherten Tätigkeiten richtet sich nach den AVB-RS mit den §§ 1 bis 13. Dies ergibt sich aus der Formulierung *„im Rahmen der dem Vertrag zugrundeliegenden Allgemeinen Versicherungsbedingungen“* vor § 18 in B im ersten Satz. Es bedeutet, dass bei den mitversicherten amtsähnlichen persönlichen Tätigkeiten wie Insolvenzberatung, Testamentsvollstreckung auch die öffentlich-rechtlichen Ansprüche versichert sind. Eine Haftung des Berufsträges kommt in Betracht, wenn er eine Vermögensvorsorge oder Vermögensbetreuung übernimmt, z.B. im Bereich der Steuern. Die Erben und der Betreute sind die Steuerschuldner. Der Testamentsvollstrecker oder Betreuer haften für Pflichtverletzungen auf Schadensersatz, wenn sie die fremden Steuerschulden nicht ordnungsgemäß begleichen. Bei den Insolvenzverwaltern sind der öffentlich-rechtliche Anspruch aus §§ 34, 69 AO und die vergleichbaren Fälle der persönlichen Haftung wegen Nichtabführung von Sozialversicherungsbeiträgen oder anderen öffentlichen Abgaben bereits deklaratorisch versichert, § 18 II Ziff. 2. Der Umfang der Versicherungsleistung nach Versicherungssumme und die Jahreshöchstleistung für die mitversicherten Tätigkeiten bestehen in gleicher Höhe wie der für die anwaltliche Tätigkeit, außer es besteht eine besondere Vereinbarung. Bei den Tätigkeiten nach der Insolvenzordnung und auch nur hier besteht zusätzlich ein Einschluss für die kfm. Tätigkeiten nach § 17 II. Die Versicherungssumme ist auf 2,5 Mio EUR beschränkt und die Jahreshöchstleistung für alle Versicherungsfälle eines Jahres beträgt ebenfalls 2,5 Mio EUR, siehe dazu § 17 Rn. 12.

IV. Anwendung Pflichtversicherungsregelungen auf mitversicherte Tätigkeiten

8 § 113 Abs. 3 VVG regelt das Verhältnis zwischen vertraglichen Deckungserweiterungen und der Pflichtversicherung. Danach sind die Regelungen der Pflichtversicherung nach §§ 113–124 VVG auf den gesamten Vertrag anzuwenden. § 113 Abs. 3 soll die Vertragseinheit bewahren. Es bedeutet, dass die mitversicherten Tätigkeiten nach der Risikobeschreibung, insbesondere die amtsähnlichen persönlichen Tätigkeiten, und den Besonderen Bedingungen auch grundsätzlich den Pflicht-

3 MüKoBGB/*Zimmermann* § 2218 Rn. 6 für den Testamentsvollstrecker.
4 BGH NJW-RR 2016, 686.
5 BGH LS 1 NZI 2015, 166.

versicherungsregelungen unterworfen sind.[6] § 113 Abs. 3 VVG schließt es auf der anderen Seite nicht aus, dass die Parteien getrennte Verträge über die Pflichtversicherung und darüber hinausgehende Deckungserweiterungen vereinbaren, wenn dies dem Parteiwillen entspricht.[7] Der über den zwingenden Mindestumfang hinausgehende, selbständige Vertrag ist dann eine allgemeine Haftpflichtversicherung, keine Pflichthaftpflichtversicherung, so dass nur die §§ 100–112 gelten und nicht auch die §§ 113–124.[8] Man könnte zumindest in den AVB-RS und der Risikobeschreibung/Besondere Bedingung jeweils bei den Anwälten, Steuerberatern und Wirtschaftsprüfern getrennte Verträge sehen, die in einer Sammelpolice zusammengefasst sind. Es gibt jedoch zu den AVB-RS und den Risikobeschreibungen/Besondereren Bedingungen keine Entscheidung, weil es bisher keine Praxisrelevanz hatte.

Bei der Versicherungssumme und Maximierung gilt darüber hinaus aufgrund der Pflichtversi- 9
cherung für die anwaltliche/steuerberatende Tätigkeit, dass Schadenzahlungen aufgrund von Haftungsfällen bei den mitversicherten nicht-anwaltlichen Tätigkeiten den Pflichtversicherungsumfang nicht ausschöpfen dürfen. Die Pflichtversicherung nach § 51 BRAO, §§ 113 ff VVG fordert, dass für die anwaltlichen Berufshaftungsfälle die Versicherungsleistung immer zur Verfügung steht, auch wenn andere nicht-anwaltliche Tätigkeiten die Versicherungsleistung bereits geschmälert haben. Eine gesonderte vertragliche Regelung in den AVB-RS könnte auch die zwingenden Regelungen der Pflichtversicherung nicht abändern.[9] Rechtsfolge ist, dass die Versicherungsleistung bei der Pflichtversicherung bestehen und unberührt bleibt. Schadenzahlungen aufgrund einer Haftung für eine mitversicherte Tätigkeit, also z.B. der Tätigkeit als Insolvenzverwalter, dürfen den Mindestversicherungsumfang für die anwaltliche Berufstätigkeit nicht erschöpfen. Der Versicherer hat weiterhin Versicherungsschutz für anwaltliche Berufsfälle zu bieten, auch wenn die Versicherungsleistungen im Umfang der Pflichtversicherung durch z.B. Schadenfälle bei der mitversicherten Insolvenzverwaltung erschöpft sind. Umgekehrt gilt dies nicht. Kein Versicherungsschutz, weder für anwaltliche Schadenfälle noch mitversicherte Tätigkeiten besteht, wenn durch Anwaltsfälle die Versicherungsleistung erschöpft ist.

V. Anwendung anwaltlichen Berufsrechts

Die Berufspflichten, auch in einem dem Berater erlaubten Nebenberuf, finden Anwendung, wenn 10
der Anwalt bei der Ausübung des Nebenberufes, z.B. als Insolvenzverwalter, seine Berufsbezeichnung verwendet. Wenn kein anerkanntes Berufsrecht des Nebenberufs vorliegt, kann man auf die Vorschriften der Berufsordnung desjenigen Berufs zurückzugreifen, welchem der Berufsträger angehört. Unter Beachtung der Grundsätze der Berufsausübungsfreiheit nach Art. 12 GG und des Verhältnismäßigkeitsgrundsatzes ist zu prüfen, ob das konkrete Verhalten des Verwalters an den einschlägigen Vorschriften der Berufsordnung zu messen ist. Die durch sie statuierten Berufspflichten sind dann bereichsspezifisch auszulegen.[10] Damit gilt grundsätzlich das anwaltliche Berufsrecht bei den amtsähnlichen persönlichen Tätigkeiten. Es gilt jedoch nur, wenn der Anwalt auch gleichzeitig als Anwalt mitauftritt. Dann ist bereichsspezifisch auszulegen, was konkret nach BORA/BRAO für den Nebenberuf gilt. Es müssen die Regelungen der Berufsordnung unter Berücksichtigung ihres jeweiligen Zwecks und mit Rücksicht auf entgegenstehende Rechtspositionen und Ordnungsvorschriften ausgelegt werden. Praktische Bedeutung hat dies insbesondere bei dem berufsrechtlichen Umgehungsverbot nach § 12 BORA. Der Rechtsanwalt darf nicht ohne Einwilligung des Rechtsanwalts eines anderen Beteiligten mit dem Beteiligten unmittelbar Verbindung

6 *Diller* A 1 Rn. 8.
7 Begr. RegE BT-Drucks. 16/3945, 221.
8 MüKoVVG/Brand § 113 Rn. 28.
9 Begr. RegE BT-Drucks. 16/3945, 87.
10 BGH DStR 2015, 2407 Rn. 21 zum vorhergehenden AGH München ZIP 2014, 830 mit Anm. *Wacker;* noch anders LG Düsseldorf BeckRS 2011, 23825.

aufnehmen oder verhandeln. Wenn der Anwalt nebenberuflich handelt und dabei zusätzlich als Anwalt und nicht z.B. allein als Insolvenzverwalter auftritt, hat er das Umgehungsverbot zu beachten. Dies sollte auch für die anderen amtsähnlichen Tätigkeiten gelten, da die jeweiligen Tätigkeiten keinen speziellen Berufsordnungen unterliegen und andere Vorschriften nicht entgegenstehen.

B. Insolvenzverwalter gemäß InsO, 1. Punkt und II

I. Mitversicherte Tätigkeiten
Mitversichert sind die nachfolgend abschließend aufgezählten Tätigkeiten, sofern keine Pflichtversicherung gesetzlich vorgeschrieben ist
- **gemäß InsO, z.B. als (vorläufiger) Insolvenzverwalter, Sonder(insolvenz)verwalter;...**

II. Tätigkeiten nach der Insolvenzordnung
Soweit eine Tätigkeit ausgeübt wird als (vorläufiger) Insolvenzverwalter, Sonder(insolvenz)verwalter, Restrukturierungsbeauftragter, Sanierungsmoderator oder Gläubigerausschuss /-beiratsmitglied sind im bedingungsgemäßen Umfang insbesondere Haftpflichtansprüche mitversichert
1. **wegen Schäden, welche daraus resultieren, dass der Betrieb des Schuldners ganz oder teilweise fortgeführt wird;**
2. **aus §§ 34, 69 AO und vergleichbaren Fällen der persönlichen Haftung wegen Nichtabführung von Sozialversicherungsbeiträgen oder anderen öffentlichen Abgaben, sofern nicht wissentlich vom Gesetz abgewichen wurde;**
3. **welche darauf beruhen, dass Versicherungsverträge nicht oder nicht ordnungsgemäß abgeschlossen, erfüllt oder fortgeführt werden, es sei denn, es wurde bewusst davon abgesehen;**
4. **wegen Fehl- oder Doppelüberweisungen sowie Fehlern bei der Auszahlung der Insolvenzquote und der Abrechnung des Insolvenzgeldes;**
5. **wegen Schäden durch vorsätzliche Straftaten gegen das Vermögen durch Personal des Versicherungsnehmers wie auch des Insolvenzschuldners, soweit der Versicherungsnehmer oder eine berufsangehörige mitversicherte Person wegen fahrlässiger Verletzung ihrer Aufsichts- und Überwachungspflicht in Anspruch genommen wird;**
6. **gegen den Versicherungsnehmer oder eine berufsangehörige mitversicherte Person wegen Pflichtverletzungen von Angestellten des Insolvenzschuldners, Angestellten und Gesellschaftern des Versicherungsnehmers und dessen freien Mitarbeitern, derer er sich zur Mitwirkung bei der Ausübung seiner Tätigkeit bedient.**

Versicherungsschutz besteht für die Tätigkeiten nach der Insolvenzordnung. Beispielhaft, aber nicht abschließend, zählt II die mitversicherten Tätigkeiten im Rahmen einer Insolvenz auf. Der Insolvenzverwalter nach § 56 InsO, der vorläufige Insolvenzverwalter nach §§ 21, 22 InsO, der Sonderinsolvenzverwalter, wie z.B. die Nachlassinsolvenz, §§ 315–331 InsO, das Gläubigerausschussmitglied nach §§ 67 ff InsO, der Sachwalter nach § 274 InsO und der Treuhänder nach § 292 InsO. Die Tätigkeit, die nicht von der Insolvenzordnung umfasst oder geregelt ist, ist nicht mitversichert. Die Tätigkeit der Eigenverwaltung selbst als Eigenverwalter ist daher nicht mitversichert. Die Verwaltungs- und Verfügungsbefugnis wechselt nicht, sondern bleibt beim Unternehmen in der Eigenverwaltung. Das Schuldnerunternehmen muss sich lediglich abstimmen mit dem Sachwalter, wenn es Verbindlichkeiten eingehen will, die nicht zum gewöhnlichen Geschäftsbetrieb gehören, § 275 InsO.

In II Ziff. 1 bis Ziff. 6 sind speziell die möglichen Haftpflichtansprüche für den (vorläufigen) Insolvenzverwalter, Sonder(insolvenz)verwalter, Restrukturierungsbeauftragten, Sanierungsmoderator oder Gläubigerausschuss /-beiratsmitglied aufgezählt. Diese Ansprüche sind nicht abschließend genannt, *„...insbesondere..."* Die Aufzählung der Haftpflichtansprüche ist daher keine Erweiterung des bestehenden Versicherungsschutzes. Diese Ansprüche sind ohnehin versichert.

I. Insolvenzverwalter und Anwalt

1. Tätigkeit, Steuerrecht

11 Eine der häufigsten neben dem Anwaltsberuf ausgeübten Tätigkeiten ist die des Insolvenzverwalters, da gerade Anwälte die Voraussetzungen des § 56 Abs. 1 InsO erfüllen: Der Insolvenzverwalter muss eine für den jeweiligen Einzelfall geeignete, insbesondere geschäftskundige und von den Gläubigern und dem Schuldner unabhängige natürliche Person sein. Der Insolvenzverwalter muss sein Amt höchstpersönlich ausüben. Er darf es Dritten nicht ohne weiteres übertragen. Die insolvenzverfahrensspezifischen Handlungen darf der Verwalter nur persönlich vornehmen, auch wenn es unvermeidlich und geboten ist, dass er in größeren Verfahren Mitarbeiter einsetzt. Er muss selbst einen Anfechtungsprozess führen, einen nach § 240 ZPO unterbrochenen Prozesses aufnehmen und über die Kündigung und Entlassung von Arbeitnehmern sowie die Entscheidung über die Art der Verwertung der Masse entscheiden. Der Insolvenzverwalter hat dem Insolvenzgericht, der Gläubigerversammlung und dem Gläubigerausschuss zu berichten. Er muss im Wesentlichen selbst den Insolvenzplan nach § 218 InsO auf entsprechenden Beschluss der Gläubigerversammlung wie auch die Schlussrechnungsregelung nach § 66 InsO selbst vornehmen. Mitarbeiter können ihm hier zuliefern.[11] Zur Haftung bei Einschaltung Dritter siehe hier § 18 Rn. 34 ff.

12 Daneben hat sich die Gefahr verringert, dass Anwälte mit Insotätigkeiten auch mit ihren Honoraren aus anwaltlicher Tätigkeit, gewerbesteuerpflichtig werden.[12] Bis 2010/2011 hatte die Finanzverwaltung die Einkünfte aus der Insolvenzverwaltung als gewerblich eingestuft. Diese Einkünfte hatten die Einnahmen aus anwaltlicher Tätigkeit infiziert mit der Folge, dass die gesamten Einkünfte des Anwalts gewerbesteuerpflichtig waren. Danach hatte der BFH aber mehrfach entschieden, dass wie bisher die Einnahmen aus der Tätigkeit als Insolvenzverwalter keine aus freiberuflicher Tätigkeit sind, sondern aus sonstiger selbständiger Arbeit nach § 18 Abs. 1 Nr. 3 EStG, Vermögensverwaltung. Der BFH hat aber die im Bereich der sonstigen selbständigen Arbeit geltende Vervielfältigungstheorie[13] aufgegeben und wendet die Stempeltheorie des § 18 Abs. 1 Nr. 1 Sätze 3 und 4 EStG analog an. Deshalb ist die Mitarbeit fachlich Vorgebildeter unschädlich und damit nicht gewerbesteuerpflichtig, wenn der Berufsträger seinen Beruf leitend und eigenverantwortlich im Sinne des § 18 Abs. 1 Nr. 1 Satz 3 EStG ausübt und er der Arbeitsleistung und dem Arbeitsergebnis seinen persönlichen Stempel aufdrückt. Beim Insolvenzverwalter ist dies der Fall, wenn er die Maßnahmen vornimmt, die das Insolvenzverfahren leiten. Er sollte persönlich die Entscheidungen über das „Ob“ bestimmter Einzelakte im Rahmen des Insolvenzverfahrens treffen, wie z.B. die Führung eines Anfechtungsprozesses oder die Aufnahme eines nach § 240 ZPO unterbrochenen Prozesses, die Kündigung und Entlassung von Arbeitnehmern sowie die Art der Verwertung der Masse. Ebenso muss er im Wesentlichen selbst die zentralen Aufgaben übernehmen wie die Berichtspflicht gegenüber dem Insolvenzgericht, der Gläubigerversammlung und dem Gläubigerausschuss. In diesem Fall bleibt seine Tätigkeit auch dann freiberuflich und ist kein Gewerbe, wenn er das „Wie“, nämlich die kaufmännisch-technische Umsetzung dieser Entscheidung, z.B. die anwaltliche Durchführung eines Prozesses, die Kündigung bzw. Abwicklung der Entlassung von Arbeitnehmern oder die Verwertung der Masse durch Versteigerung auf Dritte überträgt. Deshalb hat ein Insolvenzverwalter die erforderlichen höchstpersönlichen Organisations- und Entscheidungsleistungen im Regelfall selbst bei einer Mehrzahl beschäftigter qualifizierter Personen erbracht, wenn er über das „Ob“ der einzelnen Abwicklungsmaßnahmen in jedem der von ihm betreuten Verfahren entschieden hat.[14]

---

11 BGH NZI 2016, 913 Rn. 13f.

12 BFH in sechs Verfahren 2010/2011: VIII R29/08 BeckRS 2011, 95753, VIII R 37/09 BeckRS 2011, 95749, insbesondere VIII R 50/09 NJW 2011, 1628, VIII R 3/10 NZI 2011, 418, VIII R 12/10 BeckRS 2011, 95742 und VIII R 13/10 BeckRS 2011, 95738.

13 BFH ZInsO 2001, 954.

14 BFH ZInsO 2011, 636.

13 Bei größeren Kanzleien mit Insolvenzverwaltung darf es kein Missverhältnis geben zwischen den Partnern, die die Insolvenzverwaltung betreiben und den angestellten Anwälten oder sonstigen Mitarbeitern, die lediglich zuarbeiten. Es kann an der persönlichen Prägung fehlen, wenn der Berufsträger zu viele Aufgaben der Insoverwaltung auf die Mitarbeiter delegiert. Maßstab für die Finanzverwaltung dürfte die Anzahl sein, anhand derer man die Arbeitsverteilung beurteilt. Ggf. ist eine Ausgliederung auf eine weitere Gesellschaft erforderlich. Die Berufsträger können dann rechtsberatend in der Anwalts-GbR tätig werden und die Insotätigkeit in der Inso-GbR ausüben.

14 Bei einer Einzelkanzlei wird die Verwaltertätigkeit zu einer gewerblichen Tätigkeit, wenn der Berufsträger sich einer zu großen Anzahl von qualifizierten Mitarbeitern bedient. Das betraf zwar noch die damalig anzuwendende Vervielfältigungstheorie, aber auch nach der Stempeltheorie muss der Berufsträger persönlich die leitenden Verfahrensentscheidungen treffen. Er ist nicht mehr eigenverantwortlich tätig, wenn er auch für schwierige und sehr umfangreiche, arbeitsintensive Verfahren namhafter Unternehmen bestellt wird, aber gleichzeitig in ganz erheblichem Maß fachlich lehrt, publiziert, Vorträge hält und noch als Anwalt seinen Beruf ausübt.[15] Um zu vermeiden, dass die gesamten Einnahmen gewerbesteuerpflichtig werden, sollte bei weiteren wirtschaftlich relevanten und zeitintensiven anderen Beschäftigungen, die Insoverwaltung von der Anwaltstätigkeit getrennt werden, z.B. durch Gründung einer eigenen Gesellschaft.

15 Ein Anwalt unterliegt den Tätigkeitsverboten nach § 45 Abs. 1 BRAO. Eine Tätigkeit als Anwalt ist nicht mehr möglich, wenn er vorhergehend mit der Angelegenheit im Rahmen eines persönlichen oder öffentlichen Amts als Notar, Schiedsrichter, Richter etc. tätig war. Das gilt auch für alle Gesellschafter/Sozien einer Kanzlei mit denen der Anwalt in einer Gesellschaft verbunden ist, § 45 Abs. 2 BRAO. Ein Rechtsanwalt, der als Insolvenzverwalter, Nachlassverwalter, Testamentsvollstrecker, Betreuer oder in ähnlicher, der Sachwaltung eines Vermögens dienenden Funktion tätig war, darf in Angelegenheiten, mit denen er sich bereits in dieser Eigenschaft befasst hat, gegen den Träger des von ihm verwalteten Vermögens nicht anwaltlich tätig werden, § 45 Abs. 1 Nr. 2 BRAO. Nicht tätig werden darf der Anwalt, wenn eine abgeschlossene nicht-anwaltliche Vorbefassung in einer der genannten Funktionen vorliegt. Angelegenheiten, die nach der Vermögensverwaltung entstanden sind oder sich außerhalb dieser ergeben haben, fallen nicht in den Anwendungsbereich des Verbots. § 45 Abs. 1 Nr. 3 BRAO regelt den umgekehrten Fall, dass der Anwalt bereits in der Angelegenheit tätig ist und deshalb eine nachgelagerte anwaltsfremde Befassung als amtsähnliche Person versagt ist. Es muss sich dabei um die konkrete Befassung handeln. Es muss eine nicht-anwaltliche Vorbefassung stattgefunden haben. Der frühere Insolvenzverwalter kann Gläubiger, die nicht am Insolvenzverfahren beteiligt waren oder sind, als Anwalt gegen den Insolvenzschuldner vertreten.[16]

2. Verfahren der Bestellung

16 Grundsätzlich wählt der Richter am Amtsgericht als zuständiges Insolvenzgericht den Insolvenzverwalter aus, bestellt und überwacht ihn, §§ 56, 58 InsO. In der ersten Gläubigerversammlung, die auf die Bestellung des Insolvenzverwalters folgt, können die Gläubiger einen anderen wählen, wenn sie mit der Bestellung durch das Gericht nicht einverstanden sind, § 57 InsO. Wenn ein Anwalt die Kriterien nach § 56 InsO erfüllt, ist er in die Vorauswahlliste für Insolvenzverwalter einzutragen. Das Verfahren muss rechtsstaatlichen Anforderungen genügen, das Grundrecht der Berufsfreiheit nach Art. 12 GG und die Chancengleichheit nach Art. 3 GG wahren. Ein Anwalt kann die Entscheidung des Insolvenzgerichts anfechten, wenn es ihn nicht in die Vorauswahlliste nach §§ 23 ff EGGVG aufnimmt.[17] Die Zuteilung an bestimmte Personen mit der Folge eines „closed shop" ist nicht möglich. Ein weites Ermessen des zuständigen Insolvenzrichters besteht erst, wenn

15 FG KölnEFG 2009, 669 mit Anm. *Olbing/Zumwinkel* AnwBl 2011, 720.
16 Henssler/Prütting/*Kilian* BRAO § 45 Rn. 56f.
17 KG Berlin AnwBl 2006, 421; betreffend den Fristablauf des § 64 Abs. 1 GmbH.

es darum geht, aus dem Kreis der in der Liste geführten Kandidaten denjenigen auszuwählen, den er im Einzelfall für am besten geeignet hält, um ihm das Amt des Insolvenzverwalters zu übertragen.[18] Ein Insolvenzrichter kann die Aufnahme eines Bewerbers auf seine Vorauswahlliste ablehnen, wenn begründeter Anlass für die Vermutung besteht, dieser werde sein Amt als Insolvenzverwalter nicht höchstpersönlich ausüben. Ein Bewerber muss von sich aus offenlegen, dass er nicht unerhebliche Beteiligungen an einer Bank hält, dort in die Führungsebene eingebunden ist oder sie in bedeutendem Umfang regelmäßig berät, wenn diese Bank in vielen Insolvenzverfahren an diesem Insolvenzgericht als Insolvenzgläubigerin auftritt.[19]

Eine Rechtsanwalts-GmbH oder AG kann nicht bestellt werden. Sie ist dadurch auch nicht in 17
ihren Grundrechten auf Gleichbehandlung und auf Berufsfreiheit verletzt.[20] Das Bundesverfassungsgericht hat entschieden, dass der Ausschluss juristischer Personen vom Amt des Insolvenzverwalters verfassungsgemäß ist, weil aufgrund der Besonderheiten der intensiven insolvenzgerichtlichen Aufsicht über den Insolvenzverwalter es notwendig ist, dass nur eine natürliche Person mit diesem Amt betraut werden soll.[21]

Widersprüchlich sind die beiden Beschlüsse des AG Mannheim vom 14.12.2015 und 20.1.2016, 18
die auch noch das gleiche Aktenzeichen haben.[22] Im älteren Beschluss vom 14.12.2015 erklärt das Gericht, dass eine juristische Person ausländischen Rechts in die Vorauswahlliste trotz § 56 InsO aufzunehmen ist. Die europäische Dienstleistungsrichtlinie als Ausprägung der Niederlassungs- und Dienstleistungsfreiheit in der EU ist anzuwenden. Ein besonderes Allgemeininteresse an der Ausübung durch eine natürliche Person steht nicht entgegen. Keine Hindernisgründe sind die Höchstpersönlichkeit, die Kontinuität der Amtsausübung, die Aufsicht des Gerichts über eine natürliche Person oder die persönliche Haftung des Insoverwalters. Im jüngeren Beschluss vom 20.1.2016 hingegen erklärt das Gericht, dass ausländische juristische Personen, die in einem anderen EU-Staat zu Insolvenzverwaltern bestellt werden, keinen Anspruch auf Aufnahme in die Vorauswahlliste haben. Hindernisgründe sind die höchstpersönliche Rechtsnatur des Amts und die notwendige Kontinuität des Amts. Ein erstaunliches Ergebnis, dass der gleiche Sachverhalt über eine spanische Sociedad Limitada Profesional (SLP) unter Anführung der gleichen Gründe zu entgegengesetzten Ergebnissen führt.

3. Anwendung des anwaltlichen Berufsrechts auf den als Insolvenzverwalter tätigen Rechtsanwalt

Das anwaltliche Berufsrecht findet grundsätzlich auf den als Insolvenzverwalter tätigen Rechtsan- 19
walt Anwendung. Die InsO verdrängt die BORA nicht.[23] Nachdem es keine Berufsordnung für Insolvenzverwalter gibt, ist auf die Vorschriften der Berufsordnung desjenigen freien Berufes zurückzugreifen, welchem der Verwalter angehört.[24] Die anwaltlichen Berufspflichten gelten jedoch nicht uneingeschränkt. Die Tätigkeit als Insolvenzverwalter prägt grundsätzlich das anwaltliche Berufsbild und man kann sie dem Beruf des Anwalts zuordnen. Diese Tätigkeit ist jedoch nicht die Kerntätigkeit eines Anwalts. Maßgeblich für die Übertragung der berufsrechtlichen Anforderungen auf den Insoverwalter, der gleichzeitig Rechtsanwalt ist, sind die Grundsätze der Berufsausübungsfreiheit und das Verhältnismäßigkeitsprinzip. Zu beachten ist, dass der Insoverwalter den anwaltlichen Berufspflichten nur dann unterliegen kann, wenn er gleichzeitig als

18 Beschl. BGH ZInsO 2008, 207.
19 BGH NJW 2017, 75.
20 BGH AnwBl Online 2013, 417.
21 BVerfG NZG 2016, 471.
22 AZ 804 AR 163/15; AG Mannheim vom 14.12.2015 in ZInsO 2016, 240 und AG Mannheim vom 20.1.2016 in ZInsO 2016, 238.
23 BGH NJW 2005, 1057.
24 BGH DStR 2015, 2407 zum vorhergehenden AGH München ZIP 2014, 830 mit Anm. *Wacker.*

Anwalt auftritt. Um hier nicht als Anwalt in Anspruch genommen zu werden, sollte er den Titel „Rechtsanwalt“ im Insolvenzverfahren nur dann führen, wenn es aus insospezifischen Gründen unumgänglich scheint.

4. Vergütung

20 Die Kosten für die Haftpflichtversicherung sind mit der Vergütung für den Insoverwalter abgegolten, § 4 Abs. 3 Satz 1 InsVV. Die Prämien für diese allgemeinen Vermögensschadenshaftpflichtversicherungen sind bis zu einer Versicherungssumme von 2.000.000 EUR pro Versicherungsfall und mit einer Jahreshöchstleistung bis zu 4.000.000 EUR als allgemeine Geschäftskosten bereits in der Verwaltervergütung inkludiert und daher nicht gesondert erstattungs- oder auslagenfähig.[25] Ist die Verwaltung jedoch mit einem besonderen Haftungsrisiko verbunden, so sind die Kosten einer angemessenen zusätzlichen Versicherung als Auslagen zu erstatten, § 4 Abs. 3 Satz 2 InsVV. Die Prämien für eine Einzelobjektdeckung neben der Standardversicherung sind daher grundsätzlich erstattungsfähig. Das besondere Haftungsrisiko soll vorliegen, wenn die Haftungsrisiken eines Durchschnittsverfahrens im Einzelfall überschritten werden. Dabei ist die objektiv für ein Durchschnittsverfahren notwendige Versicherungssumme maßgeblich. Mithin dürften die Kosten für die Versicherung erstattungsfähig sein, wenn die Risiken des Verfahrens über einer Versicherungssumme von 2 Mio liegen.

21 Der Insoverwalter kann die Versicherungsprämie als Vorschuss aus der Masse entnehmen, wenn das Insolvenzgericht zustimmt, § 9 InsVV. Es kann auf Antrag des Insoverwalters die Versicherungsprämie als Auslage im Rahmen der Verwaltervergütung zusätzlich zur allgemeinen Pauschale festsetzen, § 8 Abs. 1, 3 InsVV. Die vom Insolvenzverwalter bei der Anzeige der Masseunzulänglichkeit berücksichtigte voraussichtliche Verwaltervergütung kann das Gericht des Haftungsprozesses daraufhin überprüfen, ob der Insolvenzverwalter den ihm dabei zuzugestehenden Beurteilungsspielraum in unvertretbarer Weise überschritten hat.[26] Das Insolvenzgericht achtet bei der Auswahl und Aufsicht des Verwalters auf einen angemessenen Versicherungsschutz. Bei fehlendem Versicherungsschutz kann der Staat haften, §§ 839 Abs. 1 BGB iVm Art. 34 GG.[27]

II. Haftung des Insolvenzverwalters

22 Die persönliche Haftung des Insoverwalters dient dazu, das Vermögen der Beteiligten zu schützen, die von der Insolvenz betroffen sind. Nach der Amtstheorie des BGH verliert mit der Eröffnung des Insoverfahrens der Schuldner das Verwaltungs- und Verfügungsrecht über sein zur Insomasse gehörendes Vermögen, § 80 InsO. Zuständig ist allein der Insoverwalter, der die Verwaltungs- und Verfügungsbefugnis des Vermögensinhabers in eigenem Namen und aus eigenem Recht, nicht als Vertreter des Gemeinschuldners, ausübt.[28]

1. Allgemeine Haftungsstruktur

23 §§ 60, 61 InsO regeln die Eigenhaftung des Insolvenzverwalters.[29] Anspruchskonkurrenz besteht zu einer sonstigen persönlichen Haftung des Insoverwalters außerhalb der Insolvenzordnung, insbesondere wenn die Haftung weitergehend ist, wie z.B. nach Deliktsrecht, nach Arbeitsrecht

---

25 Haarmeyer/*Mock* § 4 Rn. 166.
26 BGH NJW 2017, 2613.
27 Braun/*Baumert* § 60 Rn. 51.
28 BGH NJW 1984, 739.
29 *Schultz* ZInsO 2015, 529 ff.

und Sozialrecht und auch nach öffentlich-rechtlichen Regelungen, worunter auch das Steuerrecht fällt, § 69 AO. Eigene vertragliche Verpflichtungen können insbesondere die Abgabe einer Garantieerklärung oder das Verschulden bei Vertragsschluss sein.[30] Voraussetzung der Haftung des Insoverwalters ist die Verletzung einer insolvenzspezifischen Pflicht. Bei der Geltendmachung ist zwischen einem Einzelschaden und einem Gesamtschaden zu unterscheiden, § 92 Satz 2 InsO.

Ein und dieselbe Pflichtverletzung des Insoverwalters kann gleichzeitig die Masse und einen 24
Beteiligten betreffen. Die Masse kann für das Verwalterhandeln haften nach §§ 55 ff InsO, 31 BGB analog, der Insoverwalter haftet persönlich nach §§ 60f InsO. Voraussetzung ist, dass die insospezifische Pflichtverletzung des Insoverwalters gerade den Vermögenswert eines bestimmten Beteiligten betroffen hat. Regelmäßig trifft das Zusammenfallen der beiden Ansprüche auf Aussonderungsberechtigte nach § 47 InsO zu, wenn der Verwalter deren Rechte verletzt hat. Der Anspruch gegen den Insoverwalter persönlich und der Anspruch gegen die Masse stehen dabei gleichrangig nebeneinander. Der Geschädigte kann nach den allgemeinen Grundsätzen des Schadenrechts frei wählen, wen er zuerst in Anspruch nimmt. Es besteht keine Primärhaftung der Masse.[31] Soweit die Ansprüche gegen Verwalter und Masse auf dasselbe Interesse gehen, besteht eine Gesamtschuldnerschaft.[32]

Bei der Geltendmachung eines Schadens gegenüber dem Insoverwalter ist zwischen einem 25
Einzelschaden bei einem individuellen Beteiligten und einem Gesamtschaden bei der Gesamtgläubigerschaft zu differenzieren. Der Geschädigte kann sofort vom Verwalter persönlich nach §§ 60, 61 InsO Schadensersatz verlangen, wenn die insolvenzspezifische Pflichtverletzung des Insoverwalters beim Beteiligten einen Einzelschaden verursacht hat. Hat die Pflichtverletzung hingegen bei der Masse einen Gesamtschaden nach § 92 InsO verursacht, weil entweder die Insolvenzmasse vermindert oder eine zusätzliche Masseverbindlichkeit begründet wurde, ist dies im laufenden Insoverfahren nicht möglich. Wenn der Einzelschaden zugleich ein Gesamtschaden ist, kann der Beteiligte nur dann sofort Schadensersatz vom Verwalter verlangen, wenn mehr als nur ein Quotenschaden besteht. Grundsätzlich trifft dies auf Aus- und Absonderungsberechtigte zu. Auf Massegläubiger nach §§ 53 ff InsO trifft dies nur dann zu, wenn der Schaden vor Anzeige der Masseunzulänglichkeit eingetreten ist. Einen reinen Quotenschaden als Gesamtschaden, wie z.B. die Verletzung der Pflicht zur sorgfältigen Masseverwertung oder zur rechtzeitigen Betriebsstilllegung, kann der Geschädigte erst nach Abschluss des Insolvenzverfahrens gegenüber dem Insoverwalter wegen schuldhafter Verkürzung der Insomasse persönlich geltend machen, während des laufenden Verfahrens nicht. Voraussetzung ist, dass es nicht zu einer Nachtragsverteilung kommt, § 203 Abs. 2 InsO.[33]

2. Eigenhaftung des Insoverwalters nach § 60 InsO

Nach § 60 InsO ist der Insolvenzverwalter dem Geschädigten als Beteiligten gegenüber zum Scha- 26
denersatz verpflichtet, wenn er schuldhaft seine insolvenzspezifischen Pflichten *„...nach diesem Gesetz...“* verletzt hat.[34] Der Insoverwalter haftet denjenigen Geschädigten, die vom Schutzbereich einer insolvenzspezifischen Vorschrift erfasst sind. Die insolvenzspezifischen Pflichten ergeben sich aus der Insolvenzordnung. Es muss sich um eine objektiv feststellbare Pflichtverletzung des Insoverwalters handeln. Eine Pflichtverletzung liegt nicht allein schon in einer erfolglosen Sanierung oder mangelnden Befriedigung der Gläubiger, da der Insoverwalter nicht den beabsichtigten Erfolg schuldet. Seine Haftung ist tätigkeitsbezogen. Allgemein gilt nach § 60 Abs. 1 Satz 2 InsO, dass eine Pflicht des Insoverwalters besteht, das Verfahren wie ein ordentlicher und gewissenhaf-

30 Uhlenbruck/*Sinz* § 60 Rn. 109.
31 BGH NJW-RR 2006, 694; Nerlich/Römermann/*Rein* § 60 Rn. 4.
32 MüKoInsO/*Schoppmeyer* § 60 Rn. 113.
33 MüKoInsO/*Schoppmeyer* § 60 Rn. 116.
34 BGH WM 1961, 511 ff.

ter Insolvenzverwalter zu führen. Dies umfasst nicht nur den subjektiven Sorgfaltsmaßstab, sondern auch das objektiv geschuldete Pflichtenprogramm.[35] § 60 Abs. 1 Satz 2 InsO lehnt sich hierbei an die Formulierungen der Anforderungen bei allgemeinen kfm. Tätigkeiten an, wie in § 347 Abs. 1 HGB, § 93 Abs. 1 Satz 1 AktG, § 34 Abs. 1 Satz 1 GenG, § 43 Abs. 1 GmbHG. Dabei sind die Besonderheiten zu beachten, die sich aus den Aufgaben des Insoverwalters ergeben und den Umständen, unter denen er seine Tätigkeit ausübt. Maßgeblich für das konkrete Pflichtenprogramm sind die Pflichten des Verwalters gerade gegenüber den Beteiligten. Es gilt der materiellrechtliche Beteiligtenbegriff und nicht der formale. Beteiligter ist jeder, demgegenüber der Verwalter Pflichten zu erfüllen hat. Als Beteiligter kommen in Betracht: Insolvenzschuldner, Insolvenzgläubiger, einschließlich nachrangiger Gläubiger, die Massegläubiger, einschließlich der Neugläubiger sowie die Aus- und Absonderungsberechtigten. Nicht zu den insolvenzspezifischen Pflichten gehören in Abgrenzung dazu die Pflichten, die den Insoverwalter wie jeden Vertreter fremder Interessen gegenüber Dritten treffen.[36] Im Folgenden beispielhaft und nicht abschließend die grundlegenden insolvenzspezifischen Pflichten gegenüber den Beteiligten:

27 **a) Insolvenzgläubiger.** Der Insoverwalter hat die Aufgabe, die Haftungsmasse nach Möglichkeit zu erhalten und vermeidbare Masseminderungen zu unterbinden. Der Insoverwalter ist allgemein verpflichtet, das Verfahren bestmöglich abzuwickeln. Der Verwalter hat bei der Verwertung der Masse sorgfältig vorzugehen und muss den angemessenen Preis bei der Verwertung erzielen.[37] Die Haftung für einen unangemessenen niedrigen Preis setzt eine gewisse Leichtfertigkeit voraus. Eine unternehmerische Fehlentscheidung reicht nicht aus.[38] Zu berücksichtigen ist, dass der Insoverwalter rasch und ohne Einarbeitungszeit Entscheidungen treffen muss.[39] Der Verwalter haftet für die Verletzung seiner handelsrechtlichen und steuerrechtlichen Buchführungs- und Rechnungslegungspflichten, § 155 Abs. 1 Satz 2 InsO. Der Verwalter hat die insolvenzspezifische Pflicht die Erlöse an die Gläubiger nach §§ 187 ff InsO zu verteilen. Der Verwalter muss dafür sorgen, dass die Masse ausreichend geschützt ist. Er muss für ausreichenden Versicherungsschutz sorgen, wie z.B. einer Gebäudeversicherung. Voraussetzung ist, dass die Versicherungsprämien aus der Masse gezahlt werden können und dies gerade die Verwertung oder Fortführung sichert.[40]

28 **b) Massegläubiger.** Die §§ 53 ff InsO regeln die Haftung der Masse gegenüber den Massegläubigern. Der Insoverwalter kann aber persönlich nach § 60 InsO haften, wenn er gegenüber den Massegläubigern eine insolvenzspezifische Pflicht verletzt hat. Der Insoverwalter kann pflichtwidrig die Masse verkürzt haben.[41] Beispiel hierfür ist die verspätete Anzeige der Masseunzulänglichkeit. Der Insoverwalter muss sie gegenüber dem Insolvenzgericht anzeigen, es handelt sich aber auch eine insolvenzspezifische Pflicht gegenüber den Massegläubigern.[42] Der Insoverwalter hat die Pflicht, das Insoverfahren optimal zu gestalten. Er haftet für die Verwertung der Masse wie gegenüber den Insogläubigern allgemein nur dann, wenn zusätzlich zur unternehmerischen Fehlentscheidung eine gewisse Leichtfertigkeit kommt.

---

35 *Schultz* ZInsO 2015, 532.
36 Nerlich/Römermann/*Rein* § 60 Rn. 18.
37 BGH BB 1985, 684.
38 Uhlenbruck/*Sinz* § 60 Rn. 16.
39 Uhlenbruck/*Sinz* § 60 Rn. 16.
40 BGH NJW 1989, 1034.
41 BGH NJW 2004, 3334.
42 BGH WM 2010, 2321.

c) Aus- und Absonderungsberechtigte. Der Insoverwalter darf bei der Inbesitznahme der Insolvenzmasse die schuldnerfremden Gegenstände nicht zur Insomasse ziehen, § 148 InsO. Er muss die schuldnerfremden Gegenstände sorgfältig behandeln, verwahren und sichern. Es bedeutet, dass er die Gegenstände gegen Diebstahl und Schäden schützen muss, unter Umständen besteht eine Versicherungspflicht.[43] Er muss den Aussonderungsberechtigten die Gegenstände herausgeben. Er muss aber nicht tiefergehend prüfen und zeitintensiv nachforschen, wem die Sache gehört.[44] Gleiches gilt im Grundsatz auch gegenüber Absonderungsberechtigten, §§ 49 ff, 166 ff InsO. Insbesondere besteht die insolvenzspezifische Pflicht, das Absonderungsrecht nicht durch Verwertungshandlungen zu vereiteln.[45] 29

d) Insolvenzschuldner. Der Insoverwalter hat gegenüber dem Schuldner selbst eine interne Verantwortlichkeit. Das Insoverfahren soll den Schuldner in einem optimalen Verfahrensgang von den Verbindlichkeiten so weit wie möglich befreien. Daher handelt der Insoverwalter pflichtwidrig, wenn er es unterlässt, eine möglichst für den Schuldner günstige Verwertung zu erzielen oder auch berechtigte Forderungen nicht durchsetzt.[46] Dem Insolvenzverwalter steht bei der Frage, zu welchem Zeitpunkt er die drohende Masseunzulänglichkeit anzeigt, ein weiter Handlungs- und Entscheidungsspielraum zu. Dessen Einhaltung kann das Gericht des Haftungsprozesses nachprüfen.[47] 30

e) Insolvenzplanverfahren. Der Insoverwalter hat mindestens auf Beschluss der Gläubigerversammlung einen Insolvenzplan aufzustellen. Die Gläubiger müssen anhand des Plans in der Lage sein, die entsprechenden Entscheidungen im Verfahren zu treffen. Wenn Gläubiger einen Dritten beauftragen einen Plan zu erstellen, hat der Verwalter zu prüfen und zu überwachen, ob er den Plan verwirklichen kann oder ob darin besondere Risiken bestehen.[48] 31

3. Eigenhaftung des Insoverwalters nach § 61 InsO

Nach § 61 InsO ist der Insolvenzverwalter dem Massegläubiger zum Schadenersatz verpflichtet, wenn eine Masseverbindlichkeit, die durch seine Rechtshandlung begründet worden ist, aus der Insolvenzmasse nicht voll erfüllt werden kann. Es handelt sich um einen Anspruch des geschädigten Massegläubigers aufgrund eines konkreten Einzelschadens und nicht um einen Gesamtschaden. Der Geschädigte kann ihn im Verfahren daher sofort geltend machen. Im Verhältnis zu Ansprüchen aus § 60 InsO ist § 61 InsO lex specialis.[49] Die Abgrenzung erfolgt nach dem Zeitpunkt der Pflichtwidrigkeit. § 61 regelt die Haftung des Insoverwalters, wenn er bei Begründung der Masseverbindlichkeit pflichtwidrig gehandelt hat. § 60 InsO regelt die Haftung des Insoverwalters, wenn er nach Begründung der Masseverbindlichkeit pflichtwidrig gehandelt hat.[50] Zweck der Vorschrift des § 61 InsO ist es, die Fortführung des Unternehmens zu erleichtern. Dritte sind bei einer persönlichen Haftung des Insoverwalters eher bereit, Geschäfte mit dem insolventen Unternehmen zu tätigen. Das Verschulden des Insoverwalters wird vermutet, § 61 Satz 2 InsO. Neben § 61 InsO können Gläubiger den Verwalter nach allgemeinen Vorschriften, insbesondere 32

43 BGH NJW-RR 2006, 990.
44 OLG Düsseldorf ZIP 1988, 450.
45 BGH NJW-RR 2006, 990.
46 BGH NJW 1994, 323.
47 BGH NJW 2017, 2613.
48 Uhlenbruck/*Sinz* § 60 Rn. 52.
49 BGH NJW 2004, 3334.
50 Uhlenbruck/*Sinz* § 61 Rn. 4.

aus Schuldbeitritt, Garantievertrag oder Verschulden bei Vertragsanbahnung in Anspruch nehmen, wenn er persönlich für die Bezahlung der Schulden einstehen will oder erklärt, dass die Waren aus der Masse bezahlt werden.[51] Der Verwalter begründet eine Masseverbindlichkeit durch Vertragsschluss, Wahl auf Erfüllung, Aufrechterhalten des Dauerschuldverhältnisses oder auch durch schlüssiges Verhalten. Eine Masseverbindlichkeit ist voraussichtlich nicht erfüllbar, wenn der Insoverwalter bei Begründung der Schuld erkennen konnte, dass der Eintritt der Masseunzulänglichkeit wahrscheinlicher war als der Nichteintritt.[52]

33 Das Verschulden des Insoverwalters wird vermutet, er kann den Gegenbeweis antreten, § 61 Satz 2 InsO. Die Rspr. stellt an den Gegenbeweis des Insoverwalters hohe Anforderungen, um die Neugläubiger zu schützen. Der Insoverwalter muss eine Liquiditätsrechnung oder auch einen ausführlichen Insolvenzplan erstellen, beides aktuell halten und ständig überprüfen, um damit eine überprüfbare Prognose abgeben zu können.[53]

4. Haftung für eigenes Verschulden und für fremdes Verschulden

34 Der Insoverwalter hat für die Sorgfalt eines ordentlichen und gewissenhaften Insolvenzverwalters einzustehen, § 60 Abs. 1 Satz 2 InsO. Dies bildet den objektiven Maßstab. Er haftet für jede Art der Fahrlässigkeit und für Vorsatz, § 276 BG. Andere Haftungsnormen wie z.B. § 69 AO regeln den Grad des Verschuldens speziell.

35 Wenn der Insoverwalter insolvenzspezifische Aufgaben auf andere überträgt, ist für die Zurechnung der Pflichtverletzungen danach zu differenzieren, in welchem Verhältnis der andere zum Insoverwalter steht.[54] Dabei kann er nicht ohne weiteres die Aufgaben übertragen. Das Amt des Insoverwalters ist höchstpersönlich. Bei der Einschaltung von Angestellten des Insoverwalters wie z.B. eines angestellten Sachbearbeiters, der Überweisungen zur Erfüllung von Masseverbindlichkeiten vornimmt, gilt die Regelung des § 278 BGB. Das schuldhafte Verhalten des Angestellten als Erfüllungsgehilfen wird dem Insoverwalter ohne Entlastungsmöglichkeit zugerechnet. Bei der Einschaltung von Angestellten des Schuldners wie z.B., wenn er Mitarbeiter im insolventen Unternehmen die Aussonderungsrechte abwickeln lässt,[55] gilt die Regelung des § 60 Abs. 2 InsO. Es besteht eine eingeschränkte Zurechnung. Der Insoverwalter ist unter den Voraussetzungen nach § 60 Abs. 2 InsO für die Überwachung und für Entscheidungen von besonderer Bedeutung verantwortlich. Er haftet, wenn er einen Prokuristen des Schuldnerunternehmens nicht ausreichend dabei überwacht, wie dieser ein Warenlager veräußert.[56]

36 Bei der Einschaltung von selbständigen Fachleuten als Dritte, wie z.B. Wirtschaftsprüfern, Steuerberatern oder Rechtsanwälten, erfolgt eine Zurechnung nach § 278 BGB.[57] Der BGH hat seine Ansicht aus 1979 geändert. Danach hatte der Insolvenzverwalter nur für Auswahl und Überwachung des beauftragten Dritten gehaftet.[58] Bei der Beauftragung von Dritten liegen die Voraussetzungen einer Zurechnung nach § 278 BGB vor. Die Haftung für Erfüllungsgehilfen ergibt sich aus einem Umkehrschluss zu § 60 Abs. 2 InsO. Der Verwalter haftet grundsätzlich nicht gem. § 278 BGB für Angestellte des Schuldners. Voraussetzung der Zurechnung nach § 278 BGB bleibt aber, dass der Beauftragte nur dann Erfüllungsgehilfe sein kann, wenn er Pflichten erfüllt, die dem Verwalter als insolvenzspezifische persönliche Pflichten obliegen. Wenn der Insoverwalter für anfallende Sonderaufgaben, die eine besondere Sachkunde erfordern und die er nicht persönlich

51 OLG Frankfurt ZInsO 2007, 548; OLG Rostock, ZIP 2005, 220; OLG Schleswig, NZI 2004, 92; OLG Celle NZI 2004, 89.
52 BT-Drucks. 12/2443 S. 129.
53 BGH ZInsO 2004, 609; *Weinbeer* AnwBl 2005, 422.
54 Braun/*Baumert* § 60 Rn. 39 ff.
55 OLG Bremen JurBüro 2004, 338.
56 OLG Hamm ZInsO 2007, 216.
57 BGH NJW-RR 2016, 686.
58 BGH NJW 1979, 2212.

erfüllen kann, selbständige Vertragspartner einschaltet, z.B. einen Steuerberater für die Steuererklärung, dann haftet er nicht nach § 278 BGB. Wenn er die Aufgabe einem Dritten überträgt, hat er allein die Aufgabe den Dritten sorgfältig auszuwählen, anzuweisen und zu beaufsichtigen, ggf. muss er die Leistungen einer Plausibilitätskontrolle unterziehen.[59]

Soweit ein Gläubigerorgan, Versammlung oder Ausschuss, entscheidet und der Insoverwalter den Beschluss ausführt, ist regelmäßig für die persönliche Haftung des Insoverwalters danach zu differenzieren, ob das Organ nach den Inso-Regelungen entscheiden oder nur zustimmen musste.[60] Wenn das Organ eigenständig entscheidet, z.B. den Betrieb stillzulegen oder fortzuführen oder einen Insolvenzplan durch den Insoverwalter erstellen zu lassen, ist der Insoverwalter verpflichtet, den Beschluss auszuführen. Wenn die Kosten hierfür überflüssig waren und die Masse dadurch verkürzt ist, handelt der Insoverwalter nicht pflichtwidrig. Er muss aber im Rahmen seiner Berichtspflicht darauf hinweisen, dass der Inhalt der Entscheidung dem Zweck des Insoverfahrens zuwiderläuft, § 156 Abs. 1 Satz 1 InsO. Wenn das Organ einer geplanten Maßnahme zustimmt, § 160 InsO, ist der Insoverwalter daran zunächst nicht gebunden. Er hat eine eigenständige Prüfpflicht, ob er der Zustimmung folgt oder nicht. Wenn er die Maßnahme umsetzt, gilt die Zustimmung als Zeichen dafür, dass er pflichtgemäß gehandelt hat, zumindest aber hat er nicht schuldhaft gehandelt.[61] 37

III. Deckungskonzepte Insolvenzverwaltung

1. Übersicht

Die Versicherungswirtschaft bietet Versicherungen in verschiedener Form, die Haftungsrisiken bei der Tätigkeit als Insolvenzverwalter abzudecken. Grundsätzlich gibt es drei Varianten, wie die Tätigkeit des Insoverwalters versichert werden kann: 38

- laufende Berufshaftpflichtversicherung für Rechtsanwälte als mitversicherte Tätigkeit, siehe hier § 18 Rn. 41, soweit keine Pflichtversicherung besteht
- Einzelobjektdeckung, entweder neben oder auch im Anschluss an eine bereits vorhandene Deckung, siehe hier § 18 Rn. 52 f
- selbständige laufende Deckung neben der Berufshaftpflichtversicherung, siehe hier § 18 Rn. 59.

Der Insoverwalter hat in allen drei Varianten Versicherungsschutz, wenn er persönlich für Versehen in Anspruch genommen wird, also ohne den Zusatz *„...als Verwalter in dem Insolvenzverfahren über das Vermögen...“*. Wenn eine Klage mit diesem Zusatz erhoben wird, besteht kein Versicherungsschutz. Die Klage richtet sich dann gegen die Masse, aber sie richtet sich nicht gegen den Insoverwalter persönlich. Bei einer Masseunzulänglichkeit besteht die Möglichkeit, dass aufgrund der gleichen Pflichtverletzung ein Beteiligter den Insoverwalter direkt oder im Wege des Regresses in Anspruch nimmt. 39

2. Verhältnis Standardversicherung, Einzelobjekt, laufende Versicherung, Nullstellungsklausel

Die Standardversicherung und die laufende Versicherung oder die Einzelobjektdeckung überschneiden sich im Versicherungsschutz. Das Verhältnis der Standardversicherung zu einer laufenden Deckung oder einer Einzelobjektdeckung regeln üblicherweise sog. Nullstellungsklauseln als besondere Kumulsperren. Sie können im Einzelfall überraschend und deshalb unwirksam sein, 40

---

59 MüKoInsO/*Schoppmeyer* § 60 Rn. 93a und 94.
60 Uhlenbruck/*Sinz* § 60 Rn. 102 ff.
61 *Schultz* ZInsO 2015, 533.

§ 305c Abs. 1 BGB.[62] Eine Nullstellungsklausel ist unwirksam, wenn sie beinhaltet, dass kein Versicherungsschutz über die laufende Berufshaftpflichtversicherung besteht, wenn hierfür separat ein Einzelobjekt abgeschlossen ist. Die Klausel hat den Versicherungsschutz ausgeschlossen, der grundsätzlich über die laufende Deckung oder über die Mitversicherung in der Berufshaftpflichtversicherung bestehen würde. Derartige Nullstellungsklauseln selbst sind zunächst nach den Gesamtumständen auch unter Berücksichtigung des Leitbilds eines Haftpflichtversicherungsvertrags für Vermögensschäden nicht ungewöhnlich. Deckungseinschränkungen sind in einer Vermögensschaden-Haftpflichtversicherung üblich. Die konkrete Nullstellungsklausel war aber in einem konkreten Punkt überraschend im Sinne des § 305c Abs. 1 BGB. Sie war unwirksam, da die zusätzlich beim gleichen Versicherer abgeschlossene Einzelobjektdeckung nicht den Schadensfall umfasste, den die laufende Berufshaftpflichtversicherung deckt. Zu berücksichtigen war, dass im Rahmen der Vertragsverhandlungen nicht ausdrücklich auf den Ausschluss hingewiesen wurde. Der Versicherer kann daher das Verhältnis der Versicherungen zueinander regeln. Er darf aber nicht den Versicherungsschutz einer bestehenden Versicherung über eine Klausel einer zusätzlichen Versicherung ausschließen, wenn die zusätzliche Versicherung diesen Versicherungsschutz gerade nicht enthält. Das ist auch richtig, da der Versicherungsnehmer hier für die zusätzliche Versicherung auch eine weitere Prämie entrichtet.

3. Standardversicherung, II Ziff. 1 bis 6

41 Die erste Deckungsvariante für die Insotätigkeit besteht in den Standardversicherungsbedingungen der Berufshaftpflichtversicherung für Rechtsanwälte, § 18 I und II. Der Versicherungsschutz der Gesellschaft umfasst die höchstpersönliche Insotätigkeit eines Verwalters nach § 1 I Ziff. 2, siehe § 1 Rn. 186 ff. Zielgruppe sind diejenigen Anwälte, die selten eine Insotätigkeit ausüben. Sie benötigen keinen speziellen Versicherungsschutz. Der Versicherungsumfang nach Versicherungssumme und Jahreshöchstleistung richtet sich nach dem Versicherungsumfang, den der Anwalt für die Berufshaftpflichtversicherung gewählt hat, siehe das Verhältnis Pflichtversicherung zu mitversicherten Tätigkeiten § 18 Rn. 8 f. Formale Deckungsvoraussetzung ist, dass der Berufsträger zum Insoverwalter bestellt ist.

42 Versicherungsschutz besteht für gesetzliche Haftpflichtansprüche, die Dritte gegenüber dem Insoverwalter geltend machen. Die Versicherer zählen regelmäßig die besonderen mitversicherten Haftpflichtansprüche auf. Sie sind aber in II nicht abschließend genannt, *„...insbesondere...“*. Nicht versichert sind Ansprüche in der Standardversicherung aufgrund von Bereicherungsrecht oder generell Erfüllungsansprüche, weil es sich um keine Haftpflichtansprüche handelt. Der Versicherungsumfang richtet sich nach den AVB-RS. Dies ergibt sich aus der Formulierung *„im Rahmen der dem Vertrag zugrundeliegenden Allgemeinen Versicherungsbedingungen“* nach B Satz 1 vor § 18 und *„im bedingungsgemäßen Umfang“* nach § 18 II. Im Verhältnis zur Pflichtversicherung bleibt die Versicherungssumme für anwaltliche Berufsfehler auch bestehen, wenn die mitversicherte Tätigkeit die Versicherungsleistung erschöpft hat, umgekehrt allerdings nicht, siehe hierzu siehe das Verhältnis Pflichtversicherung zu mitversicherten Tätigkeiten § 18 Rn. 8 f.

43 **a) Fortführung des Betriebs, kaufmännische Risiken, II Ziff. 1.** Das Insolvenzverfahren sieht grundsätzlich zwei Möglichkeiten vor: Das Regelverfahren zur Befriedigung der Gläubiger und die Unternehmenssanierung zur Fortführung des Unternehmens, § 1 InsO. Die Unternehmensfortführung ist Kernaufgabe des vorläufigen Insoverwalters, § 22 Abs. 1 Satz 2 Nr. 2 InsO. Die spezifischen kaufmännischen Risiken sind aber bei der anwaltlichen Tätigkeit und bei den sonstigen mitversicherten Tätigkeiten nach I und II nicht versichert. Der Anwalt ist Organ der Rechtspflege und kein Kaufmann, § 1 BRAO und die Tätigkeit eines Insoverwalters unterscheidet

62 OLG Celle vom 5. März 2010 – 8 U 186/09.

sich von der Tätigkeit des beratenden Anwalts. Der Insoverwalter trifft Risikoentscheidungen, z.B. wenn er neue Verbindlichkeiten eingeht, um den Betrieb fortzuführen. Er ist in seiner Verwaltungs- und Verfügungsbefugnis eingeschränkt aufgrund seiner Stellung zu den Gläubigern und der Aufsicht durch das Gericht. Im Rahmen dieses Aufgabenfeldes besteht Versicherungsschutz. Diese Tätigkeit unterfällt nicht dem Risikoausschluss einer kfm. Tätigkeit. Anders aber, wenn die Insoverwaltung des Betriebes vollständig in den Hintergrund getreten ist und der Insoverwalter echte unternehmerische Zwecke verfolgt. Rein unternehmerisches Handeln liegt vor und damit eine nicht versicherte Tätigkeit, wenn die leitenden Entscheidungen nicht vom Insozweck geprägt, sondern auf einen gewinnbringenden Überschuss gerichtet sind. Dies gilt beispielsweise, wenn der Insoverwalter aktiv die Geschäfte übernommen hat, indem er persönlich nach außen wie ein Leiter des Unternehmens auftritt.[63] Dieser Ausschluss ergibt sich auch schon aus § 21. Danach sind Ansprüche aus der Tätigkeit als Leiter eines Unternehmens auch im Rahmen der mitversicherten Tätigkeiten vom Versicherungsschutz ausgeschlossen. Der Insolvenzverwalter ist in diesem Fall nicht mehr verwaltend tätig, sondern unternehmerisch. Für Steuerberater besteht ebenfalls der Ausschluss für Verstöße von unternehmerischen Risiken nach § 26 III Ziff. 1. Ein Ausschluss im Bereich eines unternehmerischen Risikos liegt vor, wenn der Steuerberater entweder in einem fremden Unternehmen unternehmerisch tätig geworden ist oder eine unternehmerische Investitionsentscheidung des Steuerberaters sein dem Verstoß zugrundeliegendes Verhalten beeinflusst hat.[64]

Unabhängig von dieser Differenzierung nach Unternehmer und Insoverwalter erweitert § 17 II den Versicherungsschutz für kfm. Risiken bei der Insolvenzverwaltung, siehe hierzu § 17 Rn. 12. Ausdrücklich besteht Versicherungsschutz für Haftpflichtansprüche wegen Schäden aus einer kaufmännischen Kalkulations- oder Organisationstätigkeit bis zur Höhe der vereinbarten Versicherungssumme, maximal in Höhe von EUR 2.500.000, zugleich für alle Versicherungsfälle eines Jahres. Darüber hinaus kommt es wieder auf die oben genannte Differenzierung an. Ausgeschlossen bleiben aber Ansprüche aus einer Spekulationstätigkeit, z.B. aufgrund der Anlage von privatem oder Unternehmens- und Betriebsvermögen in Vermögenswerte mit spekulativem Charakter, wie z.B. Derivate, Aktien und Optionsscheine. 44

b) Öffentlich-rechtliche Ansprüche, Sozialabgaben, II Ziff. 2. Deklaratorisch mitversichert sind insbesondere die öffentlich-rechtlichen Ansprüche aus §§ 34, 69 AO und vergleichbaren Fällen der persönlichen Haftung wegen Nichtabführung von Sozialversicherungsbeiträgen. Der Insoverwalter hat die steuerlichen Pflichten des Schuldners zu erfüllen, weil auf ihn die Verwaltungs- und Verfügungsbefugnis übergeht und er damit Vermögensverwalter nach § 34 Abs. 3 AO ist. Er haftet persönlich, wenn er diese Pflichten verletzt. Er haftet darüber hinaus nach §§ 60, 61 InsO, wenn er die nach der Insolvenzordnung bestehenden Pflichten verletzt. Die Haftung nach § 61 InsO verdrängt die Haftung nach § 69 AO, wenn der Insoverwalter eine selbst begründete steuerliche Masseverbindlichkeit nicht erfüllen kann. Im Verhältnis zu § 60 InsO ist § 69 AO lex specialis.[65] 45

Nach der Rspr. des BSG wird der Fortbestand des Beschäftigungsverhältnisses durch die Eröffnung des Insolvenzverfahrens nicht berührt. Damit besteht die Sozialversicherungspflicht der Arbeitnehmer bis zur Beendigung des Beschäftigungsverhältnisses fort. Es ist nicht ausschlaggebend, ob der Insolvenzverwalter Arbeitgeber ist oder die Arbeitnehmer von der Arbeitsleistung freigestellt sind. Der Insoverwalter tritt an die Stelle des Gemeinschuldners. Er hat die Beitragsforderungen der Sozialversicherungskassen zu erfüllen. Hierfür besteht Versicherungsschutz, soweit er nach §§ 60, 61 InsO haftet. Kein Versicherungsschutz besteht, wenn der Insolvenzverwalter wissentlich vom Gesetz abgewichen hat nach II Ziff. 2 letzter HS. Dieser Ausschluss wiederholt den Ausschluss der wissentlichen Pflichtverletzung nach § 4 I Ziff. 3. 46

63 BGH VersR 1980, 353.
64 BGH r+s 2024, 111.
65 Buth/Hermanns/*König* § 47 Rn. 64, str. sonst nur Anspruchskonkurrenz.

47 **c) Versicherungsverträge, II Ziff. 3.** Der Versicherungsschutz umfasst die Ansprüche, die sich daraus ergeben, dass der Insoverwalter Versicherungsverträge nicht oder nicht ordnungsgemäß abgeschlossen, erfüllt oder fortgeführt hat, außer der Insoverwalter hat davon bewusst abgesehen, II Ziff. 3. Versicherungsverträge in der Insolvenz des Versicherungsnehmers sind in aller Regel nicht vollständig erfüllt, weil der Versicherungsnehmer die Prämien nicht gezahlt hat. Der Insoverwalter kann die Erfüllung wählen und muss dafür ab Eröffnung des Verfahrens aus der Masse die Prämien zahlen, § 103 InsO. Eine Pflichtverletzung gem. § 60 InsO des Insolvenzverwalters kommt in Betracht, wenn dieser unabgestimmt und ankündigungslos die für den Geschäftsführer bestehende D&O-Versicherung beendet.[66] Der Insolvenzverwalter einer GmbH ist gegenüber deren Geschäftsführer nicht verpflichtet, eine zu dessen Gunsten abgeschlossene Haftpflichtversicherung aufrechtzuerhalten, um ihn von einer Inanspruchnahme wegen verbotener Zahlungen freizustellen.[67] Dies entspricht der Wertung des § 103 InsO, wonach der Verwalter über die Fortführung von Versicherungsverträgen allein im Interesse der Insolvenzmasse zu entscheiden hat.[68] Bei einer bestehenden D&O-Versicherung sollten die versicherten Personen von sich dem Versicherer einen möglichen Schadenfall melden, weil der Versicherungsschutz nach Ende der Nachmeldefrist nicht mehr besteht. Zum Nachweis der Entscheidung des Insoverwalters die Versicherungsverträge nicht fortzuführen, sollte der Versicherer seine Erklärungen beweissicher abgeben.

48 **d) Zahlungsfehler, II Ziff. 4.** Nach II Ziff. 4 sind versichert Ansprüche wegen Fehl- oder Doppelüberweisungen sowie Fehlern bei der Auszahlung der Insolvenzquote und der Abrechnung des Insolvenzgeldes. Versichert ist der Anspruch eines geschädigten Beteiligten, wenn der Insoverwalter bei dem Zahlungsfehler eine insolvenzspezifische Pflicht verletzt hat. Voraussetzung ist, dass es sich um einen Haftpflichtanspruch handelt nach §§ 60, 61 InsO oder einer sonstigen Haftpflichtbestimmung. Nicht unter den Versicherungsschutz fallen daher Ansprüche auf nochmalige Überweisung, wenn der Insolvenzverwalter einen Anspruch noch erfüllen muss oder gegen ihn ein bereicherungsrechtlicher Anspruch geltend gemacht wird.

49 Kein Versicherungsschutz besteht für einen Anspruch aufgrund von Zahlungen auf ein Anderkonto des Insoverwalters. Zahlungen hierauf fallen nicht in die Masse. Die Anderkontendeckung nach § 17 III ist nicht anwendbar, weil sie nur Fehler bei der anwaltlichen Tätigkeit versichert. Anders regelmäßig, wenn der Insoverwalter das Insolvenzschuldnerkonto fortführt. Zahlungen hierauf fallen in die Masse, § 55 Abs. 1 Nr. 3 InsO. Bei einer Haftung aufgrund einer insolvenzspezifischen Pflichtverletzung besteht Versicherungsschutz.[69]

50 **e) Vorsatztaten des Personals, II Ziff. 5.** Bei Vorsatztaten entfällt der Versicherungsschutz nach § 103 VVG. Dies würde auch für Vorsatztaten von Repräsentanten des Insoverwalters gelten, regelmäßig seinem Personal.[70] II Ziff. 5 erweitert in Abweichung von § 103 VVG den Versicherungsschutz. Deckung besteht für den Insoverwalter, wenn das Personal von ihm oder des Insolvenzschuldners eine vorsätzliche Straftat gegen das Vermögen begangen hat. Voraussetzung ist, dass der Geschädigte den Insoverwalter aufgrund fahrlässiger Verletzung seiner Aufsichts- und Überwachungspflicht in Anspruch nimmt. Straftaten gegen das Vermögen sind insbesondere Untreue und Betrug als Straftaten gegen das Vermögen als Ganzes, aber auch Straftaten gegen einzelne Vermögenswerte wie Gebrauchsanmaßungsfälle, §§ 248b, 290 StGB, oder Aneignungsrechte nach §§ 292 ff StGB. Die Einzelobjektdeckung erweitert den Versicherungsschutz auf Vorsatztaten des

---

66 OLG Hamburg NZI 2015, 851.
67 BGH NZI 2016, 580.
68 Uhlenbruck/*Wegener* § 103 Rn. 97.
69 OLG Hamm 2011, 2043.
70 BGH VersR 1992, 865.

Personals, unabhängig von einem Verschulden des Insoverwalters durch eine Vertrauensschadenversicherung mit einem Sublimit von 250.000 EUR.

f) Pflichtverletzungen von Dritten zur Ausübung der Insotätigkeit, II Ziff. 6. Der Insoverwalter haftet für das Fehlverhalten Dritter. Hierfür besteht Versicherungsschutz nach Maßgabe II Ziff. 6. Es besteht Deckungsschutz für die Pflichtverletzungen der Angestellten des Insolvenzschuldners. Voraussetzung ist ein Haftpflichtanspruch aufgrund Überwachungsverschuldens, § 60 Abs. 2 InsO. Es besteht Deckungsschutz für die Erfüllungsgehilfen des Insolvenzverwalters, unabhängig davon, ob sie freie Mitarbeiter oder in einem Anstellungsverhältnis sind oder ob sie Angestellte des Insoverwalters oder in dessen Kanzlei sind. 51

4. Einzelobjektdeckung für Tätigkeiten nach der Insolvenz, VH 61 in Auszügen

Insolvenzen von umsatzstarken Schuldnerunternehmen erfordern hohe Versicherungssummen 52 und umfangreiche Versicherungsleistungen. Man versichert sie über Einzelobjektdeckungen/Projektdeckungen, weil die Standarddeckung nicht den erforderlichen Umfang hat oder die laufende Insodeckung regelmäßig nur geringe Versicherungssummen bietet. Versicherungsschutz für das benannte Insoverfahren besteht bei Einzelobjekten allein über den einzelnen Versicherungsvertrag. Die Versicherungssumme gilt für jeden einzelnen Verstoß sowie für alle Verstöße insgesamt, die dem Insoverwalter bei seiner Tätigkeit in dem konkreten Verfahren unterlaufen, zuweilen wird auch für die Laufzeit eine 2-fache Maximierung geboten. Die Versicherungssumme steht insgesamt für das Verfahren und nicht pro Jahr zur Verfügung, siehe hierzu ausführlich zu Einzelobjektdeckungen Einleitung Rn. 42 ff. Zur Standardversicherung in § 18 I und II bestehen Erweiterungen. Im Folgenden werden auszugsweise die Bedingungen der VH 61 der Allianz erläutert nach Teil 2 Risikobeschreibung und Besondere Bedingungen für alle Tätigkeiten nach der InsO im vorläufigen und eröffneten Insolvenzverfahren und nach StaRUG im präventiven Restrukturierungsverfahren.

a) Kaufmännische Risiken, Teil 2 A II Ziff. 1 VH 61

Mitversichert sind insbesondere Ansprüche

1. **wegen Schäden aus einer kaufmännischen Kalkulations-, Organisations- und Investitionstätigkeit. Ausgeschlossen bleiben Ansprüche aus einer Spekulationstätigkeit, z.B. aufgrund der Anlage von privatem oder Unternehmens- und Betriebsvermögen in Vermögenswerte mit spekulativem Charakter, wie z.B. Derivate, Aktien und Optionsscheine...**

Der Versicherungsschutz umfasst die Haftpflichtansprüche wegen Schäden aus einer kaufmänni- 53 schen Kalkulations- oder Organisationstätigkeit bis zur Höhe der vereinbarten Versicherungssumme. Im Gegensatz zur Standardversicherung besteht kein Sublimit. Die Jahreshöchstleistung richtet sich nach der Vereinbarung. Ausgeschlossen bleiben Ansprüche aus einer Spekulationstätigkeit. Bei kaufmännischen Risiken sind weiterhin die unternehmerischen Risiken an sich ausgeschlossen. Der Versicherungsschutz umfasst nicht die Entscheidungen des Verwalters, wenn er als Unternehmer in Erscheinung tritt und das Insoverfahren in den Hintergrund tritt, siehe hier Standardversicherung bei Insolvenzverwaltertätigkeit § 18 Rn. 43 f.

b) Selbständige Garantiezusage, Teil 2 A II Ziff. 6 VH 61

Mitversichert sind insbesondere Ansprüche

6. **des Kreditinstituts aus einer selbständigen Garantiezusage des vorläufigen Sach-/Insolvenzverwalters, welche dieser zum Zweck der Vorfinanzierung von Insolvenzgeld abgibt, sofern zu diesem Zeitpunkt die Zustimmung der Agentur für Arbeit nach § 170 IV SGB III vorgelegen hat; Teil 1 § 1 I Ziff. 1 Satz 3 und § 4 II Ziff. 1 sind insoweit abbedungen;...**

54 Die laufende Insolvenzverwalterdeckung erweitert den Versicherungsschutz für Garantien und besondere Zusagen. Mitversichert sind Ansprüche des Kreditinstituts aus einer selbständigen Garantiezusage des vorläufigen Sach-/Insolvenzverwalters, welche dieser zum Zweck der Vorfinanzierung von Insolvenzgeld abgibt, sofern zu diesem Zeitpunkt die Zustimmung der Agentur für Arbeit nach § 188 Abs. 4 SGB III vorgelegen hat. Die Agentur für Arbeit zahlt die ausstehenden Lohnansprüche der Arbeitnehmer des Schuldnerunternehmens für den Zeitraum von 3 Monaten vor der Insolvenz. Die Agentur für Arbeit leistet das Insolvenzgeld erst bei Eröffnung des Insolvenzverfahrens oder Abweisung mangels Masse. Um das Insolvenzgeld im Zeitraum der vorläufigen Insoverwaltung in der Regel vorzufinanzieren, nimmt das Schuldnerunternehmen bei einer Bank einen Kredit auf. Als Sicherheit gibt der vorläufige Insoverwalter eine selbständige Garantie ab, dass der Kredit der Bank bedient wird. Die Haftung aufgrund des Nichteinhaltens der Zusage ist versichert.

c) Zahlungsfehler, Teil 2 A II Ziff. 9 VH 61

Mitversichert sind insbesondere Ansprüche

9. **wegen Fehl- oder Doppelüberweisungen, Fehlern bei der Auszahlung der Insolvenzquote und der Abrechnung des Insolvenzgeldes...**

55 Ebenfalls versichert sind Ansprüche wegen Fehl- oder Doppelüberweisungen, Fehlern bei der Auszahlung der Insolvenzquote und der Abrechnung des Insolvenzgeldes, siehe ausführlich Zahlungsfehler unter § 18 RA Rn. 48 f.

d) Treuhandkonten, Teil 2 A II Ziff. 12 VH 61

Mitversichert sind insbesondere Ansprüche

12. **im Zusammenhang mit der Vereinbarung von Treuhandkontenmodellen im Rahmen des vorläufigen Insolvenzverfahrens...**

56 Der vorläufige Insolvenzverwalter hat das Schuldnerunternehmen grundsätzlich bis zur Entscheidung über die Eröffnung des Insolvenzverfahrens fortzuführen, § 22 Abs. 1 Nr. 2 InsO. Daraus entstehen Verbindlichkeiten, für die der Insolvenzverwalter persönlich haften kann. Die Haftungsgefahr für den Insoverwalter verringert sich, wenn er das Schuldnerunternehmen in einem geschlossenen Finanzierungssystem weiterführt. Eine Lösung ist die sog. mehrseitige Treuhand. Auf den Insoverwalter oder einen Dritten als Treuhänder wird das Schuldnervermögen übertragen. Der Treuhänder verwaltet, sichert und verwertet im Sicherungsfall das Vermögen über die Treuhand. Versicherungsschutz besteht für Ansprüche gegen den Insolvenzverwalter im Zusammenhang mit der Vereinbarung von Treuhandkontenmodellen im Rahmen des vorläufigen Insolvenzverfahrens. Nicht versichert ist dagegen die Tätigkeit als Treuhänder selbst, da Dritte den Berufsträger als Treuhänder aufgrund einer vertragswidrigen Handlung und nicht als Insoverwalter in Anspruch nehmen.

e) Fehlverhalten Dritter, Teil 2 B II VH 61

Mitversichert sind...

II. Ansprüche wegen Schäden durch vorsätzliche Straftaten gegen das Vermögen des Insolvenzschuldners oder am Insolvenzverfahren beteiligter Dritter, welche von Vertrauenspersonen des Versicherungsnehmers in der Absicht begangen wurden, sich selbst oder Dritte zu bereichern, soweit die Vertrauenspersonen hierfür schadenersatzpflichtig gemacht werden können, maximal jedoch in Höhe von 250.000 EUR für die Vertragslaufzeit; Teil 1 § 4 II Ziff. 4 und 5 ist insoweit abbedungen. Vertrauenspersonen sind Sozien/ Gesellschafter, Angestellte und freie Mitarbeiter des Versicherungsnehmers, derer er sich zur Mitwirkung bei der Ausübung seiner Tätigkeit bedient;

Der Insoverwalter haftet für das Fehlverhalten Dritter. Der Verschuldensmaßstab richtet sich nach dem Verhältnis des Dritten zum Insoverwalter. Hierfür besteht Versicherungsschutz, siehe Haftung für eigenes Verschulden und fremdes Verschulden § 18 Rn. 34 ff. Bei Vorsatztaten entfällt der Versicherungsschutz nach § 103 VVG. Dies gilt auch für Vorsatztaten von Repräsentanten des Insoverwalters. Zur Standardversicherung der Deckung des Insoverwalters für fahrlässige Aufsichts- und Überwachungspflicht für Straftaten gegen das Vermögen kommt eine Vertrauensschadenversicherung zur Absicherung der Masse. Versichert sind Ansprüche wegen Schäden durch vorsätzliche Straftaten gegen das Vermögen des Insolvenzschuldners oder am Insolvenzverfahren beteiligter Dritter, welche von Vertrauenspersonen des Versicherungsnehmers in der Absicht begangen wurden, sich selbst oder Dritte zu bereichern, wenn die Vertrauensperson hierfür schadensersatzpflichtig ist, siehe § 18 II. Der Versicherungsschutz ist unabhängig von einem Auswahl- oder Überwachungsverschulden des Insoverwalters. Es besteht hierfür ein Sublimit in Höhe von 250.000 EUR. Die Versicherungssumme steht aber nur einfach für die gesamte Vertragslaufzeit zur Verfügung. Es bedeutet, dass die Versicherungssumme nicht pro Jahr zu leisten ist, sondern als eine Ablaufleistung gewährt wird. 57

f) Sonstige Besonderheiten, Teil 2 A II Ziff. 16 und 17 der VH 61

Mitversichert sind insbesondere Ansprüche

16. wegen (unterlassenem) Lastschriftwiderruf;

17. wegen Rechen- und/oder Schreibfehlern.

Versicherungsschutz besteht darüber hinaus, wenn ein Dritter den Insoverwalter wegen unterlassenem Lastschriftwiderruf oder wegen Rechen- und/oder Schreibfehlern in Anspruch nimmt. 58

5. Laufende Deckung

Versicherer bieten ebenfalls eine laufende Deckung für die Tätigkeit als Insolvenzverwalter an. Im Unterschied zur Mitversicherung in den Standardbedingungen ist die Deckung eigenständig und unabhängig von der Pflichtversicherung. Der Versicherungsumfang ist regelmäßig weitergehend. Er entspricht regelmäßig dem Versicherungsumfang einer Einzelobjektdeckung, siehe zu den Besonderheiten und Versicherungsumfang § 18 Rn. 52 ff. Im Unterschied hierzu ist die Versicherungssumme maximiert. Sie steht als Jahreshöchstleistung pro Jahr zur Verfügung und nicht nur über die gesamte Laufzeit. Es besteht eine selbständige Versicherungssumme und ein erweitertes eigenes Bedingungswerk. 59

C. Tätigkeiten nach der Insolvenzordnung, I 1. Punkt und II

Mitversichert sind die nachfolgend abschließend aufgezählten Tätigkeiten, sofern keine Pflichtversicherung gesetzlich vorgeschrieben ist:

- **gemäß InsO, z.B. als ...Gläubigerausschussmitglied, Sachwalter und Treuhänder;...**

I. Gläubigerausschussmitglied

Mitversichert ist nach I, erster Punkt die Tätigkeit des Berufsträgers als Mitglied eines Gläubigerausschusses.

1. Tätigkeit, Haftung

60 Der Gläubigerausschuss ist mit der Gläubigerversammlung einer der beiden Organe des Gläubigers. Mitglied im Gläubigerausschuss kann jede natürliche und juristische Person werden, meist die Gläubiger selbst, aber auch Dritte, § 67 Abs. 1, 3 InsO. Anwälte, Steuerberater oder Wirtschaftsprüfer können als externe Dritte als ständige Vertreter des Gläubigers zum Mitglied berufen werden. Die Berufsträger sind dann als natürliche Personen Repräsentanten des Gläubigers. Anwälte, Steuerberater und Wirtschaftsprüfer als ständige Vertreter haften nicht nach § 71 InsO, sondern allein nach Deliktsrecht. Sie haften jedoch gegenüber ihrem Auftraggeber nach dem zugrundeliegenden Auftragsrecht oder als Angestellter des Arbeitgebers nach arbeitsrechtlichen Grundsätzen.[71] Die Mitglieder des Gläubigerausschusses haben den Insolvenzverwalter bei seiner Geschäftsführung zu unterstützen und zu überwachen. Sie müssen sich über den Gang der Geschäfte unterrichten sowie die Bücher und Geschäftspapiere einsehen und den Geldverkehr und -bestand prüfen lassen, § 69 InsO als Generalklausel.

61 Die Mitglieder des Gläubigerausschusses sind den absonderungsberechtigten Gläubigern und den Insolvenzgläubigern zum Schadenersatz verpflichtet, wenn sie schuldhaft ihre Pflichten verletzen, § 71 InsO. Der Ausschuss ist aber nicht rechtsfähig. Er haftet nicht, sondern die einzelnen Mitglieder haften zunächst nur individuell. Die Haftung besteht, wenn das Mitglied eine insolvenzspezifische Pflicht schuldhaft verletzt hat, ein Schaden zulasten der Gläubiger oder Absonderungsberechtigten entstanden ist und Kausalität zwischen Pflichtverletzung und Schaden besteht. Die gesamtschuldnerische Haftung des Ausschusses ergibt sich unter den Voraussetzungen der §§ 421 ff BGB mit einem Gesamtschuldnerausgleich nach § 426 BGB. Die gesamtschuldnerische Haftung besteht auch, wenn das Mitglied sich der Stimme enthält. Es haftet nicht, wenn im Protokoll festgehalten ist, dass es gegen den Beschluss gestimmt hat.[72] Die Mitglieder des Gläubigerausschusses können gleichzeitig gesamtschuldnerisch zusammen mit dem Insolvenzverwalter nach § 60 InsO haften.[73] Im internationalen Insolvenzrecht gilt: Art. 1 II VO (EU) Nr. 1215/2012 erfasst auch eine deliktische Schadensersatzklage, die gegen Mitglieder eines Gläubigerausschusses wegen ihres Verhaltens bei einer Abstimmung über einen Sanierungsplan in einem Insolvenzverfahren erhoben worden ist. Es bedeutet, dass gerade eine solche Klage als Ausschluss vom sachlichen Anwendungsbereich dieser Verordnung ausgenommen ist.[74]

62 Für die Zurechnung von Fremdverschulden gilt: Das Mitglied kann für einen Erfüllungsgehilfen nur haften, wenn das Mitglied eigene Pflichten übertragen hat. Eigene Pflichten bestehen, wenn es sich um Steuer-, Rechnungslegungs- und Rechtsfragen handelt oder Strategieentscheidungen zu treffen sind. Ansonsten kommt eine Zurechnung nach § 278 BGB nicht in Betracht. Im

71 Cranshaw/Portisch/Knöpnadel ZInsO 2015, 1, 10.
72 Karsten Schmidt InsO/*Jungmann* § 71 Rn. 7.
73 MüKoInsO/*Schmid-Burgk* § 71 Rn. 22.
74 EuGH NZI 2018, 232.

Hinblick auf die Prüfung von Geldverkehr und -bestand besteht die Pflicht der Mitglieder des Gläubigerausschusses allein darin, eine mit der Prüfung zu betrauende Person sorgfältig auszuwählen und zu überwachen.[75]

2. Deckungskonzept

Der Berufsträger ist über die Standardversicherung als Mitglied eines Gläubigerausschusses versichert. Eine Einzelobjektdeckung ist regelmäßig erforderlich, wenn es sich um größere Verfahren handelt. Dabei versichert man den Gläubigerausschuss mit seinen Mitgliedern insgesamt. Weniger verbreitet sind laufende Versicherungen für Gläubigerausschussmitglieder, weil anders als ein Insolvenzverwalter die Tätigkeit als Ausschussmitglied nicht die Haupttätigkeit ist. Der Berufsträger nimmt nur dann die Tätigkeit auf, wenn die Insolvenz konkret angemeldet ist. 63

Die Prämien einer Haftpflichtversicherung können grundsätzlich aus der Masse erstattet werden. Das Insolvenzgericht hat zuzustimmen, damit die Masse nicht unnötig geschmälert wird. Aufgrund des bei Großverfahren besonders hohen persönlichen Haftungsrisikos der Ausschussmitglieder zählen die Beiträge der Vermögensschadenshaftpflichtversicherung in umfangreichen Insolvenzverfahren zu den erstattungsfähigen Auslagen.[76] Die Erstattung kann entfallen, wenn keine größeren Haftungsrisiken bestehen.[77] 64

Versichert ist nach der Standardversicherung die Tätigkeit des Mitglieds im jeweiligen Verfahren. Versichert sind insbesondere auch nach II: Pflichtverletzungen bei der Unterstützung und Kontrolle des Insolvenzverwalters/Sachwalters, bei der Unterstützung des Schuldners im Eigenverwaltungsverfahren, im Zusammenhang mit der Beschlussfassung, z.B. bei besonders bedeutsamen Rechtshandlungen, im Rahmen der Rechtmäßigkeits-, Zweckmäßigkeits- und Wirtschaftlichkeitskontrolle der Handlungen des Insolvenzverwalters sowie wegen fehlerhafter bzw. unterlassener Prüfung des Geldverkehrs und des Geldbestands.[78] Die frühere Mitversicherung der Insolvenzrichter besteht nicht mehr, da dies mit dem Richteramt nicht vereinbar ist, wenn zugunsten von ihm eine Vermögensschadenhaftpflichtversicherung besteht.[79] 65

Der Insoverwalter kann gesamtschuldnerisch zusammen mit dem Gläubigerausschuss haften. Dabei handelt es sich um zwei verschiedene Pflichtenkreise mit unterschiedlichen Versicherungsfällen. Es bedeutet, dass für den gleichen Schaden der Versicherungsschutz für den Insoverwalter ausgeschlossen sein kann, während er für den Gläubigerausschuss noch besteht. Beispiel: Der Insolvenzverwalter veruntreut Gelder der Schuldnerin, und der Gläubigerausschuss hat den Insolvenzverwalter hierbei unzureichend überwacht.[80] Der Versicherungsschutz für den Insolvenzverwalter ist nach § 103 VVG/wissentliche Pflichtverletzung ausgeschlossen. Der Versicherungsschutz besteht für den Gläubigerausschuss, weil er fahrlässig seine Pflicht verletzt hat. Dabei ist zu beachten, dass der Versicherer, soweit der einzelne Insoverwalter und der Gläubigerausschuss haften, unter Umständen einen Rückgriffsanspruch hat, § 7 III Ziff. 1. Bei der häufig vorkommenden Einzelobjektdeckung ist regelmäßig der gesamte Gläubigerausschuss versichert. Er ist Versicherungsnehmer. Die einzelnen Mitglieder sind versicherte Personen. Der Deckungsumfang ist individuell zu vereinbaren. Die Versicherungssumme/Maximierung richtet sich nach den Risiken im Verfahren. Der Deckungsumfang orientiert sich regelmäßig an der Standardversicherung. 66

---

75 BGH LS 1 NZI 2015, 166.
76 BGH ZIP 2012, 876; AG Hannover ZInsO 2016, 1875.
77 MüKoInsO/*Stephan* InsVV § 18 Rn. 7.
78 Cranshaw/Portisch/Knöpnadel ZInsO 2015, 63, 66.
79 Siehe z.B. Ziff. 5.5 der Richtlinien des Amtsgerichts Syke für die Bearbeitung von Insolvenzverfahren.
80 OLG Celle NZI 2010, 609.

II. Treuhänder, § 292 InsO

67 Mitversichert ist die Tätigkeit als Treuhänder in der Restschuldbefreiung einer natürlichen Person, §§ 292 ff InsO. Die praktische Bedeutung ist gering. Der Treuhänder nach § 292 InsO übt ein öffentliches Amt aus und ist Amtswalter. Er ist doppelseitiger uneigennütziger Treuhänder im Interesse der Gläubiger und des Schuldners. Es handelt sich um ein höchstpersönliches Amt. Es ist nicht übertragbar auf Bevollmächtigte. Der Treuhänder hat im Ergebnis weniger Rechte als ein Insolvenzverwalter.

68 Hauptaufgabe des Treuhänders ist es, die eingehenden Gelder entgegenzunehmen, zu verwahren und zu verteilen. Der Treuhänder hat den Schuldner nur dann zu kontrollieren und zu überwachen, wenn die Gläubiger nach § 292 InsO einen entsprechenden Auftrag erteilt und sie die Kosten der Überwachung übernommen haben.[81] Der Treuhänder haftet nach § 280 BGB bei Pflichtverletzungen im Amt, sowohl gegenüber den Insolvenzgläubigern als auch gegenüber dem Schuldner. Er haftet nicht nach § 60 InsO, weil § 292 Abs. 3 Satz 2 nicht darauf verweist.[82] Die Tätigkeit als Treuhänder nach §§ 292 ff InsO ist mitversichert nach I, erster Punkt. Einzelobjekte sind je nach Versicherer individuell möglich. Für laufende Versicherungen fehlt es an der praktischen Relevanz.

III. Sachwalter

1. Tätigkeit, Haftung

69 Versichert ist die Tätigkeit des Sachwalters im eröffneten Verfahren in der Eigenverwaltung nach § 18, erster Punkt, § 270 Abs. 1 Satz 1 InsO, sowie die Tätigkeit als vorläufiger Sachwalter im vorläufigen Eigenverwaltungsverfahren nach § 270a Abs. 1 Satz 2 InsO und als vorläufiger Sachwalter im Schutzschirmverfahren nach § 270b Abs. 2 Satz 1 InsO. Das Eigenverwaltungsverfahren hat das Ziel, das angeschlagene Unternehmen zu sanieren. Die Verwaltungs- und Verfügungsbefugnis bleibt beim Schuldner. Statt einem Insolvenzverwalter wird ein Sachwalter bestellt. Er ist sachkundiger und unparteiischer Gehilfe des Gerichts. Nach § 274 Abs. 2 Satz 1 InsO hat er die Aufgabe, die wirtschaftliche Lage des Schuldners zu prüfen und die Geschäftsführung sowie die Ausgaben für die Lebensführung zu überwachen. Der Sachwalter hat die Rechte eines vorläufigen Insolvenzverwalters, §§ 274 Abs. 2 Satz 2, 22 Abs. 3 InsO, aber einen reduzierten Pflichtenkreis, §§ 275 ff InsO.

70 Der Sachwalter hat insbesondere die wirtschaftliche Lage des Schuldners zu prüfen, wie dessen Unternehmens-, Liquiditäts- und Finanzplanung. Er hat die Geschäftsführung zu überwachen, indem er die Geschäftsbücher und die Kassenführung des Schuldners prüft. Er hat kein Weisungsrecht hierzu. Er hat das Gerichtes und die Gläubiger zu informieren, § 274 Abs. 3 InsO. Zur Sicherung der Insolvenzmasse hat er die Insolvenztabelle mit den Forderungen, die Verzeichnisse, §§ 151–153 InsO, und die Verteilungsverzeichnisse, § 283 Abs. 2 Satz 2 InsO, zu prüfen. Er hat die Masseunzulänglichkeit anzuzeigen, § 285 InsO. Weitere Aufgaben sind: Zustimmung zu bestimmten Rechtsgeschäften des Schuldners, § 277 InsO; Abstimmung mit dem Schuldner über die Ausübung der Wahlrechte nach § 279 InsO; Geltendmachung von Anfechtungs- und Haftungsansprüchen, § 280 InsO; Abstimmung mit dem Schuldner über die Verwertung von Sicherungsgut, § 282 Abs. 2 InsO; Ausarbeitung eines Insolvenzplans bei Auftrag durch die Gläubigerversammlung, § 284 Abs. 1 InsO.[83]

71 Nach Anordnung der Eigenverwaltung haftet der Sachwalter wie ein Insolvenzverwalter nach § 60 iVm § 274 Abs. 1 InsO. Nach § 61 InsO haftet er nur, wenn das Insolvenzgericht einen Zustimmungsvorbehalt angeordnet hat, wie z.B., wenn Masseverbindlichkeiten begründet werden sollen,

81 BGH NZI 2010, 26.
82 OLG Celle NZI 2008, 52.
83 *Ehlers* ZInsO 2015, 1417; *Flöther* ZInsO 2015, 465.

§ 277 Abs. 1 Satz 3 InsO. Im vorläufigen Eigenverwaltungsverfahren oder im Schutzschirmverfahren haftet der vorläufige Sachwalter nach §§ 60 iVm 274 Abs. 1 InsO. Eine Haftung des vorläufigen Sachwalters nach § 277 Abs. 1 S. 3 InsO analog iVm § 61 InsO kommt nicht in Betracht, da diese Norm infolge der Sonderregelung des § 270c Abs. 4 InsO nicht anwendbar ist.[84]

Nach § 12 Abs. 1 InsVV erhält der endgültige Sachwalter eine Regelvergütung in Höhe von 60 % der Vergütung eines Insolvenzverwalters. Die Tätigkeit des vorläufigen Sachwalters wird gesondert vergütet. Er erhält in der Regel 25 Prozent der Vergütung des Sachwalters bezogen auf das Vermögen, auf das sich seine Tätigkeit während des Eröffnungsverfahrens erstreckt, § 12a InsVV. Zuschläge für schwierige Fälle können hinzukommen.[85] 72

2. Versicherungsschutz

Der Berufsträger ist über die Standardversicherung als vorläufiger und endgültiger Sachwalter versichert. Eine Einzelobjektdeckung ist regelmäßig erforderlich, wenn es sich um größere Verfahren handelt oder auch mehrere Beschlüsse vorhanden sind, die sich wirtschaftlich auf eine Unternehmens-Gruppe beziehen. Versicherungsschutz besteht für die in den Beschlüssen des Insolvenzgerichts genannten Verfahren, für die der Sachwalter bestellt wird. Wenn eine laufende Insolvenzverwalterdeckung besteht, sind regelmäßig die Tätigkeiten als Sachwalter mitversichert, siehe hierzu Insolvenzverwaltertätigkeit Deckungskonzepte § 18 I und II Rn. 38. 73

IV. Bescheinigung nach § 270d Abs. 1 Satz 1 InsO

Der Schuldner hat mit dem Antrag für ein Schutzschirmverfahren eine mit Gründen versehene Bescheinigung eines in Insolvenzsachen erfahrenen Steuerberaters, Wirtschaftsprüfers oder Rechtsanwalts oder einer Person mit vergleichbarer Qualifikation vorzulegen, aus der sich ergibt, dass drohende Zahlungsunfähigkeit oder Überschuldung, aber keine Zahlungsunfähigkeit vorliegt und die angestrebte Sanierung nicht offensichtlich aussichtslos ist, § 270d Abs. 1 Satz 1 InsO. Der Anwalt, Steuerberater, Wirtschaftsprüfer als Aussteller haftet gegenüber Alt- und Neugläubigern nach den Grundsätzen des Vertrages mit Schutzwirkung zugunsten Dritter. Für diese Berufsträger als Fachleute gelten besondere Schutzpflichten, wenn sich aus dem Inhalt des Auftrags ergibt, dass das Gutachten auch den Interessen Dritter dient. Das Gutachten dient gerade der gerichtlichen Entscheidung im Interesse der Gläubiger und für die Gläubiger selbst. Die Berufsträger haften aber nur nach zivilrechtlichen Grundsätzen und nicht speziell analog § 60 Abs. 1 InsO, weil keine insolvenzspezifische Pflicht besteht.[86] Versicherungsschutz besteht nach § 18 I erster Punkt, weil es sich um eine Tätigkeit nach der Insolvenzordnung handelt. Eine ausdrückliche Nennung ist nicht erforderlich. Eine Einzelobjektdeckung ist praktisch nicht notwendig, außer die Versicherungssumme wäre nicht ausreichend. 74

D. StaRUG, Verfahren zur Stabilisierung- und Restrukturierung für Unternehmen, I 2. Punkt und II

Mitversichert sind die nachfolgend abschließend aufgezählten Tätigkeiten, sofern keine Pflichtversicherung gesetzlich vorgeschrieben ist:

- **gemäß StaRUG als Restrukturierungsbeauftragter, Sanierungsmoderator und Gläubigerbeiratsmitglied;...**

---

84 Beck/Depré/Ampferl/*Exner*/*Wittmann*/*Ballmann*/*Liebthal* § 44 Rn. 231 ff.

85 NZI 2016, 796.

86 Karsten Schmidt/*Undritz* InsO § 270d Rn. 6.

75 Das StaRUG ermöglicht die Sanierung von Unternehmen vor dem Eintritt der Insolvenz. Die Zahlungsunfähigkeit oder Überschuldung darf noch nicht eingetreten sein, § 33 StaRUG. Es sollen Unternehmenskrisen frühzeitig erkannt werden und das Unternehmen soll nicht in eine finanzielle Schieflage kommen. Bei einer Unternehmenssanierung nach dem StaRUG bleibt die Verfügungsmacht bei dem finanziell angeschlagenen Unternehmen und geht nicht auf einen Dritten wie beim Insolvenzverfahren auf den Insolvenzverwalter über. Sie verbleibt bei der Geschäftsleistung. Sie erstellt den Restrukturierungsplan, in dem die Maßnahmen zur Sanierung des Unternehmens beschrieben werden, §§ 17, 6, 7 StaRUG. Gegenüber einer außergerichtlichen Sanierung reicht zur Durchführung des Vorhabens die Zustimmung von ¾ der in den Plan einbezogenen Gläubiger, § 25 StaRUG, statt Einvernehmen. Das StaRUG sieht vor, dass ein Restrukturierungsbeauftragter oder ein Sanierungsmoderator hinzugezogen wird.

§ 43 StaRUG regelt die Pflichten sowie die Haftung der Geschäftsleiter des Schuldners gegenüber dem Schuldner bei Verletzung dieser Pflichten während der Rechtshängigkeit der Restrukturierungssache. Nach § 43 Abs. 1 Satz 1 StaRUG haben die Geschäftsleiter darauf hinzuwirken, dass der Schuldner die Restrukturierungssache mit der Sorgfalt eines ordentlichen und gewissenhaften Geschäftsleiters betreibt und dabei die Interessen der Gläubigergesamtheit wahrt. Bei Verletzungen dieser Pflichten haften die Geschäftsleiter nach § 43 Abs. 1 Satz 2 StaRUG als Innenhaftung der Organmitglieder gegenüber dem Schuldner während der Rechtshängigkeit des Restrukturierungsvorhabens. Nach dem Wortlaut der Norm kann der Schuldner grundsätzlich von den Geschäftsleitern entstandenen Schaden ersetzt verlangen. Allerdings ist der Anwendungsbereich des § 43 Abs. 1 Satz. 2 StaRUG nicht auf die Schäden von Restrukturierungsgläubigern beschränkt, denn die Verpflichtung zur sachgemäßen Durchführung des Restrukturierungsvorhabens soll nach der gesetzgeberischen Intention nicht nur die an der Restrukturierung beteiligten Gläubiger schützen, sondern die Gesamtheit aller Gläubiger des Schuldners.[87] Versicherungsschutz besteht über eine D&O-Versicherung, soweit kein besonderer Ausschluss besteht. Gesonderter Versicherungsschutz als Einzelobjekt ist möglich.

76 Bei einer Unternehmenssanierung nach dem StaRUG kann das Gericht einen Restrukturierungsbeauftragten bestellen, §§ 73 ff StaRUG. Seine Aufgabe besteht darin das Gericht bei seiner Tätigkeit gutachterlich zu unterstützen. Er prüft den Restrukturierungsplan, den der Schuldner vorlegt und in dem die Maßnahmen beschrieben werden, mit denen das Unternehmen saniert werden soll, § 76 StaRUG. Er prüft die wirtschaftliche Lage des Unternehmens und weist auf eine mögliche Insolvenzreife hin. Darüber hinaus überwacht er die Geschäftsführung des Unternehmens und achtet auf das Einhalten der gesetzlichen Vorgaben. Zum Restrukturierungsbeauftragten sollen Rechtsanwälte, Steuerberater und Wirtschaftsprüfer bestellt werden, die in Insolvenzsachen erfahren sind, § 74 StaRUG. Für Verstöße bei ihrer Tätigkeit haften sie auf Schadenersatz, § 75 Abs. 4 StaRUG. Im Rahmen des durch die Bestellung des Restrukturierungsbeauftragten begründeten gesetzlichen Schuldverhältnisses hat er – wie der Insolvenzverwalter und der Sachwalter nach § 60 InsO das Verschulden derjenigen Personen, derer er sich zur Erfüllung seiner restrukturierungsspezifischen Pflichten bedient, gemäß § 278 Satz 1 BGB zu vertreten.[88]

77 Die Sanierungsmoderation ist einem Restrukturierungsverfahren vorgelagert, §§ 94 ff. StaRUG. Ziel des Verfahrens ist es, eine Einigung zwischen dem finanziell angeschlagenen Unternehmen und seinen Gläubigern herbeizuführen. Die Verhandlungen führen Experten, die in Restrukturierungssachen erfahren sind. Der Vergleich kann durch eine gerichtliche Anerkennung gerichtsfest gemacht werden, § 97 StaRUG. Auf Antrag des krisenbehafteten Unternehmens bestellt das Gericht eine geeignete, insbesondere geschäftskundige Person und von den Gläubigern und dem Schuldner unabhängige natürliche Person zum Sanierungsmoderator. Er soll zwischen dem Unternehmen und seinen Gläubigern eine Lösung zur Überwindung der wirtschaftlichen oder finanziellen Schwierigkeiten herbeiführen. Der Moderator erhält Einblick in die Bücher und Geschäftsunterlagen des Unternehmens. Er erstattet dem Gericht monatlich Bericht. Eine ihm be-

87 Uhlenbruck/*Fritz* § 43 Rn. 25.
88 Uhlenbruck/*Mikolajczak*/*Penzlin* § 75 Rn. 135.

kannte Zahlungsunfähigkeit zeigt er dem Gericht unverzüglich an, § 96 StaRUG. Der Sanierungsmoderator hat Berichts- und Anzeigepflichten gegenüber dem Gericht und als Moderator gegenüber dem Schuldner und seinen Gläubigern sowie gegebenenfalls einbezogenen Dritten. Das StaRUG selbst enthält keine Haftungsnorm. Daher gibt es unterschiedliche Sichtweisen.[89] Möglich ist eine Haftungsparallele zum fakultativen Restrukturierungsbeauftragten, die wiederum auf die strenge Regelung zur Haftung für den Restrukturierungsbeauftragten von Amts wegen verweist und sich an die insolvenzrechtliche Haftung des Insolvenzverwalters und Sachwalters anlehnt.[90] Andererseits ist er wie ein Mediator tätig und könnte nach den Maßstäben eines Anwalts haften.[91] Versicherungsschutz kann im Einzelfall für diese Tätigkeit geboten werden.

Nach § 93 StaRUG kann das Gericht im Restrukturierungsverfahren im Ausnahmefall einen **78** Gläubigerbeirat einsetzen. Er ist ein eigenständiges und unabhängiges Organ. Die Mitglieder des Gläubigerbeirats unterstützen und überwachen den Schuldner bei seiner Geschäftsführung, § 93 Abs. 3 Satz 1 StaRUG. Die Aufgaben entsprechen denen eines Gläubigerausschusses im Insolvenzverfahren gemäß § 69 Satz 1 InsO,[92] insbesondere muss überwacht werden, ob die Pflichten des § 32 StaRUG erfüllt werden. Überwiegend wird der Haftungsmaßstab des § 69 Satz 2 InsO für den Gläubigerbeirat abgelehnt.[93]

E. Eigenverwalter

Der Eigenverwalter im Eigenverwaltungsverfahren ist nicht über die AVB-RS VH 60 versichert. Es **79** handelt sich bei der Tätigkeit des Eigenverwalters um keine Tätigkeit nach der InsO. Dies wäre aber Voraussetzung nach § 18 I erster Punkt.

I. Tätigkeit, Haftung

Abweichend vom Regelverfahren kann das Insolvenzgericht die Eigenverwaltung anordnen. Der **80** Schuldner kann unter der Aufsicht eines Sachwalters die Insolvenzmasse verwalten und über sie verfügen, § 270 Abs. 1 Satz 1 InsO. Im vorläufigen Verfahren ist die vorläufige Eigenverwaltung nach § 270a InsO möglich, meist für Freiberufler oder kleinere Unternehmen, oder das Schutzschirmverfahren nach § 270d InsO, meist für größere Unternehmen. Ziel ist die Unternehmen zu sanieren und neu strukturieren zu können. In der Praxis wird dem Schuldner meist ein Sanierungsgeschäftsführer (CRO) zur Seite gestellt. Grundsätzlich behält der Schuldner in der Eigenverwaltung seine Verwaltungs- und Verfügungsbefugnis oder der Eigenverwalter erhält sie. Der Eigenverwalter ist Amtswalter in eigenen Angelegenheiten.

Nach dem Grundsatzurteil des BGH haften die Geschäftsleiter analog §§ 60 ff InsO wie ein **81** Insolvenzverwalter bei Verletzung insolvenzspezifischer Pflichten.[94] Der BGH begründete dies mit dem Fehlen einer ausdrücklichen Regelung für die Haftung der Geschäftsführungsorgane bei der Eigenverwaltung einer Gesellschaft. Die Rechtsprechung wird nunmehr kodifiziert, in dem eine insolvenzrechtliche Haftung der Geschäftsleitungsorgane nach den §§ 60–62 InsO bestimmt wird, § 276a Abs. 2 InsO. Noch fraglich ist, ob auch die sich aus § 60 Abs. 2 InsO ergebende Haftungseinschränkung gerechtfertigt ist. Die für das Unternehmen tätigen Angestellten sind regelmäßig keine

---

89 *Hoegen* NZI-Beilage 2021, 59.
90 BT-Drucks. 19/24181, 173; *Cranshaw/Portisch* ZInsO 2020, 2561.
91 *Smid* ZInsO 2020, 2184.
92 BT-Drucks. 19/25353, 11.
93 Uhlenbruck/*Knof* StaRUG § 93 Rn. 30 mit Verweis auf BT-Drucks. 19/25353, 11 und *Ahrens* NZI Beil. 2021, 57, 59.
94 BGH NJW 2018, 2125 Rn. 47 ff.

Fremdkräfte.[95] Eine über §§ 60, 61 InsO hinausgehende Haftung der Geschäftsführungsorgane für die Nichterfüllung von Masseverbindlichkeiten scheidet idR aus, es sei denn, es liegen die besonderen Voraussetzungen von § 311 Abs. 3 Satz. 2 BGB vor.[96] Insbesondere bei Verletzung von Aus- oder Absonderungsrechten kommt auch eine eigene Haftung der Geschäftsführer aus §§ 823 ff BGB in Betracht.[97]

II. Versicherungsschutz

82 Die Eigenverwaltung wird je nach Versicherer nach individueller Prüfung und regelmäßig über eine Einzelobjektversicherung gedeckt. Der Versicherungsschutz gilt persönlich für den Versicherungsnehmer mit einer eigenständigen Versicherungssumme oder für weitere mitzuversichernde beteiligte Personen. Der Versicherungsschutz der geschäftsführenden Organe des schuldnerischen Unternehmens aus einer D&O-Versicherung kann bestehen, soweit nicht ein Ausschluss für die Tätigkeit in Eigenverwaltung besteht. Versicherungsschutz wird grundsätzlich für die Eigenverwaltung im eröffneten Verfahren, § 270 InsO, und für die vorläufige Eigenverwaltung, §§ 270a, 270b InsO, geboten für die Dauer des konkreten Verfahrens. Dabei besteht Versicherungsschutz, wenn der eigenverwaltende Schuldner/Eigenverwalter nach allgemeinen schuldrechtlichen Regeln haftet als Leiter/Vorstand des Unternehmens oder auch nach 276a Abs. 2 InsO. Der Versicherungsschutz ist regelmäßig subsidiär zur Deckung über eine D&O-Versicherung, die zugunsten der versicherten Personen des Schuldnerunternehmens besteht. Da die Haftung weitreichend ist und sich der Deckungsschutz mit anderen Versicherungen überschneiden kann, vereinbart man regelmäßig eine Kumulsperre. Wenn der Versicherungsnehmer aufgrund weiterer Versicherungsverträge für ein und denselben Verstoß Versicherungsschutz auch aus einem oder mehreren Versicherungsverträgen in Anspruch nehmen, begrenzt die Versicherungssumme des Vertrages mit der höchsten Versicherungssumme die Leistung aus allen Versicherungsverträgen. Eine Kumulierung der Versicherungssummen oder der Jahreshöchstleistungen findet nicht statt.

F. Sanierungsgeschäftsführer, Chief Restructuring Officer (CRO)

83 Kein Versicherungsschutz besteht über § 18 I für die Tätigkeit als Sanierungsgeschäftsführer. Der Sanierungsgeschäftsführer hat die Aufgabe zusammen mit dem Schuldner, das Unternehmen zu sanieren und neu zu strukturieren. Der Sanierungsgeschäftsführer wird wie jeder andere Geschäftsführer, meist als Mitgeschäftsführer, bestellt. Er hat die gleichen Aufgaben wie die übrigen Geschäftsführer. Die Gesellschafterversammlung kann den komplexen Aufgabenbereich begrenzen. Wenn der Geschäftsführer seine Pflichten verletzt, haftet er wie jeder andere Geschäftsführer nach § 43 GmbHG. Die Regelungen über die Haftung des Insolvenzverwalters, § 61 InsO, und des Sachwalters, §§ 60, 274 InsO, sind mangels planwidriger Regelungslücke sowie mangelnder Vergleichbarkeit des Geschäftsführers mit dem Insolvenzverwalter nicht analog auf die Haftung des (Sanierungs-)Geschäftsführers einer die Eigenverwaltung durchführenden GmbH anzuwenden.[98] Tritt der geschäftsführende Partner einer Rechtsanwaltssozietät im Rahmen eines Schutzschirmverfahrens als Sanierungsgeschäftsführer in die Geschäftsführung des Unternehmens ein, so sind in dieser Eigenschaft begangene Pflichtverletzungen, für die er als Organ Dritten gegenüber haftet, nur dem Unternehmen und nicht der Anwaltssozietät zuzurechnen. Bei der Beratung ein Schutz-

95 Teleologische Reduktion der Vorschrift und Anwendung von § 278 BGB *Hofmann* ZIP 2018, 1429; dagegen *Gehrlein* ZInsO 2018, 2234.

96 BGH ZIP 2018, 977 Rn. 37 ff.

97 *Thole/Brünkmans* ZIP 2013, 1097.

98 OLG Düsseldorf NZI 2018, 65.

schirmverfahren zu eröffnen, handelt es sich um eine Entscheidung, die das Unternehmen selbst zu treffen hat.[99]

84 Versicherungsschutz kann über eine D&O-Versicherung bestehen, soweit der Sanierungsgeschäftsführer als Organ oder leitender Angestellter zu den versicherten Personen zählt. Separat kann je nach Versicherer Versicherungsschutz über eine Einzelobjektdeckung geboten werden. Der Umfang und die Bedingungen sind dem Risiko entsprechend zu gestalten, ähnlich dem des eigenverwaltenden Schuldners.

G. Liquidator, Abwickler, I 3. Punkt

Mitversichert sind die nachfolgend abschließend aufgezählten Tätigkeiten, sofern keine Pflichtversicherung gesetzlich vorgeschrieben ist:

– **als gerichtlich bestellter (vorläufiger) Liquidator oder Abwickler;...**

I. Gerichtlich bestellter Liquidator

85 Der gerichtlich bestellte, aber nicht der rechtsgeschäftlich bestelle Liquidator/Abwickler hat Versicherungsschutz nach § 18 I 3. Punkt. Dies umfasst insbesondere: Auflösung einer GmbH nach § 66 GmbHG, einer oHG nach § 146 HGB, einer KG nach §§ 161 Abs. 2, 146 HGB; Abwicklung einer AG nach § 265 AktG oder eines Finanzinstituts nach § 38 Abs. 2 KWG. Der Versicherungsschutz beinhaltet auch die vorläufige Bestellung. Gemäß § 45 Abs. 1 Nr. 2 BRAO ist es dem Anwalt untersagt, in Angelegenheiten, mit denen er bereits als Anwalt gegen den Träger des zu verwaltenden Vermögens befasst war, als Insolvenzverwalter, Nachlassverwalter, Testamentsvollstrecker oder in ähnlicher Funktion tätig zu werden. Die Übernahme einer Tätigkeit als Nachlassliquidator ist die Übernahme einer Tätigkeit in „ähnlicher Funktion.[100]

86 Die Liquidatoren/Abwickler haben die laufenden Geschäfte zu beendigen, die Verpflichtungen der aufgelösten Gesellschaft zu erfüllen, die Forderungen der Gesellschaft einzuziehen und das Vermögen der Gesellschaft in Geld umzusetzen. Sie vertreten die Gesellschaft gerichtlich und außergerichtlich. Zur Beendigung schwebender Geschäfte können die Liquidatoren neue Geschäfte eingehen, § 70 GmbHG, § 148 HGB, § 268 AktG. Für den Liquidator gilt der gleiche Haftungsmaßstab wie für die Gesellschafter, § 43 GmbHG. Trotz fehlenden Verweises in § 71 Abs. 4 GmbHG auf § 43 Abs. 3 GmbHG greifen die Kapitalschutzvorschriften auch in der Liquidation uneingeschränkt, § 73 Abs. 3 GmbHG. Diese Haftung gilt im Grundsatz für alle Liquidatoren und Abwickler.

87 Der Berufsträger ist über die Standardversicherung als gerichtlich bestellter Liquidator versichert. Es besteht zusätzlich Versicherungsschutz nach § 17 II für Haftpflichtansprüche wegen Schäden aus einer kaufmännischen Kalkulations- oder Organisationstätigkeit bis zur Höhe der vereinbarten Versicherungssumme, maximal in Höhe von EUR 2.500.000 je Versicherungsfall und Versicherungsjahr. Eine Einzelobjektdeckung ist regelmäßig erforderlich, wenn es sich um größere Verfahren handelt. Bei Einzelobjektdeckungen besteht ein erweiterter Versicherungsschutz gegenüber der allgemeinen Mitversicherung in § 18 I 3. Punkt. Die Besonderen Bedingungen erweitern den Versicherungsschutz. Versichert sind dann Ansprüche wegen Schäden aus einer kaufmännischen Kalkulations- oder Organisationstätigkeit ohne ein Sublimit von 2,5 Mio EUR. Zu beachten ist bei Einzelobjekten, dass die Versicherungssumm im Regelfall einfach für die gesamte Laufzeit für alle Schäden zur Verfügung gestellt wird.

99 OLG Saarbrücken ZInsO 2023, 680.
100 AnwGH Mecklenburg-Vorpommern BRAK-Mitt. 2009, 242.

II. Nicht gerichtlich bestellter Liquidator

88 Der rechtsgeschäftlich bestellte Liquidator hat keinen Versicherungsschutz über § 18 I. Grund hierfür ist, dass die Aufgaben und der Haftungsmaßstab einer Vereinbarung unterliegen. Der Versicherer kann das Haftungsrisiko nicht einschätzen, weil eine rechtsgeschäftliche individuelle Regelung vorliegt. Ein nicht gerichtlich bestellter Liquidator kann sich im Einzelfall nach Risikoprüfung versichern. Der Versicherer prüft insbesondere die Qualifikation des Liquidators und die Vereinbarung auf gefahrerhöhende Umstände und die Regelung zur Haftung. Versicherungsschutz besteht dann über eine Einzelobjektdeckung. Vom Versicherungsschutz ausgeschlossen bleiben Garantien oder Vertragsstrafen.

H. Nachlass- und Vorsorgerisiken, I 4. Punkt

Mitversichert sind die nachfolgend abschließend aufgezählten Tätigkeiten, sofern keine Pflichtversicherung gesetzlich vorgeschrieben ist:

- **als Testamentsvollstrecker, Nachlasspfleger, Nachlassverwalter, Vormund, Betreuer, Pfleger, Beistand;...**

89 Nachlass- und Vormundschaftsrichter verlangen häufig vor der Bestellung des Berufsträges den Nachweis einer Vermögensschaden-Haftpflichtversicherung. Versicherungsschutz besteht nach § 18 I 4. Punkt. Kein Versicherungsschutz besteht für die Personensorge, die Sorge für die Person des Mündels. Es handelt sich bei der Berufshaftpflichtversicherung, gleich ob laufend oder als Einzelobjekt, um eine Versicherung ausschließlich für Vermögensschäden. Für Personen- und Sachschäden ist eine Allgemeine Haftpflichtversicherung notwendig. Wenn das Jugendamt Pfleger oder Vormund ist als Amtspflegschaft und Amtsvormundschaft gem. § 55 Abs. 1 SGB VIII, kommt Versicherungsschutz als Beamter in Betracht. Gleiches gilt für Beistandschaft und Gegenvormundschaft. Berufsbetreuer sind gesetzlich verpflichtet, eine Berufshaftpflichtversicherung zur Deckung der sich aus der Berufstätigkeit ergebenden Haftpflichtgefahren für Vermögensschäden abzuschließen und für die Dauer ihrer Tätigkeit aufrechtzuerhalten, § 23 BtOG. Die Berufsbetreuung als Pflichtversicherung ist vom Versicherungsschutz ausgeschlossen, siehe § 18 Rn. 107 ff.

I. Nachlassrisiken

1. Testamentsvollstrecker

90 **a) Tätigkeit.** Der Testamentsvollstrecker hat die Aufgabe, den Willen des Erblassers zu erfüllen. Danach verwaltet er den Nachlass, wickelt ihn ab und setzt den Nachlass bei mehreren Erben auseinander. Wichtigste Sonderform ist die langfristige Verwaltungs- und Dauervollstreckung, wenn der Erbe minderjährig ist. Der Testamentsvollstrecker ist die Vertrauensperson des Erblassers, die den Nachlass im fremden Interesse verwaltet. Das Nachlassgericht beaufsichtigt ihn nicht, sondern der Erbe. Der Erbe kann von dem Testamentsvollstrecker ordnungsmäßige Verwaltung verlangen, § 2216 BGB, und von ihm Schadensersatz fordern, § 2219 BGB. Er kann durch einen Entlassungsantrag nach § 2227 BGB das Nachlassgericht einschalten. Der Testamentsvollstrecker ist weisungsunabhängig gegenüber dem Erben.[101] Zwischen ihm und dem Erben besteht ein Schuldrechtsverhältnis nach §§ 2215–2221 BGB. Dabei ist das RDG zu beachten. Eine Bank verstößt gegen das Rechtsberatungsgesetz, wenn ein juristischer Mitarbeiter der Bank die Kunden über Fragen der Testamentserrichtung berät sowie für sie Testamentsentwürfe und im Hinblick auf

101 BGH NJW 1957, 1916.

den Erbfall eine Stiftungssatzung erstellt und überarbeitet.[102] Die Werbung eines Steuerberaters, geschäftsmäßig als Testamentsvollstrecker tätig zu sein, verstieß gegen das damalige Rechtsberatungsgesetz.[103]

b) Haftung

aa) Eigenes Verschulden. Verletzt der Testamentsvollstrecker die ihm obliegenden Verpflich- 91
tungen, so ist er, wenn ihm ein Verschulden zur Last fällt, für den daraus entstehenden Schaden dem Erben und dem Vermächtnisnehmer verantwortlich, § 2219 BGB. Der Erblasser kann die Haftung nicht ausschließen oder abmildern, § 2220 BGB. Der Erbe kann individuell die Haftung erlassen bis zur Grenze des § 276 Abs. 2 BGB. Praktisch holt sich der Testamentsvollstrecker in schwierigen Fällen das Einverständnis des Erben, § 2206 Abs. 2 BGB.

Der Testamentsvollstrecker haftet, wenn er objektiv seine Verpflichtungen verletzt hat und 92
subjektiv schuldhaft gehandelt hat, § 276 Abs. 1 BGB. Wenn er nicht die notwendigen Kenntnisse hat, kann die Pflichtverletzung schon darin liegen, dass er das Amt annimmt oder beibehält. Er muss sich sachkundig beraten und helfen lassen.[104] Er muss im Ergebnis ordnungsgemäß verwalten, §§ 2203–2209, 2215–2218, 2226 Satz 3 BGB mit den gesetzlichen Verpflichtungen. Typische Pflichtverletzungen sind: unzureichende Sicherung des Nachlasses, Versehen bei der Ermittlung von Erben, das Unterlassen erforderlicher Verwaltungsmaßnahmen, z.B. von Einsprüchen gegen Steuerbescheide oder Anträgen auf Steuerermäßigung, Verjährenlassen von Nachlassforderungen, lückenhafte Inbesitznahme des Nachlasses oder die Aufnahme eines unvollständigen Nachlassverzeichnisses.

bb) Fremdes Verschulden. Der Testamentsvollstrecker darf das Amt nicht insgesamt einem 93
Dritten übertragen, da das Amt höchstpersönlich ist, §§ 2218, 664 Abs. 1 Satz 1 BGB. Der Anwalt als Testamentsvollstrecker kann nicht einzelne Aufgabenfelder auf einen anderen Anwalt übertragen, wenn der Erblasser gerade den Anwalt aufgrund seiner Qualifikation ausgesucht hat und dies schon durch die Vergütung abgegolten sein soll.[105] Einem Anwalt als Testamentsvollstrecker können Anwaltsgebühren nach RVG nur dann zugebilligt werden, wenn ein Laie sich eines Anwalts bedient hätte.[106]

Der Testamentsvollstrecker kann einzelne Tätigkeiten einem Dritten übertragen, insbeson- 94
dere an selbständige Dritte, wenn er selbst nicht für diese Tätigkeit qualifiziert ist, keine Erfahrungen hat oder weil die Aufgabe es geradezu erforderlich macht, wie z.B. einem Dritten die Unternehmensleitung zu übertragen oder dem Steuerberater die Bilanz erstellen zu lassen. Die Haftung richtet sich nach dem Rechtsverhältnis zum Dritten. Wenn er einen Erfüllungsgehilfen einschaltet, haftet er für dessen Verschulden, § 278 BGB. Wenn es sich um eine erlaubte Substitution handelt, haftet er für Auswahl- und Aufsichtsverschulden, § 664 Abs. 1 Satz 2, bei unerlaubter Substitution für jeden Schaden der nicht entstanden wäre, wenn der Testamentsvollstrecker selbst gehandelt hätte.[107] Wenn er Dritte für Tätigkeiten einschaltet, die er selbst kraft seines Amtes nicht persönlich zu erfüllen hat, wie z.B. Handwerker, einen Prozessanwalt, Steuerberater, Wirtschaftsprüfer, haftet er bei ordnungsmäßiger Beauftragung eines Dritten nur für sorgfältige Auswahl, Anweisung und Aufsicht. Diese Personen sind dann regelmäßig als Vertragspartner des Erben tätig, weil die Hinzuziehung der Hilfspersonen dem Grundsatz ordnungsgemäßer

102 OLG Karlsruhe AnwBl 2007, 92.
103 OLG Hamm AnwBl 2003, 249.
104 MüKoBGB/*Zimmermann* § 2219 Rn. 11.
105 BGH NJW 1983, 40, 41.
106 OLG Frankfurt MDR 2000, 788.
107 MüKoBGB/*Zimmermann* § 2218 Rn. 6.

Verwaltung iSv § 2206 Abs. 1 BGB entspricht.[108] Abzugrenzen ist danach, ob es sich um den Pflichtenkreis des Testamentsvollstreckers handelt oder ob es grundsätzlich einer ordnungsgemäßen Verwaltung entspricht einen Dritten hinzuzuziehen oder ob es sich um selbständige Vertragspartner mit eigenem Vertragsverhältnis handelt. Ein Erfüllungsgehilfe liegt vor, wenn der Testamentsvollstrecker z.B. die anfallenden Büroarbeiten einem anderen übergibt. Eine erlaubte Substitution liegt vor, wenn der Testamentsvollstrecker Einzelaufgaben, wie z.B. eine Hausverwaltung, insgesamt auf einen qualifizierten Dritten überträgt, weil er selbst die Hausverwaltung nicht alleine ausüben kann. Nicht übertragbar sind aber z.B. wichtige Gesellschafterrechte und -pflichten auf einen GmbH-Beirat.

c) Versicherungsschutz

95 **aa) Laufende Deckung, Einzelobjekt.** Versicherungsschutz besteht für die Pflichtverletzungen nach Maßgabe des Testaments und den gesetzlichen Bestimmungen zur Testamentsvollstreckung. Der Versicherungsschutz bezieht sich auf das eigene Verschulden und nach § 1, § 278 BGB auf das fremde Verschulden seiner Erfüllungsgehilfen. Ein möglicher Regressanspruch gegen den Erfüllungsgehilfen geht auf den Versicherer über. Versicherungsschutz besteht gleichfalls, wenn der Testamentsvollstrecker den Substituten nicht ausreichend ausgewählt oder überwacht hat, zur Substitution siehe § 1 Rn. 172 ff.

96 Neben der Mitversicherung ist es üblich, dass der Testamentsvollstrecker eine laufende Versicherung abschließen kann oder auch für eine bestimmte Testamentsvollstreckung eine Einzelobjektdeckung. Bei der laufenden Versicherung ist die Versicherungssumme pro Versicherungsjahr maximiert, meist bis maximal 2-fach pro Jahr, um das Risiko zu minimieren. Bei einem Einzelobjekt steht die Versicherungssumme insgesamt einmal für die gesamte Laufzeit der Testamentsvollstreckung zur Verfügung, siehe zu den Unterschieden laufende Versicherung und Einzelobjekt Einleitung Rn. 42 ff.

97 **bb) Ausschluss kaufmännischer Risiken.** Kaufmännische Risiken sind bei den mitversicherten amtsähnlichen Tätigkeiten nicht versichert, siehe dazu § 17 Rn. 11 f. Über eine Klausel können diese Risiken regelmäßig mit einem Sublimit versichert werden für die Tätigkeit des Testamentsvollstreckers.

Die kaufmännischen und betriebswirtschaftlichen Tätigkeiten sind insbesondere nicht bei der Tätigkeit eines Testamentsvollstreckers nach § 18 I 4. Punkt gedeckt, wenn er für einen minderjährigen Erben ein Unternehmen des Erblassers fortführen soll. Der Erbe kann seine Haftung auf den Nachlass beschränken, indem er die Nachlassinsolvenz beantragt, §§ 2206, 2207 BGB. Der Testamentsvollstrecker kann seine Haftung, z.B. als eingetragener Kaufmann, nicht beschränken. Die Disparität zwischen der erbrechtlichen eingeschränkten Haftung des Erben und der gesellschaftsrechtlichen unbeschränkten Haftung des Testamentsvollstreckers setzt dabei schon die Grenzen, dass der Testamentsvollstrecker im unternehmerischen Bereich nicht uneingeschränkte Rechte hat und hierfür Versicherungsschutz hat. Der Testamentsvollstrecker kann im Ergebnis nur über eine Vollmacht- oder Treuhandlösung für die Dauer der Minderjährigkeit des Erbes ein einzelkaufmännisches Unternehmen oder Personen- oder Personenhandelsgesellschaften führen.[109] Bei der Treuhandlösung ist der Testamentsvollstrecker treuhänderischer Unternehmensinhaber im eigenen Namen für Rechnung des Erben. Er ist als Kaufmann tätig und wird in das Handelsregister eingetragen. Der Testamentsvollstrecker haftet unbeschränkt mit seinem Privatvermögen, weil er die Unternehmensverbindlichkeiten als Inhaber des Geschäfts eingeht. Er kann aber Aufwendungsersatz im Innenverhältnis vom Erben verlangen, §§ 2218, 670 BGB. Dieser Rück-

108 Bengel/Reimann/*Niemöller* HBdTV § 13 Rn. 48.
109 MAH ErbR/*Lorz* § 19 Rn. 238 ff.

griffsanspruch ist nicht einschränkbar.[110] Bei der Vollmachtlösung ist der Erbe Inhaber des Unternehmens, der auch in das Handelsregister einzutragen ist. Der Erbe haftet für Altschulden eingeschränkt nach §§ 27 Abs. 1, 25 HGB und für die Neuschulden unbeschränkt. Der Erbe haftet bei der Treuhandlösung über den Regress oder bei der Vollmachtlösung direkt für die Verbindlichkeiten des Unternehmens. Es handelt sich daraus ersichtlich sowohl bei der Treuhandlösung als auch der Vollmachtlösung um das eigene unternehmerische Risiko des Erben und nicht des Testamentsvollstreckers. Der Erbe soll das Risiko der Firmenfortführung tragen und nicht der Testamentsvollstrecker persönlich. Es ist nicht vorgesehen, dass der Erblasser die unternehmerische Verantwortung vollständig auf den Testamentsvollstrecker übertragen kann und dann der Erbe bei reinen unternehmerischen Fehlentscheidungen den Testamentsvollstrecker haftbar machen kann. Andernfalls könnte der Erbe über den Umweg der Deckung für kfm. Risiken des Testamentsvollstreckers sein eigenes unternehmerisches Risiko auf den Versicherer abwälzen. Dabei können individuell andere Lösungen durch Versicherer geboten sein. Wenn der Testamentsvollstrecker eine Kapitalgesellschaft verwaltet, gilt der Grundsatz der vollumfänglichen Verwaltungsbefugnis, die zulässig ist und nur aufgrund spezifischer Verbote in der Satzung ausgeschlossen sein kann.[111] Auch hier besteht kein Versicherungsschutz für die kfm. Tätigkeiten.

2. Nachlasspfleger

Versicherungsschutz besteht für die Tätigkeit als Nachlasspfleger, § 1960 BGB. Das Nachlassgericht **98** ordnet die Nachlasspflegschaft an, wenn der Nachlass gesichert werden muss, weil die Erbschaft noch nicht angenommen oder der Erbe noch unbekannt ist. Der Nachlasspfleger ist der gesetzliche Vertreter des noch unbekannten Erben. Soweit ein Geschäftsanteil zum Nachlass gehört, verwaltet er diesen und übt die Gesellschafterrechte aus und handelt für die möglichen Gesellschaften.

Der Nachlasspfleger ist dem Erben nach dem entfallenen § 1915 BGB und § 1833 BGB wie ein **99** Vormund dem Mündel verantwortlich.[112] Er haftet bei Verletzung des Auskunftsanspruchs, § 2012 Abs. 1 Satz 2 BGB und nach §§ 823 ff BGB. Er haftet nicht analog § 1985 Abs. 2 BGB, weil nur der Nachlassverwalter gegenüber den Nachlassgläubigern auch in ihrem Interesse handelt, aber nicht der Nachlasspfleger. Der Erbe muss sich das Verschulden des Nachlasspflegers nach § 278 BGB zurechnen lassen. Der Erbe kann seine Haftung auf den Nachlass beschränken, weil die Verbindlichkeit das Erbe betrifft und damit eine Nachlassverbindlichkeit ist nach § 1967 Abs. 2 BGB. Der Erbe hat gegenüber dem Nachlasspfleger einen Schadensersatzanspruch, wenn die Handlungen des Pflegers den Nachlass verkürzen, entfallener § 1915 BGB und § 1833 BGB.[113]

Die Haftung des Nachlasspflegers ist über § 18 I 4. Punkt mitversichert. Es besteht die **100** Möglichkeit über ein Einzelobjekt für ein bestimmtes Verfahren Versicherungsschutz zu erhalten. Risikoerhöhend ist regelmäßig, wenn zu dem verwalteten Vermögen ein Gewerbebetrieb oder eine Beteiligung daran gehört. Eine laufende Versicherung ist ebenfalls möglich, meist mit einer 2-fachen Maximierung, nach den gleichen Risikokriterien.

3. Nachlassverwalter

Versicherungsschutz besteht für den Nachlassverwalter, §§ 1975 ff BGB. Der Nachlassverwalter **101** wird bestellt, wenn ein Nachlassinsolvenzverfahren eröffnet ist nach § 1980 BGB oder das Gericht auf Antrag eines Erben oder eines Dritten Nachlassverwaltung angeordnet hat, § 1981 BGB. Der Nachlassverwalter hat den Nachlass zu verwalten und die Nachlassverbindlichkeiten aus dem

110 BGH NJW 1954, 636.
111 OLG Frankfurt ZErb 2009, 61.
112 OLG Hamm NJW-RR 1995, 1159.
113 MüKoBGB/*Leipold* § 1960 Rn. 81.

Nachlass zu berichtigen. Der Nachlassverwalter ist nicht gesetzlicher Vertreter des Erben, sondern ein amtlich bestelltes Organ zur Verwaltung einer fremden Vermögensmasse mit eigener Parteistellung.[114] Nach § 455 Abs. 2 FamFG kann der Nachlassverwalter das Aufgebotsverfahren beantragen. § 317 InsO gewährt ihm das Recht, Nachlassinsolvenz zu beantragen. Er hat das Recht, die Zwangsversteigerung eines belasteten Nachlassgrundstücks zu beantragen.

102 Der Nachlassverwalter ist nach §§ 1985, entfallener § 1915 Abs. 1, 1833 BGB dem Erben, verantwortlich. Zwischen beiden besteht ein gesetzliches Schuldverhältnis.[115] Nach § 1985 Abs. 2 Satz 1 ist der Nachlassverwalter aber auch den Nachlassgläubigern verantwortlich. Im Verhältnis zu den Nachlassgläubigern besteht ein gesetzliches Schuldverhältnis.[116] Er ist verantwortlich für jeden Schaden, der diesen durch eine schuldhafte Pflichtverletzung entstanden ist, insbesondere, wenn der Nachlassverwalter in Fortführung eines Unternehmens des Erblassers Verbindlichkeiten begründet hat, die er nicht aus dem Nachlassvermögen tilgen kann. Die Haftung des Nachlassverwalters ist wie die des Nachlasspflegers über I 4. Punkt mitversichert. Es gelten die gleichen Grundsätze zum Versicherungsschutz, siehe dazu beim Nachlasspfleger, hier § 18 Rn. 100.

II. Vorsorgerisiken

103 Vorsorgerisiken nach § 18 I umfassen die Tätigkeit als Vormund, nicht beruflicher Betreuer, Pfleger und als rechtlicher Beistand. Der Versicherungsschutz ist bei diesen Vorsorgerisiken gleich. Der Versicherungsschutz beschränkt sich aber auf die Vermögensschäden und umfasst nicht die Personenvorsorge, siehe zum Versicherungsschutz bei Vormundschaftsrisiken § 18 Rn. 117.

1. Tätigkeiten bei Vorsorgerisiken

104 **a) Vormundschaft.** Versicherungsschutz besteht für eine Vormundschaft, § 1773 ff BGB. Die Vormundschaft umfasst die Sorge für einen Minderjährigen, insbesondere die Personen- und Vermögenssorge, die Pflege und Erziehung ebenso wie die gesetzliche Vertretung, wenn die Eltern diese Aufgabe nicht erfüllen können. Die Aufgaben und die Rechtsposition des Vormunds sind dem elterlichen Sorgerecht als fremdnützige Sorge nachgebildet. Ziel der Ausübung des Sorgerechts ist das „Mündelwohl" als Inbegriff der Integritäts-, Erziehungs-, Entfaltungs- und Vermögensinteressen des Mündels gemäß seiner jeweiligen Lebenssituation.[117]

105 Der Vormund haftet dem Mündel nach § 1794. Der Vormund haftet für die Schädigung des Mündels, die er durch eine Pflichtverletzung hervorgerufen hat. Eine Pflichtverletzung liegt in jeglichem Verstoß gegen das Gebot treuer und gewissenhafter Amtsführung; sie kann in einem Tun oder Unterlassen liegen, in der Abgabe oder Unterlassung einer Willenserklärung, in der Vornahme oder Nichtvornahme beliebiger Rechtshandlungen oder Realakte. Nicht nötig ist, dass der Vormund gegen gesetzliche Vorschriften oder gegen eine Anordnung des Familiengerichts verstößt.[118] Wenn der Vormund Aufgaben auf Dritte überträgt, haftet er nur für unzureichende Sorgfalt bei der Auswahl, Unterweisung und Überwachung. Haftung für Hilfspersonen nach § 278 besteht nur, soweit solche überhaupt zur Erfüllung der Pflichten des Vormunds eingesetzt werden durften, sonst besteht eine Haftung aufgrund eigener Pflichtverletzung.[119] Wenn der Vormund die Aufgabe nicht übertragen durfte, haftet er für jeden Schaden, den der Dritte verursacht hat. Der Vormund haftet typischerweise z.B., wenn er eine vormundschaftsgerichtliche Genehmigung nicht

114 KG FamRZ 2006, 559.
115 OLG Stuttgart NJW-RR 2007, 1580, 1582.
116 MüKoBGB/*Küpper* § 1985 Rn. 11.
117 MüKoBGB/*Schneider* § 1789 Rn. 1.
118 MüKoBGB/*Schneider* § 1794 Rn. 5.
119 JauernigBGB/BGB *Budzikiewicz* § 1794 Rn. 4.

einholt oder er die Genehmigung nicht an Vertragspartner zustellt. Er haftet insbesondere für Fristversäumnisse, ungünstige Unterhaltsvergleiche, schuldhaft falsche Beurteilung von Prozessaussichten, verzögerte Vollstreckung eines Unterhaltsurteils, Nichtbeachten von Rechtsmittelfristen in Unterhaltssachen, Abschluss ungünstiger Unterhaltsvergleiche, schuldhafte falsche Beurteilung von Prozessaussichten, unrichtige Berechnung von Abfindungssummen, Übertragung von Prüfungspflichten auf ungeeignete Personen, verspätete Stellung von Rentenanträgen, Unterlassen der Haftungsbeschränkung aus §§ 25, 27 HGB bei Fortführung eines zum Nachlass gehörenden Handelsgeschäftes, ungenügende Überwachung des Vormunds durch Gegenvormund oder unterlassene Anzeige von Pflichtwidrigkeiten an das Gericht. Ein Vormund ist nicht verpflichtet, seinen Mündel gegen eine gesetzliche Haftpflicht zu versichern. Jedoch können besondere Eigenschaften und Lebensverhältnisse des Mündels den Abschluss einer Haftpflichtversicherung erfordern, wenn sie ihn in besonderem Maße der Gefahr aussetzen, sich durch Schädigung Dritter haftpflichtig zu machen.[120] Die Haftung des Vormunds gegenüber dem Mündel beschränkt sich auf die Sorgfalt, die er in eigenen Angelegenheiten anzuwenden pflegt, wenn der Mündel auf längere Sicht in den Haushalt des Vormunds aufgenommen ist, § 1794 Abs. 2 BGB iVm § 1664 BGB.

Das Amt des Vormunds ist nach § 1808 Abs. 1 BGB grundsätzlich unentgeltlich. § 1808 Abs. 3 **106** BGB regelt die Kostenansprüche bei berufsmäßiger Amtsführung und verweist auf die §§ 1–6, Gesetz über die Vergütung von Vormündern und Betreuern, VBVG. Dort enthalten die §§ 1, 2 VBVG allgemeine Vorschriften. Die Bestellung eines Rechtsanwalts zum Mitvormund für einen unbegleiteten minderjährigen Flüchtling zur Vertretung in ausländerrechtlichen Angelegenheiten einschließlich des Asylverfahrens ist auch dann unzulässig, wenn es dem Vormund an juristischer Sachkunde fehlt.[121]

b) Betreuer. Erwachsenen, die ihre Angelegenheiten ganz oder teilweise nicht mehr besorgen **107** können, bestellt das Betreuungsgericht einen Betreuer, §§ 1814 ff BGB. § 18 I umfasst keinen Versicherungsschutz für die Pflichtversicherung. Wenn der Anwalt oder Steuerberater ehrenamtlich tätig ist, bleibt er weiter versichert nach § 18 I 4. Punkt, weil die ehrenamtlichen Betreuer, meist für ihre Angehörigen, Freunde und Bekannte, keiner Pflichtversicherung unterliegen. Berufsbetreuer dagegen sind gesetzlich verpflichtet, eine Berufshaftpflichtversicherung zur Deckung der sich aus der Berufstätigkeit ergebenden Haftpflichtgefahren für Vermögensschäden abzuschließen und für die Dauer ihrer Tätigkeit aufrechtzuerhalten, § 23 BtOG. Berufsbetreuer sind die selbständigen Berufsbetreuer, die rechtliche Betreuungen gegen Entgelt führen, § 19 Absatz 2 1. Alt. BtOG. Dazu zählen Rechtsanwälte, Steuerberater etc., die neben ihrer hauptberuflichen Tätigkeit rechtliche Betreuungen führen und hierfür eine Vergütung erhalten. Ebenfalls der Pflichtversicherung unterliegen Mitarbeiter von anerkannten Betreuungsvereinen, die rechtliche Betreuungen führen, § 19 Absatz 2 in der 2. Alt. BtOG.

Die Pflichtversicherung für Berufsbetreuer ist in § 23 BtOG und § 10 BtRegV geregelt. Sie muss **108** Deckung bieten für gesetzliche Haftpflichtansprüche aus der beruflichen Tätigkeit für Vermögensschäden. Keine Deckung besteht für Ansprüche gegen einen Betreuer für Sach- und Personenschäden. Haftpflichtansprüche für Sachschäden können regelmäßig über eine separate Versicherung der Allgemeinen Haftpflicht abgedeckt werden. Die Mindestversicherungssumme beträgt 250.000 EUR 4-fach pro Versicherungsjahr. Oberhalb der gesetzlich vorgeschriebenen Mindestversicherungssumme besteht Vertragsfreiheit. Zusätzliche Ausschlüsse können vereinbart werden.

§ 1821 BGB normiert die Pflichten des Betreuers im Zusammenhang mit den Wünschen des **109** Betreuten. Der Betreuer soll nur dann rechtlich für den Betreuten auftreten, wie dies angesichts der fehlenden selbstbestimmten Handlungsfähigkeit des Betreuten notwendig wird. Im Besonderen gilt dies für die gesetzliche Vertretung des Betreuten, eine Form der Fremdbestimmung, von welcher der Betreuer nur dann Gebrauch machen darf, soweit dies erforderlich ist. Nach § 1821

120 BGH NJW 1980, 2249.
121 BGH NJW 2017, 3520.

Abs. 2 Satz 1 BGB hat der Betreuer die Angelegenheiten des Betreuten so zu besorgen, dass dieser im Rahmen seiner Möglichkeiten sein Leben nach seinen Wünschen gestalten kann. Der Betreuer hat den Wünschen des Betreuten zu entsprechen, sofern diese nicht eine erhebliche Gefahr für die Rechtsgüter des Betreuten bedeuten oder für den Betreuer unzumutbar sind.[122] Der Betreuer hat die Aufgabe, sich um die Person und das Vermögen des Betreuten zu sorgen. Zur Personensorge nach §§ 1827 ff BGB gehört z.B. die Einwilligung in ärztliche Behandlungsmaßnahmen für den Betreuten. Die Vermögenssorge nach §§ 1835 ff BGB umfasst insbesondere die Verwaltung des beweglichen und unbeweglichen Vermögens des Betreuten, das Geltendmachen von Ansprüchen für den Betreuten, z.B. Leistungen nach dem SGB wie Pflegegeld oder Leistungen der staatlichen Beihilfe für Beamte.

110 Der Betreuer haftet für die Schäden des Betreuten, die er durch eine Pflichtverletzung hervorgerufen hat. Bei der Frage der Pflichtwidrigkeit sind speziell für das Betreuungsverhältnis die Regelungen in § 1821 BGB zu beachten. Eine Pflichtverletzung kann in Zusammenhang mit allen Pflichten entstehen, die dem Betreuer bei der Führung und Ausübung der Betreuung obliegen. Die Pflichtverletzung kann in einem Tun oder Unterlassen liegen, in der Abgabe oder Unterlassung einer Willenserklärung, in der Vornahme oder Nichtvornahme beliebiger Rechtshandlungen oder Realakte, allgemein in dem Handeln gegen die Wünsche und den Willen des Betreuten. Nicht nötig ist, dass der Betreuer gegen gesetzliche Vorschriften oder gegen eine Anordnung des Betreuungsgerichts, § 1862 Abs. 3 BGB, verstößt. Auch ist es nicht Pflicht des Betreuers, den geschäftsfähigen, nicht unter Einwilligungsvorbehalt stehenden Betreuten von Ausgaben für seinen Bedarf abzuhalten, die sich in angemessenem Rahmen halten, oder gar darauf zu dringen, dass zur Sicherung seiner eigenen künftigen Vergütungsansprüche Rücklagen gebildet werden. Die Pflichtverletzung muss für den Schadenseintritt ursächlich sein.[123] Schadenmöglichkeiten sind: Nichteinholen einer gerichtlichen Genehmigung vor der Vornahme einer Verfügung über das betreute Vermögen; Abschluss ungünstiger Unterhaltsvergleiche; Unrichtige Berechnung von Abfindungssummen für den Betreuten; Verspätetes Stellen von Rentenanträgen. Betreuer, denen die Vermögenssorge übertragen wird, sind gesetzliche Vertreter der Personen, die sie betreuen, § 1823 BGB. Sie sind verpflichtet, deren steuerliche Pflichten zu erfüllen, § 34 AO. Der Betreuer gibt die Steuererklärung für den Betreuten ab. Begeht ein Betreuer dabei einen Verstoß und entsteht dem Bertreuten dadurch ein Schaden, ist er zum Schadenersatz verpflichtet, § 1826 BGB. Entsteht dem Finanzamt dadurch ein Schaden, ist der Betreuer diesem gegenüber zum Schadenersatz verpflichtet, § 69 AO.

111 **c) Pflegschaft.** Das Rechtsinstitut der Pflegschaft ist der Vormundschaft und dem Betreuungsrecht nachgebildet. § 1813 Abs. 1 BGB verweist für die Pflegschaft für Minderjährige auf die für die Vormundschaft geltenden Vorschriften. Die sonstigen Pflegschaften sind in den §§ 1882–1888 BGB normiert. Auf diese findet nicht das Vormundschafts-, sondern das Betreuungsrecht Anwendung, § 1888 Abs. 1 BGB.

112 Die Pflegschaft umfasst den fürsorglichen Schutz für eine einzelne Angelegenheit oder einen Kreis von Angelegenheiten, im Gegensatz zur Vormundschaft, die die allgemeine Fürsorge für Person und Vermögen des Mündels beinhaltet. Die Pflegschaften nach den §§ 1809 ff BGB sind für die Pflegschaften für Minderjährige vorgesehen. Werden Pflegschaften für unbeschränkt geschäftsfähige Volljährige angeordnet, so gelten für diesen Personenkreis die §§ 1882 ff BGB. Die Aufgaben eines Pflegers bestimmt das Gericht bei der Bestellung, §§ 168a f FamFG, nach dem Fürsorgebedürfnis; schlüssiges Verhalten genügt dazu nicht.[124] Im Zweifel entscheidet über Art und Umfang der Vertretungs- und Handlungsmacht des Pflegers die Natur der übertragenen Aufgabe. Der Pfleger hat das Recht und die Pflicht zum Eintreten für den Pflegling, wenn es sich um

---

122 MüKoBGB/*Schneider* § 1821 Rn. 1 ff.
123 MüKoBGB/*Schneider* § 1826 Rn. 4.
124 FamRZ 1965, 505.

Fragen der Anordnung, Fortdauer und Aufhebung der Pflegschaft handelt. Die Aufgaben werden nicht von selbst erweitert bei neu auftretenden Bedürfnissen. Die Erweiterung hat das Gericht zu entscheiden. Deshalb ist bei einer Erweiterung des Wirkungskreises Prüfungsgegenstand nicht die Notwendigkeit einer zusätzlichen selbstständigen Pflegschaft, sondern die Frage, ob ein Fürsorgebedürfnis für den weiteren Bereich besteht.[125] Der Pfleger ist gesetzlicher Vertreter des Pfleglings. Die Vorschriften über die Vormundschaft sind überall dort anzuwenden, wo Rechtshandlungen vom gesetzlichen Vertreter für einen Minderjährigen vorzunehmen sind.[126]

Die sonstige Pflegschaft nach § 1882 ist stets Personalpflegschaft und keine Sachpflegschaft. 113
Der Pfleger ist im Rahmen seines Wirkungskreises gesetzlicher Vertreter des unbekannten oder ungewissen Beteiligten. Er ist verpflichtet, Angelegenheiten im Interesse des Betroffenen zu besorgen. Zu seinen Aufgaben gehören die Ermittlung des unbekannten Beteiligten, je nach Aufgabenkreis auch Akte der Vermögensverwaltung wie Einziehung von Außenständen, Schuldentilgung, Zustimmung zu Verfügungen des Vorerben, Bewilligung der Löschung des Nacherbenvermerks sowie Prozessführung. Für die Verantwortlichkeit des Pflegers und die gerichtliche Kontrolle gelten die Vorschriften des Vormundschaftsrechts entsprechend, § 1888 Abs. 1 BGB iVm §§ 1826, 1862 BGB.[127]

Der Pfleger für einen Minderjährigen haftet für jegliches schuldhafte Verhalten nach § 1794 BGB 114
und nicht allein für die Sorgfalt in eigenen Angelegenheiten.[128] Nicht der Pflegling muss das Verschulden nachweisen, sondern der Pfleger hat sich zu entlasten; neben § 1794 BGB gilt § 1826 BGB, § 1794 Abs. 1 Satz. 3 BGB. Der Sorgfaltsmaßstab richtet sich nach den Kreisen, denen der Pfleger angehört. Ein Wirtschaftsprüfer ist grundsätzlich in der Haftung nicht dadurch entlastet, wenn das Gericht eine Genehmigung erteilt hat und er als Gebrechlichkeitspfleger in Vertretung seines Pfleglings bei dem Zustandekommen eines Gesellschaftsbeschlusses mitwirkt, durch den die Gewinnverteilung zum Nachteil des Pfleglings geändert wird.[129]

d) Beistand. Versicherungsschutz besteht für die Tätigkeit als Beistand. Die Regelung hat keine 115
Praxisrelevanz, weil Anwälte für ihre anwaltliche Tätigkeit versichert sind, was die Tätigkeit als Beistand einschließt. Beistand kann der Prozesspfleger nach § 57 ZPO sein, wenn eine nicht prozessfähige Partei verklagt werden soll, die ohne gesetzlichen Vertreter ist, § 57 Abs. 1 ZPO. Die AVB-RS sind dann praxisrelevant, wenn ein nicht-anwaltlicher Beistand sich versichern möchte, weil dies berufsrechtlich verboten ist oder sie die Qualifikation nicht haben, z.B. ein verbeamteter Hochschullehrer, siehe hierzu § 1 Rn. 325, oder ein sonstiger Beistand. Darüber hinaus enthalten die VH 60 nicht nur die Risikobeschreibungen für Anwälte, sondern auch die für Steuerberater. Bei ihnen ist eine Regelung erforderlich, der die Tätigkeit als Beistand einschließt, was dann bei unterschiedlichen Regelungen zu Missverständnissen führen würde.

Die Tätigkeit des Beistands umfasst die Tätigkeit nach § 90 ZPO. Der Bevollmächtigte tritt in 116
der mündlichen Verhandlung neben der anwesenden Partei auf, um sie durch Ausführung der Parteirechte zu unterstützen. Ein Beistand kann auch im Anwaltsprozess auftreten, seine Befugnisse bleiben aber auf die Rechte beschränkt, die auch der erschienenen Partei zustehen. Der Beistand ist nicht Prozessbevollmächtigter der Partei. Anders als der Stellvertreter wird er nicht anstelle der Partei, sondern neben ihr tätig. Der Beistand darf mit Wirkung für die Partei alle Prozesshandlungen vornehmen. Die Partei muss sich den Vortrag und auch die Fehler des Beistands zurechnen lassen, wenn er den Handlungen nicht widerspricht.[130] Der Beistand kann daher nur im Regress der Partei haften. Gleiches gilt für die Beistände als Bevollmächtigte nach § 79

125 MüKoBGB/*Schneider* Vorbemerkung vor § 1809 Rn. 4.
126 BGH NJW 1967, 2404; OLG Stuttgart FamRZ 1975, 355; 1976, 549.
127 MüKoBGB/*Schneider* § 1882 Rn. 18.
128 BGH FamRZ 2014, 290 Rn. 10.
129 BGH BeckRS 1962, 31377930.
130 Musielak/Voit/*Weth* § 90 Rn. 1, 5.

Abs. 2 ZPO im Parteiprozess, nach § 11 ArbGG im arbeitsgerichtlichen Prozess, nach § 149 StPO in der Hauptverhandlung im Strafprozess und nach 69 JGG im Jugendstrafverfahren.

2. Versicherungsschutz bei Vormundschaftsrisiken

117 Die Haftung der Vormundschaftsrisiken als Vormund, Betreuer, Pfleger und Beistand sind über § 18 I 4. Punkt mitversichert. Zu beachten ist, dass der Versicherungsschutz sich nur auf Vermögensschäden bezieht und nicht auf Personen- und Sachschäden, auch wenn die Bestellungsurkunde die Personenvorsorge miteinschließt oder es zum Aufgabenkreis gehört. Es besteht die Möglichkeit über ein Einzelobjekt für ein bestimmtes Verfahren Versicherungsschutz für Vermögensschäden aus Haftpflichtfällen zu erhalten. Risikoerhöhend ist regelmäßig, wenn zu dem Vermögen des Mündels oder Betreuten ein Gewerbebetrieb oder eine Beteiligung daran gehört. Eine laufende Versicherung ist ebenfalls möglich, meist mit einer 2-fachen Maximierung, nach den gleichen Risikokriterien.

III. Vorsorgevollmacht

118 Die Tätigkeit auf der Grundlage einer Vorsorgevollmacht ist nicht über § 18 mitversichert. Die rechtsgeschäftlich vereinbarte Tätigkeit ist im Einzelfall versicherbar. Voraussetzung ist, dass die Tätigkeit auf der Grundlage einer nach deutschem Recht erteilten rechtswirksamen Vorsorgevollmacht beruht. Es besteht zumeist die Möglichkeit den Versicherungsschutz auf die typischen Risiken zu erweitern, meist als Sublimit: Verstöße beim Zahlungsakt im bargeldlosen bankmäßigen Zahlungsverkehr; wegen Schäden aus einer kaufmännischen Kalkulations- oder Organisationstätigkeit, soweit zu dem verwalteten Vermögen des Vollmachtgebers ein Gewerbebetrieb gehört; Verstöße, die darauf beruhen, dass Versicherungsverträge für den Vollmachtgeber nach Beginn der Tätigkeit als Vorsorgebevollmächtigter nicht oder nicht ordnungsgemäß abgeschlossen, erfüllt oder fortgeführt werden, meist aber nicht für die gesamte Laufzeit; Verstöße bei der Kapital- bzw. Geldanlage oder Vermögensverwaltung für den Vollmachtgeber, soweit es sich um mündelsichere Anlagen gemäß §§ 1806, 1807 BGB handelt.

I. Schiedsrichter, Schlichter, Mediator, I 5. Punkt

Mitversichert sind die nachfolgend abschließend aufgezählten Tätigkeiten, sofern keine Pflichtversicherung gesetzlich vorgeschrieben ist:

- **als Schiedsrichter, Schlichter, Mediator;...**

119 Versicherungsschutz besteht für Vermittlertätigkeiten als Schiedsrichter, Schlichter und Mediator. Der Anwalt unterliegt den Regeln des anwaltlichen Berufsrechts, wenn er als Vermittler, Schlichter oder Mediator tätig ist, § 18 BORA; siehe hierzu die Anwendung des anwaltlichen Berufsrechts auf einen Insolvenzverwalter als Anwalt 18 Rn. 19.

I. Schiedsrichter

120 Anwälte sind als einzelne Schiedsrichter oder in einem Schiedsgericht zusammen mit anderen Schiedsrichtern tätig, §§ 1025 ff ZPO. Die Schiedsvereinbarung nach § 1029 Abs. 1 ZPO gibt dem Schiedsgericht die prozessuale Befugnis an Stelle des staatlichen Richters einen bestimmten Rechtsstreit zu entscheiden. Der Schiedsrichtervertrag ist ein materiellrechtlicher und nicht ein prozessualer Vertrag. Der Schiedsvertrag mit dem Schiedsrichter ist ein Vertrag eigener Art mit

Elementen aus einem Auftrag §§ 662 ff BGB, Dienstvertrag, §§ 611 ff BGB im Rahmen einer Geschäftsbesorgung, §§ 675, 611 ff BGB.[131] Der Berufsträger als Schiedsrichter hat seine Verpflichtung höchstpersönlich zu erbringen, §§ 613 Satz 1, 664 Abs. 1 Satz 1 BGB. Er darf das Amt auf einen anderen nicht übertragen, er kann aber Hilfspersonen hinzuziehen ohne Substitution. Der Schiedsrichter hat das Verfahren effektiv zu beenden. Es besteht die allgemeine Verpflichtung an dem Schiedsverfahren nach besten Kräften mitzuwirken und den Streitfall nach Maßgabe der Schiedsvereinbarung in einem geordneten, rechtsstaatlichen Grundsatz entsprechenden Verfahren einer alsbaldigen Erledigung zuzuführen.[132] Er muss den Parteien Auskunft über den Verfahrensstand geben, über empfangene Vorschüsse Rechnung legen und für die Parteien vereinnahmte Gelder herausgeben, analog §§ 666, 667 BGB. Er ist zur Verschwiegenheit verpflichtet.

Der Schiedsrichter haftet für Pflichtverletzungen nach §§ 280 ff BGB und nach Deliktsrecht. 121
Die anderen Schiedsrichter sind nicht Erfüllungsgehilfen, aber sie haften gemeinschaftlich als Gesamtschuldner, §§ 426, 840 BGB. Der Schiedsrichter haftet den Schiedsvertragsparteien für jedes Verschulden; § 276 BGB. Dies gilt aber nicht für den Schiedsspruch selbst. Der Schiedsrichter wird in diesem Fall einem staatlichen Richter gleichgestellt. Er haftet nur für vorsätzliche Pflichtverletzungen, die auch nicht versichert sind. Dies ergibt sich nicht aus § 839 Abs. 2 BGB, aber aus der dem Schiedsrichter vertraglich eingeräumten Stellung.[133] Deshalb haftet der Schiedsrichter regelmäßig nur für Fehler bei der Tätigkeit selbst, wie z.B.: Unterlassung der gebotenen Offenlegung nach § 1036 Abs. 1 ZPO; fehlende oder fehlerhafte Nebentätigkeitsgenehmigung, was dann zur fehlerhaften Bildung des Schiedsgerichts und zur Aufhebbarkeit des Schiedsspruchs führt oder die unsachgemäßer Verzögerung der Erledigung; keine formgerechte Entscheidung, § 1054 ZPO; keine Erfüllung von einzelnen Informationspflichten oder fehlende Vertraulichkeit über Beratungsinterna, Aktengeheimnisse oder Verfahrenswissen; keine Beachtung interner Weisungen; Missachtung der Aufklärungspflicht des § 1036 Abs. 1 ZPO oder unbegründeter Rücktritt.[134]

Versicherungsschutz besteht für die schuldhaften Pflichtverletzungen. Kein Versicherungs- 122
schutz besteht regelmäßig für den Schiedsspruch selbst, weil der Schiedsrichter hierfür nur nach Vorsatz haftet oder es handelt sich zumindest um eine wissentliche Pflichtverletzung. Grundlage der Tätigkeit ist die vereinbarte Schiedsgerichtsordnung. Bei Schiedsordnungen nach ausländischem/internationalem Recht kommt es auf den mit dem Versicherer vereinbarten Versicherungsschutz an. Wenn es sich um ausländische Verfahrensordnungen nach außereuropäischem Recht handelt, besteht Versicherungsschutz nur dann, wenn das außereuropäische Recht mitversichert ist. Bei unwirksamen Schiedsgerichtsordnungen besteht kein Versicherungsschutz.[135]

II. Schlichter

Nach § 15a EGZPO kann durch Landesgesetz bestimmt werden, dass die Erhebung einer Klage erst 123
zulässig ist, nachdem von einer durch die Landesjustizverwaltung eingerichteten oder anerkannten Gütestelle versucht worden ist, die Streitigkeit einvernehmlich beizulegen. Die Aufgabe einer Gütestelle/Schlichters ist als obligatorischer Schlichter vom Versicherungsschutz umfasst. Dabei besteht für diese Tätigkeit in einer Gütestelle schon Versicherungsschutz nach § 1 und nicht erst über eine Mitversicherung nach § 18 I 4. Punkt. Der Schlichter handelt hier als unabhängiges Organ der Rechtspflege. Damit gehören Schlichtungs- oder Mittlertätigkeiten zum Gegenstand der anwaltlichen Berufshaftpflichtversicherung.[136]

---

131 MüKoZPO/*Münch* Vorbemerkung zu § 1034 Rn. 6.
132 BGH NJW 1986, 3077.
133 BGH NJW 1954, 1763.
134 MüKoZPO/*Münch* Vorbemerkung zu § 1034 Rn. 30.
135 *Diller* B 1 Rn. 29.
136 BRAK-Mitt. 2000, 131, bei der die Allianz für die übrigen Versicherer dies klargestellt hat.

124 Versicherungsschutz besteht ebenfalls, wenn es sich um eine Tätigkeit außerhalb einer Gütestelle handelt,[137] soweit es sich um eine mitversicherte Tätigkeit eines Mediators oder mediatorenähnliche Tätigkeit handelt. Versicherungsschutz kann auch über eine Einzelobjektdeckung oder eine laufende Versicherung erlangt werden. Man schließt dabei regelmäßig Haftpflichtansprüche wegen Schäden aus, die im Zusammenhang mit technischen Fehlern oder Fehleinschätzungen stehen oder die dadurch entstehen, dass Informationen verloren gehen, etwa durch Löschen, Beschädigung oder Vernichtung von Daten.

III. Mediator

125 Die Mediation ist ein freiwilliges Verfahren zur außergerichtlichen Lösung von Konflikten. Der Mediator leitet die Konfliktparteien an, dass sie selbstverantwortlich und einvernehmlich den Streit lösen. Hauptanwendungsfälle sind: Familienmediation, Mediation in der Schule/Arbeit oder in Wirtschaftsangelegenheiten, im öffentlichen Recht, z.B. bei Nachbarschaftsstreitigkeiten oder im Strafrecht beim Täter-Opfer-Ausgleich. Der Mediator schließt zunächst einen Mediationsvertrag ab, in dem das Verfahren, die Aufgaben und die Kosten vereinbart werden. Der Mediator sammelt die Informationen und Themen, klärt die Interessen und sucht nach Lösungen. Er bewertet und wählt die Lösungen aus. Final trifft er die Vereinbarungen und sorgt ggf. für deren Umsetzung in einem Vertrag oder Abschlusspapier.

126 Der Anwalt kann die Tätigkeit als Mediator nach außen hin kundtun, § 7a BORA. Übernimmt es der anwaltliche Mediator, einvernehmliche rechtliche Lösungsvorschläge zu entwickeln, kann eine Rechtsdienstleistung vorliegen. Die Haftung des Mediators bestimmt sich hier nach den Maßstäben der Anwaltshaftung. Ein anwaltlicher Mediator, der von Eheleuten zu dem Zweck beauftragt wird, mit ihnen eine einverständliche Scheidungsfolgenvereinbarung auch über den Versorgungsausgleich zu erarbeiten, ist einem Ehegatten wegen des Verlusts des Versorgungsausgleichs zu Schadensersatz verpflichtet, wenn er die für den Versorgungsausgleich maßgeblichen Tatsachen nicht feststellt und der von ihm nicht ordnungsgemäß unterrichtete Rechtsanwalt des geschädigten Ehegatten in dem Ehescheidungsverfahren einen Verzicht auf den Versorgungsausgleich erklärt.[138] Zu beachten hat der Anwalt die berufsrechtlichen Folgen, wenn er zuvor als Mediator gehandelt hat. Er darf widerstreitende Interessen nicht vertreten, § 43a BRAO. Suchen Eheleute gemeinsam einen Rechtsanwalt auf, um sich in ihrer Scheidungsangelegenheit beraten zu lassen, hat der Anwalt vor Beginn der Beratung auf die gebühren- und vertretungsrechtlichen Folgen einer solchen Beratung hinzuweisen.[139] Die Vertretung von Eheleuten in Bezug auf eine zutreffende Scheidungsfolgenvereinbarung kann gegen das Verbot der Vertretung widerstreitender Interessen gem. § 43a BRAO verstoßen. Ein Verstoß gegen die Vertretung widerstreitender Interessen führt zur Nichtigkeit des Anwaltsdienstvertrages gem. § 134 BGB.[140] Typische Schadenfälle sind: fehlende Neutralität, verzögerte Bearbeitung, mangelhafte Aufklärung des Sachverhalts mit dem Ergebnis eines untauglichen Lösungsvorschlags oder die Verletzung von Verschwiegenheits- und Vertraulichkeitspflichten. Versicherungsschutz kann wie beim Schlichter auch über eine Einzelobjektdeckung oder eine laufende Versicherung erlangt werden. Man schließt regelmäßig Haftpflichtansprüche wegen Schäden aus, die im Zusammenhang mit technischen Fehlern oder Fehleinschätzungen stehen oder die dadurch entstehen, dass Informationen verloren gehen, etwa durch Löschen, Beschädigung oder Vernichtung von Daten.

137 *Diller* B 1 Rn. 31.
138 BGH NJW 2017, 3442.
139 BGH NJW 2013, 3725.
140 OLG Düsseldorf, Urt. v. 14.2.2023 – I-24 U 125/21.

J. Abwickler einer Praxis, Zustellungsbevollmächtigter, I 6. Punkt

Mitversichert sind die nachfolgend abschließend aufgezählten Tätigkeiten, sofern keine Pflichtversicherung gesetzlich vorgeschrieben ist:
- **gemäß § 55 BRAO als Abwickler einer Praxis und gemäß § 30 BRAO als Zustellungsbevollmächtigter;...**

Versicherungsschutz besteht für den Anwalt als Abwickler einer Kanzlei, § 55 BRAO, und dem Anwalt als Zustellungsbevollmächtigten, § 30 BRAO.

I. Kanzleiabwickler

Die Abwicklung einer Kanzlei ist eine anwaltliche Tätigkeit im fremden Namen und auf fremde 127 Rechnung. Die Rechtsanwaltskammer bestellt einen Anwalt zum Abwickler, wenn ein Anwalt verstorben ist, § 55 Abs. 1 Satz 1 BRAO oder wenn der Anwalt seine Zulassung zurückgibt oder sie ihm entzogen wird, § 55 Abs. 5 BRAO. Zweck der Abwicklung ist, dass die bisherigen Mandanten keinen anderen Anwalt beauftragen müssen und die Mandate weitergeführt oder beendet werden. Erforderlich ist die Abwicklung, wenn das Mandatsverhältnis zu dem früheren Anwalt, meist dem Einzelanwalt, bestanden hat. Dies ist nicht der Fall in einer Sozietät oder Partnerschaft, weil Mandatsträger die Organisation ist und nicht der einzelne Anwalt. Ein anderer Anwalt hat hier das offene Mandat zu übernehmen.[141] Üblicherweise bestellt die Kammer einen Anwalt zum Abwickler. Sie kann aber auch einen Assessor bestellen, weil die Befähigung zum Richteramt ausreicht, § 55 Abs. 1 Satz 1 BRAO. Die Abwicklung gilt für ein Jahr und kann einmalig um ein weiteres Jahr auf Antrag des Abwicklers verlängert werden, § 55 Abs. 1 Satz 3, 4 BRAO.

Der Kanzleiabwickler ist kein Vertreter des früheren Anwalts. Er übt seine öffentlich-rechtli- 128 che Berufspflicht fremdnützig wie ein verwaltender Treuhänder aus, ohne dass er bei der Amtsausübung gegenüber Dritten schuldrechtlichen Bindungen unterliegt.[142] Der bestellte Kanzleiabwickler tritt als Verfahrensbevollmächtigter vollständig an die Stelle des verstorbenen oder aus der Rechtsanwaltschaft ausgeschiedenen Rechtsanwalts, § 55 Abs. 2 Satz 4 BRAO. Folglich sind ihm allein gerichtliche Entscheidungen zuzustellen.[143] Im Verhältnis des Abwicklers zum Insolvenzverwalter eines Anwalts gilt: Ist für einen insolventen ehemaligen Rechtsanwalt sowohl ein Abwickler als auch ein Insolvenzverwalter bestellt, so stehen die auf dem Geschäftskonto des Schuldners eingehenden oder vom Abwickler eingezogenen Gebühren in der Zeit bis zum Ende der Abwicklung grundsätzlich dem Abwickler zu. Lässt der Insolvenzverwalter während der laufenden Abwicklung ohne Einverständnis des Abwicklers solche Gebühren auf sein Anderkonto transferieren, so steht dem Abwickler gegen den Insolvenzverwalter ein Herausgabeanspruch nach § 55 Abs. 3, § 53 Abs. 10 Satz 1 BRAO aF zu.[144] Im Falle der Anfechtung einer Abwicklervergütung ist ein Kanzleiabwickler notwendig beizuladen.[145]

Der Abwickler hat die Pflicht, mögliche Fehler des früheren Anwalts zu berichtigen, soweit 129 dies noch möglich ist.[146] Er macht sich selbst regresspflichtig, wenn er die Mandanten nicht auf Regressansprüche hinweist, die der frühere Anwalt verursacht hat.[147] Dabei ist aber zu beachten, dass der Abwickler nur in laufende Mandate eintritt, § 55 Abs. 2 Satz 1 BRAO. Für die Altmandate, den schon erledigten Mandaten, ist nicht der Abwickler verantwortlich, sondern die Erben.

141 AGH Bayern DStR 2010, 1543.
142 *Bräuer* AnwBl 2013, 548; *Dahns* NJW-Spezial 2013, 190.
143 BayObLG BRAK-Mitt. 2005, 40.
144 OLG Köln BRAK Mitt. 2010, 37.
145 BGH BeckRS 2024, 14946.
146 *Schwärzer* BRAK-Mitt. 2008, 108, 109.
147 Henssler/Prütting/*Prütting* BRAO § 55 Rn. 18.

130 Der Abwickler einer Kanzlei hat Versicherungsschutz für seine Verstöße, die ihm bei der Abwicklung der laufenden Mandate in fremden Namen auf fremde Rechnung unterlaufen. Kein Versicherungsschutz besteht für den Abwickler aus der Berufshaftpflichtversicherung des früheren Anwalts, weil der Versicherungsschutz endet, wenn die Zulassung zurückgegeben ist oder der Anwalt verstorben ist, § 9 IV; siehe dort § 9 Rn. 26 ff. Die Berufshaftpflichtversicherung des früheren Anwalts tritt selbstverständlich für die Altfälle aus Verstößen des früheren Anwalts ein aufgrund der unbegrenzten Nachhaftung nach § 2. Die Erben haben Versicherungsschutz aus der Berufshaftpflichtversicherung des früheren Anwalts für Verstöße, die bis zur Bestellung des Kanzleiabwicklers oder bis zur Kanzleiveräußerung, längstens jedoch bis zu 8 Wochen nach dem Ableben des früheren Anwalts, vorgekommen sind, siehe die Regelung in § 20. Assessoren als Abwickler können sich gesondert nach den gleichen Bedingungen wie ein zugelassener Anwalt versichern.

131 § 17 II erweitert ausdrücklich den Versicherungsschutz für den Abwickler einer Praxis auf Haftpflichtansprüche wegen Schäden aus einer kaufmännischen Kalkulations- oder Organisationstätigkeit bis zur Höhe der vereinbarten Versicherungssumme, maximal in Höhe von EUR 2.500.000 je Versicherungsfall und Versicherungsjahr. Dies ist gerechtfertigt, da der Abwickler auch wirtschaftlich die Praxis abwickeln soll. Dies gehört aber nicht zum primären Aufgabenkreis des Abwicklers, weil er die laufenden Mandate rechtlich abzuwickeln hat, § 55 Abs. 2 Satz 1 BRAO, so dass darüber hinaus kein Versicherungsschutz besteht.[148]

II. Zustellungsbevollmächtigter

132 Ist der Rechtsanwalt von der Pflicht befreit, eine Kanzlei zu unterhalten, so hat er der Rechtsanwaltskammer einen Zustellungsbevollmächtigten zu benennen, der im Inland wohnt oder dort einen Geschäftsraum hat, § 30 As. 1 BRAO. Die Befreiung ist möglich nach § 29 Abs. 1 BRAO im Interesse der Rechtspflege oder zur Vermeidung von Härten oder nach § 29a Abs. 2 BRAO, wenn der Anwalt seine Kanzlei ausschließlich in einem anderen Staat einrichtet, sofern nicht überwiegende Interessen der Rechtspflege entgegenstehen. Der Zustellungsbevollmächtigte muss seinen Wohnsitz oder einen Geschäftsraum in der Bundesrepublik Deutschland haben. Ein Wohnsitz/Geschäftsraum im Ausland ist gerade nicht möglich. Der Zustellungsbevollmächtigte muss nicht selbst ein Anwalt sein. Es muss aber eine natürliche Person sein, außer es handelt sich um eine Rechtsanwalts-GmbH.

133 Der Zustellungsbevollmächtigte nimmt mit Wirkung für und gegen den Rechtsanwalt das in Empfang, was für den Anwalt bestimmt ist. Er hat nur eine Vollmacht zum Empfang, die er nicht weitergeben kann. Er hat keine Vollmacht zum Handeln. Die Pflichten des Zustellungsbevollmächtigten richten sich nach dem zugrundeliegenden Vertragsverhältnis und den Aufgaben gegenüber dem Anwalt, meist ein Dienstvertrag, Werkvertrag oder Auftrag. Grundsätzlich ist der Zustellungsbevollmächtigte verpflichtet, alle an den Anwalt gerichteten Zustellungen sowie die zugestellten Schriftstücke unverzüglich an ihn weiterzuleiten. Mit Zugang beim Zustellungsbevollmächtigten sind die Schriftstücke beim Anwalt zugegangen. Auf die tatsächliche Weiterleitung kommt es nicht an.

134 Versicherungsschutz besteht für den Anwalt als Zustellungsbevollmächtigten. Voraussetzung ist eine wirksame Bestellung zum Bevollmächtigten. Die Bestellung ist wirksam, wenn der Anwalt eine Vollmacht dem Zustellungsbevollmächtigten erteilt hat, §§ 164 ff BGB und die Bestellung der Rechtsanwaltskammer angezeigt ist, § 30 Abs. 1 BRAO. Die Grundsätze der Anscheins- und Duldungsvollmacht sind bei der Vollmacht anzuwenden.[149] Der Zustellungsbevollmächtigte ist dem Anwalt zum Regress verpflichtet und hierfür versichert aus dem zugrundeliegenden Rechtsver-

148 *Diller* B 1 Rn. 34, Versicherungsschutz für die wirtschaftliche Abwicklung, aber kein Schutz soweit es sich um die ausgeschlossenen kfm. Risiken handelt.
149 BGH NJW 1975, 1652.

hältnis gegenüber dem Anwalt, wenn er die Schriftstücke verspätet weiterleitet und der Anwalt dadurch ein Fristversäumnis begeht oder ihm ein sonstiger Vermögensschaden entsteht. Wenn der Zustellungsbevollmächtigte kein Anwalt ist, kann gesondert Versicherungsschutz vereinbart werden, insbesondere besteht Versicherungsschutz für die Bereitstellung einer Geschäftsanschrift und die damit regelmäßig verbundenen Dienstleistungen wie die Weiterleitung der eingehenden Postsendungen an den Auftraggeber. Versicherungsschutz kann gesondert vereinbart werden, wenn es sich nicht um Fälle des § 30 BRAO handelt, beispielsweise wenn Finanzinstitute Auslandsberührung haben und eine Kanzlei als Zustellungsbevollmächtigten für ihre Auslandskunden beauftragen wollen oder für Berufskollegen oder befreundete Kanzleien aus sonstigen Gründen.

K. Notarvertreter, I 7. Punkt

Mitversichert sind die nachfolgend abschließend aufgezählten Tätigkeiten, sofern keine Pflichtversicherung gesetzlich vorgeschrieben ist:

– **als Notarvertreter;...**

Versicherungsschutz besteht für den Anwalt, wenn er als Notarvertreter tätig ist. Nach § 38 BNotO soll die Tätigkeit des Notars nicht unterbrochen sein, wenn der Notar vorübergehenden abwesend oder verhindert ist. Die Aufsichtsbehörde kann einen Notarvertreter auf Antrag oder von Amts wegen bestellen, § 39 BNotO. Zuständig für die Bestellung des Vertreters ist der Präsident des LGs oder OLGs. Zum Vertreter darf nur bestellt werden, wer fähig ist, das Amt eines Notars zu bekleiden, § 39 Abs. 3 Satz 1 BNotO. Es können daher außer Notaren und Notaren a.D. auch Notarassessoren und Rechtsanwälte bestellt werden. Der Versicherungsschutz für den Anwalt als Notarvertreter ist eine echte Erweiterung, weil die anwaltliche Berufstätigkeit gerade nicht die eines hoheitlichen Amts eines Notars umfasst. **135**

Der Notarvertreter ist Inhaber eines öffentlichen Amtes. Er hat die gleichen Amtspflichten wie der Notar. Die Staatshaftung ist für ihn gleichermaßen wie für den Notar ausgeschlossen, § 19 Abs. 1 Satz 4 iVm § 39 Abs. 4 BNotO. Für Amtspflichtverletzungen haftet er dem Geschädigten neben dem Notar als Gesamtschuldner, § 46 Satz 1 BNotO. Zur Abgrenzung bei Urkundsgeschäften zwischen Anwalt und Notar gilt: Der Anwalt hat den Mandanten über die Formbedürftigkeit eines Vertrages zu belehren. Ihn trifft die Pflicht, auf das „Ob“ der Beurkundungsbedürftigkeit hinzuweisen, nicht aber in allen Einzelheiten hinzuweisen, wie die Beurkundung zu erfolgen hat. Das „Wie“ der Beurkundung fällt in den Pflichtenkreis des Notars.[150] **136**

Der Notarvertreter ist nicht zum Abschluss einer Berufshaftpflichtversicherung verpflichtet, §§ 39 Abs. 4, 19a BNotO. Grund hierfür ist, dass der Notarvertreter im Versicherungsvertrag des vertretenen Notars mitversichert ist, soweit der Vertreter nicht selbst dieses Risiko abgedeckt hat: *„...Mitversichert ist im Rahmen des Vertrages die gesetzliche Haftpflicht von amtlich bestellten Vertretern des Notars aus der Vertretertätigkeit, soweit die Vertreter nicht durch eigene Verträge Versicherungsschutz haben. In diesem Umfang ist die gesetzliche Haftpflicht aus einer vermeintlichen oder unwirksamen Vertreterbestellung ebenfalls mitversichert“.*[151] Im Verhältnis der beiden Berufshaftpflichtversicherungen ist die Notarvertreterversicherung nach § 18 I 6. Punkt zunächst eintrittspflichtig, weil die Versicherung des Notars subsidiär ist. Der eigene Versicherungsschutz für den Notarvertreter ist aber notwendig und nicht eine Doppelversicherung. Nach der Regelvorschrift des § 46 Satz 2 BNotO haftet der Notarvertreter im Innenverhältnis allein, wenn der Notar nicht mitverantwortlich ist. Der als Gesamtschuldner in Anspruch genommene Notar kann bei dem Notarvertreter Regress nehmen bzw. der Anspruch geht auf den Versicherer des Notars über, insbesondere kann dies der Fall sein, wenn der Notar und der Notarvertreter bei zwei verschiedenen Versicherern versichert sind. Darüber hinaus kann die Versicherungsleistung des Notars ge- **137**

150 LG Bremen, Urt. v. 25.2.2022 – 4 O 2013/20.
151 4. Absatz Teil 2 Risikobeschreibung AVB-N VH 39/00 bei der Allianz.

ringer oder bereits vermindert oder erschöpft sein. Der Notarvertreter ist dann nicht auf die eingeschränkte Mitversicherung angewiesen.

L. Autor, Dozent und Referent auf rechtswissenschaftlichem Gebiet, I 8. Punkt

Mitversichert sind die nachfolgend abschließend aufgezählten Tätigkeiten, sofern keine Pflichtversicherung gesetzlich vorgeschrieben ist:

- **als Autor, Dozent und Referent auf rechtswissenschaftlichem Gebiet;...**

138 Anwälte und andere Berufsträger sind nicht nur beratend tätig, sondern publizieren oder halten Vorträge, auch um Mandanten zu gewinnen. Versicherungsschutz besteht für gesetzliche Haftpflichtansprüche, die sich aus der Tätigkeit ergeben. Dies kann der Fall sein, wenn der Anwalt Urheberrechtsverletzungen begeht oder das Allgemeine Persönlichkeitsrecht verletzt. Voraussetzung bleibt nach § 1, dass er schuldhaft gehandelt hat, es sich um einen Vermögensschaden handelt und er auf rechtswissenschaftlichem Gebiet gehandelt hat.

M. Aufsichts- und Beiratsmandat, I 9. Punkt

Mitversichert sind die nachfolgend abschließend aufgezählten Tätigkeiten, sofern keine Pflichtversicherung gesetzlich vorgeschrieben ist:

- **als Mitglied eines Aufsichtsrates, Beirates, Stiftungsrates oder ähnlicher Gremien, soweit die dem Verstoß zugrunde liegende Tätigkeit einer anwaltlichen Berufsausübung entspricht....**

I. Anwalt als Aufsichtsorgan

139 I 9. Punkt regelt, dass der Anwalt Versicherungsschutz hat, wenn er als Mitglied eines Aufsichtsrates, Beirates, Stiftungsrates oder ähnlicher Gremien einen Verstoß begeht, wenn die zugrunde liegende Tätigkeit einer anwaltlichen Berufsausübung entspricht. Es handelt sich um einen notwendigen klarstellenden Hinweis, weil schon die Tätigkeit als Organ in einem Unternehmen als Vorstand oder Aufsichtsrat ausgeschlossen ist nach § 4 II Ziff. 2, aber die anwaltliche Tätigkeit versichert bleiben muss nach § 1, weil es sich um eine Pflichtversicherung handelt. Nach § 51 BRAO ist immer die Berufstätigkeit zu versichern, unabhängig vom erfolgten Rahmen.

140 Die versicherte anwaltliche Tätigkeit muss hinreichend konkret und bestimmt sein, um sie von der Organtätigkeit abgrenzen zu können, andernfalls ist der Anwaltsvertrag im Rahmen eines Aufsichtsratsmandats im Übrigen schon nichtig und daher nicht versichert, § 134 BGB iVm §§ 113, 114 AktG, siehe dazu ausführlich und insbesondere zur Abgrenzung versicherte anwaltliche Tätigkeit und nicht versicherte Organtätigkeit § 4 Rn. 66 f. Voraussetzung für den Versicherungsschutz ist, dass die anwaltliche Tätigkeit im Rahmen einer nebenberuflichen und nicht hauptberuflichen Aufsichtsratstätigkeit oder sonstiger Leitungstätigkeit erfolgt. Der erste Satz vor § 18 B BBR-RA stellt klar, dass allein die gesetzliche Haftpflicht des Versicherungsnehmers aus der gegenüber seinem Auftraggeber freiberuflich ausgeübten Tätigkeit als Rechtsanwalt versichert ist und darüber hinaus die folgenden mitversicherten Tätigkeiten, hier als Aufsichtsrat mit einer anwaltlichen Aufgabe im Nebenberuf. Für die originären Leitungs- und Überwachungstätigkeiten besteht Versicherungsschutz über die D&O-Versicherung und nicht über die Pflichtversicherung nach § 51 BRAO.

II. Versicherungsschutz

Ausdrücklich mitversichert sind die Tätigkeiten, wenn der Verstoß einer anwaltlichen Berufsausübung entspricht. Mit der Formulierung soll sichergestellt sein, dass jegliche anwaltliche Tätigkeit versichert ist. Es besteht Versicherungsschutz auch dann, wenn nicht ausdrücklich klar ist, ob zwischen Unternehmen und Anwalt ein Mandatsverhältnis besteht. Es kommt allein darauf an, ob das Organmitglied rechtsberatend tätig gewesen ist oder nicht. Nicht maßgeblich ist damit, ob der Schwerpunkt der Tätigkeit anwaltlich war oder nicht oder auch die anwaltliche Tätigkeit gänzlich unerheblich war. Andere Versicherungsbedingungen und auch Makler formulieren, dass Versicherungsschutz besteht, wenn und soweit die Ansprüche auf ein Anwaltsmandat gegründet sind. Dies ist von der anwaltlichen Tätigkeit zu unterscheiden. Es kann weitergehenden oder engeren Versicherungsschutz bedeuten. Weitergehend, wenn das Anwaltsmandat auch nicht-anwaltliche Elemente umfasst, aber auch enger, wenn zwar eine anwaltliche Tätigkeit vorliegt, aber sich kein Mandatsverhältnis nachweisen lässt, z.B., wenn der Aufsichtsrat einmalig ein Rechtsgutachten gefertigt hat, das aber nicht auf einem Anwaltsmandat gegründet war. Zuweilen fügt man deshalb noch ein, dass im Zweifel ein Mandatsverhältnis vorliegt und der Versicherer darlegen und beweisen muss, dass kein Versicherungsschutz besteht, weil gar kein Mandat zustande gekommen ist. Nach allen Formulierungen besteht Versicherungsschutz, wenn ein Anwaltsmandat vorliegt und der Verstoß auf einer anwaltlichen Tätigkeit beruht. Wenn eine anwaltliche Tätigkeit vorliegt ohne formales Anwaltsmandat kommt es auf die Formulierung an. Regelmäßig gibt es keine praktischen Probleme. Bei allen Formulierungen ist nicht maßgeblich, ob der Dritte den Berater sowohl aufgrund anwaltlicher Pflichtverletzung und oder auch aufgrund sonstiger Pflichtverletzungen als Organ in Anspruch nimmt. Es besteht Versicherungsschutz aufgrund der anwaltlichen Pflichtverletzung, aber selbstverständlich nur für diese entsprechend der abgeschlossenen Berufshaftpflichtversicherung. **141**

§ 19 Vertreter des Versicherungsnehmers

[1]Mitversichert ist im Rahmen des Vertrages die gesetzliche Haftpflicht von Vertretern des Versicherungsnehmers aus der Vertretertätigkeit, solange der Versicherungsnehmer an der Ausübung seines Berufes gehindert ist. [2]Die Mitversicherung besteht nicht, soweit der Vertreter durch eine eigene Versicherung gedeckt ist.

1 Nach § 19 ist beim Versicherungsnehmer, dem zu vertretenen Anwalt, mitversichert die gesetzliche Haftpflicht von seinen Vertretern aus der Vertretertätigkeit. Nach Satz 2 ist diese Mitversicherung subsidiär, wenn der Vertreter selbst noch eine weitere eigene Versicherung hat. Die Mitversicherung folgt den Anforderungen des §§ 53, 54 BRAO. Als Organ der Rechtspflege soll der Anwalt erreichbar sein. Die Regelung in §§ 53, 54 BRAO ist ähnlich wie die Vertreterregelung für einen Notar nach §§ 38 ff BNotO. Die Bestellung eines Vertreters ist notwendig, wenn der Rechtsanwalt länger als eine Woche daran gehindert ist seinen Beruf auszuüben, § 53 Abs. 1 Nr. 1 BRAO, er länger als eine Woche nicht in seiner Kanzlei ist, § 53 Abs. 1 Nr. 2 BRAO oder auch, wenn gegen den Rechtsanwalt ein vorläufiges Berufs- oder Vertretungsverbot verhängt wurde, § 161 BRAO. Die Bestellung kann der zu vertretene Anwalt selbst vornehmen oder die Rechtsanwaltskammer muss sie vornehmen. Die Bestellung kann jederzeit widerrufen werden. Die Vertretung soll einem Rechtsanwalt oder auch anderen Personen, welche die Befähigung zum Richteramt erlangt haben, oder Referendaren, die seit mindestens zwölf Monaten im Vorbereitungsdienst beschäftigt sind, übertragen werden. Der Vertreter hat nach § 54 Abs. 1 BRAO die gleichen anwaltlichen Befugnisse wie der zu vertretene Anwalt. Der Vertreter wird in eigener Verantwortung und zugleich im Interesse, für Rechnung und auf Kosten des Vertretenen tätig, § 54 Abs. 1 Satz 2 BRAO. Der Vertreter kann die Kanzleiräume betreten, an Weisungen des Vertretenen ist er nicht gebunden. Er hat eine angemessene Vergütung zu erhalten.

2 Der Vertreter nach §§ 53, 54 BRAO tritt nicht in das Mandatsverhältnis des zu vertretenen Anwalts ein. Der Vertreter ist Erfüllungsgehilfe oder gesetzlicher Vertreter nach § 278 BGB.[1] Dem Mandanten gegenüber haftet nur der Vertretene als Vertragspartner, auch für Fehler des Vertreters. Der Vertreter haftet im Innenverhältnis dem Vertretenen. Hier gelten die allgemeinen Vertretungs- und Haftungsregelungen des BGB. Wenn beide Anwälte einer Sozietät/Partnerschaft angehören, können sie auch gemeinschaftlich haften, da die Sozietät Vertragspartner ist.

3 Der Vertreter selbst benötigt keinen Versicherungsschutz als Anwalt, weil er als Vertreter auch nicht im Außenverhältnis haftet, weil keine Mandatsbeziehung besteht. Dies ist gleich wie bei der Tätigkeit als Vertreter eines Notars, da hier auch kein Versicherungsschutz des Vertreters selbst erforderlich ist, §§ 39 Abs. 4, 19a BNotO; siehe § 18 Rn. 137. Gerade deshalb ist die Tätigkeit als Vertreter nicht selbständig versichert, sondern Versicherungsschutz besteht über die Police des zu vertretenen Anwalts, aber allein für den Anwalt selbst, der auch haftet. Wenn der Vertreter aber einen Verstoß begeht, der vom Versicherungsschutz ausgeschlossen ist, hat auch der vertretene Anwalt keinen Versicherungsschutz.[2] Mögliche Regressansprüche des vertretenen Anwalts gegen den Vertreter müssen daher gesondert versichert werden.

4 Der Versicherungsschutz des Anwalts, der zu vertreten ist, ist subsidiär zu einem möglichen Versicherungsschutz des Vertreters, Satz 2. Der Vertreter, wenn er als Anwalt zugelassen ist, hat selbst mindestens im Pflichtversicherungsumfang Versicherungsschutz. Wenn der Anwalt als Vertreter einen Verstoß begeht, tritt zunächst seine Versicherung ein. Wenn dieser Versicherungsschutz nicht nach Höhe und Umfang ausreicht, tritt die Versicherung des Anwalts ein, den er vertritt. Dies kann insbesondere bei hohen Schadensersatzforderungen und möglichen unterschiedlichen Versicherungsbedingungen der Fall sein. Zu beachten ist § 3 IV. Danach kumulieren nicht beide Versicherungssummen. Es gilt maximal die höchste Versicherungssumme von beiden möglichen Berufshaftpflichtversicherungen.

---

1 BeckOK BRAO/Römermann/*Günther* BRAO § 54 Rn. 5.

2 Siehe auch BRAK-Mitt. 1994, 22 ff; *Sassenbach* AnwBl 2008, 872.

https://doi.org/10.1515/9783111396415-021

§ 20 Erben des Versicherungsnehmers

Mitversichert ist im Rahmen des Vertrages die gesetzliche Haftpflicht der Erben aus Verstößen, die bis zur Bestellung eines Praxisabwicklers oder bis zur Praxisveräußerung, längstens jedoch bis zu 8 Wochen nach dem Ableben des Erblassers, vorgekommen sind.

Nach § 20 sind die Erben mitversichert für Verstöße, die bis zur Bestellung eines Praxisabwicklers **1**
oder bis zur Praxisveräußerung, längstens jedoch bis zu 8 Wochen nach dem Ableben des Versicherungsnehmers, vorgekommen sind. Grundsätzlich gilt, dass bei Ableben des Versicherungsnehmers das Versicherungsverhältnis erlischt und es auch nicht auf die Erben übergeht, weil es sich bei der Berufshaftpflichtversicherung um eine personenbezogene Versicherung handelt, siehe dazu § 9 Rn. 27. Bei Rechtsanwälten gilt, dass die Erben des Versicherungsnehmers für acht Wochen Versicherungsschutz haben aus Verstößen, die bis zur Bestellung eines Praxisabwicklers oder bis zur Praxisveräußerung vorgekommen sind, beispielsweise wenn die verbliebenen Sozien/Gesellschafter oder andere Personen einen Berufsfehler bei der Mandatsabwicklung begehen und die Erben dafür in Anspruch genommen werden, ohne dass die Bestellung eines Abwicklers vorgenommen wurde. Wenn der Abwickler bestellt ist, besteht Versicherungsschutz für den Anwalt als Abwickler selbst. Er benötigt deshalb auch nicht eine Mitversicherung beim Versicherungsnehmer, siehe hierzu § 18 Rn. 127 ff.

https://doi.org/10.1515/9783111396415-022

§ 21 Ausschluss von Leitungs- und Kontrollfunktionen

Ansprüche aus der Tätigkeit als Leiter, Vorstands-, Aufsichtsrats- oder Beiratsmitglied, Geschäftsführer von Unternehmungen, Vereinen, Verbänden und als Angestellter sind auch im Rahmen der mitversicherten Tätigkeiten vom Versicherungsschutz ausgeschlossen.

1 Nach § 21 sind vom Versicherungsschutz ausgeschlossen die Tätigkeiten als Leiter, Vorstands-, Aufsichtsrats- oder Beiratsmitglied, Geschäftsführer von Unternehmungen, Vereinen, Verbänden und als Angestellter und zwar auch dann, wenn der Versicherungsnehmer sie im Rahmen der mitversicherten Tätigkeiten ausübt. Der Ausschluss ergänzt § 4 II Ziff. 2, der auch die leitenden und kontrollierenden Tätigkeiten vom Versicherungsschutz ausnimmt, speziell hierzu zur Abgrenzung zu den anwaltlichen Tätigkeiten siehe § 4 Rn. 60 ff.

2 Der Ausschluss umfasst regelmäßig die Fälle, wenn der Anwalt im Rahmen der Vermögensvorsorge als Leitungs- und Kontrollorgan tätig sein muss, insbesondere trifft dies auf die Nachlass- und Vorsorgerisiken zu. Ein Testamentsvollstrecker hat z.B. nach dem Willen des Erblassers die Firma bis zur Volljährigkeit des Erben für ihn zu führen. In diesem Fall kann der Testamentsvollstrecker ausnahmsweise leitend in der Firma des Erblassers tätig sein. Klarstellend gilt dies auch für die Tätigkeiten in der Insolvenz. Wenn eine Firma insolvent ist, hat der Insolvenzverwalter die Firma fortzuführen oder abzuwickeln im Interesse der Gläubiger und des Schuldners. Auch hier hat er Entscheidungen zu treffen, die das wirtschaftliche Fortbestehen der Firma sicherstellen sollen. Unternehmerische Entscheidungen außerhalb seiner Inso-Tätigkeit sind nicht vom Versicherungsschutz umfasst. Versicherungsschutz besteht aber dann, wenn es sich um eine Tätigkeit handelt, die der Aufgabe der jeweils mitversicherten amtsähnlichen Tätigkeit entspricht. Der Ausschluss der Versicherungsleistung für Haftpflichtansprüche aus der Leitung privater Unternehmungen betrifft nicht die Haftung des als Konkursverwalter tätigen Rechtsanwalts aus der Fortführung des in Konkurs gefallenen Unternehmens, die dem Ziel dient, eine möglichst günstige Verwertung der Konkursmasse herbeizuführen.[1] Abzugrenzen ist danach, ob es sich um eine reine unternehmerische Entscheidung handelt und der Versicherungsnehmer außerhalb seines eigentlichen Wirkungskreises handelt, siehe dazu bei der Fortführung eines Unternehmens im Rahmen einer Insolvenz zu den kfm. Risiken § 18 Rn. 43 f.

1 BGH VersR 1980, 353; BGH VersR 1982, 489.

https://doi.org/10.1515/9783111396415-023

Sachverzeichnis

Fett: Zahlen nach dem Stichwort ohne weitere Angabe verweisen auf die Paragraphen in den Teilen 1 bis 3 der AVB-RS. Nachfolgend die Randnummer und rechtsbündig die Seite.

https://doi.org/10.1515/9783111396415-024

www.ingramcontent.com/pod-product-compliance
Lightning Source LLC
LaVergne TN
LVHW081337071026
849558LV00057B/184